हिन्दी साहित्य का समग्र इतिहास

हिन्दी साहित्य का समग्र इतिहास

(स्नातक एवं स्नातकोत्तर स्तर की सभी परीक्षाओं हेतु सम्पूर्ण एवं उत्कृष्ट अध्ययन सामग्री)

प्रो. रामकिशोर शर्मा

भूतपूर्व अध्यक्ष, हिन्दी विभाग

इलाहाबाद विश्वविद्यालय, इलाहाबाद

लोकभारती प्रकाशन

लोकभारती प्रकाशन
पहली मंजिल, दरबारी बिल्डिंग, महात्मा गाँधी मार्ग
प्रयागराज-211 001
वेबसाइट : www.lokbhartiprakashan.com
ईमेल : info@lokbhartiprakashan.com
शाखाएँ : 1-बी, नेताजी सुभाष मार्ग, दरियागंज
नयी दिल्ली-110 002
अशोक राजपथ, साइंस कॉलेज के सामने
पटना-800 006
36-ए, शेक्सपियर सरणी, कोलकाता-700 017

प्रथम संस्करण : 2019

मूल्य : ₹ 700

आस्था पेपर कन्वर्टर
प्रयागराज द्वारा मुद्रित

Hindi Sahitya Ka Samagra Itihaas
by Prof. Ramkishore Sharma

ISBN : 978-93-88211-32-1

रचना-दृष्टि

यदि इतिहास अतीत की घटनाओं का आलेख है तो साहित्येतिहास अतीत की साहित्यिक घटनाओं का आलेख है। इसमें सम्पूर्ण साहित्यिक विस्तार का सर्वेक्षण, अनुशीलन और मूल्यांकन अपेक्षित होता है। जिस प्रकार जीवन में अनेक छोटी-छोटी घटनाएँ घटित होती रहती हैं किन्तु वे सभी इतिहास नहीं बन जातीं उसी तरह साहित्य-जगत् में रची जानेवाली सभी रचनाएँ साहित्येतिहास का अंग नहीं बन पातीं। साहित्येतिहास में उन्हीं रचनाओं पर दृष्टि केन्द्रित की जाती हैं जिनसे वर्तमान साहित्यिक सृजन के बोध, मानवीय मूल्यों की परम्परा तथा व्याख्या में सहायता मिलती है। परिमाण तथा गुण की दृष्टि से महत्त्वपूर्ण न प्रतीत होनेवाली रचना या रचनाकार भी उल्लेखनीय हो सकता है, यदि उसके माध्यम से किसी नयी प्रवृत्ति या परम्परा का सूत्रपात हुआ है। प्रस्तुत रचना में इतिहास के वृहत् फैलाव को इन्हीं तर्कों के आधार पर सीमित किया गया है किन्तु सीमित कलेवर के बावजूद कोई धारा या प्रवृत्ति उपेक्षित नहीं छोड़ी गयी है।

नये-नये अनुसन्धानों से साहित्य की बद्धमूल मान्यताएँ बदलती रहती हैं। जीवन-दृष्टि तथा साहित्यिक मूल्यों के बदलाव के कारण अतीत साहित्य की प्रासंगिकता तथा प्रामाणिकता की सवाल समय-समय पर उठता रहता है। फलस्वरूप साहित्य के इतिहास के पुनर्लेखन का प्रयास चलता रहता है। इतिहास-लेखन की परम्परा इसी का परिणाम है। आरम्भिक साहित्येतिहास के लेखकों ने अपने पूर्व के इतिहासों की सामग्री का उपयोग करते हुए अपनी मौलिक दृष्टि से उनका सयोजन तथा मूल्यांकन किया। इधर के साहित्येतिहासकार विशेष मौलिकता प्रदर्शन की धूम में परम्पराओं को नकारने का विशेष उत्साह लेकर आगे बढ़े तो किन्तु अन्ततः उन्होंने समर्पण कर दिया। इससे यह निष्कर्ष निकलता है कि इतिहास गवेषणा का जो पथ प्रशस्त हो चुका है उस पर अग्रसर होना अधिक सरल है। प्रश्न यह है कि इस पथ पर चलनेवाला हर इतिहास-रचनाकार पूर्व-निरीक्षणों, विवेचनों तथा निष्कर्षों की पुनरावृत्ति ही करेगा? सम्भवतः नहीं। उसकी प्रतिभा, निरीक्षण बोध तथा चिन्तन-दृष्टि के स्तर-भेद के कारण विवेचना तथा निष्कर्ष में अन्तर होगा ही। कहीं-कहीं थोड़ी-बहुत समानता भी हो सकती है।

साहित्येतिहास के प्रत्येक काल तथा विधा का सामान्य ज्ञान तो सरल है किन्तु विशेषज्ञता जटिल है। भाषा और साहित्य के लम्बे विस्तार में यह समस्या और भी जटिल हो जाती है। इससे उबरने का सरल मार्ग यही है कि काल, युग तथा विधागत विशेषज्ञों का सहारा लिया जाय। वास्तव में इतिहास-लेखक किसी युग-विशेष को केवल अपनी दृष्टि से ही नहीं बल्कि अपने समकालिक आलोचकों की समग्र दृष्टि से देखता है। किन्तु उसे समकालिक उपयोगिता-अनुपयोगिता के दबावों से भी बचना चाहिए।

वह युग-विशेष जिसमें खास तरह का साहित्य रचा गया है उसके पीछे राजनीतिक, सामाजिक उत्प्रेरणा के साथ सांस्कृतिक संदाय का आकलन भी आवश्यक होता है। बहुत से हिन्दी साहित्य के इतिहास ग्रन्थों में राजनीतिक, सामाजिक परिस्थितियों का ब्योरा तो दिया है। किन्तु साहित्य के प्रवृत्ति निर्धारण में वे परिस्थितियाँ कहाँ तक जिम्मेदार हैं, उनका प्रत्यक्ष या अप्रत्यक्ष प्रभाव किस सीमा तक पड़ा है आदि के विवेचन का अभाव है। कहीं-कहीं किसी प्रवृत्ति-विशेष के लिए राजनीतिक और सामाजिक परिवेश मात्र को जिम्मेदार ठहरा दिया गया है। साहित्य की किसी परम्परा या प्रवृत्ति-विशेष का प्रतिफलन तथा विकास युग-विशेष की आवश्यकताओं तथा जनरुचियों की माँग के अनुसार होता है। अतः पूर्व परम्पराओं एवं सामयिक माँगों के सामंजस्य से साहित्यिक मूल्यों का निर्धारण अधिक प्रामाणिक हो सकता है।

यदि किसी एक बिन्दु से साहित्य के इतिहास की महाधारा तथा उपधाराओं को देखा जा सके तो अति उत्तम है परन्तु देश-काल के सुदूर विस्तार के कारण ऐसा करना सम्भव नहीं है। यही कारण है कि अनेक बिन्दुओं से उनका अवलोकन किया जाता है। ये जनता की चित्तवृत्तियों तथा साहित्यिक प्रवृत्तियों के स्पष्ट परिवर्तन के बिन्दु हैं ऐसे बिन्दुओं पर धारा को खण्डित करके कालखण्ड बनाये जाते हैं, जिनके विषय में शुरू में तो कह दिया जाता है कि ऐसा अध्ययन की सुविधा के लिये किया गया है। किन्तु आगे चलकर यह सुविधा प्रमुख हो जाती है। साहित्य के इतिहास का प्रवाह खण्डों में विभक्त रह जाता है।

प्रस्तुत साहित्येतिहास का लेखन परम्परा तथा मौलिकता के संयोजन से हुआ है। पद्धति परम्परित है, दृष्टि नयी है। किसी काल, कवि या लेखक विशेष के प्रति पूर्वाग्रह से ग्रस्त हुए बिना साहित्य के विस्तृत इतिहास को सरल सुबोध ढंग से प्रस्तुत करने का प्रयत्न उपर्युक्त कमियों से कहाँ तक बच पाया है इसका निर्णय विवेकवान पाठकों के ऊपर है।

हिन्दी विभाग के गुरूजन सहयोगियों एवं सहयोगी मित्रों, विशेषतः डॉ. सत्यप्रकाश मिश्र, के सत्परामर्श के प्रति हार्दिक आभार के साथ उन समस्त विद्वान् लेखकों के प्रति कृतज्ञता ज्ञापित करता हूँ जिनकी रचनाओं से सहायता ली गयी है।

प्रकाशक के उत्साह तथा प्रयास से यह पुस्तक प्रकाश में आ रही है एतदर्थ वे स्वतः धन्यवाद के अधिकारी हो जाते हैं।

चैत रामनवमी **रामकिशोर शर्मा**
संवत् 2040 (1983 ई.)

संस्करण के विषय में

साहित्य का इतिहास लेखन एक सतत् प्रक्रिया है। अनेक नई सूचनाओं के अलावा इतिहास के निरीक्षण-परीक्षण की दृष्टियों में भी बदलाव होता रहता है। अतः साहित्येतिहास के पुनर्लेखन में भी बदलाव होता रहता है। अतः साहित्येतिहास के पुनर्लेखन की आवश्यकता बनी रहती है। मैंने इतिहास को पूर्ण बनाने की चेष्टा की है। इसमें आदिकालीन, मध्यकालीन तथा आधुनिक साहित्य का स्त्री-विमर्श, दलित-विमर्श की दृष्टि से भी विचार किया गया है। हिन्दी ग़ज़ल, हाइकू, आदि विधाओं को इसमें सम्मिलित किया गया है। आधुनिक काल में अवधी तथा ब्रजभाषी साहित्य की भी चर्चा की गयी है। आधुनिक साहित्य में अनेक ऐसे कवि या लेखक उभरकर आये हैं जिन्हें इतिहास में सम्मिलित किया गया है। आशा ही नहीं पूर्ण विश्वास है कि यह संस्करण छात्रों, शोधार्थियों तथा साहित्येतिहास के अध्येताओं के लिए अधिक उपादेय होगा।

आवास
408/15 जी, बक्खी खुर्द
दारागंज, इलाहाबाद - 211002

प्रो. रामकिशोर शर्मा
हिन्दी विभाग
इलाहाबाद, विश्वविद्यालय
इलाहाबाद

अनुक्रम

1. साहित्येतिहास : परिभाषा, स्वरूप और परम्परा **13-39**

साहित्य के इतिहास की परिभाषा, साहित्य के इतिहास पर उठे प्रश्न, साहित्येतिहास की सामग्री, साहित्येतिहास लेखन की परम्परा, काल विभाजन की अवधारणा और नामकरण।

2. हिन्दी का स्वरूप और हिन्दी भाषी क्षेत्र **40-41**

हिन्दी का स्वरूप, हिन्दी भाषी क्षेत्र।

3. आदिकाल **42-89**

पूर्वापर सीमा, हिन्दी का आदि कवि, आदिकाल के नामकरण की समस्या, आदिकालीन परिवेशः राजनीतिक, सामाजिक, धार्मिक तथा साहित्यक सन्दर्भ, आदिकालीन साहित्य के विविध रूप : रासो, फागु, बेलि, षड्ऋतु और बारहमासा, पंवाड़ा, आदिकालीन साहित्य की प्रामाणिकता का सवाल, आदिकालीन साहित्य : विश्लेषण और मूल्यांकन। धार्मिक साहित्य–सिद्ध साहित्य, जैन साहित्य, नाथ साहित्य, लौकिक साहित्य या धर्मेतर साहित्य : रासों काव्य, आदिकाल की खड़ीबोली कविता, आदिकालीन सन्त काव्य, सूफी प्रेमाख्यानक काव्य, विद्यापति और उनका काव्य, गद्य साहित्य, आदिकालीन साहित्य की सांस्कृतिक और साहित्यिक उपलब्धियाँ

4. मध्यकाल **90-180**

(1) पूर्वमध्यकाल या भक्तिकाल :

भक्तिकालीन राजनीतिक, सामाजिक, धार्मिक और साहित्यिक परिवेश, भक्ति का उद्‌भव और विकास, भक्ति आन्दोलन का स्वरूप, भक्तिकालीन अभिव्यक्ति का स्वरूप : नृत्य, संगीत, चित्र, साहित्य, भक्तिकालीन काव्य संवेदना और अभिव्यक्ति, भक्ति के दो पक्ष : सगुण और निर्गुण।

निर्गुण भक्तिकाव्य

सन्त काव्य - सन्तकाव्य परम्परा, कबीर, गुरुनानक, दादूदयाल, रज्जब, सुन्दरदास, हरिदास निरंजनी, जम्भनाथ, सन्त सिंगाजी, मलूकदास, अन्य, सन्त साहित्य की सामान्य विशेषताएँ।

सूफी प्रेमाख्यानक काव्य - सूफी का अभिप्राय, सूफी मत का संक्षिप्त इतिहास, भारत में सूफी मत का प्रचार, सूफी प्रेमाख्यान काव्य परम्परा- चन्दायन, मृगावती, पद्‌मावत, मधुमालती, ज्ञानदीप, सूफी प्रेमाख्यानक काव्य की सामान्य विशेषताएँ।

असूफी प्रेमाख्यानक काव्य-
सगुण भक्ति काव्य-
रामभक्ति काव्य

तुलसीदास- रामचरितमानस, रामभक्ति काव्य की सामान्य विशेषताएँ
कृष्णभक्ति काव्य- कृष्णभक्ति सम्प्रदाय, वल्लभ सम्प्रदाय- सूरदास तथा अष्टछाप, निम्बार्क सम्प्रदाय, चैतन्य सम्प्रदाय, राधाबल्लभी सम्प्रदाय, हरिदासी या सखी सम्प्रदाय, सम्प्रदाय निरपेक्ष कवि और काव्य, कृष्णभक्ति काव्य की सामान्य विशेषताएँ, अकबर के दरबारी कवि।

भक्ति काव्य की सांस्कृतिक एवं साहित्यिक उपलब्धियाँ
स्त्री-विमर्श और भक्तिकाव्य
दलित-विमर्श और भक्तिकाव्य

5. उत्तरमध्यकाल या रीतिकाल **181-223**

पृष्ठभूमि और सन्दर्भ, ललित कला और काव्य कला का सम्बन्ध, परम्परा का दाय, नामकरण, हिन्दी में रीति परम्परा का प्रवर्त्तन और केशवदास, रीति साहित्य का वर्गीकरण, रीति निरूपक आचार्य कवियों का संक्षिप्त परिचय, रीतिसिद्ध कवि और काव्य, रीतिमुक्त कवि और काव्य, रीतिबद्ध एवं रीतिमुक्त काव्य में अन्तर, रीति काल की अन्य प्रवृत्तियाँ- भक्तिकाव्य : सन्तकाव्य, सूफी प्रेमाख्यानक काव्य। सगुणभक्ति काव्य- रामभक्ति काव्य, कृष्णभक्ति काव्य, नीतिकाव्य, वीर काव्य। रीतिकालीन साहित्य की सामान्य विशेषताएँ, रीतिकालीन संवेदना और कला दृष्टि, रीति कवियों की नारी विषयक दृष्टि।

6. आधुनिककाल **224-458**

बदलाव की स्थितियाँ, आधुनिक नवजागरण।
आधुनिक और आधुनिकता, मध्यकालीनता और आधुनिकता, आधुनिकता साहित्य को प्रभावित करनेवाली विचारधाराएँ। अद्वैतवाद : वेदान्त विचार, वैदिक विचारधारा, अस्तित्ववाद, मार्क्सवाद, गाँधीवाद, मनोविश्लेषणवाद, अस्तित्ववाद, हिन्दी जाति, आधुनिक कविता।

भारतेन्दु-युग (जागरण काल)

कविता का स्वरूप, खड़ीबोली गद्य की प्रतिष्ठा, भारतेन्दु हरिश्चन्द्र और उनका लेखक मण्डल, भारतेन्दुयुगीन पत्रकारिता, प्रमुख रचनाकार।

द्विवेदी-युग (जागरण सुधारकाल)

काव्य संवेदना और स्वरूप, प्रमुख कवि, महावीरप्रसाद द्विवेदी और हिन्दी नवजागरण, द्विवेदीयुगीन गद्य साहित्य।

छायावाद युग (स्वच्छन्दतावादी युग)

छायावाद : अर्थ, परिभाषा और विकास के कारण तत्त्व, छायावाद की सामान्य विशेषताएँ, छायावाद : शक्ति काव्य के रूप में, छायावादी कवि और काव्य, उत्तर छायावाद रहस्यवाद, छायावादयुगीन गद्य।

छायावादोत्तर युग- परिवेश और परिस्थितियाँ
प्रगतिवाद, स्वातन्त्र्योत्तर प्रगतिवादी कविता, प्रयोगवाद, नयी कविता, प्रमुख कवि
राष्ट्रीय सांस्कृतिक काव्यधारा, नवगीत।
स्वातन्त्र्योत्तर हिन्दी कविता के अन्य आन्दोलन
सनातन सर्वोदयी कविता, अकविता
स्वातन्त्र्योत्तर आन्दोलन मुक्त काव्य, आधुनिक ब्रजभाषा काव्य
आधुनिक अवधी काव्य
हिन्दी ग़ज़ल, हाइकू, आधुनिक विशिष्ट प्रबन्ध काव्य
गद्य की विधाएँ : स्वरूप और विकास, **निबन्ध, कहानी**
उपन्यास- उपन्यास का विकास, उपन्यास की यथार्थवादी प्रवृत्ति।
नाटक और रंगमंच- नाटक का विकास, एकांकी नाटक, रंगमंच,
हिन्दी नाटक पर पश्चिमी प्रभाव
आलोचना- आलोचना का विकास, आलोचना के प्रकार, प्रमुख आलोचक
अन्य गद्य रूप- आत्मकथा, जीवनी साहित्य, संस्मरण, रेखाचित्र, यात्रा साहित्य, पत्र साहित्य,
रिपोर्ताज, इण्टरव्यू, केरीकेचर
उत्तर आधुनिक विमर्श और हिन्दी साहित्य- स्त्री-विमर्श और आधुनिक कविता,
आधुनिक दलित साहित्य
परिशिष्ट 1. : उर्दू साहित्य का इतिहास **458-475**
परिशिष्ट 2. : हिन्दीतर प्रदेशों का हिन्दी साहित्य **475-487**

1

साहित्येतिहास : परिभाषा, स्वरूप और परम्परा

इतिहास शब्द की व्युत्पत्ति है—इति = ऐसा, ह = निश्चित रूप से, आस = था, ऐसा निश्चित रूप से था। इस व्युत्पत्तिमूलक अर्थ में घटनाओं की निश्चितता तथा अतीतता का भाव अन्तर्निहित है। भारतीय परम्परा में सर्वप्रथम इतिहास शब्द का उल्लेख अथर्ववेद में मिलता है। शतपथ ब्राह्मण, जैमिनीय वृहदारण्यक तथा छान्दोग्योपनिषद् में भी इस शब्द का प्रयोग हुआ है। पाश्चात्य विद्वानों ने इतिहास को अतीत का महत्त्वपूर्ण आलेख, पूर्व घटित मानवीय घटनाओं तथा उनके कारणों की कथा, इतिहासकार और उसके तथ्यों की अन्तः क्रिया की अनवरत प्रक्रिया, वर्तमान और भूत के बीच लगातार चलनेवाली बहस के रूप में परिभाषित करने की कोशिश की है। नलिन विलोचन शर्मा इतिहास शब्द के प्रमुख तीन अर्थों की व्याख्या करते हैं—

1. घटनाओं के वास्तविक क्रम का द्योतन करने के लिए 'इतिहास' शब्द का प्रयोग होता है ...जब हम इतिहास के प्रभाव की बात करते हैं तो हमारा आशय इतिहास ग्रन्थ का प्रभाव न होकर परिस्थितियों का प्राबल्य होता है।

2. दूसरे महत्त्वपूर्ण अर्थ में 'इतिहास' शब्द का व्यवहार होता है, वह है संसार की घटनाओं का या उनके अंशों के प्रवाह का आलेखन।

3. इतिहास (हिस्ट्री), शब्द का तीसरा अर्थ, लौकिक और व्युत्पत्तिलभ्य अर्थ है 'गवेषणा', या गवेषणा से प्राप्त जानकारी या गवेषणा की किसी प्रक्रिया से उपलब्ध ज्ञान।[1]

इतिहास की विषय-वस्तु वैज्ञानिक अर्थ में कुछ भी नहीं है। यह अन्वेषण की एक प्रक्रिया मात्र है। इसमें अतीत की घटनाओं जिनमें मनुष्य के समस्त क्रिया-कलाप, संघर्ष, यातना, सृजन और ध्वंस सम्मिलित हैं का अन्वेषण किया जाता है। यह अन्वेषण अन्वेषणकर्त्ता की अपनी समसामयिक परिस्थितियों तथा आवश्यकताओं पर निर्भर करता है, "आधुनिक वैज्ञानिक इतिहासकार अपरिसीम तथ्यों में से उन्हें ही चुनता है जो, उसकी दृष्टि में, वर्तमान मानव समाज के विकास के समाधान और परिज्ञान के लिए आवश्यक सिद्ध हो सकते हैं।"

ओकशाट का विचार है कि, "इतिहास इतिहासकार का अनुभव है। इतिहासकार के अलावा और कोई इसका निर्माण नहीं करता और उसका निर्माण करने को एकमात्र रास्ता है इतिहास लेखन।" ई. एच. कार की धारणा है कि, "आधुनिक युग अन्य सभी युगों से ऐतिहासिकतावादी है। आधुनिक मनुष्य अभूतपूर्व रूप से आत्मचेतन है और इसीलिए इतिहास चेतन है, वह अपने पीछे की हल्की रोशनी में इस आशा से झाँकता है कि उसकी मद्धिम किरणें उसके गन्तव्य के अँधेरे को रोशन करेंगी। ...इतिहास की इस अनन्त शृंखला में अतीत, वर्तमान और भविष्य जुड़े हुए हैं।" कार की इस धारणा

---

1. नलिन विलोचन शर्मा : साहित्य का इतिहास दर्शन—पृ. 6-7.

से स्पष्ट है कि इतिहास केवल अतीत की निर्जीव सत्ता नहीं है, उसका स्पष्ट जुड़ाव वर्तमान से है। मनुष्य वर्तमान में रहकर वर्तमान की उपादेयता तथा दृष्टि से ही अतीत की घटनाओं को जाँचता-परखता है। अतीत का अन्वेषण वर्तमान की जरूरतों के अनुकूल ही होता है। इतिहास में तथ्यपरकता की अपेक्षा तो है किन्तु यथातथ्यता सम्पूर्ण हो ही नहीं सकती है। इसका प्रमुख कारण है कि किसी भी घटना के पीछे कारणों की जटिल शृंखलाओं के होने की सम्भावना रहती है। एक्टन की मान्यता है कि, "हम अपनी पीढ़ी में अन्तिम इतिहास नहीं लिख सकते, लेकिन हम परम्परागत इतिहास को रद्द कर सकते हैं और इन दोनों के बीच प्रगति के उस बिन्दु को दिखा सकते हैं जहाँ हम पहुँचे हैं।" इतिहास के पुनर्लेखन की आवश्यकता सदा महसूस होती रहती है। मात्र इसलिए नहीं कि इतिहास या साहित्येतिहास में नयी सामग्री मिलती या जुड़ती रहती है। बल्कि इसलिए भी कि दृष्टि परिवर्तित होती रहती है। इतिहासकार वर्तमान और अतीत के सम्बन्धों के माध्यम से दोनों की गहरी समझ प्रस्तुत करता है। इतिहास में ज्ञात तथ्यों की नयी व्याख्या तो होती है किन्तु तथ्यों का मनमानी उत्पादन नहीं होता है। यूनानी विद्वान् हिरोदोतस (456-545 ई.पू.) को इतिहास का प्रथम व्याख्याता माना गया है। उसने इतिहास को गवेषणा मानते हुए वैज्ञानिकता, आलोचना, तार्किकता के गुणों से युक्त मानवीय विद्या या मानविकी से सम्बद्ध माना। हिरोदोतस की यह भी मान्यता है कि इतिहास अतीत के आलोक में भविष्य पर प्रकाश डालता है, इसे शिक्षाप्रद विद्या मानना चाहिए। जर्मन दार्शनिक काण्ट प्राकृतिक नियमों पर अधिक बल देता है उसका मानना है कि सृष्टि का बाह्य विकास प्रकृति की आन्तरिक विकास प्रक्रिया का प्रतिबिम्ब है। अतः इतिहास लेखन में प्राकृतिक नियमों की प्रवृत्ति को समझने की चेष्टा करनी चाहिए।

हीगेल इतिहास की व्याख्या द्वन्द्वात्मक पद्धति पर करने का हिमायती है वह वाद, प्रतिवाद (विवाद) तथा संवाद का क्रम मानता है। उसके विचार से विश्व चेतना का विकास कार्य-कारण की शृंखला में होता है। डार्विन के विकासवादी सिद्धान्त के परिप्रेक्ष्य में इतिहास की विकासवादी व्याख्याएँ सामने आयीं। इतिहास को घटना संकुल का संग्रह न मानकर विकासक्रम का विवेचन माना गया। स्पेंगलर, ट्वायनवी, टर्नर आदि ने विश्व सभ्यता के इतिहास की विकासवादी व्याख्या करने की कोशिश की है। सामाजिक विज्ञान तथा भौतिक विज्ञान में भी इस दृष्टिकोण के अनुसार लेखन हुआ। मार्क्स तथा उसके अनुयायियों ने द्वन्द्वात्मकता के भौतिकवादी सन्दर्भ तथा वर्ग-संघर्ष को महत्त्व देते हुए इतिहास की व्याख्या की है। अस्तित्ववादी चिन्तक नियमबद्धता, पूर्व निश्चित सन्दर्भ या पूर्व निर्धारित स्थितियों का विरोध करते हैं, अतः वे इतिहास को भी किसी नियम से पूर्णतया बँधा हुआ नहीं मानते।

भारतीय अवधारणा—इतिहास सम्बन्धी भारतीय तथा पाश्चात्य दृष्टि में अन्तर पाया जाता है। भारतीय दृष्टि इतिहास को व्यापक अर्थ में ग्रहण करती है। महाभारत के अनुसार इतिहास की परिभाषा इस प्रकार है—

धर्मार्थ काममोक्षाणामुपदेशसमन्वितम्।
पूर्ववृत्त कथायुक्तमितिहासं प्रचक्षते ॥

पूर्ववृत्त कथा के द्वारा धर्म, अर्थ, काम, मोक्ष चारों पुरुषार्थों को प्रस्तुत करना मानवीय इतिहास की एक ऐसी विस्तृत परिभाषा है जिसमें तिथि क्रम से अतीत के राजाओं, महाराजाओं के युद्ध तथा जीवन, या अन्य कोई निरर्थक घटना नहीं बल्कि घटनाओं के माध्यम से मानवीय मूल्यों की उपलब्धि की प्रक्रिया तथा वर्तमान और भविष्य के सन्दर्भ में उनकी उपयोगिता को समाहित कर लिया गया

है। इतिहास की यह अवधारणा नैतिकता और आध्यात्मिकता से अनुशासित होती रही है। मनुष्य के सम्पूर्ण जीवन की कथा कहनेवाला इतिहास आधुनिक काल में स्वीकृत हो रहा है।

साहित्य के इतिहास की परिभाषा— यदि इतिहास अतीत की घटनाओं का आलेख है तो साहित्येतिहास अतीत की साहित्यिक घटनाओं का आलेख है। जिस प्रकार जीवन में अनेक छोटी-छोटी घटनाएँ घटित होती रहती हैं किन्तु वे सभी इतिहास नहीं बन जाती हैं उसी तरह साहित्य-जगत् में रची जानेवाली छोटी-छोटी अप्रभावशाली रचनाएँ साहित्येतिहास की घटनाएँ नहीं बनतीं। यहाँ घटना शब्द को किंचित् व्यापक तथा लाक्षणिक अर्थ में समझा जाना चाहिए। तुलसी की रचना रामचरितमानस या जायसी की रचना 'पद्मावत' साहित्य की घटनाएँ ही हैं। यदि कोई छोटी-मोटी रचना इतिहास-लेखन की परिधि से छूट जाती है या छूट गयी है तो साहित्य के इतिहास को अधूरा तथा निरर्थक घोषित करना उचित नहीं है। जैसे इतिहास में अतीत की उसी घटना को महत्त्व दिया जाता है, जिससे वर्तमान को विकसित करने तथा समझने में सहायता मिलती है वैसे ही अतीत की उसी साहित्यिक रचना पर इतिहासकार अपनी दृष्टि केन्द्रित करता है जिससे वर्तमान साहित्यिक सृजन के बोध तथा मानवीय मूल्यों की परम्परा तथा व्याख्या में सहायता मिलती है। साहित्यकार अपने युग की चिन्तन-दिशा, सामाजिकता, राष्ट्रीयता तथा व्यापक आशा-आकांक्षा का प्रतिनिधित्व करता है। परिमाण तथा गुण की दृष्टि से अधिक महत्त्वपूर्ण न प्रतीत होनेवाला कवि या साहित्यकार का यदि वह किसी परम्परा के सूत्रपात्र तथा किसी वर्ग-विशेष की प्रवृत्ति को व्यक्त करता है जो किसी कारण से दबी हुई थी या दबा दी गयी थी, अन्वेषण, विवेचन और मूल्यांकन साहित्येतिहास में किया जाता है। इतिहास और साहित्येतिहास की यही अन्तःसंगति है। पण्डित रामचन्द्र शुक्ल का कथन है "जब कि प्रत्येक देश का साहित्य वहाँ की जनता की चित्तवृत्ति का संचित प्रतिबिम्ब होता है तब यह निश्चित है कि जनता की चित्तवृत्ति के परिवर्तन के साथ-साथ साहित्य के स्वरूप में भी परिवर्तन होता चला जाता है। आदि से अन्त तक इन्हीं चित्तवृत्तियों की परम्परा को परखते हुए साहित्य परम्परा के साथ उनका सामंजस्य दिखाना ही साहित्य का इतिहास है।"[1]

श्री नलिन विलोचन शर्मा साहित्येतिहास की परम्परित अवधारणा निर्माण की प्रक्रिया की खामियों तथा उसकी समुन्नत सम्भावना को एक साथ निरूपित करते हैं। 'साहित्य का इतिहास दर्शन' की भूमिका में उनका कथन है, "साहित्येतिहास भी अन्य प्रकार के इतिहासों की तरह कुछ विशिष्ट लेखकों और उनकी कृतियों का इतिहास न होकर, युग-विशेष के लेखक समूह की कृति-समष्टि का इतिहास ही हो सकता है। इस पर सिद्धान्त और व्यवहार दोनों में ही ध्यान न देने के कारण साहित्यिक इतिहास ढीले सूत्र में गुँथी हुई आलोचनाओं का रूप ग्रहण करता रहा है।"[2] साहित्य के इतिहास का निर्माण, ऐतिहासिक बोध, राष्ट्रीय अथवा भाषागत विशेषताओं का विचार, फिर पार्थक्य में अन्तर्निहित सम्पृक्तता का अभिज्ञान, तथा युग की प्रवृत्तियों और विकास की चेतना जब प्रत्नतत्त्वानुसन्धान वृत्ति से समन्वित होते हैं, और शताब्दियों से एकत्र होती हुई सामग्री का वे अपने युग की इदान्तता की दृष्टि से उपयोग करते हैं तब साहित्येतिहास का निर्माण होता है।[3]

नलिन विलोचन शर्मा का निष्कर्ष है कि, "वस्तुतः प्राचीन भारतीयों के द्वारा प्रस्तुत ऐतिहासिक सामग्री का अभाव नहीं है। इस सम्बन्ध में पाश्चात्यों की भ्रान्ति का कारण है, भारतीयों का इतिहास

---

1. रामचन्द्र शुक्ल : हिन्दी साहित्य का इतिहास, पृ. 1
2. नलिन विलोचन शर्मा—साहित्य का इतिहास दर्शन—पृ. 1, 3
3. नलिन विलोचन शर्मा—साहित्य का इतिहास दर्शन - पृ. 3.

विषयक विभावन। 19वीं शताब्दी में इतिहास-लेखन की जो प्रणाली प्रचलित थी, उससे भारतीय प्रणाली सर्वथा भिन्न थी। पश्चिम के तत्कालीन स्वीकृत प्रतिमानों के सहारे पाश्चात्य विद्वान्, न तो भारतीय साहित्य और कलाओं के साथ न्याय कर सके, न यहाँ की प्राचीन इतिहास-लेखन प्रणाली की विशेषता ही समझ पाये।"

एक श्लोक में इतिहास के विषय में कहा गया है–

आर्ष्यादि बहुव्याख्यान देवर्षि चरिताश्रयम।
इतिहासमिति प्रोक्तम् भविष्याद्भुतः धर्मयुक्॥

डॉ. रामखेलावन पाण्डेय ने 'हिन्दी साहित्य का नया इतिहास' प्रस्तुत करते हुए इतिहास के स्वरूप तथा इतिहासकार की बहुज्ञता के साथ उसकी साहित्यिक, कलात्मक, वैज्ञानिक, दार्शनिक और समाजशास्त्रीय दृष्टिसम्पन्नता का भी जिक्र किया है। पाण्डेय जी की मान्यता उन्हीं के शब्दों में उद्धृत है, "इतिहास वही नहीं है जो स्मृत और सुरक्षित रह जाता है, बल्कि वह है जिसके स्मरण करने की आवश्यकता का अनुभव हमें होता चलता है, और इसीलिए प्रत्येक युग अपने लिये ऐतिहासिक तथ्यों और तत्त्वों का नवीन संगठन करता है, उसकी संरचनात्मक व्याख्या करता है। साहित्येतिहास का लेखक साहित्यकार ही नहीं, वह वैज्ञानिक है, कला पारखी है, दार्शनिक है और समाजशास्त्री भी।"[1]

डॉ. शम्भुनाथ सिंह ने इतिहास की नयी अवधारणा के सन्दर्भ में हिन्दी साहित्य के इतिहास को परखने की आवश्यकता पर बल देते हुए कहा है कि, "मानव चेतना जिन प्रत्यक्ष या परोक्ष क्रिया-प्रतिक्रिया द्वारा अभिव्यक्त होती है उनके समग्र रूप का आकलन ही इतिहास है। मानव की प्रत्येक क्रिया उसके परिवेश तथा उसकी अपनी ही अन्य क्रियाओं से विविध रूपों में सम्बद्ध होती है इसी कारण वह उसकी चेतना की समग्र धारा का अंग होती है...भारतीय मानस की विविध क्रिया प्रतिक्रियाओं से सम्बद्ध करके ही हिन्दी साहित्य के इतिहास को देखा-परखा जा सकता है।

पाश्चात्य विद्वान् तेन ने साहित्य की मूल प्रवृत्तियों के लिए जाति, वातावरण, क्षण-विशेष को जिम्मेदार माना है। हड़सन महोदय साहित्य की निर्मिति में रचनाकार के व्यक्तित्व तथा प्रतिभा को भी महत्त्वपूर्ण माना है। जर्मन विचारकों ने साहित्य की ऐतिहासिक व्याख्या में युगीन चेतना को महत्त्वपूर्ण स्थान दिया है। मार्क्सवादी विचारक साहित्य के परिवर्तन में आर्थिक परिवर्तन, वर्ग-संघर्ष को आवश्यकता से अधिक महत्त्व प्रदान करते हैं। हिन्दी के सुप्रसिद्ध समीक्षक रामविलास शर्मा ने आर्थिक सम्बन्धों के मामले में कई त्रुटिपूर्ण निर्णयों से बचने का संकेत किया है। ऐतिहासिक विकासक्रम में किसी भी समाज-व्यवस्था के अन्तर्गत सम्पत्तिशाली वर्ग की भूमिका उस व्यवस्था के अभ्युदय काल में वही नहीं होती जो उसके ह्रासकाल में होती है। अपने अभ्युदयकाल में यह सम्पत्तिशाली वर्ग पुरानी व्यवस्था को बदलता है और सभ्यता के विकास का मार्ग प्रशस्त करता है। (परम्परा का मूल्यांकन, पृ. 10) इससे भी महत्त्वपूर्ण बात है कि साहित्य मनुष्य के सम्पूर्ण जीवन से सम्बद्ध है। आर्थिक जीवन के अलावा मनुष्य एक प्राणी के रूप में भी अपना जीवन बिताता है। साहित्य में उसकी बहुत-सी आदिम भावनाएँ प्रतिफलित होती हैं जो उसे प्राणिमात्र से जोड़ती हैं। साहित्य विचारधारा मात्र नहीं है। उसमें मनुष्य का इन्द्रिय बोध, उसकी भावनाएँ, आन्तरिक प्रेरणाएँ भी व्यंजित होती हैं। साहित्य का यह पक्ष अपेक्षाकृत स्थायी होता है। (वही, पृ. 11) मेरी दृष्टि में साहित्य का इतिहास सामाजिक-सांस्कृतिक परिस्थितियों के बदलाव के

1. डॉ रामखेलावन पाण्डेय, हिन्दी साहित्य का नया इतिहास, पृ. 10

परिप्रेक्ष्य में विकसित नयी अनुभूतियों, विचारों एवं संवदेनाओं के शाश्वत एवं परिवर्तनशील भाषिक अभिव्यक्तियों का कालक्रमिक विवेचन एवं मूल्यांकन है।

हिन्दी साहित्य के इतिहास पर उठे प्रश्न

साहित्य के इतिहास की अपूर्णता का बोध मात्र इसलिए नहीं होता कि इतिहास में नयी काव्य-प्रवृत्तियाँ जनमती रहती हैं और नयी-नयी कृतियाँ प्रकाशित होकर इतिहास का हिस्सा बनती रहती हैं बल्कि इतिहास को समझने तथा देखने की दृष्टि बदलती रहती है। फूको यामा ने तो इतिहास के मरने तक की बात कह दी है। इतिहास के मरने का मैं यही तात्पर्य लेना चाहता हूँ कि जिस रूप में इतिहास रचा गया है या समझा गया है वह निष्प्राण हो गया है। इतिहास को नये सिरे से प्राणवान् करने की जरूरत है। अमेरिका इस समय विश्व का सबसे प्रभावशाली राष्ट्र है, उसका अपना कोई पुराना इतिहास नहीं है और न कोई सांस्कृतिक मूल है अतः पुरानी संस्कृति तथा जीवन्त इतिहासवाले देशों को अपने गौरवबोध से मुक्त करने के लिए भी इतिहास को नकारने की साजिश हो सकती है। इस ऊहापोह को छोड़कर हम हिन्दी साहित्य से जुड़े इतिहास के प्रश्नों पर विचार करना चाहेंगे। हिन्दी साहित्येतिहास-लेखन की परम्परा में ही निरन्तर हुए परिवर्तनों और नयी उपलब्धियों से ही यह स्पष्ट होता है कि इतिहास इतिहासकार की अपनी निर्मिति है। ज्ञात तथ्यों और सूचनाओं के आधार पर साहित्येतिहासकार साहित्य के इतिहास का काल-विभाजन, नामकरण तथा प्रवृत्तियों का विवेचन, विश्लेषण करता आया है। साहित्यिक कृतियों के मूल्यांकन की चाहे सामाजिक दृष्टि हो अथवा कलात्मक दृष्टि हो दोनों में मानकों की जड़ता कम-से-कम इतिहास-लेखन में कभी भी मान्य नहीं रही है। साहित्य के इतिहास को जनता की चित्तवृत्ति या युग मानस के परिप्रेक्ष्य में रखने तथा विवेचित करने की अनिवार्यता होती है। आचार्य रामचन्द्र शुक्ल पहले इतिहासकार हैं जिन्होंने जनता की चित्तवृत्ति तथा साहित्य के अन्तः सम्बन्धों को बलपूर्वक प्रतिपादित किया। युग-विशेष की जनता की चित्तवृत्ति का स्वरूप निर्धारण भी बहुत-कुछ इतिहास लेखन की अपनी चित्तवृत्ति के अनुकूल होता है अर्थात् वर्तमान की दृष्टि से अतीत को देखने का उपक्रम इतिहास के निष्कर्षों को बदल देता है। अतः काल-विभाजन के आधार, कवियों की श्रेष्ठता तथा लघुता, महत्ता और महत्त्वहीनता की स्थितियाँ भी यथावत् नहीं रह जाती हैं। साहित्य के 'इतिहास' में काल-विभाजन, काव्य प्रवृत्तियों के निर्धारक सामाजिक, आर्थिक कारकों तथा रचनात्मक प्रेरणाओं को लेकर समय-समय पर बहसें होती रही हैं लेकिन बहस तथा विचार के मुद्दों में बहुत अधिक गुणात्मक अन्तर नहीं रहा है जैसे आदिकाल को वीरगाथाकाल, सिद्ध सामन्तकाल, आधारकाल, बीजवपन काल आदि अनेक नामों के सुझाव के बावजूद बात घूम-फिरकर आदिकाल पर ही टिकी रह गयी। माध्यमिक स्तर की पाठ्य-पुस्तकों में शुक्ल जी का दिया नाम वीरगाथाकाल ही प्रतिष्ठित है। अन्य कालों की पूर्वापर सीमा तथा प्रवृत्तियों पर भी सवाल उठाये गये हैं। राजस्थान केन्द्र में वीरगाथाओं की रचनाएँ भक्तिकाल और रीतिकाल में होती रहीं, यदि वीरभावात्मक रासो काव्य का अधिकांश हिस्सा मध्यकाल में लिखा गया तो क्या मध्यकालीन सन्दर्भ में उनका मूल्यांकन अपेक्षित नहीं है। इसके मायने कि मध्यकाल में भी देशी राजाओं की संघर्ष चेतना निष्क्रिय नहीं हुई थी, कविगण निरन्तर अपने आश्रयदाताओं के ओज तथा शौर्य को उत्तेजित करने का रचनात्मक प्रयत्न करते रहे। भूषण आदि कवियों को ऐसी स्थिति में हाशिये का कवि न मानकर भक्ति तथा शृंगार काव्य की समानान्तर धारा वीरभाव का केन्द्रीय कवि मानना पड़ेगा।

साहित्येतिहास में काल-विभाजन तथा नामकरण में नवीन धाराओं को विशेष महत्त्व दिया गया है इससे अध्येताओं के मन में इतिहास की अधूरी तस्वीर बनती है। आदिकाल को वीरगाथाकाल कहने से सिद्धसाहित्य, नाथ साहित्य, जैन साहित्य, शृंगारिक काव्य आदि गौण हो गये, पूर्व मध्यकाल को भक्तिकाल कहने से परिभाषा की दृष्टि से प्रचुर वीरगाथात्मक रचनाएँ मूल्यांकन से छूट गयीं। आदिकाल की सीमा में न आने के कारण उन्हें अप्रामाणिक कहा गया है, लेकिन इतिहासकारों ने मध्यकाल में रखकर उनका विश्लेषण और मूल्यांकन प्रायः नहीं किया।

मध्यकाल केवल सामयिक इकाई नहीं है बल्कि एक अवधारणात्मक वैचारिक इकाई भी है। जब हिन्दी साहित्य के मध्यकाल की चर्चा होती है तो तुरन्त पूर्व मध्यकाल तथा उत्तर मध्यकाल का विभाजन करके भक्ति तथा रीति के सन्दर्भों में ही साहित्य की प्रवृत्तियों का विवेचन-विश्लेषण किया जाता है। प्रायः उन सूत्रों का उल्लेख नहीं किया जाता जिनके कारण 'भक्तिकाल तथा रीतिकाल दोनों ही मध्यकाल' के अन्तर्गत रखे गये हैं।

पण्डित हजारीप्रसाद द्विवेदी ने बहुत पहले इस तथ्य की ओर ध्यान आकृष्ट किया था कि हिन्दी साहित्य का विवेचन सम्पूर्ण भारतीय साहित्य के परिप्रेक्ष्य में किया जाना चाहिए। अब अनुवाद के जरिये प्रचुर मात्रा में हमारा परिचय भारतीय साहित्य से हो रहा है अतः हम हिन्दी साहित्य के इतिहास को भारतीय सन्दर्भ में रखकर देखने हेतु अधिक समर्थ हैं। इससे हिन्दी साहित्य का व्यापक परिदृश्य उभरकर आयेगा। इसी प्रसंग में एक बात और जरूरी है कि हिन्दीतर क्षेत्रों में लिखे जानेवाले हिन्दी साहित्य को साहित्य के इतिहास में उचित स्थान दिया जाना चाहिए। व्यावसायिक दृष्टि से साहित्य के निश्चित केन्द्र का विकसित हो जाना तथा प्रचार-प्रसार एवं विज्ञापन के बल पर कूड़ा लेखन को उत्कृष्ट साहित्य के रूप में प्रतिष्ठित करने का उपक्रम बड़ा घातक है। धीरे-धीरे हिन्दी के विभिन्न अंचलों में लिखे जानेवाले साहित्य की उपेक्षा हो रही है जो हिन्दी के विराट् एवं राष्ट्रीय स्वरूप को बाधित कर रहा है। किसी विशेष विचारधारा की दृष्टि से साहित्य के मूल्यांकन तथा स्वीकार की प्रवृत्ति भी साहित्येतिहास लेखन को अपूर्ण बनाती है। स्वतन्त्रता के बाद के हिन्दी साहित्य के इतिहासकारों का दृष्टिकोण बहुत-कुछ इसी तरह का है।

नये विमर्शों की दृष्टि से साहित्येतिहास का पुनर्लेखन किया जा सकता है। संयोग से हिन्दी साहित्य अपने आरम्भिक काल से ही क्रान्तिकारी मिजाज का रहा है। सरहपा जिसे हिन्दी का पहला कवि माना जाता है, केवल सामाजिक एवं धार्मिक आचरणों के प्रति विद्रोह नहीं करता बल्कि काव्य प्रतीकों तथा बिम्बों में भी क्रान्तिकारी परिवर्तन करता है। उसने समाज में अछूत समझे जानेवाले वर्ग से नारियों को प्रतीक रूप में स्वीकार करके कविता तथा आध्यात्मिकता की पारम्परिक आभिजात्य धारणा को तोड़ा है। सिद्धों में अनेक जातियों के लोग हैं, नाम से लगता है कि कई दलित जातियों से सम्बन्धित रहे हैं। मन्त्र यदि वैदिक परम्परा से सम्बन्धित है तो तन्त्र ब्राह्मणेतर धर्मों से सम्बन्धित परम्परा रही है, हिन्दी का आरम्भिक साहित्य सभी तरह की परम्पराओं को स्वीकार करके चल रहा है। स्त्री-विमर्श और दलित-विमर्श की दृष्टि से भक्तिकाल और आधुनिककाल की रचनाओं का अध्ययन आरम्भ हुआ है। साहित्येतिहास से भी यह अपेक्षा है कि नये विमर्शों के केन्द्र में रखकर साहित्य के इतिहास की जाँच-पड़ताल करे। नये विमर्शों के कारण बहुत-से रचनाकारों को सामने लाया जा सकता है जिन्हें मुख्य धारा से अलग करके या तो छोड़ दिया गया था अथवा फुटकर खाते में डाल दिया गया था। डॉ. सुमन राजे ने महिला रचनाकारों की सृजनशीलता को रेखांकित करते हुए हिन्दी साहित्य का आधा इतिहास स्वतन्त्र रूप से प्रस्तुत किया है। मेरा मानना है कि इतिहास को आधा-तिहाई प्रस्तुत करने की जरूरत नहीं है वैसे भी इतिहास कभी भी पूरी तरह प्रत्यक्ष हो ही नहीं

पाता है। अतएव दलितों तथा स्त्रियों के साहित्यिक योगदान तथा समसामयिक परिस्थितियों में इनकी रचनाधर्मिता के सहयोगी और विरोधी तत्त्वों का विवेचन सम्पूर्ण ऐतिहासिक चेतना के क्रम में ही अपेक्षित है।

लिखित परम्परा के साथ मौखिक परम्परा भी चलती है। मौखिक परम्परा से प्राप्त सामग्री का भी उपयोग किया जाना चाहिए। मौखिक सामग्री रचनाकार के विषय में शत-प्रतिशत प्रामाणिक सूचना भले ही न प्रस्तुत करती हो लेकिन रचनाकार की लोकप्रियता तथा जनमानस पर उसकी रचनाओं के प्रभावों का आकलन मौखिक परम्परा से आसानी से हो जाता है।

किसी बड़े रचनाकार की रचनाओं में जितना अधिक प्रक्षेप होता है वह उतना अधिक जनसंवेदना के नजदीक होता है, उसने सिर्फ रचा ही नहीं बल्कि जनमानस की रचनाधर्मिता को उत्तेजित भी किया। कबीर के नाम पर अनेक रचनाओं का प्रचलन इसी तथ्य को प्रमाणित करता है।

आज साहित्य को सामाजिक एवं सांस्कृतिक सन्दर्भों में मूल्यांकित करने पर जोर दिया जा रहा है। विखण्डन की दृष्टि से यदि पुराने साहित्य को देखना है तो केन्द्रीय अर्थ के बदले परिधि के अर्थों को भी महत्त्वपूर्ण माना जा सकता है किन्तु अर्थ निर्धारण में आज के मानकों को तत्कालीन परिस्थितियों तथा दबावों को अनदेखी करके लागू करना औचित्यपूर्ण नहीं है। रचना के पाठ को चिह्न मानकर उसके आधार पर अन्य वैयक्तिक, सामाजिक, आर्थिक स्थितियों को निर्दिष्ट करने से साहित्येतिहास को समृद्धि मिलेगी और साहित्य की मूल्यवत्ता भी प्रतिपादित होगी।

सामाजिक मूल्यों की वरीयता होते हुए भी कलात्मक मूल्यों तथा सौन्दर्यानुभूति को पूरी तरह त्यागना उचित नहीं है। सौन्दर्य के प्रति देश-काल के अनुसार दृष्टिभेद सम्भव है, उसकी अभिव्यक्ति के तौर-तरीके में भी भेद सम्भव है लेकिन साहित्य में उसकी उपस्थिति निर्विवाद रूप से मान्य है क्योंकि रचनाकार भौतिक जगत् को केवल उपयोगिता के भाव से नहीं ग्रहण करता उसके प्रति उसका संवेदनात्मक लगाव तथा आसक्ति भी रहती है। शिव के साथ ही सत्य और सुन्दर भी साहित्य के आदर्श हैं। अतः एक समग्र और बहुआयामी दृष्टि से साहित्येतिहास के प्रस्तुतीकरण की आवश्यकता है।

साहित्येतिहास की सामग्री

हिन्दी साहित्य का सृजन पिछले ग्यारह सौ वर्षों से हो रहा है किन्तु उसके वैज्ञानिक इतिहास के प्रस्तुतीकरण का प्रयत्न आधुनिक है। इतिहास की रचना के लिए अतीत की बिखरी हुई सामग्री का संचयन आवश्यक होता है। प्रचुर सामग्री के अभाव में इतिहास रचना सम्भव नहीं हो सकती है। हिन्दी का दुर्भाग्य कहिये या सौभाग्य इसे आरम्भ से ही राजनीतिक विषमताओं से जूझना पड़ा है। हिन्दी साहित्य की रचना विदेशी आक्रमणों, युद्धों तथा गुलामी की परिस्थितियों में हुई। यद्यपि शासकों से इसका कोई निकट का रिश्ता नहीं था फिर भी व्यापक भारतीय जनभावना की संवाहिका होने के कारण इसने समय-समय पर देशी या विदेशी शासकों के दरबार में अपना स्थान बना ही लिया। राजकीय संरक्षण की चिन्ता से मुक्त आचार्यों, सन्तों, भक्तों और सूफियों की वाणी पर हिन्दी सैकड़ों वर्षों तक विराजती रही तथा सम्पूर्ण भारत की जनचेतना को समाहित करती रही। हिन्दी भाषा और साहित्य उपर्युक्त कारणों से सबल तो हुए किन्तु राजनीतिक हलचल के कारण बहुत-सी हस्तलिखित पोथियाँ नष्ट भी हो गयीं। अति लोकप्रियता के कारण मौखिक परम्परा में जो कुछ सामग्री शेष रही वह भी वस्तु तथा भाषा की दृष्टि से इतनी बदल गयी कि मूल रूप का पता लगाना कठिन हो गया।

हिन्दी साहित्य की रचना मुख्य तीन केन्द्रों या क्षेत्रों से सम्बद्ध है—(1) राज्याश्रय, (2) धर्माश्रय, (3) लोकाश्रय

1. राज्याश्रय— राजदरबारों में हिन्द से सम्बद्ध सामग्री सुरक्षित मिलती है किन्तु इस सामग्री के साथ एक प्रमुख समस्या यह है कि परम्परा से पुरानी रचनाओं में प्रक्षेप बहुत बढ़ता गया है। आदिकालीन वीरगाथात्मक रासो कृतियों की प्रामाणिकता की समस्या इसीलिए बहुत जटिल हो जाती है।

2. धर्माश्रय— धर्माश्रय में धार्मिक या भक्ति सम्बन्धी रचनाएँ मिलती हैं। जैन भण्डारों तथा मन्दिरों से जुड़े संग्रहों में पर्याप्त साहित्य उपलब्ध हुआ है। ये रचनाएँ अपेक्षाकृत अधिक प्रामाणिक हैं।

3. **लोकाश्रय**— साहित्य और कला के प्रमियों ने भी बहुत-सी हस्तलिखित पोथियों को अपने निजी पुस्तकालयों में सुरक्षित रखा है। कुछ रचनाओं का अस्तित्व जनसाधारण के बीच प्रचलित मौखिक परम्परा में सुरक्षित है। आल्हा खण्ड या परमाल रासो इसी तरह की रचना है जिसे बहुत बाद में संकलित करके प्रकाशित कराया गया है।

हिन्दी साहित्य से सम्बद्ध सामग्री का संचयन कुछ व्यक्तियों तथा संस्थाओं के प्रयत्न से किया गया। सर्वप्रथम इस दिशा में सर विलियम जोन्स (1784 ई.) द्वारा स्थापित बंगाल की एशियाटिक सोसाइटी ने कार्य किया। इस संस्था के प्रयास से लगभग छह सौ संस्कृत तथा हिन्दी के ग्रन्थों का पता लगाया गया। इसके बाद वाराणसी में 1893 ई. में नागरी प्रचारिणी सभा की स्थापना हुई। इस संस्था ने 1896 ई. से ग्रन्थों की खोज का कार्य शुरू किया। इसकी खोज रिपोर्ट शुरू में वार्षिक तथा बाद में त्रैमासिक रूप से प्रकाशित की गयी। इन रिपोर्टों से पर्याप्त सूचनाएँ उपलब्ध हुईं जिनसे इतिहास रचना के लिए कच्ची सामग्री तो उपलब्ध हुई ही आगे भी अनुसन्धान के लिए प्रोत्साहन मिला। एक बार पुनः एशियाटिक सोसाइटी ने मूल ग्रन्थों की खोज का बीड़ा उठाया। सोसाइटी की तरफ से डॉ. एल. पी. टेसिटरी ने खोज कार्य शुरू किया। टेसिटरी ने अपनी खोज का विवरण 'ए डेस्क्रिप्टिव कैटेलॉग ऑफ बार्डिक ऐण्ड हिस्टारिक मैन्युस्क्रिप्ट्स-पार्ट 1 प्रोज, पार्ट 2 पोइट्री, शीर्षक से प्रस्तुत किया। इन्होंने छन्द रावजयतसी तथा किसन-रुक्मिणी री बेलि, शीर्षक दो ग्रन्थों का सम्पादन भी किया। नागरी प्रचारिणी सभी से जुड़कर श्यामसुन्दर दास, श्यामबिहारी मिश्र, पीताम्बरदत्त बड़थ्वाल, हीरालाल जैन, पं. विश्वनाथ मिश्र आदि विद्वानों ने खोज कार्य किया।

हिन्दी साहित्य के विकास-सूत्र को अपभ्रंश साहित्य से जोड़े बिना सही निष्कर्ष निकालना कठिन है। बहुत दिनों तक अपभ्रंश साहित्य की पूर्ण जानकारी न होने के कारण अनेक विपरीत निष्कर्ष निकाले भी गये। जर्मन भाषाशास्त्री पिशेल, याकोबी, चिमनलाल डाह्याभाई पटेल, मुनि जिनविजय, हीरालाल जैन, राहुल सांकृत्यायन, कस्तूरचन्द कासलीवाल आदि विद्वानों ने अपभ्रंश साहित्य के संकलन, अध्ययन तथा प्रकाशन में महत्त्वपूर्ण कार्य किया।

हिन्दी ग्रन्थों के सम्पादन में डॉ. माताप्रसाद गुप्त, वासुदेवशरण अग्रवाल के नाम उल्लेखनीय हैं। इन विद्वानों ने पाठ विज्ञान के आधार पर पुरानी पोथियों का वैज्ञानिक सम्पादन किया है।

साहित्येतिहास की अध्ययन सामग्री को दो भागों में वर्गीकृत किया जा सकता है—

1. अन्तःसाक्ष्य से सम्बद्ध सामग्री।
2. बहिर्साक्ष्य से सम्बद्ध सामग्री।

1. अन्तःसाक्ष्य से सम्बद्ध सामग्री– का तात्पर्य है कवियों या लेखकों द्वारा दिया गया आत्मपरिचय तथा अपनी रचना के विषय में दिया गया परिचय। यह सामग्री अत्यन्त उपयोगी होती है यदि रचना की प्रामाणिकता असन्दिग्ध हो। कृति-विशेष का अध्ययन ही युग-विशेष की प्रवृत्तियों के निर्धारण का मूल आधार है। साहित्येतिहास के युग-विशेष की विशेषताओं को तभी समझा जा सकता है जब उस काल की अधिकाधिक प्रामाणिक रचनाएँ मूलरूप में उपलब्ध हों या इतनी अधिक हस्तलिखित पोथियाँ उपलब्ध हों कि उनका पाठ सम्पादन किया जा सके। अन्तःसाक्ष्य की सामग्री प्रक्षेपों के कारण दूषित हो जाती है, जिससे काल-निर्धारण तथा रचनाकार के व्यक्तित्व निर्धारण में बड़ी कठिनाई का सामना करना पड़ता है।

2. बहिर्साक्ष्य से सम्बद्ध सामग्री—रचनाकारों के अलावा अन्य व्यक्तियों तथा लेखकों द्वारा रचना तथा तत्सम्बन्धी रचनाकार के विषय में दी गयी सूचना इसी वर्ग से सम्बन्धित है। कविवृत्त संग्रहों में सुरक्षित सामग्री से इतिहास के अध्ययन तथा लेखन में पर्याप्त मदद जती है। संस्कृत, प्राकृत, अपभ्रंश से होती हुई यह परम्परा हिन्दी में विकसित हुई। कविवृत्त संग्रह, वार्त्ता साहित्य, परिचयी, भक्तमाल, जीवनी साहित्य आदि एक ओर इतिहास की बाह्य सामग्री को प्रस्तुत करते हैं दूसरी ओर इनमें प्राचीन इतिहास दृष्टि की भी हल्की-सी झलक मिलती है। नये इतिहास लेखन में पूर्व लिखित इतिहास सामग्री का कार्य भी करता है। मिश्रबन्धु विनोद, शिवसिंह सरोज, माडर्न वर्नाक्युलर लिट्रेचर ऑफ हिन्दोस्तान आदि इतिहास ग्रन्थों से शुक्ल जी ने पर्याप्त सामग्री का उपयोग किया। परवर्ती इतिहास-रचना में शुक्ल जी के इतिहास ने भी सामग्री सम्पूर्ति का कार्य किया है।

संस्कृत साहित्य के इतिहास की प्रचुर सामग्री सुभाषित संग्रहों में उपलब्ध है। कवीन्द्र वचन समुच्चय, सदुक्ति कर्णामृत, सुभाषित मुक्तावली आदि संग्रह उल्लेखनीय हैं। पालि, प्राकृत और अपभ्रंश में भी पूर्ववर्ती कवियों के उल्लेख तथा रचनाओं के संग्रह की परम्परा मिलती है। पालि के दीपवंश, महावंश आदि में बौद्ध साहित्य से सम्बद्ध आचार्यों तथा उनकी कृतियों की सूचनाएँ मिलती हैं। काव्यसंग्रहों में प्राकृत और मुक्तक संग्रह गाहासत्तसई तथा बज्जालग्ग उपलब्ध हैं। अपभ्रंश के महाकाव्य हरिवंश पुराण में अनेक प्रभावशाली कवियों का उल्लेख किया गया है। कविवृत्त संग्रह की यह परम्परा हिन्दी में चलती रही। कालिदास हजारा, कविमाला, अलंकार रत्नाकर सार संग्रह, सत्कवि गिरा विलास, विद्वन्मोद तरंगिणी, रागकल्पद्रुम, रसचन्द्रोदय, दिग्विजय भूषण, सुन्दरी तिलक, भाषा काव्य संग्रह, कवित्त रत्नाकर, नखशिख हजारा प्रमुख हैं। इा संग्रह ग्रन्थों में प्रमुख कवियों के साथ गौण कवियों को भी स्थान दिया गया है। मुक्तक कविताओं को महत्त्व देने के कारण अन्य काव्यविधाएँ इन संग्रहों में उपेक्षित रह गयी हैं। कवियों का परिचय संक्षिप्त है तथा कई कवियों का परिचय नहीं है। इतिहास की निर्मिति में इनकी अनिवार्यता की चर्चा करते हुए नलिन विलोचन शर्मा ने कहा है कि "इतिहास सम्पूर्ण विस्तार का सर्वेक्षण, अनुशीलन और मूल्यांकन है,..साहित्यिक इतिहास का विषय भी यदि विस्तार है तो महान् लेखकों से अधिक महत्त्व इन गौणों का है जिनसे विस्तार निर्मित होता है।"[1]

साहित्येतिहास की सामग्री की आपूर्ति में वार्त्ता साहित्य भी महत्त्वपूर्ण है। चौरासी वैष्णवन की वार्त्ता, दो सौ बावन वैष्णवन की वार्त्ता से अनेक भक्तों के विषय में सूचनाएँ मिलती हैं, वार्त्ता की तरह भक्तमाल भी उल्लेखनीय है। भक्तमाल शीर्षक से अनेक रचनाएँ मिलती हैं जिनमें मुख्य हैं—जगा कृत भक्तमाल (17वीं शताब्दी), चैन जी रचित भक्तमाल (17वीं शताब्दी) भगवत मुदित रचित अनन्यमाल, नाभादास कृत भक्तमाल, राघोदास कृत भक्तमाल, चारण ब्रह्मदास कृत भक्तमाल, उत्तमदास कृत रसिकमाल, रामदास कृत भक्तमाल, सोबतराम कृत भक्तमाल आदि।

1. साहित्य का इतिहास दर्शन पृ. 119

भक्तमाल की ही परम्परा में परिचयी साहित्य भी आता है। प्राचीनता की दृष्टि से अनन्तदास की परिचयियाँ अधिक महत्त्वपूर्ण हैं। प्रणामी सम्प्रदाय का जीवनी साहित्य जो बीतक के नाम से ख्यात है में चरित्रों का वर्णन ऐतिहासिक अधिक है अतिरंजित कम।

यह सम्पूर्ण सामग्री इतिहास-रचना के लिए आवश्यक तो है परन्तु इसे विशुद्ध कच्चा माल ही नहीं समझना चाहिए। इसमें उस समय की इतिहास-दृष्टि की भी हल्की झलक मिलती है। साम्प्रदायिक ग्रन्थों में जो असम्भाव्य कल्पनाओं की भरमार है वह जनता को आकर्षित करने का एक प्रमुख माध्यम है। साहित्य या साहित्यकार को कथात्मक आधार देकर दैवी भावना से जोड़कर धार्मिक रूप में इसीलिए प्रतिष्ठित किया जाता था ताकि सामान्य जनभावना में उसे स्थायी स्थान प्राप्त हो जाय। यह साहित्य भी एक विधा के रूप में विकसित हो रहा था। इनमें यथार्थ का आग्रह कम आदर्श का आग्रह अधिक है।

वर्गीकरण—ऐतिहासिक सामग्री की खोज से अधिक महत्त्वपूर्ण पक्ष है वर्गीकरण का। वर्गीकरण के अभाव में इतिहास वृत्तसंग्रह बनकर रह जायेगा। उपलब्ध सामग्री का वर्गीकरण कई दृष्टियों से किया जा सकता है किन्तु इतिहास के सन्दर्भ में काल की स्थिति प्रमुख है। अन्तःसाक्ष्य तथा बहिर्साक्ष्य के द्वारा प्राप्त सूचनाओं के आधार पर रचनाओं तथा रचनाकारों को निश्चित कालों के अन्तर्गत रखा जाता है। काल-निर्धारण में तिथियों की सूचना के अभाव में तत्कालीन साहित्यिक प्रवृत्तियों तथा भाषा के स्वरूप पर विचार करके रचना या रचनाकार की ऐतिहासिक स्थिति को स्पष्ट किया जाता है। वस्तु और शिल्प के आधार पर भी वर्गीकरण किया जाता है। ऐहिक और आध्यात्मिक भावना के विचार से भी वर्ग विभाजन होता है। काव्य-रूपों तथा साहित्यिक विधाओं के अनुसार भी सामग्री को कालक्रमानुसार सजाया जाता है।

चयन और प्रयोग—उपलब्ध सामग्री में से साहित्यिक महत्त्व की प्राथमिकता का निर्धारण तथा चयन की समस्या भी कम जटिल नहीं होती। आलोचना के स्वीकृत मापदण्ड के अनुसार रचना-विशेष के सन्दर्भ में दिये गये निष्कर्ष कभी-कभी बिल्कुल विरोधी भी होते हैं। इतिहास लेखक के लिए यह आवश्यक होता है कि किसी प्रवृत्ति-विशेष या सम्प्रदाय-विशेष की रचना के ऐतिहासिक तथा भाषिक महत्त्व का अंकन उसके सम्पूर्ण परिवेश को ध्यान में रखकर करे। यहाँ दृष्टि की तटस्थता भी अपेक्षित है। साहित्यिक महत्त्व की रचनाओं का चयन करके काल-विशेष की प्रमुख प्रवृत्ति का निर्धारण सम्भव होता है। श्रेष्ठ साहित्यिक कृति से नये युग की पूर्वापरसीमा का रेखांकन भी हो सकता है। यदि किसी रचना के माध्यम से नयी परम्परा का सूत्रपात हो रहा हो तो वह भले ही साहित्यिक दृष्टि से बहुत उत्कृष्ट रचना न हो तो साहित्येतिहास में उसका मूल्य होता है। अल्प महत्त्व की रचनाएँ साहित्य के इतिहास को विस्तार देती हैं और साथ ही श्रेष्ठ साहित्यिक घटना की दूरगामी गूँज को भी प्रकट करती हैं। किन्तु सभी अल्प या अत्यल्प महत्त्व की रचनाओं का ब्योरा इतिहास में प्रस्तुत करना कठिन है इसलिए इतिहास के लघु या दीर्घ आकार के अनुसार बहुत-सी रचनाओं का नामोल्लेख करते हुए इतिहासकार आगे बढ़ जाता है। वह बहुत-सी रचनाओं को छोड़ भी देता है। रचनाओं को छोड़ते समय इस बात का ध्यान रखना आवश्यक होता है कि परम्परा का प्रवाह खण्डित न हो तथा किसी प्रवृत्ति-विशेष की सूचक रचना छूट न जाये।

हिन्दी साहित्येतिहास-लेखन की परम्परा

गार्सां-द-तासी-Historide La literature Hindoui Hindustanee— हिन्दी साहित्य का सर्वप्रथम इतिहास-लेखन का श्रेय फ्रान्सीसी विद्वान् गार्सां-द-तासी को दिया जाता है। इन्होंने अपनी

पुस्तक 'इस्त्वार-द-ला लितरेत्युर ऐन्दुई ऐन्दुस्तानी' में हिन्दी और उर्दू के कवियों का विवरण अकारादि क्रम से प्रस्तुत किया। इस ग्रन्थ का प्रथम भाग 1839 तथा द्वितीय भाग 1847 ई. में प्रकाशित हुआ। तासी महोदय ने अपनी इतिहास दृष्टि तथा सामग्री की अपर्याप्त सूचना की विवशता का स्पष्ट कथन करते हुए लिखा है कि 'यद्यपि शुरू में मेरा विचार काल-क्रम ग्रहण करने का था और मैं यह बात छिपाना नहीं चाहता कि यह क्रम अधिक अच्छा रहता, या कम-से-कम जो शीर्षक मैंने अपने ग्रन्थ को दिया है जिससे अधिक उपयुक्त होता। किन्तु मेरे पास अपूर्ण सूचनाएँ होने के कारण उसे ग्रहण करना कठिन ही था।[1] विवरण प्रधान इस ग्रन्थ में तासी ने हिन्दी रचनाओं को वर्गीकृत करने की कोशिश की है। उन्होंने हिन्दी रचनाओं का आख्यान, आदिकाव्य, इतिहास, काव्य चार भागों में विभक्त किया। तासी ने काव्य को उसके प्रचलित स्वरूप के आधार पर अभंग, आल्हा, कहरवा, कवित्त, कहवी, कुण्डल्या, गाली, गीत, गुजरी, चतुरंग, चरण, कुल, छन्द, चुटकुला, चौपाई आदि छियालीस रूपों में वर्गीकृत किया। इस वर्गीकरण में उन छन्दों को जो निश्चित काव्य-रूप की मान्यता प्राप्त कर रहे थे ग्रहण किया गया है। काल-विभाजन न करना, युगीन प्रवृत्तियों के विवेचन का अभाव हिन्दी तथा अन्य भाषाओं के कवियों का घालमेल आदि कमियों के बावजूद इसमें तासी की ऐतिहासिक दृष्टि की स्पष्ट झलक मिलती है।

इसके हिन्दुई अंश का अनुवाद डॉ. लक्ष्मीसागर वार्ष्णेय ने किया है। इसमें अकारादि क्रम में हिन्दी-उर्दू के 3000 कवियों एवं लेखकों का विवरण है, इनमें अनेक कवि संस्कृत और मराठी के हैं। इनमें 350 कवि नाम ही ऐसे हैं जिन्हें साहित्य के इतिहास में स्थान दिया जा सकता है। तासी को जिन कवियों की जन्म-तिथि तथा रचना-तिथि मिली है, उनका उल्लेख कर दिया है। तासी ने उर्दू की पक्षधरता तथा हिन्दी की हीनता दिखायी है। उनकी दृष्टि साम्राज्यवादी तथा सम्प्रदायवादी है। उस समय देवानागरी तथा परसियन लिपि का संघर्ष चल रहा था जिसकी छाया इनके विचारों पर है। उर्दू की खिलाफत को वे इन शब्दों में व्यक्त करते हैं, "मुसलमानों ने साहसपूर्वक यह आक्रमण सहन किया और मेरा विचार है, अपने विरोधियों को सफलतापूर्वक सख्त उत्तर दिया है। यह बहुदेववाद का एकेश्वरवाद के विरुद्ध, वेदों का बाइबल जिसके अन्तर्गत मुसलमान आ जाते हैं के विरुद्ध संघर्ष है।" तासी कहीं-कहीं निष्पक्ष निर्णय भी देते हैं। "भारतवर्ष वैसे भी कविता का प्रसिद्ध और प्राचीन देश है, वहाँ सब कुछ पद्य में है—कथाएँ, इतिहास, नैतिक रचनाएँ, कोश यहाँ तक कि रुपये की गाथा भी।"

तासी का ग्रन्थ कविवृत्त संग्रह ही है इसे इतिहास ग्रन्थ मानना समीचीन नहीं है।

शिवसिंह सेंगर; शिवसिंह सरोज—तासी की परम्परा को अग्रसर करनेवाले शिवसिंह सेंगर ने हिन्दी भाषा में इतिहास-लेखन का प्रयास किया। लगभग एक हजार कवियों के संक्षिप्त परिचय तथा उनकी रचनाओं के उदाहरण से युक्त 'शिवसिंह सरोज' 1878 ई. में प्रकाश में आया। वास्तव में यह ग्रन्थ कविवृत्त संग्रह का ही समृद्ध रूप है। इसके पहले अनेक कविवृत्त संग्रह प्रकाश में आ चुके थे जिनका उल्लेख किया जा चुका है। इस संग्रह ने परवर्ती इतिहासकारों को इतिहास रचना के लिए प्रारम्भिक सामग्री प्रदान की, इसी दृष्टि से इसका महत्त्व है।

शिवसिंह पुलिस विभाग में सर्किल इन्स्पेक्टर थे। सेंगर का रचनात्मक उद्देश्य है कवियों की असली जाति का उल्लेख करना तथा उनके जन्मादि जीवन-चरित्र को सही ढंग से प्रस्तुत करना। लेखक के पास आलोचकीय दृष्टि का नितान्त अभाव है। उसकी टिप्पणी का एक नमूना देखिये "अन्त में विनय पत्रिका महाविचित्र मुक्ति रूप प्रज्ञानन्द सागर ग्रन्थ बनाया है। चौपाई गोस्वामी महाराज की

1. हिन्दुई साहित्य का इतिहास—भूमिका, पृ. 6-7

जैसी किसी कवि ने नहीं बना पायी और न विनय पत्रिका के समान अद्भुत ग्रन्थ आज तक किसी कवि महात्मा ने रचा। इस काल में जो रामायण न होती तो हम मूर्खों का बेड़ा पार न लगता।"

जार्ज ग्रियर्सन; द-माडर्न वर्नाक्युलर लिट्रेचर ऑफ हिन्दुस्तान—ग्रियर्सन महोदय ने पूर्व लिखित तथाकथित इतिहास ग्रन्थों को खुली निगाह से देखा तथा उनमें प्रस्तुत सामग्री का सचेष्ट उपयोग करते हुए अपने इतिहास का सृजन किया। इसका स्वतन्त्र ग्रन्थ के रूप में प्रकाशन 1889 ई. में हुआ। शिवसिंह सरोज पर अधिक निर्भर रहकर भी ग्रियर्सन ने यथास्थान कवियों तथा उनके रचना-काल सम्बन्धी, नयी सूचनाएँ प्रस्तुत कीं लेकिन कहीं-कहीं उन्होंने भयंकर भूलें भी की हैं। शिवसिंह ने चतुरसिंह राजा के सम्बन्ध में कहा कि 'सीधी बोली में कवित्त है', नृप शम्भु के विषय में लिखा है कि, 'इनकी काव्य निराली है' ग्रियर्सन ने सीधी बोली को सिम्पुल स्टाइल, तथा निराली को ग्रन्थ समझकर अनुवाद किया। शिवसिंह की सीधी बोली का तात्पर्य खड़ीबोली है। निराली काव्य का विशेषण है। इन छोटी-मोटी अनुवाद सम्बन्धी भूलों के अतिरिक्त आलोच्य कृति की अनेक विशेषताएँ हैं—

1. इसमें आधुनिक हिन्दी भाषा के साहित्य को प्राचीन भाषा संस्कृत, मध्यकालीन भाषा प्राकृतादि, विदेशी भाषा अरबी, फारसी तथा उस समय भाषा के रूप में मान्य उर्दू साहित्य से अलग निर्दिष्ट किया गया।

2. इसमें एक सचेष्ट इतिहासकार की तरह ग्रियर्सन ने सामग्री के आधार स्रोतों का स्पष्ट उल्लेख किया है।

3. ग्रियर्सन ने उपलब्ध सामग्री को कालक्रमानुसार सजाकर काल-खण्डों में विभक्त करके प्रस्तुत किया। इन्होंने विभिन्न युगों का नामकरण, काव्य-प्रवृत्तियों, सांस्कृतिक परिस्थितियों तथा प्रेरक तत्त्वों का विवेचन-विश्लेषण करते हुए सच्चे अर्थों में साहित्येतिहास लेखन की नींव डाली।

4. इतिहास में कवियों को अंक देने की प्रणाली ग्रियर्सन की ही देन है।[1]

5. ग्रियर्सन ने साहित्य के इतिहास-लेखन में तुलनात्मक पद्धति की शुरुआत की जिसका आगे विकास नहीं हो सका।

6. इन्होंने कवियों के साहित्यिक पद्य को मनोरम शैली में विश्लेषित करके उनके व्यक्तित्व की प्रतिष्ठा की।

7. ग्रियर्सन की कुछ उपपत्तियाँ तथा अवधारणाएँ इतनी सटीक हैं कि आज भी उनकी मान्यता बनी हुई है जैसे सोलहवीं-सत्रहवीं युग के काव्य को स्वर्णयुग कहना आदि।

किशोरीलाल गुप्त ने परवर्ती इतिहास के निर्माण की प्रक्रिया में इसकी ठोस भूमिका स्वीकार करते हुए किंचित् अतिरंजित ढंग से अभिमत प्रस्तुत किया है, "यह हिन्दी साहित्य की नींव का वह पत्थर है, जिस पर आचार्य शुक्ल ने अपने सुप्रसिद्ध इतिहास का भव्य भवन निर्मित किया। इस इतिहास ग्रन्थ का ऐतिहासिक महत्त्व है।"[2]

मिश्रबन्धु; मिश्रबन्धु विनोद—साहित्येतिहास की परम्परा को आगे बढ़ाने में मिश्रबन्धु रचित 'मिश्रबन्धु विनोद' का प्रकाशन उल्लेखनीय है। यह ग्रन्थ चार भागों में प्रकाशित हुआ है जिसमें कुल 4591 कवियों की जीवनी तथा आलोचनाओं के विवरण संगृहीत किये गये। इसके तीन भाग 1913 ई. में तथा चौथा भाग 1934 ई. में प्रकाशित हुआ। वृहदाकार इस ग्रन्थ में 4591 कवियों का विवरण दिया गया है।

---

1. डॉ. सुमन राजे, साहित्येतिहास : संरचना और स्वरूप, पृ. 305

2. हिन्दी साहित्य का इतिहास, अनु-किशोरीलाल गुप्त, भूमिका, पृ. 40

इस ग्रन्थ का पूरा नाम है, "मिश्रबन्धु विनोद अथवा हिन्दी साहित्य का इतिहास तथा कवि कीर्त्तन।" मिश्रबन्धुओं के मन में इतिहास लेखन की महत्त्वाकांक्षा अवश्य थी किन्तु कतिपय कठिनाइयों तथा सीमाओं के कारण वे विनोद तक ही सीमित रह गये। इन्हें कवियों की विस्तृत आलोचनाएँ उपलब्ध नहीं थीं। उनकी चाह थी कि प्रसिद्ध कवियों के अलावा छोटे-छोटे कवियों के विषय में भी कुछ ऐसे विशेषण चुस्त कर दिये जायें जिससे साहित्य की परम्परा में उनकी भी विशिष्ट पहचान बन सके। यद्यपि उन्होंने इतिहास की गम्भीरता पर विचार करते हुए अपने ग्रन्थ को इतिहास नहीं कहा। "यदि वे विनोद को हिन्दी साहित्य का इतिहास कहते तो हिन्दी के साहित्यिक इतिहास का अभाव देखते हुए, वह क्षम्य ही माना जाता, उन्होंने ऐसा नहीं कहा यह उनके विवेक, अन्तर्दृष्टि और अपनी सीमाएँ समझने की शक्ति का परिचायक है।"[1]

काल-विभाजन की दृष्टि से मिश्रबन्धुओं की दृष्टि अधिक पुष्ट दिखायी देती है। इन्होंने कवियों के श्रेणी विभाजन का भी साहस किया है। डॉ. सुमन राजे ने विनोद के एक प्रमुख अभाव की ओर दृष्टिपात करते हुए लिखा है, "इसका सबसे बड़ा अभाव सामाजिक ढाँचे से अलगाव है इसीलिए यह साहित्य की अन्तश्चेतना को स्पष्ट करने में सफल नहीं हो सका।" इस अभाव के बावजूद उन्होंने इसके ऐतिहासिक महत्त्व को उपेक्षित नहीं किया बल्कि हिन्दी में किसी भारतीय का लिखा हुआ पहला इतिहास होने का गौरव प्रदान किया।

रामचन्द्र शुक्ल; हिन्दी साहित्य का इतिहास—हिन्दी का प्रथम सुव्यवस्थित इतिहास लिखने का श्रेय पण्डित रामचन्द्र शुक्ल को है। यह पहले हिन्दी शब्द सागर की भूमिका के रूप में छपा फिर पुस्तकाकार 1929 ई. में छपा। उन्होंने इतिहास को परिभाषित करते हुए राजनीतिक, सामाजिक, साम्प्रदायिक, धार्मिक परिस्थितियों के प्रभाव तथा परिवर्तन के सन्दर्भ में साहित्येतिहास की प्रवृत्तियों को विश्लेषित किया। साहित्य के इतिहास का विभाजन उनकी प्रस्तुत पंक्तियों में देखा जा सकता है "जबकि प्रत्येक देश का साहित्य वहाँ की जनता की चित्तवृत्ति का स्थायी प्रतिबिम्ब होता है तब यह निश्चित है कि जनता की चित्तवृत्ति के परिवर्तन के साथ-साथ साहित्य के रूप में भी परिवर्तन होता चला जाता है। आदि से अन्त तक इन्हीं चित्तवृत्तियों की परम्परा को परखते हुए साहित्य परम्परा के साथ उनका सामंजस्य दिखाना ही साहित्य का इतिहास कहलाता है।"[2]

शुक्ल जी ने किसी समय-विशेष में पायी जानेवाली रचनाओं की प्रचुरता तथा प्रसिद्धि के आधार पर हिन्दी साहित्य के 900 वर्षों के इतिहास को कालों में विभक्त किया। इन्होंने सामग्री संचयन की दिशा में विशेष प्रयास नहीं किया बल्कि पूर्व प्रस्तुत सामग्री में से महत्त्वपूर्ण अंशों की छँटनी कर ली। कवियों के रचना-काल सम्बन्धी नये तथ्य प्रस्तुत किये। साहित्येतिहास में शुक्ल जी ने साहित्यिक महत्त्व की ही रचनाओं को स्थान दिया। साहित्यिक महत्त्व की रचनाओं का निर्णय उनकी दृष्टि की मौलिकता का परिचायक है। शुक्ल जी की आलोचना की विवेकपूर्ण प्रखर चेतना का विस्तार उनके साहित्य के इतिहास में देखा जा सकता है। उनका रसवादी सिद्धान्त, लोकमंगल भावना की कसौटी, काव्य में सामाजिक जीवन का प्रतिबिम्बन तथा साहित्यिक धारा को विकसित करनेवाली शक्तियों का विश्लेषण आदि, काव्य, कवि तथा युग के उत्कर्ष के निर्धारण के आधार रूप में गृहीत हैं। नामवर सिंह का कथन है, "शुक्ल जी को इतिहास पंचांग के रूप में प्राप्त हुआ था। उसे उन्होंने मानवीय

1. डॉ. सुमन राजे, साहित्येतिहास : संरचना और स्वरूप, पृ. 305

2. रामचन्द्र शुक्ल, हिन्दी साहित्य का इतिहास, पृ. 1

शक्ति से अनुप्राणित कर साहित्य बना दिया।"[1] अपनी अनेक विशेषताओं के बावजूद शुक्ल जी के इतिहास में कुछ कमियाँ भी हैं–

1. नये ग्रन्थों तथा तथ्यों के प्रकाश में शुक्ल जी द्वारा किया गया काल-विभाजन तथा नामकरण पुनर्विचारणीय हो गया है।

2. शुक्ल जी ने साहित्यिक प्रवृत्तियों के निर्धारण में समसामयिक परिस्थितियों पर आवश्यकता से अधिक बल दिया। इसीलिए पूर्व परम्परा से आगत स्रोतों तथा तथ्यों को समुचित स्थान नहीं मिल सका। संस्कृत, प्राकृत, अपभ्रंश की परम्पराओं से हिन्दी साहित्य की विभिन्न धाराओं को जोड़कर देखने से शुक्ल जी के निष्कर्ष अपनी प्रामाणिकता खो बैठते हैं। उदाहरणार्थ आदिकाल की धार्मिक रचनाओं को साम्प्रदायिक कहकर छोड़ देना, भक्ति आन्दोलन को तद्‌युगीन निराशा की देन मानना, हिन्दी की प्रेमाख्यान परम्परा को सूफी मसनवियों की अनुकृति मानते हुए जायसी जैसे लोक कवि के साथ सूफी विशेषण जोड़ देना।

3. प्रबन्ध काव्यों के प्रति विशेष आग्रही रामचन्द्र शुक्ल ने रीतिकालीन मुक्तकधर्मी रचनाओं के प्रति उचित न्याय नहीं किया। रीति काल का आरम्भ केशव से न मानकर चिन्तामणि से मानना भी कई कारणों से उचित नहीं है।

4. नलिन विलोचन शर्मा शुक्ल के इतिहास की एक विशिष्ट त्रुटि की ओर ध्यानाकर्षित करते हैं "वह यह कि अनुपात की दृष्टि से, उसका स्वल्पांश ही प्रवृत्ति निरूपणपरक है, अधिकांश विवरण प्रधान ही है।[2] इसी तथ्य को जैनेन्द्र जी कहते हैं 'इतिहास उन्होंने जुटाया है, जगाया नहीं।"

शुक्ल जी के इतिहास की सीमाएँ तथा उपलब्धियों पर मतभेद हो सकता है किन्तु उनके योगदान को अस्वीकार नहीं किया जा सकता है। साहित्य को जनता की सामूहिक चित्तवृत्ति से जोड़कर देखने से युग-मानस की वरीयता स्वतः प्रमाणित हो जाती है। जनता की रुचि, अपेक्षा के साथ उन नूतन सम्भावनाओं को भी रचनाकार इंगित करता है जो वर्तमान परिस्थितियों से ही अंकुरित होनेवाली हैं। एक अत्यन्त महत्त्वपूर्ण बात जिसकी ओर उन्होंने संकेत किया है वह है, साहित्य की मुख्य धारा के साथ पूर्ववर्ती धाराओं का मन्द गति से प्रवहमान् रहना। काल-विशेष की प्रवृत्तियों के निरूपण में शुक्ल जी की इस मान्यता को आलोचकगण प्रायः ओझल कर देते हैं। शुक्ल जी भक्ति साहित्य के उदय के पीछे इस्लाम के आगमन तथा राजनीति व पराजय की चर्चा तो करते हैं किन्तु परम्परा की अवहेलना नहीं करते हैं। उनका कथन है कि, "धर्म की भावात्मक अनुभूति या भक्ति जिसका सूत्रपात महाभारत-काल में और विस्तृत प्रवर्तन पुराणकाल में हुआ था, कभी कहीं दबती, कभी कहीं उभरती, किसी प्रकार चली आ रही थी।"

शुक्ल जी की सोच पर द्वन्द्वात्मकता तथा विकासवादी सिद्धान्त का भी प्रभाव है। इस सन्दर्भ में रामविलास शर्मा का यह कथन उल्लेखनीय है। "शुक्ल जी ने तटस्थ होकर डार्विन का मत उद्धृत नहीं कर दिया। वे उस पर अपनी सम्पति भी देते हैं।" विकासवाद की मान्यता के कारण वे किसी युग के सामान्य एवं विशिष्ट लक्षणों को कारणहीन स्वयंभूत न मानकर जीवन की विविध परिस्थितियों की क्रिया-प्रतिक्रिया घात-प्रतिघात की उपज मानते हैं। शुक्ल जी ने कवियों के विषयों में संक्षिप्त एवं सटीक टिप्पणियाँ की हैं जो उन्हें साहित्यिक क्रम में विशिष्ट स्थान प्रदान करती है। शुक्ल जी ने पाश्चात्य साहित्य और आलोचना का अनुशीलन किया था, भारतीय काव्यशास्त्र की सशक्त परम्परा

---

1. आलोचना, इतिहास विशेषांक, पृ. 11

2. साहित्य का इतिहास दर्शन, पृ. 89

से वे पूर्णतया अवगत थे अतः उन्होंने आलोचना की नयी शब्दावली का उपयोग करते हुए कवियों एवं रचनाकारों की नयी दृष्टि से व्याख्या की है।

श्यामसुन्दर दास—इनका ग्रन्थ 'हिन्दी भाषा और साहित्य' 1930 ई. में इण्डियन प्रेस से प्रकाशित हुआ। आगे चलकर इनकी पुस्तक के दो भाग हो गये 1. हिन्दी भाषा 2. हिन्दी साहित्य। इनकी इतिहास दृष्टि रामचन्द्र शुक्ल से बहुत भिन्न नहीं है। वास्तव में हिन्दी शब्द सागर की भूमिका के निर्माण में ही संयुक्त विचार-विमर्श हुआ था जिसे शुक्ल जी ने लेखन रूप में परिणत किया। श्यामसुन्दर दास एक भाव की रचनाओं को एक साथ प्रस्तुत एवं मूल्यांकित करते हैं जैसे आदिकाल की वीरभावात्मक रचनाओं के क्रम में भूषण की रचनाओं पर भी विचार किया गया है। साहित्य के सृजन में वैयक्तिक प्रतिभा पर समाज की साधारण स्थितियों का प्रभाव नहीं पड़ता है। इनका कथन है कि, "प्रतिभाशाली तथा विलक्षण कवि अथवा लेखक कभी-कभी स्वतन्त्र रीति से वाणी के विलास में प्रवृत्त होते हैं और समाज की साधारण स्थितियों का उन पर कुछ भी प्रभाव नहीं पड़ता है।"

रामशंकर शुक्ल 'रसाल'; हिन्दी साहित्य का इतिहास (प्रकाशन-वर्ष 1931 ई.)—रामचन्द्र शुक्ल के बाद 'रसाल' ने अपने इतिहास ग्रन्थ में साहित्य के इतिहास पर अपने विचारों को विस्तार से प्रस्तुत किया। उनकी इतिहास की परिभाषा कभी खूब फैलती दिखायी देती है कभी सिकुड़ती। साहित्य के इतिहास उद्देश्य का विवरण देते हुए रसाल जी ने लिखा है "साहित्य के इतिहास का यथार्थ उद्देश्य यही है कि वह साहित्य के भूतकाल से प्रारम्भ करके यौक्तिक क्रम से वर्तमान काल तक जो कुछ भी उसमें विकास हुआ है उसका एक सच्चा चित्र चित्रित करके पाठकों के सम्मुख उपस्थित कर दे।"

जनता पर कवियों एवं लेखकों के काव्यों और रचनाओं का जैसा प्रभाव पड़ा हो तथा जिन-जिन प्रभावों से प्रभावित होकर उन्होंने अपनी वे रचनाएँ की हैं उन सब पर तो पूर्ण प्रकाश डाला जाना चाहिए।[1] रसाल जी की दृष्टि में साहित्य का इतिहास पूर्णतया इतिहास का एक मुख्य अंग होकर उसी पर समाहित-सा रहता है।[2] अपनी कतिपय सैद्धान्तिक धारणाओं के आधार पर उन्होंने साहित्य के इतिहास को बाल्यावस्था(आदिकाल), किशोरावस्था (मध्यकाल), युवावस्था (आधुनिक काल) में बाँटा। इस नामकरण में वृद्धावस्था तथा मरणावस्था की सम्भावना भी छिपी हुई है। रसाल की साहित्येतिहास विषयक दृष्टि की सीमाओं को आकलित करते हुए नलिन विलोचन शर्मा उसमें समन्वयात्मकता तथा निश्चित योजना बद्धता का अभाव दर्शित करते हैं।

अयोध्यासिंह उपाध्याय हरिऔध; हिन्दी भाषा और उसके साहित्य का इतिहास (प्रकाशन-वर्ष 1940 ई.)— इसमें भाषा और साहित्य का आलोचनात्मक विकास प्रदर्शित किया गया है। राष्ट्रीय चेतना तथा गौरव की भावना से उत्प्रेरित हरिऔध जी स्वदेशी साहित्य की महिमा प्रतिपादित करते हैं।

सूर्यकान्त शास्त्री—हिन्दी साहित्य का विवेचनात्मक इतिहास (प्रकाशन-वर्ष 1930 ई.)—इस इतिहास की रूपरेखा 'के' महोदय की 'अ हिस्ट्री ऑफ हिन्दी लिट्रेचर' से निर्धारित की गयी है। शास्त्री जी गेटे के शब्दों में अपना इतिहास सम्बन्धी मन्तव्य प्रस्तुत करते हैं "समय-समय पर इतिहास पुनः लिखा जाना चाहिए, इसलिए नहीं कि बहुत-से नवीन तत्त्वों को खोजा गया है, बल्कि

1. रामशंकर शुक्ल रसाल, - हिन्दी साहित्य का इतिहास, पृ. 8

2. रामशंकर शुक्ल रसाल, - हिन्दी साहित्य का इतिहास, पृ. 8

नये दृष्टिकोण सामने आते हैं।[1] इस इतिहास में लेखक ने अंग्रेजी साहित्य के भावों का प्रमाण देते हुए हिन्दी साहित्य को समझाने की चेष्टा की है।"

डॉ. रामकुमार वर्मा; हिन्दी साहित्य का आलोचनात्मक इतिहास (प्रकाशन-वर्ष 1938 ई.)–डॉ. वर्मा ने अनेक इतिहास ग्रन्थों के रहते हुए भी इतिहास-लेखन के दृष्टिकोण और शैली की नूतन वैज्ञानिक उत्क्रान्ति की दृष्टि से हिन्दी साहित्य के इतिहास-लेखन की अपूर्णता को महसूस किया। उनकी दृष्टि में साहित्य का इतिहास आलोचनात्मक शैली से अधिक स्पष्ट किया जा सकता है। अतः ऐतिहासिक सामग्री के साथ कवियों एवं साहित्यिक प्रवृत्तियों की आलोचना करते हुए उन्होंने अपना इतिहास ग्रन्थ प्रस्तुत किया। इसमें उस समय तक के उपलब्ध शोध तथ्यों को सम्मिलित करने की चेष्टा की गयी है और सिद्ध, जैन तथा नाथ को भी हिन्दी साहित्य के इतिहास में उचित स्थान पर रखकर बिल्कुल स्पष्ट ढंग से विवेचित किया गया है। इतिहास के जितने अंश को इसमें ग्रहण किया गया है वह पूर्ण है किन्तु आधुनिक काल का विवेचन न होने के कारण यह अधूरा ही रह गया है। इसमें काल-विभाजन तथा नामकरण का मौलिक प्रयास अवश्य है किन्तु रामचन्द्र शुक्ल जी के नामकरण के रूपान्तर से अधिक मौलिकता नहीं आ पायी है।

हजारीप्रसाद द्विवेदी; हिन्दी साहित्य (उसका उद्भव और विकास) (प्रकाशन-वर्ष 1955 ई.)–हजारीप्रसाद द्विवेदी प्रथम साहित्येतिहासकार हैं जिन्होंने शुक्ल जी की कमियों को पहचानकर विधेयवादी परम्परा से भिन्न सांस्कृतिक, सामाजिक पृष्ठभूमि, परम्परा तथा उसके उत्स को ध्यान में रखकर इतिहास-लेखन की प्रतिज्ञा की। द्विवेदी जी का अभिमत है कि "प्रत्येक देश का साहित्य, समाज, संस्कृति और चिन्तन, एक अविच्छिन्न विकास-परम्परा का और उसमें होनेवाली क्रिया-प्रतिक्रियाओं का प्रतिबिम्ब हुआ करता है जिसे गति देने में भौगोलिक, आर्थिक, मनोवैज्ञानिक, दार्शनिक और वैयक्तिक कारण काफी हिस्सा लेते हैं। जब तक इन बातों का ज्ञान नहीं होता तब तक साहित्य के इतिहास को पढ़ने का डिक्शनरी को याद करने की अपेक्षा अधिक मूल्य नहीं हो सकता।"[2] उन्होंने हिन्दी साहित्य को सम्पूर्ण भारतीय साहित्य से अविच्छिन्न करके देखा है। इसीलिए बार-बार संस्कृत, पालि, प्राकृत और अपभ्रंश साहित्य की चर्चा की है। द्विवेदी जी साहित्य को मनुष्य की दृष्टि से देखने के पक्षपाती हैं। यह मनुष्य मात्र समसामयिक परिस्थितियों से निर्मित नहीं होता उसमें युग-युग के संस्कार की अस्मिता रहती है। उसकी जिजीविषा तथा गहन आस्था विकट-से-विकट परिस्थिति में उसे संघर्षशील बनाती है। द्विवेदी जी की ऐतिहासिक दृष्टि का निर्माण इसी तरह के जनमानस की आशाओं-आकांक्षाओं की खोज से हुआ है। शिष्ट समाज के लिखित साहित्य से आगे बढ़कर उन्होंने लोककथा तथा लोकवार्त्ता में निहित तथ्यों को भी महत्त्व प्रदान किया। 'परम्परा के इतने विराट् परिदृश्य में हिन्दी साहित्य को रखकर देखने का यह पहला प्रयत्न था। इस नैरन्तर्य निरूपण में समाज, साहित्यकार तथा साहित्य की परम्परा सम्बद्धता, क्रमबद्धता तथा गतिशीलता ऐसे सजीव और अंगांगिभाव से निभायी गयी कि अतीत वर्तमान की चेतना बन गया।[3] द्विवेदी जी ने विवादास्पद कालों तथा विषयों को स्पष्ट करने के लिए अलग-अलग ग्रन्थों की रचना की। इनके द्वारा लिखे गये कुछ

1. सूर्यकान्त शास्त्री, हिन्दी साहित्य का विवेचनात्मक इतिहास, पृ. 8
2. हिन्दी साहित्य की भूमिका–प्रकाशक की ओर से
3. आलोचना, इतिहास विशेषांक

ग्रन्थों में संगृहीत सामग्री इतिहास का ज्ञान तो कराती ही है साहित्येतिहास की पुनः व्याख्या के लिए नयी प्रेरणा भी प्रदान करती है जैसे—

1. हिन्दी साहित्य (उसका उद्भव और विकास)
2. हिन्दी साहित्य की भूमिका (प्रकाशन-वर्ष 1940 ई.)
3. हिन्दी साहित्य का आदिकाल (1952 ई.)
4. नाथ सम्प्रदाय,
5. मध्ययुगीन धर्म साधना,
6. मध्ययुगीन बोध का स्वरूप।

द्विवेदी जी की मूल प्रकृति मण्डनात्मक है, जहाँ वे खण्डनात्मक रुख अपनाते हैं वहाँ भी इतना धीरे से कि चीज टूट तो जाती है किन्तु धमाका नहीं होता। किसी नाम के प्रचलन, साहित्यिक समाज में उसकी स्वीकृति, साधारण पाठकों के बोध को ध्यान में रखकर वे कुछ कमियों को देखते हुए भी उसे चलने देते हैं।

शायद इसी कारण 'तत्त्वतः शुक्लेतर पद्धति अपनाते हुए भी, बहुधा बनी-बनायी गहरी लीक पर चल पड़े हैं। डॉ. गणपतिचन्द्र गुप्त उनकी इसी अहिंसक वृत्ति की ओर संकेत करते हैं "शुक्ल जी द्वारा स्थापित प्रथम तीन कालखण्डों के बाह्य रूप व भीतरी आधारों की दृष्टि से पूर्णतः झकझोर देने के बाद भी उन्होंने उसे उन्मूलित करे देने का कार्य अपने हाथों से सम्पादित नहीं किया। इस तरह के नगण्य दोषों के रहते इतिहास-लेखन की नयी पद्धति, सोच की नयी दिशा, अनुसन्धान से उपलब्ध नयी सामग्री का संयोजन, विवेचन तथा उसके आलोक में नयी स्थापनाओं की सम्भावना आदि दृष्टियों से हजारीप्रसाद द्विवेदी का साहित्येतिहासिक अवदान अत्यन्त सराहनीय है।

गणपतिचन्द्र गुप्त; हिन्दी साहित्य का वैज्ञानिक इतिहास (प्रकाशन वर्ष 1965 ई.)— गुप्त जी अपने इतिहास को वैज्ञानिक बनाने के लिए अधिक सचेष्ट दिखायी देते हैं इसीलिए नाम के साथ वैज्ञानिक विशेषण जोड़ने की आवश्यकता उन्हें महसूस हुई। डॉ. सुमनराजे इन्हें साहित्य में वैज्ञानिक पद्धति का अनुसन्धाता एवं प्रयोक्ता मानती हैं। गुप्त जी ने हिन्दी के प्रथम कवि के रूप में भरतेश्वर बाहुबली रास के रचयिता शालिभद्र सूरि को स्थापित किया। यद्यपि उनकी यह स्थापना निर्विरोध रूप से स्वीकृत नहीं हो सकी है। अपने पूर्ववर्ती इतिहासों की जिन कमियों की ओर उनका ध्यान गया उसकी सम्यक् पूर्ति वैज्ञानिक इतिहास में नहीं हो पायी। वे बीसलदेव रास, पृथ्वीराज रासो आदि को 1350 के पूर्व की रचना मानते हुए भी विकास-क्रम में मध्यकाल की सीमा में कहते हैं। इसमें चरित काव्यों का निर्णय सूफी काव्य-परम्परा तथा नाथपन्थ का समुचित तथा सन्तुलित विवेचन नहीं है। कवियों के वर्णन एवं उदाहरण पर अधिक बल दिया गया है। स्वातन्त्र्योत्तर साहित्य को सही पृष्ठभूमि एवं परिप्रेक्ष्य में प्रस्तुत नहीं किया गया।

डॉ. रामखेलावन पाण्डेय; हिन्दी साहित्य का नया इतिहास (प्रकाशन-वर्ष 1969 ई.)— पाण्डेय जी का साहित्येतिहास सम्बन्धी विचार तथा काल-विभाजन नवीन तथा कलात्मक है 'साहित्य का इतिहास समाजशास्त्र का परिशिष्ट नहीं है, वह समर्पित और प्रतिबद्ध भी नहीं है। उसका स्वतन्त्र अस्तित्व है, और भिन्न है अनुशासन विधान...अतः उन अन्तरंग वृत्तियों और स्थितियों का अन्वेषण करना होगा जिनके माध्यम से निर्दिष्ट अवधि की अन्तरंग सांस्कृतिक चेतना और साहित्य बोध की निर्दिष्टता दी जा सके। उन वृत्तियों का निर्धारण करना होगा जो कुछ विशिष्ट रचनाओं में समभाव से अनुस्यूत हों।

डॉ. रामस्वरूप चतुर्वेदी; हिन्दी साहित्य और संवेदना का विकास (प्रकाशन-वर्ष 1984 ई.)– जैसा नाम से स्पष्ट है यह इतिहास नहीं विकास निरूपक ग्रन्थ है। इसके पीछे इतिहास और विकास की स्पष्ट विभाजन-रेखा चतुर्वेदी जी के मस्तिष्क में है, जो उन्हीं के शब्दों में इस प्रकार हैं–'इतिहास में बल इतिवृत्त पर होता है, विकास में इतिवृत्त के उस अंश पर जहाँ दिखाया जाता है कि एक युग अपने पिछले युग से और एक रचनाकार कालक्रम में अपने पहले के रचनाकार से कहाँ और क्यों भिन्न तथा विशिष्ट है। भाषा, साहित्य और संस्कृति के अन्तर सम्पर्क में हिन्दी क्षेत्र के जन समुदाय की संवेदना कैसे विकसित हुई और साहित्य में उसका प्रतिफलन कैसे हुआ है, सम्पूर्ण अध्ययन का केन्द्रबिन्दु यही रहा है। इतिहास के प्रस्तुत अध्ययन-क्रम में आचार्य शुक्ल के ही काल-विभाजन को स्वीकार करके चला गया है। काल की पूर्वापर सीमा में ईसवी सन् का रूपान्तरण करते हुए थोड़ा संशोधन भी किया गया है।

आदिकाल (वीरगाथाकाल) 1000-1350 ई.

पूर्व मध्यकाल (भक्तिकाल) 1350-1650 ई.

उत्तर मध्यकाल (रीतिकाल) 1650-1850 ई.

आधुनिककाल (गद्यकाल) 1850 ई.

आधुनिककाल का विभाजन भारतेन्दु-युग, द्विवेदी-युग, छायावाद-युग, प्रगति-प्रयोग-युग, नयी कविता-नवलेखनयुग नाम से किया गया है।

ग्रन्थ के आरम्भ में लेखक ने हिन्दी के स्वरूप पर विचार करते हुए हिन्दू जनमानस के अन्तर्विरोधों को धार्मिक, सामाजिक एवं सांस्कृतिक धरातल पर निर्दिष्ट किया है। सम्भवतः इसके पहले किसी इतिहासकार ने इस बिन्दु पर विचार नहीं किया। अनेक विरोधों और उतनी समरसता के बीच जीवन की एक समग्र सम्पूर्ण प्रस्तावना मनीषियों द्वारा प्रस्तुत हुई। हिन्दू धर्म के इसी मूल चरित्र से हिन्दी भाषा की प्रकृति जुड़ी हुई है।

संवेदना और साहित्य के विकास में विवेचन-परिमाण की दृष्टि से बहुत बड़ा असन्तुलन दिखायी देता है। आदिकाल का विवेचन मात्र दस पृष्ठों में और भक्तिकाल का मात्र एकतीस पृष्ठों में ही समाहित कर लिया गया है। इसी प्रकार रीतिकाल पर भी अत्यन्त संक्षेप में प्रकाश डाला गया है। ग्रन्थ के दो-तिहाई हिस्से में आधुनिक युग का ही विवेचन किया गया है। पहले किसी साहित्येतिहास ग्रन्थ का अध्ययन कर लेने के बाद ही साहित्य और संवेदना के विकास के अनुशीलन की अपेक्षा है, क्योंकि तथ्यों के संकलन, वर्गीकरण, प्रवृत्तियों के विवेचन में लेखक ने विशेष रुचि नहीं दिखायी है।

डॉ. रामकिशोर शर्मा; हिन्दी साहित्य का इतिहास–इस इतिहास ग्रन्थ का प्रथम संस्करण 1983 ई. में उसके बाद संशोधित तथा परिवर्द्धित संस्करण 1989 ई. में प्रकाशित हुआ। इसमें शुक्ल जी तथा हजारीप्रसाद द्विवेदी की इतिहास दृष्टि को सम्मिलित करके साहित्येतिहास का निरीक्षण-परीक्षण किया गया है। इसमें आरम्भ में इतिहास-दर्शन के प्रमुख पक्षों पर विचार करने के बाद इतिहास के विविध कालों का विवेचन किया गया है। सामग्री के संचयन में आधुनिकतम शोधों का आश्रय लेते हुए काल-विशेष की प्रवृत्तियों का निर्धारण करते समय तत्सम्बन्धी विशेषज्ञों के मत पर ध्यान रखा गया है। लेखन की पद्धति परम्परित है, किन्तु दृष्टि नयी है। मुख्य तथा गौण कवियों की रचनाओं का विस्तृत ब्यौरा देने के बजाय सामूहिक रूप के सृजनात्मक प्रेरणाओं, सामाजिक तथा सांस्कृतिक परिप्रेक्ष्य में विशिष्ट तरह की साहित्यिक परिणतियों, रचनाओं में निहित समकालीन बोध को विस्तार से उजागर

करने का प्रयत्न किया गया है। लेखक की मान्यता है कि साहित्य की किसी परम्परा या प्रवृत्ति-विशेष का प्रतिफलन तथा विकास युग-विशेष की आवश्यकताओं तथा जन रुचियों की माँग के अनुसार होता है। अतः पूर्व परम्पराओं एवं सामयिक माँगों के सामंजस्य से साहित्यिक मूल्यों का निर्धारण अधिक प्रामाणिक हो सकता है।[1]

इन प्रयासों के अतिरिक्त डॉ. राममूर्ति त्रिपाठी रचित हिन्दी साहित्य का इतिहास, जयकिशनलाल खण्डेलवाल रचित हिन्दी साहित्य की प्रवृत्तियाँ, डॉ. मोहन अवस्थी रचित हिन्दी साहित्य का अद्यतन इतिहास उल्लेखनीय है। डॉ. नगेन्द्र द्वारा सम्पादित हिन्दी साहित्य का इतिहास, इतिहास की सामग्री के व्यापक संचयन तथा व्यवस्थित प्रस्तुतीकरण की दृष्टि से महत्त्वपूर्ण कृति है। इसमें विविध कालों के विशेषज्ञ विद्वानों ने लेखकीय सहयोग दिया है। इतिहास-लेखन में संस्थाओं द्वारा भी महत्त्वपूर्ण प्रयत्न किये गये हैं। भारतीय हिन्दी परिषद् द्वारा तीन खण्डों में 'हिन्दी साहित्य' को प्रकाशित किया गया है। इसके सम्पादक डॉ. धीरेन्द्र वर्मा हैं। इसका प्रथम भाग हिन्दी साहित्य की सांस्कृतिक पृष्ठभूमि से सम्बन्धित है और दूसरे एवं तीसरे भाग में आदिकाल से लेकर आधुनिककाल (1960) तक की सामग्री को प्रस्तुत किया गया है।

काल-विभाजन, विषय-निरूपण एवं शैली आदि की दृष्टि से यह ग्रन्थ आचार्य शुक्ल के इतिहास से काफी भिन्न है। इसमें काल एवं धाराओं के विशेषणों द्वारा प्रामाणिक एवं गहन रूप से विषय का विवेचन किया गया है। नागरी प्रचारिणी सभा काशी द्वारा हिन्दी साहित्य का वृहद् इतिहास प्रकाशित किया गया है। इसका पीठिका भाग डॉ. राजबली पाण्डेय के नेतृत्व में लिखा गया। इसमें खासकर मध्यप्रदेश की मध्यकालीन राजनीतिक, सामाजिक तथा धार्मिक स्थिति एवं परम्पराओं का व्यापक विवेचन किया गया है।

हिन्दी साहित्य की ऐतिहासिक पीठिका के लेखक हैं—राजबली पाण्डे, भोलाशंकर व्यास, बलदेव उपाध्याय, पं. भगवतशरण उपाध्याय। वृहद् इतिहास का दूसरा भाग हिन्दी भाषा के विकास से सम्बन्धित है। इसका सम्पादन डॉ. धीरेन्द्र वर्मा ने किया है। इसका सम्बन्ध भाषा के विकास से अधिक है, साहित्य के विकास से कम। तृतीय भाग हिन्दी साहित्य का उदय एवं विकास शीर्षक से प्रकाशित हुआ। चतुर्थ खण्ड निर्गुण सम्प्रदाय से सम्बन्धित है। इसमें सन्त साहित्य और सूफी साहित्य की रचनात्मक परिस्थितियाँ और दर्शन पर विचार किया गया है। इसके सम्पादक पं. परशुराम चतुर्वेदी हैं। पाँचवाँ भाग डॉ. देवेन्द्रनाथ शर्मा और विजयेन्द्र स्नातक के सम्पादकत्व में प्रकाशित हुआ। इसमें सगुण भक्तिकाव्य के सांस्कृतिक एवं साहित्यिक महत्त्व को निरूपित किया गया है। छठा भाग रीतिकाल की रीतिबद्ध शाखा से सम्बन्धित है, जिसका सम्पादन डॉ. नगेन्द्र ने किया। सातवाँ भाग रीतिकाल की रीतिमुक्त शाखा को समाहित करता है, इसमें सम्पादक भगीरथ मिश्र हैं। आठवाँ भाग हिन्दी साहित्य का अभ्युत्थान—भारतेन्दुकाल शीर्षक से विनयमोहन शर्मा के सम्पादकत्व में लिखा गया। नौवाँ भाग द्विवेदी-काल, दसवाँ-छायावाद से सम्बन्धित है। ग्यारहवें भाग में नाटक, बारहवें भाग में उपन्यास तथा कथा आख्यायिका, तेरहवें भाग में समालोचना, निबन्ध एवं पत्रकारिता का विवेचन किया गया है। चौदहवाँ भाग 1938 से 60 तक की हिन्दी साहित्य की अद्यतन प्रवृत्तियों को समाविष्ट करता है। पन्द्रहवें भाग में हिन्दी में लिखे गये शास्त्र एवं विज्ञान का विवेचन प्रस्तुत किया गया है। सोलहवाँ भाग हिन्दी का लोक साहित्य शीर्षक से प्रकाशित हुआ।

1. हिन्दी साहित्य का इतिहास-रामकिशोर शर्मा, पृ. 5

कुछ विद्वानों ने सम्पूर्ण हिन्दी साहित्य का इतिहास न लिखकर कुछ कालखण्डों पर ही अपनी दृष्टि केन्द्रित की है। आचार्य हजारीप्रसाद द्विवेदी ने आदिकाल पर स्वतन्त्र रूप से विचार किया है। डॉ. लक्ष्मीसागर वार्ष्णेय का 'आधुनिक हिन्दी साहित्य की भूमिका' एवं 'आधुनिक हिन्दी साहित्य' इसी तरह के ग्रन्थ हैं। डॉ. बच्चन सिंह द्वारा लिखा गया 'आधुनिक हिन्दी साहित्य का इतिहास' आधुनिक काल के विविध कालखण्डों के मौलिक एवं विस्तृत विवेचन के कारण हिन्दी साहित्येतिहास में उल्लेखनीय बन गया है। डॉ. नगेन्द्र 'रीतिकाव्य की भूमिका', डॉ. वासुदेव सिंह का 'हिन्दी साहित्य का उद्भव काल', डॉ. मोतीलाल मेनारिया का 'राजस्थानी भाषा और साहित्य', परशुराम चतुर्वेदी का 'उत्तरी भारत की सन्त परम्परा', प्रभुदयाल मीतल का 'चैतन्य सम्प्रदाय और उसका साहित्य', डॉ. टीकम सिंह तोमर कृत हिन्दी वीरकाव्य, डॉ. सियाराम तिवारी का मध्यकालीन खण्डकाव्य, डॉ. सरला शुक्ल का प्रेमाख्यानक काव्य सम्बन्धी शोध प्रबन्ध। बहुत-से कवियों के व्यक्तित्व पर स्वतन्त्र रूप से शोधकार्य हुआ है और हो रहा है। इन शोधग्रन्थों में कुछ नये निष्कर्ष भी निकाले गये हैं। इन सब की सहायता तथा उपयोग से हिन्दी साहित्य के इतिहास के वैज्ञानिक स्वरूप का निर्धारण तथा पुनर्लेखन किया जा सकता है।

काल-विभाजन की अवधारणा तथा नामकरण—साहित्य एक अविरल अखण्डित गतिशील प्रक्रिया है। समसामयिक परिस्थितियों, जन-जीवन की आशाओं-आकांक्षाओं के परिवर्तन के साथ ऊपरी तौर से उसका स्वरूप परिवर्तित अवश्य होता रहता है किन्तु उसके अन्तस्तल में युग-युग से विकसित होनेवाली राष्ट्रीय सांस्कृतिक चेतना भी प्रवहमान् रहती है। इसलिए वर्तमान अतीत से भिन्न प्रतीत होता हुआ भी उससे अभिन्न रूप से जुड़ा रहता है। दूसरे शब्दों में अतीत की नींव पर वर्तमान का भवन निर्मित होता है। साहित्य के दीर्घकालीन प्रवाह को यदि हम एक दृष्टि से आद्यन्त देख सकें तो बेहतर निष्कर्ष निकल सकता है किन्तु प्रवाह के विस्तार का बहुत-सा अंश हमारी दृष्टि से ओझल भी हो सकता है। इसीलिए अध्ययन की सुविधा के लिए हमें इस प्रवाह को खण्डित करना पड़ता है। कालखण्डों के अपेक्षाकृत सीमित फैलाव में साहित्य की अन्तर्निहित चेतना, प्रवृत्तियों के परिवर्तन की दिशा तथा कारणों की खोज आसानी से हो सकती है। डॉ. गणपतिचन्द्र गुप्त का कथन है कि, "इतिहास में हम मुख्यतः देश के स्थान पर काल का अध्ययन करते हैं अतः अध्ययन की सुव्यवस्था के लिए उसे विभिन्न कालखण्डों में बाँट लेना सुविधाजनक एवं उपयोगी सिद्ध होता है।"[1]

रामचन्द्र शुक्ल भी काल-विभाजन की अनिवार्यता महसूस करते हैं— "शिक्षित जनता को जिन-जिन प्रवृत्तियों के अनुसार हमारे साहित्य के स्वरूप में भी जो परिवर्तन होते आये है जिन-जिन प्रभावों की प्रेरणा से काव्यधारा की भिन्न-भिन्न शाखाएँ फूटती रही हैं उन सबके सम्यक् निरूपण तथा उनकी दृष्टि से किये हुए सुसंगत काल-विभाग के बिना साहित्य के इतिहास का सच्चा अध्ययन कठिन दिखायी पड़ता है।"[2]

काल-विभाजन के प्रमुख आधार— पं. रामचन्द्र शुक्ल काल-विभाजन में जनता की बदलती हुई चित्तवृत्तियों के तहत विशेष ढंग की रचनाओं की प्रचुरता तथा विशेष प्रसिद्धि को प्रमुख आधार मानते हैं। डॉ. रामकुमार वर्मा राजनैतिक पट परिवर्तन पर अपनी दृष्टि विशेष रूप से केन्द्रित रखते हैं। नलिन विलोचन शर्मा का विचार है, "यदि हम यह मानते हैं कि मनुष्य के राजनैतिक, सामाजिक, बौद्धिक या भाषावैज्ञानिक विकास से संयुक्त रहते हुए साहित्य का स्वतन्त्र विकास होता है, और दूसरा

1. हिन्दी साहित्य का वैज्ञानिक इतिहास, पृ. 111

2. रामचन्द्र शुक्ल—हिन्दी साहित्य का इतिहास, वक्तव्य, पृ. 1

पहले का निष्क्रिय प्रतिबिम्ब नहीं है तो हम अनिवार्यतः इस निष्कर्ष पर पहुँचते हैं कि साहित्यिक युग विशुद्ध साहित्यिक मानदण्ड के सहारे निर्धारित होने चाहिए।"[1] गणपतिचन्द्र गुप्त विशुद्ध साहित्यिक प्रवृत्तियों तथा समाज की विभिन्न परिस्थितियों को काल-विभाजन के प्रमुख दो आधारों के रूप में मान्यता देते हैं। डॉ. रामखेलावन पाण्डेय का निष्कर्ष है कि 'प्रत्येक काल में समस्त काल कल्प निहित है, प्रत्येक कालखण्ड युग-सन्धि का संकट बोध उपस्थित करता है, इसी दृष्टि से उन्होंने साहित्य के इतिहास का काल-विभाजन किया। 'डॉ, शम्भुनाथ सिंह ने इतिहास और समाजशास्त्रीय युगों के समानान्तर साहित्यिक युगों की अवधारणा प्रस्तुत की है। कुल मिलाकर काल-विभाजन में अधोलिखित आधार प्रयुक्त हुए हैं—

1. ऐतिहासिक कालक्रम।
2. शासक तथा उसका शासनकाल।
3. जन-नायक तथा साहित्यिक नेता।
4. सांस्कृतिक-सामाजिक तथा राष्ट्रीय आन्दोलन तथा परिवर्तन।
5. साहित्यिक प्रवृत्ति।

काल-विभाजन की परम्परा—हिन्दी साहित्य के प्रारम्भिक दो इतिहासकार गार्सां-द-तासी तथा शिवसिंह सेंगर ने काल-विभाजन का प्रयास नहीं किया। सर्वप्रथम जार्ज ग्रियर्सन ने इस दिशा में प्रयास किया। ग्रियर्सन का ग्रन्थ अध्यायों में विभक्त है। प्रत्येक अध्याय सामान्यतया एक काल का सूचक है। भारतीय भाषा-काव्य के स्वर्ण युग 16वीं एवं 17वीं शती पर मलिक मुहम्मद की प्रेम कविता से प्रारम्भ करके ब्रज के कृष्णभक्त कवियों, तुलसीदास के ग्रन्थों और केशवदास द्वारा स्थापित कवियों के रीति सम्प्रदाय को सम्मिलित करके कुल 6 अध्याय हैं जो पूर्णतया समय की दृष्टि से नहीं विभक्त हैं, बल्कि कवियों के विशेष वर्गों की दृष्टि से बने हैं। प्रत्येक काल के अन्त में परिशिष्ट दिया गया है जिसमें उस युग अथवा उस वर्ग के छोटे कवियों का विवरण प्रस्तुत किया गया है।

ग्रियर्सन का काल-विभाजन जो प्रमुखतः अध्याय विभाजन है इस प्रकार है—

1. चारणकाल (700-1300 ई.)
2. पन्द्रहवीं शताब्दी का धार्मिक पुनर्जागरण (परिशिष्ट)
3. मलिक मुहम्मद जायसी की प्रेम कविता (परिशिष्ट)
4. ब्रज का कृष्ण सम्प्रदाय (1500-1600 ई.)
5. मुगल दरबार
6. तुलसीदास (परिशिष्ट)
7. रीतिकाल (1580-1692 ई.)
8. तुलसीदास के अन्य परवर्ती (1600-1700)
   भाग 1—धार्मिक कवि
   भाग 2—अन्य कवि (परिशिष्ट)
9. अट्ठारहवीं शताब्दी—भाग 1—धार्मिक कवि, भाग 2—अन्य कवि (परिशिष्ट)
10. कम्पनी के शासन में हिन्दुस्तान (1800-57)
    भाग 1—बुन्देलखण्ड और बघेलखण्ड (परिशिष्ट), भाग 2—बनारस
    भाग 2—अवध, (परिशिष्ट), भाग 4—विविध (परिशिष्ट)

---

1. नलिन विलोचन शर्मा, हिन्दी साहित्य का इतिहास-दर्शन, पृ. 57

11. महारानी विक्टोरिया के शासन में हिन्दुस्तान (1857-87) (परिशिष्ट)
12. विविध।

इस काल-विभाजन में कोई निश्चित आधार स्पष्ट नहीं है। लगभग एक ही काल के कवियों को अलग-अलग प्रस्तुत किया गया है। नामकरण में कहीं साहित्यिक प्रवृत्ति, कहीं राजनीतिक युग तथा कहीं साहित्यिक नेता को केन्द्र में रखा गया है। इसमें चौदहवीं शताब्दी के साहित्य का विवेचन छूट गया है। वैसे ग्रियर्सन ने समग्र हिन्दी साहित्य को समाहित करने की सफ़ल चेष्ट की है। पहला काल-विभाजन होने के कारण कुछ त्रुटियों के रहते हुए भी नामकरण, प्रवृत्ति निर्धारण, काल-विभाजन के प्रमुख आधारों के समन्वय की दृष्टि से ग्रियर्सन का योगदान प्रशंसनीय है। नलिन विलोचन शर्मा ग्रियर्सन को विधेयवादी साहित्येतिहास का आद्य प्रवर्तक का श्रेय प्रदान करते हैं। आगे के इतिहासकारों पर काल-विभाजन तथा नामकरण की दृष्टि से ग्रियर्सन का स्पष्ट प्रभाव परिलक्षित होता है।

मिश्रबन्धुओं ने मिश्र बन्धु विनोद में हिन्दी साहित्य को प्रकरणों में विभक्त करते हुए भी काल-विभाजन का व्यवस्थित आधार अपनाया। उन्होंने अपने वर्गीकरण का मूल आधार भाषा विकास को बनाया है। काल के उपखण्डों का निर्धारण उन्होंने काव्य नेता या सांस्कृतिक नेता को दृष्टि में रखकर किया है। भूमिका में मिश्रबन्धुओं ने अपनी इस दृष्टि को स्पष्ट भी किया है, 'काल नायक केवल काव्योत्कर्ष के विचार से नहीं रखे गये हैं वरन् इसके साथ उनके वर्णित विषय, उनका तात्कालिक प्रभाव ओर उनके समयों के विचार भी मिल गये हैं। सूदन काल संवत् 1811-1830 तक चलता है। इसके नायक बोधा भी हो सकते थे। उनका कविता-काल 1830 से प्रारम्भ होता है, अतः सबके पीछे होने के कारण वे समय नायक नहीं बन पाये। मिश्रबन्धुओं ने अपना काल-विभाजन इस प्रकार प्रस्तुत किया—

आदि प्रकरण (आदिकाल से सं. 1560)

1. हिन्दी की उत्पत्ति और काव्य लक्षण (वैदिक समय से सं. 700)
2. पूर्व प्रारम्भिक हिन्दी-चन्द पूर्व (सं. 700-1200)
3. पूर्व प्रारम्भिक हिन्दी-रासोकाल (सं. 1201-1347)
4. उत्तर प्रारम्भिक हिन्दी (सं. 1348-1444)
5. पूर्व माध्यमिक हिन्दी (सं. 1445-1560)

प्रौढ़ माध्यमिक प्रकरण (सं. 1561-1680)

6. पूर्व माध्यमिक हिन्दी-अष्टछाप (सं. 1561-1630)
7. प्रौढ़ माध्यमिक हिन्दी-सौरकाल (सं. 1561-1630)
8. गोस्वामी तुलसीदास और तुलसीदास की हिन्दी (सं. 1631-1645)
9. प्रौढ़ माध्यमिक हिन्दी-तुलसी काल (सं. 1646-1670)
10. प्रौढ़ माध्यमिक हिन्दी-अन्तिम तुलसीकाल (सं. 1671-1680)

पूर्वालंकृत प्रकरण (सं. 1681-1790)

1. पूर्वालंकृत हिन्दी
2. सेनापतिकाल (सं. 1681-1706)
3. बिहारीकाल (सं. 1707-1720)
4. भूषणकाल (सं. 1721-1750)
5. आदिम देवकाल (सं. 1751-1771)
6. माध्यमिक देवकाल (सं. 1771-90)

उत्तरालंकृत प्रकरण—

7. उत्तरालंकृत हिन्दी (सं. 1791-1889)
8. दासकाल (सं. 1791-1810)
9. सूदनकाल (सं. 1811-1855)
10. बेनी प्राचीन काल
11. पद्माकर काल (सं. 1856-1875)
12. पद्माकर काल (सं.1876-1881)
1. अज्ञात काल
2. परिवर्तनकालिक हिन्दी (सं. 1890-1925)
3. द्विजदेव काल (सं. 1890-1925)
5. वर्तमान हिन्दी पत्र-पत्रिकाएँ (सं. 1926-1945)
6. पूर्व हरिश्चन्द्र काल (सं. 1945-1966)
7. उत्तर हरिश्चन्द्र काल
8. परम प्राचीन कविगण (आदि से सं. 1944 पर्यन्त शेष)
9. दूसरा अज्ञात कालिक प्रकरण
10. पूर्व नूतन परिपाटी (सं. 1945-1960)
11. उत्तर नूतन परिपाटी (सं. 1961-1975)
12. वर्तमान काल (सं. 1976)

यह वर्गीकरण तथा नामकरण ग्रियर्सन से आगे बढ़ने की स्पष्ट सूचना देता है। मिश्रबन्धुओं ने प्रत्येक काल की कुछ सामान्य प्रवृत्तियों का भी विवेचन प्रस्तुत किया है। इस विभाजन से सम्बद्ध आचार्य रामचन्द्र शुक्ल का मत उल्लेखनीय है "सारे रचनाकाल को केवल आदि, मध्य पूर्व, उत्तर इत्यादि खण्डों में आँख मूँदकर बाँट देना—यह भी न देखना कि किस खण्ड के भीतर क्या आता है, क्या नहीं—किसी वृत्त संग्रह को इतिहास नहीं बना सकता।"

अपने पूर्ववर्ती साहित्येतिहासकारो द्वारा किये गये वर्गीकरण की समीक्षा करते हुए रामचन्द्र शुक्ल ने हिन्दी साहित्य के 900 वर्षों के इतिहास को चार कालों में विभाजित किया—

1. आदिकाल (वीरगाथा काल, संवत् 1050-1375)
2. पूर्व मध्यकाल (भक्तिकाल, सं. 1375-1700)
3. उत्तर मध्यकाल (रीतिकाल, सं. 1700-1900)
4. आधुनिक काल (गद्यकाल, सं. 1900-1984 तक)

शुक्ल जी का यह काल-विभाजन इतना सशक्त एवं सटीक है कि बहुत उछल-कूद मचाकर भी परवर्ती विद्वानों ने इसी की पुनरावृत्ति की है। यद्यपि शुक्ल जी के इस वर्गीकरण की भी कुछ सीमाएँ हैं। इन्होंने विभाजन के दो आधारों, काल तथा प्रवृत्ति को एक साथ ग्रहण किया है। शुक्ल जी ने नामकरण का जो फार्मूला दिया है उसके अनुसार कालों का नाम स्थायी नहीं बल्कि परिवर्तनशील है। परिणाम की दृष्टि से अधिक ग्रन्थों के आधार पर नामकरण उचित नहीं है। लोक प्रसिद्धि के माप का कोई निश्चित तरीका बन नहीं सकता। आदिकालीन धार्मिक साहित्य जो वीरगाथा की अपेक्षा जनमानस में अधिक प्रतिष्ठित था और जो परिमाण और प्रामाणिकता की दृष्टि से भी अन्य साहित्य से कम नहीं है शुक्ल जी की उपेक्षा का शिकार बन गया।

डॉ. सुमन राजे ने शुक्ल जी के काल-विभाजन के दोषों को कुछ बढ़ा-चढ़ाकर बड़े उत्साह से खोजने का प्रयास किया है। उनका विश्लेषण है कि आधार की दृष्टि से शुक्ल जी के काल-विभाजन में पर्याप्त विविधता है। उसमें काल की सापेक्षता, रस, साधना का एक अंग, सम्प्रदाय, पद्धति, आधुनिक, वृत्ति, काव्य के भेद तथा केवल कालखण्ड कुल आठ आधारों को अपनाया गया है। वास्तव में इन आधारों में मुख्यतः भाव या रस का सद्भाव तथा अभाव प्रमुख तत्त्व है जो शुक्ल जी के ऐतिहासिक चिन्तन से अभिन्न रूप से जुड़ा है। वीरगाथा, भक्तिकाल दोनों नाम वीरभाव तथा भक्तिभाव के आधार पर ही रखे गये हैं। भक्ति साधना का अंग ही नहीं बल्कि स्वयं भावसाधना तथा भावनानुभूति है। रामभक्ति, कृष्णभक्ति, सूफीशाखा तथा सन्तशाखा शुद्ध सम्प्रदाय नहीं भक्तिभाव की महाधारा की उपधाराएँ हैं। रीतिकाल नाम कविता की कलात्मक सचेष्टता तथा भावात्मक क्षण को संकेतित करता है और भाव के भी एक बँधी-बँधायी परिपाटी में ढल जाने की सूचना देता है। आधुनिक काल तथा गद्यकाल दोनों ही वर्तमान वैज्ञानिक चिन्तन तथा साहित्य में बौद्धिकता के बढ़ने के आग्रह के सूचक हैं। इस प्रवृत्ति के विकास की कुछ निश्चित स्थितियाँ हैं जो प्रथम, द्वितीय, तृतीय उत्थानों में विभक्त हैं। आज जब कविता भी गद्य होती जा रही है, पेशेवर विवशताओं से अलग काव्य के प्रति लोक रुचि समाप्त होती जा रही है, शुक्ल जी का नामकरण और भी सटीक होता जा रहा है। स्वयं सुमन राजे ने शुक्ल जी के काल-विभाजन की अनेक दृष्टियों से श्लाघा भी की हैं; जैसे- काल-विभाजन के आधार की खोज, पद्धति की निर्मिति, पारिभाषिक शब्दों की रचना तथा विद्वानों के बीच व्यापक मान्यता आदि।

डॉ. रामकुमार वर्मा ने देश के मुसलमानों के आक्रमण के कारण राजनीतिक अस्तव्यस्तता, धार्मिक प्रतिद्वन्द्विता, धर्म रक्षा तथा शत्रु विरोध के रूप में प्रस्फुटित होती हुई क्रान्तिकारी चेतना, हिन्दू-मुसलमानों के मेल-जोल से स्थापित शान्ति से उत्पन्न विलास तथा शृंगार की मनोवृत्ति, अंग्रेजों के सम्पर्क से नयी सभ्यता का विकास, राजस्थान से शुरू करके मध्यदेश तथा फिर सम्पूर्ण भारत में व्यक्त होती सांस्कृतिक चेतना के परिवर्तन के आधार पर हिन्दी साहित्य के इतिहास को पाँच कालों में विभक्त किया है—

1. सन्धिकाल (सं. 750-1000)
2. चारणकाल (सं. 1000-1375)
3. भक्तिकाल (सं. 1375-1700)
4. रीतिकाल (सं.1700-1900)
5. आधुनिककाल (सं. 1900 से अब तक)

वर्मा जी ने अपभ्रंश तथा हिन्दी भाषा की सामानान्तर रचनाओं के काल को सन्धिकाल की संज्ञा देते हुए इसके नामकरण के कारणों की विशद और काव्यात्मक व्याख्या भी प्रस्तुत की है। उनका कथन है कि इस काल में अपभ्रंश की गौरवशालिनी कृतियों के बीच में भाषा विषयक वह सरलता दृष्टिगोचर होने लगी थी जो जनता की स्वाभाविक मनोवृत्ति से प्रेरित होकर अपने को साहित्यिक विधानों से मुक्त करती है ... अतः अपने विकास में साहित्य ऐसे स्थल पर आता है जहाँ दो भाषाओं या दो शैलियों में सन्धि होती है और साहित्य के इस काल को सन्धिकाल कहना ही अधिक समीचीन है। शुक्ल जी ने इतिहास में अपभ्रंश तथा देशी भाषा की रचनाओं का उल्लेख तो किया है किन्तु आदिकाल के नामकरण के समय दोनों भाषाओं के काव्यों को एक साथ मिला लिया है।

वैसे इस नामकरण का तर्क शुक्ल जी ने ही निश्चित कर दिया था। चारणकाल नाम ग्रियर्सन के द्वारा दिये गये नाम का अनुकरण मात्र है। यदि वीरगाथा काल रचनाओं के आधार पर प्रदत्त है तो चारणकाल रचनाकारों के आधार पर। दोनों में कोई तात्त्विक भेद नहीं है।

स्नातक सत्यकाम वर्मा ने कवि की जनमानस व जनजीवन के प्रति दृष्टि को वर्गीकरण तथा नामकरण का प्रमुख आधार मानते हुए हिन्दी साहित्य के इतिहास को 6 युगों में विभक्त किया–

1. लोकोन्मुखी साहित्य का युग (प्रारम्भ से 1400 ई. तक)
2. सांस्कृतिक पुनरुत्थान का युग (1400-1620 ई.)
3. काव्यविलास युग अथवा रीति युग (1620-1803 ई.)
4. उत्क्रान्ति युग (1803-1890)
5. नव दृष्टि युग या भावनात्मक विद्रोह का युग (1890-1935 ई.)
6. यथार्थ युग (1935 से अब तक)

इस विभाजन तथा नामकरण के लिए जो तर्क दिये गये हैं वे अन्य युगों के लिए भी लागू किये जा सकते हैं। लोकोन्मुख साहित्य युग के सन्दर्भ में लेखक का कथन है कि इस युग के सम्पूर्ण देशभाषा साहित्य की पृष्ठभूमि में एकमात्र भावना थी जनता तक अपनी बात पहुँचाना। काव्यशास्त्र की मान्य परम्पराएँ टूटीं। कवि चेतना ने किसी बन्धन को स्वीकार नहीं किया। जनता तक अपनी बात पहुँचाने की भावना तुलसी आदि भक्तों में भी थी। प्रगतिवादी काव्य में यह भावना सैद्धान्तिक रूप में मान्य है। काव्यशास्त्र की मान्य परम्पराएँ आधुनिक काल में जितना अधिक टूटीं उतना आदिकाल में नहीं। लेखक का विचार है कि काव्यविलास युग में परिस्थितियों का प्रभाव काव्य पर अप्रत्यक्ष रूप से ही पड़ा है। लेकिन लेखक महोदय को यह नहीं भूलना चाहिए कि व्यापक राष्ट्रीय सामाजिक परिस्थितियों की अपेक्षा कवि की अपनी व्यक्तिगत परिस्थिति भी काव्य सृजन की दिशा निर्धारण में कम महत्त्वपूर्ण नहीं होती। रीतिकालीन काव्य का विलास जनता में फैलते भोगपरक मूल्यों का ही प्रतिबिम्बन है। प्रस्तुत काल-विभाजन में इसी तरह अन्य कालों का अन्तर बहुत स्पष्ट रूप से रेखांकित नहीं हो पाता है। इसके बाद डॉ. गणपतिचन्द्र गुप्त ने नये अनुसन्धान, रचनाओं एवं काव्य परम्पराओं को सम्मिलित करने की आवश्यकता पर बल देते हुए सांस्कृतिक परम्पराओं तथा बाह्य परिस्थितियों के परिप्रेक्ष्य में इतिहास को तीन कालों में विभक्त किया–

1. प्रारम्भिक काल या उन्मेषकाल (1184-1350 ई.)
2. मध्यकाल या विकासकाल (1350 से 1857 ई.)
3. आधुनिक काल (1857 ------)

प्रारम्भिक काल में दो काव्य परम्पराओं का प्रवर्तन हुआ–

(क) धार्मिक रास काव्य परम्परा (जैन कवियों के रास संज्ञक काव्य)

(ख) सन्त काव्य (सन्त कवियों का काव्य)

मध्यकाल में धर्माश्रय से चार-सन्तकाव्य, पौराणिक गीत, पौराणिक प्रबन्ध काव्य, रसिक भक्ति काव्य, राज्याश्रय में पाँच–मैथिली गीति, ऐतिहासिक रास काव्य, ऐतिहासिक चरित काव्य, ऐतिहासिक मुक्तक, शास्त्रीय मुक्तक, लोकाश्रय में दो–रोमान्सिक कथा काव्य, स्वच्छन्द प्रेमकाव्य, कुल ग्यारह परम्पराएँ विकसित होकर समानान्तर रूप से प्रवाहित रहीं। मध्यकाल की इन परम्पराओं को तीन अवान्तर भेदों में समाहित किया गया है–

(क) पूर्व मध्यकाल या उत्कर्ष काल (1300-1500 ई.)

(ख) मध्यकाल या चरमोत्कर्ष काल (1500-1600 ई.)

(ग) उत्तर मध्यकाल या अपकर्ष काल (1600-1857 ई.)

आधुनिक काल के विभाजन में गुप्त जी ने परम्परा का ही पालन किया है जैसे–

1. भारतेन्दु-युग (1857-1900)
2. द्विवेदी-युग (1900-1920)

3. छायावाद-युग (1920-1937)
4. प्रगतिवाद-युग (1937-1945)
5. प्रयोग-युग (1945-1965)

गुप्त जी ने अपने इस काल-विभाजन में विधा, वस्तु, भाषा, प्रवृत्ति, शैली आदि कई आधारों को अपनाया है। इन्होंने धर्माश्रय, राज्याश्रय तथा लोकाश्रय की जो चर्चा की है हजारीप्रसाद द्विवेदी पुराने काव्य-संरक्षण की दृष्टि से इनका उल्लेख पहले ही कर चुके थे। उत्तर मध्यकाल को अपकर्ष काल कहना भी समुचित नहीं है। यह काल विशुद्ध काव्य परिपाटी तथा कलात्मकता का उत्कर्ष काल है। भक्तिभावना का अपकर्ष अवश्य हुआ है। आधुनिक काल में भी यही स्थिति है। गुप्त जी अपने इस कुतर्क में फँस जाने के बाद सब-कुछ छोड़कर फिर परम्परा का ही पल्ला पकड़ लेते हैं। इनके द्वारा किये गये कुछ भेदों में कोई अन्तर नहीं है जैसे—ऐतिहासिक रस काव्य-परम्परा तथा ऐतिहासिक चरित काव्य-परम्परा में, तथा रोमान्सिक कथा काव्य-परम्परा एवं स्वच्छन्द प्रेम काव्य-परम्परा में क्या अन्तर माना जाये। इस तरह वैज्ञानिक इतिहास का वैज्ञानिक काल-विभाजन बहुत-कुछ अवैज्ञानिक हो जाता है। डॉ. रामखेलावन पाण्डेय ने काल-विभाजन की विविध समस्याओं को कलात्मक ढंग से अन्तर्निहित करते हुए अपना काल-विभाजन प्रस्तुत किया। उन्होंने अन्तरंग सांस्कृतिक चेतना और साहित्यबोध को निर्दिष्टता देने के लिए माध्यम रूप अन्तरंग प्रवृत्तियों और स्थितियों के अन्वेषण पर बल देते हुए भूत तथा भविष्य से जुड़े हर वर्तमान को युग सन्धि के संकट बोध से ग्रस्त माना। पाण्डेय जी ने जो काल-विभाजन प्रस्तुत किया वह भी इसी संकट का प्रतिफलन है और अखण्ड काल प्रवाह को सुन्दर आनुप्रासिक नाम देने का प्रयास। यह तो प्रायः सभी विद्वानों ने स्वीकार किया है कि साहित्य के अखण्ड प्रवाह को अध्ययन की सुविधा के लिए ही खण्डित किया जाता है। यही बात पाण्डेय जी के आग्रह में भी है। इनके द्वारा प्रस्तुत काल-विभाजन इस प्रकार हैं—

1. संक्रमण काल (सन् 1000-1400) इसे प्रवर्तन काल भी कहा जा सकता है।
2. संयोजन काल (सन् 1401-1600 ई.)
3. संवर्द्धन काल (सन् 1601-1800 ई.)
4. संचयन काल (सन् 1801-1900 ई.)
5. सम्बोधि काल (सन् 1901-1947 ई.)
6. संचरण काल (सन् 1947—)

इस विभाजन तथा नामकरण से लेखक की स्वयं की चाह पूरी नहीं होती। इससे अन्तरंग प्रवृत्तियों तथा स्थितियों का अन्वेषण तथा निर्देशन भी नहीं हो पाता। डॉ. शम्भुनाथ सिंह ने साहित्य के युगों को समाजशास्त्रीय तथा ऐतिहासिक युगों के समानान्तर प्रस्तुत किया है। उन्होंने मोटे तौर से दो कालखण्डों को निरूपित किया है—

खण्ड 1—प्राचीन काल

नाम	समाजशास्त्रीय युग	ऐतिहासिक युग	काल
1. उद्भव काल	सामन्ती वीर युग	राजपूत काल	700-1200
2. विकास काल	पतनोन्मुख वीर युग	सल्तनत काल	1200-1400
3. उत्कर्ष काल	विकासोन्मुख साम्राज्य युग	पूर्ववर्ती मुगल काल	1400-1650
4. ह्रास काल	पतनोन्मुख साम्राज्य युग	परवर्ती मुगल काल	1650-1850

खण्ड 2-आधुनिक काल

1. संक्रान्ति युग	विदेशी पूँजीवादी साम्राज्ययुग	ब्रिटिश राज्य काल	1850-1900
2. पुनरुत्थान युग	विदेशी पूँजीवादी शोषण युग	राष्ट्रीय समझौता काल	1900-1920

3. विद्रोह युग	विकासोन्मुख राष्ट्रीय पूँजीवादी युग	राष्ट्रीय संघर्ष काल	1920-1950
4. सामंजस्य युग	लोकतान्त्रिक काल	स्वातन्त्र्योत्तर समाजवादी युग	1950 से अब तक

हिन्दी साहित्य के इतिहास को समाज तथा इतिहास के परिवर्तन के परिप्रेक्ष्य में विश्लेषित करने का प्रयास पूर्ववर्ती इतिहासों में ही हो चुका है। इससे साहित्यिक प्रवृत्तियों के विकास का स्पष्ट संकेत नहीं मिल पाता। डॉ. सुमन राजे का कथन है, "प्राचीन काल में विकास उत्कर्ष जैसे नाम सापेक्षिक हैं जब तक उनका केन्द्र न ज्ञात हो, उनका कोई अर्थ नहीं होता। इसी प्रकार आधुनिक काल, किस रूप में वर्तमान स्थिति तक पहुँचा है, उस पर भी प्रकाश नहीं पड़ता। अन्तिम सामंजस्य युग की स्थिति तो नितान्त ही काल्पनिक है यदि लोकतान्त्रिक समाजवादी युग का व्यवहार में कहीं अस्तित्व हो तो।"[1]

साहित्य के इतिहास के काल-विभाजन तथा नामकरण के विभिन्न ऊहापोहों तथा कल्पनाओं पर विचार करने के बाद यही निष्कर्ष निकलता है कि कोई भी नाम एकदम से पूर्ण नहीं है, चाहे शुद्ध साहित्यिक, चाहे राजनीतिक या सामाजिक, चाहे व्यक्ति-विशेष के नाम के आधार पर नामकरण किया जाये कोई-न-कोई कमी अवश्य निकाली जा सकती है। इसीलिए कुछ विद्वान् ऐतिहासिक प्रक्रम को किसी मूल्य या आदर्श से जोड़ने की सलाह देते हैं। उनका विचार है कि साहित्य के इतिहास के कालों का संज्ञा-निर्धारण साहित्येतर निरपेक्ष और साहित्य प्रक्रिया के बाहरी मूल्यों से नहीं होना चाहिए। जहाँ तक हिन्दी साहित्य के इतिहास के काल-विभाजन तथा नामकरण का सवाल है शुक्ल जी द्वारा किया गया निर्णय थोड़े-से हेर-फेर के साथ स्वीकार कर लिया गया है। नाम के साथ काल-क्रमानुसार गुणों की अवधारणा जुड़ती जाती है। संज्ञा सूत्र से अनेक व्याख्याएँ निकलकर उसे और भी व्याप्त कर देती हैं। धीरे-धीरे उससे सम्बन्धित जटिलताएँ तथा भ्रान्तियाँ समाप्त हो जाती हैं। इसीलिए नये नामों को पुराने के आगे स्वीकृति नहीं मिल पाती। हिन्दी साहित्य के इतिहास काल-विभाजन तथा नामकरण का सर्व प्रचलित रूप इस प्रकार है—

1. आदिकाल—आठवीं से चौदहवीं सदी के मध्य तक
2. मध्यकाल—चौदहवीं के मध्य से उन्नीसवीं सदी के मध्य तक
   (क) पूर्व मध्यकाल (भक्तिकाल)—चौदहवीं सदी के मध्य से सत्रहवीं के मध्य तक
   (ख) उत्तर मध्यकाल (रीतिकाल)—सत्रहवीं सदी के मध्य से उन्नीसवीं के मध्य तक
3. आधुनिक काल—उन्नीसवीं सदी के मध्य से अब तक
   (क) भारतेन्दु-युग (जागरण युग) 1857-1900 ई.
   (ख) द्विवदी-युग (जागरण सुधार युग) 1900-1918 ई.
   (ग) छायावाद-युग (स्वच्छन्दतावादी युग) 1918-1938 ई.
   (घ) प्रगति-प्रयोग युग 1938-1953 ई.
   (ङ) नयी कविता या नवलेखन काल—1953 ई. से अब तक

आधुनिक काल का विभाजन दशकों में भी होने लगा है विशेष रूप से 1960 के बाद के साहित्य का।

1. साहित्येतिहास, सरंचना और स्वरूप, पृ. 179

2

हिन्दी का स्वरूप और हिन्दी भाषी क्षेत्र

हिन्दी का स्वरूप—हिन्दी शब्द फारसी की देन है। फारसी में संस्कृत की स ध्वनि का ह में रूपान्तरण हो जाता है। इस तरह का ध्वनि परिवर्तन मध्यकालीन आर्यभाषाओं में भी हुआ है जैसे—द्वादश-बारस-बारह। सिन्ध से फारसी में हिन्द (ध का अल्पप्राणीकरण) और सिन्धी से हिन्दी बनता है। सिन्ध के आस-पास के क्षेत्र तथा निवासी को हिन्द तथा हिन्दी कहा गया। कालान्तर में इसका अर्थ-विस्तार हो गया। हिन्दी तथा हिन्दोस्तानी समस्त भारतवासियों तथा उनकी भाषा के अर्थ में प्रयुक्त होने लगा। मध्यकाल में अनेक विद्वान्ों ने हिन्दी शब्द का इसी व्यापक अर्थ में इस्तेमाल किया है। इस सन्दर्भ में फिरदौसी, अलबेरूनी, अमीर खुसरो आदि का नाम लिया जा सकता है। ईरान के एक बादशाह ने पञ्चतन्त्र का अनुवाद 'कलीला व दिमना' नाम से करवाया जिसमें भूमिका में लिखा है कि यह अनुवाद 'जबाने हिन्दी' से किया गया। यहाँ जबाने हिन्दी का अर्थ संस्कृत है। धीरे-धीरे मुसलमानों को ऐसा प्रतीत हुआ कि सम्पूर्ण भारत की भाषा एक जैसी नहीं है। अतः फिर 'हिन्दी' शब्द का अर्थ संकोचन हुआ और मध्यदेश की भाषा के अर्थ में इसका प्रयोग होने लगा। हिन्दी के मध्यकालीन कवियों कबीर, जायसी, सूर, तुलसी, बिहारी ने हिन्दी के लिए भाषा (भाखा) शब्द का प्रयोग किया है। भाषा शब्द के प्रयोग की परम्परा उन्नीसवीं शताब्दी के आरम्भ तक मिलती है। 1802 में फोर्ट विलियम कॉलेज में लल्लूलाल 'भाषा मुन्शी' के पद पर नियुक्त किये गये थे।

इस समय 'हिन्दी' शब्द का व्यवहार परिनिष्ठित साहित्यिक तथा प्रशासनिक काम-काज में प्रयुक्त हिन्दी भाषा के लिए होता है। हिन्दी प्रदेश में प्रचलित बोलियों तथा उपभाषाओं के लिए तत्सम्बन्धी संज्ञा का प्रयोग अनिवार्य होता जा रहा है क्योंकि 'हिन्दी' शब्द की वाचकता परिनिष्ठित हिन्दी तक संकुचित हो गयी है। हिन्दी साहित्य के इतिहास में यह संकुचित अर्थ स्वीकृत नहीं है। साहित्येतिहास में हिन्दी प्रदेश की उन सभी बोलियों के साहित्य को सम्मिलित किया जाता है जो समय-समय पर अपनी क्षेत्रीय सीमा को लाँघकर लगभग पूरे हिन्दी प्रदेश में (उससे बाहर भी) सामान्य साहित्यिक भाषा के रूप में स्वीकार होती रही हैं। बोली वैविध्य के बावजूद एक सामान्य भाषा की प्रतिष्ठा हिन्दी प्रदेश में बराबर होती रही है। यह साहित्यिक भाषा अपने विस्तार क्रम में सभी बोलियों के तत्त्वों को यथासम्भव स्वीकार करती रही। आदिकाल में अपभ्रंश-डिंगल तथा मध्यकाल में ब्रज-अवधी तथा आधुनिककाल में खड़ीबोली को साहित्यिक प्रतिष्ठा प्राप्त हुई। काल-विशेष में एक बोली मुख्यतया हिन्दी का प्रतिनिधित्व करती रही।

हिन्दी भाषी क्षेत्र—पश्चिम में अम्बाला से बीकानेर, जैसलमेर, पूर्व में रामगढ़ से भागलपुर तक उत्तर में नेपाल की सीमा से गंगोत्री-जमुनोत्री, दक्षिण में ताप्ती नदी बालाघाट-दुर्ग तक 1682.8

किमी. लम्बे तथा 721.6 किमी. चौड़े क्षेत्र में हिन्दी तथा उसकी उपभाषाएँ प्रचलित हैं। इस विविधता में भी भाषिक एकता के पर्याप्त तत्त्व विद्यमान हैं। इसीलिए तो किसी एक क्षेत्र की बोली पूरे हिन्दी प्रदेश में आदृत होती रही है। हिन्दी प्रदेश की इसी परम्परा को ध्यान में रखकर उसके अन्तर्गत निर्मित प्रान्तों की भाषा हिन्दी ही निर्धारित की गयी। इन प्रान्तों में प्रचलित बोलियों का इस 'हिन्दी' में योगदान तो है किन्तु ये एकदम वैसी नहीं हैं। इसीलिए हिन्दी प्रदेश के लोगों को भी हिन्दी को सीखने की जरूरत पड़ती है।

हिन्दी प्रदेश में कुल पाँच उपभाषाएँ हैं—

1. राजस्थानी हिन्दी
2. पश्चिमी हिन्दी
3. पूर्वी हिन्दी
4. बिहारी हिन्दी
5. पहाड़ी हिन्दी

1. राजस्थानी हिन्दी—यह उपभाषा मुख्यतः राजस्थान से सम्बद्ध है। इसका प्रसार सिन्ध तथा मध्य प्रदेश के भी कुछ भागों में है। राजस्थानी का प्राचीन रूप डिंगल व्यापक साहित्यिक भाषा थी। अनेक रासो ग्रन्थ, ढोला मारू-रा दूहा, किसन रुक्मिणी री बेलि आदि में इसका प्रयोग हुआ है। मीराँ, दादूदयाल, चरणदास की वाणियों में राजस्थानी का व्यापक व्यवहार हुआ है। राजस्थानी में गद्य की परम्परा भी मिलती है। मारवाड़ी, जयपुरी, मेवाती, मालवी, इसकी प्रमुख बोलियाँ हैं।

2. पश्चिमी हिन्दी—इस उपभाषा का क्षेत्र पश्चिम में पंजाबी और राजस्थानी की सीमा से आरम्भ होकर पूर्व में अवधी, बघेली की सीमा, उत्तर में पहाड़ी, दक्षिण में मराठी की सीमा तक विस्तृत है। इसके अन्तर्गत पाँच प्रमुख बोलियाँ हैं। खड़ीबोली, बाँगरू ब्रजभाषा, कन्नौजी और बुन्देली। बम्बई, मद्रास, हैदराबाद के मुसलमान घरो में प्रचलित दक्खिनी हिन्दी भी इसी वर्ग की बोली है। इस वर्ग की बोलियों का साहित्यिक महत्त्व सर्वाधिक रहा है। आदिकाल में ब्रजभाषा का पूर्वरूप, मध्यकाल में ब्रजभाषा (बुन्देली तथा कन्नौज से मिलकर) सर्वमान्य काव्यभाषा रही। खड़ीबोली की प्रतिष्ठा यद्यपि आधुनिक काल में हुई। किन्तु ब्रजी के साथ इसका प्रयोग मध्यकाल में भी होता रहा।

3. पूर्वी हिन्दी—पश्चिम में कानपुर से पूरब में मिर्जापुर, उत्तर में लखीमपुर-नेपाल की सीमा से दक्षिण में दुर्ग-बस्तर की सीमा तक पूर्वी हिन्दी का क्षेत्र है। अवधी, बघेली, छत्तीसगढ़ी, इसकी तीन प्रमुख बोलियाँ हैं इन बोलियों में साहित्यिक महत्ता अवधी की है। सूफी साहित्य तथा रामभक्ति साहित्य मुख्यतः अवधी में रचा गया है।

4. बिहारी हिन्दी—बिहारी हिन्दी का क्षेत्र वर्तमान बिहार प्रान्त है। बिहारी की एक प्रमुख बोली भोजपुरी का अधिकांश क्षेत्र पूर्वी उत्तर प्रदेश में पड़ता है। भोजपुरी, मैथिली और मगही इसकी तीन प्रमुख बोलियाँ हैं। मैथिली का साहित्यिक प्रयोग अपेक्षाकृत अधिक है। इसकी एक सशक्त साहित्यिक परम्परा भी मिलती है। भोजपुरी में लोक-साहित्य अधिक है। सन्तों की वाणी में भी इसकी घुसपैठ मिलती है।

5. पहाड़ी हिन्दी—यह पहाड़ी क्षेत्र की उपभाषा है। नेपाली, कुमायूँनी और गढ़वाली इसकी प्रमुख बोलियाँ हैं। नेपाली नेपाल की राजभाषा है। कुमायूँनी तथा गढ़वाली में लोक-साहित्य उपलब्ध हैं।

3

आदिकाल

पूर्वापर सीमा—हिन्दी साहित्य के इतिहास लेखकों में आदिकाल की पूर्वापर सीमा के सम्बन्ध में मतभेद मिलता है। ग्रियर्सन तथा मिश्रबन्धुओं ने पुष्य या पुण्ड नामक हिन्दी के प्रथम कवि के समय सन् 713 से आदिकाल का आरम्भ माना है। ठोस प्रमाण के अभाव में यह तिथि मान्य नहीं हो सकी। डॉ. रामकुमार वर्मा की धारणा है, "अपभ्रंश भाषा दसवीं शताब्दी तक प्रचलित रही उसके बाद उसे भी साहित्य मरण के लिए बाध्य होना पड़ा और दसवीं शताब्दी से अपभ्रंश भाषा ने अनेक शाखाओं में विभाजित होकर नवीन नाम धारण किये। फलतः हिन्दी आदि भाषाओं का सूत्रपात हुआ।"[1] डॉ. वर्मा यहाँ भावावेश में भूल गये कि भाषा का साहित्यिक मरण नहीं बल्कि पद-च्युति होती है। दसवीं के बाद भी अपभ्रंश में रचनाएँ होती रहीं किन्तु लोकभाषाएँ जो साहित्यिक अपभ्रंश की आधारभूत भाषा से भिन्न थीं साहित्यिक रचना के पद पर प्रतिष्ठित हो गयीं। वर्मा जी इसी उत्तर सीमा सं. 1375 ई. मानते हैं। पण्डित रामचन्द्र शुक्ल का कथन है कि, "हिन्दी साहित्य का आदिकाल सं. 1050 से लेकर संवत् 1375 तक अर्थात् महाराज भोज के समय से लेकर हम्मीरदेव के समय के पीछे तक माना जा सकता है।" जैसे शुक्ल जी को प्राकृताभास हिन्दी के आरम्भ का पता बौद्ध सिद्धों की रचनाओं से लग गया था किन्तु इन्हें विशुद्ध साहित्य के अन्तर्गत न मानने के कारण उन्होंने आदिकाल की आरम्भ तिथि करीब दो सौ वर्ष पीछे खिसका दी। आचार्य हजारीप्रसाद द्विवेदी आदिकाल की सीमा 1000 ई. से 1400 ई. तक निर्धारित करते हैं। इस काल में जो लिखित साहित्य उपलब्ध हुआ है उसमें अपभ्रंश से कुछ आगे बढ़ी हुई भाषा का रूप दिखायी देता है।... "इसलिए दसवीं शताब्दी के उपलब्ध लोकभाषा साहित्य को अपभ्रंश से थोड़ी भिन्न भाषा का साहित्य कहा जा सकता है। वस्तुतः वह हिन्दी की आधुनिक बोलियों में से किसी-किसी के पूर्वरूप के रूप में ही उपलब्ध होता है।"[2] डॉ. गणपतिचन्द्र गुप्त बारहवीं शताब्दी के अन्त से हिन्दी साहित्य का आरम्भ मानते हैं।

हिन्दी साहित्य के आदिकाल की पूर्व सीमा का निर्धारण हिन्दी भाषा की उत्पत्ति तथा विकास के साथ अभिन्न रूप से जुड़ा हुआ है। इस काल में साहित्यिक अपभ्रंश तथा लोकभाषा में ढलती अपभ्रंश-काव्यभाषा के दो रूप स्पष्ट परिलक्षित होते हैं साहित्य के इतिहास लेखकों में गुलेरी जी, राहुल सांकृत्यायन तथा रामचन्द्र शुक्ल ने अपभ्रंश को पुरानी हिन्दी या प्राकृताभास हिन्दी माना है। गुलेरी जी का मत है कि, "अपभ्रंश कहाँ समाप्त होती हैं और पुरानी हिन्दी कहाँ आरम्भ होती है। इसका निर्णय करना कठिन किन्तु रोचक और बड़े महत्त्व का है। इन दो भाषाओं के समय और देश के

1. हिन्दी साहित्य का आलोचनात्मक इतिहास, पृ. 48
2. हिन्दी साहित्य, पृ. 43-44

विषय में कोई स्पष्ट रेखा नहीं खींची जा सकती है। कुछ उदाहरण ऐसे हैं जिन्हें अपभ्रंश भी कह सकते हैं और पुरानी हिन्दी भी।"[1] काशीप्रसाद जायसवाल ने निःसंकोच रूप से अपभ्रंश को पुरानी हिन्दी माना "काव्यगत भाषा अपभ्रंश प्राकृत से दूर और हिन्दी व्याकरण के निकट है। अतः उसे पुरानी हिन्दी कहने में हमें संकोच नहीं होता।"[2] राहुल जी अपभ्रंश और हिन्दी में तद्भव और तत्सम शब्दों के प्रयोग बाहुल्य के अलावा कोई तात्त्विक भेद नहीं स्वीकार करते।[3] राहुल जी के इस कथन में प्राकृत से सीधे हिन्दी के विकास की धारणा अन्तर्निहित है। भाषावैज्ञानिक डॉ. हरदेव बाहरी भी उत्तरकालीन प्राकृतों से आधुनिक आर्यभाषाओं के विकास को निर्दिष्ट करते हैं।[4]

वास्तव में किसी एक साहित्यिक भाषा से दूसरी साहित्यिक भाषा विकसित नहीं होती। भाषा के विकास का सही विश्लेषण जनता के बीच बोली जानेवाली भाषा से हो सकता है लिखित साहित्य से नहीं। जबकि दुर्भाग्य से हमारे समक्ष भाषा के विकास को जानने के लिए प्रमुख रूप से साहित्यिक भाषा का ही साक्ष्य उपलब्ध है। कोई भी बोली व्यापक साहित्यिक भाषा की निर्माण प्रक्रिया में पारम्परिक भाषिक आदर्शों तथा लोकतत्त्वों को एक साथ ग्रहण करती है। इसमें भाषा का समसामयिक तथा प्राचीन दोनों रूपों का समाहार हो जाता है। ऐसी स्थिति में साहित्यिक रचना की समकालीन भाषा का स्वरूप निर्धारण बड़ा पेचीदा हो जाता है। जिस प्रकार साहित्यिक भाषा वैदिक के स्थान पर वैदिककालीन प्राकृत साहित्यिक भाषा संस्कृत बनी, संस्कृत के स्थान पर पालि तथा साहित्यिक प्राकृतें, प्राकृतों के स्थान पर अपभ्रंशें प्रतिष्ठित हुईं उसी तरह अपभ्रंशकालीन लोकभाषाएँ हिन्दी तथा अन्य भारतीय आर्यभाषाओं के रूप में प्रतिष्ठित हुईं। अपभ्रंशकालीन लोकभाषाएँ हिन्दी तथा अन्य भारतीय भाषाओं के रूप में प्रतिष्ठित हुईं। अपभ्रंश में लोकभाषा हिन्दी के तत्त्व सम्मिलित तो हैं पर अपभ्रंश ही हिन्दी है ऐसा नहीं कहा जा सकता। लोक में घटित होनेवाले भाषिक परिवर्तनों को अपेक्षाकृत देर में मान्यता मिलती है। साहित्यिक भाषा अपने व्याकरणिक रूपों, उच्चारण आदि के प्रति सुनिश्चित मापदण्डों को जल्दी शिथिल नहीं करती। बल्कि क्षेत्रीय तथा वैयक्तिक प्रयोग की भिन्नताओं को एकरूपता के द्वारा अनुशासित करती है। लेकिन जब साहित्यिक तथा लोकभाषा में बड़ा अन्तराल उत्पन्न हो जाता है, अपने व्याकरणिक जकड़न में जब वह जनता क लिए दुर्बोध हो जाती है तो उसके स्थान पर बदली हुई जनभाषा प्रतिष्ठा प्राप्त करने लगती है। इस प्रकार साहित्य में प्रतिष्ठा प्राप्त करके धीरे-धीरे पूर्व प्रचलित भाषा को अपदस्थ कर देती है। नयी लोकभाषा का आरम्भ साहित्यिक साक्ष्य की आधारभूत रचना की तिथि से मानना नितान्त गलत है। क्योंकि साहित्य की माध्यम भाषा बनने के कई सौ वर्ष पहले इसके स्वरूप का निर्माण हो चुका होता है। साहित्यकार की भाषा तो सामाजिक भाषा की अपेक्षा धीमी गति से बदलती है। वह अपने रचनाकाल की जीवन्त भाषा की अपेक्षा कुछ पुरानी भाषा के रूपों को अपनाता है। अपभ्रंश की रचनाओं के विषय में रामचन्द्र शुक्ल इसी तथ्य को स्वीकार करते हैं "इस अपभ्रंश या प्राकृताभास हिन्दी का अभिप्राय यह है कि वह उस समय की ठीक बोल-चाल की भाषा नहीं है जिस समय की इसकी रचनाएँ मिलती हैं। यह उस समय के कवियों की भाषा है। कवियों ने काव्य परम्परा के अनुसार साहित्यिक प्राकृत के पुराने शब्द तो लिये ही हैं (जैसे पीछे की हिन्दी में तत्सम संस्कृत शब्द लिये जाने लगे) विभक्तियाँ, कारक चिह्न और

1. पुरानी हिन्दी, पृ. 12
2. नागरी प्रचारिणी पत्रिका, भाग 8, अंक 2
3. हिन्दी काव्यधारा, पृ. 11
4. हिन्दी : उद्भव, विकास और रूप, पृ. 40

क्रियाओं के रूप आदि भी बहुत-कुछ अपने समय से कई वर्ष पुराने रखे हैं। बोल-चाल की भाषा घिस-घिसकर बिल्कुल जिस रूप में आ गयी थी, सारा वही रूप न लेकर कवि और चारण आदि भाषा का बहुत-कुछ वह रूप व्यवहार में लाते थे जो उनसे कई सौ वर्ष पहले से कवि परम्परा रखती आती थी।"[1]

आदिकाल के कुछ धार्मिक कवियों ने अपने उपदेश तथा विचार को सामान्य जनों तक पहुँचाने के लिए लोकभाषा का प्रयोग अपेक्षाकृत अधिक किया। इनकी भाषा से पुरानी हिन्दी के स्वरूप का अनुमान किया जा सकता है। योगीन्द्र, सरहपा, देवसेन, रामसिंह के द्वारा प्रयुक्त भाषा पुरानी हिन्दी या अपभ्रंशकालीन लोकभाषा के अधिक समीप है। इन धार्मिक कवियों को साहित्यिक लोकभाषा से बोल-चाल की भाषा किंचित् अधिक वियोगात्मक तथा ऋजु रही होगी ऐसी कल्पना बहुत असंगत न होगी। लोक व्यवहार की इस भाषा का प्रयोग बारहवीं शताब्दी में साहित्यिक स्तर पर अधिक हुआ। सरह द्वारा लिखित चर्यागीत जो दोहा कोश में संगृहीत है भाषा की दृष्टि से बारहवीं के पहले की नहीं लगती जबकि दोहाकोश के दोहों की भाषा नवीं सदी की है। प्राचीन हिन्दी के प्रयोक्ता योगीन्द्र तथा सरहपा के रचनाकाल आठवीं शताब्दी से आदिकाल का आरम्भ माना जा सकता है।

आठवीं शताब्दी के रचनाकार स्वयंभू के परिनिष्ठित अपभ्रंश में लिखित काव्य 'पउम चरिउ' में भी विकासमान् हिन्दी का प्रयोग देखा जा सकता है—

राम कहा सरि एक सोहंती।
रोवइ लंकापुर परमेसरि हा रावण। तिहुयण जण केसरि।

हिन्दी का आदि कवि—जिस प्रकार हिन्दी साहित्य की आरम्भिक सीमा का निर्धारण जटिल है, आदिकवि का निर्धारण उससे कम जटिल नहीं है। ग्रियर्सन तथा मिश्रबन्धु संवत् 773 के पुष्य या पुण्ड नामक कवि को हिन्दी का प्रथम कवि मानते हैं। इस कवि, कविता के स्वरूप तथा जन्मादि के विषय में निश्चित प्रमाण उपलब्ध नहीं है। शिवसिंह ने अपने सरोज में इस कवि का थोड़ा-सा विवरण दिया है। विवरण का आधार जनश्रुति मात्र है। "संवत् सात सौ सत्तर विक्रमादित्य' में राजा 'मान' अवन्तिपुरी का बड़ा पण्डित और अलंकार विद्या में अद्वितीय था। उसके पास पुष्प भाट ने प्रथम संस्कृत ग्रन्थ पढ़ पीछे भाषा में दोहा बनाये। हमको भाषा की जड़ यही कवि जान पड़ता है।" हजारीप्रसाद द्विवेदी पुष्प को अपभ्रंश कवि पुष्पदन्त होने की सम्भावना व्यक्त करते हैं। जिसका रचनाकाल दसवीं शताब्दी है। अगर यह पुष्पदन्त न भी हुए तो कोई अपभ्रंश कवि ही होगा ऐसा उनका दृढ़ विश्वास है।

हिन्दी के प्रथम महाकवि के दावेदार पृथ्वीराज रासो के प्रणेता चन्दबरदाई भी माने जाते हैं। रामचन्द्र शुक्ल तथा रामकुमार वर्मा आदि साहित्य-इतिहासकारों ने परम्परया चन्द को प्रथम कवि माने जाने का उल्लेख किया है। पृथ्वीराज रासो की प्रामाणिकता सन्दिग्ध हो जाने पर चन्द को धीरे-धीरे इस गौरव से हाथ धो लेना पड़ा। हजारीप्रसाद द्विवेदी ने मुनि जिनविजय द्वारा सम्पादित पुरातन प्रबन्ध संग्रह में चन्द के नाम से लिखित चार छप्पयों को तथा उसके भाषा की प्रकृति, समकालीन काव्यों की कथानक रूढ़ियों को देखकर पृथ्वीराज के दरबार में चन्द का अस्तित्व स्वीकार किया है। किन्तु पृथ्वीराज रासो का मूल रूप अभी उपलब्ध नहीं हो सका है। ऐसी स्थिति में चन्द को प्रथम कवि असन्दिग्ध रूप से नहीं कहा जा सकता है। इधर विद्वानों का एक वर्ग अपभ्रंशकालीन लोकभाषा के

1. रामचन्द्र शुक्ल, हिन्दी साहित्य का इतिहास, पृ. 8

प्रथम प्रयोक्ता सरहपा को हिन्दी के प्रथम कवि होने का गौरव प्रदान करने का प्रबल समर्थक हो गया है। शुक्ल जी बौद्ध सिद्धों की रचनाओं को साहित्यिक कोटि में मानते ही नहीं इसीलिए प्राकृताभास हिन्दी के इन लेखकों को कवि के रूप में मान्यता देने पर उन्होंने विचार ही नहीं किया। उनका कथन है सिद्धों ने "'बाह्य पूजा, जाति-पाँति, तीर्थाटन इत्यादि के प्रति उपेक्षा बुद्धि का प्रचार किया। रहस्यवादी बनकर शास्त्रज्ञ विद्वानों का तिरस्कार करने और मनमाने रूपकों के द्वारा अटपटी बानी में पहेलियाँ बुझाने का रास्ता दिखाया, घट के भीतर चक्र, नाड़ियाँ, शून्य देश आदि मानकर साधना करने की बात फैलायी।'...आगे सन्त सम्प्रदाय इसी रास्ते पर चला।" शुक्ल जी की विशुद्ध पण्डितबुद्धि शास्त्रज्ञों की निन्दा करनेवाले स्वानुभूति तथा आत्मिक साधना पर बन देनेवाले काव्यभाषा, काव्य-वस्तु तथा काव्य-परिपाटी में नूतन क्रान्ति उपस्थित करनेवाले सिद्धों की महिमा न स्वीकारती हुई भी उनके अवदान की निष्पक्ष व्याख्या प्रस्तुत करती है और उन्हें कवि मानने के लिए आधारभूमि भी तैयार कर देती है। अन्त में वे भले ही इनकी रचना को जीवन की स्वाभाविक सरणियों, अनुभूतियों और दशाओं से असम्बद्ध तथा साम्प्रदायिक शिक्षा मात्र वह देते हैं। बाह्याडम्बरों तथा जाति-पाँति के दबाव से घुटता, शास्त्रीय ज्ञान के अभाव में उपेक्षित मानव का एक विशाल वर्ग यदि इन सिद्धों के आक्रोश, खण्डन-मण्डन तथा उपहास में वाणी पाता है तो इसे स्वाभाविक अनुभूति न कहा जाय तो क्या कहा जाय? शुक्ल जी के लिए यह भले ही स्वाभाविक नहीं था। राहुल सांकृत्यायन द्वारा निर्णीत तिथि को यदि प्रामाणिक माना जाय तो सरहपा ही हिन्दी के प्रथम कवि का स्थान ग्रहण कर लेते हैं।

डॉ. गणपतिचन्द्र गुप्त ने कई विद्वानों का हवाला देते हुए 'भरतेश्वर बाहुबली रास' के रचयिता शालिभद्र सूरि को हिन्दी साहित्य का प्रवर्तक कवि माना है। प्रस्तुत कृति की भाषा अपभ्रंश के अधिक समीप है तथा रचना-तिथि स्पष्ट ही परवर्ती है। ऐसी स्थिति में सरहपा की तुलना में शालिभद्र का पक्ष कमजोर पड़ जाता है। डॉ. वासुदेव सिंह का मत है कि जिस प्रकार 'भरतेश्वर बाहुबली रास' में प्रारम्भिक हिन्दी के नमूने देखकर गुप्त जी ने उसे हिन्दी की प्रथम रचना और शालिभद्र को हिन्दी का प्रथम कवि स्वीकार किया है, उसी आधार पर योगीन्दु मुनि को हिन्दी का प्रथम कवि क्यों न माना जाय?[1]

इस संक्षिप्त विवेचन से स्पष्ट हो जाता है कि हिन्दी के प्रथम कवि सरहपा हैं जिन्होंने मध्यकाल में विकसित होनवाले साहित्य (विशेषकर सन्त साहित्य) के वस्तु तथा शिल्प में क्रान्तिकारी परिवर्तन करके प्राचीनता से भिन्न नयी परम्परा की शुरुआत की।

आदिकाल के नामकरण की समस्या—सर्वप्रथम जार्ज ग्रियर्सन ने हिन्दी साहित्य के इतिहास का काल-विभाजन करते हुए आदिकाल के लिए चारणकाल नाम का प्रयोग किया। ग्रियर्सन का ध्यान चारण जातीय रचनाओं के बाहुल्य की ओर अवश्य था किन्तु उन्होंने इस संज्ञा निर्धारण के कारणों की विस्तृत टिप्पणी नहीं दी। आगे चलकर डॉ. रामकुमार वर्मा ने ग्रियर्सन के अनुकरण तथा रामचन्द्र शुक्ल की प्रेरणा से आदिकाल के लिए इसी नाम का उल्लेख किया। इस नाम से धार्मिक साहित्य के रचनाकारों का बोध नहीं होता इसीलिए इसकी समीचीनता सन्दिग्ध हो जाती है। रामचन्द्र शुक्ल के वीरगाथाकाल की जो कमियाँ निर्दिष्ट की जाती हैं वे सभी इसके साथ भी हैं। मिश्रबन्धुओं ने इस युग के लिए आदिकाल का प्रयोग अनायास ही कर दिया। इसके लिए उन्होंने कोई तर्क प्रस्तुत नहीं किया। मिश्रबन्धुओं को यह नाम अनायास ही सूझ गया क्योंकि वे इसकी सार्थकता तथा संगति को

---

1. डॉ. वासुदेव सिंह : हिन्दी साहित्य का उद्भव काल, पृ. 44

समझ नहीं सके। उन्होंने प्रारम्भिकता के अर्थ में आदि शब्द को अपनाया है जैसा कि नामकरण के उपशीर्षकों से स्पष्ट है। पण्डित रामचन्द्र शुक्ल ने इस काल सापेक्ष नाम के बदले प्रवृत्ति सापेक्ष नाम देने की मौलिक चेष्टा की। उन्होंने वीरगाथात्मक ग्रन्थों की प्रचुरता के आधार पर इसे वीरगाथाकाल नाम से अभिहित किया। शुक्ल जी ने इस काल के उपलब्ध साहित्य को रचनात्मक विशुद्ध साहित्य तथा साम्प्रदायिक साहित्य के खानों में विभक्त कर दिया। साम्प्रदायिक साहित्य में प्रयुक्त भाषा को उन्होंने आलोच्य युग की भाषा का प्रतिनिधित्व करनेवाली नहीं माना। शुक्ल जी का कथन है 'आदिकाल का नाम मैंने वीरगाथाकाल' रखा है। उक्त काल के भीतर दो प्रकार की रचनाएँ मिलती हैं—अपभ्रंश की और देश भाषा (बोलचाल) की। अपभ्रंश की पुस्तकों में कई तो जैनों के धर्म तत्त्व निरूपण सम्बन्धी हैं जो साहित्य की कोटि में नहीं आतीं और जिनका उल्लेख यह दिखाने के लिए ही किया गया है कि अपभ्रंश भाषा का व्यवहार कब से हो रहा था। साहित्य कोटि में कुछ तो भिन्न-भिन्न विषयों पर फुटकर दोहे हैं जिनके अनुसार उस काल की कोई विशेष प्रवृत्ति निर्धारित नहीं की जा सकती।'[1] शुक्ल जी ने आदिकाल के लक्षण निरूपण तथा नामकरण के सन्दर्भ में बारह ग्रन्थों का उल्लेख किया है—

1. विजयपाल रासो
2. हम्मीर रासो
3. कीर्तिलता
4. कीर्ति पताका
5. खुमान रासो
6. बीसलदेव रासो
7. पृथ्वीराज रासो
8. जयचन्द्र प्रकाश
9. जयमयंक-जस-चन्द्रिका
10. परमाल रासो
11. खुसरो की पहेलियाँ
12. विद्यापति पदावली

इनमें से तीन रचनाओं खुसरो की पहेलियाँ, विद्यापति पदावली तथा बीसलदेव रासो को स्वयं शुक्ल जी ने ही वीरगाथा से अलग माना है। आरम्भिक चार अपभ्रंश भाषा में निबद्ध कृतियों को उन्होंने जान-बूझकर ग्रहण कर लिया है। इस तथ्य के आधार पर शुक्ल जी को दोषी ठहराना उपयुक्त नहीं है। ऐसा करके उन्होंने आदिकालीन साहित्य को उसकी समग्रता में ग्रहण करने तथा मूल्यांकित करने की चेष्टा की। फिर अन्य दृष्टियों से इस नामकरण में कुछ न्यूनताएँ अवश्य परिलक्षित होती हैं—

1. शुक्ल जी ने आदिकालीन धार्मिक साहित्य को साम्प्रदायिक मानकर उसे साहित्य के क्षेत्र से बहिष्कृत कर दिया। धार्मिक भावना किसी रचना के साहित्यिक बनने में कहीं भी बाधक नहीं होती। जैन कवियों द्वारा रचित प्रबन्ध काव्य तथा मुक्तकों का वर्णन-कौशल, भाषा-शैली, भावाभिव्यक्ति तथा सम्पूर्ण रचना-विधान इस तरह का है कि उन्हें विशुद्ध काव्य के अन्तर्गत मानने में शायद ही किसी को आपत्ति हो। धार्मिक भावना को अधिकांशतः व्यंजना के स्तर पर ही निरूपित किया गया है। इस सन्दर्भ में हजारीप्रसाद द्विवेदी का मत उल्लेखनीय है 'केवल नैतिक और धार्मिक या आध्यात्मिक

1. रामचन्द्र शुक्ल : हिन्दी साहित्य का इतिहास, पृ. 2

उपदेशों को देखकर यदि हम ग्रन्थों को साहित्य-सीमा से बाहर निकालने लगेंगे तो हमे आदिकाव्य से भी हाथ धोना पड़ेगा, तुलसी रामायण से भी अलग होना पड़ेगा और जायसी को भी दूर से दण्डवत् करके विदा कर देना होगा। मध्ययुग के साहित्य की प्रेरणा धर्म साधना ही रही है।'[1] आधुनिकतम अनुसन्धानों के परिणामस्वरूप जैन, सिद्ध तथा नाथ साहित्य परिमाण की दृष्टि से ही नहीं काव्य की दृष्टि से भी पर्याप्त महत्त्वपूर्ण सिद्ध हो गया है। इस साहित्य की अवहेलना करके हिन्दी साहित्य के इतिहास की समुचित अवधारणा का निर्माण नहीं हो सकता है। शुक्ल जी ने तुलसी-साहित्य की जिस लोक-मंगल की भावना की दृष्टि से भूरि-भूरि प्रशंसा की है उसी लोक-मंगल की भावना से ही आदिकालीन धार्मिक साहित्य सम्पृक्त है। भावना की इस प्रधान प्रवृत्ति के समक्ष वीरगाथाकाल नाम अनुचित लगता है। परम्परा निर्माण के आधार पर भी आदिकालीन साहित्य का अवदान श्लाघनीय है। यह साहित्य भाषा, शिल्प तथा काव्य रूप की दृष्टि से मध्यकालीन साहित्य को जितना अधिक प्रकाशित करता है उतना वीरगाथा साहित्य नहीं। पौराणिक तथा लौकिक कथाओं को धार्मिक रंग में रँगना, कथानायक की अद्‌भुत शक्ति के पीछे धर्म की प्रेरणा, आध्यात्मिक भाव-व्यंजना के लिए लौकिक जीवन के व्यापक दृश्यों, प्रसंगों तथा भाव-द्वन्द्वों का चित्रण, दोहा-चौपाई शैली, मुक्तक दोहों में नायक-नायिका के प्रेम, विरह तथा सौन्दर्य का अतिशयोक्तिपूर्ण ऊहात्मक अंकन आदिकालीन तथा मध्यकालीन साहित्य की समान प्रवृत्तियाँ हैं। अतः आदिकालीन धार्मिक साहित्य को छोड़कर किया गया वीरगाथाकाल नाम अव्याप्ति दोष से ग्रस्त है।

शुक्ल जी द्वारा परिगणित बारह पुस्तकें जिनमें से तीन को उन्होंने स्वयं वीरगाथा से अलग माना है शेष पूर्णतः प्रामाणिक नहीं हैं। इनमें से खुमान रासो परवर्ती रचना है। हमीर रासो तथा परमाल रासो नोटिस-मात्र हैं। जयमयंक-जस-चन्द्रिका, जयचन्द्र प्रकाश, उपलब्ध नहीं हैं। पृथ्वीराज रासो की प्रामाणिकता सन्दिग्ध है। इस समय जिस लघुतम प्रति को प्रामाणिक माना जा रहा है उसका मूल भाव शृंगारिक है और वीर भावात्मक नहीं है। मोतीलाल मेनारिया ने तो वीरगाथाओं को आदिकालीन साहित्य की प्रमुख धारा से बिल्कुल ही काट दिया है।

'इसके अतिरिक्त ये रासो ग्रन्थ जिनको वीरगाथाएँ नाम दिया गया है और जिनके आधार पर वीरगाथाकाल की कल्पना की गयी है, राजस्थान के किसी समय-विशेष की प्रवृत्ति को सूचित नहीं करते हैं। प्रभुभक्ति का भाव इन जातियों के खून में है और वे ग्रन्थ उस भावना की अभिव्यक्ति करते हैं। यदि इन रचनाओं के आधार पर कोई निर्णय लिया जाये, तब तो वीरगाथाकाल राजस्थान में आज भी ज्यों-का-त्यों बना हुआ है।'[2] मेनारिया जी की यह दृष्टि कुछ पक्षपातपूर्ण लगती है। साहित्य की कोई विशेष प्रवृत्ति किसी खास समय में अधिक प्रखर तथा महत्त्वपूर्ण होती है। कालान्तर में परिस्थितियों के बदलाव के साथ वह अपनी महत्ता खो बैठती है। किन्तु उसकी परम्परा बिल्कुल मिटती नहीं। चारण साहित्य का सम्बन्ध चूँकि जीविका तथा यश दोनों से जुड़ा था इसीलिए पुश्त-दर-पुश्त उसका चलते रहना तथा उसमें परिवर्तन-परिवर्द्धन होते रहना स्वाभाविक है। आदिकालीन सामाजिक-राजनीतिक परिस्थितियों के दबाव से यदि रूढ़ तथा आडम्बरपूर्ण धर्म से मुक्ति की कामना है तो विदेशी आक्रमण तथा स्वदेशी फूट के बीच अपनी जातीय गरिमा तथा मर्यादा की रक्षा के लिए शौर्यपूर्ण चेष्टा भी है। सामाजिक चेतना की अभिव्यक्ति धार्मिक साहित्य में तथा राजनीतिक चेतना की अभिव्यक्ति रासो साहित्य में हुई है। इसीलिए दोनों का निजी महत्त्व अक्षुण्ण है। निष्कर्ष रूप में

1. हजारीप्रसाद द्विवेदी—हिन्दी साहित्य का आदिकाल, पृ. 11.
2. मोतीलाल मेनारिया-राजस्थानी भाषा और साहित्य, पृ. 81

कहा जा सकता है कि आदिकालीन उपलब्ध सामग्री के आलोक में शुक्ल जी द्वारा दिया गया नाम वीरगाथाकाल उपयुक्त नहीं है।

राहुल सांकृत्यायन ने काव्य की उत्प्रेरक राजनीतिक सामन्ती शक्ति तथा धर्म के चमत्कार से जन-जीवन में अपनी विशेष महत्ता स्थापित करनेवाले सिद्धों (उपलक्षणों से नाथ भी) के आधार पर इस काल का नाम सिद्ध-सामन्तकाल रखा। राहुल जी ने आदिकालीन राजनीतिक परिस्थितियों के अनुकूल काव्य की त्रिविध प्रवृत्तियों की ओर संकेत किया—रहस्यवाद या आध्यात्मिक भूल-भूलैया, निराशावाद और युद्धवाद या वीररस ये तीनों काव्य-भावनाएँ उस वक्त के शासक समाज की आवश्यकता के बिल्कुल उपयुक्त थीं। इस नाम की संगति का समर्थन करते हुए हजारीप्रसाद द्विवेदी लिखते हैं, "विषयवस्तु को दृष्टि में रखकर इस काल के लिए राहुल जी ने एक और नाम सुझाया है जो बहुत दूर तक तत्कालीन साहित्यिक प्रवृत्ति को स्पष्ट करता है।"[1] इस नाम से जैन साहित्य का बोध नहीं होता। साहित्यिक रचना की मूल प्रेरक शक्ति के रूप में सामन्तों का उल्लेख एकांगी दृष्टि का सूचक है। काव्य-रचना के लिए लोकजीवन की प्रेरणा कम महत्त्वपूर्ण नहीं होती।

हजारीप्रसाद द्विवेदी ने आदिकालीन साहित्यिक सामग्री की गवेषणापूर्वक जाँच करते हुए कतिपय नूतन निष्कर्षों को प्रस्तुत किया। द्विवेदी जी इस काल को कामचलाऊ ढंग से आदिकाल कहना ठीक मानते हैं क्योंकि किसी और बेहतर वैकल्पिक नाम का अभाव है। इस नाम के साथ जो भ्रान्तियाँ सम्भावित हैं वे उनकी तरफ भी ध्यान आकर्षित करते हैं। "हिन्दी का 'आदिकाल' शब्द एक प्रकार की भ्रामक धारणा की सृष्टि करता है और श्रोता के चित्त में यह भाव पैदा करता है कि यह काल कोई आदि मनोभावापन्न, परम्पराविनिर्मुक्त काव्य-रूढ़ियों से अछूते साहित्य का काल है। यह ठीक नहीं है। यह काल बहुत अधिक परम्परा प्रेमी, रूढ़िग्रस्त और सजग और सचेत कवियों का काल है।[2] यदि पाठक इस धारणा से सावधान रहें तो यह नाम बुरा नहीं है।"

डॉ. गणपतिचन्द्र गुप्त ने आदिकाल को प्रारम्भिक काल नाम दिया है। इस नामकरण में कोई मौलिकता नहीं है। इसके पहले मिश्रबन्धु 'प्रारम्भिक' संज्ञा का प्रयोग कर चुके थे।

डॉ. शम्भुनाथ सिंह आदिकाल के लिए उद्‌भव काल तथा संक्रान्ति काल दो वैकल्पिक संज्ञाओं का इस्तेमाल करते हैं। डॉ. वासुदेव सिंह ने उद्‌भव काल नाम का समर्थन किया है।

डॉ. रामखेलावन पाण्डेय बड़ा कलात्मक तथा शिलष्ट काल-विभाजन प्रस्तुत करते हुए आदिकाल (1000-1400) को संक्रमण काल नाम से पुकारते हैं। इस नाम से आदिकालीन भाषिक तथा साहित्यिक संक्रमण का बोध होता है किन्तु साहित्य की समग्र प्रवृत्तियों का निदर्शन नहीं हो पाता है। इसके अतिरिक्त महावीरप्रसाद द्विवेदी ने बीजवपन काल, गुलेरी जी ने पुरानी हिन्दी का काल, डॉ. मोहन अवस्थी ने आधार काल, डॉ. कमल कुलश्रेष्ठ ने अन्धकार काल नाम सुझाया है। अपने नामकरण की उपयुक्तता को सिद्ध करने के लिए इन विद्वानों ने अनेक तर्क दिये हैं। नित्य नये नामों का बखेड़ा यदि समाप्त कर दिया जाय तो अधिक उपयुक्त हो। आदिकाल के साथ परम्परा या प्रारम्भिक काल की प्रवृत्तियों का बोध जुड़ता गया है। इस काल में फिलहाल कोई भ्रान्ति भी नहीं है। मध्य और आधुनिक के साथ इसकी संगति भी बैठ जाती है। अतः इसी नाम को ग्रहण करना अधिक समीचीन है।

आदिकालीन परिवेश :

हिन्दी साहित्य के आरम्भिक दौर में ही भारतीय जीवन के विविध क्षेत्रों में जोरदार हलचल तथा बदलाव की स्थितियाँ दृष्टिगोचर होती हैं। हिन्दी साहित्य की प्रवृत्तियों के निर्धारण में इनका पर्याप्त

1. हिन्दी साहित्य, पृ. 17
2. वही, पृ. 73.

योगदान है। प्राचीन भाषा तथा साहित्य की परम्पराएँ देशी भाषा (हिन्दी) के उत्थान के साथ नूतन सांस्कृतिक चुनौतियों के परिप्रेक्ष्य में ऐसी चेतना से सम्पृक्त होती हैं जो हिन्दी भाषा को राज्य की मुखापेक्षिता के बिना ही विकसित होने की शक्ति देती हैं।

राजनीतिक परिवेश :

आठवीं शताब्दी से पन्द्रहवीं शताब्दी के आरम्भ तक राजनीतिक दृष्टि से विशृंखलता का काल है। 647 ई. में सम्राट् हर्षवर्द्धन की मृत्यु के बाद देश की राज्यसत्ता, विकेन्द्रित हो गयी। भारतीय शासन सूत्र अनेक सत्ता केन्द्रों जैसे—कश्मीर, अजमेर, दिल्ली, मालवा, ग्वालियर, बुन्देलखण्ड, गुजरात आदि में बिखर गया। आठवीं शताब्दी के पूर्वार्द्ध में मौखरी शासक यशोवर्मन (कान्यकुब्ज) की वीरता से राजनीतिक दृढ़ता की जो सम्भावना बनी थी वह भी कश्मीर के राजा ललितादित्य की विजय से क्षीण हो गयी। अलग-अलग सत्ता केन्द्रों से सम्बद्ध राजवंशों में पारस्परिक अन्विति का अभाव तो था ही उलटे आपस में छोटी-छोटी बातों के लिए उनमें संघर्ष चलता रहता था—देश को एक सूत्र में बाँधनेवाली चक्रवर्तित्व शासन-पद्धति तो खत्म हो ही गयी, प्राचीन गणराज्यों की व्यवस्था भी समाप्त हो गयी। राजनीतिक व्यवस्था की विशृंखलता के परिणामस्वरूप सामन्ती प्रथा बलवती हो गयी। अब जनता के भाग्य विधाता यही सामन्त ही थे। सामन्तगण अपने छोटे-छोटे स्वार्थ तथा सुख की उपलब्धि के लिए सामान्य जनता की कल्याण भावना से विरत तो थे ही आपस में मिथ्या स्वाभिमान के लिए लड़ाई करने से भी नहीं चूकते थे। इतिहास में जिन सामन्तों की वीरता की कोई विशेष ख्याति नहीं है उन्हें कवियों की लेखनी ने अमर बना दिया। राजनीति में जनता की सीधी साझेदारी नहीं रह गयी। जनता में राजनीतिक चेतना का अभाव भारत के लिए बहुत दुःखदायी रहा है।

राजनीति के क्षेत्र में जनता की तटस्थता से देश बहुत निर्बल हो गया। चुपचाप सब-कुछ झेलनेवाली जनता की आवाज महत्त्वहीन थी। इसीलिए वह साहित्य में उभरती भी नहीं है। देश के राजनीतिक फफोले में जो सामन्ती व्यवस्था के रूप में उभरे थे उन पर विदेशी आक्रमणों ने घाव पर नमक का काम किया। मुस्लिम आक्रमण का सिलसिला हिन्दी साहित्य के आदिकाल के आरम्भ के साथ ही शुरू हो जाता है। आठवीं सदी के आरम्भ में सिन्ध में देवल के नौ सैनिकों ने अरब के कुछ जहाजों को लूट लिया था। अतः इराक शासक हज्जान ने अपने सेनापति मुहम्मद बिन कासिम को देवल नरेश दाहिल को दण्ड देने भेजा। अरब सेनापति ने सिन्ध पर विजय कर लिया। कुछ दिनों के लिए शासन प्रबन्ध भी कायम किया।

986 ई. तथा 991 ई. में गजनी का दास शासक सुबुक्तगीन ने पंजाब के राजा जयपाल पर आक्रमण किया। दूसरी बार सुबुक्तगीन विजयी हुआ। इसके पुत्र महमूद गजनवी (997 ई.-1060 ई.) ने भारत पर सत्रह आक्रमण किये। इसके आक्रमण का दायरा सिन्ध तथा पंजाब तक सीमित नहीं था बल्कि मध्यदेश की सीमा में बहुत दूर तक फैल गया। भारत पर महमूद के आक्रमण का मुख्य उद्देश्य मन्दिरों तथा शहरों को लूटना तथा राजाओं को संगठित होने से रोकना था। सोमनाथ के मन्दिर की आपार सम्पत्ति को इसने बिना किसी प्रतिरोध के लूटा।

1192 ई. और 1206 ई. तक गंगा यमुना का दोआब तथा उसके आस-पास का क्षेत्र तुर्कों के अधिकार में आ गये और इसके बाद शीघ्र ही बंगाल और बिहार भी विजित हो गये। 1200-1400 ई. तक तुर्कों को अपने राज्य की सुरक्षा के लिए विदेशी आक्रमणों तथा आन्तरिक भेदों का सामना करना

---

1. हिन्दी साहित्य. 73

पड़ा इस बीच राजपूत शासक अपने राज्य को पाने के लिए पूरी तरह सक्रिय तथा संघर्षशील थे। लगभग दो शताब्दियों तक गुलाम वंश, खिलजी वंश तथा तुगलक वंश का व्यापक राजनीतिक अधिकार रहा।

युद्ध तथा लूटपाट के माहौल में कविता में वीररस का उन्मेष बहुत स्वाभाविक है। पीछे उल्लेख किया जा चुका है कि सामान्य जनता की राजनीतिक उदासीनता के कारण उनका इन संघर्षों में सीधी साझेदारी नहीं थी। पुरानी सामाजिक व्यवस्था के अनुसार रक्षा का दायित्व क्षत्रियों पर ही था। इस काल में शूरवीरों का एक ऐसा वर्ग बन गया था जो व्यावहारिक स्तर पर जीविकोपार्जन की भावना से युद्ध में प्रवृत्त होता था। आत्मरक्षा तथा देशरक्षा का संकट यद्यपि पूरे भारत पर था किन्तु पश्चिम से विदेशी आक्रमणकारियों का प्रवेश होने के कारण सीमावर्ती क्षेत्रों में यह संकट और भी गहरा था। इसीलिए वहाँ वीररस की कविता के लिए उचित अवसर तथा वातावरण बन गया। अपने आश्रयदाताओं को विदेशी आक्रमणों तथा आन्तरिक आक्रमणों के विरुद्ध युद्ध के लिए प्रेरित करना तथा उनमें अदम्य जोश भरना कवियों का राष्ट्रीय दायित्व था। इस दायित्व का यथासम्भव निर्वाह आदिकालीन हिन्दी कवियों ने किया।

सामाजिक परिवेश—आदिकाल में भारतीय हिन्दू समाज की व्यवस्था में कोई उल्लेखनीय परिवर्तन दृष्टिगोचर नहीं होता। पुरानी वर्ण-व्यवस्था जाति-प्रथा के रूप में प्रतिष्ठित हो गयी थी, ब्राह्मण, क्षत्रिण, वैश्य तथा शूद्र चार मुख्य वर्णों के अलावा समाज अनेक जातियों, उपजातियों में विभक्त हो गया था। जन्म के आधार पर वर्ण निर्धारण का मापदण्ड मान्य हो जाने के कारण समान कर्मवालों को उच्च वर्ण में सम्मिलित नहीं किया जाता था। ब्राह्मणों की श्रेष्ठता इस काल में भी मान्य थी किन्तु अन्य व्यवसाय जैसे कृषि कार्य के लिए उन्हें औपचारिक स्वीकृति दे दी गयी थी। क्षत्रियों का कर्त्तव्य था धर्म और प्रजा की रक्षा। शूद्रों की स्थिति और बन्धनों में यथास्थिति बनी है। वेदों का पठन-पाठन उनके लिए अब भी निषिद्ध था। वे पुराणों का पठन-पाठन कर सकते थे। शूद्र के साथ भोजन करना ही नहीं बल्कि मकान में एक साथ रहना, एक ही गाड़ी में यात्रा करना तथा विद्वान् शूद्र से शिक्षा लेना भी वर्जित था। चाण्डालों से मिलना-जुलना एकदम निषिद्ध था। खान-पान के साथ वैवाहिक सम्बन्धों में भी प्रतिबन्ध था। अन्तर्जातीय विवाह प्रायः निषिद्ध था। उच्च वर्ण के लोग विशेष परिस्थितियों में निम्न वर्ण की कन्या से विवाह कर सकते थे।

समाज में स्त्रियों की स्थिति बहुत अच्छी नहीं थी। बाल विवाह की प्रथा चल रही थी। पति की सेवा को स्त्री का परम धर्म माना गया था। विधवा विवाह निषिद्ध था। किसी पुत्र के न रहने पर विधवा सम्पत्ति की अधिकारणी हो सकती थी। स्त्रियों में विशेषकर उच्च वर्ण की स्त्रियों में पर्दा-प्रथा का प्रचलन हो गया था। मुस्लिमों के प्रभाव के साथ यह प्रथा और भी प्रबल होती जा रही थी। असुरक्षा के साथ ही सामाजिक बड़प्पन की भावना भी इस प्रथा के लिए जिम्मेदार थी। सती प्रथा का प्रचलन था। विदेशी यात्रियों ने इस प्रथा का आँखों देखा हाल वर्णित किया है। इब्नबतूता ने नगाड़ों की ध्वनि के बीच एक स्त्री द्वारा अपने पति की चिता पर आरोहण का रोमांचकारी वर्णन किया है। सामन्ती व्यवस्था में नारी को भोग्य सामग्री समझने की भावना बढ़ती जा रही थी। स्त्री के लिए भी लड़ाई-झगड़े होते रहते थे। राजाओं तथा सामन्तों में बहु-विवाह प्रचलित था। स्त्रियों की दैहिक पवित्रता की रक्षा के लिए परिवार के लिए किसी-न-किसी पुरुष का उस पर नियन्त्रण रहता था। घर के अन्दर उसका सम्मान था। पुरुषों का पहनावा आमतौर से धोती और स्त्री का पहनावा साड़ी थी। लोगों को उत्सव-प्रियता तथा आभूषणों से प्रेम था। समाज में पढ़ाई-लिखाई सीमित थी।

गाँवों में पढ़ना-लिखना ब्राह्मण सिखाता था। बच्चे अधिकतर मन्दिरों में पढ़ते थे। विद्यार्थी शिक्षक के घर जाकर भी अध्ययन करते थे, शिक्षा मुख्यतः धार्मिक थी। आदिकाल के आरम्भिक समय में उच्च शिक्षा के केन्द्र के रूप में नालन्दा, विक्रमशिला का उल्लेख किया जा सकता है। शिक्षित वर्ग विशेषकर ब्राह्मणों की संकीर्णता का उल्लेख अलबेरूनी ने किया है। वे अपना ज्ञान वितरित करने में बड़े कंजूस थे। शिक्षा देने में जाति-पाँति का भी ध्यान रखते थे।

मुसलमानों के आगमन तथा सम्पर्क से भी सामाजिक व्यवस्था में परिवर्तन हुआ। तुर्कों के काल में मुस्लिम समाज भी हिन्दुओं की तरह ही नस्ल और जाति वर्गों में बँटा हुआ था। तुर्की, ईरानी, अफगानी तथा भारतीय मुसलमानों में परस्पर विवाह सम्बन्ध स्थापित नहीं होते थे। कुछ अपवादों को छोड़कर हिन्दू और ऊँचे मुस्लिम वर्गों में भी मेल-जोल का अभाव था। खान-पान की पाबन्दियों से मेल-जोल पर प्रभाव तो पड़ता था किन्तु राजनयिक संसर्ग के कारण पारस्परिक सम्पर्क की सम्भावनाओं को नकारा नहीं जा सकता।

इस युग में मल्लयुद्ध, शिकार, घुड़सवारी, जुआ, संगीत, नृत्य आदि मनोरंजन के साधन थे। समाज के कुछ वर्गों में मदिरापान, भाँग तथा अफीम का सेवन भी होता था।

धार्मिक परिवेश—इस काल (आठवीं से बारहवीं) में बौद्ध तथा जैनधर्म का ह्रास हुआ। हर्ष के समय में ही बौद्ध की महायान शाखा हीनयान की अपेक्षा अधिक प्रबल हो गयी थी। बौद्धधर्म में निर्वाण की अपेक्षा भक्ति पर अधिक बल दिया जाने लगा था। इसमें योग को भी महत्त्व प्राप्त हुआ। भगवान् बुद्ध की मूर्ति-पूजा प्रचलित हो गयी तथा उनमें अवतार भावना का समावेश कर दिया गया। चौबीस अतीत बुद्ध, चौबीस वर्तमान बुद्ध, चौबीस भावी बुद्धों की कल्पना की गयी। इसमें बोधिसत्त्वों तथा तान्त्रिक देवियों को भी सम्मिलित किया गया। बौद्ध भिक्षुओं ने संन्यास की अनिवार्यता को समाप्त करके गृहस्थाश्रम में रहते हुए भी भक्ति मार्ग द्वारा निर्वाण प्राप्ति को सम्भव सिद्ध किया। इन मान्यताओं के प्रसारक्रम में महायान हिन्दू धर्म के प्रभाव से आक्रान्त होता चला गया। धीरे-धीरे दोनों में इतनी अधिक समानता हो गयी कि दोनों में प्रचलित दन्तकथाओं को अलग करना कठिन हो गया। इसका परिणाम यह हुआ कि बौद्धधर्म को छोड़कर लोग हिन्दूधर्म की ओर उन्मुख होने लगे। हिन्दूधर्म में बुद्ध को भी एक अवतार मानकर सम्मिलित कर लिया गया। इससे भी बुद्ध भक्तों को हिन्दूधर्म में आने में कोई हिचक नहीं हुई। ईश्वरवादी आर्य जाति बहुत दिन तक अनीश्वरवादी नहीं रह सकती थी। वेदों के प्रति अनास्था का भाव भी काल के प्रभाव से चिरकाल तक टिक नहीं सका। कुमारिल तथा शंकर के दार्शनिक विचारों से भी बौद्धधर्म को जोरदार धक्का लगा। शंकराचार्य ने ज्ञानकाण्ड तथा अहिंसा के सिद्धान्तों का आश्रय लेकर वेदों का प्रचार किया। उनके द्वारा प्रतिपादित मायावाद तथा अद्वैतवाद बौद्धों के विज्ञानवाद के बहुत-कुछ समरूप होने के कारण बौद्धों को भी आकर्षित करने में सक्षम रहे।

हिन्दी साहित्येतिहास के आदिकाल में महायान से विकसित होनेवाले मन्त्रयान, वज्रयान तथा सहजयान का स्वरूप प्रकट हो गया। वज्रयान में बोधिसत्त्वों की दशभूमि पारमिताओं की साधना के बजाय प्रज्ञोपाय साधना विकसित हुई तथा देवताओं की वृद्धि एवं उनकी शक्तिरूप देवियों की परिकल्पना समृद्ध हुई। अर्थात् इसमें तान्त्रिक पद्धतियों का समावेश हो गया। धीरे-धीरे दर्शन की अपेक्षा क्रिया, चर्या, अभ्यास, अनुष्ठान एवं रहस्य साधनाओं को अधिक महत्त्व मिल गया। इन्हीं क्रियाओं के आधार पर सिद्धि का प्रचार करनेवाले सरहपा आदि सिद्धों का सम्बन्ध इसी शाखा से है। सिद्धों में कुछ ऐसी उक्तियाँ मिलती हैं जिनमें तन्त्र-मन्त्र को छोड़कर सहज साधना का भी समर्थन

किया गया है। इस सम्प्रदाय का प्रभाव पूर्वी भारत में अधिक था। सिद्धों की परम्परा शैवमत तथा योग परम्परा से प्रभावित होकर नाथ सम्प्रदाय में परिणत हो गयी।

छठीं से बारहवीं शताब्दी में जैनधर्म का प्रचार दक्षिणी भारत तथा हिन्दी प्रदेश के सीमान्तों पर था। जैनों में भी ब्राह्मण धर्म की पौराणिक प्रवृत्ति का समावेश हो गया था। उनमें मूर्ति-पूजा का प्रचार होने लगा था। दसवीं से बारहवीं के बीच दक्षिण तथा पूर्व में जैनधर्म का राज्याश्रय समाप्त होता गया। ब्राह्मण धर्म (शैव, वैष्णव) के प्रचार से इसका ह्रास होने लगा। जिस समय दक्षिण में इसका ह्रास हो रहा था उस समय पश्चिम में इसे समृद्धि का अवसर मिला। जैनधर्म की वृद्धि में जैनाचार्य हेमचन्द्र ने महत्त्वपूर्ण भूमिका निभायी। हेमचन्द्र का जन्म गुजरात में 1084 ई. में हुआ था। गुजरात के राजा जयसिंह (सिद्धराज) और कुमारपाल इससे बहुत प्रभावित थे।

बौद्ध तथा जैनधर्म के क्षीण होने से हिन्दूधर्म तीव्र गति से उन्नतशील हुआ। लेकिन इसके विकास के साथ ही इसमें अनेक मत तथा समुदाय भी बनते गये। विष्णु और शिव को आराध्य मानकर दो सम्प्रदाय विकसित हुए—वैष्णव और शैव। वैष्णव के चार प्रमुख सम्प्रदाय थे—श्रीसम्प्रदाय, ब्रह्मसम्प्रदाय, रुद्र-सम्प्रदाय, सनकादि सम्प्रदाय। शैव सम्प्रदाय भी अनेक शाखाओं में विभक्त मिलता है—पाशुपत, कापालिक, वीरशैव, लिंगायत आदि। कुल मिलाकर हिन्दूधर्म में वेदों का महत्त्व सामान्य जनता में प्राचीनकाल की अपेक्षा कम हो गया था। वेदों की जगह पुराणों का वर्चस्व स्थापित हो गया था। पौराणिक देवताओं की पूजा-उपासना बढ़ गयी थी। यज्ञों का प्रचार घट गया था। बौद्धों तथा जैनों की अनेक आचरण पद्धतियों को ब्राह्मण धर्म में स्वीकार कर लिया गया। मन्दिरों तथा मठों की स्थापना तो हुई ही अनेक व्रतों और उपवासों को भी धार्मिक अंग मान लिया गया। साधारण सामाजिक नियमों को भी धर्म बना दिया गया। हिन्दू धर्म में अनेक संकीर्णताएँ भी आयीं जो क्रमशः बढ़ती गयीं।

विभिन्न धार्मिक सम्प्रदायों में मतभेद होना स्वाभाविक है किन्तु उनमें परस्पर सौमनस्य का एकदम अभाव नहीं था। ब्रह्मा, विष्णु और शिव पूजकों की पारस्परिक एकता के परिणामस्वरूप पंचायत पूजा शुरू हुई। विविध भारतीय धर्मों की अनेकता में से एकता और एकता में अनेकता की समस्या तो चल ही रही थी इस्लाम के आ जाने के कारण हिन्दू धर्म के लिए एक विकट चुनौती ही नहीं घोर संकट की स्थिति भी पैदा हो गयी। विदेशियों के द्वारा हिन्दुओं के पूजा स्थल नष्ट किये गये। मन्दिरों को लूटा गया तथा उन्हें ध्वस्त किया गया। इससे उनकी शुद्ध आस्थामूलक भावना को गहरी चोट पहुँची। उन्हें धर्म के प्रतीकों पर पुनर्विचार करना पड़ा। आस्था और श्रद्धा के साथ ज्ञान और विवेक की भी जरूरत अनुभूत हुई। एक ओर जनसाधारण में बढ़ती हुई मूर्ति-पूजा की भावना, दूसरी ओर विधर्मियों के द्वारा मूर्तियों का विखण्डन। इन दो सीमान्तों के बीच उस विचार के स्वागत की तैयारी हो रही है जिसमें भगवान् के विग्रह की मानसिक परिकल्पना हो या निर्गुण ब्रह्म की उपासना हो। सिद्धों तथा नाथों की मानसिक साधना इस युग के अनुकूल थी। जनसाधारण के लिए ईश्वरीय कृपा तथा आडम्बरहीन पूजा विधि की जो आवश्यकता महसूस की गयी वह भक्तिकाल में पूरी हुई। आरम्भ में मुस्लिम आक्रमणकारियों के द्वारा मन्दिरों को तोड़ा गया तथा कुछ को मस्जिदों में परिवर्तित किया गया। धीरे-धीरे उनकी नीति में परिवर्तन हुआ। वे अलग मस्जिदें बनवाने लगे तथा मन्दिरों की मरम्मत आदि की छूट भी दे दिये। जिन राजाओं ने मुस्लिम अधीनता स्वीकार कर लिया था उनके राज्य में प्रत्येक हिन्दू को पूरी छूट थी। यद्यपि यह उदारता युद्धों के काल में नहीं बरती जाती थी। हिन्दुओं को इस्लाम में धर्मान्तरित किया जा रहा था। युद्ध बन्दियों को धर्म परिवर्तन कर लेने के बाद अपराधमुक्त कर दिया जाता था। कुछ हिन्दू तलवार के भय से और कुछ राजनीतिक और आर्थिक

प्रलोभन से इस्लाम को स्वीकार कर रहे थे। इस्लाम ने निश्चित रूप से परम्परागत हिन्दू धर्म को संकट में डाल दिया था किन्तु इस उदार और सबल धर्म ने ऐसी करवट ली कि बहुत-से मुसलमानों के लिए भी इसमें महान् आकर्षण पैदा हो गया। हिन्दू पुनर्जागरण का प्रभाव भक्तिकाल में विशेष रूप से परिलक्षित होता है। आदिकाल में सभी मत-मतान्तरों में एक मंच पर संगठित होकर एक महाधारा-हिन्दू विचारधारा के रूप में परिणत होने की आन्तरिक बेचैनी दृष्टिगोचर होती है।

कला और साहित्य—आठवीं से बारहवीं शताब्दी तक स्थापत्य एवं वास्तुकला में भारतीयों ने उल्लेखनीय उपलब्धियाँ कीं। दक्षिण के चोल, चालुक्य और होयसलों ने मन्दिर निर्माण तथा प्रतिमा निर्माण में विशेष रुचि प्रदर्शित की। इससे निरन्तर स्थापत्य तथा वास्तुकलाओं में निखार तथा सूक्ष्मता आयी। मन्दिरों में देवी-देवताओं के साथ रानियों की भी प्रतिमाएँ रखी जाती थीं। मूर्तियों के अलावा चित्रपट भी होते थे जिनमें नृत्य, संगीत, युद्ध और प्रणय के दृश्य उत्कीर्ण थे। उत्तरी भारत में भी इस काल में बड़े-बड़े श्रेष्ठ मन्दिरों के निर्माण कराये गये। खजुराहो, भुवनेश्वर, पुरी, कोणार्क, मथुरा, वाराणसी, दिलवाड़ा में सुप्रसिद्ध मन्दिरों का निर्माण इसी काल में हुआ। दक्षिण और उत्तर के इन मन्दिरों में अपार धन-सम्पत्ति एकत्रित थी। ये मन्दिर सामाजिक और सांस्कृतिक केन्द्र भी थे। सोमनाथ मन्दिर का कई गाँवों पर शासन था तथा व्यापार में भी इसकी हिस्सेदारी थी। ये मन्दिर इसीलिए मुस्लिम आक्रमणकारियों की धन-लिप्सा की तृप्ति के साधन बन गये।

साहित्य-सृजन की दृष्टि से भी यह काल उल्लेखनीय है। इस काल में तीन साहित्यिक भाषाओं संस्कृत, प्राकृत तथा अपभ्रंश में रचनाएँ हो रही थीं। यद्यपि भाषा के विकास की दृष्टि से यह अपभ्रंश-अवहट्ठ तथा पुरानी हिन्दी का काल है किन्तु संस्कृत का वर्चस्व बना हुआ है। पौराणिक पुनरुत्थान तथा ब्राह्मण धर्म की महत्ता के साथ संस्कृत भाषा की महत्ता पुनः प्रतिष्ठित होती दिखायी देती है। इस काल में संस्कृत भाषा में विविध विधाओं में उत्कृष्ट रचनाएँ प्रस्तुत की गयीं। आठवीं शताब्दी में कविराज लिखित राघवपाण्डवीय, अभिनव कृत रामचरित (11 वीं शती का पूर्वाद्ध), अमरचन्द सूरि कृत बालभारत (13वीं शती) उल्लेख्य महाकाव्य हैं। कश्मीर के कई रचनाकारों ने भी संस्कृत महाकाव्य की सृजन परम्परा में मूल्यवान् योग दिया है। हरविजय के रचयिता रत्नाकर (800 ई.) कप्पिणाभ्युदय के रचयिता शिवस्वामी, रामायणमंजरी, बृहत्कथामंजरी आदि कुल उन्नीस ग्रन्थों के रचयिता क्षेमेन्द्र (1063-1089 ई.) श्रीकण्ठ चरित के रचयिता मंखक, नैषधीय चरित के रचयिता श्रीहर्ष (12वीं शती) नरनारायणानन्द के रचयिता वस्तुपाल आदि महाकवियों का सम्बन्ध कश्मीर से रहा। इनमें से कुछ महाकवियों ने मध्य प्रदेश के भूपालों के राजदरबार को अपनी काव्य-प्रतिभा से आलोकित किया था। अनेक जैन कवियों ने संस्कृत भाषा में कतिपय चरित काव्यों की भी सृष्टि की है। जैसे वीरनन्दीकृत चन्द्रप्रभा चरित (1025 ई.) असंग कृत शान्तिनाथ चरित, वादिराज कृत पार्श्वनाथ चरित, मुनिदेव सूरि रचित, शान्तिनाथ चरित, हरिश्चन्द्र कृत धर्म शर्माभ्युदय, अभयदेव सूरि कृत जयन्त विजय आदि।

इस युग में कवियों ने अपने आश्रयदाताओं की कीर्ति को अक्षुण्ण रखने के लिए उनके जीवन का प्रशस्तिमूलक चित्रण किया है। ऐतिहासिक काव्यसृजन की सशक्त परम्परा आदिकाल की एक प्रमुख विशेषता है। यह परम्परा संस्कृत और हिन्दी दोनों में मिलती है। पद्मगुप्त परिमल की 11वीं शती की रचना नवसाहसांक चरित, प्रथम ऐतिहासिक काव्य माना जाता है। विल्हण रचित-विक्रमांकदेव चरित, कल्हण रचित राजतरंगिणी, हेमचन्द्र रचित कुमारपाल प्रतिबोध, नयचन्द्र सूरि रचित हम्मीर महाकाव्य, जयानक रचित पृथ्वीराज विजय आदि इस परम्परा के गौरवग्रन्थ हैं। सुभाषित, नीति-काव्य तथा शृंगारी काव्यों की रचनाएँ भी प्रभूत मात्र में हुई हैं। क्षेमेन्द्र का कलाविलास देशोपदेश, विद्याधर

का सुभाषित रत्नकोष, कल्हण का सूक्ति मुक्तावली उल्लेखनीय उपदेशात्मक तथा सुभाषित काव्य है। श्रृंगारी काव्यों में अमरुकशतक ने हिन्दी कवियों को खूब प्रभावित किया है।

संस्कृत में गद्य काव्य का जो उत्कर्ष परिलक्षित होता है वह आदिकालीन हिन्दी में नहीं है। बाणभट्ट के गद्य काव्य की पद्धति का अनुकरण परवर्ती संस्कृत कवियों ने बड़ी कुशलता से किया। 10वीं शताब्दी में वर्तमान धनपाल की 'तिलक-मंजरी' एक श्लाघनीय गद्य रचना है। हिन्दी साहित्य के आदिकाल की सीमा में संस्कृत भाषा में अनेक चम्पू काव्य (गद्य-पद्य मिश्रित) लिखे गये। त्रिविक्रम भट्ट कृत नल-चम्पू (915 ई.) सोमदेव कृत यशस्तिलक चम्पू (959 ई.), हरिश्चन्द्र कृत जीवन्धर चम्पू, सोड्ढल कृत उदयसुन्दरी कथा (11वीं शती) आदि प्रसिद्ध चम्पू काव्य हैं। महाभारत तथा रामायण की कथाओं के आधार पर भी अनेक चम्पू काव्य सृजित हुए हैं।

कथा काव्यों की पुरानी परम्परा इस काल में भी सक्रिय मिलती हैं। सोमदेव ने ग्यारहवीं शताब्दी के उत्तरार्द्ध में कथासरित्सागर की रचना की थी। पूर्णभद्र सूरि ने 1255 वि. स. में पञ्चतन्त्र का संशोधित संस्करण प्रस्तुत किया। नारायण ने हितोपदेश की रचना। 11वीं शती के लगभग किया।

आदिकाल में संस्कृत भाषा में अनेक नाटकों की भी रचना हुई है। राजशेखर कृत बालरामायण, बालभारत, जयदेव (12वीं शती) कृत प्रसन्नराघव, जयसिंह सूरि का हम्मीर मदमर्दन, रवि वर्मा कृत प्रद्युम्नाभ्युदय इसी काल की नाट्य कृतियाँ हैं।

साहित्यिक प्राकृतों का स्थान अपभ्रंश द्वारा ग्रहण कर लेने के बाजजूद संस्कृत नाटकों में परम्परया प्राकृत का उपयोग चल रहा था। कर्पूरमंजरी नाम से राजशेखर ने एक सट्टक की रचना (880-929 ई.) की। कौतूहल कृत 'लीलावई कहा' सुप्रसिद्ध प्राकृत कथाकाव्य है जिसकी रचना दसवीं शताब्दी में हुई। तेरहवीं शताब्दी में श्रीकृष्ण लीला शुक ने 'सिरिचिन्ध कव्व' शीर्षक 'द्वयाश्रय काव्य' की रचना की।

संस्कृत तथा प्राकृत की अपेक्षा अपभ्रंश भाषा और साहित्य का सम्बन्ध हिन्दी से कुछ अधिक रहा है। हिन्दी का स्पष्ट प्रयोग होने के पहले अपभ्रंश ही जनभाषा या लोकभाषा का प्रतिनिधित्व करती थी। राजदरबारों में भी इस भाषा की देश भाषा के रूप में प्रतिष्ठा थी। अपभ्रंश की भाषिक तथा साहित्यिक प्रवृत्ति लोकोन्मुखी अधिक है इसीलिए इसमें तत्कालीन लोकभाषाओं का समुचित समावेश किया गया है। परिनिष्ठित अपभ्रंश का प्रयोग बारहवीं शताब्दी तक हुआ। उसके बाद लोकभाषा के तत्त्वों के समावेश से इसका रूप काफी बदल गया जिसे अवहट्ठ कहा गया। कतिपय विद्वानों ने अपभ्रंश की रचनाओं को हिन्दी की रचनाएँ मानने का आग्रह व्यक्त किया है। उनके इस आग्रह के मूल में उत्तरवर्ती अपभ्रंश (अवहट्ठ) की रचनाएँ ही मुख्य रूप से हैं। परिनिष्ठित अपभ्रंश को हिन्दी नहीं कहा जा सकता किन्तु अवहट्ठ में हिन्दी के तत्त्वों के अधिकाधिक समावेश के आधार पर उन्हें हिन्दी की रचनाएँ माना जा सकता है। अपभ्रंश भाषा में साहित्यिक रचनाओं का सिलसिला पन्द्रहवीं शताब्दी तक चलता रहता है। आरम्भ में हिन्दी अपभ्रंश से मिलकर काव्यभाषा बनी फिर धीरे-धीरे वह अपभ्रंश का साथ छोड़कर स्वतन्त्र हो गयी। हजारीप्रसाद द्विवेदी ने स्पष्ट रूप से लिखा है कि आधुनिक युग आरम्भ होने के पहले हिन्दी कविता के प्रायः छह अंग थे डिंगल कवियों की वीर गाथाएँ, निर्गुणिया सन्तों की वाणियाँ, कृष्णभक्त या रागानुगा भक्तिमार्ग के साधकों के पद, रामभक्त या वैधी भक्ति मार्ग के उपासकों की कविताएँ, सूफी साधना से पुष्ट मुसलमान कवियों के तथा ऐतिहासिक हिन्दू कवियों के रोमान्स और रीति काव्य। हम इन छहों धाराओं की आलोचना अगर अलग करें तो देखेंगे कि ये छहो धाराएँ अपभ्रंश कविता का स्वाभाविक विकास है। जैनों, बौद्ध सिद्धों की अधिकांश

रचनाएँ अपभ्रंश-अवहट्ठ भाषा में निबद्ध हैं। नीतिपरक एवं शृंगारपरक उत्कृष्ट अपभ्रंश के दोहे मुक्तक काव्य परम्परा की अनुपम कड़ी के रूप में उपलब्ध हैं। शिथिल प्रबन्ध धर्मी रासक काव्यों में 'सन्देशरासक' अवहट्ठ भाषा की श्रेष्ठ रचना है। अपभ्रंश की रचनाओं का यथास्थान विस्तृत परिचय दिया गया है।

आदिकालीन साहित्य के विविध रूप

आदिकालीन में परम्परित काव्यरूपों की परम्परा का संरक्षण एवं लोकजीवन की प्रेरणा तथा परिवर्तनशील लोकरुचि के अनुकूल नवीन काव्यरूपों का विकास हुआ। डॉ. वासुदेव सिंह का मत है कि, 'हिन्दी साहित्य का उद्भवकाल काव्य-रूपों की दृष्टि से अत्यन्त उर्वर कहा जा सकता है। अनेक जातियों का संगम, नाना प्रकार की संस्कृतियों का समागम, भाषा की संक्रान्तिकालीन स्थिति तथा नयी भाषा-विभाषाओं के जन्म के कारण इस युग में अनेक प्रकार के काव्य-रूपों का उद्भव दिखायी पड़ता है।'[1] इन काव्यरूपों का नामकरण विषय-वस्तु, राग, मूलभावना, छन्द, वर्ण, संख्या आदि के आधार पर हुआ। प्रमुख काव्यरूपों में रासो (रास, रासक), फागु, आख्यान, चर्चरी, बेलि, बारहमासा, झूलना, लावनी, बधावा, मंगल, अखरावट, ककहरा, बावनी, शतक, छत्तीसी, अष्टक, पट्टावली, कलश, बीनती, दीपक, मंजरी आदि हैं। इनमें से प्रमुख काव्यरूपों का संक्षिप्त विवेचन इस प्रकार है–

1. रासो (रास, रासक)–रासो काव्यरूप में नृत्य, गीत, धर्म तथा रचना-शिल्प की एक व्यापक परम्परा अन्तर्लीन हो गयी है। ऐतिहासिक दृष्टि से यह काव्यरूप पर्याप्त प्राचीन है, भले ही समय-समय पर इसके स्वरूप में परिवर्तन होता रहा। भारतवर्ष के विभिन्न क्षेत्रों में इस काव्यरूप का प्रचलन किसी-न-किसी रूप में आज भी है। उत्तर भारतीयों की कृष्णचरित सम्बन्धी रासलीला, गुजराती गरबा नृत्य, मणिपुरी राखालदास, बंगाली काठी नृत्य इसी के प्रमाण हैं। रासो की व्युत्पत्ति सम्बन्धी अनेक शब्द राजसूय, रसायण, रहस्य, रसिक आदि सुझाये गये हैं किन्तु इनसे रासो की सन्तोषजनक व्युत्पत्ति सिद्ध नहीं होती है।

डॉ. वासुदेव सिंह रस के समूह को रास कहते हैं जो भ्रान्तिमूलक ही है। इसकी तुलना में श्री मकण्ड का विचार अधिक ग्रहणीय है। 'रास' की व्युत्पत्ति रास धातु से हुई है जिसका अर्थ जोर से चिल्लाना है, इसका सम्बन्ध उस काल के आदिम नृत्यों से जोड़ा जा सकता है जब संगीत की मात्रा और कलात्मक गति व्यवस्थित नहीं हुई थी।[2] श्री विष्णुपुराण में गोपी-कृष्ण के रास-गोष्ठी तथा रास मण्डल का उल्लेख मिलता है–

ताभिः प्रसन्नचित्ताभिः गोपीभिस्सह सादरम्।
ररास रासगोष्ठीभिरुदारचरितो हरिः॥
×× ×× ××
हस्तेन गृह्य चैकैकां गोपीनां रासमण्डलम्।
चकार तत्करस्पर्श निमीलितदृशं हरिः॥

पंचम अंश, 47-50

हरिवंश पुराण के एक श्लोक की टीका करते हुए नीलकण्ठ ने चक्रवाल के पर्याय में रासक्रीड़ा की व्याख्या की है–

1. हिन्दी साहित्य का उद्भव काल, पृ. 55
2. Types of Sankrit Drama - page 143

चक्रवालैः मण्डलैः हल्लीसक क्रीडनम् एकस्यपुंसो बहुभिः स्त्रीभिः क्रीडनम् सैव रासक्रीड़ा। (हरिवंश पृ. 199) श्रीमद्भागवत् में गीत-नृत्यपरक शृंगारिक रास का दृश्य अंकित मिलता है—

तत्राख्यत गोविन्दो रास क्रीडामनुव्रतैः।
स्त्री रत्नैरन्वितः प्रीतैरनयोन्याबद्धवाहुभिः॥
रासोत्सवः सम्प्रवृत्तो गोपीमण्डलमण्डितः। *10/2-3*

आगे श्लोक छह, आठ में रास की परिश्रान्ति तथा तडित की उपमा से स्पष्ट है कि इसमें गीत-नृत्य का प्रबल आवेग रहता था। सातवीं शताब्दी तक रासक को पर्याप्त लोकप्रियता मिल गयी थी। बाण के हर्षचरित में विटों द्वारा अश्लील रासक पदों के गाये जाने का उल्लेख है— "विटानां कर्णामृतन्यश्लील रासक पदानि गायन्त्यः।"

चौदहवीं शताब्दी तक नृत्य-गीत के साथ अभिनय का तत्त्व भी स्पष्ट हो गया था। साहित्य दर्पण में नाट्य रासक और रासक नाम के दो उपरूपकों के लक्षण मिलते हैं।

डॉ. कीथ ने नाट्य रासक को समूह नृत्य और ताल नृत्य के रूप में विवेचित किया है।[1]

दसवीं शताब्दी के बाद रासकों के अन्तर्गत कथातत्त्व का भी समावेश हो गया। गीत-नृत्य की यह शृंगारिक शैली जैनों के द्वारा धार्मिक उपदेशों के लिए गृहीत हो जाने के बाद अनेक इतर विषयों से सम्पृक्त हो गयी। क्रमशः इसमें नृत्यगान का अंश होने लगा, कथा का अंश बढ़ने लगा। जनसाधारण के सुख-दुःख, हर्ष-विलास, धर्म-कर्म और शौर्य को व्यक्त करनेवाला रासक काव्यरूप एवं काव्यशैली छन्दवैविध्यपूर्ण हो गयी। विरहांक ने अपने वृत्त जाति समुच्चय में अडिल्ला, दोहा, मात्रा, रड्डा और ढोसा से युक्त रचना को रास कहे जाने का उल्लेख किया है—

अडिलाहि दुवह एहिं व मत्ता 'रड्डहो' तहए ढोसाहि।
बहुएहि जो रज्जह सो भण्णइ रासओणामं॥

इस प्रकार गीत-नृत्यपरक तथा छन्द वैविध्यपरक रासो दोनों की परपराएँ विकसित होती रहीं।

आदिकाल के प्रमुख रासो ग्रन्थ अधोलिखित हैं—

1. भरतेश्वर बाहुबली रास	शालिभद्र सूरि	1184 ई.
2. बुद्धिरास	"	1200 ई.
3. चन्दनबाला रास	आसगु	"
4. जीवदया रास	"	"
5. स्थूलिभद्र रास	जिनधर्म सूरि	1209 ई.
6. रेवन्तगिरि रास	विजयसेन सूरि	1231 ई.
7. आबूरास	पल्हण	1232 ई.
8. नेमिनाथ रास	सुमति गुणि	1238 ई.
9. कछूली रास	प्रज्ञा तिलक	1306 ई.
10. गयसुकुमाल रास	देल्हण	14वीं शती
11. जिनपद्मसूरिपट्टाभिषेक रास	सारमूर्ति	1333 ई.
12. पंचपाण्डव-चरित रास	शालिभद्र सूरि	1353 ई.
13. गौतमस्वामी रास	उदयवन्त	1355 ई.

1. डॉ. गणपतिचन्द्र गुप्त, आदिकाल की प्रामाणिक रचनाएँ, पृ. 15

हिन्दी साहित्य के इतिहासकारों ने अप्रामाणिक, अर्द्धप्रामाणिक जिन रासो ग्रन्थों का उल्लेख किया है। उनके नाम इस प्रकार हैं–

1. खुमाण रासो	दलपति विजय?	?
2. बीसलदेव रासो	नरपति नाल्ह	तेरहवीं शताब्दी
3. पृथ्वीराज रासो	चन्दरबरदायी	1200 ई. लगभग
4. परमाल रासो	जगनिक	?
5. विजयपाल रासो	नल्ल सिंह भट्ट	?

2. फागुकाव्य–आदिकालीन काव्यरूपों में रासो के समान ही फागुकाव्य रूप पर्याप्त लोकप्रिय था। फागु को रासो का ही दूसरा रूप माना जा सकता है। फागु का गायन बसन्त में तथा रास का शरदृऋतु में किया जाता था। बसन्त की मनोहर, मादक ऋतु फाल्गुन के महीने में होलिकोत्सव तक गाये जानेवाले फागु की व्युत्पत्ति सम्भवतः फल्गु या फाल्गुन से मानी जा सकती है। इस गीत में बसन्त का उल्लास, मस्ती तथा माधुर्य मिश्रित हो जाता है। इसके मूलभाव राग तथा शिल्प को गढ़ने में वातावरण की विशेष भूमिका है। डॉ. हरीश का कथन है 'फूलों का मादक पराग, अलियों का गुञ्जन, सुरभित आम्रबल्लरियाँ, गुञ्जित कानन, बौरायी डालियाँ, कोयल की कूक तथा इठलाता मलयानिल सारे वातावरण को ही चंचल और दोलायमान कर देता है। नया जीवन तथा नयी प्राणधारा को लेकर कुंजों से झाँकनेवाली तारुण्य की एक मीठी पीर से आलोड़ित बसन्त आता है और काव्यधारा को अपने प्रभाव की रंगीनी में डुबो देता है। ये अनंगपूजा, बसन्त महोत्सव, स्वागत गीत, नृत्य या उल्लास चित्रण तथा आह्लादकारी गान ही फागु हैं।'[1] श्री के.एम.मुन्शी बसन्तोत्सव के समय गाये जानेवाले रास को फागु मानते हैं।[2]

फागुकाव्य परम्परा में-जिनचन्द सूरि फागु (रचनाकाल 1258 ई. लगभग), सिरिथुलिभद्द फागु (रचयिता जिन पद्मसूरि, रचनाकाल 1340 ई. लगभग), नेमिनाथ फागु (रचयिता राजशेखर सूरि, 1348 ई.) बसन्त विलासु फागु (1350 ई.) आदि उल्लेखनीय रचनाएँ हैं।

चर्चरी

फागु की तरह चर्चरी (चच्चरी, चर्चरिका, चाँचरि) भी बासन्ती समूह का गीत है, हरिभद्र सूरि कृत 'समराइच्च कहा' में इसके प्रयोग का प्राचीनतम साक्ष्य मिलता है। रास की तरह चर्चरी की साथ नृत्य का भी उल्लेख मिलता है। श्री अगरचन्द नाहटा का विचार है कि, 'रास की भाँति ताल एवं नृत्य के साथ विशेषतः उत्सव आदि में गायी जानेवाली रचना को चर्चरी की संज्ञा दी गयी'[3] जिनदत्त सूरि की 47 पदों की एक चर्चरी संज्ञक रचना उपलब्ध है।

बेलि

बेलि शब्द की व्युत्पत्ति सम्बन्धी अनेक सुझाव दिये गये हैं। डॉ. माताप्रसाद गुप्त ने देशज शब्द बेल्ल जिसका अर्थ विलास, काम-क्रीड़ा होता है से इसे व्युत्पन्न माना है। कुछ विद्वान् इसे संस्कृत शब्द बेल्लि से विकसित मानते हैं। हिन्दी में प्राचीनतम बेलि काव्य रोडा कृत 'राउरबेल' है। इसका रचनाकाल 11वीं शती है। राजस्थान में उपलब्ध अधिकांश बेलि साहित्य पन्द्रहवीं शती या बाद का है। डॉ. वासुदेव सिंह ने पन्द्रहवीं शती में लिखी गयी सन्त हरि जी भाटी कृत रामदेव जी री बेलि, रूपान्दे री बेल, अज्ञात

1. डॉ. हरीश, आदिकालीन हिन्दी साहित्य शोध, पृ. 133
2. के.एम. मुन्शी, गुजरात एण्ड इट्स लिट्रेचर, पृ. 137
3. नागरी प्रचारिणी पत्रिका, (वर्ष 58 अंक 4) पृ. 432

कवि रचित तोलान्दे री बेल, तेजो कृत रत्नादे री बेल तथा इसे अतिरिक्त सोलहवीं शताब्दी तक लिखी गयी कुछ अन्य रचनाओं का उल्लेख किया है।[1] वास्तव में इन कृतियों का रचनाकाल आदिकाल की सीमा में नहीं आता है।

षड्ऋतु और बारहमासा

प्रकृति और मानव का अनादिकालीन सम्बन्ध है। नित्य परिवर्तनशील प्रकृति मनुष्य के भावों को प्रभावित करती है। प्रकृति की नैसर्गिक सुषमा से कभी वह झूम उठता है तो कभी प्रकृति के प्रचण्ड रूप से वह काँप उठता है। षड्ऋतु वर्णन तथा बारहमासा मनुष्य के इसी प्रकृति सान्निध्य की भावात्मक अभिव्यक्ति हैं। षड्ऋतु वर्णन में अधिकतर संयोग श्रृंगार का वर्णन किया जाता है और बाहरमासा में वियोग श्रृंगार का। पृथ्वीराज रासो, ढोला-मारू-रा-दूहा, सन्देश-रासक में संयोग श्रृंगार वर्णन के लिए षड्ऋतु वर्णन की शैली अपनायी गयी है। नेमिनाथ चउपई, बारह नाऊँ बाहरमासा परम्परा के काव्य हैं। नेमिनाथ चउपई के रचयिता गुजरात निवासी जैन मुनि विजयचन्द सूरि हैं। सौरीपुर के राजा समुद्र विजय के पुत्र नेमिनाथ उग्रसेन की पुत्री राजुल के परिणय हेतु जब अपनी ससुराल पहुँचे तो अतिथियों के भोजन के लिए बँधे हुए पशुओं का चीत्कार सुनकर उनका हृदय करुणा से द्रवित हो गया। परिणामस्वरूप वे विवाह किये बिना कैवल्य की खोज में चले गये। अनुपम सुन्दरी नवयुवती राजुल विरह की अगाध वेदना में मग्न हो गयी। उसकी यही विरह वेदना बारहमासा के रूप में चित्रित है। अन्त में वह जिन दीक्षा ग्रहण कर लेती है। इस प्रकार कृति का पर्यवसान निर्वेद में होता है। प्रकृति के उद्दाम चित्र, विलाप, तड़प और वेदना की विभिन्न स्थितियों के बीच नायिका की निष्ठा आदि इस काव्य को उत्कृष्ट बना देते हैं। एक सखी के कहने पर कि वह कायर था जो तुम्हें छोड़कर चला गया, राजुल उत्तर देती है—

कायरु किमी सखि! नेमि जिणंदु।
जिणि रणि जित्तउ लक्खु नरिंद।
फुरहि सासु जा अग्गलि नास।
ताव न मिलिहउँ नेमिहि आस।

युद्ध में लाखों राजाओं को जीतनेवाला उसका पति कायर कैसे हो सकता है। ऐसे पति की आशा वह तब तक देखती रहेगी जब तक उसके शरीर में प्राण अवशिष्ट हैं।

पंवाड़ा

पंवाड़ा वंश कहानी को व्यक्त करनेवाला विस्तृत गीतकाव्य रूप है। यह शब्द संस्कृत 'प्रवाद' से विकसित माना जाता है जिसका अर्थ अत्यधिक विस्तारवाली कथा है। कुछ लोग पंवाड़ा का सम्बन्ध 'परमार' जाति से जोड़ते हैं। असाइत कवि रचित पंवाड़ा उल्लेखनीय है। इसका रचना-काल संवत् 1427 माना जाता है।

आदिकालीन साहित्य : प्रामाणिकता का सवाल

आधुनिकतम अनुसन्धानों के फलस्वरूप आदिकालीन साहित्य के परिमाण में उल्लेखनीय वृद्धि हुई है किन्तु उपलब्ध साहित्य की असन्दिग्ध प्रामाणिकता अब भी सिद्ध नहीं हो सकी है। पं. रामचन्द्र शुक्ल को जिन्होंने सबसे पहले प्रामाणिक वैज्ञानिक इतिहास लिखने का यत्न किया जिनके साहित्यिक

1. हिन्दी साहित्य का उद्भव काल, पृ. 70

निष्कर्ष लगभग शत-प्रतिशत मान्य भी हो गये आदिकाल के अप्रामाणिक साहित्य के आधार पर नामकरण एवं प्रवृत्तियों का निर्धारण करना पड़ा। इसीलिए उनका आदिकाल सम्बन्धी निष्कर्ष सर्वाधिक विवादास्पद रहा। आलोच्यकाल के अन्तर्गत मुख्यतः रासो साहित्य, जैन सिद्ध तथा नाथों की रचनाएँ, विद्यापति तथा अमीर खुसरो की रचनाएँ सम्मिलित की जाती हैं। खुमान रासो, हमीर रासो, विजयपाल तथा बीसलदेव रासो के सन्दर्भ में हजारीप्रसाद द्विवेदी का कथन है, "यह विश्वास कर लिया गया था कि इन रचनाओं का सम्बन्ध जिन राजाओं के साथ है उन्हीं के समय में ये लिखी भी गयी थीं पर अब इस विश्वास को सन्देह की दृष्टि से देखा जाने लगा।"

खुमान रासो का रचना-काल द्वितीय खुमान का समय नवीं शताब्दी माना जाता था किन्तु पुस्तक में वर्णित महाराणा राजसिंह का रचना-काल 1652-1670 ई. है। इससे इसकी प्राचीनता सन्दिग्ध हो जाती है। श्री मोतीलाल मेनारिया ने इसका रचना-काल सं. 1730 से लेकर 1770 के मध्य माना है इसीलिए इसकी चर्चा हिन्दी साहित्य के आदिकाल में नहीं होनी चाहिए।

बीसलदेव रासो—नरपति नाल्ह रचित शृंगारिक काव्य बीसलदेव रासो का रचना-काल भाषा आदि विवादास्पद है। ग्रन्थ में रचनाकाल का उल्लेख इस प्रकार मिलता है—

बारह सौ बहोत्तरहाँ मझारि
जेठ बदी नवमी बुधवारि
नाल्ह रसायन आरंभइ
सारदा तूठी ब्रह्म कुमारि।

इसके आधार पर 1212 या 1272 रचना-काल निश्चित किया जाता है। किन्तु कुछ प्रतियों में 'संवत सहस सतिहत्तरई जाणि', 'संवत तेर सतोत्तरइ जाणि', 'सवंत सहस तिहुत्तर जाणि' के भी उल्लेख मिलते हैं। डॉ. माताप्रसाद गुप्त ने इन उल्लेखों को पाठालोचन की दृष्टि से प्रक्षिप्त माना है, प्रतियों की पाठ परम्परा की दृष्टि से गुप्त जी ने इसका रचना-काल सं. 1400 माना है। अगरचन्द नाहटा के इस निष्कर्ष कि 'बीसलदेव रासो की भाषा सोलहवीं-सत्रहवीं शताब्दी की राजस्थानी भाषा है' को अस्वीकृत करते हुए गुप्त जी लिखते हैं 'प्रस्तुत संस्करण के पाठ की भाषा को सं. 1400 के आस-पास की किन्ही भी राजस्थानी रचनाओं की भाषा से मिलाकर यह बात देखी जा सकती है कि 'बीसलदेव रासो' की भाषा लगभग उन्हीं के जैसी है।[1]

परमाल रासो—जगनिक रचित परमाल रासो या आल्हखण्ड का प्रकाशन चार्ल्स इलियट ने 1825 ई. में कराया था। लोक में अत्यधिक प्रिय इसकी मौखिक परम्परा मिलती है। आल्हा के गायकों ने इसमें अपने ढंग से परिवर्तन-परिवर्द्धन भी किया। किसी प्राचीन हस्तलिखित प्रति के अभाव में इसके मूल रूप का पता लगाना कठिन है। डॉ. श्यामसुन्दर दास द्वारा सम्पादित परमाल रासो नागरी प्रचारिणी सभा से प्रकाशित हुआ है।

हम्मीर रासो—प्राकृत पैंगलम् में उद्धृत कुछ छन्दों के आधार पर हम्मीर रासो के अस्तित्व का अनुमान किया गया है। इसमें हम्मीर की वीरता का वर्णन है। रामचन्द्र शुक्ल बिना किसी ठोस प्रमाण के इस ग्रन्थ के रचयिता के रूप में शार्ङ्गधर का नामोल्लेख करते हैं। राहुल सांकृत्यायन ने एक छन्द में आये 'जज्जल भणइ' के आधार पर इसे जज्जल कवि की रचना माना है। प्रामाणिक प्रति उपलब्ध न होने के कारण इसका अस्तित्व सन्दिग्ध बना है।

1. बीसलदेव रासो, भूमिका, पृ. 58-59

विजयपाल रासो—मिश्रबन्धुओं ने नल्लसिंह कृत विजयपाल रासो का उल्लेख किया है। इसका रचनाकाल सं. 1355 निर्दिष्ट किया गया है। "इसकी भाषा और शैली पर विचार करने से मालूम होता है कि इसकी रचना बहुत बाद में हुई होगी।"

पृथ्वीराज रासो—चन्दबरदायी रचित 'पृथ्वीराज रासो' नामक आदिकालीन महाकाव्य की प्राचीनता की पुष्टि तो होती है किन्तु अपने वास्तविक एवं समग्र रूप में यह महाकाव्य अभी सामने नहीं आ सका है। रासो के वृहत्तम संस्करण में उपलब्ध विषम ऐतिहासिक घटनाओं तथा भाषा के परवर्ती रूप के कारण विद्वानों के एक वर्ग द्वारा पृथ्वीराज रासो की आदिकालीन महाकाव्य के गौरव से वंचित कर दिया गया। इस कृति के दुर्भाग्य का चक्र 1875 ई. से शुरू हुआ जब डॉ. वूलर महोदय को कश्मीर यात्रा में जयानक कवि रचित 'पृथ्वीराज विजय' संस्कृत काव्य उपलब्ध हुआ। इसमें चित्रित घटनाओं की ऐतिहासिक प्रामाणिकता तथा इसकी तुलना में रासो की घटनाओं का ऐतिहासिक वैषम्य आलोच्य कृति की पूर्व स्वीकृत महत्ता को ध्वस्त कर दिया। कर्नल टाड के प्रयास के फलस्वरूप बंगाल की 'रायल एशियाटिक सोसाइटी' द्वारा इसके प्रकाशन का उपक्रम वूलर महोदय के निर्देश से बन्द कर दिया गया। गौरीशंकर हीराचन्द ओझा ने शक्तिशाली युक्तियों द्वारा रासो को अप्रामाणिक सिद्ध करने को प्रयत्न किया।

ओझा जी का निष्कर्ष है कि रासो वर्तमान रूप में न पृथ्वीराज के समकालीन है और न चन्द जैसे समकालीन कवि की कृति है। मोतीलाल मेनारिया इसका रचनाकाल सं. 1770-1732 के बीच मानते हैं।[1] मुन्शी देवीप्रसाद का कहना है कि रासो में पृथ्वीराज की वीरता का परिचय देने के लिए रासोकार ने बहुत-से राजाओं के झूठे नाम लिख रखे हैं। उन्होंने शिलालेखों से तुलना करके रासो की कपोल कल्पित तथा इतिहास विरुद्ध घटनाओं का विवरण प्रस्तुत किया है।[2]

कविराज श्यामलदान ने इसके अप्रामाणिक अंशों को निर्दिष्ट करते हुए कई शताब्दियों बाद किसी चारण अथवा भट्ट द्वारा अपनी जाति के महत्त्व एवं चौहान वंश की गौरव प्रतिष्ठा के लिए इसे रचित माना है।[3] पण्डित रामचन्द्र शुक्ल लिखते हैं 'इस सम्बन्ध में इसके अतिरिक्त और कुछ कहने की वजह नहीं कि पूरा ग्रन्थ वास्तव में जाली है।[4] डॉ. रामकुमार वर्मा की सम्मति है कि 'इस समय तक रासो को प्रामाणिक ग्रन्थ कहना इतिहास और साहित्य के आदर्शों की उपेक्षा है।[5]

रासो को अप्रामाणिक माननेवाले विद्वानों की प्रमुख आपत्तियाँ इस प्रकार हैं—

1. रासो में परमार, चालुक्य और चौहान क्षत्रिय अग्निवंशी बताये गये हैं जबकि वे अन्य साक्ष्यों से सूर्यवंशी प्रमाणित होते हैं।

2. रासो में पृथ्वीराज की माँ कमला दिल्ली नरेश अनंगपाल की पुत्री बतायी गयी है और अपने नाना के द्वारा पृथ्वीराज गोद लिये गये थे। ऐतिहासिक प्रमाणों तथा पृथ्वीराज विजय के उल्लेखानुसार ये तथ्य असत्य हैं। पृथ्वीराज की माँ कर्पूर देवी त्रिपुरि के राजा की लड़की थीं। पृथ्वीराज के गोद लिये जाने की घटना भी ऐतिहासिक नहीं है।

3. रासो के उल्लेखानुसार पृथ्वीराज दिल्ली का राजा है जबकि बीसलदेव पहले ही दिल्ली राज्य को अजमेर में मिला चुका था।

---

1. राजस्थानी भाषा और साहित्य, पृ. 128
2. ना.प्र. पत्रिका भाग 10, पृ. 60
3. जर्नल आफ रायल एशियाटिक सोसाइटी आफ बंगाल, जिल्द 55 भाग 1 सन् 1886 ई.
4. हिन्दी साहित्य का इतिहास, पृ. 30
5. हिन्दी साहित्य का आलोचनात्मक इतिहास, पृ. 172

4. पृथ्वीराज की बहन पृथा का समरसिंह के साथ विवाह, पृथ्वीराज द्वारा गुजरात के राजा भीमसिंह की हत्या इतिहास विरुद्ध है। समरसिंह पृथ्वीराज के बाद 109 वर्ष तथा भीमसिंह 50 वर्ष तक जीवित रहा।

5. रासो में वर्णित पृथ्वीराज के शब्दवेधी बाण के द्वारा मुहम्मद गोरी के मृत्यु को रोचक घटना की ऐतिहासिकता नहीं सिद्ध होती है। गोरी की मृत्यु गक्खरों के हाथों हुई थी।

6. रासो की प्रमुख और लोकप्रिय घटना जयचन्द तथा पृथ्वीराज की शत्रुता तथा सयोंगिता स्वयंवर को पं. गौरीशंकर हीराचन्द ओझा ऐतिहासिक नहीं मानते।

7. रासो में पृथ्वीराज के जन्म (संवत् 1115) गोद लिये जाने (संवत् 1122) शहाबुद्दीन के साथ युद्ध (संवत् 1158) आदि से सम्बन्धित तिथियाँ ऐतिहासिक तिथियों से मेल नहीं खातीं।

8. रासो में अरबी, फारसी शब्दों की भरमार है जो चन्द के समय प्रयोग में शायद ही रहे हों। डॉ. धीरेन्द्र वर्मा भाषा के आधार पर इसे सोलहवीं शती की रचना मानते हैं। पण्डित रामचन्द्र शुक्ल की दृष्टि में रासो की भाषा व्याकरणिक अव्यवस्था, अनुस्वरान्त शब्दों की मनमानी भरमार कहीं-कहीं आधुनिक साँचे में ढली और कहीं प्राचीन साहित्यिक रूपों के लक्षण से युक्त है।

रासो को प्रामाणिक माननेवाले विद्वानों ने उपयुक्त आपत्तियों का समुचित उत्तर देने का प्रयास किया है। विख्यात गुजराती लेखक गोवर्द्धन शर्मा का विचार है 'महाकवि चन्द एक ऐतिहासिक पुरुष था, जो दिल्लीश्वर अन्तिम सम्राट् पृथ्वीराज चौहान की राजसभा का सम्मानित सामन्त, सखा और राजकवि के गौरवपूर्ण पद पर सुभोभित था और इसी ने पृथ्वीराज के यश को गाने के लिए 'पृथ्वीराज रासो' नामक महाकाव्य की उस समय की लोक भाषा अपभ्रंश प्राकृत (देशभाषा) में रचना की थी। उसमें वर्णित घटनाएँ सच्चे घटित इतिहास की सत्य घटनाएँ हैं, पर कालान्तर में अन्य चारण भट्ट आदि राज्याश्रित कवियों के अपने-अपने आश्रयदाताओं के गरिमा गान के क्षेपकों को जोड़ देने से उसका वर्तमान कलेवर एकदम सर्वथा भ्रष्ट बन गया है। फिर भी उनकी बुनियादी तो असली है।" डॉ. दशरथ शर्मा ने बीकानेर से प्राप्त रासो की लघुतम प्रति के आधार पर वृहत्तम प्रति से प्राप्त अशुद्धियों का खण्डन करने का प्रयत्न किया है। पृथ्वीराज रासो में घटना, पृथ्वीराज के सम्बन्ध, संयोगिता स्वयंवर आदि की जो गड़बड़ियाँ हैं वे सब लघुतम प्रति में नहीं हैं। मुनि जिनविजय जी का विचार है कि रासो का मूलरूप अल्पकाय था और उसकी भाषा अपभ्रंश थी।

काल वैषम्य के समाधान के लिए मोहनलाल विष्णुलाल पाण्ड्या ने 'अनन्द संवत् की परिकल्पना की है। अ = 0, नन्द = 9 अर्थात् 90 वर्ष जोड़ने से विक्रम संवत् के साथ तिथियों का सामंजस्य बैठ जाता है। जयानक के संस्कृत काव्य 'पृथ्वीराज विजय' की खण्डित प्रति जिसमें चन्दबरदायी का उल्लेख नहीं है के आधार पर पृथ्वीराज के दरबार में चन्द का अस्तित्व न मानना उचित नहीं है। हो सकता है कि संस्कृत कवि जयानक ईर्ष्यावश ऐसा न किया हो। मेरी अपनी सम्मति है कि पृथ्वीराज विजय में जो चन्द्रराज नाम आया है वह चन्द के वास्तविक नाम का ही द्योतक है। चन्द्र के पुत्र जल्हण या झल्हण या झल्ह नाम के स्वरूप से चन्द्र के भी कश्मीर से सम्बद्ध होने का अनुमान किया जा सकता है। पृथ्वीराज विजय में उल्लिखित श्लोक इस प्रकार है—

तनयश्चन्द्रराजस्य चन्द्रराज इवाभवत्।
संग्रहं यस्सुवृत्तानां सुवृत्तानामिव व्यधात्॥

चन्द भट्ट ने कवि बनने के लिए देवी से वरदान पाकर बरद्दिया या बरदाई उपाधि धारण कर ली। पृथ्वीराज तथा अन्य राजाओं ने उसके बरदाई होने का कई बार परीक्षण किया है। रासो में प्राप्त अन्तःसाक्ष्य से ज्ञात होता है कि चन्द ने अपने जीवन के अन्तिम काल में देवी सरस्वती से चौहान के ऋण से उद्धार का वरदान माँगा। इसके बाद उसने पृथ्वीराज रासो के साथ हजार रूपकों की रचना की। ग्रन्थ की रचना करते समय उसने देवी के प्रति कृतज्ञता ज्ञापित करने तथा बरदायी होने के विशेष गौरव को पृथ्वीराज रासो में अधिक महत्त्व दिया। जीवन के परवर्ती काल में रासो की रचना करने के कारण उसने पृथ्वीराज के जीवन से सम्बन्धित कुछ घटनाओं एवं तिथियों के सम्बन्ध में अनुमान से काम लिया होगा। आगे आनेवाली उसकी भट्ट सन्तानों ने प्रक्षेप करते समय अपनी जाति की गरिमा स्थापित करने के लिए चन्द के साथ भट्ट लगाने में विशेष तत्परता दिखायी। कवियों के नाम के साथ राज या राय जोड़ने की स्पष्ट परम्परा मिलती है। अतः चन्द्रराज (चन्दराय) चन्द्र भट्ट, या चन्दबरदायी को एक ही नाम मान लेने में कोई विशेष आपत्ति नहीं होनी चाहिए।

जहाँ तक रासो की भाषा में अरबी-फारसी शब्दों के प्रयोग का प्रश्न है उस समय तक मुसलमानों के आक्रमण शुरू हो गये थे। अतः लाहौर निवासी कवि चन्द के द्वारा अरबी-फारसी शब्दों का प्रयोग असम्भव नहीं है। इस प्रकार शब्दों का बाहुल्य परवर्ती प्रक्षेपों के कारण भी हुआ है। पं. रामचन्द्र शुक्ल ने इसकी भाषा में प्राचीन रूपों को निर्दिष्ट किया है। 'इसमें वैदिक संस्कृत, पालि, पैशाची, मागधी, अर्द्धमागधी, शौरसेनी, महाराष्ट्री, अपभ्रंश, प्राचीन राजस्थानी, प्राचीन गुजराती, पंजाबी, ब्रज आदि भारतीय आर्यभाषाओं के शब्दों के अतिरिक्त अरबी, फारसी और तुर्की शब्दों की अनोखी खिचड़ी तैयार मिलती है तथा देशज शब्दों की भी एक संख्या है। परन्तु इस काव्य में कई शतियों के अवान्तर में प्रक्षेपों का घटाटोप होते-होते भाषा का रूप और अधिक विकृत हो गया। पुरातन प्रबन्ध संग्रह में आये छन्दों की भाषा के आधार पर पृथ्वीराज की भाषा का निर्धारण किया जा सकता है।

डॉ. हजारीप्रसाद द्विवेदी ऐतिहासिक काव्यों के सन्दर्भ में लिखते हैं कि, "परन्तु भारतीय कवियों ने ऐतिहासिक नाम भर लिया, शैली उनकी वही पुरानी रही जिसमें काव्य निर्माण की ओर अधिक ध्यान था, विवरण संग्रह की ओर कम, कल्पना विलास का अधिक मान था, तथ्य निरूपण का कम; सम्भावनाओं की ओर अधिक रुचि थी, घटनाओं की ओर कम; उल्लसित आनन्द की ओर अधिक झुकाव था, विलसित तथ्यावली की ओर कम।" इसीलिए "जायसी के रतनसेन, रासो के पृथ्वीराज में तथ्य और कल्पना का-फैक्ट्स और फिक्शन का-अद्भुत योग हुआ है। पुरातन प्रबन्ध संग्रह के छप्पय, आदिकालीन काव्य-रूप तथा कथानक रूढ़ियों पर विचार करके द्विवेदी जी ने रासो को अर्द्ध प्रामाणिक रचना स्वीकार किया।" उनका निष्कर्ष है कि 'मूल रासो शुक-शुकी के संवाद रूप में ही लिखा गया था।' पाठालोचन की दृष्टि से विचार करके माताप्रसाद गुप्त ने चन्द का समय सं. 1328 से पूर्व माना।

निष्कर्ष रूप में कहा जा सकता है कि पृथ्वीराज रासो एक प्रामाणिक कृति है। इसका मूल रूप अभी उपलब्ध नहीं हो सका है। रासो के वृहत्तम संस्करण में प्रक्षेपों का बाहुल्य है। लघुतम संस्करण मूल रासो के अधिक समीप है। इसकी भाषा बारहवीं शती की देशी भाषा (अपभ्रंश मिश्रित) है।

जयचन्द्रप्रकाश एवं जयमयंक-जस-चन्द्रिका—इन कृतियों का उल्लेख बीकानेर के राज पुस्तक भण्डार के दयालदास कृत 'राठौण की ख्यात' में मिलता है। शिवसिंह सरोज में इनके रचयिता भट्ट केदार और मधुकर को अलाउद्दीन गोरी का कवि माना गया है। इन ग्रन्थों की कोई प्रति उपलब्ध न होने के कारण अनका अस्तित्व खतरे में है।

डॉ. गणपतिचन्द्र गुप्त ने अनेक इतिहासकारों द्वारा उल्लिखित आदिकालीन साहित्यिक सामग्री की जाँच करते हुए पूर्व वर्णित रचनाओं के अतिरिक्त भरतेश्वर बाहुबली रास, जीवदया रास, बुद्धिरास, रेवन्तगिरि रासु, श्री नेमिनाथ रास, आबूरास, कछूलीरास, समरा रासु, पंचपण्डव-चरित रासु, श्री गौतम स्वामी रास, कुमारपाल रास, जिनचन्द सूरि फागु, सिरिथूलि भद्द फागु, श्री नेमिनाथ फागु, श्री बसन्त विलास फागु, महाराष्ट्रीय सन्त कवियों के हिन्दी पद आदि रचनाओं को आदिकाल की प्रामाणिक रचनाएँ शीर्षक ग्रन्थ में संगृहीत किया है। इनमें से अधिकांश रचनाएँ अधिक-से-अधिक पाँच-छह पृष्ठों की हैं। वास्तव में इन्हें एक विषय पर रची गयी एक लम्बी कविता माना जाय तो अधिक उचित है, एक ग्रन्थ के रूप में इन्हें मान्यता देने में किंचित् संकोच होता है। इनमें कुछ रचनाएँ तो तीन-चार पृष्ठों में ही समाप्त हो जाती हैं। ये रचनाएँ अधिकतर जैन कवियों द्वारा लिखी गयी हैं। इनमें प्रक्षेप भी प्रायः नहीं है। भाषा की दृष्टि से इनका आदिकालीन स्वरूप सुरक्षित है।

व्याकरण के नियमों में जकड़ी सामान्यजन के बोध से परे, विशुद्ध साहित्यिक भाषा के बदले साधारण जन भाषा को धार्मिक भावना के प्रचार के लिए ग्रहण करना जैन मुनियों तथा कवियों की अक्षुण्ण परम्परा रही है। संस्कृत के स्थान पर प्राकृत-अपभ्रंश को माध्यम भाषा के रूप में ग्रहण करना इसी बात को प्रमाणित करता है। कालान्तर में जब उन्हें ज्ञात हुआ कि अपभ्रंश लोकभाषा नहीं है तो वे अपनी रचनाएँ हिन्दी में करने लगे। स्वयंभू, पुष्पदन्त, योगीन्द्र आदि कवियों की अपभ्रंश में तत्कालीन लोकभाषा के रूप निश्चित रूप से अन्तर्निहित हैं। आदिकालीन जैनकाव्यभाषा के विकास की प्रक्रिया का संकेत अपने छिपाये हुए हैं। धार्मिक श्रद्धा तथा सम्मान के कारण जैन भण्डारों में इनका संरक्षण प्रायः मूलरूप में ही हुआ। धार्मिक सम्प्रदाय में गुरु की वाणी प्रायः आप्त वाक्य होती है। इसीलिए शिष्य उसकी व्याख्या तथा विस्तार तो करते हैं किन्तु मूलरूप की सुरक्षा की उन्हें विशेष चिन्ता होती है। यही कारण है कि पउमचउि, रिट्ठणेमिचरिउ, णायकुमारचरिउ, महापुराण जसहरचरिउ, भविसयत्तकहा, करकण्डचरिउ, सुदंसणचरिउ, णेमिमाहचरिउ, पाहुड दोहा, दोहा पाहुड, सावयधम्म दोहा आदि रचनाओं को असन्दिग्ध रूप से आदिकाल में स्थान प्राप्त हो जाता है।

महामहोपाध्याय हरप्रसाद शास्त्री, डॉ. शहीदुल्ला, डॉ. प्रबोधचन्द्र बागची, डॉ. सुकुमार सेन, महापण्डित राहुल सांकृत्यायन आदि विद्वानों ने अनुसन्धान तथा पाठ निर्धारण करके सिद्धों की अपभ्रंश तथा देशी भाषा की रचनाओं को प्रकाश में लाये। सिद्धों की रचनाएँ प्रायः दो रूपों में मिलती हैं—दोहा कोश तथा चर्यापद। सिद्धों की रचनाओं के प्रमुख सम्पादित संग्रह 'बौद्ध गान ओ दोहा' (हरप्रसाद शास्त्री), 'दोहाकोश' (बागची), ओल्ड बंगाली टेक्स्ट्स (सुकुमार सेन), 'चर्यागीत कोश' (प्रबोधचन्द बागची), 'दोहाकोश' (राहुल सांकृत्यायन) उल्लेखनीय हैं। सिद्धों की रचनाओं की पाण्डुलिपियों अधिकांशतः तिब्बत और नेपाल से उपलब्ध हुई हैं।

सिद्धों के दोहों की जो हस्तलिखित ताल पोथियाँ मिली हैं उनमें प्रतिलिपि काल नहीं दिया गया है। राहुल जी ने कुटिला लिपि के आधार पर 10-11वीं शती इनका लिपिकाल अनुमानित किया है। चर्यागीतों से सम्बद्ध पोथियाँ सौ वर्ष से कुछ ही अधिक पुरानी हैं। सिद्धों का प्रचुर साहित्य तिब्बत (भोट) भाषा में अनूदित मिलता है किन्तु उसका मूलरूप ज्ञात नहीं हो सका है। ऐसी परिस्थिति में सिद्धों का रचनाकाल तथा काव्यभाषा असन्दिग्ध रूप से प्रमाणित नहीं हो पाती है। दोहों की भाषा से इनकी प्राचीनता का अन्दाज अवश्य लगाया जा सकता है। इसी से इनकी आदिकालीनता भी सिद्ध होती है।

अन्तःसाक्ष्य के रूप में हेवज्र-पंजिका-योग-रत्नमाला की एक पाण्डुलिपि का उल्लेख किया जाता है। जिसमें स्पष्ट लिखा है कि यह राजा गोविन्द पाल के शासन के 39वें वर्ष में लिपिबद्ध की गयी।

गोविन्द पाल का समय 1200 ई. माना जाता है। "कैम्ब्रिज यूनिवर्सिटी लाइब्रेरी में संगृहीत साधनाओं की एक पाण्डुलिपि जिसका समय 1965 ई. और जिसमें कंकड़पाद अथवा कोंकड़पाद की भी एक साधना संगृहीत है" के आलोक में सिद्धों का रचना-काल और रचनाओं की प्रामाणिकता की पुष्टि होती है।

जहाँ तक नाथ साहित्य का सवाल है सिद्धों की तरह इनकी भी प्रामाणिकता असन्दिग्ध नहीं कही जा सकती। गोरखनाथ तथा अन्य नाथों की वाणियाँ 'नाथ सिद्धों की बानियाँ' (नागरी प्रचारिणी सभा) तथा 'गोरखबानी' क्रमशः हजारीप्रसाद द्विवेदी तथा डॉ. पीताम्बरदत्त बड़थ्वाल द्वारा संगृहीत होकर प्रकाशित हुईं। गोरखनाथ के नाम से जो प्रतियाँ प्राप्त हुई हैं उनकी भाषा बदली हुई तथा परवर्ती है। हजारीप्रसाद द्विवेदी का मन्तव्य है कि, "गोरखनाथ के नाम पर चलनेवाली रचनाओं की भाषा को देखते हुए उन्हें बहुत पुराना नहीं कहा जा सकता। कुछ की रचना तो बहुत बाद में हुई है।"[1] गोरखबानी के सम्पादक बड़थ्वाल जी का विचार भी इसी के समरूप है— "ये रचनाएँ जैसी हमें उपलब्ध हो रही हैं, ठीक ही उस समय की हैं, यह नहीं कहा जा सकता।" इसके कारणों का विश्लेषण करते हुए उन्होंने लिखा है, "एक ओर तो नाथ गुरुओं की बानी के प्रति उनके शिष्यों में जो प्रगाढ़ श्रद्धा और विश्वास की भावना होती है, वह उसे नष्ट होने से बचाती है और दूसरी ओर स्मृति के कारण उनमें कुछ परिवर्तन या छूट हो जाती है तथा साम्प्रदायिक उद्देश्य और मत विकास या परिवर्तन या स्पष्टीकरण की अभिलाषा गुरुओं के नाम से नयी रचनाओं के गढ़े जाने और पुरानी रचनाओं में परिवर्द्धन या परिवर्तन का कारण होती है।"[2]

आदिकालीन साहित्य : विश्लेषण और मूल्यांकन

हिन्दी साहित्य का आदिकाल काव्यरूपों तथा काव्य-परम्पराओं की दृष्टि से अत्यन्त समृद्ध है। इस काल में धार्मिक, लौकिक, अनुभूतियों एवं विचारों को व्यक्त करनेवाले कवि अपने मूल उद्देश्य एवं अभिव्यंजना की दृष्टि से स्पष्ट रूप से साहित्य की दो कोटियों का निर्धारण करते हैं—

1. धार्मिक साहित्य।
2. लौकिक साहित्य।

1. धार्मिक साहित्य—आदिकालीन साहित्य की श्रीवृद्धि करनेवाले कवियों में सिद्ध, जैन तथा नाथों का उल्लेखनीय स्थान है। इन्होंने अपने आध्यात्मिक विचारों तथा लौकिक आचारपरक भावनाओं, सामाजिक जीवन की नवीन परिस्थितियों के अनुकूल परम्परागत धार्मिक दृष्टि की नयी व्याख्याओं को अभिव्यक्त करने के लिए तत्कालीन जनभाषा को माध्यम के रूप में ग्रहण किया। परम्परित धर्म की परिभाषा को लोकजीवन की सहज आस्था में मिश्रित करने के लिए पौराणिक एवं लौकिक कथाओं, काव्यशैलियों, लोक रागों को अपनाया। काल के क्रम में वास्तविक धर्म की प्रतिष्ठा करने के प्रयास में सभी धार्मिक कवि चाहे जिस सम्प्रदाय से सम्बद्ध हों कई प्रवृत्तियों में समान परिलक्षित होते हैं। धार्मिक साहित्य का अधोलिखित उपशीर्षकों के अन्तर्गत सुविधापूर्वक अध्ययन किया जा सकता है।

(क) सिद्ध साहित्य—मन्त्रों द्वारा सिद्धि प्राप्त करने की युक्ति का प्रचार करनेवाले साधक 'सिद्ध' नाम से प्रसिद्ध हुए'[3] 'सिद्ध साहित्य से हमारा तात्पर्य वज्रयानी परम्परा के उन सिद्धाचार्यों के साहित्य से है जो अपभ्रंश दोहों तथा चर्यापदों के रूप में उपलब्ध है।'[4] जैसा कि पहले विचार किया

1. हिन्दी साहित्य, पृ. 38
2. डॉ. पीताम्बरदत्त बड़थ्वाल-गोरखबानी, पृ. 16
3. डॉ. रामकुमार वर्मा, हिन्दी साहित्य का आलोचनात्मक इतिहास, पृ. 52
4. डॉ. धर्मवीर भारती, सिद्ध साहित्य, पृ. 45

जा चुका है कि सिद्धों की भाषा में प्राचीन हिन्दी का प्रभूत तत्त्व एवं प्रकृति समाहित है। इसे पूर्वी हिन्दी का आरम्भिक रूप स्वीकार किया गया है। यद्यपि सिद्ध रचनाकारों की संख्या चौरासी मानी गयी है किन्तु इनकी संख्या इससे भी अधिक हो सकती है। परन्तु इन सिद्धों की मूल रचनाएँ बहुत कम उपलब्ध हैं। इनमें भी बीस-पच्चीस सिद्धों के दो-चार चर्यागीत मात्र उपलब्ध हैं। सरहपाद, काण्हपाद, तिल्लोपाद रचित अधिक दोहे उपलब्ध हैं। समस्त सिद्धों में सरहपाद (या सरहपा) अधिक प्रतिभाशाली तथा महत्त्वपूर्ण हैं–

सरहपा–राहुल सांकृत्यायन इन्हें आदि सिद्ध मानते हैं। इनका प्रारम्भिक नाम राहुलभद्र था। इनका जन्म ओड़िविसा में एक ब्राह्मण कुल में हुआ था। कालान्तर में इन्होंने बौद्धधर्म स्वीकार किया। इन्होंने एक बाण बनानेवाली लड़की से विवाह किया था इसीलिए इनका नाम सरह पड़ा। पाद या पा सिद्धों का आदरसूचक शब्द है। राहुल जी इनका समय 780 ई. मानते हैं। डॉ. धर्मवीर भारती ने अनेक स्रोतों तथा मतों का परीक्षण करके सरहपा का समय 800-875 ई. अनुमानित किया है। सरहकृत दोहे तथा चर्यागीत 'चर्यागीति कोश' एवं दोहाकोश में संगृहीत हैं।

सरह ने षड्दर्शनों का खण्डन किया है। सहज साधना पर बल दिया है। सहज साधना तो ऐसी साधना है जहाँ मन्त्र-तन्त्र अप्रभावशाली हो जाते हैं। तीर्थ, तपोवन तथा जल स्नान सब व्यर्थ हो जाते हैं। इसलिए सरह इन झूठे बन्धनों को त्यागने का उपदेश देते हैं।

सरह ने करुणा, परमपद, माया, जीव, जगत् आदि के विषय में अपने विचार प्रस्तुत करते हुए गुरु के महत्त्व पर प्रकाश डाला है।

काण्हपाद–काण्हपा या कण्हपा के नाम के अनेक रूपान्तर मिलते हैं जैसे कान्ह, कान्हि, कान्हिल, कृष्णपाद, कृष्णाचार्यपाद आदि। लामा तारानाथ ने कृष्णचारी को तिब्बती परम्परा के अनुसार कर्ण प्रदेश, भारतीय परम्परा के अनुसार पाद्यनगर या विद्यानगर में उत्पन्न माना है। अनेक प्रमाणों से उन्होंने उन्हें उड़ीसावासी सिद्ध किया है। इनका रचना-काल 809-849 तथा 925-1000 के बीच अनुमानित किया गया है। तंजूर में इनके 74 ग्रन्थ मिलते हैं जिनमें 6 अपभ्रंश में थे जो भोट भाषा में अनूदित हैं। इनका दोहाकोष प्रबोधचन्द बागची द्वारा सम्पादित दोहाकोश तथा चर्यागीत कोश में मुद्रित है।

इन सिद्धों के अतिरिक्त लुइपा (10-11वीं शती), विरूपा, गुण्डरीपा, कुक्कुरीपा, भुसुक या शान्तिदेव, कामरिपा, डोमिपा, शान्तिपा, चाटिल्लपाद, महीपा, मीनपा, वीणापाद, आर्यदेव, तान्तिपा, शबरपा, भादेपा, ढेण्ढणपाद, दारिकापाद, ताडकपाद, कङ्कणपाद, जयन्दनीपाद, धामपा आदि के नाम उल्लेखनीय हैं।

सिद्ध साहित्य की विशेषताएँ

चिन्तन पक्ष–सिद्ध साहित्य में सिद्धों की विशिष्ट चिन्तन-पद्धति अनुस्यूत है। इनके तत्त्व चिन्तन की मूल पीठिका विज्ञानवादी तत्त्व चिन्तकों द्वारा निर्मित हो गयी थी। आत्मा-परमात्मा, जगत्, माया, इन्द्रिय, मन आदि के विषय में सिद्धों ने अपने विचार व्यक्त किये हैं। सिद्ध साहित्य में आत्मा के स्थान पर चित्त शब्द का अधिक प्रयोग किया गया है। चित्त की आध्यात्मिक प्रकृति पर जोर देते हुए उन्होंने आन्तरिक चित्त और जगत् की अभिन्नता स्थापित की है। एक ही तत्त्व है जो चौदह भुवनों में निरन्तर स्थित है। यह निरालम्ब है, इसे अन्य रूप से देखना भ्रान्ति है–

जिम बाहिर तिम अब्भन्तरु
चउदह भुवणें ठिअउ णिरन्तरु

चित्त से ही भव तथा निर्वाण विस्फुरित होते हैं। यह चिन्तामणि के तुल्य है। इसे प्रणाम करने से वांछित फल की प्राप्ति होती है। सिद्धों ने परमात्मा के स्थान पर परमपद, महासुख, सहज तथा शून्य रूप का वर्णन किया है। परमपद सामान्य चक्षु की दृष्टि से परे है। यहाँ आत्मभाव नष्ट हो जाता है तथा इन्द्रियों की गति विलीन हो जाती है। शून्य की व्याख्या प्रायः तथता के समरूप ही की गयी है। यह तथता शून्य, तत्त्व-रूप में धर्म और पुद्‌गल के नैरात्मा रूप में विद्यमान थी और इसी को परमार्थ कहते थे। दोहाकोश में परमपद को मायामय कहा गया है—

बुद्धि विणासइ मण मरइ, तुट्‌टह जहँ अहिमाण।
सो माआमअ परमपउ, तहिं कि वज्जइ झाण॥

चन्द्रमा की जल-छाया की तरह माया से संसार प्रतिभासित होता है—

जिम जलेहिं ससि दिसइ च्छाआ।
तिम भव पडिहासइ सअलवि माआ।

सिद्धों की भावना बहुत गूढ़ है इसलिए सिद्धों की साधना-पद्धति में समस्त तान्त्रिक पद्धतियों की ही भाँति गुरु का अद्‌भुत महत्त्व है। गुरु के प्रति अपनी अटल भक्ति का प्रमाण सिद्धों ने कई प्रकार से दिया है। कृष्णाचार्य पाद का कथन है कि गुरु के उपदेश से मोहजाल छिन्न हो जाता है। विषयेन्द्रियाँ प्रभास्वर में प्रविष्ट हो जाती हैं। सरह गुरु के उपेदश को अमृत के समान मानते हैं—

गुरु उवएसे अमिअरसु धावहि ण पीअउ जेहि।
बहु सत्थत्थ मरुत्थलिहिं तिसिए मरिअउ तेहि॥

सिद्धों ने साधना मार्ग में बाधक चंचल मन को मूषक की तरह मारकर आवागमन से मुक्ति पाने का उपदेश दिया है—

मार रे जोइआ मुसा पवणा। जेण (ण) तुटअ अवणा-गवणा॥

सिद्धि प्राप्त करने के लिए पाँचों इन्द्रियों का नियन्त्रण आवश्यक है। इस सम्प्रदाय में सहज साधना पर बल दिया गया है। इसीलिए तन्त्र-मन्त्र अप्रभावशाली हो जाते हैं। तीर्थ, तपोवन तथा जल स्नान सभी व्यर्थ जो जाते हैं। सरह झूठे बन्धनों को त्यागने की सलाह देते हैं। तिल्लोपाद का विचार है—

तित्थ तपोवण म करहु सेवा। देह सुचिहि ण सन्ति पावा॥
देव म पूजहु तित्थ ण जावा। देव पूजाहि ण मोक्ख पावा॥

जिस प्रकार बाह्य अनुष्ठानों से परमार्थ ज्ञान नहीं होता उसी तरह पुस्तकीय ज्ञान से भी। काण्हपाद के अनुसार आगम, वेद, पुराण को ढोनेवाले पण्डित ऐसे भ्रमर के समान हैं जो श्रीफल के चारों ओर चक्कर काटते रहते हैं और रस पान से वंचित रहते हैं—

आगम-वेअ पुराणें पण्डिआ माण वहन्ति।
पक्क सिरिफलें अलिअ जिम वाहेरिअ भमन्ति॥

सम्पूर्ण सिद्धकाव्य में यह मान्यता प्रतिपादित की गयी है कि जो ब्राह्य सृष्टि-तत्त्व है, उसे शरीर के अन्दर ही साक्षात्कृत किया जा सकता है। उपाय (पुरुष) प्रज्ञा (स्त्री) को युगनद्ध करना इनकी साधना का प्रमुख लक्ष्य है। इनकी साधना 'बोल कक्कोल' योगाचार तथा हठयोग की मिश्रित तथा

परिष्कृत साधना है। इस साधना में चार क्षण-विचित्र, विपाक, विमर्द और विलक्षण और चार आनन्द-प्रथमानन्द, परमानन्द, विरजानन्द, सहजानन्द माने गये। इन आनन्दों को प्राप्त करने के लिए चार मुद्राएँ हैं—कर्ममुद्रा, धर्ममुद्रा, ज्ञानमुद्रा और महाम्रुदा।

काव्य-पक्ष—रहस्यवादी काव्य में प्रायः इन्द्रिय निग्रह के द्वारा कामपरक भावनाओं का हनन करने का प्रयास किया जाता है। किन्तु मनुष्य की मूल वृत्तियों का नाश सरल नहीं है। यही मूलभावनाएँ अपना रूप बदलकर जब साधना में प्रविष्ट हो जाती हैं तब मधुर भावों की सृष्टि करके साधना की नीरसता तथा रुक्षता को मनोहर तथा आकर्षक बनाती हैं।

सिद्धों की गुह्य साधना में स्त्री-पुरुष, पति-पत्नी, प्रेमी-प्रेमिका आदि के मधुर सम्बन्धों का समावेश हो गया है। यद्यपि इसमें लौकिक भाव या राग की उपेक्षा मिलती है किन्तु अलौकिक भाव रूप में महाराग का आश्रय पर्याप्त रूप से ग्रहण किया गया है। सिद्धों का रूपात्मक चित्र लौकिक काव्य से काफी समानता रखता है। इसीलिए सामान्य रूप से उनमें भी भावानुभूति तथा रसानुभूति होती है। ठीक वैसे ही जैसे कबीर के अनेक निर्गुण गीत कम पढ़े ग्रामीण को भी आनन्दित करते हैं। डॉ. धर्मवीर भारती इन गीतों को साधारणीकरण से परे मानते हैं। परन्तु गूढ़ रूपकों तथा उलटबाँसियों को छोड़कर कबीर के सबद के समान इन्हें भी साधारणीकरण के योग्य माना जा सकता है। इतना अवश्य है कि साधक के मन में भावों की जैसी व्यापक वैचारिक आध्यात्मिक परिकल्पना होती है, साधारण पाठक के मन में वैसी नहीं है। डोम्बी, चाण्डाली, रजकी, नटी तथा ब्राह्मणी आदि मुद्रा-प्रतीकों को नायिकाओं के विविध रूप माने जा सकते हैं। श्रृंगार के संयोग और वियोग दोनों पक्षों का चित्रण चर्यागीतों में किया गया है। संयोग श्रृंगार के अन्तर्गत प्रणय-निवेदन रतिक्रीड़ा, मधुरमिलन, आलिंगन, चुम्बन आदि के चित्र अंकित हैं। वियोग श्रृंगार के अधिक चित्र उपलब्ध नहीं है।

प्रतीक-योजना की दृष्टि से सिद्ध-साहित्य विशेष महत्त्वपूर्ण है, जनसाधारण के बीच प्रचलित शब्दों तथा सामान्य अनुभव की वस्तुओं को प्रतीक रूप में ग्रहण करके सिद्धों ने गूढ़ भावों को व्यक्त किया है। चिन्तन को रागों में ढालने तथा साधारण भाषा में समाहित करने के कारण इनकी काव्य-शैली सन्तों के द्वारा विशेष रूप से अपनायी गयी। सिद्धों का व्यंग्य इतना तीक्ष्ण है कि उसकी चोट बहुत गहरी लगती है।

सिद्धों की काव्यभाषा को सन्ध्या या सन्धा भाषा कहा जाता है। हरप्रसाद शास्त्री ने सन्धा का अर्थ आलो-आन्धारी धूप छाँही शैली किया जिसका बाह्य अर्थ कुछ और हो किन्तु आन्तरिक अर्थ कुछ और। पण्डित विधुशेखर शास्त्री ने सन्ध्या को सन्धा का अशुद्ध प्रयोग माना है। उनके मत से यह लिपिकारो का प्रमाद है। सन्ध का अर्थ अभिप्राययुक्त भाषा है। डॉ. धर्मवीर भारती ने इस तरह की भाषा की परम्परा वैदिककाल से निर्दिष्ट की है और इसकी मन्त्र प्रकृति की ओर संकेत किया है।

जैन-साहित्य—परम्परित साहित्यिक भाषा के स्थान पर लोकभाषा को प्रतिष्ठित करने की दृष्टि से जैन कवियों का उल्लेखनीय स्थान है। जैनसाहित्य में यद्यपि विशिष्ट साम्प्रदायिक आग्रह है किन्तु कहीं-कहीं विशुद्ध काव्यात्मकता के भी दर्शन होते हैं। जैन कवियों ने धर्म को काव्य में द्रवित करने का प्रशंसनीय प्रयास किया है। "जिस समय जैन कवि काव्य रस की ओर झुकता है तो उसकी कृति सरस काव्य का रूप धारण कर लेती है और जब धर्मोपदेश का प्रसंग आता है तो वह पद्यबद्ध धर्म उपदेशात्मक कृति बन जाती है जो कभी-कभी नीरस भी हो जाती है।"[1] जैनों ने प्रबन्धात्मक तथा मुक्तक दोनों प्रकार के काव्य-रूपों को अपनाया है। प्रबन्धात्मक कृतियाँ साहित्यिक अपभ्रंश में लिखी

1. डॉ. रामसिंह तोमर—प्राकृत अपभ्रंश, पृ. 69.

गयी हैं। इन कृतियों में प्राचीन (आदिकालीन) हिन्दी भाषा को बहुत कम समाहित किया गया है। उपदेशात्मक रचनाओं में तत्कालीन लोकभाषा का व्यवहार अधिक हुआ है। धर्मानुरागी अनुयायियों तथा साधारण जनों को धर्म के मर्म को समझाते समय या उनके भ्रम एवं शंकाओं के निवारण करते समय चिन्तक कवियों के समक्ष उनके भाषाबोध तथा स्तर का ध्यान रहता था। सम्प्रेषण की इस तात्कालिक समस्या से उबरने का एक ही उपाय था जनसामान्य की बोल-चाल की भाषा का अधिकाधिक प्रयोग। जबकि इसके विपरीत प्रबन्ध काव्यों में कविसमयों तथा काव्यशास्त्रीय तत्त्वों के प्रयोग का आग्रह दिखायी पड़ता है। कहीं-कहीं तो समास योजना संस्कृत काव्यों की तरह जटिल हो गयी है। रासो नाम से उपलब्ध जैन रचनाओं की भाषा अपेक्षाकृत सरल है तथा आदिकालीन हिन्दी का अपेक्षाकृत अधिक आभास देती है। प्रमुख जैन कवियों तथा काव्यों का संक्षिप्त विवेचन करके उनके स्वरूप को आसानी से समझा जा सकता है।

प्रबन्धात्मक काव्य—ऐतिहासिक एवं पौराणिक धार्मिक महापुरुषों की कथाओं के आधार पर चरित काव्यों तथा रासो काव्यों की रचना की गयी है। डॉ. देवेन्द्रकुमार जैन का कथन है कि, "कथा कहकर कुतूहल जगाना या मात्र मनोविनोद करना उनका लक्ष्य नहीं था। वे ऐसे कथा काव्य की रचना चाहते थे जिससे काव्य कला के विधान और उद्‌देश्य की पूर्ति के साथ नैतिकता और धार्मिक उद्‌देश्य भी प्रतिफलित हो जाये।"[1] इन कवियों का कथा कहने का ढंग अद्‌भुत है। एक कथा से दूसरी, दूसरी से तीसरी इस तरह अनेक कथाएँ फूटती चली जाती हैं। इनका विस्तार कथानायक के विविध जन्म-जन्मान्तरों में होने का कारण केवल मानव-जीवन का ही नहीं बल्कि पशु-पक्षी जगत् का भी सूक्ष्म चित्रण होता चलता है। जैन कवियों का रचना-संसार जितना अधिक व्यापक है उतनी व्यापकता अन्य कवियों में नहीं मिलती। जैन कवियों में सबसे महत्त्वपूर्ण रचनाकार स्वयंभू हैं।

स्वयंभू का रचनाकाल 800-900 ई. के बीच माना जाता है। पउमचरिउ तथा रिट्ठणेमिचरिउ इनकी दो रचनाएँ हैं। पउमचरिउ पाँच काण्डों (विद्याधर काण्ड, अयोध्याकाण्ड, सुन्दरकाण्ड, युद्धकाण्ड और उत्तरकाण्ड) और 90 सन्धियों में विभक्त 12000 श्लोकों की रामकथा सम्बन्धी अपभ्रंश रचना है। इसमें प्रचलित रामकथा को जैनधर्म के अनुसार परिवर्तित करके प्रस्तुत किया गया है। स्वयंभू ने इसमें शोक और शौर्य का हृदयग्राही चित्र अंकित किया है।

रिट्ठणेमिचरिउ (हरिवंश पुराण)—महाभारत की अनेक कथाओं की शंका के निवारणार्थ इसकी रचना हुई है। आरम्भ की तेरह सन्धियों में कृष्ण के जन्म, बाल-लीला, विवाह आदि का वर्णन है। यह कृति वर्णन प्रधान है।

पुष्पदन्त—महापुराण, णायकुमारचरिउ (नागकुमारचरित) और जसहरचरिउ (यशोधरचरित) के रचयिता महाकवि अन्तः साक्ष्य के अनुसार केशव भट्ट तथा मुग्धा देवी के पुत्र थे। इनका रचना-काल दसवीं शताब्दी माना जाता है। महापुराण में चौबीस तीर्थङ्कर, बारह चक्रवर्ती, नौ वासुदेव, नौ बलदेव तथा नौ प्रतिवासुदेवों की कथा वर्णित है। इसमें विविध प्रसंगों, प्राकृतिक दृश्यों तथा ग्रामीण जीवन का सजीव तथा आकर्षक चित्रण है। णायकुमारचरिउ में नायक के अनेक विवाहोपरान्त श्रुत पंचमी का फल श्रवण तथा व्रत का वर्णन है। जसहरचरिउ की रचना हिंसा के दुष्परिणामों को प्रदर्शित करने के लिए की गयी है।

पद्म कीर्ति ने बाईसवें तीर्थङ्कर पार्श्वनाथ के चरित्र को लेकर 'पासचरिउ' की रचना की।

धवल—(दसवीं शती) रिट्ठणेमिचरिउ नाम से इनका रचा एक विशालकाय ग्रन्थ उपलब्ध है।

1.अपभ्रंश भाषा और साहित्य, पृ. 85-86

धणवाल—(धनपाल) (दसवीं शती) भविष्यदत्तकहा इनका प्रसिद्ध कथा काव्य है। इसमें वस्तु वर्णन तथा भाव व्यंजना उत्कृष्ट है।

इनके अतिरिक्त हरिषेण कृत 'धम्मपरिक्खा' (धर्म परीक्षा), वीर कवि कृत 'जम्बूस्वामीचरित', कनकामर कृत 'करकण्डचरिउ', धाहिल कृत 'पउमसिरीचरिउ', श्रीचन्द कृत 'कथा कोश' आदि उल्लेखनीय हैं। इसमें 'जम्बूसामिचरिउ' सबसे अधिक काव्यात्मक रचना है। इसमें वीर और शृंगार रसों की बड़ी सुन्दर अभिव्यंजनाएँ हुई हैं।

जैन रासो साहित्य-भरतेश्वर बाहुबली रास को अपभ्रंश और पुरानी हिन्दी के बीच की कड़ी माना जाता है। डॉ. हरीश तथा गणपतिचन्द्र गुप्त आदि विद्वान् इसे हिन्दी साहित्य की प्रथम रचना मानते हैं। इसके रचयिता शालिभद्र सूरि का समय सं. 1241 के आस-पास है। यह वीररसपूर्ण रचना है किन्तु इसका पर्यवसान शान्तरस में हुआ है। इसमें जम्बूद्वीप के अयोध्या नगर के ऋषभ जिनेश्वर के पुत्र भरत और बाहुबली के युद्ध, भाई के व्यवहार से क्षुब्ध बाहुबली के दीक्षा ग्रहण, चक्रवर्ती भरत के द्वारा अपने भाई से अमर्यादित कृत्य के लिए क्षमा याचना का वर्णन है।

रास की संवाद-योचना अत्यधिक नाटकीय है। भाव व्यंजना उत्कृष्ट है और शब्दचयन ध्वन्यात्मक तथा आनुप्रासिक है। युद्ध-वर्णन का एक दृश्य दर्शनीय है—

जुडिं भिडइं भडहुइं खेदि खडखडइं खडाखडि
धाणीय धूणीय धोसवइं दंतूसलि दोत (तडा) डि
खुर तलि खोणि खणंति खेदि तेजीय तरवरिया
समइं धसइं धसमसइं सादि पयसइं पाषरिया॥

कवि आसगु रचित 'चन्दनबाला रास' 13वीं शताब्दी की एक कथात्मक रचना है। इसमें जैन श्राविका चन्दनबाला में ब्रह्मचर्य, सतीत्व, संयम और उत्कर्ष का चित्रण है। चन्दनबाला के चंचल यौवन, रूप-छवि और पीड़ा के मार्मिक चित्र एवं द्वन्द्व युद्ध में नगर की लूटपाट के दृश्य इस रचना को उत्कृष्ट काव्य की कोटि में प्रतिष्ठित कर देते हैं। भाषा का सहज एवं तरल प्रवाह देखिये—

पाये घाघरिया झमकारइ, गलइ रुलंतउ सोहइ हारउ
कन्ने वीड स सरलिया, तसु सिरि लंबउकेस कलाउ
धणवइ धीयस चन्दणह, दीखिय देह पणासइ पाउ

जिनधर्म सूरि या धर्म द्वारा लिखित स्थूलिभद्ररास नाम की तेरहवीं शताब्दी की एक रचना उपलब्ध है। कवि ने राजकीय षड्यन्त्रों और कर्मचारियों की पारस्परिक ईर्ष्या का विशद वर्णन किया है। कोशा नाम की वेश्या, स्थूलिभद्र तथा इनके एक गुरुभाई मुनि तीन पात्रों के चरित्र से स्थूलिभद्र के संयमित जीवन के आलोक को उजागर किया गया है। कोशा का उपदेश, मुनि की कामासक्तता, कोशा द्वारा की गयी मुनि की भर्त्सना, संयम का महत्त्व प्रतिपादन आदि चित्र बड़ी मार्मिकता से भावप्रवण तथा चित्रात्मक भाषा में सँजोये गये हैं।

विजयसेन सूरि कृत रेवन्तगिरिरास का रचनाकाल सं. 1288 माना जाता है। चार कडवकों में विभक्त यह एक ऐतिहासिक गीति प्रधान रास ग्रन्थ है जिसमें यात्रा संघ तथा मूर्ति स्थापना का वर्णन है। इसमें आद्यन्त कथानक सूत्र की प्रबन्धात्मक एकता नहीं है। इस कृति में प्रकृति चित्रण अत्यन्त सरस है। अनुप्रास, यमक, रूपक, उत्प्रेक्षा अलंकारों के प्रयोग में कवि सिद्धहस्त है। जैसे—

अंगुण अंजण आंबिलीय अंबाडय अंकुल्लु।
जाह कुंद विहसन्तो जं कुसुमिहि संकुलु।
दीसइ दस दिसि दिवसो किरि तारा मण्डलु॥

जैन मुक्तककारों में सर्वप्रथम **जोइन्दु** का नामोल्लेख किया जा सकता है। इनका रचनाकाल सातवीं शताब्दी का उत्तरार्द्ध और आठवीं शताब्दी के आरम्भ के बीच माना जाता है। 'परमात्मप्रकाश' और 'योगसार' इनकी दो रचनाएँ उपलब्ध हैं। परमात्मप्रकाश में आत्मा के तीन रूपों बहिरात्मा, अन्तरात्मा, परमात्मा का स्वरूप, जीव तथा देह का अन्तर, आत्मा-परमात्मा में अभेद, मोक्ष प्राप्ति में ज्ञान का महत्त्व, चित्त-शुद्धि, द्रव्य, पुद्गल, समाधि आदि का वर्णन किया गया है। परमात्मप्रकाश की तरह योगसार का भी विषय आध्यात्मिक है। प्रथम की रचना शिष्य को समझाने के लिए की गयी है जबकि द्वितीय की रचना आत्मप्रबोधनार्थ हुई है।

मुनि रामसिंह—जैन मुक्तककारों में मुनि रामसिंह का महत्त्वपूर्ण स्थान है। इनका रचनाकाल ग्यारहवीं शताब्दी माना जाता है। 'पाहुड दोहा' इनकी एकमात्र उपलब्ध रचना है। डॉ. हीरालाल जैन ने 'पाहुड दोहा' का अर्थ किया है दोहों का उपहार। रहस्यवादी कवि रामसिंह ने धार्मिक कट्टरता से अलग होकर अपनी अनुभूतियों को व्यक्त किया है। उन्होंने आत्मा को नित्य, वर्णहीन तथा ज्ञानमय माना है। यद्यपि आत्मा का वास शरीर में ही है किन्तु वह शरीर से पूर्णतया भिन्न है। आत्मस्वरूप के ज्ञान के लिए बाह्याचार व्यर्थ हैं किन्तु गुरु की कृपा आवश्यक है। पाहुड दोहा में यत्र-तत्र रूपकों तथा उपमाओं से काव्य-सौन्दर्य अनायास ही आ गया है।

देवसेन—'सावयधम्म दोहा' के रचयिता देवसेन का समय सं. 1000 ई. के लगभग है। यह एक आचारपरक काव्य है। इसमें कोई गूढ़ चिन्तन नहीं है। इसमें दर्शन, व्रत, सामयिक प्रोषधोपवास, सचित त्याग, ब्रह्मचर्य, आरम्भ त्याग, परिग्रह त्याग, उद्दिष्ट त्याग ग्यारह प्रकार के श्रावक धर्म का उपदेश दिया गया है।

सुप्रभाचार्य—वैराग्यसार में बार-बार सुप्पउ भणइ से इनके नाम का अनुमान लगाया जाता है। भाषा तथा भाव से ये दसवीं-ग्यारहवीं शती के कवि के प्रतीत होते हैं।

जिनदत्त सूरि—इनकी रचित चर्चरी, उपदेश रसायन रास, कालस्वरूप कुलक तीन रचनाएँ उपलब्ध हैं। चर्चरी की रचना जिन बल्लभ सूरि के स्तुत्यर्थ हुई है। उपदेश रसायन रास में सुगुरु, कुगुरु, सुपथ, कुपथ, लोकप्रवाह, चैत्यविधि तथा विविध धर्मों के उपदेश दिये गये हैं।

महयन्द मुनि—इनकी कृति दोहा पाहुड या दोहा बेल्लि का रचनाकाल 12-13वीं शती माना जाता है। इस कृति में धार्मिक सम्बद्धता तथा नीरसता अधिक है। इसका विषय रहस्यवादियों के समान है।

महाणन्ददेउ आणन्दा—इस कवि का नाम एवं रचनाकाल विवादास्पद है। आणन्दा नाम रचना तथा कवि दोनों के लिए अनुमानित किया जाता है। इस कृति की भाषा बारहवीं-तेरहवीं शती की प्रतीत होती है—

झाण सरोवऊ अमिय जलु, मुणिवरु करई सण्हाणु।
अट्ठकम्ममल धोवहि आणन्दा रे। णियडा पाहु णिव्वाणु॥

इसके अतिरिक्त लक्ष्मीचन्द कृत दोहाणुपेहा, महेश्वर सूरि कृत संयममंजरी उल्लेखनीय हैं।

जैनसाहित्य के विश्लेषण से स्पष्ट है कि आदिकालीन विविध काव्यरूपों को विकसित करने,

1.हिन्दी साहित्य का आलोचनात्मक इतिहास, पृ. 108

परम्परित काव्यपरम्पराओं को अक्षुण्ण रखने, लोकभाषा को अभिव्यक्ति के माध्यम के रूप में प्रतिष्ठित करने, पौराणिक तथा लोककथाओं को धर्मानुसार मोड़ने की दृष्टि से इसका अवदान श्लाघनीय है।

नाथ साहित्य—नाथ सम्प्रदाय का विकास सिद्धों की सहज साधना से माना जाता है। डॉ. रामकुमार वर्मा का मत है कि मन्त्रयान से वज्रयान, वज्रयान से सहजयान और सहजयान से नाथ सम्प्रदाय की विकासोन्मुख परम्परा समझनी चाहिए। आचार्य हजारीप्रसाद द्विवेदी नाथों का सम्बन्ध शैवों से जोड़ते हैं। डॉ. वर्मा भी आगे इसी बात को स्वीकार करते हैं—'गोरखनाथ धर्म की जिस शाखा-विशेष के प्रवर्तक माने जाते हैं वह शाखा दार्शनिकता की दृष्टि से पतञ्जलि के हठयोग से सम्बन्ध रखती है।[1] नाथों को सिद्धों का विकसित रूप समझने के भ्रम का प्रमुख कारण है मध्यकालीन धर्म-साधनाओं का एक-दूसरे पर प्रभाव। एक धर्म-साधना जब समाज में परिव्याप्त हो जाती थी तो उसकी अच्छाइयों का समाहार तथा बुराइयों का तिरस्कार करके नयी धर्म-साधना को प्रवर्तित किया जाता था। कभी-कभी तो किसी विख्यात पूर्वज धर्म प्रवर्तक को नये धर्म के आदिपुरुष के रूप में प्रचारित किया जाता था यही कारण है कि सिद्धों और नाथों के नामों की परम्परा घुली-मिली है। जिस प्रकार चौरासी सिद्ध प्रसिद्ध हैं उसी तरह नवनाथ। नवनाथों में आदिनाथ, मत्स्येन्द्रनाथ, गोरखनाथ, गाहिणीनाथ, चर्पटनाथ, चौरंगीनाथ, ज्वालेन्द्रनाथ, भर्तृनाथ, गोपीचन्दनाथ की गणना की जाती है। आगे चलकर नाथों की संख्या बढ़ गयी। ये लोग मेखला, सृंगी, सेली, गूदड़ी, खप्पर, कर्णमुद्रा, बघम्बर, झोला धारण करते थे। कान को चीरकर उनमें कुण्डल पहनने के कारण इन्हें कनफटा योगी भी कहते थे। नाथ सम्प्रदाय पर कौल पन्थ का प्रभाव भी स्पष्ट है। नाथपन्थियों के बारह पन्थ प्रसिद्ध हैं—सत्यनाथी, धर्मनाथी, रामनाथी, धजनाथी, लक्ष्मणनाथी, दरियानाथी, गंगानाथी, बैरागी, रावल या नामनाथी, जालन्धरिया, आई पन्थ, कपिलनाथी।

इस सम्प्रदाय के आदिनाथ शिव माने जाते हैं। कहा जाता है कि सागर के किनारे शिव पार्वती को योग का रहस्य बता रहे थे, मछली के गर्भ में स्थित मत्स्येन्द्रनाथ इस रहस्य को सुन रहे थे। कालान्तर में उन्होंने इसका प्रचार किया है।

मत्स्येन्द्रनाथ (मीननाथ या मछन्दरनाथ) गोरखनाथ के गुरु माने जाते हैं। इनका समय नवीं शताब्दी अनुमानित किया जाता है। इनके समकालीन जालन्धरनाथ को कुछ विद्वान् 'नाथ मत' के प्रवर्तन का श्रेय प्रदान करते हैं।

गोरखनाथ का आविर्भावकाल विक्रम की तेरहवीं शताब्दी का मध्यकाल निश्चित किया गया है। डॉ. बड़थ्वाल ने इनका समय सं. 1050 माना है। इन्होंने 'गोरखबानी' में संगृहीत सबदी, पद, सिष्यादरसन, प्राण संकली, नरवैबोध, आत्मबोध, अभै मात्रा जोग, पन्द्रह तिथि, सप्तवार, मचीन्द्र गोरख, रोमावली, ग्यान तिलक और पंचमात्रा आदि तेरह रचनाओं पर प्रामाणिकता की मुहर लगायी। शेष चौदह को अप्रामाणिकता की छाया से ग्रस्त देखा। गोरखनाथ ने शून्य को अलखनिरंजन के नाम से ईश्वर के पर्याय के रूप में प्रचारित किया। इन्होंने बाह्याडम्बरों का निषेध करते हुए चित्त-शुद्धि तथा निवृत्ति का उपदेश दिया। मन को योग के द्वारा अन्तर्मुखी करने के बाद ब्रह्म साक्षात्कार में सहायक माना। गोरख ने इन्द्रिय निग्रह पर विशेष बल दिया और अपने शिष्यों को नारी से दूर रहने के लिए कड़ा आदेश दिया। गोरख द्वारा मान्य हठयोग में आसन, प्राण-साधना, प्राणायाम, मन-साधना, षट्चक्र वेधन, कुण्डलिनी शक्ति जागरण, सुर व शब्द की अनुभूति एवं कैवल्य प्रमुख हैं।

गोरखनाथ की रचना का एक दृष्टान्त प्रस्तुत है—

1.सम्पादक, हजारीप्रसाद द्विवेदी, नाथसिद्धों की बानियाँ, पृ. 114

अजपा जपै सुंनि मन धरै, पांचौ इंद्री निग्रह करै।
ब्रह्म अगनि में होमें काया, तास महादेव बंदै काया॥
धन जोबन की करै न आस चित्त न राखै कामनि पास।
नाद बिंद जाकै घट जरै, ताकी सेवा पारवती करै॥

गोरखनाथ ने जिस हठयोग का उपदेश दिया है उसका अर्थ बलपूर्वक योग करना नहीं है। हठ का अर्थ है (सूर्य नाड़ी), (चन्द्र नाड़ी) दोनों नाड़ियों का योग करना ही हठयोग है। कबीर जिन्हें इड़ा और पिंगला कहते हैं।

चौरंगीनाथ—ये गोरखनाथ के गुरुभाई माने गये हैं। इनकी 'प्राण संकली' नामक रचना 'नाथसिद्धों की बानी' में प्रकाशित हुई है।

नागनाथ—ये बारहवीं शती में हुए। चुणकरनाथ को गोरख का समसामयिक माना जाता है। चर्पटीनाथ गोरख के शिष्य थे। ये रसेश्वर सम्प्रदाय के नाथ सम्प्रदाय में आये थे। काणेरी जालन्धर पाद के शिष्य थे। इनके नाम से एक उप पन्थ हैं। इनके कई पद 'नाथसिद्धों की बानी' से संगृहीत हैं।

मछिन्द्रनाथ के नाम से उपलब्ध एक कविता का उदाहरण देखिये—

पंषेरू उडि सी। आय लीयौ बीसराम॥
ज्यों-ज्यों नर स्वारथ करें कोइ न संवाच्यो काम॥ टेक
जल कुं चाहै माछली। घण कुं चाहै मोर॥
सेवक चाहै राम कूं। उसी च्यंवत चंद चकोर॥[1]

इस कविता की भाषा राजस्थानी प्रभाव से मुक्त है। इसका स्वरूप भी आदिकाल की भाषा से मेल नहीं खाता। अतः भाषिक साक्ष्य के आधार पर नाथों के रचनाकार का सही निर्णय नहीं किया जा सकता। जनश्रुतियाँ अतिशयोक्तिपूर्ण होने के कारण विश्वसनीय नहीं हैं। मोटे तौर से नाथों का समय सिद्धों और सन्तों के मध्य ग्यारहवीं से तेरहवीं सदी के अन्त तक माना जा सकता है। अन्य नाथ जिनकी रचनाएँ 'नाथसिद्धों की बानी' में संगृहीत हैं उनके नाम हैं—

जालन्धरी पाद, गोपीचन्द, भरथरी, अजयपाल, लक्ष्मणनाथ, हणवन्तजी, घोड़ाचौली, धूधलीमल, गरीबनाथ, दत्त जी (दत्तात्रेय) देवलनाथ, पृथ्वीनाथ, परवत सिद्ध। इनमें अन्तिम छह नाथ आदिकाल की सीमा में नहीं आते।

सामान्य विशेषताएँ—नाथ सम्प्रदाय सिद्धों की आचरणहीनता तथा पंचमकार सेवन की प्रतिक्रिया में विकसित हुआ। सिद्धों की कुछ विचारधारा को ग्रहण करते हुए भी नाथों ने शैव दर्शन तथा हठयोग की साधना को अपनाया। नाथ-सम्प्रदाय में सांसारिक बन्धनों से मुक्ति की प्रबल कामना है। मुक्ति तभी सम्भव है जब मन में दृढ़ इच्छा हो। गुरु-दीक्षा प्राप्त करने के लिए शिष्य को कठिन परीक्षाओं से गुजरना पड़ता है। सम्प्रदाय में दृढ़ अनुशासन एवं मर्यादा का पालन आवश्यक है। इसमें इन्द्रिय निग्रह पर बल देते हुए नारी से दूर रहने की सलाह दी गयी है। इसके पश्चात् प्राणायाम की आवश्यकता होती है। श्वास-प्रश्वास की गति का विच्छेद प्राणायाम है। यह रेचक, पूरक, कुम्भक आदि चार प्रकार का होता है। साधना के बाद मन साधना है। चित्त (या मन) स्वभाव से चंचल है वह सदैव सांसारिक वस्तुओं में रुचि लेता है। लेकिन हठयोग में सांसारिक रुचियों को भी हठपूर्वक रोका जाता

1. हिन्दी साहित्य, पृ. 38

है। इसके लिए शरीर में स्थित शक्तिरूपा कुण्डलिनी को उद्‌बुद्ध करके क्रमशः षट्‌चक्रों (मूलाधार, स्वाधिष्ठान, मणिपूरक, अनाहद, विशुद्ध, आज्ञा) का भेदन करते हुए तालुमूल से सिर तक ले जाया जाता है। वहाँ स्थित सहस्रार चक्र में जहाँ शिव का निवास है से मिला दिया जाता है। शक्ति से शिव का योग भी हठयोग है। सहस्रचार चक्र में अनाहद नाद का सुखद श्रवण होता है। इस प्रकार साधक असम्प्रज्ञात समाधि का अधिकारी होकर कैवल्य मोक्ष पाता है। यौगिक क्रियाओं के साथ ही सहज जीवन, ब्रह्मचर्य, वाणी संयम, दैहिक-मानसिक शुचिता, बाह्य आचरणों की निरर्थकता, मांस-मदिरा के परित्याग पर प्रकाश डाला गया है। हजारीप्रसाद द्विवेदी ने नाथ साहित्य की कमियों तथा खूबियों को विश्लेषित करते हुए लिखा है 'इस साहित्य की सबसे बड़ी कमजोरी इसका रूखापन और गृहस्थ के प्रति अनादर का भाव है। इसी ने इस साहित्य को नीरस, लोक विद्विष्ट और क्षयिष्णु बना दिया था। फिर भी यह दृढ़ कण्ठ स्वर उत्तरी भारत की धार्मिक वातावरण को शुद्ध और उदात्त बनाने में बड़ा सहायक हुआ। इस दृढ़-कण्ठ स्वर ने यहाँ की धार्मिक भावना में गलदश्रु भावुकता और ढुलमुलेपन को आने नहीं दिया। परवर्ती हिन्दी साहित्य में चरित्रगत दृढ़ता, आचरण शुद्धि और मानसिक पवित्रता का जो स्वर सुनायी पड़ता है उसका श्रेय इस साहित्य को ही है।'[1]

लौकिक काव्य या धर्मेतर काव्य—जिस प्रकार धार्मिक भावनाओं की अभिव्यक्ति के लिए अनेक काव्य-शैलियों का प्रयोग हुआ वैसे शुद्ध ऐहिक जीवन के अनुभवों, शृंगार, वीर तथा मनोरंजक भावों की व्यंजना के लिए रासो, फागु तथा मुक्तक छन्दों की रचनाएँ हुईं। प्रमुख रचनाओं की काव्यगत विशेषताओं का उद्‌घाटन किया जा रहा है—

पृथ्वीराज रासो—यह वीर और शृंगार रस का श्रेष्ठ महाकाव्य है। कवि चन्द कथानायक के शौर्य-कर्म तथा प्रेम-प्रसंगों का प्रत्यक्ष द्रष्टा माना जाता है। अतः उसकी अभिव्यक्ति में अधिक गहराई तथा सूक्ष्मता स्वाभाविक है। रासो में वस्तु-वर्णन का अत्यधिक विस्तार है। व्यूह, नगर, पनघट, विवाह, स्त्री-भेद, षट्‌ऋतु, बारहमासा, नख-शिख और शृंगार आदि के वर्णनों में कवि इतना रम जाता है कि कथा ठहर जाती है। मुख्य कथा से भिन्न अवान्तर वर्णनों के कारण कथा अवरुद्ध हो जाती है। अनेक पौराणिक कथाओं का वर्णन, पृथ्वीराज के प्रश्नों का उत्तर इसी तरह के अवरोधक अंश हैं।

पृथ्वीराज रासो में आशा और साहस को मस्त उमंगों से युक्त वीरों का उत्साह, युद्ध-कामना, मृत्यु को भी वरण करने का अदम्य उल्लास आदि के चित्र कायरों में भी वीरता का भाव भर देते हैं। सेना की सजावट तथा उत्साह का एक दृश्य देखिये—

हयग्गयं सजे भरं, निसान बज्जि दूभरं।
न फेरि बीर बज्जई, मृदंग झल्लरी गई॥
सुनंत ईस रज्जई, तनीस राग सज्जई।
सुभेरि भुंकयं घनं, श्रवन, फुट्टि झंझने॥
उषाह मध्य ते चलं, सगुण बंदि जे भलं।
ससूर सूर यं कलं, दिनं सु अष्टमी चलं॥

वीररसप्रधान काव्य होने के कारण रौद्ररस का अन्वेषण कठिन नहीं है। सुलतान गोरी ने पृथ्वीराज के पास अरब खाँ द्वारा सन्देश भेजा कि अपने शरणार्थी, हुसेन खाँ को निकाल दो। इसकी प्रतिक्रिया में पृथ्वीराज क्रोध के आवेश में आ गया—

1.विपिन बिहारी त्रिवेदी—चन्दबरदायी, पृ. 286

संभलिय वत्त प्रथिराज मंत, भ्रिकुटी करूर द्रिग रत्त जंत।
आरत्त मुक्ख श्रोन कुंद, कल मलिय कोप राजंत जिंद।

भूत, प्रेत, वैताल, योगिनी आदि के आमोद तथा कृत्यों का वर्णन भयानक रस को भी व्यंजित करता है। किसी रूपवती कन्या को प्राप्त करने के लिए उसके पक्षवालों का भयानक युद्ध करना, युद्ध में विजयी होकर कन्या का पाणिग्रहण करना, प्रथम मिलन आदि के चित्रों में शृंगार रस की अभिव्यंजना मिलती है। काम-क्रीड़ा तथा सहवास के चित्रण में कहीं-कहीं अश्लीलता का दोष आ गया है। नायिकाओं का सौन्दर्य चित्रण, रति क्रीड़ा तथा वियोग का भी सुन्दर अंकन किया गया है। सौन्दर्य चित्रण में नख-शिख परम्परा को ग्रहण किया गया है। परम्परित उपमानों के आधार पर एक ही छन्द में नायिका का नख-शिख वर्णन दर्शनीय है-

चंद वदन कमल, भौंह जनु भ्रवर गंधरत।
कीर नास बिंबोष्ठ, दशन दामिनी, दमक्कत॥
नुज मुनाल कुच कोक, सिंह लंकी गति वारुन।
कनक कंति दुति देह, अंच कदली दल आरुन॥

वयः सन्धि, सद्यः स्नाता नायिका की रूप छवि, प्रथम समागम भीता नायिका का प्रकम्पन, प्रिय के प्रत्यक्ष दर्शन से उत्पन्न नायिका की द्वन्द्वात्मक मनः स्थिति के चित्रण हृदय द्रावक तथा मनमोहक है। संयोग की तरह वियोग के चित्रण में भी कवि को उल्लेखनीय सफलता प्राप्त हुई है-

देषंत नेंन सुझ्झै न दिसि, परिय भूमि संचार।
संजोगी जोगिन भई, जब वज्जिग परिवार॥

विभिन्न ऋतुओं में पृथ्वीराज तथा उसकी रानियों के संयोग तथा वियोग की स्थिति में प्रकृति सौन्दर्य से नायिकाओं की विरक्ति के कई चित्र मिलते हैं।

रासो में अलंकारों के प्रयोग के प्रति विशेष सजगता दिखायी पड़ती है। सादृश्यमूलक अंलकारों का प्रयोग करते समय कवि मौलिक उपमानों की भी सृष्टि करता है। जैसे-

उपमा सु कपोलन की चिलकै, जु मनो ससि ह्वै रवि में छलकै।

इन उपमनों से कहीं-कहीं अर्थ-क्लिष्टता आती है तो कहीं-कहीं अर्थ सुलभता के कारण प्रसंग ग्राह्य और रोचक हो गया है। घोड़े उलटे पैर रखते हुए ऐसे लगते हैं मानो वैशिक नायक को देखकर कुलटा चल रही हो। बलवान् घोड़ों के मुँह पर झालरों का घूँघट पड़ा हुआ है। ऐसा प्रतीत होता है मानो घूघँट काढ़े हुए कुल बधुएँ चल रही हों-

पय मंडिहि अंगु धरै उलटा, मनौ विटय देषि चलै कुलटा।
मुष कढ्ढिन घूँघट अस्सु बली, मनो घूँघट दै कुल-बद्धु चली॥

रासो में रूपकों की बाढ़ है, उत्प्रेक्षाओं की भरमार है। संयोगिता को पृथ्वीराज ने नेहरूपी जल में काम की कगार तथा हाव-भाव रूपी भँवर के रूप में देखा। उसके शब्दों का झोंका लहरों का आन्दोलन कर रहा था, कुच रूपी चक्रवाक द्रुम और सिवाल रूपी दुखों का हरण कर रहे थे-

देषि तत्त्व संजोगि, नेह जल काम करारे।
हाय भाय विभ्रम कटाच्छ, दुज बहु भंति निनारे॥
रचि तरंग झंकोर, वयन अंदोल कसय सब।
हरन दुष्ष द्रुम रूप सिवाल, कुच चक्रवाक सोदि सब॥

रासो में अतिशयोक्ति, भ्रान्तिमान्, सन्देह, दीपक, यमक, अनुप्रास, दृष्टान्त, अर्थान्तरन्यास आदि अनेक अलंकारों का प्रयोग हुआ है।

रासो विविध छन्दों से निर्मित काव्य है। इसमें कुल 72 प्रकार के छन्द हैं; 'अधिकांश छन्द प्राकृत-अपभ्रंश युग के हैं।...इससे यह भी निर्विवाद रूप से सिद्ध हो जाता है कि इसके मूल रूप का प्रणयन 12वीं शताब्दी में ही हुआ होगा जबकि इन छन्दों का बोलबाला था।

'पुरातन प्रबन्ध संग्रह' में आये रासो के छन्दों की भाषा के आधार पर कहा जा सकता है कि रासो की भाषा ग्राम्य अपभ्रंश या तत्कालीन लोकभाषा है।

खुमाण रासो—यह वीर और श्रृंगाररसयुक्त पाँच हजार छन्दों में निबद्ध एक विशालकाय ग्रन्थ है। युद्ध, विवाह तथा राजा की स्तुति इसका प्रमुख विषय है। मनोहर प्रकृति चित्रण तथा रमणीय वस्तु वर्णन इस काव्य की प्रमुख विशेषताएँ हैं। इसमें दोहा, सवैया तथा कवित्त जैसे प्रमुख छन्दों का प्रयोग हुआ है। लिपिकारों के कारण इसका आदिकालीन रूप सुरक्षित नहीं है। पिय के आगमन की प्रतीक्षा करती हुई नायिका की मनःस्थिति का चित्र देखिये—

पिउ चितोड़ न आविउ, सावण पहिली तीज।
जोवै बाट विरहिणी, खिण खिण अणवै खीज॥
संदेसो पिण साहिबा, पाछो फिरिय न देह।
पंछी घाल्या पिज्जरे, छूटण रो सन्देह॥

बीसलदेव रासो—वियोग श्रृंगार का गीतिपरक काव्य बीसलदेव रास नरपति नाल्ह की उत्कृष्ट रचना है। इसमें क्षीण कथा तन्तु में भोज परमार की पुत्री एवं बीसलदेव तृतीय की प्रेयसी राजमती के विरह भावों को निबद्ध किया गया है। यह रचना चार खण्डों में विभक्त है। प्रथम खण्ड में बीसलदेव तथा राजमती के विवाह का वर्णन है। द्वितीय खण्ड में राजमती के व्यंग्य पर राजा रुष्ट होकर उड़ीसा चला गया। तृतीय खण्ड में नागमती का विरह वर्णन है तथा बारह वर्ष के उपरान्त राजा के प्रत्यावर्तन का उल्लेख किया गया है। चतुर्थ खण्ड में राजमती के पितृ गृह जाने तथा पति वापस लाने का चित्रण है।

बीसलदेव रासो में वैवाहिक उत्सव से सम्बद्ध अनेक रस्मों तथा विधि-विधानों, शकुन, संस्कार, पुनर्जन्म आदि सहज लोक आस्थाओं का बड़ा सुन्दर अंकन है। राजमती के चरित्र में एक क्षत्राणी का आत्म गौरव, एक भारतीय नारी की पतिपरायणता, एक शोषित एवं प्रताड़ित नारी की खीझ एवं आक्रोश का संगम हुआ है। उसके चरित्र का यह वैविध्य, उसकी तीव्र मुखरता अत्यधिक आकर्षक है। जहाँ एक स्थल पर वह अपने पति के झूठे अभिमान पर व्यंग्य करती है तो दूसरे स्थल पर प्रवास के लिए तैयार प्रियतम को आँचल में न बाँध पाने की विवशता अनुभव करती है। वह स्त्री जन्म को कोसती है। वनखण्ड की काली कोयल बनकर चम्पा की डाल पर उन्मुक्त विचरण को बेहतर समझती है। सामन्ती व्यवस्था एवं रूढ़ियों से जकड़ी, सच बात कहने के अपराध में परित्यक्त नारी के आक्रोश को स्वर देनेवाली कविता निश्चित ही नरपति नाल्ह को श्रेष्ठ कवि के दर्जे में पहुँचा देती है—

त्री जनम कांइ दीयौ हो महेस।
अवर जनम थारे घड़ा हो नरेस॥
रानह न सिरजी हरिणली।
सूरह न सिरजी धीणु गाई॥
वन षंड काली कोईली।
बइसती अंब कइ चंप की डालि॥
भखती दाख बीजोरडी।

राजमती की विरह-वेदना तथा विरह-दशा के चित्रों को बारहमासा की पृष्ठभूमि में उरेहा गया है।

बीसलदेव रासो की भाषा परवर्ती राजस्थानी प्रतीत होती है। अपभ्रंश के कारक, क्रिया और संज्ञाओं की भी छाया मिलती है। महल, इनाम, चाबुक आदि विदेशी शब्द भी प्रयुक्त मिलते हैं।

परमाल रासो—इसमें आल्हा और ऊदल दो वीरों के विवाहों तथा युद्धों का चित्रण मिलता है। यह वीररसप्रधान काव्य है। लोकगायकों की मौखिक परम्परा के कारण इसका रूप सुरक्षित नहीं रह सका। वर्णनों में प्रायः अतिशयोक्ति का सहारा लिया गया है। इसकी भाषा का वर्तमान स्वरूप इसकी आदिकालीनता को सन्दिग्ध बनाता है। जैसे—

बारह बरस लौं कूकर जीवैं, अरु तेरह लौ जियें सियार।
बरस अठारह क्षत्रिय जीवैं, आगे जीवन को धिक्कार॥

बसन्त विलास फागु—इसके रचनाकार के रूप में अनेक नाम कल्पित किये गये हैं जिनमें रत्नागर नतर्षि, गुणवन्त, मुंज उल्लेखनीय है। इतना निश्चित है कि इसका रचयिता कोई उज्जैन का कवि है और संस्कृत का पण्डित है। इस कृति में शृंगार के विविध प्रसंगों का मनोहरी अंकन है। काम के वेधक अस्त्रों की चोट एवं विरहिणी की काम दशा, संयोग के अवसर पर नायिका की सौन्दर्य कान्ति, भव्य प्रसाधन के स्थल अत्यन्त चित्ताकर्षक हैं। इसकी भाषा तेरहवीं शताब्दी के आस-पास की है। उदाहरणार्थ—

कुमुम तणुं करि धणुंहरे गुणह भमरला माल।
लख लाघवि नवि चूकइ मूंकइ शर सुकुमाल॥
मयण जीवयणु, निरोपइ, लोयइ कोइ न आण॥
मानिनी जन मन हाकइ ताकइ किशल कृपाण॥

विरह देसाउरी फागु—गोविन्द रजनीश ने इसे मध्यकालीन काव्य कृति के रूप में विवेचित किया है। शृंगारप्रधान यह काव्य अपनी भाषा की प्रकृति के कारण आदिकाल का प्रतीत होता है। इसमें विदेश जाते हुए पति को वर्जित करती नायिका की वेदना कितनी प्रभावोत्पादक एवं मार्मिक है—

इण सतु कोई नीसरइं, मूरख तूं भरतार,
राउ पूहतु रितु तणइ, यौवन पहिल उभार।
वाउलउ अति मनोहर वायउ, चंदलउ रयणि ऊपरि वायु
कंत कायर मत जाइसि घर छांड़ी, तइ जीवतइं हउतइ हूँजि रांडी॥

इसमें विरह के महासागर में मग्न नायिका की स्वप्नदशा तथा वेदना का मार्मिक चित्र अंकित किया गया है। इस काव्य की परिणति संयोग शृंगार में होती है।

सन्देश रासक—सन्देश रासक का वास्तविक नाम 'संनेह रासय' है। इस काव्य में एक नायिका पथिक से अपने प्रिय को सन्देश भेजती है। इसलिए 'संनेह रासय' का रूपान्तरण 'सन्देश रासक' कर दिया गया, किन्तु ध्वनि परिवर्तन की दृष्टि से यह उचित नहीं है। इस कृति में 'संदेस सवित्थरउ' आदि अनेक प्रयोगों में 'संदेस' शब्द का प्रयोग हुआ है। अतः सन्देश के लिए 'संनेह' प्रयोग का औचित्य नहीं है। संनेह का अर्थ है स्नेह (प्रेम) अतः इसका सही नाम स्नेह रासक होना चाहिए। अब्दुल रहमान इसके रचयिता हैं। कवि का वास्तविक नाम अद्दहमाण (अदहन की तरह जिसका मान खौल रहा है) अर्थात् जो तेजस्वी कवि है। अद्दहमाण म्लेच्छ देश (पाकिस्तान के पास) के मीरसेन जुलाहा का पुत्र है। इसका रचना-काल 12-13वीं शताब्दी के मध्य माना जा सकता है। यदि अवहट्ठ को पुरानी हिन्दी माना जाये तो यह हिन्दी का पहला मुस्लिम कवि है। 'संनेह रासय' यद्यपि पूर्णतया लौकिक काव्य है किन्तु इसमें सूफी प्रेमाख्यानक काव्य की हल्की झलक अवश्य मिलती है। कवि ने आरम्भ में 'कर्तार' की वन्दना की है, आगे चलकर जायसी आदि में वन्दना की वही परिपाटी मिलती है। काव्य में जिस नायिका का सौन्दर्य चित्रण है वह पार्वती से भी अतिविशिष्ट ब्रह्मा की द्वितीय सृष्टि है। अद्दहमाण को भारतीय काव्य-परम्परा तथा काव्य-रूढ़ियों का सम्यक् ज्ञान है। उसने अपने काव्य-लेखन के औचित्य को बड़े विस्तार से तथा अनेक तर्कों के द्वारा सिद्ध किया है। वह अपने काव्य का वास्तविक श्रोता उन्हें मानता है जो न विद्वान् हैं और न मूर्ख हैं बल्कि मध्यम कोटि के हैं। स्नेह या संनेह का हल्का संकेत इस छन्द में भी है।

अइणेहिण भासिउ रइमइवासिउ
सवण सकुलियह अमियसरो॥
लइ लिहइ वियक्खणु अत्थह लक्खणु
सुरइसंगि जु विअड्ढ नरो॥

यह काव्य क्षीण प्रबन्ध धर्मा प्रेम काव्य है। इसमें तीन प्रक्रम हैं। पहले प्रक्रम में कवि ने अपना परिचय दिया है तथा अनेक दृष्टान्तों के द्वारा अपनी प्रतिभा के हिसाब से काव्य-रचना में प्रवृत्त होने का औचित्य दिखाया है। दूसरे प्रक्रम में विजयनगर की श्रेष्ठ रमणी द्वारा अपने प्रियतम को सन्देश देने का वर्णन है तीसरे प्रकरण में षड् ऋतुओं के परिप्रेक्ष्य में विरह वर्णन किया गया है। इसकी भाषा अवहट्ठ है।

ढोला-मारू-रा दूहा—यह ग्यारहवीं शताब्दी की रचना मानी जाती है। कई विद्वान् इसके वर्तमान स्वरूप के आधार पर इसे सत्रहवीं शताब्दी की रचना सिद्ध करते हैं। दोहों में रचित इस काव्य में सत्रहवीं शताब्दी में कुशलराय वाचक ने कुछ चौपाइयों को जोड़कर विस्तार कर दिया। इसमें कछवाहा वंशीय राजा नल के पुत्र ढोला और पूगल के राजा पिंगल की कन्या मारवणी के विवाह, विरह और मिलन का चित्रण है। पूगल में अकाल पड़ने के कारण पिंगल नल के राज्य में चले आये जहाँ पिंगल की रानी तीन वर्षीय ढोला के सौन्दर्य पर मुग्ध होकर उसके साथ अपनी डेढ़ वर्षीय कन्या का विवाह कर दिया। यौवन प्राप्त होने पर ढोला का विवाह मालवा की राजकुमारी मालवणी से हो गया। मालवणी विरह से पीड़ित रहने लगी। उसने ढाढ़ी के द्वारा अपना सन्देश भेजा। अनेक बाधाओं के बाद दोनों का मिलन हुआ।

इस प्रेम काव्य में स्वप्न दर्शन, सन्देश, प्रेममार्ग की अनेक देवी बाधाएँ, ऋतुवर्णन, पक्षियों के विरह निवेदन आदि काव्य-रूढ़ियों का इस्तेमाल करके नारी की कोमलता, पीड़ा, अनुताप, भय, उन्माद,

नैराश्य, चिन्ता, उद्वेग आदि दशाओं के मार्मिक और संवदेनपूर्ण चित्र अंकित किये गये हैं। ढाढ़ी द्वारा मारवणी के सन्देश के खिन्न नायक के हृदय की बात जानकर सर्प दन्शित-सी मानवणी धराशायी हो जाती है—

मालवणी कउ तन तप्पउ, बिरह पसरिउ अंगि।
ऊभी थी खड़हड़ पड़ी, जाणे डसी भुजंगि॥

हेमचन्द्र रचित प्राकृतानुशासन तथा छन्दोनुशासन—इन दोनों व्याकरण ग्रन्थों में अपभ्रंश के कई दोहे उद्धृत किये गये हैं। इनमें शृंगार, नीति, सुभाषित, भक्ति तथा वीरता से सम्बद्ध विविध प्रसंगों को लेकर नायिकाओं का सौन्दर्य चित्रण, परकीया विलास, नायक और नायिका के बीच सखी और दूती की भूमिका, संकेत-स्थल, प्रिय-दर्शन से उत्पन्न सुख की अनुपम अनुभूति, मान-प्रसंग, सम्भोग, प्रवास आदि के मार्मिक चित्र अंकित किये गये हैं।

आदिकाल की खड़ीबोली कविता

अमीर खुसरो और उनका साहित्य—अमीर खुसरो खड़ीबोली के प्रथम प्रयोक्ता कवि माने जाते हैं। इनका जन्म सन् 1254 ई. में उत्तर प्रदेश के एटा जिले के पटियाली नामक गाँव में हुआ था। लाचन जाति के तुर्क वंशी सेफुद्दीन इनके पिता थे। बलबन के युद्धमन्त्री इमादुल्लु मुल्क की लड़की इनकी माँ थी। सात वर्ष की अल्पायु में ही पिता की मृत्यु हो गयी। बच्चे के पालन-पोषण का दायित्व माँ को अकेले ही सम्हालना पड़ा। अमीर खुसरो के बचपन का नाम अबुल हसन था। निजामुद्दीन औलिया से उन्होंने धार्मिक दीक्षा ली थी। इनमें आरम्भ से ही काव्य-प्रतिभा थी। यही कारण है कि 20 वर्ष की छोटी-सी अवस्था में ही इन्हें कविता के क्षेत्र में ख्याति मिल गयी थी। ये विद्वान् तथा संगीतज्ञ भी थे। अपनी 71 वर्ष की आयु में इन्होंने अनेक बादशाहों का उत्थान-पतन देखा था। इनकी मृत्यु 1325 ई. में हुई।

अमीर खुसरो हिन्दी के ही नहीं, फारसी के भी महान् कवि थे। इन्होंने अपनी ऐतिहासिक तथा रोमाण्टिक मसनवियों में अपने व्यापक अनुभवों तथा भावों को अंकित किया है। इनकी फारसी कविताओं में भारतीय संस्कृति के विविध पक्षों के प्रति गहरा लगाव व्यक्त हुआ है। ये हिन्दी भाषा के बड़े प्रशंसक थे और अपने हिन्दी ज्ञान के प्रति गौरवान्वित भी थे। हिन्दी साहित्य में खुसरो की प्रसिद्धि उनकी हिन्दवी (खड़ीबोली) रचनाओं के कारण है। ब्रजरत्नदास ने इनकी कविताओं का संग्रह, 'खुसरो की हिन्दी कविता' शीर्षक से प्रकाशित करवाया है। अमीर खुसरो की हिन्दी रचनाएँ 'जवाहरे खुसरवी' नाम से भी प्रकाशित हुई हैं।

अमीर खुसरो की रचनात्मक प्रेरणा लोकजीवन में निहित है। इसीलिए यदि इनको जनकवि कहा जाय तो अनुचित नहीं होगा। इन्होंने लोककाव्य रूपों को विशेष महत्त्व दिया। इनकी पहेलियाँ तथा 'दो सखुने' तथा गजलों में लोक-भावना की ठेठ अभिव्यक्ति देखी जा सकती है। खुसरो की कविता मौखिक परम्परा के कारण अपने मूल भाषिक रूप से बहुत-कुछ आगे बढ़ गयी है। इनकी पहेली, तथा मुकरी का एक-एक उदाहरण देखिये—

बारे पर वह सबको भाया।
बड़ा हुआ कुछ काम न आया।

खुसरो कह दिया उसका नाम।
अर्थ करो नहि छोड़ो ग्राम॥ (पहेली)

सारी रात मोहि सँग जागा।
भोर भयो तब बिछुड़न लागा।
वाके बिछुड़न फाटत हिया।
क्यों सखि साजन ना सखि दिया॥ (मुकुरी)

डॉ. मोहन अवस्थी का मानना है कि 'खुसरो की रचनाएँ मौखिक परम्परा की होने के कारण प्रामाणिक नहीं कही जा सकतीं। प्रामाणिक रूप में एक तो उनकी गजल है और एक दोहा। ये क्यों प्रामाणिक हैं, इस पर उन्होंने कोई टिप्पणी नहीं की है। उन्होंने जिस दोहे को अपने इतिहास में उद्धृत किया है उसकी भाषा भी परवर्ती की प्रतीत होती है।

दोहा इस प्रकार है—

गोरी सोई सेज पर मुख पर डारे केस।
चल खुसरो घर आपने रैन भई चहुँदेस॥

गजल का उद्धरण है—

ज़ हाले मिस्की तगाफुल दराए नैना, बनाए बतियाँ।
किताबे हिजराँ न दारम ए जाँ न लेहु काहे लगाय-छतियाँ॥
शबाने हिजराँ दराज चूँ जुल्फ बरोजे वस्लत चूँ उम्र कोता।
सखी पिया को जो मैं न देखूँ तो काटूँ कैसे अँधेरी रतियाँ॥

ख्वाजा बन्दानेवाज गेसूदराज—1346 ई. में गेसूदराज सैयद शाह राजू खत्ताल के यहाँ इनका जन्म हुआ था। इनके पिता दिल्ली निवासी एक सन्त थे। हजरत बुरहानुद्दीन गरीब के साथ इनके पिता दौलताबाद चले गये थे। वहीं पर गेसूदराज की शिक्षा-दीक्षा हुई। पन्द्रह वर्ष की अवस्था में पिता का देहान्त हो जाने के बाद ये माता के साथ दिल्ली लौट आये। यहाँ उन्होंने सूफी फकीर ख्वाजा नसीरुद्दीन की शिष्यता ग्रहण की और उनकी मृत्यु के बाद गद्दी पर विराजित हुए। 105 वर्ष की लम्बी उम्र के बाद इनकी मृत्यु 1423 ई. हुई। हिन्दू और मुसलमान दोनों इनका आदर करते थे।

ख्वाजा बंदानेवाज की अधिकांश रचनाएँ अरबी-फारसी में हैं। 'दक्खिनी हिन्दी' में इनकी तीन रचनाएँ प्राप्त हैं—(1) मिराजुल आशकीन, (2) हिदायतनामा, (3) रिसाला सैहवारा या बारहमासा। राहुल सांकृत्यायन ने 'दक्खिनी हिन्दी काव्यधारा' में इनके द्वारा रचे गये कुछ गद्य और पद्य के नमूने प्रस्तुत किये हैं। इनकी कविता का एक उदाहरण देखिये जिसमें सूफी प्रेम का मार्मिक चित्रण तो है ही खड़ीबोली के आदिकालीन स्वरूप की भी झलक है—

मैं आसिक उस पीव का जिसने मुझे जीव दिया है।
ओ पीव मेरे जीव का जो बुर्का लिया है॥
ऐसी मीठी मासूक कूँ कोई क्यों न देखने पावे।
जिनने देखे उसे उसी कूँ और न कोई भावै॥

आदिकालीन सन्तकाव्य

पूर्व मध्यकाल में विकसित होनेवाले सन्तकाव्य का आरम्भ आदिकाल में ही हो गया था। यद्यपि भक्ति आन्दोलन अभी महाराष्ट्र में अधिक केन्द्रित था किन्तु उसकी लहर हिन्दी प्रदेश में आने लगी थी। महाराष्ट्र के कुछ सन्तों ने हिन्दी में रचनाएँ ही नहीं कीं बल्कि हिन्दी प्रदेश में आकर विधिवत् भक्ति का प्रचार भी किया। आदिकाल की सीमा में आनेवाले प्रमुख सन्त एवं भक्त कवि नामदेव, जयदेव, त्रिलोचन, सदना तथा रामानन्द हैं।

सन्त नामदेव—महाराष्ट्र में इस नाम के छह सन्त हुए हैं। इनमें सर्वप्रथम स्थान रखनेवाले नामदेव का जन्म संवत् 1327 ई. में हुआ था और मृत्यु सं. 1407 ई. में हुई थी। इनके पिता दमशेती दर्जी सतारा जिले के दरसी बमनी के रहनेवाले थे। भक्तमाल में इन्हें छीपी जाति से सम्बन्धित किया गया है। डॉ. भगीरथ मिश्र द्वारा सम्पादित 'सन्त नामदेव की हिन्दी पदावली' प्रकाशित हुई है जिसमें 230 पद और 13 साखियाँ हैं। नामदेव की भाषा में पर्यटन के कारण प्रादेशिक भाषाओं की शब्दावली का समावेश हो गया है। इनकी रचना का नमूना द्रष्टव्य है—

हिन्दू पूजै देहुरा, मुस्सलमाण मसीत।
नामे सोई सेबिया, जहँ देहुरा न मसीत॥

कुछ विद्वानों ने इन्हें सन्तकाव्य के प्रवर्तन का श्रेय दिया है।

सन्त जयदेव—कुछ विद्वान् गीत गोविन्दकार जयदेव को सन्त जयदेव से अभिन्न मानते हैं। डॉ. शिवप्रसाद सिंह का विचार है कि 'प्राकृत पैंगलम् से कृष्ण लीला सम्बन्धी पद, गीत-गोविन्द से उनका पूर्ण साम्य, 'गुरु ग्रन्थ साहब' के जयदेव भणिता से युक्त दो पद तथा उनकी भाषा से प्राकृत पैंगलम् की भाषा का इतना सादृश्य इस बात के अनुमान के लिए कम आधार नहीं है कि संस्कृत के प्रसिद्ध गीतकार जयदेव ने कुछ कविताएँ प्रारम्भिक ब्रजभाषा अथवा पिंगल अपभ्रंश में लिखी थीं।' कुछ अन्य विद्वानों के अनुसार ये गीत गोविन्दकार जयदेव से भिन्न थे। जयदेव का एक पद इस प्रकार है—

चंद सद भेदिया नाद सत पूरिया सूरमत षोड सादतु कीया।
अवलु वलु तोडिया अचल चल थप्पिया अघटु घडिया तहाँ अपिउ पीया॥

जयदेव का रचनाकाल तेरहवीं शताब्दी माना जाता है।

त्रिलोचन—ये नामदेव के समकालीन माने जाते हैं। इनका जन्म 1324 ई. में पण्ढरपुर में वैश्य कुल में हुआ था। इनके द्वारा लिखित चार पद 'गुरुग्रन्थ साहब' में संगृहीत हैं।

सदना—ये कसाई जाति के थे। पीताम्बरदत्त बड़थ्वाल इन्हें खटिक मानते हैं। इनकी अत्यल्प रचनाएँ मिलती हैं, किन्तु उनसे उनकी रचना की प्रौढ़ता तथा गहरी भक्ति-भावना का अनुमान आसानी से लगाया जा सकता है जैसे—

एक बूँद जल कारनै चातक दुःख पावै।
प्रान गये सागर मिलै फुनि काम न आवै।
प्रान जु थाके थिर नहीं कैसे बिरमानी।
बूड़ि मुए नौका मिलै कहु काहि चढ़ावै॥

बेनी—ये नामदेव के समकालीन थे। पीताम्बरदत्त बड़थ्वाल इन्हें खटिक मानते हैं बाह्याडम्बरों का विरोध करते हुए इन्होंने राम के नाम जप पर बल दिया है।

रामानन्द—इनका जन्म 1398 ई. और मृत्यु 1448 ई. में हुई थी। इनका विस्तृत परिचय मध्यकाल में दिया गया है।

सूफी प्रेमाख्यानक काव्य

सूफी प्रेमाख्यानक काव्य की परम्परा आदिकाल से ही आरम्भ हो जाती है। इस परम्परा के प्रवर्त्तक कवि मुल्ला दाऊद ने 'चन्दायन' की रचना 1379 में की थी। 'मुल्ला दाऊद' का परिचय सूफी काव्य परम्परा के सन्दर्भ में मध्यकाल में दिया गया है।

विद्यापति और उनका काव्य—विद्यापति का जन्म बिहार प्रान्त में दरभंगा जिले के विसपी नामक गाँव में हुआ था। डॉ. उमेश मिश्र के अनुसार इनका जन्मकाल 1360 ई. और डॉ. सुभद्र झा के अनुसार 1352 ई. है। मृत्यु तिथि 1488 ई. मानी जाती है। विद्यापति को तिरहुत के राजदरबार में गौरवपूर्ण राजाश्रय प्राप्त था। इन्होंने संस्कृत भाषा में शैव सर्वस्वसार, गंगावाक्यावली आदि ग्रन्थों की रचना की। कीर्तिलता और कीर्तिपताका नाम से अवहट्ठ भाषा में दो रचनाओं को प्रस्तुत किया। भावात्मक गीतिपरक 'पदावली' की रचना मैथिली हिन्दी में की।

कीर्तिलता—इस कृति में **'कीर्तिसिंह'** के यश तथा उदारता का चित्रण किया गया है। इस कृति का आरम्भ भृंग-भृंगी संवाद से होता है। भृंगी के प्रश्न के उत्तर में सारी कथा अंकित की गयी है। इस रचना को चार पल्लवों मे विभक्त किया गया है। प्रथम पल्लव में मुख्यतः कीर्तिसिंह के वंश और पराक्रम का परिचय दिया गया है। द्वितीय पल्लव में राजा गणेश्वर को युद्ध में परास्त असलान नामक बादशाह कपट से वध कर देता है। राजा कीर्तिसिंह असलान से बदला लेने के लिए अनेक कष्टों को झेलते हुए जौनपुर पहुँचते हैं। तृतीय पल्लव में वे जौनपुर के इब्राहीम शाह को अपने पिता के वध के विषय में बताते हैं। बादशाह इस घटना को सुनकर क्रोधित होता है और असलान के विरुद्ध सेना को प्रस्थान का आदेश देता है। चतुर्थ पल्लव में असलान और कीर्तिसिंह के युद्ध का चित्रण है। कीर्तिसिंह भागते असलान को छोड़ देता है और युद्ध में विजयश्री प्राप्त करता है।

इस काव्य में तत्कालीन वातावरण और जनजीवन का जीवन्त चित्रण है। नगर, बाजार, सेना-प्रयाण आदि का वर्णन अत्यन्त प्रभावशाली है। तुर्कों की दशा का चित्र द्रष्टव्य है—

अबे बे भणन्ता सराबा पिअन्ता
कलीमा कहन्ता कलामे निअन्ता
कसीदा कढ़न्ता मसीदा भरन्ता
कितेबा पढ़न्ता तुरुक्का अनन्ता।

तुर्कों के अत्याचार का एक दृश्य है—

धरि आनए बाभन बटुआ
मंथा चढ़ावए गाइक चुडुआ
फोट चाट जनेऊ तोर
ऊपर चढ़वाए चाहें घोर।

भाव और श्रृंगार की कोमल कल्पना में उड़ान भरनेवाले विद्यापति जब यथार्थ के धरातल पर उतरते हैं तो कवि-व्यक्तित्व जीवन की नयी समस्याओं से टकराकर झनझना उठता है और उनका शिल्प बदल जाता है।

कीर्तिपताका—विद्यापति रचित यह अवहट्ठ रचना मूल रूप में नहीं मिल पायी है। इसकी एक खण्डित प्रति उपलब्ध हुई है। जिसके बीच के 22 पन्ने नष्ट हो गये हैं इसमें शिवसिंह के युद्ध का विस्तृत वर्णन किया गया है।

कीर्तिलता तथा कीर्तिपताका में गद्य के भी प्रयोग हैं।

पदावली—पदावली सरस गीतिपरक रचना है। इसमें संयोग और वियोग श्रृंगार की मार्मिक अभिव्यंजना की गयी है। राधा-कृष्ण के प्रेमचित्रण में कवि किसी बन्धन को स्वीकार नहीं करता। इसमें वयः-सन्धि, नख-शिख, अभिसार, मान आदि का खुलकर चित्रण किया गया है। डॉ. रामकुमार वर्मा का कथन है कि विद्यापति के भक्त हृदय में विहार करते हैं। वे अपनी कल्पना के सौन्दर्य में ऐसे डूब गये हैं कि दूसरी ओर उनकी दृष्टि भी नहीं जाती। यह कवि की कलामात्र है, उसका भक्तिभावमय व्यक्तित्व नहीं। विद्यापति पदावली में भक्ति या अध्यात्म की खोज का विरोध रामचन्द्र शुक्ल इन शब्दों मे करते हैं 'आध्यात्मिक रंग के चश्में आजकल बहुत सस्ते हो गये हैं। उन्हें चढ़ाकर जैसे कुछ लोगों ने 'गीतगोविन्द' के पदों को आध्यात्मिक संकेत बताया है वैसे ही विद्यापति के इन पदों को भी।" डॉ. रामस्वरूप चतुर्वेदी इन पदों की आध्यात्मिकता के एक विशिष्ट स्वरूप को रेखांकित करते हैं "विद्यापति के ये पद अपनी श्रृंगारभावना के साथ सच्चे रूप में ऐहिक हैं, और उनकी तन्मयता की गहरी अनुभूति ही उन्हें आध्यात्मिक स्तर पर रूपान्तरित कर देती है। इसके लिए पाठक या आलोचक को आध्यात्मिक भाव के चश्में की जरूरत नहीं रहती।" पौराणिक चरित्रों को लेकर जब कोई कवि रचना-कर्म में प्रवृत्त होता है तो अपने पूर्ण भावात्मक आवेग तथा कलात्मक कौशल के साथ चरित्रों के सौन्दर्य तथा संवेदना को अंकित करता है।

रूप-सौन्दर्य या आंगिक सौन्दर्य की सूक्ष्म छवि को उभारते हुए वह मात्र संवेदनशील द्रष्टा तथा स्रष्टा की भूमिका का निर्वाह करता है। किसी सम्बन्ध-विशेष की परिकल्पना करके वह अपने को सामाजिक मर्यादाओं में नहीं जकड़ता। राम या कृष्ण या किसी अन्य देवता को आराध्य मानकर चलनेवाला रचनाकार उसके साथ अपने सम्बन्ध को मानकर सामाजिक मर्यादाओं से बँध जाता है। कालिदास पार्वती का सौन्दर्य-चित्रण करते समय तथा विद्यापति, राधा-कृष्ण का प्रेम चित्रण करते समय विशुद्ध सर्जक की हैसियत से अपने को प्रस्तुत करते हैं। सूरदास भक्त होते हुए भी गोपिकाओं की भावविह्वलता का चित्रण करते हुए कई स्थानों पर विशुद्ध रचनाकार का व्यक्तित्व धारण कर लेते हैं। अतः विद्यापति के सम्बन्ध में ऐहिकता और आध्यात्मिकता की बहस बहुत सार्थक नहीं कही जा सकती है। कवि की काव्यप्रतिभा निःसन्देह उत्कृष्ट है।

सद्यःस्नाता का सौन्दर्य चित्रण द्रष्टव्य है—

कामिनि करै सनाने,
हेरतहि हृदय हनए पंचबाने।
चिकुर गरै जलधारा,
जनि मुख ससि उर रोप अंधारा॥

प्रोषितपतिका नायिका की प्रकृति की पृष्ठभूमि में विरह की कसक तथा जोगिनी वेश में उसे पा लेने की दुस्साहसिक कल्पना का दृश्य है—

मोर पिया सखि गेल दुरि देश।
जोबन दए भेल साल सनेस॥

मास असाढ़ उनत नव मेघ।
पिया विसलेख रहआं निरथेघ॥
कौन पुरुष सखि कौन से देश।
करब मोह तहां जोगिन भेस॥

पदावली की भाषा 'मैथिली' है।

गद्यसाहित्य

आदिकाल में गद्य के माध्यम का भी प्रयोग मिलता है। गद्य-लेखन में जैन तथा जैनेतर दोनों प्रकार के लेखकों का योगदान है। जैन लेखकों द्वारा लिखित रचनाएँ हैं—आराधना, बालशिक्षा, अतिचार नवकार व्याख्यान, सर्वतीर्थ नमस्कार स्तवन, तत्त्वविचार प्रकरण, धनपाल कथा आदि। जैनेतर साहित्य में ख्यात, बात, विगत, पीढ़ी आदि गद्य रूप में उपलब्ध हैं।

ख्यात का प्रयोग इतिहास के अर्थ में किया गया है। ख्यातों में 'सीसोदिया री ख्यात' 'राठौडाँ ही ख्यात' बातों में 'अनन्तराय साँकला री बात', विगतों में 'भाखराँ री विगत', पीढ़ियों में 'ईडर रा भायला री पीढ़ियाँ' उल्लेखनीय है। कलात्मक गद्य में वचनिका, सिलोका, दुवावैत रूप प्रमुख हैं। वचनिका में गद्य में तुक रहता है। 'अचलदास खीची री वचनिका' श्रेष्ठ है।

राउल बेल—यह गद्य-पद्य निबद्ध चम्पू काव्य है। शिला पर अंकित होने के कारण इसका मूल रूप सुरक्षित रहा है। इसकी भाषा में सात बोलियों का प्रयोग मिलता है किन्तु राजस्थानी की प्रधानता है। कुछ उदाहरण देखिये—

'जणुणु मालबीउ आवंतु आम्वदेउ जाउँ (जानू) आपणा।
हथिआरहु भूलइ इहाँ अम्हारइ दुभगी खोंप वरिउ भई॥
खोपहि ऊपरि सोलडहउ दीनउ वानु ते किसउ भावइ।
जिसउ सिंदुरिअउ रजायसु काम्ब देवइ ऊख नावडू॥

वर्ण-रत्नाकर—चौदहवीं शती की यह रचना मैथिली गद्य का प्राचीन रूप प्रस्तुत करती है। इसमें अलंकरण एवं तत्समता की प्रवृत्ति परिलक्षित होती है—

'कामदेवक नगर अइसन शरी। निष्कलंक चाँद अइसन मुह।
कंदल खंजीरीर अइसन लोचन। यमुना क तरंग अइसन भुजइ॥

उक्ति-व्यक्ति-प्रकरण—इसके लेखक दामोदर शर्मा महाराज गोविन्दचन्द्र के सभा पण्डित थे। यह एक व्याकरण ग्रन्थ है। इसकी भाषा कोसली या पूर्वी हिन्दी की पूर्ववर्ती परम्परा का स्वरूप प्रस्तुत करती है। इसमें वाराणसी के तत्कालीन सांस्कृतिक जीवन का अच्छा परिचय मिलता है।

माणिक्यचन्द्र सूरि की एक रचना पृथ्वीचन्द्र चरित्र के अस्तित्व का ज्ञान हुआ है। इसका रचनाकाल सं. 1478 माना जाता है। वर्णरत्नाकर की तरह की भाषा भी आलंकारिक एवं प्रौढ़ है।

आदिकालीन साहित्य का सांस्कृतिक और साहित्यिक महत्त्व

राष्ट्रीय भावना—आदिकालीन हिन्दी साहित्य का कतिपय दृष्टियों से बड़ा महत्त्व है। तत्कालीन ऐतिहासिक तथा सांस्कृतिक हलचल का स्पष्ट प्रतिबिम्ब आदिकालीन साहित्य में दृष्टिगोचर होता है। भाव, विचार, भाषा, काव्यरूढ़ि, काव्यरूप आदि क्षेत्रों में कवियों की रचनात्मक क्षमता

परिलक्षित होती है। देशी-विदेशी राजाओं के पारस्परिक संघर्ष मिथ्याभिमान, तनाव से उत्पन्न समस्याओं का अंकन वीरगाथात्मक साहित्य में उपलब्ध होता है। अपने आश्रयदाताओं के शौर्य का अतिशयोक्तिपूर्ण चित्रण करते हुए कवियों ने इन्हें अपनी अवशिष्ट शक्ति को राष्ट्र या स्वदेश की रक्षा हेतु प्रयुक्त करने की प्रेरणा दी। उन्हें अनेक देवी-देवताओं की बराबरी में रखकर अपने अतीत के शौर्य तथा पराक्रम की ज्वलन्त परम्पराओं से जोड़कर निज दायित्व का स्मरण दिलाया। काव्यनायकों को ईश्वर के रूप में परिकल्पित करने के पीछे केवल काव्यरूढ़ियों की चर्चा कर देना पर्याप्त नहीं है, वास्तव में इस तरह की कल्पना के मूल में जनसंवेदना भी है। उस युग में जनसाधारण के मन में राजा के प्रति दैवी भावना रहती थी। जिस तरह वर्ण-व्यवस्था को ईश्वरीय व्यवस्था के रूप में व्याख्या की जाने लगी थी उसी तरह राजा को भी ईश्वरीय भावना से सम्पृक्त करके देखा जाने लगा था।

आदिकालीन वीरगाथा के गायक कवियों ने तत्कालीन संवदेना का ऐसा जीवन्त चित्रण किया कि विस्तृत जनसमूह में कल्पना का सत्य इतिहास का तथ्य बनकर प्रतिष्ठित हो गया। ऐसी कविता या काव्य-कृति की सराहना करनी ही पड़ती है। जिसने इतिहास के विरुद्ध चलकर भी अधिक विश्वसनीय इतिहास रच दिया। 'पृथ्वीराज रासो' में चन्दबरदायी ने जो घटनाएँ प्रस्तुत की हैं उनका सामान्य लोगों के बीच ऐतिहासिक घटनाओं के रूप में ही मान्यता प्राप्त है। संयोगिता स्वयंवर या शब्दबेधी बाण चलाने की घटना की घटना को साहित्य के आलोचक इतिहास विरुद्ध मानकर पृथ्वीराज रासो से अलग मान सकते हैं किन्तु जन-भावना में उनकी विश्वसनीयता का निराकरण नहीं कर सकते। कवि या रचनाकार जिस चरित्र को गढ़ता है वह व्यापक जनचेतना का संपुञ्जित प्रतीक बन जाता है। इसमें युगीन चेतना ही नहीं सांस्कृतिक चेतना भी समाहित होती है। चन्द के पृथ्वीराज, जगनिक के आल्हा-ऊदल, विद्यापति के कीर्तिसिंह इसी तरह के चरित्र हैं। उनका स्वाभिमान जनता का स्वाभिमान तथा उनका सुख-दुःख जनता का सुख-दुःख बन गया, इसी में उसके रचना-कार्य की सफलता है।

सामन्ती दुर्बलताओं के बीच से शूर-वीरों का चयन तथा उनके साथ रणभूमि में जाकर उत्साह संवर्द्धन निश्चित रूप से कवियों के लिए एक जोखिम भरी चुनौती थी। आदिकाल के कवियों ने इस चुनौती का डटकर सामना किया। वे युद्ध के प्रत्यक्ष द्रष्टा थे इसीलिए सेना के प्रयाण तथा युद्ध भूमि की मारकाट का जीवन्त दृश्य अंकित कर सके, सेना की सजावट तथा उत्साह एक दृश्य देखिये—

हयगयं सजे भरं निसान बज्जि दूभरं।
न फेरि बीर बज्जई, मृदंग झल्लरी गई॥
सुनंत ईस रज्जई, तनीस राग सज्जई।
सुभेरि झुंकयं धनं, श्रवन फुट्टि झंझनं॥
उबाह मध्य ते चल सगुन्न बंदि जे भलं।
ससूर सूर यं कलं, दिनं सु अष्टमी चलं॥

धार्मिक रासो काव्य में भी वीररस की सुन्दर अभिव्यंजना की गयी है। भरतेश्वर-बाहुबली रास वीर भाव-व्यंजक उत्कृष्ट काव्य है। कवि ने युद्ध के दृश्य को ध्वनि बिम्बों के माध्यम से साकार कर दिया है—

हीसइ हयमिसि हणहणइं ए तरवर तार तोषार तु
खूंदइं खुरलइं खेडवीय, मन मानइं असुवार तु।

पाखर पंखि कि पंखरुय ऊडाऊडाहिं जाइं तु।
हैफइं तलपइं ससाइं धसइं जडइं जकारीय धाइ तु॥

मिथ्या अभिमान तथा कामिनियों को प्राप्त करने के लिए युद्ध की प्रवृत्ति देशी नरेशों की शक्ति को क्षीण करती जा रही थी। पारस्परिक ईर्ष्या, द्वेष के कारण वे व्यापक जनहित या राष्ट्रहित में संगठित नहीं हो पा रहे थे। वीरों के लिए जीवन में दो वैकल्पिक आदर्श होते हैं। एक युद्ध में प्राण देकर वीरगति को प्राप्त करना और दूसरा जीतकर पृथ्वी का भोग करना। इस युग में इन दोनों वैकल्पिक आदर्शों की हीनावस्था दृष्टिगोचर होती है। अधिकांश युद्ध किसी महत् उद्देश्य की सिद्धि, राज्य-विस्तार या श्रेष्ठ सम्राट् बनने की इच्छा के कारण नहीं होते थे, बल्कि अपनी झूठी सामन्ती शान तथा भोगेच्छा की तृप्ति के लिए सुन्दरियों की प्राप्ति के लिए होते थे। इससे आदिकालीन कवियों को वीरभाव के साथ शृंगार के उन्मेष तथा चित्रण का अच्छा अवसर मिल गया। वीर और शृंगार का यह अटूट रिश्ता भारतीय संस्कृति की प्रमुख विशेषता है। यहाँ का वीर आवश्यकता पड़ने पर प्राणों की बाजी लगा सकता है। इसका यह अर्थ नहीं है कि वह पत्थर-सा कठोर ही है। उसमें कोमल तथा मधुर भावों का स्पन्दन नहीं है। मन की स्वाभाविक वृत्ति है भोग, त्याग तो तपस्या है। लेकिन जहाँ घोड़ों की सजावट में कुलवधू का शृंगार दृष्टिगोचर हो वहाँ निश्चित रूप से वीरता का एक दूसरा ही आयाम प्रस्तुत हो जाता है—

मुष कढ्ढिन घूंघट अस्सु बली। मनो घुंघट दै कुलबद्धु चली॥

आलोचकों के निगाह में अपने आश्रयदाताओं की झूठी प्रशंसा के अभियुक्त आदिकालीन कवियों की स्वस्थ जीवन-दृष्टि तथा प्रखर युगबोध प्रायः नहीं बिम्बित हो पाया। राष्ट्रीय दायित्व तथा शृंगारिक भाव के द्वन्द्व के बीच कवियों ने स्वस्थ पक्ष को कविता के बीच से इंगित किया। चन्द ने पृथ्वीराज के अनेक विवाहों तथा तत्सम्बन्धी युद्धों का वर्णन बहुत रस लेकर किया जो युग सत्य है, कोरा तथ्य नहीं लेकिन वही चन्द जब धरा की रक्षा की बात आती है तो अपने तेवर बदलकर कहता है—

गोरी रत्तउ तुव द्धरा तुं गोरी अनुरत्त।

गोरी अर्थात् मुहम्मद गोरी तुम्हारी पृथ्वी पर अनुरक्त है और तू गोरी अर्थात् संयोगिता में अनुरक्त है, जीवन में विशेषतया एक अत्यन्त जिम्मेदार व्यक्ति के जीवन में प्राथमिकता का चयन यथार्थदृष्टि का परिचायक है। इस तरह के चित्रों में कवियों की तत्कालीन राष्ट्रीय चेतना की भी अभिव्यक्ति होती है। इसमें रचनाकारों का व्यक्तित्व कथानायक को दबाकर मुखरित हो जाता है।

रस एवं भाव-व्यंजना—आदिकालीन कविता मुख्यतः रस और भाव की कविता है। भारतीय साहित्य की परम्परा में 'शृंगार' को रसराज माना गया है। आदिकाल का हिन्दी कवि शृंगार के रसराजत्व से पूर्णतया अवगत है, इसीलिए उसकी कविता की चेतना मुख्यतया शृंगारिक है। वीरभाव के साथ शृंगार का सूक्ष्म एवं विशद चित्रण तो किया ही गया है कुछ ऐसी भी काव्यकृतियों का प्रणयन हुआ है जिनमें शृंगार का ही चित्रण किया गया है। बीसलदेव रासो, सन्देशरासक तथा विद्यापति पदावली इसी तरह की कृतियाँ हैं। इनमें रूप-छवि तथा प्रकृति सौन्दर्य के अद्भुत चित्र अंकित किये गये हैं। शृंगारी कवियों ने अधिकांशतः रूढ़, उपमानों, प्रतीकों तथा काव्यरूपों के माध्यम से ही प्रेमभाव की अभिव्यंजना की कोशिश की है। फिर भी उनमें मौलिक उद्भावनाओं की कमी नहीं है। सन्देशरासक में कुचों की उपमा दुर्जन और सज्जन से दी गयी है जो कवि की मौलिकता का मूलक है। प्रिय के

आगमन के उल्लास से मन बढ़कर हेमगिरि-सा हो जाता है। अतः वह नायिका की छोटी-सी शरीर में कैसे समा सकता है। यही नहीं प्रियतम के आगमन से सारा घर-खम्भे, चारपाइयाँ उल्लसित होकर नर्तन करने लगती हैं। भाव के प्रक्षेपण का यह अनूठा तरीका ढोला-मारू-रा दूहा में प्रयुक्त हुआ है—

सोइ साजण आवियाँ, जाहं ठी जोती बाट।
थांभा नाचइ, घर हंसइ, खेलण लागी खाट।

बारहमासा तथा षड्ऋतु की पृष्ठभूमि में वियोग शृंगार की विविध दशाओं का उद्घाटन तो हुआ ही है, साथ में प्रकृति की सूक्ष्म पर्यवेक्षण क्षमता का भी निदर्शन होता है।

अब्दुल रहमान ग्रीष्म की दोपहरी को यमराज को लहराती जिह्वा के रूप में अंकित करते हैं।

शृंगार और प्रकृति चित्रण में यदि एक ओर कवियों का कल्पना वैभव द्रष्टव्य है तो दूसरी ओर स्त्री-पुरुष के सम्बन्धों में नारी के शोषण तथा विवशता की यथार्थ कटुता भी मन को कुरेदती है। बीसलदेव रासो की राजमती की विवशता तथा छटपटाहट में सामन्ती समाज की नारी की वेदना साकार हो उठती है। पुरुष परवशता की पीड़ा नारी में हरिणी, गाय तथा कोयल की जिन्दगी पाने की चाह जगाती है। पति की असली सहयोगिनी बनने की इच्छा से वह जीटिनी की प्रशंसा करती है—

आंजणी काइं नि सिरिजीय करतार।
खेत कमावती स्यउं भरतार
पहिरण आछी लोवडी
तुंग तुरीय जिम भीड़ती गात्र।
साइंय लेती सामुही
हंसि हंसि बूझती प्रीय की बात॥

नारीश्रम के महत्त्व को अंकित करते हुए नरपति नाल्ह ने प्रगतिशील दृष्टिकोण का परिचय दिया है जो तत्कालीन काव्य-परिवेश के लिए अनोखी बात है।

युगचेतना एवं मूल्यबोध—हिन्दू मुसलमानों का संसर्ग आरम्भिक दौर में कितना घातक, कटु तथा बर्बर था यह इतिहास सत्य है, इसे झुठलाया नहीं जा सकता है। इतिहास लिखानेवाले राजा-महाराजा तथा मन्त्री अपनी सुविधा के लिए तथ्य को तोड़-मरोड़कर प्रस्तुत करवा सकते हैं। प्रगतिशीलता के चक्कर में साहित्य के आलोचक अपने बुद्धि कौशल से नयी या बिलकुल विपरीत व्याख्या कर सकते हैं। पाठ्य-पुस्तकों से सच्चाई को हटा देने की सलाह दे सकते हैं किन्तु कवियों की दृढ़ तथा निर्भीक वाणी युग-सत्य के उद्घाटन से कभी भी भयभीत नहीं होती। चाहे आदिकाल के विद्यापति, चन्दबरदायी हों, चाहे मध्यकाल के कबीर, तुलसी हों, और चाहे आधुनिककाल के निराला, मुक्तिबोध और धूमिल हों। हिन्दू और तुर्क का मिला-जुला निवास। कहीं बाँग होती है और कहीं वेद-पाठ, कहीं बिसमिल्लाह कहकर हलाली होती है, कहीं बलि; कहीं ओझा, कहीं ख्वाजा, कहीं नक्षत्र (व्रत और उपवास) और कहीं रोजा—

हिन्दू तुरके मिलल वास
एकक धम्मे अओका उपहास
कतहु बाँग कतहु वेद

कतहु मिसमिल कतहु छेद
कतुह ओझा कतहु षोजा
कतहु नखत कतहु रोजा

हिन्दू और तुर्क की धार्मिक साधना एक साथ हो सकती तो कितना उत्तम था किन्तु ऐसा सम्भव नहीं था। क्योंकि वे एक-दूसरे के धर्म का उपहास करते थे। यही नहीं शासक बल प्रयोग से भी नहीं चूकता।—

धरि आनए वाभन वरुआ
माथां चढ़ाए गाइक चुडुआ
फोट चाट जनेउ तीर
ऊपर चढ़ावए चाह घोर॥

छोटे-छोटे तुर्क भी भमकी मारते थे; लगता था वे हिन्दुओं को निगल जायेंगे—

हिन्दु बोलि दुरहि निकार
चोटओ तुरुका भमकी मार॥

शाही दरबार में साधारण लोग प्रवेश नहीं कर पाते। विद्यापति ने बाजार के चित्रण में भी यथार्थवादी दृष्टि का परिचय दिया है।

भारतीय संस्कृति की मूलचेतना आध्यात्मिक रही है। भौतिक सुख-सुविधाओं तथा सांसारिक सम्बन्धों की नश्वरता को समझ करके यहाँ के मनीषियों, दार्शनिकों तथा चिन्तकों ने जन्म-मरण के दुखों से मुक्त होने के अनेक उपायों का अन्वेषण किया। परिणामस्वरूप अनेक दार्शनिक तथा धार्मिक मतमतान्तरों का प्रचलन हुआ। दर्शन का स्वरूप अधिक सैद्धान्तिक होने के कारण पण्डितों तथा विचारकों के तार्किक ऊहापोह तक सीमित रह जाता है किन्तु किसी दर्शन-विशेष से पोषित धर्म जनता के आचरण से जुड़कर युग की समस्याओं तथा जनाकांक्षाओं से प्रभाव ग्रहण करता चलता है। धर्म के बहुत-से तत्त्व काल के चक्र में पिसकर नष्ट हो जाते हैं या विकृत हो जाते हैं। समयानुसार उनमें परिष्कार एवं सुधार की आवश्यकता होती है। यदि कोई धर्म युगानुकूल अपने स्वरूप को बदलता नहीं तो उसका अस्तित्व संकटग्रस्त हो जाता है। चूँकि धर्म और दर्शन किसी राष्ट्र की संस्कृति के अभिन्न एवं मूलभूत अंश होते हैं इसीलिए साहित्य सृजन को भी वे बहुत गहराई से प्रभावित करते हैं। धर्मप्रचारक यदि एक ओर काव्यकला के कुछ तत्त्वों को अपने प्रचार माध्यम के रूप में इस्तेमाल करता है तो दूसरी ओर कविगण भी अपनी भावना को धार्मिक रंग में रँगकर लोकभावना में स्थायित्व देना चाहता है। धर्म, अर्थ, काम, मोक्ष, पुरुषार्थ चतुष्टय में से किसी एक या अनेक की सिद्धि के लिए कवि भी अपनी रचना के माध्यम से सक्रिय होता है। आदिकालीन रचनाकारों का यदि एक वर्ग अर्थ और काम की साधना में प्रवृत्त है तो दूसरा वर्ग धर्म और मोक्ष की साधना में। इसी तरह यदि समग्र आदिकालीन साहित्य का अवलोकन किया जाय तो इसमें सांस्कृतिक मूल्यों की समग्रता अंकित मिलेगी, कुल मिलाकर जीवन का एक अद्‌भुत सन्तुलन दिखायी देगा। बौद्ध, सिद्धों, नाथों तथा जैनों के द्वारा प्रस्तुत धार्मिक साहित्य की सबसे बड़ी विशेषता है उनकी लोकोन्मुखता। दर्शन तथा विचारों की गूढ़ता कविता में पिघलती है। लोकरागों, लोकउपमानों तथा लोककथाओं से जुड़कर दर्शन जनसाधारण की वस्तु बन जाता है। धर्म की सार्थकता जीवन के विविध रूपों के परिप्रेक्ष्य में आलोकित

होती है। कामिनी-कंचन के लिए घनघोर संघर्ष पर लगाम लगाने का प्रयत्न धार्मिक साहित्य में किया गया है। जैन और नाथ साहित्य दोनों में त्याग और आचरण की सात्त्विकता एवं भोगवृत्ति के तिरस्कार की व्यंजना है।

जैन कथाकाव्यों में जीवन के विविध प्रसंगों तथा मानसिक वृत्तियों के अंकन के बाद धार्मिक भावों को सम्प्रेषित किया गया है इसीलिए उनका साहित्यिक महत्त्व अधिक है। साम्प्रदायिक कहकर उनकी अवहेलना उचित नहीं है। सिद्धों ने गूढ़, तान्त्रिक साधना को सहज साधना में ढाला और शृंगार के उदात्तीकरण द्वारा आध्यात्मिक अनुभूति को व्यंजित करने का प्रयास करने का प्रयास किया। लेकिन घोर कामुकता का तिरस्कार उन्होंने भी किया। जिस तरह चन्दबरदायी प्रेम और राग का डूबकर चित्रण करते हुए भी भाव के सन्तुलन पर बल देते हैं, उसी तरह तन्त्र-मन्त्र छोड़कर घरनी के साथ केलि करने की उलटबाँसी कहते हुए भी सरह साफ-साफ कहते हैं—

झाण-हीण पब्बज्जें रह (अ) उ। गही बसन्ते भाज्जें सहि (अ) उ।
(जइ) भिडि विसअ रमन्ते पर मुच्चअ। सरह भणइ परिआण कि रुच्चअ॥

ध्यानहीन प्रव्रज्या से रहित, गृहिणी के साथ निवास करनेवाला यदि घोर विषयों के रमण को नहीं छोड़ता तो उसे परिज्ञान क्यों रुचिकर होगा।

नाथों का निवृत्तिमूलक धर्म, सामन्ती घोर आसक्ति की प्रतिक्रिया में जनसाधारण के लिए आदर्शमूलक था और दोनों के बीच एक सन्तुलित भाव की स्थापना की आवश्यकता को महसूस करता था और दो विरोधों के बीच सामंजस्य तथा समन्वय के आदर्श को संकेतित करता था।

भावसामंजस्य के साथ समाज के विविध वर्गों में समता तथा सन्तुलन कम महत्त्वपूर्ण नहीं है। ब्राह्मण धर्म की वह व्यवस्था जो आत्मिक एकता के बावजूद सामाजिक अनेकता के विश्वास पर आधारित है इसी तरह के विरोधाभास को जन्म देती थी। सिद्धों के वर्ण एवं वेश के अलगाव को तोड़कर सामाजिक एकता के महत्त्व को प्रतिपादित किया। जनसाधारण को प्रवंचित करनेवाली धार्मिक वेशभूषा तथा आडम्बरप्रियता का खण्डन किया। स्वदेश रक्षा की लड़ाई की अपेक्षा सामाजिक समता की यह लड़ाई कम महत्त्व की नहीं थी।

भाषिक विधान—प्रेम के द्वारा हिन्दू-मुसलमानों को समीप लाने का जो प्रयास मध्यकालीन सूफी एवं सन्तों ने किया उसका आरम्भ आदिकाल में ही हो गया था। हिन्दी सन्तों की महत्ता सर्वविदित है। इससे सिद्ध होता है कि आदिकालीन हिन्दी साहित्य नयी विकासमान भाषा को व्यापक अभिव्यक्ति के लिए ग्रहण करने की दृष्टि से तो आदि है किन्तु भारतीय साहित्य की समृद्ध परम्पराओं, काव्यरूढ़ियों को समाहित करने एवं राष्ट्रीय, सामाजिक चेतना को पहचानने की दृष्टि से अत्यन्त प्रौढ़ तथा प्रांजल है। रूढ़ काव्यभाषा अपभ्रंश लोकभाषा हिन्दी का प्रभाव ग्रहण कर रही थी और हिन्दी को प्रभावित भी कर रही भी। यही कारण है कि सभी रचनाओं में कमोबेश दोनों भाषाओं के तत्त्व आसानी से ढूँढ़े जा सकते हैं। भाषिक आदान-प्रदान की इस निर्माणकारी स्थिति में हिन्दी (तत्कालीन विशुद्ध जनभाषा) की रचनाओं के स्वतन्त्र रूप को अस्पष्ट कर दिया। इसीलिए कभी अपभ्रंश की रचना को आदिकालीन हिन्दी की रचना एवं कभी हिन्दी की रचना को अपभ्रंश मानने की भूल विद्वानों द्वारा हो जाती है। जनभाषा तथा अभिजनभाषा (आभिजात्य भाषा) में सदैव द्वन्द्व चलता रहता है। आभिजात्य भाषा (परिनिष्ठित भाषा) की जकड़न को तोड़कर सहज ढंग से प्रवाहित होने तथा अभिव्यक्ति में ताजगी के लिए जनभाषा बेचैन रहती है किन्तु परिनिष्ठित या आभिजात्य भाषा के पद पर आ जाने

के बाद जनभाषा को भी अपनी समृद्धि के लिए पूर्ववर्ती साहित्यिक भाषा का मुँह देखना पड़ता है। इसीलिए संस्कृत का वर्चस्व हमेशा बना रहा है। प्राकृत-अपभ्रंश के साहित्यकारों ने संस्कृत शब्दों का प्राकृतीकृत या अपभ्रंशीकृत रूप खूब अपनाया। आदिकाल में ही हिन्दी में धीरे-धीरे संस्कृत के शब्दों को सीधे में ग्रहण करना शुरू कर दिया। मध्यकाल में यह प्रक्रिया अधिक तेज हो गयी। अपभ्रंश तक बहुत-सी ध्वनियाँ घिसकर शब्द एवं उसके अर्थ की प्रतीति को धूमिल कर चुकी थीं।

आदिकालीन हिन्दी भाषा अपभ्रंश के द्वित्व शब्दों की जटिलता से अपने को मुक्त कर रही थी। बोलियों में ध्वनि-परिवर्तन एवं विविध व्याकरणिक प्रयोगों के कारण जो अलगाव आ गया था। साहित्यिक स्तर पर उसे मिटाने की कोशिश जारी थी। विदेशी आक्रमणों का सिलसिला तथा धार्मिक जड़ता एवं आडम्बर दोनों ही भारतीय जन-जीवन को ध्वस्त कर रहे थे। चारणों की काव्यभाषा में यदि असि-ध्वनि की खनखनाहट आयी तो सिद्धों, जैनों, नाथों की भाषा में धर्म के आडम्बरों को छिन्न-भिन्न कर देने की तीक्ष्णता। समग्र जीवन की अभिव्यक्ति करनेवाली भाषा-क्षमता को विकसित करना आदिकालीन साहित्य की सबसे बड़ी उपलब्धि है।

आदिकालीन रचनाकारों ने लोक प्रचलित रागों तथा काव्यरूपों को अपनाकर अनेक काव्यरूपों को विकसित किया। रासो, फागु, बेलि, चर्चरी, पंवारा, वचनिका, ख्यात आदि साहित्य रूप किसी-न-किसी रूप में मध्यकाल तक विकसित होते रहे। जैनों के चरितकाव्य तथा कथाकाव्य ने मध्यकालीन सूफी तथा रामकाव्यों की शिल्पगत पृष्ठभूमि को तैयार किया। सिद्धों तथा नाथों ने सन्तों के लिए ठोस भावभूमि निर्मित की। हेमचन्द्र के व्याकरण ग्रन्थों में उद्धृत दोहों की भाव-व्यंजना रीतिकालीन मुक्तक कृतियों की प्रेरणा भूमि मानी जा सकती है। आदिकालीन साहित्य में प्रयुक्त विभिन्न शैलियाँ मध्यकाल में खूब लोकप्रिय रहीं।

अपभ्रंश की कड़वक शैली तथा दोहा शैली के महत्त्व को मध्यकालीन कवियों ने स्वीकार करते हुए उन्हें अपने साहित्य में प्रयुक्त किया। सिद्धों की सन्धा भाषा की गूढ़ता एवं गुह्यता, सामाजिक आडम्बरों के खण्डन की प्रवृत्ति, सन्त साहित्य में ज्यों-की-त्यों बनी रही। जैनों की कथापरक रचनाओं के शिल्प ने सूफी प्रेमाख्यानक काव्यों को विशेष रूप से प्रभावित किया है।

संक्षेप में कहा जा सकता है कि आदिकालीन साहित्य विषय की दृष्टि से अति व्यापक, सामाजिक जागरूकता से सम्पन्न, भारतीय साहित्यिक परम्पराओं से समृद्ध, नवीन राष्ट्रीय एवं धार्मिक चेतना को आत्मसात् करने के कारण मौलिक भाषा के नये तेवर एवं स्वरूप को विकसित करने के लिए प्रयत्नशील और अनेक लोकशैलियों को साहित्यिक बनाने में सचेष्ट है। मध्यकालीन हिन्दी सहित्य के निर्माण के लिए इस युग में सुदृढ़ आधारशिला निर्मित हुई। यद्यपि परम्पराओं का कंकरीट इसके नींव तल में सिमटा है किन्तु साहित्य का भवन नवीनता एवं विराटता में भव्य है।

4

मध्यकाल

आदिकाल में हिन्दी साहित्य की जिस संघर्षमयी प्रक्रिया की शुरुआत हुई थी वह मध्यकाल में और भी सशक्त होकर प्रतिफलित हुई। आदिकाल की धार्मिक चेतना भक्तिकाव्य के रूप में और लौकिक चेतना रीतिकाव्य के रूप में प्रस्फुटित हुई। किन्तु अब तक सामाजिक, आर्थिक, राजनैतिक परिस्थितियाँ बहुत बदल चुकी थीं। भाषा की दृष्टि से हिन्दी अधिक समृद्ध तथा प्रौढ़ हो चुकी थी। कुछ नवीन प्रतिभाएँ उत्पन्न हुईं जिन्होंने आदिकालीन काव्य-चिन्तन को ही नहीं बल्कि सम्पूर्ण भारतीय सांस्कृतिक चेतना को समग्र रूप से ग्रहण करके अपनी पीयूषवर्षी वाणी से भारतीय जनमानस को पुनः हरा-भरा कर दिया।

मध्यकाल का विस्तार सं. 1350-1900 तक माना जाता है। इस विस्तृत काल को काव्य-प्रवृत्तियों के आधार पर भक्तिकाल तथा रीतिकाल दो भागों में बाँटा जाता है। दोनों कालों की परिस्थितियों में पर्याप्त अन्तर भी है।

पूर्व मध्यकाल या भक्तिकाल

राजनीतिक परिवेश—भक्तिकाल (सं. 1350-1600) के सम्पूर्ण विस्तार में केन्द्रीय शासन क्रमशः तुगलक, लोदी तथा मुगलों के हाथ में रहा। 1295 ई. में अलाउद्दीन खिलजी दिल्ली की राजगद्दी पर विराजमान हुआ। उसने मालवा, महाराष्ट्र, रणथम्भौर, चित्तौड़ आदि प्रदेशों को जीतने में सफलता प्राप्त की। उसकी मृत्यु तथा गयासुद्दीन के गद्दी सम्हालने के बीच स्थिति नाजुक रही। गयासुद्दीन वीर तो था किन्तु उसका दबदबा इतना ज्यादा नहीं था कि प्रान्तीय राज्य की स्वतन्त्रता की अदम्य भावना को निर्मल कर सकता। फलस्वरूप कुछ उसके अपने सूबेदार तथा कुछ अन्य प्रान्तीय शासकों ने स्वतन्त्र राज्य की स्थापना कर ली। आगे चलकर फिरोज तुगलक ने इन विद्रोहों को दबाने का यत्न किया किन्तु उसके उत्तराधिकारी सशक्त नहीं निकले। तुर्क राज्य निरन्तर शक्तिहीन होता जा रहा था। तैमूर लंग के निर्मम प्रहार सें वह फिर न सम्हल सका। मध्यकालीन इतिहास की 15वीं शती प्रान्तीय शासकों के युग के रूप में मान्य है। मालवा, गुजरात, बंगाल, जौनपुर, कश्मीर, बुन्देलखण्ड आदि स्वतन्त्र राज्य के रूप में प्रतिष्ठित थे। बाबर के हमले के वक्त पश्चिमी मण्डल के राणा साँगा तथा—दक्षिणी मण्डल के कृष्णदेव राय शक्तिशाली शासक थे। बाबर की नवीन सामरिक तकनीक के समक्ष इब्राहीम लोदी तथा राणा साँगा कोई भी नहीं ठहर सका। किन्तु पठानों का मनोबल पतित नहीं हुआ। पठान शासक शेरशाह सूरी ने बाबर के उत्तराधिकारी हुमायूँ को परास्त किया। सूरी के पश्चात् पठान निर्बल हो गये। वे मुगल बादशाह अकबर का मुकाबला करने में अक्षम सिद्ध हुए।

अकबर के समक्ष धीरे-धीरे देशी राजा झुकते गये। राणा प्रताप जैसे आत्म-गौरवी राजपूत आमरण संघर्षशील रहे, किन्तु अधीनता स्वीकार नहीं की। जहाँगीर से 13 साल तक लड़ाई करते रहने के पश्चात् राणा के पुत्र अमर सिंह ने अधीनता स्वीकार कर ली। पुनः शाहजहाँ के काल में बुन्देलखण्डी चम्पतराय और महाराष्ट्रीय शिवाजी ने स्वतन्त्रता की प्रबल कामना लेकर विद्रोह खड़ा किया। इस लम्बे कालखण्ड में ईर्ष्या, विद्रोह, शासन लोलुपता की आग भड़कती रही। हिन्दू-मुस्लिम संघर्ष के साथ ही मुस्लिमों के शीआ-सुन्नी सम्प्रदाय में बराबर संघर्ष जारी था। यही नहीं अरबी, तुर्की, ईरानी, अफगान सभी एक-दूसरे से ईर्ष्या रखते थे। अतः तनाव की स्थिति बराबर बनी रहती थी। राज्य लिप्सा से आक्रान्त अपने ही सम्बन्धियों द्वारा हृदय को दहला देनेवाली हत्याओं का ऐसा सिलसिला चला कि अहिंसावादी हिन्दुओं के देश के सारे मानवीय मूल्य चरमरा उठे। अल्तमश ने आरामशाह का खून किया। रजिया और उसके प्रेमी की हत्या की गयी थी। औरंगजेब ने राज्य पाने के लिए क्या-क्या नृशंसता तथा क्रूरता नहीं की। विदेशी आक्रान्ताओं में बहुत-से ऐसे थे जो आये, लूटे, मारे, चले गये। कुछ जमने नहीं पाये कि पुनः देशी राजाओं के विरोध का सामना करने में जुट गये। कुछ राजाओं के समय को छोड़कर प्रायः सम्पूर्ण काल अशान्त, मारकाट, गृह-कलह एवं आक्रमणों के भय से पूर्ण है। इसमें पर्याप्त राजनैतिक अस्थिरता रही।

कुछ मुसलमानों ने भारतीय संस्कृति तथा देशी भाषाओं को पूर्ण संरक्षण प्रदान किया था। कश्मीर के जैनुलाबुद्दीन, जौनपुर के सुल्तान हुसैनशाह, अकबर और उसके वंशजों की धार्मिक सहिष्णुता, सदाशयता, हिन्दू संस्कृति, संगीत, कला आदि के उन्नयन की चेष्टा निश्चित रूप से प्रशंसनीय है। धर्म के प्रति विशेष कट्टर औरंगजेब के विषय में भी उल्लेख मिलता है कि उसने हिन्दी कवियों को अपने दरबार में प्रश्रय दे रखा था।

उपर्युक्त राजनीतिक परिस्थितियों से हिन्दी साहित्य कैसे अछूता रह सकता है। कवि कितना ही पलायनवादी क्यों न हो किन्तु उसके अनुभवों में जीवन की परिस्थितियाँ कुछ-न-कुछ सम्पृक्त अवश्य ही हो जाती हैं। भक्त कवि सांसारिक-जीवन को मृग-मरीचिका, प्रपंच, स्वप्न कहकर तिरस्कृत करता रहे। भक्तों की कुछ ऐसी उक्तियाँ भी मिल जाती हैं जिनसे उनकी राजनैतिक उपेक्षा की भावना व्यक्त होती है– "सन्तन को कहा सीकरी सो काम" जैसी उक्ति में उनकी निस्पृहता स्पष्ट होती है। परन्तु भक्त कवि जैसे प्रतिभासम्पन्न व्यक्तित्व सारी परिस्थितियों से आँख मूँदकर मानवीय कल्याण का बीड़ा उठाकर चल रहे थे, ऐसा स्वीकार करना अनुपयुक्त प्रतीत होता है। उनके विरक्ति की मूल भावना राजनीतिक स्वार्थ-लोलुपता की प्रतिक्रिया ही थी। सम्पूर्ण व्यवस्था के प्रति उनमें बहुत बड़ा आक्रोश था। यह आक्रोश कितने रूखे और जोरदार शब्दों में कबीर की वाणी में अभिव्यक्त हुआ है उससे कोई भी अपरिचित नहीं है। तुलसी ने रामचरितमानस में एक आदर्श राज्य की व्यवस्था की, जो समानान्तर शासन-व्यवस्था से निश्चित रूप से श्रेष्ठ थी। "प्राचीन ऋषियों ने अपने समय में आध्यात्मिकता के स्तर पर राज शक्ति पर अंकुश लगाया था। मध्यकाल में, वैष्णव दर्शन के स्तर पर भक्तों, सन्तों और कवियों ने मानवता में एक समानान्तर आस्था को जगाया था।" कुछ कथन जो सीधे व्यवस्था पर चोट करते हैं–

(क) कलि बारहिंबार दुकाल परै, बिनु अन्न दुखी सब लोग मरै।

(ख) म्लेच्छनि भार दुखित मेदिनी।

सामाजिक परिवेश

मुस्लिम शासन की स्थायी स्थापना के पश्चात् हिन्दुओं एवं मुसलमानों के बीच वैचारिक आदान-प्रदान शुरू हुए। मुसलमान शासकीय जाति थी अतः उसे अपेक्षाकृत अधिक सुविधा प्राप्त थी। इस लालच से बहुत-से हिन्दू मुसलमान बनते जा रहे थे। उनमें आपस में कुछ वैवाहिक सम्बन्ध भी स्थापित हुए। इसकी प्रतिक्रिया में जाति-पाँति के बन्धन और कठोर हो गये। समाज में छुआछूत की भवना जोर पकड़ रही थी। विलासी मुसलमानों की दृष्टि से अपनी बहू-बेटियों को बचाने के लिए पर्दा का तेजी से प्रचलन हुआ। मुसलमानों में पर्दा-प्रथा थी उसका भी प्रभाव हिन्दुओं पर पड़ा। इस तरह की सामाजिक व्यवस्था ने जिसमें छूआछूत, आडम्बर, पाखण्ड, प्रदर्शन, जातीय संकुचितता व्याप्त थी, वैरागी सन्त कवियों को सुधार के लिए आगे आने के लिए प्रेरित किया। प्रायः सभी भक्तों ने भक्ति के क्षेत्र में सबको समानता का अधिकार प्रदान किया। सामाजिक वैषम्य को समाप्त करने की चेष्टा द्वारा भक्तों के काव्य की एक खास भूमि तैयार हुई।

धार्मिक परिवेश

धर्म सामाजिक व्यवस्था का एक निश्चित अंग है और राजनीतिक आदर्श का मापदण्ड भी। दोनों जातियों में संघर्ष तथा तनाव का प्रमुख कारण धर्म ही था। मुसलमान अपने धर्म को श्रेष्ठ मानता था हिन्दू अपने धर्म को। मुसलमानों के हाथ में राजकीय शक्ति थी अतः वे अपने धर्म के प्रचार के लिए तलवार तक का प्रयोग करने में नहीं हिचकते थे। आपसी फूट के कारण हिन्दुओं के लिए अपने धर्म की रक्षा कर पाना कठिन हो गया था। भारत में एक तरफ बौद्धधर्म की विकृत परम्परा चली आ रही थी तो दूसरी ओर जनता के बीच वैष्णव धर्म की परम्परागत मान्यताएँ सुरक्षित थीं। भक्तिकाल के आरम्भ के समय में नाथ सम्प्रदाय के कनफटा योगियों का धर्म सबल था। यह धर्म सिद्धों के मुद्रा, मैथुन आदि पंचमकारों के भ्रष्टतापूर्ण आचरण के विरोध में खड़ा हुआ था। सिद्धों की भी बची-खुची परम्परा थोड़ी-बहुत कायम थी। सिद्धों और नाथों की मुख्य मान्यताएँ थीं—"कर्मकाण्ड, बाह्याडम्बर निरर्थक हैं। वर्ण-व्यवस्था मूल्यहीन है। मोक्ष गुरु के बिना असम्भव है। ईश्वरतीर्थों में नहीं बल्कि सर्वव्यापी है।" सिद्धों और नाथों की विचारधारा सन्त कवियों के लिए एक प्रशस्त, सुदृढ़ विश्व धर्म की स्थापना के लिए पृष्ठभूमि बनी। शंकराचार्य के बहुत पहले दक्षिण भारत में आलवार सन्तों के बीच भक्तिमार्ग का प्रचार-प्रसार हुआ था। इस भक्ति सम्प्रदाय के द्वारा मध्यकालीन भक्ति-भावना के विकास के लिए पर्याप्त प्रेरणा तथा प्रोत्साहन मिला। हिन्दू घरों में भागवत पुराण का भी महत्त्व था। महाकाव्य महाभारत में वर्णित कृष्ण की अनेक लीलाओं को भी भक्ति क्षेत्र में महत्त्व दिया गया। इस्लाम, भारतीय अद्वैतवाद एवं योग के सम्मिलन से एक नया धर्म भी विकसित होने लगा था, जिसे सूफी धर्म कहा गया। इस धर्म का वातावरण मुसलमानों के आक्रमण से पहले ही बनने लगा था।

इस तरह हम देखते हैं कि मध्यकाल में धर्मों की विविधता थी। कवियों के अन्तःसाक्ष्य से ज्ञात होता है कि वैष्णव, शैव, शाक्त आदि हिन्दू धर्मों में ही आपसी मतभेद गहरा हो गया था। विधर्मों की तो बात ही दूसरी थी। इसीलिए भक्तों में धार्मिक समन्वय की पूरी कोशिश मिलती है।

साहित्यिक परिवेश

इस काल में अभिव्यक्ति के माध्यम के रूप में संस्कृत, फारसी और हिन्दी का प्रचलन था। उच्चवर्गीय हिन्दुओं के बीच संस्कृत तथा मुसलमानों में फारसी प्रतिष्ठित थी। हिन्दी को कुछ बादशाहों

तथा राजाओं ने प्रोत्साहन तो दिया परन्तु उपर्युक्त दोनों भाषाओं के समान इसको आदर नहीं मिल सका। इसके बावजूद लोकभाषा अपनी सहज बोधगम्यता के कारण निरन्तर लोकप्रिय होती जा रही थी।

भक्ति का उद्‌भव और विकास

भक्तिकालीन राजनैतिक, धार्मिक, सामाजिक परिस्थितियों का विश्लेषण करने के पश्चात् यह देखना आवश्यक है कि भक्ति के उद्‌भव में इसका क्या योगदान है। आचार्य रामचन्द्र शुक्ल तथा बाबू गुलाबराय हिन्दुओं की दुर्दशा तथा पराजित मनोवृत्ति को भक्ति-आन्दोलन का मूल कारण मानते हैं। रामचन्द्र शुक्ल का कथन है, "अपने पौरुष से हताश जाति के लिए भगवान् की शक्ति और करुणा की ओर ध्यान ले जाने के अतिरिक्त दूसरा मार्ग क्या था।" गुलाबराय जी भी इसी तरह की बातें कहते हैं। "मनोवैज्ञानिक तथ्य के अनुसार हार की मनोवृत्ति में दो बातें सम्भव हैं या तो अपनी आध्यात्मिक श्रेष्ठता दिखाना या भोग विलास में पड़कर हार को भूल जाना। भक्तिकाल में लोगों में प्रथम प्रकार की प्रवृत्ति पायी गयी।"

उपर्युक्त दोनों कथनों पर गहराई से विचार करने पर ज्ञात होता है कि इसमें सच्चाई का अंश न्यूनतम है। भक्तिकाव्य में जीवन की जो उदात्तता, श्रेष्ठ मूल्यवत्ता और मानसिक उच्चता है वह पराजित मनोवृत्ति की अभिव्यक्ति कैसे हो सकती है। भक्तों की सरस वाणी मध्यकालीन जनमानस को ही नहीं अपितु आधुनिक वैज्ञानिक युगीन मानस को सन्तृप्त कर रही है। भक्तिकाव्य में भारतीय समग्र संस्कृति की नव-व्याख्या, जागृति की नयी रोशनी मिलती है जो पूर्ण स्वस्थ चित्त की ही उपज हो सकती है। भक्ति की मूलधारा दक्षिण भारत से उद्‌भूत हुई जो मुसलमानी आक्रमणों से प्रायः निरापद ही था। हजारीप्रसाद द्विवेदी के मत को उद्धृत करके इस तथ्य को पुष्ट किया जा सकता है—"यह बात अत्यन्त उपहासास्पद है कि जब मुसलमान लोग उत्तर भारत के मन्दिर तोड़ रहे थे तो उसी समय अपेक्षाकृत निरापद दक्षिण में भक्त लोगों ने भगवान् की प्रार्थना की। मुसलमानों के अत्याचार से यदि भक्ति की भावधारा को उमड़ना था तो उसे पहले सिन्ध में और फिर उसे उत्तर भारत में प्रकट होना चाहिए था पर हुई दक्षिण में।" मुस्लिम शासकों में सभी अनुदार तथा असहिष्णु नहीं थे। उनमें से अनेक ने भारतीय कला, साहित्य और संस्कृति को प्रोत्साहन दिया था।

ग्रियर्सन, विल्सन जैसे पाश्चात्य विद्वान् भक्ति को ईसाई धर्म की देन मानते हैं ग्रियर्सन का कहना है कि दूसरी-तीसरी शताब्दी में कुछ ईसाई मद्रास में आकर बस गये थे जिनके प्रभाव से भक्ति का विकास हुआ। ईसाई तो कृष्ण को क्राइस्ट का रूपान्तर मानते हैं। डॉ. ताराचन्द, हुमायूँ कबीर तथा आबिद हुसेन आदि विद्वान् समग्र भक्ति आन्दोलन पर इस्लाम धर्म का प्रभाव स्वीकार करते हैं। रामधारी सिंह 'दिनकर' ने अपनी पुस्तक 'संस्कृति के चार अध्याय' में इस मत का युक्तिसंगत खण्डन किया है। भक्तिधारा के आचार्य निम्बार्क, रामानन्द, बल्लभाचार्य आदि के दार्शनिक विचारों पर किंचित् भी इस्लामी असर नहीं दिखायी पड़ता। ईसाई प्रभाव या देन कहना दूर की कौड़ी खोजने से अधिक नहीं है।

एशिया और यूरोप महाद्वीप के अन्य भागों में भी ईसाई धर्म का प्रचार हुआ था वहाँ भक्ति आन्दोलन क्यों नहीं चला। विस्तृत अनुसन्धानों के पश्चात् स्थिति इसके विपरीत हो गयी। ईसाई धर्म में जो भक्तिवाद है वही महायानियों की देन सिद्ध होने को चला है क्योंकि ऐसे बौद्धों का अस्तित्व एशिया की पश्चिम सीमा में सिद्ध हो चुका है।

भक्ति-भावना का बीज वैदिक साहित्य में ही मिलने लगता है। वैष्णव धर्म की आराध्य के प्रति स्तुति, श्रद्धा, कृतज्ञता निवेदन, दैन्य आदि भाव वैदिक मन्त्रों में सुरक्षित हैं। डॉ. भण्डारकर अवतारवाद

की स्थिति वैदिक साहित्य में ही स्वीकार करते हैं—'यदि ये वैदिक देवता एक हैं तो एक ईश्वर अनेक हो सकता है। इसी से अवतारवाद की भावना उत्पन्न हुई।'

'भक्ति द्राविड़ी उपजी लाये रामानन्द' उक्ति से भक्ति का मूल सम्बन्ध द्रविड़ों से स्थापित होता है। वर्तमान खोजों से यह सिद्ध करने का प्रयत्न किया गया है कि भक्ति-भावना का सम्बन्ध प्राक् ऐतिहासिक मोहनजोदड़ो तथा हड़प्पा संस्कृति से सम्बद्ध द्रविड़ों से था। कुछ भी हो उपर्युक्त कथन का आशय इतनी अधिक दूर तक नहीं लगाया जा सकता है। आठवीं-नवीं शती में दक्षिण भारत में पौराणिक धर्म के विकास के सूत्र मिलते हैं। कुमारिल और शंकराचार्य के तर्कपूर्ण दार्शनिक अद्वैतवाद से सगुण-भक्ति को ठेस अवश्य लगी किन्तु इसके प्रति बेपरवाह आलवार भक्तों ने भक्ति की अमृतमयी धारा को प्रवहमान् रखा। आलवार भक्तों में अन्दाल नाम की भक्तिन विशेष रूप से उल्लेखनीय है। वह मीराँ के समान ही कृष्ण की पतिवत् उपासना करती थीं। इन भक्तों का समय पहली शताब्दी से लेकर 8वीं-9वीं शताब्दी तक माना जाता है। इसके पूर्व भक्ति की सैद्धान्तिक व्याख्याओं की सुदीर्घ परम्परा मिलती है। 'नारदीय भक्तिसूत्र' तथा 'शाण्डिल्य भक्तिसूत्र' में भक्ति के स्वरूप का सांगोपांग वर्णन हुआ है। उत्तर भारत में व्यावहारिक भक्ति के सन्देश का प्रचार करनेवाले रामानन्द हैं। इसके पूर्व आलवारों के भक्ति गीतों के संग्राहक, मन्दिर-गीतों तथा वैष्णव सिद्धान्तों के व्याख्याता नाथ मुनि और विशिष्टाद्वैत के प्रतिष्ठापक रामानुजाचार्य का नामोल्लेख आवश्यक है। रामानुज ने विष्णु की उपासना पर जोर देकर दास्यभाव की भक्ति का प्रचार किया। रामानन्द इसी परम्परा में आते हैं। भक्ति की यह परम्परा तुलसीदास द्वारा पुष्पित और पल्लवित की गयी।

भक्ति आन्दोलन की चर्चा में मध्वाचार्य, निम्बार्काचार्य और वल्लभाचार्य को सम्मिलित करना अत्यन्त जरूरी है। मध्वाचार्य द्वैतवाद के समर्थक थे। उन्होंने शंकराचार्य के अद्वैतवाद का खण्डन करके विष्णु भक्ति का प्रचार किया। निम्बार्क ने द्वैताद्वैतवाद की प्रतिष्ठा करके विष्णु और लक्ष्मी के स्थान पर कृष्ण और राधा की भक्ति प्रचलित की। आचार्य वल्लभ ने पुष्टि मार्ग का प्रवर्तन करके बाल कृष्ण की उपासना पर बल दिया। इन्होंने शुद्धाद्वैतवाद की स्थापना की। पुष्टि सम्प्रदाय के श्रेष्ठतम कवियों में सूरदास उल्लेखनीय हैं।

भक्ति की उत्तरी भारत की यात्रा महाराष्ट्र होकर सम्पन्न हुई। महाराष्ट्री नामदेव ने विट्ठल की उपासना में नाम स्मरण को महत्त्व प्रदान किया। विट्ठल सम्प्रदाय वैष्णव और शैव सम्प्रदाय का मिश्रित रूप माना जा सकता है। प्रेमासक्ति एवं रहस्यता इसकी कतिपय विशेषताओं में प्रमुख हैं। सिद्धों और नाथों की कर्मकाण्ड विरोधी प्रवृत्ति, खण्डन-मण्डन, सहजता, योग, विट्ठल सम्प्रदाय की प्रेमासक्ति तथा रहस्यात्मकता, रामानन्द द्वारा प्रचारित अद्वैतवाद और विशिष्टाद्वैतवाद की मिश्रित विचारधारा, सूफियों के प्रेम की मस्ती, इन सबके सम्मिलित प्रभाव को ग्रहण करके सन्तमत प्रादुर्भूत हुआ, जिसका नेतृत्व कबीर जैसी निर्भय, अक्खड़ प्रतिभा के द्वारा सम्पन्न हुआ।

इसी काल में भक्ति की एक धारा और प्रवाहित हुई, जिसका संवहन मुसलमानों के द्वारा हुआ। इस भक्तिधारा का नाम सूफी भक्ति (प्रेमाश्रयी निर्गुण शाखा) रखा गया। इन भक्तों ने सांस्कृतिक समन्वय का सफल उद्योग किया। जायसी इन्हीं सूफियों के प्रतिनिधि कवि हैं।

इस तरह भक्ति-भाव से सम्पृक्त जिस साहित्य का सृजन हुआ वह अपने-आप में बेजोड़ है। शाश्वत मूल्यों की स्थापना करने के कारण यह हिन्दी का क्लैसिकल साहित्य है। हजारीप्रसाद द्विवेदी का कथन है कि, "समूचे भारतीय इतिहास में अपने ढंग का अकेला साहित्य है। इसी का नाम भक्ति साहित्य है। यह एक नयी दुनिया है।"

भक्ति-आन्दोलन का स्वरूप

भक्ति-आन्दोलन एक धार्मिक और सामाजिक आन्दोलन के रूप में विकसित हुआ है। वैदिक कर्मकाण्डों के आडम्बर तथा ब्राह्मणों के वर्चस्व से मुक्त होने के लिए समाज के कई वर्गों में प्रयत्न का आरम्भ कई शताब्दियों पहले हो गया था। गौतम बुद्ध और महावीर स्वामी द्वारा चलाये गये धार्मिक आन्दोलन ब्राह्मण धर्म की प्रतिक्रिया के ही परिणाम थे। इन धर्मों का मुख्य उद्देश्य सभी जातियों को समाज में समान अधिकार दिलाकर सभी के लिए मोक्ष के उपायों को सुलभ कराना था। कई शताब्दियों तक इन धार्मिक आन्दोलनों में सामान्य जनभावना की तृप्ति मिलती रही किन्तु ब्राह्मण लोग अपने वर्चस्व तथा माहात्म्य को मिटते हुए चुपचाप नहीं देख सकते थे। हिन्दी साहित्य के आरम्भकाल में बौद्ध और जैनधर्म यद्यपि पतनोन्मुख थे किन्तु समता भाव का उनका प्रधान स्वर अब भी क्षीण नहीं हुआ था। बौद्ध सिद्धों में विविध दोष निकाले जा सके हैं किन्तु वर्गीय तथा जातीय साम्य का नारा बुलन्द करने की दृष्टि से उनके महत्त्व को अस्वीकार करना सम्भव नहीं है। शंकराचार्य के प्रयास तथा सिद्धान्तों से बौद्धधर्म को जोरदार धक्का लगा था और फलस्वरूप वह अपनी जन्मभूमि से बहुत कुछ हद तक लुप्त हो गया। शंकराचार्य का मायावाद भी भक्ति-आन्दोलन के लिए बहुत अधिक सहायक नहीं था इसीलिए आगे आनेवाले आचार्यों ने ईश्वर, जीव और जगत् के सम्बन्धों को कुछ इस ढंग से व्याख्यायित तथा प्रतिपादित किया कि भक्ति के पुष्पित और पल्लवित होने में उससे काफी सहायता मिली। सिद्धों की जातीय समता की चिन्ता को भक्ति का एक नया आधार मिल गया। यह आधार चूँकि ब्राह्मण परम्परा से गृहीत था इसीलिए इसे जल्दी ही व्यापक स्वीकृति मिल गयी। भक्ति-मार्ग में सुधार सम्बन्धी बीज पहले से ही विद्यमान थे। भगवद्गीता मुें भगवान् कृष्ण ने कहा कि ब्राह्मण, क्षत्रिय, वैश्य, शूद्र, सभी को मेरी आराधना का समान अधिकार प्राप्त है—

समोऽहं सर्वभूतेषु न मे द्वेष्योऽस्ति न प्रियः।
ये भजन्ति तु मां भक्त्या मयि ते तेषु चाप्यहम्॥

भारतीय दर्शन का बहुचर्चित और बहुप्रतिष्ठित सिद्धान्त अद्वैतवाद आत्मा और परमात्मा के अभेदत्व को मानकर चलता है। यह 'अहं ब्रह्मास्मि' की उद्घोषणा करके व्यक्ति-व्यक्ति में 'आत्मा' के रूप में प्रतिष्ठित परमात्मा की व्याप्ति को प्रतिपादित करके हर व्यक्ति के आध्यात्मिक गौरव को प्रतिपादित करता है। सामाजिक स्तर पर चार वर्णों की सृष्टि को भी ईश्वरीय इच्छा का ही परिणाम माना गया है। एक तरफ तो कहा गया है कि आत्मा जाति, वर्ण, अवस्था आदि से अलग शुद्ध ब्रह्म है। किन्तु दूसरी ओर शरीर धर्म से जुड़कर उसका वर्ण विभाजन भी हो जाता है। वर्ण विभाजन सांसारिक कर्म के आधार पर ही किया गया था किन्तु बाद में उसका आधार जन्म हो गया। भक्ति-आन्दोलन में पुनः 'कर्म' के आधार पर बल दिया जाने लगा किन्तु अब तक समाज की संरचना इतनी जटिल और विविध हो गयी थी कि उसके स्वरूप को नये सिरे से बदल पाना बड़ा कठिन था। काल के बड़े प्रवाह में बहता हुआ समाज नयी-नयी समस्याओं, जातियों, आवश्यकताओं से टकरा-टकराकर जिस आकार को ग्रहण कर चुका था उसको एकदम से नया आकार देना, बनी-बनायी मान्यताओं को तोड़-फोड़कर नयी मान्यताओं को गढ़ना असम्भव कार्य था। भक्ति के प्रचारकों ने असम्भव को सम्भव करने का प्रयत्न किया। सामाजिक ढाँचे को अनेक कोणों से धक्का दिया, कुछ काट-छाँट की कोशिश की और नयी मान्यताओं के लिए बहुत-कुछ जगह बनायी। यह कार्य एक-दो दिनों में सम्भव नहीं था। इसके लिए शताब्दियों की साधना की जरूरत थी। भक्तों द्वारा उठायी गयी

समस्याओं का पूर्ण हल अब भी नहीं निकल पाया है। भक्ति-आन्दोलन के आरम्भिक दौर में आध्यात्मिक और सामाजिक व्यवस्था के अलगाव को मान्यता देकर ही आगे बढ़ गया। क्षितिमोहन सेन के अनुसार, "इन जाति विचार शासित दक्षिण देश में रामानुजाचार्य ने विष्णु की भक्ति का आश्रय लेकर नीच जाति को ऊँचा किया और देशी भाषा में रचित शठकोपाचार्य के तिरूबेल्लुअर प्रभृति भक्ति-शास्त्र को वैष्णवों का वेद कहकर समादृत किया। धर्म की दृष्टि में सभी समान हैं लेकिन समाज के व्यवहार में जातिभेद है, इसीलिए दोनों ओर की रक्षा करके यह व्यवस्था की गयी कि प्रत्येक मनुष्य अलग-अलग भोजन करेगा। क्योंकि जाति-पाँति का सवाल तो पंक्ति भोजन में ही उठता है।"

धार्मिक और सामाजिक स्तरों पर मनुष्य के अलगाव की बात बहुत-से भक्तों के गले नहीं उतरी थी। सामाजिक स्तर पर उपेक्षित भक्तगण इस अलगाव की समाप्ति के लिए कटिबद्ध थे। अपनी भक्ति-साधना में वे व्यक्तिगत स्तर पर तो सफल हो सकते थे किन्तु उसके व्यापक प्रचार-प्रसार के लिए उनका प्रयास मात्र इसीलिए निष्फल हो जाता था क्योंकि उन्हें धर्मोपदेशक का आसन ग्रहण करने का अधिकार नहीं था। भक्ति जो लोकधर्म का स्वरूप ग्रहण कर रही थी उसकी व्याप्ति केवल निम्नस्तरीय लोगों के बीच ही संकुचित रह जाय, यह स्थिति किसी भी स्वाभिमानी तथा संवेदनशील व्यक्ति के लिए कैसे सह्य हो सकती है। कबीरादि सन्त इसीलिए इस द्वैत को समाप्त करने के लिए पूरे जोश और आक्रोश से सक्रिय होते हैं। जो लोग ब्राह्मण परम्परा के कायल हैं उन्होंने समन्वयवादी दृष्टि का परिचय दिया तथा धार्मिक और सामाजिक क्षेत्रों को बहुत-कुछ अलग-अलग ही रखा। तुलसीदास में वर्ण-व्यवस्था का जो समर्थन मिलता है वह विशुद्ध सामाजिक स्तर का है, धार्मिक स्तर का नहीं। आरम्भ से ही भक्ति-आन्दोलन में दोहरी प्रवृत्ति मिलती है। पहली प्रवृत्ति खण्डनात्मक अधिक है या यों कहें कि भक्तों का एक वर्ग ऐसा है जो परम्परा को तोड़कर नये सिरे से सामाजिक एवं धार्मिक व्यवस्था का पक्षधर है। दूसरा वर्ग ऐसा है जो परम्परा को एकदम से तोड़ने के लिए अनुकूल वातावरण नहीं देख रहा है। वह समाज की पूर्व व्यवस्था में नयी व्यवस्था के लिए उचित जगह बनाने के लिए प्रयत्नशील है।

भक्ति के आचार्यों में दूसरी तरह की ही प्रवृत्ति थी। इस सन्दर्भ में रामानुज का नाम उल्लेखनीय है। रामानुज परिवर्तित सामाजिक स्थितियों से अवगत थे। इस्लाम की उदारवादी सामाजिक व्यवस्था के प्रति शूद्रों के आकर्षण को उन्होंने अपने ढंग से रोका। समाज सुधार के क्षेत्र में उन्हें न तो नितान्त रूढ़िवादी कहा जा सकता है न सम्यक् क्रान्तिकारी। रामानुज ने शूद्रों को वेद अध्ययन का अधिकार दिलाने का प्रयत्न तो नहीं किया किन्तु प्रपत्ति तथा आचार्याभिमानयोग को उनके लिए मोक्ष का मार्ग प्रतिपादित करके वैकल्पिक मार्ग सुझा दिया। उन्होंने कुछ शूद्रों को भी अपना शिष्य बनाया तथा वर्ष में एक बार शूद्रों को मन्दिर में भगवान् का दर्शन करने का अवसर सुलभ कराया। ब्राह्मण, क्षत्रिय, वैश्य और शूद्र को उन्होंने भक्ति के रंगमंच पर एक साथ एकत्रित करके प्रशंसनीय कार्य किया। दक्षिण भारत में जातिवाद के विरुद्ध अन्य लोगों के द्वारा भी नारा बुलन्द किया जा रहा था। तमिल देश के तिरुमूलर एक जाति तथा एकेश्वर का नारा बुलन्द कर रहे थे। नम्मलवर की घोषणा थी कि जन्मजाति से कोई ऊँच-नीच नहीं है। भक्ति और ब्रह्मज्ञान के आधार पर ही मनुष्य समाज में ऊँचा-नीचा स्थान प्राप्त करता है। दक्षिण भारत के ही शैव भक्त पट्टकिरियार ने समाज में भ्रातृत्ववाद की आवाज उठायी थी। उत्तर भारत में भक्ति की जो लहर आयी उसमें धार्मिक तथा सामाजिक सुधार की भावना तरंगायित थी। उसके प्रभाव को ग्रहण करते हुए ही उत्तरी भारत में भक्ति का प्रचार-प्रसार हुआ। रामानन्द ने मायावाद तथा ज्ञानवाद के स्थान पर ऐसे आराध्य को स्वीकार किया जिसमें सभी वर्णों

की भावनाओं को तुष्टि मिल सके। उन्होंने विष्णु के स्थान पर विष्णु के अवतार राम की आराधना को समाज के समक्ष रखा। वे बाह्याडम्बरों के विरोधी थे। भगवद्भक्तों के बीच वे वर्णाश्रम के बन्धन को व्यर्थ मानते थे। रामानन्द के शिष्यों में विविध वर्णों से सम्बद्ध लोग थे। रामानन्द ने जाति प्रथा को सामाजिक स्तर पर भी भंग किया हो ऐसा निर्विवाद रूप से नहीं कहा जा सकता है। पीताम्बरदत्त बड़थ्वाल का कहना है कि आनन्द भाष्य में उन्होंने शूद्रों के वेद अध्ययन के अधिकार को स्वीकार नहीं किया और शूद्र और मुसलमान को ब्राह्मण के समान व उससे बढ़कर स्वीकार नहीं किया। यूसुफ हुसेन का मत है कि दक्षिण के अन्य आचार्यों की भाँति वे उदारवादी होते हुए भी सामाजिक समानता के पक्षपाती नहीं थे। कबीर ने सीढ़ियों पर लेटकर अँधेरे में रामानन्द से दीक्षा लेने का जो उपाय सोचा था उससे सम्बन्धी जो किंवदन्ती चलती है वह इसी मानसिकता की ओर संकेत करती है। भक्ति और समाज के स्तर पर वर्णाश्रम को दोहरी मान्यता का प्रभाव भक्ति साहित्य में परिलक्षित होता है।

भक्ति-आन्दोलन में जनचेतना की व्यापक प्रतिष्ठा का एक दूसरा बिन्दु है; पौराणिक धर्म का पुनरुत्थान। पुराणों में वैदिक परम्परा का चिन्तन कथारस में घुल-मिलकर व्यक्त हुआ है। पुराणों को पढ़ने और सुनने का अधिकार चारों वर्णो को था। विदुर आदि शूद्र जातीय सत्पुरुषों को ज्ञान प्राप्त होने का जो वर्णन मिलता है उससे यही तात्पर्य निकलता है। भक्ति-आन्दोलन में पुराणों का महत्त्व इसीलिए स्वीकृत हुआ है। सगुण भक्तिधारा में तो पौराणिक धर्म का प्रतिफलन हुआ ही है पुराण विरोधी सन्तगण भी पुराणों के प्रभाव से एकदम बच गये हों ऐसा भी नहीं है। निम्नजाति से सम्बद्ध भक्तों में पुराण के प्रति विरोधभाव का मुख्य कारण था ब्राह्मणों के धार्मिक वर्चस्व का विरोध। पुराणों के पठन तथा श्रवण की छूट सैद्धान्तिक रूप से भले ही रही हो किन्तु व्यावहारिक स्थिति तो यही थी कि शूद्रवर्णी जातियों को पढ़ने-लिखने का अवसर न प्राप्त होने के कारण उनका अधिकार मात्र श्रवण तक ही सिमटकर रह गया था। पुराणों के श्रवण का अवसर भी उन्हें किसी ब्राह्मण की कृपा से मिल सकता था इसीलिए पुराणों के प्रति उनमें पूर्ण आस्था उत्पन्न नहीं हो सकी।

भक्ति-आन्दोलन में सूफी साधना को भी सम्मिलित किये बिना उसके स्वरूप की पहचान अधूरी रह जायेगी। भारतीय धर्म और इस्लाम के मिलन से प्रेम भावना पर आधारित एक नये धर्म का प्रचार हुआ जिसे सूफी सम्प्रदाय कहा गया है। जिस तरह वैष्णव धर्म का विकास वैदिक कर्मकाण्डों की प्रतिक्रिया में हुआ था उसी तरह इस्लाम की शरीयत की प्रतिक्रिया में सूफी धर्म का विकास हुआ। वैसे आगे चलकर भक्ति-आन्दोलन में वेद की महत्ता को भी मौखिक तौर पर जनभावना के आदर के लिए स्वीकार कर लिया गया। वैसे ही सूफी साधना में कुरान शरीफ की महत्ता मान्य हुई। सम्पूर्ण भक्ति-आन्दोलन में पुराहितों, मौलवियों तथा मुल्लाओं के धार्मिक एकाधिकार तथा शोषण के विरुद्ध आवाज बुलन्द हुई है और विशुद्ध प्रेम तथा वैयक्तिक स्वानुभूति से धर्म को जोड़कर भक्तों ने जनमानस को शास्त्रीयता के आतंक से मुक्त किया है। इसमें साम्प्रदायिक सीमाएँ भी टूटी हैं। इन सीमाओं के खण्डन में भी सामान्यजनों की ही भूमिका है। विविध धर्मों के अनुयायी अंकिचन लोग परस्पर साथ रहकर जीवन की कठोर यथार्थता से जूझते हुए एक-दूसरे के दुःख-दर्द के प्रति पर्याप्त संवेदनशील होते जाते हैं। एक-दूसरे के उत्सवों, त्योहारों आदि में शरीक होकर वे धार्मिक सौमनस्य तथा एकता के लिए मार्ग प्रशस्त करते हैं। सन्तों, भक्तों और फकीरों का आशीर्वाद या दुआ उन्हें बिना किसी भेद-भाव के प्राप्त है और बदले में वे उन्हें श्रद्धा-सुमन समर्पित करते हैं। जनसाधारण के बीच निर्मित समन्वय के इस वातावरण से सन्तों और भक्तों को कुछ कहने या रचने की प्रेरणा

मिलती है। इस प्रेरणा से उत्पन्न साहित्य जनसाधारण को और जुड़ने की शक्ति देता है। प्रेरणा का यह परस्पर प्रवाह चलता रहता है।

भक्ति-आन्दोलन का सम्बन्ध जनसाधारण की चिन्ता से जुड़ा होने का एक और महत्त्वपूर्ण पहलू है भाषा। भक्तों के विचार चाहे जितने सरल तथा स्पष्ट होते, किन्तु यदि उनकी अभिव्यक्ति संस्कृत में होती तो वे पण्डितों की वस्तु बनकर रह जाते। इसीलिए भक्ति-आन्दोलन के साथ जनभाषाओं की प्रतिष्ठा का सवाल भी जुड़ा हुआ है। रामानन्द ने जनभाषाओं के माध्यम से अपने विचारों का प्रचार किया था। उनकी प्रेरणा से उनके अनुयायियों ने गुजराती, मराठी, बँगला तथा हिन्दी आदि भाषाओं को अपनाकर सम्पूर्ण भारत में क्रान्तिकारी चेतना जागृत कर दी। फलतः जनभाषाओं में शुद्ध, उदात्त तथा सार्वजनीन मुक्ति का स्वर गूँज उठा।

भक्ति-आन्दोलन का सम्बन्ध किसी विशेष जाति, वर्ण या क्षेत्र से नहीं रहा बल्कि सम्पूर्ण भारत में समस्त वर्गों में इस आन्दोलन का प्रभाव रहा। सांस्कृतिक समन्वय, जातीय और राष्ट्रीय एकता का अंकुरित स्वर भक्ति साहित्य में गुंजित हुआ है जिसकी ध्वनि भक्ति साहित्य के साक्षात्कार मात्र से कर्णपुटों में धुल जाती है। भक्ति साहित्य वास्तव में विविध स्तरों पर घटित सांस्कृतिक समन्वय का परिणाम है। समन्वय स्वदेशी और विदेशी संस्कृति का ही नहीं बल्कि अभिजात एवं लोकसंस्कृति का भी है।

भक्तिकालीन अभिव्यक्ति का स्वरूप—मध्यकाल में विकसित होनेवाले भक्ति-आन्दोलन की अभिव्यक्ति कला के विविध माध्यमों द्वारा हुई। सम्पूर्ण भारत का साहित्य, संगीत, नृत्य और चित्रकला भक्तिभाव से अनुप्राणित हो गये। इन कला माध्यमों की वस्तु और शिल्प का विकास निरपेक्ष न रहकर एक-दूसरे को प्रभावित करते हुए हुआ। साहित्य के स्वरूप और उसकी रचनात्मक एवं कलात्मक प्रवृत्तियों के विश्लेषण और मूल्यांकन के लिए अन्य कला माध्यमों के स्वरूप को दृष्टिगत करना अनिवार्य है।

संगीत—भारत संगीत के क्षेत्र में सम्पूर्ण विश्व में अपना उल्लेखनीय स्थान रखता है। वैदिक मन्त्रों को संगीतमय बनाने की चेष्टा का परिणाम है सामवेद। बौद्ध साहित्य की जातक कथाओं में संगीत का उल्लेख मिलता है। इससे स्पष्ट होता है कि संगीत की अविच्छिन्न परम्परा भारत में चलती रही है। मुस्लिम शासन की स्थापना के बाद संगीत के विकास के लिए संकट की स्थिति पैदा हो गयी। क्योंकि इस्लाम के अधिकांश रूढ़िवादी समर्थक संगीत के विरुद्ध थे। संगीत को इस संकट से मुक्त करने का श्रेय सूफी सन्तों को है। इन लोगों ने संगीत के पक्ष में काफी जोरदार और विश्वसनीय तर्क प्रस्तुत किये। इनके अनुसार साधक संगीत सुनकर भावावेश को प्राप्त हो जाता है और इससे प्रेम-भावना का उत्कर्ष होता है। बहुत से शासकों ने संगीत के प्रति रुचि दिखायी और उसकी उन्नति के लिए अनेक प्रकार से व्यवस्था की। मुसलमानों के काल का सर्वप्रथम उपलब्ध संगीतशास्त्र है, लोचन पण्डित रचित 'रागतरंगिणी'। इस ग्रन्थ के विवेचन से ज्ञात होता है कि इस समय विविध रागों के गायन का बड़ा महत्त्व था। अकबर का युग संगीत का स्वर्णयुग माना जाता है। अकबर के दरबार में 36 संगीतज्ञ थे जिनमें तानसेन, बैजू बावरा, रामदास और तानरंग खाँ सुप्रसिद्ध संगीतकारों में से थे। इस समय संगीतज्ञों की समाज में बड़ी प्रतिष्ठा थी। हिन्दू संगीतज्ञ संगीत की साधना एक तपस्वी की तरह करते थे। उनकी दृष्टि में संगीत मोक्ष का साधन था। अकबर बादशाह भी यह मानता था कि संगीत के माध्यम से धर्म का प्रचार श्रेयस्कर है। वृन्दावन में निवास करनेवाले सन्त संगीतज्ञ स्वामी हरिदास ने अपने भक्तिभाव को संगीत में प्रवाहित किया। इनके शिष्य तानसेन के संगीत में भी

भक्तिभावों की अभिव्यक्ति हुई। संगीत और भक्ति के गंगा-यमुना संगम में भारतीय संस्कृति की उदात्तता तथा आध्यात्मिकता क पवित्र स्वर फिर पूरे आवेग के साथ मुखरित हो उठा। संगीत के साथ भक्ति संगीत का नया विशेषण जुड़ गया। भक्तिभावना तथा धार्मिक विचारों की अभिव्यक्ति के लिए अत्यन्त सशक्त जनप्रिय आधार संगीत का ग्रहण अधिकांश भक्त कवियों ने किया। फलतः कबीर, सूर, मीराँ, तुलसी आदि भक्तों ने अपनी कविता में संगीत तत्त्व का समावेश किया। संगीत के इतिहासकारों ने इन कवियों को प्रमुख संगीतज्ञ मानकर इनका उल्लेख किया है। अकबर के दरबार में अनेक संगीतज्ञों के द्वारा भारतीय संगीत की पृष्ठभूमि उतनी उत्कृष्ट नहीं हो सकी जितनी कि महान् कवियों की कृतियों से हुई।

नृत्य—संगीत और नृत्य का परस्पर गहरा सम्बन्ध है। संगीत में यदि भाव स्वरों में स्फुटित होता है तो नृत्य में पैरों की थिरकन के साथ अंग-अंग की गति भावावेश की अवस्था को व्यक्त करती है। भक्ति संगीत को गाते-गाते भाव-विभोर होकर भक्तगण नृत्य भी करने लगते हैं। कृष्ण और गोपियों की रासलीला में सामूहिक नृत्य की सैद्धान्तिक एवं व्यावहारिक परिकल्पना अत्यन्त प्राचीन है। कृष्ण और गोपी भाव के समावेश से नृत्य को भी एक विशिष्ट आध्यात्मिक आयाम मिल गया। नृत्य की लोकपरम्परा तथा शास्त्रीय परम्परा भक्ति-साधना के धरातल पर परस्पर मिलकर विशिष्ट रूप धारण करती है। मन्दिरों में प्राचीनकाल से ही देवदासियों के द्वारा भक्तिपरक नृत्य प्रस्तुत करने की परम्परा मौजूद थी। भक्ति-आन्दोलन में नृत्य कला को भक्ति के प्रचार-प्रसार के लिए उपयुक्त माध्यम माना गया। नृत्य में चूँकि भाषा की कोई विशेष समस्या नहीं होती इसीलिए यह सबके मन को अभिभूत कर देता है।

चित्र—भक्तिकाल में चित्रकला का अभूतपूर्व विकास हुआ। इस समय की तीन मुख्य शैलियाँ उल्लेखनीय हैं—(1) मुगलशैली, (2) राजपूत शैली, (3) काँगड़ा शैली। मुगलशैली की चित्रकला में प्रकृति और दरबारी जीवन के विविध दृश्य और प्रसंग अंकित हैं। इसमें भक्ति-भावना की अभिव्यक्ति प्रायः नहीं हुई। राजपूत शैली में दरबारी सीमाओं से हटकर सामान्य जीवन का चित्रण किया गया। इसमें आध्यात्मिक भावों को भी बड़ी कलात्मकता से दर्शाया गया। रामायण तथा महाभारत की अनेक घटनाओं का चित्रण इसमें उपलब्ध होता है। प्रकृति के सुरम्य वातावरण तथा लोकजीवन के यथार्थपरक परिवेश में कृष्ण की लीला का अंकन अद्वितीय है। काँगड़ा शैली में भी रामायण, महाभारत तथा भागवत को चित्रित किया गया।

साहित्य—भक्तिभावना की अभिव्यक्ति के लिए पूर्वमध्यकाल में सर्वाधिक सशक्त माध्यम था साहित्य। चूँकि साहित्य में चित्र, नृत्य तथा संगीत के तत्त्व बड़ी सूक्ष्मता से सम्मिलित रहते हैं इसीलिए यह माध्यम अन्य माध्यमों की अपेक्षा अधिक महत्त्वपूर्ण हो जाता है। साहित्यकार भाव का चित्रण करने के लिए रंगों के स्थान पर शब्द बिम्बों का ग्रहण करता है, देह की थिरकन को वह शब्दों की गति में बाँध देता है तथा कुशल विन्यास से संगीत के स्वर, ताल और लय को मुखरित कर देता है। भक्तिभाव की अभिव्यक्ति के लिए प्रबन्ध तथा मुक्तक दोनों तरह के काव्यरूपों को अपनाया गया है। किन्तु अधिकांश भक्ति-साहित्य मुक्तकधर्मी है। यद्यपि भक्तिकालीन कवियों के लिए कला के माध्यम गौण ही थे उनमें व्यक्त भाव भी प्रमुख थे फिर भी उन्होंने साहित्य, संगीत आदि की शास्त्रीयता का अच्छा ज्ञान प्राप्त किया था। इसीलिए काव्यशास्त्र की कसौटी पर भी वे पूरी तरह से खरे उतरते हैं। जब-जब पुनर्जागरण होता है तब-तब रूढ़ियों की मजबूत पकड़ शिथिल होती है। शास्त्रीयता तथा अभिजात तत्त्वों में लोकजीवन की स्वच्छन्दता का समावेश होता है। फलतः साहित्य भी रूढ़ियों से

मुक्त होकर नवीन चेतना से सम्पृक्त हो उठता है। नवीन जीवन चेतना का अन्तर्भाव केवल वस्तुगत परिवर्तन नहीं लाता बल्कि शिल्पगत परिवर्तन भी लाता है। भक्ति आन्दोलन से सामाजिक एवं धार्मिक क्षेत्र में परिवर्तन की जो लहर पैदा हुई उसने साहित्य की धारा में समाहित होकर उसे तीर्थ की धारा में परिणत कर दिया। अब साहित्य के अनुशीलन का उद्देश्य काल्पनिक आनन्द की प्राप्ति मात्र नहीं रहा बल्कि वेदपाठ की तरह मुक्ति की साधना हो गया। जनसाधारण के बीच भक्ति साहित्य का प्रचार-प्रसार इसी भाव के कारण अधिक हुआ। कतिपय भक्ति-ग्रन्थों को धार्मिक ग्रन्थों का स्थान भी प्राप्त हो गया।

भक्तिकालीन काव्यसंवेदना और अभिव्यक्ति

सामाजिक, राजनीतिक एवं आर्थिक समीकरण के परिवर्तन के साथ मनुष्य के रागात्मक सम्बन्धों में भी परिवर्तन होता है। रागात्मक सम्बन्धों का यह परिवर्तन किसी समाज विशेष से जुड़े हुए व्यक्तियों की आस्था, आकांक्षा को प्रभावित करता है और किसी घटना, विचार या कार्य के प्रति उनकी क्रिया-प्रतिक्रिया को तीव्र, मद्धिम या क्षीण करता है। साहित्य के इतिहास के विविध युगों में संवेदनात्मक उत्तेजना का यही गुणात्मक अन्तर दृष्टिगोचर होता है। युग संवेदना की पहचान बहुत सरल नहीं होती है क्योंकि उसकी पहचान का कोई निश्चित मापदण्ड नहीं बन पाता। साहित्यिक रचनाओं का मात्रात्मक मापदण्ड कुछ हद तक ही पहचान में मदद कर पाता है। क्योंकि मात्रा की दृष्टि से कुछ हद तक ही पहचान में मदद कर पाता है। क्योंकि मात्रा की दृष्टि से कुछ कम विशेष तरह की रचनाएँ कभी-कभी व्यापक युग संवेदना का प्रतिनिधित्व करती हुई प्रतीत होती हैं। आदिकालीन संवेदना को राजाओं के आन्तरिक संघर्ष की पहचान तक सीमित नहीं रखा जा सकता है, जनसाधारण में धार्मिक विकृति के कारण जो सामाजिक बिखराव की स्थितियाँ पैदा हो रही थीं; उनका अनुभव कम महत्त्व का नहीं है। भक्तिकाल में राजाओं के आन्तरिक संघर्ष का स्वरूप बदल जाता है जिसका क्रम आदिकाल से ही शुरू हो गया था। अब संघर्ष देशी और विदेशी राजाओं के बीच था, या यों कहें इस देश को स्थायी निवास बनानेवाले विदेशी कहे जानेवाले राजाओं के बीच था। राजनीतिक संघर्ष को स्वदेशी और विदेशी राजाओं के बीच का ही नहीं माना जा सकता। यह संघर्ष विदेशी कहे जानेवाले योद्धाओं तथा राजाओं के बीच भी चल रहा था। कहने का तात्पर्य यह है कि युद्ध की समस्या मध्यकाल में समाप्त नहीं हुई थी। इसलिए युग-संवेदना का इसे भी उत्तेजक कारण मानना चाहिए। भक्तिकालीन काव्य-संवेदना का यह प्रमुख अंश है भी। आदिकालीन रासो काव्यों की चर्चा करते समय हमने देखा है कि वीररसात्मक रासो काव्यों का बहुलांश मध्यकाल मे ही रचा गया है। हिन्दी प्रदेश का पश्चिमी केन्द्र युद्ध की समस्या के प्रति अधिक संवेदनशील रहा। राजाश्रय में रहनेवाले कवियों के लिए मातृभूमि की रक्षा का भाव पूरी प्रखरता से विद्यमान था। परिणाम की दृष्टि से वीरगाथात्मक रासो काव्यों का सृजन आदिकाल की अपेक्षा मध्यकाल में कम नहीं हुआ। चूँकि मध्यकाल में कुछ इस प्रकार की साहित्यिक धाराओं का वृहत् प्रवाह दृष्टिगोचर होता है जिनमें युग-संवेदना या जनता की चित्तवृत्ति का प्रतिबिम्बन अपेक्षाकृत अधिक हुआ है। इसीलिए वीरगाथाओं की अपेक्षा उनका महत्त्व अधिक हो जाता है। चाहे हिन्दी का आदिकाल हो या पूर्वमध्यकाल (भक्तिकाल) यदि लड़ाई का सिलसिला राजाओं के बीच ही सीमित रहता, और उसकी परिणति धार्मिक लड़ाई में न होती तो जनता की सोच और भावना पर उसका प्रभाव भी नगण्य ही रह जाता। अपने राज्य वैभव की रक्षा के लिए संघर्ष करनेवाले राज्य की तुलना में स्वधर्म तथा जनधर्म की रक्षा के

लिए प्राणों की बाजी लगानेवाला वीर भारतीयों की दृष्टि में अधिक वरेण्य रहा है। कवियों का संवेदनात्मक जुड़ाव भी राजाओं और वीर योद्धाओं के प्रति इसी तर्क पर आधारित था। चन्द पृथ्वीराज की चारित्रिक उदात्तता के ही कायल थे। यदि कबीर शूर को भक्ति का आदर्श मानते हैं तो तुलसी राम के धर्मरक्षा के प्रति समर्पित शौर्य का मुक्त कण्ठ से गान करते हैं। आदिकाल में मानवीय क्रिया-कलापों को ईश्वरीय बनाने की चेष्टा है तो भक्तिकाल में ईश्वरीय क्रिया-कलापों को मानवीय धरातल पर रखने का प्रयत्न है। आदिकालीन कविता में व्यक्त वीर और शृंगार भावों को भक्तिकाव्य में भिन्न स्तर पर प्रतिष्ठित करने का उपक्रम किया गया है। भावात्मक अनुभवों के प्रति नितान्त उदात्त एवं आध्यात्मिक दृष्टिकोण को सामन्तों तथा बादशाहों की उच्छृङ्खल कामवासना तथा भावान्धता की प्रतिक्रिया में जनसाधारण की सन्तुलित जीवनदृष्टि का परिणाम मानना चाहिए। भक्त कवियों की दृष्टि में प्रेम की सार्थकता ईश्वरीय प्रेम तथा शौर्य की सार्थकता धर्मरक्षा एवं जनरक्षा में है।

मूर्तियों और मन्दिरों के टूटने के साथ ही जनसाधारण की बहिर्मुखी स्थूल आस्था का टूटना भी स्वाभाविक था। जिन मूर्तियों को साक्षात् भगवान् समझकर पूजा जाता रहा, जिनके आगे रक्षा और कल्याण की याचना की जाती थी जब वे विधर्मियों के हाथ से तोड़ी जाने लगीं तो जनसाधारण के मन में निराशा का जागना स्वाभाविक था। इस निराशा का निराकरण करने के लिए भक्तगण वैकल्पिक साधना का निश्चित उपाय लेकर उपस्थित हुए। धर्म तथा जनास्था की रक्षा के दायित्व का निर्वाह देशी राजा नहीं कर सकते थे क्योंकि वे अपनी कतिपय दुर्बलताओं के कारण विदेशी आक्रमणकारियों से पराजित हो चुके थे और विदेश से आनेवाले नये शासक चूँकि अपने साथ एक भिन्न धर्म लेकर आये थे इसलिए उनसे जनधर्म की रक्षा की उम्मीद नहीं की जा सकती थी। ऐसी विषम स्थिति में सांस्कृतिक अतीत की ओर कुछ विकल्प पाने की स्पृहा से दृष्टिपात आवश्यक था। मूर्ति के स्थान पर साक्षात् भगवान् के अवतरण का अवसर आ गया था। भगवान् का यह अवतरण किसी व्यक्ति के रूप में नहीं हुआ बल्कि मानवी शक्ति के रूप में हुआ। कबीरादि सन्तों ने हिन्दुओं को चेतावनी दी कि मूर्ति टूटने से धर्म नहीं टूटता इसलिए निराशा की कोई जरूरत नहीं है और विजय के दर्प से झूमनेवाले मुसलमानों को बताया कि भारतीय धर्म का असली रूप आत्मा को परमात्मा मानने का है। जब तक एक भी आत्मा (व्यक्ति) जीवित है तब तक धर्म भी जीवित है। ईंट और पत्थर से बना हुआ मन्दिर यदि निरर्थक है तो मस्जिद उससे कम निरर्थक नहीं है। मनुष्य का शरीर ही पवित्र मन्दिर या मस्जिद है जिसमें भगवान् या अल्लाह का दर्शन हो सकता है। कबीर की बात पण्डितों तथा मुल्लाओं को रुचिकर भले ही न लगती रही हो किन्तु उसमें युग-संवेदना की सच्ची अभिव्यक्ति थी इसीलिए अनेक विरोधों के होते हुए भी कबीर जैसे निर्भीक एवं स्पष्ट वक्ता का कोई कुछ भी नहीं बिगाड़ सका। कबीर ने धर्म के आधार पर बिखरे हुए समाज को जोड़ने का प्रयत्न किया। उन्होंने ऊँच-नीचे सामाजिक धरातल को काट-छाँटकर पहले समतल बनाने का प्रयास किया और विविध जातियों, वर्णों और धर्मों में बँटे हुए लोगों को एक साथ रहने और जीने का तरीका बताया। विरोधी तत्त्वों को निकालकर समता के भाव को उजागर किया। कबीर जिस युग में पैदा हुए थे उस युग में संघर्ष तथा विद्वेष अधिक तीव्र था इसलिए उनके आगे जो समस्या थी वह बहुत दुरूह थी, कबीर अपनी पूरी शक्ति तथा आत्मिक ऊर्जा से इस समस्या से लड़ते हैं तथा आगे आनेवाले भक्तों को अपनी अनुभूति तथा संवेदना को निडर होकर व्यक्त करने का वातावरण तैयार करते हैं।

सांस्कृतिक टकराहट से उत्पन्न अनेक समस्याओं में सर्वप्रथम समस्या थी अपने अस्तित्व की रक्षा। सामाजिक और राजनीतिक बिखराव की स्थिति में अस्तित्व की सुरक्षा का संकट और भी भयावह

था। भारतीय सामाजिक और धार्मिक व्यवस्था कुछ इस तरह से एक-दूसरे से जुड़ी हुई है किसी एक पर चोट करने का परिणाम होगा कि दोनों ही टूटकर बिखर जायेंगी। इसीलिए इस्लाम के प्रचार-प्रसार से भारतीय धर्म व्यवस्था के लिए ही संकट नहीं पैदा हुआ बल्कि सामाजिक व्यवस्था पर भी प्रश्नचिह्न लग गया। जीवन की अन्य समस्याएँ भी धर्म से ही जुड़ गयी थीं। इसका कारण यह है कि भारत में धर्म का तात्पर्य मजहब मात्र नहीं है बल्कि इसमें सामाजिक, राजनीतिक तथा आर्थिक सभी प्रकार के मानवीय कर्त्तव्यबोध का सन्निवेश है। इसीलिए भक्तिकालीन संवेदना का स्वरूप मुख्यतः धार्मिक भाव से सम्बद्ध दिखायी देता है। मध्यकालीन शिक्षा-दीक्षा तथा सोच धर्म-केन्द्रित होने के कारण जनसाधारण की मानसिकता कुछ इस तरह की बन गयी थी कि वह अर्थहीनताजनित भौतिक पीड़ा को भाग्य के सहारे तो सह सकता था किन्तु अपनी धार्मिक भावना को ठेस पहुँचानेवाले तत्त्वों को किसी भी तरह बर्दाश्त नहीं कर सकता। आज के वैज्ञानिक युग में भी यदि धर्मगत संवेदनशीलता इतनी अधिक है तो मध्यकालीन परिवेश में इसकी प्रखरता का अन्दाज लगाना कठिन नहीं है। भक्ति साहित्य में धार्मिक भाव के अन्तर्गत ही सभी भावों का समाहित होना इसीलिए आश्चर्यजनक नहीं माना जाना चाहिए। साथ ही भक्ति साहित्य में व्यक्त जीवन के अन्य सन्दर्भों की खोज करते समय धर्म के वृत्त को विस्मृत नहीं करना चाहिए। यदि हमें किसी दूसरे पक्ष को चटकीला बनाना है तो कुछ देर के लिए धर्म की गहरी रेखा को धूमिल करके उसकी व्यंजकता पर दृष्टि केन्द्रित करना होगा। कबीरादि सन्तों के सामाजिक सुधार तथा धार्मिक सुधार के बीच रेखा खींचकर विश्लेषण करने की चेष्टा अनेक गलत या विरोधी परिणाम निकाले गये हैं।

मध्यकाल की यह धार्मिक चेतना यदि तर्क-वितर्क तक सीमित रहती तो तो अपने-अपने शास्त्रों तथा धर्मग्रन्थों के प्रमाण को ग्रहण करती हुई अलगाववादी प्रवृत्तियों को ही संरक्षण देती। धार्मिक चेतना काव्य-संवेदना में ढल जाने के कारण ही सभी प्रकार की साम्प्रदायिक सीमाओं को तोड़ने में सक्षम हुई। भक्त कवियों की मूल चेतना मानवीय कल्याण कामना से सम्पृक्त रही, उसमें किसी जाति या वर्ग-विशेष की हित चिन्ता नहीं है। मुख्य-मुख्य काव्यरस, शृंगार, वीर, करुण, रौद्र आदि भक्ति-भावना की व्यापक परिधि में प्रविष्ट होकर अपनी उदात्त उदात्तता में जनसाधारण की संवेदना क अंग बन गये। मूल भावों की विश्वमानव में समान स्थिति ही देश, काल और भाषा भेद से ऊपर मानव मात्र की एकता को निर्देशित करती है। प्रेम, शौर्य, करुण आदि भाव चाहे जिस देश के काव्य में व्यक्त हों यदि भाषा की समस्या न हो तो सर्वग्राह्य एवं सर्वआस्वाद्य होते हैं। कविता यदि विशुद्ध भावपरक है तो उसका स्वरूप बहुत-कुछ असाम्प्रदायिक ही होगा। भक्तिकालीन काव्य चूँकि विशुद्ध भावपरक है, इसका मूल संकल्प है मानवीय घृणा, द्वेष, ईर्ष्या, वैमनस्य को मिटाकर ईश्वरीय प्रेम को जागृत करना, इसीलिए वह सार्वजनीन है। राजनीतिक तथा धार्मिक, हिंसा और घृणा के दौर मे सबसे बड़ी आवश्यकता की पूर्ति पौराणिक और कल्पित कथाओं के माध्यम से की गयी। इन कथा काव्यों को पर्याप्त लोकप्रियता मिली। प्रेम को ही ईश्वर प्राप्ति का प्रमुख साधन माना गया जिसकी प्रारम्भिक सीढ़ी मानवीय प्रेम को ही निरूपित किया गया। प्रेम संवेदनों के अंकन में कवियों की दृष्टि वासनात्मक तथा भोगवादी नहीं थी, उसमें उनका प्रयत्न त्याग, बलिदान, निष्ठा को अधिक उभारने का था। जहाँ प्रेम में, चाहे मानवीय हो या ईश्वरीय कुछ पाने की ही स्पृहा प्रबल होती है भक्त इसके विरुद्ध त्यागपूर्ण प्रेमभाव का मन्त्र फूँकते हैं। कवि, धार्मिक नेता सभी कुछ पाने के लिए उन्हें बहुत-कुछ देते हैं उनका साथी वही व्यक्ति बन सकता है जो माया-मोह से रचे हुए अपने घर को, जो अनेक तरह की सीमाबद्धता को जन्म देता है को जलाकर आये—

कबिरा खड़ा बाजार में लिए लुकाठी हाथ।
जो घर जारे आपना चले हमारे साथ॥

भक्तिकाव्य में पहली बार लोक-संवेदना को व्यापक अभिव्यक्ति मिल सकी। गरीबी, सामाजिक विषमता तथा धार्मिक शोषण से पीड़ित जनसाधारण की पीड़ा का मार्मिक चित्रण भक्त कवियों ने किया है। सन्तकवि तो इस पीड़ा के भोक्ता होने के कारण प्रखर वक्ता हैं ही अन्य काव्यधाराओं में भी जनभावना का संवेदनशील अंकन है। जायसी ने नागमती का विरह वर्णन करते समय ग्रामीण नारी की विवशता, दारिद्र्य तथा जर्जरित गृह में एकाकी रहने की पीड़ा का मार्मिक उद्घाटन किया है–

तपै लागि अब जेठ आषाढ़ी, मोहि पिउ बिनु छाजनि भइ गाढ़ी।
तन तिनउर भा, झूरौं खरी, भइ बरखा दुख आगर जरी॥

जायसी लोकसंवेदना को बड़ी आत्मीयता से सम्पूर्ण प्राकृतिक, सामाजिक और भाषिक परिवेश में उद्घाटित करते हैं इसीलिए वे राजा-रानी की कथा को लोकगाथा में रूपान्तरित करने में सफल हो जाते हैं। इसी तरह सूरदास वात्सल्य और शृंगार के संवदेनाओं को एक भिन्न सन्दर्भ में चित्रित करते हैं। वर्णन कौशल के साथ लोकमानस की निश्छलता, अकृत्रिमता तथा पूर्ण निष्ठा के कारण सूर की भाव व्यंजना अधिक मार्मिक हो गयी है। तुलसी का अनुभव क्षेत्र अत्यन्त विस्तृत है, उनके साहित्य में मानवीय सम्बन्धों के विविध प्रसंग बड़ी मार्मिकता से उद्भासित होते हैं। वे सामाजिक संस्थाओं तथा राजनीतिक अव्यवस्था की दुर्बलताओं को उजागर करके अपने कर्त्तव्य की इतिश्री नहीं मानते बल्कि एक आदर्शव्यवस्था का विकल्प भी पेश करते हैं। सामाजिक व्यवस्था के पुराने ढाँचे का समर्थन करते हुए भी समाज के ठेकेदारों को खरी-खोटी सुनाने से नहीं चूकते।

इस तरह हम देखते हैं कि भक्तिकाव्य की संवदेना जनभावना से जुड़कर पराजित तथा निर्वीर्य राजाओं का तिरस्कार करती हुई परमशक्ति सम्पन्न ईश्वर से आत्मिक सुखानुभूति के स्तर पर जुड़ती है तथा पीड़ा और बेचैनी में भी अद्भुत मानसिक ऊर्जा उत्पन्न करती है।

मध्यकालीन भक्ति के दो पक्ष : सगुण और निर्गुण

भारतीय दर्शन में ब्रह्म के स्वरूप का विवेचन मुख्यतया दो रूपों में हुआ है–निर्गुण और सगुण। इन्हीं दो रूपों के आधार पर हिन्दी में भक्ति की दो धाराएँ निर्मित हुईं। इन दोनों धाराओं में अनुभूति, विचार और अभिव्यक्ति की समानता अधिक है, वैषम्य बहुत कम। वास्तव में मध्यकालीन भक्त कवि की मानसिकता एक दार्शनिक से बिलकुल अलग है। भक्तगण कवि होने के नाते विश्लेषण पर उतना बल नहीं देते जितना समग्रता बोध पर। वे ईश्वर और दृष्टि को अखण्डित एवं विराट् रूप में अपनी रचनाओं में अंकित करना चाहते हैं। इसीलिए सगुण और निर्गुण को एक दूसरे को विरोधी मानकर नहीं चलना चाहिए।

निर्गुण भक्ति में ब्रह्म का साक्षात्कार विशुद्ध अनुभूतिपरक है, वह मुख्यतः आत्मा और परमात्मा के अभेदत्व की स्थिति है। उसमें त्रिगुणों (सत्त्व, रज, तम) से अछूते ब्रह्म का नाम स्मरण, अर्चन, वन्दना तथा सेवन करते हुए प्रेम की मस्ती में डूबकर विश्व की एकात्मिक भावना में तल्लीन होकर जीवन्मृत होने की साधना है। अनिर्वचनीय, अमल, अकल एवं शाश्वत ईश्वर को भक्ति का आलम्बन बनाने की प्रक्रिया में तेजपुंज, कान्तिमान्, दयावान्, कर्त्ता, धर्त्ता, संहारक आदि गुणों से विभूषित कर दिया गया है। अभिव्यक्ति की प्रबल आकांक्षा जो कवि की आन्तरिक आकुलता भी है, के

परिणामस्वरूप उसे वचनीय भी बना दिया गया है। वचनीय बनाने की प्रक्रिया में निर्गुण भक्त अपनी मूल वैचारिकता की सीमा का अनजाने में उल्लंघन कर देते हैं। उनमें अवतारवाद की मान्यताओं का सहज सन्निवेश हो जाता है। तथा अनेक पौराणिक सन्दर्भों की चर्चा भी हो जाती है। निर्गुण भक्ति का बहुआयामी स्वरूप अपने अन्दर अद्वैत दर्शन, योगदर्शन तथा नवधा भक्ति के अनेक तत्त्वों को समाहित कर लेता है। निर्गुण भक्त यद्यपि ज्ञान, कर्म और ध्यान की उच्चतम स्थिति से अपने को सम्बद्ध करने की चेष्टा करते हैं किन्तु लोक आस्थाओं एवं लोक भावनाओं की वे उपेक्षा नहीं कर पाते हैं। इसीलिए सैद्धान्तिक रूप से जिन तथ्यों का वे निषेध करते हैं व्यावहारिक स्तर पर उन्हीं को स्वीकार कर लेते हैं। सगुण ब्रह्म की परिधि में उनका प्रवेश बार-बार इसीलिए हो जाता है।

सगुण भक्ति में ब्रह्म के साकार अवतारी रूप को आलम्बन बनाया गया है। किन्तु इसमें निर्गुण का निषेध नहीं होता है इसीलिए निर्गुण तथा सगुण भक्तिभावना को परस्पर विरोधी नहीं मानना चाहिए। सगुण और निर्गुण दोनों में ईश्वर के गुणों का समान उल्लेख मिलता है। सगुणोपासक तुलसी की पंक्तियों से इसी तथ्य का बोध होता है—

दुष्ट-बिबुधारि-संघात-अपहरन महिभार, अवतार कारन अनूपं।
अमल अनवद्य अद्वैत निर्गुन सगुन ब्रह्म सुमिरनि नरभूप-रूपं॥

निर्गुण की तरह सगुण भी अद्‌भुत एवं अज्ञेय है, अविगत निर्गुण जब सगुण बनकर गतिशील होता है तो उसका ज्ञान और भी जटिल हो जाता है। सूरदास विविध लीला पदों में उसके इसी अपूर्व रूप को समझाने की कोशिश करते हैं। तुलसी का कथन है कि उसे वही भक्त जान पाता है जिसे वह स्वयं जता देता है। उसकी लीला को जनसाधारण का कृत्य समझ लेने के भ्रम से बचने के लिए वे बार-बार उसके विशुद्ध निर्गुण रूप की ओर ध्यानाकर्षित करते हैं। निर्गुण और सगुण दोनों भक्तों ने ईश्वर की बाह्य विधि-विधानों तथा आडम्बरों से रहित मानसी-भक्ति साधना पर बल दिया है। कबीर आदि निर्गुण सन्तों की सारी साधना ही आत्मिक है, देह के अन्दर घटित होनेवाली है। तुलसी भी राम के हृदय भवन में विशद भाव नैवेद्य से आरती करते हैं—

भाव अतिशय विशद प्रवर नैवेद्य श्री रमन परम सन्तोषकारी।
× × ×
विमल-हृदि भवन कृत संगति-पर्यंक शुभ सयन विश्राम श्रीराम रामा॥

निर्गुण भक्त के रहस्यवादी वर्णनों में जहाँ आत्मा-परमात्मा प्रेयसी और प्रिय के प्रतीकों का रूप ग्रहण कर लेते हैं वहाँ शृंगार रस की व्यापक लोकभूमिका बन जाती है। यहाँ आराध्य का एकमात्र स्वामी रूप ही नहीं बल्कि पति एवं जननी का रूप भी कल्पित कर लिया गया है। सूफी साधना में तो इस प्रतीक का इतना अधिक विस्तार है कि रहस्य भावना गौण हो गयी है लोकभावना प्रधान। सूफियों में आत्मा-परमात्मा के प्रेम-विरह की साधना किसी लौकिक ऐतिहासिक कथा का आश्रण ग्रहण कर भक्ति के लीला वर्णनों एवं चरिताख्यानों की तरह ही, लौकिक रस आप्लावित हो गयी है। चाक्षुष तथा स्थूल प्रतीकों के माध्यम से निर्गुण भक्त ब्रह्म मिलन के परमानन्द को प्राप्त करना चाहता है। ये प्रतीक साधना के सहज माध्यम का कार्य करते हैं।

संसार की विषय-वासनाएँ मन को आकृष्ट करके ईश्वर भक्ति से विरत करती हैं। निर्गुण और सगुण दोनों भक्ति-पद्धतियों में मन की सांसारिक गति को अवरुद्ध करके ईश्वरोन्मुख करने का यत्न

परिलक्षित होता है। इस जटिल कार्य के लिए ईश्वर की कृपा की भी याचना की गयी है। संसार के जाल में बार-बार फँसने उलझने की पीड़ा का एहसास दोनों प्रकार के भक्तों को है। यही पीड़ा ही अनेक पदों में दैन्य के रूप में प्रस्फुटित होती है।

गुरु की महिमा दोनों में स्वीकृत है। गुरु की कृपा के बिना साधक अज्ञान के अन्धकार से मुक्त नहीं होता। ज्ञानचक्षु को उघाड़ने की क्षमता भी गुरु में ही होती है। निर्गुण भक्ति में यदि गुरु गोविन्द से बढ़कर है तो सगुण भक्ति में वह नररूप हरि है। तुलसी ने राम से राम के नाम को अधिक श्रेष्ठ माना है क्योंकि नाम की सूक्ष्म भावात्मक अवधारणा में समस्त सांस्कृतिक, धार्मिक चेतना समाहित है तथा मन्त्र की तरह सहज स्मरणीय एवं जप योग्य है। कबीर भी नाम-स्मरण को अजपा-जाप के स्तर तक ले जाते हैं। दोनों भक्ति रूपों में प्राप्त अन्तर आराध्य के स्वरूप का ही अन्तर है। आराध्य के अगोचर, अरूप एवं सर्वशक्तिमान् सत्ता की समान स्वीकृति के कारण सन्त और सूफी भाव-साधना को निर्गुण भक्ति के अन्तर्गत सम्मिलित किया जाता है।

निगुण भक्ति काव्य : 1. सन्त काव्य

सन्त की व्युत्पत्ति सत्, शान्त आदि शब्दों से मानी जाती है। भारतीय साहित्य में वैरभाव से रहित सांसारिक विषय-वासनाओं से विरक्त, विवेकशील, सज्जन, परोपकारी, समदर्शी पुरुष को सन्त कहा जाता है। पल्टू साहब का कथन है 'सन्त और राम को एक कै जानिए, दूसरा भेद ना तनिक आनै।' वास्तव में सन्त वही व्यक्ति है जिसने सांसारिक विषय-वासनाओं से विरक्त होकर ज्ञान, योग तथा भक्ति के द्वारा ब्रह्म की अनुभूति में अपने व्यक्तित्त्व के अलगाव को तल्लीन कर दिया है। परिणामस्वरूप जिसे द्वैताद्वैत विवर्जित, द्वन्द्वातीत परम सत्य का साक्षात्कार हो गया है। सन्त का प्रयोग विट्ठल या बारकरी सम्प्रदाय के ज्ञानदेव, नामदेव, एकनाथ, तुकाराम आदि महाराष्ट्रीय भक्तों के लिए हुआ है। इन सन्तों से कबीरादि की साधना तथा विचारों की समरूपता देखकर सम्भवतः इनके लिए भी सन्त शब्द का व्यवहार होने लगा।

सन्तकाव्य-परम्परा—सन्तों का सम्बन्ध वेद विरोधी या व्रात्य धारा से जोड़ा जाता है, जो बौद्ध-सिद्धों तथा नाथों की विचार सरणियों तथा अनुभूतियों को समेटती हुई प्रवाहित हुई है। अपने विकासकाल में इसने विट्ठल सम्प्रदाय तथा सूफी भावनाओं को भी ग्रहण किया। अधिकतर विद्वान् सन्तमत के प्रवर्तन का श्रेय कबीर को देते हैं किन्तु कबीर से पूर्व विट्ठल सम्प्रदाय में सन्त सम्प्रदाय की प्रायः समस्त विशेषताओं का सूत्रपात हो गया था। इस सम्प्रदाय के कवियों में सोमेश्वर, चक्रधर महाराज, नामदेव, जयदेव, ज्ञानेश्वर, मुक्ताबाई उल्लेखनीय हैं। इनका रचना-काल प्रायः आदिकाल की सीमा में पड़ता है।

रामानन्द— उत्तर भारत में भक्ति का प्रचार करनेवाले रामानन्द रामानुजाचार्य की शिष्य-परम्परा में आते हैं। भक्तमाल में उल्लेख है कि, "स्वामी श्री 108 रामानन्द जी दयालु श्री प्रयागराज में कश्यप जी के समान भगवद्धर्म युक्त बड़भागी कान्यकुब्ज ब्राह्मण 'पुण्य सदन' के गृह में, विक्रमीय संवत् 1356 के माघ कृष्ण सप्तमी तिथि में, सूर्य के समान सबों के सुखदाता, सात दण्ड दिन चढ़े चित्रा नक्षत्र सिद्ध योग कुम्भ लग्न में गुरुवार को 'श्री सुशीला देवी जी' से प्रगट हुए।' रामानन्द की दृष्टि उदार थी। इन्होंने ऊँच-नीच सभी वर्णों के लिए भक्ति-मार्ग प्रशस्त किया। निर्गुण और सगुण ब्रह्म के दोनों रूपों को इन्होंने स्वीकृति दी। इनके बारह शिष्यों ने सन्त साहित्य की समृद्धि एवं विकास में विशेष योगदान किया जिनके नाम हैं—अनन्तानन्द, कबीर, सुखानन्द, सुरसुरा, पद्मावत, नरहरि, पीपा,

भावानन्द, रैदास, धन्ना, सेना, सुरसुर। इनमें कबीर, पीपा, रैदास, धन्ना और सेना की हिन्दी रचनाएँ उपलब्ध हैं।

पीपा का जन्म सं. 1482 में हुआ था। ये गगरौनगढ़ के अधिपति माने जाते हैं। धना संवत् 1472 में धुवान (राजपूताना) में जाट परिवार में पैदा हुए थे। सेना जाति के नाई थे और रामानन्द के समकालीन थे। रैदास चर्मकार के घर पैदा हुए थें। इनका निवास-स्थान काशी माना जाता है। इनका जन्मकाल 1299 ई. या 1398 ई. तथा मृत्युकाल 1448 ई. निर्धारित किया गया है।

राजस्थान में इनकी हस्तलिखित रचनाओं के अस्तित्व की सम्भावना की जाती है। बेलबिडियर प्रेस प्रयाग से 'रैदास जी का बानी' प्रकाशित है। इसका पाठ निर्भ्रान्त रूप से प्रामाणिक नहीं लगता।

रैदास की अभिव्यक्ति में सादगी एवं ऋजुता है। अपने अनुभवों एवं विचारों को सुबोध ढंग से प्रस्तुत करना ही इनका लक्ष्य था। इन्होंने भक्ति के लिए विरक्ति अनिवार्य मानी। इनकी भाषा में अवधी, राजस्थानी, खड़ीबोली तथा प्रचलित उर्दू-फारसी के शब्दों का व्यवहार हुआ। उपमा-रूपक रैदास के प्रिय अलंकार हैं। दास्यभाव को व्यंजित करनेवाली रैदास की प्रस्तुत पंक्तियाँ द्रष्टव्य हैं—

प्रभु जी तुम दीपक हम बाती, जाकी जोति बरै दिन राती।
प्रभु जी तुम मोती हम धागा, जैसे सोने मिलत सुहागा॥
प्रभु जी तुम स्वामी हम दासा, ऐसी भक्ति करै रैदासा।

कबीर

रामानन्द के शिष्यों में कबीर सर्वाधिक प्रतिभाशाली एवं तेजस्वी थे। कबीर के जीवन के सम्बन्ध में सुनिश्चित तथ्यों का अभाव है। कबीर के अनुसन्धानकों ने कबीर के जन्म-स्थान के रूप में मगहर, काशी एवं बेलहरा (आजमगढ़) का उल्लेख किया है। मगहर के प्रति कबीर की विशेष आसक्ति के कारण जन्म-स्थान के रूप में मगहर का पक्ष प्रबल हो जाता है। कबीर के इस कथन 'तोरे भरोसे मगहर बसिऔ मेरे तन की तपन बुझाई' से भी इस अनुमान की पुष्टि होती है। कबीर जुलाहा परिवार से सम्बद्ध थे। मगहर प्रायः जुलाहों का ही गाँव है।

इनका जन्म-काल सं. 1455 माना जाता है। इनके माता-पिता के रूप में नीरू और नीमा का नाम लिया जाता है। एक दन्त कथा है कि कबीर का जन्म विधवा ब्राह्मणी के गर्भ से हुआ था। लोकापवाद के भय से उसने नवजात शिशु को लहरतारा नामक तालाब के किनारे छोड़ दिया था। वहीं नीरू-नीमा ने कबीर को प्राप्त किया।

रचनाएँ—कबीर पढ़े-लिखे नहीं थे। उनकी वाणियों को शिष्यों ने संगृहीत किया। कबीर की वणियों का संग्रह 'बीजक' के नाम से प्रसिद्ध है। इस ग्रन्थ को कबीरपन्थ में विशेष प्रामाणिक माना जाता है, इधर कबीर की वणियों के पाठालोचन पर आधारित मूलपाठ प्रकाश में आये हैं जिनमें श्यामसुन्दरदास, डॉ. माताप्रसाद गुप्त, डॉ. पारसनाथ तिवारी तथा डॉ. रामकिशोर शर्मा की कबीर ग्रन्थावलियों का उल्लेख किया जा सकता है।

कबीर का रचना-सन्दर्भ—कबीर का आविर्भाव ऐसे काल में हुआ था जब मुस्लिम तथा हिन्दू संस्कृति की पारस्परिक टकराहट हो रही थी। हिन्दू जनता जितनी सिकुड़ती थी मुस्लिम शासक उसे उतना ही दबोचते थे। हिन्दू धर्म अनेक मत-मतान्तरों में विभक्त होकर सामाजिक सुदृढ़ता एवं जनआस्था को सुरक्षित रखने में अक्षम हो रहा था। उसमें बाह्याडम्बर, कट्टरता एवं विद्वेष बढ़ रहा

था। कबीर ने धर्म के विरोधमूलक तत्त्वों में खण्डन करके हिन्दू-मुस्लिम धर्म के शाश्वत भावों को लेकर ऐसे सार्वजनीन धर्म की प्रतिष्ठा की जो किसी भी जाति, वर्ग, वर्ण के लिए ग्राह्य हो सकता था। बाह्याडम्बरों के खिलाफ डटकर खड़े होने में कबीर को सिद्धों ने तेज धारदार भाषा दी; सत् आचरणों की प्रतिष्ठा के लिए नाथों ने अपने विरागपूर्ण जीवन की साधना दी; अपने-पराये के प्रति भेद मिटानेवाले भारतीय अद्वैतवादी दर्शन ने कबीर को सम्यक् अभेद दृष्टि दी; कबीर की अक्खड़ता तथा रुक्षता में सूफियों ने प्रेम का अमृत डाला। रामरस के मेल से कबीर ने ऐसा धार्मिक पाक तैयार किया कि उसमें लोक, परलोक, दर्शन, ज्ञान, कर्म, योग, भक्ति सभी साधनाएँ अन्तर्लीन हो गयीं।

ब्रह्म की अनुभूति—कबीर का ब्रह्म सम्बन्धी विचार ज्ञानपरक शुष्क तार्किकता पर आधारित नहीं है। यह अनुभूति गूँगे के गुड़ की तरह अनिर्वचनीय होते हुए भी मधुर है। विभिन्न धर्मों के ईश्वर सम्बन्धी प्रचलित नामों का प्रयोग करते हुए कबीर ने पुष्प की सुगन्ध से भी सूक्ष्म शब्दब्रह्म तथा अनिर्वचनीय तत्त्व का निरूपण किया। यद्यपि कबीर पौराणिक अवतारवाद के विरोधी थे किन्तु उनकी वाणी में ब्रह्म का जो रूप अवतरित हुआ है। वह कहीं साकार रूप में है कहीं निराकर रूप में और कहीं तो 'खम्भा ते प्रकट्यो गिलारि' में अवतारवाद का भी आभास देता है। सांसारिक सम्बन्धों को भ्रम समझनेवाले कबीर के लिए ईश्वर ही भर्तार, जननी, स्वामी सब-कुछ है। प्रकृति के गुणों सत्त्व, रज, तम से परे होते हुए भी वह परम करुणामय, अनन्त सौन्दर्ययुक्त, पापों का छिन्न-छिन्न कर्त्ता तथा दुःखों का निवारक हैं जैसे—

जाकै सूरिज कोटि-कोटि करै परकास।
कोटि महादेव गिरि कविलास॥

ब्रह्मा कोटि बेद ऊचरैं। दुर्गा कोटि जाके मरदन करैं।
कंद्रप कोटि जाके लाँवन करैं। घट-घट भीतर मनसा हरैं।

आत्मा—कबीर ने आत्मा-परमात्मा में कोई तात्त्विक भेद नहीं माना। आत्मा ब्रह्म का अंश होने के कारण मनुष्य, देवता, यती, योगी, अवधूत आदि नाम और उपाधियों से परे है। माया की दीवार होने से आत्मा-परमात्मा का भेद आभासित होता है जो शरीर नाश या जीवन्मृत होने पर मिट जाता है। इसे कबीर घटन्याय से समझाते हैं—

जल मैं कुंभ कुंभ मैं जल है, बाहरि भीतरि पानी।
फूटा कुंभ जल जलहि समानां, यह तत कथौ गियानी॥

ईश्वर और जीव में अंशी-अंश का सम्बन्ध है।

माया—कबीर ने माया को अविद्या रूप में ग्रहण किया है। यह माया नारी के रूप में भोले-भोले अज्ञानी पुरुषों को नष्ट कर देती हे। इसका ज्ञान रत्न छिन जाता है। धन, धन्धा, व्यवहार सभी-कुछ माया तथा मिथ्यावाद हैं। साधक का चंचल चित्त ईश्वर के पथ को छोड़कर विषय-वासनाओं के वन में भाग जाता है।

जगत्—कबीर समस्त जगत् को ब्रह्ममय मानते हैं। हरि सकल पदार्थों में भरित-पूरित है। जगत् सेमर के फूल की तरह आकर्षक किन्तु दस दिन बाद नष्ट हो जानेवाला है। कबीर की जगत् सम्बन्धी अवधारणा शांकर वेदान्त के अनुकूल है जिसमें कहा गया है 'सर्वं खल्विदं ब्रह्म' किन्तु भ्रम या अविद्या के कारण जगत् का एक दूसरा ही रूप आभासित होता है जो मिथ्या है—

ज्यूं जल बूंद तैसा संसारा।
उपजत विनसत लगै न बारा॥

मोक्ष—आत्मा का पंच तत्त्वों से मुक्त होकर ब्रह्म में लीन होना या आत्मा-परमात्मा की द्वैतानुभूति का समाप्त हो जाना मुक्ति दशा है। कबीर ने कहीं कार्य का कारण में विलीन होने तथा कहीं द्वैताद्वैत विलक्षण तत्त्व शून्य में विलीन होने की चर्चा की है। जीवन-मुक्ति ऐसी अवस्था है जिसमें स्वार्थ भावना तो लुप्त हो जाती है किन्तु कर्मण्यता बनी रहती है—

कबीर जीवन मृतक ह्वै रहै, तजै जगत की आस।
तब हरि सेवा आपण करै, मति दुख पावै दास॥

योग-साधना—कबीर के काव्य के प्रारम्भ यें हठयोग की साधनाओं का बड़ा पेचीदा वर्णन मिलता है। इन वर्णनों में रूपकों का प्रयोग उलटबाँसी ढंग पर होने के कारण दुरूहता और बढ़ जाती है। कबीर-वाणी में कुण्डलिनी जागरण, षट्चक्र वेधन एवं सहस्रार चक्र में स्थित शिव में लीन होने का विस्तृत वर्णन मिलता है। प्रेम और योग का समन्वय करके कबीर ने अपनी मौलिकता का परिचय दिया है।

भाव-व्यंजना—(भक्तिभाव) कबीरदास ने निर्गुण ब्रह्म की भक्ति की। कबीर के काव्य में रूप-रेखा, आकार, द्वैत-अद्वैत तथा भाव-अभाव से रहित ईश्वर के प्रति प्रगाढ़ प्रेम व्यक्त है। नारद की प्रेममूलक भावप्रधान भक्ति का प्रभाव कबीर की भक्ति पर निरन्तर परिलक्षित होता है—

भगति नारदी मगन शरीरा।

कबीर प्रेम का प्याला पीकर शाश्वत खुमार में सराबोर रहते हैं। सूर और सती इनके प्रेम के आदर्श हैं जो लाख विपत्तियों में भी मुँह नहीं मोड़ते—

कबीर हरि रस पीया जांणिये, जे कबहूँ न जाई खुमार।
मैमन्ता घूमत रहै नांही तन की सार॥

कबीर का यह भगवत् प्रेम कई रूपों में व्यक्त हुआ है। उनके प्रेम की आध्यात्मिक व्यंजना लौकिक रस के आधार पर हुई है जिससे उसका अभिधार्थ सामान्य लोगों को भी रससिक्त कर देता है। दाम्पत्य रति के अन्तर्गत राम को प्रियतम आत्मा के रूप में कल्पित करके संयोग तथा वियोग का वर्णन किया गया है। संयोग का एक सम्मोहक चित्र देखिये—

बहुत दिनन थैं मैं प्रीतम पाये।
मंदिर मांहि भया उजियारा। ले सूती अपनां पीव पियारा।
कहै कबीर मैं कछू न कीन्हां। सखी सोहाग राम मोहि दीन्हां॥

आत्मा असीम परमात्मा से बहुत दिनों से बिछुड़ गयी है, उसकी स्मृति उसे बराबर सताया करती है। विरहिणी आत्मा प्रियतम के आगमन की प्रतीक्षा करती हुई मग जोहती रहती है। इसकी लालसा, तड़प, बेचैनी, सामान्य विरहिणी से अधिक मार्मिक एवं संवेदनात्मक है।

कबीर की दास्य भाव की भक्ति में दीनता, विनय तथा अधीनता के भाव व्यंजित होते हैं। वैष्णव भक्तों की तरह कबीर ने भगवत् कृपा को भी महत्त्व दिया है। 'नारद भक्ति सूत्र' की गुणमाहात्स्यासक्ति, रूपासक्ति, पूजासक्ति, स्मरणासक्ति, दास्यासक्ति, सख्यासक्ति, वात्सल्यासक्ति, तन्मयासक्ति, परमविरहासक्ति, आत्मनिवेदनासक्ति आदि ग्यारह आसक्तियों का वर्णन कबीर-साहित्य में उपलब्ध है।

कबीर की सामाजिक चेतना—कबीर मूलतः वैयक्तिक साधना के प्रचारक थे। इसीलिए उन्हें विशुद्ध रूप से समाज सुधारक नहीं कहा जा सकता है। चूँकि व्यक्ति भी समाज का एक अभिन्न अंग है इसीलिए व्यक्ति चेतना सामाजिक चेतना से एकदम विच्छिन्न तथा अछूती नहीं रह सकती है। सामाजिक एकता के सुदृढ़ आधार धर्म पर कबीर का विशेष ध्यान था। धार्मिक विरोध तथा अन्तर को गहरानेवाले बाह्य विधि-विधानों को कबीर ने अपनी तीखी वाणी से ध्वस्त किया है।

कबीर ने ऊँच-नीच, जाति-पाँति, धर्म-विधर्म का भेद-भाव मिटाने की भरपूर कोशिश की।

कबीर की काव्य-प्रतिभा—कबीर में काव्य-प्रतिभा की कमी न थी किन्तु उन्हें कवि बनने की परवाह बिलकुल नहीं थी। उन्होंने स्पष्ट उद्घोषणा की—

तुम्ह जिनि जानौ गीत है, यहु निज ब्रह्म विचार।
केवल कहि समझाइया, आतम साधन सार रे॥

सायास काव्य कौशल न प्रदर्शित करने पर भी कबीर की अभिव्यक्ति में पर्याप्त साहित्यिकता आ गयी है। हजारीप्रसाद द्विवेदी के शब्दों में 'यद्यपि कबीर ने कहीं भी काव्य लिखने की प्रतिज्ञा नहीं की तथापि उनकी आध्यात्मिक रस की गगरी से छलके हुए रस से काव्य की कटोरी में भी कम रस इकट्ठा नहीं हुआ।'

कबीर के काव्य के कुछ स्थल ऐसे हैं जहाँ अस्पष्टता तथा दुरूहता है, वाणी अटपटी है, कुछ स्थल ऐसे हैं जहाँ उपदेशों की रुक्षता है किन्तु बहुत-से ऐसे स्थल हैं जहाँ सहज रसोद्रेक एवं मधुर भावों की व्यंजना है। काव्यात्मक स्थलों में माधुर्य गुण का प्राधान्य है। जैसे—

पथु निहारे कामिनी लोचन भर ले उसासा।
उर न भीजै पथु ना हरि दर्शन की आसा॥

सुधारवादी उक्तियाँ प्रसादगुणयुक्त हैं। उपमा, दृष्टान्त आदि अलंकार के प्रयोग से प्रसादात्मकता की और भी वृद्धि हुई है। अपनी अभिव्यक्ति को बोधगम्य बनाने के लिए उन्होंने उपमा, रूपक के साथ विविध प्रतीकों का प्रयोग किया।

कबीर लौकिक कवि नहीं बल्कि आध्यात्मिक भावों के उद्गाता कवि हैं। रस-योजना की दृष्टि से कबीर के काव्य में शृंगार, वात्सल्य तथा शान्ति की अभिव्यक्ति है।

कबीर की वाणी में श्रद्धा, दया, त्याग, विनय, आक्रोश, अनुराग आदि अन्य भावों की भी प्रतिष्ठा हुई है। कबीर का सारा जीवन सत्य और आनन्द की खोज में बीता, इस आनन्दानुभूति तथा सत्यानुभव की अभिव्यक्ति से ही उनके सम्पूर्ण काव्य का निर्माण हुआ है।

कबीर का समस्त काव्य मुक्तक शैली में है। उसमें भावानुकूल भाषा का नया तेवर है। कबीर की भाषा तत्कालीन हिन्दवी है जो लोकबोलियों तथा मुसलमानों द्वारा लायी आरबी-फारसी के बहुप्रचलित शब्दों के सम्मिश्रण से राष्ट्रीय भाषा का रूप ग्रहण कर रही थी। लोकजीवन की शब्दावली तथा प्रतीकों को बेहिचक ग्रहण करनेवाले कबीर के लिए अभिव्यक्ति का संकट नहीं उत्पन्न हुआ। उन्होंने जहाँ से मन आया वहीं से उसी रूप में शब्दों को ग्रहण कर लिया और संस्कृत-परिष्कृत करने की परवाह छोड़कर खुरदरे रूप में ही अपनी वाणी में बैठा दिया। सम्भवतः इसीलिए रामचन्द्र शुक्ल को स्वीकार करना पड़ा 'भाषा बहुत परिष्कृत और परिमार्जित न होने पर भी कबीर की उक्तियों में कहीं-कहीं विलक्षण प्रभाव और चमत्कार है।' हजारीप्रसाद द्विवेदी ने तो कबीर को वाणी का डिक्टेटर (तानाशाह) तक कह दिया है।

गुरु नानक—सिक्ख मत के प्रवर्तक गुरु नानक देव ने एक धर्म की प्रतिष्ठा की जो व्यावहारिक रूप से सामाजिकों के लिए अनुसरणीय था। गुरु नानक का जन्म सं. 1526 वि. में वैशाख शुक्ल 3 को लाहौर से 30 मील दूर राइभाई की तलवण्डी नामक स्थान पर खत्री कुल में हुआ था। इनके पिता का नाम कालूचन्द तथा माँ का नाम तृप्ता था। बचपन में ही इन्हें संस्कृत, फारसी, अरबी की शिक्षा प्राप्त हुई थी। इनमें धार्मिक औदार्य आरम्भ से ही था। इनका देहावसान संवत् 1596 में हुआ। इनकी रचनाएँ 'गुरुग्रन्थ साहब' में संगृहीत हैं। डॉ. जयराम मिश्र ने 'नानक वाणी' नाम से नानक की रचनाओं का शोधपूर्ण सम्पादन किया है।

नानक देव के धार्मिक विचार कबीर के समतुल्य हैं। इनमें कबीर जैसी खण्डन-मण्डन की प्रवृत्ति नहीं है। सवर्ण से सम्बद्ध होने के कारण इनमें सताये हुए का आक्रोश नहीं है। इन्होंने ऊँच-नीच, जाति-पाँति के भेदभाव का विरोध किया है। नानक देव की वाणी भारतीय संस्कृति की अपराजेय जीवनी शक्ति का प्रतिनिधित्व करती है। इनके उदार विचार सीधे हृदय से निकलकर सहज भाषा में व्यक्त हुए हैं। नानक का काव्यभाषा हिन्दी, पंजाबी तथा फारसी मिश्रित पंजाबी से निर्मित हुई है। अलंकारों के सहज प्रयोग से भाषा सुबोध हो गयी है। नानक की रचना का एक नमूना देखिये—

आपै देखे, सुणै आपै ही, कुदरत करे जहानो।
जो तिस भावै नानका, हुकुम सोई परबानो॥

सिक्ख मत के विकास में नानक के आगे दस गुरुओं ने योगदान दिया। इसमें गुरु अंगद, गुरु अमरदास, गुरु रामदास, गुरु अर्जुनदेव, गुरु तेगबहादुर, गुरु गोविन्द सिंह के नाम उल्लेखनीय हैं। इनकी रचनाओं की विषय-वस्तु नाम माहात्म्य, जातीय उदारता, सांसारिक वैराग्य तथा ईश्वर भक्ति से सम्बद्ध है।

सन्त दादूदयाल—दादूदयाल का जीवन-काल सं. 1601 से 1660 तक माना जाता है। अहमदाबाद, राजस्थान, जौनपुर आदि इनके जन्म-स्थान विकल्प रूप से कल्पित किये गये हैं।

दादूपन्थी इन्हें ब्राह्मण मानते हैं, जनश्रुति इन्हें धुनिया (मुस्लिम) मानती है। दादू ने ब्रह्म सम्प्रदाय की स्थापना की थी जो आगे चलकर दादूपन्थ के नाम से विख्यात हुआ। रामावतार लीला, ज्ञानबोध इनकी दो प्रमुख रचनाएँ हैं। दादु की वणियों का सम्पादन सुधाकर द्विवेदी, मंगलदास, क्षितिमोहन सेन, चन्द्रिका प्रसाद त्रिपाठी आदि विद्वानों के द्वारा किया गया है।

दादू का काल सांस्कृतिक समन्वय का काल था। सम्भवतः इसीलिए इनकी कविता में कबीर जैसी तीक्ष्णता, अक्खड़ता एवं आक्रोश नहीं है। इन्होंने ब्रह्म, माया, जगत् से सम्बन्धी अपने अनुभूत विचारों को प्रस्तुत किया। दादू साधना मार्ग में कायरता को बाधक मानते हैं। प्रेम स्वरूप भगवान् से मिलन की आकांक्षा से सम्पृक्त प्रकृति की सहज सुषमा से आकर्षित दादू की वाणी में सहज काव्य के प्रभूत गुण उपलब्ध होते हैं।

दादू की रचनाओं में काव्य-चमत्कार और छन्दों का गठन अन्य सन्त कवियों की तुलना में अधिक प्रौढ़ है। "फारसी, पंजाबी, सिन्धी, काठियावाड़ी, गुजराती, राजस्थानी और ब्रजभाषा पर उनका अच्छा अधिकार था।"[1]

रज्जब (सं. 1624-1746 वि. सं.)—इनका जन्म साँगानेर में एक पठान कुल में हुआ था। दादूदयाल के व्यक्तित्व के प्रभाव से ये सन्त हो गये थे। ये श्रेष्ठ रचनाकार होने के साथ ही अन्य

1. डॉ. सन्त नारायण उपाध्याय—दादू दयाल : जीवन-दर्शन और काव्य, पृ. 394

सन्तों की वाणियों के संग्रहकर्त्ता भी हैं। इनकी तीन कृतियाँ, अंगबधू, सत्वंगी और वाणी प्रसिद्ध हैं। इनमें अन्य सन्तों की रचनाएँ भी संगृहीत हैं। इनकी भक्ति पद्धति तथा चिन्तन पद्धति दादूदयाल के अनुरूप है। डॉ. ब्रजलाल वर्मा ने 'रज्जब वाणी' नाम से इनकी वाणियों को सम्पादित किया है।

सुन्दरदास–दादू की शिष्य-परम्परा में उत्तरवर्त्ती अल्पायु शिष्य सुन्दरदास का जन्म जयपुर के घोसा नगर में संवत् 1653 में खण्डेलवाल वैश्य कुल में हुआ था। सं. 1746 में इनकी मृत्यु हुई थी। इनकी रचनाओं का संग्रह 'सुन्दर ग्रन्थावली' नाम से पुरोहित हरिनारायन शर्मा द्वारा प्रकाशित कराया गया है।

हरिदास निरंजनी–इसका सम्बन्ध निरंजनी सम्प्रदाय से है। यह सम्प्रदाय नाथमत एवं सन्तमत की मध्यवर्ती कड़ी के रूप में माना गया है। हरिदास का जन्म सं. 1512 में डीडवाना के पश्चिमोत्तर नागौर जिले के कापडोद में हुआ था। इनका महाप्रस्थान का काल 1600 वि. सं. उल्लिखित मिलता है। हरिदास जी यायावरी प्रकृति के सन्त थे। इनके विचार से निरंजन पूर्ण ब्रह्म की कृपा से भक्त आनन्द में लीन होता है। राम का नाम भजने से परम पद की प्राप्ति होती है। ये माया तथा सांसारिक बन्धनों को सारहीन मानते हैं। सरल ब्रजभाषा में इन्होंने अपने विचारों तथा अनुभूतियों को अभिव्यक्त किया है। स्वामी हरिदास निरंजनी की प्रमुख रचनाओं में अष्टपदी, योग ग्रन्थ, ब्रह्म स्तुति, हरिदास ग्रन्थमाला, हंस प्रबोध ग्रन्थ, निरपरवमूलग्रन्थ, राजगुड, पूजा जोग ग्रन्थ, समाधि जोग ग्रन्थ उल्लेखनीय हैं।

निरंजनी सम्प्रदाय के अन्य सन्तों में तुरसीदास, खेमची, कन्हड़दास, मोहनदास जगन्नाथदास, ध्यानदास, नाथ, श्यामदास, पूरण, आनदास, जगजीवनदास के नाम भक्तिमाल में लिखित मिलते हैं।

जम्भनाथ–विश्नोई सम्प्रदाय के संस्थापक जम्भनाथ की स्फुट रचनाएँ उपलब्ध हैं। ये नाथ सम्प्रदाय से विशेष रूप से प्रभावित हैं।

सन्त सिंगाजी–इनका जन्म सं. 1576 वि. में मध्य भारत की वड़वानी रियासत के खजूर गाँव के ग्वालवंश में हुआ था। 1613 वि. सं. में किंकण नदी के तट पर समाधि ली। डॉ. रमेशचन्द्र गंगराडे द्वारा 'निमाड़ के सन्त कवि सिंगाजी' नामक पुस्तक में इनकी रचनाएँ संगृहीत हैं। सिंगाजी ने समाधि, प्राणायाम, योग, संसार की क्षणभंगुरता, माया, सन्तों के अद्भुत साधना लोक तथा सामाजिक बुराइयों का विशद वर्णन किया है। तीर्थों को निरर्थक एवं शरीर में ही ब्रह्म की स्थिति माननेवाले सिंगाजी का कथन है–

जल विच कमल-कमल विच कलियाँ, जहँ वासुदेव अविनाशी।
घर में गंगा, घर में जमुना, नहीं द्वारिका काशी॥

मलूकदास–इनका जन्म संवत् 1631 में जिला इलाहाबाद के कड़ा नामक स्थान पर लाला सुन्दरदास खत्री के यहाँ हुआ था। मृत्युकाल सं. 1739 माना जाता है। मलूकदास की प्रामाणिक रचनाओं में ज्ञान बोध, रतन-खान, भक्तवच्छावली, भक्ति विवेक, सुखसागर, विविध शब्द संग्रह, पदसंग्रह तथा पदावली की परिगणना की जाती है।

मलूकदास में साधना की जटिलता एवं दुरूहता नहीं है। सर्वथा ईश्वर के प्रति पूर्ण समर्पित एवं आश्रित मलूक में एक अजीब-सी मस्ती मिलती है। इनके अन्तर में मोहन वाद्य की झंकार होती रहती है। उनका मन परम रूप रस के पान द्वारा ज्ञाता और ज्ञेय के भेद को मिटा देना चाहता है उन्हें इसके अलावा कोई तमन्ना भी नहीं है–

प्रेम पियाला पीवते, बिसरे सब साथी।
आठ पहर यों झूमते, ज्यों माता हाथी।
× × × × ×
साहिब मिल साहिब भये, कछु रही नह तमाई।
कहैं मलूक तिस घर गये, जहँ पवन न जाई॥

मलूकदास की काव्यभाषा अवधी और ब्रजभाषा दोनों है। इनकी भाषा में अरबी, फारसी, संस्कृत तथा लोकबोलियों के शब्दों का पुट है। कुछ पद्य खड़ीबोली में भी हैं।

अन्य सन्त—सन्त साहित्य के संवर्द्धन में अन्य अनेक सन्तों का योगदान रहा। सन्तों की परम्परा भक्तिकाल की सीमा को लाँघकर रीतिकाल तक चलती रही। अन्य सन्तों में धरनीदास, पलटूदास, चरनदास, सहजोबाई, दरिया साहिब, गुलाल साहिब, बुल्लेशाह, यारी साहिब, धर्मदास, बाबा लाल आदि के नाम उल्लेखनीय हैं। इनमें कुछ सन्त बड़े प्रतिभाशाली तथा लोकप्रिय थे।

सन्त साहित्य की सामान्य विशेषताएँ

सन्त सम्प्रदायों तथा विभिन्न सन्तों के विचारों, अनुभूतियों तथा अभिव्यक्ति शैली के विश्लेषण के पश्चात् सन्तकाव्य की कतिपय सामान्य प्रवृत्तियाँ तथा विशेषताएँ उभरकर सामने आती हैं। सन्तमत का निर्माण परम्परा और मौलिकता के संयोग से हुआ है। उपनिषदों के ब्रह्म चिन्तन, सिद्धों की खण्डनात्मकता, नाथों के आचार और योग के मेल से सन्त साहित्य युगीन आवश्यकताओं के अनुकूल अनुप्राणित हुआ। सन्तों ने इस्लामी आडम्बरों को भी खण्डन का विषय बना लिया। इन्होंने निर्गुण ब्रह्म की उपासना पर बल दिया। यह निर्गुण ब्रह्म राम, रहीम, अल्लाह, कर्त्तार, निरंजन, शून्य आदि नामों से पुकारा जा सकता है किन्तु वह इसमें से किसी एक नाम की अवधारणा में अँटनेवाला नहीं है। यहाँ तक कि निर्गुण मात्र से भी उसके स्वरूप का बोध नहीं होता है। यह परमतत्त्व निर्गुण-सगुण दोनों से ही परे है—

निरगुण सरगुण सौं परैं, जोति अजोत्थूं दूरि।
जाण अजाण न जाणई, सकल रह्या भर पूरि॥

कबीर उसे त्रिगुणातीत, द्वैताद्वैत विलक्षण तथा भावाभाव विनिर्मुक्त मानते हैं। सन्त ब्रह्म के रूप की व्याख्या करते समय सगुण को विरोधी मानकर नहीं चले हैं। उनकी दृष्टि नाम, रूप, गुण आदि की सीमाबद्धता तथा सकुंचित सैद्धान्तिकता से परे थी। अपने विचार एवं मत को प्रतिपादित करते समय भी उनको इसका अहसास बराबर बना रहता था कि जो कुछ कहा जा रहा है ब्रह्म बिलकुल वैसा नहीं है। इसीलिए उन्होंने उपनिषदों की नेति-नेति शैली का ज्यादा सहारा लिया। उनकी अभिव्यक्ति तथा वर्णन की सीमा अन्ततः वर्णनातीत हो गयी—

'हरि जैसा तैसा रहै तू हरषि हरषि गुण गाइ।'

सन्तों ने उसे पुष्प की सुगन्ध की तरह सूक्ष्म, ज्योतिस्वरूप तथा सर्वव्यापी माना। वह अद्वैत, अखण्ड, आदि अन्त मध्य रहित, ज्ञान, वेद, पाप-पुण्य, ध्यान लोक से विवर्जित है। सन्तों के अद्वैत ब्रह्म-स्वरूप के चिन्तन पर शंकर के अद्वैत दर्शन का स्पष्ट प्रभाव है। ब्रह्म एक है, वह हिन्दू, मुसलमान, ब्राह्मण तथा शूद्र, सभी सम्प्रदायों, वर्गों तथा जातियों के लिए समान है।

परमतत्त्व ही सृष्टिकर्त्ता है। वह अंशी है। जीव उसका अंश है। वह इस सृष्टि में अन्तर्व्याप्त है। उसने सत्त्व, रज, तम तीन गुणों से संसार की रचना की है। किन्तु यह संसार मात्र कहने-सुनने के लिए है—

कहन सुनन को जिहि जग कीन्हा। जग भुलान सों किन्हहूँ न चीन्हा॥

सृष्टि जहाँ से उत्पन्न होती है उसी में विलीन हो जाती है। जल में जैसे तुम्बा तैरता है किन्तु जल से अप्रभावित रहता है उसी तरह नश्वर पिण्ड में जीव अमर रहता है—

जहँ का उपजा तहां बिलाई। सहज सुन्नि में रह्यो लुकाई॥
जल में जैसे तुम्बा तिरै। परिचैपिंड जीव नहिं मरै॥[1]

सिक्ख गुरुओं के अनुसार शून्य कला अपरम्पार है। उसी से ईश्वर सृष्टि करता है। परमात्मा कर्त्ता और कारण दोनों हैं। सुन्दरदास ब्रह्म और जगत् में अभेद मानते हैं—

सुन्दर कहत यह एकई अखण्ड ब्रह्म।
ताही को पलटि, जगत् नाम धर्‌यो है।

आत्मा—आत्मा-परमात्मा में कोई तात्त्विक भेद नहीं है जैसे जल और लहर में। जीव अविद्याग्रस्त होकर माया के वशीभूत रहता है। इसीलिए उसे दोनों में भेद प्रतिभासित होता है। सन्तों ने आत्मा और परमात्मा के बीच भेद के इस अनुभव को विरह के रूप में कल्पित किया है। वे संसारी सम्बन्धों को निरर्थक मानते हुए भी ईश्वर के साथ माता-पिता, स्वामी-मित्र तथा पति-पत्नी का सम्बन्ध जोड़ना चाहते हैं। इन्हीं आध्यात्मिक सम्बन्धों के कारण भावात्मक रहस्यवाद की सृष्टि हुई है।

माया—ब्रह्म और जीव के बीच भेद बुद्धि उत्पन्न करनेवाली शक्ति माया है। यह बिना ब्यायी गाय के दूध, शशक के सींग, बन्ध्यापुत्र, आकाश-बेलि की तरह अस्तित्वहीन है। सन्तकाव्य में माया के अनेक रूपों की परिकल्पनाएँ उपलब्ध होती हैं। यह महाठगिनी, मोहिनी, कपटी, सर्पिणी आदि अनेक नामों से सम्बोधित है। यह राम की दासी है जिसने जड़-चेतन की विजित कर लिया है। इसी के कारण दास और भगवान् के बीच सही पहचान नहीं हो पाती।

साधना का स्वरूप—सन्तों ने अपनी पूर्व परम्परा में प्रचलित समस्त साधना-पद्धतियों को आत्मसात् करने का प्रयास किया। इन्होंने औपनिषदिक ज्ञान, चिन्तन तथा शास्त्रीयता को वैयक्तिक अध्ययन के द्वारा नहीं ग्रहण किया बल्कि सत्संगति द्वारा प्राप्त किया था। मध्ययुगीन आचार्यों ने अपने प्रयास से वेदान्ती चिन्तन का वातावरण निर्मित किया था। इसीलिए अपढ़ सन्त भी इससे अछूते नहीं रहे। सांस्कृतिक संक्रमण तथा टकराव की स्थिति ने अन्ध श्रद्धा से उबरने के लिए ज्ञान की आवश्यकता को अनिवार्य बना दिया था। मूर्तियों और मन्दिरों के टूटने के साथ ही बद्ध-मूल लोक-आस्था भी टूटती थी। सन्तों ने सही मौके पर उद्घोष किया कि मूर्ति और मन्दिर धर्म नहीं हैं। मनुष्य असहाय नहीं है। उसकी आत्मा ही परमात्मा का स्वरूप है। लोकधर्म जो विशुद्ध श्रद्धा का रूप होता है सन्तों ने उसे ज्ञान की ठोस पृष्ठभूमि प्रदान की। इसके लिए उन्होंने वेदान्त, उपनिषद् आदि के विचारों का आश्रय ग्रहण किया। उन्होंने उपनिषदों में प्रयुक्त प्रतीकों तथा रूप को अपनाते हुए लोक-प्रतीकों के प्रयोग द्वारा ब्रह्मज्ञान को जनसाधारण के लिए सुबोध बना दिया। सन्तों की साधना ज्ञान की आँधी आने के बाद शुरू होती है जब सारी दुविधाएँ मिट जाती हैं, अज्ञान का भण्डाफोड़ हो जाता है किन्तु आँधी के बाद रामरस (भक्ति रस) की ही वर्षा होती है।

1. रैदास जी की बानी, पृ. 1, 2

गुरु—सन्त साधना में गुरु की सर्वाधिक महत्त्वपूर्ण भूमिका है। वह अनन्त ज्ञान की दृष्टि को उद्घाटित करता है, गुरु भृंगी-स्वभाव का होता है जो उसके सम्पर्क में आता है वह उसी के रंग में परिवर्तित हो जाता है। सन्त के लिए सद्गुरु की प्राप्ति जीवन की सबसे बड़ी उपलब्धि है—

'गुरु को दरसन देखते शिष पायो सन्तोष।'

सद्गुरु की कृपा से भक्ति आती है तथा भगवान् की प्राप्ति होती है। सन्तों ने गुरु की महिमा की अतिरंजित प्रशंसा की है।

योग—चित्तवृत्तियों का निरोध करके उनकी बहिर्गतियों को अन्तर्मुखी करके भक्ति-साधना में लीन करने के लिए सन्तों ने योगमार्ग का अनुसरण किया। सहज समाधि उनके लिए अधिक ग्राह्य थी। गुरु के प्रताप से जब वह उत्पन्न होती है, तब सहज भ्रमण परिक्रमा बन जाता है, हर काम सेवा कहलाता है, सोना दण्डवत्, बोलना नाम जप, सुनना सुमिरन और खाना-पीना पूजा हो जाता है। सन्त साहित्य में योग सम्बन्धी विधि-विधानों में कुण्डलिनी जागरण, षट्चक्र-भेदन, अनहद का श्रवण और ब्रह्मरन्ध्र से निर्झरित अमृत रस-पान के विस्तृत वर्णन मिलते हैं।

'प्रेम पर इन सन्तों ने इतना जोर दिया है कि भक्त के बिना भगवान् को भी अपूर्ण बताया है। यह भावना केवल ज्ञानगम्य ब्रह्म को आश्रय करके नहीं चल सकती।...यदि उन्हें विशुद्ध ज्ञानमार्गी मान लिया जायेगा तो उक्त बात अबोध्य हो जायेगी।[1]

नाम-साधना—सन्तों ने नाम-साधना को विशेष महत्त्व प्रदान किया है। कबीर निर्गुण राम के जप का उपदेश देते हैं। कामनाओं का त्याग करके रामनाम जपने से अभय पद की प्राप्ति हो जाती है—

परिहरि काम राम कहिं बौरि सुनि सिख बन्धू मोरी।
हरिकौ नांव अभैपद दाता कहै कबीरा कोरी॥

राम की अपेक्षा राम के नाम की महिमा सगुण रामभक्ति काव्य में भी प्रतिपादित की गयी है। हजारीप्रसाद द्विवेदी का विचार है कि कबीरदास ने आत्म विचार को बहुमान दिया है पर जो लोग उसके अधिकारी नहीं हैं उनके लिए निर्गुण राम जपने का भी उपदेश दिया है। वास्तव में सन्तों की चेष्टा यही थी कि उनकी धर्म साधना सभी तरह के लोगों के लिए ग्राह्य हो सके। राम के नाम का लगातार स्मरण करने से ईश्वर अपने रसरूप, कृपारूप तथा शक्तिरूप से आत्मा में प्रतिष्ठित हो जाता है। सिक्ख सम्प्रदाय में नाम-साधना का बड़ा महत्त्व है। सिक्ख गुरुओं ने नाम का प्रयोग परमात्मा के व्यक्त तथा अव्यक्त दोनों रूपों के लिए किया है। 'शंकराचार्य का अद्वैतवाद, मायावाद, भगवान् बुद्ध का सत्य और अहिंसा, सूफियों का प्रेम और विरह, जैनधर्म का सदाचार एवं इन्द्रिय निग्रह, नाथ सम्प्रदाय का योग तत्त्व तथा भागवत सम्प्रदाय की प्रगाढ़ भक्ति आदि सभी उनकी रचनाओं में एक साथ मिलती है।'[2] इसके सम्मिलन से साधना का जो रूप सृजित हुआ उसे सहज साधना कहा गया।

भक्ति-भावना—सन्तों ने योग, कर्म, ज्ञान की पृष्ठभूमि में अपनी भक्ति-भावना को प्रतिष्ठित किया इनकी भक्ति के चार रूप परिलक्षित होते हैं—

दास्यभाव—सन्तजन बड़ी विनम्रता से भगवान् की कृपा के लिए समर्पित हैं। कबीर ने सोच-विचारकर देख लिया कि कहीं उद्धार नहीं है इसीलिए जन्म-मरण के बन्धन को छिन्न-भिन्न करनेवाले राम की शरण में आ गये—

1. हजारीप्रसाद द्विवेदी—हिन्दी साहित्य की भूमिका, पृ. 34.
2. डॉ. मुक्तेश्वर तिवारी—मध्ययुगीन सूफी और सन्त साहित्य, पृ. 212.

सोचि विचारि सबै जग देखा कहूँ न उबरना।
कहै कबीर सरनाई आयौ मेटि जनम मरना॥

प्रणति भावना सन्तों की भक्ति का प्राण है। दास्यभाव का मूल अभिप्राय ईश्वर, गुरु तथा साधुओं की सेवा है—

तुरसी बनै न दास कू आलस एक लगार।
हरि गुरु साधू सेव में, लगा रहै इक तार॥

सख्यभाव में भक्त भगवान् को मित्रवत् समझता है किन्तु उसमें बराबर का अभिमान बिल्कुल नहीं रहता—

बराबरी कौ भाव न जानै, गुन औगुन ताकौ कछु न आवै।
अपनो मिंत जानिबौ राम, ताहि समीपै अपना धाम॥

सन्त साहित्य में सगुण भक्ति के नवधा रूपों का वर्णन सुन्दर ढंग से किया गया है। श्रवण, कीर्त्तन, अर्चन, वन्दन, दास्य, सख्य, आत्मनिवेदन, समर्पण के द्वारा प्रेमाभक्ति के फल को प्राप्त किया जाता है—

तुरसी यहु साधन भगति, तर लौं सींची सोय।
तिन प्रेमा फल पाइया, प्रेम मुक्ति फल जोय॥

वात्सल्य—सन्त कवियों ने वात्सल्य-भावना की भक्ति का भी यत्र-तत्र सुन्दर चित्रण किया है। वात्सल्य भाव में ईश्वरीय ममत्व तथा पालक भाव का आधिक्य रहता है।

दाम्पत्यभाव—दाम्पत्यभाव की भक्ति में आत्मा तथा परमात्मा के प्रेम और विरह की पराकाष्ठा मिलती है। पीताम्बरदत्त बड़थ्वाल का कथन है कि, "दाम्पत्य प्रेम जो ईश्वरीय प्रेम का रूप ग्रहण करता है हमारे इन ज्ञानी कवियों को बहुत पसन्द है। प्रेमात्मक रूपकों के गीतों में वे अपने भावों को पूर्ण रूप से व्यक्त करते हुए जान पड़ते हैं। ईश्वरीय प्रेम का प्रतीक बनकर दाम्पत्य प्रेम आत्मद्रष्टा कवियों में सब कहीं अपनाया जाता है।" भगवत् रति भक्ति की प्रथम शर्त है। कामीजन जैसे सब-कुछ विस्मृत करके यहाँ तक कि लोकलाज को भी छोड़कर कामिनी के प्रति ललकता है, प्यार में उन्मत्त हो उठता है वही स्थिति भक्त की भगवान् के प्रति होती है। आहार, निद्रा से रहित उसका चित्त भगवान् के सिवाय कहीं रमता नहीं—

अन्न न भावै नींद न आवै ग्रिह बन धरै न धीर रे।
ज्यों कांमी को कांमिनि प्यारी ज्यौं प्यासे कौं नीर रे॥

भाव-भगति—निर्गुण सन्त भाव-भगति का सन्देश देते हैं। इस भक्ति का पर्यवसान 'सोऽहं' बुद्धि में होता है। साधक आराध्य से मिलकर एकमेक हो जाता है जैसे जल ढुलकर जल में मिल जाता है। भाव-भगति में नवधा भक्ति-साधना की विचित्र स्थिति होती है। हर स्तर पर भक्त का अलगाव मिटता नजर आता है। "भाव-भगति का भी रहस्य इसी कारण किसी बाहरी पूजन व गुणगान में निहित न होकर एक स्थिति-विशेष में सदा निरत रहने तथा उसी के अनुसार निरन्तर चेष्टा करने में ही लक्षित होता है।"[1]

---

1. उत्तरी भारत की सन्त-परम्परा, पृ 206.

सन्तसाधना में बाह्याडम्बरों का त्याग और आत्म शुद्धि-सन्त मूर्ति पूजा वेश, तीर्थगमन, जप, माला, तिलक आदि बाह्याचारों को निरर्थक मानते हैं। निरंजनी सन्त तुरसीदास का कथन है—

पाहन पूजि-पूजि जग षीना, तुलछी तोरि दुष दीया।
यहु पूजा हरि कूं नहिं भावै, जौ लौ चित निरविष न कीया॥

सन्त नामदेव के विचार से स्नान करना, सिर, आँख धोने से हृदय शुद्ध नहीं होता हैं। ढोंगी साधुओं का अन्तरमन कोयले-सा काला होता है। लाख के ऊपर सोने के मुलम्मा चढ़े आभूषण की तरह ये छद्मवेषी होते हैं। सन्तसाधना में आत्मशुद्धि पर विशेष बल दिया गया है इसीलिए नैतिकता तथा सदाचरण को आवश्यक माना गया है। चारित्रिक दृढ़ता और वर्ग साम्य पर आधारित सन्त धर्म युग-युग से उपेक्षित दीन हीन मानवता को नया आलोक देता है, नयी प्रतिष्ठा देता है। सन्तों के लिए सद्गुरु के समान कोई सगा नहीं, आत्मशुद्धि के ज्ञान की तरह कोई दान नहीं। हरि के समान हितैषी और हरिजन से बढ़कर कोई श्रेष्ठ जाति नहीं है। विनय, सच्चाई, अहिंसा, दया, क्षमा, सेवा, सत्संगति का सद्भाव, काम, क्रोध लोभ का त्याग सन्तसाधना की विशिष्ट अपेक्षाएँ हैं।

सन्तों की सामाजिक चेतना—सन्तों की धार्मिक भावना तथा साधनागत विस्तार में सामाजिक जीवन के विविध सन्दर्भ स्वतः ही अंकित होते चलते हैं। सांधना के इतने व्यापक परिप्रेक्ष्य में विश्वजनीन धर्म का उपदेश करनेवाले सन्तों को सामाजिक हीनता का दर्द बराबर सालता रहता था—

पूरब जनम हंम बांम्हन होते आछे करम तप हीनां।
रांम देव की सेवा चूका पकरि जुलाहा कीन्हां॥

समाज में ऊँच-नीच की भावना तथा वर्णव्यवस्था का प्रबल विरोध करनेवाले सन्तों ने 'हरिजन' की श्रेष्ठतम जाति की प्रतिष्ठा की। धर्म के ठेकेदारों की अच्छी खबर ली। जितने स्त्री-पुरुष हैं वे सब ईश्वर के रूप हैं। सारा जगत् एक ही तत्त्व से निर्मित है तो उसमें भेद-भाव कैसा। सन्त संकुचित सीमाओं को तोड़कर असीम तक फैलना चाहते हैं, धर्म के क्षेत्र में ही नहीं सामाजिक क्षेत्र में भी। पारस्परिक मतभेदों को समाप्त करके खण्डित तथा ऐहिक सुखकामी मानवता को विराट् एवं उदात्त चेतना से सम्पृक्त करना उनका लक्ष्य था। मध्यकाल में असन्तोष तथा संहार के पीछे अर्थ से अधिक धर्म का विरोध था। इसीलिए सन्त इन विरोधों को मिटाने के लिए अधिक सचेष्ट थे।

काव्य-सौष्ठव—सन्तकाव्य में अनुभूति की प्रामाणिकता अधिक है अभिव्यक्ति की कलात्मकता कम। अपनी वाणी को वे काव्य की सहज मनोरंजकता से ऊपर मानते थे। 'तुम जनि जानौं गीत है, यह निज ब्रह्म विचार, केवल कहि समझाइया आतम साधन सार रे' की उद्घोषणा करनेवाले सन्तों की कविता को काव्यशास्त्र की कसौटी पर परखते समय विशेष सावधानी से काम लेना पड़ता है। हद को छोड़कर बेहद की ओर उन्मुख सन्तों के लिए काव्यशास्त्रीय हदबन्दी भी नाकाम हो जाती है। सन्तों के खण्डन में पीड़ित मानवता का आक्रोश है, आत्मा-परमात्मा के मधुर प्रतीकों में अलौकिक शृंगार के गीत धर्मप्रवण मर्यादावादी जन-मानस की भावनाओं के अधिक अनुकूल हैं। श्रोता या पाठक की बोध क्षमता के अनुसार सन्तकाव्य की एकहरी, दोहरी अर्थछवियाँ उभरती हैं। 'दुलहिन गावहु मंगलचार, हमारे घर आये राजाराम भरतार' या 'नैनों की कर कोठरी, पुतली पलँग बिछाय, पलकों की चिक डारि के पिय को लिया रिझाइ' में लोकजीवन की सहज अभिव्यक्ति होती है। विरहिणी आत्मा के करुण स्पन्दन, मिलन की विकल आकांक्षा में सन्तों का हृदय विगलित होकर उमड़ पड़ा है—

सुपने में साईं मिले सोवत लिया जगाय।
आँख न खोलूँ डरपता, मत सपना हो जाय॥

उपदेशात्मक अंश मानवीय कल्याण—कामना से अनुप्राणित हैं। उनमें भी कथन की अनोखी भंगिमा है जो सन्त कवि के मन्तव्य को सामाजिकों तक सम्प्रेषित करने में पूर्णतया सक्षम हैं। सन्तों की उलटवाँसियों में उक्ति-वैचित्र्य तथा चमत्कार है जिनका अर्थ सन्तों की साधना-पद्धति की जानकारी के बाद खुलता जाता है। रीति कवियों ने जैसे फारसी काव्य की होड़ में कलाबाजी दिखायी वैसे ही नाथ योगियों की योगसाधना की होड़ में सन्तों ने उलटवाँसियों की सृष्टि की। सन्तों ने लोक उपमानों तथा रूपकों को ग्रहण करके जनसाधारण की भाषा को गूढ़ चिन्तन की अभिव्यक्ति के लिए समर्थ बनाया। दर्शन की पेचीदगी को लोकचेतना तथा लोकबोध के स्तर पर सहज दर्शन का रूप दिया। सन्तों ने अधिकतर सादृश्यमूलक अलंकारों का प्रयोग किया है। सन्त कवि रज्जब द्वारा प्रयुक्त रूपक का एक दृष्टान्त प्रस्तुत है—

गुरु तरुवर अंग डाल बहु, पत्र बैन फल राम।
रज्जब छाया मैं सुखी, चाख्यूँ सरै सु काम॥

अभिव्यक्ति को स्पष्ट करने के लिए उपमा, दृष्टान्त आदि अलंकारों के भी प्रयोग हुए हैं।

सन्तों का काव्य मुक्तकधर्मी है जिसमें दोहा, चौपाई, सोरठा, बरवै, कुण्डलिया, छप्पय, सवैया, कवित्त, घनाक्षरी, त्रिभंगी, अरिल आदि छन्दों के प्रयोग हुए हैं। संगीत की विभिन्न राग-रागिनियों के नाम से उल्लिखित गेय पदों को प्रायः वर्णिक छन्दों में रखा गया है। छन्द-रचना में भी सन्तों ने वैयक्तिक स्वतन्त्रता से काम लिया है। इसीलिए लक्षणों की दृष्टि से एकदम खरे नहीं उतरते।

2. सूफी-प्रेमाख्यानक काव्य

निर्गुण भक्तिकाव्य की दूसरी शाखा सूफीकाव्य या सूफी प्रेमाख्यानककाव्य की संज्ञा से अभिहित की जाती है। सन्तों ने हिन्दू-मुस्लिम एकता के लिए यदि बौद्धिक साधना-पद्धति का आश्रण ग्रहण करते हुए आक्रोश तथा प्रहार से काम लिया तो सूफियों ने प्रेम की ऐसी रस गंगा प्रवाहित की जिसमें हिन्दू-मुस्लिम, शिक्षित-अशिक्षित ऊँच-नीच सभी अवगाहन करके तृप्त हो गये। मध्यकालीन काव्य-साधना में सूफी कवियों का महत्त्वपूर्ण स्थान है।

सूफी का अभिप्राय—ब्राउन आर बेरी, मोर वलीउद्दीन सूफ (ऊन) से सूफी शब्द को विकसित मानते हैं। फारसी में रहस्यवादी साधकों को ऊन धारण करनेवाला (पश्मीना-पोश) कहा गया है। अलबेरूनी के विचार से साफी (पवित्र) युवकों का दल बाद में सूफी कहा जाने लगा।[1] सूफी की सफ (अग्रिम पंक्ति में खड़े होनेवाले) सुफ्फा (मदीना की मस्जिद के सामने चबूतरे पर बैठनेवाले फकीर) सोफिया (ज्ञान) सुफ्फाह (भक्त-विशेष) आदि शब्दों से व्युत्पत्ति सिद्ध करने का प्रयत्न किया गया है।

सूफीमत का संक्षिप्त इतिहास—सूफीमत का प्रारम्भ सातवीं शताब्दी से माना जाता है। ईसा की सातवीं शताब्दी के अन्त में जनता का एक वर्ग इस्लाम के प्रचलित स्वरूप के प्रति शंकालु हो उठा था। कुछ लोग पतनोन्मुख समाज से अलग व्यक्तिगत साधना में लीन हो गये थे। सूफी धर्म का बीजवपन इन्हीं तपस्वियों की चेतना में हो गया। डॉ. ताराचन्द ने राजनीति की विशेष भूमिका

1. अलबेरूनीज इण्डिया, अनुवादक सचाउ, पृ. 33

स्वीकारते हुए लिखा है कि, "मोहम्मद साहब द्वारा प्रचारित इस्लाम धर्म के धवल प्रकाश में कई रंग की किरणें मिली हुई थीं। राजनीति के शीशे ने उनको अलग-अलग बिखरा दिया।" यद्यपि सूफी धर्म का आविर्भाव इस्लाम की शरीअत की प्रतिक्रिया में हुआ किन्तु कालान्तर में इसने अपने विचारों की प्रामाणिकता को इस्लाम एवं मुहम्मद साहब के जीवन से सिद्ध करने की चेष्टा की। आत्म-विह्वलता, जिक्र (स्मरण), आत्मशुद्धि, पतनोन्मुखी प्रवृत्तियों से संघर्ष (जिहाद) आदि की खोज तथा व्याख्या इन्होंने इस्लाम के तहत की। सातवीं शताब्दी के पूर्वार्द्ध से नवीं शताब्दी के आरम्भ तक के सूफियों में अलहसन, इब्राहम-बिन अधम, अयाज, राबिया के नाम उल्लेखनीय हैं। रबिया ने सूफी मत में सर्वप्रथम प्रेम के उदात्त रूप को प्रतिष्ठित किया। वह रसूल मुहम्मद से प्रार्थना करती हुई कहती है, "ऐ खुदा के रसूल। तुम्हें कौन प्यार नहीं करता? किन्तु परमेश्वर के प्रेम से मेरा हृदय इतना परिपूर्ण है कि मेरे हृदय में अन्य किसी के लिए प्रेम अथवा घृणा का भाव आता ही नहीं।" सूफीमत के विकास में ईसाइयत, प्लाटिनन, न्यु अफलातूनी, मत, भारतीय वेदान्त दर्शन, बौद्ध दर्शन और योग का प्रभाव पड़ा। मन्सूर हल्लाज का 'अन-अल्-हक' मैं ही सत्य हूँ, वेदान्त के 'अहं ब्रह्मास्मि' का ही रूपान्तर है। इस उद्घोषणा के परिणामस्वरूप मन्सूर को मृत्यु का वरण करना पड़ा। कट्टर उल्माओं द्वारा उठाये गये इस क्रूरतम कदम से सूफी धर्म की नींव डगमगा गयी। आगे आनेवाले सूफियों ने इसे पुनः सैद्धान्तिक आधार देकर सुदृढ़ बनाया तथा इस्लाम से समझौता करने का प्रयास किया। हुज्वेरी, अलगजाली तथा इब्नसीना, इब्नुल अरबी ने इस दिशा में विशेष योगदान किया। अलगजाली के विचार से तर्कजनित ज्ञान की अपेक्षा अनुभूतिजन्य ज्ञान श्रेष्ठ है। खुदा अनन्त ज्ञान का स्रोत, सौन्दर्यमय, अनावृत्त ज्योति है। मानवात्मा स्वयं परमात्मा से आयी है सांसारिक बन्धनों से छूटने पर उसी में लीन हो जायेगी। इब्नसीना ने प्रेम को संसार की जीवनी शक्ति माना। प्रेम के द्वारा ही आत्मा-परमात्मा के एकत्व की अनुभूति करती है। इब्नुल अरबी ईश्वर के सिवा और कुछ की सत्ता नहीं मानते। प्रकृति और मनुष्य दोनों उस परम सत्ता के दर्पण हैं। सृष्टि का अणु परमाणु उसी की आत्माभिव्यक्ति है। बारहवीं-तेरहवीं शताब्दी में उत्पन्न, सूफियों में सनाई, फरीदुद्दीन अत्तार, जलालुद्दीन रूमी, शेखसादी प्रमुख हैं। इन फारसी कवियों ने भारतीय सूफी साहित्य को प्रभावित किया है।

भारत में सूफीमत का प्रचार—भारत में सूफीमत का प्रवेश 'हुज्वेरी के आगमन काल 11वीं शताब्दी से हुआ। ख्वाजा मुईनुद्दीन चिश्ती (1190 ई.) से इसका क्रमबद्ध इतिहास मिलता है। चिश्ती साहब का निम्नवर्गीय जन-जीवन पर व्यापक प्रभाव था। कालान्तर में सूफीधर्म कई सम्प्रदायों में विभक्त होकर प्रचलित हुआ। आईने-अकबरी में 14 सम्प्रदायों का उल्लेख मिलता है। इनमें चिश्तिया सम्प्रदाय, सुहरावर्दिया सम्प्रदाय, कादरिया सम्प्रदाय, नक्सबन्दिया सम्प्रदाय, मेंहदवी सम्प्रदाय, सत्तारी सम्प्रदाय प्रमुख हैं।

मध्ययुगीन सूफी प्रेमाख्यानक काव्यों की रचना-प्रक्रिया में फारसी प्रेमाख्यानकों (लैला-मजनूँ, युसुफ-जुलेखा तथा वामिक-आजरा) भारतीय प्रेमाख्यानों (पुरूरवा-उर्वशी, नल-दमयन्ती, उषा-अनिरुद्ध तथा माधवानल-कामकन्दला) तथा प्राकृत-अपभ्रंश कथा काव्यों (लीलावई कहा, भविसयत्त कहा, णायकुमार चरिउ, सुदंसण चरिउ, करकंडु चरिउ आदि) की विशाल परम्परा, काव्य-रूढ़ियों तथा रचना-दृष्टियों का योगदान है। भारतीय कथा-काव्यों तथा प्रेमाख्यानों की उपेक्षा करके मात्र फारसी मसनवियों के सन्दर्भ में हिन्दी सूफीकाव्यों की रचना-पद्धति, उद्देश्य तथा उपलब्धियों को न्यायपूर्वक विवेचित नहीं किया जा सकता है। मध्यकालीन धार्मिक संघर्ष के युग में लौकिक प्रेमाख्यानों में अलौकिक भावों की अभिव्यंजना का विशेष आग्रह युगचेतना की अनिवार्यता है। लौकिक कथाओं

की धार्मिक परिणति प्रदर्शित करना, बीच-बीच में धार्मिक मन्तव्यों के अनुकूल कथा को मोड़ना जैन-कथा काव्यों का वैशिष्ट्य है। सूफीकाव्य में भी धार्मिक अभिव्यंजना का यही वैशिष्ट्य सुरक्षित मिलता है। धर्मप्रवण भारतीय जनमानस में लौकिक प्रेम कथा अलौकिकता का रूप धारण कर लेती है, महापुरुष-महात्मा से अवतारी बन जाता है। भक्ति के सैद्धान्तिक ग्रन्थों में भक्ति ईश्वर में परानुरक्ति है, गोपियाँ प्रेम से कृष्ण को पा लेती हैं, सिद्धसाधक प्रज्ञारूपी नारी के प्रेम तथा योग में मस्त रहता है, कबीर की आत्मारूपी नारी ईश्वर के वियोग में तड़पती रहती है और मीराँ भगवान् को ही पति के रूप में वरण करती हैं, इसी क्रम में जायसी यदि प्रेम के माध्यम से उस परम सौन्दर्यमय परमात्मा का साक्षात्कार करना चाहते हैं तो उसमें अभारतीयता की शंका कैसे उत्पन्न हो जाती है। देश-देश की सामाजिकता भिन्न हो सकती है किन्तु प्रेम का निश्छल आवेग सामाजिकता के कवच को तोड़कर सर्वत्र एक समान प्रस्फुटित होता है। यहाँ भारतीय और अभारतीय का अलगाव दिखाना बहुत युक्तिसंगत नहीं है। सूफीकाव्यों में अभिव्यक्त प्रेम का स्वरूप, प्रेममार्ग का संघर्ष, काव्यरूढ़ियाँ, शैली, भाषा आदि विशुद्ध भारतीय है। इन पर सूफी मसनवियों का यत्र-तत्र प्रभाव अवश्य परिलक्षित होता है।

सूफी प्रेमाख्यानक काव्य परम्परा—हिन्दी में सूफी प्रेमाख्यानक काव्य की परम्परा मुल्ला दाऊद कृत चन्दायन (सन् 1379 ई.) से आरम्भ होती है। डलमऊ (रायबरेली, उत्तर प्रदेश) के निवासी दाऊद ने लोक प्रचलित गाथा चनैनी के आधार पर इसकी रचना की है। इसकी संक्षिप्त कथा इस प्रकार है--गोबरगढ़ के राजा सहदेव की कन्या चन्दा का बाल-विवाह, पति तथा सास से असन्तुष्ट रहना, बाजुर नामक भिखारी का उसके रूप पर मुग्ध होना तथा राजापुर के राव रूपचन्द से उसका नख-शिख वर्णन चन्दायन की आरम्भिक कथा है। रूपचन्द चन्दा को प्राप्त करने के लिए गोबरगढ़ पर आक्रमण कर देता है। चन्दा के पिता के निवेदन पर लोरिक उसकी रक्षा करता है। विजयी लोरिक और चन्दा परस्पर आसक्त हो जाते हैं। चन्दा को लेकर लोरिक हरदीपटन पहुँचता है। चन्दा के पूर्व पति बावन तथा अन्य व्यक्तियों द्वारा अनेक बाधाएँ उत्पन्न होती हैं। व्यापारियों के मुख से अपनी पूर्व पत्नी मैना का विरह वर्णन सुनकर वह चन्दा के साथ उसके पास पहुँच जाता है। इसकी भाषा अवधी है शैली अत्यन्त सरस है।

मृगावती—कुतुबन कृत 'मृगावती' को पण्डित रामचन्द्र शुक्ल ने प्रेमाख्यानक काव्य परम्परा की प्रथम कृति के रूप में मान्यता दी। इसकी रचना 1501 ई. में हुई। कुतुबन शेख बूढ़न (बुड्डन) के शिष्य थे जो सुहरावर्दिया सम्प्रदाय के थे। इन्होंने अपने शाहे-वक्त हुसेन शाह का वर्णन किया है। शुक्ल जी ने हुसेन शाह को जौनपुर का शासक माना है और कुतुबन को उनका आश्रित कवि। मृगावती की कथा का ताना-बाना बड़ी ही रोचक तथा अलौकिक घटनाओं से निर्मित किया गया है। चन्द्रगिरि के राजा गनपति का आखेट प्रिय राजकुमार सतरंगी हरिणी के पीछे दौड़ता हुआ एक सरोवर के किनारे पहुँचा। वहीं एक भव्य मन्दिर में वह रहने लगा। एक दिन अप्सराओं के साथ मृगावती वहाँ स्नान करने आयी। वेश तथा रूप परिवर्तन की कला में पारंगत मृगावती को एक सखी के द्वारा बताये गये उपाय से राजकुमार ने प्राप्त कर लिया। मृगावती ने ही उसे पाने के लिए मृग का वेश धारण किया था। दोनों का विवाह हो गया। एक दिन प्रेम की परीक्षा लेने के लिए मृगावती अपने पितृगृह के लिए उड़ गयी। राजकुमार योगी का वेश धारण करके अनेक कठिनाइयों को झेलता हुआ मृगावती को पुनः प्राप्त करने का यत्न करता है। मार्ग में रुकमिन नामक युवती को राक्षस के चंगुल से मुक्त कर उससे

विवाह करता है। दोनों रानियो के साथ वह घर लौटता है। एक दिन शिकार करते समय उसकी मृत्यु हो जाती है। दोनों रानियाँ सती हो जाती हैं। इसका पर्यावसान शान्त रस में हुआ है—

मृगावती ओ रुकमिनि लेके,
जरि कुंवर के साथ
भसम भउ जर तिल येक,
चिन्ह न रहा गात।

अवधी भाषा में निबद्ध यह काव्य सरस तथा प्रवाहयुक्त है।

पद्मावत (पद्मावती)—सूफी प्रेमाख्यानक काव्यपरम्परा में जायसी कृत 'पद्मावत' अत्यन्त प्रौढ़ रचना है। इसकी रचना 947 हिजरी में हुई थी—

सन् नौ से सैंतालिस अहै। कथा अरंभ बैन कवि कहै॥

जायसी के जन्मस्थान, जन्मतिथि तथा मृत्यु के विषय में विद्वानों में मतैक्य नहीं मिलता। पद्मावत के स्तुति खण्ड में उल्लिखित 'जायस नगर धरम अस्थानू। तहाँ आइ कवि कीन्ह बखानू।' के आधार पर ग्रियर्सन आदि विद्वानों ने माना कि जायसी किसी अन्य स्थान से आकर जायस में बस गये थे किन्तु जायस निवासियों का यह दावा है कि जायसी जायस के ही रहनेवाले थे। आखिरी कलाम में भी उनके बाहर से आने का उल्लेख है। जायस में अतिथि रूप में आये जायसी के मन में वैराग्य की सुखद अनुभूति हुई—

जायस नगर मोर अस्थानू। नगर के नाम आदि उदयानू।
तहाँ देवस दस पहुँने आएउँ। भा वैराग बहुत सुख पाएउँ।

अपनी जन्मतिथि का कवि ने स्वयं उल्लेख किया है—

भा औतार मोर नौ सदी। तीस बरिख ऊपर कवि बदी॥

इन पंक्तियों का निश्चित अर्थ नहीं निकलता। तथापि शुक्ल जी ने इसी के आधार पर जायसी की जन्मतिथि 900 हिजरी मान ली। पं. चन्द्रबली पाण्डेय 'तीस बरिख ऊपर' का अर्थ नवीं शती में तीस वर्ष बीतना किया है। इस तरह जायसी की जन्मतिथि 830 हिजरी सिद्ध होती है। डॉ. रामपूजन तिवारी का विचार है कि कवि ने 900 हिजरी में तीस वर्ष बढ़ाकर कहा है अर्थात् उसकी जन्मतिथि 870 हिजरी (सन् 1464 ई.) निश्चित होती है। बदायूँनी ने 'मन्तखबुत्तवारीख' में 911 हिजरी में होनेवाले जिस भूकम्प का वर्णन किया है उसका जायसी के भूकम्प वर्णन से पर्याप्त साम्य है। जायसी ने अत्यधिक प्रौढ़ अवस्था में इसका अनुभव किया होगा। जायसी की मृत्यु काजी नसरुद्दीन हुसैन के अनुसार 4 रिजब, 949 हिजरी अर्थात् 1542 ई. है।

जायसी ने दो गुरुओं का उल्लेख किया है। 1. सैयद असरफ, 2. शेख मोहदी। जायसी सैयद असरफ की गुरु-परम्परा में आते हैं किन्तु प्रौढ़ होने पर वे मुहिउद्दीन के सम्पर्क में आये जिनकी सेवा में उन्हें सूफी रहस्य साधना के अनेक तथ्यों का ज्ञान प्राप्त हुआ।

जायसी रचित 'पद्मावत' अत्यन्त लोकप्रिय काव्य है। फारसी, बँगला तथा अंग्रेजी में इसकी हस्तलिखित प्रतियों की प्राप्ति इसकी लोकप्रियता को ही प्रमाणित करती है। पद्मावत प्रबन्धात्मक कोटि की रचना है। इसमें सिंहलद्वीप के राजा गन्धर्वसेन की कन्या पद्मावती तथा चित्तौड़ के राजा

रत्नसेन के प्रेम एवं विवाह का वर्णन है। इसकी संक्षिप्त कथावस्तु इस प्रकार है। राजभवन में पद्मावती का अत्यधिक प्यारा एक तोता था। एक दिन पद्मावती को विवाह योग्य देखकर तोते ने उसके लिए देश-देशान्तर से योग्य वर ढूँढ़ने की इच्छा व्यक्त की। इस पर राजा ने क्रुद्ध होकर तोते को मार डालने का आदेश दिया किन्तु पद्मावती ने उसे किसी तरह बचा लिया। पद्मावती के जल क्रीड़ा करने चले जाने के बाद तोता वहाँ से उड़ गया। वन में वह एक बहेलिया के द्वारा पकड़ लिया गया। बाजार में उसे एक ब्राह्मण ने खरीद लिया। चित्तौड़ के राजा रत्नसेन ने उसके गुण वैशिष्ट्य पर रीझकर उस ब्राह्मण से हीरामन तोते को खरीद लिया। राजा की अनुपस्थिति में रूपगर्विता रानी नागमती ने तोते से पूछा कि क्या दुनिया में उसके समान और सुन्दरी है। सुए ने उत्तर दिया कि सिंहलद्वीप की पद्मिनी स्त्रियों तथा नागमती में रात-दिन का अन्तर है। इस पर रानी ने क्रुद्ध होकर उसे मार डालने के लिए दासी को सौंप दिया। किन्तु दासी ने राजा की प्रिय वस्तु तोते को छिपा दिया। इस घटना से अवगत राजा हीरामन के मुख से पद्मावती का नख-शिख वर्णन सुनकर योगी वेश में निकल पड़ा। कलिंग राजा गजपति से जहाज लेकर अन्य योगियों के साथ वह सात समुद्रों को पार करता हुआ सिंहलद्वीप के एक मन्दिर में उतरा। पंचमी के दिन पद्मावती इस मन्दिर में आयी किन्तु उसकी झलक मात्र से रत्नसेन बेहोश हो गया। सचेत होकर वह जल मरने को तैयार हुआ। पार्वती ने अप्सरा का रूप धारण करके प्रेम की एकनिष्ठता की परीक्षा ली। महादेव ने उसे एक सिद्ध गुटिका दी जिससे वह सिंहलगढ़ पर चढ़ा। भीतरी द्वार पर पहुँचने पर वह पकड़ लिया गया। योगियों सहित उसे सूली पर चढ़ा देने का आदेश हुआ। महादेव-पार्वती भाट-भाटिन के रूप में प्रकट हुए और गन्धर्वसेन को सही स्थिति का एहसास कराया। परिणामस्वरूप रत्नसेन और पद्मावती का धूमधाम से विवाह हुआ। इधर नागमती प्रियतम के विरह में दग्ध हो रही थी। एक पक्षी से विरहिणी का सन्देश पाकर रत्नसेन पद्मावती के साथ चित्तौड़ के लिए रवाना हो गया। रास्ते में समुद्र का तिरस्कार करने के कारण राजा को भंयकर तूफान का सामना करना पड़ा। उसकी प्रियतमा वियुक्त हो गयी। लक्ष्मी के द्वारा फिर प्रेम की परीक्षा हुई। अन्त में पद्मावती तथा अपने साथियों से मिलकर वह चित्तौड़ पहुँचा। चित्तौड़ की राज्यसभा में राघव चेतन नामक एक पण्डित था जिसे वेद-विरुद्ध व्यवहार करने के कारण देश निकाला दे दिया गया। वह दान में प्राप्त पद्मावती के एक कंगन को लेकर दिल्ली के बादशाह अलाउद्दीन के पास पहुँचा। उसके बादशाह से पद्मावती का रूप का वर्णन किया। अलाउद्दीन पद्मावती को पाने के लिए आठ दिन तक चित्तौड़ पर घेरा डाले रहा। अन्त में उसने राजा से सन्धि कर ली। रत्नसेन के महल में शतरंज खेलते हुए बादशाह रानी पद्मावती का रूप दर्पण में देखकर अचेत हो गया। उसने फिर धोखे से रत्नसेन को पकड़वा लिया। गोरा तथा बादल दो वीरों ने पालकियों में पद्मावती तथा उसकी सहेलियों के बहाने बैठकर सरदारों को दिल्ली के राजभवन में प्रविष्ट कर दिया। चित्तौड़ आकर देवपाल की दुष्ट दासी द्वारा पद्मावती के बहकाये जाने की घटना सुनकर रत्नसेन ने उस पर चढ़ाई कर दी। देवपाल का सिर काटकर उसने अपनी प्रतिज्ञा पूरी कर ली किन्तु दुर्भाग्य से वह खुद भी वीरगति को प्राप्त हो गया। राजा के शव के साथ पद्मावती और नागमती दोनों रानियाँ सती हो गयीं। अलाउद्दीन को पद्मावती का भस्म ही मिल सका।

पद्मावती की कथा में कल्पना का बाहुल्य, ऐतिहासिकता की झलक मात्र है। जायसी ने लोक-प्रचलित कथा को ही महाकाव्य का आधार बनाया है। इसकी रचना-शैली में भारतीय काव्य की कथानक रूढ़ियों का प्रयोग हुआ है। पद्मावत की रचना का उद्देश्य जायसी के ही शब्दों में इस प्रकार है–

मुहम्मद यहि कबि जोरि सुनावा। सुन जो पेम पीर गा पावा॥
जोरी लाई रकत कै लेई। गाढ़ी प्रीति नैन जल भेई॥
औ मन जानि कवित्त अस कीन्हा। मकु यह रहै जगत् महँ चीन्हा॥

जायसी ने प्रेम की पीर को लोक में स्थायित्व प्रदान करने के लिए पद्मावत की रचना की। प्रेम की पीर का अवसान देह त्याग के महान् उत्सर्ग में हुआ। इस निष्कलुष प्रेम की पवित्र भस्म ही कलुष हाथों में पड़ी। पद्मावत का घटना प्रवाह अबाधित है। कुछ ही स्थल ऐसे हैं जहाँ पाण्डित्य प्रदर्शन या परम्परा पालन के मोह में कवि ऐसा वर्णन करता है जो उबाऊ है तथा कथा अवरोधक है जैसे सिंहलद्वीप वर्णन में वृक्षों और फूलों की नामावलियाँ, विवाह के अवसर पर पकवानों एवं व्यंजनों की लम्बी सूची, प्रथम समागम के समय सखियों द्वारा पद्मावती के छिपा देने पर राजा रत्नसेन द्वारा रसायनी प्रलाप। जायसी ने इतिवृत्तात्मक अंशों को भी अपनी काव्य चातुरी से चमका दिया है। पद्मावत में आधिकारिक तथा प्रासंगिक घटनाएँ अविच्छिन्न रूप से एक दूसरे से जुड़ी हुई हैं जिससे इस ग्रन्थ में प्रबन्धात्मकता अखण्डित रहती है। घटना के दीर्घ विस्तार के बीच जायसी ने मार्मिक स्थलों को खूब पहचाना है। छोटे-छोटे दृश्य भी जायसी की निगाह से ओझल नहीं होते।

सौन्दर्य निरूपण—पद्मावती के रूप सौन्दर्य के अंकन में कवि ने परम्परित उपमानों का आश्रय लिया है किन्तु समस्त सृष्टि के सौन्दर्य को निचोड़कर उसने पद्मावती की रूप-राशि का सृजन किया है जो अपरिमित, अलौकिक और दिव्य है।

जायसी ने षड्ऋतु के वर्णन के अन्तर्गत पद्मावती तथा रत्नसेन के मिलन का चित्रण किया है। इस संयोग चित्रण में कवि आध्यात्मिक संकतों को नहीं भूलता। यह मिलन पद्मावती के सौन्दर्य का विलास मात्र है—

हौं रानी पदुमावति मैं जीता सुख भोग।
तूँ सरवरि कर तासौं जस जोगि जेहि जोग॥

शृंगारिक व्यंजना में आध्यात्मिक संकेत कहीं भी हावी नहीं हैं। पद्मावती सामान्य गृहिणी के रूप में भारतीय आदर्शों के अनुकूल निरूपित की गयी है। जायसी का वियोग वर्णन हिन्दी साहित्य में अद्वितीय है। पद्मावत में यह ऐसा स्थल है जहाँ भावाभिभूत होकर कवि समस्त आध्यात्मिकता को विस्मृत कर देता है। कवि को यह भी पता नहीं रहता कि नागमती रानी है और राजमहल में रहती है।

नागमती के विरह में व्यापक प्रसार है। उससे सारी सृष्टि जलने लगती है। नागमती के विरह वर्णन के लिए कवि ने बारहमासे का सहारा लिया है। उसकी बढ़ती हुई विरह कातरता हृदय को छू जाती है—

परबत समुन्द अगम बिच बन बेहड़ घन ढंख।
किमि करि भेटौं कन्त तोहि ना मोहिं पाँव न पंख॥

पद्मावत में गोरा तथा बादल के वीरतापूर्ण प्रसंग में वीर भावों की सुन्दर अभिव्यंजना हुई है। रत्नसेन की माँ के हृदय में वात्सल्य भाव उद्वेलित होता है—

सब दिन रहेहु करत तुम भोगू। सो कैसे साधब तप जोगू॥

चरित्र-चित्रण—पद्मावत के पात्र जीवन की विविध परिस्थितियों में नहीं डाले गये हैं। अतः उनके व्यक्तित्व का कोई निजी वैशिष्ट्य नहीं उभरता। वे सभी प्रेम मार्ग के परोक्ष या अपरोक्ष

अधिकारी राही हैं। कथानक रत्नसेन साहसी, सहिष्णु तथा त्यागी है। प्रेमास्पद को प्राप्त करने के लिए वह अधीरता, दुराग्रह तथा चोरी करता है। इसमें प्रेम की एकनिष्ठता है। पद्मावती के चरित्र में आदर्श की प्रधानता है। वह सच्ची प्रेमिका, गृहिणी तथा पति के साथ जीने व मरनेवाली नारी है। उसमें स्त्रियोचित गुण सपत्नी ईर्ष्या भी है। नागमती रूपगर्विता नारी है। पतिपरायणा नारी नागमती अपनी प्रेमज्योति से गृह को आलोकित करती है और अन्ततः महान् उत्सर्ग के साथ अपनी प्रभा को विश्वव्यापिनी बना देती है। गोरा, बादल क्षत्रिय वीर हैं। अलाउद्दीन रूप का लोभी तथा धोखेबाज है।

अलंकार विधान—अद्भुत प्रतिभासम्पन्न जायसी का अलंकार विधान सराहनीय है। इन्होंने शब्दालंकार तथा अर्थालंकार दोनों का प्रयोग किया है—अनुप्रास, श्लेष, यमक विशेष रूप से नियोजित हैं जैसे—

पंचम विरह पंच सर मारै—(अनुप्रास)
कनक जो कनक न कोइ हराई (यमक)

सादृश्यमूलक अर्थालंकारों में उपमा, रूपक, उत्प्रेक्षा, अतिशयोक्ति के श्लाघनीय प्रयोग हैं। कवि द्वारा की गयी हेतूत्प्रेक्षा हिन्दी साहित्य में अनूठी है। लोकजीवन के सफल पर्यवेक्षक जायसी ने लोक उपमानों की सुन्दर नियोजना की है। जैसे पत्ते के समान विरहिणी के शरीर का पीला होना, ओरी के समान आँखों से आँसू गिरना, हिंडोले के समान हृदय का दोलायमान होना।

छन्द-योजना—पद्मावत की छन्द-योजना अपभ्रंश काव्यों की कड़वकबद्ध शैली के समरूप है। इसमें सात चौपाइयों के बाद एक दोहा निबद्ध किया गया है।

भाषा—पद्मावत की भाषा ठेठ अवधी है। जायसी ने तुलसी की तरह अवधी के परिनिष्ठितीकरण की चेष्टा नहीं की बल्कि भाषा की स्वाभाविक प्रकृति की रक्षा करते हुए उसकी सर्जनात्मक क्षमता का दोहन किया। प्रस्तुत-अप्रस्तुत के द्वारा बिम्ब-विधान जायसी की भाषा की प्रमुख विशेषता है—

सरवर हिया घटत नित जाई। टूक टूक होइ होइ बिहराई॥
बिहरत हिया करहु पिय टेका। दिस्टि दवँगरा मेरवहु एका॥

दवँगरा ठेठ अवधी का शब्द है। यह प्रथम वर्षा का वाचक है। यह शब्द अनेक व्यापक फैलाव में दिस्टि के साथ स्निग्धता को भी अनिवार्यतः जोड़ देता है। 'कन्हावत', 'अखरावट', 'आखिरी कलाम' जायसी की अन्य रचनाएँ हैं।

मधुमालती—मंझन कृत मधुमालती का रचनाकाल 1545 ई. माना जाता है। मंझन चुनार के निवासी थे। शत्तारी सम्प्रदाय के मुहम्मद गौस इनके गुरु थे। मधुमालती में गढ़ कनयगिरि के राजा सुरभान के पुत्र मनोहर तथा महारस नगर के राजा विक्रम राय की कन्या मधुमालती के प्रणय तथा परिणय की कथा है। पण्डितों के निर्देशानुसार चौदह वर्ष ग्यारह महीने पर पूर्व संस्कार वश मनोहर के हृदय में प्रेम का उदय हुआ। दक्षिण देशी एक नृत्य का आयोजन देखते हुए निद्रामग्न राजकुमार को उठाकर अप्सराओं ने मधुमालती के पास छोड़ दिया। दोनों एक-दूसरे पर अनुरक्त हो गये। फिर अप्सराओं ने राजकुमार को वहाँ से हटाकर उसके राज्य में पहुँचा दिया। जागने पर मनोहर उद्विग्न हो उठा। एक दिन वह योगी बनकर प्रेममार्ग का राही बन गया।

सागर मार्ग से गुजरते हुए उसे भयानक तूफान का सामना करना पड़ा। हरि की सहायता से वह उतराये काष्ठखण्ड का सहारा लेकर एक शून्य द्वीप में पहुँचा। जहाँ उसने प्रेमा नामक मधुमालती

की सखी का एक राक्षस के हाथ से उद्धार किया। प्रेमा ने मनोहर को चित्रसारी में मधुमालती से मिला दिया। मधुमालती की माँ ने इस पर रुष्ट होकर मधुमालती को शाप से पक्षी बना दिया। ताराचन्द राजकुमार उसे पकड़कर महारस नगरी लाया। माँ ने उसे यथापूर्व बना दिया। नायक-नायिका दोनों का विवाह हो गया।

यह प्रेमाख्यानक काव्य प्रचलित काव्यरूढ़ियों के सहारे अवधी भाषा में बड़े सरल ढंग से विकसित होता है। इसमें सारा प्रयत्न नायक पक्ष में होता है। इसीलिए प्रेम का एकान्तिक रूप उभरता है। इसकी भाषा की सरलता दर्शनीय है—

जहाँ सोवै सुख सेज्या,
सोहागिनी तीनि भुअन उजयार।
ले पालक तहं डासा,
सम कै देखा रूप उन्हारि।

चित्रावली—सूफी प्रेमाख्यानक काव्य परम्परा में उसमान रचित 'चित्रावली' उल्लेखनीय है। जहाँगीर के समय में सन् 1613 ई. में इसकी रचना हुई। कवि ने अपने को गाजीपुर निवासी बताया है—

गाजीपुर उत्तम अस्थाना। देव स्थान आदि जग जाना।
× × ×
कवि उसमान बसै तेहि गाऊँ। सेख हुसैन तनै जग नाऊँ॥

नेपाल के राजा धरनीधर का पुत्र आखेट के लिए जाते समय आँधी के कारण मार्ग भ्रष्ट होकर देव पर्वत पर पहुँच गया। वहाँ उसे नींद आ गयी। देव ने उसे रूपनगर के राजा चित्रसेन की कन्या चित्रावली के चित्रसारी में पहुँचा दिया। वहाँ चित्रावली के चित्र दर्शन से उसके हृदय में प्रेम जाग उठा। उसने वहाँ अपना भी चित्र बना दिया। फिर नींद में उसे देवों ने पुनः देवमढ़ी पर ला छोड़ा। कुँवर तथा चित्रावली दोनों के हृदय में विरह की आग धधक उठी। चित्रावली के द्वारा भेजे गये दूतों के साथ सुजान रूपनगर आया जहाँ शिव मन्दिर में चित्रावली से उसकी मुलाकात हुई। इस मिलन के पहले नायक को अनेक कठिनाइयाँ झेलनी पड़ीं। एक कुटीचर द्वारा उसकी आँखें फोड़वा दी गयीं। उसे अजगर, हाथी आदि के द्वारा कष्ट पहुँचाया गया।

ज्ञानदीप—यह शेख नबी की रचना है। सुल्तानपुर जनपद के दोस्तपुर कस्बे के निकट अल्देमऊ नामक स्थान पर इसकी रचना हुई थी। रचनाकाल 1619 ई. है। इसमें नीमषार के राय शिरोमणि के पुत्र ज्ञानदीप तथा विद्याधर के राजा सुखदेव की कन्या देवयानी का प्रेम चित्रित है। इसका नामकरण नायक के नाम पर हुआ है। कवि कथानक रूढ़ियों में भी मौलिकता लाने का प्रयत्न करता है।

मध्ययुगीन इन प्रेमाख्यानों की व्याख्या सूफी मतों के अनुकूल किसी-न-किसी रूप में की जाती है। यद्यपि ऐसा करने के लिए बड़ी खींचतान करनी होती है। यदि सूफी दर्शन के सिद्धान्तों को इन प्रेमाख्यानों पर थोप दिया जाय तो इनका सम्पूर्ण वैशिष्ट्य नष्ट हो जायेगा। नागमती यदि दुनिया धन्धा है तो उसके प्रेम और विरह की गहन अभिव्यंजना की जो साधक रत्नसेन तथा पद्मावती (साध्य) के प्रेम से किसी भी मायने में कम नहीं है क्या परिणति होगी। प्रेमाख्यानक काव्यों में सूफी धर्म की आध्यात्मिक भाषा की मंजिलें स्पष्ट रूप से चित्रित नहीं हैं। इनकी दृष्टि काव्यपरक ही है जो थोड़े-बहुत आध्यात्मिक संकेत हैं उन्हें मध्यकालीन धार्मिक वातावरण की अनिवार्यता मानी जा सकती है। डॉ.

श्याममनोहर पाण्डेय सूफी प्रेमाख्यानों का विश्लेषण करने के पश्चात् इसी निष्कर्ष पर पहुँचे हैं कि, "इन सूफियों ने काव्य का माध्यम ग्रहण किया जिसमें सिद्धान्तों की पूर्ण व्याख्या सम्भव नहीं हो सकती थी। अपने कथानकों की सीमा में रहकर ही वे कुछ संकेत दे सकते थे और उन्होंने ऐसा किया भी है।[1] सूफी विशेषण को हटाकर विशुद्ध प्रेमाख्यानक काव्य के शीर्षक से इन काव्यों के अध्ययन की परम्परा शुरू हो गयी है। डॉ. गणपतिचन्द्र गुप्त ने सूफी असूफी सभी प्रेमाख्यानों को एक साथ रखकर विवेचन प्रस्तुत किया है। गुप्त जी ने जायसी तथा आलम के कथनों को उद्धृत करते हुए बताया है कि इनका प्रयोजन यश प्राप्ति, अपनी काव्य-कला का प्रदर्शन, युवकों का मनोरंजन या जीवन की दुःखपूर्ण घटना को भुलाना ही था। ऐसी स्थिति में इन्हें सम्प्रदाय-विशेष से प्रेरित या उसका प्रचारक मानना उचित नहीं कहा जा सकता।[2] किन्तु समस्त प्रेमाख्यानों को निर्गुण भक्तिकाव्य के अन्तर्गत रखना भ्रान्त धारणा की सृष्टि करता है। गुप्त जी ने इसका ध्यान नहीं दिया। वैयक्तिक संस्कार, पारिवारिक तथा सामाजिक वातावरण, निजी धार्मिक आस्था आदि से कवि की रचना-प्रक्रिया अवश्य प्रभावित होती है। कुछ कवियों ने उनके द्वारा उपदिष्ट धार्मिक तत्त्वों को समाहित करके लोकमानस को काव्य की दोहरी उपलब्धि से आकर्षित किया। भारतीय समाज में धर्म का मुलम्मा लगे बिना कोई चीज स्थायित्व नहीं प्राप्त कर सकती, यह धारणा कम-से-कम मध्यकाल में सुदृढ़ थी। समस्त सूफी, असूफी प्रेमाख्यानों की प्रेम की अभिव्यंजना को स्वच्छ, सूक्ष्म, पवित्र तथा उज्ज्वल कहकर 'उज्ज्वल' रस का परिपाक मान लेना भी तर्कसंगत नहीं है क्योंकि इनमें तन-तपनि, यौवनभार एवं कामोन्माद के वासनात्मक अंश मिल ही जायेंगे। पण्डित रामचन्द्र शुक्ल ने सूफी प्रेमाख्यानक काव्यों की साहित्यिकता तथा लोकोत्तर प्रेम की अभिव्यंजना को ही विशेष रूप से निर्दिष्ट किया। उनका कथन है कि, "इन साधक कवियों ने लौकिक प्रेम के बहाने उस प्रेमतत्त्व का आभास दिया है जो प्रियतम ईश्वर से मिलनेवाला है। इन प्रेम कहानियों का विषय तो वही साधारण होता है अर्थात् किसी राजकुमार का किसी राजकुमारी के अलौकिक सौन्दर्य की बातें सुनकर उनके प्रेम में पागल होना और घरबार छोड़कर निकल पड़ना तथा अनेक कष्ट और आपत्तियाँ झेलकर अन्त में उस राजकुमारी को प्राप्त करना। पर प्रेम के पीर की जो व्यंजना होती है, वह ऐसी विश्व व्यापक रूप में होती है कि वह प्रेम इस लोक से परे दिखायी पड़ता है।'[3] अतः विशुद्ध प्रेमाख्यानों तथा भक्तिपरक प्रेमाख्यानों में अन्तर स्पष्ट करने के लिए प्रेमाख्यानक भक्तिकाव्य तथा प्रेमाख्यानक काव्य संज्ञाओं का प्रयोग अनिवार्य है। 'सूफी प्रेमाख्यानक काव्य' भी सूफी साधना-पद्धति से प्रभावित भारतीय काव्य परम्परा तथा चिन्तना से निर्मित काव्य के लिए रूढ़ हो गया है। अतः इस नाम से कोई बहुत बड़ी भ्रान्ति उत्पन्न नहीं होती है।

असूफी प्रेमाख्यानक काव्य—प्रेमाख्यानों की धारा सूफी काव्यों के समानान्तर प्रवाहित मिलती है। इस परम्परा से ढोला-मारू-रा-दूहा प्रथम उल्लेखनीय ग्रन्थ है। इसमें पूगल नगर के राजा पिंगल की कन्या मारवणी तथा नरवर नगर के राजा नल के पुत्र ढोला का बाल विवाह, ढोला द्वारा मारवणी का विस्मरण, मालवणी से पुनर्विवाह, युवती मारवणी का विरह, ढाढ़ी द्वारा ढोला के पास मारवणी का सन्देश प्रेषण तथा दोनों के पुनर्मिलन की कथा चित्रित है। लोककथा के आधार पर लिखित यह काव्य प्रेम की उत्कृष्ट व्यंजना प्रस्तुत करता है।

---

1. मध्ययुगीन प्रेमाख्यान, पृ. 136
2. स. डॉ. नगेन्द्र—हिन्दी साहित्य का इतिहास, पृ. 167
3. हिन्दी साहित्य का इतिहास, पृ. 50

सदयवत्स-सावलिंगा—गुजरात तथा राजस्थान में प्रचलित इस कथा के आधार पर रचित अनेक काव्यों की सूचना मिलती है। कीर्तिवर्द्धन रचित सदेवच्छ-सावलिंगा चौपई, जिसका रचना-काल संवत् 1697 है, उल्लेखनीय कृति है।

लखनसेन-पद्मावती कथा—राजस्थानी भाषा में निबद्ध कवि दामो द्वारा 1516 वि.सं. में रचित यह काव्य हिन्दी का प्रथम असूफी काव्य माना जाता है। इसमें वस्तु वर्णन अधिक है, भावनात्मकता कम है। इसमें यत्र-तत्र संस्कृत उक्तियाँ भी मिलती हैं।

सत्यवती कथा—ईश्वरदास कृत सत्यवती कथा में सत्यवती अपने सत् की शक्ति से अभिशप्त प्रेमी को स्वस्थ कर लेती है। वक्ता-श्रोता की पौराणिक शैली में लिखे इस काव्य को कुछ विद्वान् प्रेमाख्यानों की कोटि में नहीं मानते।

छिताई वार्त्ता—इसकी रचना 1526 ई. में नारायणदास द्वारा ब्रजभाषा में की गयी। देवगिरि के राजा रामदेव की कन्या छिताई का द्वार-समुद्र भगवान् नारायण के पुत्र नारायण के पुत्र सौरसी से विवाह सम्पन्न हुआ। आखेट करते समय भर्तृहरि के द्वारा सौरसी को शाप दिया गया कि तुम्हारी स्त्री किसी अन्य के वश में पड़े। चित्रकार द्वारा निर्मित छिताई का रूप निहारकर अलाउद्दीन ने उसका अपहरण करवा लिया। दिल्ली में छिताई ने अपनी पवित्रता की रक्षा की। सौरसी योगी बनकर गोपाल के यहाँ दिल्ली पहुँचा। वहाँ सुल्तान को उसने अपने संगीत से प्रसन्न किया और छिताई को प्राप्त किया। इसकी घटना में कल्पना तथा इतिहास की सुन्दर समायोजना हुई है।

मैनासत—सधना रचित इस काव्य का रचनाकाल सं. 1624 तथा सं. 1557 माना जाता है। इसमें सती-साधवी मैना के प्रेम की एकनिष्ठता को उभारा गया है।

नलदमयन्ती कथा—संवत् 1632 के आस-पास उज्जैन में निवास करके नरपति व्यास ने इसकी रचना की। इसकी कथा महाभारत के अनुसार है किन्तु व्यास ने कुछ परिवर्तन भी किये हैं।

माधवानल कामकन्दला--इस प्रख्यात कथानक के आधार पर गणपति माधव शर्मा, कुशल लाभ, पुरुषोत्तम वत्स, आलम आदि कवियों ने काव्यात्मक रचनाएँ कीं। आलम की रचना प्रौढ़ मानी जाती है। इसमें नायक-नायिका के अनेक जन्मों का वर्णन है। आलम ने एक ही जन्म की कथा को ग्रहण किया है। कथा को ग्रहण किया है। कथा का नायक माधव शर्मा कलाविद् तथा मोहक है। नगर से निर्वासित होकर वह कामसेन के राज्य कामावती की राजनर्तकी कामकन्दला का नृत्य देखने का मौका पाता है। वहाँ दोनों में परस्पर प्रेम हो जाता है। कामसेन ने क्रुद्ध होकर उसे नगर से निकाल दिया। राजा विक्रमादित्य की सहायता से वह अपनी प्रेमिका को प्राप्त करता है।

जटमल नाहर कृत प्रेमविलास (संवत् 1613), नन्ददास कृत रूपमंजरी, परशुराम कृत ऊषा-अनिरुद्ध की कथा, महाराज पृथ्वीराज कृत बेलि क्रिसन रुकमिणी री, पुहुकर कृत रस रतन, आदि इस परम्परा के अन्य उल्लेखनीय काव्य हैं। सन् 1613-1644 के बीच जान कवि ने 29 प्रेमाख्यानों की रचना की जिनमें कनकावती कामलता, मधुकर मालती, रतनावती को सूफी प्रेमाख्यानों के अन्तर्गत माना जाता है। डॉ. श्याम मनोहर पाण्डेय का विचार है कि, "जान कवि ने मसनवी की शैली का अनुसरण अवश्य किया पर उनकी कथाओं मे सामान्य ढंग के प्रेम का ही विकास हुआ। कुतुबन, जायसी, मंझन, उसमान, शेखनबी आदि की भाँति उनमें प्रेम दर्शन की न तो स्थापना की गयी है। और न इस दृष्टि से कथानकों और चरित्रों का विकास ही किया गया है।"[1]

---

1. मध्ययुगीन प्रेमाख्यान, पृ. 113

सूफी प्रेमाख्यानक काव्यों की सामान्य विशेषताएँ

सूफी प्रेमाख्यानकों के सृजन का प्रमुख उद्‌देश्य है लौकिक प्रेमकथा को अलौकिक प्रेम की गरिमा से मण्डित करना तथा ईश्वर का प्रेम के माध्यम से साक्षात्कार करना। प्रेममार्ग की रचनाधर्मिता में खास तरह की साधना-प्रणाली का समावेश सहज रूप से हो गया है। इन काव्यों में व्यक्त चिन्तन-पद्धति दर्शन-विशेष की जटिलताओं की पृष्ठभूमि को नहीं ग्रहण करती बल्कि लोक आस्थापरक सहज दार्शनिक मान्यताओं को आधार बनाती है। इसीलिए इनमें एकेश्वरवाद, अद्वैतवाद, सर्वात्मवाद आदि की झलक परिलक्षित होती है।

ईश्वर का स्वरूप—सूफी कवियों ने ईश्वर के विषय में भिन्न-भिन्न मतों को प्रस्तुत किया है। मुल्ला दाऊद ईश्वर को सृजनहार तथा एक मानते हैं। इनके विचार पर एकेश्वरवादी मत का स्पष्ट प्रभाव है—

जाकर समैं पिरथमी सिरजसि, कह्यो एक येक सो गाई॥
हीय नह्वर, मन हुल्हसै, दूसर चित न समाई॥

जायसी भी 'एक करतारु' का सुमिरन करते हैं। उनके विचार से ईश्वर एक है, अलख, अबरन अजन्मा है तथा संसार का मूल कारण है।

अलख अरूप अबरन सो करता, वह सब सों सब ओहि सो करता॥
परगट गुपुत सो सरब बियापी, धरमी चीन्ह चीन्ह नहिं पापी॥

ईश्वर पाक, पवित्र, अलख और अमूर्त है। मंझन ईश्वर के ही रूप की अभिव्यक्ति सारे संसार में मानते हैं। यही विविध रूपों तथा भावों में प्रकट हुआ है। चन्द्रमा सूर्य तथा विश्व में पूरित होकर वह सृष्टि के आदि, अन्त तक निदान में भी अवशिष्ट रहता है।

इहै रूप ससिहर औ सूरा। इहै रूप जग पूरि अपूरा॥
इहै रूप अंत आदि निदाना। इहै रूप धरि धरसों धियानाँ॥

जायसी ईश्वर की विचित्र स्थिति की कल्पना करते हैं। उनका कथन है कि, "न वह जगत् में मिला है, न उससे बाहर है। दृष्टिवालों के लिए वह समीप है तथा अन्धे एवं मूर्खों के लिए दूर है।" लेकिन वह सृष्टि में भरपूर समाया है। जायसी ईश्वर को सृष्टि से एकदम अलग नहीं करते हैं बल्कि मूर्खों को इस कल्पना के प्रति अवश्य सावधान करते हैं कि सांसारिकता तथा ईश्वर पर्याय नहीं है। कुतुबन तथा उसमान के विचारों में विशिष्टाद्वैत तथा विवर्त्तवाद के लक्षण दिखायी देते हैं। वे ईश्वर-जगत् में सूर्य और किरण, उदधि और लहर, चित्रकार तथा चित्र का सम्बन्ध स्वीकार करते हैं। परमात्मा एकमात्र अटल तथा स्थिर सत्ता है। वह संसार को अपनी इच्छानुसार बनाता, बिगाड़ता या पुनः सँवारता रहता है।

सवै नास्ति वह अहधिर, ऐस साज जेहि केर
एक साजै और माजै, चहै संवारे फेर॥

सृष्टि का मूल कारण प्रेम—जिस प्रकर उपनिषदों में काम को सृष्टि का मूल कारण माना गया है उसी प्रकार सूफियों ने प्रेम को सृष्टि का मूल कारण माना है। उसमान का कहना है—

आदि पेम विधि ने उपराजा। पेमहि लागि जगत सब साजा॥

जगत् में उसी का जीवन सफल है जिसके हृदय में प्रेम की पीर जागृत होती है। यह पीड़ा असह्य होती है। इसमें तिल-तिल मरना होता है।

परमतत्त्व परमसौन्दर्यवान् है। रूप और प्रेम का अभेद्य सम्बन्ध है। संसार में जितने भी रूपों की सृष्टि हुई है सब में परम रूप का ही भाव है। अद्भुत रूपछवि के श्रवण मात्र से साधक हृदय में प्रेम की आकांक्षा जाग उठती है। वह सब-कुछ छोड़कर प्रेममार्ग पर चल पड़ता है।

प्रेममार्ग की दुर्गमता—यह प्रेममार्ग सरल नहीं है बल्कि अनेक कठिनाइयों से भरा है। इसमें मृत्यु तक संकट उपस्थित हो जाता है। चित्रावली में प्रेममार्ग की दुर्गमता को चित्रित करते हुए कवि कहता है—

> **कहेसि कुंवर यह पंथ दुहेला, अस जनि जानु हंसी और खेला॥**
> **अगम पहार विषम गढ़ घाटी। पंखि न जाइ चढ़ नहीं चाटी॥**

प्रेम में विरह का महत्त्व—प्रेम में संयोग की अपक्षा वियोग की अधिक महत्ता है। जिस शरीर में विरही आत्मा निवास करती है वह अजर अमर हो जाता है। यह विरह भी पूर्व पुण्य के बिना उत्पन्न नहीं होता। विरह की आग जिस घट में लगती है वहीं तक सीमित नहीं रहती बल्कि सारी सृष्टि में व्याप्त हो जाती है। सूफी प्रेमाख्यानक काव्यों मे विरह वर्णन के स्थल अत्यन्त मनोरम तथा काव्यात्मक हैं। विरह के चित्रण का जहाँ भी इन्हें अवसर मिलता है कथा की आध्यात्मिकता की परवाह किये बिना अपने हृदय की सम्पूर्ण रस धारा को उँड़ेल देते हैं। विरह की आग से दग्ध पात्र कथा की प्रतीकात्मकता को एकदम से खण्डित कर देते हैं। विरह वर्णन ही सूफी काव्य की सबसे बड़ी उपलब्धि है। विरहिणी के प्रेम में एकनिष्ठता तथा पवित्रता है। उसके रोम-रोम में प्रेमास्पद की प्रतिध्वनि होती रहती है।

प्रेममार्ग की चार मंजिलें—सूफी सिद्धान्तों में आध्यात्मिक यात्रा की चार मंजिलें मानी गयी हैं—नासूत, मलकूत, जबरूत, लाहूत। उसमान ने इन मंजिलों का वर्णन चार नगरों—भोगपुर, गोरखपुर, नेहनगर तथा रूप नगर के रूप में किया है। सभी सूफी प्रेमाख्यानों में चारों मंज़िलों की स्पष्ट स्थिति का निरूपण नहीं मिलता है।

प्रेम में गुरु की महत्ता—गुरु ही शिष्य के हृदय में विरह की चिनगारी पैदा करता है। वही प्रेम का पथ प्रदर्शित करता है।

कथा-संगठन—प्रेम की साधना को अभिव्यक्ति देने के लिए सूफियों ने ऐसे कथानक का गठन किया है जिसका केन्द्रीय तत्त्व प्रेम है। सारी कथा प्रेमसाधना के इर्द-गिर्द ही घूमती रहती है। इनके नायक राजकुमार प्रेममार्ग के राही हैं। इनमें स्वप्न-दर्शन, गुण-श्रवण, चित्रदर्शन तथा प्रत्यक्ष दर्शन किसी एक के द्वारा प्रेम की भावना अंकुरित होती है। प्रेम के पथ पर ये जैसे-जैसे आगे बढ़ते हैं कथा भी आगे बढ़ती जाती है। नायक कथा के आरम्भ में ही विफल तथा विक्षिप्त दिखाये जाते हैं। वे प्रायः योगी का वेश धारण करके नायिका की तलाश में निकलते हैं। मार्ग में समुद्री तूफान, सर्पदंश, राक्षस द्वन्द्व आदि का सामना करते हुए वे सफलता प्राप्त करते हैं। बीच में उनके प्रेम की परीक्षा भी होती है। कथा की परिसमाप्ति सुखान्त तथा दुखान्त दोनों में है। सूफी प्रेमाख्यानों में कुछ विशिष्ट कथानक रूढ़ियों तथा अभिप्रायों के प्रयोग हुए हैं। जप-तप, ज्योतिषी या सिद्धपुरुष के आशीर्वाद से नायकों का जन्म, पशु-पक्षियों तथा अप्सराओं का प्रेममार्ग में सहायक बनना, योगी वेश में नायिका की खोज, बाहरमासा वर्णन, भयानक आपत्तियों का वर्णन, नायक-नायिका का शिव मन्दिर में मिलन आदि कथानक रूढ़ियों का स्रोत अपभ्रंश के कथाकाव्यों में मिलता है। कथानकरूढ़ियों के प्रति विशेष

आसक्ति के कारण कथा का प्रवाह बाधित हो जाता है। समस्त प्रेमाख्यानों का कथा संगठन एक निश्चित ढाँचे में ढला हुआ है। ऐतिहासिक तथा अर्द्ध ऐतिहासिक कथानकों की ऐतिहासिकता धूमिल है। कथावस्तु में अतिरंजना तथा वैचित्र्य का विशेष ध्यान रखा गया है।

चरित्र-चित्रण—सूफी कवियों ने अपने काव्य में मानव तथा मानवेतर दोनों प्रकार के पात्रों की सर्जना की है। इनके कथानक धीर, गम्भीर, त्यागी, एकनिष्ठ प्रेमी हैं। मृत्यु भी उन्हें मार्ग से विचलित नहीं कर पाती। नायिकाएँ सामान्य नारी नहीं बल्कि ईश्वरी सौन्दर्य की प्रतीक हैं। ये प्रारम्भ में नायक के प्रति कठोर तथा बेरुखी का बर्ताव करती हैं। प्रेम की सच्चाई की प्रतीति के बाद उनके प्रति आत्म-समर्पण करती हैं। नायक तथा नायिका दोनों के चरित्र का सर्वांगीण विकास नहीं हो पाता। इनमें अतिमानवीयता के गुण अधिक हैं। आलोच्य काव्यों में उपनायिकाओं की सृष्टि मानवीय धरातल पर विशेष रूप से हुई है। इनमें सहज मानवीय संवेदनाएँ रूप-गौरव, प्रेम, ईर्ष्या आदि परिलक्षित होती हैं। चित्रावली की रुकमिन, पद्मावत की नागमती के चरित्र अधिक सशक्त तथा आकर्षक बन पड़े हैं। प्रेममार्ग में सहायक सज्जन तथा विरोधी खलपात्रों की कल्पना इन काव्यों में की गयी है।

भाव-व्यंजना तथा रस निरूपण—सूफीकाव्य का मूलभाव प्रेम है। इसीलिए शृंगार इनका अंगी रस है। इनमें शृंगार के संयोग और वियोग दोनों पक्षों का विशद वर्णन मिलता है। संयोग वर्णन में व्यंग्य, परिहास, आंगिक सम्मिलन तथा रति-क्रीड़ा के साथ ही रतियुद्ध तक की आयोजना की गयी है। प्रेमकला के साधक नायक तथा नायिकाएँ चूँकि बहुत बड़े संघर्ष के बाद एक-दूसरे से मिल पाते हैं, इसीलिए नायिकाओं में लज्जा तथा संकोच देर तक टिक नहीं पाता। संयोग शृंगार के निरूपण में लोक-परम्पराओं का व्यापक प्रभाव तथा शास्त्रीयता का अत्यन्त आग्रह मिलता है। कवि अवसरानुकूल शिक्षा देने से भी नहीं चूकता इसीलिए कहीं-कहीं सहज रस प्रवाह में अवरोध उत्पन्न हो जाता है। षट्ऋतुओं की पृष्ठभूमि में चित्रित शृंगार के चित्र प्रकृति के उद्दीपन से और भी प्रगाढ़ हो गये हैं। संयोग वर्णन अधिकतर दैहिक है, अतएव कहीं-कहीं मर्यादा की सीमा भी टूट जाती है। ऐसे स्थलों पर प्रेमभावना उदात्त न रहकर वासनात्मक हो जाती है।

संयोग की अपेक्षा वियोग के चित्र अधिक संवेदनशील तथा मार्मिक हैं। इसमें प्रेम की गहनता, एकात्मिकता, सघनता तथा सच्चाई की अभिव्यंजना होती है। कवियों ने विरह वर्णन के स्थलों पर अपने पाण्डित्य तथा चमत्कारप्रियता को विस्मृत कर दिया है। विरह भावों की गहन तल्लीनता में वे यह भी भूल जाते हैं कि किस तरह की विरहिणी का किस माहौल में चित्रण कर रहे हैं। इनकी विरहिणियाँ जो प्रायः रानियाँ हैं अपने रानीपन को छोड़कर कवियों के सहज अनुभव क्षेत्र तथा आस-पास की लोक नारी का रूप ग्रहण कर लेती हैं। वियोग की भावना राजमहलों तक सीमित न रहकर प्रकृति के विस्तृत प्रांगण में फैल जाती है। जहाँ प्रेम की लौकिकता तथा अलौकिकता की सीमा-रेखा मिटती दिखायी देती है, विरह चित्रण की लोक शैली बारहमासा में नायिका की वेदना की निरीहता, पवित्रता तथा निर्मलता निरावृत होती है। संयोग की अवस्था में जहाँ हार का भी अन्तराल असह्य होता है वहीं वियोग में—

परबत समुद्र अगम बिच बीहड़ घन बन ढाँख।
किमि के भेटौ कंत तुम्ह ना मोहि पाँव न पाँख॥

विरह की विविध दशाओं में उन्माद, व्याधि, जड़ता तथा मरण के अधिक चित्र हैं। नायिका की आँखों से रक्त के आँसुओं का गिरना, मांस सूखना तथा प्राणान्त होना आदि पर फारसी काव्य का प्रभाव माना जाता है।

शिल्प-विधि—सूफी प्रेमाख्यानक काव्य प्रबन्धात्मक कोटि के कथा काव्य हैं, जिनमें प्रेम और सौन्दर्य के निरूपण द्वारा लोकरंजन किया गया है। इन काव्यों में आध्यात्मिक अभिव्यंजना का आग्रह मध्यकालीन धार्मिक वातावरण का प्रभाव है। धर्मप्रवण जनता के बीच प्रेमकथा को अमर बनाना भी इसका कारण है। अपभ्रंश के कथा काव्यों की शिल्प-विधि के सहज विकास के रूप में सूफी प्रेमाख्यानकों को लक्षित किया जा सकता है। इन रचनाओं की मूलचेतना, उद्देश्य तथा चित्रण-पद्धति अपभ्रंश के चरितकाव्यों तथा कथा काव्यों के समान ही है। सूफी कवियों ने लोकपरम्परा, फारसी मसनवियों की प्रेरणा तथा निजी सूझ-बूझ से अपभ्रंश काव्य परम्परा में नवीनता तथा मौलिकता का समावेश किया। परशुराम चतुर्वेदी का निष्कर्ष है, "सूफी प्रेमाख्यान एक ऐसी रचना है जिसमें किसी प्रबन्ध काव्य के प्रायः सभी तत्त्व वर्तमान हैं, किन्तु जिसमें इसके साथ ही, कथा आख्यानिका, जैन चरितकाव्य एवं मसनवी की भी विशेषताओं का समन्वय हो गया है और यही इसकी सबसे बड़ी विशेषता है।" सूफी प्रेमाख्यानक काव्यों में अपभ्रंश की कड़वक शैली का प्रयोग किया गया है। चार पद्धड़िया के बाद घत्ता जोड़कर कड़वक बनता है। कड़वक के पद्यों की संख्या अधिक भी हो सकती है। इस सम्बन्ध में हजारीप्रसाद द्विवेदी का मत है कि, "अपभ्रंश काव्यों में दस-दस बारह-बारह अर्द्धालियों के बाद घत्ता, उल्लाल आदि लिखकर प्रबन्ध लिखने का नियम बहुत पुराना है। अपभ्रंश काव्यों में ठीक उन्हें चौपाई नहीं करते थे परन्तु हैं वे वही चीज जिसे तुलसीदास जी ने और जायसी आदि ने चौपाई कहा है।"[1] सूफी कवियों ने दोहा चौपाई का क्रम निश्चित किया। इस दृष्टि से इनका महत्त्व अवश्य है। कुतुबन, मंझन ने पाँच, उसमान ने सात अर्द्धालियों के बाद दोहे का क्रम रखा है।

सूफी प्रेमाख्यानों की भाषा ठेठ अवधी है। उसमान तथा नसीर की भाषा पर भोजपुरी का भी प्रभाव परिलक्षित होता है। अवधी भाषा की तद्भव शब्दावली, मुहावरे तथा लोकोक्तियों के सुन्दर तथा काव्यात्मक प्रयोग करने में सूफी कवियों को विशेष सफलता मिली है। अभिव्यक्ति को सशक्त बनाने तथा भावों को साकार करने के लिए सूफियों नें समासोक्ति का प्रयोग किया। उपमा, उत्प्रेक्षा तथा रूपक इनके प्रिय अलंकार हैं। प्रतीक योजना के द्वारा इनके काव्य की अभिव्यंजना शक्ति संवर्द्धित होती है। प्रतीकों की आध्यात्मिक संगति बैठाने की अपेक्षा इनकी दृष्टि काव्य सौन्दर्य पर अधिक रही। प्रतीकों की योजना अर्थ की विभिन्न छवियों को उजागर करती है।

सगुण भक्तिभावना

पूर्व परम्परा से आगत विष्णु के दो अवतारों राम और कृष्ण को भक्ति का आश्रय बनाकर मध्यकाल में सगुण भक्ति का व्यापक स्वरूप निर्मित हुआ। विष्णु पूजा को प्रतिष्ठित करनेवाले भागवत धर्म तथा उसकी प्रशाखाओं पाञ्चरात्र, सात्वत तथा नारायणी धर्म से वैष्णव धर्म का व्यवस्थित इतिहास उपलब्ध होने लगता है। महाभारत, गीता तथा पुराण ग्रन्थों में वैष्णव भक्ति की स्थापनाएँ की गयी हैं। शाण्डिल्य तथा नारद ने भक्ति के सैद्धान्तिक आधार को पुष्ट करते हुए भक्ति मार्ग को सर्वजन हिताय प्रशस्त किया तथा रागानुगा भक्ति को महत्त्व दिया। दक्षिण के आलवार भक्तों की प्रेमानुगा भक्ति की धारा ने सम्पूर्ण भारत में प्रवाहित होकर इन परम्परित सैद्धान्तिक शास्त्रीय तथा लोक

1. हिन्दी साहित्य की भूमिका, पृ. 49

आस्थापरक भावनाओं को समाहित कर लिया। रामानुजाचार्य, श्री माध्वाचार्य, श्री विष्णु स्वामी, श्री निम्बार्काचार्य, श्री वल्लभाचार्य ने अपनी दार्शनिक स्थापनाओं से भक्ति को विचारकों, चिन्तकों तथा विद्वानों के लिए ग्राह्य बनाया है।

अतः संक्षेप में कहा जा सकता है कि मध्यकालीन हिन्दी सगुण भक्तिभावना की सृष्टि में धार्मिक चिन्तन की सहज परम्परा, लोकचेतना तथा दार्शनिक निगूढ़ता का सम्मिलित योगदान है। सार्वजनीन कल्याण चेतना से सम्पृक्त भक्तिभावना को जन-जीवन में व्यापक स्वीकृति मिली। मिट्टी के अन्दर पड़ा हुआ बीज तभी अंकुरित और पल्लवित होता है जब उसे उचित जलवायु मिलती है। असमय में अंकुरित होने पर वह हरा-भरा नहीं हो पाता। मध्यकालीन हिंसा, विरोध, धार्मिक द्वन्द्व, भेदभाव तथा आडम्बरपूर्ण स्थिति में भारतीय संस्कृति में व्याप्त भक्ति की परम्परा को युगीन आवश्यकताओं के अनुकूल प्रस्तुत किया गया। यह भक्ति मार्ग देशी-विदेशी धार्मिक मत-मतान्तरों में समन्वय तो करता ही है मानव-समता की भी घोषणा करता है। इसमें केवल धार्मिक उत्थान ही नहीं है बल्कि जीने की कला निहित है और जीवन के विविध क्षेत्रों में आनेवाली समस्याओं के समाधान का संकेत छिपा है। सांसारिक विरक्ति की चेष्टा में जीवन का राग और उल्लास निहित है।

रामभक्ति-काव्य

मध्यकाल में भक्ति के आश्रय रूप में विकसित रामकथा का स्रोत अत्यन्त प्राचीन है। कुछ विद्वानों ने रामकथा का सम्बन्ध वैदिककाल से जोड़ने की चेष्टा की है। 'वाल्मीकि रामायण' को रामकथा का असन्दिग्ध स्रोत माना जाता है। इस काव्य में राम की प्रतिष्ठा एक उदात्त एवं श्रेष्ठ महापुरुष के रूप में हुई है। विकासशील महाकाव्य महाभारत में राम का स्वरूप अवतारी हो गया है। अगस्त्य संहिता, रामपूर्व तापनीय उपनिषद्, रामोत्तर तापनीय उपनिषद्, अध्यात्म रामायण, अद्भुत रामायण, भुशुण्डि रामायण आदि ग्रन्थों में रामकथा के धार्मिक तथा दार्शनिक पक्ष को व्याख्यायित किया गया। पुराणों ने रामकथा को विविधता तथा सम्पन्नता प्रदान की। इस क्षेत्र में विष्णुपुराण, वायुपुराण, भागवतपुराण और कूर्मपुराण उल्लेखनीय हैं।

बौद्धों तथा जैनों ने भी अपनी धार्मिक भावनाओं के लोकप्रसार के लिए रामकथा का आश्रय ग्रहण किया। रामकथा में अपनी धार्मिक मान्यताओं के अनुकूल परिवर्तन-परिवर्द्धन भी किये। बौद्ध साहित्य में दशरथ जातक, अनार्मक जातक, दशरथ कथानक में राम की कथा वर्णित मिलती है। बौद्धों की तुलना में जैनों ने रामकथा को अधिक विस्तार दिया। जैनों की प्रमुख माध्यम भाषा प्राकृत और अपभ्रंश दोनों में रामकथा के आधार पर श्रेष्ठ ग्रन्थों का सृजन हुआ है। विमल सूरि का 'पउमचरिउ', प्रवरसेन का 'रावणवहो', स्वयंभू का 'पउमचरिउ' आदि उल्लेखनीय कृतियाँ हैं। पुष्पदन्त के महापुराण में भी रामकथा के अनेक प्रसंग मिलते हैं।

रामकथा की यह व्यापक परम्परा मध्ययुगीन परिवेश में प्रबल वेग से प्रवाहित हुई। अपने व्यापक प्रवाह में अपने बाह्य जगत् के क्रिया-कलापों तथा प्रसंगों को तो समाहित किया ही अन्तर्जगत् की विविध भावोर्मियों को भी इसने अन्तर्लीन कर लिया। धार्मिक टकराहट से जूझती, सिद्धों-नाथों की करामातों से विस्मित, निर्गुणियों की इस चुनौती 'दशरथ सुत तिहुँ लोक बखाना, रामनाम का मरम है आना' को झेलती, आडम्बरपूर्ण धार्मिक आस्था के चकनाचूर हो जाने पर नये विकल्प को तलाशती जनता को राम-भक्ति की पवित्र धारा में आध्यात्मिक, भौतिक, मानसिक तथा दैहिक संरक्षण, मधुमय सम्बल तथा मनोरम आनन्द की प्राप्ति हुई। राम के रूप में उनकी समस्त शारीरिक तथा आत्मिक ऊर्जा साकार हो गयी।

परम्परा—उत्तरी भारत में रामभक्ति के प्रमुख प्रवर्तक रामानन्द का समय फर्कुहर के अनुसार 1400-1470 ई., आचार्य रामचन्द्र शुक्ल के अनुसार 1450-1525 ई. है। रामानन्द की भक्ति-पद्धति के निर्गुण निराकर तथा सगुण साकार ब्रह्म की स्वीकृति के आधार पर निर्गुण और सगुण दो शाखाएँ हो गयीं। रामानुज ने समाज के क्षेत्र में वर्णाश्रम को मान्यता देते हुए भी भक्ति के क्षेत्र में इसकी निरर्थकता सिद्ध की। कबीर आदि रामानन्द के इस विचार से एकदम आबद्ध नहीं रहे। उन्होंने बड़ी निर्ममता से समाज की ऊँच-नीच की भावना तथा वर्णाश्रम व्यवस्था पर प्रहार किया। अधिकांशतः अपनी 'नेति-नेति' की शैली तथा खण्डनात्मक प्रवृत्ति के कारण वे जनता के व्यापक वर्ग में आस्थापरक धर्म का कोई निश्चित रूप निर्मित नहीं कर सके। समाज तथा धर्म में अनावश्यक आडम्बर, आचरण हीनता, वैमनस्य, भेद-भाव, हिंसा आदि के आवरण को तोड़कर मूल धर्म की चेतना को उभारने तथा उद्घाटित करने की दृष्टि से निर्गुण सन्तों का महत्त्व विचारणीय अवश्य है। राम-भक्ति काव्य का भव्य भवन सन्तों के द्वारा बनाये गये झाड़-झंखाड़रहित पवित्र एवं शुद्ध धरातल पर ही निर्मित हुआ। तुलसी की सहायता से जनता ने निर्गुण के साथ राम के सगुण रूप का भी मर्म पहचान लिया—

जेहि इमि गावहिं वेद बुध, जाहि धरहिं मुनि ध्यान।
सोइ दशरथ सुत भगत हित, कोसलपति भगवान॥

तुलसी के पूर्व हिन्दी में रामकथा के आधार पर सशक्त रचना करनेवाले कवियों का लगभग अभाव है। रामानन्द रचित एकमात्र ग्रन्थ 'रामरक्षा स्तोत्र' उपलब्ध हो सका है। 'वाल्मीकि रामायण' के हिन्दी रूपान्तरकर्त्ता विष्णुदास का नाम खोज रिपोर्ट के विवरण में प्राप्त होता है। कवि ईश्वरदास की रामभक्ति सम्बन्धी दो रचनाएँ 'भरत मिलाप' तथा 'अंगद पैज' का उल्लेख किया जाता है। ईश्वरदास की अन्य रचना 'सत्यवती कथा' के आधार पर कवि का रचनाकाल पन्द्रहवीं शती का पूर्वार्द्ध निश्चित किया गया है। कुछ जैन कवियों ने भी रामकथा के आधार पर हिन्दी में रचनाएँ कीं। इन कवियों में 'रावण मन्दोदरी संवाद' के रचयिता मुनि लावराय, रामचरित या राम रास, हनुमन्त रास के रचयिता ब्रह्म जिनदास, हनुवन्त गामा के रचयिता ब्रह्म राम मल्ल और 'हनुमान चरित' के रचयिता सुन्दरदास के नाम परिगणित किये जाते हैं। रामभक्ति धारा में रासिकता का समावेश करनेवाले अग्रदास या अग्रअली का नाम उल्लेखनीय है। अपने को सीता की सखी मानकर इन्होंने राम की उपासना की। कृष्णदास पयहारी के शिष्य अग्रदास का समय सोलहवीं शती का मध्य है। रामध्यान मंजरी, रामाष्टयाम, रामभजन मंजरी, उपासना बावनी, पदावली इनकी प्रमुख रचनाएँ हैं। रामकाव्य परम्परा में सबसे अधिक ओजस्वी तथा प्रभावशाली व्यक्तित्व तुलसीदास का है। रामकाव्य को इतनी अधिक लोकप्रियता तथा प्रचार-प्रसार का श्रेय तुलसी के कवि-व्यक्तित्व को है। रामभक्ति-काव्य की अधिकांश प्रवृत्तियाँ तथा विशेषताएँ तुलसी-काव्य के आधार पर ही निर्धारित की गयी हैं। अतः तुलसी के विषय में किंचित् विस्तार से विचार कर लेना असंगत न होगा।

तुलसीदास

तुलसी का जीवन वृत्त असन्दिग्ध रूप से प्राप्त नहीं है। डॉ. माताप्रसाद गुप्त ने समस्त बाह्य और अन्तः साक्ष्यों का परीक्षण करके तुलसी की जन्म-तिथि भादों सुदी 11 मंगलवार, संवत् 1589 निश्चित की है। डॉ. भगीरथ मिश्र ने मूलगोसाईं चरित की तिथि सावन शुक्ला सप्तमी सं. 1554 को अधिक प्रामाणिक माना है। शिवसिंह सरोज में तुलसी की जन्म-तिथि संवत् 1583 दी गयी है। ग्रियर्सन

ने सं. 1589 को ही मान्यता दी है। अधिकांश विद्वानों ने गुप्त जी द्वारा निर्धारित तिथि को स्वीकृति प्रदान कर दी है। तुलसी के जन्मस्थान के सम्बन्ध में सोरो और राजापुर दो नामों की चर्चा की जाती है। किन्तु निश्चित रूप से दोनों में से किसी को यह गौरव नहीं मिल पाया। राजापुर के साथ तुलसी के दीर्घकालीन सम्बन्ध की सूचनाएँ मिलती हैं। जनश्रुत्यनुसार इनकी माता का नाम हुलसी, पिता का नाम आत्माराम दुबे तथा बचपन का रामबोला था। तुलसी ने अपने गुरु के प्रति विशेष सम्मान दिखाया है किन्तु किसी नाम का प्रत्यक्ष प्रमाण नहीं मिलता। 'बन्दौं गुरु पद कंज कृपा सिन्धु नररूप हरि' के आधार पर नरहरि दास को इनका गुरु माना जाता है। जाति-पाँति के बन्धनों से ऊपर उठे हुए तुलसी छिट-पुट ढंग से अपनी जाति-पाँति का उल्लेख करते हैं–

भलि भारत भूमि भले कुल जन्म, शरीर समाज भलो लहि कै।
दियो सुकुल जनम सरीर सुन्दर हेतु जौ फल चारि कै॥

इसी से अनुमान किया जाता है कि तुलसी का जन्म उच्च कुल अर्थात् ब्राह्मण कुल में हुआ था। तुलसी का बचपन कष्ट में व्यतीत हुआ था। जन्मते ही माता-पिता का देहान्त हो गया। कहा जाता है कि वैराग्य से पूर्व तुलसी अपनी परिणीता पत्नी से बुरी तरह से आसक्त थे। वैराग्य तथा भक्ति की प्रेरणा भी इन्हें पत्नी से ही मिली। कवि ने अपना जीवन बड़ी निर्भीकता से चित्रकूट, बनारस, अयोध्या आदि तीर्थों में भ्रमण करते हुए व्यतीत किया। तुलसी के शरीर त्याग की सूचना देनेवाली अधोलिखित पंक्तियाँ प्रसिद्ध हैं–

संवत् सोलस सौ असी, असी गंग के तीर।
सावन शुक्ला सप्तमी तुलसी तज्यो शरीर॥

मृत्यु संवत् 1680 तो सभी विद्वानों को मान्य है किन्तु सावन शुक्ला सप्तमी के बदले मूल गोसाईं चरित में उल्लिखित 'सावन स्यामा तीज सनि' गणना के अनुसर अधिक प्रामाणिक सिद्ध होती है।

रचनाएँ

1. रामलला नहछू–(संवत् 1611) यह अति लघु ग्रन्थ है। 20 छन्दों में राम के नहछू का वर्णन है। यह प्रसंग यज्ञोपवीत के समय का है या विवाह के पूर्व का विद्वानों में मतभेद है 'हरि अनंत हरि कथा अनंता' को ध्यान में रखा जाये तो यह नहछू विवाह के अवसर पर अयोध्या में भी हो सकता है। अतः बहस की आवश्यकता नहीं है। इसका रचनाकाल संवत् 1611 माना जाता है। यह लोकाचार से युक्त रचना है। इसमें लोक-जीवन के सहज जातीय सम्बन्धों को दर्शाया गया है जहाँ उत्सव के क्षणों में राजा-प्रजा के सम्बन्धों में विशेष समरसता होती है। पावनी प्रजा की सुन्दर स्त्रियाँ मजाक करती हैं। राजा दशरथ उनके सौन्दर्य से अभिभूत भी दिखायी पड़ते हैं। इसकी भाषा अवधी है।

2. रामाज्ञा प्रश्न (संवत् 1621)– यह भी तुलसी की आरम्भिक रचना है। सात सर्गों में विभक्त इस रचना में प्रत्येक सर्ग में सात-सात सप्तक हैं। कुल मिलाकर 343 दोहे हैं। इसकी रचना शकुन विचार के लिए की गयी है।

3. वैराग्य सन्दीपनी (संवत् 1638)–बासठ छन्दों में रचित इस कृति में दोहा, चौपाई और सोरठा छन्दों के प्रयोग हैं।

4. पार्वती मंगल—इसका रचनाकाल संवत् 1642 है। इसमें शिव-पार्वती के विवाह का वर्णन किया गया है। इसकी कथा रामचरितमानस में भी आयी है। इसका आधार है कालिदास का 'कुमार सम्भव'। इसे महिलाओं के गाने और पढ़ने के लिए लिखा है।

5. जानकी मंगल (रचनाकाल संवत् 1629-30)— इसमें जानकी और राम के विवाह का वर्णन है। इसमें तुलसी ने अपनी काव्य-प्रतिभा का सम्यक् परिचय दिया है।

6. गीतावली—इसकी रचना 'मानस' की रचना के आस-पास ही हुई है। इसमें रामकथा को सात काण्डों में गीत शैली में प्रस्तुत किया गया है। सम्प्रति उपलब्ध संग्रह में कुल 328 पद हैं। इसका एक पूर्ववर्ती रूप भी प्राप्त हुआ है जो इससे छोटा है। इसमें अंकित रामकथा में 'रामचरितमानस' से कुछ अन्तर भी है। जैसे— परशुराम-राम का मिलन स्वयंवर में न होकर बारात लौटते समय रास्ते में होता है। विवाद राम से होता है लक्ष्मण से नहीं। विश्वामित्र जब जनक से राम को धनुष तोड़ने की अनुमति के लिए कहते हैं तो छोटे, कोमल बालक को देखकर उन्हें सन्देह होता है किन्तु वे विश्वामित्र के तप, वैराग्य की सराहना करके राम के प्रति उनका विशेष स्नेह मानकर उन्हें अनुमति देते हैं। वनवास के समय कौशल्या अनेक बार राम के विरह में व्यथित होती हैं। सीता-हरण की सूचना देवगण द्वारा राम को प्राप्त होती है। विभीषण भाई कुबेर की सलाह लेकर राम की शरण में जाता है। गीतावली में सीता के परित्याग का भी मार्मिक चित्रण है जो 'मानस' में नहीं है। 'गीतावली' में रामकथा का ललित भाव ही व्यक्त हुआ है। राम के बाल, किशोर तथ तपस्वी रूप-छवियों का इसमें मनोहर चित्रण है। राम के सौन्दर्य का नख-शिख वर्णन है। सीता परित्याग का तुलसी ने मौलिक कारण निर्दिष्ट किया है। राम जब बारह हजार पाँच सौ वर्ष पूरा कर चुके तो उन्हें ज्ञात हुआ कि इसके बाद पिता दशरथ की आयु का भोग करना है अतः सीता के त्यागे बिना कोई निर्दोष उपाय नहीं। सीता राम के मन की बात अच्छी तरह से जानती थीं। राम और सीता के इस गूढ़ रहस्य को तुलसी ने इसीलिए वर्णन किया है। लेकिन वाल्मीकि आश्रम से विदा होते हुए लक्ष्मण से सीता ने जो करुणापूर्ण निवेदन किया वह अत्यन्त मार्मिक है—

> **लखनलाल कृपाल! निपटहि डारिबी न बिसारि।**
> **पालबी सब तापसनि त्यों राजधरम बिचारि॥**
> **सुनत सीता-बचन मोचत सकल लोचन बारि।**
> **बालमीकि न सके तुलसी को सनेह सँभारि॥**

7. बरवै रामायण—सात काण्डों में विभक्त रामकथा को बरवै छन्द में प्रस्तुत किया गया है। इसका रचनाकाल संवत् 1669 माना जाता है।

8. कृष्ण गीतावली—यह मुक्तक काव्य है। इसमें श्रीकृष्ण की बाललीला से लेकर उद्धव संवाद तक के प्रसंग को ग्रहण किया गया है। यह संवत् 1660 के आस-पास की रचना है।

9. दोहावली—यह तुलसी द्वारा समय-समय पर रचे गये दोहों का संकलन है। इसमें 551 दोहे और 22 सोरठे हैं। इस रचना में रामनाम की महिमा, रामभक्ति, वैराग्य, शान्तिपद, कलियुग के सन्ताप, धर्म-नीति, राजनीति तथा व्यावहारिक नीति का वर्णन किया गया है।

10. कवितावली—यह सात काण्डों में विभक्त ब्रजभाषा में लिखी गयी कृति है। इसका रचनाकाल अन्तःसाक्ष्य के आधार पर संवत् 1656 से 1680 के बीच माना जा सकता है। इस रचना में तुलसी ने अपने समकालीन यथार्थ का बड़ा जीवन्त चित्रण किया है। जिन प्रसंगों को रामचरितमानस

में विस्तार नहीं मिल सका है उनका तुलसी ने इसमें विस्तार दिया है। कवित्त द्वारा एक प्रसंग की पूर्ण तथा मार्मिक व्यंजना हुई है। इसमें वीर तथा शृंगार का मनोरम एवं प्रभावशाली चित्रण हुआ है।

11. विनयपत्रिका— इस रचना में तुलसी की आत्मवेदना के साथ युग-वेदना का हृदयद्रावक चित्रण हुआ है। यह रचना तुलसी ने अपनी अवस्था के अन्तिम दिनों में की थी। अहंकारशून्य मनः स्थिति में विश्व-प्रपंच के सम्यक् बोध के बाद तुलसी ने विनय के पद रचे। गणेश, गंगा, हनुमान, भरत, शत्रुघ्न, सीता आदि की वन्दना करते हुए तुलसी अपनी पत्रिका राम के पास तक पहुँचाने की कृपा चाहते हैं। इस कृति में अपनी दुर्दशा के साथ ही अपने आस-पास के प्राणियों की दुर्दशा का चित्रण करते हुए कवि ने रावण के परिवार की देहरूपी ब्राह्माण्ड में उपस्थिति दर्ज की है। दारिद्र्य रूपी रावण से सारी दुनिया चीत्कार कर रही है। कलि वर्णन के प्रसंग में तुलसी अपने समय का कटु यथार्थ चित्रित करते हैं। तुलसीदास कहते हैं—

खेती न किसान को भिखारी को न भीख बलि।
बनिक को बनिज न चाकर को चाकरी।
जीविका विहीन लोग सीद्यमान सोचबस
कहै एक एक सौं कहाँ जाइ का करी।
दारिद दशानन दबाय दुनी दीनबंधु
दुरित दहत देखि तुलसी हहा करी।

रूपक-विधान की दृष्टि से विनयपत्रिका सर्वश्रेष्ठ रचना है। इस कृति के पद संस्कृतनिष्ठ भाषा में लिखे गये हैं।

तुलसी का तत्त्व चिन्तन

तुलसीदास किसी खास दार्शनिक मतवाद के अनुयायी थे ऐसा निश्चित रूप ये नहीं कहा जा सकता। ग्रियर्सन तथा कार्पेण्टर जैसे पाश्चात्य विद्वान् तुलसी पर ईसाई धर्म का थोड़ा-बहुत प्रभाव अवश्य मानते हैं। भारतीय विद्वानों ने तुलसी साहित्य पर अद्वैतवाद, विशिष्टाद्वैतवाद, वेदान्त, शंकर अद्वैत आदि के प्रभावों को लक्षित किया है। नाना पुराण निगमागम सम्मत की प्रतिज्ञा करके चलनेवाले तुलसी ने समस्त दार्शनिक मतों का सम्यक् अध्ययन तो किया था किन्तु उन्होंने अन्धानुकरण की अपेक्षा उन्हें अपनी मौलिकता से रंजित करके ग्रहण किया।

ब्रह्म—तुलसीदास के राम परम ब्रह्म हैं। वे समस्त प्राणियों में व्याप्त हैं। इसमें सगुण और निर्गुण दोनों का पर्यवसान होता है। राम सच्चिदानन्द-स्वरूप तथा परात्पर नाथ हैं। जिनका वेद, ज्ञानी और मुनि ध्यान करते हैं वही भगवान् भक्तों के हित के लिए सगुण रूप धारण करते हैं। जैसे जल के विविध रूप बर्फ, उपल हैं वैसे ही गुणरहित ब्रह्म का सगुण हो जाना है। राम विष्णु के अवतार हैं। ये ब्रह्मा-विष्णु महेश से भी श्रेष्ठ हैं क्योंकि—

संभु विरंचि विष्णु भगवाना।
उपजहिं जासु अंस ते नाना॥

राम अपने अन्य अंशों के साथ अवतरित होते हैं। लक्ष्मण शेष के अवतार, सीता मूल प्रकृति, आदिशक्ति तथा नारायण की योगमाया हैं।

माया—माया वह आदिशक्ति है जिसमें समस्त सृष्टि की रचना, स्थिति और संहार होता है। सभी देवता और जीव माया के वशीभूत हैं । माया के भ्रम और मिथ्यात्व को कोई टाल नहीं पाता—

रजत सीप महुँ भास जिमि, जथा भानुकर वारि।
जदपि मृषा तिहुँ काल सोई, भ्रम न सकइ कोउ टारि॥

जगत्—राम के द्वारा प्रेरित माया से सृष्टि की उत्पत्ति हुई। यह सृष्टि त्वद्रूप है। जगत् नभबाटिका, धुआँ के धौरहर और मृगवारि की तरह मृषा है।

जीव—ईश्वर का अंश जीव अविनाशी है। इस जीव को द्वैत बुद्धि के कारण ईश्वर, माया और अपने यथार्थ का ज्ञान नहीं हो पाता। अभेद ज्ञान के पश्चात् सारा भ्रम तथा संसृति का अनुभव नष्ट हो जाता है। ब्रह्म-ज्ञान होने पर जीव स्वयं ब्रह्ममय हो जाता है—

जपत तुम्हहि तुम्हइ होइ जाई॥

मन स्वभावतः विषयों के पीछे लगा रहता है। रागद्वेषादि की निजी कल्पना के कारण वह अनेक जन्मों को धारण करता हुआ अनेक यातनाएँ सहता है।

भक्ति-भावना

तुलसीदास सगुणोपासक भक्त थे। इनके राम ऐसे केन्द्र बिन्दु हैं जहाँ सगुण-निर्गुण, शैव-वैष्णव तथा लोकधर्म की समस्त रेखाएँ एक-दूसरे से मिलती हैं। शाण्डिल्य तथा नारदीय भक्ति की अनुराग रीति को तुलसी ने इस प्रकार प्रस्तुत किया—

प्रीति रीति सो नीति पथ चलिय राग रिस जीति।
तुलसी संतन के मते इहै भगति की रीति॥

कलियुग में योग, जप, तप आदि दूषित हो गये हैं इसीलिए भक्तिमार्ग ही एक पुनीत साधन है। प्रेम भक्ति के पवित्र जल से दैहिक तथा आन्तरिक दोनों प्रकार के मल छूट जाते हैं—भक्ति अपने-आप में स्वतन्त्र तथा निरपेक्ष हैं। ज्ञान-विज्ञान भक्ति के अधीन हैं। यह साधन और साध्य दोनों हैं। इसीलिए रामभक्तों को मुक्ति की अपेक्षा भक्ति अधिक प्रिय है—

अस विचारि हरिभगत सयाने। मुक्ति निरादर भगति लोभाने॥

भक्ति में राम की कृपा की अति महत्ता है। समस्त चतुराई छोड़कर यदि मन, कर्म, वचन से भगवान् का भजन किया जाय तो ईश्वर की कृपा अवश्य होती है। तुलसी ने सेवक-सेव्य भाव की भक्ति को विशेष महत्त्व दिया है। रामकथा के श्रवण से भक्ति हृदय में जागृत होती है। भगवद्भक्ति की प्राप्ति में सन्तजनों तथा गुरुओं की उल्लेखनीय भूमिका हैं क्योंकि—

गुरु बिनु भव निधि तरइ न कोई।
जौ विरंचि संकर सम होई॥

भक्ति में नाम की महिमा निर्गुण और सगुण दोनों ब्रह्म-स्वरूपों से श्रेष्ठ हैं। रूप के ज्ञान के अभाव में भी नाम स्मरण से साधक-हृदय में स्नेह प्रादुर्भूत हो जाता है। तुलसी के काव्य में रामभक्ति की चौदह भूमिकाओं—रूपासक्ति, गुणचिन्तनासक्ति, पूजासक्ति, रामतीरथासक्ति, ब्राह्मणपूजा, वैराग्य वृत्ति, राम की गति, सर्वात्मबुद्धि, राम में सर्वस्व भाव की अवधारणा, लोकसंग्रह वृत्ति, भागवत भक्ति,

त्यागवृत्ति, तन्मयता, निष्काम प्रेमासक्ति के वर्णन मिलते हैं। भक्ति में तीन प्रकार की मुक्ति सम्भव है सायुज्य, सामीप्य तथा सालोक्य। रामभक्त सालोक्य मुक्ति की इच्छा करते हैं।

भाव-व्यंजना

भक्ति के क्षेत्र में निवृत्ति को महत्ता प्रदान करते हुए भी तुलसी जीवन के विविध प्रसंगों की अच्छी पहचान रखते थे। उनका मानस असंख्य भाव उर्मियों से लहरा रहा है। वास्तव में राम की लीला का विस्तार इतना व्यापक है कि उसमें मानव-जीवन की विविध परिस्थितियाँ स्वतः रूपायित हो जाती हैं। तुलसीदास सीता की विदाई तथा राम के वनवास के अवसर पर वियोग वात्सल्य की मार्मिकता को साकार कर देते हैं। भ्रातृत्व स्नेह के चित्रण में तुलसी अद्वितीय हैं। इनका वात्सल्य वर्णन पारिवारिक अधिक है शास्त्रीय कम। वात्सल्य तथा भ्रातृ स्नेह के सन्दर्भ में भी तुलसी शोक के स्थायी भाव को उद्बुद्ध करते हैं। दशरथ का विलाप, लक्ष्मण की मूर्च्छा के समय राम की पीड़ा-अनुभूति इन्हीं भावों की चरम परिणति है।

तुलसी के काव्य में क्रोध की भावव्यंजना अत्यन्त सात्त्विक है। लक्ष्मण-परशुराम संवाद तथा कैकेयी के कोप के प्रसंग में रौद्ररस की अभिव्यंजना होती है। इन्हीं अवसरों पर क्रोध के अन्य सहयोगी भाव कोप, सन्ताप, अमर्ष, प्रतिहिंसा की भी अभिव्यक्ति होती है। अत्याचार के दमन और शमन के लिए अनेक पात्र आनन्द और उत्साह से अग्रसर होते हैं। युद्धस्थल में यह उत्साह वीररस के परिपक्व स्थायीभाव के रूप में उद्बुद्ध होता है। मेघनाद की मृत्यु के बाद रावण की क्रोधपूर्ण ललकार अत्यधिक शौर्यपूर्ण है। लंका दहन के प्रसंग में भयानक रस के उद्बोधक अनेक दृश्य आते हैं। मन्थरा के द्वारा प्रतिबोधित कैकेयी रामराज्य के दुखद परिणामों को अपने मन में साक्षात् करके भयभीत होती है। इस संक्षिप्त प्रसंग में स्वरभंग, स्तम्भ, प्रस्वेद, बेपथु और वैवर्ण्य जैसे सात्त्विक भावों की नियोजना से भयानक रस की शास्त्रीय अभिव्यंजना होती है। जुगुप्सा तथा घृणा का अंकन युद्ध वर्णन में हुआ है। जैसे—

धरि गाल फारहिं उर विदारहिं गल अंतावरि मेलहीं।
प्रह्लाद पति जनु विविध तनु धरि समर अंगन खेलहीं॥

राम के वनवास के पश्चात् अयोध्यावासियों, सुमन्त्र और भरत में आत्मग्लानि, पश्चात्ताप, आत्मभर्त्सना के अंकन द्वारा शान्तरस के स्थायीभाव को उद्बुद्ध किया गया है। विनय-पत्रिका में संसार की नश्वरता के चित्रों में शान्तरस की पुष्टि होती है।

तुलसीदास मर्यादावादी भक्त थे। अतएव इनका शृंगार वर्णन अत्यधिक शिष्ट और मर्यादित है। पुष्पवाटिका के सुरम्य तथा चित्ताकर्षक वातावरण में रामसीता के प्रणय का शुभारम्भ बड़ी उत्सुकता, लालसा और व्याकुलता से होता है। उनका पूर्वानुराग दर्शन मात्र से जागृत हो जाता है। सीता राम की वाणी सुनकर दर्शन के लिए ललचा उठती हैं—

तासु बचन अति सियहिं सुहाने। दरस लागि लोचन अकुलाने।

राम के हृदय में भी प्रेम का यह औत्सुक्य उत्पन्न होता है। सीता के कंकण, किंकिणी तथा नूपुर की मधुर ध्वनि मदन की दुन्दुभी की तरह बज उठती हैं। राम के नेत्रों की चंचलता कुछ क्षणों के लिए जड़ता में बदल जाती है। नायिका में प्रथम दर्शनजनित अवहित्था, आशंका तथा चपलता के भावों का संचार होता है। मिलन की दुर्दम आकांक्षा पिता जनक की कठोर प्रतिज्ञा की दुष्करता के बीच तड़फड़ाती रहती है।

कहँ धनु कुलिसहु चाहि कठोरा। कहँ स्यामल मृदुगात किसोरा।
बिधि केहि भाँति धरौं उर धीरा। सिरिस सुमन कन वेधिअ हीरा।

सीता की यह आकुल मनःस्थिति धनुभंग के बाद समाप्त हो जाती है। परिणय के कोमल तन्तु से आबद्ध प्रेम सीता-हरण के बाद विरह में बदल गया। नायक राम व्याकुल होकर सीता का अता-पता पूछते हैं–

हे खग मृग हे मधुकर श्रेनी। तुम्ह देखी सीता मृगनैनी।

राम के वियोग में सीता की दशा दर्शनीय है–

नयन स्रवहिं जल निज हित लागी। जरइ न पाव देइ विरहागी।

श्रृंगार के सन्दर्भ में दाम्पत्य रति के छोटे-छोटे प्रसंगों की उद्‌भावना तुलसी की अपनी विशेषता है।

तुलसी की मर्यादा और शिष्टता खुले हास-परिहास के चित्रण में अवरोध उत्पन्न करती है। फिर भी नारद मोह का प्रसंग हास की दृष्टि से सर्वाधिक आकर्षक है।

चरित्र-चित्रण–तुलसी अपने पात्रों को जीवन के विविध क्षेत्रों तथा परिस्थितियों में डालकर उनके गुणों को उजागर करते हैं। राम का चरित्र भारतीय सांस्कृतिक आदर्शों के प्रतीक रूप में उपस्थित किया गया है। बचपन में चरित्र की जो दृढ़ता, कृतज्ञता, परोपकारिता, आदर भावना, भ्रातृत्व भावना, हृदय की निष्कलुषता आदि गुण अंकुरित होते हैं वे ही प्रौढ़ अवस्था में विकसित हो जाते हैं। जीवन के विस्तृत क्षेत्र में ये ही गुण अपनी व्यावहारिक सार्थकता सिद्ध करते हैं। राज्याधिकार के प्रति निस्पृहता, चौदह वर्ष तक वनवास की कठोर यातना का वरदान माँगनेवाली कैकेयी के प्रति समादर भाव, उदधि के जल को सुखा देने की अद्‌भुत क्षमता के बावजूद तीन दिन तक विनय याचना, वैयक्तिक सुख-दुःख से परे कर्त्तव्य भावना के प्रति समर्पण, ऊँच-नीच के प्रति समभाव आदि राम के चरित्र की कतिपय विशेषताएँ हैं। राम के इस चरित्र को कोरे आदर्शवाद से बचाने के लिए उनमें मानवीय कमजोरियों को भी दर्शाया गया है। पेड़ की आड़ से बालि का वध, सीता-हरण के समय व्याकुलता, सूर्पणखा को चिढ़ाना आदि ऐसे ही प्रसंग हैं।

भरत का चरित्र सर्वाधिक उज्ज्वल है। उनका चरित्र भावप्रधान है। वास्तव में भरत भायप भगति को प्रतिष्ठित करते हैं। भरत का कथन इसी तथ्य की पुष्टि करता है–

अरथ न धरम न काम रुचि गति न चहौं निर्वान।
जनम जनम रति राम पद यह बरदानु न आन॥

भोगसम्पन्नता के बीच रहकर भी भरत विराग का जीवन व्यतीत करते हैं। यदि भरत का चरित्र अपनी सात्त्विकता और राम के साथ अपने विशिष्ट भावात्मक प्रेम के कारण आकर्षक है तो लक्ष्मण की सक्रियता तथा स्पष्टवादिता आकृष्ट करती है। मर्यादा के विरुद्ध चलनेवालों को वे माफ नहीं कर पाते। प्रतिज्ञापालन और पुत्र स्नेह के द्वन्द्व से उभरता दशरथ का चरित्र अपनी यथार्थता में भव्य है। रावण के चरित्र-चित्रण में तुलसी की भक्ति-भावना कलात्मक अवरोध उत्पन्न करती है। रावण की नीति-कुशलता, वाक्‌चातुर्य, दृढ़ता और वीरता निखरकर सामने नहीं आ पाती। रामचरितमानस में वह अभिमानी, दम्भी और दुराग्रही के रूप में सामने आता है। विभीषण सही मायने में देशद्रोही पात्र है जो भाई के आपसी मतभेद से राम का साथ देता है किन्तु रामभक्त होना उसके इस दोष को नगण्य बना देता है। हनुमान राम के सच्चे सेवक, रामकथा के संवाहक तथा प्रत्यक्ष द्रष्टा हैं।

तुलसी की नारी-विषयक दृष्टि—तुलसी के काव्य में नारी के चरित्र का व्यापक वर्णन मिलता है। इसमें कौशल्या तथा सीता जैसे दिव्य नारी चरित्र हैं तो मन्थरा और कैकेयी जैसे यथार्थ चरित्र भी हैं। तुलसी का नारी-सम्बन्धी दृष्टिकोण अनेक तथ्यों के समाहार से निर्मित हुआ है। तुलसी एक तरफ भक्ति की विरक्तिपूर्ण परम्परा से जुड़े हैं जिसमें नारी को सांसारिकता में फँसाने का प्रमुख कारण माना गया है। तुलसीदास के युग में नारी की मर्यादा तथा प्रतिष्ठा क्षीण हो गयी थी। नारी के प्रति जो लोकदृष्टि बन रही थी उसकी छाया भी तुलसी के काव्य पर स्पष्ट परिलक्षित होती है। उनकी धारणा है कि भक्ति के क्षेत्र में चाहे स्त्री हो, चाहे शूद्र ईश्वर के अनुराग से युक्त होने पर श्रेष्ठ बन जाते हैं—

राम भगति रस नर अरु नारी। सकल परम गति के अधिकारी॥

समन्वय भावना—तुलसी के युग में धार्मिक, सामाजिक तथा राजनैतिक क्षेत्र में विषमता, वैमनस्य और विभेद का आधिक्य था। तुलसी के समय शैव और वैष्णव मतों का विद्वेष चरम सीमा पर था। तुलसी ने इसका निवारण राम को शिव का इष्टदेव तथा राम को शिवपूजक सिद्ध करके किया। तुलसी ने विशिष्टाद्वैत और अद्वैत की चिन्तन-पद्धतियों का समन्वय किया। तुलसी ने भक्ति में ज्ञान की प्रतिष्ठा करके ज्ञानियों और भक्तों के पारस्परिक मतभेद को दूर किया। उसकी साफ उद्घोषणा है—भगतहिं ग्यानहिं नहि कछु भेदा। उभय हरहि भव सम्भव खेदा।

तुलसी का विचार है कि सगुण और निर्गुण में कोई अन्तर नहीं है जैसे हिम, उपल आदि जल के अलग नहीं हैं—

सगुनहिं अगुनहिं नहिं कछु भेदा। गावहिं मुनि पुरान बुध बेदा।
जो गुन सहित सगुन होइ कैसे। जलु हिम उपल बिलग नहिं जैसे॥

तुलसी ने समसामयिक राष्ट्रीय जीवन की अव्यवस्था का चित्र कलिकाल वर्णन में खींचा है। शासन से सीधे न टकराकर तुलसी ने रामराज्य के रूप में समानान्तर शासन-व्यवस्था की एक आदर्श मिसाल सामने रखी। तुलसी की सामाजिक दृष्टि भी मुखर है। वर्ण-व्यवस्था के आदर्श स्वरूप को मान्यता देते हुए उन्होंने महत् उद्देश्य के लिए ब्राह्मण, क्षत्रिय, शूद्र तथा अन्यान्य अनार्य जातियों को एक मंच पर संगठित किया। इनमें कहीं ऊँच-नीच की भावना का संचार नहीं है। ये संयुक्त परिवार की भारतीय इकाई को पारस्परिक सद्भाव, मर्यादा, सम्मान तथा दायित्वबोध से संगठित करते हैं।

साहित्य और भाषा के क्षेत्र में तुलसी की समन्वय भावना कम सराहनीय नहीं है। ब्रजभाषा, अवधी तथा संस्कृत तीनों का समन्वय करके तुलसी ने प्रचलित समस्त काव्य-शैलियों-दोहा चौपाई पद्धति, पदशैली, दोहा, कवित्त, सवैया, लोकशैली (सोहरगीत) का मंजुल प्रयोग किया।

सारांश रूप में कहा जा सकता है कि तुलसी ने अपने समय की गतिविधियों को अच्छी तरह से पहचाना था। इन्होंने जीवन के प्रत्येक क्षेत्र में सहिष्णुता, सहानुभूति तथा पारस्परिक स्नेह लाने की सफल चेष्टा की। यदि तुलसी को भक्त एवं महाकवि के साथ ही लोकनायक की संज्ञा दी जाय तो अत्युक्ति न होगी।

रामचरितमानस—तुलसीदास की प्रबन्ध पटुता को सन्दर्शित करनेवाला प्रमुख ग्रन्थ रामचिरतमानस है। यह सर्गबद्ध रचना है। प्रत्येक सर्ग का नाम काण्ड के रूप में किया गया है। इसके कथानायक राम साक्षात् परम ब्रह्म हैं। इनमें समस्त मानवीय गुणों का समाहार है। ये रूप, गुण और शील के

निकष हैं। मानस में नवों रसों का चित्रण हुआ है। वीर तथा शान्तरस को अंगी रस माना जा सकता है। तुलसीदास का भक्त व्यक्तित्व इतना प्रबल है कि उनकी समस्त रचनाओं में भक्तिरस ही मूल रूप से प्रवाहित है। मानस की कथा नानापुराणनिगमागमसम्मत है। आधुनिक दृष्टि से यद्यपि यह इतिहास की सीमा में नहीं आती किन्तु भारतीय जनमानस में युग-युग से व्याप्त रामकथा ऐतिहासक कथा से अधिक प्रख्यात रही। रामचरितमानस का नामकरण कथानायक के नाम पर हुआ है। इस कथा का श्रेय है धर्म, अर्थ, काम और मोक्ष प्रदान करना। वैयक्तिक साधना से उद्‌भूत महाकाव्य सुरसरि के समान सर्वजन हिताय समर्पित है।

रामचरितमानस—यह चरित काव्य (प्रबन्ध काव्य) तुलसी की ख्याति तथा लोकप्रियता का आधार है। इसकी रचनातिथि संवत् 1631-1633 है। बालकाण्ड, अयोध्याकाण्ड, अरण्यकाण्ड, किष्किन्धाकाण्ड, सुन्दरकाण्ड, लंकाकाण्ड, उत्तरकाण्ड आदि सात सोपान हैं। तुलसी ने रामकथा को सरोवर (मानस) का रूपक बनाया है। मानस के नामकरण के विषय में एक चौपाई है—

रचि महेस निज मानस राखा। पाइ सुसमय सिवा सन भाखा।
तातें रामचरितमानस बर। धरेउ नाम हिय हेरि हरषि हर॥

इस ग्रन्थ में राम नाम की महिमा, निर्गुण और सगुण भक्ति की विशेषताएँ, भक्तिमार्ग की सुलभता और श्रेष्ठता का प्रतिपादन किया गया है। रामकथा से जुड़े पात्रों के आचार-विचार एवं व्यवहार के द्वारा मानव-जीवन के आदर्श एवं मूल्यों को भी व्यंजित किया गया है। नाना पुराणों के अनुशीलन एवं विविध रामकथाओं के पारायण के उपरान्त तुलसी ने अपनी सर्जनात्मक प्रतिभा से अवधी तथा संस्कृत भाषाओं में इस महाकाव्य को रचा है। इसमें पौराणिक शैली, उपदेशात्मकता तथा विचारों की गहन निष्ठा एवं पूर्ण आस्था के दर्शन होते हैं। रामचरितमानस भारतीय साहित्य में ही नहीं विश्व साहित्य में अप्रतिम स्थान का अधिकारी है।

तुलसीदास ने आर्यावर्त्त की प्रचलित समृद्ध रामकथा को काव्यवस्तु के रूप में ग्रहण किया। संस्कृत साहित्य में व्यवहृत रामकथा से विशेष परिचित तुलसी का पउमचरिउ जैसी अपभ्रंश रचना से भी परिचित होने की सम्भावना की जा सकती है। तुलसी के रामचरितमानस की कथा के निर्माण में अध्यात्म रामायण, वाल्मीकि रामायण और भुशुण्डि रामायण का विशेष रूप से तथा हनुमन्नाटक और प्रसन्नराघव नाटक का सामान्य रूप से प्रभाव रहा। चरित्रों के आदर्शीकरण में तुलसी ने स्वतन्त्रता बरती है। रामकथा की सुरसरि अनेक भावतीर्थों से होकर गुजरती है। तुलसी इन तीर्थों पर ठहरकर रसधारा में निमंजन करते हैं। राम का अयोध्या त्याग, वनगमन, दशरथ का स्वर्गवास, चित्रकूट में भरत-राम मिलाप, लक्ष्मण-शक्ति आदि ऐसे ही स्थल हैं।

रामचरितमानस की रस-योजना तथा चरित्र-चित्रण की कुशलता का परिचय दिया जा चुका है। यहाँ उसकी पुनरावृत्ति न करके अलंकार-योजना पर दृष्टिपात किया जायगा। तुलसी की कविता में भावनात्मक सजगता तथा कलात्मक कुशलता दोनों ही परिलक्षित होती है। वे काव्यशास्त्रीय परम्परा से मात्र परिचित ही नहीं बल्कि उसके मर्मज्ञ विचारक भी थे। "उनकी अलंकार योजना में न तो केशव के समान काव्यशास्त्रीय ज्ञान के प्रदर्शन की प्रवृत्ति है और न ही रीतिकालीन कवियों की भाँति कविता को अनेक अलंकारों से सजाने की धुन।" शब्दालंकार तथा अर्थालंकार दोनों के प्रयोग से उनकी भावराशि मुखरित हो उठी है। सहज आनुप्रासिक योजना अधोलिखित पंक्तियों में दर्शनीय है—

अमिअ मूरिमय चूरन चारू। समन सकल भवरुज परिवारू॥

अर्थालंकारों में सादृश्यमूलक—उपमा, रूपक, उत्प्रेक्षा के प्रयोग बड़े मर्यादित ढंग से किये गये हैं। सीता धनुष न टूटने के कारण बहुत चिन्तित थीं। राम अपनी शक्ति की अभिव्यंजना धनुष की ओर देखकर ही कर देते हैं। कवि एक छोटी-सी उपमा का सहारा लेकर इस गूढ़भाव को यों प्रस्तुत करता है—

सियहि बिलोकि तकेउ धनु कैसें।
चितव गरुड़ लघु ब्यालहि जैसें॥

रूपक-योजना में तुलसी अद्वितीय हैं। इसमें अनुभूति की तीव्रता उभरती है—

अवस चलिय बन राम जहं भरत मन्त्र भल कीन्ह।
सोक सिन्धु बूड़त सबहिं तुम अवलम्बन दीन्ह॥

तुलसी की उत्प्रेक्षाएँ अलौकिक अभिव्यंजना, प्राकृतिक और स्वाभाविक कल्पनाशीलता तथा सूक्ष्मनिरीक्षण शक्ति से सम्पन्न है। वस्तूत्प्रेक्षा का एक सुन्दर प्रयोग देखिये—

चारु चरन नख लेखत धरनी।
नूपुर मुखर मधुर कवि बरनी॥
मनहुँ प्रेम बस बिनती करहीं।
हमहि सीय पद जनि परिहरहीं॥

अपनी अभिव्यक्ति को चमत्कारिक ढंग से प्रभावशाली बनाने के लिए कवि ने विरोधाभास, विभावना, असंगति, विशेषोक्ति आदि अलंकारों का प्रयोग किया है। शृंखलामूलक, वाक्यन्यायमूलक तथा लोकन्यायमूलक अलंकारों के विधान भी भावोद्बोधक तथा सौन्दर्यमूलक हैं।

भाषा-शैली—भाषा कवि के विचारों और अनुभूतियों की वाहिका है। तुलसी सम्पूर्ण भारतीय सांस्कृतिक परम्परा को पुनरुज्जीवित करके सामान्यजनों के बीच प्रतिष्ठित करना चाहते थे। इस उद्देश्य की सिद्धि तभी सम्भव थी जब कि वे जनभाषा का प्रयोग करते। तुलसी ने ब्रजभाषा तथा खड़ीबोली की तुलना में अवधी का अधिक प्रयोग किया। तुलसी ने रामचरितमानस में प्रकारान्तर से अपनी भाषा के समस्त गुणों को स्वतः ही स्पष्ट कर दिया है। उनकी उक्ति सुष्ठु तथा संवाद श्रेष्ठ हैं। अलंकार, रीति तथा विविध काव्यगुण रूपी कमलों से उनकी भाषा सुगन्धित है। अक्षर, अर्थ, अलंकार, छन्द और भावों के बीच सुन्दर सामंजस्य है। तुलसी की भाषा के निर्माण की दोहरी प्रक्रिया परिलक्षित होती है। एक तो भाषा को आभिजात्य बनाने के लिए इन्होंने संस्कृत तत्सम शब्दों का प्रयोग किया दूसरे सामान्य जनों के बोधार्थ भाषा में पर्याप्त तद्भव शब्दों का विन्यास किया। तुलसी की भाषा की सबसे बड़ी विशेषता क्रिया, क्रिया विशेषण, सर्वनाम तथा विशेषणों के प्रयोग में निहित है। कभी-कभी मानव मन के गूढ़ भाव को व्यक्त करने में भाषा असमर्थ हो जाती है। ऐसे समय में मूकभाषा भाव को मुखर करती है। सीता ने मुस्कान मात्र से ग्रामवधुओं के इस प्रश्न-कोटि मनोजों को लजानेवाले (राम) तुम्हारे कौन हैं? का उत्तर दे दिया है।

रामचरितमानस में अपभ्रंश के चरितकाव्यों की दोहा-चौपाई की कड़वकबद्ध शैली का प्रयोग हुआ है। यह शैली भावानुकूल दार्शनिक गम्भीरता, ऋजुता, वर्णनात्मक सरलता और भावात्मकता ग्रहण करती है।

नाभादास—भक्तों के चमत्कारपूर्ण वृत्तान्तों को सामान्यजनों के बीच प्रचारित करनेवाले भक्तमाल के रचयिता तुलसीदास के समकालीन भक्त थे। ये संवत् 1657 के लगभग वर्तमान थे। नाभादास अग्रदास के शिष्य थे। अतः इन्होंने भी अष्टयाम की रचना रसिक-भावना से अभिप्रेरित होकर की। इन्होंने ब्रजभाषा गद्य का भी सुन्दर प्रयोग किया है।

प्राणचन्द चौहान—इन्होंने संवत् 1610 में 'रामायण महानाटक' नाम से एक संवादात्मक प्रबन्धकाव्य लिखा।

हृदयराम—कृष्णदास के पुत्र हृदयराम पंजाब के निवासी थे। इन्होंने संवत् 1680 में संस्कृत हनुमन्नाटक के आधार पर हिन्दी में हनुमन्नाटक की रचना की। इसमें कवित्त तथा सवैया छन्दों में सुन्दर संवाद प्रस्तुत किये गये हैं। इनकी कविता का एक उदाहरण प्रस्तुत है—

जानकी को मुख न बिलोक्यो ताते कुंडल,
न जानत हौं बीर पायँ छुवै रघुराइ के।
हाथ जो निहारे नैन फूटियो हमारे,
तातें कंकन न देखे, बोल कह्यो सतभइ के॥

रामभक्ति-काव्य को परवर्ती धारा कृष्णभक्ति-काव्य के प्रभाव के कारण अधिक-से-अधिक शृंगारी होती गयी। जानकीचरणदास ने पति-पत्नी भाव की उपासना-पद्धति शुरू की। चिरान छपरा के जीवाराम जी ने थोड़े-से परिवर्तन के साथ सखी-भावना को प्रचारित किया।

रामभक्ति-काव्य की विशेषताएँ

रामभक्ति—काव्य में तुलसीदास के समान स्तर के रचनाकारों का प्रायः अभाव है इसलिए रामकाव्य के वैशिष्ट्य का निर्धारण भी प्रायः तुलसी-काव्य के आधार पर किया जाता है। दूसरे शब्दों में कहा जा सकता है कि रामकाव्य की अधिकांश विशेषताएँ तुलसीकाव्य की ही विशेषताएँ हैं। तुलसी के काव्य पर विचार किया जा चुका है अतः उसकी पुनरावृत्ति उचित नहीं होगी। अत्यन्त संक्षेप में रामकाव्य का वैशिष्ट्य निर्देशन समीचीन होगा।

संसार राम की लीलाओं का विस्तार है। पाप के विनाश, धर्म के उत्थान तथा भक्तों की रक्षा के लिए विष्णु राम के रूप में अवतरित होते हैं। शील, शक्ति और सौन्दर्य की पराकाष्ठा राम दुष्टों का दलन, भक्तों का रक्षण तथा लोकाचार तथा मानवीय मर्यादा की प्रतिष्ठा करते हैं। उनका अद्भुत सौन्दर्य भक्तों के मनमधुकर को अनुरक्त करता है। उनकी रूप-लालसा तथा शृंगारी चेतना राम के रूपराशि के दर्शन से तृप्त होती है।

रामकाव्य अपनी उदार चेतना में अन्य उपासना-पद्धतियों को समेट लेता है एवं आराध्य देवताओं के भेद-भाव को मिटा देता है। इसमें सगुण-निर्गुण के भेदभाव खत्म हो जाते हैं। यह ज्ञान, भक्ति और कर्म के शास्त्रीय तथा लोकपक्ष के समुचित स्वरूप को विकसित करता है। सैद्धान्तिक रूप से वैराग्य पर बल देते हुए भी रामभक्त कवि जीवन-राग के सफल उद्गाता हैं। वे राम के चरित्र के माध्यम से गृहस्थ जीवन की सार्थकता सिद्ध करते हैं। जीवन के विविध क्षेत्रों में आदर्श स्थितियों, सम्बन्धों, व्यवहारों तथा आचरणों के साथ वैयक्तिक दायित्व-बोध का अंकन रामकाव्य की प्रमुख विशेषताएँ हैं।

रामभक्त कवियों ने अपने पात्रों का चरित्र-चित्रण बड़ी कुशलता से किया है और पात्रों के आध्यात्मिक व्यक्तित्व के प्रति सचेष्ट रहते हुए भी उनके मानवीय व्यक्तित्व के सृजन में अद्भुत

सफलता हासिल की है। काव्य के सहज कलात्मक प्रवाह में हीनता, दुर्बलता तथा सबलता के साथ मानव के विविध चित्र उभरते जाते हैं। कवि का भक्त व्यक्तित्व बीच-बीच में पात्रों की प्रतीकात्मकता तथा आध्यात्मिकता की चेतावनी लिये आ खड़ा होता है। रस की अजस्रधारा में निमग्न पाठक इस चेतावनी को सुनकर भी अनुसना रह जाता है। दार्शनिकों तथा ज्ञानी पण्डितों को ये स्थल आकृष्ट जरूर करते हैं किन्तु काव्यास्वादकों को नहीं। कथा के मार्मिक स्थलों पर भक्त कवि सिर्फ कवि रह जाता है। ईश्वर की लीला मायात्मक न रहकर सच बन आती है। यह सब मानव नियति का सच, युगजीवन और समाज का सच है। रामभक्त कवियों की कलात्मक चेतना ईश्वर की लीला को मानवीय संघर्ष की कहानी बना देती है। उसका लौकिक चरित्र अलौकिक रूप की अपेक्षा अधिक विश्वसनीय, प्रामाणिक तथा आत्मीय प्रतीत होने लगता है।

लीला के विस्तृत आयाम में विविध रस तथा भावों का समाहार स्वाभाविक है। इसमें वात्सल्य, करुण, शृंगार, वीर, रौद्र आदि रसों की सफल अभिव्यंजना है साथ ही जीवन के अनेक प्रसंगों तथा स्थितियों का चित्रण है। परवर्ती रामकाव्य में शृंगार को उद्‌बद्ध करनेवाले वर्णनों को अधिक महत्त्व दिया गया। तुलसी की दास्यभाव की भक्ति तथा मर्यादित व्यक्तित्व के समक्ष अग्रदास के द्वारा प्रवर्तित माधुर्य भावना की उपासना अवरुद्ध थी। तुलसी के बाद यह भावना कृष्णकाव्य के प्रभाव तथा रीतिकालीन वातावरण के कारण अधिक तीव्रता से प्रवाहित हुई।

रामभक्ति-काव्य में भावनात्मक गहराई तथा कलात्मक ऊँचाई दोनों हैं। छन्द भावों को समेटकर आकर्षक आकार प्रदान करते हैं और अलंकार उन्हें वर्ण तथा दीप्ति प्रदान करते हैं। चौपाई-दोहा, सवैया, घनाक्षरी, त्रिभंगी, पद-प्रबन्ध, मुक्तक, गेय मुक्तक शैलियों में रामभक्ति काव्य की धारा शतशः प्रस्फुटित होती है।

रामकाव्य की माध्यम भाषा अवधी है। रसिक सम्प्रदाय में ब्रजभाषा का प्रयोग अधिक किया गया है। अवधी को परिमार्जित एवं सुसंस्कृत करके परिनिष्ठित भाषा के रूप में ढाला गया। अवधी के मानकीकरण की प्रक्रिया तुलसी के पश्चात् क्षीण हो गयी। इसीलिए अवधी ब्रजभाषा की तरह भाषा का दर्जा नहीं पा सकी। रामकाव्य की भाषा अधिकांशतः भावानुकूल रसात्मक तथा स्वाभाविक है।

कृष्णभक्ति-काव्य

विष्णु के दूसरे अवतार कृष्ण के आश्रय से जिस भक्तिभावना का विकास तथा पल्लवन हुआ उसकी अभिव्यक्ति कृष्णभक्ति-काव्य के अन्तर्गत हुई। कृष्ण के व्यक्तित्त्व का निर्माण कई शताब्दियों में हुआ है। वैदिक साहित्य में मन्त्रस्रष्टा ऋषि कृष्ण एवं आंगिरस के शिष्य कृष्ण का उल्लेख मिलता है। महाभारत के परिवर्द्धित संस्करणों में वर्णित कृष्ण के स्वरूप से वैदिक कृष्ण की अभिन्नता निश्चित रूप से सिद्ध नहीं हो पाती। वेद प्रमाण को विशेष महत्त्व देनेवाले पण्डितों ने महाभारत के कृष्ण का सम्बन्ध वैदिक साहित्य में उल्लिखित कृष्ण से जोड़कर कृष्ण-चरित की प्राचीनता तथा आस्तिकता सिद्ध करने की चेष्टा की है। डॉ. भण्डारकर तथा लोकमान्य तिलक प्रभृति विद्वान् इस मत को उपयुक्त नहीं मानते। गीता में कृष्ण के परमेश्वर रूप का स्पष्ट निदर्शन मिलता है। पुराण साहित्य में कृष्ण के आध्यात्मिक चरित का विस्तार से निरूपण किया गया, साथ ही गोपाल कृष्ण की बाललीलाओं का विशद चित्रण हुआ। बालगोपाल की लीला तथा महिमा किस स्रोत तथा परम्परा से आयी इसके विषय में अनेक परिकल्पनाएँ की गयी हैं। ग्रियर्सन, केनेडी तथा वेबर आदि पाश्चात्य विद्वानों ने इसे क्राइस्ट की बाललीलाओं का अनुकरण सिद्ध करना चाहा है जो दूरारूढ़ कल्पनामात्र

है। डॉ. मलिक मोहम्मद का कथन है कि महाभारत और गीता के वासुदेव कृष्ण का ही, जिसमें गोपाल कृष्ण का अंश नहीं था, तमिल प्रदेश में 'मायोन' (बालदेवता) से एकीकरण हुआ। 'मायोन' तमिल क्षेत्र के आयर कहलानेवाले ग्वाला लोगों के इष्ट देवता थे। इन दोनों में अनेक बातों का साम्य था। विद्वानों का अनुमान है कि दोनों संस्कृतियों के मिलन से कृष्ण के वर्तमान रूप की स्थापना हुई। ऐसा लगता है कि वर्तमान कृष्ण की जीवन का उत्तरार्द्ध महाभारत के कृष्ण का है और पूर्वार्द्ध बहुत अंश में तमिल के देवता मायोन का है। तमिल साहित्य में वर्णित कन्नन और नप्पिनै की प्रेमक्रीड़ाओं को कृष्ण और राधा की प्रेमक्रीड़ा सिद्ध करने का प्रयत्न किया गया है। इस सम्मति की पृष्ठभूमि में हजारीप्रसाद द्विवेदी की यह धारणा विचारणीय है 'राधा आभीर जाति की प्रेम देवी रही होगी, जिसका सम्बन्ध बालकृष्ण से रहा होगा। आरम्भ में बालकृष्ण का वासुदेव कृष्ण से एकीकरण हुआ होगा। कृष्ण का वर्तमान रूप नाना वैदिक-अवैदिक, आर्य-अनार्य धारणाओं के मिश्रण से बना है। इतना निश्चित रूप से माना जा सकता है कि कृष्णभक्ति के विकास में आलवार भक्तों का योगदान निःसन्देह रूप से सराहनीय है। दिनकर ने तमिल प्रबन्धम् को भक्ति-आन्दोलन का मूल ग्रन्थ माना है क्योंकि 'प्रबन्धम्' की कविताएँ जनता की भक्तिभावना की सीधी अभिव्यक्ति हैं किन्तु भागवत की रचना पाण्डित्य के स्तर पर की गयी है।"

कृष्णभक्ति के प्रसार तथा विकास में वैष्णवपुराणों का उल्लेखनीय योगदान है। पुराणकारों ने महाभारत के महामान तथा परम दैवत रूप कृष्ण के व्यक्तित्व को ग्रहण करते हुए उनकी लोकरंजनकारी बाल तथा किशोर लीलाओं का विस्तृत वर्णन किया अतएव कृष्ण के पारिवारिक जीवन के अनेक प्रसंगों का उद्घाटन हुआ। परमशक्ति रूप दवाधिदेव, कृष्ण ऐश्वर्यमय लोकरंजक तथा माधुर्यमय लोकरंजक कृष्ण दोनों ही रूपों की विशद व्याख्या पुराणों में मिलती है। वैष्णवपुराणों की तरह जैनपुराणों ने भी कृष्णभक्ति की लोकप्रियता के संवर्द्धन में सहयोग किया।

दक्षिण से उत्तर की यात्रा में भक्ति-आन्दोलन को कतिपय मूर्द्धन्य आचार्यों का सम्बल प्राप्त हुआ। उत्तर भारत में कृष्ण की भक्ति का शास्त्रीय आधार पर प्रचार करनेवाले निम्बार्क प्रथम आचार्य माने जाते हैं। वल्लभाचार्य ने विष्णुस्वामी के शुद्धाद्वैत के आधार पर उत्तर में पुष्टिमार्गीय भक्ति को अग्रसर किया। आगे चलकर आचार्यों तथा भक्त कवियों के सम्मिलित प्रयास से भक्तिभावना अनेक सम्प्रदायों के माध्यम से विकसित हुई।

कृष्णचरित को अंकित करनेवाली विशुद्ध साहित्यिक रचनाओं की भी दीर्घ परम्परा मिलती है। अश्वघोष की रचना बुद्धचरित में गोपाल कृष्ण की लीला उल्लेख तथा गाहासत्तसई की कुछ गाथाओं में कृष्णलीला के चित्रण से स्पष्ट हो जाता है कि ईसवी प्रथम शती के आस-पास तक कृष्ण के मधुर रूप का प्रचार-प्रसार हो गया था। माघ के 'शिशुपालवध' में कृष्णचरित की विशुद्ध साहित्यिक परिणति हुई है। प्राकृत में विमलसूरि कृत 'हरिवंस चरिउ', देवेन्द्रसूरि कृत 'कण्ह चरिउ', श्रीकृष्ण लीलाशुक कृत सिरिचिंधकव्व' कृष्ण सम्बन्धी उल्लेखनीय रचनाएँ हैं। अपभ्रंश महाकवि स्वयंभू ने रिट्ठणेमिचरिउ (हरिवंशपुराण) में कृष्णकथा को प्रस्तुत किया है। 112 सन्धियों में विस्तृत, तीन काण्डों में विभक्त इस काव्य में कृष्ण-जन्म, बाललीला, कृष्णविवाह, प्रद्युम्न-जन्म की कथा का वर्णन है। महाकवि पुष्पदन्त तिसट्ठि महापुरिस गुणालंकार (महापुराण) के उत्तर-पुराण भाग में बारह सन्धियों में कृष्णकथा को प्रस्तुत किया है। इसमें कृष्ण की लीलाओं का बड़ा सरस तथा मनोहारी अंकन हुआ है। पुष्पदन्त ने जिनसेन रचित हरिवंशपुराण की परम्परा से प्रभावित होते हुए भी वैष्णवपुराणों की भी कतिपय

मान्यताओं को यथावत् ग्रहण किया है। धाहिल, धवल, यशः कीर्ति और श्रुतिकीर्ति ने अलग-अलग 'हरिवंशपुराण' नाम से कृष्णचरित को प्रस्तुत किया।

इनके अलावा अन्य भारतीय भाषाओं में भी कृष्ण-काव्य के सृजन की अविच्छिन्न धारा विकसित हुई है। तमिल प्रबन्धम् में पेरियालवार तिरूमोली, तिरूप्पावै, नाच्चियार तिरूमोली आदि रचनाएँ संगृहीत हैं। तेलुगु में कृष्णचरित सम्बन्धी अनूदित तथा मौलिक कृतियाँ प्रस्तुत की गयीं। कवियत्र, नन्नय, तिक्कम तथा ऐर्राप्रग्गण्ड ने 'आन्ध्र महाभारत' में कृष्ण के लौकिक तथा अलौकिक रूपों का वर्णन किया है। पोतना, मंडिकि सिंगन तथा तिंरूकाम, विजय राघव, चिंतिलिपूडि एल्लनायं आदि कृष्णकथा के आधार पर काव्य-रचना करनेवाले उल्लेखनीय तेलुगू कवि हैं। मलयालम में प्रबन्ध तथा मुक्तक दोनों काव्यरूपों का प्रयोग कृष्णभक्ति की अभिव्यक्ति के लिए किया गया। मलयालम के प्रमुख कवियों में एज्रतच्छन, चेरूश्शेरी तथ कुंचन नय्यार हैं। कन्नड़ में प्रथम गुणवर्मा (900 ई.) की रचना हरिवंश जैन परम्परा का आख्यान काव्य है। वैष्णवपुराणों के आधार पर रुद्रभट्ट ने 'जगन्नाथ विजय' का सृजन किया। तेरहवीं शती में सोमनाथ (अक्रूर चरित्र), वीरनारायण (गदुगिन भारत), श्री पादराय (भ्रमरगीत, वेणुगीत, गोपीगीत) तिम्मण (कृष्ण रायभारत) प्रसिद्ध कवि हैं। महाभारत, गीता और भागवत के आधार पर मराठी में अनेक कवियों ने कृष्ण काव्य का प्रणयन किया। इनमें निवृत्ति और प्रवृत्ति मार्ग के समन्वय की चेष्टा मिलती है। माधुर्यभाव की अपेक्षा दास्य और वात्सल्य भावों की प्रधानता है। कृष्ण के जीवन-प्रसंगों के आधार पर रचना करनेवाले मराठी कवियों में जानबाई, एकनाथ, मुक्तेश्वर, बामन पण्डित, श्रीधर आदि प्रसिद्ध हैं, गुजरात अत्यन्त प्राचीन काल से वैष्णवपीठ के रूप में प्रसिद्ध रहा। अतः वहाँ कृष्णकाव्य के विकास के लिए उपयुक्त वातावरण था। गुजराती कृष्णकाव्य में राधा भक्तिस्वरूपा मानी गयी है। गुजराती में कृष्णकाव्य की परम्परा को समृद्ध बनानेवाले नयर्षि, मयण, भालण, भीम, नरसी मेहता हैं।

बंगाल में विद्यापति के अनुकरण पर ब्रजबुलि में कृष्ण-सम्बन्धी गीतों का सृजन हुआ। कवि चण्डीदास का 'श्रीकृष्ण कीर्त्तन' प्रसिद्ध रचना है। बँगला में कृष्ण की मधुर उपासना को ही महत्त्व प्रदान किया गया। कृष्ण-भक्ति का प्रसार उड़ीसा, असम में भी था। राजस्थान, पंजाब में कृष्णाचरित को लेकर काव्यसृजन किया गया। इस तरह हम देखते हैं कि बारहवीं शती के बाद लगभग समस्त भारत को कृष्ण काव्य की मधुर धारा ने आप्लावित कर दिया।

काव्य की परम्परा के साथ ही चित्र, मूर्ति आदि अन्य कलाओं के माध्यम से कृष्णचरित के अंकन की परम्परा विकसित होती रही। मध्यकालीन हिन्दी कृष्ण-भक्तिकाव्य उनसे भी प्रभावित हुआ। हिन्दी में कृष्णभक्ति-काव्य का प्रारम्भ प्रायः विद्यापति से माना जाता है। विद्यापति-पदावली में कृष्ण के मादक शृंगारी प्रसंगों को अंकित किया गया है। इसीलिए इसे कृष्णकाव्य तो माना जा सकता है किन्तु कृष्णभक्ति-काव्य कहने में संकोच होता है।

कृष्णभक्ति-सम्प्रदाय

मध्यकाल में कृष्णभक्ति का प्रचार-प्रसार साम्प्रदायिक स्तर पर सुनियोजित ढंग से किया गया। कृष्णभक्ति के विविध सम्प्रदायों में चिन्तन तथा साधना सम्बन्धी मतान्तर भी मिलते हैं, किन्तु सभी सम्प्रदाय कृष्णभक्ति की धारा को ही विराट् एवं प्रबल बनाते हैं। कृष्णभक्ति के अनेक सम्प्रदायों में वल्लभ-सम्प्रदाय, निम्बार्क-सम्प्रदाय, चैतन्य-सम्प्रदाय, राधावल्लभी-सम्प्रदाय, हरिदासी या सखी सम्प्रदाय विशेष उल्लेखनीय हैं।

वल्लभ-सम्प्रदाय

शुद्धाद्वैतवाद के पोषक, पुष्टिमार्ग के प्रवर्तक महाप्रभु वल्लभाचार्य के सिद्धान्तों के आधार पर यह सम्प्रदाय विकसित हुआ। वल्लभ के अनुसार ब्रह्म सत्, चित् तथा आनन्दस्वरूप है। व्यापक, अविनाशी, सर्वशक्तिमान् ईश्वर सजातीय एवं विजातीय भेद से रहित है। वह विरुद्ध धर्मों का आगार एवं आविर्भाव-तिरोभाव की शक्ति से पूर्ण है। जीव और जगत् ईश्वर से अलग नहीं हैं। ये ब्रह्म के अंश हैं अतः सत् हैं। श्रीकृष्ण ही पूर्ण आनन्दस्वरूप परमब्रह्म हैं। ब्रजभूमि रसरूप भगवान् के लीलाधाम का ही अवतार है। भगवान् की शक्तिस्वरूपा माया के दो रूप हैं—1. अविद्या माया, 2. विद्या माया। अविद्या माया से जीव संसार में बँधता है और विद्या माया से मुक्त होता है।

भगवान् कृष्ण मुक्त जीवों के लिए ब्रह्मानन्द से भी श्रेष्ठ भजनानन्द के लिए रास रचते हैं। गोपिकाएँ कृष्ण की आनन्द प्रसारिणी शक्ति हैं तथा राधा आनन्द की पूर्ण सिद्ध शक्ति हैं। आनन्द-रूप पूर्णब्रह्म से गो, गोप, गोपी, यमुना, उपवन आदि शक्तियों की उत्पत्ति हुई है। इन रसात्मक शक्तियों के बिना रसरूप पुरुषोत्तम अपूर्ण हैं। वल्लभ ने भक्ति के विषय में विस्तार से विचार किया है। उन्होंने माहात्म्यज्ञानपूर्वक ईश्वर में सुदृढ़ तथा सर्वाधिक स्नेह को भक्ति कहा।[1] इनके द्वारा प्रतिपादित, पुष्टिमार्गीय भक्ति में भगवदनुग्रह सर्वाधिक महत्त्वपूर्ण है। सब-कुछ त्यागकर श्रवण, कीर्त्तन आदि साधनों से अविद्या का नाश होता है जिससे भगवत्प्रेम प्राप्त होता है। जीवों की कोटि के अनुसार पुष्टि-पुष्ट, मर्यादा-पुष्ट तथा प्रवाही-पुष्ट भक्ति के तीन रूप हैं। भगवान् सर्वभाव से भजनीय हैं। संसारोन्मुख इन्द्रियों को ईश्वरोन्मुख करना चाहिए। वल्लभ सम्प्रदाय में बालकृष्ण की उपासना की विशेष प्रतिष्ठा थी किन्तु विट्ठलनाथ के समय में माधुर्यभाव की भक्ति का विकास किया गया। उज्ज्वल रस की चरम परिणति के लिए स्वकीया राधा में परकीया भाव को प्रतिष्ठित किया गया। आगे प्रेमलक्षणा भक्ति में लोकाचार की भी अवहेलना की गयी।

वल्लभ-सम्प्रदाय में दीक्षित आठ कवियों के नाम विशेष रूप से उल्लेखनीय हैं। स्वामी विट्ठलनाथ ने वल्लभचार्य के चार शिष्यों—सूरदास, परमानन्ददास, कुम्भनदास, कृष्णदास अधिकारी तथा अपने चार शिष्यों नन्ददास, चतुर्भुज, गोविन्द स्वामी तथा छीतस्वामी को छाँटकर अपने आशीर्वाद की छाप लगायी इसीलिए इन्हें अष्टछाप कहा जाता है। कृष्णभक्ति काव्य के विकास में इन कवियों का अतुलनीय योगदान है। अतः इनके विषय में किंचित् विस्तार से विचार किया जा सकता है—

सूरदास

जीवन-परिचय—मध्यकालीन सामाजिक, राजनीतिक एव धार्मिक तमस् में दिग्भ्रमित भारतीय जनमानस को सूर की तरह अपने काव्य एवं भक्ति-ज्योति से ज्योतिष्मान् करनेवाले सूरदास की जन्मतिथि, जन्मस्थान, परिवार आदि का निश्चित ज्ञान नहीं है। अन्तः साक्ष्य के रूप में बहुत कम प्रामाणिक सामग्री उपलब्ध है। बहिःसाक्ष्यों से किसी एक मत की पुष्टि नहीं हो पाती। सूरदास के जन्म के स्थान के सन्दर्भ में रूनकता एवं सीही दो स्थानों की चर्चा मिलती है। सीही के विषय में अपेक्षाकृत अधिक विश्वसनीय प्रमाण उपलब्ध हैं। इसीलिए डॉ. ब्रजेश्वर वर्मा तथा डॉ. हरवंशलाल शर्मा आदि विद्वान् 'सीही' को ही सूरदास का जन्मस्थान मानते हैं। मिश्रबन्धुओं तथा रामचन्द्र शुक्ल

---

1. माहात्म्य ज्ञान पूर्वस्तु सुदृढ़ सर्वतोऽधिक।
स्नेही भक्तिरिति प्रोक्तस्तयामुक्तिर्न चान्यथा॥ (तत्त्वदीपनिबन्ध)

ने सूरदास का जन्म संवत् 1540 और मृत्यु संवत् 1620 निश्चित किया है किन्तु सूरनिर्णय में अन्तःसाक्ष्यों के आधार पर सूरदास का जन्म संवत् 1535 सिद्ध किया गया है। यह तिथि अधिक प्रामाणिक है। सूरदास सारस्वत ब्राह्मण माने जाते हैं। साहित्य लहरी में कवि ने जो परिचय दिया है उसके अनुसार वह पृथुयज्ञ से उत्पन्न ब्रह्मराव और महाकवि चन्दबरदायी की वंश-परम्परा में आता है। विद्वानों ने इसकी प्रामाणिकता को सन्देहास्पद माना है। भट्ट तथा सारस्वत ब्राह्मण को दो मानने से यह भ्रम उत्पन्न हुआ। सूत, भाट, चारण एवं मागधों से भिन्न दसौंदी (भट्ट) सारस्वत ब्राह्मण माने गये हैं।[1] भट्ट आस्पद प्रायः सम्पूर्ण भारत में उच्चकोटि के ब्राह्मणों के साथ प्रयुक्त होता हैं। उत्तर भारत विशेषतः राजस्थान, उत्तरप्रदेश, मध्यप्रदेश, बिहार में भाट, चारणों ने भी भट्ट आस्पद धारण कर लिया है इसलिए विशुद्ध ब्राह्मणों ने भट्ट के साथ ब्रह्म भी जोड़ लिया। सम्भवतः सूरदास का सम्बन्ध इसी जाति से था। गुसाईं हरिराय सूरदास को ऐसा अन्धा मानते हैं जिनके नेत्रों की रचना नाममात्र को भी नहीं हुई थी। कुहर रूप में आँखों के निशान मात्र बने थे। सूरदास के अन्धत्व को प्रमाणित करनेवाले अन्तःसाक्ष्य से अनेक पद उद्धृत किये जा सकते हैं—

बिप्र सुदामा कियो अजाची, प्रीति पुरातन जानि।
सूरदास सो बहुत निठुरता, नैननि हू की हानि॥
जब तुम भये लेवा देवा के दाता हम सू कछु न सर्‌यो।
सूर की बिरियाँ निठुर होइ बैठे, जनम अन्ध कर्‌यो॥

भक्त सूरदास के अन्धत्व के विषय में कई किंवदन्तियाँ प्रचलित हैं। सूरदास ने रूप, रंग तथा विभिन्न चेष्टाओं एवं भंगिमाओं का इतना सूक्ष्म चित्रण किया है कि उनके जन्मान्ध होने पर सहज विश्वास नहीं किया जा सकता है। सूरदास के मन में वैराग्य की प्रवृत्ति बहुत बचपन से ही थी। इन्होंने छह साल की ही अवस्था में घरबार छोड़ दिया था। अट्ठारह वर्ष की अवस्था में गऊघाट पर इनकी महाप्रभु वल्लभाचार्य से भेंट हुई थी। आचार्य के आदेश से वे घिघियाना छोड़कर कृष्णलीला के गान में प्रवृत्त हुए। सूरदास के परलोकवास की तिथि मिश्रबन्धुओं तथा रामचन्द्र शुक्ल के अनुसार संवत् 1620, रामकुमार वर्मा के अनुसार 1642 है। डॉ. हरवंशलाल शर्मा ने अपने प्रमाणों का युक्तिसंगत विवेचन करते हुए सूरदास की निधन-तिथि सं. 1640 निर्धारित की है।

कृतियाँ—सूरदास कृत 25 ग्रन्थों का पता चलता है किन्तु ये या तो सूरसागर के ही अंश हैं या सन्दिग्ध और अप्रामाणिक हैं। द्वारकादास परीख और प्रभुदयाल मीतल ने 'सूरसारावली, साहित्य लहरी, सूरसाठी, सूर-पचीसी, सेवाफल, सूरदास के विनयादि स्फुट पद को प्रामाणिक, हरिवंश टीका, एकादशी माहात्म्य, नलदमयन्ती और रामजन्म को अप्रामाणिक, भागवत भाष्य, गोवर्द्धनलीला, भँवरगीत, प्राणप्यारी, दशमस्कन्ध भाषा, मानलीला, नागलीला, दृष्टिकूट के पद, सूरसागरसार, राधारस केलि कौतूहल, दानलीला, ब्याहली, सूरशतक आदि को सूरसागर का अंग माना है। कुछ विद्वान् सूरसागर, सूरसारावली तथा साहित्यलहरी को प्रामाणिक मानते हैं। साहित्यलहरी को भी अनेक कारणों से निःसन्देह रूप से प्रामाणिक नहीं माना जाता।

सूरसागर—चौरासी वैष्णवन की वार्त्ता तथा सूरदास की वार्त्ता से 'सूरसागर' में सहस्रावधि तथा लक्षावधि पदों की सूचना मिलती है। किन्तु आधुनिक अनुसन्धानों के फलस्वरूप आठ-दस हजार पद ही उपलब्ध होते हैं। सूरसागर की कथा का प्रमुख स्रोत श्रीमद्भागवत है। सूरदास ने ब्राह्मण पुराण

1. ब्राह्मणोत्पत्ति मार्तण्ड-हरिकृष्ण शर्मा, पृ. 350, श्लोक 39-77.

और वामन पुराण से भी कथाओं का चयन किया है। सूरसागर भागवत का भाषानुवाद मात्र नहीं है बल्कि सूर की मौलिक प्रतिभा का सुन्दर निदर्शन है। बालकृष्ण की विविध बालचेष्टाएँ, बालिका राधा के साथ उनकी क्रीड़ा, योग के उपदेष्टा उद्धव के प्रति व्यक्ति की गयी विरह-व्यथातुर गोपियों की मार्मिक उक्तियाँ सूरसागर के मनोहारी दृश्य हैं। सूरदास ने अपने दीक्षा-गुरु वल्लभ के दार्शनिक सिद्धान्तों को सूरसागर में ऐसा घोल दिया है कि वे भी भक्तिरस-धारा में आनन्ददायी हो गये हैं। कहीं भी दर्शन आरोपित प्रतीत नहीं होता। सूरसागर को भागवत की तरह बारह स्कन्धों में विभक्त करके सम्पादित किया गया है। प्रथम स्कन्ध में भक्ति की सुन्दर व्याख्या प्रस्तुत की गयी है। इसमें भक्ति और विनय-भाव के पदों की प्रधानता है। इसके अतिरिक्त भागवत के प्रथम स्कन्ध के अनुसार भागवत का रचना-उद्देश्य, शुकदेव तथा व्यास की उत्पत्ति, महाभारत की संक्षिप्त कथा, परीक्षित जन्म, ऋषि का शाप आदि के वर्णन हैं। द्वितीय स्कन्ध में सृष्टि, विराट् पुरुष भगवान् के चौबीस अवतार, ब्रह्मा की उत्पत्ति, भक्ति-माहात्म्य, सत्संग, भक्ति-साधन तथा आत्मज्ञान आदि का वर्णन किया गया है। तृतीय स्कन्ध में उद्धव-विदुर संवाद, सप्तर्षि, चारमुनि, देवासुर की उत्पत्ति, वाराह भगवान् तथा कपिलमुनि का अवतार आदि कथाएँ चित्रित हैं। चतुर्थ स्कन्ध में अत्यन्त संक्षेप में पुरुष-अवतार, पार्वती-परिणय, ध्रुव-पृथु अवतार, रञ्जन आदि से सम्बन्धित कथाएँ प्रस्तुत की गयी हैं। पंचम स्कन्ध में ऋषभदेव अवतार तथा जड़भरत की कथा केवल चार पदों में कही गयी है। छठा स्कन्ध भी बहुत छोटा है। इसमें अजामिल-उद्धार, इन्द्र द्वारा बृहस्पति इन्द्रासन प्राप्त करना आदि कथाएँ वर्णित हैं। सातवें स्कन्ध में नृसिंह अवतार, विष्णु द्वारा शिव तथा अन्य देवताओं की सहायता, नारद-उत्पत्ति, ब्रह्मा की सभा में एक गन्धर्व को दासी पुत्र होने का शाप आदि के वर्णन हैं। आठवें सर्ग में गजेन्द्र-उद्धार, कूर्मावतार, विष्णु द्वारा मोहिनी रूप धारण, वामन अवतार तथा मत्स्य अवतार की कथाएँ वर्णित हैं। नवें स्कन्ध में पुरूरवा-उर्वशी उपाख्यान, च्यवन ऋषि की कथा हलधर का विवाह, अम्बरीष और सौभरि ऋषि के उपाख्यान, भागीरथी द्वारा गंगा का स्वर्ग से पृथ्वी पर लाना, परशुराम तथा रामावतार के कथा-प्रसंगों को अंकित किया गया है। दसवाँ स्कन्ध सूरसागर का वृहत्तम स्कन्ध है। इसमें कृष्ण की विविध लीलाओं का कवित्वपूर्ण चित्रण किया गया है। इसमें कृष्ण के जन्म से लेकर मथुरा जाने के बीच की अनेक लीलाओं का जिसमें जरासन्ध युद्ध, कालियदमन, जाम्बवती विवाह, रुक्मिणी-हरण, शिशुपाल-वध आदि कथाओं का समावेश है। ग्यारहवें स्कन्ध में श्रीकृष्ण द्वारा उद्धव को बदरिकाश्रम भेजना, नारायण-अवतार तथा हंस-अवतार का वर्णन है। बारहवें स्कन्ध में बुद्धावतार, कल्कि-अवतार, राजा परीक्षित तथा जन्मेजय की कथाओं को ग्रहण किया गया है।

सूरसागर का बारह स्कन्धों में जो विभाजन किया गया है कवि सूर की मूल रचना के अनुकूल नहीं है, सूरदास ने समय-समय पर फुटकल पदों की रचना की थी। हजारों की संख्या में एकत्रित इन पदों को किसी परवर्ती शिष्य ने भागवत की कथा के क्रम में सजाकर स्कन्धों में विभक्त कर दिया। इसीलिए लीलाओं की पुनरावृत्ति भी मिलती है। डॉ. मुन्शीराम शर्मा के विचार से भागवत की कथा से मिलान करने के लिए कुछ पदों को सूरसागर में जोड़ दिया गया।

सूरसारावली—सूरसारावली के आरम्भिक पदों की रचना सूरसागर के समरूप है। अन्तिम टेक में शब्दों का किंचित् हेर-फेर मात्र किया गया है। जैसे—

चरण कमल बंदौं हरि-राई (सूरसागर)
बंदौं श्री हरिपद सुखदाई (सूरसारावली)

सूरसारावली में कृष्ण की समस्त क्रीड़ाओं तथा लीलाओं को फाग या होली क्रीड़ा के रूप में प्रस्तुत किया गया है। अन्त में सूरदास कृष्ण की शाश्वत लीलाओं की महत्ता प्रतिपादित करते हुए ग्रन्थ की समाप्ति करते हैं। यह कृति सूरसागर की अपेक्षा अधिक धार्मिक और पौराणिक है। इसमें अनेक पद ऐसे आते हैं जिनसे सूरदास के जीवन पर पर्याप्त प्रकाश पड़ता है।

साहित्य लहरी—इसमें गूढ़ शैली में नायिका भेद तथा अलंकार आदि के लक्षण और उदाहरण प्रस्तुत किये गये हैं।

भक्तिभावना

भक्तिरस में निष्णात सूरदास की भक्ति का अक्षय स्रोत समस्त मानवता की कल्याण कामना से सम्पृक्त है। मनुष्य हरिभक्ति से विमुख होकर सांसारिकता में आकण्ठ मग्न रहता है। काम, क्रोध आदि शत्रुओं से घिरे रहने पर ज्ञान का स्फुलिंग प्रस्फुटित नहीं होता। वल्लभाचार्य से भेंट होने के पूर्व सूर की भक्ति विरक्तिप्रधान थी। सूरदास के विनय के पदों में दैन्यभाव की प्रतिष्ठा है।

भागवत में वर्णित नवधा भक्ति (श्रवण, कीर्त्तन, स्मरण, पाद-सेवन, अर्चन, वन्दन, दास्य, सख्य, आत्म-निवेदन) को सूरदास ने अपने भक्ति-भावना में समाहित किया है।

प्रेमलक्षणा भक्ति—सूर ने नवधा भक्ति को प्रेमलक्षणा भक्ति का साधनमात्र माना है। प्रेमलक्षणा भक्ति माधुर्य, वात्सल्य तथा सख्य तीन रूपों में प्रतिफलित होती है। माधुर्यभाव की साधिका राधा और गोपियाँ सांसारिक सम्बन्धों तथा मर्यादाओं को तोड़कर कृष्ण के आदर्श प्रेम को प्राप्त करना चाहती हैं। वे अपने अहम् का नाश करके काम की सारी कलुषता मिटाकर कृष्ण के प्रति पूर्ण समर्पण करती हैं। कृष्ण-राधा के प्रेम में मूरली की महत्त्वपूर्ण भूमिका है। मुरली की मधुर ध्वनि गोपियों को ऐसा भाव-विभोर कर देती है कि वे कुलकानि तथा लोक-वेद की मर्यादा को विस्मृत कर देती हैं। पूर्ण अनुग्रह प्राप्त गोपियाँ रासलीला में शरीक होकर लीलानन्द से तृप्त होती हैं। रासक्रीड़ा के पश्चात् राधा-कृष्ण के विशद प्रेम का चित्रण किया गया। गोपियों के विरह वर्णन के माध्यम से प्रेमलक्षणा भक्ति की उत्कृष्टता तथा सच्चाई ज्ञापित की जाती है।

माता यशोदा, नन्द तथा वयोवृद्ध गोप-गोपियों का प्रेम वात्सल्यभाव की भक्ति को ही निर्दिष्ट करता है। सूर को वात्सल्यभाव के निरूपण में अद्भुत सफलता प्राप्त हुई है। कृष्ण के सखा-श्रीदामा, सुदामा आदि कृष्ण के प्रति सख्यभाव रखते हैं।

चिन्तन-पक्ष

सूर के परमब्रह्म कृष्ण हैं जो ब्रह्मा, विष्णु तथा शिव आदि देवताओं से श्रेष्ठ हैं। इस ब्रह्म के तीन रूप हैं; पूर्ण पुरुषोत्तम, रसरूप अक्षर ब्रह्म तथा अन्तर्यामी परब्रह्म। इसकी प्रकृति अद्वैत है। दोनों में अंश-अंशी भाव का सम्बन्ध है। जीव ब्रह्म का अंश होते हुए भी अविद्या के कारण संसार के झूठे सपनों से भ्रमता रहता है। स्वप्नावस्था से जाग्रतावस्था में आने से उसे अनिर्वचनीय सुख की अनुभूति होती है। सूर के अनुसार संसार ईश्वर की इच्छा का परिणाम होते हुए भी परमसत्य नहीं है, बल्कि क्षणिक और मायाग्रस्त है। जगत् में रहकर ईश्वर की भक्ति की जा सकती है, इसी दृष्टि से इसकी महत्ता है। माया ईश्वर की ऐसी शक्ति है जिसके द्वारा वह सांसारिक विचित्रताओं तथा प्रलोभनों की सृष्टि करता है। जीव इसी माया नटी की इशारे पर नाचता है। माया अविद्या तथा भ्रम का भी पर्याय है। यह अगम्य है। कृष्ण-मोहिनी माया योगमाया कहलाती है।

सूर के पदों में सालोक्य, सामीप्य, सारूप्य एवं सायुज्य सभी मुक्तियों की अभिव्यंजनाएँ मिलती हैं। गोपियाँ श्यामसुन्दर की सेवा करती हुई चारों मुक्तियों का लाभ लेती हैं–

निरगुन कहौ कहा कहियत है तुम निरगुन अति भारी।
सेवत सुलभ स्याम सुन्दर कौ मुक्ति रही हम चारी॥

काव्य-सौष्ठव

सूरदास श्रेष्ठ भक्त होने के साथ ही उच्चकोटि के कवि भी हैं। मानव-मन की अतल गहराई में उतरने की उनमें अद्भुत क्षमता है। सूर ने अपनी सारी चेतना भगवान् की शील, शक्ति और सौन्दर्य की विभूतियों के चित्रण में केन्द्रित रखा। वर्ण्य-विषय की सीमितता के कारण चित्रों का रंग गाढ़ा और चटकीला बन पड़ा है। सूर के वात्सल्य एवं शृंगार के चित्रणों की विशेषताएँ इस प्रकार हैं–

वात्सल्य रस–सूर का वात्सल्य वर्णन शास्त्रीय रस-निष्पत्ति के अनुकूल है। बालकृष्ण की छोटी-छोटी उँगलियाँ, नखज्योति, कटि की किंकिणी, रत्नजटित हाटक, दामिनि की तरह दीप्त पीली पिछौरी, उर का बघनखा, कण्ठ का कठुला, अजंन से रंजित नेत्र, चित्त को चुरा लेनेवाली चितवनि से एक मोहक रूपचित्र निर्मित होता है। कृष्ण की बालछवि पर गोपियाँ इतनी मोहित हैं कि उरहन देने के बहाने रोज सुबह दर्शन करने चली आती हैं। सूरदास पुरुष होते हुए भी माँ के सुकोमल हृदय से सम्पन्न थे इसीलिए वात्सल्य-भाव की इतनी सघन अनुभूति कर सके। बालसुलभ स्पर्द्धा, माँ का बच्चे के प्रति पक्षपात, गाय चराने के लिए कृष्ण का बाल हठ आदि चित्र एक से बढ़कर एक हैं।

शृंगार–गोपियों की प्रेम-साधना लौकिकता से अलौकिकता को अभिव्यंजित करने की एक जाग्रत प्रक्रिया है। प्रकृति के सुरम्य वातावरण में कृष्ण और गोपियों की लरिकाई की प्रीति शुरू होती है। गोपियाँ कृष्ण के अंग-प्रत्यंग पर मुग्ध हो जाती हैं। पारस्परिक हास-परिहास, द्वन्द्व तथा मनोविनोद से प्रेमांकुर बढ़ता जाता है। सूरसागर में वर्णित गोपियों में अज्ञातयौवना, वचनविदग्धा, क्रियाविदग्धा, वासकसज्जा, प्रेमासक्ता, अभिसारिका, विप्रलब्धा, खण्डिता सभी कोटि की नायिकाओं का निदर्शन हो जाता है। मिलन के अन्तर्गत सांकेतिक वार्त्तालाप, आलिंगन, चुम्बन, नखक्षत, विपरीत रति, सुरति-अन्त आदि के विस्तृत अंकन हैं। सूरदास ने जितनी सहृदयता तथा मनोयोग से संयोग का वर्णन किया है उतनी ही निपुणता तथा रसिकता से वियोग का भी। सूर विप्रलम्भ शृंगार के अद्वितीय कवि सिद्ध होते हैं। इनके सूर-सागर में वियोगजन्य नाना प्रकार की मानसिक दशाओं की तरंगे तरंगायित हैं। कृष्ण मथुरा जाने को तैयार हैं। ब्रजवासियों पर वियोग की पीड़ा की प्रथम चोट है। गोपियाँ चित्रवत् कृष्ण को निरखती रह जाती हैं–

रही जहाँ सो तहाँ सब ठाढ़ी।
हरि के चलत देखियत ऐसी मनहुँ चित्र लिखि काढ़ी।

विरह से सन्तप्त गोपियाँ हृदय को कोसती हैं। दुःख का आगार यह हृदय कृष्ण-वियोग में फट क्यों नहीं गया–

'भयो कठोर ब्रज ते भारी रहि के पापी कहा कियो।'

अन्य भाव–सूरसागर में प्रसंगवश वीर, रौद्र, भयानक, करुण, हास्य, अद्भुत आदि रसों की भी निष्पत्ति होती है।

काव्य-कला—सूरदास की शैली गीतिपरक पद शैली है। सूर की रचना में गीति-शैली के सभी गुण मिलते हैं। सहज आत्माभिव्यक्ति, अकृत्रिम शब्द-योजना उसकी विशेषताएँ हैं। सूर के पदों में अनेक राग-रागिनियों के स्वर-ताल की ठीक व्यवस्था है। शब्दों की रमणीयता तथा माधुर्य के साथ सूर के गीतों में रस के विविध अवयवों का सुन्दर विधान है। गायक सूर अलंकार-विधान, उक्ति-वैचित्र्य और शब्द-क्रीड़ा में भी खूब रमते हैं। गीति-काव्य की उत्कृष्टता रागात्मक अन्विति पर निर्भर करती है। सूर के प्रत्येक पर में अधिकतर एक ही मूल भाव आदि से अन्त तक व्याप्त मिलता है। लीलापरक लम्बे पदों में टेक के सहारे अन्विति की रक्षा की गयी है।

सूर वर्ण-संगीत के अच्छे पारखी थे। रासलीला के पदों में उनकी वर्ण-संगीत की कलात्मक योजना बड़ी सराहनीय है। वर्णों से ताल-लय की समा बँध जाती है—

नृत्यत स्याम स्यामा हेत।
मुकुट लटकनि, भृकुटि-मटकनि नारि मन सुख-देत।
लोल कुंडल गंड मंडल, चपल नैननि सैन।

सूर की वर्ण-योजना में माधुर्य, प्रसाद और ओज गुणों का समुचित विधान मिलता है।

परमानन्ददास—इनका जन्म कन्नौज जिला के फरूखाबाद में एक निर्धन कान्यकुब्ज ब्राह्मण-कुल में सन् 1493 ई. में हुआ था। मृत्युतिथि सन् 1583 ई. मानी जाती है। परमानन्द जी की रचनाओं का संग्रह 'परमानन्द सागर', 'परमानन्द के पद' शीर्षकों से हुआ है। 'दानलीला' तथा 'ध्रुव चरित' भी इनके द्वारा प्रणीत ग्रन्थ बताये जाते हैं। परमानन्द का काव्य-क्षेत्र सूर की तरह वात्सल्य तथा शृंगार है। परमानन्द में उच्चकोटि की काव्य-प्रतिभा थी। बालक की विविध चेष्टाओं, मातृ-हृदय की अभिलाषाओं तथा शृंगार की विविध अवस्थाओं का इन्होंने सफल चित्रण किया है।

कुम्भनदास—कुम्भनदास का जन्म गोवर्द्धन पर्वत से कुछ दूर जमुनावती गाँव में हुआ था। ये सन् 1468-1583 ई. तक वर्तमान थे। ये क्षत्रिय वंशी थे। इन्होंने बहुत-से फुटकल पदों की रचना की थी जिनकी देश भर में ख्याति थी—

आवत जात पन्हैया टूटी बिसरि गयो हरिनाम।
जाको देखे दुख लागै ताकौ करन परी परनाम।
कुम्भनदास लाल गिरधर बिन यह सब झूठो धाम॥

कृष्णदास अधिकारी—इनका जन्म गुजरात में चिलोतरा नामक गाँव में सन् 1496 ई. में कुनबी नामक शूद्र जाति में हुआ था। बाल्यकाल से ही इनमें विरक्ति की भावना थी। कृष्णदास का परलोक गमन सन् 1579 ई. अनुमानित किया गया है।

इन्होंने अनेक पदों में कृष्ण की बाल-लीला, राधा-कृष्ण के प्रेम एवं रूप-छवि का अंकन किया है। इनके पदों में संगीत तथा गेयता के तत्त्वों की प्रमुखता है।

नन्ददास—अष्टछाप के कवियों में अपनी कलात्मक सजगता के कारण विशेष विख्यात नन्ददास का जन्म रामपुर नामक गाँव के (सोरों जिला एटा) सनाढ्य ब्राह्मण-कुल में संवत् 1533 ई. में हुआ था। अपुष्ट बाह्यसाक्ष्यों से इनके पिता का नाम जीवनराम और चाचा का नाम आत्माराम मिलता है। अतः ये तुलसीदास के चचेरे भाई सिद्ध होते हैं। सफल भक्ति-साधना तथा काव्य-साधना के पश्चात् संवत् 1583 ई. में स्वर्गलोक प्रस्थान कर गये।

नन्ददास ने अनेक ग्रन्थों का सृजन किया जिनके नाम हैं अनेकार्थ मंजरी, मानमंजरी, रसमंजरी, रूपमंजरी, विरहमंजरी, प्रेम बारहखड़ी, श्यामसगाई, सुदामाचरित, रुक्मिणीमंगल, भँवर-गीत, रासपंचाध्यायी,

सिद्धान्तपंचाध्यायी, दशमस्कन्धभाषा, गोवर्द्धनलीला, नन्ददास पदावली। नन्ददास ने शास्त्रों का गहन अध्ययन किया था। उनकी रचनाओं में उनके प्रखर पाण्डित्य की झलक स्पष्ट है। अनेकार्थमंजरी में एक शब्द के अनेक अर्थ दोहाबद्ध किये गये हैं। मानमंजरी में अमरकोष के आधार पर पर्यायवाची शब्दों की रूप-योजना तो है ही साथ में राधा का मान वर्णन भी है। रसमंजरी में नायक-नायिका भेद का निरूपण है। रूपमंजरी एक लघु प्रेमाख्यानक है। इसमें रूपमंजरी नाम की नायिका का कृष्ण के प्रति प्रेम का चित्रण है। विरहमंजरी में एक युवती के कृष्ण के प्रति काल्पनिक विरह का वर्णन है। इसमें वियोग का निरूपण बारहमासे की पद्धति पर किया गया है। श्यामसगाई में यशोदा के द्वारा राधा की माँ कीर्ति के पास सगाई का प्रस्ताव भेजने, कीर्ति के द्वारा अस्वीकार करने, कृष्ण के रूप-सौन्दर्य से मोहित राधा का साँप काटने का बहाना, कृष्ण द्वारा गारुड़ी बनकर उन्हें स्वस्थ बनाने, फिर सगाई होने का वर्णन है। सुदामाचरित का कथानक श्रीमद्भागवत से लिया गया है। इसमें कवि ने सख्यभाव की पुष्टि की है।

पाँच अध्यायों में विभक्त, श्रीमद्भागवत के दशम स्कन्ध के 29 से 33 अध्यायों के आधार पर रचित रासपंचाध्यायी नन्ददास की उत्कृष्ट कलात्मक काव्यकृति है। इसमें रासक्रीड़ा के प्रसंग को लेकर संयोग और वियोग की दशाओं को वल्लभ-सिद्धान्त के अनुकूल चित्रित किया गया है। भँवरगीत के पूर्वार्द्ध में उद्धव-गोपी-संवाद तथा उत्तरार्द्ध में गोपियों के विरह का वर्णन है। कवि ने इसमें धार्मिक तथा दार्शनिक सिद्धान्तों को भी निरूपित किया है।

नन्ददास की काव्यभाषा का एक नमूना देखिये—

ताही छिन उडुराज उदित रस रास-सहायक।
कुंकुम-मंडित-बदन प्रिया जनु नागरि नायक॥
कोमल किरन अरुन मानो बन व्यापि रही ज्यों।
मनसिज खेल्यो फाग घुमड़ि धुरि रह्यो गुलाल ज्यों॥
फटिक छटा सी किरन कुंज रंध्रन जब आई।
मानहुँ वितत वितान सुदेस तनाव तनाई॥
तब लीनो कर कमल योगमाला सी मुरली।
अघटित घटना चतुर बहुरि अधरन सुर जुरली॥ (रासपंचाध्यायी)

उपर्युक्त पंक्तियों में चन्द्रोदय का चित्रण किया गया है। 'रासलीला के रस में सहायक चाँदनी की उत्प्रेक्षा के द्वारा कितना मादक चित्र अंकित हुआ है। इससे कवि की कल्पना शक्ति का भी परिचय मिलता है।

गोविन्दस्वामी—(1505-1585 ई.) इनका जन्म राजस्थान के भरतपुर राज्य में आँतरी गाँव में हुआ था। ये उच्चकोटि के कवि तथा संगीतकार थे। इनका 252 पदों का एक संग्रह प्राप्त हुआ है। इनके द्वारा रचे स्फुट पद इतस्ततः मिलते हैं।

छीतस्वामी—इनका काल सन् 1515-1585 ई. माना जाता है। ये मथुरा के चतुर्वेदी ब्राह्मण थे। इनकी रचनाओं का संग्रह 'पदावली' में मिलता है।

चतुर्भुजदास—ये कुम्भनदास के कनिष्ठतम पुत्र थे। इनके स्फुट पदों का संग्रह चतुर्भुज कीर्त्तन संग्रह, कीर्त्तनावली तथा दानलीला शीर्षकों से प्रकाशित किये गये हैं।

निम्बार्क सम्प्रदाय

इसके संस्थापक निम्बार्काचार्य का समय 1162 ई. माना जाता है। निम्बार्क के अनुसार जीव और जगत् का ब्रह्म के साथ द्वैत अद्वैत दोनों तरह का सम्बन्ध है। चित्, अचित्, ईश्वर तत्त्व के तीन रूप हैं। जीव कर्त्ता और भोक्ता है किन्तु वह ईश्वर पर आश्रित रहता है। यह ईश्वर की शक्ति का अंश है। ईश्वर समग्र का नियामक है किन्तु जीव की दृष्टि सीमित है। इस सम्प्रदाय में ईश्वर समस्त दोषों से रहित, ज्ञान, बल, आदि गुणों से युक्त सगुणरूप है। कृष्ण परमेश्वर एवं उपास्य हैं। राधा उनकी आह्लादिनी शक्तिरूप तथा स्वकीया है, निम्बार्क सम्प्रदाय में गोपी-भाव की उपासना मान्य है। इसमें कृष्ण और राधा की युगलोपासना प्रचलित है। श्रीभट्ट, श्री हरिव्यास देव, परशुराम देव इस सम्प्रदाय के प्रमुख कवि माने जाते हैं। श्रीभट्ट का जन्म हिसार जिले में गौड़ ब्राह्मण परिवार में हुआ था। बड़े होने पर ये मथुरा में रहने लगे थे। कुछ लोग मथुरा के ध्रुवटोला को इनका जन्म-स्थान मानते हैं। इनका रचना-काल 17वीं शती माना जाता है। 'युगल शतक' इनकी प्रसिद्ध रचना है।

'युगल शतक' में इन्होंने कुंज, वृन्दावन, यमुना जल, सभी को मोहनेवाला अर्थात् कृष्णमय माना है। गोकुल की नारियों की बोल में भी अमृत है—

ब्रजभूमि मोहनी मैं जानी।
मोहन कुंज, मोहन वृंदावन मोहन जमुना पानी॥
मोहन नारि सकल गोकुल की बोलति अम्रित बानी।
श्रीभट्ट के प्रभु मोहन नागर, मोहनि राधा रानी॥

पाँच सुखों (अध्यायों) में विभक्त (सिद्धान्तसुख, व्रजलीलासुख, सेवासुख, सुरतसुख, उत्साहसुख) इस रचना में कृष्ण-प्रेम की मधुर अभिव्यंजना है। हरिव्यास देव ने निम्बार्क सम्प्रदाय के अन्तर्गत रसिक सम्प्रदाय का प्रवर्तन किया। इन्होंने 'महावाणी' नाम से ब्रजभाषा में एक सुन्दर काव्य की रचना की है। परशुराम देव की रचनाओं का संकलन 'परशुरामसागर' नाम से विख्यात है।

चैतन्य-सम्प्रदाय

महाप्रभु चैतन्य ने इस सम्प्रदाय का प्रवर्तन किया था। इसका प्रादुर्भाव बंगाल में हुआ। इसमें परमतत्त्व को सच्चिदानन्द स्वरूप, अनन्त शक्तिसम्पन्न तथा अनादि माना गया है। परमतत्त्व रूप स्वयं श्रीकृष्ण हैं। यह अनन्त शक्ति का प्रकटीकरण होने पर भगवान् तथा प्रच्छन्न शक्ति होने पर ब्रह्म कहलाता है। भगवान् के तीन रूप माने गये हैं—1. स्वयंरूप—यह सब कारणों का कारण है। इसके रूप के प्रकटीकरण के लिए किसी आधार की आवश्यकता नहीं होती। 2. तदेकात्मरूप—परब्रह्म का जो रूप लीला-विशेष के लिए व्यक्त होता है। जब वह थोड़ी शक्ति को प्रकाशित करता है तो वह अंशशक्तिरूप स्वांश होता है। 3. आवेश रूप—महत्तम व्यक्ति में ज्ञान-शक्ति रूप में भगवान् का प्रकटीकरण आवेश रूप है। भगवान् की तीन शक्तियाँ हैं—अन्तरंगा शक्ति, बहिरंगा शक्ति तथा तटस्थ शक्ति। बहिरंगा शक्ति माया है जिसका द्रव्यमायारूप जगत् का उपादान कारण तथा गुणमाया-रूप निमित्त कारण है। जीव का सम्बन्ध तटस्थ शक्ति से है। इसीलिए वह कभी माया का संस्पर्श करता है कभी भगवान् का। यदि यह स्वरूप शक्ति की ओर उन्मुख हो जाय तो इसे माया-राज्य से मुक्ति मिल जाय।

कृष्ण अपने पूर्ण रूप में द्वारिकाधाम में, पूर्णतर रूप में मथुरा में तथा पूर्णतम रूप में गोकुल, गोलोक धाम में निवास करते हैं। भगवान् की भक्ति से गोलोक-धाम मिलता है। भक्ति ईश्वर की

कृपा से ही सम्भव है। माधुर्य-भाव की भक्ति अन्य भावों से श्रेष्ठ है। इस सम्प्रदाय में भक्ति के दो रूपों वैधी तथा रागानुराग का विस्तृत विवेचन किया गया है। भक्तिरस की स्थापना इस सम्प्रदाय की सबसे बड़ी देन है।

इस सम्प्रदाय के प्रमुख कवि माधवदास, जगन्नाथी, श्रीरामराय, सूरदास मदनमोहन, गदाधर भट्ट तथा माधुरीदास जी हैं। माधवदास जी (रचनाकाल 1548 ई.) के नारायणलीला, ग्वालिन झगरौं, परतीतपरीच्छा तीन ग्रन्थ उपलब्ध हैं। श्रीराम राय ने गीतिगोविन्द भाषा नाम से गीतगोविन्द का अनुवाद किया। 'आदिवाणी' इनकी अन्य रचना है। 'सूरदास मदनमोहन वाणी' नाम से सूरदास मदनमोहन की पद-रचनाओं का एक सग्रंह प्रकाशित हुआ है। आपने भागवत के दशम स्कन्ध का ब्रजभाषा में अनुवाद किया है। गदाधर भट्ट रचित 85 पद मिलते हैं जिनमें राधा-कृष्ण के शृंगार, रास-विलास तथा मान का सरस वर्णन किया गया है। माधुरीदास उपनाम माधुरी जी की आठ रचनाएँ—उत्कण्ठा माधुरी, वंशीवट माधुरी, केलि माधुरी, वृन्दावन माधुरी, दानमाधुरी, मानमाधुरी, होरीमाधुरी, प्रिया जू की बधाई आदि माधुरी वाणी में कृष्णदास द्वारा संकलित करके प्रकाशित की गयी है।

राधावल्लभी-सम्प्रदाय

यह सम्प्रदाय स्वामी हितहरिवंश के द्वारा चलाया गया है। हितहरिवंश ने कर्म और ज्ञान के साधनों का खण्डन करके भक्ति-मार्ग का विशेष महत्त्व प्रतिपादित किया। इन्होंने राधा-कृष्ण की युगल उपासना का प्रचार किया। इसमें प्रेम की महिमा सर्वोपरि है। इस सम्प्रदाय के लोगों की तन्मयता संयोग लीलाओं के प्रति है। 'प्रेम रूप युगल किशोर के निरन्तर नित्य बिहार (निकुंज क्रीड़ा) में अनिर्वचनीय आनन्द की उपलब्धि होती है जो संयोग शृंगार का आधारभूत तत्त्व है और नित्य मिलन का रस दाता है।'[1]

हितहरिवंश की दो रचनाएँ हितवोरासो और स्फुटवाणी प्रसिद्ध हैं। इस सम्प्रदाय के प्रमुख कवि हरिराम व्यास की दो रचनाएँ उपलब्ध हैं—रागमाला तथा व्यासवाणी में राधा-कृष्ण की निकुंज लीला का मनोहर चित्रण है। दामोदरदास, ध्रुवदास, चन्दसखी, वृन्दावनदास इस सम्प्रदाय के अन्य उल्लेखनीय कवि हैं।

हरीराम व्यास की रचना का एक नमूना द्रष्टव्य है—

आज कछु कुंजन के वरषा सी॥
बादल दल में देखि सखी री! चमकति है चपला सी॥
नान्हीं नान्हीं बूँदें कछु धुरवा से, पवन बहे सुखरासी।
मंद मंद गरजति सी सुनियतु, नाचति मोरसमा सी॥

नरोत्तमदास—इनका जन्म 1545 ई. में सीतापुर के बाड़ी नायक गाँव में कान्यकुब्ज ब्राह्मण परिवार में हुआ। 'सुदामा चरित' इनकी प्रसिद्ध रचना है। इसकी कथा श्रीमद्भागवत के दशम स्कन्ध से ली गयी है। यह एक खण्डकाव्य है। इसमें मैत्री भाव की प्रतिष्ठा के साथ ही एक गरीब ब्राह्मण की दरिद्रता का हृदयद्रावक चित्रण है।

भक्तिकाल की यह रचना इस दृष्टि से अत्यन्त महत्त्वपूर्ण है कि कवि ने उस समय के गरीबों की दीन दशा की बड़ा ही जीवन्त चित्रण किया है। व्यक्ति-विशेष के माध्यम से गरीबों के रहन-सहन तथा व्यथापूर्ण जीवन का ऐसा चित्रण मध्यकाल में विरल है। ब्राह्मण जो न तो श्रम करने के लिए

1. मुरारीलाल सुरस, हिन्दी कृष्णकाव्य की परम्परा का स्वरूप विकास, पृ. 221

अधिकृत था और न उसे धन संचय की छूट थी। उसे समाज द्वारा प्रदत्त दान पर जीना पड़ता था। ऐसी स्थिति में वह अपना जीवन कितनी बेवसी और परनिर्भरता में व्यतीत करता था, उसे 'सुदामा चरित' में देखा जा सकता है। गरीबी का चित्र निम्न पंक्तियों में द्रष्टव्य हैं।

कोदौ सवाँ जुरतो भरि पेट। न माँगत हौं दधि, दूध मिठौती। सीत वितीत भयो सिसियातहि। हौं हठती, पै तुम्हें न पठौती/या घर तैं कबहूँ न गयो पिय, टूटो तवा अरू फूटी कठौती।

सीस पगा न झगा तन पै प्रभु। जाने को आहि बसै केहि ग्रामा॥
धोती फटी सीलटी दुपटी अरु पायँ उपानह को नहीं सामा॥

हरिदासी या सखी-सम्प्रदाय

स्वामी हरिदास ने राधा-कृष्ण की उपासना का प्रचार सखी-भाव से किया। सखी-भाव में तन्मय भावना की चरम स्थिति है, इसमें सखी का स्वकीया और परकीया का भेद सम्भव नहीं है। रसभक्ति पर विशेष आग्रह होने के कारण वह सम्प्रदाय ज्ञानप्रधान न होकर विशुद्ध भावप्रधान है।

इस सम्प्रदाय के प्रवर्तक हरिदास की तीन रचनाओं का उल्लेख मिलता है—हरिदास जी का ग्रन्थ, स्वामी हरिदास जी के पद, हरिदास जी की बानी। बीठल विपुल देव, बिहारिन देव इस परम्परा के अन्य उल्लेखनीय कवि हैं। इन सम्प्रदायों के अतिरिक्त प्राणनाथी सम्प्रदाय के प्राणनाथ जी, चरणदासी सम्प्रदाय के चरणदास जी का भी कृष्णभक्ति काव्य के संवर्द्धन में सराहनीय योगदान है।

सम्प्रदाय-निरपेक्ष कवि और काव्य

कृष्णभक्ति से सम्बद्ध कुछ रचनाकार किसी सम्प्रदाय-विशेष से जुड़े बिना ही काव्य-रचना में संलग्न रहे।

मीराँबाई—इनका समय सोलहवीं शती माना जाता है। इनका जन्म राजस्थान के मेड़ता राज्य के कुड़की गाँव में राठौड़वंशी रत्नसिंह के यहाँ सन् 1516 या 1504 ई. में हुआ था। इनका विवाह उदयपुर के राजा महाराणा कुमार भोजराज के साथ हुआ था। विवाह के कुछ समय बाद भोजराज का देहान्त हो गया। मीराँ के हृदय में बचपन से ही भक्तिभावना जागृत थी। इन्होंने कृष्ण को प्रियतम रूप में वरण कर लिया था। कृष्ण के प्रेम में उन्मत्त मीराँ साधु-सन्तों की संगति में भक्ति के आवेश में गीत गाकर नृत्य करती थीं। उनमें रागानुरागा-भक्ति का सहज प्रस्फुटन हुआ था जिससे स्वतः लोक-लाज छूट गयी थी। स्वजनों के द्वारा राजसी मर्यादा के विरुद्ध आचरण में प्रवृत्त मीराँ को अनेक प्रकार की यातनाएँ दी गयीं। मीराँ की रचनाओं का संग्रह तथा सम्पादन परशुराम चतुर्वेदी (मीराँबाई की पदावली) महावीर सिंह गहलौत (मीराँ : जीवनी और काव्य), नरोत्तम स्वामी (मीराँ मन्दाकिनी), ललिताप्रसाद शुक्ल (मीराँ स्मृति ग्रन्थ) आदि विद्वानों ने किया है।

मीराँ ने प्रियतम आराध्य कृष्ण के प्रेम और विरह के गीत गाये हैं। इन्होंने निर्गुण ब्रह्म का भी वर्णन किया है। कान्ता-भाव की भक्ति की साधिका मीराँ के हृदय की वेदना सहजरूप से कविता में प्रवाहित हुई है। अतः उसमें गीत की सहज तरलता है। मीराँ के पदों की भाषा राजस्थानी मिश्रित ब्रजभाषा है।

रसखान—श्रीकृष्ण के लीलापरक माधुर्य पूर्ण चरित के प्रति कई मुसलमान कवि भी आकृष्ट हुए। इनमें रसखान का नाम विशेष रूप से उल्लेखनीय है। इनका समय 1533-1618 ई. माना जाता है। प्रेमवाटिका, सुजान रसखान, राग रत्नाकर इनकी तीन रचनाएँ प्राप्त हैं। इन्होंने कृष्ण के बाल रूप,

प्रणय लीलाओं का वर्णन किया है। कृष्ण के प्रति इनके मन में गहन अनुराग था। इस अनुराग की बड़ी सीधी-सादी अभिव्यक्ति इनकी कविता में हुई है।

कहा जाता है कि रसखान ने वल्लभ सम्प्रदाय के विट्ठल नाथ से दीक्षा ली थी। रसखान ने अपने विषय में प्रेम वाटिका में लिखा है—

'देखि गदर हित साहिबी, दिल्ली नगर मसान।
छिनहिं बादसा बंस की, ठसक छाँड़ि रसखान॥
प्रेम निकेतन श्री बनहिं, आइ गोवर्धन धाम।
लह्यो सरन चित चाहिके, जुगल सरूप ललाम॥

कृष्णभक्ति-काव्य की सामान्य विशेषताएँ

महाभारत तथा पुराणों के द्वारा परमब्रह्मरूप में प्रतिष्ठित होकर चित्रकला, मूर्तिकला तथा काव्यकला के द्वारा लोक-भावना से जुड़कर मध्वाचार्य, निम्बार्काचार्य तथा वल्लभाचार्य आदि की दार्शनिक व्याख्याओं से परिपुष्ट होकर वेद मन्त्रों से वंचित ग्राम्य अबलाओं (गोपियों) की निश्छल भाव गंगा के अगाध स्रोत श्रीकृष्ण अपने विराट् एवं समग्र सांस्कृतिक व्यक्तित्व के साथ हिन्दी कृष्णचरित-काव्य में अवतरित हुए। शास्त्र और लोक के विविध सन्दर्भ से सम्बद्ध कृष्णचरित विविध अर्थों एवं प्रसंगों को अन्तर्लीन किये हुए है। इसकी लौकिक तथा अलौकिक दो व्याख्याएँ स्पष्ट हैं। कृष्ण-राधा, गोप-गोपियाँ आदि की लौकिक क्रीड़ाएँ ब्रह्म की नित्यलीला की प्रतीक हैं। यशोदा के आँगन में घुटनों के बल रेंगनवाले, गोपियों का माखन चुरानेवाले, उनके साथ छेड़छाड़ करनेवाले तथा रास रचानेवाले कृष्ण परात्पर ब्रह्म के पूर्ण अवतार हैं। सत्, चित् और आनन्द से कृष्ण ने भक्तों के हित में साकार रूप धारण किया है। रसरूप कृष्ण का अन्तर धाम या निज धाम ब्रज है। राधा उनकी परम ह्लादिनी शक्ति हैं। गोपियाँ, श्रुतिरूपा, लक्ष्मी-अंश पुष्ट-पुष्ट आत्माएँ हैं। भगवान् की विविध लीलाओं माखनलीला, दानलीला, चीरहरणलीला आदि को देखकर भक्त आनन्द लेते हैं। महारास में आत्मा की वृत्तियाँ अपना पृथक् भाव तथा अहं मिटाकर पूर्णानन्द में लीन हो जाती हैं। सूरादि कृष्णभक्तों ने वंशी को लक्ष्य करके अनूठी उक्तियों का सृजन किया है। मुरली की ध्वनि शब्द-ब्रह्म की प्रतीक है।

कृष्णभक्ति-भावना का दार्शनिक मतों की विविधता के कारण अनेक सम्प्रदायों में (वल्लभ, निम्बार्क, माध्व, सखी आदि) प्रतिफलन हुआ। प्रायः सभी सम्प्रदायों में माधुर्य भाव की प्रधानता रही। सभी में कृष्ण के रसेश्वर, नटवर-नागर, रूप-छलिया तथा लोक-नायक रूप की मान्यता रही। कृष्ण के प्रति भक्ति की प्रेमभावना कृष्ण से सम्बद्ध पात्रों के वय-क्रम से वात्सल्य, सख्य तथा माधुर्य भावों के रूप में प्रस्फुटित हुई। अतः कृष्णभक्त कवियों को इन भावों के अंकन की खुली छूट मिलती है। बालकृष्ण के प्रति प्रदर्शित नन्द-यशोदा का वात्सल्य-भाव, किशोर तथा युवा कृष्ण के प्रति गोपियों का प्रणय-भाव, गोपों का सखा-भाव आध्यात्मिक व्याख्याओं से परे लोकभावों की ही काव्यात्मक परिणति हैं। वर्णन के स्तर पर इनमें प्रायः आध्यात्मिकता का आग्रह नहीं है।

काव्यरस को भक्तिरस के रूप में प्रतिष्ठित करना कृष्ण कवियों की एक महती उपलब्धि है। कृष्णभक्तों ने प्रेमलक्षणा भक्ति को वैधी भक्ति की अपेक्षा अधिक महत्त्व दिया है। इसीलिए इनके वर्णनों में सामाजिक विधि-निषेध लोक और वेद की मर्यादा टूटती दिखायी देती है। प्रायः सभी सम्प्रदायों में कान्ता-भाव की भक्ति को स्वीकार किया गया है। प्रसंगानुसार नवधा भक्ति के विविध अंगों तथा दास्य-भाव की भक्ति का भी वर्णन उपलब्ध होता है।

कृष्णभक्ति साहित्य में पात्रों के जीवन के विविध पक्षों का सांगोपांग चित्रण नहीं हुआ। भक्ति-भाव के साधक तथा आश्रय के रूप में अन्य पात्रों की नियोजना की गयी है। कृष्ण के चरित्र में लौकिक तथा अलौकिक घटनाओं का समावेश है। लीला के अधिकारी अन्य पात्रों में भी अलौकिकता तथा आध्यात्मिकता की व्यंजनाएँ मिलती हैं।

चूँकि कृष्ण की लीला प्रकृति के सुरम्य प्रांगण में सम्पन्न होती है इसीलिए कवियों को प्रकृति-चित्रण के पर्याप्त अवसर मिले हैं। प्रकृति-चित्रण अधिकतर उद्दीपन रूप में हुआ है। कृष्ण के संयोग तथा वियोग के सुख-दुख से प्रकृति भी अछूती नहीं है। यद्यपि इसमें गोपियों जैसी मुखरता नहीं है। गोपियों के आनन्द और वेदना का प्रतिबिम्ब सम्पूर्ण प्रकृति पर स्पष्ट रूप से दर्शित होता है।

जिस तरह कृष्ण-काव्य के पीछे एक सुदृढ़ दार्शनिक आधार है उसी तरह काव्यशास्त्रीय आधार भी है। कवियों ने अलग से भी ग्रन्थों की रचना की जिनमें नायक-नायिका भेद, अलंकार तथा रस-निरूपण किया गया ।

कृष्ण-काव्य में अप्रत्यक्ष रूप से सामाजिक, सांस्कृतिक तथा ऐतिहासक स्थितियों का अंकन हुआ है। समाज की भौतिक दृष्टि उत्सव, संस्कार, खान-पान, शासकों का अत्याचार तथा धार्मिक विडम्बना की छाप कृष्ण-काव्य में आसानी से ढूँढ़ी जा सकती है। सम्प्रदाय-प्रवर्तकों का गुणगान, श्रीनाथ जी की अष्टयाम सेवा तथा शृंगार आदि में राजसी सामन्ती तथा राजसी जीवन की झलक मिलती है।

कृष्णभक्त कवियों ने मुक्तक पद-शैली को अपनाया है। नन्ददास के भँवरगीत, रुक्मिणीमंगल तथा रासपंचाध्यायी में प्रबन्धात्मकता का हलका पुट मिलता है। "कृष्णभक्त कवियों में राधा-कृष्ण की लीलाओं से सम्बन्धित विशिष्ट भावों की अभिव्यक्ति के लिए विशिष्ट संगीत का पुष्ट आधार मिलता है। पदकारों ने संगीत की ध्रुवपद और धमार की परम्परागत शैलियों के अतिरिक्त टप्पा, ठुमरी, दादरा आदि समसामयिक शैलियों का भी अपनी पद रचना में आधार लिया है।" (डॉ. राजेन्द्र कुमार, परवर्ती कृष्णभक्ति काव्य, पृ. 382)

कृष्णभक्त कवियों ने ब्रजक्षेत्र की भाषा ब्रजभाषा को मुख्यतः काव्यभाषा के रूप में प्रयुक्त किया। तत्सम, तद्भव तथा विदेशी शब्दों के प्रयोग, मुहावरों तथा लोकोक्तियों की योजना से इनकी भाषा समर्थ और सशक्त बन गयी है। काव्य-गुणों तथा अलंकारों के द्वारा इन्होंने भाषा की अभिव्यक्ति क्षमता को समृद्ध बनाया। चौपाई, चौबोला, सार, सरसी, कवित्त, सवैया, छप्पय आदि छन्दों का कलात्मक प्रयोग किया। कृष्ण-काव्य ने अपनी भावात्मक सघनता तथा कलात्मक उच्चता के द्वारा भारतीय जनमानस पर व्यापक रूप से स्थायी प्रभाव अंकित किया जो आज वैज्ञानिक युग में भी अमिट बना हुआ है।

अकबर के दरबारी कवि

अकबर हिन्दी के प्रेमी थे। वे काव्यानुरागी तो थे ही हिन्दी में काव्य-रचना भी करते थे। उनके दरबार में चतुर्भुजदास, आसकरण, पृथ्वीराज, मनोहर, टोडरमल, नरहरि, बीरबल 'ब्रह्म', गंग, तानसेन और रहीम आदि सम्मानित कवि थे। चतुर्भुजदास राधावल्लभ-सम्प्रदाय में दीक्षित होकर वृन्दावन में रहने लगे थे। आसकरण नरवरगढ़ के राजा भीमसिंह के पुत्र थे। बाद में गुसाईं विट्ठलनाथ के शिष्य

हो गये। पृथ्वीराज का सम्बन्ध बीकानेर के राजवंश राजा बीका जी से था। इन्हें दर्शन, ज्योतिष और संगीत का अच्छा ज्ञान था। 'बेलि क्रिसन रुक्मिणी री' डिंगल में रचित इनकी प्रसिद्ध कृति है। मनोहर फारसी, संस्कृत तथा हिन्दी तीनों में रचना करते थे। टोडरमल के भी कुछ छन्द मिलते हैं। हुण्डी, व्यापारी, आढ़तिया, सराफा आदि विषयों पर भी इन्होंने रचनाएँ कीं। महापात्र नरहरि राजकवि थे, रुक्मिणी मंगल, छप्पय नीति, कवित्त संग्रह इनके तीन ग्रन्थ उल्लिखित हैं। बीरबल 'ब्रह्म' का मूल नाम महेशदास भट्ट था, तिकवाँपुर, जिला कानपुर के मूल निवासी थे। इनके दो सौ स्फुट पद मिलते हैं। गंग इटावा के मूल निवासी थे। गंग की तीन रचनाएँ गंग पदावली, गंग पचीसी, गंग रत्नावली मानी गयी हैं। 'गंग कवित्त' नाम से 4 छन्दों का प्रकाशन हुआ है। तानसेन ग्वालियर के मकरन्द पाण्डे के पुत्र थे। बचपन का नाम तन्नू था। बाद में मुसलमान हो गये लेकिन वैष्णव भक्ति से आजीवन जुड़े रहे। संगीतसार, रागमाला, गणेश स्तोत्र इनकी प्रसिद्ध रचनाएँ हैं। अकबरी दरबार में रहीम का श्रेष्ठ स्थान रहा। बैरम खाँ इनके पिता थे। बचपन में पिता की मृत्यु के कारण अकबर के द्वारा ही इनका लालन, पालन किया गया। जहाँगीर के शासनकाल में शहजादा खुर्रम का समर्थन करने के कारण नूरजहाँ का कोपभाजन होना पड़ा। रहीम की रचनाओं में दोहावली, नगर शोभा बरवै, नायिका भेद, मदनाष्टक प्रसिद्ध हैं। इनके नीति के दोहे विख्यात हैं। रहीम के कुछ दोहे उद्धृत हैं—

रहिमन वे नर मर चुके जे कहुँ माँगन जाहिं।
उनते पहिले वे मुए, जिन मुख निकसत 'नाहिं'॥
रहिमन रहिला की भली, जौ परसै चित लाय।
परसत मन मैलो करै सो मैदा जरि जाय॥
दुरदिन परे रहीम कह, भूलत सब पहिचानि॥
सोच नहीं बित हानि की, जौ न होय हित हानि॥

भक्तिकाव्य की सांस्कृतिक-साहित्यिक उपलब्धियाँ

भक्ति-आन्दोलन के स्वरूप का विश्लेषण करते समय इस बात की ओर संकेत किया गया है कि भक्ति-आन्दोलन मुख्यतः सामाजिक-धार्मिक आन्दोलन था। उसका विकास भी लोकजीवन की व्यापक संवेदना को ग्रहण करके हुआ। आन्दोलन अपने समय के सभी कला माध्यमों का सूक्ष्म संघात होने के कारण उसकी संवेदनीयता तथा अभिव्यक्ति क्षमता में वृद्धि तो हुई ही तत्कालीन समस्त सांस्कृतिक जीवन का भी उसमें सहज समावेश हो गया। काव्य को सिर्फ भाव-साधना या मनोरंजन का साधनमात्र न समझकर सम्पूर्ण युगबोध तथा परम्पराबोध को उनकी पारस्परिक संगति के साथ वैचारिक धरातल पर प्रस्तुत करने का प्रयत्न परिलक्षित होता है। जब भी दो संस्कृतियों का पारस्परिक मिलन होता है तभी परम्परागत संस्कृति को नये परिवेश के सन्दर्भ में समझने तथा स्थापित करने की आवश्यकता होती है। जब नयी और विजातीय संस्कृति की टकराहट से स्वदेशी संस्कृति के बहुलांश पर प्रश्नचिह्न लग जाता है तो यह आवश्यकता सोच की अनिवार्यता बन जाती है। इस्लामी संस्कृति के मुकाबले में अपनी परम्पराओं, जीवन-मूल्यों तथा आदर्शों को नये सिरे से व्याख्यायित करके विस्तृत लोकधरातल पर उनकी प्रतिष्ठा की चिन्ता भक्ति-काव्य में आद्यन्त दृष्टिगोचर होती है। एक जीवित तथा संवेदनशील जाति को पुनः एक बार नवीन सम्भावनाओं को आत्मसात् करते हुए अपने को विदेशी संस्कृति के समक्ष महिमामण्डित करना था। राजनीतिक शक्ति के क्षीण हो जाने के कारण यह

दायित्व राजशक्ति से हटकर लोकशक्ति में निहित हो गया था। लोकशक्ति को जगाकर ही सांस्कृतिक सरंक्षण किया जा सकता था जिसे भक्तिकाव्य में बखूबी किया गया है।

भक्तिकाव्य के सांस्कृतिक अवदान तथा साहित्यिक महत्त्व का विश्लेषण करने के पूर्व संस्कृति के विषय में अत्यन्त संक्षेप में विचार कर लेना अनुचित नहीं होगा। संस्कृति शब्द अपने अर्थबोध में इतना व्यापक है कि साहित्यिकता भी उसमें समाहित हो जाती है किन्तु उसकी चर्चा अलग से इसलिए की गयी है ताकि साहित्य का विद्यार्थी उसे अलग से और आसानी से पहचान सके। 'संस्कृति' शब्द संस्कृति की कृ धातु में क्तिन् प्रत्यय और सम् उपसर्ग जोड़ने से बनता है। जिसका अर्थ है सम्यक् रूप से किया गया कार्य, व्यवहार या आचरण। समाजशास्त्री श्री सोरोकिन का कथन है कि "संस्कृति उन मूल्यों, आदर्शों और स्थापनाओं का समूह है जिनके अनुसार मनुष्य अपने जीवन की रीति और शैली का निर्माण करते हैं।" नरविज्ञानियों में टाइलर संस्कृति की व्यापक परिभाषा प्रस्तुत करता है, "संस्कृति वह जटिल तत्त्व है जिसमें ज्ञान, नीति, कानून, रीति-रिवाजों तथा दूसरी उन योग्यताओं और आदतों का समावेश है जिन्हें मनुष्य सामाजिक प्राणी होने के नाते प्राप्त करता है। जिसमें कला-कौशल, वस्तु-सामग्री, यान्त्रिक क्रियाएँ, विचार, आदतें और मूल्य समावेशित हैं।" संस्कृति की वर्गमूलक स्थिति की ओर सर्वप्रथम टी.एस. इलियट संकेत करता है "व्यक्ति की संस्कृति समूह या वर्ग की संस्कृति पर, तथा वर्ग की संस्कृति उस सम्पूर्ण समाज की संस्कृति पर जिसका वह वर्ग अंग है निर्भर करती है। संस्कृति को संक्रान्त करने का प्रधान मार्ग कुटुम्ब है। जब कुटुम्ब अपना कार्य करना बन्द कर देता है, जब वह संस्कृति दान से विमुख हो जाती है तब संस्कृति का अधःपतन होन लगता है। मार्क्स की मान्यता है कि आर्थिक ढाँचा असली आधार होता है जिस पर कानूनी तथा राजनीतिक ढाँचा खड़ा होता है और जिससे सामाजिक चेतना के रूप स्थिर होते हैं। भौतिक उत्पत्ति के प्रकार सामाजिक, राजनीतिक तथा बौद्धिक जीवन व्यापारों को तय करते हैं।" इसके विपरीत डॉ. देवराज का निष्कर्ष है कि, "सांस्कृतिक क्रियाएँ वे हैं जो हमे ऐसी यथार्थ एवं कल्पित वस्तुओं के अनुचिन्तन में संलग्न करती हैं जिनका हमारी वैयक्तिक जरूरतों से कोई सम्बन्ध अथवा उनके लिए कोई उपयोग नहीं है। वह हमारे मन तथा बुद्धि की उस दशा में उत्पन्न होती हैं जिसमें हम वैयक्तिक स्वार्थों से मुक्त होकर स्वतन्त्र भाव से मूल्यों के जगत् में विचरण करते हैं। किसी व्यक्ति की संस्कृति वह मूल्य चेतना है जिसका निर्माण उसके सम्पूर्ण बोध के आलोक में होता है। सांस्कृतिक चेतना जितनी मूल्य चेतना है उतनी तथ्य चेतना भी है।"

संस्कृति के विषय में प्रस्तुत सभी विचारों को समेटकर कहा जा सकता है कि किसी समाज या राष्ट्र के द्वारा राजनीतिक, आर्थिक, धार्मिक और कला के क्षेत्रों में की गयी ऐसी सामूहिक उपलब्धि जो काल की कसौटी पर खरी उतरकर परम्परा का अंग ही नहीं बल्कि आदर्श बन गयी है उसकी संस्कृति है। संस्कृति के निर्माण में व्यक्ति, परिवार, समाज सबकी सामूहिक साझेदारी होती है। कोई विचारक या रचनाकार अपनी सांस्कृतिक विरासत को युग की आवश्यकता के अनुसार नया अर्थ देता है तथा युग के यथार्थ के कुछ अति उपयोगी अंश की सार्वकालिकता को पहचानकर उसे संस्कृति का अंग बना देता है। इस दायित्व का निर्वाह वह अपनी सृजनशीलता से करता है।

भक्ति काव्य में पूर्व मध्यकाल की सांस्कृतिक परिवर्तन की स्थितियों का सूक्ष्म परिवर्तन रेखांकित किया जा सकता है। भक्तिकाल के आरम्भिक दौर में जब परम्परित आस्था और मूल्यनिष्ठा को विदेशियों के द्वारा तोड़ने की कोशिश की जा रही थी उस समय सांस्कृतिक विरासत के उस पक्ष की ओर दृष्टि केन्द्रित करने की जरूरत थी जो हमारी मान्यताओं तथा विश्वासों को दृढ़ करके नयी

शक्ति दे सके। मन की दुर्बलताओं पर जिसके द्वारा विजय पायी जा सके और जाति-व्यवस्था की भेदक रेखाओं से जर्जरित समाज को संगठित करके सबल बनाया जा सके। सांस्कृतिक संकट की स्थिति में अपनी अलग-अलग संस्कृति की पहचान को विस्मृत करके महा-संस्कृति के अभिन्न अवयव के रूप में अपनी वर्गीय या क्षेत्रीय संस्कृति की समझ ही निजी अस्तित्व को कायम रखने की प्रमुख शर्त थी। हर प्रकार की स्थूलताओं और आचरण पद्धतियों के भेदभाव को छोड़कर विशुद्ध भावनात्मक बोध को जागृत करना युग की माँग थी। धर्म, दर्शन और ज्ञान के उसी सूत्र के अन्वेषण की अपेक्षा थी जो हमें एकता में बाँध सके।

सन्तों के काव्य में इन्हीं आवश्यकताओं की पूर्ति की साधना है। सन्त रचनाओं ने सांस्कृतिक विरोधाभासों तथा अलगाव के सीमान्तों को अपनी पूरी सर्जनात्मक ऊर्जा से प्रभंजित किया। भारतीय अद्वैतवाद के बहुप्रचलित सिद्धान्त परमात्मा और आत्मा की एकता, सर्वत्र ईश्वर की व्याप्ति के आधार पर भारतीय समाज की पूर्व प्रचलित अनेक जातियों की समानता और एकता की उद्घोषणा की। उनकी इस घोषणा से बहुत-सी हीन तथा उपेक्षित जातियों में नयी चेतना का संचार हुआ और भारतीय संस्कृति की मूलधारा में अपने अस्तित्व तथा महत्त्व का बोध हुआ। उन्हें बार-बार इस तथ्य के प्रति सचेत किया गया कि भारतीय दर्शन और धर्म किसी भी व्यक्ति की उपेक्षा नहीं करता। जिस धर्म में हर आत्मा को परमात्मा माना गया है उसी धर्म में सामाजिक धरातल पर छुआछूत तथा ऊँच-नीच की भावना का प्रचार धार्मिक ठेकेदारों के कुत्सित स्वार्थ तथा धर्म की गलत व्याख्या का परिणाम है। इस तरह की दुरभिसन्धि प्रायः सभी धर्मों में मिलती है। काजी-मुल्ला भी धर्म की गलत व्याख्या करके सामान्य जनों के बीच फूट डालते हैं। रामधारी सिंह दिनकर 'संस्कृति के चार अध्याय' में लिखते हैं, "कबीर के भीतर जो दर्द और बेचैनी है, जो जोश और तूफान है वह पूर्णरूप से भारतीय नहीं है। यही चीज है जो उन्होंने इस्लाम से पायी थी और इसी को विरासत उन्होंने अपने अनुयायियों के लिए छोड़ी। किन्तु तुलसी और सूरदास के चिन्तन और कल्पना में जो कुछ भी है, इसी देश का है।" दिनकर जी की इस टिप्पणी से सहमत नहीं हुआ जा सकता है। कबीर का आक्रोश और जोश दोनों ही विशुद्ध भारतीय हैं। उन्हें मनुष्य को विभाजित करनेवाला कोई भी विचार मान्य नहीं था। वे नवागन्तुकों के समक्ष भारतीय संस्कृति के ऐसे रूप को रखना चाहते थे जिसमें समता तथा सर्वग्राह्यता के तत्त्व थे। धर्म का ऐसा विकल्प खोजना चाहते थे जो हिन्दू-मुसलमान दोनों के लिए उपयोगी हो। कबीर के साहित्य में वर्गभेद तथा सम्प्रदायभेद को तोड़कर मानवमात्र को एक धरातल पर रहने और जीने का जो सन्देश दिया गया है वह उस युग की सांस्कृतिक टकराहट के अन्तराल से फूटनेवाली आत्मा की आवाज है जिसे युग-जीवन की पुकार कह सकते हैं। सूर और तुलसी में हिन्दू मुसलमान आदि शब्दों का लगभग न के बराबर प्रयोग होने का मुख्य कारण युगीन परिस्थितियों का बदलाव माना जा सकता है। कम-से-कम ठण्डे मन और भाव से अपनी बात को कहने का माहौल तो बन ही गया था। प्रेम की मधुर भावधारा को अपनी सशक्त रचनाशीलता में प्रवाहित करके कृष्णभक्त कवियों ने इस्लाम की ओर उन्मुख जन-प्रवाह को रोका ही नहीं बल्कि कुछ हद तक उल्टे प्रवाहित कर दिया। कृष्ण के प्रेम का ही प्रबल आकर्षण था कि एक कवयित्री को कहना पड़ा कि, "हौं तो मुसलमानी हिन्दुआनी ह्वै रहूँगी मैं।" भक्तिकाव्य में सांस्कृतिक पुनर्जागरण तथा समन्वय का प्रयत्न दृष्टिगोचर होता है। संस्कृति के विविध पक्षों के प्रति भक्त कवियों में यथार्थ तथा आदर्श मूल्य-चेतना दोनों ही परिलक्षित होती है। अधोलिखित शीर्षकों में भक्तिकाव्य की सांस्कृतिक उपलब्धियों का मूल्यांकन किया जा सकता है—

1. धार्मिक उपलब्धि

भक्त कवियों ने धर्म को शास्त्र और पाण्डित्य से मुक्त करके जनसाधारण की आशाओं-आकांक्षाओं के अनुकूल बनाकर युग के परिप्रेक्ष्य में प्रस्तुत किया। भक्ति के नये मार्ग में सदियों के बाद समस्त मानव को जन्म-मृत्यु के बन्धन तथा पीड़ा से मुक्त होने का अवसर प्रदान किया गया। बाह्याडम्बरों तथा व्यर्थ की पाबन्दियों से रहित भक्ति का मार्ग विशुद्ध भावना पर आधारित होने के कारण किसी भी समाज, वर्ग, राष्ट्र के लिए ग्राह्य हो सकता था। 'तमसो मा ज्योतिर्गमय' की भावना से अनुप्राणित भारतीय धर्म एक बार पुनः अपने पूरे आवेग और आलोक से विश्वधर्म की चेतना से सम्पृक्त हो उठा। आत्मा और परमात्मा की अभिन्नता के सूत्र में हर आत्मा और ईश्वरीय अंश के रूप में देखने का उपक्रम मनुष्य के व्यक्तित्व को बहुत ऊँचे धरातल पर प्रतिष्ठित करता है। भारतीय संस्कृति में धर्म का अर्थ बहुत व्यापक रहा जो कतिपय कारणों से पूर्वमध्यकाल तक काफी संकुचित हो गया था। अपने इसी संकोचन के कारण नये धर्म के समक्ष परास्त होने की स्थिति में पहुँच गया था। जिस धर्म में समय-समय पर विकसित होनेवाले विचारों, विश्वासों और मान्यताओं को आत्मसात् कर लिया था वही धर्म अलग-अलग सम्प्रदायों में बँटकर निर्बल हो गया था। विदेशी धर्म को वह अपने अन्दर पचा पाने पर सक्षम था। भक्तों ने धार्मिक सम्प्रदायों के समन्वय से मूल भारतीय धर्म को प्रतिष्ठित किया जिसमें नये धर्म से मेल रखनेवाले तत्त्वों को विशेष रूप से उभारा गया। सत्य, अहिंसा, सात्त्विकता, प्रेम, त्याग, निष्ठा, संकल्प, दृढ़ता, इन्द्रिय-निग्रह, निर्वैरता आदि को धर्म का मूल तत्त्व माना गया। धर्म के ये तत्त्व ऐसे हैं जो मानव कल्याण तथा सहअस्तित्व के लिए अनिवार्य हैं। विश्व के अधिकांश धर्मों में इन्हीं तत्त्वों का समावेश मिलता है। धर्म को केवल मोक्ष का साधन नहीं माना गया बल्कि व्यक्ति-व्यक्ति, पति-पत्नी, पिता-पुत्र, भाई-भाई, राजा-प्रजा, स्वामी-सेबक के पारस्परिक सम्बन्धों तथा व्यवहारों को भी धर्म की परिधि में व्याख्यायित एवं निरूपित किया गया। सन्तों ने धार्मिक तथा मानवीय एकता को तर्क-वितर्क के द्वारा सिद्ध किया, सूफियों ने प्रेम की साधना में ही जीवन के विविध प्रसंगों को समाहित कर दिया, रामभक्त कवियों ने जीवन के विविध आयामों को रामकथा से सम्बद्ध विविध पात्रों के क्रियात्मकता, आचरण और परस्पर व्यवहार में पुनर्सृजित कर दिया और कृष्णभक्तों ने प्रेम और भाव के लगाव की सर्वोच्चता सिद्ध की। भक्तों ने प्रेमभावना को इतना अधिक महत्त्व दिया कि उसके आगे समाज और शास्त्र की मर्यादाओं को उल्लंघनीय माना। प्रेम के संवेदनात्मक आवेग से सीमाओं का टूटना नैसर्गिक है। सूफियों ने इसी के आधार पर हिन्दुओं और मुसलमानों को एक-दूसरे के समीप लाने का प्रयास किया। कृष्णभक्त कवियों ने प्रेम की ऐसी धारा बहायी कि उसमें ऊँचे-नीचे, पण्डित और साधारण जन सभी अवगाहन करके तृप्ति का अनुभव करने लगे। बहुत-से मुसलमान कवि अपनी धार्मिक कट्टरता को छोड़कर कृष्ण के लीलागान में तत्पर हो गये। धर्म, अर्थ, काम, मोक्ष चार पुरुषार्थों में से धर्म की विशेष महत्ता प्रतिपादित करके भक्तों ने काम को ईश्वरोन्मुख करके तथा अर्थ-त्याग का उपदेश देकर कामिनी और कंचन के लिए होनेवाले संघर्ष से समर्थ लोगों को विरत किया। सामन्ती वातावरण में भक्तों द्वारा त्यागवृत्ति का प्रचार सन्तुलन की दृष्टि से उपयोगी था। भक्ति साहित्य की अलग-अलग धाराओं को यदि एक में समेटकर देखा जाय तो भारतीय संस्कृति की समग्रता को आसानी से पहचाना जा सकता है। वेद समर्थक तथा वेद विरोधी धाराओं का संगम यदि कहीं देखना चाहें तो वह भक्ति साहित्य में दिखायी देगा। टी. एस. इलियट ने सम्पूर्ण समाज की संस्कृति के विषय में परिवार तथा वर्ग की भूमिका का जो उल्लेख किया है उसकी

सही समझ भी भक्ति-आन्दोलन में निहित है। अभिजात संस्कृति में लोकसंस्कृति का समुचित समावेश या दोनों के समन्वय से ही सम्पूर्ण सांस्कृतिक परिदृश्य को प्रस्तुत किया जा सकता है। भक्ति साहित्य में लोकविश्वास, लोकव्यवहार तथा लोककलाओं को उचित स्थान मिला है। ज्ञान-विज्ञान और दर्शन [illegible] बात को जनसाधारण की भाषा में जनसाधारण तक पहुँचाने की चिन्ता को [illegible] दी गयी है। परिवर्तित राजनीतिक और सामाजिक परिवेश में सांस्कृतिक परम्पराओं को परिष्कृत रूप में प्रस्तुत करने तथा उसमें नये विचारों और तथ्यों का समावेश करने की दृष्टि से भक्त कवियों का विशेष महत्त्व है।

सामाजिक उपलब्धियाँ

भारतीय सामाजिक व्यवस्था धार्मिक व्यवस्था का अभिन्न हिस्सा है। समाज की वर्ण-व्यवस्था को ईश्वरीय व्यवस्था माना गया है। गुण और कर्म के अनुसार की गयी वर्ण-व्यवस्था में प्रत्येक वर्ग का धर्म (कर्त्तव्य) निर्धारित किया गया है। अपने वर्गीय धर्म का पालन न करनेवाला व्यक्ति पाप का भागीदार होता है। निर्धारित कर्म तथा मर्यादा का उल्लंघन करनेवाले को उच्छृङ्खल तथा समाजद्रोही माना जाता है। पूर्वमध्यकाल में पुरानी वर्ण-व्यवस्था अनेक विकृतियों के कारण समाज के लिए उपयोगी नहीं रह गयी थी। वर्ण-व्यवस्था की परिणति अनेक जातियों तथा उपजातियों में हो जाने तथा उनमें परस्पर सन्तुलन एवं सौमनस्य की कमी हो जाने के कारण सामाजिक संगठन दुर्बल हो रहा था। जाति की उच्चता तथा निम्नता जन्म पर आधारित हो जाने के कारण उच्च श्रेणी की जातियाँ निम्न श्रेणी की जातियों को हीन, तुच्छ तथा अछूत समझने लगी थीं। मुसलमानों के आगमन के बाद सामाजिक कट्टरता तथा संकोचन और तीव्र हो गया। अतः जिस धर्म के आधार पर वर्ण-व्यवस्था की परिकल्पना की गयी थी उसी धर्म के भीतर से उन तत्त्वों की खोज आवश्यक हो गयी जिनके आधार पर पुनः सामाजिक स्तर पर मानवीय समानता को प्रतिष्ठित किया जा सके। सन्तों ने परमात्मा और आत्मा के दार्शनिक सम्बन्धों के आधार पर व्यक्ति-व्यक्ति की सामाजिक समता के सूत्र को खोज निकाला। कबीर ने कहा कि जब एक ही तत्त्व सर्वत्र सब घट में व्याप्त है तो भेदभाव कहाँ से पैदा हो जाता है। यदि ईश्वर को वर्ण का विचार होता तो वह जन्म लेते ही उसे तीन दण्डों (वर्णों) में विभक्त कर देता—

जोपैं करता बरन बिचारै
तौ जनमत तीनि डांडी किन सारै
× × ×
नहीं को ऊँचा नहीं को नीचा
जाका प्यंड ताही का सींचा॥

किसी तरह का सामाजिक भेदभाव सत्य का गोपनमात्र है। वेद, कुरान, धर्म और जगत्, स्त्री-पुरुष का भेद सच नहीं है। एक ही ज्योति से जब सब उत्पन्न हैं इसीलिए कौन ब्राह्मण है और कौन शूद्र—

ऐसा भेद बिगूचनि भारी।
बेद कतेब दीन अरु दुनिया कौन पुरिख कौन नारी॥
एक बूँद एकै मल मूतर एक चाम एक गूदा।
एक ज्योति थै सब उतपनाँ नाद रु बिंद समाना॥

हिन्दू-मुसलमान के बीच के भेदों को मिटाकर उन्हें एक ही समाज का अंग बनकर रहने की सलाह दी गयी। सूफीकाव्य तो हिन्दू और मुस्लिम संस्कृति समन्वय की उपज है।

भक्तों का विश्वास था कि धर्म तथा भक्ति के क्षेत्र में समता के प्रतिपादन पर बल देने से सामाजिक समता का भाव स्वतः जागृत हो जायेगा। सांस्कृतिक संकट की घड़ी में हजारों वर्ष की बनी और दृढ़ व्यवस्था को एकाएक तोड़कर नयी व्यवस्था बनाना सम्भव नहीं था। इसीलिए कुछ मर्यादावादी भक्तों ने सामाजिक व्यवस्था के पुराने रूप को ही चलने देना चाहा। यद्यपि उन्होंने भी व्यर्थ के ढोंग और आडम्बरों का विरोध करते हुए ईश्वर के समक्ष विशुद्ध भाव से युक्त व्यक्तियों की महिमा को उद्घाटित किया। वर्ण-व्यवस्था के समर्थक कहे जानेवाले तुलसीदास ने अपने रामचरितमानस में क्षत्रिय राम, ब्राह्मण वशिष्ठ, निषादराज गुह, भीलनी शबरी, वानर हनुमान, राक्षस विभीषण के बीच सघन आत्मीयता तथा गहन प्रेमभाव को अंकित करके सामाजिक समता का सन्देश दिया है। यदि ईश्वर अपने लोक-व्यवहार में सामाजिक भेदभाव को अनुचित मानता है तो क्या सामान्य प्राणियों के लिए उसका यह आचरण अनुकरणीय नहीं है। तुलसी के मन में रामकथा का सामाजिक पक्ष भी अवश्य था। राम जिस तरह समाज के सभी वर्गों को संगठित करके ही आसुरी शक्ति पर विजय पा सके उसी तरह हिन्दू समाज संगठित होकर ही सांस्कृतिक संकट से उबर सकता है।

राजनीतिक उपलब्धियाँ—भक्तों के विषय में प्रायः यह कथन उद्धृत किया जाता है कि "सन्तन को कहा सीकरी सो काम। आवत जात पनहिया टूटी बिसरि गयो हरि नाम।" इस कथन में सीकरी राज्य के केन्द्र का प्रतीक है। इससे भक्तों की राजनीतिक उदासीनता का बोध होता है। विद्वानों ने इस कथन के अभिप्राय को बहुत दूर तक खींचने का अनावश्यक प्रयत्न किया है। इस कथन का सही अभिप्राय यह है कि भक्तों ने राजनीतिक संरक्षण तथा लाभ की कोई परवाह नहीं की। उनकी रचनाशीलता की मूल प्रेरणा राजनीतिक केन्द्र नहीं था इसीलिए वे राजाओं की अनुकूलता तथा प्रतिकूलता की चिन्ता नहीं करते थे। भक्तों की वैराग्य भावना को उत्तेजित करने में तत्कालीन राजनीतिक स्वार्थ, पदलोलुपता, भोगलिप्सा की प्रतिक्रिया का बहुत बड़ा हाथ है। भक्तों ने एक ऐसे आदर्श मनोराज्य की परिकल्पना की जो तत्कालीन राज्य-व्यवस्था की विकृतियों से मुक्त ही नहीं श्रेष्ठ मानवीय मूल्यों का पोषक भी था। तुलसी ने रामचरितमानस में एक आदर्श राज्य-व्यवस्था की ओर संकेत किया है जिसे उन्होंने 'रामराज्य' कहा है। यह रामराज्य तुलसी का अपना कल्पित राज्य है जो राज्य के मान्य आदर्शों के अनुकूल है। भक्तों ने दर्शन और विशुद्ध प्रेमभाव के आधार पर राज्य के स्तर पर चलनेवाले विभिन्न हत्याओं तथा क्रूर कर्मों पर अकुंश लगाने का प्रयत्न किया।

साहित्यिक उपलब्धियाँ—भक्तों की साहित्य-साधना मुख्यतः भाव की साधना है जो स्वान्तः सुखाय होते हुए भी जनहिताय समर्पित है। कबीर अपने ब्रह्म विचार को अभिव्यक्ति देने की कोशिश में कविता न लिखने की अपनी उद्घोषणा के बावजूद श्रेष्ठ कविता रचते हैं। तुलसी अतिशय विनय प्रदर्शित करते हुए अपने को कवि न मानते हुए भी श्रेष्ठ काव्य प्रतिभा और सृजन क्षमता का परिचय देते हैं। सूर, नन्ददास, मीराँ आदि कृष्णभक्त कवियों ने अपने भाव को संगीत की लहर में इस तरह गुंजित किया कि व्यापक जनमानस भाव-विभोर हो गया। भक्तिकाव्य तात्कालिक प्रभाव तथा हल्के मनोरंजन का काव्य नहीं है बल्कि सुषुप्त आत्मा को जगा देनेवाला जीवनकाव्य है। सम्पूर्ण भारतीय संस्कृति एक बार पुनः भक्तिकाव्य में मुखरित होकर जनसाधारण आचार-व्यवहार की वस्तु बन गयी। वस्तु-विन्यास, रस-परिपाक, भाव-व्यंजना, चरित्र-चित्रण तथा काव्य-कला की दृष्टि से भक्तिकाव्य की

उपलब्धियाँ अद्वितीय हैं। इसीलिए कुछ विद्वानों ने भक्तिकाल को हिन्दी साहित्य का स्वर्णयुग स्वीकार किया है।

भक्तिकाव्य की विविध धाराएँ जीवन को समग्रता एवं सम्पूर्णता में ग्रहण करती हैं। सन्तकाव्य में बाह्याडम्बरों का खण्डन करके मानवधर्म के मूल एवं सार्वभौमिक स्वरूप की स्थापना का प्रयत्न परिलक्षित होता है। भारतीय अद्वैतवाद तथा योगदर्शन के माध्यम से मानवीय समानता की सबल उद्घोषणा की गूँज वर्तमान वैज्ञानिक युग में भी सार्थक बनी हुई है। सन्तों ने कविता को क्षणिक मनोरंजन से ऊपर अखण्ड आनन्द की उपलब्धि का साधन माना और गूढ़-से-गूढ़ अनुभवों को अपने अभिव्यक्ति कौशल से सुबोध तथा सरल बनाया। सन्तकाव्य में विशुद्ध स्वानुभूति को ही कवित्व में ढाला गया है, समाज के उपेक्षित वर्ग की पीड़ा को वाणी दी गयी है। सूफी कवियों ने प्रचलित लोककथाओं के माध्यम से प्रेम पर आधारित धर्म साधना पर बल देते हुए जीवन के रागपक्ष को उद्घाटित किया। भक्तिकाव्य यद्यपि धार्मिकता पर बल देता है किन्तु उसका स्वरूप धर्मनिरपेक्ष है। अनेक सूफी कवियों ने अपने काव्य के निर्माण में भारतीय दर्शन परम्परा तथा काव्य-रूढ़ियों एवं काव्यपरम्पराओं को सम्मिलित किया। रामभक्ति काव्य और कृष्णभक्ति काव्य में राम और कृष्ण-कथाओं को ग्रहण करते हुए उनसे सम्बद्ध पात्रों के कार्य-व्यापारों में भारतीय पारिवारिक एवं सामाजिक जीवन के विविध मार्मिक प्रसंगों को अंकित किया गया है।

रस एवं भाव व्यंजना

भक्तिकाव्य में यद्यपि शास्त्रीय दृष्टि से वात्सल्य, शृंगार एवं शान्तरसों का परिपाक हुआ किन्तु इन्हें भक्तिरस के रूप में प्रतिष्ठित किया गया है। भक्तिरस की नवीन अवधारणा का पोषण भक्तिकाव्य की श्रेष्ट सृजनात्मक क्षमता से ही हुआ है। शृंगार को भक्तिकाव्य का मूल रस माना जा सकता है। अलग-अलग भक्ति-पद्धतियों तथा माध्यमों में इसका अलग-अलग रूप निखरता है। सन्त कवि आत्मा-परमात्मा के बीच दाम्पत्य सम्बन्ध की परिकल्पना करके शृंगार के संयोग और वियोग पक्ष की मार्मिक अभिव्यक्ति करते हैं, सूफी कवियों की सम्पूर्ण कथा में शृंगार ही प्रवाहित होता है। वे सामाजिक मर्यादाओं और नैतिक बन्धनों से मुक्त होकर शृंगार का अंकन करते हैं। इनमें काम, सौन्दर्य एवं प्रणय का चित्रण चरमोत्कृष्ट है। कवि काम-वासना के विभिन्न आवर्तों के चित्रण में कामशास्त्रीय सूक्ष्मताओं से भी अधिक सूक्ष्मता प्रदर्शित करता है। अनेक रूपकों एवं प्रतीकों में उसके भाव-चित्रण के इतने अधिक आयाम उद्घाटित होते जाते हैं कि कुछ क्षणों के लिए पाठक कवि-कल्पना पर स्तम्भित हो जाता है। काम-भाव के प्रबल आवेग से श्लीलता और अश्लीलता की दीवार भहराकर गिर जाती है। मिलन के क्षण में भाव के सिवाय और कुछ भी दृष्टिगोचर नहीं होता। कभी-कभी यहाँ तक सन्देह होने लगता है कि मिलन का चित्रण करनेवाला कवि भक्त कवि है या रीति कवि। यही कवि जब वियोग का चित्रण करते हैं तो भाव व्यक्ति की परिधि से बाहर सम्पूर्ण जगत् में व्याप्त हो जाता है। सूरज-चाँद, पशु-पक्षी तथा वनस्पतियाँ तक वियोग की पीड़ा से तड़पती नजर आती हैं। लौकिक प्रेम एकदम से अलौकिक एवं दिव्य प्रतीत होने लगता है, तभी यह बात समझ में आती है कि संयोग चित्रण का उत्कट आवेग का चित्रण इस परिप्रेक्ष्य में कितना आवश्यक तथा अनिवार्य था। शृंगार-चित्रण का एक भिन्न आयाम दृष्टिगोचर होता है कृष्णभक्तिकाव्य में। राधा-कृष्ण तथा गोपी-कृष्ण के प्रेम सम्बन्धों में शृंगार की सफल अभिव्यंजना उपलब्ध होती है। रागानुगा भक्ति की साधिका गोपिकाएँ कृष्ण के प्रेम और अनुग्रह को पाने के लिए लोक वेद तथा शास्त्र की मर्यादाओं

को त्याज्य समझती हैं। कृष्ण की वंशी की ध्वनि को सुनकर वे अपनी सुधि-बुधि ही खो देती हैं। इसीलिए उन्हें मर्यादा पालन का ध्यान ही नहीं रहता। कृष्ण-भक्तों ने प्रेम की प्रगल्भता तथा समर्पण भाव को इस रूप में अंकित किया है कि मर्यादावादी व्यक्तियों को भी गोपियों की मर्यादाहीनता उचित प्रतीत होती है। उनकी पाठकीय संवेदना गोपियों के साथ होती है। शृंगार के चित्रण में हास-परिहास, सौतियाडाह, ईर्ष्या, मान, खीझ, आकुलता, त्याग, समर्पण, निष्ठा आदि भावों को व्यंजित करने के लिए कृष्णभक्तिकाव्य में अनेक मौलिक प्रसंगों की उद्भावना की गयी है। निर्गुण भक्ति पर सगुण भक्ति की विजय दिखाने के लिए भ्रमरगीत की योजना कृष्ण काव्य की महान् उपलब्धि है। भ्रमरगीत में विरह की अनुभूति बड़े व्यंग्यात्मक ढंग से मुखरित होती है। गोपियों की भाव-साधना के आगे उद्धव की ज्ञानसाधना क्रमशः निष्क्रिय हो जाती है। रामभक्ति काव्य में शृंगार चित्रों को बहुत मर्यादित रखा गया है किन्तु इस मूल और प्रमुख भाव के प्रभाव से तुलसी का मर्यादावाद बहुत दिन टिक नहीं सका। रामभक्ति काव्य में भी रसिकता का समावेश हो गया।

अन्य रसों में वात्सल्य, वीर तथा शान्त रसों की मार्मिक अभिव्यञ्जना भक्ति-काव्य में परिलक्षित होती है। तुलसी ने बालक राम की बाल-चेष्टाओं का चित्रण करके दशरथ तथा कौशल्या आदि के भावाकर्षण में वात्सल्य रस को आस्वाद्य बनाया है किन्तु वात्सल्य रस का जैसा विस्तृत अंकन सूर ने किया है वैसा तुलसी ने नहीं। वात्सल्य रस की व्यापक एवं विशद प्रतिष्ठा कृष्णभक्ति-काव्य के वल्लभ सम्प्रदाय में होती है। बाल-कृष्ण की विविध चेष्टाओं तथा भाव-भंगिमा के सूक्ष्म तथा आकर्षक चित्र सूरसागर में उपलब्ध होते हैं। हँसते-मुस्कराते किसी मनचाही वस्तु के लिए मचलते, माँ से झूठी शिकायत करते, समवयस्क बच्चों से लड़ते-झगड़ते, अपनी गलतियों को छिपाने के लिए झूठ बोलते बालक के न जाने कितने मनमोहक चित्र सूरदास अंकित करते हैं। मातृहृदय की अभिलाषाओं, कल्याण कामनाओं तथा पुत्र से वियुक्त होने पर उसकी वेदना की अनुभूतियों के मार्मिक चित्र सूरसागर में प्रत्यक्ष होते हैं। वात्सल्य का नितान्त गार्हस्थिक राग मन को बरबस आकर्षित कर लेता है। बालक कृष्ण की दधि चोरी की शिकायत करनेवाली गोपी के प्रति किया गया प्रत्यारोप कितना रोचक है—

सुनि मैया याके गुन मोसों, इन मोहि लियो बुलाई।
दधि में परी सेंत की चीटी, मोपै सबै कढ़ाई।
टहल करत याके घर की मैं, यह पति संग मिलि सोई।
सूर बचन सुनि, हँसी जसोदा ग्वालि रही मुख गोई।

अपने महत् उद्देश्य की सिद्धि के लिए कथानायकों को विरोधियों को परास्त करने के लिए युद्ध में प्रवृत्त होना पड़ता है। प्रेमाख्यानक काव्य में नायिका को प्राप्त करने तथा रूप-लोभियों के षड्यन्त्र से उसे मुक्त करने के लिए नायक युद्ध-रत होता है। ऐसे स्थलों पर कवियों के वीररस के चित्रण का अवसर प्राप्त होता है। रामभक्ति काव्य में राम का लोकरक्षक विग्रह ही मान्य है। दुष्टों के दलन के लिए उन्हें अपने शौर्य का प्रयोग करना होता है। राम-रावण युद्ध का प्रसंग वीररस की व्यंजना की दृष्टि से उल्लेखनीय स्थल है। वीररस के साथ रौद्ररस का अभिन्न रिश्ता है। शत्रु के विनाश के लिए वीरों में क्रोध का स्थायीभाव पहले उद्बुद्ध होता शौर्य का प्रयोग बाद में। युद्ध में मार-काट के परिणामस्वरूप रणस्थल पर क्षत-विक्षत शवों तथा शोणित के प्रवाह के चित्रण में वीभत्सरस की उद्भावना स्वतः हो जाती है। मरते हुए वीरों के आत्मीयजनों के शोक में करुणरस की पुष्टि होती है।

चरित्र-चित्रण

चरित्र-चित्रण तथा परिकल्पना की दृष्टि से भी भक्तिकाव्य की उपलब्धियाँ उल्लेखनीय हैं। सूफी प्रेमाख्यानक काव्य में पात्रों की परिकल्पना में इतिहास और कल्पना का अद्भुत संयोग किया गया है। ऐतिहासिक चरित्रों को लोककथाओं से जोड़कर कवियों ने सभी कल्पित पात्रों की ऐतिहासिक सम्भाव्यता को सुदृढ़ कर दिया है। यद्यपि सूफी कवियों द्वारा प्रस्तुत कथानायक निश्चित साँचे में ढले हुए हैं किन्तु वे अपने अद्भुत त्याग तथा प्रेम की अकुण्ठ साधना के कारण पाठकों की भावना को अपनी ओर आकृष्ट कर लेते हैं। मध्यकालीन सामन्ती समाज में नारी को ईश्वरीय आलोक से मण्डित करके सूफी कवियों ने नारी चरित्र को अपूर्व उदात्तता तथा गौरव प्रदान किया है। नारी के प्रेम और अद्भुत उत्सर्ग का चित्रण करते समय वे भारतीय नारी के आदर्श की रक्षा एवं उसकी गरिमा का पूरा-पूरा ख्याल रखते हैं। भारतीय नारी की पतिपरायणता, निष्ठा तथा बलिदान के मार्मिक प्रसंगों से सूफी प्रेमख्यानक काव्य परिपूर्ण हैं। जायसी मुसलमान होकर भी अलाउद्दीन के कुकृत्य को समर्थन नहीं देते तथा पद्मावती के चरित्र की उदात्तता एवं श्रेष्ठता को व्यंजित करते हुए यही निष्कर्ष देते हैं कि पद्मावती के जौहर से अवशिष्ट भस्म ही अलाउद्दीन के दूषित हाथों में पड़ सकी। पात्रों का चरित्र-चित्रण एकाकी होते हुए भी रोचक है। कई पात्र तो अलौकिक गुणों से सम्पन्न दिखाये गये हैं जो कथा को आकर्षक तो बनाते हैं किन्तु उससे अस्वाभाविकता भी आ जाती है। सगुण भक्तों ने राम और कृष्ण के परम्परागत चरित्र को युग की आकांक्षा के अनुकूल नये रूप-रंग से रंजित किया है। राम और कृष्ण के चरित्र से सम्बद्ध अनेक परम्परित सूत्रों को नये सिरे से पिरोकर उनका ऐसा स्वरूप गढ़ा गया है कि बहुत से प्राचीन प्रसंगो तथा गुणों को विस्मृत करके हम उसी को आदर्श तथा विश्वसनीय मान लेते हैं। तुलसी ने राम के चरित्र को सम्पूर्ण भारतीय संस्कृति की गरिमा एवं आदर्श के प्रतीक के रूप में सृजित किया है। सामान्य जनमानस में तुलसी के राम की ही प्रतिष्ठा हो गयी है। इसी तरह कृष्ण के चरित्र-चित्रण में भी मौलिक तथ्यों की उद्भावना की गयी है। वे विविध लोक-लीलाओं द्वारा जनमन को रंजित करनेवाले रसिया व छलिया हैं। कृष्णभक्त कवियों के ही रचना कौशल का परिणाम है कि गीता के योगेश्वर कृष्ण का व्यक्तित्व बालकृष्ण तथा किशोरकृष्ण की तुलना में गौण हो गया। राधा के व्यक्तित्व का विकास तो भक्त कवियों की विशेष देन है। आधार ग्रन्थों में राधा का उल्लेख न मिलना और कृष्णभक्ति काव्य में राधा की व्यापक उपस्थिति इसी तथ्य को प्रमाणित करती है। इतर परम्पराओं से राधा के चरित्र को ग्रहण करके भक्त कवियों ने उनके विशद प्रेम-प्रसंगों की कल्पना से राधा का कृष्ण से अभेदत्व सिद्ध कर दिया। कृष्ण अब राधा के बिना अध ूरे प्रतीत होते हैं। राम और कृष्णकथा से सम्बद्ध अन्य अनेक पात्र भी अपनी उदात्तता एवं श्रेष्ठता से आकर्षक बन गये हैं। माता-पिता, पुत्र, भाई, पति-पत्नी, राजा-प्रजा आदि के चरित्र का यदि भारतीय प्रतिमान देखना चाहते हैं तो भक्ति साहित्य में देख सकते हैं। पात्रों के चरित्र-चित्रण में वर्ग विभाजन के साथ ही वैयक्तिक वैशिष्ट्य का भी ध्यान रखा गया है। सत् तथा असत् पात्रों के चरित्र का निध ारण मनोवैज्ञानिक धरातल पर होने के कारण अस्वाभाविकता प्रायः नहीं मिलती है। इतना अवश्य है कि ईश्वर विरोधी पात्रों के साथ भक्तों की सहानुभूति कुछ कम है। पात्रों द्वारा प्रयुक्त संवादों में अनुकूलता, स्वाभाविकता तथा नाटकीयता है।

सौन्दर्य-चित्रण—सूफी कवियों ने परम्परित उपमानों का आश्रय लेकर नारी-सौन्दर्य का अंकन किया है। लोकोत्तर सौन्दर्य की आभा से मण्डित नारी परमात्मा का प्रतीक बन जाती है। सगुण भक्त

अपने राम और कृष्ण की रूप छवि का मन लगाकर चित्रण करते हैं। नायक आराध्य के सौन्दर्य-चित्रण का मनोवैज्ञानिक कारण है। सांसारिकता का लोभी मन ईश्वर के प्रति पूर्णतया आकृष्ट हो सके इस हेतु लौकिक छवि की अपेक्षा परमात्मा की रूपछवि को विशिष्ट तथा लोकोत्तर धरातल प्रदान करना आवश्यक है। निर्गुण ब्रह्म के उपासक कबीर भी ईश्वर के अनन्त सौन्दर्य का निरूपण करते हैं—

जाकै सूरिज कोटि कोटि करै परकास।
कोटि महादेव गिरि कविलास॥
ब्रह्मा कोटि बेद ऊचरैं। दुर्गा कोटि जाके मरदन करैं।
कंद्रप कोटि जाके लाँवन करैं। घट घट भीतर मनसा हरैं।

तुलसी राम की छवि को करोड़ों कामदेव की छवि से श्रेष्ठ मानते हैं। सूर कृष्ण की बाल्यावस्था तथा उनकी वेश-भूषा का प्रभावोत्पादक सौन्दर्य अंकित करते हैं। बालकृष्ण की नन्हीं-नन्हीं उँगलियों, नखज्योति, किंकिणी, रत्नजटित हाटक, दामिन की तरह चमकनेवाली पिछौरी, बघनखा, कण्ठ के कठुला, अंजन रंजित नेत्र तथा चित्त को चुरा लेनेवाली चितवनि से अद्भुत एवं मोहक रूप छवि की सृष्टि होती है।

व्यक्ति-सौन्दर्य के अलावा प्राकृतिक सौन्दर्य भी भक्तिकाव्य में निखरता है। प्रेमाख्यानक काव्य की विरहिणियों की वियोगजन्य वेदना ऋतुओं के परिवर्तन के साथ ही उद्दीप्त होती है। बारहमासे की पृष्ठभूमि में चित्रित वियोग की पीड़ा अत्यधिक मार्मिक एवं प्रभविष्णु हो जाती है। भक्ति-काव्य में प्रकृति-चित्रण अधिकांशतः उद्दीपन रूप में ही हुआ है। कृष्ण की लीला चूँकि प्रकृति के सुरम्य और विस्तृत प्रांगण में ही सम्पन्न होती है। इसीलिए प्रकृति-चित्रण का अवसर खूब मिलता है। कृष्ण के संयोग और वियोग का प्रभाव प्रकृति पर भी उतना ही पड़ता है जितना गोपियों पर।

भाव-व्यंजना पर बल देनेवाले भक्तकवि काव्य-कला के प्रति भी पूर्णतया सजग हैं। वे काव्यशास्त्रीय तत्त्वों तथा काव्य-परम्पराओं से भी पूर्णतया अवगत हैं। सन्त साहित्य में नाथों-सिद्धों की रचनाशैली का विकास दृष्टिगोचर होता है। सूफी और रामभक्त कवियों ने अपभ्रंश के चरित एवं कथा काव्यों की प्रबन्धात्मक शैली को स्वीकार किया। कृष्णकाव्य में पद शैली लोकप्रिय रही। सम्पूर्ण भक्तिकाव्य को यदि एक साथ देखा जाय तो मध्यकाल में प्रचलित सभी काव्यरूपों को दृष्टिगत किया जा सकता है। महाकाव्य, खण्डकाव्य, मुक्तक काव्य की प्रायः सभी शैलियाँ भक्तिकाव्य में प्रयुक्त हैं। दोहा-चौपाई, पद, दोहा, कवित्त, सवैया आदि छन्दों में विविध अनुभूतियों की अभिव्यक्ति की गयी है।

लोकभाषाओं का साहित्यिक उत्कर्ष

ब्रजभाषा तथा अवधी को काव्यभाषा के रूप में ग्रहण करके भक्त कवियों ने इनकी सर्जनात्मक क्षमता का भरपूर उपयोग किया तथा शब्दों को तराशकर उनमें नयी चमक पैदा की। पद-विन्यास की पारस्परिक संगति से नयी-नयी अर्थ छवियों को सम्भाव्य बनाया। लोक-जीवन से शब्दों तथा प्रतीकों को उठाकर उन्हें भावानुकूल संस्कार दिया गया तथा संस्कृतनिष्ठ अभिजात शब्दों को लोक की जीवन्तता प्रदान करके नयी शक्ति से परिपूर्ण कर दिया गया। सन्त और सूफी कवियों ने दर्शन, ज्ञान और भाव को ठेठ ग्रामीण भाषा के भीतर बड़ी कुशलता से समाहित किया तथा सगुण भक्तों ने लोकभाषाओं को संस्कृत की समतुल्यता में प्रतिष्ठित किया। प्रान्तीय भाषाओं के शब्दों को अपनी काव्यभाषा में सम्मिलित करके कवियों ने उसकी बोध की परिधि को विस्तीर्ण कर दिया। हिन्दी जाति के निर्माण में भक्त कवियों का बहुत बड़ा योगदान रहा। भाषा के सामाजिक स्वरूप की निर्मिति के

लिए अनेक बोलियों के तत्त्वों का अत्यन्त सावधानी से सम्मिश्रण किया गया इसीलिए ब्रज या अवधी क्षेत्र से बाहर रहनेवाले पाठकों को भी उसमें भाषिक आत्मीयता का एहसास होता है। भक्तों को अरबी-फारसी के प्रचलित शब्दों के प्रयोग में भी कोई हिचक नहीं हुई। हिन्दी भाषा को शक्तिसम्पन्न बनाने में भक्त कवियों की भाषा-नीति का बहुत बड़ा हाथ है। हिन्दू और मुसलमान दोनों वर्गों के कवियों में यह भावना किंचित् मात्र भी नहीं थी कि अपनी काव्यभाषा में से अरबी-फारसी या संस्कृत के शब्दों का बहिष्कार करें। इसीलिए इस सम्बन्ध में कोई निश्चित फार्मूला नहीं बनाया जा सकता। कबीर तथा उसके अनुयायी अरबी-फारसी के शब्दों का प्रयोग जायसी की तुलना में अधिक करते हैं, रसखान में इनकी संख्या और भी कम है। तुलसीदास अपने रामचरितमानस में अरबी-फारसी के शब्दों का खुलकर व्यवहार करते हैं। रामधारी सिंह दिनकर ने निष्कर्ष निकाला है कि हिन्दू संस्कृति के महाग्रन्थ में अरबी-फारसी शब्दों का प्रयोग तुलसी को असम्प्रदायिक सिद्ध करता है, तुलसीदास चाहते तो अरबी-फारसी शब्दों का बहिष्कार बड़ी आसानी से कर सकते थे। किन्तु बहिष्कार की नीति किसी भी विधायक कलाकार की नीति नहीं होती। इसीलिए अरबी और फारसी के जो प्रचलित शब्द तुलसी की कल्पना के सामने उपस्थित हुए, महाकवि ने उनकी सेवा स्वीकार कर ली। अरबी-फारसी के सान्निध्य से हिन्दी में एक नयी शक्ति उत्पन्न हो रही थी, एक नया प्रवाह आ रहा था। भाषा के इस नवीन रूप को तुलसीदास ने अपने रचना में स्थान दिया, इससे उनकी भाषा-मर्मज्ञता की ही सूचना मिलती है।[1]

शब्दों की अर्थक्षमता की पहचान के साथ ही भक्तों ने उनमें संगीत के तत्त्वों का भी समावेश किया। कृष्णभक्त कवि वर्ण संगीत के अच्छे पारखी थे। नन्ददास के लिए तो यह उक्ति प्रसिद्ध है कि 'और कवि गढ़िया नन्ददास जड़िया'। सूर ने भी वर्ण योजना से संगीत के ताल-लय की समाँ बाँध दी है–

नृत्यत स्याम स्यामा हेत।
मुकुट लटकनि, भृकुटि मटकनि नारि मन सुख देत।
लोल कुंडल गंड मंडल, चपल नैननि सैन॥

भक्तों द्वारा रचित पदों में अनेक राग-रागिनियों के स्वर-ताल की ठीक व्यवस्था मिलती है। इसीलिए उनका गायन हृदय तन्त्री को झंकृत कर देता है। उपमा, उत्प्रेक्षा, रूपक आदि अलंकारों के प्रयोग से कवियों ने भाषा को सजाया ही नहीं है बल्कि भाव की सम्प्रेषणीयता को सुलभ बनाया है। कबीर का विचित्र रूपक-विधान, जायसी की हेतूत्प्रेक्षा, तुलसी और सूर की उपमा और उत्प्रेक्षा उल्लेखनीय हैं। इस तरह हम देखते हैं कि भक्तिकाव्य की साहित्यिक उपलब्धियाँ हिन्दी साहित्य के इतिहास में अद्वितीय हैं। उसकी प्रासंगिकता और प्रभावोत्पादकता जितनी पूर्वमध्यकाल में थी आधुनिककाल में उससे कम नहीं है।

आधुनिककाल से पूर्व हिन्दी साहित्य का मुख्य माध्यम गद्य नहीं है। ज्यादातर रचनाएँ पदबद्ध ही हैं। ब्रजभाषा में गद्य की जो रचनाएँ उपलब्ध हैं उनमें वैद्यक, ज्योतिष, इतिहास, भूगोल, शकुन, सामुद्रिक, गणित, यजुर्वेद आदि उपयोगी विषयों को समाहित किया गया है। गोरखनाथ से सम्बन्धित गद्य रचनाएँ जिनके रचनाकार सत्रहवीं सदी के आस-पास हैं उपलब्ध हैं। गोरखसार शिष्ट पुराण, गोरक्षोपनिषद्, महादेव गोरष गुष्टि आदि रचनाएँ उल्लेखनीय हैं। वल्लभाचार्य एवं विट्ठलनाथ की भी

1. संस्कृति के चार अध्याय, पृ. 447-48

कई संस्कृत रचनाएँ ब्रजभाषा में अनूदित हैं। वल्लभाचार्य के नाम से प्रसिद्ध रचना 'चौरासी अपराध' विट्ठलनाथ के नाम से प्रसिद्ध 'शृंगार रस मण्डन', यमुनाष्टक, नवरत्न सटीक आदि शिष्यों द्वारा ही बनायी गयी हैं। ध्रुवदास लिखित 'सिद्धान्त विचार' (1595 ई. के आस-पास) राधावल्लभ सम्प्रदाय से सम्बद्ध रचना है। नाभादास रचित 'अष्टयाम (1603 ई.) बैकुण्ठ मणि शुक्ल रचित 'वैशाख महातम', 'अगहन महातम' कथात्मक गद्य रचनाएँ हैं। वल्लभ सम्प्रदाय से सम्बन्धित चौरासी वैष्णन की वार्त्ता, भक्तिकाल के अन्तिम समय की रचना है। पुष्टि सम्प्रदाय के संग्रहालयों में गोकुलनाथ के अनुयायियों द्वारा वचनामृत (प्रवचन) सुरक्षित हैं। इस काल में कुछ टीका ग्रन्थ भी रचे गये हैं। चतुरदास ने भागवत के एकादश स्कन्ध की टीका लिखी है। हितचौरासी पर रसिकलाल की 'हितसंवर्धिनी' टीका उपलब्ध है। केशवदास की 'रसिक प्रिया' और 'कवि प्रिया' में भी टिप्पणीपरक गद्यांश उपलब्ध हैं।

स्त्री-विमर्श और भक्तिकाव्य

स्त्री-विमर्श सामान्यतः बीसवीं शताब्दी के उत्तरार्द्ध से शुरू होनेवाला विमर्श है जिसमें स्पष्टतः पश्चिमी देशों के विचारों एवं मान्यताओं की प्रेरणा निहित है। विमर्श डिस्कोर्स का अनुवाद है, भाषाविज्ञान में डिस्कोर्स का अर्थ होता है प्रोक्ति अर्थात् एक विचार खण्ड किन्तु साहित्य तथा समाजशास्त्र में इसका भिन्न अर्थ ग्रहण किया जाता है। "भाषा और भाषिक संस्कारों में पलते सामाजिक अर्थ, विन्यास की बुनावट जो समाज सापेक्ष होती है अर्थात् हर समाज में अलग-अलग अर्थ व्याप्ति रखनेवाली" (स्त्रीत्व का मानचित्र, पृ. 268)। स्त्री-विमर्श को यदि परिभाषित करना चाहें तो कह सकते हैं कि अपनी जातीय अस्मिता के प्रति सजग स्त्रियों का वैचारिक एवं रचनात्मक संघर्ष जो लैंगिक दृष्टि से किसी भी विभाजन, असमानता तथा शोषण के विरुद्ध है। अनेक आरोपित बन्धनों तथा अवांछित दीवारों को ढहाकर स्त्री को पुरुष जैसी स्वतन्त्रता, समानता एवं सामाजिक प्रतिष्ठा स्त्रीसंघर्ष के मुख्य मुद्दे हैं। अनामिका का कथन है कि, "स्त्री आन्दोलन की समर्थक स्त्रियाँ पुरुष नहीं बनना चाहतीं यह नहीं समझना चाहिए कि ये स्त्रियाँ अपनी विशिष्ट दैहिक, मानसिक और भाषिक संरचना पर गर्व नहीं करतीं, जो प्राकृतिक विशिष्टताएँ हैं शर्मनाक वे नहीं, शर्मनाक आरोपित सामाजिक मानदण्ड हैं जो दोहरे हैं और जिन पर विचार होना चाहिए ताकि विकास के अवसर सबको समान मिल सकें" (स्त्रीत्व का मनचित्र', पृ. 10)। जो प्रश्न आज उठ रहे हैं उनमें से अधिकांश उन्नीसवीं शताब्दी में नवजागरण के साथ ही भारतीय समाज में उठने लगे थे। सती प्रथा के लिए प्रायः यह तर्क दिया जाता था कि पति-पत्नी का साथ सात जन्मों का होता है अतः पति की मृत्यु के बाद पत्नी को उसका सहगमन करना चाहिए ताकि साथ छूटे नहीं किन्तु इसके विरुद्ध यह तर्क दिया गया कि स्त्री की मृत्यु के बाद उसके पति क्यों चिता पर चढ़कर उसका सहचर नहीं बनते इससे भी तो सात जन्मों का साथ छूटता है। इसी तरह स्त्रियों की देह-शुचिता पर आवश्यकता से अधिक बल दिया जाता था जो शिक्षा-दीक्षा तथा बौद्धिकता के विकास के साथ न्यून होती गयी, यही नहीं यौन शुचिता के भी पुराने मानक में शिथिलता आयी है। इधर समाजविज्ञान तथा प्राकृतिकविज्ञान तथा मनोविज्ञान की खोजों से नये तथ्य प्रकाश में आये हैं जिनकी प्रेरणा से स्त्रियों में पुरुषों से अलग रहकर नितान्त स्वतन्त्र जीवनयापन का दुस्साहस विकसित हुआ है। आज की मान्यता है कि स्त्रियों की स्वतन्त्र यौन इयत्ता है, उसके क्लाइटोरिस नामक अंग-विशेष उसे शिश्न से भी अधिक संवेदनशील और तृप्तिमुखी बनाता है। अतः स्त्री पुरुष जैसा ही स्वावलम्बन प्राप्त तथा आत्मनिर्भर रह सकती है। समलैंगिक विवाह करने या पार्टनर चुनने की प्रवृत्ति भी संसार के अनेक देशों में दिखायी दे रही है, भारत में

भी इसके कुछ उदाहरण अखबारों में देखने अथवा सुनने को मिलते रहते हैं। स्त्री-आन्दोलन तथा स्त्री-लेखन में कुछ तथाकथित बोल्डनेस के नाम पर अतिरंजनाएँ आवश्यक परिलक्षित हो रही हैं किन्तु इनके सकारात्मक पहलू को नकारा नहीं जा सकता है।

इस सम्बन्ध में एक उल्लेखनीय तथ्य यह है कि स्त्री का विपक्ष पुरुष उस तरह का शत्रु नहीं है जैसे किसी देश की सेना के सामने दूसरे देश की सेना हो अथवा शोषित के सामने शोषक हो, काले के आगे गोरी नस्ल का व्यक्ति हो। स्त्री की इस लड़ाई में पुरुष के अनिष्ट की कामना नहीं है बल्कि दोनों के मंगल की अभीप्सा है। अतः यह लड़ाई और लड़ाइयों की तुलना में कुछ विचित्र है। बच्चों और परिवारों का हित तो इसका लक्ष्य है ही, सम्पूर्ण समाज और राष्ट्र का हित भी इसमें निहित है।

स्त्री-विमर्श भले ही उत्तर-आधुनिक हो किन्तु स्त्री अपनी अस्मिता की लड़ाई सदियों से लड़ती आयी है। लेकिन सामाजिक चुनौतियों तथा प्रतिबन्धों में अन्तर अवश्य रहा है, यही नहीं लड़ाई के तौर-तरीके भी अलग-अलग रहे हैं। पाश्चात्य परम्परा में स्त्रियों की दशा तथा उसकी सामाजिक स्थिति के बारे में जो टिप्पणियाँ मिलती हैं उनकी तुलना में भारतीय परम्परा में अधिक सन्तोषजनक तथा सम्मानजनक टिप्पणियाँ उपलब्ध हैं। ग्रीक दार्शनिक प्लेटो दार्शनिक विमर्श और बौद्धिक चिन्तन की श्रेष्ठता मानते हुए स्त्रियों को इनसे दूर रखने की सलाह देता है। सुकरात ने भी स्त्रियों के मृत्यु-भय की ओर संकेत किया है।

अनामिका ने डेकार्ट्स, काण्ट, हीगेल, मार्क्स आदि के स्त्री-सम्बन्धी विचारों का संक्षिप्त सर्वेक्षण प्रस्तुत किया है। इनकी दृष्टि में स्त्री की स्थिति पुरुषों से हीनतर ही दिखायी गयी है। जॉन स्टुअर्ट मिल पहले दार्शनिक माने गये हैं जिन्होंने मताधिकार, शिक्षा और रोजगार के प्रश्न पर स्त्रियों को पुरुष के बराबर के अधिकार दिलाने की वकालत की।

भारतीय सांस्कृतिक दृष्टि उपर्युक्त विचारों से अलग रही है। वैदिक काल में अनेक ऋषिकाओं का उल्लेख मिलता है जो ब्रह्मवादिनी थीं तथा अपने ज्ञान की महत्ता को प्रमाणित करने के लिए खुलकर शास्त्रार्थों में भागीदारी करती थीं। स्त्रियों की मनोदशा के अनुकूल और सभी साधन सम्पन्नता की चाह रखती थीं और साथ ही अपने घर में दया, परोपकार, उदारता और शालीनता आदि गुणों को नदी की तरह प्रवाहित देखना चाहती थीं (ऋग्वेद 10/40.10;4)। अपनी सृजन शक्ति के प्रति उदात्त गौरवबोध और तेजस्विता का यह उद्घोष द्रष्टव्य है—

अहमेव वातइव प्रवाम्यरमाणा भुवनानि विश्वापरो परो
दिवापर एना पृथिव्यै तावनी महिना स बभूव।
अहमेव स्वयमिदं वदामि जुष्टं देवेभिरुत मानुषेभि
यं कामये तं तमुग्रं कृणोमि तं ब्रह्ममाणां, तमृषिं तं सुमेधाम॥

(ऋग्वेद 10/125/18;8, 5:8)

गृहस्वामिनी के रूप में उसके कार्य की महत्ता की स्वीकृति काव्यात्मक एवं संगीतात्मक तरीके से व्यक्त की गयी है, "जहाँ स्थूल पत्थर खाद्य पदार्थ निर्माण हेतु चलता है, जहाँ सिल-बट्टा की गति अबाध रूप से है, जहाँ गृहिणियाँ अतिथि-सत्कार के लिए मथानी को रस्सी में बाँधकर दही मन्थन करती हैं, जहाँ निरन्तर ओखली में बजता मूसल अपनी विजय दुन्दुभि करता है, वहाँ इन्द्रराज इन्द्र का आगमन होता है।" (ऋग. 1/2810/1-5)

जैसा हमने देखा कि पश्चिमी जगत् में स्त्रियों के सम्बन्ध में हीनतर सोच दिखायी देती है, भारत में बहुजन समाज में स्त्री को पुनर्विवाह करने, घर से बाहर निकलकर काम-काज करने तथा आर्थिक ढंग से आत्मनिर्भर बनने की पूरी छूट रहा करती थी।

राजाओं, महाराजाओं तथा सामन्तों की नकल में तथाकथित उच्चवर्ण में स्त्रियों को बाहरी काम-काज से रोका गया। सामन्ती भोग-लिप्सा तथा सुन्दर स्त्री पर एकाधिकार की चाह से उसे चहारदीवारी या अन्तःपुर के पिंजड़े में बन्द करने का प्रयत्न हुआ लेकिन यह तस्वीर सम्पूर्ण भारतीय समाज की नहीं है। अमेरिका तथा इंग्लैण्ड आदि देश शिक्षा-विज्ञान आदि क्षेत्रों में अप्रत्याशित रूप से आगे बढ़े लेकिन स्त्रियों को ऐसा लगा कि पुरुष मानसिकता में अन्य परिवर्तनों की तुलना में बदलाव नहीं आया है इसीलिए नारी-मुक्ति आन्दोलन की शक्ल में वहीं से उभरता है। स्टैनली, ग्लोरिया स्टीनेम, सूसन ऐथनी आदि ने सम्पत्ति के अधिकार तथा वोट देने तथा चुनाव में खड़े होने के अधिकार के लिए संघर्ष किया। इस सिलसिले को वैचारिक ढंग से सिमोन द वोउआ ने अपनी पुस्तक 'द सेकेण्ड सेक्स' 1949 में प्रकाशित किया। उसका कहना है कि स्त्री पैदा नहीं होती स्त्री बना दी जाती है। मेरी एलमेन 'थिंकिंग एबाउट वुमेन' भी नारीवादी सांस्कृतिक दृष्टि सम्पन्न ग्रन्थ है। 1968 में रैडिकल फैमिनिज्म आया जिसमें स्त्रियों की मातृशक्ति, गर्भधारण आदि अनेक बिन्दुओं और समस्याओं पर अधिक क्रान्तिकारी ढंग से उत्तेजक विचार प्रस्तुत किये गये।

मैं सोचता हूँ नारी-विमर्श के इस आधुनिक सन्दर्भ को और अधिक आगे न बढ़ाया जाये। अन्यथा हम अपने मूल विषय से दूर ही भटकते रह जायेंगे। स्त्री-आन्दोलन का भारतीय इतिहास भले ही कुछ गिनी-चुनी औरतों तक सीमित रहा हो किन्तु वे अपनी महत्ता की सार्थक लड़ाई लड़ती रही हैं। वैदिककाल की लोपामुद्रा, यमी, पोलौमी, शची, अपाला, घोषा, सूर्या, शाश्वती, ममता, उशिज आदि ऋषिकाएँ मन्त्रद्रष्टा के रूप में दिखायी देती हैं। वैदिक कर्मकाण्ड तथा यज्ञ में पुरुष के साथ नारी का सहयोग आवश्यक माना जाता है। बौद्ध तथा जैनधर्म में स्त्रियों को धर्म-साधना में पुरुषों से अलग किया गया। निवृत्तिवादी धर्मों में स्त्री को पुरुष की मुक्तिसाधना में बाधक माना गया है। बुद्ध ने बहुत दिनों तक संघ में नारियों को प्रवेश नहीं दिया लेकिन नारियों के भावात्मक दबाव को वे लम्बे अर्से तक टाल नहीं सके। थेरगाथा में विभिन्न वर्ग से आनेवाली स्त्रियों ने अपनी आत्माभिव्यक्ति में सामाजिक अत्याचारों से मुक्त होने की मनोदशा का चित्रण किया है। सुमन राजे ने वागर्थ के चौबीसवें अंक मार्च, 1997 में एक लेख में एक थेरी की गाथा का काव्यानुवाद करते हुए लिखा है—

अहो मैं मुक्त नारी। मेरी मुक्ति धन्य है।
पहले मैं मूसल ले धान कूटा करती थी,
गया मेरा निर्लज्ज पति जो मुझे
उन छातों से भी तुच्छ समझता था जिन्हें वह
अपनी जीविका के लिए बनाता था॥

इस तरह अनेक थेरिओं ने अपने आरम्भिक जीवन की यातनाओं और समस्याओं का चित्रण किया है। इसका तात्पर्य यह है कि तत्कालीन स्त्रियों को बौद्धधर्म जन्म-मृत्यु के दुःखों तथा सांसारिक पीड़ाओं से शाश्वत मुक्ति चाहे दे पाया या नहीं परन्तु अपने पारिवारिक तथा सामाजिक शोषणजनित पीड़ा से उन्हें तात्कालिक मुक्ति का एहसास अवश्य कराया था। उत्तरवर्ती बौद्धसिद्धों ने नारी को साधना के लिए अनिवार्य माना और मुद्रा के रूप में किसी-न-किसी स्त्री से विवाह किया, यही नहीं

बल्कि निम्नजाति की स्त्रियों को रहस्यात्मक प्रतीक बनाकर साहित्य में क्रान्तिकारी परिवर्तन किया। सरहपा ने कहा कि–

एक्क ण किज्जइ तन्त ण मन्त।
णिय घरणी लइ केलि करन्त।

तन्त्र-मन्त्र मत कीजिये अपनी घरनी को लेकर केलि कीजिये। इसका तात्पर्य है कि स्त्री साधना का माध्यम मानी गयी। मन स्त्री के सौन्दर्य में सहज ही रमता है यदि रहस्यात्मक प्रतीकों में प्रज्ञा के स्थान पर स्त्री की उपस्थिति हो तो साधक का उसकी ओर अनायास आकर्षण हो जाता है। नाथों ने प्रायः योगियों को स्त्रियों से दूर किया लेकिन भक्ति-आन्दोलन में स्त्री अस्मिता की पुनः प्रतिष्ठा हुई। भक्ति-आन्दोलन मुख्य रूप से दलितों, अन्त्यजों तथा स्त्रियों की मुक्ति तथा सामाजिक अधिकारों का आन्दोलन है। भक्ति को स्वयं स्त्री-रूपा माना गया है। तुलसीदास ने कहा कि 'नारि न मोहै नारि के रूपा' अर्थात् भक्तिरूपी नारी मायारूपी नारी पर मोहित नहीं होती है। जो भक्त माया के फन्दे से मुक्त होना चाहते थे वे नारी बनकर ही ईश्वर की आराधना में लीन हुए थे। निर्गुण सन्तों के बहुरियावाद के पीछे सम्भवतः यही मान्यता कार्यरत है। भक्तिकाव्य में नारी-सम्बन्धी अनेक मान्यताओं का समाहार हुआ है। जैन आगम ग्रन्थों में नारी के लिए कहा गया है न + अरि अर्थात् मनुष्य का नारी से बढ़कर कोई शत्रु नहीं है। संसार बसाने के लिए नारी का सहयोग जरूरी है जो साधना-पद्धतियाँ सांसारिकता से विरक्ति में ही साधना की सिद्धि मानती हैं उनमें नारी को लेकर ऊहापोह दिखायी देता है। भक्तिकाव्य में भी नारी को लेकर परस्पर विरोधी कथन उपलब्ध होते हैं। वास्तव में भक्तकवि सामन्ती जीवन-मूल्यों को चुनौती देते हुए उसी के समानान्तर उदात्त मूल्यों को स्थापना के लिए प्रयत्नशील हैं। सामन्ती समाज की वृत्ति भोग प्रधान होती हैं। सामान्य गृहस्थ की अपेक्षा तत्कालीन राजाओं, महाराजाओं में अनेक विवाह के साथ ही अपने अन्तःपुर या हरम में अनेक स्त्रियों को संरक्षित करने के अनेक उदाहरण मिलते हैं। अकबर महान् के हरम में 5000 औरतें थीं, जहाँगीर के समय में आगरे के डच कारखाने का प्रधान फ्रैन्सिस्को पेलसर्ट के अनुसार 'अमीरों के महल के अन्दर से कामुकतापूर्ण भोगविलासिता, उद्द्देश्यहीन अपरिणामदर्शी उत्सव, व्यर्थ के धूमधाम, अनुचित रूप से बढ़े हुए घमण्ड तथा आलंकारिक सुस्वादु भोजन से सजे थे। स्त्रियाँ भोग-विलास की सामग्री समझी जाती थीं।' हजारों स्त्रियों की भावनाओं का आदर एक पति कैसे कर सकता था। बहुपत्नीत्व के कारण ही सौतियाडाह इस युग की प्रमुख समस्या थी। सारी भोग-विलास की सामग्री गरीब जनता से कर के रूप में वसूले धन से जुटायी जाती थी। इसीलिए भक्तों ने नारी के प्रति पुरुष की कामुकता तथा भोगवृत्ति का डटकर विरोध किया। कामिनी माया का ही पर्याय है जो व्यक्ति कामभाव से उसकी ओर देखता है उसका विनाश अवश्य होता है। कबीर माया को सम्बोधित करते हुए कहते हैं कि –

तुम्ह घरि जाहु हमारी बहनाँ।
बिष लागै तुम्हरै नैना॥
× × ×
बलि जाऊँ ताकी जिनि तुम्ह पठई एक माइ एक बहनाँ॥
× × ×
तहाँ जाहु जहाँ पाट पम्बर, अगर चंदन घसि लीनाँ।
आइ हमारै कहाँ करौगी, हम तौ जाति कमीनाँ॥

(कबीर ग्रन्थावली पद 270, सं. रामकिशोर शर्मा)

जिनके यहाँ पाट-पटम्बर है माया के लिए वही उपयुक्त जगह है। क्योंकि वही स्त्री की भोग्या के रूप में चाह है। कबीर उससे बहन और माँ का रिश्ता कायम रखना चाहते हैं जो पुरुष और स्त्री के सम्बन्धों को पवित्र बनाते हैं। कबीर ने 'कांमी नर कौ अंग' में ऐसे पुरुषों को फटकार लगायी है जो नारी को काम तृप्ति का साधन मानते हैं। वे नारी की उस शक्ति को उद्‌घाटित करते हैं जो कामी नर को नष्ट कर देती है। कामिनी शहद की मक्खी की तरह है जो उसे छेड़ता है उसे वह खा जाती हैं। वह काली नागिन है, विशुद्ध वासना की तृप्ति के लिए जो उसके पास जाता है, उसे वह डस लेती है। रामभक्त ही उससे बचता है, क्योंकि वह उसे माँ, बहन के रूप में देखता है–

काँमणि काली नागनीं तीन्यूँ लोक मँझारि।
राम सनेही ऊबरे, विषई खाये झारि॥
काँमणि मीनी षाँणि की, जे छेड़ौ तौ खाइ।
जे हरि चरणाँ रचियाँ, जिनके निकट न जाइ॥

कामासक्त देह चाहे स्त्री की हो या पुरुष की दोनों ही नरक के समान हैं। निष्काम हुए बिना राम का सुमिरन सम्भव नहीं होता है। कनक और कामिनी दोनों ही अग्नि की ज्वाला हैं, इन्हें देखने मात्र से शरीर जलने लगता है और स्पर्श करने से तो शरीर पायमाल हो जाता है।

एक कनक अरु काँमिनी, दोऊ अगनि की झाल।
देखे ही तन प्रजलै, परस्याँ ह्वै पैमाल। *(कबीर ग्रन्थावली, पृ.216)*

यही नहीं नारी को नरक का कुण्ड, सूली से भी अधिक खतरनाक बताया गया है। उसकी संगति में भक्ति, मुक्ति और निजज्ञान नष्ट हो जाता है। इस सम्बन्ध में ध्यान देने योग्य यह है कि कबीर ने ये सारी बातें कामी नर को सम्बोधित करके कहा है नारी को नहीं। यह उपदेश उन राजाओं, महाराजाओं तथा श्रीमन्तों के लिए है जो अपने महलों तथा आवासों में सुन्दरी स्त्रियों के संग्रह में लगे हैं, इसमें ऐसे गृहस्थों को भी प्रबोधन है जो नारी के कामिनी रूप के अलावा उसके अन्य व्यक्तित्व को पहचानते ही नहीं हैं। निर्लज्ज कामियों, परस्त्री के भोग के लिए नैतिक मर्यादाओं की धज्जी उड़ानेवाले, कामासक्त वैरागियों तथा ज्ञानी पण्डितों की भी कबीरदास भर्त्सना करते हैं। कबीर इस पर दुःखी और नाराज हैं कि बहुत कड़वी बातें कहने पर भी लोग सचेत नहीं होते हैं–

कबीर कहता जात हौं, चेतै नहीं गँवार॥
बैरागी गिरही कहा, कामी वार न पार॥

कबीर के यहाँ नारी का एक दूसरा रूप भी है वह है सती नारी, अपने पति के प्रति सम्पूर्ण प्रेमभावना के साथ समर्पित नारी।

कबीर की वाणी का अध्ययन हम उत्तर संरचनावादी समय में कर रहे हैं। 'पाठ के उपचेतन तक की यात्रा का संकल्प है उत्तर संरचनावाद जो सतह पर तैरते उसके अर्थों के बिल्कुल विपरीत अर्थों का भी पता ढूँढ़ लेता है' (स्त्रीत्व का मानचित्र, पृ.270)

कवि की वाणी से जो कुछ निकलता है सभी का वही वास्तविक वक्ता नहीं होता है। कबीर ने नारी के विषय में जो कुछ कहा है यदि हम यह मान लें कि वही बात नारी स्वयं कह रही है तो सम्पूर्ण कथन का मन्तव्य बदल जायेगा। धन-बल से औरतों को अपने अन्तःपुर में गाय-बकरी की तरह बड़ी तादाद में अवरुद्ध करनेवाले, उसकी देह का बलात् भोग करने की मानसिकतावाले तथा

परायी स्त्री की इज्जत को लूटनेवाले लोगों के लिए नारी की ओर से चुनौती के रूप में इन पंक्तियों को देखिये—

सुन्दरि थै सूली भली, विरला बंचै कोइ।
लोह निहाला अगनि मैं, जल-बलि कोइला होइ॥

कामिनी से भिन्न कबीर के यहाँ एक स्त्री और है जो प्रेम-विरह में तड़प रही है। स्त्री के जिम्मे ही यह तड़प क्यों? एक लोकनारी विदेश गये हुए अपने पति के लिए जिस तरह से अकेले सारी व्यथा को झेलती है, लोकमर्यादा में बँधी वह प्रियतम के पास जा नहीं जा सकती और उसके पास इतने संसाधन नहीं हैं कि वह प्रियतम को जोर-जबरदस्ती बुला ले। विरह की आग में तपकर वह अपने को तिल-तिल मिटाती है। कबीर को विरह कल्पित नारी की व्यग्रता, विवशता, निष्ठा, समर्पण में ही वास्तविक भक्तिभाव दिखायी दिया। उन्होंने संकल्प कर लिया कि ईश्वर की भक्ति स्त्री-भाव से ही होगी। यदि स्त्री के प्रति उनके मन में श्रद्धा नहीं होती तो पुरुषरूप में ही भक्ति करते। मुझे तो लगता है कि कबीर ने सामन्ती व्यवस्था में नारी-सम्बन्धी दृष्टिकोण को बेरहमी से तोड़कर नारी की उदात्त तस्वीर गढ़ी। उनकी नारी ऐसी सती है जो पुरुष का साथ देने का संकल्प लेती है तो फिर पीछे मुड़कर नहीं देखती है, वीर की तरह वह अपने रास्ते पर अग्रसर होती जाती है। यदि नारी का रक्षक पति दूर है तो पंच उसे लूट लेते हैं। किसानों के साथ वह खेती-बारी करती है। इस तरह एक कृषिजीवी एकाकी नारी की आकांक्षा को ही निर्गुण गीत में रूपान्तरित किया गया है।

जायसी तथा अन्य सूफी कवियों ने इस्लाम की विचारधारा से अलग होकर नारी को जो गौरवपूर्ण स्थान दिया वह सराहनीय है। उन्होंने नारी को ब्रह्म के प्रतीक रूप में प्रतिष्ठित किया। ईश्वर की तीन प्रमुख विशेषताएँ हैं सत्यं, शिवं, सुन्दरं, नारी सौन्दर्य की प्रत्यक्ष जीवन्त प्रतिमा है। नारी के सौन्दर्य से ही सारी सृष्टि सौन्दर्यवान् होती है। पद्मावती के सौन्दर्य चित्रण के सन्दर्भ में इसी तथ्य का संकेत मिलता है—

कहा मानसर चहा सो पाई। पारस रूप इहाँ लागि आई
या निरमर तेन्ह पायन परसे। पावा रूप रूप के दरसे,
मलै समीर वास तन आई। भा शीतल गै तपनि बुझाई।
× × × ×
नैन जो देखे कँवल भए निरमल नीर सरीर।
हँसत जो देखे हंस भए दसन जोति नगहीर॥

सूफियों ने नायिकाप्रधान रचनाओं को लिखकर नारी को साहित्य में वह स्थान दिया जो संस्कृत महाकाव्य में उदात्त नायक को मिलता था। इसे भक्तिकालीन लोकजागरण की एक उल्लेखनीय विशेषता के रूप में रेखांकित किया जाना चाहिए। जिस देश में लड़की का जन्म दुखद होता है वहीं जायसी के कल्पनालोक सिंहल में पद्मावती के जन्म से ही प्रकाश फैल गया उसकी ख्याति भी पुत्र के कारण नहीं कन्या के कारण हुई।

'दिया जो मनि सिव लोक महँ उपना सिंहलदीप'

जायसी कहते हैं कि वह देश धन्य है जहाँ ऐसी 'रूपवती' का जन्म हुआ जहाँ आज कन्याओं की भ्रूण हत्या के लिए सरकार को कड़े-से-कड़े कानून बनाने पड़ रहे हैं वहीं जायसी का उपर्युक्त कथन कितना अधिक सार्थक हो जाता है।

यती, मुनि, संन्यासी ब्रह्म की साधना में लीन रहते हैं लेकिन जायसी की दृष्टि में वे वास्तव में उसी को पाने की आशा में तप करते हैं।

प्रसिद्ध रामभक्त कवि तुलसीदास के ऊपर यह आरोप लगाया जाता है कि वे नारी के निन्दक हैं,, जरा तुलसीदास के रामचरितमानस पर दृष्टिपात किया जाय। तुलसी ने मानस के आरम्भ में पहले सरस्वती की वन्दना की फिर गणेश की, पहले भवानी की वन्दना की फिर शंकर की, पहले सीता की वन्दना की फिर राम की। सीता के लिए उन्होंने कहा कि–

उद्भवस्थितिसंहारकारिणीं क्लेशहारिणीम्
सर्वश्रेयस्करीं सीतां नतोऽहं रामवल्लभाम्।

बालकाण्ड के सातवें कड़वक में वे कहते हैं–

जड़ चेतन जग जीव जत सकल राममय जानि।
बरनऊँ सब के पद कमल, सदा जोरि जुग पानि॥

फिर एक दोहे के बाद अपनी भूल सुधार लेते हैं क्योंकि राम के साथ सीता छूट जाती हैं फिर वे कहते हैं–

सीय राममय सब जग जानी। करउँ प्रनाम जोरि जुग पानी॥

'रामचरितमानस' महाकाव्य है जिसमें एक नायक राम का पक्ष है दूसरा प्रतिनायक रावण का है। रावण के पक्ष से जो विचार आते हैं क्या वे तुलसी के विचार माने जा सकते हैं। जब राम ने समुद्र से बहुत निवेदन किया लेकिन उसने मार्ग नहीं दिया तो राम ने धनुष तान लिया वह डरकर जो तर्क दिया वह तर्क उस समय के बाहुबलियों का ही है, समुद्र रावण का पक्षधर है, उसी के पड़ोस में रहता है, इसीलिए वह कहता है–

ढोल गँवार सूद्र पसु नारी। सकल ताड़ना के अधिकारी।

उसी तरह रावण ने मन्दोदरी के लिए कहा है कि नारी में आठ अवगुण सदा रहते हैं। तुलसीदास कतिपय स्थलों पर भारतीय जीवन-मूल्यों तथा आदर्शों की वकालत करते हैं लेकिन ध्यान रखिये वे नारी से ही नारी धर्म का उपदेश दिलाते हैं। अनसूया सीता को पतिव्रत धर्म के विषय में बताती हैं। यहाँ भी नारी-विमर्श का ही एक पक्ष है। (अरण्यकाण्ड, कड़वक 5) शूर्पणखा कामान्ध स्त्री है इसलिए वह निन्द्य है कबीर की कामिनी की तरह–

माता पिता पुत्र उरगारी। पुरुष मनोहर निरखत नारी॥
होइ बिकल सक मनहिं न रोकी। जिमि रवि मनि द्रव रबिहिं बिलोकी।

रावण जब अपने जिद पर अडिग हो गया और सबके समझाने के बाद भी सीता को लौटाने के लिए तैयार नहीं हुआ तब मन्दोदरी ने राम के स्वरूप का असली चित्र रावण के सामने प्रस्तुत किया। रावण राम की शक्ति का अनुभव स्वयंवर के सन्दर्भ में कर चुका है। उनके एकमात्र दूत हनुमान की भी अपूर्व क्षमता को प्रत्यक्ष कर चुका था किन्तु मायारूपिणी नारी के सौन्दर्य के लोभ में उसने अपना विवेक खो दिया। रावण को महाज्ञानी, अभिमानी आदि विशेषणों से विभूषित किया गया है लेकिन मन्दोदरी ने बहुत ही बुद्धिमानी से जब उसे समझाने का प्रयास किया तो वह नारी के विषय में अपना मत प्रस्तुत करता है–

नारि सुभाउ सत्य सब कहहीं। अवगुन आठ सदा उर रहहीं॥
साहस अनृत चपलता माया। भय अबिबेक असौच अदाया॥

इन अवगुणों में कई नारी स्वभाव के विपरीत कहे गये हैं। (लंकाकाण्ड कड़वक-16) वह साहसी होती है यह तो उसका गुण है, चपलता चंचलता का ही पर्याय है यह भी गतिशीलता का परिचायक है जो जीवन्तता तथा फुर्तीलेपन का द्योतक है। संसार को बनाने, पालने एवं बिगाड़ने की शक्ति ही माया है। बुरे कर्मों तथा अनिष्टकारी तत्त्वों से भयभीत होना आवश्यक है, मन्दोदरी पहले ही रावण से अधिक विवेकी होने का प्रमाण दे चुकी है, असौच का तात्पर्य है अपवित्र, प्रश्न है नारी अपवित्र कैसे, अदाया, दयालु न होना अर्थात् निर्दयी जबकि नारी स्वभाव से ही अतिशय दयालु होती है। मति भ्रमित रावण को उस समय सब-कुछ उलटा दिखायी दे रहा था। मन्दोदरी ने राम की प्रशंसा की जिसे रावण अपनी ही प्रशंसा समझ रहा है। मन्दोदरी को समझने में देरी नहीं लगी–

मंदोदरी मन महुँ अस ठयऊ। पियहि काल बस मतिभ्रम भयऊ।

तुलसीदास की टिप्पणी इस सन्दर्भ में उल्लेखनीय है–

फूलइ फरइ न बेंत जदपि सुधा बरषहिं जलद।
मूरुख हृदय न चेत जौ गुर मिलहिं बिरंचि सम॥ (लंका-16, ख)

जो लोग उपर्युक्त पंक्तियों के आधार पर तुलसी को नारी-विरोधी मानते हैं उन्हें सम्पूर्ण प्रसंग के बीच से उभरनेवाली तुलसी की मान्यता पर गौर करना चाहिए। क्या रावण की मूर्खतापूर्ण उलटी बातें तुलसी के पक्ष की हैं या विपक्ष की हैं।

इस सन्दर्भ में एक दूसरा प्रसंग भी द्रष्टव्य है। पार्वती ने शिव से विवाह के लिए दृढ़ संकल्प कर लिया था। शिव का रूप-रंग तथा आचरण मैना के समझ में नहीं आ रहा था। वह नहीं चाहती थीं कि पार्वती का विवाह शिव से हो लेकिन समाज का भय तथा अकेले बहुत बड़ा निर्णय लेने की सामर्थ्य उनमें नहीं थी। कन्या को किसी-न-किसी को दान देना ही है। ऐसे समय में उनका विरोध रामचरितमानस में तुलसी की ओर से ही दर्ज किया जाता है–

कत बिधि सृजीं नारि जग माहीं। पराधीन सपनेहुँ सुख नाहीं।
(बालकाण्ड, कड़वक-102)

मध्यकाल की परिस्थितियों में पति के मरने पर या मारे जाने पर स्त्री को या तो सती हो जाना था या वैधव्य का उपेक्षित तिरस्कृत जीवन जीना था। भक्ति-आन्दोलन ने उसके लिए भक्ति-साधना का सम्मानपूर्ण मार्ग खोल दिया। यही नहीं उसे मुक्ति का मार्ग भी प्रशस्त कर दिया। सूरदास ने भ्रमरगीत में ऊधौ और गोपियों को आमने-सामने खड़ा करके स्त्री-विमर्श का मध्यकालीन पाठ प्रस्तुत किया। गोपियों ने निर्गुण ब्रह्म तथा योग प्रणाली को स्त्रियों के स्वभाव, प्रकृति तथा दैहिक रचना के योग्य नहीं माना। घर-गृहस्थी में रमनेवाली, अनपढ़ स्त्रियों के लिए वही व्यक्ति आराध्य हो सकता है जो उसके काम-काज में हाथ बँटाये, मसलन गायें चराये, गायें दुहे, सुख-दुःख में साथ खड़ा रहे, उनके सम्मान की रक्षा करे, यही नहीं उन्हें बराबरी का दर्जा देकर पंक्तिभेद न करके पंक्तिपावन बनाये। प्रेम के लिए एक ठोस आधार चाहिए, बिना आधार के कोई चीज कैसे टिक सकती है। कृष्ण में रूप-सौन्दर्य, कर्त्तव्यनिष्ठा, सहयोगीभाव तो है ही, दैहिक सम्बन्ध के बिना गोपियों की काम-भावना को तृप्त करने की अद्भुत क्षमता रखते हैं। सम्पूर्ण मध्यकालीन काव्य में गोपियों ने जिस तरह से

खुलकर ऊधो के साथ संवाद किया है वैसा अन्य भक्त कवियों में नारी उपस्थिति नहीं दिखायी देती है।

भक्ति-आन्दोलन के मूल स्रोत में ही कुछ स्त्रियाँ अपनी बेजोड़ उपस्थिति के प्रति हमारा ध्यान आकृष्ट करती हैं। दक्षिणी आलवार भक्तों में आन्दाल का नाम सर्वविदित ही है। सूफी भक्तों में राबिया, महाराष्ट्री सन्तों में सहजोबाई, दयाबाई, हिन्दी में मीराँ के नाम उल्लेखनीय है। पुरुषों के बीच रहकर भक्ति-साधना में निरत इन महिलाओं को समाज से कितना टकराना पड़ता है उसका अनुमान मीराँ के विषय में प्राप्त सूचनाओं के आधार पर किया जा सकता है।

मीराँ ने भाई-बन्धुओं को छोड़कर साधुओं की संगति में लोक-लाज खो दिया था। वह तो परम पुरुष कृष्ण के हाथ बिक चुकी थीं। उन्हें विष पिलाकर मारने का प्रयास किया गया, पिटारी में बन्द करके काला नाग भेजा गया लेकिन मीराँ सबसे बचती गयीं। मीराँ ने अपनी संकल्प-शक्ति से अपनी चेतना में जिस असीमित पौरुष का साक्षात्कार किया था वह उनके नारीत्व को विराट् बना देता है। उन्होंने तो यहाँ तक कह दिया था कि संसार में कोई पुरुष है ही नहीं जो हैं सभी परमेश्वर की ही आत्मारूपी स्त्रियाँ हैं, प्रेमिकाएँ या भक्तिनें हैं। यदि कबीरदास जैसे अक्खड़ व्यक्ति ने नारी-रूप में ही ब्रह्म की पुकार करते रहे, सूरदास जैसे श्रेष्ठ भक्त गोपियों के रूप में ही कृष्ण के मिलन के लिए तड़पते रहे ऐसी स्थिति में यदि नारी ने स्त्रीत्व के वर्चस्व की उद्घोषणा की तो इसमें कोई आश्चर्य नहीं। मीराँ की लौकिक वेदना जितनी निजी है उतनी ही सामन्ती परिवेश में घुटती-तड़पती नारी की वेदना है, यह वेदना ही आध्यात्मिक स्वरूप ग्रहण करती हैं। डॉ. सुमन राजे ने ठीक ही कहा है कि, "मध्ययुगीन साहित्य में मीराँ का जीवन और साहित्य नारी-विद्रोह का रचनात्मक आगाज है। उन्होंने इस कथन को सिद्ध कर दिया कि विद्रोही बनाये नहीं जाते, वे पैदा होते हैं। 'हिन्दी साहित्य का आधा इतिहास पृ.-148।"

ताज मुस्लिम महिला थी जिसने भक्ति के माध्यम से अपनी विशेष पहचान विकसित की। उसने खुलेआम कृष्ण-प्रेम की घोषण की। ताज अकबर की बेगम थी। उसकी भक्ति की प्रवृत्ति को अकबर ने रोकने का प्रयास नहीं किया बल्कि सहर्ष अनुमति प्रदान की। ताज को मीराँ की तरह संघर्ष और विरोध से नहीं गुजरना पड़ा। मीराँ के ही समय में चन्द्रमुखी नाम की भक्तिन थी। चन्द्रमुखी की रचनाएँ मीराँ की रचनाओं में मिली-जुली हैं।

मुक्ताबाई, सहजो, दयाबाई आदि महाराष्ट्री सन्त-कवयित्रियों ने भक्तिकाव्य की धारा में अपना योगदान किया है। सहजो प्रेम की मस्ती में डूबकर जाति, वर्ण आदि से ऊपर उठने की सलाह देती हैं—

प्रेम दिवाने जो गये मन भयो चकनाचूर
छकै रहै घूमत रहै सहजो देख हुजूर
प्रेम दिवाने जे भये, जाति वरण गयी छूट।
सहजो जग बौरा कहै, लोग गये सब फूट।

भगवत्प्रेम की मस्ती से अपने सीमाओं से ऊपर उठनेवाली नारी ने बड़े साहस से अकेले ही जीवन का रास्ता तय किया क्योंकि अपनों ने उसका साथ छोड़ दिया।

सम्पूर्ण भारतीय भक्ति-साहित्य में अनेक स्त्रियों ने अपनी अस्मिता के लिए भक्ति के जरिये संघर्ष किया है।

दलित-विमर्श और भक्तिकाव्य

दलित-विमर्श प्रमुख रूप से स्वतन्त्रता के बाद का विमर्श है। इसमें दलितों द्वारा अपने समाज के पिछड़े अशिक्षित होने के कारणों की तलाश, वर्ण-व्यवस्था तथा राजनीतिक व्यवस्था के परिप्रेक्ष्य में देखने-समझने के साथ आत्मानुभूति के द्वारा दलितों के ऊपर किये गये अत्याचारों, शोषण तथा अमानवीय व्यवहार को उद्‌घाटित करने का प्रयत्न है। भारतीय संविधान में सबको समता एवं समानता का अधिकार दिया गया है। यही नहीं सबको अभिव्यक्ति की भी आजादी है। इन्हीं अधिकारों का उपयोग करते हुए साहित्य की एक दूसरी धारा बह चली है। जिसका अपना सौन्दर्यशास्त्र एवं अपना शिल्प-विधान है। भक्तिकालीन सन्दर्भ में दलित-विमर्श की चर्चा आज के आलोचकीय मापदण्ड को मध्यकाल पर लागू करके दलितों द्वारा लिखे गये साहित्य की प्रकृति और प्रवृत्ति का विश्लेषण एवं मूल्यांकन किया जा सकता है। भक्ति-आन्दोलन केवल धार्मिक आन्दोलन नहीं था बल्कि उससे अधिक वह सामाजिक परिवर्तन की महत्त्वाकांक्षा का आन्दोलन था। इसमें स्त्रियों तथा दलितों की सामाजिक, धार्मिक, पारिवारिक समानता के साथ मुक्त होने के मानवीय अधिकार की घोषणा की गयी। ऐसी धर्म-संहिता की वकालत की गयी जो शास्त्रीय विधि-विधानों, जटिल सिद्धान्तों एवं साधना की दुर्गम पद्धतियों के विरोध में थी। धर्म को साम्प्रदायिक शिक्षा, धन-सम्पत्ति के एकाधिकार से मुक्त करके लोक की सहज अनुभूति, शुद्ध प्रेमभावना एवं वैयक्तिक विवेक पर प्रतिष्ठित किया गया। वर्ण-व्यवस्था जो धार्मिक एवं सामाजिक व्यवस्था दोनों हैं, जिसकी परिणति व्यवसाय तथा जन्माधारित जातियों में हो चुकी थी, जिसमें ऊँच-नीच का भेदभाव विकसित हो चुका था। भक्ति-काव्य में इस व्यवस्था का विरोध किया गया। वर्तमान दलित-विमर्श केन्द्रित साहित्य में जैसे सहानुभूति और स्वानुभूति के भेदानुसार अन्तर मिलता है, वही अन्तर भक्तिकालीन साहित्य में भी दृष्टिगोचर होता है। कबीर जुलाहा थे, अभी उनके पालन करनेवालों का कुछ वर्षों पूर्व ही इस्लाम धर्म मे प्रवेश हुआ था, अतः उनकी सामाजिक प्रतिष्ठा प्रथम कोटि के मुसलमान के रूप में नहीं थी। उन्हें धार्मिक एवं दार्शनिक विषय पर व्याख्यान देने का भी सामाजिक अधिकार नहीं था। अतः कबीर जाति-पाँति के भेद को लेकर जितने तल्ख हैं, तुलसीदास उतने नहीं हैं। यद्यपि तुलसी भी जाति पूछने पर वैसी ही तीखी प्रतिक्रिया करते हैं जितनी कबीर करते हैं। तुलसीदास को विभिन्न प्रकार के विरोधों से गुजरने के बाद सामाजिक प्रतिष्ठा मिल गयी थी। किन्तु कबीर को अपने समय में निरन्तर संघर्ष ही करना पड़ा। धर्म की आचार-संहिता के निर्माता ब्राह्मण थे अतः सभी भक्तों की दृष्टि-पथ में ब्राह्मण किसी-न-किसी रूप में था। कबीर ब्राह्मण की जातीय श्रेष्ठता को नकारते हैं और सन्तों, भक्तों को उनके स्थान पर प्रतिष्ठित करते हैं। तुलसीदास रामचरितमानस में ब्राह्मण के लिए कहते हैं, 'पूजिय विप्र सकल गुणहीना'। जो भक्त दलित समाज के थे वे इस तरह की उक्ति किसी भी प्रसंग में नहीं कह सकते थे।

वर्ण-व्यवस्था ईश्वरीय व्यवस्था है इस मान्यता को भी भक्तों ने पूरी तरह से नकार दिया। उनका तर्क था कि मनुष्य जन्म से और अपनी प्राकृतिक संरचना से समान है, वर्ण-व्यवस्था तथा ऊँच-नीच का भेद मानव द्वारा निर्मित सामाजिक व्यवस्था है इसलिए अमान्य है। भक्तिकाव्य में ईश्वर के प्रति पूरी आस्था है इसलिए ईश्वर के परिप्रेक्ष्य में समानता के तर्क हैं, अद्वैतवादी विचारधारा को भी समानता के एक प्रमुख तर्क के रूप में स्वीकार किया गया है। कबीर का कहना है, एकै नूर सबै उपजाया, कौन भला, कौन मंदा।' आधुनिक दलित-विमर्श के केन्द्र में दलितों को आर्थिक एवं सामाजिक अधिकार विशेष रूप से अर्थार्जन के पदों पर प्रतिष्ठित करने तथा राष्ट्र के संसाधनों में उचित हिस्सेदारी देने, शासन-प्रशासन में उचित नेतृत्व, प्रतिनिधित्व एवं पद प्रदान करने की विशेष

चिन्ता है। कुल मिलाकर उन्हें सेवा का नहीं सम्मान, प्रतिष्ठा एवं अधिकार मिलना चाहिए। दलितों के मसीहा डॉ. अम्बेडकर हैं, ईश्वरीय व्यवस्था या परोक्ष सत्ता की भक्ति करके वे अपनी अकांक्षा की पूर्ति करना नहीं चाहते हैं। भक्त कवि का दलित सन्दर्भ ईश्वर के परिप्रेक्ष्य में ही अभिव्यक्ति पाता है। अतः उसमें उस तरह का विस्तार नहीं है जैसा आधुनिक दलित-विमर्श में है। चाहे स्त्री-पुरुष का संघर्ष हो, चाहे गरीब-अमीर की लड़ाई हो, चाहे मान-अपमान हो, चाहे दैहिक, धार्मिक, आर्थिक शोषण हो सभी में दलित एवं गैर-दलित ही आमने-सामने खड़े दिखायी देते हैं। भक्त कवि की चिन्ता के केन्द्र में मानव मात्र के मंगल और उत्कर्ष थे। वे केवल दलित की चिन्ता तक सीमित नहीं थे। भक्त के रूप में उनकी उपलब्धियाँ समाज के द्वारा पर्याप्त मात्रा में स्वीकृत हो चुकी थीं अतः उनमें दलित होने की कुण्ठा नहीं थी। रविदास ने कई स्थलों पर यह संकेत किया है कि ब्राह्मण लोग उन्हें प्रणाम करते थे। उन्होंने अपनी जाति की स्पष्ट घोषणा की है—

1. कह रैदास खलास चमारा।
2. ऐसी मेरी जाति विख्यात चमार।

जाति के विषय में जानकारी होते हुए भी—

आचार सहित विप्र करहिं डंडउति
तिन तनै रविदास दासानुदासा॥

कबीरदास खुद जुलाहे (वयन जीवी) थे। वह सृष्टिकर्त्ता को भी जुलाहा ही मानते थे। उस जुलाहे ने संसार का ताना-बाना ऐसा रचा है कि उसे कोई जुलाहा ही ठीक समझ सकता है। कबीर अपनी अटपटी बानी में अपने-अपने व्यावसायिक कर्म के द्वारा उस ईश्वर को समझने के साथ कर्म की श्रेष्ठता को भी अंकित करते हैं—

कोरी को काहू मरम न जाना। सभ जग आनि तनायो ताना॥
धरनि अकास की करगह बनाई। चंद सूरज दुई साथ चलाई।
पाई जोरि बात इक कीनी। तह तांती मनमाना।
जोलाहे घर अपना चीन्हा, घटही राम पछाना॥
कहत कबीर करगह तोरी, सूतै सूत मिलाये कोरी॥

(सन्तकाव्यधारा 102)

भक्तिभाव में रहकर कहीं-कहीं प्रकारान्तर से कवि अपनी भूख तथा सांसारिक आवश्यकताओं की कमी का भी संकेत देता है। भूख से भक्ति या माला जाप कैसे हो सकता है। भगवान् का साथ कैसे निभ सकता है। वह यदि स्वयं नहीं देता तो माँगना ही पड़ता है, कबीर दो सेर आटा, पाव भर घी, साथ में नमक माँगते हैं, आधा सेर दाल, दोनों वक्त भोजन कराने का निवेदन करते हैं। कबीर का पद इस प्रकार है—

भूखे भगति न कीजै, यह माला अपनी लीजै॥
हौं मांगो सन्तन रेना। मैं नाहीं किसी का देना॥
माधो, कैसी बने तुम संगे। आपन देह त लेवउ मंगे॥
दुइ सेर मांगउ चूना। पाउ घीउ संगित लूना॥
अध सेर मांगउ दाले, मोको दोनउ बखत जिवाले॥

इस तरह की वाणी विनत विद्रोह की वाणी है। इसमें दलित समाज के अभावों के साथ उसकी भावना को व्यक्त किया गया है। चूँकि मध्यकालीन समाज भाग्यवादी है तथा गरीबी एवं अमीरी को ईश्वरीय देन मानता है। इसलिए इस तरह की उक्तियाँ दृष्टिगत होती हैं।

निष्कर्ष रूप में कहा जा सकता है कि भक्तों में जो दलित साधक थे, उनमें बड़प्पन बोध था। वे अन्य जाति के सन्तों की तुलना में अपने को कम नहीं मानते थे। इसका प्रमुख कारण है कि उन्होंने सामाजिक श्रेष्ठता के प्रचलित मापदण्ड को पूरी तरह अस्वीकार कर दिया था। उनकी दृष्टि में सामन्त, श्रीमन्त, सुख-सुविधाओं की सामग्री से सम्पन्न राजमहलों में रहनेवाला श्रेष्ठ नहीं है और न किताबी ज्ञान से सम्पन्न व्यक्ति वरेण्य है बल्कि ईश्वर की भक्ति में लीन, सन्तोषी, विनम्र, सांसारिक भोग एवं ऐश्वर्य को तुच्छ समझनेवाला ही श्रेष्ठ है।

5

उत्तरमध्यकाल या रीतिकाल

पृष्ठभूमि और सन्दर्भ—वैसे तो हर युग की रचनाएँ अपने परिवेश से प्रभावित होती हैं किन्तु रीतिकाल के लिए युगीन सन्दर्भ विशेष महत्त्व रखता है। रीतिसाहित्य के सृजन में राजनीतिक, सामाजिक, धार्मिक और कलात्मक परिस्थितियों का पर्याप्त योगदान है। अतः रीतिकालीन साहित्य का मूल्यांकन और विश्लेषण करते समय इन परिस्थितियों की प्रेरणा तथा उनके द्वारा निर्धारित सीमाएँ उल्लेखनीय हैं।

राजनीतिक परिवेश—राजनीतिक अवस्था काफी दूर तक सामाजिक और सांस्कृतिक स्वरूप को निर्धारित करती है। किसी भी राष्ट्र की संस्कृति की उन्नति तथा आर्थिक समृद्धि में राजनीतिक शान्ति, राजकीय जागरूकता तथा राजा की जीवन-दृष्टि की अहम् भूमिका होती है। यह काल मुगलों के उत्कर्ष तथा क्रमशः अपकर्ष का काल है। 1607 में आगरा के किले में जहाँगीर का राज्याभिषेक हुआ। राज्याधिकार प्राप्त करते ही तमगा और मीर-बहरी जैसे स्थानीय करों की माफी तथा कुएँ, सराय, अस्पताल बनाने के आदेश, शराब तथा मादक द्रव्य बनाने पर पाबन्दी, जनता को न्याय के लिए सीधे बादशाह के पास पहुँचने की छूट आदि उसके जनकल्याणकारी कदम थे। जहाँगीर ने अपने ज्येष्ठतम पुत्र खुसरो के विद्रोह को दबाया। खुसरो को आशीर्वाद तथा संरक्षण देनेवाले गुरु अर्जुनदेव की हत्या करा दी। जहाँगीर के प्रयत्न से मेवाड़ और मुगलों का पुराना संघर्ष समाप्त हो गया। दोनों के बीच सम्मानजनक सन्धि हो गयी। दक्षिण की ओर भी उसका सामरिक अभियान सन्तोषजनक रहा। उत्तर में कश्मीर के किश्तावर क्षेत्र पर भी उसने विजय प्राप्त की। जहाँगीर विद्वान्, कलाप्रेमी तथा धर्म की दृष्टि से उदार शासक था। यद्यपि मेवाड़ और काँगड़ा विजय के समय उसने हिन्दू मन्दिरों को नष्ट कराया था तथा अजमेर की वाराह की मूर्ति को नष्ट कराकर जलाशय में फेंकवा दिया था। उसके चरित्र में कुछ उल्लेखनीय दुर्बलताएँ थीं। वह सुरा-सुन्दरी का अतिशय प्रेमी था। उसके हरम में 800 स्त्रियाँ थीं। जहाँगीर की बेगम नूरजहाँ मुगलकालीन इतिहास की एक उल्लेखनीय महिला है। वह जहाँगीर के शासन-सम्बन्धी कार्यों में बहुत रुचि रखती थी। शासन की समस्त आज्ञाएँ इसी के नाम से निकलती थीं। वह स्वयं झरोखों पर बैठकर प्रजा को दर्शन देती थी तथा ऊँचे-ऊँचे अधिकारियों को सन्देश देती थी। 1611-22 ई. तक शासन पर नूरजहाँ का प्रभाव छाया रहा। 1627 में जहाँगीर की मृत्यु हुई। 1628 ई. में शाहजहाँ को राज्याधिकार मिला। शाहजहाँ को खानजहाँ लोदी, बुन्दलों के विद्रोह का सामना करना पड़ा। उसने बड़ी कुशलता से इन विद्रोहों को कुचल दिया। इसने बंगाल में बसे हुए पुर्तगालियों द्वारा सामान्य जनता के साथ किये दुर्व्यवहार, लूट-खसोट की घटनाओं को बन्द कराया। शाहजहाँ अपने पूर्वजों की भूमि मध्य एशिया पर अधिकार करना चाहता था। इस इच्छा की पूर्ति के लिए मुगलों के जानमाल की बड़ी क्षति हुई। कन्धार भी शाहजहाँ के हाथ से निकल गया।

शाहजहाँ का चरित्र बहुत आदर्शपूर्ण नहीं कहा जा सकता। उसने अपने पिता के विरुद्ध कई बार विद्रोह किया। अपने भाई खुसरो और भतीजे दरबार बख्श का खून कराया। वह कट्टर मुसलमान था। उसने हिन्दुओं की तीर्थ-यात्रा पर कर लगा दिया था तथा जोर-जबर्दस्ती से मुसलमान बनाने का पक्षपाती था। गुजरात तथा उत्तर प्रदेश के कुछ मन्दिर भी उसकी नीति के फलस्वरूप गिरा दिये गये थे। इसके समय में गुजरात और खानदेश में भयंकर दुर्भिक्ष पड़ा। शाहजहाँ ने इसमें यथासम्भव मदद की थी किन्तु उसे अपर्याप्त ही कहा जायगा। इस दुर्भिक्ष में असख्य मनुष्य तड़प-तड़पकर काल के गाल में समा गये थे। शाहजहाँ की न्याय-व्यवस्था बड़ी कठोर थी। स्थानीय अधिकारियों का जनता के प्रति अत्यन्त क्रूर व्यवहार था। सामान्यतः शाहजहाँ के काल में शान्ति और सुव्यवस्था थी। राजा का प्रयत्न रहता था कि जनता सुखी और समृद्ध रहे। काजियों के विरुद्ध फैसलों की अपील वह स्वयं सुनता था। उसके समय में आर्थिक सम्पन्नता थी। उसके काल में वास्तुकला में पर्याप्त वृद्धि हुई। पैंसठ वर्ष की अवस्था में शाहजहाँ बीमार पड़ा। अपनी शक्ति की क्षीणता को देखकर उसने दाराशिकोह को अपना उत्तराधिकारी घोषित किया। दारा अत्यन्त उदार तथा दयालु प्रकृति का था। उस पर शीआओं, सूफियों तथा हिन्दू वेदान्तियों का गहरा प्रभाव था। दारा के अन्य तीन भाइयों, मुराद, शाहशुजा तथा औरंगजेब ने उसके विरुद्ध संघर्ष छेड़ दिया। औरंगजेब ने तीनों भाइयों को परास्त एवं वध कराकर स्वयं राज्यगद्दी हथिया लिया। 1658 में उसने अपने को बादशाह घोषित कर दिया। औरंगजेब अपनी धार्मिक कट्टरता तथा असहिष्णुता के द्वारा हिन्दू-मुस्लिम एकता के प्रयत्नों को काफी नुकसान पहुँचाया। उसने संगीत, मद्यपान, भाँग, वेश्यावृत्ति, संगीत आदि पर प्रतिबन्ध लगा दिया। उसने हिन्दुओं के मन्दिरों को नष्ट कराकर उनके स्थान पर मस्जिदें बनवायीं। नये मन्दिरों के निर्माण पर प्रतिबन्ध लगा दिया। हिन्दुओं पर जजिया लगा दिया। जजिया का भुगतान न कर पानेवाले बहुत-से हिन्दू-मुसलमान हो गये। हिन्दुओं को सरकारी नौकरी से पृथक् कर दिया तथा इस्लाम स्वीकार करनेवालों को प्रोत्साहन दिया। औरंगजेब की कट्टरनीति के परिणामस्वरूप जाटों, सतनामियों, सिक्खों, बुन्देलों, राजपूतों तथा मराठों ने विद्रोह किया तथा औरंगजेब के विरुद्ध संघर्ष छेड़ दिया। शिवाजी, राजपूत दुर्गादास, बुन्देला चम्पतराय, सिक्ख गुरु गोविन्दसिंह आदि वीरों के शौर्य का उदय औरंगजेब की अनुदार शासन-पद्धति की तीव्र एवं विद्रोही प्रतिक्रिया का परिणाम है। धीरे-धीरे औरंगजेब की शक्ति क्षीण होती गयी। उसकी शक्ति का अधिकांश भाग दक्षिण में ही खर्च हो गया। 20 फरवरी, 1707 ई. को उसकी मृत्यु दक्षिण में हो गयी। इसके बाद औरंगजेब के तीन बेटों में मुअज्जम, आजम तथा कामबख्श में एकच्छत्र उत्तराधिकार के युद्ध हुए, जिसमें मुअज्जम विजयी हुआ। बहादुरशाह के नाम से 1707 ई. में उसने गद्दी सम्हाली। उसने राजपूतों, सिक्खों तथा मराठों से सम्बद्ध समस्याओं का बहादुरी से तथा कूटनीति से हल निकाला। बहादुरशाह की मृत्यु के बाद (1712 ई.) जहाँदाराशाह, फर्रुखसियर, मुहम्मदशाह, अहमदशाह, शाहआलम द्वितीय, बहादुरशाह द्वितीय मुगल सिंहासन पर आसीन हुए। इनमें से अधिकांश का राज्यकाल अत्यल्प था। इनमें अपने पूर्वजों जैसी शक्ति तथा शौर्य नहीं था। इसका परिणाम यह हुआ कि छोटे-छोटे जागीरदार भी अपने को स्वतन्त्र घोषित करने लगे। 1738 ई. में नादिरशाह तथा 1761 ई. में अहमदशाह अब्दाली के आक्रमण से इनकी रही-सही शक्ति पर जोरदार धक्का लगा। अंग्रेज व्यापारी इस स्थिति का लाभ उठाते हुए अन्दर से अपनी शक्ति का संचय करते रहे और 1803 ई. तक सम्पूर्ण उत्तर भारत में अपना आधिपत्य जमा लिया।

अधिकांश मुगल शासकों की मनोवृत्ति भोग-विलास की ओर थी किन्तु उनमें श्रृंगार और शौर्य का सन्तुलन भी था। परवर्ती शासकों में इस सन्तुलन का अभाव मिलता है। उनमें भोग-विलास की

ही प्रधानता हो गयी थी। अवध, राजस्थान तथा बुन्देलखण्ड के प्रादेशिक शासकों की वृत्ति इनमें भिन्न नहीं थी। वे भी पारस्परिक कलह, कुचक्र एवं षड्यन्त्रों में फँसे हुए थे। भोग्य सामग्री के संचयन तथा काम-भावना की तृप्ति के लिए बहुविवाह जैसी प्रथा के वे भी अनुयायी थे। मुगलों की तरह हिन्दू राजाओं का भी दुःखद अन्त हुआ।

सामाजिक परिवेश—इस काल का सामाजिक ढाँचा सामन्तवादी संस्था के समान दृष्टिगोचर होता है। समाज को मुख्यतया तीन वर्गों में विभक्त किया जा सकता है। (1) उच्चवर्ग (2) मध्यम-वर्ग (3) निम्नवर्ग। उच्चवर्ग के अन्तर्गत राजपरिवार तथा मनसबदार थे। इनके पास अतुल धनराशि थी जिसे वे आमोद-प्रमोद तथा भोग-विलास में पानी की तरह बहाते थे। बादशाहों तथा अमीरों को औरत का बहुत बड़ा शौक था। सम्राट् के हरम में हजारों स्त्रियाँ रहती थीं। अकबर महान् के हरम में 5000 स्त्रियाँ थीं। जहाँगीर के समय में आगरे के डच कारखाने का प्रधान फ्रैन्सिस्को पेलसर्ट के अनुसार "अमीरों के महल अन्दर से कामुकतापूर्ण भोग-विलासिता, उद्देश्यहीन एवं अपरिणामदर्शी उत्सव, व्यर्थ के धूमधाम, अनुचित रूप से बढ़े हुए घमण्ड तथा आलंकारिक सुस्वादु भोजन से सजे हुए थे।" उच्चवर्ग के लोग बहुत कीमती वस्त्र धारण करते थे। सरदारों के नीचे ठाट-बाट के व्यय से बचा हुए एक मितव्ययी वर्ग था मध्यम वर्ग। इसके अन्तर्गत राज्य-कर्मचारी तथा व्यापारी थे। इस वर्ग का रहन-सहन पद और धन्धे के अनुसार था। नगर के कारीगर, मजदूर तथा ग्रामीण किसान निम्नवर्ग के अन्तर्गत थे। इस वर्ग की आर्थिक तथा सामाजिक स्थिति शोचनीय थी। इनकी दशा बहुत-कुछ गुलामों जैसी थी। इस काल में स्त्रियाँ की दशा बहुत खराब थी। वे भोग-विलास की सामग्री समझी जाती थीं। अधिक-से-अधिक स्त्रियों का संकलन करना बादशाहों के बड़प्पन की निशानी बन गयी थी। हजारों स्त्रियों का एक पति उन सबकी भावनाओं के साथ कैसे न्याय कर सकता था। अतः उनका परपुरुष के चक्कर में आ जाना स्वाभाविक था। बहुपत्नीत्व की प्रथा समाज में मान्य थी। इसीलिए सौतियाडाह एक प्रमुख पारिवारिक समस्या बन गयी थी। अनके पत्नियों तथा रखैलों के रहते हुए भी वे वेश्याओं की कृपादृष्टि के आकांक्षी थे। धनिकों में मदिरापान का विशेष प्रचलन था। आलोच्यकाल में मनोरंजन के अनेक साधन प्राप्त थे जैसे शतरंज, चौपड़, गेंद, शिकार, पशुयुद्ध, चौगान, कुश्ती, बाजीगर, कबूतर उड़ाना, पतंग, आँख मिचौनी आदि। हिन्दू और मुसलमान दोनों मेले तथा उत्सव आयोजित होते थे। सामान्य जनता भविष्यवाणियों तथा ज्योतिष में विश्वास करती थी।

इस काल में बहुसंख्यक जनता कृषि-कार्य में संलग्न थी। उद्योग-धन्धों में सूती वस्त्र का उद्योग चरमोत्कृष्ट था। टेरी नामक विदेशी यात्री ने लिखा है—कपास के कपड़े या तो रँगे जाते थे या उन पर रंगवाले फूलों अथवा चित्रों का छापा लगा दिया जाता था। ये फूल और चित्र कपड़े पर इस तरह अमिट बन जाते थे कि किसी तरह उन्हें धोया नहीं जा सकता था। ढाका का मलमल विश्वविख्यात था ही।

कलात्मक परिवेश—(स्थापत्य, चित्र तथा संगीत) इस काल में स्थापत्य कला, चित्रकला, संगीत तथा साहित्य में उल्लेखनीय उन्नति हुई। जहाँगीर ने मोती मस्जिद और एतमादुद्दौला के मकबरे को भवन-निर्माण कला का अद्वितीय योग कहिये, अथवा स्थापत्य कला में दुर्लभ कार्य कुशलता का प्रतीक अथवा अपूर्व पितृ-भक्ति का कलात्मक उदाहरण, इसके प्रत्येक अंग से मुगलकालीन सौन्दर्य की भावना टपकती है। शाहजहाँ का काल वास्तु-कला की दृष्टि से स्वर्णयुग है। शाहजहाँ द्वारा निर्मित 'ताजमहल' विश्व का एक आश्चर्य है। इसके निर्माण में 22 वर्ष लगे थे तथा तीन करोड़ रुपये व्यय हुए थे। आगरे के किले में मोती मस्जिद, मूसम्मन बुर्ज, दौलत खान-ए-खास, झरोखा-ए-खास, आगरे

की जामी-मस्जिद उल्लेखनीय इमारतें हैं। शाहजहाँ ने दिल्ली में लालकिला का निर्माण कराया। उसने इसके अन्दर रंगमहल, दीवान-ए-आम, दीवान-ए-खास आदि सुन्दर इमारतें बनवायीं। शाहजहाँ के द्वारा ही लालकिले के सामने भारत की सबसे बड़ी मस्जिद जामा मस्जिद निर्मित करायी गयी। औरंगजेब ने दिल्ली में मोती मस्जिद, लाहौर में बादशाही मस्जिद बनवायी। बनारस तथा मथुरा में हिन्दू मन्दिरों के स्थान पर जो मस्जिदें बनी हैं वे बहुत ही घटिया किस्म की हैं।

आलोच्यकाल में चित्रकला की पर्याप्त उन्नति हुई। जहाँगीर एक श्रेष्ठ चित्रसंग्रहकर्त्ता था। वह अपने मनपसन्द चित्रों की खूब कीमत अदा करता था। सम्राट् ने स्वयं लिखा है, "मेरी चित्र के प्रति रुचि और उसकी जाँच का अभ्यास इस सीमा तक पहुँच गया है कि जब किसी मृत या जीवित कलाकार की कृति बिना बताये मेरे सम्मुख लायी जाती है तो मैं कुछ ही क्षणों में बता देता हूँ कि वह अमुक-अमुक व्यक्ति का कार्य है।" उसके दरबार में प्रसिद्ध मुस्लिम कलाकार हेरात के आगारजा तथा उसका पुत्र अबुल हसन, समरकन्द के मु. नादिर एवं मुराद आदि चित्रकार सुदूर देशों से आये थे। जहाँगीर के प्रोत्साहन तथा कलाप्रेम से आकृष्ट होकर गोबर्द्धन, मनोहर, दौलत तथा उस्ताद मन्सूर आदि भारतीय चित्रकार उसके संरक्षण में आ गये थे। जहाँगीर के बाद उसके उत्तराधिकारी शाहजहाँ के दरबार में कार्यरत रहे। शाहजहाँ की रुचि वास्तुकला में जितनी थी उतनी चित्रकला में नहीं, इसीलिए चित्रकला को यथेष्ट प्रोत्साहन नहीं मिला। चित्रकारों की वृत्तियों में धीरे-धीरे दरबारी अदब, कायदे और बाह्य तड़क-भड़क ही रह गयी। औरंगजेब ने चित्रकला को धर्मविरुद्ध घोषित कर दिया इसीलिए चित्रकारों को छोटे-छोटे राज्यों में सरंक्षण पाने के लिए भागना पड़ा। औरंगजेब के बाद चित्रकला में मुगलशैली की विशेषताएँ दृष्टिगत होती रहीं किन्तु चित्रकारों की तूलिका से संगीत गोष्ठियों, मुजरों, मद्यपान के दृश्यों तथा कामक्रीड़ाओं के चित्र ही अधिक अंकित हुए। उन्नीसवीं शताब्दी में तो मुगल वैभव के नष्ट हो जाने के कारण चित्रकारों की दृष्टि व्यावसायिक हो गयी। सत्रहवीं शताब्दी के मध्य में राजस्थानी चित्र शैली पर भी मुगल शैली का प्रभाव पड़ा। इस शैली में धार्मिक चित्रों के अंकन की परम्परा बनी हुई थी किन्तु चित्रकला पर दरबारी जीवन और राग-रागिनियों का गहरा असर पड़ने लगा था। राजस्थानी चित्रकारों ने तत्कालीन कवियों की रचनाओं पर आधारित चित्र बनाये जिनमें नायिका भेद को प्रमुखता दी गयी। अठारहवीं सदी के अन्त में इस कला में समसामयिक विलासी जीवन की झाँकी ही प्रस्तुत की गयी। इसी शताब्दी का चित्रकार नागरीदास अपनी चित्रकला में स्त्री चित्रों का अंकन किया जिसमें उसने नारी सौन्दर्य के अंकन में माधुर्य भाव को विशेष महत्त्व दिया। इस काल के चित्रों में आलंकारिकता भी दृष्टिगोचर होती है। बुन्देला चित्रों के विषय भी नायक-नायिका से सम्बद्ध हैं। इनमें सामान्य नायक-नायिका को कृष्ण और राधा के रूप में प्रस्तुत किया गया है। पहाड़ी चित्रकला में श्रृंगार की सूक्ष्म-से-सूक्ष्म स्थितियों तथा भावपूर्ण प्रसंगों को दर्शाया गया है।

आलोच्यकाल में संगीत कला को भी राजकीय गौरव प्राप्त था। सम्राट् जहाँगीर बड़ा संगीत प्रेमी था। उसके दरबार में साठ गायक थे। फास्टर के अनुसार सैकड़ों गणिकाएँ और नर्तकियाँ अपने नृत्य और संगीत का प्रदर्शन करती थीं। उसके काल में ही दामोदर मिश्र ने 'संगीत दर्पण' की रचना की। शाहजहाँ संगीत प्रेमी तो था ही उसका राग भी मधुर एवं प्रभावकारी था। वह प्रत्येक रात्रि को दीवान-ए-खास में संगीत का आयोजन करता था। उसके दरबार में जगन्नाथ, रामदास, महापात्र, सुखसेन, सुरसेन, बुरंग खाँ, लाल खाँ, मिर्जा जुलकरबेन आदि प्रसिद्ध संगीतकारों का जमावाड़ा था। औरंगजेब के समय में संगीत की उन्नति अवरुद्ध हो गयी थी।

साहित्यिक परिवेश

फारसी-उर्दू का साहित्य—इस काल में फारसी, उर्दू, संस्कृत, हिन्दी तथा अन्य प्रादेशिक भाषाओं में साहित्य सृजन हो रहा था। जहाँगीर उच्चकोटि का विद्वान् था। उसने 'तुजुक-ए-जहाँगीरी' नाम से अपने पितामह बाबर की आत्मकथा लिखी। यह ऐतिहासिक रचना होते हुए भी उच्चकोटि की साहित्यिक कृति है। इसके काल में कुरान पर टीकाएँ भी लिखी गयीं। निशापुर के नासरी, गयासबेग, नकीब खाँ, मोतमद खाँ, नियामतुल्ला और अब्दुल हक देहलवी इस काल के फारसी कवि थे। शाहजहाँ ने भी साहित्यिक संरक्षण को महत्त्व दिया था। शाहजहाँ के दरबार में आबू जालिह, हाजी मुहम्मद जान और चन्द्रभान ब्राह्मण जैसे श्रेष्ठ विद्वानों को सम्माननीय स्थान प्राप्त था। इस काल में कसीदे की उन्नति अधिक हुई। फारसी कवि सौदाई गीलानी की विशेष प्रसिद्धि थी। शाहजहाँ का पुत्र दारा फारसी, अरबी और संस्कृत का विद्वान् था। उसने उपनिषद्, भगवद्गीता तथा योगवशिष्ठ का फारसी में अनुवाद किया। औरंगजेब के समय में फारसी भाषा में एक ग्रन्थ 'फतवाये आलमगीरी' शीर्षक से तैयार कराया जिसमें इस्लामी कानून को निबद्ध किया गया है। फारसी की प्रगति अठारहवीं शताब्दी तक हुई उसके बाद उसकी जगह उर्दू ने ले ली। 1720 ई. के आस-पास वे कवि भी जो मूलतः फारसी के कवि और विद्वान् थे उर्दू में भी कुछ रचनाएँ करने लगे थे। उर्दू काव्य साहित्य का पहला युग मुहम्मदशाह के राज्यकाल (1719 ई.) से आरम्भ होता है। उसने स्वयं उर्दू में कविताएँ लिखी थीं। फाइज, आबरू, नाजी, हातिम, यकरंग, मजहर जानेजाँ, मजमून, फुगाँ, ताबाँ इस युग के प्रमुख कवि माने जाते हैं। ये कवि फारसी के अच्छे ज्ञाता थे इसलिए उससे प्रभावित होना भी स्वाभाविक है। इनमें अलंकरण की प्रवृत्ति प्रधान है। ये लोग गजल में ही ज्यादातर अपनी बात प्रस्तुत करते थे। अठारहवीं शताब्दी की आरम्भिक उर्दू कविता के विषय में प्रो. एहतेशाम हुसैन का मत है, "फारसी भाषा जो उच्चवर्ग की सांस्कृतिक और व्यावहारिक भाषा थी, भारत में उसकी जड़ें भी सूख रही थीं। इसलिए जीवन और सामाजिक चेतना के प्रभाव से उर्दू उन्नति की ओर बढ़ रही थी लेकिन उसके साहित्य में वह शक्ति नहीं देख पड़ती थी, जो एक आगे बढ़ते राष्ट्र और प्रगति करती हुई जनता के साहित्य में मिलती है।" (उर्दू साहित्य का आलोचनात्मक इतिहास, पृ. 61) जिन कवियों ने उर्दू गजल को नयी ऊँचाई पर प्रतिष्ठित किया उनमें दर्द, सौदा और मीर सबसे अधिक महत्त्वपूर्ण हैं। इनकी कविताओं में तत्कालीन सामन्ती व्यवस्था के पतन से उत्पन्न होनेवाली अवस्था का स्पष्ट चित्र तो नहीं उभरता किन्तु उसकी छाया अवश्य प्रतिबिम्बित होती है। दर्द के कुछ शेर हैं—

जग में आकर इधर उधर देखा।
वही आया नजर जिधर देखा॥
जान से हो गये बदन खाली।
जिस तरफ तूने आँख भर देखा॥
नाला फरयाद आह और जारी।
आप से हो सका हो कर देखा॥

दिल्ली दरबार की हालत खस्ता हो जाने के कारण बहुत-से उर्दू कवि प्रान्तीय केन्द्रों में चले गये। मु. रफी सौदा ऐसे ही कवि थे जिन्होंने अवध की राजधानी को सुशोभित किया। 'सौदा' को मुख्यतया 'कसीदा' लेखक माना जाता है। उन्होंने गजल, मसनवी, रुबाई, मरसिया भी लिखे हैं। मीर गजल के श्रेष्ठ कवि माने जाते हैं "सीधी-सादी बोलचाल की भाषा में इतना कोमल चित्रण और भावनाओं का इतना

कड़वापन, हार्दिक भावनाओं का इतना कोमल चित्रण और भावनाओं का इतना तूफानी जोश काव्य-रचना एक चमत्कार जान पड़ता है।" अवध के नौव्वाब स्वयं काव्यप्रेमी तथा सर्जक थे। गाजीउद्दीन हैदर, नसीरूद्दीन हैदर और वाजिद अली शाह अच्छे कवि थे। अवध के दरबार में अपना प्रभाव जमानेवाले कवियों में मुसहफी, जुरअत, मीर हसन और इन्सा का सर्वाधिक महत्त्व है।

आगरा में जन्मे (1740) नजीर अकबराबादी ने उर्दू कविता को एक नयी दिशा दी। उनकी कविता में जीवन की जो सच्चाई, देशभक्ति और मानव-प्रेम की अभिव्यक्ति है। वह इससे पूर्व की कविता में नहीं है।

दिल्ली से कवियों के बाहर चले जाने के बाद भी दिल्ली का रचनात्मक स्रोत शुष्क नहीं हुआ। सामन्तवादी मुगल-सभ्यता की सुन्दरता पतनशील युग में भी एक बार बहार दिखा गयी जब उसने जौक, मोमिन, जफर और गालिब जैसे उर्दू-रत्नों को जन्म दिया। जौक ने अधिकतर बादशाहों की प्रशंसा में 'कसीदे' लिखे हैं। उन्होंने शब्दाडम्बर तथा अलंकारों को कुछ ज्यादा ही पसन्द किया है। 'मोमिन' ने प्रेम रस में डूबी हुई मसनवियों के अलावा कसीदे भी लिखे हैं। इनके प्रेम-चित्रण में अश्लीलता भी पायी जाती है। इनकी फारसीनिष्ठ भाषा अलंकारो के प्रयोग के कारण कुछ जटिल हो गयी है। गालिब फारसी और उर्दू के बड़े लेखक थे।

संस्कृत साहित्य—उच्चवर्गीय शिक्षित समाज में संस्कृत भाषा और साहित्य के प्रति सम्मान तथा प्रेम का भाव बना हुआ था। मध्ययुग के अनेक हिन्दू तथा मुस्लिम शासकों ने संस्कृत के कवियों को आश्रय प्रदान करके उसके साहित्य की समृद्धि में योगदान किया। मुगल बादशाहों की दृष्टि संस्कृत कवियों के प्रति सहानुभूतिपूर्ण थी। इसीलिए संस्कृत काव्यधारा इस युग में भी प्रवाहित रही। दिल्ली के बादशाह शाहजहाँ ने पण्डितराज जगन्नाथ को आश्रय तथा सम्मान दिया था। पण्डितराज जगन्नाथ ने 'चित्रमीमांसा खण्डन' तथा 'रस गंगाधर' की रचनाएँ कीं। इन्होंने 'जगदाभरण' काव्य में दाराशिकोह का आसफ विलास (गद्य काव्य) में नवाब आसफ खाँ का तथा 'प्राणाभरण' में राजा प्राणनारायण का वर्णन किया है। इनके द्वारा रचित करुणा लहरी, गंगा लहरी, अमृत लहरी, लक्ष्मी लहरी, सुधा लहरी प्रसिद्ध हैं।

ललितकला और काव्यकला का सम्बन्ध

कला की अवधारणा तथा उसके स्वरूप के विषय में पाश्चात्य तथा भारतीय चिन्तन परम्परा में भेद परिलक्षित होता है। किसी विशेष चिन्तन परम्परा से सम्बद्ध विचारकों में मतभेद बना हुआ है। यहाँ कला सम्बन्धी चिन्तन को विस्तार से निरूपित करने का अवसर नहीं है। इसलिए कला तथा ललितकला से जुड़ी हुई कुछ आवश्यक उपपत्ति को प्रस्तुत किया जा रहा है। इरविन एडमैन कला को बहुत ही व्यापक परिप्रेक्ष्य में ग्रहण करते हुए लिखते हैं—"कला केवल मूर्तियों, चित्रों और स्वर संगतियों को नहीं कहते—यह तो समस्त बौद्धिक प्रक्रिया की संज्ञा है जिससे जीवन, अपनी अवस्थाओं के समुचित बोध के साथ, उन्हें परम रोचक और मनोरम रूप प्रदान कर देता है। राजनीति, जैसा कि अरस्तू ने कहा था, एक महत्त्वपूर्ण कला है। अनुभव का समस्त विस्तार उसका विषय होगा तथा सम्पूर्ण जीवन उसकी सामग्री और उसकी रंगभूमि होगा। सभ्यता स्वयं कला का ही एक रूप है। एक डण्डी तोड़ना, एक झोंपड़ी या गगनचुम्बी भवन या विशाल देवालय बनाना, अपनी बात समझाने के लिए भाषा का प्रयोग करना, फसल बोना या काटना, बच्चों का पालन-पोषण और शिक्षण, कानून या आचरण-नियमों की संहिता तैयार करना, कपड़ा बुनना या खान खोदना ये सब उसी प्रकार कला के उदाहरण हैं जैसे एक अद्भुत (रिलीफ) चित्र की रचना या एक स्वर संगति का संपुजन।" भारतीय

परम्परा में भी कला को बहुत व्यापक अर्थ में ग्रहण किया गया। इसीलिए कलाओं की संख्या चौंसठ तक मानी गयी है। उसमें चोरी करना तथा जुआ खेलना भी सम्मिलित कर लिया गया। किन्तु कतिपय कारणों से 'कला' की चर्चा आते ही हमारा ध्यान ललितकलाओं की ओर ही जाता है। इसका प्रमुख कारण है कि इन कलाओं में अनुभूत जीवन या काल्पनिक जीवन का सुन्दर और स्पष्ट निदर्शन होता है और इनमें सौन्दर्यानुभव तीव्रतम और विशुद्ध रूप में उपलब्ध होता है। अनुभव को व्यक्त करने के माध्यमों की पृथक्ता से कला के अलग-अलग रूप बन जाते हैं। पाँच कलाओं—वास्तु, मूर्ति, चित्र, संगीत और नृत्य को एक साथ ललितकलाओं की संज्ञा दी गयी है। पश्चिमी विचारकों ने काव्य को निस्सन्देह रूप से कला मानकर उस पर विचार किया है। काव्य केवल कला ही नहीं श्रेष्ठ कला है। 'कलाकार सदा किसी सामग्री से रचना करता है। किन्तु शब्दों की कला, विशेष रूप से कवि उनका जिस प्रकार से प्रयोग करता है, कला के किसी भी सिद्धान्त की सर्वाधिक विस्मयजनक और दुःसाध्य समस्याओं में से एक है।' कवि शब्दों के माध्यम से ही कविता में चित्र की रेखाओं, रंगों, संगीत के स्वर तथा भवन और मूर्ति के आकार को बड़ी कुशलता से उभार देता है। इसीलिए 'काव्यकला' को मिश्रित कला भी कहा गया है। कविता में भाषा निरन्तर व्यावहारिक, संगीतात्मक, संगत और लयात्मक बनी रहती है। अंकन तथा संरचनात्मक तत्त्वों की सूक्ष्मता की दृष्टि से काव्यकला संगीत तथा चित्र के अधिक समीप है। यद्यपि संगीत का प्रभाव अद्‌भुत होता है इसमें अर्थहीन ध्वनियों का भावों से बहुत गम्भीर और सूक्ष्म रिश्ता है। किन्तु एक अर्थ में संगीत में भावाभिव्यंजना असमर्थ दिखायी देती है। उनके द्वारा कोई भी किसी बात को निश्चयात्मक रूप से नहीं कह पाता जैसे भाषा के द्वारा कह सकता है। संगीत का व्यष्टि रूप नहीं होता। उससे सामान्य वातावरण या भावोचित परिवेश का बोध कराया जा सकता है। उसमें प्रेम की व्यंजना हो सकती है किन्तु व्यक्ति-विशेष के प्रेम की नहीं। शब्द-ध्वनि में मनुष्य की भावात्मक अनुक्रिया की समस्त अनन्तता नहीं समा पाती। चित्रकला भी एक प्रकार से कविता है किन्तु अपने ढंग की। चित्रकला की कविता रेखा और रंग है जिसकी अपनी ही कल्पनात्मक ध्वनियाँ हैं जो बहुत-कुछ वैसे ही सम्मोहन और स्वप्न से आविष्ट कर देती हैं जैसा कि शब्दों और रिदूमों से पैदा हो जाता है, पर यह सम्मोहन और स्वप्न स्पष्टतः चित्रकला का अपना होता है काव्य का नहीं। वे तरल, नीले, पीले या लाल या भूरे रंग, कहीं गिरती हुई छाया, कहीं लम्बी सीधी रेखा, कहीं भारी वस्तु राशि आदि का पदावलियों में ही स्फुरित चित्रात्मक कल्पना में नियन्त्रण किया जाता है।

मूर्तिकला में मनुष्य का मन दृश्यात्मक रूप में साकार होता है। संगमरमर की निर्मित मूर्ति संगमरमर की आकृति मात्र नहीं होती, वह पत्थर में अमर कर दिया गया मानव जाति का कोई भाव या आदर्श होता है। मूर्तिकला विशेष रूप से स्पर्श का आवेग जगाती है। मूर्तियाँ प्रायः नग्न रूप में होती हैं। इसलिए उन्हें नैतिकता के विरुद्ध या सभ्यता के विरुद्ध समझ लिया जाता है। कविता में भी जब कवि सौन्दर्य की मूर्ति गढ़ता है तो श्लील-अश्लील तर्कों को विस्मृत कर देता है।

पाश्चात्य विद्वानों ने कला के मूर्त और अमूर्त वर्गीकरण के आधार पर अमूर्तकला को श्रेष्ठ स्थान दिया है। स्थापत्य, मूर्ति और चित्रकला को स्थूल तथा बाह्य स्थूल पदार्थों के द्वारा ग्रथित होने के कारण मूर्त कला कहा गया है। संगीत और कविता अमूर्त कलाएँ हैं, संगीतकला से भी श्रेष्ठ काव्यकला को माना गया है। जयशंकर प्रसाद ने भारतीय दृष्टि से काव्य और कला के सम्बन्धों की युक्तिसंगत व्याख्या करते हुए मूर्त और अमूर्त विभाजन को सारहीन सिद्ध किया है। (काव्य और कला तथा अन्य निबन्ध, पृ. 61) भारतीय परम्परा में कविता को विद्या तथा कलाओं को उपविद्या माना

गया है। काव्य समस्या पूर्ति को भी कला के अन्तर्गत स्थान दिया गया है। प्रसाद जी का निष्कर्ष है कि जो कुछ हम अनुभव करते हैं वाणी उसका रूप है। यह वाणी का विकास वर्णों में पूर्ण होता है...भावों को व्यक्त करने का मौलिक साधन वाणी है। इसलिए वही प्रकृत है।...वाणी के द्वारा अनुभूतियों को व्यक्त करने के बाद एक अन्य प्रकार का भी प्रयत्न आरम्भ होता है। दूर रहनेवाले, चाहे यह देश-काल के कारण से ही हो केवल व्यष्टि का आश्रय लेनेवाली उच्चारणात्मक वाणी का आनन्द नहीं ले सकते। इसलिए यह व्यक्ति द्वारा प्रकट हुई आत्मानुभूति सामूहिक या समष्टिभाव से विस्तार करने का प्रयत्न करती है और तब चित्र, तक्षण इत्यादि सम्बन्धी अपनी बाह्य सत्ता को बनाती है।" चूँकि वाणी या आत्मानुभूति की मौलिक अभिव्यक्ति कविता में होती है इसीलिए उसे अन्य कलाओं से श्रेष्ठ माना गया।

ललितकला और काव्यकला का स्वरूप युगीन संवेदना के अनुसार बदलता रहता है। दूसरे शब्दों में विविध कलारूपों में युग संवदेना स्पष्टया प्रतिबिम्बित होती है। इसीलिए किसी युग की कोई भी एक कलारूप की प्रवृत्तियों का अवलोकन करने के बाद अन्य कलाओं के स्वरूप का अनुमान आसानी से लगाया जा सकता है। रीतिकालीन विविध कलाओं में कुछ समान प्रवृत्तियाँ तो दृष्टिगोचर होती ही हैं वे एक-दूसरे को बड़ी गहराई से प्रभावित करती हैं। राय कृष्णदास का मुगलकालीन चित्रों के विषय में की गयी यह टिप्पणी रीतिकालीन कविता के लिए भी कुछ हद तक लागू होती है–

"इन चित्रों में हद से ज्यादा रियाज, महीन रंगों की खूबी तथा शान-शौकत एवं अंग-प्रत्यंग की लिखायी, अदब-कायदों की जकड़बन्दी और शाही दबदबे के कारण भाव का सर्वथा अभाव बल्कि, एक प्रकार का सन्नाटे-सा पाया जाता है जिससे जी ऊबने लगता है।" अठारहवीं सदी के कवि आलम, शेख, बोधा, घनानन्द के काव्य में जो हार्दिकता तथा उन्मुक्तता है वही हार्दिकता और उन्मुक्तता पहाड़ी शैली के चित्रों में है। चूँकि रीतिकालीन कविता में प्रेम और शृंगार का अंकन प्रमुख है इसीलिए नृत्य-संगीत आदि कामाश्रित कलाओं के साथ उसका तादात्म्य और समरूपता आसानी से स्थापित हो जाती है। आलोच्य काल में छन्दःशास्त्र, पिंगल के नियमों के प्रति विशेष सजगता तथा कविता की रचना-प्रक्रिया कविता का भारतीय दृष्टि से भी कला या शिल्प के समीप ले जाती है। दरबार में चित्र, संगीत, नृत्य और कविता चारों कलाओं को संरक्षण प्राप्त था। ये कलाएँ आश्रयदाता की रुचि और मानसिकता के अनुकूल विकसित हो रही थीं। इनकी सृजनात्मक चेतना की समरूपता का ही परिणाम था कि कवियों द्वारा रचित कविताओं को बड़ी आसानी से चित्रकार चित्रों में उरेह देता था और चित्रकार के चित्रों को कवि शब्दों में बिम्बित कर देता था। कविता और चित्र के भाव को संगीतकार बाद में संगीत में ढाल देता था और राजदरबार की कुशल नर्तकियाँ अपने अंग-प्रत्यंग की थिरकन तथा नृत्य-मुद्राओं से उन्हीं भावों और अनुभावों को प्रत्यक्ष कर देती थीं।

परम्परा का दाय

रीतिकालीन कवि अपने को राजदरबार में प्रतिष्ठित करने के लिए तथा अधिकाधिक आदर-सम्मान प्राप्त करने के लिए अपने कवित्व के साथ-साथ पाण्डित्य का प्रदर्शन करना चाहते थे। इस उद्देश्य की पूर्ति के लिए वे विभिन्न शास्त्रों के सामान्य ज्ञान की झलक यथावसर देते रहते हैं। सामान्य सहृदयों के मन में अपनी परम्पराओं के प्रति भी थोड़ा-बहुत लगाव अवश्य होता है। इससे उनकी भावना के साथ ही संस्कार वृत्ति की भी तृप्ति होती है। आलोच्य कवियों ने काव्यशास्त्रीय, कामशास्त्रीय तथा नीतिशास्त्रीय ग्रन्थों के अलावा वैद्यक, ज्योतिष, गणित की सामग्री का भी उपयोग किया है।

संस्कृत काव्यशास्त्र का विकास प्रायः पाँच सम्प्रदायों में हुआ। रस-सम्प्रदाय, अलंकार-सम्प्रदाय, रीति-सम्प्रदाय, ध्वनि-सम्प्रदाय और वक्रोक्ति-सम्प्रदाय। रस-सम्प्रदाय की विधिवत् स्थापना भरत के नाट्यशास्त्र से हो गयी थी। परवर्त्ती आचार्यों लोल्लट, शंकुक, भट्टनायक, अभिनवगुप्त, भोज, मम्मट, विश्वनाथ आदि के द्वारा रस के सूत्रों तथा अवयवों की सूक्ष्मातिसूक्ष्म व्याख्याएँ की गयीं। आचार्य भानुदत्त मिश्र ने रसतरंगिणी तथा रसमंजरी में रस के स्वरूप एवं उसके भेदों की सुन्दर व्याख्या करके साधारण काव्यप्रेमियों के लिए सुबोध बना दिया। रीतिकालीन आचार्यों ने इन ग्रन्थों से प्रभूत सामग्री ग्रहण की। अलंकार को काव्य की आत्मा माननेवाले आचार्य भामह ने अलंकार-सम्प्रदाय की प्रतिष्ठा की। दण्डी, उद्भट, रुद्रट, जयदेव आदि ने सूक्ष्मातिसूक्ष्म भेदों-उपभेदों के निरूपण द्वारा अलंकार और अलंकार्य को अभिन्न ठहराया। अप्पय दीक्षित ने प्रमुख अलंकारों को 'कुवलयानन्द' नामक ग्रन्थ में सुबोध ढंग से प्रस्तुत किया। रीति-सम्प्रदाय के प्रवर्तक वामन ने रीति (वैदर्भी, पांचाली, गौड़ी) की व्याख्या तथा स्थापना करके गुणों की महत्ता स्थापित की। इसके बाद रीतियों तथा गुणों की संख्या तथा स्वरूप पर बहुत ऊहापोह एवं विचार-विमर्श हुआ। पण्डितराज जगन्नाथ तक तीन गुण (माधुर्य, ओज, प्रसाद) तथा तीन रीतियाँ ही सर्वमान्य हुईं। इसके बाद आनन्दवर्द्धन ने ध्वनि को काव्य की आत्मा मानते हुए रस, अलंकार, रीति आदि का ध्वनि के अन्तर्गत स्थान निर्दिष्ट कर दिया। कुन्तक ने वक्रोक्ति को काव्य का प्राण मानते हुए प्रतिभा पर आधृत कवि वैदग्ध्यभणिति के रूप में इसे परिभाषित करके वक्रोक्ति-सम्प्रदाय का प्रवर्तन किया। आगे चलकर आचार्य क्षेमेन्द्र द्वारा स्थापित एक और सिद्धान्त अस्तित्व में आया जिसे औचित्य-सिद्धान्त कहा गया।

काव्यशास्त्र के साथ ही छन्दःशास्त्रों की भी परम्परा मिलती है। कालिदास प्रणीत श्रुतबोध, क्षेमेन्द्र रचित सुवृत्त तिलक, स्वयंभू कृत स्वयंभू छन्द, हेमचन्द्र का छन्दोऽनुशासन, भट्ट केदार कृत वृत्त-रत्नाकर, गंगादास कृत छन्दोमंजरी, प्राकृतपैंगलम् इसी परम्परा के ग्रन्थ हैं।

यह सुदीर्घ और समृद्ध काव्यशास्त्रीय परम्परा रीतिकालीन आचार्यों तथा कवियों के समक्ष विद्यमान थी, किन्तु उन्होंने इसका समुचित और मौलिक उपयोग नहीं किया। परवर्ती संक्षिप्त ग्रन्थों की सहायता से ही इन आचार्यों ने अपने काव्य-सिद्धान्तों तथा काव्यांगों का निरूपण किया। इसीलिए इनमें समग्रता एव सर्वाङ्गीणता का अभाव है।

शृंगाररस के विभिन्न अवयवों के निरूपण तथा अभिव्यक्ति में रीतिकालीन कवियों ने कामसूत्र, रति-रहस्य, पंचशायक आदि कामशास्त्रीय ग्रन्थों से सहायता ली है।

मुक्त कविताओं में शृंगार के अलावा नीति और भक्ति के तत्त्वों को समाविष्ट किया गया है। व्यक्तिगत, पारिवारिक, सामाजिक, राजनीतिक तथा आर्थिक सम्बन्धों में किये जानेवाले आचरण एवं व्यवहार से सम्बन्धित बातों का कलात्मक निर्देश देने के लिए प्राचीन नीतिपरक शास्त्रों का ज्ञान अपेक्षित होता है। नीति से सम्बन्धी मुक्तकों की रचना की एक समृद्ध परम्परा पहले से ही चली आ रही थी जिसका उपयोग रीति कवियों ने किया। संस्कृत के हितोपदेश, पञ्चतन्त्र, नीति शतक (भर्तृहरि), विदुर नीति, चाणक्य नीति, प्रश्नोत्तर मणिमाला आदि ग्रन्थ इस दृष्टि से उल्लेखनीय हैं।

रीति कवियों ने अपनी अभिव्यक्ति के लिए जिस मुक्तक शैली को ग्रहण किया उसकी उत्कृष्ट परम्परा संस्कृत, प्राकृत और अपभ्रंश भाषाओं में मिलती है। गाथासप्तशती, आर्यासप्तशती, अमरुकशतक, शृंगारशतक, चौरपंचासिका, हेमचन्द्र के प्राकृम व्याकरण तथा छन्दोऽनुशासन में उद्धृत अपभ्रंश के दोहों में शृंगार, वीर तथा नीति के भाव मिलते हैं। नीति और वैराग्य से सम्बन्धित स्वतन्त्र शतकों की भी रचनाएँ की गयी हैं। स्तोत्रों में शिव-पार्वती तथा राधा-कृष्ण के शृंगार का खुला चित्रण

होता रहा। विशुद्ध काव्य की यह धारा भक्तिकाल में प्रच्छन्न रूप से थी किन्तु रीतिकालीन परिवेश में इसे प्रकट रूप से उमड़ने का समुचित अवसर प्राप्त हुआ। अपभ्रंश भाषा में वीर भावों से सम्बद्ध अनेक मुक्तकों का सृजन हुआ जिनका प्रभाव रीतिकाल पर स्पष्ट रूप से परिलक्षित होता है।

रीतिकाल का नामकरण

हिन्दी साहित्येतिहास के उत्तरमध्यकाल (संवत् 1700-1900) के नामकरण के सम्बन्ध में विद्वानों में मतैक्य नहीं मिलता। मिश्रबन्धुओं ने अलंकरण की प्रवृत्ति की प्रधानता के आधार पर इस युग को 'अलंकृति काल' की संज्ञा प्रदान की। यह नाम मूलतः कविता के विशेषण के आधार पर निर्मित किया गया है। मिश्रबन्धु यह तर्क देते हैं कि इस युग में कविता को अलंकृत करने की परिपाटी अधिक थी। यह तर्क अपने आप में निर्मूल नहीं है जिसे सहसा अस्वीकृत कर दिया जाय। रीतिकालीन काव्यों के अनुशीलन से यह स्पष्ट हो जाता है कि अलंकार की प्रवृत्ति इस युग की प्रमुख प्रवृत्तियों में से एक थी। किन्तु यह सर्वप्रमुख नहीं थी। कवियों की दृष्टि रस एवं भाव की ओर भी थी। रीतिमुक्त काव्यों तथा वीररस की कविताओं में भावों की ही मूल प्रेरणा है, तथा मुख्य लक्ष्य भावाभिव्यक्ति है। आचार्य कवियों में भी अधिकांश ने अपने रीति-निरूपण में रसवादी दृष्टि को ही स्पष्ट किया है अतः यह नाम उपयुक्त नहीं माना जा सकता है। पण्डित रामचन्द्र शुक्ल ने इस काल के लिए रीतिकाल नाम का प्रयोग किया है। शुक्ल जी ने अपने नामकरण के आधारों की प्रारम्भ में ही चर्चा कर दी है। इस काल में रस, छन्द, अलंकार, नायक-नायिका भेद आदि के निरूपण की विशिष्ट परम्परा का विकास हुआ। कवियों में आचार्य कहलाने की स्पृहा प्रमुख हो गयी थी। जो कवि काव्यशास्त्र के अंगों, उपांगों के निरूपण में नहीं प्रवृत्त हुए वे भी काव्य-रचना करते समय काव्यशास्त्रीय अनुशासन से आक्रान्त रहे। उनकी रचनाएँ रीति तत्त्वों के मापदण्ड को दृष्टिगत करके की गयीं। उनकी काव्यकला की परख रीतितत्त्वों के आधार पर ही की जाती रही। रीतिस्वच्छन्द काव्य भी रीति-परिपाटी से थोड़ा हटकर अलंकरण, चमत्कारिकता तथा शृंगारिकता की प्रवृत्ति के कारण रीति नाम की सीमा में आ जाता है। रीति शब्द संस्कृत की अपेक्षा अधिक व्यापक रूप में हिन्दी साहित्य में प्रयुक्त हुआ है। इसके अन्तर्गत रस, भाव, अलंकार तथा नायक-नायिका भेद सभी को समाहित कर लिया गया है। अतः रीति शब्द काव्यशास्त्रीय तत्त्वों के आधार पर निर्मित विशिष्ट रचना-पद्धति शैली या पन्थ का वाचक बन गया। हिन्दी के आचार्यों ने उपर्युक्त अर्थ में रीति शब्द का व्यवहार किया है।

रीति सु भाषा कवित की बरनत बुध अनुसार। (चिन्तामणि)
काव्य की रीति सिखी सुकबीन सों देखी सुनी बहुलोक की बातें॥ (भिखारीदास)

हिन्दी का रीतिकाल ऐसे काल का वाचक हो गया जिसमें संस्कृत काव्यशास्त्रों के आधार पर रीतिग्रन्थों का प्रणयन तथा रीतितत्त्वों के आलोक में काव्यग्रन्थों का सृजन हुआ। रीति की रोशनी इतनी प्रखर रही कि रीतिस्वच्छन्द काव्य भी उसकी चमक से एकदम मुक्त नहीं हो सका। डॉ. रामशंकर शुक्ल 'रसाल' ने इस काल को कलाकाल से अभिहित किया। उनका कथन है कि कलाकाल से तात्पर्य उस काल से है जिसमें हिन्दी-क्षेत्र में काव्य को कलापूर्ण किया गया अर्थात् उसमें काव्य के चमत्कृत-रूप एवं चातुर्यपूर्ण गुणों को ध्यान में रखकर रचनाएँ की गयीं और साथ ही काव्य की कला के नियमोपनियमों से सम्बन्ध रखनेवाले रीति या लक्षण ग्रन्थों की रचना हुई। रीतिकाल में भावों की तुलना में कला के प्रति विशेष सजगता बरती गयी है। इसीलिए कुछ हद तक इस नाम की सार्थकता सिद्ध होती है, किन्तु इस नाम से रीति-निरूपण का कोई संकेत नहीं मिलता। रीतिस्वच्छन्द कवियों में कला

के साथ ही भावनात्मक तल्लीनता कम नहीं है। अतः कलाकाल नाम अन्ततः अपर्याप्त हो जाता है। इसीलिए इस नाम को व्यापक स्वीकृति नहीं मिल पायी। पण्डित विश्वनाथ प्रसाद मिश्र ने ठोस तर्कों के आधार पर उत्तरमध्यकाल के लिए शृंगारकाल अभिधान सुझाया। रीतिकाल की काव्य प्रवृत्तियों को देखते हुए यह नाम काफी वजनदार प्रतीत होता है। रीतिकाल की अन्तर्वर्ती भावधारा शृंगारिकता से आप्लावित है। अलंकार, नायक-नायिका भेद, छन्दःशास्त्र, शब्द शक्ति आदि का विवेचन तथा अनुशासन तत्कालीन आलोचना के मापदण्ड के रूप में माने जा सकते हैं। कविता की रचना प्रक्रिया समसामयिक रुचि तथा पण्डितों के आलोचनात्मक दृष्टियों से भी प्रभावित होती है। इसका सबसे ज्वलन्त दृष्टान्त समसामयिक कविता ही है। मार्क्सवादी आलोचना दृष्टि के हावी होने के कारण कविता में यथार्थ जीवन, समाज तथा शोषित मानव की पीड़ा विशेष रूप से उभर रही है। लोकप्रिय पत्र-पत्रिकाओं में पुराने ढंग की रोमाण्टिक कविताओं को प्रकाशित करवाकर धन तथा यश पानेवाले कवि भी आम आदमी से जुडने की वकालत करते हैं। व्यक्तिवादी या भाववादी कविता को तीखी आलोचना का शिकार होना पड़ता है। यही स्थिति रीतिकाल की भी है। काव्यशास्त्र से ही कविता की श्रेष्ठता की माप होती थी। कविता पर बहस करने के लिए काव्यशास्त्र का ज्ञान होना आवश्यक था। रीतिस्वच्छन्द कवियों में भी विवशता दिखायी पड़ती है। बँधे-बँधाये मार्ग से हटकर चलनेवाले इन कवियों में छन्द, लय, शब्द-शक्ति, अलंकार आदि शास्त्रीय तत्त्वों की अवहेलना नहीं है। अधिकांश कवियों का प्रतिपाद्य शृंगाररस ही था तथा आचार्य बनने की अभिलाषा से उन्होंने जो रीति-रिरूपण किया वह संस्कृत काव्यशास्त्रों का अधूरा अनुकरणमात्र ही रह गया। इसीलिए सच्चे अर्थों में वे साहित्याचार्य नहीं माने जा सकते। भक्तिकाल तथा रीतिकाल दोनों की मूल भावना शृंगार तथा प्रेम ही है। इसी की अभिव्यक्ति ईश्वरीय परानुरक्ति तथा नारी अनुरक्ति के रूप में अलग-अलग हुई। मध्यकाल के अन्तर्गत भक्ति और रीतिकाल को जोड़नेवाला सामान सूत्र शृंगार को ही माना जा सकता है। भक्तिकाल के ईश्वरीय प्रेम तथा शृंगार रीतिकाल में लौकिक धरातल पर अवतरित हो गये। शृंगारकाल नाम से कविता के अलंकार तथा सजावट का भी बोध हो जाता है। अतः रीतिकाल की अपेक्षा शृंगारकाल नाम अधिक औचित्यपूर्ण है। शृंगारकाल नाम के विरुद्ध कुछ आपत्तियाँ भी उठायी गयी हैं—

1. कविता की मूल प्रेरणा शृंगार नहीं अर्थ है।
2. इसमें आश्रयदाताओं को खुश करने की प्रेरणा प्रमुख है कवियों की स्वयं की संसक्ति नहीं है।
3. शृंगारकाल नाम में अव्याप्त दोष हैं क्योंकि इससे वीर तथा भक्तिभाव की रचनाओं का बोध नहीं होता। रीतिकालीन रचनाकार तो खूब सहृदय तथा भावुक भी थे, दरबार के शृंगारिक वातावरण में शृंगारिक भावों के प्रति अनासक्त थे, ऐसा नहीं माना जा सकता। अनासक्त तथा तटस्थ कवि आश्रयदाता से धन-प्राप्ति की अभिलाषा से शृंगार की विविध दशाओं तथा स्थितियों का बड़ी सूक्ष्मता से रस लेकर चित्रण नहीं कर सकता। हिन्दी साहित्य का रीतिकाल विशुद्ध काव्य-परम्परा को आत्मसात् करके विकसित हुआ है। संस्कृत, प्राकृत तथा अपभ्रंश में विशेषकर मुक्तक रचनाओं में शृंगार को ही प्रमुख रस मानकर काव्य-सर्जना हुई। रीतिकालीन परिवेश शृङ्गारिक परम्परा के पुनः पल्लवित तथा फलित होने का अवसर प्रदान करता है। सूफी प्रेमाख्यानक काव्य तथा कृष्णकाव्य में क्या शृंगारिक भावों की कम अभिव्यंजना है। सन्त कवियों को भी कवि सिद्ध करने के लिए आत्मा-परमात्मा के सन्दर्भ में व्यक्त रहस्यवादी शृंगारिक प्रसंगों को ही प्रमाण रूप में प्रस्तुत किया

जाता है। जायसी तथा सूर को किस आश्रयदाता को खुश करना था। वीर तथा भक्तिरस इस युग की गौड़ प्रवृत्तियाँ हैं तथा पूर्व परम्परा का प्रसारमात्र हैं। रीतिकाल नाम रचना-परिपाटी को दृष्टि में रखकर निश्चित किया गया है और श्रृंगारकाल कविता को प्रमुख भावधारा या हृदयपक्ष को ध्यान में रखकर सुझाया गया नाम है। इसीलिए रामचन्द्र शुक्ल ने रीतिकाल के साथ श्रृंगारकाल नाम की समीचीनता की ओर संकेत किया। वास्तव में श्रृंगार और वीर इन्हीं दो रसों की कविता इस काल में हुई, प्रधानता श्रृंगार की ही रही। इससे इस काल को रस के विचार से कोई श्रृंगारकाल कहे तो कह सकता है। इसके पूर्व शुक्ल जी ने रीतिग्रन्थों की प्रमुख उपलब्धि रस-व्यंजना (श्रृंगार रस) को ही स्वीकार किया। "इन रीतिग्रन्थों के कर्त्ता भावुक, सहृदय और निपुण कवि थे। उनका उद्देश्य कविता करना था, न कि काव्यांगों का शास्त्रीय पद्धति पर निरूपण करना। अतः उनके द्वारा बड़ा भारी कार्य यह हुआ कि रसों (विशेषतः श्रृंगाररस) और अलंकारो के बहुत ही सरस और हृदयग्राही उदाहरण अत्यन्त प्रचुर परिमाण में प्रस्तुत हुए।" काव्यशास्त्रीय अनुशासन से निर्मित शैली (परिपाटी-विशेष) से निर्मित काव्य की देह के प्रति विशेष सजगता के बावजूद काव्य की आत्मा भाव ही है। इसमें भी प्रमुखता श्रृंगार की ही है। अतः श्रृंगारकाल नाम अधिक उचित है। डॉ. सत्यकाम वर्मा ने रीतिकाल के लिए काव्यविलासकाल, गणपतिचन्द्र गुप्त ने अपकर्षकाल, रामखेलावन पाण्डेय ने संवर्द्धनकाल (सन् 1601-1800 ई.), डॉ. शम्भुनाथ सिंह ने ह्रासकाल नाम प्रस्तावित किया है। इन नामों में नवीनता तथा मौलिकता प्रदर्शन का कौतुक मात्र है। नित्य नये नामों के सुझाव से समस्या सुलझती नहीं बल्कि उलझती है।

हिन्दी में रीति-परम्परा का प्रवर्तन

हिन्दी साहित्य के इतिहास में मध्यकाल एक सामयिक इकाई मात्र नहीं है बल्कि काव्य-परम्परा तथा प्रवृत्तियों के अन्तःप्रवाह की दृष्टि से भी मध्यकाल भक्ति एवं रीति नाम से विभाजित कालखण्डों को एक सूत्र में आबद्ध करता है। राग, उल्लास-माधुर्य, धार्मिक आस्था, सांस्कृतिक परम्पराओं से लगाव, कलात्मक तथा भावात्मक सजगता, समकालीन परिस्थितियों की प्रत्यक्ष या अप्रत्यक्ष प्रतिक्रिया आदि मध्यकालीन काव्य की सामान्य प्रवृत्तियाँ हैं। भक्तिकाल में काव्यशास्त्रीय सिद्धान्तों का प्रभाव, काव्यागों का विवेचन तथा रचना की विशिष्ट परिपाटी का सर्वथा अभाव नहीं है। रीतिकाल में भक्तिकालीन काव्यधारा बिलकुल शुष्क हो गयी हो ऐसा भी नहीं है। साहित्य के इतिहास में एक काल दूसरे में संक्रमित होता परिलक्षित होता है। भक्तिकाल में कृपाराम ने 'हिततरंगिणी', सूरदास ने 'साहित्यलहरी', नन्ददास ने 'रसमंजरी', केशव ने 'रसिकप्रिया', 'कविप्रिया', 'छन्दमाला', रहीम ने 'नायिका भेद', 'नगर-शोभा', न्यामत खाँ ने 'रसकोश', 'कलिबल्लभ', 'सिंगारतिलक', 'रसमंजरी' आदि रीतिग्रन्थों का सृजन किया। रामभक्त कवि तुलसीदास ने यद्यपि किसी रीतिग्रन्थ की रचना नहीं की किन्तु वे काव्यशास्त्र के विविध पक्षों के ज्ञाता थे। काव्य के प्रति इनका विशिष्ट दृष्टिकोण भी स्पष्ट है। भक्तकवियों ने भक्ति के स्वरूप और माहात्म्य को प्रतिष्ठित करने तथा उसे काव्यशास्त्रीय आधार पर परिपुष्ट करने के उद्देश्य से सामान्य भक्तों तथा काव्यप्रेमियों के ज्ञान के लिए रीतिग्रन्थों का प्रणयन किया। राजदरबारों में कवियों के आश्रय लेने के बाद उनके साथ का भक्त विशेषण हट गया। कविता ने भक्ति का अवलम्बन भी छोड़ दिया। कविता के गुण-दोषों की समझ विकसित करने तथा काव्यगोष्ठियों में काव्यास्वादन हेतु काव्यकला तथा शास्त्र के अंगोंपांगों का ज्ञान आवश्यक हो गया। अतएव रीति-निरूपण ने प्रमुख प्रवृत्ति का रूप धारण कर लिया। उपर्युक्त रीतिनिरूपक ग्रन्थों

में अधिकांश भक्त्याश्रयी हैं। कृपाराम की हिततरंगिणी अवश्य ही शुद्ध रीतिग्रन्थ है। इसमें नायिका-भेद की विस्तृत विवेचना है। "कृपाराम के व्यक्तित्व में इतनी शक्ति नहीं थी कि रीति-परम्परा को काव्य की अन्य प्रचलित परम्पराओं के समक्ष प्रतिष्ठित कर सकते। यह कार्य केशवदास ने किया।" यद्यपि केशवदास से रीति-परम्परा की असली शुरुआत मानी जाती है किन्तु काल-सीमा की दृष्टि से वे भक्तिकाल में ही पड़ते हैं। रीति का यह प्रवर्तक आचार्य पं. रामचन्द्र शुक्ल के द्वारा सगुण धारा के फुटकल कवियों में स्थान पा सका है यही स्थिति भक्तिकालीन काव्यधाराओं की है जिनको निर्धारित कालावधि के बाद अवरुद्ध मान लिया जाता है जबकि उनका विकास आगे भी होता रहा। यारी साहब, दरिया साहब, जगजीवनदास, पल्टू साहब, शिवनारायण, तुलसी साहब आदि कतिपय सन्तों की वाणियाँ रीतिकाल में भी गूँजती रहीं। सूफी प्रेमाख्यानक काव्यों की मधुरधारा राजसी ठाट-बाट से परे प्रवाहित रही। कासिम शाह, नूर मुहम्मद, शेख निवास, दुखहरणदास आदि यद्यपि रीतिकाल में उत्पन्न हुए किन्तु इनकी संसक्ति सूफी काव्य-परम्परा के प्रति थी। इसी तरह रामभक्ति तथा कृष्णभक्ति की काव्य-परम्पराएँ भी चलती रहीं। उनकी भाव-चेतना में लौकिक ऐश्वर्य तथा शृंगारिकता की समृद्धि अवश्य हुई किन्तु उनमें प्रभावहीनता नहीं थी। युग संक्रमण की इस प्रक्रिया को ध्यान में रखे बिना रीति-परम्परा का निर्धारण एकदम दोषमुक्त नहीं रह सकेगा। नये काल या प्रवृत्ति का प्रवर्तन ऐसे बिन्दु पर होता है जहाँ परम्परा और समकालीनता एक साथ मिलती हैं। केशव इसी बिन्दु पर अधिष्ठित हैं जहाँ भक्तिभावना कलात्मक चमत्कार तथा पाण्डित्य प्रदर्शन में परिणत हो जाती है। आचार्यत्व भक्ति का आधार और उद्देश्य छोड़ देता है। पं. रामचन्द्र शुक्ल ने कृपाराम, मोहनलाल मिश्र (शृंगार सागर तथा करनेस कर्णाभरण, श्रुति भूषण, भूप भूषण) का उल्लेख करते हुए केशव को रीति सम्यक् समावेशकर्त्ता माना किन्तु रीतिग्रन्थों की अखण्ड परम्परा का आरम्भ केशव से लगभग 50 वर्ष बाद चिन्तामणि से माना। यह परम्परा केशव के आदर्श तथा मार्ग पर न चलकर भिन्न मार्ग पर चली। केशव और चिन्तामणि दोनों ने संस्कृत ग्रन्थों का अनुसरण किया है। व्यक्तिगत रुचिभेद से अलग-अलग ग्रन्थों का आश्रय लेने से उच्चता तथा निम्नता का बोध नहीं होता। केशव भक्तिकाल में पैदा हुए थे। इसीलिए इन्हें जनरुचि का सम्बल नहीं मिल पाया। अतएव रीति-परम्परा का जोर-शोर से प्रचलन कुछ समय बाद हुआ। कविप्रिया तथा रसिकप्रिया में केशव ने क्रमशः अलंकार तथा रस का सर्वाङ्गीण विवेचन प्रस्तुत किया है। कविप्रिया में वे यदि अलंकारवादी हैं तो रसिकप्रिया में रसवादी है। डॉ. नगेन्द्र का मन्तव्य है, "कविप्रिया में अलंकार्य और अलंकार में अभेद करनेवाली पूर्वध्वनिकाल की विचारधारा की अभिव्यक्ति है और शृंगार को एकमात्र रस स्वीकृत करनेवाली 'रसिकप्रिया' पर उत्तरध्वनिकाल की सिद्धान्त परम्परा का गहरा प्रभाव है।'[1] अतएव केशवदास हिन्दी रीति-परम्परा के सबसे पहले मार्गस्तम्भ हैं।

केशवदास— केशव का जन्म सन् 1560 ई. में ओरछे, बुन्देलखण्ड (कुछ विद्वानों के अनुसार टेहरी) में हुआ था। इनके पिता काशीनाथ सनाढ्य ब्राह्मण थे। इनके परिवार में संस्कृत भाषा का गौरवपूर्ण स्थान था। महाराज इन्द्रजीत सिंह के दरबार में इनका गुरुवत् आदर था। केशव में आत्मगौरव और स्वतन्त्रता की भावना प्रबल थी।

कृतित्व— केशव द्वारा प्रणीत आठ कृतियाँ मिलती हैं-

रसिकप्रिया— इसमें कुल सोलह प्रभाव हैं। इन प्रभावों में गणेश तथा नवरसमय कृष्ण की वन्दना के पश्चात् नवरस का नामोल्लेख, शृंगार का महत्त्व, नायक-लक्षण, नायिका-भेद, दर्शन, दाम्पत्य

1. हिन्दी साहित्य का इतिहास, पृ. 164, 167.

चेष्टा भाव, खण्डिता-लक्षण, जड़ता-लक्षण, मानप्रसंग, करुण, विरह, सखी, वृत्ति, अनरस आदि का विवेचन तथा निरूपण है।

कविप्रिया— इसकी रचना मुख्य रूप से रमा, शारदा तथा शिवा के समान गुणवती प्रवीन राय नाम की वेश्या को काव्य-शिक्षा देने के लिए हुई थी। इसमें भी कुल सोलह प्रभाव हैं। आरम्भ के दो सर्गों में वन्दना, रचनाकाल, राजवंश, रचना-हेतु, कवि-वंश परिचय देने के बाद केशव मुख्य प्रतिपाद्य पर आते हैं। आचार्य ने दोषपूर्ण काव्य की निन्दा की तथा भूषणविहीन कविता को नग्न माना। 9-16 प्रभावों में विशिष्ट अलंकारों का विस्तृत विवेचन किया गया है।

रामचन्द्रिका— यह कृति केशव की ख्याति का प्रमुख कारण है। इस काव्य के सृजन की प्रेरणा आदिकवि वाल्मीकि के द्वारा मिली। राम की यश चन्द्रिका को स्फुटित करनेवाले इस महाकाव्य पर वाल्मीकि रामायण, प्रसन्नराघव, हनुमन्नाटक आदि ग्रन्थों का प्रभाव है। केशव ने रामकथा का वर्णन यह मानकर किया है कि इससे सभी पाठक परिचित हैं। वर्णन में बड़ी उछलकूद की गयी है। उन्तालीस प्रकाशों में विभक्त इस रचना में भाव-सौन्दर्य की अपेक्षा शिल्प-सौन्दर्य, मार्मिक संवादों की अपेक्षा वाक्पटुता, सहज चित्रण की अपेक्षा अलंकरण की प्रधानता है। छन्दों का तो यह अजायबघर है।

वीरसिंहदेवचरित— यह प्रबन्धात्मक चरितकाव्य है। इसमें इन्द्रजीत सिंह के भाई वीरसिंह के चरित का वर्णन किया गया है। तैंतीस प्रकाशों में मधुकर शाह के पुत्रों का पारस्परिक कलह, अकबर की विशाल वाहिनी से युद्ध, वीरसिंह देव का ओरछा का अधिपति होना, वीरसिंह की दिनचर्या, ऐश्वर्य तथा शौर्य का विशद अंकन किया गया है।

रतनबावनी— तिरपन छन्दों में निबद्ध तथा स्तुतिपरक काव्य है। इसमें कुँवर रतन के ओजस्वी व्यक्तित्व की सुन्दर अभिव्यक्ति है।

विज्ञानगीता, जहाँगीरजसचन्द्रिका, नख-शिख, बारहमासा केशव की अन्य रचनाएँ हैं।

आचार्यत्व विशेषताएँ— केशव कविशिक्षक सर्वाङ्गनिरूपक आचार्य की कोटि में आते हैं। साम्प्रदायिक दृष्टि से इन्हें अलंकारवादी तथा रसमार्ग में श्रृंगार का समर्थक माना जा सकता है। केशव दृष्टिहीन विशाल लोचन की तरह रससिक्त वाणी के अभाव में काव्य को व्यर्थ मानते हैं। अतएव रुचि से सोच-समझकर सरस कवित्त करना चाहिए। विभाव, अनुभाव और संचारी के मेल से थिर भाव का व्यंग्य सुखरूप रस की सृष्टि करता है। रसों की संख्या नौ है किन्तु श्रृंगार को अंगीरस अन्य को अंगीभूत माना गया है। संयोग और वियोग के प्रच्छन्न एवं प्रकाश भेद को लाला भगवानदीन ने केशव की ईजाद माना है। किन्तु इसके पूर्व अकबर साहि के श्रृंगारदर्पण में इनका उल्लेख हो चुका था।

केशव ने काव्य में अलंकारों की विशेष महत्ता प्रतिपादित की है—

जदपि सुजाति सुलच्छनी सुबरन सरस सुवृत्त।
भूषन बिनु न बिराजई कविता बनिता मित्त॥

संस्कृत के अलंकार विवेचकों से प्रभाव तथा प्रेरणा ग्रहण करते हुए भी केशव ने अलंकारों का विभाजन, नामकरण, लक्षण तथा उदाहरण में मौलिकता प्रदर्शित करने की कोशिश की। केशव द्वारा निरूपित रस, रसभेद, रसावयव, नायक-नायिका भेद, दोष, अलंकार आदि पर दृष्टिपात करने के बाद उनका आचार्यत्व असन्दिग्ध ठहरता है। गद्य के अभाव तथा विस्तृत विवेचन न होने से कहीं-कहीं अस्पष्टता अवश्य है।

पण्डित रामचन्द्र शुक्ल के इस निष्कर्ष ने कि केशव को कवि हृदय नहीं मिला था, उनमें वह सहृदयता और भावुकता न थी जो कि एक कवि में होनी चाहिए केशव की काव्य-प्रतिभा को विवादास्पद बना दिया। चन्द्रवदनी मृगलोचनियों के द्वारा बाबा सम्बोधन से खीझनेवाले कवि की रसिकता और सरसता काव्य में न प्रस्फुटित हुई हो ऐसा हो ही नहीं सकता। कविप्रिया तथा रसिकप्रिया में उदाहरणस्वरूप जो छन्द प्रस्तुत किये गये हैं उनमें केशव की काव्य-प्रतिभा खूब निखरी है। केशव की प्रसिद्ध रचना रामचन्द्रिका में वर्णित वियोग व्यथित सीता का चित्र देखिये—

धरे एक बेनी मिली मैल सारी। मृनाली मनो पंक तैं काढ़ि डारी ॥
सदा राम नामै ररै दीन बानी। चहूँ ओर है राकसी दुःखदानी ॥

राजकवि केशव राजसी प्रताप, ऐश्वर्य, शौर्य, युद्ध, सेना प्रयाण का जितना सुन्दर वर्णन करते हैं, उतना मार्मिक प्रसंगों का नहीं। वे कलात्मक स्थलों पर रमते हैं, भावात्मक स्थलों को छोड़कर चल देते हैं। उनकी प्रवृत्ति मुक्तकधर्मी अधिक है, प्रबन्धधर्मी कम। उनमें पर्याप्त काव्यप्रतिभा तथा सहृदयता है।

रीतिसाहित्य का वर्गीकरण

रीतिकाल में कुछ ऐसे कवि हुए जिन्होंने लक्षण का निरूपण किये बिना लक्ष्यमात्र से काव्यों का सृजन किया। कुछ कवि लक्षण और लक्ष्य की परवाह किये बिना विशुद्ध स्वानुभूति के आधार पर काव्य-रचना में प्रवृत्त हुए हैं। पण्डित विश्वनाथप्रसाद मिश्र ने रीतिकाल की प्रधान प्रवृत्ति शृंगार को ध्यान में रखकर शृंगारकाल अभिधान प्रयुक्त करते हुए इसे दो भागों में विभाजित किया-

1. रीतिबद्ध काव्यधारा— (क) लक्षणबद्ध काव्य (ख) लक्ष्यकाव्य।
2. रीतिमुक्त काव्य—रहस्योन्मुख काव्य, शुद्ध प्रेमकाव्य।

मिश्र जी ने लक्ष्यबद्ध काव्यों को रीति-सिद्ध-काव्य के नाम से भी सम्बोधित किया। इसी आधार पर रीतिकाल का त्रिविध वर्ग निर्मित होता है—

1. रीतिबद्ध काव्य— इसके अन्तर्गत रीति-निरूपण-सम्बन्धी रचनाएँ सम्मिलित की जाती हैं।
2. रीतिसिद्ध काव्य—इसके अन्तर्गत उन रचनाओं को जो रीति-तत्त्वों के आधार पर बिना लक्षणादि का विवेचन किये रची गयी हैं सम्मिलित किया जाता है।
3. रीतिमुक्त काव्य— इसके अन्तर्गत रीति-तत्त्वों से मुक्त स्वच्छन्द रचनाओं का समाहार है।

डॉ. नगेन्द्र ने रीतिबद्ध कवियों को रीतिबद्ध आचार्य कवि, रीतिसिद्ध कवियों को रीतिबद्ध कवि कहा है। डॉ. कृष्णचन्द्र वर्मा ने रीतिकाल की समस्त प्रधान और गौण प्रवृत्तियों को समेटते हुए कुछ और व्यापक वर्गीकरण प्रस्तुत किया है—

1. शृंगार काव्य—रीतिबद्ध, रीतिसिद्ध, रीतिमुक्त।
2. शृंगारेतर काव्य—वीरकाव्य, नीतिकाव्य, सन्तकाव्य, सूफीकाव्य, कृष्णकाव्य, रामकाव्य।

इस वर्गीकरण में गौण प्रवृत्तियों को भी मुख्य प्रवृत्तियों के समान ही महत्त्व दिया गया है। रीतिकाल की मूल चेतना भक्तिपरक नहीं है न तो उनमें सांसारिक भोग और ऐश्वर्य से छूटने की कोई आकुलता है। पहले संकेत किया जा चुका है कि यह काल समग्र रूप से मध्यकाल है जिसके पूर्वार्द्ध की केन्द्रीय काव्यभावना भक्ति है और उत्तरार्द्ध की केन्द्रीय भावना विशुद्ध ऐहिक है जो काव्यशास्त्रीय रीति-विशेष के आधार पर विशुद्ध कला के स्तर पर विकसित है। एक में भावात्मक आवेग है दूसरे में कलात्मक सजगता। भक्तिकालीन काव्य-प्रवृत्तियाँ यद्यपि उत्तरमध्यकाल में चलती

तो रहीं किन्तु उनमें वह प्रखरता एवं प्रभावात्मक व्याप्ति नहीं थी जो पहले थी। अतः नामकरण एवं वर्गीकरण में इनकी भूमिका नगण्य है। अन्य कवि और काव्य की ही ये अधिकारिणी हैं।

रीतिबद्ध काव्य—रीतिकाल के कतिपय आचार्य कवियों ने काव्य-शिक्षा के उद्देश्य से काव्यांग, अलंकार, रस, नायक-नायिका भेद, छन्द आदि के लक्षणों का निरूपण करते हुए सुन्दर कवित्वपूर्ण उदाहरणों से युक्त रीतिग्रन्थों का सृजन किया। डॉ. भगीरथ मिश्र ने इन ग्रन्थों को चार वर्गों में विभक्त किया है-

1. अलंकारनिरूपक ग्रन्थ—गोपा कृत अलंकारचन्द्रिका, करनेस कृत कर्णाभरण, श्रुतिभूषण, भूपभूषण, जसवन्त कृत भाषाभूषण, मतिराम कृत ललितललाम, भूषण कृत शिवराजभूषण, सूरति मिश्र कृत अलंकारमाला, दूलह कृत कविकुलकण्ठाभरण, पद्माकर कृत पद्माभराण आदि इसी वर्ग के हैं।

2. रस एवं नायिका-भेदनिरूपक ग्रन्थ—केशवदास कृत रसिकप्रिया, तोष कृत सुधा निधि, मण्डन कृत रस रत्नावली, कुलपति कृत रस-रहस्य, सूरति मिश्र कृत रत्नाकर, देव कृत भवानी विलास, सुखसागर तरंग, रसविलास, भिखारीदास कृत शृंगारनिर्णय, रससारांश, रसलीन कृत रसप्रबोध, चिन्तामणि कृत शृंगारमंजरी, मतिराम कृत रसराज, सुखदेव कृत शृंगारलता आदि ग्रन्थ इस कोटि में परिगणित हैं।

काव्यशास्त्र या विविधांगनिरूपक ग्रन्थ—केशवदास कृत कविप्रिया, चिन्तामणि कृत कवि कुलकल्पतरु, सूरति मिश्र कृत काव्यसिद्धान्त, भिखारीदास कृत काव्यनिर्णम, ग्वाल कृत साहित्यदर्पण, लछिराम कृत कमलानन्दकल्पतरु आदि।

पिंगलनिरूपक ग्रन्थ—केशवदास कृत छन्दमाल, चिन्तामणि कृत पिंगल, मतिराम कृत छन्दसार, भिखारीदास कृत छन्दार्णव आदि।

रीतिनिरूपक आचार्य कवियों (रीतिबद्ध) का संक्षिप्त परिचय

चिन्तामणि—(1600 ई. 1680-85) तिकवाँपुर कानपुर से सम्बद्ध चिन्तामणि का स्थान रीति आचार्यो में अग्रगण्य है। इनकी प्रमुख रचनाएँ रसविलास, शृंगारमञ्जरी, कविकुलकल्पतरु, छन्दविचारपिंगल हैं। इन्होंने काव्य के सभी अंगों पर विचार किया है। इन्होंने संस्कृत के आचार्यों के विचारों को विवेक के साथ ग्रहण करते हुए आवश्यकतानुसार कहीं-कहीं परिवर्तन भी कर दिया है। लक्षणों को स्पष्ट करने के लिए कुछ स्थलों पर ब्रजभाषा गद्य का प्रयोग इनकी विशेषता है। उदाहरणों की रचना में इन्होंने अपनी उत्कृष्ट काव्य-प्रतिभा का सुन्दर परिचय दिया है। इनकी कविता का एक उदाहरण उद्धृत है—

> **अवलोकनि में पलकैं न लगें, पलकौ अवलोकि बिना ललकै।**
> **पति के परिपूरन प्रेम पगी मन और सुभाव लगै न लकै ॥**
> **तिय की बिहँसौंही बिलोकनि में, 'मनि' आनन्द आँखिन यों झलकै।**
> **रसवंत कवित्तन को रस ज्यों अखरान के ऊपर ह्वै छलकै ॥**

चिन्तामणि सिद्धान्ततः रसवादी आचार्य हैं।

देव—(संवत् 1720-1834) ये इटावा जिले के द्योसरिया कान्यकुब्ज ब्राह्मण बिहारीलाल के पुत्र थे। ये बड़े स्वाभिमानी थे इसीलिए किसी आश्रयदाता के यहाँ अधिक दिन तक रुक नहीं पाते थे। इनके द्वारा लिखे गये 15 ग्रन्थ उपलब्ध हैं— भावविलास, अष्टयाम, भवानीविलास, प्रेमतरंग, कुशलविलास, जातिविलास, देवचरित्र, रसविलास, प्रेमचन्द्रिका, सुजानविनोद, काव्यरसायन, सुखसागर तरंग, रागरत्नाकर, देवशतक, देवमायाप्रपंच। देव का रीति-निरूपण, संक्षिप्त तथा स्पष्ट है। नये भेदों

की उद्भावना, नवीन छन्दों की खोज इनकी कतिपय विशेषताएँ हैं। इन विशेषताओं के बावजूद देव अशास्त्रीयता, असामंजस्य के दोष से मुक्त नहीं हैं। संस्कृत के काव्यशास्त्रियों जैसी सूक्ष्म विवेचन शक्ति तथा प्रवीणता देव में नहीं आ सकी है। कवित्व की दृष्टि से इनकी प्रतिभा अधिक निखरी है। देव का शृंगार चित्रण अत्यन्त सूक्ष्म तथा सरस है। नायिका की चंचलता का चित्र देखिये—

लोने मुख लचनि नचीन नैन कोरन की,
उरति न और ठौर सुरति सराहिनै।
बाम कर बार हार अंचल सम्हरी करै,
कैयो छन्द कन्दुक उछारै कर दाहिनै ॥

मतिराम—परम्परया ये चिन्तामणि और भूषण के भाई के रूप में प्रसिद्ध हैं। आधुनिक खोज से सिद्ध होता है कि मतिराम का जन्म सं. 1661 में उत्तर प्रदेश के फतेहपुर जनपदान्तर्गत बनपुर नामक स्थान में हुआ था। इनके द्वारा रचित आठ ग्रन्थों में फूलमंजरी, रसरास, ललितललाम, सतसई, अलंकार पंचाशिका, वृत्त कौमुदी उपलब्ध हैं। शेष दो लक्षण-शृंगार और साहित्यसार प्राप्त नहीं हैं। मतिराम ने कवित्त-सवैया के द्वारा प्रांजल तथा संयत भाषा में रस और अलंकार का विवेचन किया है।

मतिराम के काव्य का एक उदाहरण देखिये—

कुंदन को रंग फीको लगै, झलकै अति अंगिन चारु गोराई।
आँखिन में अलसानि चितौनि में मंजु विलासन की सरसाई॥
को बिनु मोल बिकात नहीं 'मतिराम' लहे मुसकानि मिठाई।
ज्यों ज्यों निहारिये नेरे ह्वै नैननि त्यों त्यों खरी निखरै सी निकाई॥

कुलपति मिश्र—(कविताकाल सन् 1660-1700) ये आगरा निवासी परशुराम मिश्र के पुत्र थे। 'रसरहस्य' इनका प्रसिद्ध ग्रन्थ है। इसमें काव्य-लक्षण, काव्य-प्रयोजन, काव्य-हेतु, काव्य-पुरुष रूपक, काव्य-भेद, शब्द-शक्ति, गुणीभूत व्यंग्य, गुण-दोष, शब्दालंकार, अर्थालंकार आदि का निरूपण मम्मट के काव्यप्रकाश के अनुसार किया गया है।

भिखारीदास—सर्वांगनिरूपक आचार्यों में भिखारीदास का महत्त्वपूर्ण स्थान है। उत्तरप्रदेश के प्रतापगढ़ जनपद में ट्योगा नामक स्थान पर कायस्थ कुल में इनका जन्म हुआ था। रससारांश, काव्यनिर्णय, छन्दोर्णवपिंगल आदि इनके प्रसिद्ध काव्यशास्त्र-सम्बन्धी ग्रन्थ हैं। इन्होंने संस्कृत काव्यशास्त्र का गहन अनुशीलन करके हिन्दी काव्य से उदाहरण देते हुए सिद्धान्तों का विशद विश्लेषण प्रस्तुत किया। परम्परागत अलंकारों एवं रसों का इन्होंने नया वर्गीकरण करने का मौलिक प्रयास किया। रस-ध्वनि की महत्ता स्थापित करनेवाले भिखारीदास का कवित्व इस दृष्टि से खरा उतरता है।

तोष—इलाहाबाद जिले के शृंगवेरपुर के सरयूपारी शुक्ल ब्राह्मण थे। विनयशतक, नख-शिख, सुधानिधि इनकी तीन रचनाओं का उल्लेख मिलता है। तोष की दृष्टि आचार्यत्व की अपेक्षा कवित्व के प्रति अधिक केन्द्रित है। इन्होंने उदाहरणों से ही विषय को स्पष्ट करने की चेष्टा की है। जहाँ उदाहरणों से काम नहीं चल पाया वहीं लक्षण देने का यत्न किया। सुन्दर लक्षणों को सरस कविता के द्वारा समझाना तोष जी की सबसे बड़ी विशेषता है। तोष की काव्य-प्रतिभा को निदर्शित करनेवाली अधोलिखित पंक्तियाँ देखिये—

श्रीहरि की छवि देखिबे को अँखियाँ प्रति रोमहिं में करि देतो।
बैनन को सुनिबे हित स्रौन जितै तित सो करतौ करि हेतो ॥

मो ढिग छाँड़ि न काम कहूँ रहै तोष कहै लिखितो बिधि एतो।
तो करतार इती करनी करिकै कलि में कल कीरति लेतो ॥

रसलीन—ये हरदोई के रहनेवाले थे। इनका मूल नाम सैय्यद गुलाम नबी था। रसप्रबोध तथा अंगदर्पण इनके दो ग्रन्थ हैं। ये क्रम व्यवस्था के प्रति इतने सजग हैं कि इनके विवेचन में पुनरुक्ति दोष नहीं मिलता। इनकी कविता में वैचित्र्य तथा चमत्कार अधिक है-

अगिन रूप बनि रे बिरह, कत जारत है मोहि।
तिय तन पानिय पाइकै बोरि मारिहौ तोहि॥

पद्माकर भट्ट—(सं. 1810-1890) ये तैलंग ब्राह्मण थे। मध्यप्रदेश के सागर निवासी कवि मोहनलाल भट्ट के पुत्र थे। इनके द्वारा लिखित हिम्मत बहादुर विरुदावली, पद्माभरण, जगद्विनोद, प्रबोधपचासा, गंगालहरी, प्रतापसिंह विरुदावली और कलि पच्चीसी आदि ग्रन्थ उपलब्ध हैं। अपने पूर्व के रीतिग्रन्थों के आश्रय से इन्होंने इसका विवेचन सुबोध रूप में प्रस्तुत किया। जगद्विनोद की काव्य-रसिकों के बीच बड़ी कदर रही। कवित्व की दृष्टि से पद्माकर का स्थान उच्चकोटि का है। "इनकी मधुर कल्पना' ऐसी स्वाभाविक और भावपूर्ण मूर्ति विधान करती है कि पाठक मानो प्रत्यक्ष अनुभूति में मग्न हो जाता है।"

रीति-निरूपण : सीमाएँ तथा उपलब्धियाँ

हिन्दी के समस्त रीति-निरूपक आचार्य कवित्व तथा आचार्यत्व के दोहरे दायित्व के निर्वाह के लिए प्रयत्नशील हैं। अपने इस दोहरेपन के कारण वे न तो श्रेष्ठ कवि बन पाये और न श्रेष्ठ आचार्य। समसामयिक काव्यरुचियों तथा फैशन के अनुसार कोई कवि तब तक श्रेष्ठ नहीं माना जाता था जब तक कि उसका काव्य शास्त्रीयता तथा फैशन के अनुसार कोई कवि तब श्रेष्ठ नहीं माना जाता था जब तक कि उसका काव्य शास्त्रीयता से पुष्ट न हो। काव्य-साधना के उच्च शिखर पर पहुँचते ही नये काव्य प्रणेताओं को रचना में दीक्षित करना भी उसकी अपेक्षा तथा महत्ता थी। कविशिक्षक आचार्य के रूप में काव्य-सिद्धान्तों तथा काव्यांगों के विवेचन, विस्तार, सूक्ष्मता निदर्शन आदि की निश्चित सीमाएँ होती हैं। रीति-आचार्यों की भी सम्भवतः यही सीमाएँ हैं। ये सरस काव्य द्वारा अपने शौकीन मिजाज आश्रयदाता, राजा रईसों, उमरावों और सम्भ्रान्त रसिक नागरिकों का मनोविनोद कर प्रतिष्ठा पाना चाहते थे। कभी-कभी उन्हें अपने पाण्डित्य प्रदर्शन की भी स्पृहा होती थी। रीतिग्रन्थ की रचना या तो उन्होंने आचार्यत्व की झूठी पदवी के प्रलोभन में आकर की या अपने-अपने आश्रयदाताओं, कतिपय काव्य-रसिकों या नवाभ्यासियों को काव्यांगों का साधारण ज्ञान करा देने के उद्देश्य से की। कवि और आचार्यत्व की द्विविधाग्रस्तता से जहाँ एक ओर रीतिआचार्यों की सीमाएँ निर्धारित होती हैं तो दूसरी ओर विशिष्ट तरह के कवि मानस का निर्माण भी होता है।

रीतिग्रन्थों के उपजीव्य संस्कृत के काव्यशास्त्रीय ग्रन्थ रहे किन्तु इनमें वैसी सूक्ष्मता तथा मौलिकता नहीं है। हिन्दी के आचार्य किसी सम्प्रदाय-विशेष (जैसे अलंकार, रस आदि) के अनुकर्त्ता नहीं थे। इन पर वाद या सम्प्रदाय का प्रभाव अवश्य परिलक्षित किया जा सकता है। अलंकार, रस और ध्वनि सम्प्रदायों का प्रभाव अधिक रहा। ये आचार्य काव्यशास्त्र के जटिल पक्षों-रसनिष्पत्ति, साधारणीकरण, काव्य की आत्मा, काव्यलक्षण आदि से सम्बद्ध अनेक मत-मतान्तरों के विवेचन और उनके अन्तराल से नयी दृष्टि के प्रतिपादन से बचते रहे। साहित्य-विमर्श रीतिआचार्यों का प्रमुख प्रयोजन नहीं था। उनका कवि व्यक्तित्व आचार्यत्व पर हावी है।

सशक्त गद्य का अभाव भी हिन्दी के इन आचार्यों के विवेचन को अपूर्ण बनाता है। पद्य के द्वारा सूक्ष्म विवेचन तथा व्याख्या सम्भव नहीं हो पाती। गद्य की अक्षमता का एहसास कतिपय आचार्यों को था भी। इसलिए उन्होंने थोड़ा-बहुत गद्य का भी प्रयोग किया। रीति आचार्यों ने अधिकतर चन्द्रालोक और कुवलयानन्द की संक्षिप्त पद्धति का प्रयोग किया है। दोहा या कवित्त-सवैया छन्द का प्रयोग करते हुए कभी-कभी एक ही छन्द में लक्षण तथा उदाहरण दोनों, कभी एक छन्द में लक्षण तथा दूसरे छन्द में उदाहरण रखा गया। काव्यप्रकाश, ध्वन्यालोक, साहित्यदर्पण, रसगंगाधर की विस्तृत व्याख्यात्मक शैली का भी कुछ हद तक अनुसरण किया गया है। चिन्तामणि का कविकुलकल्पतरु, काव्यविवेक, कुलपति का रस-रहस्य, सोमनाथ का रसपीयूषनिधि, भिखारीदास का काव्यनिर्णय लगभग इसी शैली में लिखे गये हैं।

शास्त्र की परम्परा को सरल रूप में हिन्दी में रखने की दृष्टि से इन आचार्यों का महत्त्व निःसन्देह रूप से स्वीकार्य है।

रीतिसिद्ध कवि तथा काव्य

इस वर्ग के कवि शास्त्र के सिद्धान्तों से खूब परिचित हैं, शास्त्रीयता के प्रति उनकी आसक्ति तो है किन्तु उसकी मजबूत जकड़न से मुक्त होने की भी कामना है। यद्यपि इन कवियों ने रीतिनिरूपक ग्रन्थों का लक्षण-लक्ष्यादि के साथ निर्माण नहीं किया तो भी लक्षणों के प्रति बराबर सचेष्ट रहे हैं। इनके हर छन्द पर कोई-न-कोई काव्यलक्षण घटित किया जा सकता है। रीतिशास्त्र में पूर्ण तथा सिद्ध होते हुए ये कवि रीति का बन्धन ढीला करके काव्य के रचना कार्य में प्रवृत्त हुए हैं। इसीलिए इनकी कविता काव्य-चेतना में नयी कल्पनाएँ तथा मौलिक उद्‌भावनाएँ निदर्शित हुई हैं। रीतिसिद्ध कवियों में आचार्य बनने की स्पृहा नहीं थी। इनकी समग्र चेतना काव्य सृजन पर केन्द्रित थी। इसलिए इनकी कविता सरस, आकर्षक और चमत्कारपूर्ण बन पड़ी। डॉ. कृष्णचन्द्र वर्मा का निष्कर्ष है कि, "इनमें रीति है, चमत्कार भी किन्तु स्वानुभूति और रस की व्यंजना भी। रससंचार के लिए ये काव्य-कविस्वानुभूतियों के सहारे अभिनव कल्पनाओं एवं उद्‌भावनाओं की सृष्टि कर काव्य में नवीनता और रमणीयता का संचार करते थे, केवल शास्त्रों की ही गिनी-गिनायी बातें सामने नहीं रखते थे वरन् संसार विषयक अपने अनुभव के भी सहारे भाव और सौन्दर्य विधान की नयी सामग्री पेश करते थे। यदि ये भी लक्षणग्रन्थ रचना में प्रवृत्त होते तो ऐसे सरस एवं अभिनव उक्तियों से पूर्ण काव्य की रचना ये न कर पाते जिनके कारण इनका वैशिष्ट्य स्वीकार करना पड़ता है।[1] रीतिसिद्ध कवि संस्कृत काव्यशास्त्र के विभिन्न सम्प्रदायों तथा संस्कृत, प्राकृत और अपभ्रंश मुक्तक काव्यों की परम्पराओं से अच्छी तरह अवगत थे। युगीन आवश्यकताओं तथा रुचि के अनुकूल उन्होंने काव्य-परम्परा को ग्रहण करके उस पर मौलिकता की छाप छोड़ दी। रीतिसिद्ध मुक्तक की अधिकांश प्रवृत्तियों को पूर्व की परम्परा में दृष्टिगत किया जा सकता है।

रीतिसिद्ध कवियों में बिहारी, सेनापति, कृष्ण कवि, बेनी, रसनिधि, पजनेस, रामसहाय आदि उल्लेखनीय हैं।

बिहारी

इनका जन्म सं. 1652 में ग्वालियर में हुआ था। इनका बाल्यकाल बुन्देलखण्ड में व्यतीत हुआ और सुघड़ तरुणाई ससुराल मथुरा में आयी। इनके पिता केशव राय थे। कुछ विद्वान् इस नाम को प्रसिद्ध कवि केशवदास से अभिन्न मानते हैं। बिहारी की मृत्यु संवत् 1720 ई. में हुई थी।

1.रीतिकाव्य की भूमिका, पृ.185.

काव्यगत विशेषताएँ—बिहारी का प्रसिद्ध ग्रन्थ 'बिहारी सतसई' है जो मुक्तकों का संग्रह है। बिहारी के मुक्तक अपने अर्थद्योतन में स्वतः सक्षम हैं। इनमें पूर्वापर सम्बन्ध नहीं है। इतना अवश्य है कि दोहों की समग्र अर्थ प्रतीति के लिए कुछ प्रसंगों की कल्पना करनी पड़ती है। इनमें श्रृंगार, नीति और भक्ति भावों के मार्मिक, सूक्ष्म तथा विविध चित्रण मिलते हैं। संयोग तथा वियोग की असंख्य मादक अनुभूतियाँ, नायिका भेद, उत्तेजक नख-शिख, सपत्नियों की ईर्ष्या, प्रणय-केलि, खण्डिता का उपालम्भ मान, अभिसार आदि श्रृंगारी दृश्यों से बिहारी सतसई सम्पृक्त है।

लघु छन्द में अनेक भावों को सम्पृक्त करने की कला तब तक सफल नहीं हो सकती जब तक काव्यभाषा सामासिकता तथा कल्पना की समाहार शक्ति से सम्पन्न न हो। बिहारी की इसी भाषिक सामासिकता को गागर में सागर भरने की उक्ति से जाना जाता है।

बिहारी के मुक्तकों में कलात्मकता का विशेष आग्रह है। इनकी कविता में भावों का ठण्डा प्रवाह नहीं बल्कि भावों की तेज चमक है। इनके मुक्तकों का सृजन काव्यशास्त्रीय पृष्ठभूमि पर है अतः काव्यास्वाद के लिए शास्त्रीय ज्ञान भी अपेक्षित है।

बिहारी की सौन्दर्य चेतना—बिहारी की सौन्दर्य-दृष्टि रीतिकालीन वातावरण की सृष्टि है। इसीलिए इनमें बाह्य सौन्दर्य का ही अंकन विशेष रूप से हुआ है। बिहारी की नायिकाएँ अधिकतर गौरांगिनी, कनकवर्णी तथा नवलनागरी हैं। कवि को रंग की सूक्ष्म अनुभूति है। बिहारी रूपवर्ण के जितने पारखी हैं उतने ही सौन्दर्य के चित्रांकन में पारंगत। रीतिकालीन परिवेश में दूर की कौड़ी तलाशनेवाले कवियों के बीच बिहारी का यह चित्र निश्चित रूप से श्लाघनीय है—

सहज सेत पंचतोरिया पहिरत अति छबि होति।
जल चादर के दीप लौं जगमगाति तन जोति ॥

बिहारी नख-शिख का व्यवस्थित वर्णन न करके भी अलग-अलग दोहों में नायिका के प्रमुख अंगो की कान्ति तथा मसृणता का चित्र उरेहते हैं।

बिहारी का प्रेमादर्श—बिहारी लौकिक तथा पार्थिव राग के श्रेष्ठ उद्गाता तथा सफल चितेरे हैं। इनका प्रेमादर्श किसी अलौकिक प्रेमास्पद की परिकल्पना तथा आध्यात्मिकता के आरोप से रहित है। इनका प्रेम जीवन की आनन्दमयी क्रीड़ा की एक शाश्वत प्रक्रिया है। इसमें विशुद्ध लोकानुभूति की रागरंजित लालसा, द्रवणशीलता एवं तीव्रता है।

श्रृंगारिक भाव-व्यंजना—बिहारी श्रृंगार से सम्बद्ध अनेक प्रसंगों की मार्मिक उद्भावनाएँ करते है। संयोग के अन्तर्गत कवि द्वारा की गयी अनुभावों, हावों की योजना निश्चित ही उत्कृष्ट है। पं. रामचन्द्र शुक्ल की सम्मति है-'बिहारी की रस व्यंजना का पूर्ण वैभव उनके अनुभावों के विधान में दिखायी पड़ता है। अधिक स्थलों पर तो इनकी योजना की निपुणता और उक्ति कौशल के दर्शन होते हैं। पर इस विधान में इनकी कल्पना की मधुरता झलकती है। अनुभावों और हावों की ऐसी सुन्दर योजना कोई श्रृंगारी कवि नहीं कर सकता।[1]

सतसई में सात्त्विक अनुभावों की योजना संवेदनात्मक तथा अनुभूतिपरक हैं। बिहारी का काव्यसंसार नायिकाओं की मनोरम तथा आकर्षक चेष्टाओं से भरपूर है।

बिहारी ने संयोग शृङ्गार के अन्तर्गत हास तथा विनोद का सुन्दर विधान किया है। हास-परिहास की योजना मानवती तथा खण्डिता प्रकरण में अधिक हुई है।

---

1. रीतियुगीन काव्य, पृ. 171.

बिहारी ने अधिकतर विरहिणी की दशा का ऊहात्मक तथा अतिरंजित चित्र खींचा है। असम्भाव्य सत्य पर आधारित उक्तियाँ वाहवाही के सिवाय मर्महीन हैं जैसे-

करी विरह ऐसी तऊ गैल न छाड़तु नीचु।
दीनै हूँ चसमा चखनु चाहै लहै न मीचु ॥

बिहारी का सम्बन्ध रसवाद तथा ध्वनि से स्थापित किया जाता है। सतसई में कई प्रकार के काव्यतत्त्वों तथा काव्य-उपादानों का 'स्वाद' भरा है। बिहारी का रस से अभिप्राय उन समस्त तत्त्वों तथा द्रव्यों से है जो परस्पर संश्लिष्ट होकर काव्य के आस्वाद को घनीभूत बनाते हैं।

सतसई के अनेक दोहों में शब्दार्थ को अभिधा तथा लक्षणा से न प्रकट कर व्यंजना से संवेद्य बनाया गया है। यह ध्वन्यार्थ जिसका पर्याय व्यंग्यार्थ भी है अधिक विदग्ध और विलक्षण है। ध्वनि के भेदोपभेद के उदाहरण सतसई में आसानी से ढूँढ़े जा सकते हैं। बिहारी सतसई में शृङ्गार की विविध परिस्थितियों में नायक-नायिकाओं के विविध शास्त्रीय रूपों के वर्णन मिलते हैं। इससे सिद्ध होता है कि कवि को नायक-नायिका निरूपक ग्रन्थों का अच्छा ज्ञान था।

बिहारी ने वक्रोक्ति सिद्धान्त का भी समर्थन किया है। डॉ. नगेन्द्र का कथन है 'बिहारी ने बाँकपन को और भी आग्रह के साथ ग्रहण किया है...वक्रता वस्तुतः ध्वनि का व्यक्त रूप है। कल्पना का आत्मगत रूप ध्वनि और वस्तुगत रूप वक्रता है। बिहारी सिद्धान्ततः ध्वनिवादी थे।

बिहारी ने शब्दालंकार, अर्थालंकार तथा उभयालंकार सभी की योजना बड़े उत्कृष्ट ढंग से की है। अनुप्रास की छटा से युक्त अधोलिखित दोहा देखिये-

मार सुमार करी, डरी, मरी मरीहिं न मारि।
सींचि गुलाब घरी घरी, अरी बरीहिं न बारि ॥

बिहारी ने सादृश्यमूलक अलंकारों में उपमा, रूपक तथा उत्प्रेक्षा का विधान किया है। विरोधमूलक अलंकारों की योजना अधिक चमत्कारपूर्ण है।

बिहारी ने काव्यभाषा के रूप में ब्रज को अपनाया किन्तु इसके इस्तेमाल में इन्होंने कला पर विशेष ध्यान दिया, शब्द तथा रूपों की विशुद्धता पर नहीं। बुन्देली का प्रभाव इनकी भाषा पर स्पष्ट रूप से लक्षित किया जा सकता है।

सेनापति– अन्तःसाक्ष्य के अनुसार सेनापति के पिता गंगाधर दीक्षित गंगातट पर अनूप बस्ती में रहते थे। बुलन्दशहर (उत्तर प्रदेश) में स्थित अनूपशहर को ही विद्वानों ने अनूप बस्ती होने का अनुमान किया है।

सेनापति की प्रसिद्ध रचना 'कवित्त रत्नाकर' है। पाँच तरंगों में विभक्त इस रचना में श्लेष, शृंगार, षड्ऋतु, रामायण और रामरसायन का वर्णन है। भाव-व्यंजना, पदलालित्य, उक्ति चमत्कार और लय की दृष्टि से सेनापति की कविता उत्कृष्ट सिद्ध होती है। श्लेष अलंकार की नियोजना में तो सेनापति का स्थान अद्वितीय है। इनके ऋतु-वर्णन में शब्दों के कलात्मक प्रवाह में भाव सौन्दर्य निखर पड़ा है।

पृथ्वी सिंह 'रसनिधि'- (रचनाकाल सन् 1603 से 1660 ई.) ये दतिया राज्यान्तर्गत बरौनी के जागीरदार थे। बिहारी सतसई की प्रेरणा से लिखित 'रतन हजारा' नामक दोहा संग्रह इनकी ख्याति का आधारस्तम्भ है।

लाल भाल पै लसत है, सुन्दर बेंदी लाल।
कियो तिलक अनुराग ज्यों लखि कै रूप रसाल॥
सबही कौ पोषन करै, अमृत कला सरसाइ।
ससि चकोर के दरद को, अज्यौं सकत नहिं पाइ॥

वृन्दावन उपनाम वृन्द—(सन् 1643-1723) इनके पूर्वज बीकानेर के शाकद्वीपी भोजक ब्राह्मण थे जो रूपजी के मेड़ते में बस गये थे। यहीं वृन्द का जन्म हुआ था। बारहमासा, भावपंचाशिका, नयनपचीसी, पवनपचीसी, शृंगार शिक्षा, यमक, सतसई आदि इनकी रीतिसिद्ध काव्य-कृतियाँ हैं। शृंगार, ऋतु, अंग सौन्दर्य, भक्ति इनके वर्ण्य-विषय हैं।

यमक के चमत्कारिक प्रयोग से युक्त निम्न दोहे देखिये—

मुरली मुरलीधर धरी, अरी परी धुनि कान।
जातन जात न बनत है, लाज करी कुल कान॥
देह दही बेंचत दही, दई-दई यह जाति।
गोरस मिस गोरसहिं, हरि, मग मंडराति डराति॥

विक्रमादित्य—बुन्देलखण्डीय चरखारी के नरेश विक्रमादित्य जिनका राज्यकाल सन् 1782-1829 ई. तक रहा, हिन्दी कविता के प्रेमी और श्रेष्ठ रचनाकार थे। सतसई परम्परा में इनकी 'विक्रम सतसई' विख्यात है। बिहारी सतसई का इस पर स्पष्ट प्रभाव दिखायी पड़ता है।

राम सहाय—चौबेपुर वाराणसी के निवासी भवानीदास कायस्थ के पुत्र राम सहाय काशीनरेश उदितनारायण सिंह के आश्रित कवि थे। इनके द्वारा लिखी गयी राम सतसई में नख-शिख, रस, ध्वनि, अलंकार आदि का सुन्दर वर्णन है।

पजनेस—1815 ई. के आस-पास इन्होंने 'नख-शिख' और 'मधुर प्रिया' नामक दो ग्रन्थों का प्रणयन किया था। किन्तु ये ग्रन्थ अभी तक उपलब्ध नहीं हैं। इधर 'पजनेश प्रकाश' नामक संग्रह प्रकाशित हुआ है जिसके आधार पर इनकी कविता की विशेषताओं को आसानी से समझा जा सकता है। अनुप्रास का आग्रह, भाषिक स्वच्छन्दता, अलंकार के प्रति विशेष लगाव इनकी कविता के विशिष्ट गुण माने जा सकते हैं।

बेनी वाजपेयी- असनी निवासी बेनी रचित नख-शिख तथा षड्ऋतु सम्बन्धी अनेक फुटकल छन्द मिलते हैं। इनकी कविता की मूल भावना शृंगारिक है। नृपशंभू, नेवाज, कृष्ण कवि, हठी जी इस वर्ग के अन्य उल्लेखनीय कवि हैं।

रीतिमुक्त काव्य

रीतिकाल में कुछ कवियों का ऐसा वर्ग है जो न तो आचार्यत्व के मोह में पड़ा न रीतिशास्त्रों के कठोर अनुशासन को स्वीकार करके लक्ष्यस्वरूप कविता का निर्माण किया। आत्मानुभूतिजन्य प्रेमभावना के स्वच्छन्द गायक इस वर्ग के रचनाकारों की काव्य चेतना बौद्धिक कलाबाजी से जकड़कर हार्दिकता से विच्छिन्न नहीं होती। कलात्मक चमक-चमक में भाव राशि चौंधियाती नहीं बल्कि कला के द्वारा भावछवि निखर पड़ती हैं। इन कवियों की रीति (गार्ग या पद्धति) प्रेममार्गी है, इस मार्ग से गतिशील भावकला की रोशनी में और भी दमक रहा है। इस वर्ग के रसखान, आलम, घनआनन्द, बोधा, ठाकुर प्रसिद्ध हैं।

प्रमुख प्रतिपाद्य प्रेम—प्रेम के चितेरे रीतिमुक्त रचनाकारों की प्रणयानुभूति व्यापक तथा सूक्ष्म दोनों है। प्रेमलक्षणा भक्ति-साधना की तरह इनके ऐहिक प्रेम में लोक-लाज तथा मान-अपमान की परवाह नहीं है। इन्हें न तो धार्मिक कवच की जरूरत है और न दार्शनिक पृष्ठभूमि एवं आध्यात्मिक प्रेम की। अपनी एकान्तिकता तथा आत्यन्तिकता में इनका वैयक्तिक प्रेम आध्यात्मिक प्रेम की तरह पवित्र तथा विशुद्ध प्रतीत होने लगता है। प्रेम का तूफान इनके हृदय से जगा है, जिससे इनके व्यावहारिक जगत् तथा काव्य-जगत् दोनों की धार्मिक-सामाजिक मर्यादाएँ टूटी हैं। प्रेम के सहज उदात्तीकरण की सीमा में सूफियों के प्रेम की परी समा जाती है। इसीलिए इन पर सूफी प्रेमादर्श का प्रभाव परिलक्षित होता है। इन कवियों के प्रेम की प्रकृति एकतरफा तथा विषम है। प्रेमी प्रिय के लिए जितना तड़पता है उतना प्रिय नहीं। प्रिय की यह निष्ठुरता प्रेम के आवेग को ठण्डा नहीं करती बल्कि उलाहना एवं एकान्त साधना के रूप में और भी गहराती है। प्रेम की यह विषमता घनानन्द के काव्य में इतने ऊँचे उठ गयी है कि प्रेम के अंकन मं अजीब-सा निखार और रंग आ गया है। डॉ. मनोहरलाल गौड़ का मत है कि 'स्वच्छन्द प्रेम का चरम उत्कर्ष विषमता में ही निष्पन्न होता है।'[1] विषम प्रेम का एक उलाहना भरा-चित्र दर्शनीय है—

तब है सहाय हाय कैसे धौं सुहाई ऐसी,
सब सुख संग लै बिछोह दुख दै चलै।
सींचे रस रंग अंग अंगनि अनंग सौंपि,
अंतर मैं विषम विषाद बेलि बै चलै॥

पं. विश्वनाथ प्रसाद मिश्र ने इस तरह के विषम प्रेम-चित्रण पर फारसी काव्य का प्रभाव स्वीकार किया है। रीतिमुक्त प्रेम काव्य में वियोग की प्रधानता है। महाकवि शेली जो करुणतम भावों को मधुरतम काव्य मानता है, महाकवि भवभूति की दृष्टि में करुण ही एकमात्र रस है, रीतिमुक्त काव्य में यही करुणा प्रबल आवेग से प्रतिफलित होती है। ये कवि चित्त में सुख की चाह लेकर जिस दिशा में जाते हैं वहीं दर्द सनेही मिल जाता है—

दिशि जेहि चल्यौ सुख चित जाय।
तित दरद सनेही मिलत आय॥

ये कवि ऊहात्मक पद्धति से विरह-व्यथा की नाप-तौल नहीं करते न अतिशय कल्पना द्वारा हास्यास्पद चमत्कार उत्पन्न करते हैं बल्कि अपने हृदय की मार्मिक वेदना की प्रत्यक्ष विवृत्ति करते हैं। विरह के क्षणों, संयोगकाल में किये गये सुखों का स्मरण न करके संयोग में भी विरह से ग्रस्त रहते हैं। विरह-व्यथा के संवाहक तथा सूचक रूप में सखी, दूती आदि माध्यम प्रायः इनके लिए व्यर्थ हैं। इनकी अन्तर्व्यथा सीधे आत्मकथन के रूप में प्रत्यक्ष होती है। कभी-कभी इनकी व्यथा ऐन्द्रिक सामर्थ्य को पंगु कर देती है। प्रेम की पीड़ा अनिर्वचनीय हो जाती है। मौन को भेदकर उमड़ती व्यथा सम्पूर्ण स्थिति को और भी मार्मिक बना देती है, वैसे तो यह पीर—

मुँदते ही बनै कहते न बनै तन में यह पीर पिरैबो करै॥

व्यक्तित्व की छाप—रीतिमुक्त कविता स्वानुभूति की निवृत्ति का परिणाम होने के कारण कवि के व्यक्तित्व की स्पष्ट छाप लिये हुए है। व्यक्तिवैशिष्ट्य के द्वारा इन कवियों की कविता को अलग

1.हिन्दी साहित्य का इतिहास, पृ. 171.

करके पहचाना जा सकता है। डॉ. कृष्णचन्द्र वर्मा कवियों के निजी वैशिष्ट्य को रेखांकित करते हुए लिखते हैं, 'दो टूक बात कहने में बोधा अपनी सानी नहीं रखते, लोकोक्तिगर्भित प्रवाहपूर्ण भाषा लिखने में ठाकुर अपनी मिसाल नहीं रखते, प्रीति विषमता का अनुभूति-प्रवण-चित्रण और विरोधाश्रित भाषा-शैली का चमत्कार दिखाने में घनानन्द की समता कहाँ और उन्मादिनी परानुक्ति का रसखान-सा सरस, सरल चितेरा दूसरा कहाँ। अपनी इस निजता के कारण ये कवि हिन्दी की काव्य-सम्पदा संवर्द्धक और रीतिबद्ध काव्यकाल में एक अभिनव प्रेमधारा के प्रवाहक हो गये हैं।'[1]

काव्य सम्प्रदायों की जकड़न से मुक्त-रीतिमुक्त कवि शास्त्रीय परम्पराओं से पूर्णतया अवगत होते हुए भी उनकी जकड़बन्दी तथा अनुशासन से मुक्त थे। काव्य की सृजन प्रक्रिया में अनुभूति के सहज आवेग की महत्ता मानने के कारण इन कवियों ने काव्यशिक्षा का माखौल भी उड़ाया है। ठाकुर का विचार है कि कुछ कवि-समयों तथा काव्यरूढ़ियों का ज्ञान प्राप्त कर लेने मात्र से सुकवि नहीं बना जा सकता है—

सीखि लीनो मीन मृग खंजन कमल नैन,
सीखि लीनो जस और प्रताप को कहानो है।
डेल सो बनाय आय मेलत सभा के बीच,
लोगन कवित्त कीबो खेल करि जानो है।

दरबारी मनोवृत्ति का अभाव—रीतिमुक्त कवियों की आत्मिक स्वच्छन्दता तथा मनमौजीपन उन्हें दरबारगीरी की पात्रता से वंचित कर देता था। यश, धन और पद के लोभ में ये अपने स्वत्व को बेचने में असमर्थ थे। अपनी इसी मनोवृत्ति के कारण ठाकुर, घनानन्द और बोधा ने दरबारी आश्रय का परित्याग कर दिया। रसखान और द्विजदेव तो राजसी वैभव को त्यागकर प्रेम की उदात्त धारा के प्रति समर्पित हो गये थे।

लोकोन्मुख चेतना—रीतिकाव्य के सहज आवेग में ग्रामीण उत्सवों तथा पर्वों के उल्लास तथा आनन्द का मनोरम समावेश हो गया है। बुन्देलखण्ड के विविध त्योहार गगनौर, अखती, हरयाली तीज, होली, झूला आदि के चित्र ठाकुर के काव्य में बड़े मनोयोग से पिरोये गये हैं।

शिल्प-सौन्दर्य—रीतिमुक्त कवियों की शिल्पविधि का सबसे बड़ा आकर्षण है उसकी आयासहीन सहजता। अलंकारों के प्रति इनमें विशेष आग्रह नहीं है। इन कवियों को भाषा की शक्ति की अच्छी परख है। भाषा की अभिव्यंजना शक्ति को संवर्द्धित करने के लिए संस्कृत, अरबी, फारसी, पंजाबी, राजस्थानी, बुन्देली आदि के शब्दों का बेहिचक प्रयोग किया गया। भाषा का परिमार्जन तथा व्यवस्थापन भी इन लोगों के द्वारा हुआ है। ठाकुर ने लोकोक्तियों के प्रयोग द्वारा, रसखान ने मुहावरों द्वारा तथा आनन्दघन ने लक्षणा, मुहावरे, व्याकरण-शुद्धि आदि गुणों से भाषा के स्वरूप को श्रेष्ठ तथा सुसंस्कृत बनाया है। 'आनन्दघन ने भाषा में अभिव्यक्ति के अनेकों ऐसे नवीन मार्ग खोले हैं जो इनसे पूर्व किसी दृष्टि में नहीं आये थे।'[2] कवित्त-सवैया जैसे प्रचलित मुक्तक छन्दों का इन कवियों ने प्रयोग किया।

रीतिमुक्त कवियों में प्रबन्ध-रचना की भी कुशलता मिलती है। आलम प्रणीत सुदामाचरित्र, श्यामसनेही, माधवानल कामकन्दला, बोधाकृत 'विरहवारीश' प्रबन्धात्मक रचनाएँ हैं।

रीतिमुक्त कवि और काव्य

1. रसखान—शाही वंश में उत्पन्न रसखान श्रीकृष्ण की भक्ति से अभिभूत होकर वृन्दावन

1. हिन्दी साहित्य का इतिहास—पृ. 248
2. रीतियुगीन काव्य, पृ. 182

निवास करने लगे थे। प्रेमवाटिका में इन्होंने प्रेम को समस्त धर्मों के सार के रूप में निरूपित किया है। प्रेम पा लेने के बाद न तो वैकुण्ठ की इच्छा रहती है और न हरि की चाह—

जेहि पाये बैकुंठ अरु हरि हू की नहिं चाहि।
सोइ अलौकिक सुद्ध सुभ सरस सुप्रेम कहाहि॥

उच्चकोटि के कृष्णभक्त होने के कारण रसखान की प्रेम-भावना गोपी-कृष्ण के प्रणय सन्दर्भों में व्यक्त होती है। भक्ति-भाव से अनुशासित होने के कारण इनके द्वारा चित्रित शृंगारिक प्रसंग मर्यादित बने रहे। अनुशासित चेतना के रहते हुए भी कवि का शृंगारिक भावावेग स्वच्छन्द रूप में फूट ही पड़ा है—

आवत लाल गुलाल लिये मग सूने मिली इक नारि नबीनी।
त्यों रसखानि लगाइ हिये भटू मौज कियौ मन माहिं अधीनी।
सारी फटी, सुकुमारी हटी, अँगिया दरकी सरकी रंग भीनी।
लाल गुलाल लगाई लगाई कै अंक रिझाइ बिदा करि दीनी॥

आलम—पण्डित रामचन्द्र शुक्ल आलम का कविताकाल सं. 1740-1760 मानते हैं। इनका जन्म ब्राह्मण वंश में हुआ था किन्तु कालान्तर में एक रँगरेजिन की काव्य-प्रतिभा पर आसक्त होकर इन्होंने उससे विवाह करके इस्लाम धर्म स्वीकार कर लिया। कुछ विद्वानों का अनुमान है कि शेख नाम से युक्त कविताएँ इनकी पत्नी के द्वारा बनायी गयी हैं।

आलम के काव्य का मुख्य प्रतिपाद्य प्रेम है जो मुक्तकों तथा प्रबन्धों के माध्यम से अभिव्यंजित हुआ है। इनकी मुक्तक रचनाओं का संग्रह 'आलम केलि' तथा प्रबन्धात्मक कृतियाँ 'माधवानल कामकन्दला' और 'श्यामसनेही' प्रसिद्ध हैं।

आलम ने शृंगारिक भावोद्‌बोधन के लिए नायिका की रूपछवि तथा आंगिक सौन्दर्य का उत्कृष्ट चित्रण किया है। कवि ने परम्परित उपमानों तथा अलंकरण के द्वारा नायिका के रूप को मूर्त्त करने की चेष्टा की है। सौन्दर्यांकन में कवि ने काव्यकला का चमत्कार खूब प्रदर्शित किया है।

गोपियों की व्यग्रता तथा विवशता का निरूपण अधोलिखित पंक्तियों में कितनी कलात्मकता से हुआ है—

देखे टक लागै अनदेखे पलकौ न लागै,
देखे अन देखे नैना, निमिष रहित हैं।
सखी तुम कान्ह हौ जु आन की न चिंता,
हम देखेहु दुखित अन देखेहु दुखित हैं॥

वैयक्तिक स्तर पर भोगी हुई प्रेमव्यथा की सरल तथा सीधी अभिव्यक्ति करनेवाले आलम सीध ो हृदय पर चोट करते हैं। इनकी भाषा सुव्यवस्थित तथा परिष्कृत है। कभी-कभी ये फारसी काव्य-शैली की ओर उन्मुख होते दिखायी देते हैं।

आलम में पर्याप्त प्रबन्ध-पटुता भी है। कथा के सहज प्रवाह में जहाँ ठहराव होता है कवि वहाँ ऐस मनोरम तथा सरस भाव दृश्य प्रत्यक्ष करता है कि यह ठहराव मालूम ही नहीं पड़ता। कथावस्तु में नियोजित तत्त्वों के अनुपात का उन्हें इतना अच्छा ज्ञान था कि उनके दो प्रबन्धों में से एक भी केशव की रामचन्द्रिका का-सा उखड़ापन नहीं है।[1]

1. घनानंद और स्वच्छन्द काव्यधारा, पृ.236.

घनानन्द—घनानन्द के जीवन से सम्बन्धित प्रामाणिक तथा पुष्ट सूचनाएँ नहीं मिलतीं। डॉ.मनोहरलाल गौड़ अनेक मतों तथा स्रोतों का परीक्षण करके इसी निष्कर्ष पर पहुँचते हैं कि आनन्दघन (घनानन्द) जो बुलन्दशहर जिले के किसी ब्रजभाषा क्षेत्र से मिले कस्बे में जन्मे थे। बाद में देहली चले गये। जाति के कायस्थ थे। गायन कला में निपुण थे। सुजान नाम की किसी यवनी वेश्या से प्रेम हो गया। लाला भगवानदीन ने अध्ययन तथा पूछताछ से आनन्दघन का जन्म संवत् 1715 तथा मृत्यु संवत् 1796 निश्चित किया। डॉ. गौड़ जन्मतिथि संवत् 1730 तथा मृत्यु संवत् 1817 सिद्ध करते है।[1] घनानन्द द्वारा लिखी गयी चालीस रचनाओं का उल्लेख मिलता है। पं. विश्वनाथप्रसाद मिश्र द्वारा सम्पादित 'घनानन्द ग्रन्थावली' नाम से इनकी रचनाओं का संग्रह प्रकाशित हुआ है।

घनानन्द मूलतः प्रेम और भक्तिभाव के कवि है। सुजान के प्रति अभिव्यक्त प्रेम लौकिकता तथा कृष्ण के प्रति व्यक्त प्रेम अलौकिकता का संस्पर्श करता है। लौकिक प्रेम का स्वर इनमें अधिक मुखर तथा तीव्र है। यद्यपि परिणाम की दृष्टि से कृष्णप्रेम सम्बन्धी छन्दों की संख्या अधिक है। कृष्ण तथा गोपी के रूप मुद्रा के अंकन में घनानन्द को विशेष सफलता हासिल हुई है। वह संयोग की अपेक्षा गोपियों के वियोग की पीड़ा को बड़ी मार्मिकता से उद्घाटित करते हैं। प्रेमी के साथ बहेलिये से भी बढ़कर क्रूरता का बर्ताव करनेवाले प्रिय को दिया गया उपालम्भ कितना कलात्मक तथा संवेदनात्मक है-

अधिक बधिक ते सुजान! रीति रावरी है,
कपट चुगो दै फिरि निपट करौ बुरी।
गुननि पकरि लै, निपाँख करि छोरि देहु,
मरहि न जियै महा विषम दया छुरि॥

घनानन्द की कलागत सजगता तथा काव्यभाषा का स्वरूप विलक्षण है। लाक्षणिक तथा सुष्ठु शब्दों के विन्यास, मुहावरों के प्रचुर प्रयोग, लोक शब्दावली की सर्जनात्मक ऊर्जा की पहचान, भावपरिस्थिति के अनुसार शब्दों में प्रौढ़ता, लोच, संकोच तथा विस्तार की क्षमता आदि घनानन्द की कविता के नये-नये पन्थों से गुजरने का साहस प्रदान करती है।[2]

बोधा-ये बाँदा जनपद के राजापुर के सरयूपारीण ब्राह्मण थे। इनका सम्बन्ध पन्ना के राजदरबार से था। इनका रचनाकाल संवत् 1830-1860 तक माना जाता है। विरहवारीश तथा इश्कनामा इनकी दो उपलब्ध रचनाएँ हैं। इन्होने बहुत से फुटकर कवित्त तथा सवैयों की रचना की है। बोधा रसवादी कवि हैं। इन्होंने अपने प्रेम सम्बन्धी अनुभूतियों को बड़े निश्छल भाव से छन्दबद्ध किया है। लोक-मर्यादा का उल्लंघन करने का कारण कहीं-कहीं इनके काव्य में अनैतिक कथन हो गये हैं। कहीं-कहीं व्याकरणिक दोषों के बावजूद इनकी भाषा मुहावरेवार और भावानुकूल है।

अति छीन मृनाल के तारहु ते तेहि ऊपर पाँव दै आवनो है।
सुई बेह ते द्वार सकीन वहाँ परतीति को टांड़ो लदावनो है।
कवि बोधा अनी घनी नेजहु ते चढ़ि तापै न चित्त डरावनो है।
यह प्रेम को पंथ कराल महा तरवारि की धार पै धावनो है।

---

1. रीतियुगीन काव्य,- पृ.182
2. घनानन्द और स्वच्छन्द काव्यधारा, पृ. 266

बोधा की दृष्टि में प्रेम के पथ पर चलना अत्यन्त कठिन है। कमल नाल के अति क्षीण तार के ऊपर पैर रखकर चलना है। सुई के छेद जैसे सँकरे मार्ग पर विश्वास का कारवाँ लादना है। घने भाले के नोक के ऊपर चढ़कर भी चित्त को निडर रखना है। प्रेम का मार्ग बहुत जोखिम भरा है। यह वैसे ही है जैसे तलवार की धार पर दौड़ना।

ठाकुर—इनके पूर्वज काकोरी जिला लखनऊ के मूल निवासी थे। इनके पिता गुलाबराय अपनी ससुराल ओरछे में बस गये थे। यहीं संवत् 1823 में ठाकुर का जन्म हुआ था। जैतपुर नरेश केशरी सिंह के यहाँ इन्हें खूब सम्मान प्राप्त था। ठाकुर स्वाभिमानी, वाक्पटु तथा साहसी व्यक्ति थे।

'ठाकुर ठसक' तथा 'ठाकुर-शतक' इनके दो संग्रह उपलब्ध हैं। ठाकुर की काव्य-दृष्टि स्पष्ट थी। वे काव्य-रचना में शिक्षा की अपेक्षा प्रतिभा को अधिक महत्त्वपूर्ण मानते हैं। अन्य रीतिस्वच्छन्द कवियों की तरह ठाकुर की कविता का भी प्रमुख प्रतिपाद्य प्रेम है। राधा-कृष्ण के आश्रम से उनके हृदय की प्रेमभावना अभिव्यक्ति पाती है। ठाकुर की आसक्ति लोकपर्वों तथा त्योहारों के प्रति भी थी। होली, अखती आदि के मार्मिक चित्र अंकित करने मे ठाकुर खूब सफल हुए हैं। पं. रामचन्द्र शुक्ल ने ठाकुर की कविता की भूरि-भूरि प्रशंसा की है, "ठाकुर बहुत ही सच्ची उमंग के कवि थे। इनमें कृत्रिमता का लेश नहीं। न तो कहीं व्यर्थ का शब्दाडम्बर है, न कल्पना की झूठी उड़ान और न अनुभूति के विरुद्ध भावों का उत्कर्ष। जैसे भावों का जिस ढंग से मनुष्यमात्र अनुभव करते हैं, वैसे भावों को उसी ढंग से यह कवि अपनी स्वाभाविक भाषा में उतार देता है।"[1]

द्विजदेव—(मानसिंह) (सन् 1820-1861) ये अयोध्या नरेश महाराज दर्शन सिंह के भतीजे तथा दत्तक पुत्र थे। इनका ऋतुवर्णन अत्यन्त सरस तथा काव्यात्मक है। शृंगारबत्तीसी तथा शृंगारलतिका इनकी दो रचनाएँ प्रसिद्ध हैं। अकृत्रिम भाषा में इनका प्रकृति प्रेम उमड़ पड़ा है। उदाहरणार्थ—

चुनरी सुरंग सजि सोहि अंग अंगनि,
उमंगनि अनंग अंगना लौं उमहति है।
झुकि-झुकि झाँकति झरोखन तैं कारी घटा,
चौहरे अटा पै बिज्जु छटा-सी जागति है।

रीतिबद्ध और रीतिमुक्त काव्य में अन्तर

1. रीतिबद्ध कवियों में दो प्रकार के कवि है। एक आचार्यत्व के मोह से ग्रस्त, दूसरे आचार्यत्व के ज्ञान में मस्त। तात्पर्य है कि जो कवि आचार्य और कवि दोनों में सिद्धहस्त होने की चाह रखते हैं। उनकी कारयित्री एवं भावयित्री प्रतिभा की द्वन्द्वात्मक स्थिति होने के कारण वे किसी में भी महारत हासिल नहीं कर पाये। केशवदास, चिन्तामणि, मतिराम, सूरति मिश्र, देव आदि की प्रतिभा काव्य विवेचन में अधिक व्यय हुई है। आचार्य कवि ज्यादातर उदाहरणस्वरूप (लक्ष्य) कविताएँ रचते हैं। अतः उनसे भी इनकी सीमाएँ बनती हैं। कुछ रचानाकारों में यद्यपि पर्याप्त काव्य-प्रतिभा है। फलस्वरूप उन्होंने अच्छी एवं मौलिक रचनाएँ भी लिखी हैं किन्तु वे शास्त्रीय मर्यादाओं में बँधे रहने के कारण काल्पनिक उड़ान भरने में असमर्थ रह जाते हैं। बिहारी आदि जिन्हें रीतिसिद्ध कवि कहा गया है वे रीति के अनुशासन से आबद्ध हैं। भाव-व्यंजना की अपेक्षा काव्य चमत्कार प्रदर्शन इनकी मुख्य कामना है। रीतिस्वच्छन्द कवि काव्यशास्त्रीय तत्त्वों का उपयोग अपनी भावानुभूति की गहरी एवं

1. डॉ. मनोहरलाल गौड़, घनानन्द और रीतिस्वच्छन्द धारा-पृ.21-25

प्रभावशाली अभिव्यंजना के लिए करते हैं। रीतिमुक्त कवि शास्त्रीय उपादानों से पूरी तरह मुक्त हैं, ऐसा कहना समीचीन नहीं है। रीतिमुक्त कवियों को भी अलंकारादि का अच्छा ज्ञान है। शब्दों के लाक्षणिक विधान की पर्याप्त समझ है। शब्दों के आनुप्रासिक प्रयोग, उपमा एवं अन्य सादृश्यमूलक अलंकारों के प्रयोग में इनकी काव्यचातुरी दिखायी देती है।

2. रीतिबद्ध काव्य का रचना-संसार व्यापक है। उनमें भक्ति, शृंगार, वीर, नीति आदि अनेक भावों एवं प्रसगों की अभिव्यक्ति हुई है। कई कवियों ने बादशाहों तथा राजाओं की प्रशस्ति में भी कविताएँ लिखी हैं। रीतिबद्ध कवि अधिकांशतः आश्रयदाताओं के संरक्षण में थे। रीतिमुक्त कवि अपनी स्वच्छन्द प्रवृत्ति के कारण राज्याश्रय से जुड़कर भी उसके प्रति पूरी निष्ठा एवं समर्पण नहीं कर सके हैं। रीतिमुक्त कवि प्रमुख रूप से शृंगार तथा प्रेम चित्रण में ही तल्लीन रहते हैं। उन्हें पूरा विश्वास है कि उनकी वाणी जो हृदय से निःसृत है श्रोताओं को बिना किसी शास्त्रीय दीक्षा के ग्राह्य होगी। अतः वे कविशिक्षा देने का उपक्रम नहीं करते हैं।

3. रीतिबद्ध कवि अधिकांशतः प्रेम का चित्रण द्रष्टाभाव से करते हैं। वे नायिका के प्रेम एवं सौन्दर्य का तल्लीन होकर चित्रण करते हैं किन्तु विरह-दशा के चित्रण में उसकी पीड़ा का मार्मिक चित्रण न करके ऊहात्मक वर्णन करते हैं। वे हर स्थिति में स्त्री को मनोरंजन का साधन मानते हैं। इसीलिए वे उसकी पीड़ा का हास्यास्पद चित्र खींचते हुए उत्सव मनाते हैं। बिहारी के अनेक दोहों में विरहिणी के विरह की नाप-तौल का वर्णन हुआ है। विरह-ताप के आधिक्य, व्यथाजनित दुर्बलता आदि के चित्रण में भी अतिरंजित कल्पना से काम लिया गया है। रीतिमुक्त कवि प्रेम के स्वयं भोक्ता हैं अतः उनमें प्रेमानुभूति की प्रामाणिकता है। वे प्रेम को लुका-छिपी का खेल नहीं मानते हैं। चूँकि रीतिमुक्त कवि प्रेम की पवित्रता एवं पूर्ण समर्पण के समर्थक हैं। इसीलिए उन्हें न तो सामाजिक भय है और न लुका-छिपी की जरूरत है। वे प्रेम के साधक हैं। इसलिए उन्हें संयोग में भी वियोग की व्यथा की अनुभूति होती है। रीतिमुक्त कवियों का प्रेम-चित्रण उदात्त भावभूमि पर प्रतिष्ठित होकर लौकिकता एवं अलौकिकता की सीमा का अतिक्रमण कर जाता है। सूफी कवियों की तरह वे लौकिक प्रेम में ईश्वरीय प्रेम की व्यंजना करते हैं। घनानन्द से सुजान नामक वेश्या के प्रति प्रेम का अंकुरण हुआ लेकिन उसकी परिणति सुजान कृष्ण के प्रति सघन एवं अलौकिक प्रेम में हुई। ये कवि प्रेम के मार्ग को सन्तों एवं सूफियों की तरह कठिन मानते हैं। उस पर चलना हँसी और खेल नहीं है। बोधा कहते हैं कि, "वह तरवारि के धार पर धावनो है।" यह उक्ति कबीर से उस कथन के मेल में है जिसमें उन्होंने कहा है कि सीस कटाने का संकल्प रखनेवाला व्यक्ति ही प्रेम के गृह में प्रवेश पा सकता है। रीतिमुक्त कवि ऐहिक प्रेम की उदात्त अनुभूति में ही रमते हैं। रीतिबद्ध कवियों ने भी भक्तिपरक रचनाएँ की हैं किन्तु उनकी भक्तिभावना एवं शृंगारभावना अलग-अलग निर्दिष्ट होती है। रीतिमुक्त कवि दोनों भावों को संश्लिष्ट एवं समन्वित कर देते हैं। रीतिमुक्त कवियों के लिए राधा-कृष्ण के प्रेम का चित्रण किसी तरह का सामाजिक कवच नहीं है क्योंकि उनका प्रेम पूरी निष्ठा और समर्पण के साथ है, उसमें निःशंक भाव तो है ही, साथ ही सामाजिक एवं राजकीय दण्ड को भोगने का भी दृढ़ संकल्प है।

प्रेम के सन्दर्भ में रीतिबद्ध कवि लोकानुभूति को व्यक्त करते हैं किन्तु रीतिमुक्त कवि आत्मानुभूति को व्यक्त करते हैं। इसीलिए रीतिमुक्त कवियों में आत्मनिवेदन तथा आन्तरिकता अधिक है। रीतिबद्ध कवि उत्सवों तथा त्योहारों में सर्वाधिक महत्त्व होली को देते है क्योंकि इसमें मर्यादाबद्धता कम-से-कम होती है। रीतिमुक्त कवियों में लोकजीवन के विविध प्रसंगों के प्रति अधिक आकर्षण है।

1. रामचन्द्र शुक्ल-हिन्दी साहित्य का इतिहास-पृ 263.

रीतिबद्ध काव्य में परिपाटीबद्धता के कारण समता अधिक है। रीतिमुक्त कवियों के काव्य पर उनके व्यक्तित्व की स्पष्ट छाप है। व्यक्ति वैशिष्ट्य के कारण उनकी कविता की अलग-अलग पहचान की जा सकती है।

वैसे तो सम्पूर्ण रीतिकाव्य पर फारसी उर्दू कविता का प्रभाव है। क्योंकि दरबार में हिन्दी तथा उर्दू कवियों की बराबर होड़ रहा करती थी। हर दरबारी कवि एक दूसरे से बाजी मारने के चक्कर में रहता था। फारसी के कथन की भंगिमा एवं नाजुक मिजाजी रीतिकाव्य में दिखायी देती है। रीतिमुक्त कवि फारसी कविता से अपेक्षाकृत अधिक प्रभावित हैं। घनानन्द फारसी के अच्छे ज्ञाता थे। इन्होने 'वियोग वेलि' में जिस छन्द का प्रयोग किया है वह फारसी का है। शराब, दिल के टुकड़े, प्राणों का घुटना, छुरी, तलवार आदि प्रयोग फारसी काव्य के प्रभाव माने गये हैं यद्यपि इस तरह के प्रयोगों की परम्परा भारतीय मुक्तककाव्य में भी रही है। अपभ्रंश का एक दोहा है—

विट्टीए मइं भणिइ मा करु बंकिम दिट्ठि।
भल्लि सकण्णिइ बेधिया मारइ हियइ पइट्ठि॥

बेटी मैं कहती हूँ कि तुम वक्र दृष्टि मत किया करो क्योंकि वह कान तक खींचे गये भाले की तरह हृदय में पैठकर बेधती है।

रीतिबद्ध कवियों की तुलना में रीतिमुक्त कवि मुहावरों, लोकोक्तियों तथा लक्षणाओं के द्वारा अपनी भाषा की शक्ति को अधिक संवर्धित करते हैं। रीतिमुक्त धारा कविता की स्वच्छन्द धारा है जो क्लैसिक (शास्त्रीय विधानों) के दबाव से मुक्त होकर स्वच्छन्द कल्पना लोक में प्रवाहित होती है। यह संयोग ही है कि जिस समय अंग्रेजी में स्वच्छन्द (रोमाण्टिक) काव्यप्रवृत्ति अग्रसर थी उसी समय हिन्दी में अपने तरीके से स्वच्छन्द काव्यधारा प्रवहमान् थी। छायावाद के समय में अंग्रेजी काव्य का अध्ययन अनुशीलन होने लगा था इसीलिए उसकी स्थिति रीतिस्वच्छन्द धारा से भिन्न हो गयी है। वहाँ कल्पना की उड़ान रीति स्वच्छन्द धारा से अधिक है। साथ ही उसमें वायवीपन भी है।

रीतिकाल की अन्य प्रवृत्तियाँ

उत्तरमध्यकाल की अनेक काव्यप्रवृत्तियाँ भी उल्लेखनीय हैं। रीति-निरूपण, रीतिबद्ध काव्य एवं रीतिमुक्त काव्य-रचना इस युग की प्रधान प्रवृत्ति है। रस या भाव की दृष्टि से अन्य गौण प्रवृत्तियों पर भी शृंगारिकता, विलासिता तथा काव्यशास्त्रीय उपादानों का प्रभाव परिलक्षित होता है। पूर्वमध्यकाल की भक्तिभावना का रचनात्मक प्रवाह यहाँ भी बना है। सन्तों और सूफियों के अलावा कृष्णभक्त तथा रामभक्त कवि सर्जनशील हैं। वीरभाव की रचनाओं का जो सिलसिला आदिकाल में शुरू हुआ उसका विकास एवं प्रसार भक्तिकाल तथा रीतिकाल में भी हुआ। आदिकाल के रासोकाव्य मूल कवियों के वंशजों के रचनात्मक योग से लघु से वृहत एवं वृहत्तम आकार में परिणत हुए हैं। पृथ्वीराज रासो, खुमाण रासो आदि ऐसे ग्रन्थ हैं जिनमें रीतिकाल में भी बहुत कुछ जोड़ा गया है। रीतिकाल की अन्य प्रवृत्तियाँ जो पूर्ववर्ती प्रवृत्तियों के अगले विकास के रूप में विद्यामान हैं। उन्हें निम्न वर्गो में विवेचित किया जा सकता है।

भक्तिकाव्य

भक्तिकाव्य में निर्गुण तथा सगुण दोनों भावधाराएँ प्रवहमान् हैं। निर्गुण भक्तिकाव्य के अन्तर्गत सन्त एवं सूफी प्रेमाख्यानककाव्य को समाहित किया जाता है।

सन्तकाव्य—सन्तकाव्य-परम्परा को जीवन्त रखनेवाले प्रमुख सन्त हैं—यारी साहब, दरिया साहब, जगजीवन साहब, पलटू साहब, चरनदास, शिवनारायण, तुलसी साहब, गुरु तेगबहादुर, अक्षर अनन्य प्राणनाथ आदि।

यारी साहब (1700 ई.) का पूरा नाम यार मुहम्मद था। स्पष्ट है कि ये मुस्लिम सन्त थे। इनकी रचनाओं में अध्यात्म, योग तथा ज्ञान का उपदेश दिया गया है। ये बावरी सम्प्रदाय से सम्बद्ध थे। आत्मा-परमात्मा को प्रेयसी तथा प्रियतम के रूप में इन्होंने भी मान्यता दी है। दरिया साहब (1664-1780 ई.) बिहार के मुस्लिम सन्त थे। इनके छत्तीस शिष्य थे। ज्ञानदीप, दरिया सागर इनकी दो रचनाएँ हैं। निर्गुण की साधना में नाम स्मरण को इन्होंने विशेष महत्त्व दिया है। इन पर कबीर का विशेष प्रभाव है। जगजीवन साहब (1670-1731 ई.) दादू दयाल की शिष्य-परम्परा में होते हुए भी इन्होंने सतनामी सम्प्रदाय चलाया। इनके शिष्यों में गोविन्द साहब, भीखा साहब, पलटू साहब उल्लेखनीय हैं। इनका जन्म बाराबंकी जनपद के सरहदा गाँव में तथा स्वर्गवास कोटवा में हुआ था प्रथम ग्रन्थ, ज्ञानप्रकाश, शब्दसागर, आगम पद्धति, महाप्रलय, प्रेमपन्थ अघविनाश इनकी उल्लेखनीय कृतियाँ हैं। निर्गुणपन्थी होते हुए भी ये सगुण से प्रभावित हैं। अवध क्षेत्र में रहने के कारण इनकी ब्रजभाषा पर अवधी का प्रभाव है। पलटू साहब वैश्य जाति के थे। ये फैजावाद जनपद के नागपुर जलालपुर गाँव में पैदा हुए थे। इन्होंने अन्योक्ति का सुन्दर प्रयोग किया है। चरनदास (1703-1782 ई.) अलवर के पास मेवात के रहनेवाले थे। इन्होंने चरनदासी सम्प्रदाय का प्रवर्तन किया, इनके बावन शिष्यों ने बावन शाखाएँ बना दीं। इनके शिष्यों में कई महिलाएँ भी थीं। 'अमरलोक अखण्ड धाम वर्णन', अष्टांगयोग' 'ज्ञानस्वरोदय', 'धर्मजहाज', 'ब्रज-चरित्र', 'भक्ति-सागर' इनके प्रमुख ग्रन्थ हैं। शिवनारायण (1716-1791 ई.) ये बलिया जिले के चन्दवार नामक स्थान के थे। 'गुरु अन्यास,' इनकी प्रसिद्ध रचना है। उन्होंने ज्ञान और योग के विषय में अपने अनुभवों तथा विचारों को व्यक्त किया है। इनकी भाषा पर भोजपुरी का प्रभाव है। तुलसी साहब (1760-1882 ई.) के बीच उपस्थित थे। दाक्षिणात्य ब्राह्मण पूना के युवराज थे किन्तु विरक्त होकर उत्तर प्रदेश के हाथरस में रहने लगे थे। 'घट रामायण' की रचना इन्होंने ही की थी। इसके अलावा रत्नसागर, शब्दावली पद्मसार इनकी रचना हैं। गुरु तेगबहादुर (1622-1675) सिक्खों के नवें गुरु थे। आदिग्रन्थ में इनकी रचनाएँ संकलित हैं। प्राणनाथ का जन्म जामनगर में 1618 ई. में हुआ था। हिन्दी, संस्कृत, अरबी-फारसी आदि कई भाषाओं के ज्ञानी प्राणनाथ की 'मारफत सागर, कयामतनामा, सागर-सिंगार, किरतन, षट्ऋतु, खेलबात, रामग्रन्थ, प्रकाशग्रन्थ कई कृतियाँ हैं।

बिहार के धरणीदास गाजीपुर (उ.प्र.) के बूला साहब, यहीं के गुलाल साहब, इलनदास, गरीबदास आदि सन्त भी उल्लेखनीय हैं। दयाबाई, सहजोबाई, चरणदास की शिष्याएँ थीं। 'सहज प्रकाश' में सहजोबाई की रचनाएँ प्रकाशित हैं। सहजोबाई ने अपने गुरु की सराहना में निम्न पद रचा है—

चिउंटी जहाँ न चढ़ि सकै, सरसों ना ठहराय
सहजो कूँ वा देस मैं सतगुरु दई बसाय ॥
सहजो गुरु रंगरेज-सा, सब ही कू रंग देत।
जैसा तैसा वसन है जो कोई आवै सेत ॥

शिवदयाल की पत्नी को राधा कहते थे। अतः ये राधा-स्वामी सम्प्रदाय (दयालबाग-आगरा) के मूल सन्त हैं।

उत्तरवर्ती सन्तों की वाणी मे कबीर जैसा जोश और जागरण शक्ति नहीं थी। ये बाह्याडम्बरों में खुद ही फँस गये थे। इनकी गद्दियाँ बन गयी थीं, और कई सन्त स्वयं पूज्य हो गये थे। जनसाधारण

में भक्ति की भावना जगाये रखने का कार्य इन्होंने अवश्य किया। इनमें साम्प्रदायिकता तथा प्रतियोगिता का भाव बढ़ गया था। लेकिन धर्मप्रवण भारतीय समाज में ये मूल्यहीन थे, ऐसा कहना उचित नहीं।

सूफी प्रेमाख्यानक काव्य—रीतिकाल में सूफी प्रेमाख्यानक काव्यधारा प्रवाहित हो रही है। कासिम शाह, नूर मुहम्मद, शेख निसार, सूरदास, दुख हरनदास आदि इसी काल के रचनाकार हैं। **कासिम शाह** का जन्म बाराबंकी (उ.प्र.) के दरिया नगर में हुआ था। इन्होने 'हंस जवाहर' काव्य की रचना की है। हंस भारतीय नायक है जवाहर चीन की नायिका है। 'पद्मावत' की रचना-प्रणाली का इस पर विशेष प्रभाव है। इसकी भाषा अवधी-ब्रज मिश्रित है। **नूर मुहम्मद** का जन्म जौनपुर (उ.प्र) के सबरहद नामक स्थान पर हुआ था। विवाह के बाद आजमगढ़ के 'भादों' नामक स्थान पर चले गये थे। 'इन्द्रावती' (1744 ई.) इनका प्रेमाख्यानक काव्य है। इसमें कालिंजर के राजकुमार राज कुँवर तथा आगमपुर की राजकुमारी इन्द्रावती का प्रेम वर्णन है। इनकी दूसरी रचना 'अनुराग बाँसुरी' है। इसमें देह, आत्मा तथा मन का रूपक बनाकर अध्यात्म पर प्रकाश डाला गया है। इसकी भाषा संस्कृत गर्भित अवधी है।

शेख निसार—इनका वास्तविक नाम गुलाम अशरफ था। ये फैजाबाद के शेखपुर गाँव के निवासी थे। इनकी रचना 'यूसुफ जुलेखा' है। इसकी भाषा अवधी है। **सूरदास** कृष्ण भक्त सूरदास से भिन्न व्यक्ति है। ये सन्त थे और वाराणसी में रहते थे। 'नल दमन' (1657) की रचना इन्होंने शाहजहाँ के समय में की थी। यह अवधी भाषा में लिखी गयी है। यह प्रेमाख्यान काव्य है।

दुखहरन दास—गाजीपुर निवासी मूल नाम मनमनोहर ने 1669 ई. में 'पुहुपावती' की रचना की थी। इन्होंने आरम्भ में औरंगजेब का गुणगान किया है। अवधी के साथ ही इसमें ब्रजभाषा का भी पुट है। इसमें राजकुमार 'कुमार' तथा 'पुहुपावती' की प्रेमकथा है। विशुद्ध प्रेमाख्यानक में केसि रचित 'माधवानल नाटक' दामोदर रचित 'माधवानल कथा' हंस कवि रचित चन्द कुँवर री बात', 'बोधा रचित' 'विरह बारीश' चतुर्भुजदास रचित 'मधुमालती' उल्लेखनीय हैं।

प्रेमाख्यानक काव्य रचना के लिए रीतिकालीन वातावरण पर्याप्त अनुकूल था। लेकिन जायसी, मंझन, कुतुबन जैसी प्रतिभा परवर्ती रचनाकारों में दृष्टिगत नहीं होती। इनमें अलंकरण, पाण्डित्य प्रदर्शन, नायिका भेद की प्रवृत्ति है, साथ ही साम्प्रदायिकता का भी असर है।

सगुण भक्तिकाव्य

इसके अन्तर्गत रामभक्ति तथा कृष्णभक्ति काव्य की परम्पराएँ समाहित हैं।

रामभक्ति काव्य—सिक्खों के दसवें गुरु **गुरु गोविन्दसिंह ने** 'गोविन्द रामायण', शीर्षक रचना ब्रजभाषा में लिखी है। इनका रचनाकाल 1669-1708 है। जानकी शरण अयोध्या के निवासी थे। 1700 ई. के आसपास इन्होंने 'अवध सागर' की रचना की। इनके काव्य पर कृष्णभक्ति का प्रभाव है। यह ब्रजभाषा में लिखा गया है। भगवन्त राय खींची जिला फतेहपुर के असोथर के राजा थे। 'हनुमतपच्चीसी' नामक इनका ग्रन्थ उपलब्ध है। इन्होंने कवित्त छन्द में 'रामायण' भी लिखा था। **जनकराजकिशोरी शरण** राघवदास के शिष्य तथा अयोध्या के महन्त थे। इन्होंने सीताराम सिद्धान्त मुक्तावली, सीताराम सतरंगिणी, जानकी करुणाभरण, रघुवर करुणाभरण आदि रचनाएँ ब्रजभाषा में कीं। अग्रदास द्वारा प्रवर्तित रसिक सम्प्रदाय का इन पर प्रभाव है। **नवल सिंह** (रचनाकाल 1816-1869) उन्होंने ब्रजभाषा में रामचन्द्र विलास, आल्हा रामायण, अध्यात्म रामायण, रूपक रामायण,

सीता स्वयंवर, राम विवाह खण्ड, नाम रामायण, रामायण सुमिरनी, मिथिला खण्ड आदि रचनाएँ कीं। विश्वनाथ सिंह रीवा के राजा थे। इनका जन्म 1789 ई. में हुआ था। इन्होंने रामायण, गीता, रघुनन्दन प्रामाणिक, रामचन्द्र की सवारी, आनन्द रामायण, संगीत रघुनन्दन, आनन्द रघुनन्दन (नाटक) आदि ग्रन्थों का प्रणयन ब्रजभाषा में किया था। रामप्रिया शरण जनकपुर (मिथिला) के महन्त थे इन्होंने 'सीतायन' की रचना ब्रजभाषा में की है। 1750 ई. के आस-पास रसिक अली ने षट्ऋतु पदावली, होरी, अष्टयाम, मिथिला विहार आदि रचनाएँ ब्रजभाषा में लिखीं। **सरजू राम पण्डित** ने 'संक्षिप्त रामायण' लिखा है। **कृपा निवास** के चार ग्रन्थ रामकथा से सम्बन्धित हैं—भावना पच्चीसी, समय प्रबन्ध, माधुरी प्रकाश, जानकी सहस्रनाम। मधुसूदन रचित 'रामाश्वमेध' अड़सठ अध्यायों का प्रबन्ध काव्य है। इसकी भाषा ब्रजी है। राम भक्तिकाव्य के अन्तर्गत जानकीशरण रचित 'सियारामरस मंजरी' बालअली कृत 'नेह प्रकाश', गोकुलनाथ कृत 'सीताराम गुणार्णव', मनियार सिंह कृत 'हनुमत छब्बीसी' 'सौन्दर्य लहरी' 'सुन्दर काण्ड', ललकदास कृत 'सत्योपाख्यान', कवि गणेश कृत वाल्मीकि रामायण 'श्लोकार्थ प्रकाश' प्रेमसखी (वास्तविक नाम हंसराज श्रीवास्तव रचित) 'श्रीराम तथा सीता जी का शिख-नख' आदि उल्लेखनीय हैं।

रामभक्ति काव्य की उत्तरवर्ती रचनाएँ कृष्णभक्ति काव्य से प्रभावित हैं। राम-सीता का चित्रण कृष्ण एवं राधा के तर्ज पर किया गया है। तुलसीदास के मर्यादावाद को छोड़कर अग्रदास के श्रृंगार एवं सखी भाव को अधिक अपनाया गया है। आध्यात्मिक चेतना के बदले रसिकता का भाव प्रबल है। पाण्डित्य प्रदर्शन एवं कलाबाजी भी दिखायी देती है। रामभक्ति काव्य की माध्यम भाषा ज्यादातर ब्रजभाषा है।

कृष्णभक्ति काव्य—महोबा के रहनेवाले 'गुमान मिश्र ने कृष्ण चन्द्रिका नामक प्रबन्ध काव्य 1781 ई. में लिखा। ब्रजवासीदास ने दोहा, सोरठा एवं चौपाई छन्दों में ब्रजभाषा में 'ब्रजविलास' रचा था। मऊ (उ.प्र.) के निवासी मंचित ने 1779 के आस-पास चौपाई तथा दोहा छन्द में 'कृष्णायन', रचा, सुरभी लीला इनकी अन्य कृति है। मुक्तक शैली में भी भक्तिपरक रचनाएँ उपलब्ध हैं। रूपरसिक देव निम्बार्क सम्प्रदाय के कृष्णभक्त कवि थे। इन्होंने लीला विंशति (1703 ई.), हरिव्यास रसामृत, नित्यविहार पदावली, वृहदोत्सव मणिमाल चार रचनाओं का प्रणयन किया था। नागरीदास कृष्णगढ़ के राजा थे। इनका वास्तविक नाम सावन्त सिंह था। इनका रचनाकाल 1723-1762 ई. के मध्य है। इनकी कई रचनाएँ हैं जिनमें जुगलरस माधुरी, फागविलास, रासरसलता, इश्कचमन, भक्तिसार, रसिक रत्नावली उल्लेखनीय हैं। अलबेली अली विष्णु स्वामी सम्प्रदाय के थे। इन्होंने राधा-कृष्ण की रासलीला से सम्बन्धित आकर्षक छन्द लिखा है। चाचा हितहरिवंशदास राधावल्लभ-सम्प्रदाय के भक्त कवि थे। (जन्म 1708 ई.) लाड सागर, ब्रज प्रेमानन्द सागर, जुगल स्नेह पत्रिका, कृपा अभिलाष बेली, भ्रमरगीत इनकी उल्लेखनीय कृतियाँ हैं। भगवत रसिक का रचनाकाल 1773-1793 ई. है। ये सखी सम्प्रदाय के भक्त कवि थे। कुण्डलियाँ छन्द में निबद्ध इनकी रचना 'अनन्य निश्चयात्मक' ग्रन्थ विख्यात है। सुन्दरी कुँवरि बाई नागरीदास की बहन थीं। विवाह के बाद पति से मेल न हो पाने के कारण ये कृष्ण भक्त हो गयीं। इन्होंने निम्नलिखित पुस्तकों की रचना की थी। नेहनिधि, वृन्दावन गोपी माहात्म्य, संकेत युगल, रसपुंज, प्रेमसम्पुट, सारसंग्रह, भावनाप्रकाश, रंगझर, रासरहस्य। इनका रचना-काल 1760-1796 के मध्य है। बख्शी हंसराज 'प्रेमसखी' का जन्म 1732 ई. में पन्ना में हुआ था। इनकी रचनाओं में सनेहसागर, विरहविलास, कृष्ण जू की पाती, बारहमासा, विरहपत्रिका, चुरिहारिन लीला, फाग तरंगिणी उल्लेखनीय हैं। अन्य भक्त कवियों में सहचरिसरन, मंजरीदास, कृष्णदास, रत्न कुँवरि

प्रमुख हैं। मंजरीदास, चैतन्य सम्प्रदाय के सिद्धान्तों के प्रचारक थे। रत्न कुँवरि राजा शिवप्रसाद सितारे हिन्द की दादी थीं। 1800 ई. के आसपास 'प्रेमरत्न' नामक प्रबन्ध काव्य लिखा। दोहा-चौपाई में निबद्ध यह रचना कृष्णचरित पर लिखी गयी है। दामोदर चौधरी 'उदरदास' तथा 'भोला भण्डारी' भी कृष्णभक्त कवि हुए हैं।

नीति-काव्य—नीतिकाव्य की पुरानी परम्परा रीतिकाल में अक्षुण्ण बनी रही। रीतिसिद्ध काव्य में भक्ति और शृंगाररस की तरह नीति को भी समुचित स्थान प्रदान किया गया है। रीतिकाल के कुछ कवि विशुद्ध नीतिकाव्यकर्त्ता के रूप में विख्यात हैं। गिरिधर कविराय, बैताल, सम्मन, रामसहाय, दीनदयाल गिरि इसी कोटि के कवि हैं। गिरिधर कविराय का रचनाकाल 1743 ई. के आस-पास माना जाता है। नाम से ये ब्रह्मभट्ट प्रतीत होते हैं। घर, परिवार, जाति, राजदरबार आदि में कैसा आचरण तथा व्यवहार करना चाहिए। इनसे सम्बन्धित नीतियों को कवि ने अच्छी तरह से प्रस्तुत किया है। बैताल (समय 1782 ई. 1829 ई.) चरखारी नरेश विक्रमशाह के सभा कवि थे। दीनदयाल गिरि का जन्म काशी के गायघाट नामक मुहल्ले में संवत् 1849 में हुआ था। 'अन्योक्ति कल्पद्रुम' में इनकी काव्यकला की कारीगरी तथा सौन्दर्य-बोध परिलक्षित होता है। सुष्ठु तथा सरल भाषा द्वारा मार्मिक अनुभूतियों को रूपायित करनेवाले गिरिधर अन्य नीति रचनाकारों की तरह तटस्थ नहीं रहते बल्कि भावों में डूबकर कलात्मक सजगता के साथ काव्य-रचना करते हैं। एक उदाहरण देखिये—

चल चकई तेहि सर विषै जहं नहिं रैन बिछोह।
रहत एक रस दिवस ही सुहृय हंस संदोह,
सुहृद हंस संदोह कोह अरु द्रोह न जाको।
भोगत सुख अंबोह मोह दुख होय न ताको,
बरनै दीनदयाल भाग बिन जाय न सकई।
प्रिय मिलाप नित रहै ताहि सर तू चल चकाई॥

अन्योक्तिकल्पद्रुम के अतिरिक्त अनुरागबाग, वैराग्यनिदेश, विश्वनाथ नवरत्न, दृष्टान्ततरंगिणी इनकी अन्य रचनाएँ हैं।

वीर-काव्य-आदिकालीन रासो काव्यों में वीर और शृंगार की समन्वित अभिव्यक्ति हुई है। रासो काव्यों की आदिकालीन परम्परा मध्यकाल में भी चलती रही। मूल रूप में जिन रासो काव्यों का सृजन आदिकाल में हुआ था उनमें भी चारण कवियों ने सामयिक राजाओं का चरित तथा यश जोड़कर उनके कलेवर में समृद्धि की। रासो ग्रन्थों का जो विस्तृत कलेवर उपलब्ध होता है उसकी रचना का श्रेय मध्यकालीन कवियों को ही प्राप्त है। किसी पुरानी रचना में स्वरचित छन्दों को जोड़ने की मनोवृत्ति एक तरफ रचना ही पुरातनता को सन्देहास्पद बनाती है तो दूसरी ओर विशेष प्रकार की लोकप्रियता को प्रमाणित करती है। डॉ. विश्वम्भरनाथ उपाध्याय की सम्मति है कि वीरगाथाएँ अधिकतर भक्तिकाल में लिखी गयी हैं जिसकी शृंखला रीतिकाल में चलती रही है अतः भक्तिकाल का नाम वीरभक्तिकाल या वीरता-भक्तिकाल हो सकता है।[1] डॉ. कृष्णचन्द्र वर्मा ने वीरभावात्मक 81 काव्यों का उल्लेख रीतिकाल के अन्तर्गत किया है। इससे सिद्ध होता है कि रीतिकाल में परिमाण की दृष्टि से वीररस की रचनाओं की न्यूनता नहीं है। वर्मा जी का निष्कर्ष है कि वीररसात्मक काव्य का जो उत्थान वीरगाथाकाल में हुआ उसकी धारा धार्मिक अथवा भक्तिमूलक काव्यधारा के प्रवेगपूर्ण

1. अभिप्राय में प्रकाशित लेख-ऐतिहासिक दृष्टि और हिन्दी साहित्य का इतिहास

प्रवाह के सामने क्षीण पड़ गयी परन्तु भक्तिप्रवाह के क्षीण बल होते ही पुनः वेगवान् हो उठी, इसी कारण रीतियुग में वीररसात्मक काव्य का द्वितीय उत्थान होता है।[1] दोनों मतों को सम्मिलित करके यह कहा जा सकता है कि वीरभावात्मक रचना-प्रवृत्ति पूरे मध्यकाल में प्रभावशाली रही।

रीतिकाल में वीरभावनाओं से युक्त प्रबन्धात्मक तथा मुक्तक दोनों प्रकार की रचनाएँ की गयीं। प्रबन्ध रचनाकारों में गोरेलाल कवि, पद्माकर भट्ट, सूदन, जोधराज के नाम उल्लेखनीय हैं। गोरेलाल ने 'छत्र प्रकाश' शीर्षक प्रबन्धकाव्य में बुन्देल वंश की उत्पत्ति, चम्पतराय तथा छत्रसाल की वीरता का ओजपूर्ण वर्णन किया है। पद्माकर ने 'हिम्मत बहादुर विरुदावली' में शौर्य भावों को कलात्मकता के साथ अभिव्यंजित किया है। सूदन आश्रयदाता भरतपुर के राजा सुजान सिंह की वीरता का अंकन 'सुजान चरित' नामक काव्य में बड़ी कुशलता से किया है। घटनाओं की ऐतिहासिकता के संरक्षण के प्रति कवि विशेष रूप से जागरूक हैं। शब्द-चित्रों द्वारा युद्ध का बिम्बात्मक दृश्य साकार करने मे सूदन सिद्धहस्त हैं। भाषा के प्रति स्वतन्त्र मनोवृत्ति तथा वस्तु-परिगणन की अभिरुचि के कारण कहीं-कहीं काव्य की सरसता तथा गाम्भीर्य में अवरोध उत्पन्न होता है। किसी-किसी छन्द में तो मात्र ध्वन्यात्मक शब्दों की ही योजना की गयी है। सूदन की कविता की कारीगरी को प्रदर्शित करनेवाली अधोलिखित पंक्तियों को देखिये—

दुहूँ ओर बंदूक जहँ चलत बेचूक,
रव होत धुक-धुक, किलकार कहूँकूक।
कहुँ धनुष टंकार जिहि बान झंकार,
भटदेत हुंकार संकार मुँह सूक।

केशवदास कृत वीरसिंहदेवचरित, मानकवि कृत राजविलास, खण्डकाव्यों में रासो भगवत सिंह, करहिया को रास आदि-कोटि की रचनाएँ हैं।

मुक्तक रूप में वीरकाव्य का सृजन करनेवाले भूषण, बाँकीदास, सूर्यमल आदि कवि प्रसिद्ध हैं। भूषण कृत वीररस की दो रचनाएँ उपलब्ध हैं—शिवाबावनी और छत्रसालदशक। भूषण चिन्तामणि तथा मतिराम के भाई माने जाते हैं। इनका समय संवत् 1670—सं. 1772 के बीच सिद्ध किया जाता है। भूषण की कविता आश्रयदाताओं की झूठी चाटुकारिता का परिणाम नहीं है। मुस्लिम शासन के विरुद्ध आवाज बुलन्द करनेवाले, हिन्दुत्व की रक्षा करने के लिए संघर्षरत शिवाजी और छत्रसाल में भूषण ने राष्ट्रीय आशा-आकांक्षा की झलक देखी थी। इसीलिए भूषण को राष्ट्रीय कवि माना जाता है।

मारवाड़ राज्य के भड़ियावास गाँव में संवत् 1828 में चारणवंश में उत्पन्न बाँकीदास रचित 27 ग्रन्थों का पता चलता है उनकी रचनाएँ डिंगल भाषा में हैं। सूरछत्तीसी, सोहछत्तीसी, वीरविनोद आदि विशेष रूप से प्रसिद्ध हैं। इनकी कविता का एक उदाहरण दर्शनीय है-

भंडा जिकाँ हूँ भामणै, केहा करूँ बरवांण।
पड़ियै सिर धड़ न पड़े, कर वाहहै केवांण॥

सूर्यमल का जन्म संवत् 1872 में हुआ था। 'वीर सतसई' इनकी प्रसिद्ध रचना है।

रीतिकालीन साहित्य की सामान्य विशेषताएँ

रीतिकालीन कविता का सृजन अधिकांशतः दरबारी वातावरण में हुआ इसीलिए इसमें शृंगारिकता की प्रधानता है। विशुद्ध काव्य-परम्परा में भी शृंगार को रसराज के रूप में व्यापक प्रतिष्ठा

1. डॉ. कृष्णचन्द्र वर्मा-रीतियुगीन काव्य, पृ. 226

मिल चुकी थी। रीतिकवियों को इससे भी पर्याप्त प्रेरणा मिली। पूर्ववर्ती कृष्णभक्ति काव्य भी शृंगारिक भावों के विकास में विशेष रूप से प्रेरक सिद्ध हुआ। समसामयिक सांस्कृतिक परिवेश में काव्य रचना के साथ यश, अर्थ तथा मनोरंजन के तत्त्व जुड़ गये थे। सामन्ती दरबारों में कविता पर चर्चा-परिचर्चा होती थी। इस चर्चा में भाग लेने के लिए साधारण स्तर का शास्त्रीय ज्ञान भी अपेक्षित था। दरबारी माहौल में कविता की कलात्मकता, चमत्कार तथा शास्त्रीयता की माँग तो थी ही, ऐसे कथ्य की भी अपेक्षा थी जो सर्वजन सुखाय हो सके। इसमें पुरस्कार देनेवाले आश्रयदाता के सुख की विशेष परवाह थी जिसके लिए शराब और वेश्या की तरह कविता भी भोग-विलास की सामग्री मात्र थी। इन्ही कारणों से कविता की एक खास परिपाटी ही विकसित हो गयी। रीतिकालीन काव्य की प्रमुख प्रवृत्तियों को संक्षेप में इस प्रकार विश्लेषित किया जा सकता है।

शृंगारिकता—रीतिकालीन कविता का प्रमुख प्रतिपाद्य प्रेम और शृंगार है। शृंगार की विविध दशाओं का अनेक बन्धनों तथा सन्दर्भो के परिप्रेक्ष्य में जितना सूक्ष्म तथा विशद वर्णन रीतिकाल में मिलेगा वैसा अन्यत्र दुर्लभ है। जीवन के प्रति ऐहिक तथा भोगपरक-दृष्टिकोण होने के कारण मानव-मन की सूक्ष्म-से-सूक्ष्म प्रणय आकांक्षाओं को श्लीलता-अश्लीलता की विभाजन रेखा को रचना के स्तर पर मिटाकर खुले दिमाग से अंकित किया गया। डॉ. नगेन्द्र का विचार है कि, "रीतिकाव्य की शृंगारिकता में अप्राकृतिक गोपन अथवा दमन से उत्पन्न ग्रन्थियाँ नहीं हैं। उसमें स्वीकृत रूप से शरीर सुख की साधना है, जिसमें न आध्यात्मिकता का आरोप है, न वासना उन्नयन अथवा प्रेम का अतीन्द्रिय रूप देने का उचित-अनुचित प्रयत्न।" काव्य की शृंगारिक मनोवृत्ति को संवर्द्धित करने में फारसी काव्य की शृंगारिक प्रवृत्तियाँ तथा अपभ्रंश मुक्तको की शृंगारिक परम्परा भी उत्तरदायी है। अपभ्रंश के मुक्तकों का रीतिकालीन कविता पर व्यापक प्रभाव परिलक्षित होता है।[1] डॉ. नगेन्द्र का कथन लुका-छिपी की प्रेम क्रीड़ा करनेवाले राधा और कृष्ण के नाम का कवच ओढ़नेवाले रीतिबद्ध कवियों के सन्दर्भ में उतना सटीक नहीं है जितना रीतिस्वच्छन्द कवियों के लिए। रीति कवियों ने प्रेम का चित्रण प्रायः गार्हस्थिक पृष्ठभूमि में किया। उनके चित्रण की बानगी, संयुक्त परिवार की मर्यादा, सीमा, सामाजिक नैतिकता तथा वैयक्तिक स्वच्छन्दता के तनाव से उभरती है। प्रेम-वर्णनों में प्रायः भावप्रवणता तथा आन्तरिकता का अभाव है। रीतिस्वच्छन्द काव्य इसका अपवाद है। रीति कवियों की सौन्दर्य-दृष्टि दैहिक कान्ति में ही उलझकर रह गयी। आन्तरिक सौन्दर्य का उन्मेष उनकी कविता में नहीं हो सका।

शृंगार से भिन्न भक्ति और वीरभावों का भी इस काल में सफल चित्रण हुआ। भक्तिभावों में शृंगार की मनोवृत्ति संक्रमित होती दिखायी पड़ती है। विदेशी शासन से मुक्त होने की कामना कुछ हिन्दू नरेशों में अवशिष्ट थी। इसीलिए वीररस की कविता के सृजन के लिए भी समुचित अवसर था वीररस की कविताएँ प्रायः आश्रयदाताओं के शौर्य, यश तथा ऐश्वर्य को केन्द्र में रखकर लिखी गयीं। वीररस के कवि भूषण की ओजस्वी वाणी रीतिकाल के शृंगारिक माहौल में प्रस्फुटित हुई थी जिसकी अनुगूँज आधुनिककाल तक है।

मुक्तक काव्य की परम्परा से जुड़े होने के कारण इसमें सामाजिक, राजनीतिक तथा लोकव्यवहार-सम्बन्धी नीतियों का भी सुन्दर निरूपण हुआ।

आलंकारिकता—मुगल दरबार के ऐश्वर्य, वैभव तथा अलंकरण की प्रधानता, छोटे-छोटे दरबारों में उसकी अनुकृति, समाज में रईसी तथा श्रेष्ठता प्रदर्शन के लिए आभूषणों के ठाट-बाट के

1. विस्तार के लिए देखिए-अपभ्रंश मुक्तक काव्य और उसका हिन्दी पर प्रभाव, डॉ रामकिशोर

बीच रची गयी कविता का अलंकृत होना निश्चित है। उक्ति-चमत्कार, शब्द-शब्द पर वाहवाही पाने की अभिलाषा, अलंकार ग्रन्थों की प्रेरणा भी अलंकरण के लिए उत्तरदायी है। अलंकरण की यह मनोवृत्ति अधिकांश स्थलों पर रसमयता को भंग नहीं करती। डॉ. जगदीश गुप्त इसी तथ्य को उद्घाटित करते हैं। "रीतिकाल में अलंकरण पर आवश्यकता से अधिक बल दिया गया है पर रसात्मकता का आधार भी इतनी दृढ़ता से पकड़ा गया कि रीतिकवियों की रसानुभूति से स्पन्दित उक्तियाँ, शब्दवैभव से संयुक्त वर्णन भंगिमाएँ और स्वतः जिये हुए जीवन की साक्षी देनेवाली श्रृंगारिक ध्वनियाँ काव्य के मर्मज्ञ प्रेमियों के चित्त को सदा ही अपहृत करती रहेगी।[1]

रीतिनिरूपण—रीतिकाल की सर्वप्रमुख प्रवृत्तियों में रीतिनिरूपण भी है। इस युग के आचार्य कवियों ने संस्कृत के परवर्ती आचार्यों के अनुकरण पर संक्षिप्त शैली में रस, छन्द, अलंकार, नायक-नायिका भेद का विवेचन प्रस्तुत किया है। इस क्षेत्र में इन कवियों की कोई विशेष मौलिक उपलब्धि नहीं रही। रीतिनिरूपण इस युग में फैशन बन गया था। फलस्वरूप रीतिग्रन्थों की बाढ़ आ गयी।

काव्यरूप तथा भाषा—दरबारी वातावरण तथा आश्रयदाताओं को शीघ्र प्रसन्न करने की कामना का प्रभाव काव्यरूपों पर भी पड़ा। आश्रयदाताओं के पास इतना समय तथा साहस नहीं था कि दीर्घाकार प्रबन्धात्मक रचनाओं का आस्वादन करते। उन्हें तो तात्कालिक मनोरंजन की आवश्यकता थी। इसकी पूर्ति मुक्तकों द्वारा ही सम्भव थी। मुक्तकों में काव्य-चमत्कार तथा कला-प्रदर्शन का भी पूरा-पूरा अवकाश रहता है। कवित्त, सवैया तथा दोहा छन्दों की मुक्तकधर्मिता के कारण अतिशय समृद्धि हुई। इस युग में जो प्रबन्धात्मक रचनाएँ प्रस्तुत की गयीं उनमें प्रबन्धात्मकता का निर्वाह सम्यक् रूप से नहीं हो पाया। केशव जैसे आचार्य कवि रामचन्द्रिका को उच्चकोटि की प्रबन्धशैली में नहीं बाँध पाये। फारसी कविता की शेरोशायरी के समानान्तर हिन्दी कविता की मुक्तकधर्मिता को बल मिला।

इस युग की प्रधान काव्यभाषा ब्रजभाषा है। कवियों ने ब्रजभाषा को व्यापक साहित्यिकता प्रदान करने के लिए संस्कृत, प्राकृत, अपभ्रंश, अरबी-फारसी तथा लोकबोलियों की शब्दावली को धड़ल्ले से प्रयोग किया। भाषा में लोच, मृदुता, रुचिरता तथा रोचकता लायी गयी। ब्रजभाषा को क्षेत्रीय बोली के आदर्श पर ही नहीं बल्कि श्रेष्ठ भाषा कवियों की काव्यभाषा के आधार पर ही ग्रहण करने की चेष्टा की गयी। चूँकि कवियों का मूल उद्देश्य कविता में चमत्कार, शब्द-कोमल तथा अनूठापन उत्पन्न करना था इसीलिए वे व्याकरणादि की परवाह किये बिना भाषा में तोड़-मरोड़ करते थे। वाक्य-रचना, पद-रूप कारक-प्रयोग तथा लिंग-व्यवस्था की दृष्टि से अनेक दोष होते हुए भी रीतिकालीन भाषा का अपना सौन्दर्य एवं आकर्षण है, उसकी अपनी एक सजावट है, कोमलता और लावण्य है, पदविन्यास की थिरकन है, नाद का सौन्दर्य है जिसके कारण वह मनोरम और रमणीय है।

रीतिकालीन संवेदना और कलादृष्टि

रीतिकालीन सामाजिक और सांस्कृतिक वातावरण का अवलोकन करने के बाद मानवीय रागात्मक सम्बन्धों, जीवनदृष्टि एवं जनता की सामान्य चित्तवृत्ति को बड़ी आसानी से निर्दिष्ट किया जा सकता है। पहले ही संकेत किया जा चुका है कि मध्यकालीन मूल संवेदना श्रृंगारिक है, आश्रय और आलम्बन के बदलाव तथा अन्तर से ही उसका पूर्वमध्यकालीन अर्थात् भक्तिकालीन तथा

---

1. डॉ. जगदीश गुप्त, रीतिकाव्य संग्रह भूमिका, पृ.61

उत्तरमध्यकालीन अर्थात् रीतिकालीन स्वरूप को अलग-अलग रेखांकित किया जा सकता है। भक्तिकाल की ईश्वरोन्मुख रति रीतिकाल में पुनः विशुद्ध मानवीय धरातल पर व्यंजित की गयी। मूल भावों के उदात्तीकरण के प्रयत्न में जब आरोपित तथ्य कलात्मक स्तर पर गौण हो जाते हैं तब विशुद्ध अनुभव ही शेष रह जाता है। प्रतीकों की अवधारणा धीरे-धीरे शिथिल होने लगती है। भक्तिकालीन पात्रों में जो प्रतीकात्मक की परिकल्पना की गयी थी उसकी निर्बलता का अहसास बराबर कवियों को होता रहता था। ईश्वरीय लीला को मानवीय स्तर पर अंकित करते हुए भक्तकवि इसीलिए बीच-बीच में पाठकों को सचेत करते चलते हैं कि लीला का अर्थ नितान्त अभिधापरक न समझा जाय। शास्त्रीय ढंग से भी उसके अभिप्राय को समझाने का प्रयत्न किया जाता था। लोक में भी तो ईश्वरीय लीला का ही अनुकरण होता है या यों कहें कि लोकमानस अपनी चित्तवृत्ति के अनुसार उन लीलाओं को अपने जीवन में परिणत करने की कोशिश करता है। कृष्णभक्ति काव्य की प्रेमभावना के विविध प्रसंग रीतिकालीन मनोवृत्ति के अधिक अनुकूल थे। यदि कृष्ण हजारों गोपिकाओं के साथ प्रेम-क्रीड़ा कर सकते थे, यमुना के किनारे रास रचा सकते थे तो क्या तत्कालीन सामन्तगण अपनी रखैलों के साथ उन्मुक्त प्रेम-क्रीड़ा नहीं कर सकते। सामन्तों तथा आश्रयदाताओं के पैसे पर पलनेवाले कवि को राधा-कृष्ण का नाम लेकर उनकी इस भावना की तृप्ति मे सहयोग तो करना ही होगा। प्रेम का चित्रण चाहे ईश्वरीय सन्दर्भ में हो चाहे मानवीय किन्तु दोनों का आस्वादन मानवीय ही होता है। कविता या कला के स्तर पर दोनों की भेदक स्थिति कोई विशेष माने नहीं रखती। कबीर जब कहते हैं कि 'दुलहिन गावहु मंगलचार, हमारे घर आये राजा राम भरतार' तो उस समय पाठकों के मानस में स्वानुभूत कोई लौकिक बिम्ब ही उभरता है। 'निर्गुनिया' इस बिम्ब को धीर-धीरे प्रतीकों की भरमार करके खण्डित कर देता कृष्णभक्ति काव्य मे इस तरह का तात्कालिक खण्डन नहीं होता। उसमें आसानी से राधा-कृष्ण की जगह पर किसी भी सामान्य नायिका या नायक का स्थानापन्न सम्भव है। प्रेम की शुद्धता, पवित्रता एवं श्रेष्ठता की जाँच का कोई स्थूल मापदण्ड भी नहीं है कि किसी काल-विशेष के प्रेम चित्रण को श्रेष्ठ कहा जाय या हीन कहा जाय। कवि या रचनाकार के प्रस्तुतीकरण या अभिव्यक्ति का मूल अभिप्राय प्रेम के स्वरूप को कुछ सीमा तक ही स्पष्ट कर पाता है। प्रेम यदि कवि की वैयक्तिक अनुभूति का अभिन्न हिस्सा है तो उसकी अभिव्यक्ति अपेक्षाकृत अधिक मार्मिक होती है, इसमें लौकिकता या अलौकिकता का कोई विशेष प्रभाव नहीं पड़ता। इसीलिए मीराँ, घनानन्द तथा प्रसाद के प्रेम-चित्रण में समान ढंग की ऊँचाई मिलेगी। रीतिकाल के अधिकांश कवि ऐसे प्रेम का चित्रण करते हैं जो अनुभूतिपरक न होकर क्रीड़ापरक एवं तटस्थ भाव से देखा हुआ है। इसीलिए वह मनोरंजक तो है किन्तु मार्मिक नहीं। भक्त कवियों ने नारी को विकार समझकर अपने नारी सम्बन्धी प्रेम को ईश्वर को समर्पित करने का यत्न किया और रीतिकालीन कवियों ने नारी को आनन्द की वस्तु समझकर उसकी पीड़ा में उत्सव मनाने का प्रयास किया। भक्तगण नारी से बचकर भी नारी की संवेदना को पहचानते और उभारते हैं जबकि रीतिकवि नारियों के बीच रहकर भी नारी की भावना के प्रति कम ही संवेदनशील रहे। नारी का वही रूप उन्हें आकृष्ट करता रहा जो उनकी काम-वासना को उत्तेजित करता था। कहीं-कहीं संयुक्त परिवार या अनेक सौतों के बीच घुटती नारी की संवेदना को रीतिकवियों ने बड़ी कलात्मकता से उत्कीर्ण किया है।

भक्तिकाव्य को ऐहिककाव्य से प्रायः अलग समझा गया है जैसा कि कुछ भक्त कवियों ने इस सम्बन्ध में स्पष्ट उल्लेख भी किया है। रीतिकालीन कविता विशुद्धकाव्य की परम्परा से जुड़ी हुई है, इसीलिए उसमें काव्य प्रतिभा या रचनात्मक क्षमता का उपयोग किसी अलौकिक या कल्पित मुक्तलोक

के आनन्द की प्राप्ति के लिए नहीं किया गया है। रीतिकवियों पर यह आरोप भी लगाना उचित नहीं प्रतीत होता कि ये लोग सामन्ती मनोवृत्ति के प्रभाव से दिव्य चरित्रों को सांसारिक कीचड़ में घसीट लेते हैं। देवताओं तथा महापुरुषों के व्यक्तित्व के अंकन में शृंगारिक सन्दर्भों से कवि लोग अपने को अलगाने की चेष्टा नहीं करते थे। कालिदास ने 'कुमार सम्भवम्' में पार्वती के सौन्दर्य का खुलकर अंकन किया है तथा विद्यापति ने अपनी पदावली में राधा-कृष्ण के शृंगार के विविध प्रसंगों का बेहिचक उद्‌घाटन किया है। रीतिकाल का कवि राधा-कृष्ण को दो रूपों में देखता है एक प्रेमभावों के आश्रय के रूप में तथा दूसरा ईश्वरीय रूप में। डॉ. सत्यप्रकाश मिश्र की यह बात बड़ी सूझ-बूझ की है, "(रीतिकाव्य में) कहीं कृष्ण का अर्थ ईश्वर से है तो कहीं मात्र रसिक नायक से। इसमें रीतिकवियों की बुद्धिमत्ता ही है कि उन्होंने प्रयोग के स्तर पर कृष्ण के ईश्वरत्व की रक्षा की और भक्ति और काव्य के अलगाव को समझते हुए भक्ति के बारे में पूर्णतः भक्ति के पद, दोहे या कवित्त अलग ही रखे और उनमें रसिकता का समावेश अत्यन्त अल्प ही किया। यह अलगाव रीतिकवि की समझ और आदर्शवादी दृष्टि का परिणाम है।" इस सम्बन्ध में एक बात और गौर करने लायक है। भारतीय संस्कृति में विविध धर्मों, मान्यताओं और विचारों का समावेश है। कोई कवि किसी धर्म या सम्प्रदाय-विशेष के प्रति विशेष आस्थावान् हो सकता है, किसी अन्य सम्प्रदाय के प्रति उसकी दृष्टि तटस्थ हो सकती है। राम और कृष्ण कथा को अनेक धार्मिक सम्प्रदायों में अलग-अलग ढंग से प्रस्तुत किया गया है। उनमें अपनी धार्मिक मान्यताओं का पर्याप्त आरोपण भी मिलता है। अतएव यह आवश्यक नहीं है कि हर कवि राधा-कृष्ण या सीता-राम के चरित का अंकन करते हुए उनमें अपनी भक्ति-भावना ही प्रदर्शित करे। आलोचकों ने इस तथ्य की ओर बार-बार संकेत किया है कि रीतिकवियों के लिए राधाकृष्ण का नाम एक सामाजिक कवच का काम करता है। रीतिकवि यह कहता है कि, "आगे के कवि रीझिहैं तो कविताई न तो राधा-कन्हाई सुमिरन को बहानो है।" इस कथन में हल्का-सा व्यंग्य भी है। भक्तों की उस मान्यता के प्रति जो नाम स्मरण' की चाहे वह जिस भी परिस्थिति में सम्भव हो मुक्ति का साधन मानते हैं और अनेक बार इसकी पुष्टि गज, गणिका, द्रौपदी के कथा प्रसंगों से करते हैं। रीतिकवि भी इसी बात को दोहराता है किन्तु कुछ शंका और सन्देह के साथ। बहुत कम सोच-समझ रखनेवाले आम आदमी से उसकी आस्था की यह बौद्धिक परिणति तो है ही सामान्य माननीय संवेदना भी है। एक किसान, एक बढ़ई या कामगर अपने कर्म को ईमानदारी से करते हुए ईश्वर का नाम लेकर यही सोचता है कि उसने ईश्वर द्वारा प्रदत्त दायित्व का निर्वाह किया है। कवि भी यह सोचता है कि उसने कविकर्म को करते हुए राधा-कृष्ण का नाम ले लिया है। यदि कविता से लोग रीझेंगे तो सृजन की सफलता से आत्मिक तुष्टि एवं भौतिक समृद्धि होगी यदि नहीं तो राधा-कृष्ण के नाम को एक बहाने से भजने के कारण मुक्ति मिल जायेगी। भक्तिवाद के शृंगार में परिणत हो जाने के पीछे धार्मिक केन्द्रों में भोगसामग्री तथा विलासिता की वृद्धि भी है। मन्दिरों में इतनी अधिक विलास की सामग्री एकत्रित हो गयी थी कि तत्कालीन नवाबों को भी इससे ईर्ष्या हो सकती थी। मठों तथा गद्दियों में राधा की महत्ता के कारण शृंगार-भावना की खुली अभिव्यक्ति हो रही थी। डॉ. नगेन्द्र के इस कथन से इसी तथ्य की पुष्टि होती है—'बाद में गद्दियों के स्थापित हो जाने से इन लोगों पर भी देश की तत्कालीन लोकरुचि का प्रभाव पड़ा। वैभव के अभिशाप से ये अछूते नहीं रह पाये। इन गोस्वामियों का सम्पर्क राजाओं और श्रीमानों से बढ़ने लगा और ये उन्हें ही गुरु-दीक्षा देने के लिए लालायित रहने लगे। जनता की इनकी गद्दियों में कोई पूछ नहीं थी, और चूँकि ये लोग जनता में बाहर जाकर धर्म का प्रचार नहीं करते थे, अतएव उनसे उनका सम्पर्क

स्वभावतः कम हो गया था। साथ ही राजसी ठाट-बाट के वातावरण में रहने के कारण इनकी साधना और तत्त्वचिन्तन में भी शैथिल्य आ गया।" (रीतिकाव्य की भूमिका, पृ. 17) राजनीतिक और धार्मिक केन्द्रों से समान ढंग की प्रेरणा मिल रही थी।

रीतिकाल में दूसरी प्रमुख भावचेतना है वीरता की। अभी भी कुछ देशी-नरेश केन्द्रीय अधीनता से मुक्त होने की चेष्टा कर रहे थे। कुछ कवियों ने उनके राष्ट्रीय दायित्व को महिमामण्डित करके अपनी कविताओं में निबद्ध किया। गोरेलाल, सूदन, पद्माकर, जोधराज, भूषण आदि इसी वर्ग के कवि हैं। रीतिकाल के कवि आदिकालीन कवियों की तरह युद्ध के प्रत्यक्ष द्रष्टा नहीं हैं किन्तु उन्होंने अपनी कल्पना तथा ज्ञान से शब्दों के उचित विन्यास द्वारा युद्ध तथा शौर्य का प्रभावशाली चित्रण किया है।

उस युग की राष्ट्रीयता का स्वरूप भी आज से भिन्न था अतः उसी परिप्रेक्ष्य में भूषण आदि कवियों की राष्ट्रीयता का मूल्यांकन करना चाहिए। इस तथ्य की ओर बार-बार संकेत किया जाता है कि भारत में राजनीतिक लड़ाई में समस्त जनता की भागीदारी कतिपय सामाजिक कारणों से नहीं होती थी किन्तु जब लड़ाई का स्वरूप धार्मिक होता था तो सामान्य जनता में बेचैनी अवश्य होती थी। जनता की यह बेचैनी धार्मिक प्रतीकों के संरक्षण की चिन्ता के रूप में अभिव्यक्त होती थी। हिन्दू-मुसलमानों के बीच का पारस्परिक संघर्ष धार्मिक कटुता तथा अनुदारता का बोध पैदा करता था। हिन्दू चूँकि अपने को इस देश का वास्तविक एवं मूल निवासी मानते थे मुसलमानों को आगन्तुक तथा आक्रामक समझते थे, इसीलिए उनसे भारतभूमि और भारतीय संस्कृति की रक्षा को आवश्यक समझते थे। रीतिकाल तक मुसलमानों की जड़ हिन्दुस्तान में पूरी तरह जम चुकी थी। बहुत-से धर्मान्तरित मुसलमानों के कारण उनकी संख्या में भी वृद्धि हो रही थी। ऐसी परिस्थिति में मुसलमानों के देश से बाहर करने की न तो अब उनमें सामर्थ्य थी और न सम्भावना। किन्तु हिन्दुत्व की रक्षा की प्रबल भावना अवश्य थी। हिन्दुत्व के प्रतीक थे—चोटी और जनेऊ। इनकी रक्षा ही हिन्दुत्व की रक्षा थी। जो स्वदेशी हिन्दू राजा हिन्दुत्व की रक्षा के लिए कमर-कसकर युद्ध में प्रवृत्त हुए उनकी भूरि-भूरि प्रशंसा की गयी। जातीय गौरव की रक्षा का भाव हिन्दी साहित्य में थोड़े से परिवर्तन के साथ आधुनिककाल तक व्याप्त मिलता है। आधुनिककाल में चोटी, जनेऊ, रोटी तथा बेटी की रक्षा से बढ़कर भाषा, वेश-भूषा तथा उनसे भी उच्चतर स्तर पर ऐसे श्रेष्ठ मानवीय मूल्यों के संचरण की चिन्ता व्यक्त हुई जिन्हें हिन्दू जीवन-पद्धति में युगों की साधना और तपस्या से आविष्कृत किया गया था। रीतिकवि भक्ति, प्रेम, शौर्य के अलावा बहुत-सी नीति की बातें भी कहता है। मुक्तक काव्य में नीति-सम्बन्धी विषयों का परम्परागत रूप से समावेश मिलता है। कवि की सामाजिक एवं राजनीतिक जागरूकता की किंचित् झलक इन नीति-सम्बन्धी कथनों में मिलती है। किसी अत्याचार या अनाचार के विरुद्ध कविता के माध्यम से किसी राजा या आश्रयदाता को उद्बोधित करने की कला इस युग के कवियों में है किन्तु वे इस कला का इस्तेमाल बहुत कम या किसी विषम परिस्थिति में ही करते हैं।

रीतिकालीन काव्यसंवेदना तथा कलादृष्टि को बहुत गहराई से दरबारी वातावरण प्रभावित करता है। काव्य में मुक्तकधर्मिता की प्रतिष्ठा दरबारी आवश्यकता की अनिवार्य परिणति है। इसमें फारसी तथा उर्दू की शेरोशायरी का भी उल्लेखनीय हाथ है। जिस तरह कला के अन्य माध्यम राजाओं तथा सामन्तों को सुख देने तथा मनोरंजन के लिए प्रयुक्त होते थे वैसे ही कविता थी। दरबार में सभी तरह के कलाकारों को अपने-अपने कला-गुणों के प्रदर्शन का मौका दिया जाता था। अल्प समय में जो अपनी गुणवत्ता तथा कला-कौशल से उपस्थित राजा तथा रसिकजनों पर अपना प्रभाव जमा लेता

था वही प्रशंसित होता था तथा प्रचुर पुरस्कार का अधिकारी होता था। ऐसे अवसर पर कवित्त, सवैया तथा दोहा आदि मुक्तक छन्द अधिक कारगर हो सकते थे। चूँकि उपस्थित सामाजिकों की वाहवाही भी कविता की श्रेष्ठता का एक माप थी इसीलिए शब्दविन्यास तथा कथन में अधिक-से-अधिक चमत्कार पैदा करने की चेष्टा की जाती थी। सामान्य रसिकों में काव्य की समझ को विकसित करने के लिए कुछ शास्त्रीय उपादानों तथा तत्त्वों का ज्ञान कराना भी कवि का ही दायित्व था। अपने इसी दायित्व के निर्वाह के लिए वह कविशिक्षक तथा आचार्य का पद सम्हालता है। कविता रचनेवाले तथा कविता सुननेवाले दोनों के लिए काव्य के कुछ प्रमुख तत्त्वों से परिचित होना आवश्यक था। किन्तु कविशिक्षा मात्र रचना से कोई व्यक्ति श्रेष्ठ कवि बन जायेगा ऐसी मान्यता भ्रामक है। इसका पूरा-पूरा आभास रीति कवियों को भी था। ठाकुर का यह छन्द इसी ओर संकेत करता है—

सीखि लीनो मीन मृग खंजन कमल नैन,
सीखि लीनो जस औ प्रताप को कहानौ है।
सीखि लीनो कल्पवृक्ष, कामधेनु चिन्तामनि,
सीखि लीनो मेरू और कुबेर गिरि आनौ है।
ठाकुर कहत याकी बड़ी है कठिन बात,
याको नहीं भूलि कहूँ बाँधियत बानौ है।
ढेल सो बनाय आय मेलत सभा के बीच,
लोगन कवित्त कीबो खेलि करि जानौ है।

कला के स्तर पर रीतिकालीन कविता बहुत-कुछ शास्त्रीय शिक्षा के बन्धन में बँधी हुई शब्द-क्रीड़ा ही है।

इस कविता के खेल को अलंकारों का आश्रय और भी रोचक बना देता है। जो कविता के अच्छे खिलाड़ी थे वे तो अलंकारों का ऐसा प्रयोग करते थे कि उनकी भावनानुभूति निखर पड़ती थी और जो खेल (बच्चों का खेल भी कह सकते हैं) समझकर कविकर्म में प्रवृत्त होते थे वे तुक मिलाने के सिवाय कुछ अधिक उपलब्धि नहीं कर पाते थे। अलंकरण के प्रति विशेष आकर्षण लोकरुचि तथा दरबारी रुचि दोनों का समन्वित प्रतिफल था। अलंकरण की प्रवृत्ति को मात्र सामन्ती या दरबारी प्रभाव नहीं माना जा सकता है। लोक-संस्कार का भी इसमें पर्याप्त योग है। जिस तरह से अलंकार समाज में मात्र सौन्दर्यवर्द्धन का साधन न होकर स्तर प्रतीक (स्टेटस सिम्बल) भी था उसी तरह कविता में भी अलंकारों की प्रचुरता कवि के स्तर का बोधक था।

सब मिलाकर यही निष्कर्ष निकलता है कि रीतिकालीन कविता अपने युग की संवेदना के अनुकूल कलात्मक जागरूकता से सम्पृक्त है। हिन्दी साहित्य के इतिहास में उसका विशेष महत्त्व है। किसी भी दशा में उसकी उपेक्षा करके इतिहास के प्रवाह को नहीं समझा जा सकता है। उसे मात्र दूषित मनोवृत्ति का परिणाम माननेवाले आलोचक अपनी ही दूषित मनोवृत्ति का परिचय देते हैं और जहाँ उनका वश चलता है वहाँ रीतिकालीन कविता की अवहेलना कर देते हैं।

रीतिकवियों की नारी-विषयक दृष्टि

रीतिकाल मुख्य रूप से विशुद्ध कविता का काल है। भारतीय परम्परा में शृंगार को रसराज माना गया है। अतः कविता में शृंगार भावना की अभिव्यक्ति किसी-न-किसी रूप में हर युग की कविता में मिलती है।

रीतिकालीन कविता दरबारी वातावरण में रची गयी है। सामन्तों तथा आश्रयदाताओं की भोग-वृत्ति की तृप्ति काव्य-रचना का मुख्य लक्ष्य है। सामन्ती समाज में नारी का एक ही रूप प्रमुख होता है, वह है भोग्या रूप। उसके लिए जीवन के अन्य क्षेत्रों में अपना कर्त्तव्य दिखाने का अवसर नगण्य था। अतः उसके व्यक्तित्व के विविध पक्ष कविता में उजागर नहीं हो सकते थे। कविता अपने परिवेश तथा युग मानसिकता से प्रत्यक्ष या अप्रत्यक्ष रूप से प्रभावित अवश्य रहती है। रीतिकाल में नारी श्रृंगार का आलम्बन बनकर ही प्रस्तुत होती है। कविगण नायिकाओं के अनेक भेद प्रदर्शित करते हैं जो कामशास्त्रीय तथा काव्यशास्त्रीय ही हैं। पद्‌माकर ने विलासोपयुक्त सामग्री में सेज, सुराही, सुरा और प्याला के साथ सुबाला (सुन्दर स्त्री), दुशाला और चित्रशाला का जिक्र किया है—

गुलगुली गिलमें हैं, गलीचा है गुनीजन हैं,
चाँदनी है, चिकें हैं, चिरागन की माला है।
कहै पद्‌माकर त्यों गजक गिजा है सजी,
सेज है, सुराही है, सुरा है और प्याला है।
शिशिर के पाला को न व्यापत कसाला तिन्हें
जिनके समीप एते उदित मसाला हैं।
तान तुक ताला हैं, विनोद के मसाला हैं।
सुबाला हैं, दुशाला हैं, विशाला चित्रशाला हैं।

रीतिकाल में बादशाहों के 'हरम' विश्व की सुन्दरियों के विशिष्ट संग्रहालय थे। बादशाह की शान तथा महत्ता की इनसे पहचान होती थी। ऐसी स्थिति में यदि कवियों ने नायिका-भेद का विस्तार से निरूपण किया तो इसमें किसी तरह के आश्चर्य की बात नहीं है। रीतिकवियों ने नायिकाओं की तीन सौ कोटियाँ तक बता दी हैं। उनमें अवस्था प्रकृति (स्वभाव), विरह दशा, साज-सज्जा आदि अनेक दृष्टियों से नारी की पहचान की गयी है। कोई नवयौवना है, कोई मुग्धा, कोई प्रौढ़ा, कोई वासक-सज्जा, कोई सद्यःस्नाता, कोई प्रोषितपतिका, कोई मानवती आदि। नारी के विविध रूपों को प्रेम एवं श्रृंगार की ही मनोभूमि पर देखने-परखने का उपक्रम हुआ है। व्यवसाय के आधार पर जिन रचनाकारों ने स्त्रियों का वर्णन किया है, वे भी उनके सौन्दर्य तथा कामोत्तेजक स्वरूप को ही निरख सके हैं। व्यवसाय के अनुसार उनके श्रम तथा समस्याओं पर उनका ध्यान नहीं गया। रहीम ने 'नगर-शोभा' के अन्तर्गत छप्पन जाति की स्त्रियों का वर्णन किया है। कवि उनके पेशे का थोड़ा संकेत करके उनके अंगों के श्रृंगारिक प्रभाव को ही अंकित करता है। व्यवसाय और श्रृंगार का रूपक रचकर कवि अपनी प्रतिभा का परिचय देता है। कलवारिन का वर्णन देखिये—

कलबारी रस प्रेम को नैननि भरि-भरि लेत।
जोबन मदमाती फिरे, अंग छुवन नहिं देत ॥

कसाइन इससे बहुत भिन्न नहीं है। उसका वर्णन देखिये—

हाथ लिये हत्या फिरै, जोबन गरब हुलास।
धरै कसाइन रैन दिन, बिरही रकत पिपास ॥

विविध जाति की स्त्रियों की कामचेष्टाओं तथा सौन्दर्यात्मक प्रभावों के साथ ही उनके अंग-अंग के सौन्दर्य चित्रण में कविगण अपनी सम्पूर्ण काव्य-प्रतिभा की इतिश्री कर देते हैं। यहाँ स्त्रियों के

नख-शिख वर्णन की परिपाटी का अनुपालन हुआ है। पद तल से लेकर बालों तक का वर्णन अत्यन्त तन्मय भाव से करते हुए संवेदनशील एवं कामोत्तेजक अंगों का विशेष उपमानों तथा प्रतीकों द्वारा चित्रण किया गया है। परम्परागत उपमानों तथा काव्यरूढ़ियों का अनुसरण करते हुए कवि अपनी मौलिकता तथा कल्पना से सौन्दर्य चित्रण में चमत्कार भी पैदा करते हैं। बिहारी ने एक दोहे में नायिका के मुखचन्द्र के कारण मुहल्ले में नित्य पूर्णिमा की तिथि का उल्लेख किया है—

पत्रा ही तिथि पाइए वा घर के चहुँ पास।
निशि दिन पून्यौं ही रहै आनन ओप उजास ॥

जिन अंगों की क्षीणता को सौन्दर्य का प्रतिमान माना गया है उन्हें तो कविगण इतना क्षीण कर देते हैं कि उसे नैनों से देखा ही नहीं जा सकता है, जैसे—

सुनियत कटि सक्षम निपट निकट न देखत नैन।
देह मध्य यों जानिए, ज्यों रसना में बैन ॥

रीतिकवि नारी की रूप छवि के जो चित्र पेश करते हैं वे चमत्कारिक एवं भावोत्तेजक तो हैं ही अनुपम भी हैं। देह-सौन्दर्य का इतना व्यापक चित्रण हिन्दी साहित्य के इतिहास के किसी अन्य काल में नहीं हुआ है।

देव ने 'अष्टयाम' में नायक-नायिका के दैनिक क्रिया-कलापों की समय-सारिणी बनायी है जिसमें छह बजे सुबह से छह बजे शाम तक नायक-नायिका को क्या करना चाहिए उसका निर्देश है। डॉ. रामकुमार वर्मा की इस सम्बन्ध में टिप्पणी है कि, "यह अष्टयाम किसी राजा या सामन्त के विवाह के उत्सव का चिरस्थायी होनेवाला दिन है। जिसमें चिन्ता और जीवन की विविध कार्यशीलता की छाया दूर ही रखी गयी है।" रीतिकवियों ने नारी की एकमात्र सामाजिक भूमिका पर अपनी दृष्टि केन्द्रित की है।

कविगण नारियों के दुःख-दर्द के प्रति किसी भी परिस्थिति में संवेदनशील नहीं हैं। विरह के वर्णन में नायिकाओं की व्यथा के बदले उनके विरहताप की ही नाप-जोख करते हैं और उनकी दैहिक दुर्बलता को लेकर हास्य की सृष्टि करते हैं। बिहारी की नायिका के विरहताप तथा गर्म उच्छ्वासों के कारण माघ (जनवरी) के महीने में गाँव में लू चल रही है। आँसू स्तन पर गिरते ही ताप के कारण छनछनाकर उड़ जाते हैं। विरहिणी इतनी दुबली है कि यमराज चश्मा लगाकर भी उसे ढूँढ़ नहीं पाता है अतः मृत्यु की परिस्थिति के बावजूद वह जीवित रहती है।

करी विरह ऐसी तऊ गैल न छाँडत नीचु ।
दीन्हें हूँ चश्मा चखनि चाहै लहै न मीचु ॥

यही नहीं नायिका साँस खींचती है तो छह-सात हाथ पीछे चली जाती है, छोड़ती है तो छह-सात हाथ आगे चली जाती है।

इत आवत चलि जात उत चली छ सातक हाथ ।
चढ़ी हिंडोरे-सी रहे, लगी उसासन साथ ॥

वीररस के कवियों ने युद्ध के प्रभाव को अंकित करते हुए नारियों की जिस दशा का चित्रण किया है, वह सम्बन्धित राजा या बादशाह के सन्दर्भ में काल्पनिक या अतिरंजित होते हुए भी युद्ध की विभाषिका के कारण नारी की दुर्दशा को अवश्य व्यंजित करता है—

तीन वेर खातीं ते वे तीन बेर खाती हैं।
नगन जड़ातीं ते वे नगन जड़ाती हैं।

रीतिमुक्त कवि जैसे बोधा, घनानन्द आदि नारी-प्रेम के प्रति अधिक निष्ठावान् एवं समर्पित हैं, इसीलिए इनके काव्य में नारी-प्रेम अधिक उदात्त हो सका है। घनानन्द सुजान वेश्या को सुजान (कृष्ण-प्रेम) के समकक्ष रखकर अमर बना दिया है।

सामन्ती जीवन-प्रणाली में बहुविवाह या रखैलों की उपस्थिति के कारण सौतियाडाह एक प्रमुख समस्या थी। जिस तरह पुरुष अपनी पत्नी या प्रेयसी को एकनिष्ठ होने की आकांक्षा रखता है उसी तरह स्त्री भी अपने पति या प्रेमी से सम्पूर्ण प्रेम पाना चाहती है। अनेक पत्नियों तथा प्रेयसियों के रहने पर प्रेम का बँटवारा तथा किसी के प्रति विशेष आकर्षण, किसी के प्रति न्यून आकर्षण स्वाभाविक है। कवियों ने नारी की इस समस्या को शृंगार तथा प्रेम के परिप्रेक्ष्य में ही अंकित किया है। कुल मिलाकर यही निष्कर्ष निकलता है कि रीतिकवियों की नारी-विषयक दृष्टि भोगवादी, शृंगारिक एवं विलासितापूर्ण है।

6

आधुनिककाल

भारतीय समाज में बदलाव की नयी प्रक्रिया का आरम्भ अंग्रेजी शासन की स्थापना के फलस्वरूप उत्पन्न सांस्कृतिक टकराहट से हुआ। मुस्लिम आक्रमण का दर्द, संघर्ष का आवेग तथा धार्मिक तनाव की स्थिति मध्यकाल के अन्त तक समन्वय तथा सामंजस्य के धरातल पर पहुँचकर भारतीय संस्कृति में प्रायः लीन हो गयी। विदेशी शासक लगभग स्वदेशी हो गये। ईस्ट इण्डिया कम्पनी के माध्यम से अंग्रेजों की भारत में घुसपैठ तथा गद्दी हथियाने की कूटनीति, शनैः-शनैः देशी नरेशों को हराकर सम्पूर्ण भारत पर राजनीतिक अधिकार आदि ऐसी घटनाएँ हैं जिनसे भोग-विलास की रीतिकालीन मस्ती बेचैनी में बदलने लगी। चूँकि अंग्रेजों की मूलवृत्ति व्यापारिक थी इसीलिए उन्होंने भारत को सौदा खपानेवाले बाजार के रूप में चुना। धीरे-धीरे यहाँ के कुटीर उद्योग जो पुश्तैनी थे जिनका कलात्मक उत्कर्ष तथा बारीकी विश्वविख्यात थी चौपट होते गये। व्यावसायिकता का असर गाँवों पर भी पड़ा। यातायात की सुविधा से गाँवों का माल शहरों में, शहरों का माल गाँवों में पहुँचने लगा। अंग्रेजों की स्वार्थपरक कृपा से जमींदारी प्रथा और महाजनी सभ्यता की समृद्धि हुई। डॉ. बच्चन सिंह मुस्लिम तथा अंग्रेजी सभ्यता के द्वारा लाये गये आर्थिक परिवर्तन के अन्तर को स्पष्ट करते हुए लिखते हैं, "मुसलमान यायावर थे और सामाजिक विकास की दृष्टि से वे पिछड़े थे। उनकी स्थिति पूर्व सामन्तीय थी। इसलिए वे विजयी होकर भी यहाँ की उच्चतर सभ्यता से विजित हो गये। वे समाज के ढाँचे में कोई बुनियादी फर्क नहीं ले आ सके। आर्थिक इकाइयों में यथास्थिति बनी रही। अंग्रेज सामन्तीय व्यवस्था से आगे बढ़कर पूँजीवादी व्यवस्था अपना चुके थे। सामाजिक विकास की दृष्टि से वे यहाँ के लोगों से एक मंजिल आगे थे। इसलिए आर्थिक व्यवस्था को तोड़ने और परिवर्तित करने में उन्हें सफलता मिली। नयी अर्थव्यवस्था में शासक और शासित के बीच जमींदारों, महाजनों तथा सरकारी दलालों के आ जाने के कारण शोषण की प्रक्रिया तेज हो गयी। अंग्रेज तो प्रमुख शासक थे ही, बड़े जमींदार भी अपने को छोटा शासक ही समझते थे। इनके अत्याचार अंग्रेजों से कम नहीं होते थे। यही कारण है कि सामान्य जनता की स्थिति शोचनीय थी। अर्थकेन्द्रित जीवनदृष्टि के विकास के कारण पारस्परिक द्वेष, कलह बढ़ते जा रहे थे। बीच-बीच में पड़नेवाले अकाल और महामारी से रही-सही ताकत और भी क्षीण हो जाती थी।

अंग्रेज भारत को उपनिवेश ही मानते थे अपना राष्ट्र नहीं। वे भारत की धन-सम्पत्ति से इंग्लैण्ड को ही समृद्ध बना रहे थे। इसकी प्रतिक्रिया तथा अंग्रेजों के राष्ट्रप्रेम की प्रेरणा से राष्ट्रीय भावना का विकास होने लगा था। ग्रामीण इकाइयों की संकुचित दृष्टि टूटने के बाद लोगों को यह एहसास होने लगा कि उनका भाग्य भारतीय संसाधनों तथा उत्पादनों से जुड़ा है। अतः इनके संरक्षण की चिन्ता उनमें उठने लगी थी।

आर्थिक गतिशीलता के प्रभाव से सामाजिक गतिशीलता भी उत्पन्न हुई। अंग्रेजी शिक्षा के प्रभाव के कारण जातीयता की भावना भी किंचित् उदार हुई। वर्ण-व्यवस्था में जो कमजोरियाँ थीं उनकी ओर शिक्षितों की दृष्टि गयी तथा मानवीय समानता के प्रचार के प्रयत्न किये गये। नयी आर्थिक व्यवस्था के कारण उच्चवर्ग, मध्यवर्ग तथा निम्नवर्ग आदि वर्गों का उदय हुआ।

नयी शिक्षा-व्यवस्था—अंग्रेजों ने भारतीय शिक्षा-व्यवस्था की पुरानी परम्परा को तोड़कर नयी व्यवस्था लागू की। इस व्यवस्था में माध्यम के रूप में अंग्रेजी भाषा का विशेष वर्चस्व था। अंग्रेजी पढ़े-लिखे लोगों के लिए सरकारी नौकरियों के द्वार खुले हुए थे। नयी शिक्षा में शिक्षित लोगों में संस्कृति तथा जीवन के प्रति नयी दृष्टि का विकास हुआ। अंग्रेजी शिक्षा-प्रणाली से एक ऐसा वर्ग भी पैदा हुआ जिनके मन में भारतीय परम्पराओं तथा रहन-सहन के प्रति घृणा की भावना उत्पन्न हो गयी थी। अंग्रेजी संस्कृति के समक्ष भारतीय संस्कृति की महनीयता सिद्ध करने के लिए भी नवशिक्षितों का वर्ग सामने आया। शिक्षा-व्यवस्था की धार्मिक पृष्ठभूमि वैज्ञानिक तथा तकनीकी रूप ग्रहण करने लगी। लोगों में शुद्ध आस्थापरक दृष्टि के बदले तार्किक दृष्टि का विकास हुआ। पाश्चात्य ज्ञान-विज्ञान की इस लौकिक तथा सार्वजनीन चेतना से भारतीयों की परम्पराप्रियता तथा अन्धश्रद्धा की नयी सोच को दिशा मिली। अंग्रेजी शिक्षा का प्रभाव सर्वथा हितकर ही नहीं रहा।

आधुनिककाल के पूर्वार्द्ध को (1800-1947) ब्रिटिशकाल की संज्ञा देनेवाले अंग्रेजी प्रेमी डॉ. लक्ष्मीसागर वार्ष्णेय ने भी स्वीकार किया है कि विदेशी भाषा के माध्यम द्वारा भारतीय सभ्यता और संस्कृति पर जो कुठाराघात हुआ वह शायद संसार के किसी अन्य देश में न हुआ होगा। नवशिक्षितों में बहुत-से भारतीय अपने देश में ही अजनबी बन गये। पाश्चात्य तथा भारतीय मूल्यों में संघर्ष तथा द्वन्द्व की प्रक्रिया आरम्भ हुई। भारतीयों में स्वदेशीपन तथा आत्मरक्षा की भावनाएँ जागृत हुईं जिनके परिणामस्वरूप अनेक धार्मिक, सामाजिक तथा सांस्कृतिक आन्दोलन शुरू किये गये। राजनीतिक मुक्ति की कामना भी इसका प्रमुख पक्ष था।

नयी धार्मिक तथा सामाजिक स्थिति—अंग्रेजों के आगमन के साथ ईसाई धर्म-प्रचारकों (ईसाई मिशनरियों) का जोर बढ़ता गया। गरीबों की सेवा तथा आर्थिक मदद से ये मिशनरी उन्हें धर्म-परिवर्तन के लिए प्रेरित करते थे। ये लोग हिन्दू धर्म की बुराइयों को कुरेद-कुरेदकर सामने लाते थे जिसकी प्रतिक्रिया में स्वयं हिन्दू विचारक धार्मिक परिष्कार के लिए अग्रसर हुए। इस कार्य में उन्हें पूरा-पूरा सरकारी सहयोग भी मिला। नरबलि, सतीप्रथा, बालविवाह आदि धार्मिक, सामाजिक कुरीतियाँ बन्द होती गयीं। हिन्दू धर्म का व्यष्टिमूलक रूप समष्टिमूलक हो गया। ईसाई प्रभाव से उसमें मानव सेवा की भावना प्रमुख हो गयी। नवीन सामाजिक तथा धार्मिक चेतना के प्रभाव की अनुगूँज हिन्दी साहित्य में स्पष्ट रूप से व्याप्त दिखायी देती है। नयी शिक्षा की प्रेरणा से लोगों का दृष्टिकोण रूढ़ियों एवं परम्पराओं से मुक्त होकर उदार तथा विवेकसम्मत बन सका। वैयक्तिक स्वतन्त्रता तथा विचारों को भी गौरव प्राप्त हुआ जिससे मध्यकालीन जकड़न तथा जड़ता टूटने लगी। रीतिकालीन इहलौकिक दृष्टि धार्मिकता का कवच उतारकर वैज्ञानिक चिन्तन के धरातल पर सामान्य मानवीय कल्याण कामना के रूप में व्यापक हो गयी।

यातायात की सुविधाएँ तथा प्रेस की स्थापना—व्यापार की बढ़ोत्तरी के लिए अंग्रेजों ने भारत में यातायात की सुविधाओं का विकास किया। सुरक्षा की दृष्टि से भी सड़कों और रेलों के निर्माण की आवश्यकता महसूस की गयी। यातायात के इन साधनों के कारण गाँव और शहर का सम्पर्क बढ़ता गया। एक क्षेत्र तथा सम्प्रदाय के लोग दूसरे समुदाय से मिलकर अपनी संकुचित दृष्टि छोड़ने

लगे। देश में व्यावहारिक रूप से राष्ट्रीयता तथा वैचारिक एकता की भावना उत्पन्न होने लगी। वैचारिक आदान-प्रदान में भी यातायात की सुविधाओं की महत्त्वपूर्ण भूमिका है।

आधुनिककालीन साहित्य की समृद्धि में प्रेस का उल्लेखनीय सहयोग है। यद्यपि भारत में छपाई का कार्य सन् 1550 में ही आरम्भ कर दिया गया किन्तु उन्नीसवीं शताब्दी के आरम्भ से ही धड़ाधड़ प्रेस खुलने लगे। जनमत को अनुकूल बनाने तथा अपने विचारों को आम जनता तक पहुँचाने में पत्र-पत्रिकाओं का प्रकाशन तथा वितरण छापाखानों के द्वारा ही सम्भव हुआ। आधुनिक हिन्दी साहित्य का आरम्भिक विकास पत्र-पत्रिकाओं के विकास के साथ विशेष रूप से जुड़ा हुआ है। इन पत्रों के माध्यम से गलत रूढ़ियों पर जोरदार आघात किये गये। अंग्रेजी शासन की बुराइयों को भी निर्भीकता से बेनकाब किया गया। साहित्यकार और सामाजिकों का यद्यपि प्रत्यक्ष रिश्ता टूटा अवश्य किन्तु लेखन के स्तर को सुरक्षित रखने की कोशिश भी हुई। पाठकों का समाज पहले की अपेक्षा अधिक व्यापक हुआ। वह काव्य का सामूहिक श्रोता ही नहीं बल्कि एकान्त चिन्तक, आस्वादक, वैयक्तिक सम्मति का निर्धारक बन गया।

आधुनिक नवजागरण—राजनीतिक, आर्थिक, धार्मिक, सामाजिक स्थितियों और सम्बन्धों के बदलाव के कारण भारतीय जीवन में एक नया अस्मिताबोध स्फुरित हुआ, पश्चिमी शिक्षा, ज्ञान-विज्ञान, औद्योगिकता से सम्पर्क के कारण भारतीयों में आत्मनिरीक्षण तथा आत्मपरिष्कार की चेतना अनिवार्यतः उद्‌बुद्ध हुई। उनके समक्ष अनेक सवाल एक साथ कौंधने लगे। क्या ईसाई धर्म के आगे भारतीय धर्म की कोई अहमियत नहीं है? क्या अंग्रेजी रीति-रिवाजों के आगे भारतीय सामाजिक रीतियाँ तथा प्रथाएँ तुच्छ हैं? क्या पश्चिमी ज्ञान-विज्ञान, भाषा आदि के सामने भारतीय ज्ञान-विज्ञान तथा भाषाओं की कोई भी महत्ता नहीं है? क्या हम इतने अशक्त एवं निर्वीर्य हैं कि सात समुद्र पार से एक विजातीय हमें गुलाम बनाये रखे? इन विविध सवालों का जवाब वे ठण्डे दिल से किन्तु बेचैनी से सोचने के लिए विवश थे। अपनी खोयी हुई शक्ति को प्राप्त करने के लिए युगों से प्रचलित प्रथाओं तथा कुरीतियों को बड़ी बेरहमी से तोड़ने तथा नष्ट करने का बीड़ा उठा लिया गया। उपयोगी तथा मूल्यवान् परम्पराओं को आधुनिक जीवन की आवश्यकताओं के अनुकूल बुद्धि-सम्मत व्याख्या करके उनकी अर्थवत्ता तथा प्रासंगिकता को विदेशी रीति-रिवाजों के समरूप सिद्ध करने के यत्न किये गये। नवजागरण लाने में अधोलिखित संस्थाओं एवं तत्सम्बद्ध व्यक्तियों का सराहनीय योगदान रहा-

ब्रह्मसमाज—इसकी स्थापना 1828 ई. में राजा राममोहन राय के द्वारा हुई। राजा साहब विदेशी, भारतीय विचारों तथा चिन्तनों से पूर्णतया परिचित थे। आधुनिक भारत के ये प्रथम व्यक्ति हैं जिन्होंने आडम्बरों, अन्धविश्वासों, पाखण्डों का खण्डन करके विशुद्ध ब्रह्मोपासना के महत्त्व को प्रतिपादित किया। सतीप्रथा जैसी क्रूर प्रथा के खिलाफ जेहाद छेड़नेवाले राजा राममोहन राय ही थे। इन्होंने अपनी उदार दृष्टि के कारण पाश्चात्य शिक्षा-प्रणाली के प्रचार-प्रसार में योगदान किया। ब्रह्मसमाज को गतिशील बनानेवाले महानुभावों में देवेन्द्रनाथ टैगोर और केशवचन्द्र सेन के नाम भी उल्लेखनीय हैं।

प्रार्थना समाज—इसकी स्थापना 1867 ई. में हुई। इसके प्रमुख उन्नायक विधिवेत्ता, प्रगतिशील चिन्तक महादेव गोविन्द रानाडे थे। अतीत के प्रति समादर भाव से युक्त होते हुए भी रानाडे अतीत की यथास्थिति के कायल नहीं थे। किसी जीवित समाज में अतीत की मान्यताओं को यथावत् स्थापित भी नहीं किया जा सकता। उनकी दृष्टि में समाजोन्नयन के प्रति विशेष रूचि थी। जाति-पाँति की निरर्थकता सिद्ध करते हुए उन्होंने सामाजिक समता, स्त्री-शिक्षा तथा अन्तर्जातीय विवाह का समर्थन किया।

रामकृष्ण मिशन—विवेकानन्द ने मूलतः अपने गुरु रामकृष्ण के उपदेशों के प्रचार के लिए रामकृष्ण मिशन की स्थापना की किन्तु विवेकानन्द के समाजोन्मुख धर्म से भारतीय दर्शन को नयी दिशा मिली। उनकी दृष्टि में धर्म वह है जो शारीरिक, बौद्धिक और आध्यात्मिक शक्ति दे, जो आत्मसम्मान तथा राष्ट्रीय गौरव प्रदान करने में सहायता करे। वे अपने देशवासियों को कर्मयोग में दीक्षित करना चाहते थे तथा उनमें धार्मिक श्रेष्ठता की भावना जगाना चाहते थे। सन् 1893 में शिकागो में सम्पन्न हुए विश्व धर्म संसद् में भारतीय धर्म की महत्ता को उद्घोषित करके उन्होंने भारतीयों के मन में पुनः इस विश्वास को जगा दिया कि अब भी हमारे पास ज्ञान की वह थाती है जिसे विश्व को आवश्यकता है।

आर्यसमाज—(1867 ई.) आर्यसमाज के संस्थापक स्वामी दयानन्द सरस्वती उच्चकोटि के संस्कृतज्ञ, कुशल वक्ता तथा असाधारण प्रतिभासम्पन्न व्यक्ति थे। वैदिक धर्म की समग्रता एवं सार्वभौमिकता को प्रतिपादित करते हुए इन्होंने जातीय, लैंगिक आदि भेदों को मिटाने की कोशिश की। समाज के सम्यक् विकास के लिए इन्होंने पश्चिमी ज्ञान-विज्ञान की महत्ता को भी स्वीकार किया। इनके प्रयास से ऐंग्लोवैदिक स्कूल खोले गये। इनके विचारों की लहर ने उत्तर भारत को विशेष रूप से परिष्कृत किया।

थियोसोफिकल सोसाइटी—इसकी स्थापना सन् 1875 ई. में न्यूयार्क में मदाम ब्लावत्सकी और कर्नल ओल्काट के द्वारा की गयी थी। भारत में इसका विशेष प्रचार श्रीमती एनी बेसेण्ट द्वारा सन् 1893 के बाद हुआ। एनी बेसेण्ट ने प्राचीन भारतीय धर्म का गुणगान करते हुए राष्ट्रीयता की भावना को पुष्ट किया।

नूतन राजनीतिक स्फूर्ति—विविध क्षेत्रों में जागृति आने के बाद भारतीयों को दासता खटकने लगी। आध्यात्मिक दृष्टि से भारत चाहे जितना ऊँचा हो किन्तु परतन्त्रता की स्थिति में उसका अपना महत्त्व कैसे हो सकता है। राजनीतिक जागृति के कारण ही 1885 ई. में इण्डियन नेशनल कांग्रेस की स्थापना हुई। एक हजार वर्ष के मुस्लिम शासन के टूटने के बाद हिन्दुओं ने राहत की साँस ली थी, हिन्दुओं को एक हजार वर्ष बाद पूरे नागरिक अधिकार मिले और कानून की निगाह में वे मुसलमानों के समकक्ष हो गये। इससे उनमें आत्मसम्मान की भावना उत्पन्न हुई और साथ ही अंग्रेजों के सम्पर्क में आने के कारण उनका एकाकीपन और संसार से कटाव (Isolation) भी दूर हो गया।[1] मुस्लिम शासकों की क्रूरता तथा अत्याचार से सन्त्रस्त भारतीयों में एक बार अंग्रेजों के प्रति प्रशंसा के भाव जाग उठे। श्रीनारायण चतुर्वेदी का विचार है कि भारतेन्दु आदि लेखकों ने जो अंग्रेजी की प्रशंसा की है वह उनका इस बात का कृतज्ञता ज्ञापन था कि अंग्रेजों ने मुसलमानों के बराबर नागरिक अधिकार दिये तथा अपना धर्म पालन करने और अपने ढंग से अपना जीवन व्यतीत करने की स्वतन्त्रता दी[2] किन्तु बहुत जल्दी ही भारतवासी अंग्रेजों की शोषण की नीति से परिचित हो गये थे। फलतः धार्मिक आन्दोलनों की अपेक्षा राजनीतिक मुक्ति की ओर भारतीयों की दृष्टि उन्मुख हुई। राजनीतिक आन्दोलन के प्रमुख सूत्रधार महात्मा गाँधी सिर्फ परतन्त्रता के ही नहीं बल्कि सामाजिक रूढ़ियों, असमानता के विरुद्ध भी संघर्षरत थे। उनके द्वारा चलाये गये सत्याग्रह आन्दोलन का भी भारतीय जनमानस पर व्यापक प्रभाव पड़ा। अन्तरराष्ट्रीय सीमाओं में घटित रूस-जापान युद्ध (सन् 1904)

1.आधुनिक हिन्दी का आदिकाल, पृ.16-17

2.आधुनिक हिन्दी का आदिकाल, पृ.15

तथा दो विश्वयुद्धों (प्रथम 1914-18 द्वितीय 1939-45) का भारतीय राजनीतिक संघर्ष पर प्रेरणात्मक असर हुआ। लोगों में अन्तरराष्ट्रीय सोच पैदा हुई जिसका स्पष्ट प्रतिबिम्ब हिन्दी साहित्य में दिखायी देता है।

भारत में औद्योगिकीकरण की प्रक्रिया क्रमशः तेज होती जा रही थी। नवजागरण में अतीत गौरव की प्रेरणा से वर्तमान सामाजिक उत्थान का महत्त्व बढ़ता जा रहा था पश्चिमी साहित्य के सम्पर्क तथा समष्टिगत चेतना के विस्तृत घटाटोप में से वैयक्तिक स्वच्छन्दता तथा स्वतन्त्रता का भाव उभरने लगा। बीसवीं सदी के आरम्भिक दो दशकों के बाद यह स्थिति अधिक प्रबल हो गयी थी। इसके पीछे राजनीतिक असफलता का भी हाथ माना जाता है। गाँधी जी के असहयोग आन्दोलन की असफलता तथा स्वतन्त्रता की आशा क्षीण होने के कारण स्वतन्त्रता के समस्त भाव अन्तर्मुखी हो गये।

डॉ. रघुवंश वैयक्तिक चेतना की जागृति के कारणों में पूँजीवादी व्यवस्था, महायुद्ध का प्रभाव, परम्परागत समाजीकृत साहित्य की सर्जना की अनिवार्यता के प्रति विद्रोह आदि को निरूपित करते हैं।[1] बीसवीं सदी के तीसरे और चौथे दशकों में यह वैयक्तिक चेतना अंग्रेजी रोमान्टिक काव्य के समरूप अतिशय काल्पनिक तथा वायवी रूप धारण करती गयी। इस काल में रचित साहित्य में भारतीय दार्शनिक चिन्तनों तथा काव्य-परम्पराओं को नये तेवर तथा ताजगी के साथ अभिव्यक्ति मिली। इस युग के उन कवियों का साहित्येतिहास की दृष्टि से अधिक अवदान रहा जो वैयक्तिक स्तर पर ही सही यथार्थ जीवन के प्रति विशेष सचेष्ट रहे।

चिन्तन तथा अभिव्यक्ति दोनों स्तरों पर सौन्दर्यवादी इन साहित्यकारों में व्यक्ति का केवल सुन्दर पक्ष ही उभर पाया। इसमें उसका भावात्मक संसार उजागर हुआ। चौथे दशक के बाद व्यक्ति को उसकी समग्रता में ग्रहण करने की चेष्टा की गयी। शुभ-अशुभ, आदर्श-यथार्थ, महान्-तुच्छ आदि कठघरों को तोड़कर 'साधारण आदमी' साहित्य में प्रतिष्ठित होने लगा। नये-नये वैज्ञानिक आविष्कारों, विश्व के राष्ट्रों से पारस्परिक सम्बन्धों, अस्तित्ववादी दर्शन की धूम, मनोविज्ञान, समाजशास्त्र आदि अन्य सामाजिक विज्ञानों के प्रति बढ़ती रुचि, विविध देशों के सांस्कृतिक आदर्शों तथा मूल्यों की टकराहट, जीवन के प्रति इहलौकिक दृष्टिकोण की प्रधानता और बौद्धिक चिन्तन के दबाव से परम्परित मानवीय मूल्य तथा मानवीय सम्बन्ध टूटते जा रहे हैं। साहित्य रचनात्मकता के स्तर पर मनुष्य के नवीन संवेदनों से जूझ रहा है। 'आधुनिक' वैज्ञानिक आविष्कारों और औद्योगिकीकरण का परिणाम है जबकि 'आधुनिकता' औद्योगिकीकरण की अतिशयता, महानगरीय एकरस, दो महायुद्धों की विभीषिका का फल है। वस्तुतः नवीन ज्ञान-विज्ञान, टेक्नोलॉजी के फलस्वरूप उत्पन्न विषम मानवीय स्थितियों के नये गैर रोमाण्टिक और अमिथकीय साक्षात्कार का नाम 'आधुनिकता' है।[2]

आधुनिक और आधुनिकता

आधुनिक शब्द की उत्पत्ति अधुना शब्द में इक प्रत्यय से हुई है। इसका शाब्दिक अर्थ है तुरन्त, इसी क्षण, अत्यन्त नूतन। आधुनिक वर्तमान का भी अर्थद्योतक है। आधुनिक में भाववाचक प्रत्यय ता लगने से 'आधुनिकता' बना जो आधुनिक विशेषण का भाववाचक संज्ञा में रूपान्तरण है। आधुनिक शब्द के सूक्ष्म अर्थ भेद के साथ कई शब्द प्रचलित हुए हैं, आधुनिकीकरण, आधुनिकता आदि। अंग्रेजी

1. साहित्य का नया परिप्रेक्ष्य, पृ.103-105.
2. आधुनिक हिन्दी का आदिकाल पृ. 16-17.

में उपर्युक्त शब्दों के लिए माडर्न, माडर्निटी, माडर्नाइजेशन, माडर्निज्म प्रयुक्त होते हैं। यूरोप में सोलहवीं से उन्नीसवीं सदी तक यह शब्द 'वर्तमान' के अर्थ में प्रयुक्त होता था, किन्तु पुनर्जागरण के बाद इसके अर्थ में विस्तार हुआ। आधुनिकता का तात्पर्य सुधार, प्रगतिशीलता एवं नूतनता के अर्थ में अधिक हुआ है। डॉ. बच्चन सिंह का मानना है कि 'आधुनिक' वैज्ञानिक आविष्कारों और औद्योगिकीकरण का परिणाम है जबकि 'आधुनिकता' औद्योगिकीकरण की अतिशयता, महानगरीय एकरसता, दो महायुद्धों की विभीषिका का फल है। वस्तुतः नवीन ज्ञान-विज्ञान टेक्नोलॉजी के फलस्वरूप उत्पन्न विषम मानवीय स्थितियों के नये गैर रोमाण्टिक और अमिथकीय साक्षात्कार का नाम आधुनिकता है।[1]

वास्तव में आधुनिक समय-विशेष में हुए परिवर्तनों का सूचक है, आधुनिकता उन परिवर्तनों के प्रभावों तथा उनके प्रति मानवीय आग्रहों का प्रतिफल है। आधुनिकता में एक प्रकार की जीवन-दृष्टि का भी संकेत है जो मध्यकालीनता से कुछ मामले में भिन्न है। प्रगतिवादी चिन्तक इसमें प्रगति की सम्भावनाएँ देखते हैं। आधुनिकता इतिहासपरक, वैज्ञानिक, प्रगतिशील अग्रगामी दृष्टि है। आधुनिकता ने जीवन को समग्रता तथा यथार्थ की ओर ले जाने का उपक्रम किया है। सम्पूर्ण रूढ़ियों तथा मान्यताओं पर प्रश्नचिह्न लगाकर उनकी जाँच-पड़ताल तर्क एवं बुद्धि की कसौटी पर करने की चेष्टा भी उसकी एक विशेषता है। आधुनिकता के विषय में विद्वानों की अलग-अलग व्याख्याएँ तथा अलग-अलग तर्क हैं। डॉ. कुमार विमल का विचार है कि आधुनिकता अपने आप में कोई मनगढ़न्त मूल्य या एक बिन्दु पर टिका हुआ मानदण्ड नहीं है। यह तो एक विकासशील दृष्टिकोण है, एक गतिशील सांस्कृतिक सातत्य है, एक लोचदार जीवन-दृष्टि है, युगबोध से उन्नमित एक सशक्त प्रवृत्ति है। इसके मूल में धर्म निरपेक्षता और अन्तरराष्ट्रीयता है, अतः 'एक विश्व की चेतना है।' इन्द्रनाथ मदान आधुनिकता को एक प्रक्रिया मानते हैं, यह एक से अधिक दौरों से गुजरने की गवाही देती है।

आधुनिकता का अस्वीकार भी आधुनिकता है, यही नहीं इसके स्वीकार एवं अस्वीकार के परे जाना भी आधुनिकता है। इसका तात्पर्य है कि आधुनिकता विचार एवं स्वीकार के लिए पूरी-पूरी वैयक्तिक छूट देती है। मुक्त चिन्तन के कारण ही नये भाव-बोध या नूतन जीवनदृष्टि की सम्भावना रहती है। कुँवर नारायण का कथन कुछ अधिक स्पष्टता से आधुनिक साहित्य को स्पष्ट करता है। "विज्ञान या वैज्ञानिक चिन्तन का एक मतलब जहाँ शुद्ध भौतिक यथार्थ की छानबीन से जुड़ा है वहीं उसका दूसरा और शायद ज्यादा गहरा मतलब एक खास तरह की मानसिकता यानी तर्क, विवेचन, विश्लेषण, संश्लेशण, अन्वेषण, प्रयोगशीलता आदि से जुड़ा है जिसके प्रत्यक्ष या परोक्ष असर ने आज के साहित्य और कला को वह विशिष्ट पहचान दी है जिसे हम आधुनिक कहते हैं। (आज और आज से पहले, पृ. 46) आधुनिकता एक मूल्य नहीं मूल्य के प्रति एक दृष्टि है। ये मूल्य समकालीन भी हो सकते हैं, पारम्परिक भी और अतीत के भी। कभी-कभी अतीत का कोई मूल्य हमारे लिये आज के किसी मूल्य से भी अधिक आवश्यक हो सकता है और तब आधुनिकता एक विवेक हो सकती है जो उसका सही मूल्यांकन कर सके।" डॉ. जगदीश गुप्त का अभिमत है, 'मेरे विचार से आधुनिकता अपने सही अर्थ में उस विवेकपूर्ण दृष्टिकोण से उपजती है जो व्यक्ति को वास्तविक युगबोध प्रदान करने के साथ-साथ अधिक दायित्वशील, सक्रिय और मानवीय बनाता है। (नयी कविता : स्वरूप और समस्याएँ, पृ.20) कॉरलिस लेमाण्ट ने अपनी पुस्तक 'द फिलासफी ऑफ ह्युमनिज्म' में मानवतावाद के जो लक्षण दिये हैं वे आधुनिकता की भी आधारभूत पहचान हैं।

---

1. आधुनिक हिन्दी साहित्य का इतिहास, पृ. 51

1. मानवतावाद का विश्वास नेचुरलिस्टिक मेटाफिजिक्स में है जिसमें अतिप्राकृतिक तत्त्व को भ्रमात्मक, प्रकृति की परिवर्तनशीलता को भौतिक सत्ता माना गया है। मनुष्य प्रकृति के विकासक्रम का एक अंग है और उसके व्यक्तित्व में जड़-चेतन अभिन्न रूप से संगठित हैं। मृत्यु के बाद उसकी कोई सत्ता शेष नहीं रहती। मनुष्य अपनी समस्याओं के समाधान में साहस, अन्तर्दृष्टि, तर्क और वैज्ञानिक पद्धति के सहारे स्वतः सक्षम है। वह अतीत की सीमाओं एवं बन्धनों से परे अपनी नियति का निर्माता स्वयं है। मानवतावाद राष्ट्र, जाति, धर्म आदि सीमाओं का अतिक्रमण करते हुए ऐसी नैतिक व्यवस्था और मानव-मूल्यों में विश्वास रखता है जो मनुष्य के विकास के लिए अपेक्षित है। कोई व्यक्ति उच्चस्तरीय जीवन की उपलब्धि वैयक्तिक परितोषों के सन्तुलन से प्राप्त करता है। मानवतावाद में व्यापकतम सौन्दर्यबोध है जिसमें प्रकृति का सम्पूर्ण वैभव समाहित हो, जो मनुष्य जीवन का अंग बन जाये। इसमें ऐसी सामाजिक योजना पर बल है जो राष्ट्रीय, अन्तरराष्ट्रीय प्रगति के साथ प्रजातान्त्रिक पद्धति और शान्ति की प्रतिष्ठा करती जाये। मानवतावाद में सभी क्षेत्रों में भाव और विचारों की अभिव्यक्ति की पूर्ण स्वतन्त्रता है। यह वैज्ञानिक प्रणाली के अनुरूप नये विचारों को सिद्ध करने का पक्षपाती है। मानव केन्द्रित विचार आधुनिकता का प्रधान लक्षण है तथा धर्म एवं ईश्वर को नकारने की भी प्रवृत्ति है। आधुनिकता के जो लक्षण बताये गये हैं वे सभी ज्यादातर पश्चिमी परिप्रेक्ष्य में हैं। भारत में ऐसे दर्शनों एवं विचारों का प्रचार-प्रसार बहुत पहले था जिनमें ईश्वर की सत्ता नहीं मानी गयी थी। जैन दर्शन में सृष्टि का कर्त्ता ईश्वर नहीं है। मनुष्य की आत्मा के ही तीन रूप हैं बहिरात्मा, अन्तरात्मा तथा परमात्मा। परमात्मा एक तरह से आत्मा का ही मानवीय प्रयत्नों से किया गया उत्कर्ष है। बौद्ध दर्शन में दुःख से मुक्ति के लिए मनुष्य को स्वयं प्रयत्न का विधान है। किसी परोक्ष सत्ता की कृपा या अनुग्रह से दुःख का निवारण नहीं हो सकता है। कर्मवाद भी मनुष्य की अपनी क्षमता एवं कार्यशीलता को किसी-न-किसी रूप में प्रतिपादित करता है। दर्शन तथा ज्ञान का ऊहापोह हर युग में तर्कप्रधान रहता है। तार्किकता केवल आधुनिकता की ही उपज नहीं है। पश्चिम में भी 'एक प्रमुख चिन्तक वर्ग है जो धर्मभावना को आधुनिक समय में भी महत्त्वपूर्ण मानता है। 'अस्तित्ववाद की धर्मपक्षीय शाखा, डॉ. युंग का मनोविज्ञान, टी. एस. इलियट तथा फ्रांसवा मोरिअक का साहित्य ये सब किसी-न-किसी अर्थ में मनुष्य की धर्मभावना को जायज मानकर चलते हैं। (आज और आज से पहले, पृ. 51)

भारतीय सन्दर्भ में 'धर्म' का व्यापक अर्थ है जैसे आग का धर्म है जलाना वैसे मनुष्य का धर्म है मनुष्यता। मनुष्यता उन गुणों को कहते हैं जो मनुष्य को अन्य जीव-जन्तु आदि से अलग करती है। सत्य, अहिंसा, सात्त्विकता, प्रेम, त्याग, निष्ठा, संकल्प, दृढ़ता, इन्द्रिय निग्रह, निर्वैरिता आदि गुणों का आचरण ही मानव धर्म है। तुलसीदास ने मध्यकाल में ही कहा था 'परहित सरिस धरम नहिं भाई।' धर्म के ये तत्त्व ऐसे हैं जो मानव-कल्याण तथा सह-अस्तित्व के लिए अनिवार्य हैं।

आधुनिकता में परम्परा की कितनी स्वीकृति या अस्वीकृति होनी चाहिए, इसके विषय में भी अलग-अलग मत हैं। एक मत है कि आधुनिकता अपने-आप में अलग महत्त्व रखती है तथा उसकी पुरातन निरपेक्ष व्याख्या करना ही उसे सही रूप में समझना है। जो लोग उसकी स्वतन्त्र स्थिति को नहीं समझ पाते हैं, वे आधुनिकता की चर्चा के अधिकारी ही नहीं हैं। ज्यादातर विद्वान् परम्परा को आधुनिकता से पूरी तरह अलग करके देखने के पक्षधर नहीं हैं। विपिन अग्रवाल 'आधुनिकता के पहलू' नामक पुस्तक में आधुनिकता पर विचार करते हुए ऐतिहासिकता के अध्ययन का कम मूल्य

मानते हैं किन्तु ऐतिहासिकता को पूरी तरह नकारते नहीं हैं "इस प्रकार हम इस नतीजे पर पहुँचते हैं कि आधुनिकता को समझने के लिए ऐतिहासिक अध्ययन का बहुत कम मूल्य है और जब आधुनिक एक नये दौर का आरम्भ हो, तब इस प्रकार के दृष्टिकोण को महत्त्व देना अनैतिक है।" (आधुनिकता के पहलू, पृ.17) लेकिन उसी निबन्ध में वे कहते हैं कि " मैं यह नहीं प्रतिपादित कर रहा हूँ कि हमें इतिहास को या परम्परा को जानना ही नहीं चाहिए... इतिहास आवश्यक है, क्योंकि उसी के अंश को लेकर हम नये को गढ़ते हैं। पर इससे अधिक उसका महत्त्व नहीं है। वह पूरी तस्वीर नहीं है। आधुनिक का एक पहलू वह है, जो वह बीते हुए को शेयर करता है और दूसरा वह जो उसकी अपनी देन है, उसका अपना विशेष गुण है। डॉ. जगदीश गुप्त इसके विपरीत अपना मत व्यक्त करते हैं, 'यदि आधुनिकता की कोई सार्थकता है तो वह मानवीय सम्बलित विशिष्ट युगबोध में ही है जिसके लिए विज्ञान की अपेक्षा ऐतिहासिक पद्धति का ज्ञान अधिक अपेक्षित है। मानवतावाद और सामाजिक दृष्टिकोण का अभिन्न सम्बन्ध है। आधुनिकता की सही पहचान तथा परख परम्परा के पुनर्मूल्यांकन से ही सम्भव है। जिन चीजों को हम आधुनिक मानकर इतराते हैं या आत्मश्लाघा करते हैं उन्हें परम्परा में, अतीत में खोजकर उसके और आधुनिक के बीच अन्तर निर्दिष्ट करके, परम्परागत तथा आधुनिक दृष्टियों के कालसापेक्ष या व्यक्तिसापेक्ष उपादेयता तथा अनुपादेयता बताकर आधुनिकता का बेहतर स्वरूप आलोकित कर सकते हैं।"

कुँवर नारायण का विचार है कि, "आधुनिकता का एक तात्पर्य जहाँ अपनी जड़ों की छानबीन है। (अपनी स्थानीयता, इतिहास, परम्परा आदि में) वहीं उसका दूसरा तात्पर्य कलात्मक अभिव्यक्ति की उन श्रेष्ठतम उपलब्धियों की जानकारी भी है जिनसे कला का इतिहास बना है। परम्परा से वैज्ञानिक और तकनीकी प्रगति का कोई अनिवार्य विरोध नहीं है और दोनों ही एक स्तर पर अपनी तरह रचनात्मक है।" (आज और आज से पहले, पृ. 60) प्रगतिवादी समीक्षक तथा चिन्तक रामविलास शर्मा ने भाषा, साहित्य, अर्थ-व्यवस्था, समाज आदि के सन्दर्भ में परम्परा की इतनी अधिक खोज तथा नूतन व्याख्या की है कि उनसे अनेक नये तथ्य एवं निष्कर्ष उजागर हुए हैं। 'परम्परा का मूल्यांकन' शीर्षक पुस्तक में उन्होंने अनेक प्राचीन ग्रन्थों एवं आधुनिक कृतियों का अनुशीलन तथा विवेचन भौतिकवादी एवं अर्थवादी दृष्टि से किया है। आधुनिकता की जिस धर्मनिरपेक्ष, ईश्वरनिरपेक्ष मानवतावादी दृष्टि की चर्चा होती है, उसी दृष्टि की ओर रवीन्द्रनाथ टैगोर के हवाले से शर्मा जी कहते हैं कि, "वाल्मीकि उस काव्य-परम्परा को जन्म दे रहे थे जो देवोपासक नहीं, बड़ी गहराई से मानवतावादी है... उनके चरितनायक राम अपने मनुष्य होने की सगर्व घोषणा करते हैं... व्यास धर्म के लिए कहते हैं कि उसका तत्त्व गुफा में छिपा हुआ है, सार तत्त्व यह है कि संसार में मनुष्य से बढ़कर और कुछ नहीं है।" (परम्परा का मूल्यांकन, पृ.19) आधुनिकता गहन इतिहासबोध की भी माँग करती है। लेकिन अपेक्षा है इतिहास को आधुनिक दृष्टि से देखने की, वर्तमान मानवीय चुनौतियों से निपटने के लिए परम्परा से प्रेरणा लेने के साथ ही उन परम्पराओं को समझने की जो होते हुए भी अनदेखी की गयी हैं।

मध्यकालीनता और आधुनिकता—मध्यकालीनता से अलग आधुनिकता के कौन से तत्त्व हैं उन पर विचार करते समय विशेष सावधानी की आवश्यकता है। क्योंकि दोनों के बीच जिन विभाजक तत्त्वों की चर्चा-परिचर्चा एवं निरूपण किया गया है उनमें बल-अबल का भेद अधिक है या कहा जाये कि दृष्टि एवं विचार प्रक्रिया का भेद है। मध्यकालीन चिन्तन प्रमुख रूप से ईश्वर-केन्द्रित हैं। मनुष्य की श्रेष्ठता प्रतिपादित की गयी है किन्तु इस श्रेष्ठता का महत्त्व तभी है जब मनुष्य साधना करके

या भक्ति या अन्य किसी उपाय के द्वारा आवागमन से मुक्त हो जाये। भारतीय पौराणिक परम्परा में माना गया है कि जीव चौरासी लाख योनियों में भटकने के बाद मनुष्य योनि प्राप्त करता है। यदि वह मुक्ति के उपाय से चूक गया तो उसे पुनः जन्म-मरण के दुःसह दुःख से गुजरने पड़ते हैं। पुनः उन्हीं योनियों में चक्कर लगाने लड़ते हैं। मानव आत्मा-परमात्मा का अंश है। तुलसीदास कहते हैं कि, *"ईस्वर अंस जीव अविनासी। चेतन अमल सहज सुखरासी।"* जीव माया के वशीभूत होकर कीट पतिंगे तथा मर्कट की तरह भटकता रहता है। आधुनिक समय में माया की ही श्रेष्ठता है। भौतिकवादी संस्कृति के कारण अर्थतत्त्व प्रधान हो गया है। आधुनिक चिन्तन में यह मान्यता है कि भौतिक जगत् ईश्वर के संकल्प का परिणाम नहीं है वरन् उसके अपने यान्त्रिक नियम हैं। मनुष्य की गरीबी, अमीरी, दुख-दर्द आदि के लिए कोई परोक्षसत्ता या पूर्वजन्म का कर्म जिम्मेदार नहीं है। बल्कि मनुष्य अपनी नियति का निर्माता स्वयं है। वह अपने बुद्धि, कर्म, अर्थ आदि के माध्यम से स्वयं या किसी अन्य व्यक्ति या सत्ता के सहयोग से अपनी स्थिति को बेहतर कर सकता है। सभी क्रिया-कलापों तथा उसके अच्छे-बुरे परिणामों की जिम्मेदारी स्वयं की है अतः आधुनिक मानव बौद्धिक ढंग से उसके कारणों की खोज तथा विश्लेषण स्वयं करता है। बौद्धिक तर्क-वितर्क से जिसका समाधान नहीं मिलता है उसके लिए ईश्वर या भाग्य को जिम्मेदार मान लिया जाता है। मध्यकालीनता में धर्मप्रदणता है। ईश्वर या आराध्य के प्रति पूर्ण समर्पण से बड़ी-सी-बड़ी चमत्कारिक उपलब्धियाँ हो सकती हैं। यद्यपि आधुनिक युग में भी धर्म कुछ भिन्न रूपों में अपनी महत्ता बनाये हुए है। श्रद्धालुओं तथा आस्तिकों की विशाल संख्या संसार में मौजूद है। तीर्थयात्रा करनेवालों की तादाद जनसंख्या की दृष्टि से बढ़ी है घटी नहीं। भले ही उनमें पिकनिक करने की भावना ने स्थान बनाया है।

मध्यकालीनता श्रद्धाप्रधान है और आधुनिकता तर्कप्रधान, दूसरे शब्दों में कह सकते हैं कि मध्यकाल में हृदय के साथ बुद्धि चलती थी, अब नेता बुद्धि है। वह हृदय को साथ लेती भी है और नहीं भी लेती।

बुद्धि एवं परीक्षण की प्रधानता के कारण किसी मान्यता को आँख बन्द करके स्वीकार करने की स्थिति आधुनिकता नहीं है। उदाहरण के लिए मध्यकालीन मान्यता रही है कि गंगाजल पवित्र है, जनता ने विश्वास कर लिया लेकिन आधुनिक व्यक्ति उसका वैज्ञानिक तरीके से विश्लेषण, परीक्षण करके ही इस निष्कर्ष को मान्यता देगा। इस तरह के वैज्ञानिक परीक्षण पहले भी हुए होंगे। लेकिन कारणों की जानकारी जन परम्परा में अवशिष्ट न रही केवल फल शेष रहा। नीम, तुलसी आदि के औषधीय गुणों के कारण ही इन्हें पूज्य माना गया है। कारण वैज्ञानिक है किन्तु स्वीकृति धार्मिक है। आधुनिक युग विज्ञान का युग है। अनेक वैज्ञानिक आविष्कारों का लाभ सामान्य जन को मिल रहा है, लेकिन क्या सभी को उनकी कार्य-प्रणाली की पूरी-पूरी समझ है। आधुनिकता किसी ऐसे अतिरंजित (मिरैकिल) कल्पनातीत, घटनाओं तथा परिणामों को नहीं मानती जिसके कोई वैज्ञानिक कारण न हों। मनुष्य प्रकृति के रहस्यों को उद्घाटित करता जा रहा है, लेकिन अनेक नये-नये रहस्य उसके समक्ष उपस्थित भी होते जा रहे हैं अतः एक ओर उसका अहंकार बढ़ता है, दूसरी ओर ध्वस्त होता है। वह जितना प्रकृति की गुत्थियों को सुलझाता है उतनी ही अनेक मनोवैज्ञानिक गुत्थियों में उलझ जाता है। धर्मवीर भारती कहते हैं कि, "प्रकृति पर ज्यों-ज्यों विजय प्राप्त हुई मनुष्य त्यों-त्यों अपने को हारता गया।"

मध्यकालीनता में मिथकों के परिप्रेक्ष्य में जीवन को समझने का प्रयत्न है किन्तु आधुनिकता में जीवन का अमिथकीय साक्षात्कार है। मिथकों के अर्थ को तर्कसंगत बनाने का भी प्रयास हो रहा है

तथा उनमें निहित मानवीय स्वभाव को भी उद्घाटित करने का उपक्रम हो रहा है। वर्तमान युग में धर्म भी तार्किक है। स्वामी दयानन्द सरस्वती से सत्यार्थप्रकाश में विभिन्न धर्मों की कड़ी टीका की गयी है। साथ ही मानव की समता-समानता के लिए भारतीय दृष्टि पर विचार किया गया है। आडम्बरों पर प्रहार इसलिए नहीं किया गया कि वे ईश्वर की प्राप्ति में अवरोध पैदा करते हैं बल्कि वे मानवीय समता एवं एकता में बाधक हैं।

'रामकृष्ण मिशन' से सम्बद्ध स्वामी विवेकानन्द का यह कथन कि जीव के अलावा कोई अन्य ईश्वर नहीं है, जो जीव की सेवा करता है वही ईश्वर की सेवा करता है।

विचारों की सार्वभौमिकता आधुनिकता का प्रमुख लक्षण माना गया है। दुनिया के किसी कोने में कोई खोज, कोई नवीन विचार का उन्मेष होता है तो सारा संसार उसकी क्रिया-प्रतिक्रिया करता है। संचार एवं आवागमन के संसाधनों के कारण इसकी व्यावहारिक परिणति आसान हो गयी है। यद्यपि प्राचीन समय में भी 'वसुधैव कुटुम्बकम्' या वैदिक मन्त्र 'आ-नो-भद्राः क्रतवो यन्तु विश्वतः' 'सर्वे भवन्तु सुखिनः' के नारे दिये गये। मध्यकालीन सन्तों ने अपने तरीके से सम्पूर्ण मानवता के कल्याण की कामना की तथा सबको मुक्त करने का उपाय सुझाया था। बौद्धधर्म का प्रचार-प्रसार विश्व के कई देशों में हुआ, इस्लाम भी कई देशों में अपनाया गया। अतः मध्यकालीन सन्दर्भ में भी सार्वभौमिकता बरकरार थी। आज उसका स्वरूप अधिक स्पष्ट है। कुँवर नारायण मार्क्स, फ्रॉयड तथा आइन्सटीन के विचारों को सामने रखकर कहते हैं कि, "उनके विचारों में जो इतनी सार्वभौमिकता है, यूनिवर्सिलिटी है, वह मुझे आधुनिकता का एक महत्त्वपूर्ण अंग लगता है।"

आधुनिकता में ऐहिकता की प्रधानता है तथा मध्यकालीनता में पारलौकिकता की। मध्यकालीन चिन्तन मृत्यु के बाद की स्थितियों के प्रति अधिक व्यग्र है। स्वर्ग, वैकुण्ठ आदि उसे इस संघर्षपूर्ण, दुःखदायी संसार की तुलना में अधिक आकृष्ट करते हैं। स्वर्गादि की फैण्टेसी भी खूब रची गयी है। आधुनिकता में ऐहिक जीवन के संघर्षों, उपलब्धियों तथा सुख-दुःख पर ही अधिक बल दिया जाता है। भारतीय सन्दर्भ में मध्यकालीनता तथा आधुनिकता का अन्तर दिखाना उतना ऋजु नहीं है। कबीर, सूर, तुलसी, नामदेव, अक्क महादेवी, ललद्य, जायसी, शंकरदेव आदि भारतीय मध्यकालीन कहे जानेवाले सन्तों एवं भक्तों ने धर्म तथा दर्शन की व्याख्या तार्किक एवं विवेकपूर्ण ढंग से की और मानवतावादी विचारों को विशेष महत्त्व दिया। मध्यकालीन भक्ति-आन्दोलन धार्मिक आन्दोलन से अधिक सामाजिक परिवर्तन की कामना से प्रतिफलित आन्दोलन था, अतः उसमें भी देशी किस्म की आधुनिकता पायी जाती है। भारत में परम्परा एवं आधुनिकता का द्वन्द्व सदैव बना रहा है। यही ताजगी का प्रमाण भी है। विचारों के विविध विकल्पों की छूट देना, वैचारिक जड़ता के स्थान पर प्रश्नाकुलता भारतीय मनीषा का सनातन लक्षण है। इसीलिए प्राचीन यहाँ पुनः-पुनः व्याख्यायित होता है। यदि केवल रामकथा को ही ले लिया जाये तो उसके द्वारा विभिन्न कालों की चिन्तन-प्रणाली एवं मानवीय समस्याओं पर सोचने-विचारने के तरीके के अन्तर को समझा जा सकता है। अतः कह सकते हैं कि मिथकों का समाज एवं लोकसंस्कृति के परिप्रेक्ष्य में नूतन सृजन करके भारतीय परम्परा में पुरातनता को जड़ता से बचाया गया है। यही कारण है कि आधुनिक नवजागरण में भी प्राचीन को पूरी तरह छोड़ा नहीं जा सका।

मध्यकालीनता सामन्ती जीवन-मूल्यों के सन्दर्भ में ही मानवीय समानता का नारा बुलन्द करती है। पारम्परिक जाति-व्यवस्था एवं ऊँचे-नीचे के भेदभाव को ज्यादातर आध्यात्मिक क्षेत्र में ही तोड़ने

का प्रयत्न हुआ है। सामाजिक क्षेत्र में बराबरी के तर्क भी आध्यात्मिक या दार्शनिक सिद्धान्तों के सन्दर्भ में दिये गये हैं। नारी-स्वातन्त्र्य की स्थितियाँ भी लगभग ऐसी हैं। नारी को भक्ति द्वारा मुक्ति का अधिकार तो दिया गया किन्तु जीवन के सभी क्षेत्रों में बराबरी के अधिकार दिये जाने की वकालत आधुनिक युग में हुई। पूँजीवादी व्यवस्था के कारण भी सामन्ती मूल्यों में अनेक परिवर्तन घटित होने की अनिवार्यता बन गयी थी।

आधुनिक साहित्य को प्रभावित करनेवाली विचारधाराएँ

आधुनिक साहित्य को प्रभावित करनेवाली पश्चिम से आगत वैज्ञानिक चिन्तन के अलावा अनेक दार्शनिक एवं सामाजिक विचारधाराओं की भूमिका रही है। निम्नलिखित का संक्षेप में विवेचन प्रस्तुत किया जा रहा है।

अद्वैतवाद वेदान्त-विचार – इस दार्शनिक विचारधारा का विकास उपनिषदों में हुआ किन्तु शंकराचार्य ने इसे व्यवस्थित रूप दिया। इसमें आत्मा और परमात्मा की एकता मानी गयी है। ब्रह्म ही सत्य है, जगत् मिथ्या है। उपनिषद्, ब्रह्मसूत्र, गीता आदि पर शंकराचार्य ने भाष्य लिखा। आत्मा और परमात्मा में भेद करनेवाली शक्ति है माया। मायाजनित भ्रम के दूर होने पर दोनों के एकत्व की अनुभूति हो जाती है। मध्यकालीन सन्तों ने अद्वैत के आधार पर सामाजिक एकता सिद्ध करने का भी पुरजोर प्रयत्न किया। आधुनिक युग में भी वेदान्त की नयी-नयी व्याख्याएँ हुई हैं। स्वामी विवेकानन्द ने वेदान्त की जीवन के विविध सन्दर्भों के परिप्रेक्ष्य में व्याख्या की। उपनिषदों के विषय में विवेकानन्द का कथन है कि, "उपनिषदों में प्रेम और ज्ञान का धर्म है। समस्त उपनिषद् शक्ति के विशाल संचय हैं। ... पददलित लोगों को स्वयं अपने पैरों पर खड़े होकर मुक्त होने के लिए वे उच्चस्वर में उद्घोष कर रहे हैं।" यहाँ मुक्ति केवल आध्यात्मिक नहीं बल्कि दैहिक, मानसिक भी है। विवेकानन्द ने धर्म के सन्दर्भ में ही नहीं सभी सन्दर्भों में विचार-स्वातन्त्र्य को महत्त्व दिया। उनका मानना था कि, "जो मनुष्य या वर्ग जाति, राष्ट्र या संस्था किसी व्यक्ति के स्वतन्त्र विचार या कर्म पर प्रतिबन्ध लगाती है, भले ही उससे दूसरे को क्षति न पहुँचे, तब भी वह आसुरी है और उसका नाश अवश्य होगा।" (विवेकानन्द साहित्य 2/321) विवेकानन्द ने गीता के कर्म-योग पर विशेष बल दिया और उसकी जीवनोपयोगी व्याख्या की। उनका दृढ़ विश्वास था कि वेदान्त हमारे दैनिक जीवन, नागरिक जीवन और राष्ट्र के घरेलू जीवन में परिणत किया जा सकता है। संसार की स्थिति में द्वन्द्वात्मकता है जहाँ भलाई है उसके पीछे बुराई भी छिपी है, नानात्व में एकत्व है। विविधता सृष्टि के लिए आवश्यक है लेकिन वेदान्त का कार्य है ऊपर से भिन्न प्रतीत होनेवाले इस गुह्य जगत् में एकत्व का पता लगाना। विज्ञान की एकत्व की खोज के सिवाय कुछ नहीं करता। विश्व का लक्ष्य है एकमात्र सत्ता से एकत्व प्राप्त करना। मानवमात्र के कल्याण तथा शिक्षा के लिए प्रयत्नशील होना चाहिए। ईश्वर की सेवा और जीवों की सेवा एक ही है। जब जीव को जीव समझकर सेवा की जाती है तब वह दया है, प्रेम नहीं। परन्तु जब जीव को आत्मा समझकर सेवा की जाती है तब वह प्रेम कहलाता है। विवेकानन्द के लिए जाति-भेद, सम्प्रदाय-भेद कोई मायने नहीं रखता था। रामकृष्ण मिशन का सेवा, करुणा और मनुष्य की सहायता करने का भाव छोटे, नासमझ, अशिक्षित अथवा निर्धन व्यक्तियों की दया की भावना का नहीं है बल्कि सेवा करते हुए ईश्वर-प्राप्ति का साधन है। स्वामी विवेकानन्द ने सभी राष्ट्रों को धार्मिक एवं आध्यात्मिक प्रगति के लिए प्रेरित किया। उनके धर्म में स्त्री-उद्धार था, अशिक्षा, निर्धनता, अन्ध-विश्वास और रूढ़िवादिता पर कठोर प्रहार था। वैश्विक स्तर पर ज्ञान, चिन्तन, विचार के आदान-प्रदान की उन्होंने वकालत की।

विवेकानन्द के धर्म और अध्यात्म का क्षेत्र बहुत व्यापक है। वहाँ इतिहास की पुनर्व्याख्या है, अतीत के गौरव ही सम्यक् समझ है। भारतीय स्वाभिमान, भारतभूमि की श्रेष्ठता एवं महानता की परख है। जब तक हिन्दू जाति अपने अतीत को भूली हुई थी तब तक वह संज्ञाहीन अवस्था में पड़ी रही, अतीत की ओर दृष्टि जाते ही चहुँ ओर पुनः जीवन के लक्षण दिखायी दे रहे हैं।" राष्ट्रीयता बोध को जाग्रत करने की उनकी महती कामना थी। ये मनुष्य और पशु जिन्हें हम आस-पास और आगे पीछे देख रहे हैं, ये ही हमारे ईश्वर हैं। इनमें सबसे पहले पूज्य हैं, हमारे देशवासी, (भारतीय व्याख्यान पृ.230) ऐसा सामाजिक सुधार जो समग्र राष्ट्र को लाभान्वित कर सके वही वरेण्य है। राष्ट्रनिर्माण में सदाचरण, सहयोग तथा ईर्ष्या एवं सन्देह के त्याग की अपेक्षा है। विवेकानन्द सामाजिक सुधार में धर्म की भूमिका अहम मानते थे। समाज-सुधार धर्म के परित्याग से नहीं हो सकता। धर्महीन सामाजिक परिर्वतन मनुष्य को उन्नत नहीं, अवनत करता है। सभी धर्मों के प्रति सम्मान-भाव होना चाहिए क्योंकि सभी धर्मों में सत्य का बीज है। मतवाद या पन्थ धर्म नहीं हैं वे प्रणाली मात्र हैं। धर्म हृदय के अन्तरतम प्रदेश में सत्य की उपलब्धि है। वेदान्त धर्म की विशाल बाँहों में सभी धर्म आ जाते हैं। हर धर्म एक-दूसरे का पूरक है। ईश्वर मानव है, ईश्वर मनुष्य से विलग नहीं है। सत्य, प्रेम ईश्वर के पर्याय हैं। विवेकानन्द की दृष्टि में भौतिकता मानव का लक्ष्य नहीं है। "आध्यात्मिकता ही किसी जाति की शक्ति का प्रधान स्रोत है। जिस दिन से इसका ह्रास और भौतिकता का उत्थान होने लगता है, उसी दिन से उस राष्ट्र की मृत्यु प्रारम्भ हो जाती है।" धर्म को विज्ञानसम्मत और विज्ञान को धर्मसम्मत रूप देने की आवश्यकता है।

विवेकानन्द ने अध्यात्म, धर्म, समाज, शिक्षा, राष्ट्र, राजनीति, इतिहास आदि सभी विषयों पर अपना विचार प्रस्तुत किया है।

वैदिक विचारधारा- वैदिक एवं प्राचीन हिन्दू धर्म की पुनर्व्याख्या करनेवाले स्वामी दयानन्द सरस्वती के विचारों का आधुनिक साहित्य पर व्यापक प्रभाव पड़ा। हिन्दू धर्म उदार धर्म है इसमें अनेक वैकल्पिकताओं को स्वीकृति है, यही इसकी दुर्बलता भी है। इस्लाम और ईसाई धर्म की तरह स्वामी दयानन्द ने कट्टर हिन्दूवाद का प्रचार किया। उनकी धार्मिक चेतना में मूर्ति पूजा, भाग्यवाद, अवतारवाद, अनावश्यक कर्मकाण्ड आदि के लिए कोई स्थान नहीं था। उन्होंने स्वर्ग और नरक के विश्वास का भी खण्डन किया। वेदों की विस्तृत व्याख्या करके स्वामी जी ने सिद्ध किया कि वेद वैज्ञानिक राजनीतिक और आर्थिक सिद्धान्तों के स्रोत हैं। आर्यसमाज के जरिये उन्होंने बालविवाह, बहुविवाह, पर्दाप्रथा, जातिप्रथा, सतीप्रथा का विरोध किया। खानपान, अन्तर्जातीय विवाह और पारम्परिक सम्पर्क आर्यसमाज के मुख्य कार्य थे। स्वामी जी की धार्मिक व्याख्याओं में राजनीतिक स्वातन्त्र्य का भी गहन बोध है। स्वराज्य शब्द का प्रयोग सबसे पहले स्वामी जी ने ही किया। हिन्दी भाषा को राष्ट्रभाषा के रूप में उन्होंने ही सर्वप्रथम स्वीकार किया था। राष्ट्रीयता के निर्माण में आर्यसमाज का विशेष योगदान है। स्वामी दयानन्द के नवीन एवं तर्काश्रित विचारों को 'सत्यार्थ प्रकाश' 'वेदभाष्य भूमिका' और 'वेद भाष्य' में देखा जा सकता है। 'सत्यार्थ प्रकाश' में प्रचलित हिन्दूधर्म, इस्लाम, ईसा, जैन, बौद्ध, भक्तिवाद आदि का गम्भीर विवेचन करते हुए जो चीजें तर्क की कसौटी पर खरी नहीं हैं उनका वे बड़ी बेरहमी से निरसन करते हैं। 'सत्यार्थ प्रकाश' वैदिक परम्परा की नितान्त आधुनिक एवं वैज्ञानिक व्याख्या है।

कश्मीरी शैव दर्शन की प्रत्यभिज्ञा शाखा, अरविन्द दर्शन के अलावा डार्विन के विकासवाद का भी आधुनिक साहित्य पर प्रभाव पड़ा है।

अस्तित्ववाद

अस्तित्ववादी दर्शन का प्रणेता सोरेन किर्केगार्ड (कर्कगाडी) (1833-1853) हीगेल का समकालीन था। हीगेल के विचारों की धूम इतनी अधिक थी उसके विचार दबे रह गये। बीसवीं सदी में पुनः उसके विचारों की चर्चा शुरू हुई। किर्केगार्ड का मानना है कि केवल बौद्धिक व्याख्या से मानव के अस्तित्व को पकड़ लेना असम्भव है। बौद्धिक विश्लेषण इतना दूरस्थ एवं तटस्थ होता है कि यह सभी मानवीय गुणों को शुष्क बना देता है। बुद्धिवादी व्याख्या मानव की सार्वभौम व्याख्या है, जिसमें मानव की विशिष्टताएँ नष्ट हो जाती हैं। उसके प्रभाव से मानव अप्रामाणिक जीवन जीने लगता है। सत्य को तब तक नहीं जाना जा सकता जब तक वह व्यक्ति में जीवन्त न हो जाये। सत्य आत्मीयकरण से ही सम्भव है। ईश्वर आस्था भी प्रबल, भावनात्मक आत्मीयता से जकड़ी हुई अनिश्चयता है। मानव अस्तित्व के तीन स्तर हैं या क्षेत्र हैं। (Spher's of Existence) संवेदनात्मक, नैतिक तथा धार्मिक। ये तीनों स्तर तीन सम्भावनाएँ हैं। इनमें से जिनका चयन किया जाता है उसी के अनुरूप अस्तित्व रूप लेता है। तीनों स्थितियाँ एक-दूसरे में संक्रमित भी होती हैं। संवेदनशीलता की स्थिति तात्कालिकता की है, नैतिकता अपेक्षा (आवश्यकता) है तथा धार्मिकता सम्पुष्टि है। प्रथम स्थिति में इन्द्रिय संवेदनों की तृप्ति की इच्छा होती है। सुख की खोज से मनुष्य में निराशा भी पैदा होती है। नैराश्य नैतिकता के स्तर पर ले जाता है। स्व के प्रति अत्यधिक लगाव की सीमा टूटती है अन्य से जुड़ने की उन्मुखता होती है। यदि संवेदनशीलता व्यक्ति-केन्द्रित है तो नैतिकता पर से सम्बन्धित है। नैतिक नियमों की अमूर्तता तथा अनिश्चितता के कारण उसमें निराशा पैदा होती है। उसमें दूसरे प्रकार का 'तनाव' पैदा हो जाता है। नैतिक निराशा की सम्पुष्टि के लिए धार्मिकता के स्तर पर प्रयाण होता है। धार्मिक आदेशों को सर्वोपरि मानकर जीवन जीना ही धार्मिकता है किन्तु किर्केगार्ड इससे अलग बात कहता है, उसके अनुसार यह सघन आस्था का स्तर है। यह अन्दर से उदित होती है।

अस्तित्ववादी विचारधारा में चिन्ता, निराशा एवं विचित्र घबड़ाहट को मानव-जीवन का अनिवार्य अंग माना गया है। कुछ मनुष्यों को अपनी सीमितता का गहरा एहसास रहता है। ससीमता की अनुभूति से उत्पन्न निराशा सर्वाधिक लोगों में होती है। यह आध्यात्मिक निर्बलता की स्थिति है। जिनमें असीमता की अनुभूति है वे भी अप्राप्त लक्ष्य निर्धारित कर लेते हैं। जिसकी उपलब्धि न होने पर निराशा पैदा होती है। निराशा से वह काल्पनिक जीवन जीने लगता है। जिन्हें सब-कुछ सम्भाव्य लगता है किन्तु उपलब्धियाँ उसके अनुरूप नहीं होतीं, उसकी भावना एवं अतृप्ति का अनमेल जीवन को सतत क्लेशमय करता है। जो सब-कुछ अनिवार्य मानते हैं अर्थात् जो घटित होता है वह होगा ही, वे भाग्यवादी भी भय एवं चिन्ता से ग्रस्त रहते हैं। चेतन तथा अचेतन जीवन में भी चिन्ता, भय और निराशा के कारण ढूँढ़े जा सकते हैं। इस प्रकार किर्केगार्ड ने प्रदर्शित किया कि चिन्ता, निराशा, जीवन और अस्तित्व के अंग हैं।

गैब्रियल मार्शल (1889-1973)– यह ईश्वरवादी अस्तित्ववाद का समर्थक है। इसने भी धार्मिकता, आस्था, ईश्वर आदि को व्यक्ति की आन्तरिकता से सम्बद्ध किया। मार्शल के अनुसार विचार का केन्द्र मनुष्य है खास तौर से 'आधुनिक मानव'। मानव मात्र सोचनेवाला जीव नहीं है। वह मानव को मानव रूप में प्रतिष्ठित करने की चिन्ता करता है। वैज्ञानिक उपकरण मानव अस्तित्व को स्नायु यन्त्रों एवं मांसपेशियों की क्रिया-प्रतिक्रिया मात्र बना देते हैं। वह मशीनों की तरह यन्त्रवत् हो जाता है। फलतः टूटन एवं ऊब उसके जीवन के अंग बन जाते हैं। आधुनिक मानव का जीवन

समस्याओं का जीवन हो गया है जिसके कारण वह अपने तात्विक रहस्य से अनभिज्ञ रह जाता है। वस्तुनिष्ठ वैज्ञानिक चिन्तन पर बल होने के कारण वैयक्तिकता छूट जाती है। आधुनिक समस्याओं का निदान विज्ञान के आविष्कारों तथा कार्य-कारण की शृंखला में पाने की कोशिश में है। यन्त्रवादिता मानव पर भी लागू की जाती है। मूल भ्रान्ति यह है कि मानव अस्तित्व को भी एक समस्या मानकर उसका सार्वभौम समाधान पाने का प्रयत्न होता है। सार्वभौम समाधान हो ही नहीं सकता। मानव-जीवन एक रहस्य है, इस रहस्य को वही पाता है जो उसमें पैठता है। यहाँ चिन्तक एवं विषय एकमेक हो जाते हैं। मार्शल मानता है कि आत्मा और अन्य व्यक्तियों एवं वस्तुओं से सम्बन्ध विषयगत है। भौतिक जगत् आत्म से सीधा सम्पर्क में नहीं है। आत्म अन्य व्यक्तियों से आत्म सम्बन्ध स्थापित कर सकता है। इस तरह का सम्बन्ध एक रहस्य है इसका बौद्धिक निरूपण नहीं हो सकता है। मार्शल मानते हैं कि मानव मूलतः स्वतन्त्र है स्वतन्त्रता व्यक्ति में निहित है। यह स्थिति व्यक्ति और ईश्वर के सम्बन्ध की अनुभूति है। एकाकी जीवन बन्धन है। जैसे-जैसे मनुष्य को अपनी स्वतन्त्रता का अनुभव होता है वह खुलता जाता है। उन्मुक्त होना (Opening out) सृजनात्मकता का भी सूचक है। वह पूर्ण तटस्थता एवं पूर्ण प्रतिबद्धता दोनों से ऊपर उठता है। इसी शक्ति से स्वतन्त्रता ईश्वर को पा लेती है। ईश्वर बुद्धि का विषय नहीं है। ईश्वर की विशिष्टता है उसकी रहस्यात्मकता। ईश्वर की अनुभूति हो सकती है किन्तु उसे सिद्ध नहीं किया जा सकता। अनुभूति भी निरन्तर एवं अविच्छिन्न है। आस्था किसी क्षण की अनुभूति नहीं है। दृढ़ धारणा और आस्था में फर्क है। आस्था की अभिव्यक्ति बौद्धिक तर्कों में नहीं हो सकती। आधुनिक मानव के अशान्त मन के लिए आस्था सम्बल है और आशा जीवन सन्देश है।

कार्ल यास्पर्स :

यास्पर्स के विचारों के केन्द्र में आधुनिक मानव है। मानव अस्तित्व की समस्या, मानव-जीवन की समस्या है, उन्हें यह भी ज्ञात है कि इसका कोई सार्वभौम निदान नहीं है। यास्पर्स विज्ञान का विरोधी नहीं है किन्तु वह उसकी सीमाओं से अवगत है। विज्ञान प्रयोगात्मक है। विज्ञान का जगत् तथ्यों का जगत् है अतः उपेक्षणीय नहीं है। लेकिन विज्ञान की अनिश्चितता मानव अस्तित्व के लिए घातक सिद्ध हो सकती है। विज्ञान की दृष्टि एकांगी है, वस्तुनिष्ठ ज्ञान के अतिरिक्त ज्ञान की अन्य विधाएँ भी हैं। जीवन की चेतन अनुभूति भी उससे अधिक आवश्यक है। दार्शनिक चिन्तन की विधि आस्था एवं विवेक दोनों को अपने अन्तर्गत समाविष्ट करती है। विवेक को साधारण बौद्धिक ज्ञान की सीमा का पता रहता है। अतः वह उसे परे जाने का प्रयास करता है, इसे ही परात्मकता की विधि कहते हैं। जगत् में मनुष्य अपने को स्थित पाता है। मानव अपने अस्तित्व की अनुभूति में इस चेतना से सम्पृक्त होता है कि वह जगत् में है। इसे तत्र अस्तित्व कहते हैं। इसमें आत्म अनुभूति तो है ही। स्व अस्तित्व बाह्य उद्दीपनों से संचालित नहीं हैं, उसकी प्रतिक्रियाएँ स्वतन्त्र निर्णयों तथा चुनावों पर निर्भर हैं। हर स्वअस्तित्व विलक्षण है तथा दूसरों से कुछ भिन्न है। स्वअस्तित्व में हर क्षण नयी-नयी सम्भावनाएँ विकसित होती हैं। आत्म तथा जगत् के सम्पर्क की चेतना में ही स्वतन्त्र अस्तित्व में विश्वास उत्पन्न होता है। यह स्वतन्त्र अस्तित्व ईश्वरीय है। यह परात्मकता (Transcedence) जीवन का सबल आधार बन सकता है। जीवन की कुछ चरम स्थितियाँ हैं जिन पर आदमी का वश नहीं चलता जैसे ऐतिहासिक समय, पुरुष या स्त्री होना। अस्तित्व ही संघर्ष है। व्यवसाय, आवास आदि अनेक सन्दर्भों में यह दिखायी देता है। मनुष्य होने के साथ ही कुछ दुःख भी जुड़े हैं, इसी तरह

अपराध भाव है। व्यक्ति किसी-न-किसी कार्य के लिए अपने को दोषी मानता है। सबसे प्रभावशाली चरम स्थिति है मृत्यु, उसकी अनिवार्यता हमारी जीवन-प्रणाली तथा योजनाओं को निरूपित करती है। इन चरम स्थितियों से हमारा जीवन बँधा है। अतः इनसे उत्पन्न तनाव अस्तित्व के विकास का अनिवार्य उपकरण बन गया है। इसी तनाव के निराकरण के लिए परात्मकता की ओर उन्मुख होते हैं। जब-जब मृत्यु की चरम अनुभूति होती है तो पूर्ण टूटन, सन्त्रास, विह्वलता होती है। टूटन में यह भी एहसास होता है कि सब-कुछ वैसा नहीं है जैसा अनुभव हो रहा है यास्पर्स दो प्रकार की व्याप्तता बताते हैं व्याप्तता जो आत्म में है, व्याप्तता जो सत्ता में है। हम अपने जगत् को 'आनुभविक जीवन' में या चेतना के स्तर पर या आध्यात्मिक आत्म के रूप में बाँधे हुए हूँ लेकिन कुछ ऐसा भी है जो अपनी व्याप्तता में सम्पूर्ण जगत् तथा हमें भी समेटे हुए है। जिसकी मानवीयता सजग हो तथा जो प्रामाणिक जीवन मानवीय विशिष्टता के साथ जीने का संकल्पबद्ध हो उसी में व्याप्तता एवं परात्मकता की अनुभूति जागती है।

मार्टिन हाईडेगर (1889)— तात्त्विक सत् तक पहुँचने का मार्ग मनुष्य की अनुभूति है। विज्ञान सत्ताओं तक (नाना रूपात्मक जगत् कह सकते हैं) है। मनुष्य के अस्तित्व में ही सत् का प्रश्न निहित है। मानव वृक्ष, पहाड़ की तरह अस्तित्ववान् है लेकिन अन्य में अस्तित्व की चेतना नहीं है। मनुष्य अस्तित्व की चेतना के साथ अस्तित्ववान् है। यही उसकी विशिष्टता है। मानव का जगत् में होना एक इकाई है, आत्मअस्तित्व की चेतना उसके जगत् में होने की ही चेतना है। जगत् के अन्तर्गत अन्य वस्तुएँ तथा व्यक्ति हैं जिनसे मनुष्य का सम्बन्ध रहता है। मानव का जगत् के साथ प्राथमिक लगाव है। उसका लगाव उद्वेगपूर्ण है। मनुष्य की आद्य अनुभूति है कि वह अपने को जगत् में प्रक्षिप्त (फेंका हुआ) महसूस करता है। वह अन्य सांसारिक वस्तुओं के बीच अपने को पाता है, इसे वह नकार नहीं सकता। इसे हाईडेगर ने तथ्यता (Facticity) कहा है। इसके अनुभव के साथ व्यक्ति की जीने की विवशताएँ बन जाती हैं। मनुष्य की तात्त्विकता उसे सत् की ओर उन्मुख करती है। इस तनाव में जो अभिवृत्ति उभरती है वह है चिन्ता। अस्तित्वमूलक चिन्ता 'सत्' से सम्पर्क बनाने की कड़ी है। मानव अस्तित्व हर क्षण भूत, वर्तमान तथा भविष्य को समेटे रहता है। मृत्यु निश्चित भविष्य है। यह अनुभूति हर क्षण मौजूद रहती है। मृत्यु से भागने की अपेक्षा उसके भावात्मक पक्ष पर ध्यान केन्द्रित करना चाहिए। मृत्यु ही हर मनुष्य को एक सूत्र में बाँधे है। यह अस्तित्व की समाप्ति नहीं उसकी परिणति है।

मानव अस्तित्व प्रामाणिकता तथा अप्रामाणिकता के तनाव में विकसित होता है। प्रामाणिकता का अर्थ है कि मानव अस्तित्व सत् के साथ अपने तात्त्विक सम्बन्ध को कभी विस्मृत न करे। मानव अस्तित्व की प्रामाणिकता इस बात में है कि वह भीड़ में न खोये, यन्त्रवत् न जिये, वह अपनी सारी सम्भावनाओं के साथ जिये। अप्रामाणिक जीवन में भी अन्तःकरण की पुकार होती है। यह आवाज आत्म उद्घाटन की आवाज है। जो इस आवाज को सुन पाता है वह अपनी विशिष्टताओं के प्रति जागरूक हो जाता है।

जॉ पॉल सार्त्र— सार्त्र अस्तित्ववाद का सर्वाधिक प्रखर विचारक है। इसका अस्तित्ववाद निरीश्वरवादी है। अस्तित्ववाद को लोकप्रिय बनाने में इसी की सर्वाधिक भूमिका है। सार्त्र अस्तित्व के मानव अस्तित्व के बहस में ईश्वर की स्थिति को नकारता है। वह अस्तित्व के पहले भाव या निर्मिति की भावात्मक अवधारणा को अस्वीकार करता है। अर्थात् ईश्वरीय मन में मनुष्य को बनाने के पहले एक भाव या अवधारणा थी। मनुष्य के मन में अस्तित्ववान् होने का भाव पहले है। ईश्वरभाव बाद

में है। अस्तित्ववान् होने की चेतना वैयक्तिक है, सार्वभौमिक नहीं है। मानवचेतना सत्ता है। अचेतन सत्ता (जगत्) के बीच व्यक्ति के अस्तित्व का विकास होता है। अचेतन जगत् बेतुका तथा सारहीन है केवल चेतन मनुष्य अपने अनुसार इसे सार्थक बनाता है। सार्त्र जब इस मौलिक चेतना का विश्लेषण करते हैं तो पाते हैं कि यह चेतना अनिवार्यतः किसी कमी की चेतना है। चेतना निषेधता द्वारा संरचित है। आत्म अस्तित्व 'जो आत्म नहीं है' उसकी चेतना है, सम्भावनाओं की चेतना है। स्वीकारने तथा अस्वीकारने की स्वतन्त्रता मनुष्य को है। चेतन मानव अचेतन तत्त्व जैसा होना चाहता है, उसी में उसकी सभी सम्भावनाएँ व्यक्त रहती हैं। अतः उसके लक्ष्य में कमी शून्यता की अनुभूति है। कमी की अनुभूति उसके और जगत् के बीच सेतु का कार्य करती है।

सार्त्र स्वतन्त्रता का अर्थ चुनाव या निर्णय की स्वतन्त्रता मानता है। इसमें किसी ईश्वर का सहारा नहीं होता। स्वतन्त्रता की अनुभूति में दायित्व भाव रहता है। वह दायित्व भाव के प्रति सजग रहता है। मानव अस्तित्व के विकास में 'एकाकीपन' की चेतना है। यह एक तरह से अपनी योजनाओं के निर्माण के निश्चय की स्वतन्त्रता है। अचेतन तत्त्व यदि योजनाओं की पूर्ति में बाधक होता है तो मनुष्य में मचलाहट (nausea) की भावना उत्पन्न होती है। चिन्ता तथा परिताप दो अन्य वृत्तियाँ हैं। स्वतन्त्र निर्णय की निजता चिन्ता पैदा करती है। चिन्ता किस चीज के प्रति है इसकी अनभिज्ञता परिताप है। निरवलम्बता भी ईश्वर सहारे के अभाव के कारण है। चूँकि सम्भावनाएँ अनिश्चित होती हैं अतः निराशा की मनोवृत्ति भी मानव अस्तित्व का एक अंग है। वह निराशावादी नहीं है बल्कि इसी से मानव का विशिष्ट मानवीय रूप निखरता है। यही मानव की प्रामाणिकता है। अस्तित्व की इन अनिवार्य मनोवृत्तियों से घबड़ाकर अधिकांश व्यक्ति प्रवंचनात्मक विश्वास (Bad Faith) के शिकार हो जाते हैं। चेतना में निहित निषेधता कुछ व्यक्तियों में प्रमुख हो जाती है। यह निषेधता अन्तर्मुखी हो जाती है तो आदमी अपने से झूठ बोलने लगता है। इसी तरह मनुष्य सांसारिक क्रिया-कलापों में प्राप्त भूमिकाओं को जिस रूप में जीने लगता है जो वह मूलतः नहीं है, यह भी प्रवंचनात्मक विश्वास है। ऐसे व्यक्ति अपनी वास्तविकता से भागने के प्रयत्न में दूसरों के आदेश या संकेत पर जीने लगते हैं।

सार्त्र ने 1960 में एक नयी पुस्तक प्रकाशित कराया जिसमें उसने मार्क्स के द्वन्द्वात्मक भौतिकवाद का समर्थन किया। उसने कहा कि अस्तित्ववाद को एक 'सिद्धान्त' के रूप में मान्यता मिल सकती है 'दर्शन' के रूप में नहीं।

मार्क्सवाद (द्वन्द्वात्मक भौतिकवाद)- मार्क्सवाद व्यक्तिवाद के विरुद्ध एक सबल प्रतिक्रिया है। उसके दर्शन पर औद्योगिक क्रान्ति का व्यापक असर पड़ा। मार्क्स ने हीगेल की द्वन्द्वात्मक प्रणाली अपनाया किन्तु विज्ञानवाद को अस्वीकार करके फ्योरबाख के प्रकृतिवाद के आधार पर भौतिकवाद को अपनाया। इस आधार पर उसने इतिहास की आर्थिक व्याख्या की। उसके अनुसार इतिहास की गतिविधियाँ भौतिक एवं आर्थिक अवस्थाओं द्वारा निर्धारित होती हैं। प्रत्येक युग की सभ्यता उस युग के शक्तिशाली वर्ग का इतिहास होता है। इतिहास को पाँच भागों में बाँटा जा सकता है। 1. आदिम साम्यवादी युग– इसमें उत्पादन के साधनों एवं फलों पर सबका बराबर अधिकार था। 2. दासत्व युग– इसमें खेती एवं पशुपालन प्रारम्भ हुआ। सम्पत्ति कुछ शक्तिशाली लोगों के हाथों में आने लगी। सम्पत्ति के अधिकारी लोगों ने बहुसंख्यक को दास बना लिया। शोषक और शोषित का सिलसिला चल पड़ा। 3. सामन्तवादी युग– इसमें उत्पादन के साधनों पर सामन्तों का कब्जा हो गया। ये भूमि के मालिक

थे, गरीब अर्द्धदास, किसान इनके अधीन थे। निजी सम्पत्ति की धारणा और प्रबल हुई। इन दो वर्गों में संघर्ष अधिक स्पष्ट हो गया।

पूँजीवादी युग– औद्योगिक क्रान्ति के कारण यह युग आया। मशीनों के आविष्कार से उत्पादन बढ़ा लेकिन बेरोजगारी भी बढ़ी। वेतनदरें घटीं। समाज के दो वर्ग बने पूँजीपति और सर्वहारा। दोनों का संघर्ष अधिक विकट और कटु रहा है।

साम्यवादी युग– मार्क्स का सपना है उसमें सर्वहारा वर्ग का अधिनायकत्व होगा। उत्पादन के साधनों पर श्रमिकों का अधिकार होगा, वितरण परिश्रम और योग्यता के अनुसार होगा।

इस धारणा में हर युग में वर्ग संघर्ष होता है। हैलीबेल ने मार्क्सवाद को भ्रष्ट आदर्शवाद कहा है। साम्यवाद के लिए यहाँ हिंसक क्रान्ति का समर्थन है। राज्यसत्ता की समाप्ति समाज-व्यवस्था का अन्तिम चरण माना गया है। इसमें शहर-देहात, स्त्री-पुरुष, जाति-सम्प्रदाय के भेद मान्य नहीं हैं।

गाँधीवाद– गाँधी जी के अनुसार सत्य ही तत्त्व है और तत्त्व ही सत्य है। ईश्वर समन्वयात्मक पूर्ण तत्त्व है। विधायक और विधान में अन्तर नहीं है। ईश्वर प्रकृति के नियमों का उल्लंघन नहीं करता। जगत् ईश्वर का ही विस्तार है। आत्मा ईश्वर का ही अंश है। सत्य साध्य है और अहिंसा उसका साधन है। अहिंसा और प्रेम जीवों का आधार है। स्थायी सामाजिक क्रान्ति के लिए हिंसा का सहारा नहीं लिया जा सकता है। दूसरों के हृदय परिवर्तन के लिए हमें शरीर की आहुति भी देनी पड़ती है। मारना मात्र ही हिंसा नहीं है बल्कि कुविचार, उतावलापन, मिथ्या भाषण, द्वेष, बुरा चाहना, वस्तुओं पर अधिकार जमाना सभी हिंसा हैं। कायरता और हिंसा में हिंसा ज्यादा ठीक है। गाँधी जी धर्म में हिन्दू धर्म को इसलिए श्रेष्ठ मानते थे कि उसमें कट्टरता नहीं है। गाँधी के लिए धर्मसेवा, लोकसेवा और ईश्वरसेवा एक ही हैं। धर्मरहित राजनीति कोई राजनीति नहीं है। उनमें सत्य के प्रति आग्रह था। वह कर्मयोग का व्यावहारिक दर्शन है। असहयोग, हड़ताल, सामाजिक बहिष्कार, धरना, सविनय अवज्ञा सत्याग्रह के विविध रूप हैं। गाँधी जी रामराज्य को आदर्श समाज का रूप मानते थे। इसमें कोई भेदभाव नहीं होगा, धरती तथा राज्य सब-कुछ जनता के होंगे। वर्ण-व्यवस्था को गाँधी मान्यता देते थे जाति-व्यवस्था को नहीं। इसमें गुण के अनुसार व्यवसाय चयन की छूट रहती है। व्यवसाय धन कमाने के लिए नहीं आजीविका के लिए और समाजसेवा के लिए है। निकटतम वस्तुओं को अपनाना स्वदेशी भाव है। व्यक्तित्व विकास के लिए व्यक्तिगत स्वतन्त्रता आवश्यक है। उनकी सर्वोदय भावना में सबको सन्तुष्ट करने की कामना है। लोगों के कार्य के मूल्य में कम-से-कम अन्तर हो या न हो। वे सत्ता का अधिकतम विकेन्द्रीकरण चाहते थे। ग्रामीण गणराज्य इसी का प्रतिफल था। उनके अनुसार स्वतन्त्रता नीचे से स्थापित होनी चाहिए।

वह शारीरिक श्रम को महत्त्व देते थे। बड़े उद्योगों के बदले छोटे उद्योगों के पक्षधर थे। मशीन मनुष्य की स्वामिनी न हो बल्कि सेविका रहे। प्रत्येक व्यक्ति को अपनी तात्कालिक आवश्यकता के अनुसार संचय और संग्रह करना चाहिए। वह पूँजीपतियों को पूँजी का संरक्षक बनाना चाहते हैं। उन्हें नष्ट नहीं करना चाहते। उत्तराधिकार रूप में प्राप्त सम्पत्ति के लिए ट्रस्टीशिप योजना उन्हें मान्य है। वे सम्पत्ति केन्द्रीकरण में नहीं विकेन्द्रीकरण में विश्वास करते थे। आर्थिक समानता से ही धार्मिक, सामाजिक, राजनैतिक समानता सार्थक हो सकती है।

मनोविश्लेषणवाद– सिगमण्ड फ्रायड, युंग तथा एडलर के मनोविश्लेषण सम्बन्धित विचारों का आधुनिक हिन्दी साहित्य पर प्रभाव पड़ा। फ्रायड के अनुसार मन के तीन स्तर हैं; चेतन, अर्द्धचेतन

और अचेतन। चेतन में वे सभी संवेदनाएँ तथा अनुभूतियाँ रहती हैं जिनका सम्बन्ध वर्तमान से होता है। अर्द्धचेतन या अवचेतन में ऐसी इच्छाएँ, भाव व विचार रहते हैं जिन्हें प्रयत्नपूर्वक चेतन में लाया जा सकता है। अचेतन का तात्पर्य है चेतना से परे। ऐसी इच्छाएँ एवं विचार जिन्हें दैनिक जीवन में पूरा करना सम्भव नहीं होता है वे चेतन से हटकर अचेतन में चले जाते हैं। अचेतन की दमित इच्छाओं का स्वरूप कामुक, असामाजिक, अनैतिक एवं घृणित होता है। अचेतन अर्द्धचेतन तथा चेतन की तुलना में बड़े आकार का है।

जिन साधनों द्वारा मूल प्रवृत्तियों से उत्पन्न मानसिक संघर्षों का समाधान होता है, उनकी तीन स्थितियाँ हैं इदं (उपाहं) (id) अहं (Ego) तथा पराहं (Super ego)। इदं या उपाहं व्यक्ति का जैविक तत्त्व है, इनमें जन्मजात प्रवृत्तियों को बहुलता रहती है। ये असंगठित, कामुक, आक्रामक तथा सामान्य नियमों को न माननेवाली होती हैं। नवजात शिशु में इनकी प्रधानता होती है। यह पूर्णतः अचेतन हैं अतः इसका सम्बन्ध वास्तविकता (Reality) से नहीं होता। अहं मन का वह हिस्सा है जिसका सम्बन्ध वास्तविकता से होता है। यह व्यक्तित्व की कार्यकारिणी शाखा है, इसके द्वारा सभी महत्त्वपूर्ण निर्णय लिये जाते हैं। इसमें अवसरानुकूल उचित या अनुचित तरीके से कार्य-सिद्धि की जाती है। पराहं (Super ego) मन या व्यक्तित्व की नैतिक शाखा है। यह आदर्शवादी सिद्धान्त से निर्देशित एवं नियन्त्रित होता है। समाजीकरण की प्रक्रिया में इद से इगो तथा इगो से सुपरइगो का विकास होता है। उपाहं की तरह पराहं भी वास्तविकता से परे होता है। यह चेतन, अर्द्धचेतन तथा अचेतन तीनों स्तरों पर कार्य करता है। फ्रायड का मनोलैंगिक विकास का सिद्धान्त महत्त्वपूर्ण है। इसमें यह मान्यता है कि जन्म के समय से ही लैंगिक शक्ति 'लिविडो' मौजूद होता है। इसकी पाँच अवस्थाएँ है– मुखावस्था, गुदावस्था, शिश्नावस्था, अव्यक्तावस्था और जनेन्द्रियावस्था। फ्रायड ने बच्चे द्वारा की जानेवाली क्रियाएँ, चूसना, दाँत काटना, स्तनपान, मलमूत्र त्याग आदि को भी कामुकता क्षेत्र में समाहित किया है। व्यक्तित्व के निर्माण में फ्रायड कामजनित मनोग्रन्थियों का महत्त्वपूर्ण स्थान मानता है। युंग ने मानसिक ऊर्जा के क्षेत्र में सेक्स को अधिक महत्त्व नहीं दिया। युंग ने मन के दो भाग माने—चेतन और अचेतन। चेतन का सम्बन्ध अहं से है। अचेतन की मानसिक क्रियाएँ अहं से सम्बन्धित नहीं होतीं। व्यक्तिगत अचेतन में दमित इच्छाएँ भूली-बिसरी यादें संचित रहती हैं। सामूहिक अचेतन धार्मिक विश्वास, पुराणकथा, दन्तकथा का स्रोत होता है। इसमें मानव जाति की अनुभूतियाँ जो पूर्वजों से प्राप्त हैं संचित रहती हैं। एडलर ने मन और शरीर, चेतन तथा अचेतन, तर्क तथा संवेग को एक ही एकीकृत तन्त्र का दो सहयोगी भाग माना है। व्यक्ति का आत्मनिष्ठ विचार उसके व्यवहार तथा व्यक्तित्व का निर्धारण करता है। आंगिक दोष से उत्पन्न हीनता के भाव की क्षतिपूर्ति के लिए व्यक्ति अन्य क्षेत्र में श्रेष्ठता प्राप्त करने की कोशिश करता है। एडलर मानता है कि व्यक्ति की जीवनशैली व्यक्ति की सर्जनात्मक शक्ति द्वारा विकसित होती है। एडलर अचेतन को अधिक महत्त्व नहीं देता है।

हिन्दी जाति

बहुत व्यापक सन्दर्भ में प्राणिजगत् का विभाजन किया जा सकता है। मानवजाति कहने का प्रचलन तो सर्वाधिक है किन्तु पशुजाति, पक्षीजाति आदि नहीं कहते हैं, मेरी दृष्टि में ऐसा कहना असंगत नहीं। जीव-जन्तुओं, पेड़-पौधों आदि के लिए प्रजाति शब्द का व्यवहार होता है। भारत में कर्म के अनुसार चार वर्णों का विधान किया गया था। धीरे-धीरे कर्म का पारिवारिक स्तर पर प्राप्त

कौशल प्रमुख हो गया और पीढ़ियाँ-दर-पीढ़ियाँ सुविधा की दृष्टि से पारिवारिक व्यवसाय को अपनाने लगीं, फलतः भिन्न-भिन्न व्यवसायों के आधार पर जातिप्रथा का प्रचलन हुआ। एक समय ऐसा भी आया जब कि अनेक समस्याओं के होने या इतर जाति के व्यवसाय में प्रवृत्ति होने के बावजूद न तो व्यवसाय परिवर्तन उचित माना जाता था और न जाति परिवर्तन। भारतीय सन्दर्भ में जाति जन्म से होने लगी। ब्राह्मण, क्षत्रिय, वैश्य, शूद्र चार वर्णों या जातियों के अलावा व्यवसाय के आधार पर इतनी अधिक जातियाँ हो गयीं कि उनको इन वर्णों में कहाँ उचित जगह दी जाये, यह भी विवाद का विषय बन गया। जाति-व्यवस्था की स्वीकृति इसी रूप में भारतीय जन-जीवन में प्रबल है, हिन्दी प्रदेश में तो विशेष प्रबलता है। यहाँ 'जाति' शब्द का प्रयोग उपर्युक्त अर्थ में नहीं किया जा रहा है। 'जाति' के दो अर्थ और हैं– नस्ल (रेस) और कौम (राष्ट्रीयता)। मैथिलीशरण गुप्त की ये पंक्तियाँ राष्ट्रीयता या कौम सम्बन्धित अर्थ की ओर संकेत कर रही हैं–

'जिस देश जाति में जन्म लिया, बलिदान उसी पर हो जावें।' 'जाति' के लिए एक निश्चित भूभाग तथा राजनीतिक स्वायत्तता आवश्यक मानी गयी है। भारत इसलिए एक राष्ट्र है, क्योंकि उसकी एक निश्चित भौगोलिक सीमा है तथा स्वायत्त राजनीतिक सत्ता है। भाषायी संगठन की दृष्टि से बंगाली, मराठी, गुजराती तमिल, मलयाली, पंजाबी, असमी, उड़िया आदि अलग-अलग जातियाँ हैं। इनके लिए अलग-अलग क्षेत्रों में इन संज्ञाओं का प्रयोग होता भी है। बँगला बोलनेवाले को लोग बंगाली कहते हैं, प्रथम दृष्ट्या यह ध्यान नहीं देते कि वह ब्राह्मण है या क्षत्रिय, या अन्य कोई जाति। इसी तरह गुजराती, मराठी, पंजाबी बोलनेवाले व्यक्ति दूसरे प्रदेशों में इसी नाम से पुकारे जाते हैं। 'नेशन' और राष्ट्र को पर्याय माना जाता है जबकि दोनों में भेद है। एक 'जाति' के लोगों को भी नेशन कहा जाता है और अनेक जातियों के सम्मिलित को भी नेशन कहते हैं। भारत में अनेक भाषायी जातियाँ (नेशनलिटीज) हैं वे सभी मिलकर भारत महाजाति का निर्माण करते हैं। "इस तरह एक भौगोलिक क्षेत्र में रहनेवाले, आपस में सम्पर्क के लिए औपचारिक रूप से एक भाषा का प्रयोग करनेवाले, एक सामान्य संस्कृतिवाले और सामान्य आर्थिक सम्बन्धों से जुड़े हुए एक वृहत्तर मानव समुदाय को जाति कहते हैं।" (हिन्दी जाति, पृ. 20, डॉ. अमरनाथ) डॉ. रामविलास शर्मा जातीय निर्माण में भाषा की तुलना में आर्थिक सम्बन्ध को अधिक महत्त्व देते हैं। आर्थिक एवं व्यावसायिक आदान-प्रदान की जरूरत की पूर्ति के लिए सामान्य भाषा की स्वीकृति होती है। मेरी दृष्टि में जातीय गठन में धार्मिक भाव को व्यक्त करनेवाली भाषा कम महत्त्वपूर्ण नहीं होती है। भाषा का सम्बन्ध सिर्फ मजहब या धर्म से भले ही न हो किन्तु वह सम्बन्धित जन की आस्था से जुड़ी होती है। आर्थिक सम्बन्धों के बदलाव के बाद भी वह धार्मिक कारणों से अपनी जाति को एक सीमा तक सूत्रबद्ध किये रहती है। संस्कृत, पालि, प्राकृत (अर्द्धमागधी) की बड़ी भूमिका धार्मिक रही। संस्कृत को छोड़कर शेष भाषाएँ तो धर्म-भाषाएँ ही थीं। रामायण, महाभारत आदि ऐसे ग्रन्थ थे जिनकी प्रेरणा सम्पूर्ण भारतीय भाषाओं के रचनाकारों ने ग्रहण की। उनके कथानकों तथा चरित्रों को लेकर तमिल, तेलुगु, कन्नड़, बँगला, मराठी आदि सभी भाषाओं में अपनी क्षेत्रीय संस्कृति की आवश्यकता के अनुसार रचनाएँ हुईं। ये मूलरूप से हिन्दी प्रदेश की जातीय भाषा संस्कृत की महान् कृतियाँ थीं। डॉ. रामविलास शर्मा का मानना है कि पूँजीवादी विकास से एक जातीय राष्ट्र का निर्माण नहीं होता बल्कि बहुजातीय राष्ट्र का निर्माण होता है। यूनाइटेड किंगडम, रूस, चीन आदि बहुजातीय राष्ट्र हैं। भारत भाषा की दृष्टि से भले ही बहुजातीय है लेकिन सांस्कृतिक दृष्टि से एकजातीय राष्ट्र ही सिद्ध होता है।

हिन्दी प्रदेश भारत का हृदय प्रदेश है। यहाँ से दर्शन, विचार, ज्ञान, कला, भाषा आदि संस्कारित एवं परिष्कृत होकर छनकर पूरे भारत में पहुँचते हैं। यही नहीं पूरे भारत से उसका प्रवाह मध्यदेश की ओर भी होता रहा है। यही सांस्कृतिक आदान-प्रदान की पुरानी प्रक्रिया ने उसे सांस्कृतिक राष्ट्र के रूप में विकसित किया है। इसलिए हिन्द-हिन्दी सम्पूर्ण भारत एवं भारतीय का वाचक बना। इकबाल ने 'हिन्दी हैं हम वतन हैं हिन्दोस्ताँ हमारा' में हिन्दी का प्रयोग उस हिन्दी जाति के लिए किया है जिसमें मराठी, गुजारती, तमिल, बंगाली, पंजाबी आदि सभी भारतवासी समाहित हैं। आरम्भ में मुसलमानों ने 'हिन्दी' का प्रयोग सभी भारतीय भाषाओं के लिए किया था। ईरान के प्रसिद्ध बादशाह नौ सेरवां (531-579 ई.) ने पञ्चतन्त्र का अनुवाद कराया था जिसके लिए कहा गया कि यह अनुवाद 'जबान-ए-हिन्दी' से किया गया है। कालान्तर में यह समझा गया कि सम्पूर्ण भारत की भाषाएँ समान नहीं हैं फिर हिन्दी का प्रयोग मध्यदेश की भाषा के लिए होने लगा। हिन्दी, उर्दू, रेख्ता पर्याय के रूप में प्रयुक्त हुए हैं।

हिन्दी जाति की अवधारणा की प्रेरणा बंगाल से मिली है। सुनीतकुमार चाटुर्ज्या ने हिन्दुस्तानी के सीमित अर्थ के प्रचलन का जिक्र किया है। हिन्दुस्तानी शब्द का अर्थ होता है हिन्दुस्तान की (भाषा) और हिन्दुस्तान। यह शब्द मुस्लिमकाल में अपने सीमित अर्थ में पंजाब तथा बंगाल के बीच के उत्तर भारतीय मैदान के लिए प्रयुक्त होता था। परन्तु पंजाबी या राजस्थान के निवासी मारवाड़ी इन हिन्दुस्तानियों (या हिन्दुस्थानियों) से भिन्न गिने जाते थे। (भाषा और समाज, पृ.279) श्यामाचरण गांगुली ने नवम्बर, 1911 के 'मॉडर्न रिव्यु' में बंगालियों, मराठों, उड़िया लोगों के साथ हिन्दुस्तानियों का जिक्र किया है। हिन्दी जाति की अवधारणा के अनेक स्वदेशी एवं विदेशी तर्क डॉ. रामविलास शर्मा के द्वारा प्रस्तुत किये गये हैं। डॉ. धीरेन्द्र वर्मा ने 1930 में 'हिन्दी राष्ट्र या सूबा हिन्दुस्तान' नाम से एक पुस्तक लिखी थी। जिसमें उन्होंने लिखा था कि भारत के जितने भूमिभाग में हमारी भाषा अर्थात् हिन्दी या हिन्दुस्तानी मातृभाषा की तरह बोली और समझी जाती है वह हमारा राष्ट्र है। (भारत और समाज, पृ. 279)। यहाँ फिर प्रश्न उठता है कि खड़ीबोली, हरियाणवी, मारवाड़ी, कुमायूँनी, भोजपुरी, मैथिली आदि बोलियाँ जो मातृभाषाएँ हैं, उन्हें हिन्दी या हिन्दुस्तानी के रूप में मान्यता है? क्या मैथिली या मगही बोलनेवाला बिना किसी शिक्षा-दीक्षा के हरियाणवी समझ सकता है। मारवाड़ी भोजपुरी समझ सकता है। जनपदीय बोलियों की स्थिति प्रान्तीय भाषाओं की तुलना में भौगोलिक, साहित्यिक या भाषावैज्ञानिक दृष्टि से कमजोर नहीं है। इसीलिए उनमें से कई स्वतन्त्र भाषा का दर्जा पा रही हैं या पाने के लिए प्रयत्नशील हैं।

हिन्दी जाति के संगठन की अवधारणा आदर्शात्मक अधिक है, व्यावहारिक बहुत कम है। रामविलास शर्मा जाति के क्रमिक विकास का वर्णन करते हैं। उनका मानना है कि, 'जिन तत्त्वों से जन का निर्माण होता है, उन्हीं से सामन्तयुगीन लघुजाति का और पूँजीवादी महाजाति का निर्माण होता है। जन के आर्थिक जीवन का आधार सामूहिक या कुलगत उत्पादन और सम्पत्ति है। लघुजाति का जीवन नये श्रम विभाजन के आधार पर बनता है जिसका स्पष्ट चिह्न है वर्ण-व्यवस्था, महाजाति का आर्थिक जीवन वितरण और उत्पादन के नये पूँजीवादी सम्बन्धों पर निर्भर होता है और उसमें वर्ण-व्यवस्था विशृंखल होकर नये वर्गों को स्थान देती है। (भाषा और समाज, पृ. 247-48) पूँजीवादी व्यवस्था से वर्ग बनने चाहिए किन्तु हिन्दी प्रदेश में वर्ग भी जाति सूचक ही हो गया। पिछड़ा वर्ग, अगड़ा वर्ग, आर्थिक आधार पर नहीं बल्कि जातीय आधार पर बनाये गये हैं, शिक्षा और नौकरियों में आरक्षण का यही आधार भी है। रामविलास जी ने स्वयं ऐसे अनेक कारणों तथा मानसिकताओं

का उल्लेख किया है जिनसे हिन्दी जाति अच्छी तरह से संगठित नहीं हो पायी। यदि मध्यकाल में आगरा तथा मथुरा व्यापारिक केन्द्र थे तो वहाँ की भाषा के अन्तर्जनपदीय प्रसार में आर्थिक कारण महत्त्वपूर्ण क्यों नहीं हुए। आगरा तो सत्ता केन्द्र भी रहा। जातीय भाषा के निर्माण में धर्म की भूमिका से परहेज करने के कारण ब्रज और अवधी एक सीमा तक खड़ीबोली के अन्तरप्रान्तीय विस्तार की व्याख्या कठिनाई से हो सकती है। भक्ति-आन्दोलन ने हिन्दी की बोलियों को राष्ट्रीय विस्तार दिया। संस्कृत भी धार्मिक, सांस्कृतिक धारणों से व्यापक हुई थी। डॉ. अमरनाथ ने लिखा है कि, "जातियों के गठन में राजनैतिक परिस्थितियों के अलावा धार्मिक और व्यापारिक कारण प्रमुख हैं। व्यापार और विनिमय के बगैर जातियाँ आकार नहीं ले पातीं।" हिन्दी और उर्दू जातीय दृष्टि से एक ही भाषा के दो शैलीगत भेद हैं। हिन्दी जाति की संस्कृति की अभिव्यक्ति दोनों भाषाओं में हुई है। हिन्दी के जातीय स्वरूप को बनाये रखने के लिए जनपदीय बोलियों को भी उसमें उचित स्थान मिलना चाहिए। हिन्दी-उर्दू का भेद आरम्भ में उतना नहीं था, जितना बाद में हुआ। 'अगर बारहवीं-तेरहवीं सदी में मेलजोल के लिए पाँच फीसदी अरबी-फारसी शब्दों की जरूरत थी तो 1947 तक यह जरूरत बढ़कर पचासी फीसदी तक पहुँच गयी। यानी ज्यों-ज्यों मेल-जोल बढ़ा त्यों-त्यों हिन्दी-उर्दू का अलगाव बढ़ता गया। (भाषा और समाज पृ. 284)। बाहर से आनेवाले मुसलमानों ने यहाँ की भाषा सीखकर अपनी भाषा को छोड़ दिया। जल्दी ही यहाँ की जातियों (नेशनलिटी) में मिल गये। बाद में फारसी-अरबी शब्दों को पुनः अधिकाधिक मिलाने के पीछे भाषायी जाति की स्वतन्त्र पहचान बनाने का ही उपक्रम था। इस कार्य को शिक्षित मध्यवर्ग ने किया। भारत का आम मुसलमान भले ही अपने क्षेत्र की बोली, भाषा का व्यवहार करता है किन्तु उर्दू को मुसलमानों की भाषा जानने, समझने का प्रचार-प्रसार पर्याप्त मात्रा में किया गया है। हिन्दी-उर्दू अलग भाषाओं के रूप में संवैधानिक अधिकार पा चुकी हैं अतः उर्दू की अलग पहचान बनाये रखने के लिए अरबी-फारसी शब्दों की बहुलता अनिवार्य है, साथ ही लिपि का भेद भी अपेक्षित है। आजकल उर्दू ग़ज़लें हिन्दी (देवनागरी) में छप रही हैं। उन्हें हिन्दी ग़ज़ल कहा जा रहा है। उनमें भी आवश्यकतानुसार अरबी-फारसी के शब्द हैं। ऐसे प्रयोगों से हिन्दी-उर्दू का अन्तराल क्षीण होगा। साम्प्रदायिकता, पुराने ढंग की जन्म-आधारित जाति-व्यवस्था, क्षेत्रीयता आदि हिन्दी जाति के सुगठन को कमजोर बना रहे हैं।

आधुनिक कविता (खड़ीबोली कविता)- आधुनिक कविता का इतिहास मूलतः खड़ीबोली कविता का ही इतिहास है किन्तु आरम्भ में ब्रजभाषा ही थी उद्धवशतक जैसी श्रेष्ठ काव्यकृति आधुनिककाल में ही सृजित हुई परन्तु इसमें आधुनिकता का स्वर नहीं उभर सका है। पुरानी परिपाटी को संरक्षित रखनेवाले कवियों का एक बड़ा वर्ग भारतेन्दु-युग तक चलता रहा। इस वर्ग के कवियों में जगमोहन सिंह, द्विजबेनी, गदाधर, लाल कवि, लछिराम, जगन्नाथदास रत्नाकर के नाम गिनाये जा सकते हैं। भारतेन्दु-युग मध्यकाल तथा आधुनिककाल का संक्रान्तिकाल है। अतः प्राचीनता की पृष्ठभूमि में नवीनता के क्षितिज की तलाश स्वाभाविक है।

भारतेन्दु-युग (जागरण काल)

भारतेन्दु-युग ब्रजभाषा के वस्तु-विस्तार का युग है। इस युग में हिन्दी कविता आधुनिकता में प्रवेश करती है। भक्ति और रीति की सीमाओं से आगे बढ़कर वह समग्र राष्ट्रीय चेतना तथा सामाजिक समस्याओं को समेटने की चेष्टा करती है। भारतेन्दु-युग में काव्यभाषा की संक्रान्ति दिखायी देती है। रीतिकालीन काव्यभाषा का सम्मोहन काफी दूर तक यद्यपि बना रहता है किन्तु भारतेन्दु-युग के अन्तिम

दशकों में यह महसूस किया जाने लगा था कि कोमलकान्त पदावली से युक्त, काव्याभरणों से सुसज्जित, लालित्य तथा माधुर्य की आदी ब्रजभाषा आधुनिक समाज की बुराइयों, कुरीतियों तथा समस्याओं को व्यक्त करने तथा साहित्यिक अस्त्र के रूप में जूझने की क्षमता खो चुकी है। अतः खड़ीबोली को कठोर सामाजिक यथार्थ को अंकित करने के लिए ब्रजभाषा का स्थान देना अति आवश्यक हो गया। गद्य में सफलतापूर्वक साहित्यिक दायित्व का निर्वाह करनेवाली खड़ीबोली की शक्ति और क्षमता की पहचान नये सिरे से हो चुकी थी। अतः पद्य में भी उसकी प्रतिष्ठा का सवाल प्रबल हो जाना स्वाभाविक था। कुछ परम्परावादी कवियों की हिचक तथा विरोध के बावजूद खड़ीबोली ने कविता की भाषा का स्थान ग्रहण कर लिया किन्तु भारतेन्दु-युग का अधिकांश काव्य ब्रजभाषा में ही रचा गया है। ब्रजभाषा की परम्परा का प्रचलन तथा खड़ीबोली की प्रतिष्ठा दोनों स्थितियों से स्पष्ट है कि भारतेन्दुयुगीन काव्य प्राचीन और नवीन के सम्मिश्रण का परिणाम है।

पश्चिमी सभ्यता के व्यापक प्रभाव के दौर में जागरूक रचनाकारों ने अपनी परम्पराओं से अलग होते समय बहुत सोच-समझकर कदम उठाया है। उन्हें बराबर यह भय बना था कि कहीं नये को स्वीकार करने के अतिरिक्त उत्साह में हम अपनी उत्कृष्ट एवं मूल्यवान् सांस्कृतिक थाती से हाथ न धो बैठें। टी. एस. इलियट ने लिखा है कि श्रेष्ठ साहित्यकार की मज्जा में उसकी परम्परा अनुस्यूत रहती है। भारतेन्दु-युग के कवि इलियट के इसी कथन को चरितार्थ करते हैं। पण्डित रामचन्द्र शुक्ल जनता की चित्तवृत्ति के साथ भारतेन्दुयुगीन साहित्य की संवेदना को जो जोड़ते हुए लिखते हैं, 'भारतेन्दु-युग प्राचीन और नवीन का सन्धिकाल था। नवीन भावनाओं को लिये हुए भी उस काल के कवि देश की परम्परागत चिरसंचित भावनाओं और उमंगों से भरे थे। भारतीय जीवन के विविध रूपों की मार्मिकता उनके मन में बनी थी। उस जीवन के प्रफुल्ल स्थल उनके हृदय में उमंगें उठाते थे। पाश्चात्य जीवन और पाश्चात्य साहित्य की ओर उस समय इतनी टकटकी नहीं लगी थी कि अपने परम्परागत स्वरूप पर से दृष्टि एकबारगी हटी रहे। होली, दीवाली, विजयादशमी, रामलीला, सावन के झूले आदि के अवसर पर उमंग की जो लहरें देश भर में उठती थीं उनमें उनके हृदय की उमंगें भी योग देती थीं। उनका हृदय जनता के हृदय से विच्छिन्न न था।" प्रगतिशील आलोचक रामविलास शर्मा दरबारी संस्कृति और नवचेतना के संघर्ष को निरूपित करते हुए भारतेन्दुयुगीन कविता के वैचित्र्य का निर्देश करते हैं। "भारतेन्दु-युग के काव्य साहित्य को पढ़ने से एक विचित्र कोलाहल-सा अनुभव होता है। बिभिन्न धाराओं के एक साथ मिलने से पाठक को आकाशभेदी कलकल ध्वनि सुनायी देती है। कुछ लोग नायक-नायिकाओं के नख-शिख वर्णन में लगे हैं तो दूसरे प्रतिभावान् समस्यापूर्ति में चमत्कार दिखा रहे हैं। अन्य कवि महामारी, अकाल, टैक्स पर लोकगीत रच रहे हैं और कुछ लोग कविता में गद्य की भाषा का भी प्रयोग कर रहे हैं। तात्पर्य यह कि काव्य-साहित्य में व्यवस्था का अभाव है। पुरानी रूढ़ियों पर चलनेवाले काफी हैं तो साहस से नये प्रयोग करनेवालों की भी कमी नहीं है। ऐसे लोग भी अनेक हैं जो कुछ दिन रूढ़ियों पर चलने के बाद नये प्रयोगों की ओर झुक रहे हैं। दरबारी संस्कृति और नवचेतना का संघर्ष कविता में ही सबसे ज्यादा दिखायी देता है।"

रीति-परम्परा— भारतेन्दु-काल में रीतिकालीन काव्य-परम्परा के अनुकरण पर अनेक कविताएँ लिखी गयीं। नायिका-भेद तथा नख-शिख से सम्बद्ध अलंकृत कविताओं का सृजन अनेक कवियों ने किया। इन कविताओं में मुख्यतया शृंगार को अभिव्यंजित किया गया है। संयोग चित्रण में षट्ऋतु तथा वियोग चित्रण में बारहमासा की पुरानी पद्धति को अपनाकर अधिकांशतः कवित्त, सवैया, छन्दों का व्यवहार किया गया है। इस युग में काव्य की आत्मा रस को माना गया। अन्य रसों तथा भावों

की अपेक्षा शृंगार रस का विशेष महत्त्व था। अलंकारों का प्रयोग करते समय अधिकांशतः कविता को दुरूह तथा बोझिल नहीं बनाया गया। रीतिकालीन सामन्ती मनोवृत्ति अभी पूरी तरह से समाप्त नहीं हुई थी। राजाओं और नवाबों की शान-शौकत का स्वरूप बहुत-कुछ पुराना ही था। दिन-रात राग, शराब तथा सुन्दरियों के सेवन तथा वेश्याओं के नृत्य से मनोरंजन की चाह अभी यथावत् बनी थी। इसीलिए काम-क्रीड़ा, छेड़छाड़, रतिकेलि, चुम्बन, विपरीत रति इत्यादि को चित्रित करनेवाली कविता के प्रति आकृष्ट होना स्वाभाविक था। कविता में स्वच्छन्दता पहले की अपेक्षा अधिक है। शृंगार काव्य के आलम्बन साधारण नायक-नायिका तथा राधा-कृष्ण दोनों हैं। भारतेन्दु-युग में लक्षण ग्रन्थों का आश्रय प्रायः कम ही लिया गया है। वैसे खण्डिता, स्वकीया, परकीया आदि को कविताओं में लक्षित किया जा सकता है। अम्बिकादत्त व्यास रचित एक चंचल नायिका का हाव-भावपूर्ण चित्र देखिये—

धरती धरती डरती, घुँघरू नहिं नेकु बजावती हो।
झुकि झाँकति भौंह चलावती हो, नकबेसर झूमि-झुमावती हो॥
कवि अम्बिकादत्त ही हेरि, चितै, छिपती-सी हहा-मुसकावती हो।
कर में पिचकारी लिये किनको, तुम रंग भिगावन आवती हो॥

भारतेन्दुयुगीन कवियों में चमत्कार तथा ऊहात्मकता भी दृष्टिगत होती है।

आलोच्य कविता में परिपाटीबद्धता की अपेक्षा प्रेम की स्वच्छन्दता के चित्र अधिक हैं। इन रचनाओं में प्रेमभाव का मार्मिक उन्मेष कल्पना एवं अनुभूति का प्रतिफल है। इनमें आडम्बर, कृत्रिमता तथा चमत्कार का आग्रह नहीं है। ठाकुर जगमोहन सिंह ने प्रस्तुत कविता में ऐसी नायिका का चित्रण किया जो लोक-लाज तथा निन्दा की परवाह किये बिना प्रेम का निर्वाह करती है। वह सब-कुछ छोड़कर बहुत-कुछ पा लेती है-

कुलकानि तजी गुरु लोगनि मैं बसिकै सब बैन-कुबैन सहा।
परलोक नसाय सबै विधि सों, उनमत्त को मारग जानि गहा।
जगमोहन धोय हया निज हाथन या तन पाल्यो है प्रेम महा।
सब छाँड़ि तुम्हें हम पायो अहो तुम छाँड़ि हमैं कहौ पायो कहा।

श्रीधर पाठक के 'एकान्तवासी योगी' में प्रेम की नवीन स्वच्छन्दतावादी परम्परा का प्रस्फुटन होता है। इसमें प्रेमी की मर्मस्पर्शी जीवनकथा अंकित की गयी है। भारतेन्दु-मण्डल के कवियों में प्राचीन और नवीन दोनों का सम्मिश्रण हुआ है किन्तु इसी युग में कुछ ऐसे भी कवि हैं जिनका सम्बन्ध विशुद्ध रीति परम्परा से है। सेवक, सरदार, लछिराम, बेनीद्विज और हनुमान रीति-परम्परा के दरबारी कवियों की कोटि में हैं। इन कवियों में अपने आश्रयदाताओं के प्रीत्यर्थ लक्षण ग्रन्थों या शृंगार काव्य का सृजन किया है।

भारतेन्दुयुगीन प्रेम शृंगार के चित्रण में छेड़-छाड़, चुहलबाजी और कौतुकप्रियता का समावेश फारसी कविता के प्रभाव के कारण हुआ है। पारसी थियेटर्स का भी अप्रत्यक्ष प्रभाव माना जा सकता है। डॉ. श्रीकृष्णलाल का मत है, "यह छेड़-छाड़, यह चतुराई उर्दू कविता की देन है। रीतिकाल में सम्भवतः फारसी साहित्य के प्रभाव से हिन्दी कविता में इसका प्रवेश हो गया था जो भारतेन्दु-काल में विशेषरूप से प्रकट हुआ।" मुन्शी विश्वेश्वर प्रसाद की 'चुरिहारिन लीला' तथा भारतेन्दु हरिश्चन्द्र की 'देवी छद्मलीला' तथा 'रानी छद्मलीला' इसी तरह की कृतियाँ हैं। उर्दू शैली की रचना करके कवियों ने हिन्दी और उर्दू के अलगाव को पाटने का प्रयास किया। इस तरह की रचनाओं में हिन्दी भाषा

के जातीय रूप के निर्माण की प्रक्रिया दृष्टिगोचर होती है तथा खड़ीबोली का स्वाभाविक प्रयोग भी हुआ- भारतेन्दु की एक कविता देखिये–

कहने सुन्ने को था मुझ पास दिले नाकाम अपना।
मुद्दत गुजरी, बनाया तूने उसे गुलाम अपना ॥
अब तो तेरे सिवा न कोई खुदा न कोई राम अपना।
जो कुछ है सो तू ही है और क्या है काम अपना।
तेरी याद में भूल गया अब आगा जो अंजाम अपना ॥
किसे खबर है? कहाँ हूँ? क्या है नाम अपना ॥

कविगोष्ठी और समस्यापूर्ति- रीतिकालीन भावधारा को ही नहीं बहुत-कुछ उस तरह के वातावरण को भी बनाये रखने का प्रयत्न इस युग में किया गया है। अब तक अधिकांश दरबार टूट चुके थे, जो थोड़े-बहुत अवशिष्ट थे उनके पास भी इतना धन नहीं था कि कवियों को संरक्षण देते। राजनीतिक अस्तव्यस्तता के कारण कविता के प्रति पूर्ववत् आकर्षण तथा रुचि भी नहीं रही। उस समय की स्थिति का एक व्यंग्यात्मक चित्र है-

जल पीबै तो पीबै न खाबै कछू जेहि चित नहीं अभिलाखिबे है।
वर वित्त की बातैं कछू न करै मनहूँ ते कछू नहिं भाखिबे है।

कवि के आगे विकट समस्या थी वह किसके समक्ष अपनी कविता सुनाये क्योंकि–

साहू भये सूमड़ा सुबादशाह हीन हद्द,
खग्गे खग रटन खुलासा बेच खाई है।
भोले भए भूपति कनौड़े धनीवन्त सब,
मूरख महन्त अन्ध देत ना दिखाई है।
कायथ कपूत भए कर राजपूत छूत,
बनिया वरूथ देखि पुंज पछिताई है।
काके ढिग जाई काहि कविता सुनाई भाई,
अब कविताई रही फजिहिताई॥

(विचित्रोपदेश-नकछेद तिवारी)

भारतेन्दु-युग के रचनाकार जिस प्रकार से देश के अन्य संकट के प्रति सजग थे उसी तरह से कविता पर आये हुए संकट से भी परिचित थे। तत्कालीन परिस्थिति में उन्होंने कवि-गोष्ठियों की स्थापना की। कविता के प्रचार-प्रसार के लिए स्वयं भारतेन्दु जी ने ही 'कवितावर्द्धिनी सभा' तथा 'कवि समाज' की स्थापना की। कविता कामिनी राजदरबारों से मुक्त होकर कवि-गोष्ठियों में थिरकने लगी।

कविगोष्ठियों में समस्यापूर्ति का भी पर्याप्त प्रचलन था। इन गोष्ठियों में स्थानीय कवियों के अलावा बाहर के कवि भी भाग लेते थे। समस्यापूर्ति की एक पंक्ति थी– 'क्यों कान्ह-कान्ह गोहरावति हौ' इसकी पूर्ति इस प्रकार की गयी–

बिना बात ही अटा चढ़ी क्यौं, आँचर खोले धावति हौ।
सेज साजि अनुराग उमगि क्यौं रचि-रचि माल बनावति हौ।

पावस रितु नहीं जानति हौ 'हरिचन्द' वृथा भ्रम पावति हौ।
पिया नहीं ये घन उनये, क्यौं कान्ह कान्ह गोहरावति हौ।

भक्तिकाव्य की परम्परा—भारतेन्दु-युग की एक दूसरी प्रमुख काव्य-प्रवृत्ति है भक्ति, इसे भी कवियों का परम्परा मोह ही कहना चाहिए। जिस तरह रीतिकालीन शृंगार-चित्रण में स्वच्छन्दतावादी प्रवृत्तियों के समावेश से नवीनता आयी है उसी तरह भक्तिकाव्य के परम्परा निर्वाह में भी राष्ट्र-कल्याण की कामना का समावेश आधुनिक संवेदना का सूचक बन गया है। इस युग में कवियों ने सूर-तुलसी के अनुकरण पर बहुत-सी कविताएँ लिखीं। इनकी कुछ रचनाएँ ऐसी हैं जो भक्ति कालीन कविता के समान ही उत्कृष्ट हैं। भक्तिकाव्य में भी शृंगारिकता की मनोवृत्ति प्रधान है। इसीलिए रामकाव्य की तुलना में कृष्णकाव्य की ओर कवियों का झुकाव अधिक है। इस युग में जो रामकाव्य लिखे गये हैं वे भी रसिक भावना से प्रभावित हैं। रामकाव्यों में महाराज रघुनाथसिंह रचित राम स्वयंवर (वि.स. 1926), रामनाथ प्रधान कृत 'रामहोरी' (1855), रामरत्नदास रचित 'सियवर केलि' उल्लेखनीय हैं।

वल्लभ सम्प्रदाय की प्रेमलक्षणात्मक पुष्टिमार्गीय भक्ति का अनुसरण करते हुए अपनी कविताओं में कृष्ण की विविध लीलाओं विशेषतया प्रेमलीलाओं का मनोहारी चित्रण किया है। भक्तिशृंगार के संयोग और वियोग दोनों पक्षों की सुन्दर अभिव्यंजना इनकी रचनाओं में मिलती है। कवियों ने सख्य और विनय के भावों को अंकित करते हुए सात्त्विक भक्तिभावना प्रदर्शित की है। कवियों ने परम्परित शैली में ही कृष्ण का सौन्दर्य-चित्रण किया है। इस युग की भक्तिभावना रीति तत्त्वों से विशेष रूप से प्रभावित है। भक्तिभाव की अधिकांश रचनाएँ लोकभाव से बहुत भिन्न नहीं है, उदाहरणार्थ-

आजु कुंज मन्दिर अमन्द अनन्द भरि बैठे स्याम,
श्याम-संग रंगन उमंग अनुरागे हैं।
घन घहरात बरसात होत जात ज्यौं ज्यौं,
त्यौं ही त्यौं अधिक दोऊ प्रेम पुंज पागे हैं।
हरिचन्द अलकैं कपोल पैं सिमिटि रहीं,
बारि वृन्द चूअत अतिहि नीक लागे हैं।
भीजि-भीजि लपटि लपटि सतराई दोऊ,
नील पीत मिलि भए एकै रंग बागे हैं।

कृष्णभक्ति के प्रति अधिक आकृष्ट रहते हुए भी इस युग के कवियों ने दुर्गा, काली, लक्ष्मी, शिव, हनुमान आदि देवी-देवताओं की स्तुति एवं भक्ति-सम्बन्धी कविताओं की रचना करके अपनी उदारता का परिचय दिया है। भक्तिभाव में राष्ट्रकल्याण की भावना का समावेश करके कवियों ने आधुनिक संवेदना को अंकित किया है। इन्हीं सन्दर्भों में वे परम्परा से जुड़कर भी उससे किंचित् अलग होते दिखायी देते हैं— मंगलदीन द्विज की एक कविता में भक्तिभाव के साथ राष्ट्रहित की चिन्ता का उन्मेष होता है—

तिरपन को साल भारी अनावृष्टि देश पारी,
सब नर-नारी भयो निपट दुखाई हैं।
कहीं अन्न कष्ट डारी कहीं फैली महामारी,
संकट प्रचारी जन पीड़ित अपारी हैं।

बिपति बिदारी बेगि नाथ सुककारी सुनो,
मंगल प्रसाद बार-बार बलिहारी है।
अवध बिहारी सुधि लीजिए हमारी अब,
परी जेर-बारी पै भरोसा मोहि भारी है।

वीरभावना—रीति, श्रृंगार तथा भक्ति की परम्परा के साथ ही हिन्दी साहित्य में वीरकाव्य की भी एक सशक्त परम्परा मिलती है। भारतेन्दु-युग में भी यह काव्यधारा एकदम से शुष्क नहीं हुई है। सूर्यमल्ल कवि ने 1857 में परम्परित शैली में 'वीर सतसई' की रचना की। प्रतापनारायण मिश्र ने आल्हा की तर्ज में वीरभाव व्यंजक कविताएँ लिखी हैं।

प्रकृति-चित्रण—भारतेन्दु-युग के पूर्व हिन्दी साहित्य में ज्यादातर उद्दीपन रूप में ही प्रकृति को चित्रित किया गया है। भारतेन्दु-युग के अधिकांश कवि प्रकृति-चित्रण की इसी परिपाटी का अनुसरण करते हैं। अनुसरण का तात्पर्य अनुकरण नहीं है। नायक-नायिकाओं के भावों को उद्दीप्त करनेवाले प्रकृति के चित्र प्रायः मौलिक तथा आकर्षक हैं। भारतेन्दु की एक कविता की कुछ पंक्तियाँ उद्धृत हैं जिनमें वर्षा का जीवन्त चित्र प्रत्यक्ष हो उठता है—

झीनी-झीनी बूँदनि परति, बड़ी सोभा अति,
चमकि-चमकि विज्ज जिय डरपावै है,
लाल मखमली वीरबहू भूमि डोलै मानो,
बूँद अनुराग नेह मेह बरसावै है ॥

श्रीधर पाठक तथा बालमुकुन्द गुप्त प्रकृति-चित्रण में स्वच्छन्दता बरतते हैं। इन कवियों ने प्रकृति-सौन्दर्य का उद्घाटन एवं अंकन रूढ़िबद्ध उद्दीपन रूपों से अलग हटकर किया है। श्रीधर पाठक की 'वसन्तागम', वसन्त राज्य, हिमालय, मेघागम, हेमन्त आदि प्रकृति सम्बन्धी रचनाएँ उल्लेखनीय हैं। श्रीधर पाठक की प्रस्तुत कविता में प्रातःकालीन सूर्य की किरणों से आलोकित हिमालय का मोहक चित्र खीचा गया है-

उज्ज्वल ऊँचे शिखर दूर देसन सो चमकत,
परत भान नव-किरन प्रात सुबरन सम दमकत।
लता पुहुप बनराजि, सदा ऋतुराज सुहावत
हरी भरी डहडही वृक्षमाला मन भावत।

अनुवाद कार्य— भारतेन्दु-युग में प्राचीन को नवीन से जोड़ने की भावना का ही परिणाम था कि हिन्दी कों समृद्ध करने के लिए संस्कृत की उत्कृष्ट रचनाओं का हिन्दी में अनुवाद किया गया। बहुत-सी प्राचीन काव्य-पोथिगों की खोज की गयी। अनेक काव्य-ग्रन्थों की प्रामाणिक टीकाएँ इस युग में प्रस्तुत की गयीं। सरदार कवि की कविप्रिया, रसिकप्रिया तथा बिहारी सतसई और सूर के दृष्ट कूट पदों पर लिखी गयी टीकाएँ उल्लेखनीय हैं। ऋतुसंहार, मेघदूत, रघुवंश आदि संस्कृत काव्य-कृतियों का अनुवाद तो किया ही गया, अंग्रेजी की कुछ चर्चित कृतियों जैसे हरमिट (योगी), डिजर्टेड विलेज (ऊजड़ गाँव) का भी हिन्दी रूपान्तर किया गया है।

नयी संवेदना और नया शिल्प

भारतेन्दु-युग का महत्त्व इस बात में नहीं है कि इस युग के कवियों ने प्रचीन काव्य-परम्पराओं को सयत्न रखा; कविता को पुरानी वेश-भूषा में भक्ति और श्रृंगार के भावों में भुलाये रखा बल्कि

इसका महत्त्व इसलिए है कि कविता को जीवन के यथार्थ धरातल पर गतिशील होने की शक्ति दी और समाज और राष्ट्र की नयी आशाओं और आकांक्षाओं को समाहित करके कविता को विराट् बनने का अवसर दिया। भक्तों के मृदुल तथा मधुर भावों से सम्पृक्त राजदरबारों में लाड़-प्यार से पली ब्रजभाषा-कविता जीवन की खुरदरी एवं कँटीली यथार्थ भूमि पर कहीं छिल-कटकर लहू-लुहान न हो जाय अथवा कहीं गतिशून्य होकर निष्प्राण न हो जाय, इसी चिन्ता से उसे नयी जमीन पर बहुत सोच-समझकर धीरे-धीरे चलाने की कोशिश की गयी है। आधुनिक जीवन के उष्ण आतप से कहीं उसका रस सूख न जाये, इसकी चिन्ता कवियों को थी, इसीलिए कविता को बहुत-कुछ पुराने माहौल में जिलाया गया है। कविता को जहाँ गद्य का सहारा मिला और जहाँ रसात्मकता की माँग क्षीण रही वहीं उसमें आधुनिक संवेदना का समावेश विशेष ढंग से हो सका। नाटकों में बीच-बीच में जो कविताएँ निबद्ध हैं उनमें राष्ट्रीय भावना तथा समकालीन समस्याओं का चित्रण अपेक्षाकृत अधिक हुआ है।

नवजागरण से भारतेन्दुयुगीन कविता विशेष रूप से प्रभावित है। देशभक्ति की कविताओं में समाज-सुधार, धर्म-सुधार तथा मातृभाषा का स्वर प्रधान है। कवियों ने भारत के प्राचीन गौरव से ही पर्याप्त प्रेरणा प्राप्त की। भारतेन्दु ने भारतीय सेना की मिस्र में हुई विजय के उपलक्ष्य में 'विजयिनी विजय वैजयन्ती' शीर्षक कविता लिखी थी। इस कविता में एक ओर प्राचीन भ्रारतीय गरिमा का स्मरण किया गया तो दूसरी ओर वर्तमान हीन अवस्था पर क्षोभ भी व्यक्त किया गया है। इस युग का कवि सदैव जन-चेतना के साथ संचरण करता है।

भारतेन्दु-युग में राष्ट्रीयता तथा राजभक्ति का अलगाव बहुत स्पष्ट नहीं था। जीवन और जगत् के प्रति उसकी सोच एक कूटनीतिज्ञ की नहीं थी बल्कि विशुध्द रचनाकार की थी। भारतेन्दु-युग में राष्ट्रीयता की दो स्थितियाँ स्पष्ट हैं— पहली, देशभक्ति दूसरी, राजभक्ति। देशभक्ति के अन्तर्गत भाषा, धर्म तथा सभ्यता का गुणगान हुआ है और राजभक्ति के अन्तर्गत अंग्रेजी शासन की प्रशंसा की गयी है। मुस्लिम शासन की पक्षपातपूर्ण व्यवस्था की अपेक्षा आरम्भ में अंग्रेजी शासन-व्यवस्था किंचित् बेहतर प्रतीत हुई। हिन्दुओं को मुसलमानों के बराबर का अधिकार कई शताब्दियों के बाद प्राप्त हुआ था, अब उन्हें जजिया जैसे करों का भुगतान नहीं करना था। इस नये परिवर्तन से कवियों के मन में जो भाव प्रस्फुटित हुए उन्हें बेहिचक व्यक्त कर दिया। डॉ. रामविलास शर्मा राजभक्ति के कारणों पर प्रकाश डालते हुए लिखते हैं, 'सन् 57 ई. के विद्रोह के बाद भारत का राज्य कम्पनी बहादुर के हाथ से महारानी विक्टोरिया के हाथ आ गया तो बहुत लोग समझे कि उस शासन-परम्परा का जिसे डॉन ब्राइट ने 'ए हण्ड्रेड ईयर्स आव क्राइम' कहा था— अन्त हो गया। महारानी के लिए जो घोषणा-पत्र पहले तैयार किया गया था, उसे उन्होंने अस्वीकार कर दिया और उससे अधिक सहृदयतापूर्ण घोषणा-पत्र तैयार कराया। उसमें भारतवासियों को मधुर-मधुर आश्वासन दिये गये और डलहौजी आदि की नीति को देखते हुए इस समय लोगों को ये आश्वासन और भी मधुर लगे होंगे इसमें सन्देह नहीं। विद्रोह के पहले अंग्रेज जिस प्रकार छोटे-छोटे राज्य हड़प चुके थे, और विद्रोह में तथा उसके पश्चात् उन्होंने अपना जो अप्रिय रूप दिखाया था, उसको याद कर उनका हृदय गद्‌गद हो गया। कवियों के कण्ठ से प्रशस्तियाँ फूट पड़ीं और प्रजा ने अपने-आपको महारानी विक्टोरिया की अधीनता में समझकर सुख की साँस ली और अपना भाग्य सराहा।' लेकिन इस सन्दर्भ में एक बात स्मरणीय है कि राज्य की प्रशंसा करते समय भी उनके मन में लोक-कल्याण तथा जनहित की भावना प्रबल रहती थी। उदार शासक लार्ड रिपन की प्रशंसा करते हुए भारतेन्दु उनके जनकार्यों पर ही दृष्टि केन्द्रित करते हैं—

जय जय हिन्दू, उन्नति-पथ-अवरोध मुक्त कर।
जय कर-बंधन-मंथर-कर जय जयति गणाकर ॥
जय जन सिच्छन-हेत समिति-सिच्छा-संस्थापक।
जय जय सेतासेत बरन सम संमत मापक ॥
जय राज्य धुरंधर धीर जय भारत शिल्पोन्नति करन।
जय परम प्रजावत्सल सदा सत्य प्रिय जय श्री रिपन ॥

इस युग में कवि राजभक्ति तथा सुशासन के भुलावे में भारत की वास्तविक दशा से अपरिचित नहीं थे। बदरीनारायण चौधरी ने 'हर्षादर्श' नामक कविता में विक्टोरिया की प्रशंसा करते हुए भारत की दीन-हीन दशा का खुलकर परिचय दिया है—

यदपि तिहारे राज भयो भारत अति उन्नत।
आगे सों अब सब कोऊ सब विधि सुखि पावत ॥
पै दुख अति भारी इक यह जो बढ़त दीनता।
भारत में सम्पत्ति की दिन-दिन होत छीनता ॥

इसी कविता में भारतीयों को ब्रिटेन के समान उन्नति तथा समान शासन की माँग की गयी है। यह माँग धीरे-धीरे पूर्ण स्वतन्त्रता की कामना के रूप में व्यक्त हुई—

सब तजि गहौ स्वतन्त्रता, नहिं चुप लातै खाव।
राज करै सो न्याव है, पाँसा परै सो दाँव ॥

आधुनिककाल में ऐसी सामाजिक एवं राजनीतिक स्थितियों का निर्माण हुआ कि समग्र भारत को राष्ट्र समझने तथा उसके साथ अपने भाग्य को सम्बद्ध करने की चेतना विकसित हुई। अंग्रेजों की देशभक्ति की प्रेरणा से भी भारतीयों में राष्ट्रभक्ति की भावना पुष्ट हो रही थी। इसी का परिणाम था कि भारतेन्दु-युग में राष्ट्रीयता का स्वर प्रबल वेग से प्रस्फुटित हुआ। भारतेन्दुयुगीन कवि सम्पूर्ण भारत के दुःख-दर्द की संवेदना से युक्त कविताओं की रचना करते हैं, करोड़ों मूक जनता की बेबसी पर आँसू बहाते हैं और ईश्वर से प्रार्थना करते हैं—

हाय सुनत नहिं निठुर भए क्यों परम दयाल कन्हाई।
सब बिधि बूड़त लखि निज देसहि लेहु न अबहूँ बचाई॥

भारतेन्दु-युग में ही स्वतन्त्रता की प्रबल कामना के साथ राष्ट्रीय गीतों का सूत्रपात हुआ। श्रीधर पाठक की जयकार हैं—

जय जयति सदा स्वाधीन हिन्द,
जय जयति जयति प्राचीन हिन्द,
हिन्द अनूपम अगम वन, प्रेम बल रस पुंज,
श्रीधर मन मधुकर फिरत गुंजत नित नव कुंज॥

सामाजिक चेतना— सुधारवादी संस्थाओं के प्रभाव से नयी सामाजिक चेतना का उन्मेष हो रहा था। तत्कालीन साहित्य पर सुधारवादी आन्दोलनों का गहरा प्रभाव परिलक्षित होता है।

भारतेन्दु-युग का भारतीय समाज अजीब तरह की विषमता की स्थिति में पहुँच गया था। प्रतापनारायण मिश्र की अधोलिखित कविता में समाज के जातिगत अधःपतन का चित्र अंकित हुआ है—

द्विजवृन्द अक्षर हीन हैं, महिपाल परवश दीन हैं।
हत द्रव्य वैश्य मलीन हैं व्यय है परन्तु न आय हैं॥
× × ×
धनवान मत्त प्रमाद में पड़े लोग वाद-विवाद में।
पड़ै रोवै देश विषाद में सुनता नहीं कोई हाय है।

सवर्णों में जातीय गुणों का ह्रास होता जा रहा था। ब्राह्मणों में भी शराब का प्रचलन हो चला था—

ब्राह्मण सब छिपि छिपि पियत जामैं जानि न जाय।
पोथी के चौगान भारि बोतल बगल छिपाय।

सामान्य जनों के धार्मिक शोषण के प्रति भारतेन्दु के मन में तीखी प्रतिक्रिया थी। अशिक्षित, ज्ञानहींन तथा पाखण्डी पुरोहितों पर उन्होंने तीखा व्यंग्य किया है। हिन्दू धर्म और परम्परा के प्रति पूर्ण आस्थावान् भारतेन्दु काशी का जो यथार्थ चित्र पेश करते हैं उससे पाठकों में तिलमिलाहट ही नहीं खलबली मच जाती है—

देखी तुमरी कासी, लोगों देखी तुमरी कासी।
जहाँ बिराजै विश्वनाथ विश्वेश्वर जी अविनाशी।
आधा कासी भाँट-भँडेरिया बाह्मन और संन्यासी।
आधी कासी रंडी-मुंडी रांड खानगी खासी।
लोग निकम्मे भंगी गंजड़ लुच्चे वे-बिसवासी।
महा आलसी झूठे शुहदे बे-फिकरे बदमासी
गली गली भरी कतवारन खड़ी चमारिन पासी।
नीचे नल से बदबू उबलै मनो नरक चौरासी।

भारतेन्दु जाति-प्रथा के आधार पर ऊँच-नीच के भेदभाव को राष्ट्रीय उन्नति में बाधक मानते थे। भारत-दुर्दशा में 'सत्यानाश फौजदार' के एक कथन में वे अनेक सामाजिक समस्याओं पर व्यंग्य करते हैं। वे जाति-पाँति, ऊँच-नीच, खान-पान आदि के भेदभाव, बालविवाह, विधवाब्याह निषेध, विदेश-गमन की वर्जना आदि का विरोध करते हैं—

जाति अनेकन करी नीच अरु ऊँच बनायो।
खान-पान सम्बन्ध सबन सों बरजि छुड़ायो।
जन्म पत्र विधि मिले ब्याह नहिं होत देत अब।
बालकपन में ब्याहि प्रीति-बल नास कियौ सब॥
करि कुली न के बहुत बल बीरज मार्‌यौ।
विधवा-ब्याह निषेध कियौ विभिचार प्रचार्‌यौ॥
रोकि विलायत गमन कूप मंडूक बनायौ।
औरन को संसर्ग छुटाई प्रचार घटायौ।

अकाल, टैक्स, घरेलू उधोग-धन्धों के विनाश से सामान्य लोगों की आर्थिक दशा अत्यन्त शोचनीय हो गयी थी। अंग्रेजों के आर्थिक शोषण से जनता अत्यन्त त्रस्त थी। मिथ्या गौरव एवं खिताब के लोभ में उच्चवर्गीय लोग गरीबों का गला घोंटने से नहीं चूकते थे। संवत् 1953 के अकाल पीड़ितों की दयनीय स्थिति का हृदयद्रावक चित्रण प्रस्तुत कविता में किया गया है—

संवत उनइस सौ तिरपन माँ पड़ा हिन्द में महा अकाल।
घर घर फाके होने लगे, दर-दर प्रानी फिरैं बेहाल॥

× × ×

कोई पात पेड़न के चाबै कोई माटी कोई घास चबाय।
कोई बेटवा बिटिया बेचै अब तो भूख सही नहिं जाय ॥

अंग्रेजों के कानूनी शिकंजे में सामान्य जनता बुरी तरह फँस गयी थी। भारतेन्दु का एक व्यंग्य है-

नयी नयी नित तान सुनावै।
अपने जाल में जगत् फँसावैं ॥
नित नित हमें करैं बल सून।
क्यों सखि सज्जन नहिं कानून ॥

इन विषम परिस्थितियों के बावजूद लोगों में झूठी शान और सम्मान की भावना बनी हुई थी। जनेऊ, ब्याह, करनी-मरनी में अपनी हैसियत से ज्यादा धन खर्च करके लोग वाहवाही लूटने के चक्कर में रहते थे—

लोटिया थारी काल्हि ही लहनदार लें ढोय।
होय तारीफ बरात की जन्म सुफल तब होय।

अंग्रेजी शिक्षा और सभ्यता के प्रभाव से प्राचीन भारतीय सभ्यता की अच्छाइयाँ भी लुप्त होने लगी थीं। ईसाई धर्म के प्रचार, अंग्रेजी वेश-भूषा तथा रहन-सहन की नकल से लोग अपने देश में ही विदेशी बनते जा रहे थे। सांस्कृतिक बदलाव की यह प्रक्रिया गुलामी से भी घातक थी क्योंकि सांस्कृतिक दृष्टि से विजित जाति में मुक्ति की कामना बिल्कुल क्षीण हो जाती है। अपने सांस्कृतिक अस्तित्व की रक्षा की चिन्ता भारतेन्दु-युग के अनेक कवियों में दृष्टिगत होती है। नाथूराम शर्मा की निम्नलिखित कविता में भारतीय सभ्यता और भाषा से आसन्न संकट को ही उद्घाटित किया गया है—

ईस गिरिजा को छोड़ यीशु गिरजा में जाय,
'शंकर' सलोने 'मैंन' मिस्टर कहावेंगे।
बूट पतलून कोट कम्फर्टर टोपी डाटि,
जाकट की पाकट में वाच लटकावेंगे।
घूमेंगे घमण्डी बने रण्डी का पकड़ हाथ,
पियेंगे बरण्डी मीट होटल में खावेंगे।
फारसी की छार उड़ाय इंगरेजी पढ़
मानो देवनागरी का नाम ही मिटावेंगे।

सभ्य 'बीबी' की चिट्ठी' शीर्षक कविता में बालमुकुन्द गुप्त ने नारी के सामाजिक बदलाव की भ्रामक दिशा की ओर संकेत किया है—

कहाँ है टेनिस घर दिखलाव, कहाँ मछली का बना तलाव।
बात वह अगली सब सटकी, बहू मैं जब थी घूँघट की॥

आधुनिक समाज में हिन्दू-मुसलमानों के पारस्परिक सहयोग तथा सह-अस्तित्व की समस्या कम जटिल नहीं थी। प्रथम स्वतन्त्रता संग्राम 1857 में दोनों ने एक-दूसरे से कन्धे-से-कन्धा मिलाकर विद्रोह का बिगुल बजाया था। फलतः अत्यन्त चतुर अंग्रेजों ने दोनों में फूट डालकर अपनी सत्ता को स्थायी बनाने की कोशिश शरू कर दी। हिन्दू-मुसलमान के बीच दरार पैदा करनेवाले ऐतिहासिक तथ्यों को तोड़-मरोड़कर रखा गया। भारतेन्दु की कविताओं में मुस्लिम शासकों के विरुद्ध कई स्थलों पर यह इतिहास का दर्द मुखरित होता है। हिन्दी, हिन्दू और हिन्दुस्तान की ध्वनि भी कभी-कभी इनकी कविताओं से प्रस्फुटित होती है, उसका तात्पर्य सम्पूर्ण सांस्कृतिक इकाई से है, उसे मात्र हिन्दू राष्ट्रवाद का नारा नहीं समझना चाहिए।

लोकोन्मुखी चेतना—कविता में नयी चेतना तथा नयी स्फूर्ति लाने के लिए हिन्दी साहित्येतिहास के हर युग में लोकजीवन की ओर दृष्टिपात किया गया। समय की माँग के अनुसार साहित्य में लोक का कोई एक या एकाधिक पक्ष मुखरित होता रहा है।

इस युग में ग्राम-वासिनी भारत-माँ को गलित रूढ़ियों तथा परम्पराओं से मुक्त करके स्वस्थ वातावरण में साँस लेने का अवसर प्रदान करने की कोशिश की गयी। लोक की आर्थिक विषमता, सामाजिक विडम्बना तथा विवशता भारतेन्दुयुगीन साहित्य में स्थान-स्थान पर प्रकट होती है। लोकजीवन को प्रभावित करनेवाले नये संसाधनों की अभिव्यक्ति के साथ लोकसंवेदना के विविध स्तरों को भी उद्‌घाटित किया गया है। प्रेमघन ने अपने ही गाँव दत्तापुर के चित्रण के माध्यम से तत्कालीन औसत भारतीय गाँवों की दशा को प्रत्यक्ष कर दिया है। कर्मरत ग्राम्य नारी के सौन्दर्य की झलक सम्पूर्ण ग्राम्य-वातावरण के साथ प्रस्तुत कविता में व्यंजित होती है—

खेतन में जल भर्‌यो शस्य उठि ऊपर लहरत।
चारहुँ ओरन हरियाली ही की छवि छहरत॥
भोरी भोरी ग्राम बधू इक संग मिलि गावति।
इक सुर में रसभरी गीत झनकार मचावति॥
धान खेत में बैठी चंचल चखनि नचावति।
बन में भटकी चकित मृगी-सी छवि छावत॥

भारतेन्दु-युग में जातीय संगीत को कविता का अभिन्न हिस्सा समझा गया था। भारतेन्दु ने इसकी राष्ट्रीय महत्ता की ओर संकेत करते हुए लिखा है कि, "भारतवर्ष की उन्नति के जो अनेक उपाय महात्मागण आजकल सोच रहे हैं, उनमें एक और उपाय भी होने की आवश्यकता है... इस हेतु मैंने यह सोचा है कि जातीय संगीत की छोटी-छोटी पुस्तकें बनें और वे सारे देश, गाँव-गाँव में साधारण लोगों में प्रचार की जायँ। यह सब लोग जानते हैं कि जो बात साधारण लोगों में फैलेगी उसी का प्रचार सार्वदेशिक होगा और यह भी विदित है कि जितना ग्राम गीत शीघ्र फैलते हैं और जितना काव्य को संगीत द्वारा सुनकर चित्त पर प्रभाव होता है उतना साधारण शिक्षा से नहीं होता। इससे साधारण लोगों के चित्त पर भी इन बातों का अंकुर जमाने को इस प्रकार से जो संगीत फैलाया जाये तो बहुत कुछ संस्कार बदल जाने की आशा है। जिन लोगों को ग्रामीणों से सम्बन्ध है वे गाँव में ऐसी पुस्तकें भेज दें। जहाँ-कहीं ऐसे गीत सुनें उसका अभिनन्दन करें। इस हेतु ऐसे गीत बहुत छोटे-छोटे छन्दों में और

साधारण भाषा में बनें वरंच गँवारी भाषाओं में और स्त्रियों की भाषा में विशेष हों। कजरी, ठुमरी, खेमटा, कहरवा, अद्धा, चैती, होली, साँझी, लम्बे-लावनी, जाँते के गीत, बिरहा, चनैनी, गजल इत्यादि ग्रामगीतों में इनका प्रचार हो और सब देश की भाषाओं में इसी अनुसार हों।"

भारतेन्दु जी की इस अपील से प्रेरित होकर आम्बिकादत्त व्यास ने धर्म की धूम, रसीली कजरी, हो हो होरी, प्रतापनारायण मिश्र ने 'होली है' देवकीनन्दन तिवारी ने 'कबीर', देवीप्रसाद ने 'योगीड़ा' आदि लोकगीतों की रचना की। इन लोकगीतों में लोकसंवेदना की मार्मिकता तो उभरती ही है लोकभाषा में लोकरीतियाँ, त्योहार, उत्सव तथा जनाकांक्षा के विविध पक्ष भी अंकित होते हैं। इन लोकगीतों में धार्मिक, सामाजिक तथा राजनीतिक समस्याओं पर भी प्रकाश डाला गया है।

नवजागरण की चेतना को जनसाधारण तक पहुँचाने में इन गीतों की भूमिका सराहनीय रही है। अंग्रेजी वेश-भूषा से सुसज्जित नये भारतीय अंग्रेज से एक भारतीय का आग्रह है–

प्यारे होके हिन्दुस्तानी बाबू अंग्रेजी मत बोल।
हाउ डू यू डू हाउ डू यू डू कह क्यों होता डाँवाँडोल।
जामा पगड़ी पहन पर कोट पैण्टलून खोल।
बिस्कुट पर मत लार चुआ तू खा मेवे अनमोल।

(रसीली कजरी, अम्बिकादत्त व्यास)

नशाखोरी के विरुद्ध जनमानस को तैयार करने के लिए भारतेन्दु रचित एक मुकरी द्रष्टव्य है-

मुँह जब लागै तब नहिं छूटे, जाति मान धन सब कुछ लूटे।
पागल करि मोहि करे खराब, क्यों सखि सज्जन नहीं सराब॥

काव्यरूप–भारतेन्दु-युग में अधिकांशतः मुक्तकधर्मी काव्यों का सृजन हुआ। परम्परागत काव्यरूपों तथा छन्दों में रोला, मालिनी, वंशस्थ, पद, कवित्त, सवैया, दोहा प्रयुक्त हुए हैं। इस युग में अनेक लोकगीतों को भी साहित्यिक महत्त्व प्राप्त हुआ। भारतेन्दु की प्रेरणा से इस युग के कवियों ने कजली, लावनी, मुकरी, खेमटा, होली, कबीर, योगीड़ा, साँझी आदि लोककाव्य-रूपों को ग्रहण किया। इनके अलावा मल्हार, कलिंगड़ा, ठुमरी, गजल, ख्याल, पूरबी, काली सारंग, भैरवी, हिंडोला, झिंझोटी, दादरा, विहाग, वसन्त देश, यमन आदि रागों में भी लोकप्रिय गीतों का सृजन किया। भारतेन्दुयुगीन कवियों ने अंग्रेजी की 'एलेजी' की तरह अनेक शोकगीतों की भी रचना की। प्रतापनारायण मिश्र ने हरिश्चन्द्र, स्वामी दयानन्द, चार्ल्स ब्रैड की मृत्यु पर शोकगीत लिखा। हरिश्चन्द्र की मृत्यु पर श्रीधर पाठक ने 'हरिश्चन्द्राष्टक' तथा बालमुकुन्द गुप्त ने प्रतापनारायण मिश्र की मृत्यु पर 'स्वर्गीय कवि' नाम से शोकगीतों की रचना की। उर्दू काव्य-शैलियों में गजल, कसीदा, शेर, मरसिया को भी हिन्दी काव्य-रचना में स्वीकार किया गया।

काव्यभाषा– भारतेन्दु-युग में कविता की भाषा मुख्यतः ब्रजभाषा ही बनी रही किन्तु इस युग के कवियों ने परम्परित काव्यभाषा को दुरूह तथा दुर्बोध शब्दावली से मुक्त किया और जहाँ तक सम्भव हो सका सरल एवं सहज शब्दों का उपयोग करके कविता की प्रभावोत्पादकता की समृद्धि की। लोकप्रचलित मुहावरों, लोकोक्तियों का प्रयोग करके इस युग के कवियों ने भाषा की सौन्दर्य-वृद्धि की तथा उसकी अभिव्यंजना शक्ति को बढ़ाया। कविता में व्यक्त विचारों और भावनाओं को जनसाधारण तक पहुँचाने के लिए यह आवश्यक भी था कि कविता की भाषा सरल हो। शृंगारिक तथा रीतिबद्ध कविताओं में जहाँ परिनिष्ठित तथा स्तरीय ब्रजभाषा का प्रयोग किया गया वहीं व्यंग्यात्मक तथा

प्रचारवादी कविताओं में सरल भाषा अपनायी गयी। शब्द-विन्यास में भी इसी तरह का दोहरापन दिखायी देता है। स्तुतियों तथा शृंगारी कविताओं में संस्कृत की तत्सम शब्दावली की प्रचुरता है और प्रचारवादी कविताओं में अरबी और अंग्रेजी के शब्दों के साथ तद्भव शब्दों का बाहुल्य है। ब्रजभाषा में अवधी तत्त्वों का भी समावेश हुआ है। निम्नलिखित कविता की भाषा में अंग्रेजी शब्दों का प्रयोग द्रष्टव्य है—

हमरी ही जाति हमहीं को दोष लगावै।
सेलफिश की नैया बूड़त कोउ न बचावै ॥
सुनि न्याय नाम बिलखत बीतत दिन राती।
यह बिल भई सवति हमारि जरावत छाती ॥

भारतेन्दु-युग में खड़ीबोली में भी काव्य-रचना की कोशिश होने लगी थी। भारतेन्दु के मन में आरम्भ में खड़ीबोली को काव्यभाषा बनाने के प्रति आशंका बनी थी। 'हिन्दी भाषा' शीर्षक निबन्ध में उन्होंने स्पष्ट किया कि खड़ीबोली में काव्य-रचना का उनका अपना प्रयत्न बहुत सार्थक नहीं रहा। उन्होंने दो-चार कविताओं की जो रचना की है उन्हें देखने से उनकी बात स्वतः प्रमाणित हो जाती है। उदाहरण के लिए एक कविता उद्धृत है-

कहाँ हो ऐ हमारे राम प्यारे।
घर तुम छोड़कर हमको सिधारे।
बुड़ापे में यह दुख भी देखना था।
इसी को देखने को मैं बना था ॥

प्रतापनारायण मिश्र द्वारा प्रयुक्त खड़ीबोली का एक नमूना प्रस्तुत है-

निज प्रेममयी मदिरा से मुझे छकाओ।
अपनी शोभा पर मेरा चित्त लुभाओ।
सब विषय वासना पर तुच्छता दिखाओ।
मैं मैं मेरा मुझसे छुड़ाओ।

भारतेन्दु जी ने अपने नाटकों में कई स्थानों पर पद्य की भाषा को खड़ीबोली में निबद्ध किया है। अन्धेर नगरी का पाचकवाला खड़ीबोली में ही अपना विज्ञापन गीत प्रस्तुत करता है।

खड़ीबोली गद्य की प्रतिष्ठा—आधुनिककाल में खड़ीबोली की गद्य-भाषा के रूप में प्रतिष्ठा एक उल्लेखनीय तथ्य है। खड़ीबोली की साहित्यिक प्रतिष्ठा का प्रमुख कारण ब्रज और अवधी की तरह धार्मिक नहीं है बल्कि व्यावसायिक तथा राजनीतिक है। डॉ. बच्चन सिंह इसकी प्रतिष्ठा के पीछे नयी अर्थव्यवस्था को भी जिम्मेदार मानते हैं। उनका विचार है कि, "अंगेजों के आगमन के पूर्व गाँव और नगर सामान्यतः अलग-अलग स्वतन्त्र इकाइयाँ थीं। उनके निवासियों को वस्तु-विनिमय के लिए प्रायः बाहर नहीं जाना पड़ता था। किन्तु पुरानी अर्थव्यवस्था के टूटने और यातायात के लिए नये साधनों के उपलब्ध होने पर लोगों को जीविका अथवा वस्तु-विनिमय के लिए बाहर जाना पड़ा। इस तरह देश धीरे-धीरे आर्थिक एकसूत्रता में बँधता गया। पारस्परिक सम्पर्क तथा भावों और विचारों के आदान-प्रदान के लिए एक सामान्य भाषा का होना जरूरी था। यह भाषा हिन्दी या हिन्दुस्तानी ही हो सकती थी।"

खड़ीबोली के विकास में मुसलमानों का भी योगदान रहा। मुगलों की छावनियों में जो भाषा विकसित हुई वह खड़ीबोली ही थी। मुसलमानों के दक्षिणी आक्रमणों के परिणामस्वरूप इसे दक्षिण में भी फैलने का मौका मिला। वास्तव में खड़ीबोली का उदय साम्प्रदायिक सद्‌भावना की भाषा के रूप में हुआ। चूँकि व्यावसायिक केन्द्र नगरों में स्थित थे इसीलिए खड़ीबोली का प्रचार-प्रसार नगरों में अधिक हुआ। अंग्रेजी शासनकाल में भी खड़ीबोली को ही महत्त्व मिला। राज-काज में खड़ीबोली को प्रतिष्ठित करने में फोर्ट विलियम कालेज की उल्लेखनीय भूमिका रही। कालेज के भाषा-मुन्शी लल्लूलाल तथा सदल मिश्र ने खड़ीबोली की सहज शैली के विकास में योग दिया। लल्लूलाल द्वारा तैयार की गयी चौदह रचनाओं का उल्लेख मिलता है। इन्होंने संस्कृत की कई रचनाओं का अनुवाद किया। सिंहासन बत्तीसी, वैताल पचीसी, शकुन्तला, लतायफे हिन्दी आदि रचनाएँ गद्य-रचना की दृष्टि से उल्लेखनीय हैं। लल्लूलाल की सबसे अधिक ख्याति प्रेमसागर के कारण है। यह भागवत के दशम स्कन्द का हिन्दी अनुवाद है। इसमें ब्रजभाषा का आधिपत्य है, कई स्थलों पर पद्यात्मक वाक्य-गठन किया गया है। लल्लूलाल की भाषा उस समय के शिक्षित वर्ग, शासक वर्ग तथा धर्म-प्रचारकों के बीच प्रचलित भाषा का समग्र चित्र प्रस्तुत करती है। यहाँ खड़ीबोली अपनी क्षेत्रीय सीमाओं से उठकर व्यापक साहित्यिक भाषा बनने की आरम्भिक प्रक्रिया में है। अभी उसका मानक रूप निश्चित नहीं हो सका है। इसीलिए तो वह कभी अरबी-फारसी से बोझिल हो जाती है, कभी संस्कृत के तत्सम शब्दों का आश्रय लेती है और कभी प्रचलित काव्यभाषा का आधार ग्रहण कर लेती है। उसका ठेठपन अभी बना हुआ है।

फोर्ट विलियम कॉलेज के दूसरे पण्डित (मुन्शी) थे सदल मिश्र। इन्होंने चन्द्रावती या नासिकेतोपाख्यान की रचना 1803 में की। इसका आधार ग्रन्थ कठोपनिषद् है। इनकी दूसरी रचना रामचरित्र है। सदल मिश्र की भाषा में अनावश्यक कृत्रिमता नहीं है। सरल वाक्यों में वे अपनी बात को प्रस्तुत करते हैं। वे गद्य में पद्य की घुसपैठ नहीं पसन्द करते। इन गुणों के बावजूद वे भद्‌दी वाक्य-रचना से नहीं बच पाते।

फोर्ट विलियम कॉलेज के बाहर के लेखकों में मुन्शी सदासुखराय (सदासुखलाल) तथा इंशा अल्ला खाँ महत्त्वपूर्ण हैं। रामचन्द्र शुक्ल ने दिल्ली निवासी 'मुन्तखबुत्तवारीख' के रचयिता मुन्शी सदासुखलाल नियाज (संवत् 1803-1881) का उल्लेख किया है। इन्होंने विष्णु पुराण के किसी अंश का खड़ीबोली में अनुवाद किया था। बच्चन सिंह ने सदासुख नाम के तीन व्यक्तियों का उल्लेख करके सदासुख राय नाम के व्यक्ति को उक्त ग्रन्थ का लेखक सिद्ध किया है। इनके सुरासुर निर्णय लेख को प्रामाणिक मानकर उसके एक अंश को उद्धृत किया जा रहा है– 'प्रसिद्ध योनि है। सुर देवता दैत्य संज्ञा है। जो कहिये असुर दैत्य है। इस बात में दूषण है। कंस दैत्य न था मनुष्य था आदि ...

उर्दू के प्रसिद्ध शायर इंशा अल्ला खाँ न हिन्दी गद्य के विकास में योगदान किया। इन्होंने 1800-1808 के बीच उदयभान चरित या रानी केतकी की कहानी लिखी थी। इंशा ने भाषा विषयक जो वक्तव्य दिया है वह उल्लेखनीय है– "एक दिन बैठे-बैठे यह बात अपने ध्यान में चढ़ी कि कोई कहानी ऐसी कहिये कि जिसमें हिन्दी की छूट और किसी बोली का पुट न मिले तब जाके मेरा जी फूल की कली की तरह खिले। बाहर की बोली और गँवारी कुछ उनके बीच में न हो... हिन्दवीपन भी न निकले और भाषापन भी न हो।" इंशा अल्ला खाँ ने अपने पूर्व के लेखकों से भिन्न धार्मिक विषय से अलग हटकर लौकिक शृंगार से सम्पन्न गत्यात्मक प्रेमाख्यान प्रस्तुत किया। बाहर की बोली अर्थात् फारसी के प्रभाव से खाँ की भाषा मुक्त है। कुछ वाक्यों की रचना तक ही इसका प्रभाव

दिखायी देता है। गँवारी अर्थात् देशी भाषाओं के मिश्रण से इन्होंने अपनी गद्यभाषा को मुक्त रखा। भाषापन अर्थात् संस्कृतनिष्ठता भी इसमें नहीं है। इनकी भाषा में चुहल है और गम्भीरता के बदले उछलकूद तथा कौतुक क्रीड़ा है। पंजाबी तथा पुरानी उर्दू की तरह भाषा में क्रिया का लिंग और वचन कर्त्ता के अनुसार रखा गया है। एक उदाहरण देखिये– "खचाखच कुंजनियाँ, रामजनियाँ, डोमनियाँ भरी हुई अपने-अपने करतबों में नाचती, गाती, बजाती, कूदती, फाँदती, धूम मचातियाँ, अंगड़ातियाँ, जम्हातियाँ, उँगलियाँ नचातियाँ और ढुली पड़तियाँ थीं।" ईसाई धर्म-प्रचारकों तथा अन्य धार्मिक संस्थानों ने भी खड़ीबोली गद्य के प्रचार-प्रसार में योगदान किया। ईसाई प्रचारक बाइबिल का हिन्दी रूपान्तर हिन्दी-भाषी जनता के मध्य वितरित करते थे। कलकत्ता के पास श्रीरामपुर में स्थापित डेनिश मिशन से सम्बद्ध केरे, मार्शमैन और वार्ड की भूमिका महत्त्वपूर्ण मानी जाती है। केरे महोदय ने उर्दू से भिन्न हिन्दी की प्रकृति को पहचानने की कोशिश की। आर्यसमाज तथा ब्रह्मसमाज में भी प्रचार की माध्यम भाषा हिन्दी थी। इसका परिणाम यह हुआ कि हिन्दी गुजरात, महाराष्ट्र, बंगाल, पंजाब आदि प्रान्तों में बिना किसी भेदभाव के प्रसरित हुई।

आरम्भिक खड़ीबोली की साहित्यिक परम्परा के दो बहुचर्चित लेखक हैं राजा शिवप्रसाद 'सितारे हिन्द' तथा राजा लक्ष्मण सिंह। शिवप्रसाद हिन्दी को उर्दू के समीप रखना चाहते थे। वे वस्तुतः इंशा की बोलचाल की भाषा के समर्थक थे। राजा साहब सरकारी अधिकारी थे इसीलिए उनकी भाषागत नीति सरकारी नीति की ओर उन्मुख होती चली गयी। कोर्ट-कचहरियों की भाषा के प्रति उनकी चिन्ता बढ़ती गयी। वे आम हिन्दुस्तानियों से यह अपेक्षा करते थे कि वे अदालती भाषा सीखें और उसी को आदर्श मानकर अपनी भाषा को विकसित करें। उन्होंने मदरसों में विद्यार्थियों को पठन-पाठन हेतु आलसियों का कोड़ा, राजा भोज का सपना, भूगोल हस्तामलक, इतिहास तिमिर नाशक, गुटका, हिन्दुस्तान के पुराने राजाओं का हाल, मानव धर्मसार, सिक्खों का उदय और अस्त आदि पुस्तकों की रचना की। भूगोल हस्तामलक की भूमिका में उन्होंने स्वीकार किया है कि फारसी शब्दों के जानने से लड़कों की बोलचाल सुधर जायेगी और उर्दू भी जो इस देश की मुख्य भाषा है सीखनी सुगम होगी। 'इतिहास तिमिर नाशक' की भाषा में उर्दूपन अधिक है। इसी से राजा साहब कुछ अधिक बदनाम हुए हैं। उनके द्वारा रचित प्रांजल तथा सुगठित गद्य लल्लूलाल की भाषा से आगे बढ़ने की सूचना देता है।

शिवप्रसाद की भाषा-नीति के विरोध में राजा लक्ष्मण सिंह ने गद्य के क्षेत्र में पदार्पण किया। ये भाषा को अरबी-फारसी के दबाव से मुक्त करने के लिए कटिबद्ध थे। संस्कृत शब्दों की ओर इनका झुकाव अधिक था। राजा लक्ष्मण सिंह ने स्पष्ट घोषणा की है कि 'हमारे मत में हिन्दी और उर्दू दो बोली न्यारी-न्यारी हैं। हिन्दी इस देश के हिन्दू बोलते हैं और उर्दू यहाँ के मुसलमानों तथा फारसी पढ़े हुए हिन्दुओं की बोलचाल है। हिन्दी में संस्कृत के पद बहुत आते हैं उर्दू में अरबी-फारसी के। परन्तु कुछ अवश्य नहीं कि अरबी-फारसी शब्दों के बिना हिन्दी न बोली जाय और न हम उस भाषा को हिन्दी कहते हैं जिसमें अरबी फारसी के शब्द भरे हों।" अपने इसी भाषिक आदर्श का ध्यान रखकर इन्होंने शकुन्तला और मेघदूत दो रचनाएँ प्रकाशित कीं।

भारतेन्दु हरिश्चन्द्र और उनका लेखक मण्डल– राजा शिवप्रसाद सितारे हिन्द तथा राजा लक्ष्मण सिंह के भाषिक विरोधों का सामंजस्य भारतेन्दु हरिश्चन्द्र और उनके मण्डल के लेखकों में मिलता है। पूर्ववर्तियों के भाषा प्रयोगों से लाभ उठाकर भारतेन्दु जी ने मध्यम मार्ग का अनुसरण किया।

उन्होंने लोक-प्रचलित उर्दू शब्दों को अपनाते हुए लोकोक्तियों तथा मुहावरों के प्रयोग से भाषा में नयी शक्ति पैदा की। लोक से शब्दों को ग्रहण करके इस युग के लेखक उनके संस्कार की सदैव आवश्यकता महसूस नहीं करते। उनका अनगढ़ तथा ठेठ प्रयोग करने में भी उन्हें हिचक नहीं होती। इंशा का विशुद्ध मनोरंजक व्यंग्य भारतेन्दु-युग की भाषा में सामाजिक तथा राजनीतिक यथार्थ के साक्षात्कार तथा सुधार का चुभता माध्यम बन गया।

भारतेन्दु-युग में खड़ीबोली सच्चे अर्थों में भलीभाँति साहित्य के गौरवमय पद पर आरूढ़ हो गयी। अब वह मुख्यतः अनुवाद की भाषा नहीं थी, बल्कि स्वतन्त्र विचार की भाषा थी। गद्य की नूतन विधाओं के शुभारम्भ के साथ वह नया तेवर लेकर पाठकों के समक्ष उपस्थित हुई। नाटक, कथा साहित्य, निबन्ध, आलोचना अनेक गद्य विधाओं में खड़ीबोली को अनेकशः विकसित और समृद्ध होने का अवसर प्राप्त हुआ।

भारतेन्दु के समय तक हिन्दी व्याकरण का कोई मानक रूप निर्धारित नहीं हो सका था, इसीलिए भाषा में कतिपय स्वच्छन्द तथा अशुद्ध प्रयोग उपलब्ध होते हैं। भाववाचक संज्ञा बनाते समय ये कभी-कभी दोहरे प्रत्ययों का संयोग कर देते हैं, जैसे-श्यामताई, सौन्दर्यता आदि। ढकौ, सुनै, करै आदि ब्रजभाषा के प्रयोग अवशिष्ट हैं।

"प्रतापनारायण मिश्र भारतेन्दु-मण्डल के ऐसे लेखक हैं जो भाषा की सहजता के चक्कर में मानक भाषा और जनभाषा के अन्तर को प्रायः भूल ही जाते हैं। उनकी भाषा की संरचना विविध स्तरीय पाठकों के आकर्षण के प्रयत्न का परिणाम है। उनमें एक ओर अंग्रेजी, अरबी-फारसी और संस्कृत के शब्द हैं तो दूसरी ओर ठेठ शब्द का भी ठाट है। इनकी भाषा है तो अगम्भीर किन्तु व्यंग्य इतना तल्ख कि पाठक का स्वाद ही बदल जाय। मिश्र जी की शैली भी बड़ी घुमावदार है। इनके निबन्धों में पाठक कहाँ-से-कहाँ पहुँच जायेगा कुछ पता नहीं। छोटे-छोटे विषयों पर मनोरंजक निबन्ध निर्मिति का श्रेय इनकी व्यग्यात्मक भाषा को ही है। भाषा और शैली में नागरिकता खोजनेवाले साहित्य-रसिकों को मिश्र जी से निराशा ही हाथ लगेगी, पर जो लोग उनकी निर्बन्धता को, उनके व्यंग्य और विनोद को उनकी बेतकल्लुफी को अकृत्रिम ढंग से व्यक्त देखना चाहेंगे उनको आशातीत प्रसन्नता होगी।"

भारतेन्दु-युग के दूसरे खड़ीबोली के उन्नायक लेखक हैं पण्डित बालकृष्ण भट्ट। ये मिश्र जी से कई माने में भिन्न थे। संस्कृत के पण्डित, अंग्रेजी के ज्ञाता तथा नागरिक संस्कारों से युक्त भट्ट जी का भाषा पर पूर्ण अधिकार था। भट्ट जी की भाषा पूर्णतया साहित्यिक है। उन्होंने अपने लेखन से सिद्ध कर दिया कि खड़ीबोली एक श्रेष्ठ साहित्यिक भाषा का तरह देशी-विदेशी शब्दों को पचाने में समर्थ है। शैली के आधार पर अनेक भाषा-रूपों का विवाद व्यर्थ है। एक ही निबन्ध में अनेक शैलियों का सामंजस्य बैठाकर इन्होंने भाषा के मतभेद को मिटाने का प्रयास किया।

भारतेन्दु-युग में खड़ीबोली पत्रकारिता की भी भाषा थी। इसीलिए इसकी बनावट में आम पाठक की चिन्ता अधिक है। साथ ही भाषा के प्रचार-प्रसार की परवाह अधिक है।

उन्नीसवीं शताब्दी के उत्तरार्द्ध में प्रचारात्मकता की मानसिकता थी। अतएव इस काल के लेखकों ने गद्य के क्षेत्र में अनेक तरह से प्रयोग किये हैं। बदरीनारायण चौधरी, श्रीनिवासदास, मुन्शी देवी प्रसाद, गोपाल राम गहमरी, गोविन्द नारायण मिश्र, देवकीनन्दन खत्री आदि लेखकों ने खड़ीबोली की समृद्धि में योगदान किया।

भारतेन्दु-युग में उत्पन्न नयी चेतना कविता की अपेक्षा गद्य साहित्य में अधिक मुखरित हुई है। भारतेन्दु-मण्डल में निबन्ध और नाटक दो प्रमुख गद्य-विधाएँ थीं जिनके द्वारा सामाजिक तथा राष्ट्रीय

सन्दर्भ को विविध रूपों में उद्घाटित किया गया है। आर्थिक व्यवस्था में बदलाव के परिणामस्वरूप व्यक्तिवाद का जो आविर्भाव हुआ उसकी सबसे पहले निबन्धों में ही अभिव्यक्ति हुई। नाटक तो सर्वाधिक जनतान्त्रिक विधा है ही, इसके द्वारा साधारण जनता के मानस में लेखक अपने विचारों को बड़ी आसानी से उतार सकता है। भारतेन्दु रचित नाटकों में प्राचीन और नवीन का सम्मिश्रण आसानी से लक्षित किया जा सकता है। नाटकों में पौराणिक, ऐतिहासिक तथा सामाजिक घटनाओं के माध्यम से राष्ट्रीय भावना को जगाना तथा कुरीतियों और बुराइयों से अवगत कराना इनका प्रमुख लक्ष्य है। उपन्यास विधा भी अपनी यथार्थवादी संरचना के कारण इस युग के लेखकों को आकृष्ट करती है। उपन्यास के प्रति सबसे पहले साधारण तथा अर्द्धशिक्षित लोग अधिक आकृष्ट हुए। इस काल के लेखकों ने मनोरंजन के साथ-साथ उपन्यासों के माध्यमों से सांस्कृतिक उन्नयन का भी प्रयत्न किया।

भारतेन्दु-युग में पाश्चात्य शिक्षा तथा साहित्य के प्रभाव से साहित्य की समीक्षा की शुरुआत हुई। कवियों के प्रति पूजाभाव की कमी आयी और कविता के गुण-दोष का विवेचन खुलकर किया जाने लगा।

इस तरह हम देखते हैं कि भारतेन्दु-युग में विविध गद्य विधाओं का आरम्भ ही नहीं पुष्ट विकास भी हुआ। पद्य की तुलना में गद्य का माध्यम वैचारिक क्रान्ति के संवहन में अधिक सक्षम होता है। भारतेन्दु-युग में आधुनिकता का द्वार गद्य के द्वारा ही उद्घाटित हुआ है।

भारतेन्दुयुगीन पत्रकारिता– भारतेन्दु-युग में नवीन चेतना का संवहन करने में पत्र-पत्रिकाओं की भूमिका अत्यन्त महत्त्वपूर्ण है। इस युग के अधिकांश साहित्यकार पत्रकार भी थे। इसीलिए उनका साहित्यिक सृजन पत्रकारिता से पर्याप्त प्रभावित है। पण्डित छोटूलाल मिश्र और पं. दुर्गाप्रसाद मिश्र के सम्पादकत्व में 18 मई, 1878 ई. को प्रकाशित समाचार-पत्र के पहली नवम्बर के अंक में लिखा है, "जिस देश और जिस समाज में उसी देश और समाज की भाषा में जब तक समाचार-पत्रों का प्रचार नहीं होता तब तक उस देश और समाज की उन्नति नहीं हो सकती। समाचार-पत्र राजा और प्रजा के बीच वकील है।" पत्र-पत्रिकाओं का प्रकाशन भारतेन्दु-युग से पहले ही शुरू हो गया था। हिन्दी का प्रथम पत्र 'उदन्त मार्तण्ड' का प्रकाशन 1826 में हुआ था। गार्सा-द-तासी के अनुसार 1870 ई. तक 198 हिन्दी-उर्दू की पत्र-पत्रिकाएँ प्रकाशित हो चुकी थीं। सन् 1852 में सदासुखलाल के सम्पादकत्व में आगरा से बुद्धि प्रकाश का प्रकाशन हुआ। इसकी भाषा अन्य पूर्व पत्रिकाओं की अपेक्षा अधिक पुष्ट और प्रवाहपूर्ण थी। हिन्दी पत्रकारिता में भरतेन्दु का प्रवेश क्रान्तिकारी कदम का सूचक है। अठारह वर्ष की युवावस्था में भारतेन्दु ने 'कविवचन सुधा' (1868 ई.) का सम्पादन किया। इससे पत्रकारिता में ही नहीं बल्कि जनता के सांस्कृतिक जीवन में एक बडा परिवर्तन घटित हुआ। बालमुकुन्द गुप्त का विचार है कि, "यद्यपि हिन्दी भाषा के प्रेमी उस समय बहुत कम थे तो भी हरिश्चन्द्र के ललित लेखों ने लोगों के जी में ऐसी जगह कर ली थी कि 'कविवचन सुधा' के हर नम्बर के लिए लोगो को टकटकी लगाये रहना पड़ता था" 'कविवचन सुधा' तथा 'हरिश्चन्द्र मैगजीन' 1873 का प्रकाशन तथा सफलता इतनी अधिक प्रेरणादायक थी कि हिन्दी में अनेक पत्र-पत्रिकाओं के प्रकाशन का जोरदार सिलसिला शुरू हो गया। भारतेन्दु ने 'हरिश्चन्द्र मैगजीन' के द्वारा भाषा के समन्वयकारी रूप तथा देवनागरी लिपि के पक्ष को सुदृढ़ बनाया। सन् 1877 ई. में बालकृष्ण भट्ट ने 'हिन्दी प्रदीप' का प्रकाशन किया। इस पत्र का हिन्दी भाषा और शैली के विकास में पर्याप्त योगदान है। हिन्दी प्रदेश से बाहर कलकत्ता से छोटूलाल के सम्पादन में 'भारत-मित्र' का प्रकाशन हुआ था। प्रतापनारायण मिश्र

के सम्पादकत्व में 1883 में 'ब्राह्मण पत्र' निकलना शुरू हुआ था। मिश्र जी ने इस पत्र के द्वारा हिन्दी-हिन्दू तथा हिन्दुस्तान का नारा बुलन्द किया। मिश्र जी ने इस पत्रिका में नागरी के समर्थन तथा फारसीनिष्ठ हिन्दी (उर्दू) के विरोध में खुलकर अपने विचार प्रस्तुत किये। संवत् 1938 (सन् 1881) में चौधरी प्रेमघन ने 'आनन्द कादम्बिनी' नाम से एक पत्रिका का प्रकाशन शुरू किया।

हिन्दी भाषा तथा नागरी लिपि के प्रचार-प्रसार का अद्भुत उत्साह इस काल में दिखायी देता है। इस युग में हिन्दी दीप्ति प्रकाश, बिहार बन्धु, बालाबोधिनी, मित्रविलास, सारसुधानिधि, उचितवक्ता, वैष्णवपत्रिका, भारतजीवन, हिन्दोस्थान आदि अनेक पत्रिकाएँ प्रकाशित होती थीं। भारतेन्दुयुगीन पत्र-पत्रिकाओं का हिन्दी भाषा के प्रचार-प्रसार में उल्लेखनीय योगदान है। सामान्य जनता तक अपने विचारों को पहुँचाने की चिन्ता का परिणाम था कि इनकी भाषा तथा शैली में पाठकों के साथ एक गहरी आत्मीयता का भाव मिलता है। ये हिन्दी को सभी वर्गों में लोकप्रिय बनाना चाहते थे इसीलिए सभी वर्गों के बीच प्रचलित भाषा-रूपों को अपनाने में इन्हें हिचक नहीं होती। इन्होंने ठेठ शब्दों का प्रयोग करके ग्रामीण भाषा को महत्त्व दिया तथा फारसी-अंग्रेजी शब्दों का प्रयोग करके तत्कालीन शिक्षितों की भाषा को प्रतिनिधित्व दिया। भाषा का द्वार देशी और विदेशी भाषाओं की ओर खुला छोड़कर इन्होंने बड़ी सावधानी से उचित तत्त्वों को समाविष्ट करके हिन्दी भाषा की साहित्यिक क्षमता को समृद्ध किया। हास्य-व्यंग्य इन पत्रिकाओं की प्रमुख विशेषता थी। इसमें ज्ञान, विज्ञान, दर्शन, साहित्य, कला-कौशल, राजनीति, अर्थव्यवस्था, इतिहास, आदि सभी विषयों को सम्मिलित किया गया। समाज में व्याप्त अनेक बुराइयों के निराकरण तथा नारी-मुक्ति की दिशा में भी इन पत्रों में प्रकाशित लेखों का अच्छा प्रभाव पड़ा। देश-विदेश में घटित अनेक समाचारों से जनता को अवगत कराके इन पत्रिकाओं में नयी चेतना की जागृति में उल्लेखनीय योगदान किया। इस युग में कुछ पत्रिकाएँ ऐसी थीं जिनका उद्देश्य था भारतीय नारियों में भारतीय आदर्श की रक्षा करते हुए आधुनिक प्रगति में उनकी साझेदारी की भूमिका का उद्घाटित करना। 'वनिता-हितैषी', 'सुगृहिणी' तथा 'भारत भगिनी' ऐसी ही पत्रिकाएँ थीं। कुछ पत्रिकाओं में जनशिक्षा तथा छात्रोपयोगी विषयों का समावेश प्रमुख रूप से किया गया। 'बुद्धि प्रकाश' में शिक्षाप्रद विषयों को तथा 'काशी पत्रिका' में छात्रोपयोगी विषयों को विशेष महत्त्व दिया जाता था।

इस युग में धर्म तथा जाति सम्बन्धी पत्रिकाएँ भी प्रकाशित हुईं। 'वैष्णव पत्रिका', 'पीयूष प्रवाह', ज्ञानप्रदायिनी पत्रिका, धर्मदिवाकर, आर्यावर्त्त आदि पत्रिकाओं में धर्म का स्वर विशेष रूप से मुखरित था। जातीय पत्रिकाओं में 'कायस्थ', कान्यकुब्ज प्रकाश, माहेश्वरी वैश्य, हितकारी जैन गजट आदि उल्लेखनीय हैं।

प्रमुख रचनाकार

भारतेन्दु हरिश्चन्द्र— कवि, पत्रकार, निबन्धकार, नाटककार आदि बहुमुखी प्रतिभा से सम्पन्न भारतेन्दु हरिश्चन्द्र आधुनिक हिन्दी साहित्य के प्रवर्तक माने जाते हैं। भारतेन्दु का जन्म सन् 1850 ई. में कवि गोपालचन्द्र के यहाँ काशी में हुआ था। अत्यन्त अल्प अवस्था में ही 1885 ई. में इनका देहान्त हो गया। इन्होंने 35 वर्ष में हिन्दी साहित्य को इतना कुछ दिया कि उसे सामान्यतया सौ वर्ष जीनेवाला साधारण रचनाकार नहीं दे सकता। भारतेन्दु में बाल्यावस्था से ही काव्यसृजन की प्रतिभा प्रस्फुटित होने लगी थी। यही कारण है कि उन्होंने अल्पकाल में ही सत्तर काव्यग्रन्थों की रचना कर दी। इनमें प्रेममालिका, गीतगोविन्द, विनय प्रेम पचासा, वेणुगीत विशिष्ट हैं। 'भारतेन्दु ग्रन्थावली'

में इधर उनकी समस्त रचनाओं को संकलित करके प्रकाशित किया गया है। भारतेन्दु ने प्राचीन काव्य-परम्परा के माधुर्य, लालित्य तथा सरसता को सुरक्षित रखते हुए कविता को जिन्दगी के ऊबड़-खाबड़ धरातल पर संचरित करने की शक्ति प्रदान की। भारतेन्दु पूर्ण संस्कारी रचनाकार थे। पश्चिमी सभ्यता की टक्कर से भारतीय सभ्यता ऐसे ही कई क्षेत्रों में टूट रही थी, उसे बचाने के दायित्व का भारतेन्दु जैसे संस्कारी व्यक्तियों ने अनुभव किया। उन्होंने परम्परा के मोह में नये की उपेक्षा नहीं की। उनमें परम्परा को पूर्णतया नकार कर नये को स्थापित करने की बेचैनी नहीं थी बल्कि प्राचीनता की पृष्ठभूमि पर धीरे-धीरे नये को प्रतिष्ठित करने की ललक थी। उनकी काव्यदृष्टि उदारतावादी थी इसीलिए उसमें परम्परावादी तथा प्रगतिवादी दोनों को तृप्ति मिलती है। उनकी कविता में प्रतिक्रियावादी पागलपन नहीं है। उन्होंने बेधड़क अच्छे को अच्छा और बुरे को बुरा कहा। नये विषयों के समावेश, नये काव्य-रूपों के अन्तर्भाव, अभिव्यंजना कौशल, भावों की मार्मिक अभिव्यक्ति, विरोधी तत्त्वों को शामिल करने की उदारता, और हास्य-व्यंग्य आदि ऐसे तत्त्व हैं जिनसे भारतेन्दु की रचनाएँ मूल्यवान् हो जाती हैं। वे एक ओर भक्ति और शृंगार के भाव में डूबकर रसावगाहन करते हैं तो दूसरी ओर भारतीयों की दीन दशा पर विचलित होकर आँसू बहाते हैं। एक ओर जनकल्याण हेतु किये गये किसी कार्य के प्रति अंग्रेजी सरकार के प्रति कृतज्ञता ज्ञापित करते हैं तो दूसरी ओर उनकी शोषण नीति का पर्दाफाश करते हैं। राष्ट्रीय जागरण के क्षेत्र में विविध आन्दोलनों के साथ साहित्यिक आन्दोलन की अगुआई करके भारतेन्दु ने हिन्दी को सही अर्थ में राष्ट्रीय भाषा बनाने का उपक्रम किया। *'निजभाषा उन्नति अहै सब उन्नति कौ मूल'* का नारा देकर भारतेन्दु ने नवजागरण के मूलमन्त्र को प्रचारित किया।

भारतेन्दु ने अपने सम्पादन-कौशल से पत्रकारिता की कला में नूतन आयाम जोड़ा। इन्होंने 'कविवचन सुधा', 'हरिश्चन्द्र मैगजीन', 'हरिश्चन्द्र चन्द्रिका' आदि पत्रिकाओं का प्रकाशन करके साहित्य के सन्देश को जन-जीवन तक पहुँचाया। भारतेन्दु ने अपनी पत्रिकाओं में साहित्येतर विषयों तथा समस्याओं पर विचार किया। शिक्षा, व्यवसाय, पारस्परिक विग्रह, अकाल, महामारी, परतन्त्रता की पीड़ा, उद्योग आदि अनेक समस्याओं पर उन्होंने खुलकर विचार व्यक्त किये। भारतेन्दु ने स्वदेशी भावना को पुष्ट करने के लिए अनेक अपीलें भी प्रकाशित कीं। वे सच कहने या लिखने के अपराध में दण्डित लोगों की प्रशंसा करके उन्हें सत्य मार्ग पर अटल रहने का प्रोत्साहन देते रहे। व्यापक पाठक समुदाय तैयार करने के उपक्रम में भारतेन्दु ने समाज के सभी वर्गों के वैचारिक तथा भाषिक स्तर को ध्यान में रखा। इन्होंने हिन्दी गद्य के पठन-पाठन की आदत विकसित की।

भारतेन्दु ने पत्रकारिता के साथ ही निबन्ध-कला को विकसित तथा पुष्ट किया। भारतेन्दु ने विविध विषयों पर निबन्ध लिखकर हिन्दी गद्य की इस विधा को स्वयं तो सशक्त बनाया साथ ही अन्य लेखकों के लिए मार्ग-दर्शन भी किया। भारतेन्दु जी अपने निबन्धों के द्वारा हृदय की जिन्दादिली ही नहीं पैदा करते बल्कि मस्तिष्क में सोच भी जगाते हैं। निबन्धों पर लेखक की जिन्दादिली और राष्ट्रीय एवं सांस्कृतिक प्रेम की स्पष्ट छाप देखी जा सकती है। निबन्धों पर लेखक की जिन्दादिली और राष्ट्रीय एवं सांस्कृतिक प्रेम की स्पष्ट छाप देखी जा सकती है। रामविलास शर्मा का विचार है, कि, "हिन्दी में श्लेष पैदा करने की खूबी से यहाँ भरपूर फायदा उठाया गया है। पाठक से बातचीत करने की-सी सरलता और मित्रता का भाव इनमें झलकता है। साथ ही गम्भीर मुद्रावालों के लिए 'हरीचन्द नगद दमाद अभिमानी के' वाली चुनौती भी शब्दों की ओट से दिखायी दे जाती है। कल्पना

को यहाँ मुक्त आकाश में पंख फैलाने की सुविधा है, भाषा, रस और अलंकार लेखक के पीछे हाथ बाँधे चलते हैं।"

भारतेन्दु श्रेष्ठ नाटककार तथा अभिनेता दोनों थे। इन्होंने कुल सत्तरह (मौलिक तथा अनूदित) नाटकों की रचना करके हिन्दी के नाट्य-साहित्य की रिक्तता की पूर्ति की। पौराणिक, ऐतिहासिक, राजनीतिक तथा सामाजिक कथानकों के आधार पर नाटकों की सृष्टि करके नाट्य साहित्य की अनेक सम्भावनाओं का द्वार उद्घाटित किया। 'चन्द्रावली', 'सतीप्रताप' का कथानक पौराणिक है, 'नीलदेवी का ऐतिहासिक', 'भारत-दुर्दशा' तथा 'भारत जननी' राजनीतिक कथानक के आधार पर रचे गये हैं। अन्धेर नगरी, वैदिकी हिंसा हिंसा न भवति, विषस्य विषमौषधम्, प्रेमयोगिनी आदि प्रहसनों में विभिन्न सामाजिक, ऐतिहासिक या पौराणिक सन्दर्भों को कच्चे माल के रूप में प्रयुक्त किया गया है। अनूदित नाटकों में रत्नावली, पाखण्डविडम्बन, धनंजय विजय, मुद्राराक्षस, कपूर मंजरी (सभी संस्कृत से), दुर्लभ बन्धु (अंग्रेजी से) रूपान्तरित किये गये हैं।

भारतेन्दु श्रेष्ठ नाटककार ही नहीं श्रेष्ठ नाट्य चिन्तक भी हैं। इन्होंने अपने विचारों को 'नाटक' शीर्षक पुस्तक में लिपिबद्ध किया है। अनेक देशी-विदेशी ग्रन्थों का अध्ययन करके प्राचीन और नवीन नाट्य-कलाओं का सम्मिश्रण करके भारतेन्दु ने नाटक सम्बन्धी विचार को प्रतिपादित किया। समयानुसार परिवर्तन की आवश्यकता पर बल देते हुए भारतेन्दु ने लिखा है कि, "जिस समय में जैसे सहृदय जन्म ग्रहण करें और देशीय रीति-नीति का प्रवाह जिस रूप से चलता रहे, उस समय में उक्त सहृदयगण के अन्तःकरण की वृत्ति और सामाजिक रीति-पद्धति इन दोनों विषयों की समीचीन समालोचना करके नाटकादि दृश्यकाव्य प्रणयन करना योग्य है, भारतेन्दु ने इसी दृष्टि से नाट्य-विषय का विस्तार किया और नाटक को राष्ट्रीय उत्थान तथा सामाजिक संस्कार का माध्यम बनाया।

भारतेन्दु ने हिन्दी रंगमंच के विकास में डटकर सहयोग किया। वेश, वाणी, अभिनय के स्वरूप, पात्रों के आने और जाने की विधि, वाद्य यन्त्रों के प्रयोग, पद्य और गीत के स्वाभाविक व्यवहार आदि पर गम्भीरता से विचार करके भारतेन्दु ने आदर्श रंगमंच की स्थापना की। इस तरह भारतेन्दु ने नाटक और रंगमंच का अभिन्न रिश्ता जोड़ने का सफल उपक्रम किया।

बालकृष्ण भट्ट (सन् 1845-1915 ई.)— भारतेन्दु-मण्डल के लेखकों में बालकृष्ण भट्ट का उल्लेखनीय स्थान है। देश-भक्ति और राजभक्ति की दोहरी मानसिकता के विरुद्ध विशुद्ध राष्ट्रभक्ति का नारा बुलन्द करनेवाले भट्ट जी का व्यंग्यपूर्ण कथन ध्यान देने योग्य है, 'हमारा कथन है कि राजभक्ति और प्रजा का हित दोनों का साथ कैसे निभ सकता है? जैसे हँसना और गाल का फुलाना, बहुरी चबाना और शहनाई का बजाना एक संग नहीं हो सकता ऐसा ही यह भी असम्भव और दुघट है।" ये अंग्रेजों की प्रकृति और नीयत को अच्छी तरह से पहचानते थे और अंग्रेजों के समर्थक को देश का कट्टर शत्रु मानते थे।

भट्ट जी मुख्यतः गद्यकार हैं। इनकी प्रतिभा का निदर्शन निबन्ध, उपन्यास, नाटक, आलोचना आदि गद्य विधाओं में हुआ है। भट्ट जी ने नाक-कान, आँख, बातचीत आदि छोटे-छोटे विषयों से लेकर शब्द की आकर्षक शक्ति, साहित्य जन समूह का विकास है, आत्मनिर्भरता, कल्पना आदि गम्भीर विषयों पर सफलतापूर्वक लेखनी चलायी। भट्ट जी ने मनोवैज्ञानिक तथा विश्लेषणात्मक निबन्धों की शुरुआत की। भय और समुचितादर, दृढ़ता, आत्मनिर्भरता, प्रीति आदि निबन्ध इसी कोटि के हैं। ललित निबन्धों का सूत्रपात भी भट्ट जी के द्वारा ही किया गया। गद्य में कवित्व का आस्वादन पैदा करनेवाला इनका प्रसिद्ध निबन्ध 'चन्द्रोदय' है।

भट्ट जी का भाषा पर जबरदस्त अधिकार था। उनका भाषिक आदर्श भारतेन्दु की तरह समन्वयवादी नहीं था। वे संस्कृत के पण्डित होते हुए भी फारसी मिश्रित भाषा से कोई परहेज नहीं रखते। अर्थ की स्पष्टता के लिए अंग्रेजी शब्दों को प्रस्तुत करने में उन्हें कोई हिचक नहीं होती। उनके एक ही निबन्ध में राजा लक्ष्मणसिंहवाली भाषिक पद्धति संस्कृतनिष्ठता तथा शिवप्रसाद सितारेहिन्दवाली फारसीनिष्ठता देखी जा सकती है। भट्ट जी के निबन्धों में उनके व्यक्तित्व की स्पष्ट छाप मिलती है।

सामाजिक सुधार की भावना से प्रेरित होकर भट्ट जी ने 'नूतन ब्रह्मचारी' और 'सौ अजान एक सुजान' नाम से दो उपन्यास लिखे। इन उपन्यासों में उपदेशात्मकता की प्रवृत्ति दिखायी देती है। भट्ट जी अपने युग के मान्य नाटककार थे। इनके द्वारा लिखे गये कुल बीस नाटकों का उल्लेख मिलता है जिनमें प्रमुख हैं– चन्द्रसेन, दमयन्ती स्वयंवर, पृथु चरित्र, बृहन्नला, वेणुसंहार, आचार-विडम्बन, जैसा काम वैसा परिणाम, नयी रोशनी का विष। भट्ट जी ने अपने सामाजिक नाटकों के माध्यम से यथार्थ जीवन के चित्रण तथा घरेलू वातावरण के सृजन में सफलता प्राप्त की है।

अपनी समसामयिक समस्याओं के प्रति सचेत भट्ट जी ने समकालीन सन्दर्भ में साहित्य को जाँचने तथा परखने की कोशिश की। 'संयोगिता स्वयंवर' नाटक की कथानक, चरित्र-चित्रण, कथोपकथन, देशकाल, उद्देश्य आदि दृष्टियों से आलोचना करके भट्ट जी ने साहित्य के प्रति अपने नवीन दृष्टिकोण का परिचय दिया है।

भट्ट जी ने पत्रकारिता के क्षेत्र में भी अपना स्थान बनाया है। अनेक कठिनाइयों का मुकाबला करते हुए इन्होंने 'हिन्दी प्रदीप' नामक पत्र का सम्पादन तैतींस वर्षों तक किया।

प्रतापनारायण मिश्र (सन् 1856 -1894 ई.)– भारतेन्दु-मण्डल के चर्चित लेखक तथा कवि मिश्र जी को भी साहित्य के क्षेत्र में उतरने का प्रोत्साहन भारतेन्दु के द्वारा मिला। मिश्र जी अपनी फक्कड़ाना प्रकृति तथा चुभते व्यंग्य के कारण पाठकों का ध्यान अपनी ओर आकृष्ट करते है। मिश्र जी का काव्यजगत् भारतेन्दु की तरह ही विस्तृत है किन्तु इनकी वृत्ति देश की दीन दशा तथा सामाजिक समस्याओं में अधिक रमी है। प्रेमपुष्पावती, मन की लहर, लोकोक्ति शतक, शृंगार विलास आदि इनकी उल्लेखनीय काव्य-कृतियाँ हैं। काव्य-कृतियों में प्रेम की भावना का चित्रण मुख्य रूप से किया गया है। इनके प्रेम चित्रण पर उर्दू कविता का प्रभाव परिलक्षित होता है। इनका कहना है–

दीदारी दुनियादारी सब नाहक का बखेड़ा है।
सिवा इश्क के, जहाँ जो कुछ है निरा बखेड़ा है।

भारतेन्दुयुगीन कविता की सभी प्रवृत्तियों का दर्शन मिश्र जी की कविता में किया जा सकता है। मिश्र जी का हास्य-व्यंग्य उनके नाटकों में भी व्याप्त मिलता है। उनके प्रायः सभी नाटक प्रहसन ही हैं जिनमें एकांकी के तत्त्व भी कुछ मात्रा में निहित हैं। संगीत शाकुन्तल, भारत दुर्दशा, कलिकौतुक, जुआई-खुआरी इनके प्रसिद्ध नाटक हैं। मिश्र जी ने अपने नाटकं में भारतेन्दु की प्रहसनकला, हास-परिहास तथा यथार्थ दृष्टि को विकसित किया है। लोकनाट्य शैली के माध्यम से इन्होंने समाज की विकृतियों को जनसाधारण के लिए प्रत्यक्ष किया है।

प्रतापनारायण मिश्र भारतेन्दु-युग के एक समर्थ निबन्धकार थे। भट्ट जी की तरह ये नागर साहित्य-सृजन की ओर उन्मुख न रहकर जन-समुदाय के बीच अपने भावों और विचारों को पहुँचाने का प्रयत्न कर रहे थे। जनसाधारण से जुड़ने की चेष्टा का ही परिणाम था कि इनकी भाषा-शैली में ग्राम्य भाषा के तत्त्व पर्याप्त मात्रा में प्रविष्ट हो गये। अपने फक्कड़ और स्वच्छन्द मिजाज के कारण

इन्होंने ग्रामीणता तथा अशिष्टता की भी परवाह नहीं की। मुहावरों के बल पर भाषा का एक अनोखा रूप ये अपने निबन्धों में प्रस्तुत करते हैं।

पण्डित बदरीनारायण चौधरी 'प्रेमघन'(सन् 1855-1894 ई.)—मिर्जापुर जनपद में जन्मे प्रेमघन भारतेन्दु-युग के महत्त्वपूर्ण कवि और लेखक हैं। 'प्रेमघन सर्वस्व' में इनकी अनेक काव्यकृतियों के साथ जीर्ण जनपद, आनन्द अरुणोदय, हार्दिक हर्षादर्श , मयंक महिमा आदि रचनाएँ संगृहीत हैं। समसामयिक संवेदनाएँ प्रेमघन की कविताओं में प्रमुख रूप से उभरती हैं। इनके लेख 'आनन्द कादम्बिनी' तथा 'नागरी नीरद' में प्रकाशित होते थे। इन्होंने अपने लेखों में अंग्रेजी राज्य के शोषण और कूटनीति का पर्दाफाश किया है। प्रेमघन की गद्यशैली में आनुप्रासंगिकता और कृत्रिमता है। इनकी वाक्य-रचना आवश्यकता से अधिक लम्बी है। किन्तु भाषा के गुरु-गम्भीर बनाने का इनका प्रयत्न कुछ दोषों के बावजूद सराहनीय है।

प्रेमघन के अनेक नाटकों तथा प्रहसनों की रचना की है। भारत सौभाग्य और प्रयाग - रामागमन इनके उल्लेखनीय नाटक हैं। 'आनन्द-कादम्बिनी' में इनके चौदह प्रहसन प्रकाशित हुए थे जिनमें मुख्यतः राजनीतिक और सामाजिक जीवन पर व्यंग्य किया गया है, आधुनिक हिन्दी आलोचना के आरम्भकर्त्ताओं में प्रेमघन की भी गणना की जाती है। इन्होंने 'संयोगिता स्वयंवर' नाटक की रस और सन्धि की दृष्टि से आलोचना की।

जगमोहन सिंह (सन् 1857-1899 ई)—ये भारतेन्दु-युग के प्रमुख कवि, निबन्धकार, उपन्यासकार तथा नाटककार हैं। इनकी कविताओं में प्रकृति की सहज छवि तथा शृंगार का भाव-सौन्दर्य निखर पड़ा है। इनकी कविता में भाव की सूक्ष्म व्यंजना तथा चित्रात्मकता मिलती है। रीतिमुक्त घनानन्द की परम्परा का उत्तम निर्वाह इनकी कविता में हुआ है। इन्होंने अपने निबन्धों में लालित्य पर विशेष बल दिया है । इसीलिए गद्य में काव्यतत्त्व तथा अलंकारिकतता का समावेश हुआ है। इनकी प्रवृत्ति तत्सम शब्दों की ओर अधिक है। प्रेम की महत्ता को प्रतिपादित करनेवाला इनका उपन्यास 'श्यामा स्वप्न' (1885) अन्तर्जातीय विवाह की सम्भावनाओं को उभारता है।

अम्बिकादत्त व्यास (सन्1858-1900 ई.)— ये ब्रजभाषा के सिद्धकवि थे। काशी के समस्यापूर्ति करनेवाले कवियों में इनकी बड़ी धाक थी। इन्होंने बिहारी के दोहों को कुण्डलियों में रूपान्तरित किया था। पावस पचासा, सुकवि सतसई इनकी प्रसिद्ध रचनाएँ हैं। इन्होंने कंसवध नामक प्रबन्ध काव्य की रचना खड़ीबोली में की है । इसका तीन ही सर्ग लिखा जा सका है।

व्यास जी की निबन्ध-शैली पर आर्यसमाज की प्रचारात्मकता का असर अधिक है। इनमें पण्डिताऊपन भी अधिक है। भारतेन्दु के प्रभाव से व्यास जी ने ललिता, भारत सौभाग्य, गोसंकट आदि नाटक लिखे।

द्विवेदी-युग (जागरण-सुधारकाल)

आधुनिक साहित्य विशेष रूप से कविता का द्वितीय उत्थान महावीरप्रसाद द्विवेदी के नेतृत्व में गतिशील हुआ, इसीलिए इसका नामकरण द्विवेदी-युग किया गया है। इस युग में राजनीतिक और सामाजिक नवजागरण का प्रभाव और भी गहन तथा व्यापक हो गया था। राष्ट्रीय संचेतना तथा सांस्कृतिक गरिमा के पूर्ण एहसास ने साहित्य को नयी दिशा की ओर उन्मुख किया, इसी कारण से इस युग के लिए जागरण-सुधारकाल नाम भी प्रस्तावित किया गया है। चूँकि इस युग में आगे विकसित होनेवाले छायावादी काव्यान्दोलन जिसे कुछ विद्वानों ने स्वच्छन्दतावाद कहा है की प्रवृत्तियों का सूत्रपात

हो गया है अतएव इस युग के लिए पूर्व-स्वच्छन्दतावाद काल, नाम का इस्तेमाल उचित माना गया है। इस युग की पूर्वापर कालसीमा 1900-1918 ई. तक मानी गयी है। इस युग को आचार्य रामचन्द्र शुक्ल ने 'हिन्दी काव्य की नयी धारा' की संज्ञा दी है। इसका तात्पर्य यह है कि काव्य की यह नयी धारा उन्हें काव्यवस्तु, अनुभूति, अभिव्यक्ति तथा भाषा की दृष्टि से प्राचीन परम्परा से भिन्न प्रतीत हुई थी। यद्यपि आगे विकसित होनेवाले छायावादी काव्य की तुलना में आलोचकों ने इस युग की कविता की कतिपय न्यूनताओं तथा सीमाओं को सयत्न उद्घाटित किया है किन्तु उससे द्विवेदी-युग का महत्त्व कम नहीं हो जाता। वास्तव में राजनीतिक-सामाजिक सन्दर्भ में द्विवेदीयुगीन काव्य का अपना ऐतिहासिक महत्त्व है। एक ओर इस युग के काव्य में समकालीन संवेदना की ठेठ अभिव्यक्ति हुई है तो दूसरी ओर आगे क्रिया-प्रतिक्रिया में उत्पन्न एवं विकसित होनेवाले अनेक काव्यान्दोलनों का सशक्त आधार भी इसी युग में निर्मित हो जाता है। क्रिया-प्रतिक्रिया के रूप में साहित्य के विकास को निर्दिष्ट करनेवाले आलोचकों की निगाह में द्विवेदी-युग भी भारतेन्दु-युग की प्रतिक्रिया का परिणाम है। यह प्रतिक्रिया सामान्य अर्थवत्ता, शिल्पगत संकीर्णता और ब्रजभाषा की परम्परागत परिपाटी के विरोध में दिखायी देती है। वस्तुस्थिति इससे किंचित् भिन्न है क्योंकि द्विवेदी-युग प्राचीन शैली का विरोध करते हुए भी प्राचीनता से पूर्णतया संसक्त है। अतीत संस्कृति के तत्त्वों को युगानुकूल पुनर्सृजित करने का दृढ़ संकल्प इस युग में व्याप्त रहता है। द्विवेदी-युग को भारतेन्दु-युग का पूरक और संस्कारकर्त्ता माना जा सकता है। नवजागरण को कविता के माध्यम से पूरी तरह से उजागर करने का दायित्व-निर्वाह इस युग के कवियों द्वारा किया गया है।

राष्ट्रीयता— द्विवेदीयुगीन राष्ट्रीयता की अवधारणा भारतेन्दु-युग से भिन्न है। इसमें राजभक्ति की भावना का मिश्रण नहीं है। इस युग तक भारतीयों ने अंग्रेजों की नीयत अच्छी तरह से पहचान ली थी। उनके द्वारा किये गये सार्वजनिक हित के कार्य के पीछे भारत में स्थायी रूप से अपने उपनिवेश की स्थापना तथा विकास की कृतज्ञता से लादकर भारतीयों को अनन्तकाल तक गुलाम बनाये रखने की उनकी दुर्भावना को यहाँ के जागरूक राष्ट्रभक्तों ने अच्छी तरह से समझ लिया था। हिन्दी, हिन्दू, हिन्दुस्तान का नारा देनेवाले भारतीयों को इस तथ्य को समझने में देर नहीं लगी कि इस देश का हर निवासी वह चाहे जिस धर्म से जुड़ा हो उसको पूरी तरह से साथ लिये बिना स्वतन्त्रता की प्राप्ति कदापि सम्भव नहीं होगी। मुसलमान भी अब शासकों की बिरादरी का नहीं है कि उस पर शक किया जाय, बल्कि वह भी हिन्दुओं की तरह अंग्रेजों का गुलाम है। इस समझ से 'भारतीयता' का वास्तविक प्रत्यय उभरकर सामने आया। यह प्रत्यय सांस्कृतिक बोध का अभिन्न हिस्सा बन गया। इन सबका यह परिणाम हुआ कि निश्चित साँचे में ढला हुआ धर्म आडम्बर की चहारदीवारी को तोड़कर राष्ट्रधर्म में परिणत हो गया। भारतीय आदर्शवादी प्रत्ययों तथा सांस्कृतिक मूल्यों के प्रति गहरी बौद्धिक संसक्ति द्विवेदीयुगीन कविता में कई रूपों में व्यक्त हुई है।

इस युग में चलनेवाले स्वदेशी आन्दोलन तथा स्वतन्त्रता-आन्दोलन से भारतीयों में सह-अस्तित्व की भावना तो जगी ही विदेशीपन के परित्याग की चेतना भी जागृत हुई। यह स्वदेशीपन भारतेन्दु-युग की तरह खान-पान, वेश-भूषा तथा भाषा तक ही सीमित नहीं रहा बल्कि सांस्कृतिक अस्तित्व के संरक्षण तक व्याप्त हो गया।

विदेशी शासन की पराधीनता से उत्पन्न विषम एवं पीड़ाजनक स्थितियों से इन कवियों का हृदय विगलित हो जाता था। राष्ट्रीय संवेदना के परिणामस्वरूप इनमें पराधीनता से मुक्ति का भाव सूत्र

उजागर हुआ तथा राजनीतिक एवं प्रगतिवादी स्वर भी मुखरित हुआ। इस युग के कवियों की राजनीतिक चेतना की अभिव्यक्ति अनेक रूपों में हुई है, कहीं ये नयी शिक्षा-पद्धति तथा ज्ञान-विज्ञान का स्वागत करते दिखायी देते हैं, कहीं भारतीयों के विदेशगमन और विदेशियों के भारत आगमन के औचित्य पर विचार करते हैं और कहीं विदेशी शासकों द्वारा देश के आर्थिक शोषण पर दुःख प्रकट करते हैं। वे देश की वर्तमान अधोगति और पिछड़ेपन के कारणों की समीक्षा करते-करते आत्म समीक्षा में जुट जाते हैं। देश को हीनावस्था से मुक्त न करानेवाले भारतीयों की भर्त्सना करने से भी वे नहीं चूकते। रामचरित उपाध्याय की हर कविता इसी भाव को प्रस्तुत करती है—

ज्ञान से मान से शक्ति से हीन हो,
धन से ध्यान से भक्ति से हीन हो।
आलसी भी महामूढ़ अति प्राचीन हो,
सोचो देखो सभी से आज तुम्हीं दीन हो।

नाथूराम प्रेमी ने अपनी एक कविता में तत्कालीन राजनीतिक स्थिति का इतिवृत्तात्मक अंकन किया है—

नौकरों की शाही सभ्यता का गला काटती है,
गाँधी के संघाती अँखियन में खटकत हैं।
भारत को लूट कूचनीति को उजाड़ रही,
न्याय के भिखारी ठौर-ठौर भटकत हैं।
जेलों में स्वदेशभक्त हिंसाहीन सज्जनों को,
पेट पाल पातकी पिशाच पटकत हैं।
कौन को पुकारें अब शंकर बचा लो हमें,
गोरे और गोरों को गुलाम अटकत हैं।

वर्तमान दुरवस्था से व्यथित मन को अतीत की गरिमा का स्मरण नयी शक्ति देता था। ये कवि करुणा विगलित स्वर में भगवान् से प्रार्थना करके सन्तुष्ट नहीं हो जाते हैं, इनमें प्राचीनता के स्मरण से ऐसी निराशा नहीं फूटती कि गंगा-यमुना से मथुरा-काशी को मग्न कर लेने का निवेदन करें। वीरों की भूमि चित्तौड़ को देखकर इनमें मायूसी नहीं छा जाती बल्कि चित्त में बिजली की कौंध हो जाती है—

आज भी चित्तौर का सुन नाम कुछ जादू भरा।
चमक जाती चंचला सी चित्त में करके त्वरा॥

मैथिलीशरण गुप्त की 'भारत भारती' में तत्कालीन राष्ट्रीय चेतना, वर्तमान की हीन अवस्था तथा अतीत के गौरव का चित्रण करनेवाली विख्यात रचना है। डॉ. बच्चन सिंह का कथन है कि 'भारत भारती' तो उस समय की राष्ट्रीय भावना का सिसिमोग्राम है। इसे लिखने की प्रेरणा उन्हें 'मुसद्दसे-हाली' और कैफी के भारतदर्पण से मिली। पहली में मुसलमानों के सांस्कृतिक जागरण की अभिव्यक्ति की गयी है और दूसरी में हिन्दुओं के सांस्कृतिक उत्थान की।" इस तरह की कविताओं से नवयुवकों को पर्याप्त प्रेरणा मिली और जनता में प्रबल जागृति पैदा हुई। फलतः उनमें पराधीनता की बेड़ी तोड़ने के लिए एक अजीब-सी बेचैनी पैदा हुई। राष्ट्रीयता की भावना का ही प्रबल दबाव था जिसके कारण राम-कृष्ण जैसे पौराणिक चरित्रों में भी देश-प्रेम की भावना को विशेष रूप से अंकित

किया गया। कहीं-कहीं तो कथा की सीमा से बाहर जाकर भी वैयक्तिक प्रेम को राष्ट्रीय प्रेम में परिणत कर दिया गया है। 'प्रिय प्रवास' की राधा जब कृष्ण के प्रति यह कथन करती हैं कि *'प्यारे जीवें जगहित करें, गेह चाहे न आवें'* यही नहीं दैवी चरितों को मानवतावादी भावना से संयुक्त करके उन्हें इहलोक का उद्धारकर्त्ता बताया गया है। भगवान् का दर्शन विलास और वैभव की भूमि में न होकर दीन-दुखियों की कुटिया में होगा ऐसा द्विवेदी-युग के कवियों का विश्वास है। रामनरेश त्रिपाठी की कविता की कुछ पंक्तियाँ हैं—

मैं ढूँढ़ता तुझे था जब कुंज और वन में
तू खोजता मुझे था तब दीन के वतन में
तू आह बन किसी की मुझको पुकारता था,
मैं था तुझे बुलाता संगीत में भजन में ॥

नयी धार्मिकता—ईश्वर के प्रति इस नये दृष्टिकोण की अभिव्यक्ति में धर्म का एक नया स्वरूप निखरकर सामने आया। राम और कृष्ण संघर्षशील जनभावना से बहुत दूर हट चुके थे क्योंकि उनका रूप श्रद्धेय एवं पूज्य ही नहीं ब्रह्ममय हो गया था। ब्रह्म में अपार शक्ति होती है, उसके द्वारा किये गये संघर्ष मात्र लीला के लिए होते हैं इसीलिए साधारण लोगों के जीवन के संघर्ष से उसका तादात्म्य नहीं हो पाता। द्विवेदी-युग में ईश्वर में मनुष्यत्व के गुणों का सन्धान करके उसे जनसंवेदना के समीप लाने का प्रयत्न किया गया। वे संघर्ष की प्रेरक शक्ति बनकर आधुनिक भारतीय जीवन में पुनः अवतरित हुए। आस्थावादी भावनात्मक अन्धश्रद्धा को तोड़ने के लिए संस्कृति की बुद्धिसम्मत व्याख्या द्विवेदी-युग की अनिवार्यता थी। इस अनिवार्यता ने जहाँ एक ओर कविता को जीवन की समस्याओं का अभिन्न अंग बनाकर उपयोगितावादी बनाया वहाँ दूसरी ओर उसकी कलात्मकता को क्षीण भी बनाया। 'साकेत' में सीता का व्यक्तित्व एक मजदूरनी के रूप में अंकित होता है जो अपने श्रम के प्रति पर्याप्त गौरवान्वित हैं।

सामाजिक चेतना—द्विवेदीयुगीन काव्य में कवियों की सामाजिक चेतना का प्रसार कई रूपों में दिखायी देता है। कवियों ने समाज के उपेक्षित तथा शोषित वर्ग की ओर बड़ी सहानुभूति के साथ दृष्टिपात किया। गयाप्रसाद शुक्ल 'सनेही' का कथन है—

खपाया किये जान मजदूर पेट भरना था उनका दूर
उड़ाते माल अधिक भरपूर, मलाई लड्डू मोतीचूर।
सुधरने में है जाके देर, अभी है बहुत बड़ा अंधेर।
अन्नदाता है धीर किसान, सिपाही दिखलाते हैं ज्ञान ॥

द्विवेदी-युग में इन विषयों पर अनेक फुटकल कविताएँ लिखी गयी हैं। इन कविताओं में जमींदार, महाजन, पुलिस के अत्याचारों का निरूपण करते हुए कृषक और मजदूर तथा अनाथों के प्रति सहानुभूति व्यक्त की गयी है।

सुधार की भावना से प्रेरित कविगण उपदेशक का भी रूप धारण करते हैं। तत्कालीन ईसाई पादरियों तथा आर्यसमाजियों की उपदेशात्मकता का ही प्रभाव था कि कवि भी समाज के अलग-अलग वर्गों को धर्म-कर्म के प्रति सचेत होने का उपदेश देने लगे। गुप्त जी की अधोलिखित कविता में द्विवेदीयुगीन काव्य की एक प्रमुख प्रवृत्ति का परिचय मिलता है—

केवल मनोरंजन न कवि का कर्म होना चाहिए
उसमें उचित उपदेश का भी मर्म होना चाहिए।

कवियों को जब यह महसूस हुआ कि सीधे-सादे उपदेश का प्रभाव यथोचित नहीं पड़ रहा है तो उन्होंने अपनी वाणी में व्यंग्य और उपहास को भी सम्मिलित कर लिया। व्यंग्य की चोट प्रायः धार्मिक कट्टरपन्थियों, जड़ता के समर्थक आडम्बरवादियों पर की गयी है। हरिऔध जी की एक कविता है—

इस तरह के हैं कई टीके बने, जो कि तन के रोग को देते भगा।
जो न मन के रोग का टीका बना तो हुआ क्या लाभ यह टीका लगा।

भारतेन्दु-युग में सामाजिक रूढ़ियों के प्रभंजन, बुराइयों के प्रत्याख्यान के साथ ही परम्परा के गहरे दबाव के बीच से किसी वर्ग या व्यक्ति की पीड़ा का संवेदनात्मक उभार नहीं हो पाया। द्विवेदी-युग में निम्न तथा शोषित, पीड़ित वर्ग की कुछ अधिक मार्मिक ढंग से अभिव्यक्ति हुई है। द्विवेदीयुगीन काव्य में सामान्य मनुष्य की प्रतिष्ठा का प्रयत्न दृष्टिगत होता है। सामान्य मनुष्य की प्रतिष्ठा का ही प्रतिफल था कि देवी-देवताओं तथा कथित नायक-नायिकाओं को साधारण मनुष्य का स्थान प्राप्त हो गया।

विषय-वस्तु का विस्तार— द्विवेदी-युग में कविता के वस्तु का व्यापक विस्तार हुआ। आचार्य महावीरप्रसाद द्विवेदी का स्वयं का कथन है कि—"चींटी से लेकर हाथी पर्यन्त पशु, भिक्षुक से लेकर राजा पर्यन्त मनुष्य, बिन्दु से लेकर समुद्र पर्यन्त जल, अनन्त आकाश, अनन्त पृथ्वी, अनन्त पर्वत सभी पर कविता हो सकती है।" आलोच्य युग के कवियों की दृष्टि जीवन की विविध समस्याओं तथा भावों तक पहुँची। फलतः काव्य के क्षेत्र में नये-नये विषयों का प्रवेश हुआ। सज्जनों का स्वभाव, मैना की स्वतन्त्रता, मौत का डण्डा, पुस्तक प्रेम आदि इसी तरह के नये विषय हैं।

द्विवेदी-युग में कविता विषय-वस्तु की दृष्टि से प्राचीन परिपाटी से बहुत-कुछ मुक्त हो जाती है। आचार्य महावीरप्रसाद द्विवेदी ने कवियों को आदेश दिया कि, "यमुना के किनारे केलि कौतूहल का अद्भुत वर्णन बहुत हो चुका। न परकीयाओं पर प्रबन्ध लिखने की अब कोई आवश्यकता है और न स्वकीयाओं के गतागत की पहेली बुझाने की।' द्विवेदी जी के इस आदेश के कारण रीति तथा शृंगार सम्बन्धी रचनाओं की मात्रा बहुत कम हो गयी।

प्रकृति का नया रूप— द्विवेदी-युग से पहले कविता में प्रकृति-चित्रण मुख्यतः उद्दीपन रूप में किया गया था, इस युग में प्रकृति का स्वतन्त्र चित्रण (आलम्बन रूप) किया गया। प्रकृति के द्वारा रति-व्यापार का निरूपण तथा प्रेमी-प्रेमिका का प्रेरणादायक तत्त्व जो रीतिकाल से चले आ रहे थे, उनकी इस युग के कवियों ने उपेक्षा की। मानव-मन की सहज वृत्ति प्रेम चलता रहा। उस प्रेम को शुद्ध तथा सात्त्विक रूप में प्रकृति के माध्यम से चित्रित किया गया। श्रीधर पाठक तथा रामनरेश त्रिपाठी के द्वारा किये गये स्वतन्त्र प्रकृति-चित्र अत्यन्त मोहक तथा प्रभावशाली हैं। प्रकृति के साथ आत्मीय ढंग से जुड़ने की ललक के साथ कवि उसको नये रूप-रंग से पहचानता है—

प्रतिक्षण नूतन वेष बनाकर रंग-बिरंग निराला।
रवि के सम्मुख थिरक रही है नभ में वारिदमाला।
नीचे नीले समुद्र मनोहर, ऊपर नील गगन है।
घन पर बैठ बीच में विचरूँ यही चाहता मन है।

काव्यरूप तथा छन्दविधान—द्विवेदी-युग में प्रायः सभी काव्य-रूपों का ग्रहण किया गया। प्रबन्ध, मुक्तक, गीत, महाकाव्य, खण्डकाव्य आदि सभी काव्य-रूपों में श्रेष्ठ कवियों का प्रणयन इस युग में हुआ। कुछ विद्वानों का विचार है कि, "द्विवेदी-युग, खड़ीबोली कविता का आरम्भिक काल था इसीलिए कथानक के आधार पर कविता लिखना कवियों को अधिक सहज प्रतीत हुआ। वास्तव में आरम्भिक अवस्था में श्रेष्ठ महाकाव्यों के सृजन हेतु नव प्रतिष्ठित भाषा का यथोचित प्रयोग और निर्वाह बहुत आसान कार्य नहीं है, इसमें द्विवेदी-युग के कवियों की लगन, प्रतिभा तथा संकल्प की चेतना को नकारा नहीं जा सकता। खड़ीबोली की काव्य-प्रतिष्ठा के आरम्भिक दौर में प्रियप्रवास, साकेत और महाकाव्यों का प्रकाशन, जयद्रथवध, किसान, पंचवटी आदि खण्डकाव्यों का प्रणयन द्विवेदी-युग की उल्लेखनीय उपलब्धियाँ मानी जा सकती हैं।"

द्विवेदीयुगीन कविता का दूसरा प्रमुख विधान है मुक्तक। मुक्तकों में कविगण सौन्दर्यानुभूति को आलंकारिक चमत्कार या उक्ति-वैचित्र्य से सीमित दायरे में अभिव्यंजित करते हैं। इनकी ये अभिव्यंजनाएँ कहीं-कहीं मार्मिक तथा हृदयस्पर्शी हैं। मुक्तकों की एक शैली समस्यापूर्तिवाली भी है जो इस युग में भारतेन्दु-युग का बढ़ाव है। कुछ मुक्तकों की संरचना में कथानक का तत्त्व भी सम्मिलित मिलता है।

द्विवेदी-युग में गीतों की रचना-पद्धति में भी वैविध्य दृष्टिगोचर होता है। गीतों के सृजन में पदशैली, लोकशैली तथा अंग्रेजी गीतों का समन्वित प्रयोग हुआ है। श्रीधर पाठक ने गीत-गोविन्द के ढंग पर भारत स्तव आदि गीतों की रचना की। रामचरित उपाध्याय, वियोगी हरि तथा पाठक जी ने भक्तिकालीन पद्य परम्परा के गीतों का भी सृजन किया है। कुछ रचनाकारों के गीतों में लोकगीतों का प्रभाव भी दृष्टिगत होता है, जैसे सुभद्राकुमारी चौहान की रचना 'झाँसी की रानी'।

द्विवेदी-युग में गद्यकाव्य लेखन का भी अच्छा अभ्यास किया गया है। महावीरप्रसाद द्विवेदी ने स्वयं 'प्लेग स्तवराज' और समाचार-पत्रों का विराट् रूप लिखकर काव्यात्मक गद्य प्रबन्ध का आरम्भ किया। इस युग में गद्यकाव्य के निर्माण का विशेष श्रेय रायकृष्णदास, चतुरसेन शास्त्री और बियागी हरि को है। इस काल के गद्यकाव्य एक तरह के लघुप्रबन्धमुक्तक हैं जिनमें रस-परिपाक का प्रयास न करके कोमल भावनाओं को अभिव्यंजित किया गया है।

द्विवेदी-युग में काव्य-रूपों के वैविध्य के साथ ही छन्दों का वैविध्य दृष्टिगोचर होता है। कवित्त, सवैया, दोहा आदि के अतिरिक्त संस्कृत के द्रुतविलम्बित, शिखरिणी, इन्द्रवज्रा, उपेन्द्रवज्रा, गीतिका, रूपमाला आदि छन्दों का प्रयोग किया गया है, इस युग में लावनी का बड़ा प्रचार था। हिन्दी छन्दों के कुछ चरणों तथा लावनी के अन्त्यानुप्रासर को मिलाकर नये ढंग का गीतपरक छन्द रचा गया। द्विवेदी जी की सलाह से उर्दू बहरों का भी अच्छी तरह से प्रयोग किया गया।

आलोच्य-युग में अतुकान्त छन्दों की भी उल्लेखनीय प्रगति हुई। अतुकान्त की सशक्त परम्परा 1903 से शुरू हुई। 1909 में हरिऔध जी का 'काव्यपवन' संग्रह प्रकाशित हुआ, जिसमें कल्पित छन्दों का व्यवहार किया गया था।

काव्यभाषा—द्विवेदी-युग में गद्य और पद्य की भाषा का अन्तर मिट गया। खड़ीबोली ने दोनों में अपना पूर्ण अधिकार जमा लिया है। खड़ीबोली को हर दृष्टि से सबल एवं सशक्त बनाने में महावीरप्रसाद द्विवेदी ने स्तुत्य प्रयास किया। वे सरस्वती में प्रकाशनार्थ आयी कविताओं की भाषा की दृष्टि से काट-छाँट करते थे और कवियों को समय-समय पर भाषा-सम्बन्धी हिदायत भी देते थे।

खड़ीबोली को कोमलकान्त पदों से युक्त करने के लिए संस्कृत भाषा का भी सहारा लिया गया। फलतः खड़ीबोली का वास्तविक स्वरूप सहज-सरल न रहकर दुरूह और जटिल हो गया। हरिऔध जी ने तो कई छन्दों में अनुस्वार तथा विसर्ग हटाकर संस्कृत शब्दों को ज्यों-का-त्यों रख दिया—

रूपोद्यान प्रफुल्ल प्राय कलिका राकेन्दु बिम्बानना
तन्वंगी कलहासिनी मुरलिका क्रीडा कला पुत्तली।

इस तरह की भाषा द्विवेदी-युग की आदर्श भाषा नहीं रह सकी। जनसाधारण के बीच भावों और विचारों को सम्प्रेषित करने के लिए सुबोधभाषा का प्रयोग आवश्यक था अतः अर्थहीन तथा अनर्थकारी भाषा पर द्विवेदी जी ने अंकुश लगाया। इसी आदर्श के अनुकूल जयद्रथ वध तथा भारत भारती आदि रचनाओं का प्रस्तुतीकरण किया गया। द्विवेदीयुगीन काव्यभाषा में तोड़-मरोड़ बहुत कम है, भाषा का बहुलांश यद्यपि अभिधात्मक ही है किन्तु धीरे-धीरे लाक्षणिक, ध्वन्यात्मक तथा बिम्बात्मक तत्त्वों का समावेश होने लगता है। भाषा में मुख्य रूप से 'प्रसाद' गुण का सन्निवेश मिलता है। नाथूराम शर्मा शंकर, माखनलाल चतुर्वेदी तथा सुभद्रा कुमारी चौहान की रचनाओं में ओजगुण की प्रधानता है।

विषयवस्तु के यथातथ्य अंकन पर बल देने के कारण भाषा की रचनात्मक सक्रियात्मक बाह्य स्तर पर ही सीमित रही। अभी उसमें सूक्ष्म अनुभावन की तैयारी हो रही है जिसकी पूर्णता छायावाद में दिखायी देती है।

प्रमुख कवि

श्रीधर पाठक (1859-1928)—इनका जन्म आगरा जिले के जोंधरी गाँव में हुआ था। इन्होंने अंग्रेजी तथा संस्कृत भाषाओं में सुन्दर अनुवाद किये। 'एकान्तवासी योगी', 'ऊजड़ ग्राम' और 'श्रान्त पथिक' क्रमशः 'हरमिट', 'डिजर्टेड विलेज', 'द ट्रैवेलर' के अनुवाद हैं। मौलिक रचनाओं में वनाष्टक, काश्मीर सुषमा, देहरादून और भारत गीत उल्लेखनीय हैं। शब्दपरिष्कार, पदविन्यास, नूतन छन्दविधान में इनकी काव्यचातुरी निखर पड़ी है। प्रकृति का स्वतन्त्र और स्वाभाविक चित्र अंकित करने में इन्हें विशेष ख्याति प्राप्त हुई। इनकी कविता का एक नमूना प्रस्तुत है—

विजन वन प्रान्त था, प्रकृति मुख शान्त था।
अटन का समय था, रजनि का उदय था।
प्रसव के काल की लालिमा में लसा।
बाल-शशि व्योम की ओर था आ रहा॥

मैथिलीशरण गुप्त—गुप्त जी का जन्म चिरगाँव 'झाँसी' में सन् 1886 में हुआ था। मृत्यु 1964 में हुई। ये द्विवेदी-युग के सर्वाधिक ख्यातिलब्ध कवि हैं। इन्होंने भारतीय सांस्कृतिक चेतना को समग्रता तथा व्यापकता से काव्य के अन्तर्गत प्रस्तुत किया। द्विवेदी जी के प्रोत्साहन तथा प्रयास से इनमें आधुनिकता का संवर्द्धन हुआ तथा आस्तिकपूर्ण संस्कार की मध्यकालीन सरसता तथा ऊर्जस्विता साकार हुई। प्रबन्ध काव्य की प्राचीन परम्परा को जीवित रखने तथा उसे परिपुष्ट करके अग्रसर करने में गुप्त जी का सराहनीय योगदान है। इन्होंने पौराणिक तथा ऐतिहासिक कथाओं एवं घटनाओं की पुनरावृत्ति नहीं की बल्कि आधुनिक जीवन के अनुकूल उन्हें नूतन अर्थ प्रदान किया। 'साकेत' नामक महाकाव्य में राम की परम्परित चरित समसामयिक संवेदना से संयुक्त होकर राष्ट्रीय

मुक्ति के लिए संघर्षरत भारतीयों के लिए प्रेरणा शक्ति बन गया। साकेत के अतिरिक्त जयद्रथ वध, भारत-भारती, पंचवटी, झंकार, यशोधरा, द्वापर, जयभारत, विष्णुप्रिया आदि इनकी श्रेष्ठ कृतियाँ हैं। साकेत और जयभारत महाकाव्य हैं। गुप्त जी मुख्यतः प्रबन्धकार हैं।

साकेत (1914-31)—रामकाव्य परम्परा में 'साकेत' एक अनुपम कड़ी है। आचार्य महावीरप्रसाद द्विवेदी के लेख 'कवियों की उर्मिला विषयक उदासीनता' तथा रवीन्द्रनाथ टैगोर के लेख 'काव्येर उपेक्षिता' की प्रेरणा से गुप्त जी ने रामकथा की त्यागमयी मूर्ति उर्मिला को केन्द्रीय चरित बनाते हुए आधुनिक संवेदना को साकेत के माध्यम से अभिव्यक्ति दी। मध्यकालीन भक्तिभावों की संवाहक कथा आधुनिक जीवन की बुद्धिसंगत मानवीय संघर्ष कथा से संस्पर्शित हो गयी। भारतीय मुक्ति-आन्दोलन की व्यापक जनजागृति के समानान्तर रामकथा के निष्क्रिय पात्र भी सक्रिय हो गये। नन्ददुलारे वाजपेयी साकेत के सन्दर्भ में लिखते हैं—'साकेत' में प्रथम बार मानव का उत्कर्ष अपनी चरम सीमा पर—ईश्वर के समकक्ष—लाकर रखा गया है, जो मध्ययुग में किसी प्रकार सम्भव न था। साकेत इसी कारण हिन्दी की प्रथम मानवता आदर्शवादी या आदर्श मानवतावादी रचना कही जा सकती है।

प्रख्यात रामकथा ही साकेत की कथावस्तु है। साकेत की कथावस्तु में वाल्मीकि रामायण का प्रभाव, तुलसी के दर्शन की प्रेरणा और भवभूति की करुणा का सन्निवेश है।

इसकी कथावस्तु प्राचीन इतिवृत्तों का संग्रह तथा अनुकृति मात्र नहीं है। यह रामजन्म से प्रारम्भ होकर उनके माहात्म्य वर्णन पर पर्यवसित नहीं होती बल्कि इसमें रामकथा के मार्मिक स्थलों को एक सूत्र में पिरोया गया है। इसकी कथा का आरम्भ उर्मिला-लक्ष्मण के संवाद से होता है जिससे अभिषेक विषयक तैयारियों की सूचना मिलती है। अभिषेक, कैकेयी-मन्थरा संवाद, विदा-प्रसंग, निषाद-मिलन, दशरथ-मरण, भरत-आगमन, चित्रकूट-मिलाप आदि घटनाएँ तथा प्रसंग प्रत्यक्ष रूप से चित्रित किये गये हैं किन्तु शूर्पणखा की कहानी, खरदूषण वध आदि उपकथाएँ शत्रुघ्न द्वारा व्यापारी की सूचना के आधार पर प्रस्तुत की गयी हैं। इसी तरह लक्ष्मण-शक्ति की घटनाएँ हनुमान के द्वारा भरत को सुनायी जाती हैं। शेष रामकथा वशिष्ठ योग के द्वारा प्रत्यक्ष करते हैं। इस तरह सम्पूर्ण कथा का केन्द्र साकेत ही बना रहता है।

परम्परित कथा में कवि ने अनेक मौलिक उद्भावनाएँ भी की हैं—उर्मिला के व्यक्तित्व का रेखांकन, राम के अवतार लेने के उद्देश्य में लौकिक परिवर्तन, कैकेयी का अनुताप, साकेतवासियों का प्रणत विद्रोह, लक्ष्मण को शक्ति लगने की सूचना पाकर साकेतवासियों का युद्ध के लिए तैयार होना आदि। साकेत की कथा बारह सर्गों में विभक्त है। कथारम्भ मंगलाचरण से होता है और अन्त में भरतवाक्य सहित भोक्ता के फलागम के द्वारा कथा का सुखान्त समापन होता है।

डॉ. नगेन्द्र ने स्थान ऐक्य का साकेत की कथावस्तु में बड़ा सफल प्रयोग माना है। इस नाम की सार्थकता भी कवि ने सिद्ध की है। चूँकि उर्मिला साकेत में ही रह जाती है इसलिए उनकी तपशीलता साकेत से ही अनिवार्यतः जुड़ी हुई है।

नवजागरणवादी रचनात्मक भावना की प्रेरणा से गुप्त जी उर्मिला के चरित्र को प्रस्तुत करना चाहते थे किन्तु व्यक्ति की अपेक्षा राष्ट्र की महत्ता उनके मन में इस कदर हावी थी कि उन्हें 'साकेत' नाम अधिक अर्थवान् और युगानुकूल प्रतीत हुआ।

साकेत में उदात्त चरित्रों की सृष्टि की गयी है। पात्रों के चरित्र-चित्रण व्यंजनात्मक, सांकेतिक तथा प्रभावोत्पादक हैं। गुप्त जी के अधिकांश पात्र अपने भाव के आदर्श हैं। गुप्त जी राम की मानवीय

भूमिका में अवतरित करने की चेष्टा तो करते हैं किन्तु उनकी वैष्णवी भावना आधुनिक भावबोध से प्रकार्यात्मक ढंग से उन्हें जोड़ नहीं पाती। वे कहीं भी धरती को स्वर्ग बनाने की दिशा में कार्य नहीं करते। उनका चरित्र-चित्रण परम्परा से बहुत अलग नहीं हो पाता। वैचारिक स्वतन्त्रता, सह-अस्तित्व की भावना, सर्वजन हितार्थ समाजवादी दृष्टि तथा धर्म स्वातन्त्र्य आदि के प्रति वे बेबाक विचार प्रस्तुत करते हैं, यही उनका आधुनिक स्वरूप है। साकेत में उर्मिला के व्यक्तित्व की प्रतिष्ठा गुप्त जी की मौलिक देन है। उसके माध्यम से त्यागमयी आदर्श भारतीय नारी का चित्र साकार हो जाता है। उसकी करुणा को विस्तार देकर कवि ने उपेक्षित नारी के प्रति युग-संवेदना को मोड़ने का प्रयत्न किया है।

उर्मिला की तरह कैकेयी को अतीत की सीमित परिधि से निकालकर मानवीय संवेदना के व्यापक क्षितिज पर प्रतिष्ठित किया गया है। युग-युग से अभिशप्त कैकेयी साकेत में ममतामयी माँ के गौरवशाली पद पर अधिष्ठित होती है। रामकथा के स्रोत ग्रन्थों में कैकेयी में कुटिलता, क्रूरता और दुष्टता को ही आरोपित किया गया है, साकेत में वह ममत्व की प्रज्वलित दीपशिखा बन जाती है। वह आध्यात्मिक तथा नैतिक आग्रहों से अलग भौतिक जगत् की सफलताओं के प्रति अधिक सचेष्ट है। उसकी मानवीय दुर्बलताओं को मनोवैज्ञानिक परिप्रेक्ष्य में देखा गया है। उसकी निश्छल खुशियों में सन्देह का भाव खलबली मचा देता है जिससे उसको दशरथ की नीयत पर सन्देह हो जाता है। आशंकाग्रस्त उसका मन सारी स्थितियों से विद्रोह कर उठता है। फलतः वह दोनों वरदान माँग लेती है। चित्रकूट सभा में उसकी आत्मग्लानि उसके प्रति विशेष सहानुभूति जगा देती है।

रस—साकेत में शृंगार तथा करुण रस की व्यंजना प्रमुख रूप से हुई है। इसमें संयोग शृंगार का चित्रण पारिवारिक धरातल पर हुआ है जिसमें हास-विलास तथा व्यंग्य-विनोद का भी पुट है। उर्मिला और लक्ष्मण की संयोगावस्था को कवि कुछ अधिक रुचि लेकर चित्रित करता है क्योंकि उसे मर्मान्तक वियोग की प्रभावशाली पृष्ठभूमि बनानी थी। वात्सल्य, वीर आदि अन्य रसों की अभिव्यंजना भी यथास्थान हुई है।

छन्द—साकेत में प्रत्येक सर्ग में नये छन्दों का प्रयोग करके कवि ने महाकाव्य के लक्षणों का पालन किया है। इसमें पीयूष वर्ष, शृंगार, सुमेरु, हाकलि, त्रैलोक, पादाकुलक, राधिका दोहा, सोरठा, कवित्त, सवैया आदि हिन्दी छन्द तथा आर्या, मालिनी, द्रुतविलम्बित आदि संस्कृत वृत्त प्रयुक्त हुए हैं।

गुप्त जी का दूसरा महाकाव्य 'जयभारत' 1952 में प्रकाशित हुआ। इसमें भी पुराने आदर्शों की पुनरावृत्ति की गयी है। 'नर में नारायण की प्रतिष्ठा', सभी लोगों के सुख की कामना, अबला जीवन की कहानी, वैष्णव दृष्टि प्रसूत विकृत अर्थापन द्वारा जो कुछ निर्मित हुआ है वह पाँचवें दशक की संशयात्मक दृष्टि के विरुद्ध है। नये युग में विगत आदर्शों की स्थापना उनकी उत्थानमूलक पुरानी दृष्टि के अनुरूप है।

गुप्त जी मूलतः राष्ट्रीय भावना के पोषक कवि हैं। द्विवेदी-युग की जीवन-दृष्टि, राष्ट्रीय चेतना तथा काव्य संवेदना का जीवन्त इतिहास इनकी काव्य-कृतियाँ हैं। 'भारत-भारती' इनकी ऐसी राष्ट्रीयतावादी रचना है जो अपने युग में अत्यधिक लोकप्रिय हुई तथा जिससे जन-साधारण के लिए विशेष प्रोत्साहन मिला।

गुप्त जी ने 'भारत-भारती' की रचना भी अपने गुरु द्विवेदी जी की इच्छा की पूर्ति के लिए की थी। द्विवेदी जी ने 'सरस्वती' पत्रिका में 'कवि और कविता' नामक एक लेख लिखा था जिसमें

उन्होंने हिन्दी कवियों से आग्रह किया था कि सम्सुल उल्मा हाली, आजाद जकाउल्ला और नजीर अहमद आदि की रचनाएँ पढ़कर उन्हीं की भाँति हिन्दी में काव्य-रचना करें। गुप्त जी अनेक अन्य पुस्तकों का अध्ययन करके भारत-भारती की रचना की। इस कृति में नवजागरण के आरम्भिक स्वरूप, हिन्दू धर्म और संस्कृति के पुनरुत्थान का स्वर प्रस्फुटित होता है। अतीत के समक्ष वर्तमान की दुरवस्था का अंकन, समसामयिक समस्याओं की सीमितता इस काव्य की भी सीमा बन जाती है किन्तु खड़ीबोली की भाषिक क्षमता के उद्घाटन तथा समसामयिक चेतना की व्यंजना के कारण इसका ऐतिहासिक महत्त्व सुनिश्चित हो जाता है।

अयोध्यासिंह उपाध्याय 'हरिऔध' (1865-1947)– जन्म निजामाबाद, आजमगढ़ (उ.प्र.) खड़ीबोली कविता को सशक्त तथा गतिशील बनानेवाले कवियों में 'हरिऔध जी' का स्थान महत्त्वपूर्ण है। इन्होंने आरम्भ में मुहावरेदार, सरल तथा सुबोध खड़ीबोली में रचनाएँ कीं जो 'बोलचाल' तथा 'चुभते चौपदे' में संगृहीत है। तत्सम-शब्दप्रधान भाषा में 'पद्य-प्रसून', 'फूल पत्ते' तथा 'वैदेही वनवास' की रचना की तथा संस्कृत की समासान्त क्लिष्ट तत्समप्रधान भाषा में 'प्रिय प्रवास' की रचना की।

आपमें काव्य-सृजन की अनोखी प्रतिभा थी। इन्होंने उपर्युक्त काव्य ग्रन्थों के अलावा कबीर-कुण्डल, श्रीकृष्ण शतक, प्रेमाम्बुवारिधि, प्रेमाम्बु प्रवाह, प्रेम प्रपंच, उपदेश कुसुम, उद्बोधन, ऋतुमुकुर, पुष्पविनोद, विनोद वाटिका, रसकलस, पारिजात, ग्रामगीत, हरिऔध सतसई आदि की रचना की।

हरिऔध उपन्यासकार, नाटककार तथा साहित्येतिहास के लेखक भी हैं। 'ठेठ हिन्दी का ठाठ' और 'अधखिला फूल' इनके दो उपन्यास तथा 'रुक्मिणी परिणय' तथा 'प्रद्युम्न विजय' दो नाटक हैं। इनका 'हिन्दी भाषा और साहित्य का विकास' पटना विश्वविद्यालय में दिये गये भाषणों का संग्रह है। 'रस कलस' की भूमिका लिखकर उन्होंने अपनी आलोचकीय प्रतिभा का परिचय दिया है।

हरिऔध रचित प्रियप्रवास खड़ीबोली का प्रथम महाकाव्य माना जाता है। इसका सृजन खड़ीबोली में महाकाव्य की कमी की पूर्ति के लिए किया गया है। हरिऔध जी को इस बात की पूरी-पूरी आशंका थी कि नयी भाषा-शैली में प्रस्तुत किया गया यह काव्य विद्वानों के बीच विवाद का विषय हो सकता है। इस ग्रन्थ की असफलता से खड़ीबोली की असमर्थता की धारणा कवियों या आलोचकों में दृढ़ न हो इसके लिए उन्होंने 'प्रियप्रवास' के पूर्व एक लम्बी भूमिका लिखकर अपनी स्थिति को स्पष्ट किया है। वे एक परम्परा के प्रवर्तन मात्र का श्रेय लेना चाहते हैं और कवियों को महाकाव्य लेखन के लिए उत्साहित करना चाहते हैं। उनका स्पष्ट कथन है कि, "खड़ीबोली में छोटे-छोटे कई काव्य-ग्रन्थ अब तक लिपिबद्ध हुए हैं, परन्तु उनमें से अधिकांश सौ दो सौ पदों में ही समाप्त हैं जो कुछ बड़े हैं वे अनुवादित हैं, मौलिक नहीं। सहृदय कवि बाबू मैथिलीशरण गुप्त का 'जयद्रथवध' निःसन्देह मौलिक ग्रन्थ है, परन्तु यह खण्डकाव्य है। इसके अतिरिक्त ये समस्त ग्रन्थ अन्त्यानुप्रास विभूषित हैं। इसीलिए खड़ी-बोलचाल में मुझको ऐसे ग्रन्थ की आवश्यकता दीख पड़ी जो महाकाव्य हो और ऐसी कविता में लिखा गया हो जो भिन्न तुकान्त हो।"

'प्रियप्रवास' के बन जाने से खड़ीबोली में एक महाकाव्य न होने की न्यूनता दूर हो गयी।

हरिऔध जी ने अतुकान्त कविता की परम्परा का विश्लेषण करके अपने द्वारा उस मार्ग को अपनाये जाने का औचित्य सिद्ध किया। संस्कृत वर्ण वृत्तों की ओर आभिजात्य रुचि को ध्यान में रखकर इन्हीं छन्दों को 'प्रियप्रवास' में प्रयुक्त किया गया।

'प्रियप्रवास' की कथा श्रीकृष्ण के मथुरा-गमन से सम्बन्धित है। कृष्ण के विरह से पीड़ित गोप और गोपीजन कृष्ण का गुणगान करते हुए ब्रज पर आनेवाले विविध संकटों तथा आपत्तियों का जिक्र करते हुए कृष्ण के बल, कौशल तथा बौद्धिक शक्ति का विवेचन करते हैं। कवि यशोदा, नन्द, राधा आदि के विरह भाव की मार्मिकता को उद्घाटित करने में अधिक रुचि लेता है। इसमें परम्परागत कृष्णकथा के कुछ प्रसंगों को तर्कसम्मत बनाने के लिए उनकी बौद्धिक व्याख्या की गयी है। जैसे कृष्ण के द्वारा गोवर्धन पर्वत उठाने की अतिरंजित कथा को कवि ने परिवर्तित कर दिया है। कृष्ण ने बड़ी कुशलता से गिरि की कन्दराओं में गोप-गोपियों तथा गायों को बसा दिया था-

सघन गोधन को पुर ग्राम को।
जलज-लोचन ने कुछ काल से।
कुशल से गिरि मध्य बसा दिया।
लघु बना पवनादि-प्रसाद को।
लख अपार प्रसार गिरीन्द्र में।
ब्रज धराधिप के प्रिय-पुत्र का।
सकल लोग लगे कहने उसे।
रख लिया उँगली पर श्याम ने।

हरिऔध जी ने कृष्णलीला को लोकोद्धारक कार्य के रूप में प्रतिष्ठित किया है। श्रीकृष्ण का चरित्र युगानुकूल प्रस्तुत किया गया है। वे ब्रह्म न होकर महापुरुष, लोकसेवक तथा परोपकारी नेता बन गये हैं। राधा में भी नवजागरण की चेतना से सम्पृक्त नारी का आरोपण किया गया है। उनके लिए जनसेवा का व्रत अधिक मूल्यवान् रहता है। राधा के परम्परित व्यक्तित्व में कवि एक नया आयाम जोड़ता है। एक ही छन्द में राधा का पुराना और नया रूप एक साथ व्यंजित होता है—

प्यारे आवें सु-वचन कहें प्यार से गोद लेवें।
ठंढे होवें नयन, दुख हों दूर मैं मोद पाऊँ।
ये भी हैं भाव मम उर के और ये भाव भी हैं।
प्यारे जीवें जग-हित करें गेह चाहे न आवें ॥

प्रियप्रवास में प्रकृति-चित्रण वैविध्यपूर्ण तथा मोहक है। प्रायः प्रत्येक सर्ग का आरम्भ प्रकृति-चित्रण के साथ होता है। प्रकृति कहीं चेतन रूप में, कहीं रहस्यात्मक रूप में, कहीं आलम्बन रूप में और कहीं उद्दीपन रूप में प्रकट होती है।

प्रकृति प्रायः भाव की भूमिका तथा परिवेश का निर्माण करती है। प्रकृति के विविध दृश्यों के चित्रण में कवि प्रायः यथातथ्य वर्णन तक ही सीमित रहता है। प्रकृति जहाँ भावावेग तथा भावाभिव्यक्ति का माध्यम बनी है वहाँ उसकी प्रभविष्णुता तीव्र हो गयी है—

घहरती घिरती दुख की घटा।
यह अचानक जो निशि में उठी।
वह व्रजांगण में चिरकाल ही।
बरसती बन लोचन वारि थी ॥

'प्रियप्रवास' का अंगी रस है विप्रलम्भ शृंगार। आरम्भिक सर्गों में संयोग का हल्का चित्रण वियोग की भूमिका मात्र है।

'प्रियप्रवास' की भाषा संस्कृतगर्भित खड़ीबोली है जो कहीं-कहीं खड़ीबोली की स्वाभाविकता से बहुत दूर है। कुछ छन्दों में तो विभक्तिरहित, संस्कृत की ही छटा दृष्टिगोचर होती है-

निमिष में वन-व्यापित-वीथिका।
विविध-धेनु विभूषित हो गई।
धवल धूसर-वत्स-समूह भी।
विलसता जिसके दल साथ था॥

भाषा में शब्द-मैत्री तथा प्रभावोत्पादकता है। यत्र-तत्र मुहावरों का भी प्रयोग किया गया है। प्रियप्रवास की भाषा ब्रजभाषा के प्रभाव से मुक्त नहीं है। ढिग, जुगुत, ठौर, लॉवी, धौल, फेर आदि शब्दों के प्रयोग से खड़ीबोली की रमणीयता तथा शुद्धता प्रभावित हो जाती है। सादृश्यमूलक अलंकारों का प्रयोग करके कवि ने भाषा-सौन्दर्य को समृद्ध किया है। प्रियप्रवास में संस्कृत वर्ण-वृत्तों के कारण भाषा-सम्बन्धी अस्वाभाविकता, क्लिष्टता तथा कृत्रिमता आ गयी है।

गयाप्रसाद शुक्ल सनेही (1883-1972)– उन्नाव जनपद में उत्पन्न सनेही जी हिन्दी-उर्दू दोनों पर अधिकार रखते थे। परम्परागत तथा समसामयिक विषयों पर इनकी लेखनी को बराबर सफलता प्राप्त हुई। कृषक क्रन्दन, प्रेमपचीसी, राष्ट्रीय वीणा, त्रिशूल तरंग, करुणा कादम्बिनी इनके श्रेष्ठ काव्य हैं।

रामनरेश त्रिपाठी (1889-1962)–सुल्तानपुर और जौनपुर की सीमा (जौनपुर के अन्तर्गत) कोइरीपुर में इनका जन्म हुआ था। श्रेष्ठ सम्पादक, लोकगीतों के संग्राहक तथा राष्ट्र एवं प्रकृति के प्रति विशेष संवेदनशील त्रिपाठी जी की चार रचनाएँ मिलन, पथिक, मानसी और स्वप्न उल्लेखनीय हैं। श्रीधर पाठक द्वारा प्रयुक्त स्वच्छन्दतावादी प्रवृति को इन्होंने अग्रसर किया। ये अपने काव्य में हृदय के मर्म को इस रूप में उद्घाटित करते हैं कि पाठक सहज ही उसमें निमग्न हो जाता है। प्रकृति के सौन्दर्य का सफल अंकन करने के लिए इन्होंने सम्पूर्ण भारत का भ्रमण किया। त्रिपाठी जी द्विवेदी-युग की इतिवृत्तामकता और छायावाद की आत्मनिष्ठता के बीच की कड़ी माने जाते हैं। इनकी कविता का एक उदाहरण देखिये–

प्रतिक्षण नूतन वेष बनाकर रंग-बिरंग निराला।
रवि के सम्मुख थिरक रही है नभ में वारिदमाला॥
नीचे नील समुद्र मनोहर ऊपर नील गगन है।
घन पर बैठ बीच में विचरूँ यही चाहता मन है॥

राय देवीप्रसाद 'पूर्ण' (1868-1915)– जन्म जबलपुर (म.प्र.) पेशे से वकील। 'स्वदेशी कुण्डल' (1910 ई.) में देशभक्ति सम्बन्धित 52 कुण्डलियाँ संकलित हैं। मृत्युंजय (1904) राम-रावण-विरोध (1906) बसन्त-वियोग (1912) इनकी कृतियाँ हैं।

रामचरित उपाध्याय (1872-1938)– जन्म गाजीपुर (उ.प्र.) राष्ट्रभारती, देवदूत, देवसभा, विचित्र विवाह, रामचरित चिन्तामणि इनकी उल्लेखनीय कृतियाँ हैं।

बालमुकुन्द गुप्त (1865-1907)– जन्म ग्राम गुड़ियाना, रोहतक (हरियाणा) 'स्फुट कविता' (1905) शीर्षक से इनकी राष्ट्रीय तथा हिन्दी प्रेम की कविताएँ संकलित हैं।

लाला भगवानदीन (1866-1930)– जन्म फतेहपुर (उ.प्र.) वीर क्षत्राणी, वीर बालक, वीर पंचरत्न इनकी कृतियाँ हैं।

सैयद अमीर अली 'मीर' (1873-1937)– जन्म सागर, म.प्र., इन्होंने ईश्वर भक्ति तथा देश प्रेम की कविताएँ लिखी हैं। 'उलाहना पंचक', अन्योक्ति शतक इनकी काव्य-कृतियाँ हैं।

गिरधर शर्मा 'नवरत्न' (1881-1961)– जन्म घालरामाटन, जयपुर (राज.) 'मातृ-वन्दना' इनकी प्रसिद्ध रचना है।

द्विवेदीयुगीन अन्य प्रमुख कवियों में रूपनारायण पाण्डेय, लोचनप्रसाद, गोपालशरण सिंह आदि अन्य उल्लेखनीय रचनाकार हैं।

महावीरप्रसाद द्विवेदी और हिन्दी नवजागरण– हिन्दी नवजागरण को साहित्यिक माध्यम से गतिशील करने में महावीरप्रसाद द्विवेदी की भूमिका सराहनीय है। इनका जन्म दौलतपुर, रायबरेली में 1864 में हुआ था। 1938 ई. में देहावसान हुआ।

सन् 1900 में सरस्वती का प्रकाशन आरम्भ हुआ और 1920 तक द्विवेदी जी उससे जुड़े रहे। इन दो दशकों पर भारतेन्दु-काल के नवजागरण का प्रभाव है और नवजागरण अपनी समस्त विशेषता के साथ आगे के युग को भी प्रभावित करता है।

द्विवेदी जी के विषय में प्रसिद्ध है कि उन्होंने हिन्दी भाषा का परिष्कार किया। किन्तु द्विवेदी जी केवल भाषा के परिष्कर्त्ता ही नहीं थे वे हिन्दी नवजागरण का नेतृत्व भी कर रहे थे। उनके लेखों का सामाजिक और ऐतिहासिक महत्त्व है। द्विवेदी जी सिर्फ साहित्यकार ही नहीं थे बल्कि तत्कालीन राजनीति, अर्थशास्त्र की समग्र समझ उनमें थी। अर्थशास्त्र पर लिखी उनकी पुस्तक 1907 में 'सम्पत्तिशास्त्र' नाम से सरस्वती में प्रकाशित हुई। इस पुस्तक का उद्‌देश्य था भारत के तत्कालीन अर्थतन्त्र का अध्ययन करना। उन्होंने इतिहास और समाजशास्त्र का भी गहराई से अध्ययन किया था। भारत के प्राचीन दर्शन और विज्ञान का ज्ञान भी उन्हें था। वे पहले ऐसे सम्पादक हैं जिन्हें एक साथ इतने विषय की समग्र समझ थी। यही कारण है कि उनके द्वारा उद्‌भूत टिप्पणियाँ विशुद्ध साहित्यिक सीमा को लाँघ जाती हैं।

इसी कारण ये हिन्दी प्रदेश में नवीन सामाजिक चेतना के प्रसार के लिए सबसे उपयुक्त व्यक्ति सिद्ध हुए। सरस्वती के माध्यम से उन्होंने ऐसा दल तैयार किया जो इस नवजागरण के प्रसार कार्य में उनकी सहायता कर सके। साहित्य के क्षेत्र में उन्होंने हिन्दी गद्य का विकास किया। आधुनिक हिन्दी को विविध विषयों के विवेचन का माध्यम बनाया। कविता में ब्रज की जगह खड़ीबोली को प्रतिष्ठित करने का प्रयास किया। साहित्य से रीतिवाद को बहिष्कृत कर दिया। द्विवेदी जी के दो दशकों तक लगातार परिश्रम का ही फल है कि आगे साहित्य को विकसित होने की आधारशिला मिल गयी। अन्यथा आगे साहित्य का विकास असम्भव नहीं तो कठिन अवश्य हो जाता।

द्विवेदी जी ने हिन्दी भाषा के विविध पक्षों के विकास का प्रयास किया। भारत में अंग्रेजी की स्थिति, भारतीय भाषाओं को शिक्षा का माध्यम बनाने की समस्या, भारतीय भाषाओं के बीच सम्पर्क भाषा की समस्या, हिन्दी-उर्दू की समानता और आपसी भेद, हिन्दी और जनपदीय भाषाओं के सम्बन्ध आदि पर उन्होंने विस्तृत विचार-विमर्श किया। भाषा परिष्कार तो उनके विस्तृत कार्यक्रम का एक अंशमात्र है।

द्विवेदी जी ने रूढ़िवादी दृष्टि का खण्डन किया तथा प्राचीन उपलब्धियों का पुनर्मूल्यांकन किया। वे अतीत के प्रति भावुकता और रहस्यवाद का विरोध कर ठोस बौद्धिकता एवं नैतिकता के पक्षधर बने रहे। हिन्दी नवजागरण मूलतः बुद्धिवादी और रहस्यवाद-विरोधी है। नये रहस्यवाद का स्रोत बंगाल है। आधुनिक विज्ञान का विरोध करनेवाली विचारधारा गुजरात में परिलक्षित होती है। दोनों

जगह की दृष्टि विज्ञान विरोधी है। महावीरप्रसाद द्विवेदी के नेतृत्व में हिन्दी नवजागरण इन दोनों प्रदेशों के बीच, अपनी वैज्ञानिक दृष्टि की विशेषता की रक्षा करता हुआ अग्रसरित होता है। द्विवेदी जी ने भारत की भाषा-समस्या पर सरस्वती में लेख लिखे। वे स्वयं सात भाषाओं के ज्ञाता थे। उन्होंने हिन्दी और उर्दू की मूल एकता पर जोर दिया। उर्दू अपने शब्द फारसी से लेती है, जबकि हिन्दी संस्कृत से। जनपदीय भाषाओं से इन भाषाओं के सम्बन्ध के विषय में द्विवेदी जी कहते हैं, "उर्दू चाहे जितनी सरल हो, उसमें कुछ-कुछ फारसी शब्दों का मेल होता ही है। इन प्रान्तों के ग्रामीण और साधारण मनुष्य संस्कृत के कम कठिन शब्द चाहे समझ भी लें, परन्तु फारसी को वे नहीं समझ सकते। क्योंकि फारसी विदेशी भाषा है और संस्कृत फिर भी, इस देश की भाषा है।"

द्विवेदी जी ने लिपि की एकता पर जोर दिया। वे कहते हैं कि, "मुसलमान नागरी अक्षरों के विरोधी हैं, परन्तु यदि वे इसको अपना देश समझते हैं तो उनको विरोध छोड़ देना चाहिए।" भाषा-लिपि एवं गद्य एवं पद्य की भाषा की एकता एवं व्याकरण को स्थिर करने के प्रयास का ऐतिहासिक महत्त्व है जो द्विवेदी जी द्वारा सम्पन्न हुआ। हिन्दी आलोचना के विकास में द्विवेदी महत्त्वपूर्ण कड़ी हैं। उन्होंने रीतिवाद का विरोध किया। शृंगार को अनुशासित किया। अतिशय नैतिकता जो द्विवेदी-युग में दिखायी देती है वह रीति-तत्त्वों के विरोधस्वरूप आयी है। कविता में द्विवेदी जी ने छन्द और तुक के प्रति एक दृष्टि दी। तुकान्त कविता की परम्परा जो हिन्दी में शताब्दियों से चली आ रही थी उसे उन्होंने तोड़ने पर जोर दिया।

कविता की विषयवस्तु को लेकर द्विवेदी जी ने आन्दोलन किया। 1901 में 'कवि-कर्त्तव्य' लेख में द्विवेदी जी ने कविता के विषय के बारे में लिखा—"कविता का विषय मनोरंजक और उपदेशजनक होना चाहिए। यमुना के किनारे केलि-कौतूहल का अद्भुत वर्णन बहुत हो चुका। न परकीयाओं पर प्रबन्ध लिखने की अब कोई आवश्यकता है, न स्वीकीयाओं के गतागत की पहेली बुझाने की। चींटी से लेकर हाथी पर्यन्त पशु, भिक्षुक से लेकर राजा पर्यन्त मनुष्य, बिन्दु से लेकर समुद्र पर्यन्त जल, अनन्त आकाश, अनन्त पृथ्वी, अनन्त पर्वत सभी पर कविता हो सकती है।"

द्विवेदी जी की आलोचना में तीव्र संघर्ष की झलक है जो साहित्य को रूढ़िवाद से मुक्त करके नयी दिशा में विकसित करती है। यह संघर्ष केवल साहित्य तक ही सीमित नहीं है बल्कि राजनीति, समाजशास्त्र, इतिहास, दर्शन आदि अनेक क्षेत्रों में स्पष्ट परिलक्षित होता है।

नवजागरण में महावीरप्रसाद द्विवेदी और सरस्वती पत्रिका का महत्त्वपूर्ण स्थान है। नवजागरण की शक्ति जो अभी तक बिखरी थी वह द्विवेदी जी के सफल नेतृत्व में सरस्वती पत्रिका के माध्यम से एकत्र हो गयी। इसलिए सरस्वती का साहित्यिक महत्त्व होने के साथ-साथ ऐतिहासिक महत्त्व भी। यह हिन्दी साहित्य की महत्त्वपूर्ण घटना है। द्विवेदी जी के द्वारा उठाये गये सभी सवालों का समाधान छायावाद युग के नवजागरण में निराला आदि के द्वारा सम्पन्न होता है।

द्विवेदीयुगीन गद्य साहित्य—द्विवेदी-युग में गद्य-भाषा के परिष्कार का प्रयत्न किया गया है। भारतेन्दु हरिश्चन्द्र द्वारा स्थापित हिन्दी गद्य का आदर्श इस युग में गतिशील नहीं हो पाता। इस युग में हिन्दी भाषा का अन्तर्प्रान्तीय प्रसार होने के कारण प्रान्तीय भाषाओं का प्रभाव पड़ना स्वाभाविक था। द्विवेदी-युग के लेखकों में संस्कृत के प्रति कुछ अतिरिक्त उत्साह दृष्टिगत होता है। भाषा को व्याकरणसम्मत बनाने की चेष्टा की गयी। ग्रहण और निर्माण की प्रक्रिया के कारण भाषा में शैलीगत एकता अभी स्थापित नहीं हो पायी है। "उनमें संग्रह पर आग्रह है, विश्लेषण पर नहीं, व्यवस्था पर

जोर है, उद्भावना पर नहीं, सरलता पर जोर है, जटिल भावाभिव्यक्ति पर नहीं।" किन्तु उस समय की इस उपलब्धि का ऐतिहासिक महत्त्व है। महावीरप्रसाद द्विवेदी, श्यामसुन्दर दास, बालमुकुन्द गुप्त, माधवप्रसाद मिश्र, सरदार पूर्णसिंह आदि ने गद्य शैली के निर्माण में योग दिया है। महावीरप्रसाद द्विवेदी ने सरस्वती के माध्यम से भाषा-संस्कार का जो कार्य किया है उसका विवरण दिया जा चुका है। द्विवेदी जी की भाषा नीति उन्हीं के शब्दों में इस प्रकार है, "मैं सरल भाषा के लेखक को बहुत बड़ा लेखक मानता हूँ... दूसरी भाषाओं के शब्दों और भावों को ग्रहण कर लेने की शक्ति रखना ही सजीवता का लक्षण है... हमें केवल यह देखते रहना चाहिए कि इस सम्मिश्रण के कारण कहीं हमारी भाषा अपनी विशेषता तो नहीं खो रही है, बिगड़कर कहीं वह और कुछ तो नहीं होती जा रही है बस।"

श्यामसुन्दरदास ने भाषा पर स्वतन्त्र रूप से वैज्ञानिक ढंग से विचार किया। भाषाविज्ञान, हिन्दी का विकास, साहित्यालोचन आदि पुस्तकों का सृजन करके उन्होंने खड़ीबोली को गम्भीर लेखन के योग्य सिद्ध किया। विचार-गम्भीरता के कारण श्यामसुन्दरदास की भाषा संस्कृतनिष्ठ हो गयी है। अपेक्षाकृत गम्भीर साहित्यिक निबन्धों की रचना करके इन्होंने भाषा की विश्लेषण-क्षमता को समृद्ध किया।

बालमुकुन्द गुप्त भारतेन्दु-युग से ही रचना-रत थे। इनकी भाषा का व्यंग्य गहरी चोट करनेवाला है। 'शिवशम्भु शर्मा' उपनाम से इन्होंने तत्कालीन राजनीतिक और सामाजिक व्यवस्था का जीवन्त चित्र अंकित किया है। सरदार पूर्णसिंह की गद्य-शैली नये तेवर और वस्तु-संगठन की सूचक है। इनकी शैली में भावुकता, सहृदयता तथा मस्ती घुल-मिल गयी है। इसमें चिन्तन, मनन और तर्क के साथ ही भाषा का अनूठा लोच और मार्दव है।

द्विवेदी-युग में गद्य की विविध विधाओं का यथोचित विकास हुआ है। निबन्धों में भारतेन्दु-युग की अपेक्षा गम्भीरता तथा संयम कुछ अधिक है। द्विवेदी-युग में कथा-साहित्य (उपन्यास और कहानी) का तेजी से विकास हुआ। इस युग में ऐतिहासिक, सामाजिक, जासूसी, ऐयारी-तिलस्मी सभी प्रकार की घटनाओं को लेकर उपन्यास लिखे गये। कविता की तरह उपन्यासों की रचना का मूल उद्देश्य सामाजिक सुधार तथा मनोरंजन है। भारतेन्दु-युग के अन्तिम दशकों में उपन्यास का जो आरम्भिक लेखन शुरू हुआ था उसमें पूर्ण दीप्ति इसी युग में आयी। द्विवेदी-युग के प्रमुख उपन्यासकार हैं लज्जा राम शर्मा, किशोरीलाल गोस्वामी, ब्रजनन्दन सहाय, गोपालराम गहमरी आदि।

सरस्वती के प्रकाशन का गद्यशैली के निर्माण तथा भाषा-परिष्कार की दृष्टि से तो महत्त्व है ही, कहानी विधा के विकास में गति लाने में भी इसकी उल्लेखनीय भूमिका रही है। सरस्वती में प्रकाशित आरम्भिक कहानियों में भाव प्रतिक्रियाएँ जगाने की क्षमता तो है किन्तु कथानक अत्यन्त सपाट है। कहानी के शिल्प में निखार आता है 'इन्दु' (1909) में प्रकाशित कहानियों के माध्यम से, जिनमें जी.पी. श्रीवास्तव और इलाचन्द्र जोशी की आरम्भिक कहानियाँ प्रकाशित हुई हैं। कुल मिलाकर द्विवेदीयुगीन कहानी का ढाँचा घटनात्मक अधिक संवेदनात्मक कम है।

द्विवेदी-युग में नाटकों की गति शिथिल है। प्रसाद के कुछ आरम्भिक नाटक सज्जन, कल्याणी परिणय, करुणालय, राज्यश्री आदि का प्रकाशन द्विवेदी-युग में हुआ है।

द्विवेदी-युग में आलोचना की दृष्टि नैतिकतावादी है। महावीरप्रसाद द्विवेदी की व्यावहारिक समीक्षा-पद्धति से शुक्ल जी की आलोचना-पद्धति के लिए जमीन तैयार होती है। पद्मसिंह शर्मा ने रीतिकाव्य के निर्माण कौशल की समीक्षा करके परम्परा से उसका सम्बन्ध देखने का प्रयत्न किया। शर्मा जी ने समीक्षा के मानदण्ड के युगानुकूलता के सिद्धान्त का परिचय दिया है। उनमें तुलनात्मक

समीक्षा का प्रौढ़ रूप मिलता है। मिश्रबन्धुओं ने आलोचना, निर्णयात्मक तथा तुलनात्मक ढंग से की है किन्तु उनका हिन्दी समीक्षा में कोई विशेष योगदान नहीं है। द्विवेदी-युग के प्रमुख शैलीकारों की प्रमुख विशेषताओं का अवलोकन अपेक्षित है—

बालमुकुन्द गुप्त (1865-1907 ई.)— गुप्त जी के लेखन की शुरुआत भारतेन्दु-युग में ही हो गयी थी किन्तु उसका विस्तार द्विवेदी-युग के प्रथम शतक तक रहता है। बालमुकुन्द गुप्त द्विवेदी जी के अनुशासन के बाहर स्वयं का भाषिक अनुशासन लेकर चल रहे थे। हिन्दी में आने से पहले उन्होंने उर्दू पत्रकारिता में ख्याति अर्जित कर ली थी। अखबारे चुनार, कोहेनूर, नया जमाना आदि उर्दू पत्रों के तथा हिन्दुस्तान, (सह-सम्पादन) हिन्दी बंगवासी, भारतमित्र आदि हिन्दी पत्रों का उन्होंने सफलतापूर्वक सम्पादन किया।

इन्होंने शिवशम्भु शर्मा उपनाम से व्यंग्यात्मक शैली में लार्ड कर्जन को पत्र लिखे। इनके ये पत्र पत्रात्मक शैली के उत्कृष्ट निबन्ध हैं। इनमें तत्कालीन अंग्रेजी शासन की शोषण-नीति, भारतीयों की दीन दशा का जीवन्त चित्र अंकित है। गुप्त जी के निबन्धों में विरोधाभास तथा विरोधी स्थितियों के तनाव का सौन्दर्य है जैसे—"अभी गत मंगलवार को नागपंचमी थी। हमारे श्रीमान् लॉर्ड कर्जन होते तो देखते क्योंकि हिन्दू स्त्रियाँ नाग की पूजा करने उसकी बांबी पर जाती हैं और कैसे उसे दूध चढ़ाती हैं। जो देश साँप को भी ईश्वर मानकर पूजता है और उससे कल्याण की कामना करता है वह लार्ड कर्जन जैसे वायसराय से क्या कुछ आशा नहीं कर सकता? इससे उसका स्वागत करते हैं।"

आगे मैथिलीशरण गुप्त जो भाव अपनी 'भारत-भारती' में व्यक्त करते हैं वही भाव किसी विशेष सन्दर्भ में (प्राचीन तथा नवीन राजाओं की स्थिति तथा मानसिकता के सम्बन्ध में) बालमुकुन्द अपने निबन्धों में बहुत पहले व्यक्त कर चुके होते हैं।

गुप्त जी की कुशल पत्रकारिता उनकी भाषा-शैली को भी प्रभावित करती है। वे सुन्दर तथा चलते हुए संस्कृत के तत्सम तथा तद्भव शब्दों के विन्यास से और प्रचलित उर्दू शब्दों के संयोजन से भाषा का सुरुचिपूर्ण ढाँचा गढ़ने में सक्षम हुए हैं। छोटे-छोटे वाक्यों में आवश्यक मुहावरों के माध्यम से वे अपने विचारों को बड़े प्रभावशाली ढंग से सम्प्रेषित करते हैं। उनकी भाषा निर्मल जलयुक्त झरने की तरह झर-झर बहती चली जाती है। उसमें भावों की विविध तरंगें उठती-गिरती रहती हैं। उनके मन की तरंग ही भाषा में तरंगायित हो उठती हैं- चिन्ता स्रोत दूसरी ओर फिर विचार आया कि काल अनन्त है। जो बात इस समय है वह सदा न रहेगी। इससे एक समय अच्छा भी आ सकता है। जो बात आज आठ-आठ आँसू रुलाती है वही किसी दिन बड़ा आनन्द उत्पन्न कर सकती है।

श्यामसुन्दरदास (1875-1945 ई.)— श्यामसुन्दरदास ने हिन्दी भाषा और साहित्य की समृद्धि में अनेक रूपों में योगदान किया है। वे नागरी प्रचारिणी सभा के तीन संस्थापकों (पं. रामनारायण मिश्र, ठाकुर शिवकुमार सिंह) में एक थे। इन्होंने हिन्दी को शैक्षिक स्तर पर प्रतिष्ठित किया। प्राचीन हस्तलिखित ग्रन्थों की खोज, हिन्दी वैज्ञानिक कोश और शब्दसागर का सम्पादन तथा आलोचना (साहित्यालोचन), भाषा के सैद्धान्तिक और विकासात्मक स्वरूप का विवेचन एवं प्रतिपादन (भाषाविज्ञान, हिन्दी भाषा का विकास) इनके प्रमुख कार्य रहे। बाबू साहब ने गम्भीर तथा विवेचनात्मक साहित्यिक निबन्ध भी लिखे।

इन्होंने अपनी भाषा में संस्कृत की क्लिष्ट एवं समासान्त पदावली का प्रयोग नहीं किया तथा अरबी-फारसी के शब्दों में उन्हीं को स्वीकार किया जो बहुप्रचलित थे। इनकी शैली सामान्यतः संगठित

तथा व्यवस्थित है। जहाँ विचारों का गम्भीर प्रतिपादन है वहाँ भाषा कुछ क्लिष्ट अवश्य है किन्तु दुर्बोध नहीं है। वे अच्छे वक्ता थे इसीलिए वक्तृत्व शैली का प्रभाव भी उनकी भाषा पर है।

छायावाद-युग (स्वच्छन्दतावादी युग)

आधुनिक हिन्दी साहित्य के विकास का तीसरा चरण (1918-36 ई.) छायावाद या स्वच्छन्दतावाद का युग है। यह मुख्यतः काव्यान्दोलन है और ऐसा काव्यान्दोलन जो अपनी विशिष्ट अभिव्यंजना प्रणाली तथा नवीन काव्यचेतना के कारण विद्वानों के बीच सबसे अधिक चर्चित रहा। आलोचकों ने इसे विविध रूपों में परिभाषित और व्याख्यायित करने का प्रयत्न किया है। पण्डित रामचन्द्र शुक्ल छायावाद शब्द का प्रयोग दो अर्थों में करते हैं। एक तो रहस्यवाद के अर्थ में जहाँ उसका सम्बन्ध काव्यवस्तु से होता है अर्थात् वहाँ कवि उस अनन्त और अज्ञात प्रियतम को आलम्बन बनाकर अत्यन्त चित्रमयी भाषा में प्रेम-व्यंजना करता है। दूसरे अर्थ में वे इसे शैली-विशेष मानते हैं जिसमें लाक्षणिकता, मूर्तिमत्ता, प्रतीक-विधान, विरोध-चमत्कार, विशेषण-विपर्यय आदि पर बल रहता है। रहस्यवाद के अन्तर्भूत रचनाएँ पहुँचे हुए पुराने सन्तों या साधकों की उस वाणी के अनुकरण पर होती हैं जो तुरीयावस्था या समाधि दशा में नाना रूपकों में उपलब्ध आध्यात्मिक ज्ञान का आभास देती हुई मानी जाती थीं। इस रूपकात्मक आभास को यूरोप में छाया (फैण्टसमाटा) कहते थे। इसी से बंगाल में ब्रह्मसमाज के बीच उक्त वाणी के अनुकरण पर जो आध्यात्मिक गीत या भजन बनते थे वे छायावाद कहलाने लगे। धीरे-धीरे यह शब्द धार्मिक क्षेत्र से वहाँ के साहित्य क्षेत्र में आया और फिर रवीन्द्र बाबू की धूम मचने पर हिन्दी के साहित्य में प्रकट हुआ। हज़ारीप्रसाद द्विवेदी इस मत को भ्रामक मानते हैं क्योंकि छायावाद नाम बँगला में कभी चला ही नहीं। छायावाद शब्द का सर्वप्रथम प्रयोग मुकुटधर पाण्डेय ने शारदा पत्रिका में किया। इन्होंने छायावाद की सांकेतिक शब्दावली अतिशय कल्पनाशीलता, अन्तरंग सूक्ष्मदृष्टि, चित्रमयता तथा संगीतमयता को विश्लेषित किया। पण्डित जी तथा शुक्ल जी द्वारा निर्दिष्ट विशेषताओं के इर्द-गिर्द ही आगे आलोचकों ने छायावाद को समझने एवं व्याख्यायित करने का प्रयास किया। रामकुमार वर्मा आत्मा-परमात्मा की छाया-प्रतिच्छाया को छायावाद कहते हैं। डॉ. नगेन्द्र का अभिमत है कि, "छायावाद एक विशेष प्रकार की भाव-पद्धति है, जीवन के प्रति एक विशेष भावात्मक दृष्टिकोण था।' डॉ. रामविलास शर्मा छायावाद को स्थूल के प्रति सूक्ष्म का विद्रोह मात्र नहीं बल्कि उससे कुछ अधिक मानते हैं। "छायावाद स्थूल के प्रति सूक्ष्म का विद्रोह नहीं रहा वरन् थोथी नैतिकता, रूढ़िवाद और सामन्ती साम्राज्यवादी बन्धनों के प्रति विद्रोह रहा है। परन्तु यह विद्रोह मध्यवर्ग के तत्त्वावधान में हुआ था। इसीलिए उनके साथ मध्यवर्गीय असंगति पराजय और पलायन की भावना भी जुड़ी हुई है।" इसमें जयशंकर प्रसाद का मन्तव्य अत्यधिक महत्त्वपूर्ण कहा जा सकता है। 'छाया भारतीय दृष्टि से अनुभूति और अभिव्यक्ति भंगिमा पर अधिक निर्भर करती है। ध्वन्यात्मकता, सौन्दर्य, प्रकृति प्रधान तथा उपचार वक्रता के साथ स्वानुभूति की विवृति छायावाद की विशेषताएँ हैं। अपने भीतर से मोती के पानी की तरह अन्तर-स्पर्श करके भाव समर्पण करनेवाली अभिव्यक्ति की छाया कान्तिमय होती है।"

छायावादी काव्यान्दोलन के उदय और विकास के प्रेरक तत्त्व

छायावाद काव्य का सृजन दो विश्वयुद्धों के बीच में हुआ है। इसका यह तात्पर्य नहीं है कि छायावादी कविता प्रथम विश्वयुद्ध की दुखद परिणति तथा द्वितीय विश्वयुद्ध की भूमिका के कारणतत्त्वों के प्रभाव से जन्मी है। कुछ सीमा तक महायुद्ध के प्रभाव को स्वीकार करना ही पड़ेगा। छायावाद

में राष्ट्रवाद की अपेक्षा जो मानवतावाद का स्वर अधिक मुखर होता है वह कवियों की इसी मान्यता का परिणाम है कि हमारी नियति तथा 'भाग्य राष्ट्र की सीमाओं में ही निर्धारित और परिचालित नहीं है बल्कि सम्पूर्ण विश्व के साथ उनका अभिन्न अपरिहार्य सम्बन्ध है।

छायावाद आधुनिक हिन्दी कविता के विकास की एक ऐसी सीमा है या कुछ मायने में एक चरम ऊँचाई है जहाँ से आगे बढ़ना सम्भव नहीं है, बल्कि दिशा ही बदली जा सकती है। नवजागरण के जो तत्त्व भारतेन्दुयुगीन कविता में सीधे-सादे ढंग से व्यक्त होते हैं वही कुछ और सशक्त रूप में द्विवेदी-युग में अभिव्यक्त होते हैं, छायावाद तक ये कविता की आन्तरिक व्यंजना से सम्पृक्त हो जाते हैं। समाज-सुधार तथा राजनीतिक जागरूकता जो कविता के ऊपरी सतह पर तैर रहे थे वे कविता में द्रवीभूत हो गये क्योंकि अब तक उनका सम्बन्ध कवि के गहरे संस्कार से हो गया था। अतीत के पात्र छायावाद में किसी महापुरुष के रूप में इस पृथ्वी को स्वर्ग बनाने की कामना से अवतरित नहीं होते। बल्कि छायावादी कवि अतीत के पात्रों के आन्तरिक संघर्ष में ही अपने युग के संघर्ष को उत्कीर्ण कर देता है।

छायावाद की काव्य-प्रवृत्ति के निर्धारण में सामाजिक, आर्थिक, राजनीतिक परिस्थितियों के बदलाव तथा उनके प्रभाव से उत्पन्न नयी समस्याओं की भूमिका उल्लेखनीय है। सामाजिक सुधार की जो प्रक्रिया उन्नीसवीं शताब्दी के पूर्वार्द्ध से शुरू हो गयी थी उसकी एक परिणति यह भी रही कि व्यक्ति की अपेक्षा समाज बहुत अधिक महत्त्वपूर्ण हो गया। वैयक्तिक दुख-दर्द की अपेक्षा समाज-सेवा, लोकोपकार की भावना की आवश्यकता से अधिक तरजीह दी जाने लगी थी, जबकि औद्योगिक विकास के कारण बढ़ते हुए पूँजीवादी प्रभाव से व्यक्तिवादी विचारधारा तेजी से उभर रही थी। पूँजीवादी अर्थव्यवस्था में 'व्यक्ति' पूँजी लगाने और बाजार में अपना माल बेचने के लिए स्वतन्त्र रहता है। पूँजीवाद के सिद्धान्त के द्वारा वह अपनी स्वतन्त्रता प्राप्त करता है पर अन्य वर्गों के लिए वह स्वतन्त्रता परतन्त्रता से भी बदतर होती है। डॉ. शम्भुनाथ सिंह का कथन है कि 'पूँजीवादी साहित्य पूँजीवादी अर्थव्यवस्था के अनुरूप ही व्यक्तिवादी होता है।' मेरी अपनी धारणा है कि छायावाद में जो व्यक्तिवाद उभरा है वह द्विवेदीयुगीन समाजवाद का पूरक है और भारतीय आध्यात्मिक व्यक्तिवाद की भौतिक परिणति है।

सामन्ती-साम्राज्यवादी बन्धनों से मुक्ति का आन्दोलन छायावाद में बहुत-कुछ विद्रोहात्मक हो जाता है। पुनर्जागरणकाल में धर्म के प्रति नयी दृष्टि का विकास तो हुआ किन्तु पुराने ढंग की धार्मिकता का आतंक बहुत-कुछ बना हुआ था। छायावाद में धार्मिकता से लगभग मुक्त होकर आध्यात्मिकता एवं दार्शनिकता को अपनाया गया।

मर्यादाबोध के कारण ही अतीत के चरित्रों में अपेक्षित परिवर्तन की कामना रखते हुए भी कवियों ने प्रायः उनके प्राचीन व्यक्तित्व की ही पुनरावृत्ति की। अनुप्रासविहीन (अतुकान्त) छन्दों को अपनाने की चेष्टा में वे प्राचीन संस्कृत वर्ण वृत्तों को ही प्रस्तुत करते रहे। उपेक्षित नारी को नये ढंग से प्रतिष्ठित करने का दृढ़ संकल्प रखते हुए भी वे उसे पति के चरणों की दासी, पति की गति से ही पत्नी की गति तक ही सीमित करके रह गये और उसकी भावनाओं को मर्यादा से जकड़कर ही महिमामण्डित करते रहे।

छायावाद में प्रेम और शृंगार का स्रोत नये आवेग से प्रस्फुटित होता है यद्यपि उसमें रीतिकालीन स्थूल दैहिकता तथा भोगपरक वासना नहीं है तो भी द्विवेदीयुगीन नैतिक दृष्टि से उसमें अश्लीलता

की गन्ध आ सकती है। यही कारण है कि द्विवेदी जी इस नयी धारा का खुले हृदय से स्वागत नहीं कर पाते हैं। नैतिकता और बौद्धिकता का सम्बन्ध अभिन्न है। भाव का निश्छल आवेग नैतिकता की मर्यादा को कभी-कभी तोड़ देता है। रीतिकालीन काव्य-परिपाटी का विरोध भी सामन्ती भावनाओं तथा बन्धनों से मुक्ति का ही द्योतक है। काव्य, विषय, भाषा, छन्द तथा कल्पना की पुरानी लकीरों को छोड़कर नये मार्ग पर कविता संचरित होती है।

छायावाद की काव्यप्रवृत्ति के निर्माण में द्विवेदीयुगीन कविता की प्रतिक्रिया भी मानी गयी है। हिन्दी साहित्येतिहास में काव्य-विकास की स्थितियाँ पूर्ववर्ती काव्यप्रवृत्ति की क्रिया-प्रतिक्रिया में स्वरूप ग्रहण करती दिखायी देती है। डॉ. रामविलास शर्मा की मान्यता है कि, "छायावाद स्थूल के प्रति सूक्ष्म का विद्रोह मात्र नहीं वरन् थोथी नैतिक, रूढ़िवाद और सामन्ती-साम्राज्यवादी बन्धनों के प्रति विद्रोह रहा है।" द्विवेदी-युग में स्थूल तथा यथातथ्य चित्रण पर विशेष बल दिया गया। रीतिकालीन नायक-नायिका-भेद घोर श्रृंगारिकता के विरुद्ध द्विवेदी जी ने कवियों को कड़ा आदेश दिया जिसके परिणामस्वरूप द्विवेदी-युग में श्रृंगार की सूक्ष्म अभिव्यंजना अवरुद्ध हो गयी। नैतिकता तथा मर्यादा के आगे हृदय के अनुभव खुलकर व्यक्त नहीं हो पा रहे थे। औद्योगिकीकरण तथा यान्त्रिकता के प्रभाव से मनुष्य प्रकृति से कटता जा रहा था। भौतिकता के क्षेत्र में चरम उन्नति तक पहुँचने की अभिलाषा से उसने प्रकृति का नाश करना भी शुरू कर दिया था। 'मानव' की शक्ति जैसे-जैसे बढ़ती गयी वैसे-वैसे वह प्रकृति से अपने शाश्वत सम्बन्धों को विस्मृत करने लगा। प्रथम विश्वयुद्ध के बाद यान्त्रिकता के विरुद्ध भी एक प्रतिक्रिया हुई। यथार्थ जीवन की विडम्बनाओं से अलग हटकर प्रकृति की गोद में विश्राम की अभिलाषा जाग उठी। वैसे कविता में प्रकृति-चित्रण की परिपाटी बिल्कुल नयी नहीं है किन्तु छायावाद में उसका जो रूप परिलक्षित होता है वह सम्पूर्ण परम्परा को मिलाकर भी उससे कुछ अधिक और विशिष्ट है।

छायावादी कवियों ने अंग्रेजी की रोमाण्टिक कविता (स्वच्छन्दतावादी) से भी पर्याप्त प्रेरणा ली। यूरोप में सोलहवीं-सत्रहवीं शताब्दी में जिस तरह की परिस्थितियाँ थीं वही परिस्थितियाँ कमोबेश द्विवेदी-युग में बन गयी थीं। अतः समान परिस्थितियों से समान प्रवृत्ति की कविता का सृजन होना स्वाभाविक है। अंग्रेजी के रोमाण्टिक कवियों में छायावादी कवि खुलकर प्रेरणा लेते हैं। इसीलिए इन दोनों में बहुत-कुछ साम्य दिखायी देता है। स्वच्छन्दतावाद में परम्परा के प्रति जिस तरह विद्रोह हुआ है वैसा विद्रोह छायावाद में नहीं है। प्रणय की स्वच्छन्द अभिव्यक्ति छायावाद की क्रान्तिकारी प्रवृत्ति नहीं है "वस्तुतः छायावादी काव्य स्वच्छन्दतावादी कम और पुनरुत्थानवादी (नवजागरणवादी) अधिक था। छायावाद की प्रणयानुभूति पर रीतिकालीन श्रृंगार चित्रण का काफी प्रभाव है। काव्यशास्त्रीय मूल्यों की दृष्टि से भी छायावादी प्राचीन सिद्धान्तों—विशेषकर रस सिद्धान्त के अनुरूप है और जहाँ तक दार्शनिक सिद्धान्तों का सम्बन्ध है— छायावादी काव्य सर्ववाद, कर्मवाद, वेदान्त, शैवदर्शन, अद्वैतवाद, भक्ति आदि पुराने सिद्धान्तों को ही व्यक्त करता दिखायी देता है।"

भक्त कवि मर्यादाबोध के कारण अपनी नितान्त व्यक्तिगत दुख-सुख की स्थितियों को अंकित नहीं करते। जहाँ वे अपने को पापी, दीन-हीन, भ्रमित, दुखी आदि कहते हैं वहाँ उनका लक्ष्य समस्त संसारी जीवों को सामान्य स्थिति का बोध कराना ही होता है।

छायावादी कवि पहली बार अपनी अनुभूतियों तथा भावों के प्रखर वेग को सामाजिकता के आवरण को भेदकर व्यक्त करता है। उच्छ्वास, आँसू और ग्रन्थि आदि में जो प्रणयानुभूति का अंकन किया गया है उसमें किसी तरह की आध्यात्मिकता नहीं है। प्रेम की पवित्रता तथा भाव की सबलता

के कारण यद्यपि कहीं-कहीं आध्यात्मिकता का भ्रम जरूर हो जाता है। प्रेम जो सामाजिक दृष्टि से मर्यादा-उल्लंघन है के विषय में छायावादी कवि घोषणा करता है—

कभी तो अब तक पावन प्रेम
नहीं कहलाया पापाचार।
हुई मुझको ही मदिरा आज
हाय यह गंगा जल धार॥

किन्तु भावना की शुद्धता, त्यागवृत्ति उसे नैतिकता के नवीन धरातल पर प्रतिष्ठित कर देती हैं। द्विवेदी-युग में रीतिकालीन काव्यवस्तु का विरोध हुआ है और छायावाद में रीतिकालीन काव्य-शिल्प का। रीतिकवियों ने भक्ति के आलम्बन राधा-कृष्ण का नाम लेते हुए भी अपनी सामन्ती मनोवृत्ति से उद्भूत वासनात्मक भावनाओं का चित्रण किया किन्तु छायावादी कवि अपनी निजी प्रेमी-प्रेमिका (कल्पित या वास्तविक जो भी हो) के प्रति प्रेम-भावना की ऐसी अभिव्यक्ति की कि वह दया, माया, ममता, त्याग और अगाध विश्वास के कारण भक्तिकालीन आध्यात्मिकता का संस्पर्श करने लगी।

द्विवेदीयुगीन कविता का संचरण स्थूल धरातल पर होता है और उसकी दिशा बहिर्मुखी है। वह व्यक्ति के मन की गहराई में न उतरकर सामाजिक जीवन की समस्याओं को दृष्टिगत करता है। उसमें जीवन और प्रकृति दोनों का ही स्थूल रूप उभरता है। छायावाद में इसकी प्रतिक्रियास्वरूप सूक्ष्म भाव-व्यंजना तथा अन्तर्द्वन्द्व को अंकित करने का प्रयत्न किया गया है। इसमें सामाजिकता के बदले वैयक्तिकता अधिक है।

छायावादी कवियों में रूढ़ियों से मुक्ति की जो चेष्टा है वह राजनीतिक परतन्त्रता की प्रतिक्रिया भी है। प्रथम विश्वयुद्ध में अंग्रेजों का खुलकर साथ देने के बावजूद युद्ध के पश्चात् अंग्रेजो की दमन नीति में कोई परिवर्तन नहीं हुआ। 1917 में होमरूल लीग की सक्रियता स्वराज आन्दोलन की दिशा में बढ़ गयी। राष्ट्रीय आन्दोलन के नेताओं ने ब्रिटिश शासकों की मदद इस उम्मीद से की थी कि बदले में वे भारत को स्वायत्त शासन देंगे। लेकिन युद्ध की समाप्ति जैसे-जैसे करीब आती गयी उनकी आशा पर पानी फिरता गया। फलतः उनका मोह भंग हो गया। भारतीयों के विरोध के बावजूद 18 मार्च, 1919 को रौलेट ऐक्ट पास कर दिया गया। गाँधी जी ने इसकी खिलाफत के लिए सत्याग्रह लीग की स्थापना की। जुलूस निकाले गये, सभाएँ हुईं, अंग्रेजी सिपाहियों ने उनके दमन के लिए अस्त्र प्रयोग किये, गोलियाँ चलीं फलतः बहुत-से सत्याग्रही हताहत हुए और कुछ की मृत्यु भी हो गयी। 1919 में ही जलियाँवाला हत्याकाण्ड हुआ। 1920-22 में आन्दोलनों ने और जोर पकड़ा। इसकी व्याप्ति धीरे-धीरे किसानों-मजदूरों तक होती गयी। इन परिस्थितियों में बुद्धिजीवियों को ऐसा अनुभव हुआ कि स्वतन्त्रता अब दूर की वस्तु है। परिणामस्वरूप उनमें निराशा व्याप्त हो गयी। यही निराशा और पराजय की मनोवृत्ति छायावाद में भिन्न-भिन्न रूपों में दिखायी देती है। इसकी दूसरी प्रतिक्रिया यह हुई कि कवियों ने सोचा कि रूढ़ियों के बन्धन से मुक्त होना तो अपने वश में है इसलिए कम-से-कम हम उनसे मुक्ति की घोषणा तो स्वयं कर सकते है। डॉ. शम्भुनाथ सिंह इसे पूँजीवादी अर्थव्यवस्था से उत्पन्न व्यक्तिवाद की स्वतन्त्रता का भ्रम मानते हैं। छायावादी कविता में जल्दी-जल्दी होनेवाले बदलाव का कारण भी इसी में निहित है 'पुराने सामाजिक बन्धनों को तोड़कर पूँजीवादी कवि व्यक्ति-स्वातन्त्र्य का जो स्वप्न देखता है वही उसके लिए नया बन्धन बन जाता है।... पूँजीवादी अर्थव्यवस्था की भाँति पूँजीवादी कविता का अन्तर्विरोध ही उसके जल्दी-जल्दी परिवर्तन का कारण

बनता है। बाह्य जगत् से असन्तुष्ट छायावादी कवि अन्तर्मुखी हो जाता है और वह आत्मा को पहचानने की कोशिश करता है। आत्मा की पहचान करके वह पुनः भावात्मक धरातल पर सम्पूर्ण समाज और विश्वमानवता से मिलने के लिए ललक उठता है। उसका आत्मवाद आध्यात्मिक तत्त्वों से जुड़कर उसे नयी शक्ति देता है और निराशा में भी आगे बढ़ने की ताकत देता है। विवेकानन्द, स्वामी रामतीर्थ, अरविन्द आदि दार्शनिक-आध्यात्मिक चिन्तक भी इन्हें प्रभावित करते हैं। भारतीय अद्वैतवाद, भक्तिकालीन रहस्यवाद भी स्व और पर के सम्बन्धों को समझने में इनकी सहायता करते हैं।

राजनीतिक असफलता की पीड़ा वेदना दर्शन के रूप में परिणत हो जाती है। इसमें गाँधी जी की वह विचारधारा भी कार्यरत है जिसमें यह मान्यता थी कि सत्य एवं न्याय को प्राप्त करने के लिए पीड़ा सहना भी आवश्यक है। व्यक्ति पीड़ा फैलकर यदि विश्व पीड़ा बन सकती है तो किसी भी देश का व्यक्ति उसको कभी-न-कभी अनुभव तो करेगा। छायावादी काव्य में पीड़ाबोध एक मूल्य के रूप में प्रतिष्ठित हो गया था। विरह की शाश्वत कामना में यही वेदना-दर्शन प्रभावी है।

प्रसाद ने आँसू में वैयक्तिक प्रणयानुभूति का ही सूक्ष्म चित्रण किया है। इसके प्रथम संस्करण में विशुद्ध मानवीय प्रेम की अभिव्यंजना अधिक मुखर है। दूसरे संस्करण में रहस्यात्मकता का भ्रम पैदा करने के लिए अपेक्षित परिवर्तन किये गये हैं। वैयक्तिक सुख-दुःख तथा बेबाक अनुभव की जैसी अभिव्यक्ति 'सरोज स्मृति' में होती है वैसी रचना हिन्दी साहित्य में अन्यत्र दुर्लभ है। अपनी ही कन्या सौन्दर्य चित्रण तथा उसकी अनेक अपूर्ण तथा अतृप्त भावनाओं के मूल में पिता के दायित्व की स्वीकृति अत्यन्त मार्मिक है। एक साधारण-सी लड़की की स्मृति को कवि-दृष्टि ने कितना उदात्त तथा कितना मार्मिक बना दिया है, यह सब एक ओर उसकी काव्य-प्रतिभा का द्योतक है दूसरी ओर व्यक्ति-प्रतिष्ठा का एक उत्कृष्ट दृष्टान्त भी है। द्विवेदी-युग में ऐतिहासिक और पौराणिक चरित्रों के माध्यम से नारी-वेदना का मर्म इतना प्रभावशाली ढंग से उभर नहीं पाया जितना कवि-पुत्री सरोज की स्मृति में उभरा है। कठोर सामाजिक व्यवस्था के बीच व्यक्ति की भावनाओं का करुण क्रन्दन ही सरोज के माध्यम से अभिव्यक्ति पाता है। पन्त का आद्यन्त अविवाहित रहना तथा महादेवी का परिणय के बावजूद सम्बन्ध-विच्छेद के कारण चिरवियोग का अभिशाप, निराला और प्रसाद की पारिवारिक विडम्बना तथा पीड़ाबोध उनके वैयक्तिक सुख-दुःख के भावों के प्रेरक हैं। छायावादी कवियों के व्यक्तिवादी तत्त्वों को पूँजीवादी व्यवस्था से उत्पन्न व्यक्तिवाद के आधार पर विश्लेषित करने का आग्रह जरूरत से अधिक नहीं करना चाहिए।

छायावादी कविता की कतिपय प्रवृत्तियों का निर्धारण भी उनकी व्यक्तिवादी दृष्टि के आधार पर किया गया है। नामवर सिंह ने उसकी व्यक्तिवादी दृष्टि तथा व्यक्तित्व के खोज की विविध परिणतियों का उल्लेख किया है। प्रकृति में आत्मभाव की खोज, नयी सौन्दर्य दृष्टि और अतिशय भावुकता मुख्यतया उसकी तीन परिणतियाँ रहीं। वास्तव में छायावादी काव्य-दृष्टि जीवन के प्रति एक सूक्ष्म भावात्मक दृष्टिकोण है जो उसके शिल्प को भी प्रभावित करता है। समाज, जीवन और प्रकृति को देखने का हर कवि का अपना नजरिया होता है। उसका नजरिया युग सन्दर्भों से भी प्रभावित रहता है। चूँकि छायावाद में युगभाव आत्मभाव बन गया है इसीलिए उसकी प्रत्येक काव्यप्रवृत्ति में व्यक्तिवाद ही नजर आता है। कोई भी सामान्य विचार जब सशक्त रचनाकार के पास पहुँचता है तो उसकी अपनी दृष्टि से मिलकर वह व्यक्तिगत ही हो जाता है। छायावाद के बाद मुक्तिबोध में इसकी भिन्न धरातल पर परिणति देखी जा सकती है।

छायावाद की सम्पूर्ण काव्यप्रवृत्तियों को रेखांकित करने के लिए यदि एक ही प्रमुख आधार पर जिक्र करना चाहें तो कह सकते हैं कि छायावाद नवजागरण के गहरे प्रभाव की काव्यात्मक निष्पत्ति

है। नये परिवेश में नयी चेतना की जागृति ही अतीत और वर्तमान को नयी दृष्टि से देखने-परखने की प्रेरणा देती है।

छायावाद की सामान्य विशेषताएँ

छायावाद को परिभाषित करनेवाले विद्वानों ने छायावाद की प्रमुख विशेषताओं को ही निर्दिष्ट किया है किन्तु छायावाद की पूरी काव्ययात्रा तथा शिल्पगत स्थिति को देखने से ज्ञात होता है कि कोई भी परिभाषा पूर्ण रूप से छायावाद को निरूपित नहीं कर पाती। छायावादी कवि सूक्ष्मभावों की अभिव्यक्ति कई बार स्थूल बिम्बों के माध्यम से करते हैं और कभी-कभी स्थूल को सूक्ष्म बनाते हैं। छायावाद की प्रमुख विशेषताएँ अधोलिखित हैं—

वैयक्तिकता—छायावादी काव्य की मूलभूत विशेषता है व्यक्तिनिष्ठा और आत्माभिव्यंजन। व्यक्तिनिष्ठता के कतिपय कारणों की ओर पीछे संकेत किया जा चुका है। बढ़ते हुए पूँजीवाद के प्रभाव के कारण व्यक्तिवादी चेतना का उदय युगसत्य माना जाता है किन्तु छायावाद में जो व्यक्तिवाद अभिव्यक्त होता है उसका स्वरूप और आधार बहुत-कुछ आध्यात्मिक किस्म का है। वह आत्मा को सम्पूर्ण जगत् में व्याप्त देखता है। इसीलिए बाह्य वस्तुओं पर अपनी निजी भावनाओं को आरोपित करके उनका चित्रण करता है। वैयक्तिकता का एक लहजा भक्तिकाव्य में भी व्यक्त हो चुका है किन्तु उसमें सुख-दुःख के भोग तथा सांसारिक सम्बन्धों का नश्वरता-बोध मुख्यतया सामान्यीकृत ढंग से व्यक्त हुआ है।

छायावाद में व्यक्ति की व्यापक अनुभूति में समष्टि की चेतना समाहित हो गयी है। निराला लिखते हैं—

मैंने मैं शैली अपनाई
देखा एक दुःखी निज भाई।
दुःख की छाया पड़ी हृदय में
झट उमड़ वेदना आई।

शिवदान सिंह का विचार है कि यह 'मैं' प्रत्येक प्रबुद्ध भारतीय का 'मैं' है। डॉ. रघुवंश छायावाद के व्यक्तिवादी दृष्टिकोण की निश्चित परिणति की सीमाओं को निर्दिष्ट करते हैं, 'उसकी वैयक्तिकता इतनी अन्तर्मुखी हो गयी कि कवि वस्तु-सत्य की नितान्त अवहेलना करके सूक्ष्म भावात्मक स्वप्नों, आशा के वायवीय रंगीन चित्रों तथा कल्पना की चित्र-विचित्र घाटियों में रमता रहा। साधारण जीवन और जगत् से सम्बन्ध न होने के कारण इन कवियों की आत्माभिव्यक्ति में जीवन की सुख-दुःखमयी संवेदनाओं, आशा-निराशा के अन्तर्द्वन्द्वों का रूप बहुत कम आ सका है... इस काव्य जगत् के रंगों का सौन्दर्य है, उसके सूक्ष्म-से-सूक्ष्म छायातप को चित्रमय करने का प्रयास किया गया है। ....इस कारण इस काव्य में भावात्मक तथा कल्पनात्मक सौन्दर्य है पर शक्ति का नितान्त अभाव है।' सम्पूर्ण छायावादी काव्य को देखने से यह कथन समीचीन नहीं लगता। इतना अवश्य है कि छायावाद में स्थूल संघर्ष के बदले आन्तरिक संघर्ष का चित्रण अधिक हुआ है। कामायनी के मनु का संघर्ष बाह्य न होकर आन्तरिक ही है। इसी तरह 'राम की शक्ति-पूजा' तथा 'सरोज स्मृति' में भौतिक जीवन के संघर्षों को रूपायित किया गया है। निराला की बहुत-सी कविताएँ शक्ति काव्य के ही दृष्टान्त हैं। निराला ने 'सरोज स्मृति' में जीवन की रूढ़ियों तथा अर्थहीनता की स्थितियों में पिसते मानव की करुणा-संवेदन को उभारा है।

रहस्यात्मकता—छायावादी काव्य की नितान्त आन्तरिकता तथा अन्तरंग अनुभूति को पृथ्वी और आकाश के मध्य में प्रकीर्ण कर देने की आकांक्षा रहस्यवाद को जन्म देती है। महादेवी की कविताओं में असीम से मिलन की तड़प है। प्रेम और वेदना की गहराई उन्हें रहस्यवादी बनाती है। प्रसाद परम सत्ता की बाहरी तलाश करते हुए भी श्रद्धा-मनु को शक्ति और शिव के प्रतीक रूप में प्रतिष्ठित कर देते हैं। वे आँसू में वेदना का इतना विस्तार करते हैं कि उसमें सूफी प्रेम की आध्यात्मिक छाया का भ्रम उत्पन्न हो जाता है। "प्रसाद के यहाँ आत्मविस्तार प्रायः एक अतीन्द्रिय आनन्दानुभूति के रूप में अभिव्यक्ति पाता है, लेकिन कामायनी में छायावाद-युग की प्रायः सभी रहस्यभावनाओं का प्रतिनिधित्व हो गया है, निराला जिस प्रकार जीवन के कटु यथार्थ का सीधा साक्षात्कार करते हैं उसी तरह विराट् तत्त्व के मोहक तथा प्रलयकारी दोनों रूपों को साकार करते हैं। पन्त प्रकृति के मौन निमन्त्रण की मद्धिम आवाज का बड़े कुतूहल से श्रवण करते हैं। डॉ. रघुवंश दायावादी रहस्यवाद को प्राचीन साधनात्मक रहस्यवाद से भिन्न मात्र-रहस्याभास मानते हैं। उनका तर्क है कि प्रतीकों को जुटाने तथा व्यक्तिगत प्रेम आदि भावना को निर्वैयक्तिक आधार प्रदान करने में इस काव्य में रहस्यात्मक अभिव्यक्ति का आभास अवश्य आ गया है। पर इस काव्य में आत्मोत्सर्ग की भावना का नितान्त अभाव है, क्योंकि मूलतः छायावादी कवि अहंवादी है और इस 'अहं' की भावना के रहते आत्मोत्सर्ग सम्भव नहीं और बिना आत्मोत्सर्ग के (अहं के पूर्ण विलय) आध्यात्मिक जीवन के मिलन-सुख की कल्पना नहीं की जा सकती।" डॉ. नामवर सिंह का कहना है कि यदि (उनकी) आध्यात्मिकता झूठी है तो उनमें जो सच है वह एकदम सामाजिक है।

प्रकृति-चित्रण—सामाजिक मर्यादाओं तथा रूढ़ियों से मुक्ति की प्रबल आकांक्षा तथा अहं केन्द्रित होते हुए भी छायावादी कवि प्रकृति के उन्मुक्त प्रांगण में विचरण करता है। समाज की निश्चित व्यवस्था तथा अनुशासन की सीमाओं के बाहर प्रकृति-जगत् की निर्बन्ध स्वच्छन्दता के वातावरण ने उन्हें खूब आकृष्ट किया। उन्होंने प्रकृति के साथ गहन रागात्मक सम्बन्ध स्थापित करते हुए कहीं उस पर नारी-भावों का आरोपण किया, कहीं उसके माध्यम से अलौकिक प्रेम का अनुभव किया, कहीं मानवीय अनुभूतियों तथा संवेदनों का स्पन्दन देखा तथा कहीं प्रकृति की स्वतन्त्र छवि का रूपांकन किया। महादेवी द्वारा अंकित सद्यःस्नाता नायिका के रूप में प्रकृति का एक चित्र देखिये—

रूपसि, तेरा, घन-केश-पाश।
नभगंगा की रजत-धारा में,
धो आई क्या इन्हें रात।
कम्पित-हैं तेरे सजल अंग,
सिहरा-सा तन है सद्य स्नात।
भीगी अलकों के छोरों से,
चूती बूँदें कर विविध लास।

सभ्यता के आवरण तथा मानव की श्रेष्ठता ग्रन्थि के कारण प्रकृति और मानव के बीच बढ़ते अपरिचय के कारण टूटता हुआ रिश्ता छायावाद में पुनः जुड़ गया। छाया, बादल, पर्वत, समुद्र, सन्ध्या, उषा के वर्णनों में नूतन भावभंगिमाएँ, रागात्मक तत्त्वों तथा काल्पनिक दृश्यों का समावेश करके कवियों ने मौलिकता का परिचय दिया। प्रकृति के विविध रूपों की परिकल्पना तथा नयी सौन्दर्य-दृष्टि के निर्माण में परम्परित भारतीय काव्य-परम्परा तथा अंग्रेजी की रोमाण्टिक कविताओं की सम्मिलित प्रेरणा है।

नारी-सौन्दर्य तथा प्रेम— प्रकृति-सौन्दर्य तथा छवि के समानान्तर छायावाद में नारी-सौन्दर्य तथा प्रेम का उदात्त वर्णन हुआ है। द्विवेदी-युग में नारी को उसकी दीनता-हीनता से उबारने का प्रयास अवश्य किया गया है किन्तु उसका समग्र व्यक्तित्व नहीं उभर सका। छायावाद में पहली बार 'नारी' को उसके विराट् व्यक्तित्व-प्रेयसि, जननी आदि को प्रतिष्ठित किया गया। प्रसाद ने नारी को केवल श्रद्धा के रूप में मूर्तिमान् किया। निराला ने 'विधवा' को इष्टदेव के मन्दिर की पूजा के रूप में निरूपित किया। प्रकृति के विस्तृत क्रोड में भटकनेवाली प्रेम की प्रतिध्वनि नारी के हृदय में विश्राम पाती है। आदिवासना तथा प्राकृतिक भूख की तृप्ति कवियों को नारी में ही परिलक्षित होती है। वह पुरुष की प्राण शक्ति है जिसमें जीवन में संघर्ष तथा सृजन की मधुर प्रेरणा प्राप्त होती है। सूने तथा नीरस एकाकी जीवन में नारी का आगमन बसन्त की सरसता घोल देता है। छायावादी नारी की नयनाभिराम रूपछवि का ऐन्द्रजालिक प्रभाव जीवन और प्रकृति की पूरी दृष्टि को परिवर्तित कर देता है। कवियों को प्रकृति में विराट् दाम्पत्य भाव तथा काम की उदात्त लीला के दर्शन होने लगते हैं। प्रेम तथा स्नेह के राग से आधुनिककालीन हिन्दी कविता का सुधारवादी उपदेशात्मक रूपमाधुर्य से आप्लावित हो गया। प्रसाद के काम मंगल में मण्डित श्रेय में इच्छा-सर्ग के परिणाम जिजीविषा और जीवन की समस्त आकांक्षाओं-आशाओं का संपुजन हो गया है। महादेवी के गीतों में तो आद्यन्त प्रेम की तरल धारा ही प्रवाहित होती है। निराला ने अनेक गीतों में प्रेम की अभिव्यंजना करते हुए 'प्रेम के प्रति' स्वतन्त्र कविता लिखी। पन्त भी द्रुमों की मृदु छाया छोड़कर नारी के बाल-जाल में उलझते दिखायी देते हैं। पन्त के स्त्री-पुरुष के प्रणय सम्बन्ध के वैशिष्ट्य को रेखांकित करते हुए नामवर सिंह कहते हैं, "इसमें न तो प्रसाद की-सी मधुचर्या है और न निराला का-सा उद्दाम आवेग। पन्त के प्रणय चित्रण की विशेषता उसकी शैशव सरलता में है; इसमें न तो मधु की-सी प्रगाढ़ मिठास है, न ज्वार का उफान। इसमें छोटे-से पहाड़ी झरने की तरलता है।"

राष्ट्रीय तथा सांस्कृतिक चेतना

छायावाद में केवल प्रकृति एवं नारी की रूप छवि ही नहीं निखरी बल्कि तत्कालीन राष्ट्रीय चेतना तथा सामाजिक विद्रोह की भावना भी मुखरित हुई। प्रसाद अपने नाटकों में अनेक गीतों के माध्यम से तथा 'पेशोला की प्रतिध्वनि' और 'शेरसिंह का आत्मसमर्पण' नामक कविताओं में जातीय पराजय का कारुणिक चित्र अंकित करके मुक्ति मार्ग पर अग्रसर होने की प्रेरणा देते हैं। निराला 'छत्रपति शिवाजी का पत्र' नामक कविता में विजय तथा मुक्ति की इसी उत्कट अभिलाषा को अभिव्यंजित करते हैं—

जितने विचार आज, मारते तरंग हैं
साम्राज्यवादियों की भोग वासनाओं में
हिन्दुस्तान मुक्त होगा और घोर अपमान से
दासता के पाश कट जायेंगे।

'जागो फिर एक बार' में उन्होंने आत्मगौरव जागृत करने का प्रयास किया है। 'बादल राग' में तो वे कुछ आगे बढ़कर गरीबों तथा शोषितों का क्रान्ति के लिए आह्वान करते हैं। छायावादी कवि नारी को युग-युग की कारा से मुक्त करने की दुराई देते हैं। वे जग के नये उल्लास, नयी अभिलाषा तथा सुखमय जीवन के विश्वासों को अपनी कविता में बड़ी आस्था से अंकित करते हैं। पराधीनता

की पीड़ा से उबरने की आकांक्षा से कवियों में दोहरी मनोवृत्ति पनपी। एक तो वेदना को ही मूल्य मानने की दूसरी कल्पना के द्वारा संघर्ष के धरातल को छोड़कर सुखद तथा रंगीन कल्पना-लोक में विचरण करने की।

अतिशय कल्पनाशीलता— अनुभूति और कल्पना किसी भी युग की काव्य-रचना-प्रक्रिया की आवश्यक शर्तें हैं किन्तु छायावादी काव्य अपनी स्वच्छन्दतावादी प्रवृत्ति के कारण कल्पना के विस्तृत तथा उच्च क्षेत्र में उड़ान भरता है। रूपाकार के पूर्व रचनाकार के मानस में वस्तु-विशेष का एक काल्पनिक चित्र निर्मित होता है। अन्ततः यही काल्पनिक चित्र ही स्थूल आकार ग्रहण करता है। छायावादी कवियों ने अनेक स्थलों पर 'कल्पना' के महत्त्व को अंकित किया है। प्रसाद लिखते हैं—

हे कल्पना सुखदान
तुम मनुज जीवन प्रान
तुम विशद व्योम समान।

निराला ने कविता को 'कल्पना के कानन की रानी' के रूप में पहचाना है। कल्पना के माध्यम से आलोच्य कवि प्रकृति तथा मानव के अन्तरतम में प्रवेश करके सूक्ष्म-से-सूक्ष्म भावस्पन्दनों तथा छवियों को उद्घाटित करते हैं। वे निराशापूर्ण सुखद वर्तमान की सीमाओं को तोड़कर राजनीतिक साम्राज्यवादियों को चुनौती देते हुए अखिल विश्व तथा विराट् प्रकृति के वृहत्तम कल्पना-साम्राज्य में प्रसरित हो जाते हैं।

शिल्पविधान— छायावाद ने रूप-विन्यास, चित्रमयता, बिम्बविधान, मुक्त छन्द आदि के द्वारा काव्यशिल्प में क्रान्तिकारी बदलाव उपस्थित किया। द्विवेदी-युग के भाषा परिष्कार से बहुत आगे बढ़कर कवियों ने भाषा की लाक्षणिक तथा अभिव्यंजनात्मक क्षमता को उद्घाटित किया। वैदिक साहित्य से लेकर द्विवेदी-युग तक विकसित उपमानों, प्रतीकों, अलंकारों तथा छन्दों में छायावादी भावानुभूति समा नहीं पाती। इसीलिए कवियों को इनमें नयी अर्थ सम्भावनाओं की तलाश करनी पड़ी। सूक्ष्म भावों के हल्के अन्तर को स्पष्ट करने के लिए शब्द पर्यायों में ध्वन्यात्मकता, कोमलता एवं मसृणता के आधार पर उनकी विशिष्ट व्यंजक छवि को परखना पड़ा। अलंकारों को केवल वाणी की सजावट के लिए नहीं बल्कि भावाभिव्यक्ति के विशेष माध्यम के रूप में अपनाया गया। अपनी अपूर्व कल्पना से छायावादी कवियों ने प्रभाव-साम्यमूलक सूक्ष्म उपमानों का चयन किया। आचार्य रामचन्द्र शुक्ल का विचार है कि कहीं-कहीं तो बाहरी सादृश्य या साधर्म्य अत्यन्त अल्प या न रहने पर भी आभ्यन्तर प्रभावसाम्य लेकर ही अप्रस्तुतों का सन्निवेश कर दिया जाता है। ऐसे अप्रस्तुत अधिकतर उपलक्षण के रूप या प्रतीकवत् होते हैं— जैसे सुख, आनन्द, प्रफुल्लता यौवनकाल इत्यादि के स्थान पर उनके द्योतक उषा, प्रभात, मधुकाल, प्रिया के स्थान पर मुकुल, प्रेमी के स्थान पर मधुप, श्वेत या शुभ्र के स्थान पर कुन्द, रजत, माधुर्य के स्थान पर मधु आदि। छायावाद में सूक्ष्मता तथा अमूर्तता होते हुए भी चित्रात्मकता पर बल दिया गया है। इसमें उच्चकोटि की बिम्बयोजना है। संस्कृत के तत्सम शब्दों तथा अंग्रेजी की रोमाण्टिक कविता से शब्दों को रूपान्तरित करके उन्हें इस रूप में विन्यस्त किया गया कि शब्दों का सहज संगीत स्वतः मुखरित हो उठा है। उदाहरणार्थ—

दिवसावसान का समय
मेघमय आसमान से उतर रही है
वह सन्ध्या-सुन्दरी परी-सी
धीरे धीरे धीरे।

शब्दों की उचित अन्विति, विन्यास के साथ ही प्रगीतात्मकता को विकसित तथा समृद्ध करना इनका प्रमुख लक्ष्य था। हृदय का प्रबल भावावेग छन्द के बन्ध तो तोड़कर बह चला है। पुराने छन्द रूढ़ि मुक्त होकर मुक्त छन्द के रूप में प्रयुक्त हुए हैं।

छायावाद : शक्तिकाव्य के रूप में

छायावादी काव्य की कतिपय प्रवृत्तियों में से किसी एक को केन्द्र में रखकर उसकी प्रधान विशेषता को इंगित करने का प्रयत्न आलोचकों द्वारा किया गया है। इसीलिए छायावाद को प्रकृति काव्य, रहस्यवादी काव्य, स्वच्छन्दतावादी काव्य आदि अनेक रूपों में जाना-पहचाना गया। आरम्भ में छायावादी कवियों में प्रकृति और नारी को लेकर प्राथमिकता तय करने की दृष्टि से असमंजस दिखायी देता है, पन्त कहते हैं—

छोड़ द्रुमों की मृदु छाया
तोड़ प्रकृति से भी माया
बाले तेरे बाल जाल में
कैसे उलझा दूँ लोचन।

हिन्दीकाव्य-परम्परा में यद्यपि नारी के बाल-जाल में कवियों की सौन्दर्य दृष्टि बराबर उलझती रही है किन्तु प्रकृति के सौन्दर्य से भी वहाँ पूरक की तरह अभिभूत होता रहा। नारी को देह के बन्धन से मुक्त करके सूक्ष्म सौन्दर्य के रूप में उसे प्रकृति के व्यापक प्रांगण में समाविष्ट देखने का उपक्रम ही कवियों को सादृश्यमूलक अलंकारों के विधान की प्रेरणा देता है। नारी के अंग-प्रत्यंग के उपमान के रूप में प्रकृति तत्त्वों का चित्रण नारी के महान् व्यक्तित्व को ही स्थापित करना है। नारी-भावना के साथ विश्व-भावना का तादात्म्य नारी को लौकिक धरातल से ऊपर उठाकर अलौकिक एवं आध्यात्मिक बना देता है। उपर्युक्त पंक्तियों में नारी और प्रकृति को अलग-अलग मानने का क्षणिक भ्रम मात्र है। इसे नारी सौन्दर्य के सम्मोहन का क्षण माना जा सकता है जहाँ प्रकृति से नाता तोड़ने का भय उसके भाव में बहुत गहराई में व्याप्त है। उसे यह भी भय है कि कहीं नारी देह में उलझकर वह अपने पूर्ववर्तियों की तरह प्रकृति को केवल उद्दीपन मात्र समझकर नारी विरह का चित्र खींचने में ही व्यस्त न हो जाय। छायावादी कवियों ने बड़ी सतर्कता से नारी को उसकी सम्पूर्ण भावनाओं के साथ साहित्य में प्रतिष्ठित किया और नारी के त्याग एवं शक्ति को प्रकृति के माध्यम से प्रत्यक्ष किया। महादेवी जी जब कहती हैं कि मैं नीर भरी दुःख की बदली, तो उसका अर्थ यही नहीं होता कि नारी केवल करुणा की प्रतिमूर्ति है उसमें संघर्ष शक्ति बिल्कुल नहीं है। नारी का आँसू जीवन को उर्वर एवं मधुर बनाने में महत्त्वपूर्ण भूमिका निबाहता है।

सम्पूर्ण प्रकृति का वह आँसुओं से धुले हुए स्वच्छ मनोवृत्ति से आह्वान करती है—

गोधूली अब दीप जला ले।
किरण नाल पर घन के शतदल
कलरव लहर विहग बुद-बुद चल
क्षितिज सिन्धु को चली चपल
आभा सरि अपना उर उमगा ले।

विविध सामाजिक एवं राजनीतिक कारणों से जिनका उल्लेख किया जा चुका है उपजी वेदना छायावादी कवियों को केवल आँसू बहाने तथा कोलाहलयुक्त जग से पलायन करने की प्रेरणा नहीं

देती है। बल्कि अपने तथा सम्पूर्ण सांस्कृतिक परिवेश में अन्तर्निहित शक्ति को तलाशने तथा अनुभव करने की उमंग भरती है। ले चल मुझे भुलावा देकर मेरे नाविक धीरे-धीरे की रचना करनेवाले प्रसाद अन्ततः कामायनी में शक्ति के विद्युत्कण को संयोजित करने तथा मानवता के चिर विजय की आकांक्षा व्यक्त करते हैं।

जिस छायावाद की पहचान प्रकृति काव्य, मधुचर्या का काव्य या वायवी काव्य के रूप में हुई थी उसकी अन्तिम परिणति शक्तिकाव्य के रूप में क्यों हुई। क्या छायावाद अपने विकासक्रम में पथ विचलित होकर एकदम से नये लक्ष्य की ओर झुक पड़ा। इन प्रश्नों का समाधान छायावाद की आन्तरिक प्रकृति के निर्धारक तत्त्वों एवं प्रेरणा स्रोतों की उपेक्षा करके नहीं किया जा सकता है। छायावाद की रचनात्मक प्रेरणा में बंगाल की भूमिका की ओर संकेत करते हुए डॉ. रामस्वरूप चतुर्वेदी लिखते हैं। 'असाधारण आचार-विचार से लेकर साहित्यिक रचनाकर्म के लिए मध्यदेश को आदर्श बंगाल में मिलता था, यह तत्कालीन सस्कृति के प्रवाह की दिशा थी। भौगोलिक और ऐतिहासिक दृष्टि से यह स्वाभाविक था। क्योंकि उन्नीसवीं शती में पुनर्जागरण का नेतृत्व बंगाल ने किया था। बंगाल की इस प्रेरणा में शक्ति का मन्त्र था जिसे रचनात्मक परिणति मिली छायावादी काव्य में।" रवीन्द्रनाथ का काव्य और 'गीताञ्जलि' जिस वातावरण का निर्माण करते हैं वह हिन्दी के छायावादी काव्यसंसार का एक अंश मात्र है। उसके केन्द्र में तो शक्ति-चेतना का वह उत्स है जिसने भारतीय पुनर्जागरण को परिचालित किया था, और जो क्रमशः साहित्य में सूक्ष्म स्तरों पर उन्मुक्त हुआ।

जयशंकर प्रसाद ने शुरू में ही छायावाद की संरचना में चमक और कान्ति को निर्दिष्ट किया था किन्तु यह चमक और कान्ति शक्ति का पुंज छायावाद के अन्तिम दौर में ही बन पाती है। इसका प्रमुख कारण यह है कि गाँधी जी के अहिंसा एवं सत्याग्रह के प्रभाव से छायावादी कवि अपनी क्रान्ति भावना को काफी देर तक जब्त किये रहा। उसकी क्रान्तिधर्मिता यदि कहीं अभिव्यक्त हो पाती है तो वह रूढ़ियों और परम्पराओं को तोड़ने में। छायावाद यद्यपि पुनर्जागरण की चेतना को सूक्ष्म स्तर पर कविता की गहराई में उतारता है किन्तु बराबर नवीनता की तलाश की अकुलाहट उसमें बनी हुई है। इसी अकुलाहट के कारण वह द्विवेदीयुगीन अतिशय सामाजिकता, इतिवृत्तात्मकता एवं अभिधात्मकता का विरोध करता है, और आगे चलकर अपने स्वयं के द्वारा तय की गयी काव्ययात्रा को छोड़कर नया रास्ता पकड़ता है। नित्य नूतनता का आग्रह ही उसे अनके काव्य-प्रयोगों के लिए प्रेरित करता है। यही नहीं प्रथम विश्वयुद्ध के बाद अंग्रेजों की वादा खिलाफी के कारण उसे लगने लगा था कि गाँधी जी का तपपूत अस्त्र स्वतन्त्रता लाने में असमर्थ होता जा रहा है। उसके अन्दर यह विश्वास दृढ़ होने लगा कि साम्राज्यवादी ताकत का प्रत्युत्तर स्वतन्त्र चेतना शक्ति से ही दिया जा सकता है। यह शक्ति शोषण एवं पीड़न के लिए अर्जित शक्ति से अलग अन्याय के विरुद्ध लड़ने की शक्ति थी। इसीलिए 'राम की शक्ति-पूजा' में राम शक्ति की मौलिक कल्पना करते हैं। नवजागरण की चेतना से प्रभावित होकर अपने अतीत के काव्यात्मक वैभव, प्रकृति-शक्ति एवं संघर्ष को नये सिरे से स्थापित करते हुए छायावादी कवि आत्मा की दैवी शक्ति को अपनी कविता का प्रमुख स्वर बना देते हैं। प्रकृति और शृंगार के चित्रों में क्रान्ति की आवाज उसकी काव्ययात्रा के बीच से प्रस्फुटित होती रही है। प्रसाद ने अपने 'आँसू' में लिखा है कि—

सबका निचोड़ लेकर तुम
दुःख से सूखे जीवन में
बरसों प्रभात हिमकन-सा
आँसू इस विश्व-सदन में।

निराला ने बादल राग में गर्जन तथा असनिपात का चित्रण किया है। बादल की क्रान्ति के दूत के रूप में परिकल्पना शक्ति की प्रतिष्ठा है। एक बार और नाच तू श्यामा भी शक्ति-साधना-काव्य है। निराला ने 'राम की शक्ति-पूजा' में तथा प्रसाद ने 'कामायनी' में छायावाद को पूरी तरह से शक्ति-काव्य बना दिया है। 'राम की शक्ति-पूजा' में निराला का संकेत है कि चाहे स्वार्थ की लड़ाई लड़नेवाले शत्रु हों और चाहे साम्राज्यवादी शत्रु हों, जिसके पास भी शक्ति संचित है उसके विरुद्ध विजय पाने के लिए शक्ति संचयन अपेक्षित है किन्तु उनके द्वारा गृहीत तरीकों से अलग शक्ति की मौलिक आराधना की आवश्यकता है। जाम्बवान् के शब्दों में उनकी मान्यता है कि 'आराधन का दृढ़ आराधन से दो उत्तर', राजनीतिक पराजय की निराशा में आत्मशक्ति का साक्षात्कार सम्पूर्ण भारतीय शक्ति के एकाकार तथा उसे अपने अन्दर एहसास करने की प्रक्रिया है। प्रथम विश्वयुद्ध के कारण मानवता के संरक्षण की चिन्ता राष्ट्रीय मुक्ति की अपेक्षा अधिक महत्त्वपूर्ण हो गयी थी। इसीलिए प्रसाद की कामायनी में मानवतावाद का स्वर अधिक गुंजरित हुआ। प्रसाद शक्ति के विद्युत्कणों को संयोजित करके सम्पूर्ण मानवता की विजय कामना करते हैं—

शक्ति के विद्युत्कण जो व्यस्त
विकल बिखरे हैं हो निरुपाय
समन्वय उनका करें समस्त
विजयिनी मानवता हो जाय

सत्याग्रह तथा वेदना-दर्शन का पोषक कवि जब कहता है कि, "परम्परा लग रही यहाँ ठहरा जिसमें जितना बल है", तो वह शक्तिशाली का ही समर्थन करता हुआ प्रतीत होता है। कामायनी में दया, माया, ममता की मूर्ति कामायनी अन्तः शक्तिस्वरूपा हो जाती है।

'जागरण' का मधुर भाव धीरे-धीरे दहाड़ में बदलता है। मनुष्य की और प्रकृति की भी सुप्त चेतना को जगाने का उपक्रम यहाँ कवि ने सामान्यतः प्रशमित और कभी-कभी ओज की मुद्रा में किया है। छायावादी जागरण गीतों में प्रसाद रचित *अब जागो जीवन के प्रभात, बीती विभावरी जागरी,* निराला कृत जागो फिर एक बार, महादेवी कृत जाग तुझको दूर जाना, सुमित्रानन्दन कृत ज्योति भारत उल्लेखनीय हैं। 1936 के आस-पास की रचनाओं में जागरण का स्वर पूर्व की अपेक्षा अधिक ओजस्वी हुआ है—तुलसीदास में निराला का आह्वान है—

जागो जागो आया प्रभात
बीती वह बीती अंध रात
झरता भर ज्योतिर्मय प्रपात पूर्वांचल
बाँधो बाँधो किरणें चेतन।

निष्कर्ष रूप में कहा जा सकता है कि छायावादी काव्य वैयक्तिक प्रणयानुभूति, प्रकृति सौन्दर्य तथा जागरण की चेतना से सम्पृक्त होकर विकसित हुआ है। इसकी शीर्षस्थ रचनाओं में शक्ति की प्रतिष्ठा इसके द्वारा अन्वेषित लक्ष्य की सूचक है। यह शक्ति आत्मिक, राष्ट्रीय एवं मानवीय शक्ति का पर्याय बन गयी है। भावों की कोमलता में से ओजस्वी शक्ति प्रस्फुटित होती है। अपने अन्तिम प्रस्थान बिन्दु में छायावाद मूलतः शक्ति-काव्य के रूप में स्थापित होता है किन्तु उसमें प्रकृति और जीवन की मधुरता, कोमलता, सूक्ष्म सौन्दर्यबोध, विश्राम एवं आनन्द के शान्तपूर्ण क्षणों की भी तलाश एवं समावेश है।

छायावादी कवि और काव्य

प्रसाद, निराला, पन्त और महादेवी वर्मा छायावाद के चार स्तम्भ हैं जिन पर छायावाद की सम्पूर्ण सृष्टि टिकी है।

जयशंकर प्रसाद (1889-1937 ई.)— इनका जन्म काशी के प्रसिद्ध सुँघनी साहु के परिवार में सन् 1889 शुक्ल पक्ष की दशमी को हुआ था। बाल्यकाल में पिता की मृत्यु, दो-दो पत्नियों की मृत्यु और आर्थिक संकट आदि विपदाओं से जूझने के कारण प्रसाद नियतिवादी हो गये। प्रसाद में असाधारण बहुमुखी प्रतिभा थी। ब्रजभाषा के माध्यम से काव्य-सृजन की शुरुआत करनेवाले प्रसाद ने कामायनी जैसी कालजयी रचना हिन्दी-जगत् को सौंपी। उनकी कला निरन्तर विकासशील थी। उनकी प्रमुख काव्य-कृतियाँ हैं—चित्राधार, प्रेमपथिक, करुणालय, महाराणा की कथा, कानून कुसुम, झरना, आँसू तथा कामायनी। आँसू, लहर तथा कामायनी प्रसाद की उत्कृष्ट कृतियाँ हैं जिनका किंचित् विस्तृत परिचय अपेक्षित है।

आँसू—आँसू का प्रथम संस्करण सन् 1925 में तथा द्वितीय संस्करण 1933 में प्रकाशित हुआ। यह एक विरह काव्य है जिसमें प्रेमास्पद के सौन्दर्य, उसकी निर्दयता तथा प्रेम की छलना के मादक चित्र अंकित किये गये हैं। इसमें लौकिक आलम्बन होते हुए भी प्रेम की गहनता तथा अभिव्यक्ति की उदात्तता के कारण अलौकिकता का आभास होने लगता है। शब्दों के लाक्षणिक प्रयोग, प्रतीक-विधान तथा गीतिपरकता के कारण इसमें अद्भुत प्रभावोत्पादकता आ गयी है। इसमें वैयक्तिक पीड़ा विस्तृत तथा व्यापक होकर विश्वपीड़ा बन जाती है। अपनी किशोर भावविह्नलता को रहस्यवादी आवरण में छिपाकर कवि कलात्मक कुशलता से सूफियों के प्रेम की आध्यात्मिकता, बौद्ध करुणा की दार्शनिकता की झलक पैदा कर देता है।

लहर—लहर का प्रकाशन सन् 1935 में हुआ। इसमें ऐसे गीतों का संग्रह है जिसमें आशा का स्वर प्रबल है। इन गीतों में प्रेम, यौवन, सौन्दर्य, मिलन, वियोग, प्रकृति आदि विषयों तथा भावों के चित्र अंकित किये गये हैं।

कामायनी—छायावादी महाकवि जयशंकर प्रसाद की कालजयी रचना कामायनी का प्रकाशन 1936 में हुआ। यह प्रसाद की प्रौढ़तम कृति है। इसकी कथावस्तु सम्पूर्ण विश्व द्वारा समर्थित, पौराणिक तथा धार्मिक आख्यानों से सम्बद्ध है।

जलप्लावन की कथा ऋग्वेद, शतपथ ब्राह्मण तथा विविध पुराणों से संकलित की गयी है। इस घटना का वर्णन यहूदियों और असीरियों के पुराणों में भी है। वैज्ञानिकों द्वारा भी इस घटना की पुष्टि की गयी है। कामायनी के अन्तिम तीन सर्गों की कथावस्तु शैवागम से गृहीत है। प्रसाद ने विविध ग्रन्थों में बिखरे हुए कथासूत्र को बड़ी कुशलता से संयोजित किया है। कामायनी की कथा महाकाव्य की माँग के अनुसार प्रख्यात ही नहीं बल्कि विश्व विश्रुत है। इसीलिए इस कथा के साथ विश्व हृदय का रागात्मक सम्बन्ध सम्भाव्य है। कामायनी में यद्यपि पुराने महाकाव्य के प्रतिमानों की परवाह नहीं की गयी है फिर भी विद्वानों ने इसकी कथावस्तु में पाँचों कार्यावस्थाओं, सभी अर्थ प्रकृतियों तथा नाटकीय पंच सन्धियों का अनुसन्धान किया है। कथानक की रचना मनु को केन्द्र में मानकर हुई है किन्तु कथा का सदाश्रयत्व नायिका श्रद्धा में निहित है। वह काम गोत्रजा है इसलिए उसका नाम कामायनी है।

कामायनी की कथा अपनी संरचनात्मक विशिष्टता में अतीत के परिप्रेक्ष्य में वर्तमान को भी समाहित कर लेती है। समाजशास्त्र, मनोविज्ञान, दर्शन आदि से सम्बद्ध अनेक समस्याएँ और

विचार-सरणियाँ कामायनी के कथाकर्षण में खिंचती चली आती हैं। इसमें मातृसत्तात्मक तथा पितृसत्तात्मक युगों की झलक देखी जा सकती है और आदिम सभ्यता से लेकर आधुनिक ज्ञान-विज्ञान एवं मशीनीकरण के विकास की सूक्ष्म सांस्कृतिक स्थितियाँ भी परिलक्षित हो जाती हैं।

कामायनी में घटनाओं का प्राचीन महाकाव्यों जैसा विस्तार नहीं है इसीलिए आकार की दृष्टि से यह वृहद् रचना नहीं जान पड़ती। इसमें चरित्रों का विशद विवेचन ही नहीं नायक-नायिका तथा अन्य पात्रों के जीवन के विविध कार्य-व्यापारों तथा स्थितियों का वर्णन भी नहीं है। इसमें मानव की आन्तरिक भावनाओं का द्वन्द्वात्मक विस्तार है। इसीलिए इसे भावात्मक महाकाव्य की कोटि में रखा जाता है। इसमें कथानायक की जययात्रा में आनेवाले पड़ावों, स्थानों व बाह्य अवरोधों एवं संघर्षों का चित्रण नहीं है बल्कि अन्तर्यात्रा के विविध भावों का पारस्परिक संघर्ष अंकित है। इसीलिए कामायनी के सर्गों का विभाजन भावों के आधार पर किया गया है। भावों के आधार पर किया गया सर्गीय विभाजन इसे रूपकत्व भी प्रदान करता है। मनु, श्रद्धा, इड़ा आदि शरीरी पात्र भाव के प्रतीक भी बन जाते हैं। मनु की जीवन-यात्रा मन की यात्रा का प्रतीक होने लगती है। कामायनी में मन की यह यात्रा चिन्ता से आरम्भ होकर आनन्द पर समाप्त होती है। इसके बीच में आशा, श्रद्धा, काम, वासना, लज्जा, कर्म, ईर्ष्या, इड़ा, स्वप्न, संघर्ष, निर्वेद, दर्शन, रहस्य आदि की भावात्मक स्थितियाँ हैं। प्रसाद ने कथा के आरम्भ में स्वयं कथा की प्राचीनता और उसके रूपकत्व का संकेत किया है। "यह आख्यान इतना प्राचीन है कि इतिहास में रूपक का भी अद्भुत मिश्रण हो गया है। इसीलिए मनु, श्रद्धा, इड़ा इत्यादि अपना ऐतिहासिक अस्तित्व रखते हुए सांकेतिक अर्थ की अभिव्यक्ति करें तो मुझे कोई आपत्ति नहीं। मनु अर्थात् मन के दोनों पक्ष हृदय और मस्तिष्क का सम्बन्ध क्रमशः श्रद्धा और इड़ा से ही लग जाता है। यहाँ श्रद्धा रागात्मिका वृत्ति और इड़ा व्यवसायात्मिका वृत्ति है।"

विद्वानों में कामायनी के रूपकतत्त्व को लेकर पारस्परिक मतभेद है। नामवर सिंह का कहना है कि, "कामायनी के रूपक प्राचीन हैं। उनके भाव शाश्वत हैं और समस्याएँ आधुनिक। पहले आधुनिक समस्याओं को शाश्वत रूप देकर प्रसाद ने उनकी आधुनिकता पर पर्दा डाल दिया है किन्तु आधुनिकता के प्रभाव से वे अपने मन को सर्वथा मुक्त न कर सके। नतीजा यह हुआ कि आधुनिक युग की वास्तविकता के जोर से उनके रूपकों का रहस्यवादी शाश्वत पर्दा जगह-जगह मसक गया।" रामस्वरूप चतुर्वेदी का कहना है "कामायनी की रचना दो स्तरों पर जरूर चलती है पर अर्थ के ये दोनों स्तर परस्पर एक-दूसरे से संश्लिष्ट हैं" इसीलिए एक विराटतर अर्थ की सृष्टि करते हैं और दृष्टि से एक स्तर के चरित्र की संगति दूसरे स्तर पर ले जाकर बैठाने की कोई जरूरत नहीं। नन्ददुलारे वाजपेयी—कामायनी में मानस तत्त्व के विश्लेषण को सफल मानते हैं और लिखते हैं—"मानस मन का ऐसा विश्लेषण और काव्यात्मक निरूपण हिन्दी में शताब्दियों बाद हुआ है।"

विद्वानों ने कामायनी की देव सभ्यता के ध्वंस को वस्तुतः हिन्दी राजाओं और मुसलमान नवाबों तथा मुगल-बादशाहों के ध्वंस का प्रतीक माना है। मनु भी प्राचीन सभ्यता के ध्वंसावशेष होते हुए भी आधुनिक नवजागरण के अग्रदूत हैं।

आज का मानव-जीवन अनेक जटिलताओं और विषमताओं से त्रस्त है। प्रसाद ने जीवन की विषमताओं और विरोधों को समरसता के द्वारा समन्वित करने का सन्देश दिया है। कश्मीरी शैव दर्शन से प्रेरणा लेकर प्रसाद समरसता को बहुत व्यापक अर्थ में नियोजित करते हैं। वे कामायनी में सुख-दुःख, अधिकार-अधिकारी, हृदय-बुद्धि, राजा-प्रजा, इच्छा, क्रिया, ज्ञान आदि के समन्वय द्वारा समरसता को प्रतिपादित करते हैं। उनकी अन्तिम निष्पत्ति है—

समरस थे जड़ या चेतन, सुन्दर साकार बना था।
चेतनता एक विलसती, आनन्द अखण्ड घना था ॥

कामायनी की चिन्तन-पद्धति में प्रसाद का आनन्दवाद सर्ववाद के सिद्धान्त पर आधारित प्रतीत होता है जैसे वैदिक अद्वैत सिद्धान्त भी कह सकते हैं। सर्ववाद प्रवृत्ति और निवृत्ति दोनों को आत्मसात् करता है जबकि शंकर का मायावाद निवृत्ति पर आश्रित है। प्रसाद बड़ी कुशलता से विज्ञान के उस सिद्धान्त को जिसमें यह प्रतिपादित किया गया है कि सर्वोत्तम का अस्तित्त्व ही प्रकृति में रहता है, अधोलिखित पंक्तियों में व्यंजित करते हैं–

यह नीड़ मनोहर कृतियों का, यह विश्व कर्मरंग स्थल है।
है परम्परा लग रही यहाँ, ठहरा जिसमें जितना बल है।

प्रसाद के जीवन-दर्शन में नियतिवाद का भी उल्लेखनीय स्थान है। उनका विचार है कि देव सृष्टि का विनाश नियति की प्रेरणा से हुआ। उन्होंने सचेतन प्रकृति के कार्यकलाप को नियति माना है। यह प्रकृति का नियमन और विश्व का सन्तुलत करती है। नियति अज्ञेय होते हुए भी जड़ या अज्ञानमूलक नहीं है।

कामायनी में चरित्र-सृष्टि के सम्बन्ध में यह तथ्य विचारणीय है कि यह चरित्रप्रधान या घटनाप्रधान काव्य नहीं है। उनके चरित्रों में प्रतीकात्मकता के तत्त्व पाये जाते हैं जिस पर बाह्य परिस्थितियों का प्रभाव बहुत कम पड़ता है। मनु के चरित्र-चित्रण में यथार्थ दृष्टि प्रमुख है। वे अपनी समस्त दुर्बलताओं के साथ सम और विषम परिस्थितियों के संघर्ष में प्रवृत्त हुए हैं। मनोवैज्ञानिक धरातल पर अंकित मनु का व्यक्तित्व अत्यन्त प्रभावशाली दिखायी देता है। कामायनी का मनु आदर्श की अपेक्षा उदात्त अधिक है।

श्रद्धा प्रसाद की आदर्श सृष्टि है। वह हृदयसत्ता का सत्य है। दया, माया, ममता, माधुर्य, अगाध विश्वास रूपी रत्नों से उसका हृदय पूर्ण है। उसमें सार्वभौमिक कल्याण की भावना है। उसे अपने प्रेम पर गहन आस्था है इसीलिए मनु के चले जाने पर वह कहती है–

मैं अपने मनु को खोज चली,
सरिता मरु नग या कुञ्ज गली।
वह भोला इतना नहीं छली,
मिल जायेगा हूँ प्रेम पली ॥

आदर्श भाव की प्रतीक श्रद्धा का गृहिणी रूप भी कामायनी में चित्रित मिलता है। भावी सन्तान के लिए वह झूला डालती है। तकली कातकर ऊन की पट्टियाँ बनाती हैं। उसके इन कर्मों पर गाँधीवाद का स्पष्ट प्रभाव परिलक्षित होता है। मनु स्वयं उसके लिए कहता है–

तुम देवि आह कितनी उदार,
सह मातृमूर्ति है निर्विकार।

प्रसाद ने श्रद्धा का सौन्दर्य-चित्रण भी बड़ी सूक्ष्मता से किया है। वह स्थूल आकार की अपेक्षा भाव अधिक प्रतीत होती है। उसे समरसता तथा आनन्द का उदात्त स्वरूप माना जा सकता है।

इड़ा का चरित्र-चित्रण बुद्धिवादिनी के रूप में किया गया—तर्क जाल-सी बिखरी अलकें, या **शशि खण्ड**-सा स्पष्ट भाल उसकी प्रखर बुद्धि के परिचायक हैं। उसकी अद्भुत क्षमता के फलस्वरूप सारस्वत प्रदेश में इतनी भौतिक समृद्धि दिखायी देती है।

मानव के चारित्रिक विकास का अवसर कामायनीकार को नहीं मिला। माँ के विदा लेने पर आदर्श पुत्र के रूप में कहता है—

मैं मरू जिऊँ पर छूटे न प्रण,
वरदान बने मेरा जीवन।

कामायनी में छायावादी काव्यतत्त्वों का पूर्णतया सन्निवेश हुआ है। छायावादी काव्य की प्रमुख विशेषता है व्यक्तिवाद जो मनु के चरित्र में स्पष्ट रूप से दृष्टिगत होती है। छायावादी कवि प्रकृति और जीवन को अपने व्यक्तिगत कुछ हद तक आत्मगत दृष्टि से प्रत्यक्ष करता है; प्रकृति में अपने भावों का प्रक्षेपण करता है। वह सर्वचेतनवाद की मान्यता के अनुसार प्रकृति में चेतना का दर्शन करता है। प्रसाद ने कामायनी में अधिकांशतः प्रकृति को सचेतनरूप में प्रस्तुत किया है। इसमें वल्लरियाँ नृत्य करती हैं, मधुकर वीणा बजाते हैं और वासन्ती मलयानिल उन्मत्तों की भाँति गिरता-पड़ता चलता है। किरणें अप्सरा के रूप में दिखायी देती हैं। जैसे—

रश्मियाँ बनी अप्सरियाँ, अन्तरिक्ष में नचती थीं।
परिमल का कण-कण लेकर, निज संग मंच रचती थीं।

छायावाद में प्रथम विश्वयुद्ध के दुष्परिणामों के कारण मानवता के संरक्षण, मंगल और विकास की चिन्ता भी मुखरित हुई। प्रसाद कामायनी में शाश्वत मानव भावों के सत्य को निरूपित करते हुए यही काम करते हैं—

शक्ति के विद्युत् कण जो व्यस्त, विकल बिखरे हैं हो निरुपाय
समन्वय उनका करें समस्त, विजयिनी मानवता हो जाय।

कामायनी का सौन्दर्यबोध सूक्ष्म तथा मौलिक है। श्रद्धा का सौन्दर्य-चित्रण करते समय प्रसाद उसकी प्रभावात्मकता को ही व्यंजित करते हैं, उसके स्थूल दैहिक सौन्दर्य को नहीं उभारते। उसे वे इस रूप में कल्पित करते हैं कि उसका कोई मानवीय आकार प्रत्यक्ष नहीं हो पाता। उनका कहना है—

कुसुम कानन अंचल में मन्द, पवन प्रेरित सौरभ साकार।
रचित परमाणु पराग शरीर, खड़ा हो ले मधु का आधार।

श्रद्धा की रूप-छवि, मुस्कान और आंगिक विन्यास के चित्रण में कवि नख-शिख परम्परा का आश्रय ग्रहण करता है किन्तु उसका रूपांकन करते समय विशुद्ध भाववादी तथा प्रभाववादी स्तर पर उतरकर छायावादी सौन्दर्य दृष्टि का परिचय देता है।

कामायनी में नारी की महत्ता को प्रतिपादित करके प्रसाद ने नारी जागरण और नारी के प्रति छायावादी भावात्मक दृष्टि का परिचय दिया है। कामायनी में उन्होंने नारी के लिए कहा है—

नारी तुम केवल श्रद्धा हो, विश्वास रजत नग पगतल में।
पीयूष स्रोत-सी बहा करो, जीवन के सुन्दर समतल में।

कामायनी की कथा अधिकांशतः प्रकृति के क्षेत्र में घटित होती है। अधिकांश पात्रों का जीवन प्रकृति की गोद में विकसित होता है अतः प्रकृति-चित्रण के लिए कामायनी में पर्याप्त अवसर उपलब्ध

होता है। प्रकृति, पात्र और परिस्थिति तीनों में तादात्म्य स्थापित करना प्रसाद की कला है। वर्ड्सवर्थ की भाँति वे प्रकृति के आन्तरिक सौन्दर्य को उद्घाटित करते हैं। उसके रौद्र, कारुणिक तथा शृंगारिक रूपों को प्रत्यक्ष करते हैं। पात्रों के आन्तरिक भावों के प्रतिबिम्बन के लिए भी वे प्रकृति के दृश्यों का विधान करते हैं। मानवीय सौन्दर्य की विविध छवियों के उद्घाटन में भी प्रकृति के विविध रंग उपयोग में लाये गये हैं। प्रकृति में सुख-दुःख, आशा-निराशा, आकांक्षा, उत्कण्ठा आदि भावों की छाया तो दृष्टिगत होती है, साथ ही वह विविध मानवीय भंगिमाओं को भी धारण करती है।

कामायनी के रचना-शिल्प में भी छायावादी शिल्प का प्रतिनिधित्व होता है। इसकी प्रगीतात्मक शैली भावात्मक दृश्यों तथा भाव द्वन्द्वों को सफलता से व्यंजित करती है। बिम्ब-विधान, लाक्षणिकता, उपचार वक्रता, नादात्मकता आदि छायावादी काव्यशिल्प को कामायनी में बड़ी आसानी से दृष्टिगत किया जा सकता है। कामायनी के बिम्ब-विधान में सूक्ष्मता, मौलिकता तथा व्यंजनात्मकता है। 'कामायनी में एक-से-एक सुन्दर ऐन्द्रिय बिम्ब हैं—चाक्षुष और प्राण बिम्ब। इन दोनों बिम्बों की इसमें प्रचुरता है।' प्रलय के एक दृश्य का चाक्षुष विधान देखिये—

उधर गरजती सिन्धु लहरियाँ कुटिल काल के जालों-सी
चली आ रही फेन उगलती फन फैलाये व्यालों-सी।

प्रसाद कहीं-कहीं सूक्ष्मातिसूक्ष्म मानसिक स्थितियों का अंकन करने के लिए दुहरे बिम्बों की योजना करते हैं। मनु की आन्तरिक रिक्तता तथा गहन निराशा को रूपायित करने के लिए वे शून्यता के उजड़े राज्य का बिम्ब प्रस्तुत करते हैं।

महाकवि का शब्द-विन्यास अभिधा व्यापार को बाधित करके नये अर्थ की ओर संकेत करता है। व्यक्ति अपने स्थूल देह-धर्म से आगे सूक्ष्म भाव में परिणत हो जाता है।

शब्दों के अनुरणन से सम्पूर्ण वातावरण जीवन्त हो उठता है जैसे—

1. कंकण क्वणित रणित नूपुर थे।
2. धँसती धरा धधकती ज्वाला।

कामायनी के अलंकरण तथा छन्द-योजना में भी नवीनता है। मानसिक अलंकार का प्रयोग द्रष्टव्य है—

जलधि लहरियों की अँगड़ाई बार-बार जाती सोने।

इस तरह कामायनी विभिन्न दृष्टियों से हिन्दी साहित्य की अनुपम महाकाव्यात्मक कृति सिद्ध होती है।

सुमित्रानन्दन पन्त (सन् 1900-77)— पन्त जी का जन्म हिमालय की गोद में अल्मोड़ा के पास कौसानी नामक ग्राम में हुआ था। इनके बचपन का नाम गोसाईं दत्त पन्त था। हिमालय का विराट् प्राकृतिक सौन्दर्य कवि के संस्कार का अभिन्न अंग है। इसीलिए उसमें हिमालय की उत्तुंग कल्पना, सघन प्राकृतिक छवि तथा बर्फ की उज्ज्वलता, मसृणता तथा शीतलता के दर्शन होते हैं। पन्त ही छायावाद के ऐसे कवि हैं जिनकी काव्यात्मक अन्तर्दृष्टि समयानुसार बदलती रहती है। महादेवी ने रहस्यवाद के मन्दिर में प्राणों की अगरू गन्ध बिखेरकर जीवन की सम्पूर्णता को व्यतीत कर दिया। निराला का संगीत-पौरुष भौतिक संघर्षों के वज्रघात से बनता-बिगड़ता रहा। प्रसाद की कामायनी द्वारा जिस जीवनमार्ग का उद्घाटन हुआ था उनके असामयिक निधन से वह मार्ग अवरुद्ध हो गया। ऐसी दशा में पन्त के द्वारा छायावादोत्तरकालीन काव्यप्रवृत्तियों का सम्यक् प्रतिनिधित्व हुआ। 'ग्रन्थि'

(1920 ई.), पल्लव (1926 ई.), वीणा (1927 ई.), गुंजन (1932), युगान्त (1936) छायावाद के समय की रचनाएँ हैं। इसके बाद पन्त निरन्तर रचनारत रहे। छायावादकाल के बाद 'युगवाणी' (1938 ई.) ग्राम्या, स्वर्ण किरण, स्वर्णधूलि, युगपथ, उत्तरा, रजतशिखर, शिल्पी, अतिमा, सौन्दर्य, वाणी, चिदम्बरा, कला और बूढ़ा चाँद, रश्मिबन्ध, गीतहंस, स्वर्णिम चक्र, समाधिता आदि काव्य-संग्रहों तथा लोकायतन (प्रबन्ध काव्य) का प्रकाशन हुआ।

पन्त को सम्पूर्णता का कवि माना गया है। 'पल्लव' की भूमिका में उन्होंने कविता को परिपूर्ण क्षणों की वाणी कहा है। पन्त की इस परिभाषा में ही उनकी काव्य-सिद्धि की सम्भावनाएँ तथा परिणाम निर्दिष्ट हैं। ये परिपूर्ण क्षण अपनी सम्पूर्ण भावनात्मकता के साथ काव्य-चिन्तन के क्रम में निरन्तर विकसित होते गये हैं और इनमें चेतना के सभी स्तरों को आत्मसात् तथा अंगीकार किया गया है। चेतना के इन स्तरों को सौन्दर्य चेतना, बौद्धिक चेतना, यथार्थ चेतना तथा सूक्ष्म चेतना के रूप में विश्लेषित किया जा सकता है। इस सन्दर्भ में ध्यातव्य है कि इन चेतना स्तरों का अलगाव बहुत स्थूल नहीं है। बल्कि ये एक-दूसरे को संक्रमित करते हैं। उच्छ्वास से लेकर गुंजन तक कविता का सम्पूर्ण भावपट सौन्दर्य चेतना का है। इसमें कविता का स्वर अपेक्षाकृत अन्तरंग तथा एकान्तिक है। इसमें सौन्दर्य की सृष्टि के प्रमुख उपादान हैं—प्रकृति-प्रेम और आत्म उद्‌बोधन। 'वीणा' में प्रकृति-सौन्दर्य तथा प्रेम का ही प्रमुख रूप से अंकन हुआ है। प्रकृति के प्रति उनमें बाल सुलभ आकर्षण तथा कुतूहल का भाव है। इसके बाद 'ग्रन्थि' में उनका प्राकृतिक शृंगार मानवीय शृंगार में परिणत हो जाता है। इस संग्रह की कविताओं में भावोत्तेजक विरह के भाव प्रस्फुटित हो उठते हैं। 'पल्लव' में सौन्दर्यवादी पन्त का छायावादी कवि अपनी पराकाष्ठा पर पहुँच जाता है। वह प्रकृति के लघु, विराट्, कोमल, पुरुष सभी रूपों का साक्षात्कार करता है किन्तु उसमें अनुभूति की यथार्थता नहीं आ पाती। 'गुञ्जन' काव्य-संग्रह में वह सुन्दर से शिव की ओर और कल्पना से चिन्तन की ओर उन्मुख होता है। इसमें भी जीवन के राग को ही अभिव्यक्ति मिलती है। उसमें सुख-दुःख सबको वरण करने की समग्र दृष्टि परिलक्षित होती है। जैसे—

तेरी मधुर मुक्ति ही बन्धन।
गन्धहीन हूँ गन्धयुक्त बन ॥
निज अरूप में भर स्वरूप मन।

प्रस्तुत संग्रह में संकलित कविताओं में नौका विहार, एक तारा आदि विचार, अनुभूति तथा शिल्प की अन्विति के कारण उत्कृष्ट कविताएँ मानी गयी हैं। चित्रमयता तथा अर्थगाम्भीर्य की दोहरी प्रतिछवि से 'पल्लव' और 'गुञ्जन' काल की अधिकांश रचनाएँ परिपूर्ण हैं। उदाहरण के लिए 'नौका विहार' की कुछ पंक्तियाँ द्रष्टव्य हैं—

लहरों के घूँघट से झुक-झुक
दशमी का शशि निज तिर्यक् मुख
दिखलाता मुग्धा-सा रुक-रुक
दो बाँहों से दूरस्थ तीर
धारा का कृश कोमल शरीर—
आलिंगन करने को अधीर।

इस सम्पूर्ण कविता में शब्द-प्रयोग के स्तर पर गहरी अन्विति और संश्लिष्टता है। इसमें प्रकृति वर्णन का स्वरूप निश्चल तथा स्थिर नहीं है। इसमें एक क्षिप्रगति है और रंग तथा क्रियाशीलता का

आकार भी। सौन्दर्य-सृष्टि की यह प्रक्रिया निश्चित रूप से विस्मयकारी है। चित्रमयता के भीतर प्रेम के विविध परिपार्श्वों का अन्तर्वर्ती प्रवाह भी है। संरचना और कथ्य की आत्मीयता पन्त की इस काल की कविताओं की प्रमुख विशेषता है। प्रकृति और मानव प्रेम के प्रति इनमें निश्छल पवित्रता और संकोच-भरा खुलापन एवं विनम्रता दिखायी देती है। प्रेम भावना में कहीं भी उच्छृंखलता तथा उद्दण्डता नहीं है।

सौन्दर्य-चेतना से संयुक्त इस कालखण्ड की कविताओं की भाषा में शिल्प भी विचारणीय है। पन्त ने सर्वथा नये प्रकार की काव्यभाषा की तलाश एवं उसकी प्रतिष्ठा की है। भाषा की अन्तर्मुख शक्ति और सूक्ष्म व्यंजना की इसमें गहरी पहचान है। शब्द स्वयं मँजकर सूक्ष्म, कोमल तथा चिकने हो गये हैं। उदाहरणार्थ—

पछतावे की परछाईं-सी,
तुम भू पर छायी हो कौन।
दुर्बलता-सी अँगड़ाई-सी,
अपराधी-सी भय से मौन।

पन्त के द्वारा प्रयुक्त पर्यायवाचियों में अर्थ का सूक्ष्म अन्तर दृष्टिगोचर होता है। इन्होंने छन्द के औचित्य को अन्तरंग और अभिप्रेत अर्थ की अभिव्यक्ति के लिए प्रतिपादित किया। परिवर्तन कविता में छन्द परिवर्तन का यह प्रभाव स्पष्ट है।

पन्त के काव्य विकास का अगला चरण बौद्धिक चेतना से विशेष रूप से जुड़ता है। इस कालखण्ड में 'युगान्त', 'युगवाणी', 'ग्राम्या', 'स्वर्ण किरण', स्वर्ण धूलि' आदि की रचनाएँ हुई हैं। 'युगान्त' काव्य-संग्रह छायावाद की समाप्ति तथा नये काव्य-युग के आरम्भ की सूचना देता है। यहाँ पन्त जी कल्पना-विलास तथा वायवी लोक से जमीन पर उतरने की चेष्टा करते हैं। भाषा में स्पष्टता तथा अभिधात्मकता बढ़ जाती है। पतझर और गा कोकिल जैसी कविताएँ इस मनःस्थिति को उजागर करने के लिए उदाहृत की जा सकती हैं—

द्रुत झरो जगत् के जीर्ण पत्र
हे स्रस्त ध्वस्त हे शुष्क जीर्ण।
हिमताप पीत मधुवात भीत,
तुम वीत राग जड़ पुराचीन।

'युगवाणी' में मार्क्स तथा गाँधी के प्रभाव हैं। किन्तु यह प्रभाव सिर्फ प्रभाव हैं पन्त ने स्वयं लिखा है—"मेरा काव्य प्रथमतः इस युग के महान् संघर्ष का काव्य है... आज के विराट् मानवीय संघर्ष को वर्ग संघर्ष तक ही सीमित रखना विगत युगों की वर्ग चेतना तथा ऐतिहासिक अन्धकार की एक हिंस्र प्रतिक्रिया मात्र है।"

पुरातन के अन्त और नवयुग के निर्माण की भूमि पर 'युगवाणी' और 'ग्राम्या' की रचना हुई है। इसमें यथार्थ की व्यथा मुखरित है। अधिकांश कविताओं में ग्राम जीवन का विरूप सौन्दर्य प्रस्फुटित हुआ है—

खड़ा द्वार पर लाठी टेके,
वह जीवन का बूढ़ा पंजर।
सिमटी उसकी सिकुड़ी चमड़ी,
हिलती हड्डी के ढाँचे पर ॥

'स्वर्ण किरण' के बाद की रचनाओं में पन्त नये भाव को स्वायत्त करते हैं। कवि की अनुभूति वस्तु जगत् को समेटती हुई बौद्धिक चेतना से ऊपर उठकर सूक्ष्म अति मानवीय चेतना का ग्रहण कर लेती है जैसे—

सम्भव है तुम मन के कुण्ठित,
सम्भव है तुम जग से लुण्ठित।
तुम्हें लोह से स्वर्ण बना प्रभु,
जग के प्रति कर देंगे जीवित
आओ प्रभु के द्वार।

पन्त का महाकाव्य 'लोकायतन' एक प्रयोगधर्मी महाकाव्य है। यह युग-जीवन की विराट् शक्ति को समेटने की चेष्टा का फल है। कथा की एकतानता का सौन्दर्य कथा के बिखराव और विभाजन में निहित है। इस महाकाव्य के बाद भी पन्त चुके नहीं। 'कला और बूढ़ा चाँद', 'किरणवीणा', 'पुरुषोत्तम राम', 'पौ फटने से पहले' आदि कविताओं में ताजगी बनी हुई है।

पन्त को मूलतः प्रकृति, सौन्दर्य और सुकुमार कल्पना का कवि माना जाता है। उनकी काव्य-चेतना का स्फुरण प्रकृति-सौन्दर्य की अगाध प्रेरणा का प्रतिफल है। कवि ने स्वयं स्वीकार किया है, "कविता करने की प्रेरणा मुझे सबसे पहले प्रकृति निरीक्षण से मिली है जिसका श्रेय मेरी जन्मभूमि कूर्मांचल प्रदेश को है। कवि-जीवन से पहले मुझे याद है कि मैं घण्टों एकान्त में बैठा, प्राकृतिक दृश्यों को एकटक देखा करता था और कोई अज्ञात आकर्षण मेरे भीतर, एक अव्यक्त सौन्दर्य का जाल बुनकर मेरी चेतना को तन्मय कर देता था। जब कभी मैं आँखें मूँदकर लेटता था तो वह दृश्यपट चुपचाप मेरी आँखों के सामने घूमा करता था।" प्रकृति निरीक्षण और प्रकृति प्रेम उनके स्वभाव के अभिन्न अंग बन गये थे, उनसे उन्हें संकट के क्षणों में अमोघ सान्त्वना मिलती रही। प्रकृति की छवि को अपने कल्पना वैभव से मूर्त करके अपनी कविता में विविध रूपों मे प्रतिष्ठित करते रहे। पन्त ने प्रकृति को प्रेयसी और सुन्दरी के रूप में देखा। प्रकृति उनकी चिरसहचरी रही। आरम्भिक स्थिति में कवि के लिए प्रकृति सम्मोहन का कार्य करती है।... वह मानवीय छवि की अपेक्षा प्रकृति छवि के प्रति विशेष रूप से आकृष्ट हैं—

छोड़ द्रुमों की मृदु छाया,
तोड़ प्रकृति से भी माया।
बाले तेरे बाल जाल में कैसे उलझा दूँ लोचन।

प्रकृति-चित्रों को पन्त ने अपनी वैयक्तिक भावनाओं से रंजित किया है। उनका कथन है—

मेरा पावस ऋतु-सा जीवन
मानस सा उमड़ा अपार मन।
गहरे धुँधले, धुले साँवले,
मेघों से मेरे भरे मन।

पन्त ने मानवीय रूपछवि तथा भावछवि को प्रकृति की छवि में संश्लिष्ट करके अंकित किया है। वे प्रकृति को नारी के रूप में दृष्टिगत करते हैं—

वह फैली हरियाली में
कौन अकेली खेल रही, माँ
वह अपनी वय बाली में।

'बादल' कविता में प्रकृति का मानवीकरण तथा पन्त का कल्पना वैभव एक साथ देखा जा सकता है। 'बादल' की इतने रूपों में कल्पना हिन्दी में शायद पहले कभी नहीं की गयी। सूक्ष्म भाव-बिम्बों, पौराणिक तथा प्राकृतिक बिम्बों के द्वारा कवि बादल के विविध चित्रों को प्रत्यक्ष करता है। पन्त ने प्रकृति को कई रूपों में अंकित किया है। आलम्बन तथा उद्दीपन की प्रचलित परिपाटी के अलावा वे प्रकृति से वातावरण का निर्माण करते हैं, उसमें रहस्यात्मक संकेत पाते हैं, दूती के रूप में वह सन्देश देती है तथा अलंकरण एवं बिम्ब-विधान का उपादान बनती है।

पन्त ने नारी के सौन्दर्य-चित्रण तथा प्रकृति-चित्रण में, वस्तु-वर्णन तथा भावचित्रण में कोमल कल्पना का ही आश्रय ग्रहण किया है। संघर्षरत नारी, प्रलय की फूत्कार करती हुई प्रचण्ड प्रकृति तथा क्रोध, आवेश, शौर्य भाव उन्हें आकर्षित नहीं करते। उनकी कोमल कल्पना की साक्षी उनकी भाषिक संरचना भी है जिसमें वे हृदय को सहलाने तथा गुदगुदानेवाले शब्दों का ही विन्यास करते हैं। वे वेदना, करुणा और पीड़ा के मर्म को भी अपने विशिष्ट काव्य रचना के द्वारा उभारते हैं—

हाय रुक गया यहीं संसार, बना सिंदूर अंगार।
वात-हत लतिका वह सुकुमार पड़ी है छिन्नाधार ॥

सूर्यकान्त त्रिपाठी 'निराला' (सन् 1899-1961)—निराला का जन्म सन् 1899 की बसन्त पंचमी के दिन बंगाल के मिदनापुर जिले में महिषादल राज्य में हुआ था। इनके पिता राम सहाय तिवारी गढ़कोला जिला उन्नाव (उ.प्र.) के मूल निवासी थे। अल्पायु में माता, पत्नी, पुत्री आदि की मृत्यु, गरीबी, तिरस्कार आदि से जूझते हुए कवि का सम्पूर्ण संस्कार संघर्षशील बनता गया। बड़ी-बड़ी मुसीबतों से टक्कर लेते-लेते कवि निराला और भी पौरुषवान्, दृढ़ तथा साहसी होते गये। जिन्दगी के कठोरतम यथार्थ से लेकर अतिऊर्ध्व कल्पना के बीच व्याप्त चेतना जब एक स्तर से दूसरे पर संक्रमित होती थी तो उसमें खड़खड़ाहट आ जाती थी जिसे लोग निराला का पागलपन समझ बैठते रहे। देहावसान 1961 ई. में हुआ।

हिन्दी काव्य-जगत् में निराला एक क्रान्तिकारी चेतना से संकलित होकर प्रविष्ट हुए। नवीन सौन्दर्य तथा शिल्प के साथ जब निराला की प्रथम कविता 'जुही की कली' प्रकाशित हुई तो द्विवेदीयुगीन अवशिष्ट नैतिकता, पारम्परिक प्रकृति-दृष्टि दोनों का जोरदार धक्का लगा। निराला के काव्य में आरम्भ से विविध आयामों के दर्शन होते हैं। छन्द के बन्ध तोड़कर भी वे अधिक सुन्दर छन्द प्रस्तुत करते हैं और सरल अनगढ़ शब्दों के साथ संस्कृतनिष्ठ शब्दों की नियोजना करते हैं।

परिमल—पहले 1923 फिर 1930 में उनकी कविताओं का संकलन छपा। इसमें 1916-29 तक की विशिष्ट कविताएँ संकलित हैं। इस संग्रह में मौन, तुम और मैं, ध्वनि, भिक्षुक, सन्ध्या सुन्दरी, बादल राग, जुही की कली, जागो फिर एक बार आदि बहुचर्चित कविताएँ प्रकाशित हुईं। इसमें श्रृंगार, प्रकृति-प्रेम, नवजागरण और यथार्थ जीवन से सम्बद्ध विविध भावों को समाहित किया गया है। इस संग्रह की भाषा संस्कृतनिष्ठ है।

गीतिका—इसका प्रकाशन 1936 में हुआ। इसमें मुख्य राग-रागिनियों की व्यापकता, आरोह-अवरोह के उदात्त क्रम में रचे गये प्रगीतों का संग्रह है।

अनामिका—पहले 1936 में पुनः 1938 में इसका प्रकाशन हुआ। इसमें कथ्य और शिल्प का नया तेवर दृष्टिगत होता है। महाकाव्योचित औदात्य से पूर्ण सरोज स्मृति और राम की शक्ति-पूजा जैसी लम्बी कविताएँ इसी संग्रह में हैं।

तुलसीदास (1938 ई.)—सांस्कृतिक चेतना और जनविश्वास को जागरण तथा मंगलगीत में परिणत किया गया है। यह कविता उदात्त भावों से सम्पन्न है। चरित्र-चित्रण चित्रमय भाषिक संरचना, उपमा योजना व प्रभाव की सघनता की दृष्टि से यह कविता अद्‌भुत है।

कुकुरमुत्ता— इसका प्रकाशन 1942 में हुआ। यह भी लम्बी कविता है। यह निराला की विशिष्ट व्यंग्य रचना है। गुलाब और कुकुरमुत्ता के प्रतीकों से शोषक और शोषित, फैशन, राजनीति तथा वर्ग भेदों के अन्तर्विरोधों को उजागर किया गया है। उर्दू, अंग्रेजी के साथ ही ग्राम्य व भदेश शब्दावली यहाँ खुलकर व्यवहृत हुई है।

अणिमा (1943)— बेहद अव्यावहारिक, अव्यवस्थित तथा उपेक्षित जीवन की पीड़ा के गहरे दंश में इन प्रगीतों को उभारा गया है।

बेला—1946 में रचित स्फुट कविताओं एवं उर्दू की गजलों का संकलन है। इनमें जनजीवन का दैन्य, व्यंग्य एवं व्यथा की व्यंजना है।

नये पत्ते—इस संग्रह की कविताएँ प्रयोगशीलता, व्यंग्य व्यंजकता तथा प्रौढ़ता की दृष्टि से अप्रतिम हैं। गर्म पकौड़ी, प्रेमसंगीत, स्फटिकशिला, देवी सरस्वती आदि उदाहरणस्वरूप प्रस्तुत की जा सकती हैं; इनमें लाक्षणिकता और वक्रता है तथा मुहावरों का सुन्दर प्रयोग किया गया है।

अर्चना—इसका प्रकाशन 1950 में हुआ। इसमें सहज प्रवाही गेयता दिखायी देती है। इसमें लोकबोली की भंगिमाएँ कविता को नयी व्यंजना से जोड़ती हैं। इसके बाद आराधना, 'गीत गुञ्ज' और 'सान्ध्य काकली' प्रकाशित हुई।

निराला के काव्य में कथ्य और शिल्प दोनों दृष्टियों से वैविध्य दिखायी देता है। अपने इसी वैविध्य के कारण उनकी रचनाएँ छायावादी काव्यान्दोलन का प्रमुख अंग होती हुई भी विशिष्ट हैं। अपनी बहुआयामी प्रतिभा और विशिष्टता के कारण वे छायावाद के प्रमुख हस्ताक्षर तो हैं ही आगे आनेवाले काव्यान्दोलनों के जनक भी हैं। प्रकृतिवादी और प्रयोगवादी काव्य-प्रवृत्तियों का दर्शन उनकी रचनाओं में होने लगता है। निराला परम्परा के प्रभंजक तो हैं ही नित्य नवीनता के भी आग्रही हैं। खास तरह की भावधारा या शिल्प से वह अपने को बहुत दिन तक नहीं जोड़ पाते। वे निरन्तर विकास के नये क्षितिज की तलाश में व्यस्त रहते हैं और कविता के नव्यतर सोपान का वरण करने के लिए बेचैन रहते हैं।

वे मानवतावाद, भक्ति, शृंगार और प्रकृति की संवेदनाओं के सर्जक हैं। उन्होंने प्राचीन परम्पराओं को नये सन्दर्भ में प्रस्तुत किया और सम-सामयिक राष्ट्रीय समस्याओं का कविता के माध्यम से गतिशील चित्रण किया। मानवतावाद, राष्ट्रीय, सामाजिक एवं सांस्कृतिक चेतना निराला को उदात्त और उत्कृष्ट कवियों की श्रेणी में पहुँचा देती हैं। उन्होंने मानवीय पीड़ा तथा वेदना को आत्मसात् कर लिया था। उनकी यही पीड़ा उनकी कविता में द्रवित होती है। वे सम्पूर्ण सामाजिक बेचैनी, व्यग्रता तथा वेदना से निजता का सम्बन्ध स्थापित करते हैं। सामाजिक दर्द और वैयक्तिक दर्द का अन्तर निराला की दृष्टि में समाप्त हो जाता है। उन्होंने अपनी शैली के पीछे एक दुःखी निजबन्धु की पीड़ा की प्रतिक्रिया को भी द्योतित किया है।

भारतीय संस्कृति और दर्शन के प्रति गहन आस्थावान् निराला की काव्यसृष्टि में वेदान्त की विशिष्ट भूमिका है। पुनर्जागरणकाल के मनुष्यों के प्रति उनके मन में गहरा आकर्षण है। दर्शन की प्रेरणा लेते हुए भी वे विशिष्ट बौद्धिकता के ऊहापोह में उलझकर नहीं रह जाते बल्कि निरन्तर भावात्मक संवेदनो की ओर अग्रसर रहते हैं। उनकी आध्यात्मिकता, भक्ति तथा प्रपत्ति में परिणत हो जाती है। निराला के ऊपर ऐसे बहुत-से आघात होते हैं जिनसे उनका व्यक्तित्व बिखर जाता है। किन्तु हर आघात के बाद वे नयी शक्ति को सँजोते हैं, उनकी आध्यात्मिक आस्था एवं अदम्य जिजीविषा उन्हें शक्ति-सम्पन्न करके दृढ़ बना देती है। निराला के काव्य में दर्शन के चार स्तर निर्दिष्ट किये गये हैं– 1. वेदान्तिक अद्वैतवादी, 2. व्यावहारिक अद्वैतवादी, 3. रहस्यवादी, 4. दैन्यभक्तिभाव। निराला शंकराचार्य के गतिहीन अद्वैतवाद के स्थान पर गतिशील अद्वैतवाद को स्वीकार करते हैं। वे दृष्टि का विकास शून्य से मानते हैं। द्वन्द्वात्मक भौतिक विकास के तार्किक सत्य को भी स्वीकार करते हैं। निराला संन्यास और अद्वैतवाद के पक्षधर होते हुए भी मानवीय पीड़ा, सन्त्रास और दुःखों से आँख मिलाने एवं संघर्ष करने का बुलन्द हौसला देते हैं। भागते नहीं भोगने और टकराने की प्रेरणाशक्ति देते हैं। जीव और ब्रह्म के एकत्व की व्यंजना 'तुम और मैं' शीर्षक कविता में होती है। प्रकृति के बिम्बों का प्रयोग करते हुए वे एक मादक उल्लासपूर्ण काव्यात्मक वातावरण निर्मित करते हैं। जैसे–

तुम आशा के मधुमास और मैं पिक कल कुंजनगान।
तुम मदन पंच शर-हस्त और मैं हूँ मुग्धा अनजान ॥

शंकर के अद्वैतवाद से प्रभावित होकर ही उनका दर्शन विवेकानन्द की युगानुकूल व्यावहारिकता को ग्रहण करता है। स्वामी रामकृष्ण ने उन्हें समष्टि मुक्ति का आधार दिया था। निराला ने अध्यात्म दर्शन को मानवतावाद से जोड़ने का उपक्रम किया।

निराला के काव्य में साधनात्मक और भावनात्मक दोनों तरह के रहस्यवाद दृष्टिगत होते हैं। असीम के प्रति गहन लालसा और भावात्मक तादात्म्य स्थापित करने की बेचैनी निराला के काव्य में अनेक प्रतीकों और बिम्बों के माध्यम से अभिव्यक्ति पाती है। 'जागरण' शीर्षक कविता में आत्मा को चरम सत्ता में स्थित मानकर सम्पूर्ण सृजन प्रक्रिया को उसी से परिचालित माना गया है। निराला प्रकृति के कण-कण में परम सौन्दर्य की झलक पाते हैं। अज्ञात के रहस्य को वे प्रकृति में सौन्दर्य, मानव में करुणा तथा व्यक्ति में दैन्य-भक्ति के रूप में दृष्टिगत करते हैं। सौन्दर्य और विषाद की एकता उनके गतिशील चिन्तन का प्रतिफल है। सर्वात्मवादी विश्व दृष्टि निराला के रहस्यबोध को मानवतावादी धरातल पर ले आती है। निराला की भक्ति और प्रार्थना अल्पविभोर व्यक्ति का स्वालाप है। वे उसी की सतत याचना करते हैं।

दुरित करो नाथ अशरण हूँ गहो हाथ।
हार या जीवन रण, भूल गये साथीजन।
एकाकी नये क्षण कण्टक पथ विगत क्षण।

प्रकृति और मानव का संसर्ग अति प्राचीन है। कवि की सौन्दर्य चेतना में प्रकृति के अनेक रूप और रंग उभरते रहे हैं। कवि निराला के सुख-दुःख में, आशा-निराशा में वह सहचरी तथा सहयोगिनी बनती है। निराला ने प्रकृति के अभिनव रूपों की सृष्टि बड़ी कुशलता से की है। रस रहस्य, जागरण, उद्बोधन आदि अनेक अनुभवों और संवेदनों तथा उद्देश्यों से सम्बद्ध होकर प्रकृति निराला के काव्य

में रूपायित होती है। आलम्बन रूप में निराला प्रकृति के सौन्दर्य के अनेक मनोरम चित्र अकित करते हैं। 'वर्षा', 'बादल', वसन्त, सन्ध्या, रात सभी उन्हें आकृष्ट करते हैं। वे 'सन्ध्या सुन्दरी' में प्रकृति नायिका का नये ढंग से साक्षात्कार करते हैं। बादल राग में उनकी विद्रोही चेतना मुखरित हो उठती है। ऋतुगीतों तथा प्रार्थनाओं में उनका आस्थावान् मन विगलित हो उठता है। उन्होंने प्रकृति के उद्दीपन रूप का भी बड़ा ही उदात्त तथा मनोहारी चित्र खींचा है। यमुना के सन्दर्भ में उनकी अभिव्यक्ति इस तरह है—

यमुने तेरी इन लहरों में किन अधरों की आकुल तान।
पथिक प्रिया सी जाग रही है, उस अतीत के गौरव गान॥

छायावाद में प्रकृति को भाव-निरपेक्ष रूप में कम ही देखा गया है। प्रायः प्रकृति कवि की भावनाओं से जुड़कर सचेतन हो गयी है। उस पर मानवीय भावों का प्रत्यक्ष आरोपण किया गया है। 'जुही की कली', 'बसन्त समीर', 'यमुना के प्रति', 'सन्ध्या सुन्दरी' आदि में मानवीयकरण की ही प्रवृत्ति प्रधान है। प्रकृति के कोमल और परुष दोनों रूपों का निराला ने रचनात्मक प्रयोग किया है। 'जुही की कली' एक तरफ निर्बन्ध छन्द और भाव की घोषणा करती है तो दूसरी तरफ विशिष्ट बिम्बों के माध्यम से प्रवासी पवन प्रिय से मिलन के अखण्ड आनन्द को संकलित करती है। 'सन्ध्या सुन्दरी' में निराला प्रकृति की सचेतन सत्ता का साक्षात्कार करते हैं। बादल राग में प्रकृति की तान, विप्लव और भीषणता चित्रित होती है। निराला के लिए प्रकृति शक्ति का अक्षय स्रोत है। उसमें उल्लास और स्फूर्ति की प्रेरणा ने भी एकात्मकता का विधान किया है। 'गीत-गुञ्ज', 'सान्ध्य-काकली' में इसी तरह की कविताएँ संकलित हैं।

निराला का बहुआयामी व्यक्तित्व छायावादी काव्य-सीमाओं का अतिक्रमण कर जाता है। उनकी विद्रोही चेतना ने काव्य को नये धरातल पर प्रतिष्ठित किया। स्वतन्त्र और दायित्वपूर्ण होना उनकी प्रमुख शर्तें हैं। उनकी कविता में मानवतावादी स्वर बहुत प्रखर हैं। निराला ने प्रगतिशील वैचारिकता को स्वीकार करके नये काव्यान्दोलन का दिशा निर्देश किया। वे मार्क्सवादी जीवन-दर्शन की सैद्धान्तिकता के प्रति पूर्ण समर्पित तथा कायल न होते हुए भी शोषणविहीन समाज की स्थापना पर बल देते हैं।

उन्होंने कविता को कल्पनाशीलता तथा पलायनवादी मनोवृत्ति को अतिशयता से बलात् विरत किया। जीवनभर परिस्थितियों के घात-प्रतिघात, संघर्ष, पीड़ा और धनाभाव में उन्हें मानवीय पीड़ा-बोध से सम्पृक्त कर दिया। शोषित-पीड़ित मानवता की मुक्ति कामना का विद्रोही स्वर उनकी कविताओं में बड़ी सहजता से प्रस्फुटित हुआ। 'कुकुरमुत्ता', 'नये पत्ते', 'अणिमा' आदि संग्रहों की रचनाओं में उनकी प्रगतिवादी दृष्टि प्रतिफलित हुई है।

मानवीय करुणा और वेदना का स्वर 'विधवा', 'भिक्षुक', 'वह तोड़ती पत्थर' आदि कविताओं में मुखरित हुआ है।

नहीं छायादार पेड़
वह जिसके तले बैठी हुई स्वीकार
श्यामतन भर बँधा यौवन
नत नयन, प्रियकर्मरत मन, गुरु हथौड़ा हाथ
× × × ×

चढ़ रही थी धूप, गर्मियों के दिन
दिवा का तमतमाता रूप।

1943 में रचित 'बेला' में निराला का तेवर और कठोर हो जाता है। उनमें विद्रोह तथा क्रान्ति की सक्रिय योजना उभरने लगती है। वे सामाजिक विषमता को तोड़ने के लिए श्यामा (काली) का पुनः आह्वान करते हैं। सामाजिक पीड़ा से खिन्न उन्हें कभी-कभी अवसाद ग्रस लेता है—

मैं अकेला देखता हूँ आ रही
मेरे दिवस की सान्ध्य वेला।

अपनी शुष्कता तथा चुकते जाने का बोध तथा समकालीनों की उपेक्षा को खीझ में लिखते हैं—

स्नेह निर्झर बह गया है।
रेत ज्यों तन रह गया है।

निराला के विध्वंस भाव में निर्माण की शाश्वत कामना है और भारतीय संस्कृति का सम्बल है। दीनता तथा पीड़ा स्थायी नहीं है। यह तो मात्र कालचक्र का प्रवाह है। वे भारतीय चेतना को नवजागरण का सन्देश देते हुए लिखते हैं—

तुम हो महान्-तुम सदा हो महान्
है नश्वर यह दीन भाव
× × × ×
जागो फिर एक बार

निराला का व्यक्तिवाद, क्षुद्र दलित के प्रति अगाध प्रेम उन्हें नये प्रयोगों का पुरस्कर्त्ता सिद्ध करते हैं। रूढ़ियों तथा परम्पराओं का विरोध, मुक्तता का आग्रह, उर्दू गजलों का प्रयोग, नयी चेतना, अभिव्यंजना के नये पहलू उन्हें प्रयोगधर्मी बनाते हैं। उनके व्यंग्य और कटूक्तियाँ हिन्दी पाठकों को झकझोर देती हैं। नये शिल्प को रचने के लिए वे सदैव तत्पर रहते हैं। पन्त की ये पंक्तियाँ निराला के सन्दर्भ में उद्धरणीय है—

छन्द बन्ध ध्रुव तोड़-फोड़ कर पर्वत कारा।
अचल रूढ़ियों की कवि तेरी कविता धारा॥

प्रयोगवाद जो प्रारम्भ में कला आन्दोलन के रूप में उभरा जिसे पूर्णतः स्वतन्त्रता का जागरण समझा गया, इसकी प्रारम्भिक रेखाएँ निराला के व्यक्तिनिष्ठ गीतों, ऋतुवर्णनों व प्रार्थना भाव के गीतों में दिखायी देती है। भौतिक तथा नैतिक धरातल पर नये मूल्यों की स्थापना का भाव उनकी कविताओं में प्रस्फुटित होते हैं।

भाषा की क्षमता का अनेकशः काव्यात्मक प्रयोग निराला ने किया है।

निराला की रचनात्मकता काव्यभाषा प्रयोग में भी विशिष्ट है। वे भाषा को जातीय जीवन से जोड़कर उनकी प्राणवत्ता की प्रतिष्ठा लोकभाषा के सापेक्ष में करते हैं। साहित्य की मुक्ति कामना निराला की काव्यभाषा में ही प्रतिफलित हुई है। अर्थ की सघनता और सांकेतिकता को निराला वहाँ तक बढ़ाते हैं जहाँ मौन मधु हो जाने की स्थिति है।

निराला की काव्यभाषा में भावानुभूति के अनुकूल भाषा के स्तर बदल जाते हैं। इसमें प्रसाद का मार्दव एवं पन्त का विशुद्ध, आभिजात्य बोध नहीं है। शब्द—चयन करते समय निराला अभिव्यक्ति

की सार्थकता पर अधिक बल देते हैं शुचिता और सौन्दर्य पर कम। अर्थगाम्भीर्य उनकी काव्यभाषा की सबसे बड़ी विशेषता है। संस्कृत के तत्सम शब्दों एवं सामाजिक पदावली के माध्यम से वे सांस्कृतिक वातावरण रचते हैं और स्वच्छ अनुभूतियों को आकार देते हैं। उर्दू-फारसी शब्दों का प्रयोग उन्हें लोकभाषा की सहजता की ओर आकृष्ट करते हैं। ये शब्द निराला के केवल माध्यम नहीं हैं बल्कि विचारखण्ड हैं। उनकी सोच और संवेदना शब्दों में मुखरित हो जाती है। लघुतम पदावली से वे गीतों में आकर्षण पैदा करते हैं। उन्हें सहज गति प्रदान करते हैं। उनमें सामाजिकता के अर्थ की अनुगूँज उत्पन्न होती है। सौन्दर्यपरक बिम्बों का विधान, माधुर्य, प्रसाद तथा ओजगुणों का अन्तर्भाव निराला की काव्यभाषा की अन्य उल्लेखनीय विशेषताएँ हैं।

निराला की शैली में स्वच्छन्दता दृष्टिगत होती है। 'बादल-राग', 'जुही की कली', 'जागो फिर एक बार', 'सरोज स्मृति' तथा अन्य गीतात्मक रचनाएँ शैलीगत वैविध्य को प्रमाणित करती हैं।

भाषा की चित्रात्मकता और बिम्बात्मकता भाव को अतिशत संवेद्य बना देती है। सन्ध्या सुन्दरी की रूप छवि बिम्बों के माध्यम से ऐन्द्रिय हो जाती है जैसे—

अलसता की-सी लता,
किन्तु कोमलता की वह कली,
सखी नीरवता के कन्धे पर डाल बाँह,
छाँह-सी अम्बर पथ से चली।

नये प्रतीकों, उपमानों एवं सादृश्यमूलक अलंकारों से निराला प्रभावशाली बिम्बों का विधान करते हैं। नादात्मक बिम्बों से वे परिवेश की यथार्थता को प्रकट करते हैं।

निराला की रचनात्मक क्रान्ति का दर्शन उनकी छन्द-योजना में होता है। परिमल की कविताओं में वे सम-मात्रिक सान्त्यानुप्रास एवं विषम मात्रिक सान्त्यानुप्रास की योजना करते हैं। वे भाव-विह्वलता तथा सौन्दर्य की अभिव्यक्ति प्रगीत माध्यमों से करते हैं। उर्दू-फारसी के छन्दों के भी वे सफल प्रयोक्ता हैं। अंग्रेजी सॉनेट को भी निराला ने अपनी रचना का माध्यम बनाया है। मुक्त छन्द के प्रथम प्रस्तोता के रूप में निराला हिन्दी काव्य-जगत् में मान्य हैं। उनकी काव्यभाषा संस्कृत की तत्सम शब्दावली से लेकर बोलचाल की अशिष्ट शब्दावली तक संचरित है। उसमें आवश्यकतानुसार व्यंग्यात्मकता का पुट भी दिया गया है। 'बादल राग' में निराला ने नयी भावभूमि की अवधारणा की है और उसी के अनुकूल भाषिक संरचना भी की है। सहज जीवन-प्रवाह को अंकित करनेवाली भाषा का बदलता तेवर 'बादल राग' कविता में लक्षित किया जा सकता है।

निराला ने कोई महाकाव्य नहीं लिखा किन्तु उनकी तीन लम्बी कविताओं की कथानक योजना तथा महत् उद्देश्य उन्हें महाकवि की कोटि में पहुँचा देते हैं। सरोज स्मृति, राम की शक्ति-पूजा और तुलसीदास निराला की तीन लम्बी कविताएँ हैं। इनकी रचना छायावाद के अन्तिम वर्षों क्रमशः 1935, 36 और 38 में हुई। सरोज स्मृति का कथानक नितान्त वैयक्तिक, राम की शक्ति-पूजा का पौराणिक तथा तुलसीदास का ऐतिहासिक है किन्तु तीनों कविताओं में गहरे अन्तर्द्वन्द्व की अभिव्यक्ति के कारण नवीन प्रभावात्मकता है। दो विरोधी स्थितियों तथा भावों का जैसा अन्तर्द्वन्द्व प्रसाद अपनी कामायनी में व्यापक फलक पर उभारते हैं वही अन्तर्द्वन्द्व निराला अपनी लम्बी कविताओं में अपेक्षाकृत और भी अधिक सघनता से उभारते हैं।

महादेवी वर्मा (सन् 1907—1987)— महादेवी का जन्म उत्तर प्रदेश के फर्रुखाबाद कस्बे में सन् 1907 में हुआ था। साधनापूत आस्तिक माता की भावुकता ने उनके मन में करुणा का संचार

किया और कर्त्तव्यनिष्ठ दार्शनिक पिता ने उन्हें रहस्यमयी संस्कार दिया। महादेवी के व्यक्तित्व निर्माण में परिणय सूत्र की विच्छिन्नता कम महत्त्वपूर्ण नहीं है। नारी की सहज पीड़ा विश्ववेदना के रूप में परिणत होती गयी। विश्ववेदना में व्यक्ति चेतना को मिला देने की साधना महादेवी के लिए मोक्षसाध ।ना बन गयी। बचपन से ही भगवान् बुद्ध के प्रति भक्तिमय अनुराग ने दुःखात्मक अनुभूति को दार्शनिक महिमा से मण्डित कर दिया।

'नीहार', 'रश्मि', 'नीरजा' और 'सान्ध्यगीत' इनके छायावाद-काल के काव्य-संग्रह हैं। 'यामा' नामक संग्रह में प्रथम चार संग्रहों के एक सौ पचासी गीत संगृहीत हैं। दीपशिखा तथा सन्धिनी नाम से भी इनके गीतों का प्रकाशन हुआ है। महादेवी की कविताओं का मूल स्वर प्रणय है। यह प्रणयानुभूति अपार्थिव, असीम तथा विराट् के प्रेम से जागृत है जिसमें पीड़ा सहन करते हुए अपनी अस्मिता को बनाये रखने की कामना है। परमसत्ता के प्रति निवेदित प्रेम में रहस्यवाद का आ जाना स्वाभाविक है किन्तु यह रहस्यवाद मध्यकालीन सन्तों के साधनात्मक रहस्यवाद से भिन्न है। महादेवी का पूरा व्यक्तित्व नहीं बल्कि कवि व्यक्तित्व ही इस रहस्य भावना में मग्न होता है। उसमें कवि अनुभूति की प्रामाणिकता है जीवन के वैराग्य से उत्पन्न साधनात्मक वैयक्तिक अनुभूति की समग्रता नहीं। प्रणय, रहस्य तथा वेदनानुभूति महादेवी की कविताओं में संश्लिष्ट तथा सघन है। उनमें पारस्परिक अन्विति है। यही नहीं सारी मनुष्यता को एक सूत्र में पिरोनेवाले गीत का मूल भाव दुःख ही है।

महादेवी कहती हैं, "दुःख मेरे निकट जीवन का ऐसा काव्य है जो सारे संसार को एक सूत्र में बाँध रखने की क्षमता रखता है। हमारे असंख्य सुख हमें चाहे मनुष्यता की पहली सीढ़ी तक भी न पहुँचा सकें किन्तु हमारा एक बूँद आँसू भी जीवन को अधिक मधुर, उर्वर बनाये बिना नहीं गिर सकता।" महादेवी के आरम्भिक गीतों से व्यक्त आर्त्त क्रन्दन तथा हाहाकार से संयम के बाँध टूट जाते हैं। धीरे-धीरे गीत आत्मसंयम में बँधते जाते हैं।

महादेवी की काव्यशैली लाक्षणिकता, मूर्तिमत्ता, सूक्ष्मता, मसृणता तथा संगीतात्मकता से मण्डित है। प्रगीतात्मकता यद्यपि छायावादी काव्य की प्रमुख विशेषता है किन्तु महादेवी की कविता तो विशुद्ध प्रगीतों में ही रूप ग्रहण करती है। उन्होंने आत्मनुभूति के किसी भाव-विशेष को अनेक रूपों तथा रंगों में सजाया है। थोड़े-से लाक्षणिक शब्दों तथा हल्की रेखाओं द्वारा वह भावचित्र को साकार कर देती है–

गोधूली अब दीप जला ले।
किरण नाल पर घन के शतदल
कलरव लहर बिहग बुदबुद चल
क्षितिज सिन्धु को चली चपल
आभा सरि अपना उर उमगा ले॥

वह सुख-दुःख की भावावेशमयी अवस्था-विशेष का कलात्मक चित्र अंकित कर देती है। महादेवी के गीतों में स्वर तन्त्रियों में गुम्फित कोमल शब्दावली रेशम पर मोती की भाँति छलक जाती है।

डॉ. रामकुमार वर्मा (1904-1990)– छायावादी कवियों में रामकुमार वर्मा का कृतित्त्व स्तरीय एवं उल्लेखनीय है। एकांकीकार के रूप में उन्हें अधिक ख्याति मिली और उनके कवि रूप पर अधिक ध्यान नहीं दिया गया। वर्मा जी का जन्म 15 सितम्बर, 1904 को नरसिंहपुर में एक सम्भ्रान्त कायस्थ

परिवार में हुआ था। इनके पिता लक्ष्मीप्रसाद वर्मा डिप्टी कलेक्टर थे। प्रपितामह विश्राम सिंह की अनोखी वीरता, पिता का अफसरी मिजाज, माँ की भक्ति, दादी की रचनाशीलता के संश्लेष से वर्मा जी का व्यक्तित्व निर्मित हुआ था। इलाहाबाद विश्वविद्यालय के हिन्दी विभाग के आचार्य तथा अध यक्ष रहने के अलावा इन्होंने विदेशों में हिन्दी का अध्यापन किया। अनेक पुरस्कारों से सम्मानित डॉ. वर्मा की कविता की प्रमुख कृतियाँ हैं– वीर हमीर, निशीथ, अंजलि, चित्ररेखा, आकाश गंगा, एकलव्य, उत्तरायण, ओ अहल्या। वर्मा जी भारतीय संस्कृति के आदर्शों एवं मूल्यों के प्रति समर्पित तथा निष्ठायुक्त साहित्यकार हैं। कविता लेखन का आरम्भ राष्ट्रीय भाव की प्रेरणा से हुआ। उनकी कविताओं में प्रकृति का सौन्दर्य है, प्रेम की गहरी संवेदना है किन्तु आशा, उत्साह, हर्ष एवं आनन्द भी हैं। व्यक्तित्व के विस्तार की कामना अन्य छायावादियों की तरह है। उनका उर महाविश्व की तरह विस्तृत है। वे अन्धकार में जीवन का सार खोज रहे हैं, आशाओं में भी रहस्य छिपा है, वह भी खोज का विषय है। कहीं-कहीं निराशा तथा अवसाद भी उन्हें घेरता है। रहस्य, राष्ट्रीय भावना, प्रेम और उसकी नैराश्यपूर्ण परिणतियों तथा उसकी सामाजिक प्रतिक्रिया का द्वन्द्व वर्मा जी की कविताओं में परिलक्षित होते हैं। गाँधी जी के प्रभाव से वे अछूतों के प्रति पण्डितों के व्यवहार की भर्त्सना करते हैं। वे कई गीतों में राष्ट्रभक्ति का सन्देश देते हैं। 'कुलललना' में स्त्री-शिक्षा की आवश्यकता पर प्रकाश डाला गया है। विवाह, ससुराल, पति-पत्नी का प्रेम, परिजनों के प्रति कर्त्तव्य आदि पर कवि ने कविताएँ लिखी हैं। इनमें उपदेशात्मकता अधिक है। पन्त की तरह 'बादल' शीर्षक से वर्मा जी ने कल्पनायुक्त, भावप्रवण कविता लिखी है। 'एकलव्य' महाकाव्य दलित-विमर्श का महाकाव्य है। 'ओ अहल्या' नारी अस्मिता तथा विमर्श केन्द्रित है। 'उत्तरायण' सीता के निर्वासन को नये ढंग से आलोकित करता है।

छायावाद-युग में कुछ ऐसे कवि हुए जो राष्ट्रीय सांस्कृतिक भावों से जुड़े रहे किन्तु उन पर छायावादी काव्यशैली का प्रभाव अवश्य पड़ा है। माखनलाल चतुर्वेदी, बालकृष्ण शर्मा 'नवीन', भगवतीचरण वर्मा आदि इसी वर्ग के कवि हैं। कवियों का एक दूसरा वर्ग भी है जो छायावादी काव्य चेतना से सम्बद्ध था किन्तु परिमाण तथा कला दोनों दृष्टियों से इन्हें कवि रूप में बहुत अधिक ख्याति नहीं मिल पायी। इस वर्ग में राका, मानसी, विसर्जन, युगदीप, अमृत और दीप के रचयिता उदयशंकर भट्ट, निर्माल्य, एक तारा और कल्पना के रचयिता मोहनलाल महतो वियोगी के नाम उल्लेखनीय हैं।

उत्तर छायावाद

निराला, पन्त, महादेवी की रचनाएँ 1936 के बाद भी प्रकाशित होती रही हैं। निराला की अणिमा, अर्चना, आराधना आदि गीत काव्य प्रकाशित हुए। 'तुलसीदास' शीर्षक लम्बी कविता छायावादोत्तर काल की है। निराला पर मार्क्सवाद का प्रभाव पड़ा है। कुकुरमुत्ता, रानी और कानी, खजोहरा, मास्को डायलाग्स आदि प्रगतिवादी रचनाएँ उल्लेखनीय हैं। पन्त ने 1939 में युगवाणी, 1940 में ग्राम्या की रचना की। इन पर भी मार्क्स के विचारों का प्रभाव पड़ा है। अन्त में ये भौतिकवादी और अध्यात्मवाद के समन्वय हेतु अरविन्द दर्शन की ओर मुड़ते हैं। स्वर्ण किरण, स्वर्ण धूलि, शिल्पी, लोकायतन आदि रचनाएँ इसी तरह की हैं। महादेवी 'दीपशिखा' में अपनी पूर्ववर्ती भावधारा को ही अग्रसर करती हैं। छायावादी काव्यप्रवृत्ति को सेठिया, जानकीवल्लभ शास्त्री ने अग्रसर किया।

कन्हैयालाल सेठिया– इनका जन्म 11 सितम्बर, 1919 को सुजानगढ़ राजस्थान में हुआ था। 1940 ई. में 'वन फूल' नाम से इनका काव्य प्रकाशित हुआ। प्रकृति के सौन्दर्य के प्रति इनका

आकर्षण जीवनपर्यन्त रहा। निराला की सन्ध्या सुन्दरी की तरह इन्होंने सन्ध्याखगी की कल्पना की है—

नभ तरु से उतरी साँझ खगी। वह चुनने दिक के दाने को/

झींगुर के स्वर में गाने को/वे दीख रहे तारक अण्डे/हीरो-सी उनकी पाँत जगी/ उड़ने को उद्यत फिर ऊपर/ लो खोल रही अब तम के पर/

वर्तमान में प्रेम को व्यावसायिकता ने प्रभावित किया है। एक पक्षी सूखे वृक्ष का साथ छोड़ने में दुःख का अनुभव करता है किन्तु एक आदमी अपनी मातृभूमि से अपना लगाव नहीं रखता। सारे सम्बन्धों को तोड़कर वह फुर्र हो जाता है। जीवन कर्ष-विकर्ष से विकसित होता है। उन्होंने भारतीय वीरों को वीरता का आख्यान प्रस्तुत किया है। कवि जब गौरव राग सुनाता है तो वीरों की चेतना में झंकार हो उठती है। वे द्वन्द्वात्मक भौतिकवाद से अलग भारतीय भाव के साम्यवाद का सन्देश देते हैं। गाँधी, जयप्रकाश नारायण, बादशाह खान पर इन्होंने सार्थक रचनाएँ की हैं। 'महानाश से महाराग' में शोषण, पीड़ा, हिंसा की विनाश लीला का चित्रण किया गया है। इनकी कविता में वस्तु-तत्त्व की विविधता तथा शिल्प के नये-नये प्रयोग हैं। लेकिन ये जटिल पदबन्ध के हिमायती कभी नहीं रहे। इन्होंने हिन्दी के अलावा कई काव्य राजस्थानी में भी रचा है। हिन्दी रचनाएँ इस प्रकार हैं— वन फूल, अग्नि वीणा, मेरा युग, दीप किरण, प्रतिबिम्ब, आज हिमालय बोला, खुली खिड़कियाँ, चौड़े रास्ते, प्रणाम, मर्म, अनाम, निर्ग्रन्थ, स्वगत, देह-विदेह, आकाश गंगा, वामन विराट्, श्रेयस्, निष्पत्ति त्रयी (कुल 18 काव्य-संकलन)

प्रकृति और जीवन सभी मधुशाला महारूपक के अंग बन गये हैं। सूर्य-सिन्धु तारे, पौधे, फूल, आम्र वृक्ष-मंजरियाँ, पावस-बसन्त, रात-दिन, उषा-सन्ध्या, स्वतन्त्रता की बलिवेदी इस महारूपक के अंग हैं। 1938 में 'निशा निमन्त्रण', 1939 में 'एकान्त संगीत, 1943 में 'आकुल अन्तर' उनके काव्य-संकलन प्रकाशित हुए। कवि वेदना, निराशा, अकेलेपन की मानसिकता से ग्रस्त हैं। प्रकृति के उपादानों द्वारा वह अपनी निजी पीड़ा की अभिव्यक्त करता है। बच्चन जीवन को दुःखान्त नाटक मानते हैं। इसमें अपने दोष को दूसरों पर मढ़ना ठीक नहीं है बल्कि अपने ही घायल पाँवों से अपने पन्थ को टटोलना है—

कुछ विधान है जो निर्मम गति से चलता है।

वह स्वयं छला जाता जो उसको सपनों, शब्दों से छलता है/इसीलिए चुप रहो/और घायल पाँवों से पन्थ टटोलो/अपने ही श्रम सीकर हैं/आँसू हैं चाहे तो अपने घावों को धो लो/

भगवतीचरण वर्मा (1903-1981) जन्म शफीपुर उन्नाव (उ.प्र.)। इनकी कुछ कविताएँ दीवानीगी एवं फक्कड़पन को व्यक्त करती हैं लेकिन अधिकांश कविताओं में जीवन की विषमताओं से पराजय एवं पलायन की मनोवृत्ति दृष्टिगत होती है। सामाजिक विद्रोह तथा निम्नवर्ग की पीड़ा का भी इन्होंने चित्रण किया है। 'मधुकण' और 'प्रेम संगीत' में इनकी दीवानगी तथा प्रणय की कविताएँ संकलित हैं। 'मानव' काव्य-संकलन में प्रगतिवादी कविताएँ संकलित हैं। 'भैंसा गाड़ी' इनकी प्रगतिवादी कविता है। भगवतीचरण वर्मा में हालावादी कविता का बीज मिलता है जिसे हरिवंश राच बच्चन ने विकसित किया।

हरिवंशराय 'बच्चन'—जन्म 1907, इलाहाबाद, शिक्षा एम.ए., पी-एच.डी. इलाहाबाद विश्वविद्यालय तथा कैम्ब्रिज विश्वविद्यालय। बच्चन की लोकप्रियता उनकी सहजता, बोधगम्यता एवं लौकिक जीवन की प्रणय अनुभूतियों में सहजता से रहस्यवाद के समावेश के कारण है। मधुशाला, मधुबाला, मधुकलश

इनके तीन संकलन क्रमशः 1933, 1936 और 1937 में प्रकाशित हुए। उमर खैयाम की रुबाइयों का अनुवाद 1935 में छपा था। 'मधुशाला' की आरम्भिक पंक्तियाँ हैं—

मृदु भावों के अंगूरों की आज बना लाया हाला
प्रियतम अपने ही हाथों से आज पिलाऊँगा प्याला
पहले भोग लगा लूँ तेरा फिर प्रसाद जग पायेगा।
सबसे पहले तेरा स्वागत करती मेरी मधुशाला।

बच्चन का प्रगतिवादी स्वर उनका निजी है, मार्क्स के द्वन्द्वात्मकता से सम्बन्धित नहीं है। 'महत्त्व इस बात का नहीं कि कौन आगे चलता है, कौन पीछे चलता है, महत्त्व इस बात का है कि रास्ता चलता है। नाश से अपने को बचाकर यदि मनुष्य रहता है तो वह पुनर्निर्माण कर ही होता है। बच्चन आस्था और निष्ठा के कवि हैं। उनकी काव्य-दृष्टि जीवन को सम्पूर्णता में रूपायित करती है। राम और हनुमान दोनों ही उन्हें आकृष्ट करते हैं। शब्द को हथियार माननेवालों को वे आगाह करते हैं। "यह महासंग्राम/जीवन का जगत् का/जीतना तो दूर लड़ना भी उपासक मानवों से/एक महिमा ही सकेगी होड़ ले इन दानवों से।" सतरंगिनी (1945), मिलनयामिनी (1955), प्रणय पत्रिका (1955), धार के इधर-उधर (1957), आरती और अंगारे (1958), बुद्ध और नाच घर (1958), त्रिभंगिमा (1961), चार खेमे चौंसठ खूँटे (1962), दो चट्टानें (1965) आदि संकलनों द्वारा बच्चन ने हिन्दी साहित्य को बहुआयामी अनुभवों की सर्जनात्मकता से सम्पन्न किया है।

जानकीबल्लभ शास्त्री—जन्म 15 जनवरी, 1916 मैंगरा, गया (बिहार)। शास्त्री जी संस्कृत, हिन्दी के विद्वान् थे। प्राकृत, पालि, अंग्रेजी, उर्दू, बँगला आदि भाषाओं के भी अच्छे जानकार थे। इन्होंने बिहार विश्वविद्यालय के रामदयाल सिंह कॉलेज में हिन्दी-संस्कृत के रीडर पद पर कार्य किया और पटना विश्वविद्यालय में अतिथि आचार्य के रूप में भी अपनी सेवाएँ अर्पित कीं। आरम्भ में संस्कृत में लेखन करते थे, फिर निराला की प्रेरणा से हिन्दी में आये। निराला का इनकी रचनाओं पर गहरा प्रभाव है। भाषा, शिल्प के अलावा कुछ शीर्षक भी यथावत् हैं किन्तु रचनाएँ नितान्त मौलिक हैं। शास्त्री जी ने कविता, आलोचना, उपन्यास, कहानी, नाटक, ललित निबन्ध, संस्मरण, आत्मकथा आदि अनेक विधाओं में सुन्दर एवं स्तरीय लेखन किया है। इनके तेरह काव्य-संकलन प्रकाशित हैं— रूप-अरूप, तीर-तरंग, शिप्रा, मेघगीत, अवन्तिका, संगम, उत्पलदत्ता, आधुनिक कवि (भाग 14), बाललता, श्यामा संगीत, धूमतरी, सुने कौन नग्मा, उत्तम पुरुष। 'राधा' शीर्षक महाकाव्य के अलावा चार गीति-नाट्य हैं— पाषाणी, तमसा, इरावती।

प्रो. रेवतीरमण शास्त्री जी के विषय में सच ही कहते हैं कि उन्होंने किसी साहित्यिक या गैर साहित्यिक आन्दोलन की अगुआई नहीं की लेकिन ऐसा साहित्यिक व्यक्तित्व विकसित किया कि आज सबको उनकी जरूरत महसूस होने लगी है। शास्त्री भूत और भविष्य समेत वर्तमान को अभिव्यक्ति देते हैं। (उत्तर पुरुष, पृ. 7) शास्त्री पूरे मन से परमेश्वर का मन्त्र गाने का संकल्प लेते हैं जिसमें जीवन मधुर-अम्ल, कटु, कषाय, लोना-खारा, सुख-दुःख सभी रस मिले हैं। वह स्पष्ट उद्‌घोषणा करते हैं कि—

अनृत विजयिनी ही न/अमृत जयिनी हो मेरी कला भारती/ उद्‌घोषित करती बहिरन्तर। रहे ज्वलित अनुभूति आरती/

परोक्ष सत्ता के प्रति अनेक जिज्ञासाएँ तथा उससे जुड़ी अनेक अनुभूतियाँ एवं विचार उनकी कविता में अंकित होते हैं। उस परम सौन्दर्यवान् का रूप-निर्झर झर रहा है। वह समुद्र की तरह विशाल

है उसे (देह) घर में कैसे समाहित किया जा सकता है। वह अकेले किसी एक प्राणी का नहीं है, वह सब का है। जहाँ आज सर्वत्र मैं, मैं की आवाज गूँज रही है। व्यक्तिवादिता या अहं तक सब-कुछ केन्द्रित हो गया है वहीं भारतीय दर्शन की काव्यात्मकता शास्त्री के गीतों को नये सामाजिक बोध से सम्पृक्त करती है–

शमा हूँ या कि परवाना/जलन हूँ ज्योति या जगमग/कहूँ क्या हाय/मैं क्या हूँ/समझता हूँ तुम्हीं तुम हो/

कवि जीवन के लिए नयी प्रेरणाएँ देता है। लक्ष्य की चिन्ता किये बिना निरन्तर गतिशील रहना। मन्द गति भले ही हो पर अपने आस-पास के सौन्दर्य से रीझते, उलझते आगे बढ़ना, निज शीतलता की चिन्ता किये बिना पराये का ताप-हरण आदि जीवन के ऐसे सन्देश हैं जो कविता के अन्तराल से सहज गुंजित होते हैं। कवि को प्रकृति अनेक रूपों में रिझाती है किन्तु हर बार कुछ नयी सीख भी देती है। बाह्य जगत् की उलझनों में ही यदि मन गतिशील रहता है तो गीत रचने की मनःस्थिति रहती है, जब इन्द्रियों को, मन को अन्तर्मुख कर लिया जाता है तो गीत की जगह गीता का उन्मेष होता है। शास्त्री जी पलायन के कवि नहीं बल्कि जीवन समर में संघर्ष के लिए ललकारनेवाले कवि हैं–

मैं कहता यदि कसी कमर है/डर क्या यह संसार समर है/जूझो, आत्मा अजर अमर है/ज्ञान कर्म का महामिलन ही/मैं मंजुल मंगल फलदाता/

सामान्य जनजीवन के दुःख-दर्द, विश्वास बेबसी पर भी उनकी दृष्टि पड़ी है। विधवा, मिट्टी के हाथी-घोड़े, खामोश आवाज आदि अनेक कविताएँ इन्ही भावों को व्यक्त करती हैं।

शास्त्री जी के काव्य में शब्द-शब्द में सांस्कृतिक चेतना और परम्परा का गौरव बोध समाहित है। संस्कृत के आचार्य होने के नाते वे तत्सम शब्दों का प्रचुर प्रयोग करते हैं किन्तु कहीं भी उनकी भाव-व्यंजना बाधित नहीं होती।

रहस्यवाद

हिन्दी साहित्य में रहस्यवाद का विचार छायावाद के साथ ही शुरू हुआ अर्थात् 1920 के आस-पास यह शब्द काव्य-चिन्तन के क्षेत्र में व्यवहृत हुआ। मुकुटधर पाण्डेय, सुमित्रानन्दन पन्त तथा जयशंकर प्रसाद की नव भाव से युक्त कविताओं के प्रकाशन के बाद उनकी आलोचना तथा प्रत्यालोचना करते हुए रहस्यवाद शब्द का प्रयोग प्रचलित हुआ। 'गीताञ्जलि' की जब विश्व स्तर पर चर्चा हुई तो उसकी कविताओं के लिए अंग्रेजी शब्द 'मिस्टिक' का प्रयोग किया गया, हिन्दी में उसी का रूपान्तरण 'रहस्यवाद' नाम से हुआ। महावीरप्रसाद द्विवेदी ने इस शब्द पर इसी रूप में विचार किया। आचार्य शुक्ल ने इसी व्यापक चर्चा से प्रभावित होकर स्वतन्त्र रूप से एक पुस्तक भी लिखी जिसका शीर्षक था 'हिन्दी काव्य में रहस्यवाद'।

आधुनिक छायावादी कविता में रहस्यवादी प्रवृत्तियों का उदय वैज्ञानिक, सामाजिक तथा आर्थिक स्थितियों के बदलाव के प्रभाव से हुआ। आधुनिक विज्ञान ने प्रकृति के अनेक रहस्यों को आधुनिक मानव के सामने उद्घाटित तथा प्रत्यक्ष किया। संसार की दूरी घट जाने के कारण सम्पूर्ण वैचित्र्य का सीधा साक्षात्कार आधुनिक मानव को हुआ। प्रकृति के रहस्यों को वेधकर मनुष्य ने अपनी असीमित क्षमता का अनुभव भी किया। एक ओर प्रकृति के रहस्य खुलते हैं और दूसरी ओर नये रहस्य चुनौती बनकर सामने आ जाते हैं। मानव और प्रकृति के सम्बन्धों में कुछ सीमा तक शत्रुता का भाव पैदा

हुआ। उपयोगितावादी दृष्टि से तो मनुष्य प्रकृति से अपना सम्बन्ध स्थापित करता गया किन्तु प्रकृति और मानव का प्राचीन तादात्म्य एवं आत्मीय सम्बन्ध क्षीण होता गया। यह प्रक्रिया आधुनिक काल में ही शुरू नहीं हुई बल्कि मानव सभ्यता के विकास के साथ जुड़ी हुई है। प्रकृति और संसार (भौतिक जगत्) में से संसार मनुष्य के साथ अधिक हो गया। इसकी प्रतिक्रिया में कवियों ने फिर से प्रकृति के साथ आत्मीय सम्बन्धों की स्थापना पर बल दिया। आधुनिक जिज्ञासा के परिणामस्वरूप प्रकृति के अनेक रूप-रंग उसकी दृष्टि में समाहित हो गये।

प्रकृति के स्पन्दन, नर्तन और आन्दोलन में उसे नये-नये रहस्यात्मक संकेत मिलते हैं। वह सृष्टि की सीमा-रेखा से दूर अनजान और असीमित को देख लेना चाहता है। मध्यकालीन जीवन-दृष्टि के सीमित दायरे से बाहर निकलकर आधुनिक कवि असीम की ओर ललकता है। वह काल्पनिक धरातल पर उससे मिल भी लेता है—

जब असीम से हो जायेगा
मेरा लघु सीमा का मेल
देखोगे तुम देव अमरता
खेलेगी मिटने का खेल।

असीम से मिलन की उत्कण्ठा मध्यवर्गीय पारिवारिक और सामाजिक रूढ़ियों को तोड़कर उन्मुक्त प्रकृति में ताजी साँस लेने की अकुलाहट का प्रतिफल है। वह द्रुत पंखोंवाले मन से अन्तहीन आकाश में उड़ जाना चाहता है। यही नहीं वह इस आवागमन में अपने को मिटा देने को भी तैयार है—

आते जाते मिट जाऊँ
पाऊँ न पन्थ की सीमा।

पूँजीवाद के कारण जो 'व्यक्तिवाद' उभर रहा था उसके कारण सामाजिक मानव की अपेक्षा व्यक्ति के निजी दुःख-दर्द का एहसास प्रमुख होता गया। किन्तु छायावाद काव्यान्दोलन तक नवजागरण की चेतना काफी प्रखर थी जिसमें सामूहिक हित या राष्ट्रीय हित के साथ विश्व-कल्याण की भावना प्रबल बनी हुई थी। प्रथम विश्वयुद्ध के बाद तो यह तथ्य और भी प्रमाणित हो गया कि किसी देश-विशेष का हित विश्व हित से विच्छिन्न नहीं है। अतीत के दार्शनिक चिन्तन और वर्तमान बोध ा के फलस्वरूप छायावाद में जो व्यक्तिवाद उभरा वह आत्मवाद या विश्वात्मवाद में रूपान्तरित हुआ। नामवर सिंह इसी तथ्य की ओर संकेत करते हुए लिखते हैं, 'वस्तुतः यह सार्वभौम भावना भाववाद पर ही प्रतिष्ठित थी, इसीलिए उसे तत्कालीन व्यक्तिवाद का ही प्रक्षेपण समझना चाहिए। बहिर्जगत् का एक अन्तर्जगत् के एक की ही विराट् छाया है।...रहस्यवादी कविताओं में जो उस परमप्रिय से मिलने की बात बार-बार कही जाती है यह इसी सार्वभौम भावना का काव्यात्मक रूप है।'

छायावाद में रहस्यवाद के आने का एक प्रमुख कारण यह भी है कि प्रत्येक छायावादी कवि भारतीय दार्शनिक चिन्तन से प्रभावित रहा है। इस बात का संकेत किया जा चुका है कि सांस्कृतिक पुनर्जागरण का प्रभाव इस युग के बुद्धिजीवियों पर बहुत गहरा था। आर्यसमाज और ब्रह्मसमाज के आन्दोलनों तथा रामकृष्ण परमहंस, स्वामी विवेकानन्द, स्वामी रामतीर्थ आदि की प्रेरणा से वेद, वेदान्त, गीता आदि के अध्ययन और आधुनिक सन्दर्भ में उनकी उपादेयता को परखने का अच्छा माहौल बन गया था। विरागपूर्ण तथा व्यक्तिगत साधना के बदले रागपूर्ण कर्म तथा समष्टिगत साधना की जरूरत के कारण भक्ति, योग, कर्म तथा ज्ञान का उचित समन्वय तो किया ही गया, मानवीय सम्बन्धों

तथा उन्नयन की दृष्टि से भी उनका अवलोकन किया गया। 1913 में जब गीताञ्जलि पर नोबेल पुरस्कार प्राप्त हुआ तो उसकी ओर भी हिन्दी कवियों का ध्यान आकृष्ट हुआ। स्वामी विवेकानन्द विश्व-मंच पर पहले ही भारतीय दर्शन की सर्वश्रेष्ठता सिद्ध कर चुके थे। राजनीतिक दासता की स्थिति में यदि भारतीय महत्ता का कोई क्षेत्र बचा था तो वह दर्शन का क्षेत्र था। अपने व्यक्तित्त्व को प्रतिष्ठित करने तथा व्यक्तित्व की खोज के माध्यम से अस्मिता की पहचान की कोशिश में भारतीय दर्शन की ओर मुड़ना स्वाभाविक था। भारतीय अद्वैतवाद ही तो व्यापक परिप्रेक्ष्य में कविता का रहस्यवाद बन गया। "अद्वैतवाद प्राचीन वेदान्त दर्शन का शङ्कराचार्य द्वारा दिया गया नया नाम था। संसार को मिथ्या, ब्रह्म को सत्य और ब्रह्म और जीव की एकता सिद्ध करके इस दर्शन ने मनुष्य को स्थूल भौतिक जगत् के बन्धनों से मुक्ति का एक मार्ग बताया था। ब्रह्म वास्तविक हो या केवल कल्पना, उसके साथ सम्बद्ध स्थूल जगत् के बन्धनों से आत्मा को मुक्त करने की कल्पना मानव विजय की बहुत बड़ी आकांक्षा थी...यह मध्यवर्गीय जनता को विदेशी साम्राज्यवाद तथा देशी सामन्तवाद के कठोर बन्धनों से मुक्ति की आकांक्षा का रूपान्तर मात्र थी।" निराला ने अपनी कविता 'तुम और मैं' तथा महादेवी ने 'टूट गया वह दर्पण निर्मम' अद्वैतवादी दर्शन का ही प्रतीकात्मक रूपान्तरण किया है। यह रूपान्तरण बौद्धिक चिन्तन के धरातल पर न होकर विशुद्ध भावात्मक सम्बन्धों की परिकल्पना पर आधारित है—

तुम आशा के मधुमास
और मैं पिक-कल-कूजन गान
तुम मदन-पंच-शर-हस्त
और मैं हूँ मुग्धा अनजान।

वैसे निराला के काव्य में अद्वैतवादी रहस्यवादी की प्रधानता है। महादेवी में प्रेममूलक रहस्यवाद की अभिव्यक्ति अधिक है। आध्यात्मिक प्रेम की व्यंजना के लिए महादेवी अनेक प्रतीकों और बिम्बों की योजना करती हैं। इस रहस्यमय प्रेम में औत्सुक्य, जिज्ञासा के साथ ही प्रिय की पहचान, आभास, मिलन, विरह आदि विविध दशाएँ तथा अनुभूतियाँ व्यक्त होती हैं। महादेवी के रहस्यवाद में साधनामूलक तथा भावमूलक अनुभूतियों की झलक मिलती है। महादेवी की प्रेम व्यंजना में विरह की भावना बड़ी गहराई में व्याप्त है—

विरह का जलजात जीवन विरह का जलजात,
वेदना में जन्म करुणा में मिला आवास,
अश्रु चुनता दिवस इसका अश्रु गिनती रात

जयशंकर प्रसाद का दार्शनिक रहस्यवाद आनन्दवादी रहस्यवाद कहा जा सकता है जिसकी तात्त्विक व्याख्या प्रत्यभिज्ञा दर्शन पर आधारित है। शिव के दो रूप हैं—एक अव्यक्त दूसरा व्यक्त। महाचिति जब सजग होती है तो जगत् की सष्टि होती है तथा ज्ञान, इच्छा और क्रिया का वैषम्य पैदा होता है। सांसारिक दुःखों से मुक्ति का उपाय शिवत्वबोध है। यह बोध जब तक नहीं होता संसार दुःखमय प्रतीत होता है। शिवत्व के अभिज्ञान के साथ इच्छा, क्रिया, ज्ञान की विषमता समाप्त हो जाती है। संसार के सारे द्वन्द्व समरस हो जाते हैं। फिर अखण्ड आनन्द की अनुभूति होती है। प्रसाद ने इसी रागमूल आनन्द को कामायनी का प्रतिपाद्य बनाया है।

छायावादी रहस्यवाद का अधिकांश भाग प्राकृतिक रहस्यवाद है। वास्तव में रहस्यवाद की विभिन्न स्थितियाँ और रूप दूसरे से घुल-मिलकर ही छायावादी अनुभूति को निर्मित करते हैं। छायावादी कवि

प्रकृति में आध्यात्मिक संकेत तो पाता ही है उसे स्वयं चेतन सत्ता के रूप में देखता है। पन्त और महादेवी को प्रकृति परोक्ष सत्ता को प्रतिबिम्बित करती हुई दिखायी देती है। वे उसी प्रतिबिम्ब से तादात्म्य स्थापित करके अपने प्रियतम को प्रत्यक्ष करना चाहते हैं। पन्त 'छाया' शीर्षक कविता में इसी भाव को व्यक्त करते हैं–

हाँ सखि आओ बाँह खोल हम
लगकर गले जुड़ा लें प्राण
फिर तुम हम में, मैं प्रियतम में
हो जावें द्रुत अन्तर्धान।

महादेवी कहती हैं–

पुलकों से भर फूल बन गये जितने प्राणों के छाले हैं।
अलि क्या प्रिय आने वाले हैं।

छायावादी कवियों के रहस्यवाद तथा मध्यकालीन कवियों के रहस्यवाद में अन्तर है। मध्यकालीन कवियों की मूलभावना धार्मिक थी, वे असली अर्थ में साधक थे। छायावादी कवियों का रहस्यवाद कल्पित रहस्यवाद है वह उनके जीवन का अंग नहीं है। आधुनिक कवियों के लिए प्राप्तव्य परम लक्ष्य प्राचीन कवियों की तुलना में प्रायः अधिक धुँधला तथा अस्पष्ट है "इसी प्रकार अपनी सीमा के बन्धन से छुटकारा पाने की जितनी अधिक तड़प आधुनिक रहस्यवाद में दिखायी पड़ती है उससे कुछ कम कबीर आदि मध्ययुगीन सन्तों में मिलती है और वेदोउपनिषद् में बहुत ही कम दिखायी पड़ती है। इसका कारण शायद यह है कि जात-पाँत आदि की सामाजिक-रूढ़ि जब जितनी अधिक कड़ी रही, उस युग में सीमा से मुक्त होने की आकांक्षा भी उसी मात्रा में व्यक्त हुई।" प्राचीन कवियों में देह-धर्म तथा जन्म-जन्मान्तर के बन्धनों से मुक्ति की कामना प्रमुख है जबकि आधुनिक कवि सामाजिक रूढ़ियों तथा बन्धनों से मुक्त होना चाहता है। आध्यात्मिकता उसके लिए रीतिकवियों की तरह कवच का भी काम करती है। इनमें असन्तोष तथा निराशा है जबकि मध्यकालीन कबीर आदि में सन्तोष तथा आशा है। आधुनिक रहस्यवाद में चूँकि साधनात्मकता की कमी है इसीलिए इसमें योग सम्बन्धी प्रतीकों का प्रयोग नहीं किया गया है। सन्तों के रहस्यवाद में प्राकृतिक बिम्ब छायावादी कवियों की तुलना में कम हैं।

छायावादयुगीन गद्य

द्विवेदी-युग में भाषा का जो परिष्कार शुरू हुआ था उसकी प्रौढ़तम स्थिति छायावाद में दिखायी देती है। विविध भावों, सूक्ष्म से सूक्ष्मतम मानसिक स्थितियों, गम्भीर और जटिल विचार-सरणियों को अभिव्यक्त करने की क्षमता खड़ीबोली गद्य में आ गयी। संस्कृतनिष्ठता तथा ठेठपन के बीच स्वाभाविक सन्तुलन निर्मित हुआ। गद्य की प्रायः सभी विधाएँ इस काल में चरम ऊँचाई का संस्पर्श करती हैं।

निबन्ध के क्षेत्र में पण्डित रामचन्द्र शुक्ल, गुलाबराय, रघुवीर सिंह, शिवपूजन सहाय उल्लेखनीय हैं। शुक्ल जी ने अपने मनोविकार सम्बन्धी तथा आलोचनात्मक निबन्धों में भारतेन्दु-युग से शुरू होनेवाली निबन्ध विधा को पराकाष्ठा पर पहुँचा दिया। उनके निबन्धों में चिन्तन की सघन अभिव्यक्ति हुई है। छायावादी काव्य में व्यक्तिवादी दृष्टि की प्रधानता है किन्तु छायावादी गद्य में यथार्थ का पक्ष प्रबल है। यदि कहीं वैयक्तिकता आयी भी है तो वह बुद्धि की सहयोगिनी बनकर। चूँकि छायावाद-युग

मुख्यतः अन्तर्यात्रा का युग है इसीलिए शुक्ल जी जैसे गम्भीर विचारक भी अन्तर्यात्रा से गुजरकर ही निबन्धों का सृजन करते हैं। डॉ. बच्चन सिंह का सोचना बहुत ही तर्कसंगत है, "यह आकस्मिक नहीं है जिस समय ये निबन्ध लिखे जा रहे थे उसी समय कामायनी लिखी जा रही थी। कामायनी के सर्ग हैं—चिन्ता, श्रद्धा, काम, लज्जा, कर्म, ईर्ष्या, इड़ा आदि। शुक्ल जी इनमें से, अधिकांश को निबन्ध का विषय बनाया। इसलिए उनमें गुणात्मक अन्तर आ गया। पर श्रद्धा दोनों को काम्य थी। एक ऐतिहासिक प्रक्रिया में दोनों एक ही विषय के सम्बन्ध में सोच रहे थे।" शुक्ल जी इन निबन्धों में भावात्मक धरातल पर समाज के सम्बन्धों की व्याख्या करते है और व्यंग्य-विनोद का स्वाभाविक समावेश करते हैं जिससे उनकी जीवन्तता क्षीण नहीं होती।

गुलाबराय के निबन्धों में भी वैयक्तिकता के लक्षण हैं। रघुवीर सिंह चित्रमयी और मार्मिक भावना से अपने निबन्धों को सजाते हैं।

छायावादी-साहित्य में भी यथार्थ के गहरे बोध के भीतर व्यक्ति चरित्रों की अनोखी दीप्ति हैं। इस युग के प्रसिद्ध उपन्यासकार प्रेमचन्द की औपन्यासिक कृतियों में विविध सामाजिक समस्याओं के घेरे में व्यक्ति की संघर्ष-चेतना, जिजीविषा तथा आत्मिक राग प्रस्फुटित होता है इसीलिए उनके अधिकांश पात्र वर्ग का प्रतिनिधित्व करते हुए भी विशिष्ट प्रतीत होते हैं। प्रेमचन्द ने हिन्दी उपन्यास को यथार्थ की ठोस जमीन पर प्रतिष्ठित किया है। तत्कालीन सामाजिक-सांस्कृतिक हलचल का यदि जीता-जागता चित्र देखना हो तो प्रेमचन्द के उपन्यासों में देखा जा सकता है। चूँकि उपन्यास की प्रकृति आरम्भ से ही यथार्थवादी रही है इसीलिए नितान्त भाववादी छायावादी कवि जब उपन्यास लेखन में प्रवृत्त होते हैं तो वे भी विशुद्ध यथार्थवादी हो जाते हैं। निर्मला, सेवासदन, गबन, कर्मभूमि, रंगभूमि, गोदान आदि प्रेमचन्द के प्रसिद्ध उपन्यास हैं। प्रसाद ने कंकाल और तितली दो उपन्यास लिखे। 'कंकाल' में धार्मिक संस्था के खोखलेपन को उजागर करके व्यक्तिवाद का पक्ष लिया गया है। 'तितली' का स्वर आदर्शवादी है। व्यक्ति और समाज की समस्याओं के मनोवैज्ञानिक तथा आन्तरिक संघर्ष को जैनेन्द्र अपने ढंग से अंकित कर रहे थे। इन्होंने परम्परित-रूढ़ नैतिक प्रतिमानों को ध्वंस करके नये प्रतिमानों का विधान किया है। जैनेन्द्र की औपन्यासिक चेतना और छायावादी काव्य-चेतना में अद्भुत साम्य है। जिज्ञासा, विस्मय, रहस्यात्मक झीनापन, अशरीरी प्रेम सम्बन्ध, रूढ़ शिल्प का खण्डन इस तरह के तत्त्व हैं।

वृन्दावनलाल वर्मा ने अपने उपन्यासों में मध्यकालीन रूमानियत को साकार किया है। वर्मा जी के उपन्यासों में भारतीय सांस्कृतिकता व्यापक रूप में उभरती है। वे मध्यकालीन ऐतिहासिक वृत्त को ग्रहण करते हुए भी रूढ़ियों की जड़ता को तोड़कर प्रगतिशीलता का परिचय देते हैं। मानसिक संवेगों की अभिव्यक्ति, नियति, साहस, आश्चर्य का योग तथा कल्पना का समुचित उपयोग उनके उपन्यासों के संरचनात्मक तत्त्व हैं। चतुरसेन शास्त्री, पाण्डेय बेचन शर्मा उग्र, भगवतीप्रसाद वाजपेयी, प्रतापनारायण श्रीवास्तव आदि उपन्यासकारों ने प्रेम की स्वच्छन्दता का चित्रण करते हुए तथा सामाजिक सन्दर्भ में व्यक्तित्व को उभारने का प्रयास किया है।

कहानियों में व्यक्तित्व और व्यक्ति की पीड़ा, सौन्दर्यबोध, अन्तःसंघर्ष नये रूप में प्रकट होते हैं। इस काल की कहानियों में संवेदना की पकड़ गहरी हुई है, काव्यात्मकता का तत्त्व बढ़ा है और व्यक्ति-वैचित्र्य की परख अधिक प्रांजल हुई है। सामाजिक समस्याओं से जुड़े हुए कहानीकार भी रोमान्स का चित्रण अधिक करते हैं। प्रेमचन्द ने सामाजिक समस्याओं को ध्यान में रखते हुए भी व्यक्ति की विद्रोही चेतना, स्त्री-पुरुष के सहज प्रेमाकर्षण तथा आन्तरिक मनोवृत्तियों को अपेक्षाकृत अधिक

कुशलता से उद्भासित किया है। प्रसाद, जैनेन्द्र, उग्र, निराला, सियारामशरण गुप्त मुख्यतः रोमाण्टिक कहानियों के सृजन में तल्लीन थे।

छायावादी प्रवृत्तियाँ इस युग के नाटकों में भी दृष्टिगोचर होती हैं। स्थूल वृत्त को छोड़कर नाटककार पात्रों के अन्तस्तल में प्रवेश करते हैं। प्राचीन कथानकों को वर्तमान की राष्ट्रीय समस्याओं के अनुकूल प्रस्तुत करके वे अतीत की प्रेरणादायक भूमिका का निर्माण करते हैं। प्रसाद के नाटकों में पुनर्जागरण का प्रभाव अन्य विधाओं की तुलना में अधिक गहरा तथा व्यापक है। लक्ष्मीनारायण मिश्र के अपने नाटकों में बुद्धिवादी होने का दावा करते हुए भी भावुकता से मुक्त नहीं हो पाये हैं। इस काल में कई गीति-नाट्यों की भी रचना हुई। सुमित्रानन्दन पन्त रचित ज्योत्स्ना, उदयशंकर भट्ट रचित 'मत्स्यगन्धा' और 'विश्वामित्र' उल्लेखनीय हैं।

छायावाद-युग में रामचन्द्र शुक्ल ने समीक्षा को सैद्धान्तिक तथा व्यावहारिक दोनों धरातलों पर गरिमापूर्ण ढंग से प्रतिष्ठित किया है। इन्होंने प्राचीन रसवाद की सामाजिक महत्ता स्थापित की। कविता में लोकमंगल के उद्देश्य पर बल दिया। सम्पूर्ण हिन्दी साहित्य की इन्होंने समुचित व्यवस्था तथा मूल्यांकन किया किन्तु छायावादी काव्यकृतियों के साथ वे पूरी तरह से न्याय नहीं कर पाये। विश्वनाथ प्रसाद मिश्र और कृष्णशंकर शुक्ल इस युग के अन्य समीक्षक हैं।

छायावादोत्तर युग

किसी काल-विशेष में विकसित होनेवाली काव्य-प्रवृत्तियाँ अपने पूर्ववर्ती काल की प्रवृत्तियों से बिल्कुल निरपेक्ष नहीं रहती हैं। किसी कालखण्ड में प्रकट होनेवाली काव्य-प्रवृत्तियों के कारण तत्त्व पूर्ववर्ती कालखण्ड में ही निर्मित होने लगते हैं तथा पूर्वकाल का अन्तिम छोर तथा उत्तरकाल का पूर्व छोर एक तरह की युगसन्धि की स्थिति को जन्म देता है। यह स्थिति सम्पूर्ण हिन्दी साहित्य के इतिहास में देखी जा सकती है। सामाजिक-राजनीतिक सन्दर्भों तथा विचारधाराओं के बदलाव के कारण कई बार पूर्ववर्ती काव्यधारा तथा उत्तरवर्ती काव्यधारा में पर्याप्त अन्तर प्रतीत होता है किन्तु कविता की रचना-प्रक्रिया तथा शिल्प में समानता के कतिपय सूत्र मौजूद रहते हैं। छायावाद के बाद विकसित होनेवाली कविता की स्थिति भी बहुत-कुछ इस तरह है। नयी ऐतिहासिक परिस्थितियों के कारण छायावाद की बहुत-सी प्रवृत्तियाँ आगे नहीं चल पायीं कवियों का 'मैं' वृहत्तर सामाजिक प्रतीक से मुक्त होकर अपने ही भोगे हुए यथार्थ तक सीमित हो गया, अन्तर्मुखी चेतना दार्शनिक आवरण को छोड़कर बहुत-कुछ आन्तरिक काम-कुण्ठा को प्रतिबिम्बित करने लगी, कल्पना और वायवीपन के स्थान पर ठोस यथार्थ महत्त्वपूर्ण हो गया। असीम के आगे ससीम व्यक्तित्व को तिरोहित करने की भावना के स्थान पर व्यक्तित्व की जागरूकता बढ़ गयी। छायावाद अपनी चरम ऊँचाई पर पहुँचते-पहुँचते वैयक्तिक संघर्ष तथा वेदना का आदर्शीकरण तथा आध्यात्मीकरण छोड़ने लगता है। छायावाद के अन्तिम सीमान्त में प्रकाशित 'राम की शक्ति-पूजा', तुलसीदास, सरोज स्मृति और कामायनी में अन्तःसंघर्ष की प्रखरता देखी जा सकती है। छायावाद के जाने-माने कवि सुमित्रानन्दन पन्त ने स्वयं 'युगान्त' लिखकर छायावादी-युग के अन्त की घोषणा कर दी। 1935 ई. में प्रकाशित दिनकर का हुंकार भी नयी काव्यप्रवृत्ति की सूचना देता है। बच्चन, नरेन्द्र शर्मा और अंचल में आगे विकसित होनेवाले काव्यान्दोलन की प्रमुख प्रवृत्तियाँ प्रकट होने लगती हैं अर्थात् इनकी काव्यरचनाओं में उनका पूर्वाभास मिलने लगता है। डॉ. बच्चन सिंह इन्हें मूलतः प्रगति-प्रयोगवादी कवि स्वीकार करते हैं। "इनमें स्वच्छन्दतावादी (छायावादी) कवियों का न उल्लास है और न राष्ट्रीयता, न ही आदर्श के प्रति मोह।

परम्परायुक्त दर्शन-शैवागम, अद्वैतवाद, बौद्धों का दुखवाद-का भी कहीं से स्पर्श नहीं है। विराट् सत्ता से अपने को अलग करके उन्होंने अनुभव खण्डों को साफ-सुथरी रोजमर्रा की भाषा में बाँधा है।" "व्यापक अर्थ में यथार्थोन्मुख होने के कारण ये प्रगति के निकट हैं तो भाषागत बिम्बवाद, तत्समता, क्लासिकल औदात्य, काल्पनिक उड़ान को तोड़कर काव्यभाषा को जनभाषा के निकट लाने तथा वाक्यों को रागात्मक गद्य बनाने का श्रेय भी इन्हीं को है—विशेष रूप से बच्चन को। यह प्रयोग नहीं तो और क्या है।" डॉ. जगदीश गुप्त 1936 से 40 के बीच एक सन्धिकाल का प्रस्ताव करते हैं। इस काल में आदर्श और यथार्थ का वैचारिक संघर्ष समस्या का रूप धारणा करता है और वास्तविकता का दबाव स्वप्न और रहस्य के पर्दे दरका देता है। इस सन्धिकाल में भगवतीचरण वर्मा, बच्चन, अंचल, नरेन्द्र की कविताओं में दोहरी भावभूमि दृष्टिगत की जा सकती है।

छायावादोत्तर काल में कविता की जो प्रवृत्तियाँ विकसित हुईं इन्हें प्रगति, प्रयोग नयी कविता आदि शीर्षकों में विभाजित किया जा सकता है। ये काव्यान्दोलन ऐसे हैं जो एक-दूसरे से मिलते, काटते, अलग पहचान बनाते हुए विकसित हुए हैं।

प्रगतिवाद

प्रगतिवाद काव्यान्दोलन यद्यपि 1936 के आस-पास मार्क्सवादी भौतिक जीवन-दर्शन की अनुप्रेरणा से निर्मित कविताओं के लिए रूढ़ हो गया है किन्तु इसके विकास के लिए राष्ट्रीय और अन्तरराष्ट्रीय नवीन परिस्थितियों की प्रेरणा कम महत्त्वपूर्ण नहीं है। नयी परिस्थितियों का दबाव इतना जोरदार था कि स्वयं छायावादी कवि वायवीपन, सूक्ष्मता, रहस्यात्मकता तथा अतिशय काल्पनिकता को छोड़कर जीवन के यथार्थ धरातल पर उतरने को मजबूर हो गये। मार्क्सवादी दर्शन के आधार पर स्थापित साम्यवाद रूस के जनजीवन को तेजी से बदल रहा था। वह सामन्तवाद और पूँजीवाद के आतंक को समाप्त करके सर्वहारा वर्ग का अधिनायकत्व स्थापित कर रहा था। विश्व के राजनीतिक पटल पर रूस की महान् अक्टूबर क्रान्ति (1917 ई.) का व्यापक असर पड़ा। भारत भी इस असर से अछूता न रहा। 1920 ई. के बाद भारत में नयी क्रान्तिकारी शक्तियों का उदय होता है। 1922 ई. में जन आन्दोलन बन्द किये जाने के बाद देशवासियों के अन्दर जो निराशा आयी थी उसे दूर करने में मजदूर वर्ग की महत्त्वपूर्ण भूमिका है। मजदूर वर्ग अपने अधिकारों के लिए 1920-30 ई. के बीच बराबर संघर्षशील रहा। ब्रिटिश शासकों ने साम्यवादी विचारधारा को हिन्दुस्तान से दूर रखने की पुरजोर कोशिश की किन्तु उनकी पूरी नाकेबन्दी के बावजूद यह विचारधारा भारत में प्रविष्ट हो गयी। रूस की क्रान्ति ने देश और विदेश स्थित सभी क्रान्तिवादियों के मन में हलचल मचा दी। 1919 ई. में भारतीयों का एक प्रतिनिधि-मण्डल लेनिन से मिला था। 1920 ई. में भारत से बाहर ताशकन्द में हिन्दुस्तान की कम्युनिस्ट पार्टी की स्थापना की गयी। बाद में कम्युनिस्ट विचारधारा का दबाव कांग्रेस पर भी पड़ने लगा था। 1922 ई. के गया अधिवेशन के लिए एम. एन. राय ने एक कार्यक्रम पेश किया था जिसमें हिंसक क्रान्ति तथा मजदूरों-किसानों की अहम् भूमिका के महत्त्व को निर्दिष्ट किया गया था। 1921-22 तक भारत में कम्युनिस्ट आन्दोलन के लिए अनुकूल जमीन तैयार हो गयी थी। अतः परस्पर स्वाधीन रूप से कलकत्ता, बम्बई, मद्रास तथा लाहौर में कम्युनिस्ट ग्रूप स्थापित हुए। 1925-27 ई. में राजनीतिक क्षेत्र में एक महत्त्वपूर्ण घटना थी मजदूर-किसान पार्टी की स्थापना मजदूर-किसान पार्टी की स्थापना सबसे पहले बंगाल में हुई। इसके बाद पंजाब और उत्तर प्रदेश में भी इसकी स्थापनाएँ हुईं। जब क्रांग्रेस के नेता पूर्ण स्वाधीनता का प्रस्ताव पास करने में और उसे

अपना लक्ष्य बनाने में हिचक रहे थे उस समय कम्युनिस्टों के नेतृत्व में मजदूर-किसान पार्टी ने पूर्ण स्वाधीनता को माँग के पक्ष में जनमत तैयार करने में बड़ा काम किया।

सोवियत संघ की प्रगति, चीन की क्रान्ति, (1924-27) सारी दुनिया में साम्राज्यवाद विरोध और राष्ट्रीय मुक्ति-आन्दोलन, देश की बिगड़ती आर्थिक दशा, बढ़ते साम्राज्यवादी शोषण, कम्युनिस्टों के आन्दोलन के प्रभाव से क्रांग्रेस में भी गरम दल का जन्म हुआ।

बीसवीं शताब्दी के तीसरे दशक के पूरा होने तक भारत की आर्थिक दशा बड़ी शोचनीय हो गयी थी। अंग्रेजों की आर्थिक नीति के कारण भारत का कच्चा माल तेजी से इंग्लैण्ड जा रहा था जिसका मूल्य लौटकर आनेवाले तैयार माल से बहुत कम था। किसानों में तबाही आ गयी थी। कर, लगान, सूद से उनकी रही-सही शक्ति बिल्कुल समाप्त होती जा रही थी। उन पर कर्ज का बोझ बढ़ रहा था। आर्थिक मन्दी के कारण मजदूरों की छँटनी की गयी। आर्थिक संकट से सारी भारतीय जनता और ब्रिटिश साम्राजियों के बीच, पूँजीपति वर्ग और भारत के राष्ट्रीय बुर्जुआ वर्ग के बीच, भारतीय पूँजीपतियों और मजदूर के बीच, किसानों और जमींदारों के बीच विरोध काफी बढ़ गया। अकाल की विभीषिका से पूरी आर्थिक स्थिति और भी दर्दनाक हो गयी थी।

ऐसे आर्थिक, सामाजिक तथा राजनीतिक संकट में कवि कितने दिनों तक अपने को भुलावे में रख सकता था। जीवन की हलचल तथा संघर्ष से दूर किसी कल्पना लोक में जाकर विश्राम करना या वसन्त का मादक गीत गाते-गाते मादकता में विभोर रहना सम्भव नहीं था। छायावादी कवि बीच-बीच में ऊर्ध्वगमन से यथार्थ के धरातल पर लौटने के लिए विवश होता रहा। निराला ने 1930 ई. के पहले ही भिक्षुक, बादलराग आदि यथार्थवादी तथा क्रान्तिकारी कविताओं की रचना कर दी थी। इस तरह की रचनाओं में तीस के पूर्व की क्रान्तिकारी हलचल की झलक देखी जा सकती है। किन्तु यह बात गौर करने लायक है कि छायावाद में जो प्रगतिवादी तत्त्व उभर रहा था वह मार्क्सवादी जीवन-दर्शन का अनुकरण या साहित्यिकीकरण नहीं है। यथार्थ की चेतना आधुनिककाल के आरम्भ से ही प्रखर थी। अतः यदि यथार्थवाद को ही प्रगतिवाद का मूल तत्त्व माना जाय तो उसका आरम्भ भारतेन्दु-युग से ही स्वीकार करना पड़ेगा। आचार्य नन्ददुलारे वाजपेजी इसी तथ्य को स्वीकार करते हुए लिखते हैं कि, "साहित्य के सभी नये आन्दोलन एक अर्थ में प्रगतिशील कहे जा सकते हैं, क्योंकि वे किसी-न-किसी नवीन विचारधारा के सहचर हुआ करते हैं। इस दृष्टि से हमारा साहित्य पिछले तीस वर्षों में तीन प्रगतिशील आन्दोलनों का सृजन-संचालन कर चुका है। यहाँ मैं उस चौथे की चर्चा नहीं करूँगा, जो इन तीनों से पहले का, हिन्दी के नवयुग का प्रथम आन्दोलन था और जिसके पुरस्कर्ता भारतेन्दु हरिश्चन्द्र हैं। इस नामकरण से भ्रम होता है कि हमारे पहले के आन्दोलन प्रगतिशील नहीं थे। प्रगतिशील ही नहीं, वे प्रचलित सामाजिक स्थितियों और साहित्य-सरणियों के विरुद्ध विद्रोहात्मक भी थे।" प्रगतिवाद के विषय में यह कहा जाता है कि इसका गर्भाधान नवयुग की कविता में ही हो गया था किन्तु जन्म छत्तीस में हुआ। जन्मकाल से ही विदेशी विचारधारा से बुरी तरह आक्रान्त हो गया, भारतीय कविता की कोख में इतने दिन पलने के बावजूद वह वैचारिक दृष्टि से उससे बिलकुल अलग-थलग हो गया। तथाकथित रूढ़ प्रगतिवाद तथा पूर्ववर्ती प्रगतिवाद में इस वैचारिक अन्तर को निर्दिष्ट करते हुए विद्वानों के एक वर्ग ने दोनों के अलग-अलग नाम दिये। 1936 से पूर्व के प्रगतिवादी तत्त्वों से युक्त कविता को प्रगतिशील और उत्तरवर्ती कविता जो मार्क्सवाद के द्वन्द्वात्मक भौतिकवादी दर्शन के आधार पर विकसित हुई को 'प्रगतिवाद' संज्ञा दी गयी। 'प्रगतिवाद' शब्द प्रगतिशील के चार-पाँच वर्षों बाद प्रयोग में आया। डॉ. बच्चन सिंह दोनों में अन्तर करते हुए लिखते हैं, प्रगतिशील

विशेषण जो अपने विशेष्य के साथ रहकर ही अर्थवान् होता है। पर 'प्रगतिवाद' संज्ञा है अवधारणा है। प्रगतिशीलता में लघुता के प्रति संवेदनात्मक रुझान होती है तो प्रगतिवाद में मार्क्सवादी अवधारणा का अनुबन्ध आधार-अधिरचना का द्वन्द्वात्मक सम्बन्ध वर्गसंघर्ष और सर्वहारा की पक्षधरता। प्रगतिशीलता ही मार्क्सवादी जीवन-दर्शन का आधार ग्रहण करके प्रगतिवाद संज्ञा पा लेती है। इस दृष्टि से इसकी नींव भारतेन्दु-युग में ही पड़ जाती है। डॉ. जगदीश गुप्त के विचार से प्रगतिवाद को छायावाद के भीतर देखना विभ्रम है "प्रगतिवादी विचारधारा से प्रभावित अनेक आलोचकों ने अपनी-अपनी मान्यताओं को एक सांस्कृतिक पृष्ठभूमि प्रदान करने और ऐतिहासिक सन्दर्भ से जोड़ने के उपक्रम में यह सिद्ध करने की चेष्टा की है कि साम्यवाद के स्वागत के लिए छायावाद ने ही जमीन तैयार कर दी थी, जबकि सत्य इसके बहुत-कुछ प्रतिकूल दिखायी देता है। गाँधीवाद के प्रभाव से जो यथार्थदृष्टि आयी वह मूलतः आदर्शोन्मुखी थी और उसका सम्बन्ध आध्यात्मिकता द्वारा अनुप्रेरित गीता के वैष्णव भावयुक्त निष्काम कर्मयोग से था। अनासक्ति उसके मूल में थी और भौतिक सुख का त्याग उसकी प्रक्रिया का अंग था। द्वन्द्वात्मक भौतिकवाद पर आधारित नितान्त लोकोन्मुखी जनवादी चेतना का सूत्र उसमें खोजना एक प्रकार का विभ्रम उत्पन्न करना है।" गुप्त जी के तर्क से यथार्थवाद का छायावादी स्वरूप भारतेन्दुयुगीन यथार्थ के लिए उसी रूप में लागू नहीं हो पाता। छायावादी कवि निराला की कविता, 'भिक्षुक' और 'बादलराग' में भी आदर्शवाद या निष्काम कर्मयोग का आरोपण सही नहीं है। छायावाद तथा उसके पूर्व की यथार्थ चेतना ही प्रगतिवाद की भारतीय जमीन है। यह यथार्थ मार्क्सवादी है इसे तो कोई आलोचक नहीं मानता चाहे वह मार्क्सवादी हो या गैरमार्क्सवादी। कुछ आलोचक प्रगतिशीलता और प्रगतिवाद के अन्तर को भी मानने को तैयार नहीं हैं—"जिस तरह छायावाद और छायावादी कविता भिन्न नहीं है उसी तरह प्रगतिवाद और प्रगतिशील साहित्य भी भिन्न नहीं है। 'वाद' की अपेक्षा 'शील' को अधिक अच्छा और उदार समझकर इन दोनों में भेद करना कोरा बुद्धि विलास है।"

प्रगतिवाद छायावाद के गर्भ से पैदा हुआ या उसका गला घोंटकर पैदा हुआ या उसकी परम्परा भारतेन्दु-युग से जुड़ती है, इस तरह के अनेक प्रश्न उठाये गये हैं। यथार्थ की पहचान को मूलतत्त्व माननेवाले आलोचकों ने भारतेन्दु-युग से इसकी शुरूआत मान ली है। डॉ. नगेन्द्र का कहना है कि, "प्रगतिवाद छायावाद की भस्म से नहीं पैदा हुआ बल्कि उसका गला घोंटकर पैदा हुआ।" यह कथन सच माना जाय तो यह कहना पड़ेगा कि "उसका गला घोंटने में छायावादी कवियों का भी हाथ है। पन्त को छायावाद और प्रगतिवाद एक-दूसरे के बिना अधूरे और अर्थहीन लगते हैं।" छायावादी प्रगतिवाद का पल्लू पकड़कर भी जैसे अपराधबोध से युक्त हो जाता है और अध्यात्म और भक्ति की ओर उन्मुख हो जाता है। उसकी गति सपाट नहीं बल्कि वक्र रहती है। रामविलास शर्मा ने प्रगतिवाद को छायावाद की जन हितैषी तथा सबल तत्त्वों की विरासत से जोड़ने का प्रयास किया है जिसका जगदीश गुप्त विरोध करते हैं "ऐसी विडम्बनाएँ अनेकशः मिलती हैं जो यह व्यंजित करती हैं कि साम्यवादी प्रगतिवाद सर्वात्मवादी छायावाद का विकसित रूप न होकर उसके प्रतिकूल विचारोंवाली एक भिन्न दिशा से आनेवाली आन्दोलन था...प्रगतिवादी आलोचक इस बात के लिए प्रयत्नशील रहे हैं कि समस्त आयातित विचारों को येन-केन-प्रकारेण भारतीय संस्कृति को शक्तिशाली परम्परा के विकास के रूप में प्रस्तुत कर दें।" प्रगतिवादी आलोचक यदि ऐसा करते हैं तो हर्ज ही क्या है। भारतीय संस्कृति के विराट् स्वरूप में हर तरह की विचारधारा से मिलती-जुलती विचारधारा मिल ही जायेगी। जनकल्याण तथा भौतिक उन्नति के जो तरीके बताये गये थे वे एक आदर्श के

घटाटोप में विलीन ही रहे। उन्हें सयत्न बाहर करके स्पष्ट करना और विदेश से आनेवाली विचारधारा को भारतीय परम्परा से जोड़कर देखना साहित्य के नये रूप को समझने में सहायक ही होगा। छायावादी कवियों को प्रगतिवाद में आ जाने में कोई रचनात्मक समस्या नहीं प्रतीत हुई। छायावादी-सर्वात्मवादी मूल्यों के प्रति जितना भावुक है उतनी ही भावुकता प्रगतिवादियों में साम्यवादी और समाजवादी मूल्यों के प्रति है। छायावाद कल्पना की अतिशय ऊँचाई पर पहुँचकर जमीन पर उतरने के लिए विवश हुआ है, नये जीवन-दर्शन के प्रभाव से वह प्रगतिवादी स्वर अलापने लगा। उसका गला नहीं घोंटा गया। महादेवी अन्त तक छायावादी स्वर ही अलापती रहीं।

सन् 1936 ई. में सज्जाद जहीर और मुल्कराज आनन्द के प्रयास से प्रगतिशील लेखक संघ की स्थापना हुई। इसी तिथि से प्रगतिवाद का आरम्भ माना जाता है।

प्रगतिवादी कविता में यथार्थ को मोड़ने का प्रयत्न है। यह यथार्थ समाज के ऊपरी सतह पर परिलक्षित होनेवाला स्थूल तथ्य मात्र नहीं है। इसमें सोच तथा अनुभव की नयी पकड़ एवं प्रेरणा निहित है। मार्क्सवादी चिन्तन से अनुप्रेरित प्रगतिवादी साहित्यकार शोषकों की मरणोन्मुखी शक्ति, उससे उत्पन्न सामाजिक विकृतियों के अन्तराल में छिपी शोषित की नवीन शक्ति का द्वन्द्व, उसकी उभरती हुई आकांक्षा एवं अडिग जीवन-संघर्ष को लक्षित करता है। इन बुनियादी तत्त्वों की पहचान रखनेवाला साहित्यकार ही अपने युग का सच्चा प्रतिनिधित्व करता है। प्रगतिवादी कवियों की दृष्टि में मनुष्य सर्वोपरि है। धर्म, जाति, सम्प्रदाय, नस्ल सबको छोड़कर वह मनुष्य की समता और समृद्धि का कायल है। निर्मम शोषण में पिसते हुए मनुष्य के लिए उसके मन में विशेष सहानुभूति है तथा शोषकों के प्रति आक्रोश एवं भर्त्सना–

मिलों के मालिकों को
अर्थ के पैशाचिकों को
भूमि को हड़पे हुए धरणीधरों को
मैं प्रलय के साम्यवादी आक्रमण से मारता हूँ,
और उनके अपहरण को
दिग्विजयी सभ्यता को
सर्वहारा की नवोदित सभ्यता से जीतता हूँ।

(केदारनाथ अग्रवाल)

मजदूर, किसान की पीड़ा प्रगतिवादी कविताओं में खूब उभरती हैं। इस घोर पीड़ा से उबरने के लिए गलित व्यवस्था को छिन्न-भिन्न कर देने का आह्वान किया जाता है। कवि ऐसी तान सुनाना चाहता है जिससे उथल-पुथल मच जाय। पूँजीपतियों के गगनचुम्बी महल धराशायी हो जायँ। जीर्णबाहु, शीर्ष शरीरवाला किसान तथा मजदूर क्रान्ति की अगवानी करें। प्रगतिवादी कवि मानवीय समता का स्वप्न मार्क्सवादी दर्शन के आधार पर साकार करना चाहता है। रूस में यह विचारधारा पल्लवित-पुष्पित तो हुई ही उसका सार्थक प्रतिफलन भी हुआ। इसीलिए कुछ कवि मार्क्स तथा रूस की प्रशंसा के गीत गाने में जुट गये। कविता में प्रचार का स्वर प्रबल होने लगा। वह अपने परिवेश के अनुभव से कटने लगीं। इससे प्रगतिवादी काव्यान्दोलन को पर्याप्त क्षति पहुँची। साधारण जनों तथा शोषितों का आकर्षण उसके प्रति उतना नहीं हुआ जितना अपेक्षित था। उन्हें भरतीय गरीबी के बदले अभारतीय समृद्धि का स्वप्न उतना प्रिय नहीं लगा। प्रगतिवादी काव्यान्दोलन तथा आलोचना दृष्टि

से एक माहौल का निर्माण अवश्य हुआ। कविता के प्रति दृष्टि में बदलाव आया। निम्न तथा शोषित वर्ग अपने अधिकारों के प्रति सचेष्ट हुए हैं। पुरानी कविता की रसमग्नता की माँग तथा पलायनवादी कविता की महत्ता घटी।

प्रगतिवादी कविता में राजनीतिक तत्परता है। शासन के प्रति असन्तोष एवं विरोध का स्वर अधिक प्रखर है। नागार्जुन, त्रिलोचन आदि कवियों की रचनाओं में शासन की एकपक्षीय तस्वीर अधिक उभरती है। प्रगतिवादी कविताओं में जवाहरलाल नेहरू, श्रीमती इन्दिरा गाँधी आदि नेताओं पर सीधा व्यंग्य किया गया है। श्रीमती इन्दिरा गाँधी पर व्यंग्य करते हुए नागार्जुन लिखते हैं—

खूब तनी हो, खूब अड़ी हो, खूब खड़ी हो
प्रजातन्त्र को कौन पूछता, तुम्हीं बड़ी हो।
डर के मारे न्यायपालिका काँप गयी है
वो बेचारी अगली गतिविधि भाँप गयी है
देश बड़ा है लोकतन्त्र है सिक्का खोटा
तुम्हीं बड़ी हो संविधान है छोटा
तुमसे छोटा राष्ट्र हिन्द का तुम्हीं बड़ी हो
खूब तनी हो खूब अड़ी हो खूब लड़ी हो।

शोषणमूलक लोकतन्त्र पर अनेक बार प्रहार किया गया है। नौकरशाहों की शोषणधर्मिता पर व्यंग्यात्मक कशाघात किया गया है। लोकतन्त्र उत्तम राजनीतिक व्यवस्था है लेकिन निहित स्वार्थों एवं मानवीय दुर्बलताओं के कारण उसका आदर्श स्वरूप नष्ट-भ्रष्ट हो गया है। स्वतन्त्रता के बाद के काव्य में अनेक कवियों ने प्रजातन्त्र की वर्तमान अव्यवस्था के प्रति आक्रोश प्रकट किया है। वादों के घेरे में रहनेवाले प्रगतिवादी कवि की संवेदना वादों का घेरा तोड़ती है। पार्टीबद्ध कुचक्रों से वे अवगत ही नहीं आहत भी होते रहे हैं। त्रिलोचन की एक कविता है—

प्रगतिशील कवियों की नयी लिस्ट निकली है
उसमें कहीं त्रिलोचन का तो नाम नहीं था
आँखें फाड़-फाड़ कर देखा, दोष नहीं था
पर आँखों का, सब कहते हैं कि प्रेस छली है।

प्रगतिवादी कविता में आडम्बरपूर्ण धर्म को भी शोषण का साधन माना गया है। मठों, मन्दिरों में जो मोटी कमाई होती है, उसके द्वारा बिना श्रम के महन्तों का विलासपूर्ण जीवनयापन होता है उसका विरोध प्रगतिवादी कविताओं में दृष्टिगत होती है। त्रिलोचन कहते हैं कि—

करता हूँ आक्रमण धर्म के दृढ़ दुर्गों पर
कवि हूँ नया मनुष्य मुझे यदि अपनायेगा
उन गानों में अपना विजयगान पायेगा
जिनको मैंने गाया है।

मुक्तिबोध भी मठ और गढ़ तोड़ने का संकल्प करते हैं। नागार्जुन भगवान् को कल्पना का पुत्र कहते हैं और उससे वरदान के बदले अभिशाप माँगते हैं—

कल्पना के पुत्र हे भगवान्
चाहिए नहीं मुझको वरदान।
दे सको तो दो मुझे अभिशाप
प्रिय मुझे है जलन, प्रिय सन्ताप
चाहिए मुझको नहीं यह शान्ति
चाहिए सन्देह, उलझन, भ्रान्ति
रहूँ मैं दिन-रात बेचैन ॥

प्रगतिवादी काव्य में स्वस्थ शोषण-मुक्त समतामूलक समाज की स्थापना का सपना है। राष्ट्रीयता की नयी एवं स्वस्थ समझ है। यहाँ राष्ट्रीयता का मतलब कुछ शहीदों की कुर्बानी का गुणगान मात्र नहीं है तथा कुछ नेताओं की जयकार भी नहीं है बल्कि जन-जन के योगदान, कर्म, श्रम एवं संघर्ष का मूल्य है। मजदूरों तथा किसानों के राष्ट्रीय महत्त्व का निरूपण है। कवियों को केवल महान् कथा वृत्तों में ही मानव की श्रेष्ठता परिलक्षित नहीं होती बल्कि जनसाधारण की संघर्ष गाथा में मानवता का उत्कर्ष दिखायी देता है। जब प्रकृति, जग, जग नियन्ता, मनुष्य सभी एकाकार होते हैं तो सही प्रगति का गीत बनता है—

क्रान्ति का प्रस्फुटन जन की पीड़ा से ही होगा
क्रान्ति उन्हीं लोगों के पास पला करती है।
दुःख के तम में जीवन ज्योति जला करती है।

देशभक्ति का यह अनूठा रूप द्रष्टव्य है—

मर जाऊँगा तब भी तुमसे दूर नहीं मैं हो पाऊँगा।
मेरे देश तुम्हारी छाती की मिट्टी मैं हो जाऊँगा।
मिट्टी की नाभि से निकलता मैं ब्रह्मा होकर आऊँगा।
गेहूँ की मुट्ठी बाँधे मैं खेतों-खेतों छा जाऊँगा॥

प्रगतिवादी कविता सौन्दर्य के नये उन्मेष से अपने को सम्बद्ध करती है। जीवन संघर्ष तथा कटु सत्य में सौन्दर्य की खोज करती है। प्रगतिवाद की यथार्थ दृष्टि ग्राम्य प्रकृति के सौन्दर्य को अंकित करने में सहायक होती है। त्रिलोचन की एक कविता को उद्धृत करके सौन्दर्य की यथार्थ पहचान की प्रामाणिकता देखी जा सकती है—

सघन पीली
उर्मियों में
बोर
हरियाली सलोनी
झूमती सरसों
प्रकम्पित वात से
अपरूप सुन्दर
धूप सुन्दर
धूप में

जगरूप सुन्दर
सहज सुन्दर।

यह यथार्थ ग्राम्यदृष्टि जनपदीय तथा ठेठ स्वदेशी अनुभवों को समेटती हुई विविध दृश्यों को मूर्तिमान् करती है, उसमें कहारों, धोबियों, चमारों की जिन्दगी तथा दुर्व्यवस्था के यथार्थ चित्र उभरते हैं। प्रगतिवादी कवि अपने गाँव, जनपद तथा नगर के प्रेम के माध्यम से राष्ट्रप्रेम तथा अन्तरराष्ट्रीय प्रेमभावना तक संचरण करता है।

आलोच्य कविता में प्रेम की रूमानियत नहीं है बल्कि घरेलू दुःख-दर्द है। डॉ. नामवर सिंह का निष्कर्ष है प्रगतिशील कविता में जो स्वस्थ सामाजिक, पारिवारिक प्रेम व्यक्त हुआ है वह प्रयोगवाद के स्वैराचार और कुण्ठा-भरे काव्य में नहीं मिल सकता। प्रगतिशील कवि जहाँ स्वच्छन्द प्रेम का चित्रण करता है, वहाँ भी संयम तथा स्वस्थ मनोवृत्ति का परिचय देता है। प्रेम का घरेलू लहजा देखिये—

दृश्य बदलता है
कि देखता हूँ फिर
मैं बीमार खाट पर लेटा हूँ मनमाने
सिरहाने बैठी हो तुम माथे पर अपना हाथ पसारे
पूछ रही हो
(दृग में चिन्ता वाणी में विश्वास अटल है)
अब कैसी तबीयत है।

(त्रिलोचन शास्त्री)

प्रगतिवादी अपने अनुभवों तथा विचारों को यथावत् सम्प्रेषण के लिए सचेष्ट हैं। इसीलिए उनकी काव्यभाषा की बनावट सीधी तथा सपाट है। उसमें क्लिष्ट लाक्षणिकता तथा प्रतीकात्मकता नहीं है। सजाव-सिंगार की परवाह भी नहीं है—

हम जियें न जियें दोस्त
तुम जियो एक नौजवान की तरह
खेत में झूम रहे धान की तरह
मौत को मार रहे बान की तरह।

(केदारनाथ अग्रवाल)

मुक्तक तथा अतुकान्त छन्दों में भी अपेक्षाकृत अधिक ढीलापन है। उसने अनेक लोकधुनों को अपनाकर कविता में ताजगी लायी है। प्रगतिवादी काव्यधारा के प्रमुख कवियों में केदारनाथ अग्रवाल, नागार्जुन, रांगेय राघव, शिवमंगल सिंह सुमन, त्रिलोचन के नाम उल्लेखनीय हैं। पन्त तथा निराला ने भी प्रगतिवादी कविताओं का सृजन किया है।

केदारनाथ अग्रवाल (1911-2000 ई.)—अग्रवाल पेशे से वकील थे। इन्होंने मानव और प्रकृति के सहज सौन्दर्य को कविता के माध्यम से अंकित किया है। उद्‌बोधन कविताओं के साथ ही केदारनाथ लोकजीवन की मस्ती में झूमकर लोकराग में जीवन के यथार्थ को सफलता से अभिव्यंजित करते हैं। 'फूल नहीं रंग बोलते हैं' इनका सुप्रसिद्ध काव्य-संग्रह है। 'युग की गंगा', नींद के बादल, आग का आईना, समय-समय पर, इनके अन्य काव्य-संग्रह हैं। इनकी कविताओं में हैं समाज की

अर्थनीति के विरुद्ध प्रहार, कटु जीवन के प्रति व्यंग्य तथा जनता का संघर्ष-शक्ति की प्रतिध्वनि। प्रकृति सम्बन्धी एक कविता दर्शनीय है—

आज नदी बिलकुल उदास थी
सोयी थी अपने पानी में
उसके दर्पण पर
बादल का वस्त्र पड़ा था
मैंने उसको नहीं जगाया
दबे पाँव वापस घर आया।

फसलों के स्वयंवर का एक मनोहर दृश्य है—

एक बीते के बराबर
यह हरा ठिंगना चना
बाँधे मुरैठा शीश पर
छोटे गुलाबी फूल का
सजकर खड़ा है।

नागार्जुन (1911 ई., तरौनी, दरभंगा, बिहार मृत्यु 1999 ई.)—'युग की गंगा' और 'सतरंगे पंखों वाली', 'प्यासी पथरायी आँखें', 'तालाब की मछलियाँ', 'तुमने कहा था', 'खिचड़ी विप्लव देखा हमने', 'हजार हजार बाँहों वाली, इनके काव्य-संग्रह प्रकाशित हुए हैं। नागार्जुन ने गरीबी, अभाव को स्वयं भोगा है। सामाजिक दुर्व्यवस्था, ग्रामीण जीवन की स्थिर विपन्नता तथा लाखों चेहरों की मलिनता एवं उदासी को अत्यन्त समीप से देखा है। इसीलिए इनकी कविताओं में स्थितियों का सूक्ष्मरूप तीखे व्यंग्य के साथ अंकित होता है। गाँव के एक स्कूल का चित्र देखिये—

घुन खाये शहतीरों पर की बारहखड़ी विधाता बाँचे।
फटी भीत है; छत चूती है, आले पर बिसतुइया नाचे।
बरसा कर बेबस बच्चों पर मिनट मिनट में पाँच तमाचे।
इसी तरह दुखरन मास्टर गढ़ता है आदम के साँचे।

नागार्जुन ने रागात्मक तथा सौन्दर्यमयी छवियों को भी कुशलता से अंकित किया है।

शिवमंगल सिंह सुमन (जन्म 1918)—सुमन भावुकता के क्षणों में विरहगीत लिखते हैं तथा बौद्धिकता के आग्रह पर प्रगतिवादी कविताएँ रचते हैं। 'हिल्लोल' 'पर आँखें नहीं भरी' गीतों के संग्रह हैं। 'नवयुग के गान', 'प्रलय सृजन' में प्रगतिवादी स्वर मुखरित है।

त्रिलोचन (जन्म 1917)— धरती, गुलाब और बुलबुल, दिगन्त, ताप के ताए हुए दिन, शब्द, उस जनपद का कवि हूँ इनके काव्य-संग्रह हैं। त्रिलोचन ने अच्छे 'सॉनेट' की रचना की है। इनकी कविताएँ आकार में लघु होती हुई भी तीव्र प्रभाव छोड़ती हैं।

मुक्तिबोध की काव्य संवेदना तथा अभिव्यक्ति का स्वरूप उन्हें प्रगतिवादी कवियों की कोटि में आसानी से ला देता है। किन्तु उनका पूरा काव्य व्यक्तित्व तथा रचना संसार इस वाद से परे चला जाता है।

रांगेय राघव तथा **रामविलास शर्मा** भी प्रगतिवादी धारा के उल्लेखनीय कवि हैं। अजेय खँडहर, मेधावी और पांचाली रांगेय राघव की तीन प्रसिद्ध कृतियाँ हैं। रामविलास शर्मा की कविताओं में सादगी और तीव्रता के साथ व्यंग्यात्मकता के दर्शन होते हैं।

स्वातन्त्र्योत्तर प्रगतिवादी कविता

स्वतन्त्रता के बाद प्रगतिवादी कविता जनवादी संज्ञा ग्रहण कर लेती है। जनतान्त्रिक व्यवस्था में प्रमुख होता है जन, लेकिन इसके उल्टे वह मात्र सत्ता का साधन बन गया। राजा, सामन्त जनतन्त्र में मन्त्री बन गये। पूँजीपतियों की भी चुनाव में महत्त्वपूर्ण भूमिकाएँ बनीं। आर्थिक सहयोग या पार्टियों को चन्दा देकर मनमाफिक लोगों को सत्ता में भेजना, फिर उनके सहयोग से अधिकाधिक धन कमाना, जनता का अधिकाधिक शोषण करना इनका मुख्य व्यापार है। राजनेता स्वयं भी कमीशनखोरी के शिकार हैं। सामाजिक जीवन में खासतौर से राजनीति में भाई-भतीजावाद, परिवारवाद, जातिवाद, क्षेत्रवाद, आतंकवाद, गुण्डागर्दी, सम्प्रदायवाद आदि ने लोकतान्त्रिक व्यवस्था को भ्रष्ट कर दिया है। चूँकि लोकतान्त्रिक व्यवस्था से बेहतर राजनीतिक व्यवस्था का कोई विकल्प नहीं है इसलिए सभी का उसी में संलग्न रहना विवशता है। कुछ नवजवान तथा आत्मघाती लोग सम्पूर्ण व्यवस्था को अस्वीकार करते हुए हिंसात्मक गतिविधियों में लिप्त हो गये हैं। सम्पूर्ण भारत ही नहीं वैश्विक स्तर पर आतंकवाद की समस्या व्याप्त हो गयी है। अमीरों तथा गरीबों के बीच अन्तराल बढ़ता जा रहा है। अमीर अधिक अमीर हो रहे हैं और गरीब और अधिक गरीब हो रहे हैं। महँगाई, बेरोजगारी से जूझते लोगों में मानवीय मूल्यों का ह्रास हो रहा है। जीवन का एकमात्र पुरुषार्थ अर्थार्जन हो गया है। येन-केन-प्रकारेण धनार्जन करके सामाजिक एवं राजनीतिक प्रतिष्ठा पाने की स्पर्द्धा ने मानवीय भावनाओं का क्षरण किया है। बाजारवाद एवं उपभोक्तावादी संस्कृति से सम्पूर्ण मानव समाज आक्रान्त है। उपभोग की नयी-नयी वस्तुओं का आविष्कार तथा विज्ञापन के द्वारा मनुष्य के स्वविवेक को नष्ट करके उसकी चेतना पर माल की गुणवत्ता एवं अनिवार्य उपादेयता का जादुई प्रभाव पैदा करके उसे विक्षुब्ध, असन्तुष्ट बनाया जा रहा है। आकांक्षाओं एवं इच्छाओं के दमन एवं संयम के बदले उनको अत्यधिक उत्तेजित करने की प्रवृत्ति अपराध की मानसिकता को जन्म देती है। इन्द्रिय निग्रह तथा इच्छाओं के नियन्त्रण के पुराने नैतिक मूल्य अस्वीकृत हो गये हैं। धर्म की पारलौकिक भूमिका भले ही स्वीकार न की जाये किन्तु उसकी लौकिक भूमिका तो स्वयं सिद्ध है। वास्तविक धार्मिक व्यक्ति जो नैतिक मान्यताओं का कायल है, जो पूर्ण आस्तिक है वह यह मानता है कि उसके अनुचित कार्यों को पुलिस का इन्स्पेक्टर भले ही नहीं देख रहा है, भगवान् तो देख रहा है। अतः उसे इसका दण्ड अवश्य मिलेगा। कुछ वैज्ञानिक तार्किक सोच ने, कुछ भौतिकवादी जीवन-दृष्टि ने मनुष्य के नैतिक एवं मानवीय दायित्वबोध को क्षीण कर दिया है। स्वतन्त्रता के बाद जनवादियों के समक्ष अनेक तरह की चुनौतियाँ उपस्थित हुई हैं। उन चुनौतियों एवं विविध समस्याओं से टकराने की सैद्धान्तिक मान्यताएँ तो उनके पास हैं किन्तु व्यावहारिक संकल्प-शक्ति की दृढ़ता एवं अपेक्षित त्याग की भावना नहीं है। इसलिए सैद्धान्तिक रूप से कविता के स्तर पर वे जिनका विरोध करते हैं, सामान्य जीवन में उन्हीं का समर्थन करने को विवश रहते हैं। पूँजीवाद का विरोध किन्तु पूँजीपति की अभ्यर्थना, भ्रष्ट राजनीति का विरोध और राजनेताओं का गुणगान। कविता में ज्यादातर यथार्थ का अत्यन्त भयावह दृश्य उभरता है। सामाजिक एवं आर्थिक विसंगतियों तथा राजनीतिक सन्दर्भों का विशुद्ध नकारात्मक चित्र ही अंकित होते हैं। जनवादी कविता प्रतिरोध की कविता है, साथ ही विरोध की भी। इस धारा के कवियों के लिए शब्द हथियार है, शब्दों

का हथियार चलाकर वे प्रतिपक्ष को आहत करना चाहते हैं, किन्तु प्रतिपक्ष इतना कुन्द या बेहया है कि उनके आघात से वह खिलखिलाकर हँसता है, या कुछ चारा फेंककर कवि को चुप कर देता है। हिन्दी प्रदेश का जनमानस शिव की मुद्रा में समाधिस्थ रहनेवाला, चुपचाप अत्याचार सहनेवाला है। कवि उसके अन्दर की आग जगाना चाहता है, उसका मौन तोड़ना चाहता है किन्तु उसकी कोशिश निष्फल ही सिद्ध होती है। इसीलिए उसे शब्दों की व्यंग्यात्मक धार को और भी नुकीली करनी पड़ती है। लक्षणा और व्यंजना छोड़कर अभिधा में गाली-गलौज करनी पड़ती है। प्रतिरोध की कविता लिखनेवाले जनवादी (प्रगतिवादी/मार्क्सवादी) कवि हैं विष्णु शर्मा, वेणु गोपाल, चन्द्रकान्त देवताले, राजेन्द्र शर्मा, राजेश जोशी, मंगलेश डबराल, नीलाभ, अरुण कमल, बोधिसत्त्व, बद्री नारायण, हरिश्चन्द्र पाण्डेय आदि। इनमें से कुछ कवियों की रचनाधर्मिता पर किंचित् विस्तार से विचार करने की अपेक्षा है।

चन्द्रकान्त देवताले–(जन्म 7 नवम्बर 1936, मध्य प्रदेश के वेतूल जिले के जौलखेड़ा में)–इन्दौर से एम.ए. के पश्चात् सागर विश्वविद्यालय से पी-एच.डी. करके मध्य प्रदेश के राजकीय महाविद्यालयों में प्राध्यापक पद पर कार्यरत रहे। इनके सात काव्य-संग्रह प्रकाशित हैं। हड्डियों में छिपा ज्वर (1973), दीवारों पर खून से (1975), लकड़बग्घा हँस रहा है (1980), रोशनी के मैदान की तरफ (1982), भूखण्ड तप रहा है (1982), आग हर चीज में बतायी गयी थी (1987), पत्थर की बैंच (1996)।

जीवन के विरोधों के सामंजस्य की कोशिश में देवताले की कविता द्वन्द्वात्मक प्रक्रिया को सहेजती मानवसत्य तथा प्रकृतिसत्य को उद्घाटिल करती है। समकालीन राजनीतिक यथार्थ के प्रति उनका बड़ा तल्ख अनुभव है। वे राजनेताओं की प्रकृति तथा अमानवीय क्रूर लीलाओं को नये प्रतीकों तथा बिम्बों द्वारा निरूपित करते हैं। जनसाधारण की पीड़ा, बेबसी एवं संघर्ष को देवताले की कविताओं में देखा जा सकता है। राजनेताओं के विषय में उनका कथन है–**'खून के गाढ़े चकत्तों के भीतर'/**

धँसकर सड़ रही है/ जो जहरीली सदी/उसके लिए जिम्मेदार है/आदमी की खाल में गधे और गड़ेरिये का/ आधा-आधा भेजा लिये/घूमते राजनीति के झण्डाबरदार/ पूरा देश बूचड़खाने की तरह।

आदमी की बदहाली क्यों है, इसका उत्तर किसी के पास नहीं है। यहाँ तक कि ईश्वर का भी टेलीफोन कट गया है, अतः वह भी इसका जवाब नहीं दे सकता। कवि को दुःख है कि आदमी के अन्दर की आग क्यों बुझ गयी है? जीवित आत्माएँ बुझी हुई राख या भूसे की तरह जन पीड़ा का नाटक देख रही हैं।

दवताले की कविता में सपाटबयानी से लेकर जटिल शब्द-योजना तक दिखायी देती है। उनके शब्द उत्तेजक एवं विचारोत्तेजक हैं।

लीलाधर जगूड़ी– जन्म 1 जुलाई, 1944, उत्तरांचल, जिला टिहरी धंगड़ गाँव। 1966-80 ई. तक शासकीय विद्यालयों में अध्यापन किया। 1960 ई. में भूस्खलन के कारण परिवार के छह लोगों की मौत हो गयी। शंखमुखी शिखरों पर (1964), नाटक जारी है (1962), इस यात्रा में (1964), रात अभी भी मौजूद है (1966), बची हुई पृथ्वी (1966), 'घबराये हुए शब्द' (1981), भय भी शक्ति देता है (1991) इनके काव्य-संकलन हैं। इनकी कविताओं में परिवेश के प्रति सजगता अधिक है। वे सफल आदमी के साथ असफल, बीमार एवं लाचार लोगों की प्रेरणा से शब्दों का संगठन करते हैं। वे चाहते हैं–

मैं ऐसा चाहता हूँ ओ मेरे अन्तरंग
कि सैकड़ों दिनों से मुँदी हुई
कई हजार आँखें
बाहर के संसार में खोल दूँ।

धर्म, जाति, व्यक्ति एवं समुदाय पर उनकी अपनी निजी राय है। उनका मानना है कि व्यक्तिगत सम्बन्ध हमें धर्म तक पहुँचाता है, धर्म समुदाय तक, समुदाय से पहले प्रत्येक को व्यक्ति होने की हैसियत चाहिए; जिसकी अपेक्षा हर धर्म और समुदाय को है। धर्म को सुधारना चाहिए, बुराई से बचाना चाहिए, यह निजी विश्वास है तो इसे अपने में ही रखना चाहिए। मुक्तिबोध की तरह वे भी फैण्टेसी रचते हैं किन्तु जटिल नहीं सरल और व्यंजक। जो कवि औरतों के दैनिक सौन्दर्य में डूबकर केवल भोग-विलास की कविता लिखते हैं उनके लिए उनका संकल्प है जो बेहद तीखा और चुटीले व्यंग्य से सम्पृक्त है–

मैं उन्हें बाहर लाना चाहता हूँ/अन्तःपुर से/अन्तःपुर में मरे हुए जो अनेक कवि/मैं उन्हें बाहर लाना चाहता हूँ/ताकि/जनता की जमीन पर/उन्हें रफा-दफा किया जा सके/और जिनमें थोड़ा भी प्राण हो/ उन्हें खड़ा किया जा सके।

जनता की लड़ाई में कविता को शामिल करने के लिए वे शब्दों को धारदार बनाते हैं।

मंगलेश डबराले–जन्म–मई, 1948, टिहरी गढ़वाल, उत्तरांचल (उत्तर प्रदेश)–'पहाड़ पर लालटेन', 'घर का रास्ता' इनके दो काव्य-संग्रह हैं। इनके काव्य की मुख्य चिन्ता है भूख और तड़प से मनुष्य के अन्दर व्यवस्था के विरुद्ध जो गुर्राहट पैदा होनी चाहिए, वह क्यों नहीं होती। अपने परिवेश से गृहीत प्रतीकों नदी, बर्फ, लकड़ी, अन्धकार आदि द्वारा वे सामान्य जन के यथार्थ को व्यक्त करते हैं। वे अपनी कविता में दर्द की टीस उभारते हैं। हर परिस्थिति में कवि आग जलाने तथा हँसी खोजने की चेष्टा करता है। भयानक माहौल का चित्र इस प्रकार रचा गया है–

जीभ लपलपाते दिन/ मेरे सर से चले जाते हैं/और धूप मुझे कुछ और मूर्ख बनाकर/छोड़ देती है शहर के बीचोंबीच/ एक अजीब सी धुन्ध में/चौक पर मैं आँखें साफ करता हूँ/शहर एक स्थायी बाढ़ में बहता चला जाता है/मुझे लकड़ी या पत्थर की तरह/किनारे फेंकता हुआ।

राजेश जोशी–(जन्म– 18-17-1946, नरसिंहगढ़, मध्यप्रदेश)– प्रारम्भ में स्कूल मास्टरी फिर अखबारनवीसी तथा बैंक में नौकरी की। एक दिन बोलेंगे पेड़, मिट्टी का चेहरा, नेपथ्य में हँसी, दो पंक्तियों के बीच, चार काव्य-संकलन प्रकाशित हैं। राजेश जोशी गेंद, चिड़ियाँ, पेड़, चाकू, अनार आदि छोटे-छोटे विषयों पर मार्मिक, अर्थव्यंजक, जादुई प्रभाववाली कविताएँ रचने की सामर्थ्य रखते हैं। लोक कथानकों, मिथकों तथा नैत्यिक अनुभवों में अपनी यथार्थवादी मानवीय अनुभूति को व्यंजित करने की कला इनमें है। प्रकृति पर संघर्ष की चेतना का आरोपण अनेक कविताओं में हुआ है। छोटे लोगों की जिजीविषा ऐसी है जो उन्हें बचाकर रखेगी।

कभी भी खत्म हो सकती है यह दुनिया/खत्म हो सकता है किसी भी पल/सारा जीवन/खत्म हो जायेगा जब सारा जीवन/तब भी बचे रहेंगे झींगुर/उन पर कोई असर नहीं होगा बम का। जोशी ज्यादातर बोलचाल की शब्दावली का प्रयोग करते हैं। साधारण कथन में असाधारण का उद्घाटन उनकी काव्यकला का वैशिष्ट्य है।

अरुण कमल–जन्म– 15.2.1954 ई. नासरीगंज, जिला रोहतास, बिहार– उच्च शिक्षा पटना विश्वविद्यालय से, तत्पश्चात् पटना विश्वविद्यालय में अंग्रेजी के आचार्य पद पर कार्यरत। अरुण

कमल के तीन काव्य-संग्रह प्रकाशित हो चुके हैं– अपनी केवलधार (1980 ई.) सबूत (1989 ई.) नये इलाके में (1996 ई.) मार्क्सवादी विचारधारा में सम्बद्ध होने के बावजूद वे वैचारिक आग्रह को दुराग्रह का रूप धारण नहीं करने देते। जीवन में जो कुछ घटित हो रहा है, उसे पैनी निगाह से देखते हुए वे इसका निर्णय करते हैं कि परिवर्तन के क्रम में क्या जुड़ रहा है और क्या रीत रहा है। अरुण कमल धार्मिक आडम्बरों तथा प्रदर्शन का माखौल उड़ाते हैं और अपनी रचनाओं में गरीबी, भुखमरी का चित्रण करते हैं। वह आदमी की शक्ति में पूरी आस्था रखते हैं, उनका कथन है कि–

कोई देवी देव नहीं
कोई सूर्य देव नहीं।
तुम्हीं से पूरी होंगी सारी इच्छाएँ
यहीं इस धरती पर मिलते हैं
छप्पन व्यंजन।

रोजमर्रा की शब्दावली में बिना किसी भारी-भरकम प्रतीक-योजना या बिम्बविधान के वह अपनी बात सरलता से कहते हैं। उनमें राजनीतिक चेतना अत्यन्त प्रखर है और कहने का अन्दाज अकृत्रिम किन्तु प्रभावशाली। वह पूरी तरह आश्वस्त हैं–

खत्म हो जायेगा एक दिन मूर्खों का राज/पकवानों का भोग छकता महन्त/हथगोलों बारूद का ढेर गिनता सन्त/ और माफिया गिरोहों के डॉन/ नष्ट हो जायेगे एक दिन। अरुण कमल ध्वंस में निर्माण के आकांक्षी हैं, प्रलय के बाद भी नवसृजन के पक्षधर हैं, प्रेम की सारी संवेदनाओं में मनुष्य प्रेम को सर्वोपरि मानते हैं।

भगवत रावत–रावत की कविताओं के केन्द्र में आदमी है। सारी प्रकृति, फूल, पत्ता, पहाड़ सब-कुछ में आदमी समाहित हैं। 'समुद्र के बारे में' उनका प्रसिद्ध काव्य-संग्रह है। इसमें मध्यवर्ग तथा शोषित वर्ग की नियति तथा संघर्ष के आयामों को व्यस्त किया गया है। ये बचपन की यादों और जवानी के जोखिम को दुहरानेवाले कवि हैं। इनके काव्य में नगरीय बोध तथा आंचलिक ग्राम्य बोध की प्रखरता तथा यथार्थ देखा जा सकता है। अन्य कवियों की तरह औरतों के काम-काज तथा थकान को मार्मिक ढंग से चित्रित करने का प्रयत्न उनकी कविताओं में है। 'दी हुई दुनिया तो सुनो हिरामन', इनके अन्य काव्य-संकलन हैं। कविता में कथात्मक तत्त्व, नाटकीय अन्दाज तथा संवादपरकता इनके काव्यशिल्प का वैशिष्ट्य है। 'कुछ इस तरह हुआ' काव्य-संकलन में 'ईसुरी तथा रजऊ के नाम' कविताएँ बुन्देली में लिखा है।

ऋतुराज–ऋतुराज का काव्य-संकलन है 'पुल पर पानी'। इसमें इन्होंने कविता के विषय में कहा है कि 'कविता' स्मृतियों की मुट्ठी भर रोशनी है वे लोग जो इसे गाते हैं/जीते हैं/जीवनानुरक्ति के लिए/यह तुम्हारे हृदय को असंख्य रक्त कोषों से सींचती है।' पूँजीवादी व्यवस्था में वे अनेक प्रश्नों से टकराने की चेष्टा करते हैं साथ ही प्रजा की मूकदर्शिता और राजनीतिक दम्भ पर प्रबल आघात करते हैं। स्त्री और माँ उनकी कविताओं में भी स्थान पाती हैं। कवि ने दिशाहीन पत्रकारिता पर तीखा प्रहार किया है। 'अबे कस', 'सुरत निरत' इनके काव्य-संकलन हैं।

उदयप्रकाश– उत्तर-आधुनिक युग के सशक्त कहानीकार उदयप्रकाश कविता में भी अपना महत्त्वपूर्ण स्थान रखते हैं। सुनो कारीगर, अबूतर-कबूतर इनके दो काव्य-संकलन खास तरह की शिल्प-विधि के कारण चर्चित हुए हैं। वे नारा देनेवाले तथा झण्डा उठानेवाले प्रगतिवादी नहीं हैं बल्कि छोटे-छोटे कामगर लोगों की जिन्दगी को बहुत नजदीक से देखने तथा अनुभव करनेवाले कवि हैं।

इनमें कारीगर, बढ़ई की बेटी, कहारिन आदि का दर्द समाया है। सामयिक चेतावनी देती हुई उनकी एक कविता द्रष्टव्य है—

आखिर जेठ की धूप में/आँच तो रहेगी मालिक/आखिर हवा में धूल-धक्कड़/तिनका पत्ता तो होगा ही/आपके सामने/किसनिया की तरह खड़ी तो नहीं रहेगी हवा/सिर झुकाये अदब से/हवा बिगड़ उठती है तो कहर ढाती है/कँगूरे गुम्बद किले सब बिखेर डालती है/ जहाजों को गेंद की तरह उछालती है/ नदियों को फुहार बना देती है/ तिनगी को बड़वाग्नि/ आप तो फिर क्या हैं मालिक/ 'सुअर' शीर्षक से इन्होंने छह कविताएँ लिखीं जिनमें सत्ता और व्यवस्था पर व्यंग्य किया है। 'अबूतर-कबूतर' में वे कहते हैं— इतना गुस्सा/ इतनी आँधी/ इतनी पीड़ा/ उथल-पुथल/ हड़कम्प मचाकर/ कविता ने जीवन को क्यों ऐसा मथ डाला/

उदयप्रकाश की कविताएँ जनता की सामूहिक चेतना से उत्पन्न हैं, उनमें श्रम की प्रतिष्ठा, शोषकों की भर्त्सना तथा भारतीय जन-जीवन की यथार्थ संवेदना है।

विनोद कुमार शुक्ल— अपने व्यंग्य के नये अन्दाज के कारण ध्यान खींचते हैं। उनके काव्य के संग्रह का नाम है 'एक आदमी गरम कोट पहनकर चला गया विचार की तरह' 'लगभग जय हिन्द' अपने पैनेपन के कारण ध्यान आकर्षित करती है। 'सब-कुछ होना बचा रहेगा' तीसरा काव्य-संकलन है। नदी, पृथ्वी, जंगल आदि उपमानों तथा प्रतीकों द्वारा वे अनेक मानवीय समस्याओं पर जो देखने में अति साधारण हैं उन पर विचार करते हैं। उनका कहने का ढंग अधिक ध्यान खींचता है अनुभव की दुनिया अन्य कवियों के समान ही है।

महेश सन्तोषी की रचना 'अलविदा बीसवीं सदी', 1999 में प्रकाशित हुई। बेईमानी, गरीबी के प्रभाव आदि पर उन्होंने प्रभावशाली गीत लिखे हैं। औरत की अस्मिता को बयान करती हुई कविता की निम्न पंक्तियाँ देखिये—

मैं तो सिर्फ एक शरीर हूँ/ जिसे सारी सभ्यता/ आजीवन अनावृत्त देखना चाहती है/ और जिसे पुरुषों में राक्षस/ और मनुष्यों में देवता/ दोनों ही समान रूप से/ पैशाचिकता से/ भोगना चाहते हैं/

सन्तोषी की कविताएँ सद्भाव जगाती हैं। वे पारिवारिक रिश्तों में नयी ताजगी भरते हैं।

प्रयोगवाद

पीछे संकेत किया जा चुका है कि छायावाद के उत्तरवर्ती काल में कविता की दो प्रमुख प्रवृत्तियाँ उभरती हैं एक प्रवृत्ति सामाजिकता पर टिकी है और दूसरी वैयक्तिकता पर। छायावाद के अन्दर उभरनेवाली 'वैयक्तिकता' को बहुत-से आलोचकों ने पूँजीवाद की उपज माना है। तो क्या छायावाद के बाद पूँजीवादी स्थितियाँ समाप्त हो गयीं जिनके कारण सम्पूर्ण काव्यधारा को विशुद्ध सामाजिकता वह भी मार्क्सवादी सामाजिकता की ओर मुड़ने का एकमात्र विकल्प बचा। औद्योगिकता के प्रचार-प्रसार तथा तकनीकी विकास के साथ ही 'व्यक्तित्व बोध' और अधिक गहरा और व्यापक होता गया। 'व्यक्तित्व बोध' मेरे विचार से सामाजिकता से कटना नहीं है बल्कि प्रकारान्तर से उसे और भी समृद्ध करना है। व्यक्ति-व्यक्ति में ऊपरी धरातल पर या आर्थिक दृष्टि से समता स्थापित करने की कोशिश क्या अन्ततः प्रत्येक व्यक्ति के आन्तरिक संघटन तथा प्राकृतिक संरचात्मक अन्तर को मिटाने में सफल हो सकती है। द्विवेदी-युग में सामाजिकता पर बल होते हुए मानव का विशिष्ट

व्यक्तित्व उसके बीच अपनी पहचान बनाने लगता है और छायावाद में तो सम्पूर्ण सामाजिकता व्यक्तित्व में ही घनीभूत हो जाती है। छायावादोत्तर कविता में 'व्यक्ति' मात्र भावुकता तथा आध्यात्मिकता के माध्यम से ही समाज का अभिन्न हिस्सा नहीं बनता बल्कि अपनी सम्पूर्ण आन्तरिक और बाह्य चेतना, सम्पूर्ण शुभ-अशुभ, गोपनीय और प्रकाश्य क्रियाकलापों की अद्वितीयता के एहसास के साथ समाज का उपयोगी अंग बनना चाहता है, भीड़ में रहकर भी भीड़ से अलग और विशिष्ट। विज्ञान और प्रविधि के विकास एवं भौतिकता के प्रति बढ़ती रुझान और समस्त उन्नति-अवनति के पीछे किसी अपरोक्ष सत्ता का हाथ न मानकर स्वयं की जिम्मेदारी के एहसास से आधुनिक मानव की पूरी सोच की दिशा ही बदल गयी। डॉ. रामस्वरूप चतुर्वेदी बड़ा बल देकर कहते हैं, "आधुनिक चिन्तन में मनुष्य सारे मूल्यों का स्रोत और उपादान है और वह स्वयं ही उनके विघटन का कारण भी है। सहस्राब्दों में निर्मित और विकसित मानवीय मूल्य अब विघटित होते जा रहे हैं, यह हमारी वर्तमान सभ्यता की चिन्ता का केन्द्रीय विषय है। प्रविधि के विकास का सीधा परिणाम यह हुआ है कि गति बढ़ी है और संसार की सीमाएँ संकुचित हुई हैं...मनुष्य का मनुष्य से सम्पर्क बढ़ते हुए रूप में तनाव, द्वन्द्व या संघर्ष की मनःस्थिति को जन्म देता है।" इस संघर्ष के पीछे मुख्यतः भिन्न संस्कारों, मान्यताओं, विचारों तथा आस्थाओं के लोगों का परस्पर साथ रहने, खाने, जीने की व्यावसायिक विवशता भी है। ऐसी विषम स्थिति में 'व्यक्तित्व' के प्रति कुछ अधिक जागरूक होना ऐतिहासिक सच है। मूल्यों और मर्यादाओं का संकट सबसे अधिक मध्यवर्ग झेलता है। अपनी जीवन-पद्धति में उपलब्ध साधनों के भीतर उच्च और निम्नवर्ग दोनों की जीने की शर्तें लगभग एक जैसी रहती हैं। प्रयोगवादी कविता में यहाँ मध्यवर्ग ही विशेष रूप से उभरता है। प्रयोगवादी कविता को छायावादी व्यक्तिवाद का बढ़ाव मात्र कहकर एक बहुत बड़े ऐतिहासिक और सामाजिक सत्य को नकारना होगा। आरम्भ में प्रगतिवाद और प्रयोगवाद दोनों में ही नयी दिशा की तलाश की बेचैनी थी। दोनों को विदेश से आयातित दर्शन की शरण मिली। प्रगतिवाद मार्क्सवाद को मूल मन्त्र मानकर आगे बढ़ा तो प्रयोगवाद अस्तित्ववाद तथा मनोविश्लेषणवाद को। जब आरम्भ में किसी दर्शन-विशेष के प्रति रचनाकार में ललक पैदा होती है तो कविता में कवि व्यक्तित्व के गहरे संस्कार के बदले दर्शन ही मुखरित होने लगता है जिसके कारण उसे आलोचकों की कटु निन्दा का पात्र बनना पड़ता है। उस समय के प्रतिष्ठित और समर्थ आलोचकों ने दोनों वादों पर एकांगिकता का आरोप लगाया और दोनों को परम्परा विरुद्ध तथा कविता के मान्य प्रतिमानों से विचलित सिद्ध किया। नन्ददुलारे वाजपेयी ने 'प्रगतिशील साहित्य' और प्रयोगवादी रचनाएँ शीर्षक से दो आलोचनात्मक निबन्ध लिखे। प्रगतिशील साहित्य की प्रचारात्मकता से उत्पन्न होनेवाले खतरों से वाजपेयी जी बराबर सचेत करते हैं; निश्चय ही प्रचार कला का कोई लक्ष्य नहीं, कला का लक्ष्य तो है सृष्टि। नयी प्राण प्रतिष्ठा, नये तौर-तरीके (टकनीक), नूतन छन्द, नवीन भाषा, नयी भावाभिव्यक्ति ये कला की अपनी प्रगतियाँ हैं...फिर प्रश्न यह भी है कि केवल समाजवाद ही क्यों? क्या यह जीवन के सब विभागों को पूरा कर लेता है? क्या मनुष्य समाज के सामने और कोई सवाल नहीं रहा, विकास की कोई दिशा नहीं रही? क्या समाजवाद से ही मनुष्यता अपने आदर्श विकास पर पहुँच जायेगी। और उसके प्रतिष्ठित होने पर प्रगति का मार्ग बन्द हो जायेगा? ऐसा दावा कोई नहीं कर सकता। मानव विकास की अनेक समस्याएँ उसके पहले हैं और पीछे भी रहेंगी। इस तरह वादों के घेरे में रचना-स्वातन्त्र्य को नष्ट करना उचित नहीं है।" वाजपेयी जी मानव विकास की जिन अन्य समस्याओं की ओर संकेत कर रहे हैं उनमें से अधिकांश दूसरी काव्यधारा में प्रत्यक्ष होती है। यद्यपि आरम्भ में प्रयोग के प्रति आग्रह के कारण शायद

उसका समग्र रूप उभरकर सामने नहीं आ सका था। जैसे 'छायावाद' संज्ञा के प्रथम प्रयोक्ता मुकुटधर पाण्डेय माने जाते हैं उसी तरह 'प्रयोगवाद' नाम का सबसे पहले वाजपेयी जी इस्तेमाल करते हैं।

शाब्दिक दृष्टि से "हिन्दी काव्य परम्परा में प्रयोगवादी शैली कभी भी अधिक सम्मानसूचक नहीं रही। प्रयोग शब्द में प्रायः नये अभ्यास, नवीन प्रयास या नयी निर्माण चेष्टा का अर्थ लिया जाता है...सच्चे साहित्यकार और प्रयोगी साहित्यिक के इस अन्तर को आज के प्रयोगवादी या तो जानते ही नहीं या जानकर भी उसकी अपेक्षा करना चाहते हैं।" तारसप्तक में छपे अज्ञेय के वक्तव्यों की अर्थ-संगति वाजपेयी जी को बराबर उलझन में डालती है। उनका निष्कर्ष है कि 'उलझी हुई संवेदना' की अभिव्यक्ति से तो मूलवर्ती कविकर्म के ही अभाव की सूचना मिलती है, ऐसी कमी जो कवित्व को सत्ता पर ही आघात करती है।...प्रयोगवादी कविताएँ पूरी तरह काव्य की चौहद्दी में नहीं आतीं। प्रयोगवादी रचनाएँ वैचित्र्य प्रिय हैं, वृत्ति का सहज अभिनिवेश उसमें नहीं। प्रयोगवादी रचनाएँ वैयक्तिक अनुभूति के प्रति ईमानदार नहीं हैं और सामाजिक उत्तरदायित्व को पूरा नहीं करतीं।' यही नहीं आगे वे कहते हैं कि, "प्रयोगवादियों का प्रयत्न न तो उनके लिए और न हिन्दी कविता के लिए श्रेयस्कर है। नवीनता लाइये पर अपनी विरासत से मुँह न मोड़िये। उत्तराधिकार न छोड़िये। अन्वेषण के लिए अन्वेषण नहीं जीवन सम्बन्धी धारणा और साधना के लिए प्रचुर स्थान है, उस ओर आगे बढ़िये," इन उपदेश वाक्यों के साथ वाजपेयी जी इस आशा के साथ अपनी आलोचना की इति करते हैं कि प्रयोगवादी कविता अपने अस्तित्व के लिए परमुखापेक्षिणी नहीं रहेगी, वह अपने पैरों पर खड़ी होगी।

अतः सिद्ध है कि प्रयोगवाद और प्रगतिवाद दोनों ही युग संवेदना की अनिवार्य उपज हैं। आरम्भ में इनकी दशा, कलात्मकता या कला के प्रतिमान अनिश्चित थे, धीरे-धीरे उनमें रचनात्मक गहराई आयी। फलस्वरूप प्रयोग के लिए प्रयोग बन्द हो गया और सिद्धान्त-विशेष का लबादा पहनी हुई कविता को नारेबाजी तथा प्रचारबाजी से अलग किया जाने लगा।

तटस्थ आलोचकों की प्रतिक्रिया के साथ ही प्रगति-प्रयोगवादियों की पारस्परिक द्वन्द्वात्मकता भी कविता में निखार लायी, अतिवाद से दोनों दूर हटे।

प्रयोगवाद पर जो आरोप लगाये गये उनको प्रयोगवादी कवियों ने नतमस्तक होकर स्वीकार नहीं किया बल्कि उसके लिए उचित तर्क-वितर्क प्रस्तुत किये। लक्ष्मीकान्त वर्मा एक तरह से नन्ददुलारे वाजपेयी के ही आरोपों का खण्डन करते हुए यह स्वीकार करते हैं कि, "प्रयोग प्रतिभासम्पन्न कलाकार ही सहज वृत्ति है, और प्रबुद्ध चेतना का परिचायक है।" "प्रयोग पूर्वाग्रहों से अधिक अनुभूति और रचनात्मक अनुभव में विश्वास करता है और कला में इस रागात्मकता की गहराई सिवा कलाकार के कोई दूसरा नहीं दे सकता, क्योंकि रागात्मक बोध में व्यक्तित्व की ऊँचाई ही दृष्टि प्रदान कर सकती है।... रागात्मक बोध व्यक्तिगत अनुभव होने के नाते परम्परा से भी उतना ही भिन्न हो सकता है जितना कि किसी भी पूर्व निर्धारित मतवाद से।...प्रयोग या नयी काव्य प्रवृत्ति आज के जीवन के व्यापक यथार्थ को स्वीकार करती है और यही एक अनिवार्यता जो आज के यथार्थ को चित्रित करने की शक्ति देती है। क्लैसिक या रोमाण्टिक भावधारा इसे नहीं वहन कर सकती, क्योंकि उसके शिल्प-विधान और व्यवधान में कसे हुए घेरे में आज का यथार्थ आ ही नहीं पाता...इसीलिए प्रयोग आज का चलन नहीं है वह वर्तमान जीवन की अनिवार्यता है।"[1]

1. नयी कविता के प्रतिमान-पृ-187-191

प्रयोग किसी काल-विशेष या युग का धर्म नहीं है। प्रयोग की कोशिश तो प्रत्येक युग में होती रही है। समसामयिक अनुभवों को सार्थक अभिव्यक्ति प्रदान करने के लिए प्रचलित काव्य-रूढ़ियों, उपमानों, प्रतीकों तथा छन्दों की योजना में परिवर्तन, परिष्कार, वर्जन तथा मौलिक सन्निवेश हर युग में हुआ है। छायावाद के बाद आधुनिक संवेदना तथा भावबोध का प्रत्यक्षीकरण प्राचीन की अपेक्षा एकदम नया और कुछ सीमा तक विस्मयकारी रहा। इसीलिए इसके लिए 'प्रयोगवाद' नाम का प्रयोग किया गया। प्रयोगवाद का आरम्भ 1943 में प्रकाशित 'तारसप्तक' के साथ होता है। अज्ञेय के सम्पादकत्व में प्रकाशित इस सप्तक में कुल सात कवियों की रचनाएँ सम्मिलित की गयी हैं। ये कवि हैं–गजानन माधव मुक्तिबोध, नेमिचन्द्र जैन, भारतभूषण अग्रवाल, प्रभाकर माचवे, गिरिजाकुमार माथुर, रामविलास शर्मा, अज्ञेय। अज्ञेय ने निवृत्ति और पुनरावृत्ति शीर्षक से इसकी भूमिका लिखी। भूमिका में उन्होंने लिखा कि, "सातों एक-दूसरे से परिचित हैं–बिना इसके इस ढंग का सहयोग कैसे होता? किन्तु इससे यह परिणाम न निकाला जाये कि वे कविता के किसी एक 'स्कूल' के कवि हैं, या कि साहित्य-जगत् के किसी गुट अथवा दल के सदस्य या समर्थक हैं। बल्कि उनके एकत्र होने का कारण यही है कि वे किसी स्कूल के नहीं हैं, किसी मंजिल पर पहुँचे हुए नहीं हैं, सभी महत्त्वपूर्ण विषयों पर उनकी राय अलग-अलग है।...काव्य के प्रति एक अन्वेषी दृष्टिकोण उन्हें समानता के सूत्र में बाँधता है। इसका यह अभिप्राय नहीं है कि प्रस्तुत संग्रह की सब रचनाएँ प्रयोगशीलता के नमूने हैं।" दूसरा सप्तक 1951 में (भवानीप्रसाद मिश्र, शकुन्तला माथुर, हरिनारायण व्यास, शमशेर बहादुर सिंह, नरेश मेहता, रघुवीर सहाय, धर्मवीर भारती) तीसरा सप्तक 1959 में (प्रयाग नारायण त्रिपाठी, कीर्ति चौधरी, मदन वात्स्यायन, केदारनाथ सिंह, कुँवरनारायण, विजयदेव नारायण साही, सर्वेश्वर दयाल सक्सेना) चौथा सप्तक 1979 में (अवधेश कुमार, राजकुमार कुम्भज, स्वदेश भारती, नन्दकिशोर आचार्य, सुमन राजे, श्रीराम वर्मा, राजेन्द्र किशोर सिंह) में प्रकाशित हुआ। अज्ञेय ने 'प्रयोगवाद' संज्ञा को अनचाहे और अकारण मत्थे पर मढ़ा हुआ मानकर भी उसे और स्पष्ट किया। उनका कहना है कि प्रयोग अपने आप में इष्ट नहीं है, वह साधन है और दोहरा साधन है। क्योंकि एक तो वह उस सत्य को जानने का साधन है जिसे कवि प्रेषित करता है, दूसरे वह उस प्रेषण की क्रिया को और उसके साधनों को जानने का भी साधन है। अर्थात् प्रयोग द्वारा कवि अपने सत्य को अच्छी तरह जान सकता है और अधिक अच्छी तरह पहचान सकता है। 'अज्ञेय' ने साधारणीकरण, उलझी हुई संवेदना तथा भाषा पर भी बड़ी गहराई से अपना विचार प्रस्तुत किया।

बिहार के नलिन विलोचन शर्मा, केसरी और नरेश के नकेनवादी प्रपद्यों द्वारा असली प्रयोगवादी होने का दावा किया गया। सप्तकीय कवियों को इन्होंने प्रयोगशील माना। वास्तव में प्रयोगवाद और प्रयोगशील में कोई तात्त्विक भेद नहीं है। डॉ. बच्चन सिंह को तारसप्तकीय भूमिका में ब्रिटेन के आडेन, एम्पसन, जान लहमन, स्पेण्डर आदि कवियों की रचनाओं के संग्रह 'न्यू सिग्नेचर' की प्रतिध्वनि सुनायी देती है।

प्रयोगवादी कविता की विशेषताएँ–प्रयोगवादी कविताओं की प्रवृत्तियों का निर्धारण करने में कुछ कठिनाइयों का सामना करना पड़ता है। पहली कठिनाई है कि 'तारसप्तक' में प्रगति और प्रयोगधर्मी दोनों तरह की रचनाएँ हैं। अतः प्रचलित धारणा तथा मान्यता के अनुसार सप्तकीय कवियों में से कुछ को छोड़ना पड़ेगा। दूसरी कठिनाई यह है कि दूसरे सप्तक के प्रकाशन के बाद प्रयोगवाद नयी कविता में रूपान्तरित हो जाता है। यद्यपि इसके बाद भी प्रयोग तो चलते हैं किन्तु चर्चा के विषय

नहीं बनते। प्रयोगवाद को यदि नयी कविता का पूर्ववर्ती प्रवाह माना जाय तो प्रगति-प्रयोग दोनों को सम्मिलित करना होगा। यदि मात्र व्यक्तिवादी या रूपवादी या भाववादी कविता का पूर्व रूप माना जाय तो कुछ खास कवियों को चुनकर उनकी कविताओं के आधार पर प्रयोगवाद की प्रवृत्तियाँ निर्धारित करनी होंगी। ज्यादातर इतिहासकारों ने इसी पद्धति का सहारा लिया है।

प्रयोगवादी कविता में अहम् की प्रधानता है। इसके अहं को समाज निरपेक्ष नहीं कहा जा सकता है। अज्ञेय की कविता 'मैं वहाँ हूँ' के माध्यम से उसके अहम् के सामाजिक विस्तार को देखा जा सकता है। उनके 'मैं' में किसान का साधन भवनशिल्पी की आस्था, कज्जल पुते खान मजदूर की व्यथा समाहित है—

जो भी जहाँ भी पिसता है
पर हारता नहीं, न मरता है,
पीड़ित श्रमरत मानव
अविजित दुर्जेय मानव
कमकर, श्रमकर, शिल्पी, स्रष्टा
उसकी मैं कथा हूँ।

वह ऐसा सेतु है जो मानव से मानव का हाथ मिलने से तथा कल्पना और अनुभव के मिलने से बनता है।

प्रयोगवाद का अहम् छायावाद की तरह ब्रह्मरूप नहीं बनता बल्कि मानवरूप बनता है।

प्रयोगवादी कवि छायावादी उदात्तता के बदले जीवन की तुच्छ-से-तुच्छ वस्तुओं को भी कविता का विषय बनाता है। साथ ही उन उपमानों और प्रतीकों को भी कविता में प्रवेश करा देता है जो घृणित तथा वीभत्स होने के कारण बहिष्कृत थे। चाय की प्याली, मकड़ी का जाला, बाँस की टूटी हुई टट्टी, रिरियाता कुत्ता, चाँदनी में तीनों टाँगों पर खड़ा गदहा, चूड़ी का टुकड़ा आदि कविताएँ इसी तरह की हैं।

प्रयोगवादी प्रेम का चित्रण नये परिवेश में करता है। नारी अप्सरा, श्रद्धा से अलग मानवीय व्यक्तित्व धारण करती है लेकिन उनमें छायावादी प्रभाव अभी अवशिष्ट है, प्रकृति चित्रण में मानवीय भावनाओं विशेषकर नारीभाव का आरोपण रघुवीर सहाय की 'बसन्त' कविता में देखिये—

वन की रानी हरियाली-सा भोला अन्तर
सरसों के फूलों-सी जिसकी खिली जवानी
पक्की फसल सा गरुआ गदराया जिसका तन
अपने प्रिय को आता देख लजायी जाती।

छायावादी प्रेमगीत की ध्वनि भारती के 'गुनाह का दूसरा गीत' में मिलती है—

अगर मैंने किसी के होंठ के पाटल कभी चूमे
अगर मैंने किसी के नैन के बादल कभी चूमे
महज इससे किसी का प्यार मुझ पर पाप कैसे हो
महज इससे किसी का स्वर्ग मुझ पर शाप कैसे हो।

प्रयोगवादी कविता मध्यवर्गीय जीवन की आशाओं, आकांक्षाओं तथा कुण्ठाओं को चित्रित करती है। ये मध्यवर्गीय अनुभूतियाँ कवि के आत्मिक जीवन में रच-बसकर या तपकर सामने आती हैं। स्व के अनुताप में द्रवित अनुभूति ही कवि के लिए यथार्थ बन पाती है। अपनी लघुतम सीमा में यह यथार्थ व्यक्ति-सत्य का रूप धारण कर लेता है। यह मध्यवर्गीय व्यक्ति सामाजिक जागरण से

असम्पृक्त रहकर अपने अन्दर की पीड़ा की तलाश में तत्पर हो गया है। यह पीड़ाबोध इतना गहरा तथा सजग है कि वह कभी-कभी दार्शनिक सत्य बन जाता है। अज्ञेय का कथन है—

दुःख सबको माँजता है
और
चाहे स्वयं सबको मुक्ति देना वह न जाने
किन्तु जिनको माँजता है
उन्हें यह सीख देता है कि सबको मुक्त रखें

प्रयोगवादी कवि भावुकता के स्थान पर ठोस बौद्धिकता को स्वीकार करते हैं। ये मध्यवर्गीय पीड़ा के विविध आयामों को कविता में अंकित करते हैं। किन्तु काम की दमित पीड़ा के चित्रण में अधिक तल्लीन हो जाते हैं। फ्रायड का काम-सिद्धान्त इनके लिए अधिक प्रेरक दर्शन रहा। प्रतीकों तथा बिम्बों के माध्यम से अज्ञेय, शमशेर, माथुर तथा भारती ने दमित काम-वासनाओं को अभिव्यक्ति दी।

प्रयोगवाद में वृहद् घटनाओं, संघर्षों तथा विराट् जीवन प्रसंगों की पृष्ठभूमि में तथ्यात्मक काव्य का सृजन नहीं किया गया बल्कि व्यक्ति मन के द्वन्द्वों, क्षण की अनुभूतियों, सूक्ष्म संवेदनाओं तथा विभिन्न स्थितियों को लेकर लघ्वाकारी मार्मिक कविताएँ लिखीं गयीं लघु मानव की उसकी समस्त हीनता तथा महत्ता के साथ प्रतिष्ठा प्रयोगवाद की एक उपलब्धि मानी जाती है। मनुष्य का यथार्थ उसकी समग्र दुर्बलताओं, हीनताओं तथा महत्ताओं के बीच निहित है। अतः यथार्थ की सही पकड़ तभी सम्भव है जब मनुष्य के जटिल परिवेश को भी चित्रित किया जाय।

नयी कविता

1950 के बाद प्रयोगवादी कविता नयी कविता के रूप में ढल गयी। प्रयोगवाद के कवि नयी कविता के कवि बन गये। प्रयोगवाद तथा नयी कविता में कुछ आलोचकों ने कुछ अन्तर निर्दिष्ट किया है। उनके विचार से प्रयोगवाद द्वन्द्व और प्रतिक्रिया की कविता है और नयी कविता संश्लेषण, सामंजस्य की कविता है। अधिकांश समीक्षक प्रयोगवाद तथा नयी कविता में अन्तर नहीं करते। प्रयोगवाद को सत्यान्वेषण की कोशिश तथा प्रक्रिया की अनिश्चित दिशा नयी कविता में निश्चित हो गयी। इसकी प्रमुख लक्ष्य है मानव मुक्ति। मुक्ति की चेष्टा जन्म-मरण के आवागमन से नहीं बल्कि सामाजिक, राजनीतिक तथा सांस्कृतिक वर्जनाओं तथा रूढ़ियों की जकड़न से है।

नयी कविता आधुनिक भावबोध को (समकालीन बोध जिसका अभिन्न हिस्सा है।) बड़ी गहराई से उजागर करती है। वैज्ञानिक तथा प्राविधिक विकास के कारण मनुष्य मनुष्य के बीच निर्मित होनेवाले नये रिश्ते, पुराने रिश्तों की जर्जरता, नये-पुराने मूल्यों, नैतिक मापदण्डों के द्वन्द्व, पूर्व प्रचलित मान्यताओं से स्खलित, नवीन मान्यताओं के प्रति संसक्ति, मानव की बेचारगी को नयी कविता वर्ग सजगता से अपने कथ्य में अभिव्यंजित करती है, समाज की समग्र इकाई में अपनी अस्मिता, समाज के प्रति समर्पित होकर भी अपनेपन के प्रति सजग, आरोपित मर्यादा तथा नैतिकता को तोड़कर भी स्वतः स्फूर्त दायित्व से सम्पृक्त 'मनुष्य' की प्रतिष्ठा करना नयी कविता का प्रमुख उद्देश्य है। जिस तरह विज्ञान में परमाणु की महत्ता है उसी तरह काल में क्षण की महत्ता है। नये कवियों के लिए जीवन के हर क्षण का यथार्थ अद्वितीय है। क्षण-क्षण में विभक्त अनुभूति की ताजगी उसके सृजन में काल की सूक्ष्म गति संश्लिष्ट तथा अविरल हो जाती है।

नये कवियों का संवेदन-जगत् देश की परिधि तोड़कर विश्व-सन्दर्भों में परिव्याप्त हो जाता है। वह जहाँ से जैसा अनुभव करता है उसे वैसे ही कहना चाहता है। उसकी यही व्यापक दृष्टि मनुष्य

के भावों तथा समस्त क्रिया-कलापों को चित्रित करने में है। मनुष्य के लघु जीवन में अच्छे-बुरे, आदर्श-यथार्थ के टुकड़े बना देने से वह और भी लघु हो जाता है। किसी एक अंश को रचना में समेट लेने से उसकी समग्रता खण्डित हो जाती है। नया कवि जीवन को समग्रता में ग्रहण करता है। इसीलिए उसके कथ्य की सीमाओं में शिव-अशुभ, सुन्दर-असुन्दर सब-कुछ आ जाता है। जैसे–

पढ़िये गीता
बनिये सीता
फिर इन सब में लगा पलीता
किसी मूर्ख की हो परिणीता
निज घर-बार बसाइये।
होय कटीली
आँखें गीली
लकड़ी, सीली, तबियत ढीली
घर की सबसे बड़ी पतीली
भरकर भात पकाइये

(रघुवीर सहाय)

सर्वेश्वर दयाल सत्य को सहलानेवाला नहीं चोट करनेवाला मानते हैं। कवि को झूठी मुस्कान नहीं, सच्ची चोटें बाँटना चाहिए। खण्डित आस्था से शाकी की समिधा इकट्ठी की जायेगी।

नये कवियों में 'अहम्' के प्रति विशेष सचेष्टता है। वह अपने अस्तित्व की स्वीकृति चाहता है और उसके माध्यम से जीवन, सौन्दर्य और समाज का साक्षात्कार करता है।

नयी कविता में व्यक्ति और समाज के सम्बन्धों को लेकर अनेक ऊहापोह हैं। व्यक्तिगत जीवन की समस्याओं की अभिव्यक्ति हर जगह मानवीय समस्याओं का आकार ग्रहण नहीं कर पाती है। मुक्तिबोध ने जो नयी कविता के सशक्त हस्ताक्षर हैं इस तथ्य को स्वीकार करते हुए लिखा है कि, "कविता में आज जो निज समस्या अंकित होती है वह वास्तविक सन्दर्भों से हीन होने से मानव समस्या का रूप धारण नहीं कर पाती, उस निज समस्या को व्यापक महत्त्व तथा परिप्रेक्ष्य प्रदान नहीं कर पाती।" शमशेर की एक कविता है जिसमें व्यक्तित्व की सीमितता का ही एहसास व्यक्त होता है–

मैं समाज तो नहीं, न मैं कुल जीवन
कण समूह में हूँ मैं केवल
एक कण।

धर्मवीर भारती आदमी की लघुता में भी उसकी विराट् शक्ति देखते हैं। व्यक्तिगत अनुभव को पौराणिक बिम्ब के सहारे अधिक ग्राह्य एवं विश्वसनीय बनाने में उन्हें सफलता मिलती है–

हर मनुष्य बौना है लेकिन मैं बौना में बौना ही बनकर रहता हूँ
हारो मत, साहस मत छोड़ो इससे भी अथाह शून्य में
बौने ने ही तीन पगों में धरती नापी।

नयी कविता के प्रवर्तक अज्ञेय अपने व्यक्तित्व के विस्तार में समाज के हर वर्ग को समाहित करने की चेष्टा करते हैं। कचरा ढोनेवाला, गदहे हाँकनेवाला, पापड़ बेलनेवाला, बासन माँजनेवाला, रुई धुननेवाला, रिक्शा खींचनेवाला सभी उनकी काव्य-संवेदना के अंग बनते हैं–

जो भी जहाँ भी पिसता है,
पर हारता नहीं, न मरता है–
कमकर, श्रमकर, शिल्पी स्रष्टा उसकी मैं कथा हूँ।

अज्ञेय 'यह दीप अकेला', 'नदी के द्वीप' आदि अनेक कविताओं में व्यक्ति, समाज एवं संस्कृति के सम्बन्धों को निरूपित करते हैं लेकिन नयी कविता के प्रायः सभी कवियों में व्यक्तित्व के प्रति विशेष सजगता है। यही नहीं जीवन और जगत् को देखने-परखने का अपना निजी दृष्टिकोण है। वे भारतेन्दु-मण्डल की तरह एक दृष्टि से नहीं बल्कि अपनी अलग-अलग दृष्टि से अपने परिवेश एवं समाज तथा विश्व का साक्षात्कार करते हैं।

प्रणय-संवेदना हर युग की कविता का मुख्य भाव हुआ करता है। प्रणय में मध्यकालीन काव्य जैसी तन्मयता तथा समर्पण नहीं है, स्वप्नदर्शिता तथा संकल्प है साथ ही अनेक आशंकाएँ हैं। नयी कविता के यशस्वी कवि डॉ. जगदीश गुप्त ने 'युग्म' शीर्षक काव्य-संकलन स्त्री-पुरुष सम्बन्धों के आधुनिक आयाम को विविध कविताओं में बड़ी दार्शनिक पृष्ठभूमि का हवाला देते हुए स्पष्ट किया है कि भारतीय परम्परा स्त्री-पुरुष के द्वैत रूप में अद्वैत भाव को देखने में समर्थ रही है, पृथ्वी के कण, परमाणु से लेकर आकाश तक में युग्मता बिखरी है। युग्म बोध को आरोपित मर्यादाओं तथा नैतिकताओं से मुक्त होकर ही समझा जा सकता है। नारी का एक अभेद्य किला होता है जिसे यदि पुरुष तोड़ता है तो नारी ही टूट जाती है। नारी की वर्गीय प्रकृति है, पुरुष की भी वर्गीय प्रकृति है। पुरुष कहता है–

तुम एक सत्य हो मुझसे बाहर
और मैं एक सत्य हूँ तुम्हारे भीतर
इससे खुलने वाले अर्थ में
एक के भीतर एक पिरोये हुए
प्रतिबिम्बों की पूरी पंक्ति उभर आती है।

नारी का प्रत्युत्तर उसके आधुनिक व्यक्तिबोध को ही उजागर करता है।

नर होकर भी तुम मेरे भीतर
झाँकने से डरते हो
सच कहूँ अपने अहंभाव में मेरा सही-सही मूल्य
आँकने से डरते हो।

प्रणय-प्रसंग में आधुनिक पुरुष की मात्र अनुगामिनी ही नहीं सहचरी भी है, सहधर्मिणी, सहयोगिनी है। हारिल के प्रतीक से अज्ञेय इसी प्रेम-सम्बन्ध को अंकित करते हैं। कवि कहता है–

तुम प्रिय की अनुकम्पा माँगो
मैं माँगूँ अपना समकक्षी
साथ-साथ उड़ सकने वाला
एकमात्र वह खंजन पक्षी॥

नयी कविता में पुरानों मिथकों के द्वारा भी प्रणय-सम्बन्धों के द्वन्द्व, तनाव, अहं एवं संघर्ष को चित्रित किया गया है। धर्मवीर भारती की रचना 'कनुप्रिया', जगदीश गुप्त की रचनाएँ 'गोपा-गौतम', 'जयन्त' आदि प्रबन्धात्मक कृतियों को उदाहरण के रूप में प्रस्तुत किया जा सकता है।

प्रकृति का सौन्दर्य चित्रण नितान्त निरपेक्ष न होकर प्रणय-सम्बन्धी मानवीय भावों से सम्पृक्त बिम्बों तथा प्रतीकों के रूप में हुआ है। 'बावरा अहेरी' 'सबेरे उठा तो धूप खिली थी', 'पानी बरसा',

'धूप', आदि कविताएँ केवल प्रकृति-चित्रों से युक्त नहीं हैं बल्कि उनमें मानवीय संवेदना, जीवन-सन्देश तथा अनुभव की परतें खुलती हैं। प्राचीन काव्यशास्त्रीय उद्दीपन के उपादानों का नूतन एवं सघन प्रयोग कविता के 'नयी' विशेषण को सार्थक बनाता है—

और मेरे प्यार, तुम भी हो।
चाँदनी भी है।
मधु के गन्ध बहुविध, पल्लवों के कोरकों के
गन्धवह में बसे, वे भी हैं,
चाँदनी भी है।
नहीं है तो मैं नहीं हूँ
इसलिए तुम प्यार लो मेरा कि वह तो है।

प्रणय की अनुभूति को कहीं-कहीं इतना उदात्त बनाया गया है कि उसमें रहस्यवाद की झलक मिलने लगती है— अज्ञेय की 'नाम तेरा' शीर्षक कविता इसी तरह की है।

नयी कविता में स्वातन्त्र्य बोध का नया अन्दाज है। दूसरों के नेतृत्व स्वीकार करके उसके शोषण का शिकार बनना या अपनेपन को खोकर नेतृत्व करनेवाले को ही समृद्ध करना स्वीकार नहीं है। कविगण स्वनिर्मित राह पर चलना चाहते हैं। अज्ञेय की घोषणा है—

हम न पिट्ठू हैं, न पक्षधर हैं। हम हम हैं और हमें सफाई चाहिए, साफ़ हवा चाहिए
और आत्मसम्मान चाहिए जिसकी लीक
हम डाल रहे हैं।
हमारी जमीन से हट जाओ।

नयी कविता में बदले हुए समाज में नये मानव—मूल्यों की स्थापना का संकल्प है, पुराने मूल्यों की आधुनिक उपादेयता एवं उपयोगिता की तलाश भी है। अतः अनेक कविताओं में पुराने एवं नये मूल्यों की स्वीकृति एवं अस्वीकृति को लेकर अन्तर्द्वन्द्व की अभिव्यक्ति हुई है। मुक्तिबोध का कथन है कि, "नये कवियों के सामने आज जितनी समस्याएँ प्रस्तुत हुई हैं, उतनी कदाचित् उनके पूर्वजों और अंग्रेजों के सामने न थीं। उन समस्याओं के बारे में सोचना नये लेखक की एक मजबूरी हो गयी है। नये कवियों ने विज्ञान एवं प्रविधि द्वारा प्रदत्त अनेक सुविधाओं को भोगनेवाले सीमित लोगों तथा गरीबी, पीड़ा एवं भुखमरी झेलनेवाले बहुसंख्यक लोगों को न केवल इंगित किया है बल्कि शोषणतन्त्र के खिलाफ आवाज भी बुलन्द की है। भवानीप्रसाद मिश्र की कविता की कुछ पंक्तियाँ देखें—

चारों तरफ चिताएँ जल रही हैं
साँय सन्न हवाएँ चल रही हैं
होते जा रहे हैं राख की ढेरी
बूढ़े और जवान
बच्चे अपनी कब्रें खोद रहे हैं
और बैठ रहे हैं जा-जाकर
अपनी खोदी हुई कब्रों में अपनी खोदी हुई मिट्टी अपने ऊपर समेट रहे हैं
और फिर उनमें लेट रहे हैं।

समय का दंश और त्रासदी कितनी भयावह है। विनाश की यह लीला किसी परोक्ष सत्ता द्वारा नहीं बल्कि स्वयं मनुष्य के द्वारा रची जा रही है। 'तमसो मा ज्योतिर्गमय' के सूत्र के विरुद्ध नयी

कविता में कवि अँधेरे में जाने और अमानवीय करतूतों के साक्षात्कार का प्रयत्न करता है। मुक्तिबोध की कविता 'अँधेरे में', प्रसिद्ध ही है, भवानीप्रसाद मिश्र कहते हैं कि–

अँधेरी रात/ पी लेती है जैसी/छाया को/ऐसे पी लेता है/अर्थों को अँधेरा मन/

नयी कविता में व्यक्ति के अदम्य साहस एवं संघर्ष चेतना को जगाने की कोशिश है। दुख-दर्द एवं यातनाओं को झेलते हुए परिपक्व एवं सशक्त होकर काल से होड़ लेने का आह्वान कई कविताओं में गुंजायमान है– असहनीय है यह कि काल से हार रहे धरती के बेटे/सोचे भर अपना अभाग, कर आँख बन्द चुप लेटे-लेटे॥

नयी कविता पर अस्तित्ववादी दर्शन का प्रभाव होने के कारण उसकी कतिपय विशेषताएँ उसी की सर्जनात्मक या कहीं-कहीं अनुकरणात्मक परिणतियाँ हैं। "सार्त्र के उपन्यास (नौशिआ) उबकाई के नायक अन्त्बान रोकान्तै सोचता है कि संसार में जो कुछ है व्यर्थ है, फालतू है, वह स्वयं अनावश्यक है। वह ख्याल दौड़ाता है कि आत्महत्या कर ले, ये जो तमाम व्यर्थ अस्तित्व हैं, उनमें कम-से-कम एक का नाश कर दूँ।" रोकान्तै अर्द्धविक्षिप्त है। वह पागलों जैसा आचरण करता है। वह अघोरी है, उसे सब तरफ सड़ायँध दिखायी देती है। "किर्केगार्ड के अस्तित्ववाद से रोकान्तै के जीवन अनुभवों का गहरा सम्बन्ध है...संसार दुःख का कारण है, उसे उबकाई आती है; चारों ओर वीभत्स है। अन्त में वह कहता है कि जल के समान निर्मल विचारों से मुझे अपने को धोकर साफ करना है।" (अस्तित्ववाद और नयी कविता, पृ. 114-15) हिन्दी के अधिकांश नयी कविता लिखनेवालों का हाल रोकान्तैं जैसा है, ऊब, उबकाई, अकेलापन, बुरे-बुरे सपने, त्रास, आत्महत्या की चाह, सड़ायँध का बोध, भीड़ में अजनबीपन का एहसास होने की समस्या से परेशानी आदि-आदि लक्षण इनमें भी मिलते हैं। राजकमल चौधरी की कविता है–

नींद नहीं, क्षुधा नहीं पागलपन केवल वमन यह दुराग्रह
उपदंश महादंश की नरक कुण्ड बीजात्माएँ।

लक्ष्मीकान्त वर्मा कहते हैं

संशय, शंका, विक्षिप्तता की व्याकुलता
वह केवल मेरी नहीं
उसमें वे सब हैं
जो मेरे ही समानधर्मा हैं।

कैलाश वाजपेयी पागलपन की मानसिकता में किंकर्त्तव्यविमूढ़ होकर पूछते हैं कि–

इससे पहले कि पागल हो जाऊँ
मारता चला जाऊँ/या दबा दूँ जलती रेत में
ये अपनी आँखें, नाक, कान, गला, जिह्वा/कूद जाऊँ ताजे चून के हौज में
या कि
फिर क्या करूँ।

कवियों की यह मानसिकता आयातित होने के कारण अधिक स्थायी नहीं हो सकी है। आक्रोश, क्षोभ या पौरुषहीनता स्थायी मूल्य नहीं बनते और इतिहास को पूरी तरह झुठलाना भी आत्म-प्रवंचना मात्र है। गिरिजाकुमार माथुर की कविता है–

लोग न्याय से नहीं/शक्ति से प्रसन्न होते हैं/आतंक से प्रीति करते हैं।' यह कविता हिटलर का समर्थन नहीं करती बल्कि लोगों की गलत प्रवृत्ति पर व्यंग्य करती है। श्रीकान्त वर्मा की कविताओं

में वीभत्स उपमानों तथा प्रतीकों की भरमार है, इनके यहाँ 'वेश्या' उपमान की खपत बहुत अधिक है। अनेक कवियों में प्रणय चित्रों में भी अजनबीपन दिखायी देता है।

रोकान्तै की तरह रघुवीर सहाय अपनी एक कविता में हर चीज को चिपचिपी, पपड़ियाई, बजबजायी (वीभत्स लगनेवाली) देखते हैं। जगदीश चतुर्वेदी के नये उपमानों में उपर्युक्त प्रवृत्ति दृष्टिगोचर होती है—

सभी मर्द घिनौने कछुओं से पहने हुए हैं खोल
केंकड़े-सी सिमटी जा रही है रतिक्रान्त युवतियाँ
बुझे बल्वों की कतार सी टिड्डियों की टोली
नपुंसकों का हुजूम।

अधिकांश काव्य-सम्पदा उपर्युक्त नकलीपन से भिन्न है। रामविलास शर्मा ने स्वीकार किया है कि "सौभाग्य से नयी कविता लेखकों में अधिकांश विक्षिप्त होने का अभिनय करते हैं वास्तव में विक्षिप्त हैं नहीं।" (नयी कविता और अस्तित्ववाद, पृ. 130)

नयी कविता में रहस्यवाद नवीन रूप में दृष्टिगत होता है, रामविलास शर्मा इसे नवरहस्यवाद कहते हैं। नयी कविता के प्रवर्तक अज्ञेय में रहस्यवाद के प्रति आरम्भ से ही रुझान थी। अज्ञेय ने अपने एक लेख में निर्दिष्ट किया है कि आधुनिक वैज्ञानिकों के विचारों में रहस्यवाद का पुट है। 'रहस्यवाद' शीर्षक से हंस के 1939 के अप्रैल अंक में उनकी कविता प्रकाशित हुई थी, उसमें असीम और ससीम के सम्बन्धों पर प्रकाश डाला गया है। शक्ति असीम है। मैं शक्ति का एक अणु हूँ। मैं भी असीम हूँ। अज्ञेय दर्शन को अनुभूति में परिणत करते हैं अर्थात् उनकी अनुभूति में ही रहस्यमयता प्रकट हो जाती है। अज्ञेय भक्तों के सदृश आत्मसमर्पण करते हैं। उनका समर्पण निस्संग एवं आत्मव्यथा से मुक्त है। आत्मसमर्पण ही उनके लिए जीवन का एक सत्य है। वह शब्दातीत अर्थ पाना चाहते है इसलिए समर्पण से सन्तुष्ट नहीं दीखते। अज्ञेय का रहस्यवाद निर्मल रहस्यवाद है उसमें पंक की आविलता नहीं है।

शमशेर में भी रहस्यवाद की उन्मुखता है, वह लिखते हैं—

ज्ञानातीत से भी आगे
और वही है जो कुछ है
है...हैं से आगे और पार,
जो कि है का है का है का है... है।

शमशेर में पुराने रहस्यवादी कवियों की तरह भाव-विह्वलता नहीं है। मुक्तिबोध के रहस्यवाद के विषय में रामविलास शर्मा का मत है कि 'रहस्यवाद के अनेक परम्परागत प्रतीक, जिनका सम्बन्ध प्रकाश और आनन्द से है। मुक्तिबोध की कविता में भी हैं। किन्तु पन्त और अज्ञेय से भिन्न मुक्तिबोध का मन अँधेरे से घिरा रहता है। वह अँधेरे में प्रकाश की खोज में भटकता है, आनन्द से अधिक उसे अनुभूति होती है दुख की...रहस्यवाद की यह उलटवाँसी है, चढ़ने से अधिक उतरने का क्रम है।" (नयी कविता और अस्तित्ववाद, पृ. 136)

नयी कविता में पुराने प्रतीकों, बिम्बों तथा मिथकों का अभिनव प्रयोग किया गया है। धर्मवीर भारती ने अन्धायुग, कनुप्रिया दो रचनाएँ महाभारत की कथा तथा भागवत कथा के आधार पर लिखी हैं। अन्धायुग में आधुनिक युग की अनास्था, सन्त्रास, कुण्ठा और अन्य विसंगतियों को अंकित किया गया है। युद्ध की अन्तिम परिणति मानवता को ध्वस्त कर देती है। सही और गलत दोनों पक्ष जर्जरित

होते हैं। 'कनुप्रिया' में राधा-कृष्ण के रागात्मक सम्बन्धों द्वारा प्रेम के विविध स्तरों, क्रियाओं तथा पीड़ा को उद्घाटित किया गया है। डॉ. जगदीश गुप्त 'गोपा-गौतम', 'जयन्त', 'शम्बूक' आदि प्राचीन कथानकों द्वारा आधुनिक समस्याओं को प्रकाशित करते हैं। 'गोपा-गौतम' में गौतम बुद्ध और यशोधरा के गार्हस्थिक जीवन का द्वन्द्व है। 'शम्बूक' दलित-विमर्श का प्रभावशाली काव्य है। श्रीनरेश मेहता ने 'महाप्रस्थान' तथा 'संशय की एक रात' में क्रमशः महाभारत तथा रामायण की कथा का नया प्रयोग किया है। 'संशय की एक रात' में युद्ध की समस्या पर ही व्यापक विमर्श है।

नयी कविता में नये उपमानों तथा प्रतीकों के प्रयोग की रुझान तो है ही, भाषा को लेकर सर्जनात्मक बहस भी है। नयी कविता के प्रवर्तक अज्ञेय ने शब्दों के सम्बन्ध में वक्तव्य देते हुए कविताएँ लिखी हैं। शब्द और सत्य के एकाकार की समस्या बड़ी जटिल है। शब्द हैं तो सत्य नहीं, सत्य से साक्षात्कार है तो शब्द नहीं। अज्ञेय कहते हैं कि—

ये दोनों जो/सदा एक-दूसरे से तनकर रहते हैं,
कब, कैसे, किस आलोक स्फुरण में/इन्हें मिला दूँ।
दोनों जो हैं बन्धु, सखा, चिर सहचर मेरे।

शब्द और अर्थ की प्रधानता का प्रश्न भी पेचीदा है। 'शब्द ईश्वर है, इसी से वह रहस् है, शब्दों की लड़ी से रूपाकार बनता है। लेकिन नहीं इससे भी प्रधान है अर्थ। कवि पूरे द्वन्द्व से गुजरकर कहता है—

अर्थ/हाय कितने मोह की कितनी दीवारें भेदने को/पूर्व इसके शब्द ललके, अंक भेटें अर्थ को/क्या हमारे हाथ में वह मन्त्र होगा, हम इन्हें सम्पृक्त कर दें?/अर्थ दो/अर्थ दो/मत हमें रूपाकार इतने व्यर्थ दो/

इसी तरह का संकट सर्वेश्वर भी महसूस करते हैं। जो आग उनकी धमनियों में है उसे वह प्रकट नहीं कर पाते हैं—

आग मेरी धमनियों में जलती हैं/पर शब्दों में नहीं ढल पाती/मुझे एक चाकू दो/मैं अपनी रग काटकर दिखा सकता हूँ/कि कविता कहाँ है/

कविता के लिए बहुअर्थक भाषा अधिक प्रभावशाली मानी जाती है। लेकिन रघुवीर सहाय को चिन्ता है कि द्वयर्थक भाषा के प्रयोग से सम्भव है उनका मूल अर्थ छोड़ दिया जाये। कविता द्वयर्थी होने से कविता के लिए उतना खतरा नहीं है जितना कवि के लिए—

इसलिए कहूँगा मैं/मगर मुझे पाने दो/पहले ऐसी बोली/जिसके दो अर्थ न हों/

भवानीप्रसाद मिश्र बोलचाल की भाषा में बड़ी बातें कहने की सलाह देते हैं।

जिस तरह हम बोलते हैं उस तरह तू लिख/और इसके बाद भी हमसे बड़ा तू दिख/चीज ऐसी दे कि जिसका स्वाद सिर चढ़ जाये/बीज ऐसा बो कि जिसकी बेल बन बढ़ जाये/शब्द का सार्थक एवं उपयुक्त प्रयोग किया जाना चाहिए। शब्द के साथ मनमाना आचरण भोग की तरह विनाशकारी है—

शब्द का सही उपयोग योग है
मनमाना उपयोग उसका भोग है
और विनाशकारी है भोग की तरह।

नयी कविता में भाषा-प्रयोग का वैशिष्ट्य दृष्टिगत होता है। जीवन की सम्पूर्णता का साक्षात्कार करने के लिए भाषा का आभिजात्य दायरा तोड़कर व्यापकता में प्रवेश करने की आवश्यकता के परिणामस्वरूप कवियों ने अपनी निजी अनुभूति के अनुसार काव्यभाषा का भी नया ठाट तैयार किया

है। अज्ञेय, मुक्तिबोध और श्रीनरेश मेहता को यदि उदाहरण के रूप में ग्रहण करें तो स्पष्ट हो जायेगा कि तीनों की काव्यभाषा की संरचना में पर्याप्त अन्तर है। अज्ञेय तत्सम, तद्भव तथा देशज शब्दों के सम्यक् विन्यास में सिद्धहस्त हैं। वह शब्द को अनुभूति से जोडते हैं। अनेक क्रियाओं को एक साथ रखकर कार्य की विविधता तथा लोकानुभूति की सहजता को व्यंजित करते हैं। 'ये मुँह झौंसी चिमनियाँ 'पहला दौंगरा' 'जरा सा और पकने दो, ताने और तचने दो, टटकी कली, ललाती साँझ, माला पिन्हाना आदि ऐसे प्रयोग हैं जो लोक सम्पृक्ति को सहज ही निर्दिष्ट करते हैं। पुराने उपमानों के मैले होने की बात कहकर प्रचलित उपमानों को अज्ञेय ने छोड़ दिया है; ऐसा नहीं है। उनके बहुत से उपमान तथा प्रतीक पारम्परिक हैं किन्तु उनमें प्रयोग की ताजगी अवश्य है। अज्ञेय तुक का घेरा बनाकर चले हैं और कालान्तर में उसे तोड़कर और अधिक प्रभावशाली हुए हैं।

मुक्तिबोध बात को सीधा कहने में कम रुचि रखते हैं। वे संश्लिष्ट तथा जटिल बिम्बों का विधान करते हैं, फैण्टेसी रचने में वे सिद्धहस्त हैं। मुक्तिबोध ने लम्बी कविताओं के शिल्प का अधिक प्रयोग किया है। उनके कविता की दुनिया तिलस्मी, ऐयारी उपन्यासों की तरह चमत्कारपूर्ण, डरावनी, दहशतभरी है। श्रीनरेश मेहता अपनी काव्यभाषा में वैदिक ऋचाओं में प्रयुक्त शब्दावली को नये ढंग से प्रस्तुत करते हैं, जैसे—

बरस रहा आलोक दूध है
खेतों खलिहानों में जीवन की नव किरण, फूटती
मकई के धानों में
सरिताओं में सोम दुह रहा, वह अहीर मतवाला।

कुल मिलाकर नयी कविता बिम्बधर्मी अधिक है। आधुनिकबोध को व्यक्त करने के लिए कविगण शब्दों को उनकी अर्थ-सीमा से परे जाकर बापरते हैं। कहीं-कहीं भावों का इतना अधिक आरोपण कर देते हैं कि शब्द हाँफने लगता है उसकी सहज गति रुक जाती है। सपाटबयानी तथा नारेबाजी की भाषा भी प्रचुर मात्रा में प्रयुक्त है।

किसी काव्यान्दोलन का अन्य सामाजिक आन्दोलन में महिलाओं की उपस्थिति की चर्चा के बिना मूल्यांकन अधूरा रहता है। तीसरे सप्तक में केवल एक महिला को स्थान मिला है, नाम है कीर्ति चौधरी। कीर्ति विजयी कण्ठों का गान न करके दलित कण्ठ स्वर उगाती है, अँधेरे रास्ते की ओर झाँकती हैं, अशुभ से मिलाप करती है। पुरुष-विरोध की अपेक्षा वह उन्हीं मूल्यों को प्रतिपादित करती है जो पारम्परिक हैं।

'गोधूली बेली में सहसा बदल गया/लगा शून्य अहम् स्पर्धा आडम्बर है/प्रणति नमन, जीवन का एक मूल स्वर है/'कीर्ति की कविताओं में रस निर्झरित है। वह रस है प्रकृति, प्रणय और संघर्ष का जो कविताओं में सम्पृक्त है।

तीसरे सप्तक के अन्य कवि मदन वात्स्यायन अपनी रचनाओं में नयी करुणा, नया शृंगार, नया वीररस व्यंजित करते हैं। यान्त्रिक जीवन के बीच छटपटाती हुई जिन्दगी मदन की कविताओं का केन्द्रीय कथ्य है। 'असुरपुरी में दस से छह' उनकी प्रसिद्ध कविता है।

डॉ. जगदीश गुप्त ने नयी कविता में शब्द लय की अपेक्षा अर्थ लय की महत्ता को विश्लेषित किया है। पद्य में ही नहीं गद्य में भी तथा मनुष्य के जीवन में भी एक लय है जो विविध कार्यों, अवस्थाओं और परिस्थितियों में विभिन्न रूपों में अभिव्यक्त होती रहती है। काव्य जीवन से अविच्छिन्न है अतः काव्य की लय भी जीवन के लय से अविच्छिन्न है। नयी कविता में चित्रात्मकता,

लाक्षणिकता और वक्रोक्ति की प्रधानता है। उसमें रसानुभूति उतनी सम्भव नहीं है जितना सह-अनुभूति।

प्रमुख कवि

सच्चिदानन्द हीरानन्द वात्स्यायन 'अज्ञेय' (सन् 1911-1988) -इनका जन्म सन् 1911 कसया (देवरिया) के पुरातत्त्व खुदाई शिविर में हुआ था। बी.एस-सी. तक विधिवत् शिक्षा प्राप्त करने के साथ ही इन्होंने अंग्रेजी, हिन्दी तथा संस्कृत का गहन अध्ययन किया। अज्ञेय का जीवन बहुत गतिशील रहा है। नयी-नयी व्यवस्था से बँधता, छूटता तथा टूटता जीवन विविध मानवीय प्रसंगों तथा स्थितियों का सहज साक्षात्कार करता रहा। अज्ञेय नारेबाज क्रान्तिकारी नहीं रहे बल्कि संघर्षों तथा क्रान्तियों के सक्रिय कर्त्ता रहे। इनके व्यक्तित्व विविध गुणों का समवाय है। छायावादी कविता की पृष्ठभूमि से उठनेवाले अज्ञेय प्रयोगवाद तथा नयी कविता के पुरस्कर्त्ता बन गये। 'तारसप्तक' के सम्पादन तथा प्रकाशन से अज्ञेय की कविता का तेवर बदला है। 'प्रतीक' पत्र से अज्ञेय ने नयी कविता के आन्दोलन को शक्तिशाली बनाया।

भग्नदूत, चिन्ता, इत्यलम्, इन्द्रधनुष रौंदे हुए ये, बावरा अहेरी, हरी घास पर क्षण भर, आँगन के पार द्वार, सुनहले शैवाल, अरी ओ करुणा प्रभामय, कितनी नावों में कितनी बार, क्योंकि मैं उसे जानता हूँ, सागर मुद्रा आदि अज्ञेय के उल्लेखनीय काव्य-संग्रह हैं। डॉ. ओमप्रकाश अवस्थी ने अज्ञेय की काव्य-यात्रा की झलक कुछ बिखरे सूत्रों में इस तरह प्रस्तुत की-अज्ञेय की कविता पुराने को नया करने और नये को स्थापित करने की काव्य क्रीड़ा है। इस उत्तरदायित्व में अज्ञेय की कविता "दृष्टि पथ' से भाव लोक और ज्ञान लोक की ओर चली गयी है। प्रारम्भ के किशोर मन की चंचल क्रान्ति का पर्यवसान प्रौढ़ावस्था में दर्शन की चंचल भूमि की ओर होता गया है। विज्ञान की बौद्धिकता उसी प्रकार तत्त्व मीमांसा की ओर उन्मुख हुई है जिस प्रकार भावुकता का विलयन दार्शनिकता में हुआ है।"

अज्ञेय अपने काव्य में अहम् के प्रखर बोध, निविड़ संवेदनों की सघन अनुभूति से वेष्टित सघन अनुभूति की पीड़ा से विकसित प्रणय, व्यक्ति, समाज, संस्कृति के अन्तःसम्बन्ध, संघर्ष तथा समर्पण को नये बिम्बों, प्रतीकों तथा शब्द-रूपों से अंकित करते हैं। दर्शन, विज्ञान सत्यान्वेषण के क्षणों में एक-दूसरे में विलीन-से हो जाते हैं। दर्शन की निष्पत्ति विज्ञान का अन्वेषण बन जाती है। उसमें क्षण-क्षण की अनुभूति की ताजगी तथा अद्वितीयता है। मुखर शब्द से लेकर मौन भाषा तक सूक्ष्म विभावन है। नदी के द्वीप की प्रतीकात्मक योजना और भाषा का तरल प्रवाह दर्शनीय है—

> **हम नदी के द्वीप हैं।**
> **हम नहीं कहते कि हमको छोड़कर स्रोतस्विनी बह जाय।**
> **वह हमें आकार देती है।**
> **हमारे कोण, गलियाँ अन्तरीप, उभार सैकत कूल।**
> **सब गोलाइयाँ उसकी गढ़ी हैं।**
> **माँ है वह है, इसी से हम बने हैं।**

गिरिजा कुमार माथुर (1919-1994)—जन्म अशोक नगर (म.प्र.) शिक्षा एम.ए., एल-एल.बी. आकाशवाणी तथा दूर संचार के उपमहानिदेशक रहे। मंजीर, नाश और निर्माण, धूप के धान, शिला पंख वाले, अभी कुछ और इनके प्रमुख संग्रह हैं। इनमें रूमानियत का भाव प्रमुख है।

इनका पहला काव्य-संग्रह 'मंजीर' 1941 में प्रकाशित हुआ। इसमें प्रणय की भावुकता अधिक है। दूसरा संग्रह 'नाश और निर्माण' 1946 में निकला। 'भीतरी नदी की यात्रा' अन्तिम संकलन है। इनमें भावों की पुनरावृत्ति मिलती है।

शमशेर बहादुर सिंह–(जन्म–1911-1993)–जन्म स्थान देहरादून, शिक्षा–बी.ए. तक, विचार से मार्क्सवादी। शमशेर ने कभी किसी फार्म, शैली या विषय का सीमा बन्धन स्वीकार नहीं किया। इसीलिए शमशेर में छायावाद, प्रगतिवाद, प्रयोगवाद तीनों की समान रूप से स्वीकृति मिल जायेगी। शमशेर की कविता अपने को पाने के प्रयास से प्रस्फुटित होती है। जीवन की अनुभूति उनके व्यक्तिगत संवेदन के अन्तराल से जीवन्त होकर कविता में अभिव्यक्ति पाती है। एक कविता देखिये–

यौवन की उमड़ती हुई यमुनाएँ
फनमणि की गुँथी हुई लहर कलियाँ
रस रंग में बौरी हुई राधाएँ
रस रंग में माती हुई कामिनियाँ
फिर लायी बसन्त।

इनमें आत्मसंघर्ष की प्रधानता है। ये अपने को पाने की चेष्टा करते हैं। अतः उनमें निजता अधिक है। उनकी काव्यकला एजरा पाउण्ड आदि से प्रभावित हैं।

कविताएँ, कुछ कविताएँ इनके दो काव्य-संग्रह प्रकाशित हैं।

गजानन माधव मुक्तिबोध–(सन् 1917-64) जन्म-ग्वालियर (म.प्र.) शिक्षा–एम.ए. अध्यापन तथा पत्रकार रहे। अँधेरे में जीवन का नग्न सच्चाई का साक्षात्कार करनेवाले मुक्तिबोध रूमानी भावनाओं का छायावादी लहजा पकड़ते हुए भी अनुभव की तिक्तता सम्मिश्रित करते चलते हैं। अनुभव वैविध्य तथा वैचित्र्य के साथ अकेले ही संघर्षशील मनुष्य की चेतना, युगीन विसंगतियाँ तथा भयावह स्थितियाँ मुक्तिबोध की कविता में एकदम नये आकार तथा रूप में प्रस्तुत होती है। फैण्टेसी, मिथक तथा प्रतीकों की निर्मित उनकी कलात्मक कुशलता है। मुक्तिबोध की काव्य-यात्रा भयावह अँधेरे से होकर प्रकाश के बिन्दु तक सम्पन्न होती है। मुक्तिबोध रचनावली में मुक्तिबोध की समस्त कविताएँ (पूर्व प्रकाशित अथवा अप्रकाशित) प्रकाशित की गयी हैं। 'चाँद का मुँह टेढ़ा है' इनका प्रसिद्ध काव्य-संकलन है। लोकजीवन के गहरे लगाव से कविता में अतिरिक्त छवि उत्पन्न होती है–

मुझे भ्रम होता है कि प्रत्येक पत्थर में
चमकता हीरा है
हर एक छाती में आत्मा अधीरा है
प्रत्येक सुस्मित में विमल सदानीरा है
मुझे भ्रम होता है कि प्रत्येक वाणी में
महाकाव्य पीड़ा है।

'अँधेरे में' यह मुक्तिबोध की सबसे लम्बी तथा सबसे अधिक चर्चित कविता है। मुक्तिबोध ने इस कविता में अपनी समग्र रचनात्मकता को पूरे आवेग से मूर्त किया है। मुक्तिबोध ने नयी कविता के सन्दर्भ में कहा था कि इसमें 'टोटल पर्सनेलिटी इन्वाल्वड' होना चाहिए? टोटल पर्सनेलिटी को स्पष्ट करते हुए उन्होंने कहा है कि "कथ्य अपने पूरे तत्त्वों को मूर्तिमान् करते हुए पाठक के हृदय में अपने प्रभाव को घनीभूत कर दे।' डॉ. प्रभाकर श्रोत्रिय इसी आधार पर मुक्तिबोध की कविता की रचना-प्रक्रिया पर प्रकाश डालते हैं, "मुक्तिबोध शिल्पी जैसे धैर्य और तन्मय बेचैनी से अपनी

कविता का प्रदीर्घ व्यक्तित्व उकेरते हैं तो उनका अभिप्राय सही परिप्रेक्ष्य में अपने समय को, उसके अन्तर्भूत संवेदनों को परिभाषित करते हुए कथ्य को पाठक के हृदय में घनीभूत कर देता है। महज आत्माभिव्यक्ति या क्षण की प्रतिक्रिया को उनके यहाँ काव्यत्व की गरिमा कभी नहीं मिली।" इसीलिए मुक्तिबोध बहुत लम्बी-लम्बी कविताओं को रच और सम्हाल लेते हैं।

'अँधेरे में' कविता एक स्वप्न कथा है, एक फैण्टसी है। यह फैण्टेसी अन्तर्दर्शन की ऐसी प्रक्रिया के रूप में प्रयुक्त है जिसमें एक स्तर पर साम्राज्यवादी, पूँजीवादी और फासिस्ट प्रतिष्ठानों की गतिविधियों के रहस्य खुलते हैं और दूसरे स्तर पर दिक्-काल की अन्विति एवं दृश्य जगत् तथा अन्तर्जगत् की विषमता के संवेदनात्मक ज्ञान परस्पर सूत्रित होते हैं। ब्रह्मराक्षस, भूलगलती इनकी अन्य लम्बी कविताएँ हैं।

श्रीनरेश मेहता-इनका जन्म 15 फरवरी, 1922 को मालवा के शाजापुर नाम के एक कस्बे में हुआ था। नरेश के व्यक्तित्व तथा कृतित्व दोनों में ही गरिमा तथा आभिजात्य लक्षित होता है। बनपाखी सुनो, बोलने दो चीड़ को, मेरा समर्पित एकान्त, उत्सवा, तुम मेरा मन हो, संशय की एक रात, महाप्रस्थान, प्रवाद पर्व, शबरी, गाँधी गाथा आदि श्रीनरेश जी की प्रकाशित काव्य-कृतियाँ हैं। मेहता जी आधुनिक संवेदना से सम्पृक्त होते हुए भी समकालीन अनुभवों को अतीत की सांस्कृतिक एवं कलात्मक गरिमा से विच्छिन्न करके नहीं ग्रहण करते। वैदिक साहित्य की प्राकृतिक तन्मयता, जीवन्तता, मध्यकालीन भक्तों की लोकमंगलकारी पवित्रता तथा आधुनिक मानव की चिन्ता के संश्लेष से उनके काव्य का विराट् स्वरूप निर्मित होता है। इनकी विराट् सोच क्षण की अनुभूति को भी अखण्ड काल तथा शाश्वत जीवन-प्रवाह के अनुभव से जोड़ देती है। इनकी कविताओं में प्रकृति के शाश्वतराग की प्रतिध्वनि, मानव की जययात्रा की आहट, संघर्षों तथा आत्मीय सम्बन्धों की वानस्पतिक गन्ध परिव्याप्त मिलती है। वे प्रत्येक पगडण्डी में मानुष गन्ध को पा लेते हैं—

अविश्वास मत करना
प्रत्येक पगडण्डी से मानुष गन्ध आती है।
किसी भी मन्त्र को सूँघो
किसी भी स्तोत्र को छुओ
मानुष की गन्ध और जयकार सुनायी देगी।

श्रीनरेश जी की काव्यभाषा में शब्दों की एक संस्कृति है, प्रयोग तथा अर्थ-गौरव का एक इतिहास है। प्रकृति की सूक्ष्म गन्ध तथा विविध सार्थक संकेतों से शब्दों की लाक्षणिकता सृजित होती है। यहाँ शब्दों की संज्ञा बनकर गहन अनुभूति की प्रतीकात्मक अभिव्यक्ति करती है।

रघुवीर सहाय—(जन्म-सन् 1929)—'सीढ़ियों पर धूप' तथा 'आत्महत्या के विरुद्ध' इनके दो चर्चित काव्य-संग्रह हैं। मध्यवर्गीय जीवन चेतना, लोकतन्त्र की विडम्बना तथा अव्याहत जिजीविषा के स्वर इनकी कविताओं में ऋजु भाषा के माध्यम से मुखरित होते हैं—

बन्धु हम दोनों थके हैं
और थकते ही रहे तो साथ चलते भी रहेंगे।
वही नहीं है साथ जिसमें तुम थको तो हम तुम्हें लादें फिरें
और हम थकें तो दम तुम्हारा फूल जाये हाय।

रघुवीर जी व्यंग्य तो करते हैं किन्तु उसमें गहरी प्रखरता नहीं रहती।

धर्मवीर भारती—जन्म 1926, इलाहाबाद में, देहावसान 1997 बम्बई में शिक्षा एम.ए.डी.फिल्. ठण्डा लोहा, सात गीत वर्ष, अन्धायुग, कनुप्रिया भरती जी की तीन काव्य-कृतियाँ हैं। इनमें रूमानियत की प्रधानता है। सात गीत वर्ष में संकलित प्रमथ्यु गाथा में भारती जी आधुनिकता बोध को उजागर करते हैं। अन्धायुग में महाभारत की कथा के माध्यम से युद्धजन्य कुण्ठा, युद्ध की निरर्थक परिणति, विवेकहीन अमानवीय स्थितियों को अभिव्यंजित किया गया है। 'कनुप्रिया' में राधा-कृष्ण का रागबोध उद्‌घाटित होता है।

प्रभाकर माचवे—मराठी क्षेत्र से सम्बन्धित माचवे ने अपनी विलक्षण काव्य-प्रतिभा से 'तारसप्तक' में स्थान प्राप्त किया। इनकी काव्य प्रकृतियाँ ऐसी हैं कि इन्हें प्रयोगवादी-प्रगतिवादी दोनों खेमों में खींचा जाता रहा है। वास्तव में इन्हें वादमुक्त कहना अधिक समीचीन है। मेपल, स्वप्नभंग, 'अनुक्षण' इनके काव्य-संग्रह हैं।

केदारनाथ सिंह (1934 ई.)—जन्म बलिया (उ.प्र.) में हुआ था। केदारनाथ सिंह ग्रामीण परिवेश, और स्वस्थ प्रकृति के बीच में स्वस्थ या मानवीय संवेदना लेकर उठनेवाले कवि हैं। अपनी काव्ययात्रा में वे समकालीन संघर्षों तथा विरोधाभासों को सूक्ष्मता से अंकित करते हैं। वे अपने काव्य-बिम्बों की तलाश एवं निर्मिति पुराण, इतिहास से तो करते ही हैं लोकजीवन भी उनकी प्रेरणा भूमि है। ये इन्सानियत का खून गरम रखने के लिए अपने काव्य की अँगीठी दहकाये रखने के लिए हरदम कोयले की तलाश में रहते हैं। अभी बिलकुल अभी, यहाँ से देखो, जमीन पक रही है, अकाल में सारस इनके काव्य-संग्रह हैं। 'अकाल में सारस' पर इन्हें साहित्य अकादमी पुरस्कार मिला है। इनका हर शब्द किसी ग्रह लोक में जन्मान्तर की तरह उतरता है। बिम्ब के प्रति आग्रह होते हुए भी ये सरल, प्रभावी तथा ताजे बिम्ब रचते हैं। इनकी कविता के तार प्रकृति के हर तत्त्व से जुड़ रहते हैं।

सर्वेश्वर दयाल सक्सेना (1926) जन्म-बस्ती, (उ.प्र.)— ये समकालीनता से सम्बद्ध कवि हैं। इनमें पाठकों से संवाद करने के साथ ही पत्रकारिता का भी भाषिक लहजा है। राजनीतिक विडम्बनाओं पर तीखा व्यंग्य करते हुए इन्होंने डिक्टेटरशिप पर चोट की है। काठ की घण्टियाँ, बाँस का पुल, एक सूनी नाव, गर्म हवाएँ, इनके काव्य-संग्रह हैं।

विजयदेव नारायण 'साही' (1924-1982 ई.)— कवि तथा आलोचक दोनों हैं। इन्होंने राजनीति में सक्रिय भागीदारी की लेकिन कविता में राजनीति नहीं की। 'मछलीघर' इनका प्रसिद्ध काव्य-संग्रह है।

जगदीश गुप्त (1924)— सप्तकेतर कवियों में सर्वाधिक ख्याति है डॉ. जगदीश गुप्त की। इनका काव्य-संकलन 'युग्म' बड़ा प्रसिद्ध है। गोपा-गौतम, नाव के पाँव, बहुलोचना नदी, हिम विद्ध, शब्द दंश, आदिम एकान्त, बोधि वृक्ष, जयन्त, शम्बूक, माँ के लिए इनकी प्रमुख कृतियाँ हैं। इन्होंने अपनी कविता में स्त्री-पुरुष सम्बन्धों के आधुनिक स्वरूप को रेखांकित किया है। आक्रोश, पीड़ा, खीझ तथा नूतन मानवबोध को नये शिल्प में ढालते हुए गुप्त जी लिखते हैं—

"बड़े अँधेरे गंगा के उस पार घूम कर आया
खोया खोया चूर-चूर सा माथे पर दुख छाया
गेहूँ के उस हरे खेत से कच्ची बाली एक
बड़े प्यार से तोड़ी
मोड़ी—

चुम्बन लिये अनेक
हरे दूधिया दाने कुछ दाँतों के बीच दबाकर
कुतर लिये—
कुछ मसल उँगलियों से डाले अलसाकर।

भवानीप्रसाद मिश्र (1913-1985 ई. जन्म-सिवनी (म.प्र.)—'गीत फरोश' (1953 में) के प्रकाशन के बाद इनकी रचनाओं की विशेष चर्चा हुई है। यूरोपीय संस्कृति के प्रभाव और भारतीय सादगी के द्वन्द्व को मिश्र जी ने सशक्त ढंग से व्यक्त किया है। चकित है दुःख, अँधेरी कविताएँ, बुनी हुई रस्सी, अनाम तुम आते हो, परिवर्तन जिये, इदमूनमम्, कालजयी, शरीर-कविता, फसलें और फूल, सम्प्रति, नीली रेखा इनके अन्य काव्य-संकलन हैं। इनकी मान्यता है कि शब्दाकर को शब्द के लिए बलिदान करने को भी तैयार रहना चाहिए। भाषा की सादगी तथा बोलचाल रूप का समर्थन करते हुए मिश्र जी कहते हैं "जिस तरह हम बोलते हैं। उस तरह तू लिख और इसके बाद भी हमसे बड़ा तू दिख/" भूख, पीडा तथा जीवन के सन्त्रास को इन्होंने व्यंग्यात्मक ढंग से चित्रित किया है। आपातृकाल पर इन्होंने निडर होकर कविताएँ लिखीं। इनकी काव्यशिल्प तथा अन्दाज अन्य कवियों से अलग है।

लक्ष्मीकान्त वर्मा—(1922 ई.)—जन्म-बस्ती (उ.प्र.) सप्तकेतर कवियों में लक्ष्मीकान्त वर्मा उल्लेखनीय हैं। इन्होंने नयी कविता आन्दोलन को प्रतिष्ठित करने में महत्त्वपूर्ण योगदान किया है। इनकी कविताएँ 'नयी कविता' पत्रिका में छपती थीं। 'अतुकान्त' शीर्षक से 1968 ई. में पहला महत्त्वपूर्ण काव्य-संकलन प्रकाशित हुआ। दूसरा काव्य-संकलन 'दीप देहरी द्वार' है। अन्तिम दौर की कविताएँ 'रूबरू लक्ष्मीकान्त' संकलित हैं। उनकी कविता का एक उदाहरण है—

"यदि शरीर का एक लय है
तो अंगों का एक राग भी है।
लय तो वह निरन्तरता है जिसमें
राग एक क्षणिक हस्तक्षेप से
सब कुछ बदल देता है।"

श्रीकान्त वर्मा—वर्मा के दिनारम्भ, मायादर्पण, जलसा घर, आदि काव्य-संग्रह प्रकाशित हैं। इन्होंने पुराने ऐतिहासिक सन्दर्भों को मिथकीय बनाकर नयी संवेदना से जोड़ा है।

'एक कण्ठ विषपायी' तथा 'सूर्य का स्वागत' के रचयिता **दुष्यन्त कुमार** अपनी ग़ज़लों के लिए अत्यन्त लोकप्रिय हुए हैं।

कुँवरनारायण—जन्म—13 सितम्बर, 1927 उत्तर प्रदेश)—लखनऊ विश्वविद्यालय से अंग्रेजी में एम.ए.। कुँवरनारायण की सात काव्य-कृतियाँ हैं— चक्रव्यूह (1956 ई.) परिवेश, हम तुम (1961), अपने सामने (1993) इन दिनों (2002) खण्डकाव्य : आत्मजयी (1965 ई.) बाजश्रवा के बहाने (2008) अज्ञेय द्वारा सम्पादित तीसरा सप्तक (1959) में इन्हें स्थान मिला था। कुँवरनारायण का अनुभव जगत् बहुत व्यापक है। ये साधारण एवं दैनिक क्रिया-कलापों में भी चिरन्तन मानवबोध को अंकित करने में सक्षम हैं। कुँवरनारायण की काव्यपंक्तियाँ अस्तित्व को दूसरे अर्थों में प्रकाशित करती हैं। उनमें विवेक और संवेदनशीलता का अद्भुत समन्वय है। "आत्मजयी में उन्होंने सत्ता के यथार्थ और दायित्वहीनता को इंगित किया है। उनका मानना है कि लोभ के कारण मनुष्य बहुत-सी सच्चाइयों

को छिपा लेता है, एवं मूल्यों तथा आदर्शों की हत्या करता है। बाजारवाद के साथ संवेदनहीनता की कटु स्थितियाँ पैदा हुई हैं। हर व्यक्ति जल्दी में है, चारों ओर भागमभाग लगा है। चुटीले व्यंग्य में वह कहते हैं कि–

रोज धड़ल्ले से उनके रंग-बिरंगे विज्ञापन छपते
कि झूठ कुछ नहीं
सिर्फ सच को ढकने की कला है
जिन्दगी का कारोबार
झूठ सच की लीपापोती पर चला है।

कुँवरनारायण में बिम्बविधान की अद्भुत क्षमता है। उनकी भाषा का आदर्श अज्ञेय के समान है लेकिन वे शब्दों की क्रीड़ा से बचने की चेष्टा करते हैं।

प्रयागनारायण त्रिपाठी तीसरे सप्तक के प्रमुख कवि हैं। उनका विचार है कि कविता न दर्शन है, न अध्यात्म, वह पाठक को आनन्दित कर सकती है, क्षुब्ध भी कर सकती है। क्रान्ति में प्रवृत्त कर सकती है और समाधि में भी। उनका वक्तव्य उनकी कविता में उजागर होता है। इनकी कविता आस्था से फूटती है। इनकी आस्था में आत्मा का उद्वेलन है, मूक समर्पण नहीं; वह कवि रूप में भीड़ का अंश बनकर उसमें खोना नहीं चाहता है।

राष्ट्रीय-सांस्कृतिक काव्यधारा

इस काव्यधारा का आरम्भ द्विवेदी-युग से ही हो गया था किन्तु सम्यक् विकास उत्तर स्वच्छन्दतावाद (छायावादोत्तर) काल में हुआ। इस धारा पर स्वतन्त्रता के क्रान्तिकारी आन्दोलन तथा छायावाद का सम्मिलित प्रभाव पड़ा है। भगतसिंह का बलिदान भी कवियों के लिए प्रेरणा का स्रोत रहा। माखनलाल चतुर्वेदी, सियारामशरण गुप्त, बालकृष्ण शर्मा 'नवीन', सुभद्रा कुमारी चौहान, रामधारी सिंह दिनकर इस धारा के प्रमुख कवि हैं।

माखनलाल चतुर्वेदी–(1888-1968 ई.)– इनकी काव्य-यात्रा द्विवेदी-युग में शुरू हुई और छायावादोत्तर काल तक चलती रही। इनकी रचनाओं पर काल की गति की छाप दिखायी देती है। चतुर्वेदी जी पत्रकार, लेखक, कवि तो थे ही राष्ट्रीय कार्यकर्त्ता भी थे। मातृभूमि के लिए त्याग की संवेदना को उभारनेवाली इनकी कविता 'पुष्प की अभिलाषा' बहुत प्रसिद्ध हुई थी। विशुद्ध राजनीतिक नारेबाजी करनेवाले कवियों की तुलना में चतुर्वेदी जी की ये पंक्तियाँ कितनी मार्मिक हैं–

मुझे तोड़ लेना बनमाली
उस पथ में देना तुम फेंक।
मातृभूमि पर शीश चढ़ाने
जिस पथ जावे वीर अनेक।

हिमकिरीटिनी, हिमरंगिणी, वेणु लो गूँजे धरा, माता, युगचरण, मरण-ज्वार, बीजुली काजल आँज रही, धूम्रवलय इनके काव्य-संग्रह हैं।

सियारामशरण गुप्त (1894-1963 ई.)–सियारामशरण जी मैथिलीशरण गुप्त के छोटे भाई थे। इनकी कविताओं में गाँधीवादी स्वर वेदना मिश्रित तथा संयमित ढंग से मुखरित होता है। उन्मुक्त, दैनिक आदि रचनाओं में गाँधीवाद ऊपर ही छा गया है। मौर्य-विजय, अनाथ, दूर्वादल, आर्द्रा,

आत्मोत्सर्ग, पाथेय, मृण्मयी, बापू, उन्मुक्त, दैनिकी, नकुल, नोआखाली इनकी कृतियाँ हैं। गरीबों के शोषण से उपजनेवाली ज्वाला का चित्रण करते हुए वे लिखते हैं—

काँप उठी है धरा उन्हीं के विस्फोटन में
फैल गयी प्रलयाग्नि शिखा यह निखिल भुवन में।

बालकृष्ण शर्मा 'नवीन' (1897-1960 ई. जन्म ग्वालियर, म.प्र.)— शर्मा जी के व्यक्तित्व में सफल पत्रकार, राजनीतिक कार्यकर्त्ता तथा कवि की त्रिविधता है। उनमें उच्चकोटि की भाषण कला भी थी। इस कला का प्रभाव उनकी कविताओं पर दृष्टिगत किया जा सकता है। 'कवि कुछ ऐसी तान सुनाओ, जिससे उथल-पुथल मच जाये' की ललकार सन् 1933 में इसी ओजस्वी कवि के कण्ठ से फूटी थी। यथार्थ जीवन की मानवीय विषमता उनके मन में गहरी वेदना जगा देती है—

और चाटते जूठे पत्ते उस दिन देखा मैंने नर को।
उस दिन सोचा, क्यों न लगा दूँ आज आग दुनिया भर को?
यह सोचा क्यों न टेटुआ घोंटा जाय स्वयं जगत्पति का?
जिसने अपने ही स्वर को रूप दिया इस घृणित विकृति का।

कुमकुम, रश्मि-रेखा और 'अपलक', विनोबा स्तवन, उर्मिला, हम विषपायी जनम के, आदि नवीन जी के काव्य-संग्रह हैं।

सुभद्राकुमारी चौहान (1940-1948 ई.)—सुभद्रा जी की राष्ट्रीय आन्दोलन में सक्रिय भागीदारी थी। इनके दो काव्य-संग्रह प्रकाशित हैं— 'त्रिधारा' और 'मुकुल'। इनकी 'झाँसी की रानी' कविता अत्यन्त लोकप्रिय हुई है। सहज वात्सल्य भाव को व्यंजित करनेवाली इनकी कविता 'मैं बचपन को बुला रही थी, बोल उठी बिटिया मेरी' उल्लेखनीय हैं।

रामधारी सिंह 'दिनकर' (1908-1974 ई.)—इस धारा के सबसे समर्थ तथा चर्चित कवि दिनकर जी हैं। भारतेन्दु हरिश्चन्द्र के द्वारा जनजागरण का जो सशक्त काव्यान्दोलन शुरू किया गया था उसका वास्तविक एवं प्रखर प्रवाह दिनकर की कविताओं में मिलता है। दिनकर में काव्य-प्रतिभा का प्रस्फुटन किशोरावस्था में ही हो गया था। इन्होंने चौदह वर्ष की अवस्था से ही काव्य-रचना शुरू कर दी थी। दिनकर जी ने भाव का जो भी क्षेत्र चुना उसमें गहरी पैठ ही नहीं बल्कि उसकी प्रभावशाली अभिव्यक्ति भी उनके द्वारा हुई। इन्होंने समसामयिकता को रचकर सार्वकालिक बना दिया। माखनलाल चतुर्वेदी, भगवतीचरण वर्मा, बालकृष्ण शर्मा नवीन तीनों की काव्य-प्रवृत्तियों का समन्वित और परिष्कृत रूप दिनकर की कविताओं में प्रत्यक्ष होता है। इनकी काव्य-संवेदना का संचरण कभी गाँधीवादी धरातल पर होता है, कभी सशस्त्र क्रान्ति की भूमि पर। ये कहीं तो सर्वहारा की उन्नति की आकांक्षा जाहिर करते हैं और कहीं प्रकृति और नारी की प्रेम-भावना में मुग्ध हो जाते हैं।

दिनकर के प्रमुख काव्य-संग्रह तथा काव्य-कृतियाँ हैं—रेणुका, हुंकार, सामधेनी, रसवन्ती, द्वन्द्वगीत, कुरुक्षेत्र, उर्वशी, रश्मिरथी, परशुराम की प्रतीक्षा, दिल्ली, नीम के पत्ते, नील कुसुम, इतिहास के आँसू, धूप और धुआँ, हारे के हरिनाम आदि। इनमें कुरुक्षेत्र, रश्मिरथी, परशुराम की प्रतीक्षा खण्डकाव्य तथा उर्वशी गीति-नाट्य है। 'रेणुका' (1925) काव्य-संग्रह में अनेक संवेदनाएँ एक साथ समाहित हैं; किसी कविता में क्रान्ति का उद्घोष, किसी में माया, दया, ममता और किसी में प्रेम की संवेदना। 'हुंकार' में युवा कवि का यौवन पूरे वेग से दहाड़ रहा है। वह कहता है—

हटो व्योम के मेघ, पन्थ से, स्वर्ग लूटने हम आते हैं।
दूध दूध ओ वत्स! तुम्हारा दूध खोजने हम जाते हैं।

'सामधेनी' में राष्ट्रीय और अन्तरराष्ट्रीय घटनाएँ कविता में ढली हैं। 'रसवन्ती' शृंगारिक कविताओं का संग्रह है। कवि ने इसमें प्रेम को अर्चना तथा साधना कहा है। 'द्वन्द्वगीत' में कवि जीवन और जगत् के रहस्य को उद्घाटित करना चाहता है, "'कुरुक्षेत्र' प्रबन्ध काव्य में दिनकर ने युद्ध की समस्या को उठाया है। इसमें महाभारत की कथा का आभास है क्योंकि समस्या पर विचार-विमर्श महाभारत के पात्रों के माध्यम से हुआ है। कवि ने स्वयं स्वीकार किया है कि 'कुरुक्षेत्र की रचना भगवान् व्यास के अनुकरण पर नहीं हुई है और न महाभारत को दुहराना ही मेरा उद्देश्य था। मुझे जो कुछ कहना था वह युधिष्ठिर और भीष्म का प्रसंग उठाये बिना भी कहा जा सकता था; किन्तु तब यह रचना शायद प्रबन्ध के रूप में नहीं उतरकर मुक्तक बनकर रह गयी होती।" इसमें युधिष्ठिर शान्ति के समर्थक पात्र हैं और भीष्म युद्ध के समर्थक हैं। भीष्म आनेवाले प्रबल तर्क द्वारा युधिष्ठिर के युद्ध विरोधी तर्क का खण्डन करते हैं। अन्ततः कवि इसी बात का समर्थन करता है कि अन्याय, पाप, अनाचार, शोषण, विषमता आदि की समाप्ति के लिए युद्ध आवश्यक है।

कुरुक्षेत्र में युगीन परिवर्तन के सन्दर्भ में अन्याय और अविचार के स्वरूप का स्पष्ट प्रतिपादन नहीं हो पाता। अन्याय और शोषण की समाप्ति के लिए संघर्ष आवश्यक भले ही हो किन्तु क्या युद्ध या महायुद्ध में मानवता का कोई अवशेष वर्तमान युग में बच सकता है। कवि की आन्तरिक इच्छा तो यही है कि—

श्रेय होगा सुष्ठु विकसित मनुज का वह काल।
जब नहीं होगी धरा नर के रुधिर से लाल।
श्रेय होगा धर्म का आलोक वह निर्बन्ध।
मनुज जोड़ेगा मनुज से जब उचित सम्बन्ध।

उर्वशी—(1961) दिनकर की विशिष्ट प्रबन्ध रचना है जिसे गीतिनाट्य कहा जा सकता है। इस काव्य में नाटकीयता यद्यपि बहुत क्षीण है। इसमें कथावस्तु बहुत व्यापक नहीं है। प्रतीकों के द्वारा भौतिकता से आध्यात्मिकता की ओर प्रयाण किया गया है। इसमें नर-नारी की प्रणय समस्या को बड़ी गम्भीरता तथा सूक्ष्मता से उठाया गया है। इस काव्य में पुराण प्रसिद्ध पुरूरवा तथा उर्वशी की कथा गृहीत है। प्रथम अंक में पुरूरवा की राजधानी प्रतिष्ठानपुर के नन्दन कानन में अप्सराओं का अवतरण होता है। अप्सराओं के मुख से ही उस घटना का संकेत मिलता है जिसके फलस्वरूप पुरूरवा और उर्वशी के प्रेम का बीजारोपण होता है। द्वितीय अंक में पुरूरवा तथा उर्वशी गन्धमादन वन चले जाते हैं। पुरूरवा की विवाहिता पत्नी औशीनरी को राजा का सन्देश मिलता है कि वह पुत्र-प्राप्ति के लिए सतत धर्म-साधना करे। इस प्रबन्ध का तीसरा सबसे अधिक महत्त्वपूर्ण है। इस अंक में उर्वशी का सौन्दर्य चित्रण करते हुए उर्वशी और पुरूरवा के प्रेम सम्बन्धों को प्रतीकात्मक बनाते हुए उसे स्त्री-पुरुष के शाश्वत प्रणय के रूप मे अंकित किया गया है। चौथे अंक में उर्वशी के नवजात शिशु का वर्णन है जिसका पालन च्यवन ऋषि की पत्नी सुकन्या द्वारा किया गया है। उर्वशी अपने पुत्र को भरत के शाप के कारण सुकन्या को सौंपती है। पाँचवें अंक में सुकन्या उर्वशी-पुरूरवा के पुत्र को प्रतिष्ठानपुर आकर उन्हें सौंप देती है। भरत मुनि के शाप के फलस्वरूप उर्वशी स्वर्ग चली जाती है और पुरूरवा संन्यास ले लेता है।

काम भावना को आध्यात्मिक बनाने की चेष्टा कितनी सार्थक या सफल है यह मतभेद का विषय है किन्तु शृंगार चित्रण की उत्कृष्टता 'उर्वशी' में द्रष्टव्य है।

'रश्मिरथी' की कथावस्तु महाभारत पर ही आधारित है। इसमें कर्ण को आधुनिक सन्दर्भ में प्रस्तुत किया गया है। इस कथा को भी सात सर्गों में विभक्त किया गया है। इस काव्य में वीररस की उत्कृष्ट व्यंजना है। 'परशुराम की प्रतीक्षा' में चीन-भारत के युद्ध के प्रसंग को लिया गया है।

नरेन्द शर्मा (जन्म- 28-2-1913 , देहावसान 11-2-1989)– इलाहाबाद विश्वविद्यालय से 1936 में अंग्रेजी में एम.ए.। 'चाँद', 'अभ्युदय', 'भारत' आदि पत्रिकाओं के उपसम्पादक रहे। पण्डित जवाहरलाल नेहरू के हिन्दी सचिव (1937-40 तक) पद पर कार्य किया। काशी विद्यापीठ में 1940 हिन्दी काव्य तथा अंग्रेजी का अध्यापन करने के बाद बम्बई चले गये। वहाँ बाम्बे टाकीज के गीतकार हो गये। 1953-71 तक आकाशवाणी के कलाकार कर्मचारी रहे। 1932 में 'आँसू' शीर्षक से प्रथम रचना निकली शूल-फूल (1934), कर्णफूल (1936), प्रभातफेरी (1938), प्रवासी के गीत (1939), पलाश वन (1940), मिट्टी और फूल (1943), लाल निशान (1943), कामिनी (खण्डकाव्य (1943), 'हंसमाला (1946), रक्त चन्दन (1948), अग्निशस्य (1950), कदलीवन (1953), द्रौपदी (खण्डकाव्य-1960), प्यासा निर्झर (1964), उत्तर जय (खण्डकाव्य 1965), बहुत रात गये (1967), सुवर्णा (खण्डकाव्य-1971), सुवीरा (1973), मुट्ठीबन्द रहस्य आदि कृतियाँ प्रकाशित हैं। रनेन्द्र शर्मा गीतकार के रूप में प्रसिद्ध हैं। इन्होंने पौराणिक आख्यानों को नवीन अर्थ से संयुक्त किया है।

नवगीत

नवगीत काव्य का आन्दोलन नयी कविता से ही प्रस्फुटित हुआ। कुछ आलोचकों की धारणा है कि नयी कविता की सफलतापूर्वक रचना न कर पानेवाले रचनाकार नवगीत के माध्यम से अपने को प्रतिष्ठित करने के लिए अग्रसर हुए। इस तरह की धारणा औचित्यपूर्ण इसीलिए नहीं है कि गीत लिखना कविता लिखने से कम कलात्मक प्रक्रिया नहीं है। दोनों में ही काव्य-प्रतिभा की बराबर माँग रहती है। कविता का गेय माध्यम अपेक्षाकृत अधिक जनवादी होता है। इसमें रचनाकार तथा पाठक या श्रोता का सीधा अबाधित तादात्म्य तभी सम्भव होता है जब रचना तरल, प्रभावयुक्त असंश्लिष्ट हो। छायावादी प्रगीतों को छोड़कर प्रायः गीत रचना भी परम्परा में अनुभव की जटिलता तो लक्षित की जा सकती है किन्तु शिल्प की जटिलता नहीं। यद्यपि अपने प्रारम्भिक रूप में मुक्तक तथा गीत अभिन्न काव्यविधाएँ थीं। कालान्तर में कलात्मकता तथा भावात्मकता की प्रधानता के आधार पर दोनों का अलगाव हुआ। मुक्तकरचना शास्त्रीयता की ओर उन्मुख हुई तथा गीतरचना लोक की ओर। भक्तिकालीन गीत तथा रीतिकालीन मुक्तकों में यह अन्तर स्पष्ट है। इसी तरह नयी कविता और नवगीत की भी स्थिति रही। नयी कविता धीरे-धीरे अपना शास्त्र रचती गयी तथा सामयिक बोध के बहाने जटिल हो गयी। नवगीत ग्राम्य-संवेदनों, भाषिक लहजों के आधार पर आधुनिक मनःस्थितियों को व्यक्त करने के कारण अधिक सजीव तथा सार्थक हो गया। नयी कविता की सर्जनात्मकता बौद्धिक है और नवगीत की सर्जनात्मकता हार्दिक है। बौद्धिकता का आग्रह बड़ी सचेष्टता से नयी कविता को परम्परित कथ्य तथा शिल्प से अलगा देता है जबकि नवगीत में भावावेग के कारण आधुनिक बोध की जटिलता तथा नवशिल्प की सजगता दोनों ही द्रवीभूत हो जाती है। इसीलिए चाहकर भी नवगीतकार परम्परा को तोड़ नहीं पाता।

भारतेन्दु-युग में लोकगीतों के शिल्पगत तथा भाषागत प्रयोगों के सम्मिश्रणम से गीत-रचना समृद्ध हुई। प्रसाद, पन्त, निराला, महादेव ने गीतों को शिल्प तथा भाषा के द्वारा प्रगीत का आभिजात्य प्रदान किया। बच्चन, नरेन्द्र शर्मा, अंचल आदि ने छायावादी तत्समप्रधान गीतों को नयी जमीन दी।

नवगीत में गीत की कलात्मक विशेषताओं को सुरक्षित रखते हुए भावचेतना, शिल्प और अभिव्यंजना के स्तर पर नयापन मिलता है। नवगीतकारों का स्वर मुख्यतः आधुनिक है। ये लोग छन्दों से बँधी लय के स्थान पर अर्थों और भावों की आन्तरिक लय को अधिक महत्त्व प्रदान करते हैं। कुछ तथाकथित नवगीत गेयता को छोड़कर पाठ्य होते जा रहे हैं। कहीं-कहीं उनमें बौद्धिकतापूर्ण बिखराव है और कहीं-कहीं अत्यधिक आरोपित निराशा और मृत्युबोध।

जिन कवियों ने नवगीतकार के रूप में अपनी अलग पहचान बनायी है उनमें शम्भुनाथ सिंह, वीरेन्द्र मिश्र, गोपालदास नीरज, ठाकुर प्रसाद सिंह, रवीन्द्र भ्रमर, सोम ठाकुर, नरेश सक्सेना, रमानाथ अवस्थी, उमाकान्त मालवीय, शलभ श्रीराम सिंह, कुँवर बेचैन, माहेश्वर तिवारी, बुद्धिनाथ मिश्र उल्लेखनीय हैं।

शम्भुनाथ सिंह (जन्म-17 जून, 1917 ई. देवीरया, उ.प्र.)— ये अपने गीतों में प्रेम तथा दर्द को लोकधुनों तथा शब्दों के माध्यम से बड़ी गहराई से उभारते हैं। रूप—रश्मि, उदयाचल, दिवालोक इनके प्रमुख गीत-संग्रह हैं। एक गीत का अंश उद्धृत है—

भागता हुआ कहाँ-कहाँ
मैंने क्या-क्या नहीं सहा
जीवन भर आत्म-गन्ध-सा
लड़ता आया कबन्ध-सा
आगे ही खींचता रहा
कौन चुम्बकीय गन्ध सा?
तट को छूती धारा-सा
अर्थ हीन मैं सदा बहा।

वीरेन्द्र मिश्र के गीतों में प्रणय तथा सामाजिक विसंगतियों के चित्र अंकित होते हैं। किन्तु मिश्र जी के द्वारा गृहीत साधारण बिम्बों में जीवन का ऊपरी धरातल अधिक दृष्टिगत होता है। कहीं-कहीं वे 'आत्म' की पहचान बड़ी अनौपचारिक शब्दावली तथा अर्थभेदी दृष्टि से करते हैं—

सतही सामाजिकता के मंच भरे
इन चायघरों का पात्र नहीं हूँ मैं
पर टूटे मूल्यों के कोलाहल में
यह सच है दर्शक मात्र नहीं हूँ मैं
हलचल के बीच विसर्जित सम्बल लूँ?
या बाँधूँ बिस्तर और कहीं चल दूँ।

गौतम, लेखनी वेला, अविराम चल मधुवन्ती इनके गीतों के संग्रह हैं।

ठाकुर प्रसाद सिंह ने आदिवासी गीतों की धुनों का समावेश करके नवगीत को विशिष्ट स्वरूप प्रदान किया। 'वंशी और मादल' इनका प्रसिद्ध गीत-संग्रह है।

रवीन्द्र भ्रमर (जन्म- 1934 ई. जौनपुर (उ.प्र.)— इनके गीतों का मर्म और सौन्दर्य रागात्मक अनुभूति, काव्यात्मक अभिव्यक्ति और हृदयावर्जक भावान्विति में निहित हैं। ये परम्परित प्रतीकों में नया अर्थ भरते हैं, सरल बिम्बों से जटिल तथा विविध अनुभवों को अभिव्यंजित करते हैं। गीत इनके लिए एक माध्यम हैं जिसमें प्रकृति, समाज, युग तथा प्रणय की रागात्मक अनुभूतियाँ अभिव्यक्त होती हैं। भ्रमर ने अपनी चिन्तनशीलता तथा सशक्त रचनात्मकता से हिन्दी नवगीत को प्रतिष्ठित एवं विकसित करने में उल्लेखनीय योगदान किया है। इनके गीत का एक नमूना देखिये—

फागुन की बदरी बरस गयी।
सरसों की पियरी भीगी,
गेहूँ के गोरे गात,
बन टेसू की मेंहदी भीगी
धरती का अहिवात
बासन्ती के अंग अंग
सावन भादों की सुध सरस गयी।

सोम ठाकुर—(जन्म-5 मार्च 1934, आगरा, उ.प्र.) ने नवीन संगीतात्मक लययुक्त छन्दों की रचना की। प्रेम और सौन्दर्य की कोमल भावनाओं की ओर इनका विशेष आकर्षण है। मंचीय गीतकार के रूप में इन्हें विशेष ख्याति मिली है। उमाकान्त मालवीय तथा रामनाथ अवस्थी के माध्यम से नवबोध को अंकित किया है। गोपालदास नीरज भी मंचीय गीतकार के रूप में पर्याप्त लोकप्रिय हुए हैं। इनके गीतों में अतृप्ति, नियति तथा मृत्युबोध की तल्खी है। अन्तर्ध्वनि, प्राणगीत, दर्द दिया है, आसावरी आदि कई गीत-संग्रह हैं। देवेन्द्र शर्मा 'इन्द्र', दयाशंकर पाण्डेय, यश मालवीय, प्रद्युम्न नाथ तिवारी, 'करुणेश' उल्लेखनीय गीतकार हैं।

अमरनाथ श्रीवास्तव— जन्म-21 जून 1939, ग्राम बौरवाँ, सैदपुर, गाजीपुर उ.प्र.। गेरू की लिपियाँ (1990 ई.) दोपहर में गुलमोहर (1995 ई.) है बहुत मुमकिन (2005), 'मैं न कहूँ तो' इनके प्रसिद्ध नवगीत संग्रह हैं। नवगीत के प्रमुख हस्ताक्षर एवं समीक्षक शम्भुनाथ सिंह ने नवगीत दशक भाग 2 तथा नवगीत अर्द्धशती में इनके गीतों को संकलित किया है। अनेक प्रतिष्ठित पत्रिकाओं जैसे— हिन्दुस्तान, धर्मयुग, वागर्थ, आजकल, अक्षरा, मधुमती, दस्तावेज तथा ज्ञानोदय में इनके गीत प्रकाशित होते रहे हैं। अमरनाथ श्रीवास्तव प्रकृति के बिम्बों द्वारा अवसाद, टीस, क्षुब्धता और पीड़ा को व्यक्त करते हैं। इनकी कविताओं में आधुनिक समस्याएँ स्थूल रूप में अंकित नहीं होती हैं बल्कि उनकी सूक्ष्म अभिव्यंजना होती है। उनके गीतों में विसंगतियाँ तथा तनाव तो है किन्तु रुदन या चीत्कार नहीं है और नैराश्य बोध भी नहीं हैं। दैनिक व्यवहार के शब्दों द्वारा पिरोये गीत सूक्ष्म भावबोध के कारण रचना की श्रेष्ठता को उद्घोषित करते हैं। अमरनाथ के गीतों में व्यक्त पीड़ा आमजन के हिस्से में आयी पीड़ा है क्योंकि सुख, उल्लास, आनन्द आदि पर एक खास वर्ग का कब्जा है, वे उन पर शाश्वत काबिज रहने का षड्यन्त्र रचते हैं और उसमें सफल भी हैं। गीत की यह अन्योक्ति देखिये—

सूरज जब देता है/धूप के निवाले/हाथ बढ़ा देते/ऊँची फुनगी वाले/बौने पौधों पर/छाँह का है चकत्ता/ अमरनाथ ऐसे बिम्ब रचते हैं जो शोषण के इतिहास को न केवल वर्तमान सन्दर्भ में रूपायित करते हैं बल्कि उनमें अतीत भी प्रत्यक्ष हो जाता है— 'झेल रहा हूँ शोभा यात्रा/ मैं चलते हाथी का जीवन/जिसके ऊपर मोती का झालर/लेकिन अंकुश या शासन/ अधजल घट से छलक रहे हैं/पीठ चढ़े जो सजे कठौते/

एक ओर शहर गाँवों को निगल रहे हैं और गाँव आपसी लड़ाई-झगड़े में व्यस्त होकर सहज उल्लास और मानवीयता को खो रहे हैं। 'चौबारे तक आयी कालोनी/भीतर तक दहल गया गाँव/गाँवों तक जबड़े फैलाये/शहरों का इतिहास मिला है/ इलाहाबाद के लिए इन्होंने लिखा है—

सिसकियाँ भरता हुआ बच्चा इलाहाबाद/गोद में इसे लेकर बहला रही यमुना/ठण्ड से डरता हुआ बच्चा इलाहाबाद/खींचकर संगम इसे नहला रही यमुना। 'आदमी को देखकर' शीर्षक से इनके ग़ज़लों का एक संग्रह भी है।

प्रतीक मिश्र—मिश्र जी कवि और गीतकार दोनों हैं। 'पोर पोर टूटन' (गीत) काँटे और गोखरू (काव्य-संकलन) खुशबुओं के घर में (ग़ज़ल संग्रह) विरह बीथी (उद्धव गोपी विषयक सवैया शतक), मन गोकुल है जाय (पद रचना) इनकी प्रमुख रचनाएँ हैं। इनके गीतों में प्रकृति में निहित भावात्मक प्रेरणाओं, सन्देशों तथा संवेदनाओं को तलाशने की कोशिश है। 'गीत सुधियों के' इनका ताजा संकलन है। इनकी भाषा सरल, सुबोध है— किन्तु रोजमर्रा के शब्द आज की मनोदशा तथा परिवर्तित परिस्थितियों की सघन अभिव्यंजना करते हैं—

कहाँ गया हिलना-मिलना/मिलकर कलिकाओं सा खिलना/खोया-खोया नन्दन उपवन/सुध-बुध खोये, बिछुए कंगन। खोये-खोये अक्षत, चन्दन/अर्पन के पुन रोली क्रमक्रम। वही ही मौसम/वह ही हम तुम/फिर भी, सब-कुछ गुम-सुम, गुमसुम।

शिवमूर्ति सिंह—जन्म-30 नवम्बर 1942, माही गाँव, चन्दौली, उत्तर प्रदेश। शिवमूर्ति गीतों के साधक हैं। गाँव की मिट्टी की सुगन्ध इनके गीतों में समाहित है, साथ ही नयी सभ्यता तथा परिवर्तन के थपेड़ों से आहत एवं कराहती, मानवता की गहरी पीड़ा की अभिव्यक्ति भी है। 'मैं रचूँ तुम्हें गीतों में', 'गीत मेरा कवच' के अलावा 'सूरज की आग' इनका कविता-संग्रह प्रकाशित है। भोजपुरी में इन्होंने कई कविताएँ लिखी हैं। एक संकलन, सगरो बा लागल आग, प्रकाशित हुआ है। गाँव के जीवन का ब्यौरा न पेशकर ये बिम्बों तथा प्रतीकों में वहाँ का उल्लास, अल्हड़ता तथा बेचैनी को निरूपित करते हैं। इनमें गाँव की नैसर्गिक एवं संवेदनशील परम्पराएँ तथा वर्तमान की पीड़ा भी है। आजादी की जय बोलते, जुलूसों तथा नारों से आम आदमी की कमर टेढ़ी हो गयी, लेकिन वह प्रवञ्चित ही रहा। कवि कहता है—'मिला विरासत में दिल्ली को/अन्धों का शासन/गान्धारी बन झेल रही है/जनता अन्धापन/

अखबारों में रोज मानवता की हत्या की खबरें छपती हैं। सर्वत्र मर्सिया की ही अनुगूँज है—'सुबह का अखबार 'ओढ़े छद्म, हत्या अपहरण/पिता के हाथों सुता की चीर होना अपहरण/मर्सिया इन्सानियत की मौत का/रूह को भीतर तलक देता कँपा (गीत मेरा कवच, पृ. 22) अमरनाथ श्रीवास्तव की टिप्पणी है— शिवमूर्ति के पास झकझोर देनेवाली मानवीय संवेदना है, प्रचुर जीवनानुभवों से समृद्ध दृष्टि है और लोकजीवन की गहन पहचान व लोकभाषा का प्रचुर शब्दभण्डार है।

दयाशंकर पाण्डेय—जन्म-अगस्त 1939, शुक्लपुर, मेजा, इलाहाबाद, उ.प्र.)— शिक्षा बी.ए. एल-एल.बी. (इलाहाबाद विश्वविद्यालय)। पाण्डेय के दो गीत-संग्रह 'सुधियों की परतें' (2001) तथा परछाइयाँ (2004 अनुगीत) प्रकाशित हैं। प्रतीक्षा के पहर (प्रकाशनार्थ तैयार है) पाण्डेय के गीतों में व्यक्ति का ही नहीं युग का दर्द समाया हुआ है। विपरीत परिस्थितियों, क्रूर नियति तथा दोस्तों, दुश्मनों का आघात सहते हुए कवि मन निरन्तर मजबूत हुआ है। पाण्डेय की घोषणा है—

हार से दूर भी जीत से दूर भी। जिन्दगी जो जिये एक तूफाँ लिये/मृत्यु का भय जिसे कर्मच्युत न करे/जिन्दगी बस उसी आदमी के लिए/जीवन के चिन्तन, व्याकरण, आस्था संयम का टूटन आदि परिवर्तनों के विषय में कवि कितने सरल तरीके से व्यंजना करता है—

ओढ़े हुए मुखौटे हर आदमी मिला है
इतनी अलग-अलग हैं पहचान की विधाएँ
बारूद की सुरंगें घर-घर बिछी हुई हैं
मरघट से घर मिले हैं जलने लगी चिताएँ। (परछाइयाँ, पृ. 23)

इनकी रचनाओं में मौलिकता की ताजगी और जीवन का एक उत्प्रेरक सन्देश निहित है। गीतों में सादगी तथा माधुर्य है।

प्रद्युम्ननाथ तिवारी 'करुणेश'-(जन्म-दिसम्बर 1950, बेलामुण्डी, बारा, इलाहाबाद)—करुणेश पूरी तरह से साहित्यसेवा में समर्पित हैं। इनके गीत गंगा की धारा की तरह बहते हैं, उसमें अवगाहन के लिए श्रोता या पाठक को किसी तरह का काव्यशास्त्र समझने की जरूरत नहीं होती। उनमें लोकगीतों की सहजता, प्राकृतिकता एवं सुबोधगम्यता है। 'अन्तः सलिला', 'छन्दः पयस्विनी', 'बेटियाँ', 'कब जन्मे ये गीत', 'प्रीति के धागे', संग्रहों के अलावा 'बंसी माधुरी (ब्रजभाषा)' 'सीप के मोती' (ग़ज़ल) संग्रह भी प्रकाशित हैं। 'शुभ्रा' खण्डकाव्य में इन्होंने गाय के प्रति अपनी प्रेमभावना तथा आत्मीयता को व्यक्त किया है। दिलीप की गोसेवा के बाद करुणेश की गोसेवा का यह अनूठा काव्य है।

कैलाशनाथ पाण्डेय—जन्म-30 दिसम्बर, 1947, शुक्लपुर, मेजा, इलाहाबाद, शिक्षा स्नातक (विज्ञान) इलाहाबाद विश्वविद्यालय, भारतीय स्टेट बैंक से सेवानिवृत्त।

'यथार्थ की पंखुड़ियाँ', 'प्रतिध्वनि', 'मनीषा' तीन काव्य-संकलन प्रकाशित हैं। सरल सधे हुए शब्दों में लयात्मक विन्यास के साथ पाण्डेय अपने समय का संवेदनशील साक्षात्कार करते हैं। उनकी कविता अपनी ऋजुता में भी अर्थ गम्भीरता से सम्पृक्त है।

कवि समाज और राष्ट्र की अनेक समस्याओं से जूझते हुए उनके प्रति भावात्मक एवं संवेदनात्मक प्रतिक्रिया करते हैं। इनकी कविताओं में कथ्य की शक्ति है किन्तु लय आदि का निर्वाह खण्डित है। कविताओं में नैतिक बोध तथा उपदेशात्मकता भी है। 'कीचड़' शीर्षक कविता की कुछ पंक्तियाँ देखिये—

सोचता कीचड़ उछालना आसान होता
किसी को किसी का ध्यान नहीं होता।

'प्रतिध्वनि' की कविताएँ भाव और शिल्प दोनों दृष्टियों से प्रभावशाली हैं।

महेन्द्र भटनागर-(जन्म-26 जून, 1926, झाँसी, उत्तर प्रदेश)— इनका ज्यादातर जीवन व्यतीत हुआ ग्वालियर में। छोटी कक्षा से लेकर स्नातकोत्तर स्तर तक कुशल अध्यापन के पश्चात् कमला राजा स्नातकोत्तर महाविद्यालय, ग्वालियर से हिन्दी विभागाध्यक्ष पद से सेवानिवृत्ति। प्रकृति से उन्हें कविता लिखने की प्रेरणा मिली। त्रिलोचन शास्त्री एवं अमृतराय के सम्पादन-काल में हंस में लिखते रहे अतः वे प्रगतिवादी काव्यान्दोलन से प्रभावित हुए। भटनागर प्रयोग करते हैं किन्तु प्रयोगवादिता के दुराग्रह से मुक्त हैं। प्रगतिवादी हैं किन्तु केवल नारे नहीं लगाते हैं। वे जीवन के यथार्थ को वाद से मुक्त आँखों से देखते हैं। वे किसी राजनीतिक मतवाद का काव्यात्मक संस्करण नहीं हैं। इनकी कविताओं का अन्य भाषाओं में भी अनुवाद हुआ है। इनके 19 काव्य-संकलन प्रकाशित हैं—तारों के गीत, विहान, अन्तराल, अभियान, बदलता युग, टूटती शृंखलाएँ, नयी चेतना, मधुरिमा, जिजीविषा, सन्तरण, संवर्त, संकल्प, जूझते हुए जीने के लिए, आहत युग, अनुभूति क्षण, मृत्युबोध : जीवनबोध, राग-संवेदन, गीति-संगीति आदि। दीपक, तारा आदि प्रकृति प्रतीकों के माध्यम से ये छायावाद के ढंग से अपने सौन्दर्य-बोध एवं युग-संघर्ष को निरूपित करते हैं। 'विहान' कविता-संग्रह में अनेक भावों का समावेश है किन्तु नये परिवर्तन एवं जागरण का प्रखर सन्देश भी निहित है। 'अन्तराल में प्रकृति के गीत हैं किन्तु उनमें अदम्य उत्साह एवं जोश की अभिव्यक्ति हुई है। दीपक राग यहाँ भी है, लगता है महादेवी के दीपक सम्बन्धित कविताओं ने भटनागर को अधिक प्रभावित किया है। कवि कहता है—

हँस-हँस तिल-तिल जलते रहना
आघात सभी सहते रहना
तभी तुम्हारा सार्थक जीवन।

'नयी चेतना' में कवि संकल्प करता है कि, "नये इन्सान के मासूम सपनों पर/कभी भी बिजलियाँ गिरने नहीं देंगे।" इनकी कविताओं में नये इन्सान की अँगड़ाई और जवानी का उद्दाम आवेग है। मधुरिमा में प्रेम और प्रणय के गीत गाये गये हैं। 'जिजीविषा में संकलित' 'विनाश लीला' शोषकों, पीड़कों तथा अमानवीय कृतित्व को ललकारनेवाली कविता है। 'सन्तरण' में भटनागर समर्पित हैं प्रताड़ित व्यक्तियों के लिए।

भाग्य से/अथवा जगत् से/हर प्रताड़ित व्यक्ति को/आजन्म संचित स्नेह मेरा/है समर्पित।

महेन्द्र भटनागर मूलतः गीतकार हैं। उनके गीतों में मानवीय समता, समानता, स्वतन्त्रता के साथ प्रकृति और जगत् के रागात्मक सम्बन्धों की सशक्त अभिव्यक्ति हुई है। वे जटिल बिम्बों तथा फैण्टेसी रचनेवाले कवि नहीं हैं। उनके जीवन का गीत लोकगीत की तरह ऋजु है जो सही अर्थ में जनभाषा का प्रतिनिधित्व करते हैं।

श्यामनारायण पाण्डेय (द्वितीय)—(जन्म-1 अगस्त 1937, पूरे उदयराम, पट्टी, प्रतापगढ़ (उ.प्र)— शिक्षा एम.ए. (अंग्रेजी, हिन्दी), केन्द्रीय विद्यालय में अध्यापन, 15 वर्षों तक प्राचार्य। इनकी प्रमुख काव्य-कृतियाँ हैं—'उतरो नीचे उतरो', 'चट्टान कलाकार और बालू' 'काई की ऊँचाई, 'मेरा देश गीत', 'धूल का फूल', 'युद्ध भोर के विरुद्ध' 'पहचान' आदि।

इन्होंने अपनी रचनाओं में स्वतन्त्रता के खोखलेपन, आन्दोलनों की नुमाइशी प्रवृत्ति, रुग्ण आन्दोलनों के पीछे एक सुनियोजित षड्यन्त्र को रेखांकित किया है। पाण्डेय के लिए कविता जीवन का रागात्मक स्वर है जिसमें पिघली हुई संवेदना लावे की तरह फूट-फूटकर अनवरत झरती चलती है। इनके गीतों में प्रकृति का सौन्दर्य, उल्लास, राष्ट्रीय भावना, गरीबों तथा शोषितों के उत्थान की उत्कट कामना, आस्था, समर्पण आदि भावों की अभिव्यक्ति हुई है। प्रकृति और मानवीय रूपछवि का संश्लिष्ट चित्र देखिये—

यौवन के निर्मल जल में सरसिज हँसते गाल के
जैसे नैहर की पलकों में सपने हों ससुराल के
पहन रंगों की चूनरी, है हँसती छवि की परी
मीठी-मीठी प्यास 'बरसती भौंरों के गुंजार से।
किरणों की दुलहन का डोला निकला नभ के द्वार से।

प्रजातन्त्र के विषय में इनकी प्रतिक्रिया है—

तेरे प्रजातन्त्र के तरु मुरझाये फूल रे।
सींच रहा है तू पत्तों को सूख रहा जब मूल रे॥

इन्होंने मिथकों को नया सन्दर्भ प्रदान किया है। गाँव की गरीबी तथा बेबसी को इन्होंने बड़ा ही जीवन्त चित्र खींचा है। इन्होंने सैकड़ों दोहों की रचना की है और उनमें आस्था, विद्रूपता तथा संघर्ष के स्वरों को मुखरित किया है।

डॉ. ओमप्रकाश सिंह—(जन्म-8 अगस्त 1950), उतरागौरी, रायबरेली, उ.प्र.)— कानपुर विश्वविद्यालय से हिन्दी में एम.ए. पी-एच.डी., सम्प्रति, उपाचार्य एवं अध्यक्ष हिन्दी, बैसवारा महाविद्यालय लालगंज। इनके कई गीत-संग्रह प्रकाशित हैं— सर्जना के पंख (1933 ई.) गीत मेरे मीत (1955 ई.) जंजीरों को तोड़ो (2001) दीप जलने दो (2002), इन्द्रधनुषी गीत मेरे, एक नदी है गीत, बिम्ब बोलते हैं, चन्दन पर नागों का पहरा, नयी सदी के पाँव। ओमप्रकाश के गीतों में प्रकृति के

बिम्बों की नूतन सर्जना, प्रेम की आन्तरिक अनुभूति तथा आज की सामाजिक, आर्थिक, राजनीतिक विडम्बनाओं की मर्मस्पर्शी, संवेदनशील अभिव्यक्तियाँ हैं। गीतकार जीवन के नकारात्मक पहलुओं पर बहस पसन्द नहीं करता बल्कि नवनिर्माण की सोच से पाठकों को जोड़ने का उपक्रम करता है। आर्थिक विषमता की भयावह स्थितियाँ भी गीत बनकर गहरी अभिव्यंजना प्रणाली से जुड़ती हैं। उनमें कान्ता सम्मित उपदेश की प्रवृत्ति है। तीखे व्यंग्य कहीं-कहीं तिलमिला देते हैं। कहीं-कहीं गीत कोमलता त्यागकर ओजस्वी उद्‌बोधन के स्वर से सम्पृक्त हो जाते हैं–

जाने क्या-क्या रंग दिखाती/कुर्सी सत्ता की/शतरंजी चालें होती हैं/सजी हुई मोहरें/सत्य जले हैं चौराहों पर/झूठ मुकुट पहने/कई राग में राग मिलाती/कुर्सी सत्ता की। ओमप्रकाश के गीत सही अर्थ में प्रगतिशील चेतना से सम्पृक्त हैं, उनमें अव्यवस्था की वेदना से अधिक जागृति एवं संघर्ष का आह्वान है। अपने समय के कवियों को ललकारते हुए वे कहते हैं। **'मत लिखो तुम कल्पना के गीत/हे जन कवि/अभी संघर्ष का स्वर और उठने दो/जो कभी तुमने उठाए थे/गली कूचे शहर या गाँव के हर द्वार पर/ अब फूँको वेदना के स्वर/समय से हारकर/अन्यथा ये पीढ़ियाँ/टूट जायेंगी हताशा में/'** ओमप्रकाश के गीत कल्पना से नहीं जीवन की कठोरताओं के सीधे साक्षात्कार तथा गहन अनुभूतियों से बने हैं। उनमें उद्वेलित पीड़ा का संगीत है। प्रकृति के बिम्बों में अर्थ की नयी सम्भावनाओं एवं छवियों को निहित करने में यह अत्यन्त कुशल हैं।

स्वातन्त्र्योत्तर हिन्दी कविता के अन्य आन्दोलन

छायावादोत्तर हिन्दी कविता की विकास यात्रा के तीन प्रमुख पड़ावों या रूपों प्रगति-प्रयोग और नयी कविता का निदर्शन करके प्रायः यह मान लिया जाता है कि नयी कविता के प्रतिष्ठित हो जाने के बाद काव्यान्दोलन प्रायः एकान्वित होकर आगे बढ़ा, जब कि वस्तु-तथ्य ऐसा नहीं है। स्वतन्त्रता के बाद सम्पूर्ण भारतीय मानस में अपनी-अपनी स्वतन्त्र पहचान बनाने की खलबली-सी मची थी। स्वतन्त्रता को किस तरह से जिया या भोगा जाय इसकी तलाश आवश्यक थी। हिन्दी कविता में वैविध्य का जो दौर चला वह नाम तक ही सीमित रहा, उनमें संवेदना और शिल्प की दृष्टि से उतना नयापन या अलगाव नहीं था जितना स्वतन्त्र काव्यान्दोलन के लिए अपेक्षित होता है। डॉ. जगदीश गुप्त 1966-67 तक प्रचलित पैंतालीस नामों का उल्लेख करते हैं। उन्होंने इसके लिए जो शीर्षक चुना है वह भी बड़ा सार्थक है 'किस्म-किस्म की कविता'। इसके प्रमुख नाम हैं सनातन सर्वोदयी कविता, अकविता, कबीरपन्थी कविता, विकविता, सहज कविता, नंगी कविता, बीट कविता आदि।

सनातन सर्वोदयी कविता—इस काव्यान्दोलन की घोषणा वीरेन्द्र कुमार जैन के द्वारा भारती पत्रिका के होली रंगोत्सव विशेषांक में सन् 1962 में की गयी। उन्होंने अपनी घोषणा में कहा कि 'पतन-पराजय', कुण्ठा, आत्म-पीड़न और जीवित आत्मघात के असूझ अन्धकार में आत्महारा दिशाहारा होकर भटक रही आज की अनाथ काव्य चेतना के सम्मुख हम अल्प के महत् में ले जानेवाली अन्धकार से प्रकाश में ले जानेवाली मृत्यु के अमृत में ले जानेवाली और सीमा में असीम की लीला को उतार लानेवाली आगामी कल की अनिवार्य सनातन सूरयोदयी नूतन कविता-धारा का द्वार मुक्त करते हैं। कुछ उभरते तरुण कवियों ने इसे समर्थन भी दिया। इसमें कुछ प्रतिष्ठित कवियों की आलोचना-प्रत्यालोचना के सिवा कोई नयी दृष्टि निकली और 1965 में इसे नूतन कविता की संज्ञा दी गयी जो धूमिल के एक लेख में प्रकट हुई।

अकविता—1963 में जगदीश चतुर्वेदी के द्वारा सम्पादित दो सप्तक अर्थात् 14 कवियों की कविताओं का संग्रह परिचय सहित प्रकाशित हुआ। इसके सम्पादकीय में 'नये काव्य की भूमिका'

में प्रयोगवादी काव्य से जुड़े कुछ बहुचर्चित बिन्दुओं जैसे लघुमानव, अहम्मन्यता आदि की चर्चा करते हुए 'अभिनव काव्य' के प्रवर्तन को उचित माना गया। यह आन्दोलन 'नयी कविता' से अपने को एकदम से अलगाने के लिए सचेष्ट नहीं है। सम्पादक का बयान इस तरह है "ये कवि उस 'अभिनव काव्य' के नियन्ता कहे जा सकते हैं जो सहज रूप से विकसित हो रहा है जो कि 'नयी कविता' की उपलब्धियों से अवगत होने के लिए आवश्यक प्रतीत हो रही थी। इन कविताओं को हिन्दी-काव्य की अत्याधुनिक उपलब्धियों के रूप में मान्यता दी जा सकती है।" इस संग्रह में कैलाश वाजपेयी, श्याम परमार तथा राजकमल चौधरी भी सम्मिलित किये गये थे। भूमिका में व्यक्त विचारों में भाव की दृष्टि से 'युवाआक्रोश' और कला की दृष्टि से सहजता उल्लेखनीय है। जगदीश चतुर्वेदी ने अभिनव काव्य की संज्ञा में जैसे नवीनता के आवेग की पर्याप्त अभिव्यक्ति नहीं दे पा रहे थे इसीलिए उन्होंने अभिनव काव्य के साथ अ (एण्टी) 'कविता' भी जोड़ दिया। इस तरह की कविताओं में पूरी तल्लीनता के साथ भोगे हुए क्षणों को एक तटस्थ अन्वेषक की तरह अभिव्यक्ति देने की कोशिश की गयी है। इसके पहले 60-61 में नयी कविता के संयुक्तांक में भी अकविता शब्द का व्यवहार हुआ था, वहाँ इसका तात्पर्य था कविता की विशेषताओं से रहित अग्राह्य रचना। 1965 में अकविता का जो आन्दोलन चला वह एण्टी कविता (अ-कविता) की तुलना में भिन्न अर्थ का सूचक था। श्याम परमार ने अकविता को 'अन्तर्विरोधों की अन्वेषक कविता' स्वीकार किया। अकविता के प्रस्तावकों में कुछ पुरानी पीढ़ी के कवि जैसे गिरिजा कुमार माथुर, प्रभाकर माचवे, भारत भूषण अग्रवाल और कुछ नयी पीढ़ी के कवि जैसे अतुल, विमल आदि थे। 'अकविता' के पहले अंक में मुद्राराक्षस का भी नाम था किन्तु बाद में वे उससे अलग हो गये। 'अकविता में रचना का प्रमुख उद्‌देश्य वृहत्तर परिवेश में किये विविध प्रयोगों का दिग्दर्शन कराना था। कवियों ने यह अनुभव किया था कि परिवर्तित सौन्दर्यबोध के कारण पिछली परम्पराओं को नकारते हुए सम्पूर्णतया पृथक् मार्ग की खोज की जाय। श्याम परमार के अनुसार अकविता की प्रमुख विशेषताएँ हैं–

1. अकविता स्थितिपरक सन्तुलित स्तर की कविता है।
2. अकविता की नियति अकेलेपन की नियति नहीं है बल्कि, विकृत सम्बन्धों की नियति है।
3. अकविता वस्तुतः कविता से ऊबे हुए लोगों की अभिवृत्ति है।
4. अकविता अवाक् मन की प्रक्रिया नहीं।
5. अकविता स्वाभाविक कविता की दिशा है।

अकविता में घोर व्यक्तिवाद या यों कहिये वीभत्स यौनवाद की प्रमुखता है। ये कवि औरतों के कटे, नुचड़े, ध्वस्त अंगों पर शिश्न की परछाइयाँ देखने में हिचका नहीं करते। सतीश जमाली जिन्होंने 'अकवि' का सम्पादन किया था उन्हीं का कविता-संग्रह है 'एक और नंगा आदमी'। इस संग्रह में नंगेपन की सीमा टूट गयी है। इसमें कवि ने टट्टी खाना, पेशाब पीना, शवों की लिंगमाल पहनना तथा बूढ़ी औरतों की सड़ी योनि पर से मक्खियाँ चुनकर चबाने जैसी क्रियाओं का बेहिचक प्रयोग किया है। धीरे-धीरे यह कविता का आन्दोलन अपनी घृणास्पद निष्पत्ति में सड़कर समाप्त हो गया।

अकविता के उद्‌घोषक कवियों के द्वारा गिनाये गये बिम्बों में से एकाध का समर्थ प्रयोग करके कुछ कवियों ने बड़ी सशक्त कविताएँ रची हैं। ये कविताएँ अकविता आन्दोलन की उपलब्धि न होकर नयी कविता से ही विकसित अवस्था की परिचायक हैं। उदाहरण के तौर पर दुष्यन्त कुमार की एक कविता प्रस्तुत है–

कितने डरे हुए दिखते हैं सभी लोग
छातियों पर हाथ बाँधे सहमे-से
नत मस्तक...
ज्यों जू गिलौटिन पर चढ़ाये जा रहे हों।
नगर में शोर है
विषैला धुआँ आँखों से निकल रहा है
सभी मत, घिनौने, कठुओं से पहने हुए खोल
और वाणी से कहती-सुनती
तड़प-तड़प कर बाहर आने को सिर धुनती गर्भवती है—
मेरी कुण्ठा क्वाँरी कुन्ती।

(कविता और कविता—दुष्यन्त)

मर्यादावादी तथा नैतिकतावादी देश में अकविता कितने दिनों तक चल सकती है इसका अनुमान लगाना मुश्किल नहीं है। नयी कविता के स्थानान्तरित करने के प्रयास में अकविता अपने प्रवर्तन केन्द्र में ही असफल सिद्ध हो गयी। उसके प्रति आकर्षण के बजाय घृणा पैदा हुई। अजित कुमार की टिप्पणी है कि कविता के साथ जो कुछ हुआ वह 'मरी हुई औरत के साथ सम्भोग से कम नहीं था।' जगदीश गुप्त जी का कहना है, अकविता 'साइकिक शार्टहैण्ड' हो सकती है पर वह 'लिटरेरी शार्टकट' नहीं हो सकती, पर क्या कोई स्वनामधन्य बिना प्रभाव की अनुकूलता उत्पन्न किये युग मानस पर अपनी छाप छोड़ सकती।

स्वतन्त्रता के बाद जो मोहभंग हुआ उसके परिणामस्वरूप नवरचनाकारों में गहरा आक्रोश व्याप्त हो गया। फलस्वरूप पुराने मूल्यों एवं पुरानी मर्यादाओं को वस्तु के स्तर पर नहीं बल्कि भाषा एवं बिम्ब के स्तर पर भी तोड़ा गया। साठ के दशक के बाद के कवियों में राजकमल उल्लेखनीय हैं। कंकावती तथा मुक्ति प्रसंग इनकी दो रचनाएँ बहुत चर्चित रही हैं। डॉ. बच्चन सिंह का कथन है कि 'राजकमल एक बिन्दु पर ठहरता नहीं, अछोर यात्रा करता है। याद रखना चाहिए उसकी यात्रा स्थापित मूल्यों के विपरीत होती है। इसमें वह अराजक भी हो जाता है। कथ्य और रचना दोनों स्तर पर कैलाश वाजपेयी की रचना 'संक्रान्त' में भी अनास्था का स्वर उभरता है। स्वतन्त्रता के बारे में उनका कथन है **"एक सिल की तरह गिरी है स्वतन्त्रता/और पिचक गया है पूरा देश/"** इनका दूसरा संग्रह 'देहान्त से हटकर' शीर्षक से प्रकाशित हुआ। इसमें भी राजनीति पर ही अधिक चोट की गयी है। आठवें दशक में कविता में क्रान्तिकारी परिवर्तन लाने का श्रेय यदि किसी एक व्यक्ति को दिया जा सकता है तो वह है सुदामा पाण्डेय धूमिल। इनका पहला काव्य-संकलन 'संसद् से सड़क तक' 1972 में प्रकाशित हुआ और दूसरा संकलन 'कल सुनना मुझे' (1977) में निकला। धूमिल भी ज्यादातर अपनी रचना के निशाने पर राजनीति को ही रखते हैं। उनका कहना है कि, "मुझे अपनी कविताओं के लिए दूसरे प्रजातन्त्र की तलाश है।" धूमिल ने नयी भाषा और नये मुहावरे गढ़े हैं। कहीं-कहीं सूक्तियों, कहीं सम्भोग की शब्दावली, कहीं गाली-गलौज, जहाँ जैसा सूझ गया वैसी ही भाषा का इस्तेमाल बेहिचक कर दिया गया है।

धूमिल की ही परम्परा में आते हैं लीलाधर जगूड़ी। इनके चार काव्य-संग्रह हैं—नाटक जारी है, इस यात्रा में, रात अब भी मौजूद है, बची हुई पृथ्वी। चन्द्रकान्त देवताले भी अपनी रचनाओं में आक्रोश और विरोध को मुखरित करते हैं। "दीवारों पर खून से, लकड़बग्घा हँस रहा है, भूखण्ड तप रहा है, रोशनी के मैदान की तरफ।" देवताले नये बिम्बों में अपने परिवेश के यथार्थ को अंकित करते हैं—

औरत जो हँसी और गुलाब है इस पृथ्वी पर
औरत जो चन्द्रमा और संगीत का सत् है
औरत जो समुद्र है और समुद्र का नमक भी
औरत जो शहद है और सपनों का छत्ता बनाती हुई मधुमक्खी भी
उसी औरत की चीख और हया
आत्मा से बिखर कर
सड़कों पर बिछ जाती है।

अशोक वाजपेयी— अशोक वाजपेयी एक जीवित तथा मानवीय सभ्यता को बरकरार रखने की चिन्ता से ग्रस्त कवि हैं। वह पारिवारिक संवेदनाओं में मानवीय समस्याओं की तलाश कर लेते हैं। उनमें कामना का ऐन्द्रिक आकर्षण है फलतः शब्दों में भी एक उत्तेजना है। 'शहर अब भी सम्भावना है', 'तत्पुरुष', 'कहीं नहीं वहीं', 'बहुरि अकेला' आदि उनके काव्य-संकलन हैं। उनकी कविता में आत्मा का स्वर मरा नहीं है—

हम अपने समय की सारी होड़ लगाये
और दाँव पर लगा दें
अपनी हिम्मत चाहत सब-कुछ
पर एक खिड़की तो खुली रखना चाहिए
ताकि हारने और गिरने के पहले
हम अँधेरे में/अपने अन्तिम अस्त्र की तरह
फेंक सकें चमकती हुई। अपनी फिर भी।
बची रह गयी प्रार्थना।

विष्णु शर्मा, मणि मधुकर, वेणु गोपाल, राजेन्द्र शर्मा, राजेश जोशी, आलोक धन्वा, मंगलेश डबराल, वीरेन्द्र डंगवाल, नीलाभ, अरुण कमल, बोधिसत्त्व, बद्रीनारायण, हरिश्चन्द्र पाण्डेय आदि अनेक कवि उल्लेखनीय हैं।

साठ के बाद कुछ कवि ऐसे हैं जिन्होंने समकालीन बोध को शिष्ट भाषा तथा सधे हुए लय में रूपायित करने का प्रयास किया है। इनमें भारतीय संस्कृति के प्रति गहरी आस्था है और कविता के प्रति एक पवित्र-बोध। यद्यपि इन्हें मार्क्सवादी आलोचकों ने कविता की परिधि से बाहर रखा है लेकिन इनकी काव्य-प्रतिभा की अवहेलना करना हिन्दी साहित्य के एक बड़े हिस्से को नकारना है। ऐसे कवियों में विश्वनाथ तिवारी, मत्स्येन्द्र शुक्ल, बलदेव वंशी, राजाराम शुक्ल, डॉ. मोहन अवस्थी, अमरनाथ श्रीवास्तव, सुरेन्द्र नूतन, कृष्णेश्वर डीगर, जितेन्द्र पाठक, प्रतीक मिश्र, जयप्रकाश 'प्रकाश', शिवमूर्ति सिंह आदि का उल्लेख किया जा सकता है।

स्वातन्त्र्योत्तर आन्दोलन मुक्त काव्य

स्वतन्त्रता के बाद ऐसी काव्य-परम्परा भी प्रवहमान् रही है जो राजनीतिक आन्दोलनों तथा राजनीतिक प्रतिबद्धताओं या पश्चिमी जगत् के आयातित विचारों से एक सीमा तक मुक्त रही। सामाजिक एवं राजनीतिक परिवर्तनों, मानवीय समस्याओं, उपभोक्तावादी संस्कृति में भावों के क्षरण, स्पर्द्धा, आपा-धापी, यान्त्रिक जीवन-प्रणाली, व्यक्तिवादिता के कारण पारिवारिक विघटन, परिवार में

बुजुर्ग माता-पिता की बेकदर, गाँव छोड़कर महानगर में बसनेवाले लोगों में गाँव की सहजता एवं प्राकृतिकता की सुखद स्मृतियाँ, गाँव को ग्रसित करनेवाली महानगरीय संस्कृति एवं परिवर्तित गाँवों की दशा, दुर्दशा, राजनीतिक दाँव-पेंच के कारण जातीय सम्बन्धों में आयी तीक्ष्णता आदि के जीवन्त एवं प्रभावशाली चित्र आन्दोलनमुक्त कविताओं में दृष्टिगोचर होते हैं। अनेक रचनाकारों ने मुक्त छन्द के साथ ही छन्दबद्ध, लयात्मक एवं गीतात्मक रचनाओं के द्वारा पाठकों एवं श्रोताओं को न केवल आकृष्ट किया है बल्कि अभिभूत किया है। इनकी कविता का भाव और शिल्प आन्दोलनों से जुड़े कवियों की तुलना में दुर्बल नहीं है। किन्तु आलोचकों की कृपा-दृष्टि एवं प्रचार-प्रसार के अनुचित हथकण्डों का प्रयोग न करने या न कर पाने के कारण इन रचनाकारों को हाशिये में डाल दिया गया। स्वतन्त्रता के बाद साहित्येतिहास की सम्पूर्ण तस्वीर इन रचनाकारों को छोड़कर नहीं बन सकती है। आन्दोलनमुक्त कवियों में मोहन अवस्थी, विश्वनाथ तिवारी, सुरेन्द्रनाथ 'नूतन', अमरनाथ, राजाराम शुक्ल, मत्स्येन्द्र शुक्ल, कृष्णेश्वर डींगर, कैलाश कल्पित, कैलाश गौतम, जयप्रकाश शर्मा 'प्रकाश', रमाकान्त शर्मा, शैलेन्द्र शर्मा, कैलाशनाथ पाण्डेय, शिवमूर्ति सिंह आदि अनेक नाम हैं।

मोहन अवस्थी (जन्म 20 जनवरी 1929 पिपर गाँव जनपद फरुखाबाद, उ.प्र.)— शिक्षा एम.ए.डी.फिल., डी.लिट्. इलाहाबाद विश्वविद्यालय। इलाहाबाद विश्वविद्यालय के हिन्दी विभाग में अध्यापन, 2012 में दिवंगत। अवस्थी के चार काव्य-संकलन हैं— 'हलचल के पंख', 'टेम्पो हाई है', अग्निगन्धा, देखभाल कर चलो, तथा 'अभिशप्त महारथी' एक खण्डकाव्य है।

अवस्थी ने अपनी सृजन प्रतिभा से जीवन के विविध आयामों को समाहित किया है। उनकी कविता गहन मानवीय एवं ईश्वरीय आस्था से फूटती है। भावात्मक द्वन्द्व तो प्रकृति में है अतः जीवन जीने के लिए सुख-दुःख दोनों को स्वीकार करना होगा। कवि मौत की चिन्ता नहीं करता, प्रगति के गीत गाने के लिए वह संकल्पबद्ध है—

बात मुझसे करो तुम न उस मौत की
शक्ल जिसने अभी तक दिखायी नहीं
हर्ष में, शोक में, राग में, द्वेष में
आदमी के कभी काम आयी नहीं
दृष्टि दे जो नयी वह कहानी कहो
मैं प्रगति के अमर गान गाता चलूँ।

नयी कविता के प्रभाव से अवस्थी मनुष्य को सम्पूर्णता में देखना चाहते हैं। न्याय-व्यवस्था में किस तरह आम आदमी शोषण का शिकार हो रहा है, उसकी तस्वीर देखिये—

घुसा जब कचहरी में कंकड़ ने टेरा
रखो एक रुपया यहाँ हक है मेरा
बर्राडों ने कमरों ने आ-आके घेरा
मुझे हक दो मेरा मुझे हक दो

अवस्थी ने 'अनुगीति' नाम से नये काव्यरूप का प्रवर्तन किया है। अनु का अर्थ है अनुवर्तन। इसमें लयानुवर्तन के साथ शब्दानुवर्तन आ जाता है। यही नहीं अनुगीत में अनुगेयता के अतिरिक्त यह व्यंजना भी है गीत के पीछे जो उद्गाता बैठा है उसे भी सुनिये। आज के आदमी की पीड़ा केवल अर्थाभाव की नहीं है बल्कि उसके चित्त बेचैन करनेवाली अनेक विरोधी परिस्थितियाँ हैं—

कुछ बार वित्त की है, कुछ मार चित्त की है
पर रिक्त चक्षुओं का निर्घात करारा है

मेरा हरेक अक्षर पीड़ा की कुण्डली है
हर शब्द व्यग्र धड़कन, हर अर्थ इशारा है।

भीड़ में खोये हुए आदमी के अकेलेपन से आगे की स्थिति है, होते हुए भी न होने का एहसास। महानगरीय जीवन की हँसी विडम्बना की ओर संकेत है—

भयंकर भीड़ जिसमें हद नहीं चिल्लपों की
यहाँ हर एक है कुछ इस तरह गोया नहीं है।

पुरानी परिभाषाएँ बदल रही हैं। दुष्ट एवं सज्जन की पहचान कठिन हो गयी है। आतंक, हिंसा और द्वेष की गुटबन्दियाँ हो गयी हैं। अब तो टूटन ही को संगठन कहने लगे हैं—

गये मिट भेद, किसको दुष्टजन किसको सुजन कहिये
सभी के कर्म हैं बस, किसको दुर्व्यसन कहिये।
हुईं गुटबन्दियाँ आतंक, हिंसा द्वेष की इतनी
नयी भाषा बनी, अब टूटने को संगठन कहिये ॥
अस्तित्व के संकट पर व्यंग्य है—
मार डालूँ कि मरूँ, भाग के कूदूँ उछलूँ
मैं रहूँ बस यह दिखायी दिया चारा मुझको ॥

मानवीय मूल्यों एवं आदर्शों के सबल समर्थक अवस्थी के गीत क्लासिक हैं।

मत्स्येन्द्रनाथ शुक्ल— जन्म जनवरी 1939, ग्राम नेवादा, जनपद प्रतापगढ़ (उ.प्र.)। उच्च शिक्षा इलाहाबाद और सागर विश्वविद्यालयों से। उ.प्र. शिक्षा विभाग में प्रोफेसर, उपनिदेशक पदों पर कार्य करते हुए लेखन/सेवानिवृत्ति के पश्चात् शिवकुटी इलाहाबाद में स्वतन्त्र लेखन। कविता के अलावा उपन्यास, कहानी एवं समीक्षा में दखल। शब्द जहाँ सक्रिय है, लोग उठेंगे एक दिन, कितना शान्त है जंगल, अन्त में कुछ नहीं बचता, अनन्त है आकाश इनके चर्चित काव्य-संकलन हैं। गाँव में जन्मे शुक्ल प्राकृतिक जीवन के माहौल में पले-बढ़े हैं। गाँव की अनेक सुधियाँ उनकी चेतना में हैं जो कविता में उतरती रहती हैं। युगों की साधना के बाद मनुष्य ने सहानुभूति, प्रेम, त्याग, सह-अस्तित्व की भावना आदि मूल्य प्राप्त किया है। आधुनिक समाज में राजनीतिक एवं वैयक्तिक स्वार्थ, भौतिक सुख-सुविधाओं की चाह के कारण सांस्कृतिक मूल्यों पर आघात हो रहे हैं। ऐसी परिस्थितियों में सामान्य जन जड़ीभूत हो गया है। मत्स्येन्द्र की कविता इन्ही जड़ीभूत स्थितियों के विरुद्ध मुखरित होती है। आदमी राख और धुएँ के बीच क्षुद्र स्वार्थ का कण तलाशने में त्रस्त है। स्वस्थ मानसिकता के अभाव में अतीत हमारे लिये प्रेरणा का स्रोत न रहकर धूमिल छायामात्र रह गया है—

रतौंधी ग्रस्त वर्तमान/मुलुर-मुलुर ताक रहा/अतीत का आकारहीन धूमिल दर्पण/नील चकत्तों-सा न जाने क्या दिखता है/समझ में नहीं आता यात्राओं का अर्थ/

युद्ध की समस्या को नयी कविता के कवियों ने गम्भीरता से उठाया है। राज्य-वैभव पाने के लिए अहंकारी वर्ग युद्ध को उकसाता है, आम आदमी का उससे कोई सरोकार नहीं होता फिर भी उसे युद्ध के दुष्परिणामों को भोगना पड़ता है। निर्दोष समाज का युद्ध से क्या मतलब/किन्तु ढेर होते हैं वहीं/युद्ध भूमि में/इतिहास ऐसे में चल देता है। अनिश्चय की ओर/(कितना शान्त है जंगल, पृ. 75) धूमिल तथा अन्य कवियों की तरह मत्स्येन्द्र भी जनतन्त्र की दुर्व्यवस्था से व्यथित दिखायी देते हैं, वे अनेक सवाल संसद् के सामने पेश करते हैं। दुनिया चाहे जितनी आगे चली जाये पर रामदीन की दुनिया राजा की बगिया तक सीमित है। आदमी को अपनी लड़ाई खुद लड़नी होगी। गरीब एवं भूखा आदमी जब रोटी का सवाल करता है तो—

रोटी का जब प्रश्न उठाया/देशद्रोह का चार्ज लगाया।
मरण शिखा पाने से पहले/ जाने कितना दाग लगा है।

मत्स्येन्द्र आस्तिक कवि हैं अतः स्थूल प्रश्नों से चलकर वे सूक्ष्म प्रश्नों की ओर उन्मुख होते हैं। 'अनन्त है आकाश' शीर्षक संकलन में उनकी कविताएँ अनुभूतियों की दृष्टि से अधिक संगुम्फित और सघन हैं। शब्द कुछ कहकर चुप नहीं होते बल्कि अर्थ की अनेक ध्वनियों को गुंजरित करते रहते हैं। वर्तमान की त्रासद स्थितियों के चित्रण में भी अनेक संकेत छिपे रहते हैं—

दो महायुद्ध! असंख्य शीत युद्धों का द्वन्द्व/पसलियों में छिपाये तड़प रही/यह जो तेजी से भाग रही शताब्दी/अन्ध महासागर के तूफान में/नष्ट होने के समीप हैं तमाम देश/

मत्स्येन्द्र अपने अनुभवों को ग्राम्य तथा प्राकृतिक बिम्बों द्वारा अंकित करते हैं। उनके उपमानों में नवीनता एवं प्रभावोत्पादकता है जैसे—लेखपाल के बस्ते-सा उपेक्षित पड़ा हुआ और दिनों रहती है उदास जैसे परदेशी की औरत, हम हवा में गुमनाम शब्द हैं। मत्स्येन्द्र शुक्ल की रचनाधर्मिता किसी उत्कृष्ट प्रगतिवादी या जनवादी से कम श्रेष्ठ नहीं हैं।

राजाराम शुक्ल (जन्म 30.1.1934, खजुरनी, जनपद प्रतापगढ़, उ.प्र)— इलाहाबाद विश्वविद्यालय से स्नातक करने के बाद रेलवे में लेखाकार पद पर कार्य किया। शुक्ल की प्रतिभा बहुमुखी है। इन्होंने नाटक, उपन्यास तथा आलोचना विधाओं में भी उत्कृष्ट सृजन किया है। युवा अवस्था में 'कैवल्य' प्रबन्ध काव्य लिखा, प्रौढ़ावस्था में गंगायतन महाकाव्य तत्पश्चात् 'मारिया' शीर्षक शृंगार या सौन्दर्य प्रधान काव्य लिखा। 'पाँखुरी' में इनकी अवधी लोकभाषा की कविताएँ संकलित हैं। 'चिरन्तन सुभाष' इनका उत्कृष्ट प्रबन्ध काव्य है जो स्वतन्त्रता संग्राम के महानायक सुभाषचन्द्र बोस के जीवन और संघर्ष पर लिखा गया है। काव्य कलश, मधुपर्क, इन्द्रधनुष आदि काव्य-संकलनों में भी इनकी कविताएँ संकलित हैं। 'वैचारिकी' साहित्यिक संस्था, इलाहाबाद ने इनके व्यक्तित्व और कृतित्व पर केन्द्रित एक विशेषांक निकाला है। कैवल्य में आध्यात्मिक प्रश्नों से अधिक ऐहिक जीवन को सुख-समृद्ध करने के उपाय बताये गये हैं। ज्ञान ज्योति आनन्द का पथ प्रदर्शित करती है। जगत् में समस्त प्राणियों के ऐक्य का अनुभव मुक्ति की प्रमुख सीढ़ी है। कवि की मान्यता है कि भेदना मन को विभिन्न विचार से/ मनुष्य का घातक 'विनाशक शल्य है/देखना जग को अभिन्न विचार से/ विश्व विभु का साम्य ही कैवल्य है। शुक्ल जी मानव की कला, धरती के प्राकृतिक सौन्दर्य, बल, बुद्धि, स्थावर सभी को ईश्वर की देन मानते हैं। उनमें राष्ट्र के प्रति समर्पण है और उनकी चेतना में भारत का गौरवबोध है। उनका कहना है कि 'देवों की धरती अपनी, इसका हर रूप सलोना है।' संस्कृत साहित्य के आचार्य हीरालाल पाण्डेय 'गंगायतन' के विषय में अपना मत इस प्रकार व्यक्त करते हैं—'संकल्प, अभ्युदय, दर्शन, बाहुसागर, भगीरथ अवतरण, छवि, संस्कृति, तीर्थ, सिन्धु, आशीष शीर्षकों में विभक्त गंगायतन महाकाव्य कथावस्तु की संघटना और प्रकृति के मनोरम वर्णनों के साथ-साथ आवश्यकता के अनुरूप शृंगार प्रभूत रसों को अभिदर्शित कराता हुआ भारतीय परम्परा के कथनीय काव्यों की शृंखला की कड़ी बनने में पूर्ण सक्षम है। विमर्श, छठा अंक, 2010 पृ. 24) शुक्ल का 'मारिषा, धर्मवीर भारती की 'कनुप्रिया', जगदीश गुप्त की रचनाएँ 'युग्म', 'गोपा-गौतम' और रामधारी सिंह दिनकर की 'उर्वशी' की परम्परा में है। कण्डु ऋषि के मन पर प्रम्लोचना के सौन्दर्य के प्रभाव को अंकित करनेवाली निम्नलिखित पंक्तियाँ द्रष्टव्य हैं—

कण्डु का सब योग तप, सन्ध्या उपासन
सिमटकर केन्द्रित हुआ प्रम्लोचना पर

स्नेह शील सरूप शोभा कुंज में ऋषि
भूल बैठे कौन पथ वर कौन नश्वर।

मुक्तक छन्दों तथा गीतों में राजाराम शुक्ल आज की विडम्बनाओं को व्यक्त करते हैं किन्तु प्रत्येक परिस्थिति में वे नैतिक आचरण और पारम्परिक शाश्वत जीवन-मूल्यों को प्रतिपादित करते हैं। उनका संकल्प है—

कष्ट झेलता चलूँ विश्वहित यदि जीवन भर
पापों से बोझिल काया शुचिता पायेगी
तुम न समोटो मेरी पीड़ा निज बाँहों में
मेरी पीड़ा हिम-सी बनकर गल जायेगी।

सुरेन्द्रनाथ 'नूतन'— इनका जन्म 18 अक्टूबर, 1930 को फूलपुर इलाहाबाद में एक सम्भ्रान्त कायस्थ परिवार में हुआ। 'नूतन' वालीबाल के कुशल खिलाड़ी थे। देश-विदेश में इन्होंने वालीबाल की प्रतियोगिताओं में भागीदारी की। 'वीरांगना झलकरी' 'मंगल पाण्डेय' इनके द्वारा रचित दो खण्डकाव्य हैं। मधूलिका, तैरते दीप, मोगरे के फूल, पंख खोलते गीत, कोंपलें यादों की, गीतों और कविताओं के संकलन हैं। कवित्वमय पारिवारिक वातावरण में जन्मे नूतन के श्वास-प्रश्वास में कविता घुलती-मिलती गयी। नूतन की कविताओं में प्रणय प्रकृति और जीवन के सौन्दर्य अधिक अंकित हुए हैं। छायावाद, हालावाद की काव्य संवेदना तथा शिल्प इन्हें अधिक आकृष्ट करता है। ऐतिहासिक चरित्रों को लेकर इन्होंने राष्ट्रीय भावों को जागृत करनेवाली कृतियों का सृजन किया है। 'मधूलिका' में इन्होंने जीवन की ऊर्जा को स्वाभाविकता के साथ अंकित किया है।

झलकरी दलित वर्ग की युवती ने रानी लक्ष्मीबाई को बचाने के लिए जो उत्सर्ग किया है, आज के परिप्रेक्ष्य में उसकी प्रासंगिकता और महत्ता स्वतः सिद्ध है। 'वीर मंगल पाण्डेय' क्रान्तिधर्मी काव्य है। विविध काव्य-संकलनों में 'नूतन' ने समकालीन यथार्थ एवं जीवन की विडम्बनाओं को मन की गहराई से महसूस किया है। मनुष्य की बढ़ती हुई तृष्णा उसे बेचैन किये है। भौतिक चकाचौंध में फँसे मनुष्य को प्रकृति के सौन्दर्य तथा पक्षियों के मोहक कलरव की ओर आकृष्ट करने का प्रयत्न 'नूतन' की कविताओं में है। साम्प्रदायिक वैमनस्य, धार्मिक संकीर्णता, मनुष्य की खोती पहचान आदि ऐसे मुद्दे हैं जिन पर हर कवि कुछ-न-कुछ सोचता तथा कहता है। आज हम ईश्वर को भूल गये हैं, भिन्न-भिन्न मार्गों का निर्माण करनेवाले पैगम्बरों, मठाधीशों, पथ प्रदर्शकों के पीछे-पीछे भीड़ जमाकर केवल जय-जयकार करने में ही हमारे धर्म की इतिश्री है। बुद्ध, नानक, कबीर, महावीर, ईसा मसीह, मुहम्मद साहब सबके पीछे बहुत बड़ी भीड़ चल रही है किन्तु जो अकेला जा रहा है वही बेचारा भगवान् है—

एक दुर्बल व्यक्ति जो एकदम अकेला।

सादा वस्त्र पहने/ आ रहा था मौन पैदल/ जिसके पीछे कोई अनुयायी नहीं था/मैंने पूछा कौन हैं यह श्रीमान्/कोई बोला यही तो हैं आपके भगवान्/राजनीतिक विडम्बना पर चिन्ता करते कवि का कथन है कि—

कलाबाजी तो युग धर्म बनती जा रही यारों
अगर आरम्भ ऐसा है तो सोचो अन्त क्या होगा?
ये कैसा स्वप्न जिसमें लाखों नरभक्षी विचरते हैं
ये कैसा युग जैसे प्राणी राज्य करते हैं।

दिशाहीनता ही युग का सबसे बड़ा गम है। प्रतिबन्धों के कारण हम सम्बन्धों की भाषा ही भूल गये हैं। सरल एवं लयात्मक पंक्तियों में जीवन की विडम्बना, युगबोध तथा राग को व्यक्त करनेवाली रचनाएँ भाव और शिल्प दोनों दृष्टियों से कविता की परम्परागत परिभाषाओं को सार्थक करती हैं।

कृष्णेश्वर डींगर— जन्म 5 मार्च, 1931 खैराबाद, सीतापुर (उ.प्र.), शिक्षा स्नातक (विज्ञान) लखनऊ विश्वविद्यालय, लखनऊ। महालेखाकार उत्तर प्रदेश में वरिष्ठ लेखाधिकारी पद से सेवानिवृत्त। इनके कई काव्यसंग्रह प्रकाशित हैं 'परिधि से केन्द्र तक', 'गान्धारी' (खण्डकाव्य) एक बूढ़ा पेड़ (व्यंग्य कविताएँ)। आस्था (आध्यात्मिक कविताएँ), समय संकेत (दोहों का संग्रह)। डींगर आधुनिक समय की समस्याओं तथा विसंगतियों पर तीखा व्यंग्य तो करते हैं किन्तु उनकी आस्थामूलक जीवनदृष्टि भारतीय संस्कृति से ही उनकी समाधान पाने की हिमायती है—मुखौटों और यन्त्रों की विभाजित सभ्यता निर्मम/सहज इन्सान को कब जन्म देने में हुई सक्षम/सतत झिलमिल बदलता इन्द्रधनुषी आवरण छोड़ो/तुम्हारी संस्कृति के ही मूल कुछ काम आयेंगे। प्रकृति के बिम्बों तथा प्रतीकों द्वारा कवि आज के वातावरण में व्याप्त भय, दहशत एवं शोषण की प्रवृत्तियों को व्यंजित किया है।

'डींगर द्वारा रचित दोहे बिहारी की तरह देखने में छोटे हैं किन्तु उनकी धार बहुत नुकीली है। सामाजिक एवं राजनीतिक मूल्यहीनता एवं भ्रष्टाचार पर वे दोहों के द्वारा व्यंग्य करते हैं। कुर्सी चरित पर लिखे उनके दोहे बेजोड़ हैं—

अपराधी कुर्सी चढ़े माफ हो गये खून।
उनकी ही पंचायतें बना रहीं कानून॥

राजनीति के विषय में एक दोहा है—

मन्दिर शान्ति विकास के तीन रंग के कोट।
अलग-अलग दिन पहनते तब पाते हैं वोट॥

तिलकराज गोस्वामी— जन्म-13 अक्टूबर, 1930, जम्मू, शिक्षा एम.ए.। हिन्दी, उर्दू, अंग्रेजी, पंजाबी तथा डोगरी पाँच भाषाओं में लेखन कार्य किया। कई उपन्यास, कहानियाँ तथा काव्य-संग्रह प्रकाशित। सूरज की शहादत, आवाहन आग का, इतिहास रचते हाथ, मेरी प्रतिनिधि कविताएँ, हथेलियों के बीच, रोते पेड़ चिनार के (दोहा-संग्रह)। इनकी कविताओं के विषय में उपेन्द्रनाथ अश्क की टिप्पणी है कि 'अपनी धरती, अपना समाज तथा मानवीय संस्कारों से अनुप्राणित कविताएँ जहाँ अत्यन्त आत्मीय लगती हैं, वहाँ अपने सौन्दर्यबोध, विषय-वस्तु, शब्दों और भावनाओं के कुशल सन्तुलन के कारण हमें उल्लास व आशापूर्ण पथ की ओर बढ़ने की प्रेरणा देती हैं। (मेरी प्रतिनिधि कविताएँ के फ्लैप पर मुद्रित)। कवि जितना समाज तथा जीवन का अनुभव करता है उससे अधिक आत्म-अन्वेषण करता है। 'आत्म अन्वेषण' शीर्षक कविता में वे समाज के विभिन्न वर्गों की यथार्थ स्थितियों को अंकित करते हैं तथा उनके प्रति मध्यवर्गीय या उच्चवर्गीय लोगों की प्रतिक्रियाओं पर भी प्रकाश डालते हैं। शताब्दियों पुरानी उज्ज्वल संस्कृति का लबादा ओढ़ने के कारण हमारी मृत संवेदना भिखारिनों, मजदूरों, कोयला बीननेवाली लड़कियों को देखकर हमें कडुवाहट या स्वादहीनता का अनुभव कराती है। यह वर्तमान सभ्यता का नंगापन ही है। कवि को रिक्शा खींचनेवाले, खेतों में धान रोपनेवाले, हिममण्डित पहाड़ों पर खड़े होकर देश की रखवाली करनेवाले और अपने श्रम से इतिहास रचनेवाले अपनी ओर आकृष्ट करते हैं। कवि कहता है कि—

जब जन आकांक्षाओं को पाला मार जाता है/जब झील का मलिन जल सब ओर बदबू बिखेरता है/जब मेहनतकशों के हाथ में बेड़ियाँ पहना दी जाती हैं/जब दिमागों पर ताले

टाँगने के षड्यन्त्र होते हैं/तभी इतिहास करवट लेने को आतुर होता है/(इतिहास की करवट—मेरी प्रतिनिधि कविताएँ पृ. 22) कवि ऐसी आग का आह्वान करता है जो मेहनतकश लोगों में विद्युत् की ऊर्जा पैदा कर दे और दानवों की स्वर्ण लंका भस्म कर दे।

अनिल प्रकाश शर्मा—जन्म-रूपापुर, प्रतापगढ़, उ.प्र.— उ.प्र., नागरिक सेवा में उपजिलाधिकारी पद पर कार्यरत रहते हुए कर्त्तव्यनिष्ठता के प्रति पूर्ण समर्पित, 48 वर्ष की अवस्था में देहावसान। अनिल प्रकाश ने इलाहाबाद विश्वविद्यालय से गणित में एम.एस-सी. प्रथम श्रेणी में उत्तीर्ण किया था। सेवा कार्य की अतिशय व्यस्तता के बाद भी वे काव्यरचना का अवसर निकालते थे। 'स्पन्दन' तथा 'समय का शिला पर' दो काव्यसंकलन प्रकाशित हुए हैं। अनिल व्यक्ति और समाज की आपेक्षिक और सापेक्षिक स्थितियों, सम्बन्धों का सूक्ष्म निरीक्षण तथा मूल्यांकन करते हैं, उनकी रचनाओं में बड़े कलात्मक ढंग से उसकी अभिव्यक्ति होती है। वे कविता कहते नहीं जीते थे। कवि ऐसे लोगों को भी अपने मर्म को बता देता है जो इसी आधार पर उसे परास्त करने की चेष्टा में जुटे रहते हैं—**"अपने नाजुक मर्म को/बता भी देता हूँ भीष्म की तरह/मेरे अन्तरतम की नाजुकतम/परत को हैवान चीर डालता है/'** वाम तथा दक्षिण विचारों के अलगाव में उलझे विचारक या कवि संवेदना के ज्वार को पहचानने से वंचित रह जाते हैं। जीवन में सब-कुछ मनोवांछित नहीं घटता है। हम किसी को कुछ देने की चाह रखकर भी नहीं दे पाते हैं। मनुष्य विपरीत स्थितियों, तूफानों में निरन्तर संघर्षशील है। दोनों गुत्थम गुत्था हैं, पता नहीं किसकी जीत होगी अन्त में। आन्तरिक बेचैनी की अभिव्यक्ति शब्दों में अँटती नहीं, वह बेतरतीब उभरती है पर रचनाकार उसे परिष्कृत करने की चेष्टा करता है, अन्ततः सिद्धान्तों के जिरह में उलझकर रह जाता है। अनिल की कविताएँ अनुभव की जटिलताओं को भाषा के अनगढ़ किन्तु तनावपूर्ण विन्यास में रूपायित करती हैं। कहीं-कहीं वह सरल शब्दों में भी बड़ी बात कहते हैं—

मक्कार और बेरहम बच जाते हैं वारों से/यही क्यों होता है? कि सहज प्राण/हमेशा मिलता है/अनायास वार सहने को/और सूली पर चढ़ जाता है/हर बार।

कवि की दौड़ औरों से अलग है, वह प्यार पाने के लिए किसी अनुपम रूप सम्पन्न विधाता की रचना के लिए लालायित है। प्रणय की यह अभिव्यक्ति एकदम नयी है जिसमें पाने की पूर्ण तृप्ति और मानव सेवा में सहतत्परता का भाव है। अनिल प्रकाश एक वैज्ञानिक की तरह ही नहीं बल्कि एक आस्तिक की तरह भी परम को जानने की चेष्टा को मनुष्य के अस्तित्व की शर्त मानते हैं। इसी के साथ साधन सम्पन्न लोगों की भी उनके प्रति जवाबदेही है, जिनसे वे घिरे होते हैं या जिनके बल पर वे बड़े बने हैं। कुल मिलाकर अनिल प्रकाश की कविताएँ अपने समय को निजी मुहावरों में साकार करनेवाली संश्लिष्ट मनोदशा की रचनाएँ हैं। उनमें अनन्त सम्भावना थी जो काल के क्रूर हाथों से छिन गयी।

सत्यधर शुक्ल— जन्म-सन् 1935, ग्राम मन्यौरा, लखीमपुर खीरी। राजकीय इण्टर कॉलेज में हिन्दी का प्राध्यापन, उन्हें कविता परम्परा से प्राप्त हुई। पिता वंशीधर शुक्ल अवधी के श्रेष्ठ कवि थे। सत्यधर शुक्ल अवधी, परिनिष्ठित हिन्दी दोनों भाषाओं में काव्य-रचना में सिद्धहस्त हैं। आर्यावर्त्त, बाँसुरी और बिगुल, प्यारेलाल (शोकगीत) हमारे राम (राम जन्मभूमि से सम्बन्धित कविताएँ) आदि काव्य-संकलनों के अतिरिक्त 'चम्पा' खण्डकाव्य मानक हिन्दी में रचित हैं 'अरधान', बसन्त का बियाहु' अवधी के गीतों के संग्रह हैं। ध्रुव, महाकाव्य अवधी में लिखित और प्रकाशित है। सत्यधर सत्य, शिव के सुन्दर गीत लिखते हैं। मनुष्य को अनेक दायित्व के निर्वाह की चुनौतियाँ रहती हैं, अनेक

आकर्षण रहते हैं। 'छोटी-सी जिन्दगी' में वह क्या-क्या करें। प्रकृति और जीवन, वैराग्य तथा ध र्माकर्षण का द्वन्द्व उनके गीतों में रूपायित होता है। प्रकृति, आस्था, देशभक्ति, प्रणय आदि सभी भावों के गीत सत्यधर ने रचे हैं। उनकी कविता में सम्पूर्ण हिन्दी काव्य-परम्परा समाहित है। 'प्यारेलाल' कवि पुत्र के निधन पर लिखा गया अत्यन्त मार्मिक शोक काव्य है। सत्यधर शुक्ल की अवधी रचनाएँ उत्कृष्ट एवं पठनीय हैं।

देवेन्द्र दीपक— जन्म-31 जुलाई 1934, शिक्षा एम.ए. अंग्रेजी, हिन्दी में पी-एच.डी, मध्य प्रदेश की महाविद्यालयीन शिक्षा सेवा से 1994 में प्राचार्य पद से सेवानिवृत्त। देवेन्द्र दीपक के 'सूरज बनती किरण, बन्द कमरा, खुली कविताएँ, मास्टर धरमदास (कोलाज कविताएँ) हम बौने नहीं आदि काव्य-संकलनों के अलावा काव्य नाटक 'भूगोल राजा का : खगोल राजा का आदि शीर्षक गीति नाटक प्रकाशित है। दीपक का काव्य-जगत् सामाजिक विषमता, शोषण, राजनीतिक पाखण्ड के विरुद्ध एक ईमानदार ललकार से गुंजायमान है। पौराणिक आख्यानों द्वारा वे आज के जीवन की समस्याओं तथा विसंगतियों को निरूपित करते हैं। वह मानवीय सहअस्तित्व, सहयोग तथा शाश्वत मूल्यों की प्रतिष्ठा के लिए सर्जनात्मक प्रयत्न करते हैं। 'अन्धा युग' की तरह पौराणिक आख्यान के आधार पर रचित 'भूगोल राजा का खगोल राजा का' काव्य नाटक में नयी पीढ़ी के लिए पूर्व पीढ़ी को उत्तराधिकार सौंपना होगा, इसकी वकालत की गयी है। नौकरशाही, अशान्ति, विभाजित निष्ठा के विरुद्ध इन्होंने आवाज बुलन्द की है। दलितों पर लिखी इनकी कविताएँ तर्कपूर्ण, मार्मिक एवं सशक्त प्रेरणा देनेवाली हैं।

प्रभाकर द्विवेदी प्रभामाल— जन्म-8 जनवरी 1936, ग्राम जलालपुर माफी, चुनार, मिर्जापुर उ.प्र. शिक्षा एम.एस-सी (एजी) पी-एच.डी.। कुलभास्कर स्नातकोत्तर महाविद्यालय में उपाचार्य थे, सम्प्रति अवकाश प्राप्त एवं स्वतन्त्र लेखन। लोक जीवन, धर्म, अध्यात्म, राष्ट्रीयता सभी में दखल रखनेवाले कवि द्विवेदी में शृंगार की सहजता है, अध्यात्म की बौद्धिकता है जो उनकी कविताओं में भी है। पौराणिक आख्यानों को लेकर उन्होंने खण्डकाव्य लिखा है। भारतीय मूल्यों एवं आदर्शों का प्रचार इनका मुख्य लक्ष्य है। 'क्रान्ति यज्ञ' प्रबन्ध काव्य मंगल पाण्डेय के चरित्र एवं बलिदान पर आधारित रचना है। आत्मबोध, रणभेदी, मालती मकरन्द, रसभरल बयार इनके काव्य-संकलन हैं।

विश्वनाथ तिवारी— जन्म-1940 ई. गाँव भेड़िहारी रायपुर भैंसही, गोरखपुर (उ.प्र.)। गोरखपुर विश्वविद्यालय में आचार्य एवं अध्यक्ष पद से सेवानिवृत्त। सम्प्रति साहित्य अकादमी दिल्ली के अध्यक्ष। 'दस्तावेज' साहित्यिक पत्रिका का कुशल सम्पादन एवं गद्य तथा कविता में बहुविध लेखन। प्रकाशित काव्य-संकलन 'चीजों को देखकर (1970) साथ चलते हुए (1976) बेहतर दुनिया के लिए (1985) आखर अनन्त (1991), शब्द और शताब्दी शीर्षक से चयनित कविताओं का संकलन प्रकाशित हो चुका है। 'फिर भी कुछ रह जायेगा' उनका सद्यः प्रकाशित काव्य-संकलन है। तिवारी जी कॉलेज जीवन से ही कविताएँ लिखने लगे थे। वह अपनी काव्य-यात्रा में अकेले चले हैं, किसी व्यक्ति या संघ की वैसाखी का सहारा नहीं लिया। वह वादों के घेरे से बाहर रहे हैं, कोई यदि उन पर किसी वाद को चस्पा करता है तो वह भी निरर्थक ही है। जीवन की सहज यात्रा के दैनिक अनुभवों, प्रकृति और मनुष्य के सम्पर्क में उनके मन में काव्यसंवेदना जागृत होती है, फिर उसे वह शब्दबद्ध करते हैं, शब्दों को बहुत अधिक तराशने या चमत्कारी बनाने का यत्न वह नहीं करते। निरभिमान, तरल अन्तःकरण से निःसृत कविता के शब्द अपनी ऋजुता में भी भावोत्तेजक एवं मार्मिक हैं। ऐसे व्यक्ति तथा प्राणी

तिवारी की कविताओं में प्रत्यक्ष होते हैं जो अपने ऊपर होनेवाले अत्याचार की प्रतिक्रिया में तीव्र विरोध प्रकट नहीं कर पाते। सम्पूर्ण विनाशक स्थितियों के बावजूद कुछ बचेगा अवश्य, यह आश्वस्ति तथा विश्वास अनेक कविताओं में अभिव्यक्त हुआ है। तिवारी की आस्तिकता सूक्ष्म ढंग से कविताओं में व्यंजित होती है। सबसे बड़ी बात यह है कि कविता की विषय-वस्तु कल्पना लोक से न लेकर रोजमर्रा के सम्बन्धों, क्रियाओं-प्रतिक्रियाओं से ली गयी है। पाठकों से सहज वार्त्तालाप, स्वाभाविक नाटकीय विधान के साथ कविता बहस की तरह शुरू होती है और महत् निष्कर्ष पर समाप्त होती है। जटिल बिम्बों, फैण्टेसियों तथा मिथकों में कवि का कोई अनुभव उलझकर नहीं रह जाता है, वे कविता में अबूझ पहेली नहीं रचते। 'फिर भी कुछ रह जायेगा' कविता का निष्कर्ष प्रश्नवाची है, जिसमें कवि के साथ पाठकों को भी विमर्श में भागीदार बनाया गया है।

क्या तुम्हें यकीन है/मर जायेंगी जिजीविषाएँ/झर जायेंगी आस्थाएँ/सूख जायेंगे सपने/व्यर्थ हो जायेंगे शब्द?

धन-सम्पत्ति, जमीन-जायदाद आदि के उत्तराधिकारी तो सहज उपलब्ध हैं किन्तु पुस्तकों को कौन उत्तराधिकार में माँगेगा। कवि को विश्वास है कोई-न-कोई बालक अपनी राह खोजता किताबों के पास पहुँचेगा अवश्य। मन में गहरी संवेदना है, इसलिए उसने 'माँ' पर अनेक कविताएँ लिखी हैं। 'सत्य' का अनोखा साक्षात्कार पूर्व मान्यताओं एवं आदर्शों से अलग होता है। 'सत्य' कविता में जिन्दगी का वास्तविक यथार्थ है वही सच्चाई है उसे सिद्ध करने की जरूरत नहीं वह स्वयं सिद्ध है, वह प्रत्यक्ष है, गोपनीय नहीं। सत्य जब मिलता है तब उसे व्यक्त करने के लिए शब्द नहीं होता है, सत्य शब्दातीत है। रुपया की ताकत का जैसा काव्यात्मक चित्रण तिवारी ने किया है वैसा हिन्दी कविता में अन्यत्र दुर्लभ ही है। रुपया का मानवीकरण करते हुए कवि कहता है—

ओ कागज के गन्दे टुकड़े/उठो/शैतान तुम्हारी प्रतीक्षा कर रहे हैं/उठो और चल पड़ो/चल पड़ो/हवा में मूँछे लहराते/सीना ताने/किसी भी बँगले का/कोई भी प्रहरी तुम्हें रोक नहीं सकता/रुपया कैसे रुपयेवाले को भी समेटता जाता है, बिना किसी श्लेष या यमक का सहारे लिये शब्दों के विन्यास-कौशल से कविता में विशेष प्रभाव तथा तीखा व्यंग्य उभारने की कला तिवारी में परिलक्षित होती है। उड़ गयी माँ, अचानक नहीं गयी माँ आदि अनेक कविताएँ अत्यन्त मार्मिक एवं प्रभावशाली हैं। इनकी कविताएँ रात, अन्धकार तथा अन्य भयाक्रान्त करनेवाले बिम्बों तथा प्रतीकों से सजी हैं। संसार में व्याप्त आतंक, दहशत, हिंसा आदि काव्यात्मक बिम्बों में अभिधात्मक ढंग से नहीं गहरी व्यंजना के साथ अंकित होती हैं। इनसे कवि की मानवीय चिन्ता का सहज उद्घाटन हो जाता है। राजनीतिक दलबन्दी से बाहर के एक कवि का निर्भीक, बेबाक यथार्थ इनकी रचनाओं में मूर्त है। विश्वनाथ जी अन्धकार में डूबी असंख्य ध्वनियों को समेटकर अपनी काव्यभाषा का निर्माण करते हैं। उनमें मिट्टी, पानी, धूप, हवा तक पहुँचने की सही भाषा है। जिस लोक की संघर्ष भूमि पर भाषा आकार ग्रहण करती हैं उनकी काव्य-संवेदना की पहुँच वहाँ तक होती है। दूधनाथ सिंह ने निराला को आत्महन्ता आस्था कहा है। विश्वनाथ जी किंचित् व्यंग्य में शब्द को हथियार बनानेवालों को सचेत करते हैं—'जो ठीकेदारी नहीं कर सकते/मेम का पेटीकोट नहीं धो सकते/लिखते रहेंगे कविताएँ/और उनके बीवी-बच्चे/राशन-तेल की चिन्ता में/उन्हें कोसते रहेंगे/कविता किसी को नहीं मार सकती/सिवा अपने रचयिता के/

विश्वनाथ तिवारी वर्तमान समय के सशक्त रचनाकार हैं। उनकी कविता का विधान, तेवर तथा प्रभाव अन्य कवियों से विशिष्ट है।

बलदेव बंशी– बलदेव बंशी का जन्म 1 जून, 1938 ई. को मुल्तान (अब पाकिस्तान में है) में हुआ था। आपने हिन्दी साहित्य में एम.ए. और पी-एच.डी. किया। हिन्दी में आपकी 14 आलोचनात्मक पुस्तकें, 15 कविता-संग्रह, 20 से अधिक सम्पादित पुस्तकें, चार भाषा आन्दोलन पर तथा 5 बालापयोगी और दो नाटक सहित अन्य पुस्तकें प्रकाशित हो चुकी हैं।

आपकी प्रमुख रचनाएँ निम्नलिखित हैं—काव्यसंग्रह—अँधेरे के बावजूद (पुरस्कृत), धरती हाँफ रही है, समुद्र से उठता पहाड़, वाक् गंगा, उपनगर में वापसी, पंच पंखुरी।

इनकी कविता 'वर्षा में प्रेमालाप!' नीचे उद्धृत है जिसमें प्रकृति का मानवीकरण किया गया है।

हवा : (पेड़ से) कगार पर बड़े पुप्पी साधे यहाँ कैसे?
(पेड़ पीड़ा में चुप)
हवा : घुटनों मिट्टी
नाकों जल में डूबे
बेशर्मी से गुनगुनाते हुए
तुम हो बड़े वैसे

सहज बिम्बों द्वारा यथार्थ को अंकित करनेवाली निम्नलिखित पंक्तियाँ द्रष्टव्य हैं—

इधर लगातार बारिश में
मेरे कमरों की दीवारों पर सीलन चढ़ आयी है
अब ईंटों के परिमाप और आकार साफ उभर आये हैं।
आड़ी सीधी रेखाओं में
अनेक क्रॉस बन गये हैं अचानक
सोचता हूँ इन्हें बिम्ब प्रतीक में कैसे बाँधूँ
कि दीवारें भी न उखड़ें
और लोग इन्हें देख भी लें

नरेन्द्र कुमार गौड़ 'अशोक'– नरेन्द्र कुमार गौड़ 'अशोक' का जन्म 21 जून, 1945 ई. में मुरादाबाद (उ.प्र.) में हुआ था। कवितांजंलि, चिदालोक चित्ताकाश, स्वयम्वरा इनके चार काव्य-संकलन प्रकाशित हैं। चिदाभास (2008 ई.) 'चिति ही ब्रह्म है, दो प्रबन्ध काव्य हैं। इन पर प्रसाद और पन्त का गहरा प्रभाव है। इनके काव्य में प्रेम, अध्यात्म तथा समकालीन मानवीय समस्याओं का चित्रण हुआ है।

आधुनिक ब्रजभाषा काव्य

भारतेन्दु-युग की काव्यभाषा मुख्यतः ब्रजभाषा है अतः उस युग में कुछ अपवादों को छोड़कर सारी रचनाएँ ब्रजभाषा में हुई हैं। द्विवेदी-युग में कविता की भाषा खड़ीबोली हो गयी लेकिन कुछ कवियों ने ब्रजभाषा की परम्परा को सुरक्षित रखा। हरिऔध ने 'रसकलस' श्रीधर पाठक ने 'काश्मीर सुषमा' ब्रजभाषा में लिखा। जगन्नाथदास 'रत्नाकर (1866-1932) द्विवेदी-युग के ब्रजभाषा के सबसे सशक्त कवि हैं। रत्नाकर ने उद्धव शतक (1929), गंगावतरण (1927) शृंगार लहरी, हरिश्चन्द्र, हिंडोला आदि काव्य-ग्रन्थों का प्रणयन किया। 'उद्धव शतक' में भाव और शिल्प का अनोखा संगम है। यह रचना ब्रजभाषा की श्रेष्ठतम रचनाओं में परिगणित है। सत्यनारायण कविरत्न (1880-1918) ने भक्तिपरक पद रचे हैं। हृदय तरंग, प्रेमकली, भ्रमर दूत इनकी प्रसिद्ध रचनाएँ हैं। देवीप्रसाद पूर्ण, लाला भगवानदीन

दीन भक्ति तथा प्रकृति सम्बन्धित रचनाएँ की हैं। छायावाद के सुप्रसिद्ध कवि जयशंकर प्रसाद ने आरम्भ में ब्रजभाषा में कविताएँ लिखीं। 'प्रेम पथिक' पहले ब्रजभाषा में ही लिखा गया था। रामचन्द्र शुक्ल स्वयं ब्रजभाषा में कविताएँ लिखते थे, इनकी कविताओं का संकलन मधुस्रोत शीर्षक से प्रकाशित है। 'लाइट ऑफ एशिया' का इन्होंने ब्रजभाषा में अनुवाद किया था। रामनाथ 'जोतिसी' ने 1936 में 'रामचन्द्रोदय' काव्य लिखा। यह भक्तिभावना की रचना है। राय कृष्णदास रचित 'ब्रजरस' (1936) जगदम्बाप्रसाद 'हितैषी' रचित कवित्त सवैये, दुलारेलाल भार्गव रचित 'दुलारे दोहावली' अन्य उल्लेखनीय कृतियाँ हैं। राष्ट्रीय भावना से सम्पृक्त वियोगी हरि रचित 'वीर सतसई' ब्रजभाषा की उल्लेखनीय कृतियाँ हैं। बालकृष्ण शर्मा 'नवीन' ने 'उर्मिला' खण्डकाव्य में ब्रजभाषा का कुछ स्थानों पर सुन्दर प्रयोग किया है। अनूप शर्मा ने 'फेरि मिलिबौ (1938) शीर्षक चम्पू काव्य में राधा-कृष्ण के पुनर्मिलन का चित्रण ब्रजभाषा गद्य और पद्य में किया है। रामेश्वर 'करुण' ने करुण सतसई (1930) और किशोरीदास वाजपेयी ने 'तरंगिणी' शीर्षक कविताएँ लिखीं। इनमें दोहा छन्द का प्रयोग है। छायावादोत्तर काल में ब्रजभाषा की धारा अत्यन्त क्षीण हो गयी फिर भी कुछ कवियों ने उसे जीवित रखा। अमृतलाल चतुर्वेदी, डॉ. बलदेवप्रसाद मिश्र, डॉ. रामशंकर शुक्ल 'रसाल', हृषीकेश चतुर्वेदी, सेवकेन्द्र त्रिपाठी, गोपालप्रसाद व्यास, अखिलेश त्रिवेदी, शरणबिहारी गोस्वामी, रामनारायण अग्रवाल, गोविन्द चतुर्वेदी, सोम ठाकुर, डॉ. जगदीश चतुर्वेदी, डॉ. जगदीश गुप्त के नाम उल्लेखनीय हैं। जगदीश गुप्त का काव्य 'छन्द शती' शृंगार का श्रेष्ठ काव्य है।

आधुनिक अवधी काव्य

आधुनिक अवधी साहित्य पर्याप्त समृद्ध है। राम तथा कृष्ण के चरित को लेकर आधुनिकयुग में अनेक काव्यकृतियाँ प्रकाशित हुई हैं। प्रबन्ध, मुक्तक आदि विधाओं में प्रचुर रचनाएँ उपलब्ध होती हैं। डॉ. श्यामसुन्दर मिश्र 'मधुप' ने 551 पृष्ठों में बहुत बड़ी साइज में 'अवधी साहित्य का इतिहास' लिखा है। अवधी में रामकाव्य सृजन की एक सुदीर्घ परम्परा है। मध्यकाल में रचे गये तुलसी कृत रामचरितमानस की प्रेरणा निरन्तर बनी रही है। माधव सिंह छितिपाल (अमेठी के राजा) ने 'सीता स्वयंवर' नाम से प्रबन्ध काव्य 1857 में लिखा था। रीवा नरेश रघुराज सिंह का रघुराज विलास, सिया, बलदूदासकृत (बाराबंकी), राम कुण्डलियाँ, मथुरा प्रसाद (बस्ती) कृत श्रीराम विलास (1907 ई.), शीतल सिंह गहरबार कृत सीताराम चरितायन उल्लेखनीय हैं। महेश प्रताप नारायण अवस्थी (1923 ई. जन्म रायबरेली, आवास दारागंज इलाहाबाद) ने जनरामायण, अशोक वाटिका रामायन आदि ग्रन्थों की रचना बैसवाडी (अवधी) में की है। नरेन्द्र शर्मा कृत हनुमान रामायन, सती प्रसाद पाण्डेय बागीश की रचना 'माण्डवी' आद्या प्रसाद सिंह 'प्रदीप' (1945 ई.) की सुलोचना उल्लेखनीय कृतियाँ है। अवधी में अनेक कृष्णकाव्य भी लिखे गये हैं। द्वारिकाप्रसाद मिश्र कृत 'कृष्णायन', मृगेश कृत 'पारिजात', व्यास जी रचित श्रीकृष्णचरितमानस (1976 ई.) महेश प्रताप अवस्थी कृत जनकृष्णायन उत्कृष्ट रचनाएँ हैं।

राम और कृष्ण के अलावा अन्य महापुरुषों के जीवन-चरित के आधार पर अवधी में अनेक प्रबन्धकाव्य लिखे गये हैं। गदाधर सिंह 'भृगुवंशी' ने 1927-28 में स्वामी दयानन्द सरस्वती के जीवन पर 'दयानन्दायन' लिखा, चन्द्रभूषण द्विवेदी 'रमई काका' ने नेता जी सुभाषचन्द्र बोस के चरित्र पर 'नेता जी' खण्डकाव्य लिखा है। विद्याधर महाजन कृत गाँधीचरितमानस (1954), सत्यधर शुक्ल रचित ध्रुव (1961-62), बसन्त का वियाहु (1962), विश्वनाथ पाठक कृत सर्वमंगला (1970 ई.), भानुदत्त त्रिपाठी कृत भारत व्यथा (1987 ई.) आद्या प्रसाद सिंह प्रदीप रचित 'गोसाईं तुलसीदास' एस. मार्सलीन कृत 'ईसायन' आदि उल्लेखनीय कृतियाँ हैं। 'बरवै' अवधी का प्रिय छन्द है। बरवै छन्द में लिखी

अनेक रचनाएँ उपलब्ध हैं। प्रगतिवादी कवि त्रिलोचन शास्त्री ने 'अमोला' शीर्षक से 2700 बरवै लिखा है। डॉ. देवकी नन्दन श्रीवास्तव ने 'बरवै सतसई' लिखा। 'साकेत से वृन्दावन' इनका विलक्षण महाकाव्य है। अवधी गीतों तथा मुक्तक में प्रकृति, राजनीति, देशभक्ति, सामान्य जन का दुःख-दर्द तथा संघर्ष अंकित किया गया है। प्रतापनारायण मिश्र, बदरीनारायण चौधरी आदि ने लोकगीतों के तर्ज पर अवधी में लिखा है। महावीरप्रसाद द्विवेदी ने कल्लू अल्हैत के नाम से अवधी में आल्हा लिखा है। भूषण त्रिपाठी 'ब्रजेश', अवधबिहारी त्रिपाठी अवधेश, रामनरेश त्रिपाठी, पुरुषोत्तम दास टण्डन आदि ने राष्ट्रीय भावना के उद्बोधक काव्य रचे हैं। बलभद्र प्रसाद दीक्षित पढ़ीस ने 'चकल्लस' लिखा। इनमें जनचेतना की प्रखर अभिव्यक्ति है। छायावाद का भी इस पर प्रभाव है।

बंशीधर शुक्ल (सन् 1904-1980 ई.)– ग्राम मन्यौरा, लखीमपुर खीरी, धरती के ओजस्वी राष्ट्रकवि, संघर्षशील रचनाकार थे। उनकी 'सरकार स्वाहा', 'दिल्ली दरबार', कश्मीर आल्हा, राम मड़ैया, उठ जाग मुसाफिर भोर भई, लीडरवाद आदि रचनाएँ उल्लेखनीय हैं। उत्तर प्रदेश हिन्दी संस्थान से 'बंशीधर शुक्ल रचनावली प्रकाशित है। राजा की कोठी की कुछ पंक्तियाँ द्रष्टव्य हैं–

ऊँची नीची रंग बिरंगी लगी सरग माँ चोटी
बड़ी दूर ते चमकि रही है, वह राजा की कोठी।
पंछी कैदी, पौधा कैदी देखतई काँपइ बोटी।
कैदि किहे जियरा किसान का, यह राजा की कोठी।

चन्द्रभूषण त्रिवेदी 'रमई काका'– का जन्म उन्नाव उत्तर प्रदेश में 2 फरवरी, 1914 को हुआ था। रमई काका की पहली पुस्तक 'बौछार' 1944 में छपी थी जिसकी भूमिका रामविलास शर्मा तथा भगीरथ मिश्र ने लिखी थी। इनकी भिनसार (1946 ई.), बौछार, फुहार (1956) हरपाती तरवारि (1963), माटी के बोल (1981), नेता जी (आल्हा छन्द में रचित) आदि काव्यकृतियाँ प्रकाशित हैं।

गुरुप्रसाद सिंह 'मृगेश' जन्म 1910, बुढ़वल बाराबंकी (उ.प्र.) इन्होंने 'परिजात' महाकाव्य और लहचारी लोकगीत लिखा है। इनके गीतों में राष्ट्रीय भावना की अभिव्यक्ति हुई है।

उमादत्त सारस्वत की 'मस्तराम की कुण्डलिया' शीर्षक रचना प्रसिद्ध है। **द्वारिका प्रसाद यादव** ने 'बालम विदेसिया' तथा 'कांग्रेसी' में व्यंग्यपरक कविताएँ लिखी हैं। **लक्ष्मण प्रसाद मित्र** कृत सतनजा, बरसाती मेंढक, कमला चौधरी कृत 'आपन मरन जगत कै हाँसी, **राजबली यादव** कृत भारत के लूट, **रामचन्द्र तिवारी** कृत कुलीनता का नंगा नाच, गल्ला गाथा, **लक्ष्मी शंकर मिश्र** निःशंक कृत पुरवाई, **सुचित्रा कुमारी सिन्हा** कृत माटी का न्योता, **रूप नारायण त्रिपाठी** कृत अरजिया हमार, **सत्य नारायण द्विवेदी श्रीश** कवित्त, सवैया, **केशवचन्द्र वर्मा** कृत झरबेरिया, **दूधनाथ शर्मा** 'श्रीश' कृत फूलपाती, **जयसिंह व्यथित** कृत 'अवध सतसई' आदि उल्लेखनीय कृतियाँ हैं। अवधी के अनेक कवियों पर प्रगतिवादी काव्यान्दोलन का गहरा प्रभाव है। बंशीधर शुक्ल की रचना 'राजा की कोठी', किसान की अर्जी, प्रगतिवादी रचनाएँ हैं। किसानों, मजदूरों की दीन दशा तथा अमीरों के शोषण पर अनेक कविताएँ लिखी गयी हैं। श्यामसुन्दर 'मधुप' एवं डॉ. सिद्धार्थ ने प्रगति का स्वर विशेष रूप से मुखरित किया है। लोकगीत, नवगीत, व्यंग्य आदि की भी रचनाएँ प्रचुर मात्रा में हुई हैं।

अवधी गद्य

आधुनिककाल से पूर्व पद्य ही अभिव्यक्ति का मुख्य माध्यम था क्योंकि पद्य को सुनकर स्मरण रखना सुविधाजनक होता है। आधुनिक काल में छापेखाने की व्यवस्था होने के बाद गद्य विचार की

अभिव्यक्ति का मुख्य माध्यम बना लेकिन मानक हिन्दी के व्यापक व्यवहार के कारण बोलियों में गद्य-लेखन बहुत कम हुआ। मधुप जी गोरखनाथ की रचनाओं में अवधी गद्य की उपस्थिति मानते हैं—उदाहरणार्थ 'अवधू जाय जपौ। बनमाली चीन्हौ। जाय समझौ। तिहि करि आगम जपीए' यह अवधी लखीमपुर लखनऊ के आस-पास की बोलचाल से मेल खाती है। इस तरह के प्रयोग ब्रज में भी हैं। 'उक्ति-व्यक्ति प्रकरण' दामोदर शर्मा द्वारा 12वीं शताब्दी के आस-पास की रचना है। इसमें अवधी गद्य का प्रयोग है। आधुनिककाल में प्रतापनारायण मिश्र ने 'ब्राह्मण' पत्रिका में 'तिल' नामक निबन्ध अवधी में लिखा था। उसकी कुछ पंक्तियाँ द्रष्टव्य हैं—'वाह रे तिल जेहि के बिना पितर' पानी नाहीं पावत, देवतन का होम नाहीं होत, तेहि कै बड़ाई मनई कइसे करि सकत है?

अवधी में बड़े साहित्यकारों द्वारा कुछ पत्र भी लिखे गये हैं। सूर्यकान्त त्रिपाठी का अवधी में लिखा एकर पत्र अवधी साहित्य के इतिहास में उद्धृत है। अवधी में अनेक लोककथाएँ प्रचलित थीं जिनका संकलन डॉ. बाबूराम सक्सेना ने किया है। बलभद्र प्रसाद दीक्षित 'पढ़ीस' ने अवधी में कहानियाँ लिखीं जो 'ला मजहब' नाम से 1939 में प्रकाशित हुई। बंशीधर शुक्ल की कहानियाँ प्रतिष्ठित समाचार-पत्रों में छपी थीं जिनमें बेदखली, (जुलाई, 1947) गाँव की जिन्दगी (10 जुलाई, 1953) देहाती कर्ज उल्लेखनीय हैं। शुक्ल जी निबन्ध भी लिखते थे जिनमें कुछ ही उपलब्ध हैं। शरद और हेमन्तु, डकैती, पक्षियों की बोली के अर्थ, उनके द्वारा लिखे गये निबन्ध हैं। उनके गद्य का उदाहरण देखिये—सुरगुटिया डार पर किकियानी बसि हम जानि लिहेन, बिरवा पर साँपु है। अब इनके अण्डन की खैर नाई। सोचेन जो चढ़ित है तो कहूँ हमरे ऊपर सुधियाय परा तौ का करिबा, भागिब तौ भच्च दे गिरिब, मारिब तौ मारि नाई मिली, घरै जादू लग्गा लाई, तले इनके अण्डन की खैर नाई।'

चन्द्रभूषण त्रिवेदी (रमई काका) ने रेडियों के लिए अनेक नाटक अवधी में लिखे, रतौंधी, बहिरे बाबा, दुशाला, अफीमची, तीन आलसी इनके प्रसिद्ध एकांकी हैं। 'बहिरे बाबा' एकांकी-संकलन 1976 में प्रकाशित हुआ है। जगराना बुआ, जन्तर-मन्तर एकांकियों का कई बार प्रकाशन हुआ। रमई काका का रेडियो नाटक किरपिन मामा, बुद्धू, हम भी फौजी है, चंगू-मंगू आकाशवाणी से प्रसारित हुए हैं। गंगाप्रसाद मिश्र ने भी नानक, धरती का धन, सौदागर आदि नाटकों का लेखन रेडियो के लिए किया जिनका 1944 में प्रसारण हुआ था। श्रीमती सुमित्रा कुमारी सिन्हा कृत बताशा बुआ की झलक, भानुमती का पिटारा, इन्दर चन्द्र तिवारी कृत हरि के जन, फटफटिया आदि रेडियो नाटक अवधी में हैं। युक्तिभद्र दीक्षित इलाहाबाद आकाशवाणी में नियुक्त थे। इन्होंने झगड़ू महाराज, चलांका चाची नामक ग्रहसन लिखे जिनका प्रसारण 150 शृंखलाओं में हुआ था।

प्रदीप ने कविताओं के अलावा कहानियों का भी सृजन किया है। इनके कहानी-संग्रह हैं— अभागा मेरी गुइंया, कवि-सम्मेलन, कातिक कै बिसार। 'अवध झरोखा' नाम से इन्होंने निबन्ध-संकलन भी प्रकाशित कराया है। जयसिंह व्यथित की कहानी-संग्रह बड़की माई में 41 कहानियाँ हैं। सभी कहानियाँ सामाजिक, राजनीतिक तथा सांस्कृतिक कथानकों पर आधारित हैं। व्यथित ने अपनी कहानी के विषय में लिखा है 'एइ कहानियन माँ हम उहै लिखे अही, जवन हम अपने आस-पास के वातावरण माँ देखे-सुने अउर अनुभव के हे। समाज अउर राष्ट्र कै समस्याएँ, ओकर समाधान, आपन सभ्यता, संस्कृति इहै सब यदि कहानियन के मध्यवर्ती विचार अहै।'

महेशप्रताप नारायण अवस्थी ने अवधी में यात्रा वृत्तान्त तथा लघु निबन्धों का सृजन किया है। कृष्णमणि चतुर्वेदी के निर्मोही बाप, चिन्ता, अमंगलहारी तीन उपन्यास प्रकाशित हुए। इनके कथानक

पौराणिक हैं। ज्यादातर रामकथा से सम्बन्धित हैं। सुशील सिद्धार्थ ने अँधियार पाख नामक उपन्यास में विश्वविद्यालय के अध्यापकों की शिक्षण-पद्धति तथा क्रिया-कलापों पर प्रकाश डाला है।

भारतेन्दु मिश्र का एक निबन्ध 'तरक्की ई विधि होई' ये 'माटी अवध रानी है' में प्रकाशित है। मथुरा प्रसाद जटायु ने 'हिन्नी कई सराप' की प्रसिद्ध कहानी आखत पत्रिका 1975 में छपी थी। ज्ञानवती दीक्षित, आदित्य प्रकाश अवस्थी, सुशील कुमार पाण्डेय, जगदीश पीयूष, उमाशंकर शितिकण्ठ, डॉ. राघव बिहारी सिंह, रामबहादुर मिश्र (यक रहे राजा शीर्षक से 2004 के निबन्ध-संग्रह प्रकाशित) आदि ने अवधी में निबन्धों की रचना की है।'

हिन्दी ग़ज़ल

ग़ज़ल उर्दू शायरी की एक खूबसूरत विधा है। इसमें काफिया, रदीफ, हर्फे-रबी और कहीं-कहीं मात्रा गिरने का नियम है। शब्दकोश के अनुसार ग़ज़ल महबूब से बातें करने का नाम है। प्रेम मुहब्बत की बातें जो प्रेयसी से होगी उसकी भाषा अत्यन्त कोमल तथा अधिक आलंकारिक नहीं होगी। ग़ज़ल का भावविस्तार हुआ है। प्रेम है तो दर्द होगा ही। ग़ज़ल का सरोकार अब मानवीय प्रेम, राष्ट्रप्रेम, प्रकृति प्रेम आदि से हो गया है। प्रेम को खण्डित करनेवाले प्यार में दरार डालनवाले अनेक शैतान, हैवान तो हैं ही अपनी विषम परिस्थितियाँ भी हैं। गरीबी-अमीरी के बीच की दीवारें हैं। यही नहीं दुनिया में रहने के न जाने कितने गम हैं। अतः सांसरिक बवण्डर, तूफानों के बीच अपने से प्रेम, दुनिया से प्रेम एवं लगाव को बनाये रखने की चुनौतियाँ भी हैं। कमल किशोर गोयनका ने लिखा है कि, "हिन्दी ग़ज़ल अब स्वीकृत एवं मान्य विधा है और उसने अपना विशिष्ट रूप विकसित कर लिया है। दुष्यन्त के बाद ग़ज़ल ने इतनी लम्बी यात्रा की है कि वह अब लोकप्रियता के शीर्ष पर पहुँच गयी है। हिन्दी ग़ज़ल तो अब जीवन का पर्याय है, इसमें समकालीन जीवन का क्रूर यथार्थ देखा जा सकता है।" ग़ज़ल की अन्तर्वस्तु का व्यापक विस्तार हुआ है और ग़ज़ल लिखनेवालों की बहुत बड़ी भीड़ लग गयी है। भीड़ होगी तो अनुशासनहीनता हो सकती है। अनेक ग़ज़लकार ऐसे हैं जिन्हें उर्दू का ज्ञान नहीं है तथा ग़ज़ल की छन्दबद्धता के नियमों की सही जानकारी नहीं है। हिन्दी में ग़ज़ल लिखनेवाले दो तरह के हैं। पहले वर्ग के वे हैं जो फारसी की बहर (छन्द) अकीन और हिफायद के कायल हैं और जिनकी निगाह में इनसे विमुख होकर ग़ज़ल की परिकल्पना सम्भव नहीं। दूसरे प्रकार के वे रचनाकार हैं जो हिन्दी के स्वभाव और उच्चारण प्रणाली के कायल तो हैं, साथ ही उसे मात्रिक छन्द भी मानते हैं किन्तु बहर के सुनिश्चित अनुशासन को पूरी तरह स्वीकार नहीं करते हैं। हिन्दी में मुक्त छन्दों का भी दौर चला है। उसी के प्रभाव से ग़ज़ल को भी पूरा नहीं तो कुछ मुक्त अनुशासन के साथ रचनेवालों की बड़ी संख्या है। अतः कुछ चिन्तक इस बात से खुश हैं कि ग़ज़ल की आँधी जब थोड़ी शान्त होगी तो स्तरीय एवं छन्द अनुशासित कृतियाँ प्रकाश में आयेंगी। स्पष्ट है कि यह अराजकता के लिए हिन्दी ग़ज़लकार अधिक जिम्मेदार हैं। एक सवाल और है किसे उर्दू ग़ज़ल माना जाय और किसे हिन्दी ग़ज़ल। हिन्दी और उर्दू को अलग-अलग भाषा मानने, न मानने पर बहुत लम्बी बहसें हो चुकी हैं इसलिए यहाँ उस बहस को छोड़ना उचित नहीं है।

भाषा का भेद मुख्यतः सर्वनाम और क्रिया के आधार पर होता है। इस दृष्टि से हिन्दी और उर्दू अभिन्न हैं। संज्ञा एवं विशेषण दोनों में अधिक भेद पैदा करते हैं। उर्दू में अरबी-फारसी के बहुत-से संज्ञा पद समाविष्ट हैं और हिन्दी में संस्कृत के तत्सम शब्द। इसके अलावा सबसे बड़ी भेदक दीवार है लिपि की, हिन्दी देवनागरी में और उर्दू परसियन (उर्दू) लिपि में लिखी जाती है। देवनागरी पढ़नेवालों

की संख्या बहुत बड़ी है किन्तु परसियन लिपि का ज्ञान अपेक्षाकृत कम लोगों को है। जो ग़ज़ल देवनागरी लिपि में प्रकाशित होती है वह हिन्दी की ग़ज़ल मानी जा सकती है भले ही उसमें अरबी-फारसी के शब्द अधिक हों। भाषा मुख्य रूप से वाचिक होती है। शेर जब पढ़ी जाती है तो उसमें लिपि का कोई हस्तक्षेप नहीं होता है। लेकिन इस सम्बन्ध में आमधारणा यह है कि जिसमें बोलचाल के अरबी-फारसी के शब्द हों वह हिन्दी ग़ज़ल है यदि तत्सम शब्दों की प्रधानता है तो वह विशुद्ध हिन्दी ग़ज़ल है। उर्दू ग़ज़ल में हिन्दी है और हिन्दी में उर्दू है। अतः भेद की बातें निरर्थक हैं। नाज़ सहराई उर्दू के जाने-माने शायर हैं किन्तु उनमें नितान्त बोलचाल के हिन्दी शब्दों के प्रयोग हुए हैं—

मैले मन की चिन्ता कर। उसको हर पल धोया कर
करनी है जो उसको खोज। मन मन्दिर में उतराकर। (नवा ऐ सहराई, पृ. 15)

आधुनिक युग में हिन्दी के प्रभाव के कारण जैसा कि उपेन्द्रनाथ अश्क का मानना है कि उर्दू शायरी सरल और सीधी-सादी उर्दू में लिखी गयी है। जिगर मुरादाबादी, बहजाद लखनवी, इकबाल, फैज़ आदि की ग़ज़लों को उन्होंने उद्धृत करके अपने मत की पुष्टि की है। (गुफ्तगू, वर्ष 9, अंक 35 अतिरिक्तांक)

हिन्दी ग़ज़ल का मात्र इतना तात्पर्य अपेक्षित है कि ऐसी ग़ज़ल जिसे उर्दू भाषा की विशेषज्ञता के बिना सामान्य शिक्षित व्यक्ति समझ सकता है। मुनव्वर राना 'ग़ज़ल' के उर्दू या हिन्दी जोड़ने की आवश्यकता नहीं मानते हैं। 'आधुनिक ग़ज़ल के साथ हिन्दी शब्द जोड़कर हम इसके कैनवास को छोटा कर रहे हैं।' ग़ज़ल हिन्दी-उर्दू का भेद मिटानेवाली विधा है।

आधुनिक हिन्दी ग़ज़ल

ग़ज़ल लिखनेवाले रचनाकारों की बहुत बड़ी संख्या हैं जिनमें मुख्य हैं— एहतराम, यश मालवीय, कमलेश भट्ट, श्रीराम मिश्र 'तलब जौनपुरी', सागर त्रिपाठी, प्रेम जौनपुरी, इन्द्रजीत सिंह 'नाज सहराई', सुरेन्द्रनाथ 'नूतन', अमरनाथ श्रीवास्तव, हरिराज सिंह 'नूर', कमर सुल्तानपुरी, डॉ. दिनेश त्रिपाठी 'शम्स', गिरीश पाण्डेय, 'जगदीश तिवारी, सौम्या, जयकृष्ण राय तुषार, महेश अग्रवाल, ओमप्रकाश सिंह, ऊषा यादव, नूर अमरोही, सागर होशियारपुरी, रमेश नाचीज़, मुनव्वर राना, आर. पी. शर्मा महर्षि, इम्तियाज अहमद गाज़ी, शौक मिर्जापुरी, असद अली असद, खन्ना मुजफ्फरीपुरी, स्वामी श्यामानन्द सरस्वती, दीपांजलि जैन, जयकुमार कसवा, शफीक अहमद शफ़ीक, बुद्धिनाथ मिश्र आदि सैकड़ों ग़ज़लकार हैं। इनमें कुछ बड़े तथा प्रतिष्ठित उर्दू शायर का नाम नहीं दिया गया है।

सुरेन्द्रनाथ 'नूतन' कविता, खण्डकाव्य, गीत आदि विधाओं के कवि हैं। 'गुनगुनाते जाइये' इनका ग़ज़ल-संग्रह है। इन्ही ग़ज़लों में रसात्मकता एवं भावात्मक विस्तार है। कहीं-कहीं गीत और ग़ज़ल का लहजा एकमेक हो गया है, जैसे—

वक्त की दीवार में इतना तो संवेदन न था,
सर जो टकराये तो मेरे घाव सहलाने लगे।

इनमें कहीं-कहीं आध्यात्मिक भावों का भी समावेश मिलता है। प्रकृति बिम्बों का इनमें अत्यन्त प्रभावात्पोदक प्रयोग हुआ है। जैसे—

अनगिनत नदियाँ हैं सागर हैं अनेकों जल प्रपात
किन्तु हम मझधार में भी बिन नहाये रह गये।

एम.ए. कदीर का कथन है कि 'वह (नूतन) उर्दू के नये-नये ग़ज़ल गोवों से कहीं ज्यादा पूरअसर और धारदार शायरी कर रहे हैं।

अक्षय 'गोज़ा'— इनकी 10 काव्य की पुस्तकें और चार ग़ज़ल-संग्रह प्रकाशित हैं। इनकी ग़ज़लों में प्रेम है किन्तु वह रुग्ण नहीं स्वस्थ एवं आत्मतृप्ति देनेवाला है। ये सहज सम्प्रेषणीय भाषा में वर्तमान जीवन की ज्वलन्त समस्याओं को पाठकों के सामने प्रस्तुत करते हैं। नये जन्मों की बात करें, क्षितिजों की सरहदें, विष में अमृत, बूँद बिन सागर, इनके संकलित ग़ज़लों के नाम हैं। इनकी एक ग़ज़ल देखिये—

यार बचपन के आके बैठे हैं/एक महफिल जमा के बैठे हैं/

अब तो पहली-सी है कहाँ रगबत/ढोंग बढ़िया रचा के बैठे हैं/जब सताया बहुत ही जुल्मों ने/अपना दामन बचा के बैठे हैं/

कोई सन्यास तो नहीं है हल/ हर किसी से निभा के बैठे हैं/फ़िक्र 'अक्षय, करोगे किस-किस की/ लोग मन को दबा के बैठे हैं/

श्रीराम मिश्र 'तलब' जौनपुरी— (जन्म 31.7.1948 ई., परसनी सिद्दीकपुर, जौनपुर (उ.प्र.)। तलब उर्दू भाषा के विशेषज्ञ नहीं हैं। शायरी इनकी नैसर्गिक प्रतिभा से उपजी है। सौन्दर्य के प्रति मन के नैसर्गिक आकर्षण ने इनको गुनगुनाने के लिए विवश किया। जीवन की अनेक सच्चाइयों को जिन्हें सभी बौद्धिक व्यक्ति महसूस करता है उन्हें तलब शब्दों में मूर्त करते हैं, इनका अनुभव साधारणीकृत होकर सबका अनुभव बन जाता है। वीणा पाणि की प्रार्थना से इनका मिसरा शुरू होता है। पौराणिक सन्दर्भों को राष्ट्रीय सन्दर्भ में नया अर्थ देने में इनकी ग़ज़लें अग्रसर हैं। आडम्बरपूर्ण धर्म तथा ढोंग की ये बड़े प्यार से खिलाफ़त करते हैं। राष्ट्रीय एकता का स्वर कितना ताकतवर है—

'हम एक हैं रहेंगे गमो रंज भूलकर सौगात यह जहाँ को है हिन्दी अवाम की।

हमारी सांस्कृतिक पहचान अनोखी है, उसका रहस्य अज्ञात है। सारे परिवर्तन के बाद एकत्व की गहरी समझ अपरिवर्तित रहती है, एक शेर है—

निराली अपनी हस्ती है तो उसका राज अपना है।
न बदला है न बदलेगा मेरा अन्दाज़ अपना है।

अराजकता एवं असुरक्षा की स्थितियों पर तलब चुटकी लेते हैं—

ऐसे माहौल में जीना आदमी के लिए एक चुनौती है। शायर एक खुशनुमा, महफूज माहौल की कामना करता है। फिर भी आदमी की जीने की प्रबल इच्छा उसे जिलाये है—

खुदा की मर्जी है तो मैं अभी तक जी रहा हूँ फिर
न जाने क्यूँ नफ़स मेरी तलब डर-डर के चलती है।

तलब की शेरों में स्थूल वर्णनों की अपेक्षा जीवन की तीक्ष्ण अनुभूतियों की मानसिक प्रतिक्रियाएँ हैं। वैयक्तिक, सामाजिक, राजनीतिक तथा व्यापक रूप से मानवीय सम्बन्धों विरोधाभासों तथा संवदेनहीन स्थितियों को उन्होंने अपने निजी अन्दाज में बयान किया है। वे मानवीय मूल्यों को खुद जीते हैं और उसका सन्देश भी देते हैं। वे कहते हैं—

मैं समझता हूँ उसको ही अच्छी ग़ज़ल।
कुछ सुकूँ दे सके उलझे मन के लिए॥

'भँवरदार ज़िन्दगी' उनकी 111 ग़ज़लों का संग्रह 2010 में प्रकाशित हुआ है।

डॉ. हरिराज सिंह 'नूर'— सिंह मूलतः वैज्ञानिक हैं। तर्क प्रज्ञा की प्रखरता के साथ इनके पास अत्यन्त संवेदनशील मन भी है। 'मेरे घोंसले का शिल्प तथा 'दूर उस पार' इनके काव्य-संकलन

प्रकाशित हैं। 'तारों की अंजुमन' इनके ग़ज़लों का संग्रह है। ये अपनी ग़ज़लों में अरबी-फ़ारसी के ज्यादातर प्रचलित शब्दों का विन्यास करते हैं। इनकी ग़ज़ल के कुछ शेर देखिये–

अपने आप में खोना भी कितना अच्छा है यारों
दिन में चैन से सोना भी कितना अच्छा है
लीक से हटकर चलनेवाले, शाइर सिंह सपूत आखिर
इनके जैसा होना भी कितना अच्छा है यारों ॥

प्रेम जौनपुरी– पेशे से कानून के प्राध्यापक हैं। 'लफ़्ज लफ़्ज आईना' शीर्षक से इनकी ग़ज़लों की किताब प्रकाशित है। इसमें देवनागरी तथा उर्दू (परासियन) लिपि दोनों अगल-बगल हैं। इनका कहना है कि–

'फ़र्क ख़ुद मिट जायेगा अगर हिन्दी-उर्दू साथ हों, बस इसी में एकता का रास्ता मिल जायेगा' इनकी ग़ज़ल में उर्दूनिष्ठता अधिक है। एक दृष्टान्त प्रस्तुत है–

दिल के सारे आरमां को ख़ाक में मिला देंगे।
खोटे सिक्के सोने के क्यों हमें भला देंगे।
तोड़कर सितारों को आस्मां से ला देंगे।
मादरे वतन को हम नूर से सजा देंगे।

इन्द्रजीत सिंह नाज 'सहराई'– जन्म 1924 ई. शिक्षा विभाग के अनेक पदों पर कार्यरत रहे। 'नवा ऐ सहराई' शीर्षक से इनके ग़ज़लों का संग्रह प्रकाशित है। इनमें कुछ ग़ज़ल हिन्दी भाषा की प्रकृति से अधिक अनुकूल हैं कुछ में फारसी के शब्दों का एक सीमा तक समावेश है।

रमेश नाचीज– इनका ग़ज़ल-संग्रह 'दिन भी जैसे रात है' शीर्षक से छपा है। इनकी ग़ज़ल की कुछ पंक्तियाँ देखिये–

अपने ही दाँव से जो मात खा गया,
वह अब तड़प रहा है जमीं पर खड़ा हुआ।
तेरा ऐ सितमगर बयाँ चाहिए है
तेरे झूठ-सच का निशाँ चाहिए है।

चन्द्रभाल सुकुमार विशुद्ध हिन्दी के ग़ज़लकार हैं। इनकी भाषा में अत्यन्त प्रचलित फ़ारसी-अरबी शब्द हैं जो हिन्दी की अपनी निधि बन गये हैं–

इस सदी की लाश पर चलकर। उस सदी का द्वार पाता हूँ।

तुम हमारी विवशता देखो। वेदना से मुस्कराता हूँ। 'आपके पास से गुजरता हूँ।' इनका ग़ज़लों का संग्रह है।

क़मर सुल्तानपुरी की ग़ज़ल का संग्रह है 'चन्द क़तरे'। इनकी उर्दू ग़ज़लों में हिन्दी उपस्थित है। उसे हिन्दी ग़ज़ल कहने में कोई हर्ज नहीं, जैसे–

किसी के दिल पे छाओ तो। किसी से दिल लगाओ तो।
वफ़ा की बात करते हो। वफ़ा करके निभाओ तो।
हो क्यों नाराज तुम ऐसे। हुआ क्या है बताओ तो
जहाँ जाना न हो मुमकिन। वहाँ धूनी रमाओ तो।
क़मर है आखिरी साँसें। अगर मुमकिन हो जाओ तो।

गिरीश पाण्डेय ने 'अनुशासित इन्कलाब' नाम से ग़ज़ल का संग्रह प्रकाशित करवाया है।

सागर त्रिपाठी– (जन्म 25.3.1953) शिक्षा एम. ए. एल-एल.बी. एम.बी.ए., त्रिपाठी ग़ज़ल लेखन में पूरी तरह समर्पित हैं। उनकी भरसक कोशिश है वह मुस्लिम पवित्र भावनाओं को अपनी चेतना में उतारकर लेखन करें। बड़े श्रम से उन्होंने उर्दू का ज्ञान प्राप्त किया है। उनकी ग़ज़लों के संग्रह हैं–सागर की लहरें अलिफ, कहकशाँ, कर्चियाँ, गजलसिप तक, समकालीन 'रचना और रचनाकार' हिन्दी में 'कबन्द' शीर्षक एक कृति प्रकाशित है। उनकी कुछ ग़ज़लें बोलचाल की हिन्दी में हैं कुछ में फारसी-अरबी के शब्दों की प्रचुरता है। उर्दू के अनेक रचनाकारों तथा आलोचकों ने उनके कृतित्व की भूरि-भूरि सराहना की है। हर प्रकार की सम्पन्नता तथा वैभव के बीच सागर त्रिपाठी निहायत विनम्रता तथा समर्पण का जीवन जीते हैं। धर्म चाहे जो हो उसकी सही पहचान वही कर सकता है जो सही अर्थ में धर्मी है। कुरान, मुहम्मद साहब, मक्का-मदीना, अल्लाह के ऊपर उन्होंने पूरी निष्ठा और आस्था के साथ रचनाएँ की हैं।

सागर की कुछ पंक्तियाँ देखिये–

'दिल को छू जाये कोई ऐसी कहानी चाहिए
रहनुमाई के लिए आँखों में पानी चाहिए
खास रिश्तों में जहाँ नजदीकियाँ बेहद रहे
हो सके तो जानकर भी मात खानी चाहिए।

हाइकू

'हाइकू' जपानी काव्य की एक विधा है। वहाँ ताका, सेदोका, चोका, अन्य तीन काव्यरूपों का भी प्रचलन है। मध्यकाल में आशु कविता प्रतियोगिता में ताका नामक लघुगीत का सृजन होता था। इसमें पूर्वांश 5-7-5 औजी क्रम और उत्तरांश 7-7 औजी क्रम का विधान था। 'हाइकू' का जन्म ताका लघुगीत के पूर्वांश से हुआ। इसके जन्मदाता सोगान और मोरिताके माने जाते हैं। हाइकू वास्तव में चीनी छन्द होक्कू से विकसित है। सन्त कवि बाशो (जापान) ने इसकी परिभाषा दी है 'हाइकू' दैनिक जीवन में अनुभूत सत्य की अभिव्यक्ति है। पर वह सत्य एक विराट सत्य का अंश होना चाहिए। हाइकू सम्पूर्ण कविता नहीं है, वह विराट् सत्य की ओर इंगित करनेवाली कविता है।' कैनेथ याशुदा कहते हैं कि 'हाइकू' एकश्वासी काव्य होता है। हाइकू में 5-7-7 वर्णों के अतुकान्त त्रिपदी होते हैं। 17 से अधिक 19 या 22 वर्ण भी जापानी हाइकू में मिलते हैं। दक्षिणी भाषाओं में हाइकू के प्रति आकर्षण पहले हुआ। तमिल कवि सुब्रहमणियम भारती, तेलुगु कवि दुब्बूरि रामि रेड्डी ने बीसवीं सदी के आरम्भ में ही जापानी हाइकुओं के अनुवाद तथा परिचय दिया था। 1951-52 में डॉ. आदित्य प्रताप सिंह ने इस क्षेत्र में पर्दापण किया। अज्ञेय ने हाइकू से प्रभावित होकर छोटी रचनाएँ की हैं 5-7-5 अक्षर का पालन उन्होंने नहीं किया। डॉ. रमेश कुमार ने 'रीवा हाइकू समाज' की स्थापना की और एक हाइकू पत्र पर प्रकाशित कराया। सत्यभूषण वर्मा ने 1978 दिल्ली 'हाइकू क्लब' की स्थापना की। 'हाइकू' नाम से त्रैमासिक पत्र निकाला जिसके 26 अंक प्रकाशित हुए। हिन्दी हाइकू के प्रचार-प्रसार में गुजरात विश्वविद्यालय के डॉ. भगवत शरण ने 'हाइकू भारती' पत्रिका के द्वारा व्यापक योगदान किया। इन्होंने 'शाश्वत क्षितिज नाम से 'हाइकू' का प्रकाशन कराया। इसे हाइकू का प्रथम संकलन माना जाता है। शब्दाणु, त्रिशूल, गुंजन, तृतीया, हाइकू दर्पण, हाइकू मंजूषा नाम से अनेक पत्रिकाएँ प्रकाशित हो रही हैं। शम्भुशरण द्विवेदी बन्धु, कमलेश भट्ट 'कमल', महावीर सिंह, राजेन्द्र मोहन त्रिवेदी, राजेन्द्र बहादुर सिंह 'राजन', रामनरेश वर्मा, जवाहर इन्द्र आदि ने हाइकू में रचनाएँ कीं

हैं। अशेष वाजपेयी, ओमप्रकाश सिंह, जमुना सिंह जलन, प्रदीप श्रीवास्तव, रमाकान्त श्रीवास्तव अनेक हाइकूकार रचनारत हैं। अशेष वाजपेयी का एक हाइकू द्रष्टव्य है—

अँधेरी रात
करते लोग फिर
आस्था की बात

ओमप्रकाश सिंह नवगीतकार हैं। 'गीत सर्जना के पंख', 'गीत मेरे मीत', 'काव्य मंजरी', 'सात समन्दर पार' आदि काव्य-संकलनों के अलावा ये 'हाइकू' के भी प्रयोग करते हैं। इनका हाइकू है—

रेतीली प्यास/नदी के तट पर/खड़ी हैं चुप।

कमलेश भट्ट मुख्य रूप से कहानीकार हैं। हाइकू 1989, हाइकू 1999, सम्यक् (पत्रिका) का हाइकू विशेषांक 1998 आदि का इन्होंने सम्पादन किया। इनके हाइकुओं के कुछ उदाहरण हैं—

1. बूँद-बूँद में/बाँटा जा सकता है/समुद्र को भी
2. तोड़ देता है/झूठ के पहाड़ को/राई-सा सच

जवाहर इन्द्र का 'इतना कुछ' शीर्षक से हाइकू का संग्रह प्रकाशित है। एक हाइकू द्रष्टव्य है— प्रेम का रूप/भीतर है उछाह/बाहर मौन।

हाइकू में गीत तथा लोकगीत भी रचे जा रहे हैं। शम्भुशरण द्विवेदी का एक गीत देखिये जो त्रिशूल पत्र अंक चार 1986 में छपा था। बादलों की भी/कहानी है पुरानी/ पर नयी-सी/डोलती-सी है/निराली गन्ध छाया/सुरमई-सी/कौन कहता है/विजन द्रुमदल है अकिंचन/कर रहा है/मधुर रसमय/सिन्धु सिंचन/वायु बहती है/नियति बनकर/गतिमसी-सी/स्वप्नदर्शी/सृष्टि सम्मित/

महावीरप्रसाद सिंह ने हाइकू सरगम में 16 ग़ज़लों को प्रकाशित कराया है। इनके 'मन की पीड़ा', प्यार के बोल, हाइकूसरगम आदि हाइकू-संग्रह प्रकाशित हुए हैं।

आधुनिक विशिष्ट प्रबन्धकाव्य

आधुनिक युग में अनेक प्रबन्धकाव्य रचे गये हैं, जिनमें कई प्रबन्ध काव्यों को महाकाव्य की संज्ञा से विभूषित किया गया है। कुछ खण्डकाव्य की कोटि के हैं। कुछ की प्रकृति गीति-नाट्य सदृश है। महाकाव्य में जातीय जीवन के उत्कर्ष, समकालीन नये मूल्यों की अर्थवत्ता, पारम्परिक सांस्कृतिक मूल्यों की सुरक्षा की चिन्ता प्रमुख रहती थी। महाकवि सम्पूर्ण सांस्कृतिक प्रवाह में अपने समय के आदर्शों को नायकों के सम्पूर्ण जीवन के संघर्षों का निरूपण करते हुए प्रतिष्ठा करने का सर्जनात्मक प्रयत्न करते थे। आधुनिक युग में मानवीय यथार्थ को विशेष महत्त्व मिला। पश्चिमी साहित्य खास तौर से ट्रैजिडी के प्रभाव तथा व्यावहारिक तर्क की दृष्टि से यह धारणा मान्य हुई कि सद्विचार तथा सत्य की सदैव विजय ही नहीं होती। महानायक का जीवन द्वन्द्व से परे नहीं होता। कभी-कभी असद् वृत्तियोंवाले प्रतिनायक भी अपने कुकृत्यों से सफलता पा लेते हैं। जीवन की गति बहुत ऋजु नहीं होती। अतः पूर्ववर्ती अनेक मान्य धारणाएँ खण्डित हुईं अतः बँधी-बँधायी महाकाव्यात्मक परिपाटी पर भी प्रश्नचिह्न लग गया। महाकाव्य के विकल्प में गद्यात्मक यथार्थपरक विधा उपन्यास का विकास हुआ जिसमें नायकत्व आम आदमी को दिया जाने लगा, इससे भी शास्त्रीय महाकाव्यों का लेखन बाधित हुआ। प्रथम महाकाव्य 'प्रिय प्रवास' (हरिऔध) इस दृष्टि से महत्त्वपूर्ण रहा कि उसमें कृष्णकथा को नया आयाम दिया गया था, साथ ही खड़ीबोली का प्रथम महाकाव्य होने का उसे गौरव प्राप्त हुआ। मैथिलीशरण गुप्त रचित 'साकेत', 'जयशंकर प्रसाद रचित 'कामायनी' शिल्प के नये प्रयोग और

अपनी-अपनी सीमाओं में आधुनिक जीवन के सघर्षों एवं मान्यताओं को अंकित करने के कारण चर्चित हुए। इन कृतियों का परिचय दिया जा चुका है। मैथिलीशरण गुप्त प्रबन्धात्मक कृतियों की सर्जना में सिद्धहस्त थे। महाभारत तथा रामायण की कथाओं को वे आधुनिक समाज के लिए उपादेय मानते थे इसीलिए 'जयभारत' (1952) की रचना उन्होंने नयी कविता के काल में किया। 'विष्णुप्रिया' (1957) में रचा गया इसमें महाप्रभु चैतन्य की पत्नी विष्णुप्रिया और माँ शची की नारी सुलभ पीड़ा को व्यक्त किया है। गुरुभक्त सिंह 'भक्त' ने दो प्रबन्ध नूरजहाँ (1935) और विक्रमादित्य (1944) लिखे। दूसरी प्रबन्ध कृति नवीन उद्भावनाओं तथा यथार्थ चित्रण की दृष्टि से महाकाव्यात्मक कोटि की रचना मानी जाती है। दिनकर ने कर्ण के जीवन तथा आत्मसंघर्ष को लेकर 1952 में 'रश्मिरथी' की रचना की। आज के जातीय (वर्ण) समस्या के परिप्रेक्ष्य में कर्ण का चरित्र कवियों तथा नाटककारों को बहुत आकृष्ट किया है। 'अभिशप्त महारथी' नाम से डॉ. मोहन अवस्थी ने भी खण्डकाव्य लिखा है। 'उर्वशी' 1961 में प्रकाशित हुई थी। यह प्रेम और सौन्दर्य का उत्कृष्ट काव्य है। इसकी समस्याएँ चिरन्तन हैं तात्कालिक नहीं। यह ज्ञानपीठ पुरस्कार से सम्मानित कृति है।

सुमित्रानन्दन पन्त ने 1964 में 'लोकायतन' महाकाव्य लिखा। इसके खण्ड हैं– बाह्य परिवेश और अन्तश्चेतन। इसका वर्णन क्षेत्र (कैनवास) बहुत व्यापक है। पन्त युगजीवन से सम्पूर्ण यथार्थ को इस कृति में मूर्त करने के लिए प्रयत्नशील हैं। परिवर्तित मूल्यों, प्राचीन और नवीन, भौतिकता तथा आध्यात्मिकता के संघर्षों को इसमें विस्तार से अंकित किया गया है। इस कृति में कल्पनाशील एवं अतिशय संवेदनशील पन्त नहीं हैं बल्कि कुशल अध्येता एवं विचारवान् पन्त प्रत्यक्ष हुए हैं। प्रकृति-चित्रण पूर्ववर्ती कृतियों की तरह आकर्षक एवं बिम्बात्मक है। ठाकुर गोपालशरण सिंह ने 'जगदालोक' शीर्षक से महात्मा गाँधी के जीवन और संघर्षों पर आधारित महाकाव्य 1952 में प्रकाशित किया था। 330 पृष्ठों के इस महाकाव्य में कुल बीस सर्ग हैं। इसका आरम्भिक छन्द है–

युग-युग का प्रहरी भारत का/उन्नत शीश हिमालय
देता रहा मान्य मुनियों को/सदा प्रेम से आश्रय ॥

शंकर जी पार्वती की जिज्ञासा शान्त करने के लिए भारत की कहानी सुना रहे हैं। उसके अतीत एवं वर्तमान की स्थितियों का दिग्दर्शन कराते हुए वह दिव्यात्मा के जन्म की भविष्यवाणी करते हैं, यही दिव्यात्मा मोहनदास के रूप में भारत में अवतरित होती है। इसमें गाँधी के जीवन और संघर्षों का विस्तृत चित्रण किया गया है। ठाकुरप्रसाद सिंह ने 'महामानव' नाम से गाँधी जी को केन्द्र में रखकर प्रबन्धकाव्य लिखा है।

नरेन्द्र शर्मा ने 'द्रौपदी' और 'उत्तर जय' दो प्रबन्धकाव्य का सृजन किया है। द्रौपदी को प्रतीकात्मक चरित्र बनाने की चेष्टा की गयी है। 'उत्तर जय' में भी प्रतीकात्मकता है। कुँवर नारायण का 'आत्मजयी' तथा श्रीनरेश मेहता की 'संशय' की एक रात' प्रबन्धात्मक कृतियाँ हैं। 'संशय की एक रात' में नाटकीयता की प्रधानता है।

दिनकर द्वारा रचित कुरुक्षेत्र, सियारामशरण रचित उन्मुक्त और मोहनलाल महतो रचित आर्यावर्त्त (1943) युद्ध की समस्या को उठानेवाली प्रबन्धात्मक कृतियाँ हैं। 'उन्मुक्त' में काल्पनिक कथानक लिया गया है किन्तु 'आर्यावर्त्त' में पृथ्वीराज चौहान तथा मुहम्मद गोरी के आख्यान का ग्रहण किया गया है।

राजाराम शुक्ल ने 'चिरन्तन सुभाष' तथा प्रभाकरनाथ द्विवेदी प्रभामाल ने 'क्रान्ति यज्ञ' (चन्द्रशेखर आजाद से सम्बन्धित) प्रबन्धात्मक रचनाएँ कीं। चिरन्तन सुभाष 10 सर्गों में विभक्त है।

इसमें सुभाषचन्द्र के जीवन तथा संघर्ष के साथ भारतीय आदर्शों की भी झलक दी गयी है। चिरन्तन सर्ग में आता है–

मरना जीना नियम जगत् का/मरकर भी जो जीता है।
वह ही शाश्वत अजर अमर है/ऐसा कहती गीता है।

क्रान्ति यज्ञ में चन्द्रशेखर आजाद के जीवन तथा स्वतन्त्रता की लड़ाई को अंकित किया गया है। कहीं-कहीं वर्णनात्मकता के कारण छन्द की गति शिथिल या खण्डित हो गयी है फिर भी प्रयास सराहनीय है।

एकलव्य– डॉ. रामकुमार वर्मा रचित 'एकलव्य' महाकाव्य का प्रकाशन 1957 में हुआ था। इस महाकाव्य की कथावस्तु महाभारत से ली गयी है। महाभारत के सम्भव पर्व में तीस श्लोकों में, द्रोण पर्व में छह श्लोकों में एकलव्य सम्बन्धित कथा दी गयी है। महाभारत में वर्ण-व्यवस्था की कड़ाई से पालन के दृष्टान्त मिलते हैं। एकलव्य के साथ जो कुछ भी घटित हुआ वह सत्ता की स्वार्थपरता, वर्ण-व्यवस्था की मर्यादा के उल्लंघन की छूट न होना, यही नहीं जन्म के आधार पर वर्ण-निर्धारण की परम्परा की शुरुआत आदि की क्रूर तथा अमानवीय परिणतियों का निदर्शन है। यह एक प्रतिभाशाली वीर के साथ हुए अन्याय का हृदय-विदारक दृष्टान्त है। आधुनिक काल में जब सही अर्थ में मानवीय समता, समानता की संवैधानिक घोषणा हुई तथा दलित जातियों में अपने अधिकारों को पाने की संघर्षपूर्ण चेतना का उदय हुआ तो ऐसी ऐतिहासिक या पौराणिक घटनाओं के प्रति विशेष ध्यानाकर्षण हुआ। इस तरह के क्रूर इतिहास की पुनरावृत्ति न हो इसी उद्देश्य से चुपचाप अन्याय सहनेवाले एकलव्य का त्याग काव्य का विषय बनाया गया। 'एकलव्य' महाकाव्य में चौदह सर्ग हैं। एकलव्य ने अपनी साधना से यह सिद्ध कर दिया कि धनुर्वेद पर केवल क्षत्रियों का अधिकार नहीं है, कोई भी गुण किसी भी मनुष्य के लिए प्राप्य है यदि वह समर्पण के साथ साधनारत होता है। कवि ने अपनी मौलिक उद्भावनाओं से महाकाव्य को कथात्मक विस्तार दिया है। यथास्थान मानवीय संवेदनाओं के मार्मिक चित्रण में वह सफल रहा है। गुरुद्रोण की गरीबी, राजकुल की सेवा में रहने की उनकी पूर्ण परनिर्भरता पर उन्हें कितनी आत्मग्लानि है। द्रोण कई छन्दों में अपनी आत्मग्लानि और शिक्षा के सर्वजातीय अधिकार की बात कहते हैं–

जाति भेद नहीं वर्ग-वंश भेद भी नहीं
शिक्षा प्राप्त करने के सभी अधिकारी हैं।

लेकिन विवशता है–

कितना अनाचार हुआ मुझसे/आर्य भीष्म से हूँ नियोजित इस पुर में / शिक्षा दूँ सदैव इन कौरव कुमारों को / वेतन का भोगी हूँ / निवास राजगृह है/ 'छायावाद पुनर्मूल्यांकन' में सुमित्रानन्दन पन्त ने इस महाकाव्य के विषय में लिखा है। "एकलव्य' को मैं युगबोध की दृष्टि से छायावादी अभिव्यंजना का एक श्रेष्ठतम महाकाव्य मानता हूँ वह कामायनी की तरह ऊर्ध्वमुखी ही नहीं, जो उस युग की सहज दृष्टि रही है, उसमें समदिक् सामाजिक संघर्ष तथा वर्ण-व्यवस्था आदि की पृष्ठभूमि का मार्मिक चित्रण मिलता है। उसमें छायावादी युग की विद्रोह भावना को सशक्त अभिव्यक्ति मिली है।"

उत्तरायण– इस महाकाव्यात्मक विस्तार की रचना का प्रकाशन 1985 ई. में हुआ था। सीता निर्वासन की कथा को वर्मा जी अप्रामाणिक मानते हैं। बौद्ध ग्रन्थों में वैदिक परम्परा से आगत रामकथा में विचित्र सन्दर्भों को जोड़कर राम को लांछित किया गया है। विविध स्रोतों पर विचार करके उन्होंने

यही निष्कर्ष निकाला कि सीता निर्वासन कथा राम चरित्र पर लांछन लगाने के लिए बाद में जोड़ी गयी है।

उत्तरायण में नौ सर्ग हैं। तुलसीदास का जीवन तथा रामचरितमानस लिखने की उनकी प्रेरणा तथा स्वप्न वाल्मीकि द्वारा यह बताना कि– "तुमको शंका है, मैंने अनुचित/लिखा है राम का चरित्र/ मेरे उस उत्तरकाण्ड बीच/ है विकृत राम का चारु चित्र/ पर मैं कहता हूँ रामायण/षट् काण्ड लिखी, हो भावहीन जोड़ा है उत्तरकाण्ड किसी निर्मम कवि ने हो हृदयहीन/"

शम्बूक वध की कथा को भी वर्मा जी अप्रामाणिक मानते हैं। एक जगह वाल्मीकि स्वयं कहते हैं–

श्री राघव और निषाद बीच/जब इतना दृढ़ था प्रेम पाश।
तब तेजस्वी तप-लीन शूद्र का/क्यों ऐसा हो प्राण नाश॥

ओ अहल्या– वर्मा जी का यह प्रबन्धकाव्य 1985 में प्रकाशित हुआ। इसमें गौतम ऋषि की पत्नी अहल्या पर इन्द्र को लेकर जो लांछन लगाया गया वह असत्य होते हुए भी विश्व प्रसिद्ध हो गया। अहल्या का अर्थ रात्रि तथा हल से जोती गयी भूमि है। इन्द्र को सूर्य का प्रतीक तथा वृष्टि का देवता दोनों माना गया है। दिन में रात्रि उसी में लीन रहती है। उसके नाम की प्रतीकात्मकता से ही पौराणिकों ने इन्द्र और अहल्या के अवैध सम्बन्धों की कहानी रच दी। तत्कालीन ऋषि पत्नियों के गौरवपूर्ण कार्यों का उल्लेख करते हुए वर्मा जी लांछनवाली कथा को अप्रामाणिक सिद्ध करते हैं, और नये ढंग से खण्डकाव्य की रचना करते हैं। वर्मा जी इन्द्र को अहल्या के पास गौतम के वेष में काम भावना की इच्छा से प्रेरित करके भेजते हैं किन्तु उसने जैसे ही उनकी देह का स्पर्श किया उसमें से ज्वाला निकलने लगी, वह भयभीत हो गया और क्षमा याचना करने लगा, इसी बीच गौतम आ गये, उनसे अहल्या ने सब-कुछ बता दिया। अहल्या ने कहा कि मेरी देह अब पाषाण की तरह जड़ हो गयी हैं अतः आपकी सेवा करने में असमर्थ हूँ। उन्हें किसी ने कोई शाप नहीं दिया। ऋषि ने इन्द्र को शाप दिया और स्वयं तप करने चले गये। कवि ने अहल्या के माध्यम से नारी के स्वाभिमान को अंकित किया है। अहल्या प्रजापति की अनुपम सृष्टि थी, इन्द्र आरम्भ से ही उसके लिए लालायित था। इसमें अनेक मौलिक उद्भावनाएँ की गयी हैं।

डॉ. जगदीश गुप्त ने 'गोपा-गौतम, 'बोधिवृक्ष' दो खण्डकाव्य (प्रबन्ध) महात्मा बुद्ध के जीवन तथा उनके विचारों के महत्त्व पर लिखा है तथा 'जयन्त' नाम से रामकथा के एक प्रसंग को आधुनिक संवेदना से सम्पृक्त करके प्रस्तुत किया है। 'बोधिवृक्ष' में 21वीं सदी में मानव-मूल्यों के ह्रास, हिंसक प्रवृत्तियों के विस्तार, स्वार्थ साधना की प्रधानता दिखायी गयी है। ऐसे समय में बुद्ध का जीवन प्रेरणादायक है। कवि ने प्रकृति, सौन्दर्य एवं शृंगार का मनोरम चित्रण करते हुए अन्त में सन्देश दिया है।

बौद्ध धर्म प्रसार था, थामे नहीं थमता/ मिली पहली बार मानव को वही समता। जन्मजात समानता का कर दिया उद्घोष/मिला जन-जन के हृदय को आन्तरिक परितोष/

'जयन्त' पौराणिक कथानक के आधार पर रचा गया काव्य है। इसमें आज के युवक की मानसिकता का प्रतिबिम्बन किया गया है। इसमें शची तथा इन्द्र द्वारा स्त्री और पुरुष-अस्मिता का द्वन्द्व भी दर्शाया गया है।

हरिश्चन्द्र निशान्त ने 2005 में 'मेनका' शीर्षक से महाकाव्य लिखा जो उत्तर प्रदेश हिन्दी संस्थान के सहयोग से छपा। इसमें पन्द्रह सर्ग हैं। इनकी कविता में आध्यात्मिक चेतना की व्याप्ति है। स्वचेतना की अखण्डता, सच्चे स्व की पहचान से अनुप्रेरित इनकी काव्य-दृष्टि इस महाकाव्य में

प्रतिफलित है। ऋषि की साधना, पर्यावरण के प्रति जागरूकता के साथ ही इसमें नारी की गरिमा की भी स्थापना है। आश्रम के वर्णन में अतीत भारत का प्राकृतिक सौन्दर्य, तपस्वियों का रहन-सहन, संस्कार, पर्यावरण साकार हो उठा है। कवि में भाषा की अच्छी पकड़ एवं अद्‌भुत वर्णन कौशल है। हर सर्ग में नये-नये छन्द एवं उनका समुचित निर्वाह सराहनीय है। कहीं-कहीं आनुप्रासिक शब्द-क्रीड़ा भी है। भाषा तत्सम प्रधान है। कुछ पंक्तियाँ देखिये–

सन्ध्या की स्वर्णिम संस्कृति में
अग शिखरों पर हिम चमक रही
मुकुर सदृश जाज्वल्यमय तल पर
सतरंगी आभा छिटक रही।

इन्होंने मरीचिका, अभिमन्यु, भगवान् महावीर, वाहे गुरु आदि अन्य खण्डकाव्यों की रचना की है।

गद्य की विधाएँ : स्वरूप और विकास

निबन्ध

निबन्ध गद्य की अन्य विधाओं की तुलना में आधुनिकतम विधा है। निबन्ध गद्य की ऐसी विधा है जिसमें किसी विषय का आत्मिक स्वच्छन्दता, स्वनिर्मित अनुशासन के साथ एक निश्चित सीमा के अन्तर्गत विवेचन किया जाता है। इसमे प्रत्यक्ष या अप्रत्यक्ष रूप से व्यक्तित्व की छाप रहती है।

हिन्दी में आधुनिक ढंग से साहित्यिक निबन्ध के लेखन का आरम्भ भारतेन्दु-युग से हुआ। इसके पूर्व धर्म या नीति पर जो विचार व्यक्त किये गये थे उनमें कथावार्त्ता के तत्त्व अधिक हैं, निबन्ध के तत्त्व बहुत कम। भारतेन्दु में सामाजिक, राजनीतिक उन्मेष को निबन्ध के माध्यम से अभिव्यक्त किया गया।

सामाजिक सुधार, शिल्प का प्रसार, राष्ट्रीय भावना का विकास, सांस्कृतिक चेतना की जागृति आदि ऐसे अनेक दायित्व थे जिनका निर्वाह भारतेन्दु-युग के निबन्धकारों को करना था। इसमें सन्देह नहीं कि निबन्धों के माध्यम से उपर्युक्त दायित्वों के निर्वाह में लेखकगण सफल रहे। इस युग के निबन्ध में तत्कालीन समस्याओं का स्पष्ट प्रतिबिम्ब तथा लेखा-जोखा दिखायी देता है। इस समय में प्रमुख निबन्धकार, पत्रकार भी थे। हिन्दी भाषा तथा साहित्य के प्रति अभिरुचि पैदा करना एवं सम्बन्धित विषय का स्पष्ट विवेचन दोनों पर लेखकों की दृष्टि रहती थी। किसी विषय पर अपनी सम्मति व्यक्त करते समय इस युग का लेखक अपनी वैयक्तिकता को अधिक महत्त्व देता है। अतएव निबन्ध पर वैयक्तिकता की स्पष्ट छाप रहती है। राष्ट्रीय समस्याएँ इनके मस्तिष्क में ऐसी उमड़ती-घुमड़ती रहती हैं कि प्रत्येक निबन्ध में प्रत्यक्ष या अप्रत्यक्ष रूप से उनका जिक्र आ जाता है। कहीं-कहीं ये उपदेशक भी बन जाते हैं। भारतेन्दुयुगीन निबन्धकार पाठकों को साथ लेकर आगे बढ़ता है। सब-कुछ कह लेने के बाद निर्णय पाठकों पर छोड़कर अलग हट जाता है। उसमें ऐसी आत्मीयता तथा बेतकल्लुफी होती है कि पाठकों को उसका सहचिन्तक बनने में कोई कठिनाई नहीं होती।

निबन्धों की परिधि इतनी विस्तृत है कि उसकी सीमा में धर्म, समाज, राजनीति, मनोविज्ञान, प्रकृति आदि से सम्बन्ध विषय सहजता से आ जाते हैं। विदेशी अनुकरण तथा सामाजिक कुरीतियों पर निबन्धकारों ने तीखा व्यंग्य किया है। समग्र रूप से ताजगी, जिन्दादिली, वैयक्तिकता तथा व्यंग्यात्मकता इस युग के निबन्धों की उल्लेखनीय विशेषताएँ हैं। भाषा में पूर्वीपन तथा देशी-विदेशी शब्दों का ठेठ प्रयोग लेखकों की स्वच्छन्द प्रवृत्ति का परिणाम है।

भारतेन्दु हरिश्चन्द्र इस युग के सर्वप्रथम उल्लेखनीय निबन्धकार हैं। इन्होंने पूर्ववर्ती गद्य की अराजकता को दूर करके माध्यम मार्ग को प्रशस्त किया। विविध विषयों पर कुशलतापूर्वक लेखनी चलाकर अपने युग के निबन्धकारों का नेतृत्व किया। इनके निबन्धों में वर्णन-कौशल, व्याख्यात्मक विस्तार, मार्मिक व्यंग्य के साथ शैली वैविध्य दिखायी देता है।

बालकृष्ण भट्ट भारतेन्दु-युग के ऐसे निबन्धकार हैं जिन्होंने हिन्दी की आत्मा को अच्छी तरह से पहचाना था। भट्ट जी संस्कृत के पण्डित थे। अतः इनके निबन्धों में संस्कृत का पुट स्वाभाविक है संस्कृत साहित्य के श्लोकों को उद्धृत करके ये अपने विचारों को पुष्ट तथा प्रामाणिक बनाते हैं। अंग्रेजी तथा फारसी शब्दों से इन्हें परहेज नहीं है। इन्होंने आवश्यकतानुसार आंचलिक शब्दों का भी प्रयोग किया।

पं. प्रतापनारायण मिश्र अपनी व्यंग्य-विनोदपूर्ण शैली के लिए प्रसिद्ध हैं। मिश्र जी की भाषा में सहजता, रोचकता तथा सजीवता के दर्शन होते हैं। अंग्रेजी, फारसी शब्दों के साथ ये ग्रामीण शब्दों का भी प्रयोग करते थे। मुहावरों का सुन्दर आयोजन इनकी शैली की प्रमुख विशेषता है। कहीं-कहीं शब्दों की तोड़-मरोड़ के कारण मिश्र जी के निबन्ध में व्याकरणिक दोष भी आ गये हैं।

बदरीनारायण चौधरी 'प्रेमघन' तथा अम्बिकादत्त व्यास इस युग के अन्य श्रेष्ठ निबन्धकार हैं।

द्विवेदी-युग— भारतेन्दु-युग में निबन्ध शैली यद्यपि पर्याप्त समृद्ध तथा विविध विषयों को व्यक्त करने में समर्थ हुई किन्तु उसमें भाषा-सम्बन्धी अराजकता बनी हुई थी। लेखकों का ध्यान विषय-प्रतिपादन तथा विवेचन की ओर जितना था उतना भाषा-परिष्कार की ओर नहीं था। भाषा में व्याकरणिक त्रुटियाँ मौजूद थीं। महावीरप्रसाद द्विवेदी ने सरस्वती पत्रिका के माध्यम से उपर्युक्त कमियों को दूर किया। उनके द्वारा किये गये भाषा-परिष्कार का प्रभाव अन्य निबन्ध लेखकों पर पड़ा। निबन्धों में विषय-प्रतिपादन अधिक गम्भीरता से किया जाने लगा। वैयक्तिक स्वच्छन्दता तथा उछल-कूद के बदले लेखक अधिक विवेकपूर्ण तथा तटस्थ रहने लगे। निबन्धों में अपेक्षाकृत अधिक बौद्धिक विवेचन होने के कारण शिक्षित समाज के लिए भी आकर्षण उत्पन्न हुआ। द्विवेदी-युग के निबन्धों में ज्ञान संचयन की प्रवृत्ति अधिक है। निबन्धकारों को अधिक गम्भीर मुद्रा के कारण व्यंग्य-विनोदप्रियता तथा संजीवनी का अभाव है। महावीरप्रसाद द्विवेदी, श्यामसुन्दरदास, बालमुकुन्द गुप्त, माधवप्रसाद मिश्र, सरदार पूर्णसिंह इस युग के प्रमुख निबन्धकार हैं।

महावीरप्रसाद द्विवेदी कुशल सम्पादक तथा श्रेष्ठ निबन्ध लेखक थे। भाषा तथा साहित्य का उच्च आदर्श प्रस्तुत करके इन्होंने समकालीन लेखकों का नेतृत्व किया। इनका जितना ऐतिहासिक महत्त्व है उतना साहित्यिक नहीं। अंग्रेजी, संस्कृत आदि भाषाओं के साहित्य से उपयोगी तत्त्वों को अर्जित करके इन्होंने हिन्दी पाठकों का ज्ञान संवर्द्धन किया। द्विवेदी के निबन्धों में विषय तथा शैलीगत विविधता मिलती है।

श्यामसुन्दरदास ने गम्भीर साहित्यिक तथा आलोचनात्मक विषयों पर निबन्ध लिखा है। इनमें विषय का विवेचन गम्भीर तथा व्याख्यात्मक है। जटिल विषय के स्पष्टीकरण के लिए ये बराबर प्रयत्नशील दिखायी देते हैं। इनमें न तो वैयक्तिकता का आग्रह है और न मनोरंजकता की कोशिश। भाषा परिष्कार तथा विचार संचय पर ही लेखक का ध्यान केन्द्रित है।

बालमुकुन्द गुप्त ने व्यंग्य, कटाक्ष तथा हास्य-विनोद से युक्त एक नूतन शैली का निर्माण किया। शिवशम्भु शर्मा उपनाम से वैयक्तिक चिन्तन के रूप में निबन्ध लिखते थे। मन की मौज में ये ऐसा मीठा व्यंग्य करते हैं कि उसकी चोट अत्यन्त तीक्ष्ण हो जाती है। अंग्रेजी शासनकाल की भारतीय दुर्दशा

के चित्र इनके निबन्धों में अंकित हुए हैं। गुप्त जी निबन्धों के माध्यम से भारतीय मूक जनता की वकालत करते हैं। इनमें अभिव्यक्ति की जितनी निर्भीकता, व्यंग्य की जितना प्रखर शक्ति है अन्यत्र मिलना मुश्किल है।

माधवप्रसाद मिश्र के निबन्ध माधुर्ययुक्त भावनापूर्ण हैं। सरदार पूर्णसिंह की मानवतावादी दृष्टि निबन्धों में स्पष्ट दिखायी देती है। भाषा के सहज प्रवाह, मृदुता तथा लोच में पाठक तल्लीन हो जाते हैं। ये अपने प्रगतिशील दृष्टिकोण को बड़ी कमनीयता से व्यक्त करते हैं। हिन्दी में इन्होंने केवल छह निबन्ध लिखा है।

शुक्ल-युग— पं. रामचन्द्र शुक्ल ने निबन्ध लेखन को एक नयी दिशा दी। भारतेन्दुयुगीन वैयक्तिकता तथा द्विवेदीयुगीन विषयगत गम्भीरता दोनों के अद्‍भुत समन्वय से शुक्ल जी की निबन्ध-शैली का निर्माण हुआ। इसमें साहित्यशास्त्रीय अध्ययन, मनोवैज्ञानिक चिन्तन तथा सामाजिक अनुभवों की सम्मिलित योजना है। विशुद्ध, परिनिष्ठित, व्याकरणसम्मत भाषा कहीं सूत्र में व्यापक मौलिक विचारों को अपने अन्दर समाहित कर लेती है और कहीं व्यासवत् फैलाव में विचार के हर पेशे को साफ-साफ दृष्टिगोचर कर देती है।

शुक्ल जी ने पहली बार मनोविकारों पर मनोवैज्ञानिक ढंग से विचार करते हुए उनका सामाजिक उपयोगिता तथा सामाजिक सन्दर्भों का विश्लेषण किया। सैद्धान्तिक तथा व्यावहारिक आलोचना से सम्बद्ध उनके निबन्ध हिन्दी साहित्य की स्थायी निधि हैं। निबन्ध शुक्ल जी की अन्तर्यात्रा में पड़नेवाले मनोरम स्थल हैं। यात्रा के लिए बुद्धि और हृदय साथ निकलते हैं। बुद्धि नूतन मार्ग का अन्वेषण करती है और हृदय कुछ क्षणों के लिए रम जाता है। शुक्ल जी का एक-एक निबन्ध हिन्दी गद्य शैली की शानदार मंजिल है, एक-एक पैरा प्रगति और प्रौढ़ता के पथ पर बढ़ता पग। एक-एक पंक्ति गम्भीर चिन्तन की साँस, एक-एक शब्द अभिव्यंजना का चित्र।

शुक्ल-युग के अन्य निबन्धकारों में बाबू गुलाबराय, रघुवीर सिंह उल्लेखीय हैं। गुलाबराय ने समीक्षात्मक तथा व्यक्तिपरक दोनों प्रकार के निबन्ध लिखे। व्यक्तिपरक निबन्धों में सरसता है तथा समीक्षात्मक निबन्धों में विषय का सरल, सुबोध प्रतिपादन किया गया है। कुछ उथले, कुछ गहरे, ठलुआ क्लब, सिद्धान्त और अध्ययन इनके प्रसिद्ध निबन्ध-संग्रह हैं।

रघुवीर सहाय ने ऐतिहासिक विषयों पर मार्मिक निबन्ध प्रस्तुत किये। 'शेष स्मृतियाँ' इनका श्रेष्ठ निबन्ध-संग्रह है।

पदुमलाल पुन्नालाल बख़्शी, पाण्डेय बेचन शर्मा उग्र, निराला, प्रसाद, पन्त, राय कृष्णदास, वियोगी हरि आदि निबन्धकारों ने प्रांजल भाषा में उच्चकोटि के निबन्धों का सृजन किया।

शुक्लोत्तर युग— शुक्ल जी की उत्कृष्ट निबन्ध शैली तथा आदर्श का परवर्ती लेखकों पर गहरा असर हुआ। सैद्धान्तिक तथा व्यावहारिक समीक्षा, सांस्कृतिक तथा साहित्यिक समस्याओं से सम्बन्धित विषयों पर उत्कृष्ट निबन्ध प्रस्तुत किये गये। विचारों की सघनता, चिन्तन की मौलिकता तथा वैयक्तिकता की छाप शुक्लोत्तर युग के निबन्धों की प्रमुख विशेषताएँ हैं। निबन्धों में वैयक्तिकता की छाप रुचि-अरुचि तक सीमित नहीं है बल्कि उनमें निबन्धकार के विशिष्ट चिन्तन की दशा तथा साहित्यिक मान्यता का संकेत निहित रहता है। भारतीय तथा पाश्चात्य काव्यशास्त्रीय मान्यताओं के विराट् फलक पर समाजशास्त्रीय, राजनैतिक तथा मनोवैज्ञानिक सिद्धान्तों के मर्म को समझकर लेखकों ने अपने विचारों को निबन्धों में निरूपित किया है। इस युग के प्रमुख निबन्धकारों में नन्ददुलारे वाजपेयी, हजारीप्रसाद द्विवेदी, विश्वनाथ मिश्र, नगेन्द्र, वासुदेवशरण अग्रवाल, विद्यानिवास मिश्र के

नाम उल्लेखनीय हैं। आलोचनात्मक निबन्धकारों की तो लम्बी पंक्ति है जैसे देवराज उपाध्याय, डॉ. सत्येन्द्र, विजयेन्द्र स्नातक, नामवर सिंह, रघुवंश आदि।

नन्ददुलारे वाजपेयी ने साहित्य के विविध पक्षों तथा कवियों, लेखकों पर अपने विचार व्यक्त किये हैं। काव्यशास्त्रीय मान्यताओं को स्वीकार करते हुए भी वाजपेयी जी मानवीय चेतना तथा संवेदना के आधार पर साहित्य को परखना चाहते हैं। उनकी सूक्ष्म विवेचना शक्ति, सन्तुलित दृष्टि, प्रवाहपूर्ण सशक्त भाषा निबन्धों को उत्कृष्टता प्रदान करती है। 'हिन्दी साहित्य : बीसवीं शताब्दी', 'जयशंकर प्रसाद', 'आधुनिक साहित्य', 'नया साहित्य-नये प्रश्न' प्रकाशित निबन्ध-संग्रह हैं।

हजारीप्रसाद द्विवेदी उच्चकोटि के निबन्धकार हैं। प्राचीन भारतीय साहित्य के गहन अनुशीलन से उन्होंने जो कुछ प्राप्त किया उसे व्यक्तित्व की सहजता से जोड़कर सुग्राह्य बना दिया। द्विवेदी जी की दृष्टि बड़ी पैनी है। उसमें सारग्राहिणी शक्ति है। शुष्क-से-शुष्क विषय जो उन्हें जँच जाता है बुद्धि और हृदय का योग पाकर सरस हो उठता है। पाठक उनके साथ संस्कृति की गहराई में उतरता जाता है और अमूल्य रत्नों को खोज लाता है। बड़ी-सी-बड़ी समस्या का समाधान द्विवेदी जी चुटकी बजाते कर देते हैं। उनके विचारों, भावों तथा अभिव्यक्ति में कहीं भी उलझन नहीं रहती। निबन्धों के बीच मानवीय जिजीविषा, शक्ति और विकास की ललक परिलक्षित होती है। विचारों के अनुकूल भाषा का प्रयोग द्विवेदी जी की विशेषता है। लालित्य इनके निबन्धों का प्रधान गुण है। अशोक के फूल (1948), कल्पलता (1951), विचार प्रवाह (1959), विचार और वितर्क (1949), कुटज (1964), आलोक पर्व (1972) द्विवेदी जी के निबन्धों के संग्रह हैं।

शान्तिप्रिय द्विवेदी के लगभग एक दर्जन निबन्ध-संग्रह प्रकाशित हैं, जिनमें संचारिणी, साहित्यिकी, सामयिकी, कवि और काव्य प्रमुख हैं। इनके आत्मिक भाव का प्रतिबिम्बन निबन्धों में प्रत्यक्ष है। अभावग्रस्त जिन्दगी से जूझते हुए भी द्विवेदी जी निबन्धों में जीवन के सत्य तथा सौन्दर्य को अंकित करते रहे। समीक्षात्मक निबन्धों में उनकी पैनी दृष्टि तथा साहित्यिक बोध का परिचय मिलता है।

जैनेन्द्र कुमार उच्चकोटि के कथाकार ही नहीं वरन् निबन्धकार भी हैं, जड़ की बात, साहित्य का श्रेय और प्रेय, खोज विचार, मन्थन, दो चिड़ियाँ, समय और हम आदि निबन्ध-संग्रह हों में धर्म, संस्कृति, काम आदि से सम्बन्धित विषयों का चिन्तन तथा वर्णन है।

डॉ. नगेन्द्र की समीक्षात्मक निबन्धों के क्षेत्र में सराहनीय उपलब्धियाँ हैं। इन्होंने निबन्ध की विविध शैलियों का व्यवहार किया है। निबन्ध में इनका निजी व्यक्तित्व स्पष्ट रूप से परिलक्षित होता है। डॉ. बच्चन सिंह का विचार है कि निःसंगता और आग्रह के बीच की तनावपूर्ण स्थितियाँ ही उनके निबन्धों का सृजन कराती हैं। उनमें कार्य-करण की अटूट शृंखला, विषय के अन्तरतम में बैठने की शक्ति, विश्लेषण तथा विवेचन का उत्तम विवेक है। विचार और अनुभूति, विचार और विवेचन, अनुसन्धान और आलोचना, आस्था के चरण आदि निबन्ध-संग्रह हैं।

वासुदेवशरण अग्रवाल ने अपने निबन्धों में संस्कृति के विविध पक्षों को उद्घाटित किया है। यशपाल, रामविलास शर्मा, शिवदान सिंह चौहान ने अपने निबन्धों में प्रगतिवादी दृष्टिकोण अपनाया है। देवराज उपाध्याय मनोविश्लेषण की ओर उन्मुख हैं। अज्ञेय अनुभूत सत्य को निबन्धित करते हैं। इन्द्रनाथ मदान, देवराज, बच्चन सिंह, नामवर सिंह, रघुवंश, रामस्वरूप चतुर्वेदी, विष्णुकान्त शास्त्री आदि समीक्षकों के समीक्षात्मक निबन्ध उल्लेखनीय हैं।

ललित निबन्ध

विषयपरक गम्भीर विवेचनात्मक निबन्धों से ललित निबन्ध का माहौल भिन्न होता है। इसमें निबन्धकार का आत्मिक बोध प्रमुख रहता है। किसी अदना से विषय के साथ जुड़कर कभी वह संस्कृति की अतल गहराई में उतरता है, कभी लोक-मानस की सहजता में रमण करता है और कभी एकदम नये अर्थ, नयी छवि तथा अनुभूति का साक्षात्कार करता है। ललित निबन्ध की भाषा का भी तेवर तेजी से बदलता रहता है। कहीं तत्सम शब्दों की छटा, कहीं तद्भव एवं ग्रामीण शब्दों का ठाट और कहीं व्यंग्य से अन्तर को बेधनेवाली पैनी धार निबन्ध की भाषा में दिखायी देती हैं। भारतेन्दु युग में लिखे गये निबन्धों की व्यक्तिनिष्ठता, रोचकता तथा सजीवता में ललित निबन्धों का पूर्वरूप निर्मित हो गया था। **हजारीप्रसाद द्विवेदी** ने अपनी मौलिक प्रतिभा से इस परम्परा को एकदम नये रूप में ढाल दिया।

पं. विद्यानिवास मिश्र ने अपने ललित निबन्धों में सामान्य जनजीवन के विविध पक्षों को बड़ी तन्मयता और निष्ठा के साथ; अंकित किया संस्कृत वाङ्मय को प्रेरणा स्रोत बनाकर मिश्र जी ने गीतात्मक तत्त्व की सृष्टि की है। इन निबन्धों में लालित्य अधिक है विचार सामग्री कम। निबन्धकला के इन दो उपकरणों का जैसा सामंजस्य हजारीप्रसाद द्विवेदी ने प्रस्तुत किया उसी को आदर्श मानकर चलने में मिश्र जी सर्वत्र ऊँचाई पर नहीं पहुँच सके हैं। शिल्पगत संगीतात्मकता मिश्र जी की अपनी विशेषता है। 'छितवन की छाँह (1953 ई., प्रथम निबन्ध-संग्रह है। इसके बाद क्रम से कदम की फूली डाल, तुम चन्दन हम पानी, आँगन का पंछी और बनजारा मन, मैंने सिल पहुँचायी, बसन्त आ गया, पर कोई उत्कण्ठा नहीं, मेरे राम का मुकुट भीग रहा है, कँटीले तारों के आर-पार, कौन तू फुलवा बीननिहारी, तमाल के झरोखे से, भ्रमरानन्द के पत्र, अंगद की नियति, गाँव का मन, अग्निरथ आदि प्रकाशित हुए। ललित निबन्धकारों में कुबेरनाथ राय, अपनी अलग पहचान बनाने के लिए प्रयत्नशील हैं। 'प्रिया नीलकण्ठी' राय के निबन्धों का उत्कृष्ट संग्रह है। प्रभाकर माचवे का खरगोश के सींग, धर्मवीर का ठेले पर हिमालय, कहनी-अनकहनी, पश्यन्ती, नामवर सिंह का 'बकलम खुद' आदि उल्लेखनीय ललित निबन्ध-संग्रह हैं।

कुबेरनाथ राय— कुबेरनाथ राय का पहला निबन्ध-संग्रह 'प्रिया नीलकण्ठी' 1968 में प्रकाशित हुआ था। इसी संकलन से उनकी साहित्य-जगत् में पहचान बन गयी।

इस आखेटक (1970), गन्ध मादन (1972), निषाद बाँसुरी (1974), मनपवन की नौका (1982), किरात नदी में चन्द्र मधु (1983), दृष्टि अभिसार (1984), त्रेता का वृहत्साम (1986), मराल (1993), उत्तर कुरु (1994), वाणी का क्षीर सागर (1998), अन्धकार में अग्निशिखा (1998), आगम की नाव (2005), रामायण महातीर्थम् (2002) इनके प्रकाशित निबन्ध-संग्रह हैं। ये अंग्रेजी साहित्य, बँगला साहित्य, प्राचीन संस्कृत साहित्य से प्रेरणा ग्रहण करते हैं। इनके निबन्ध भारतीय मन और विश्व मन के बीच एक सामंजस्य स्थापित करने की चेष्टा करते हैं। आठवें दशक के बाद जिन निबन्धकारों ने हिन्दी में प्रतिष्ठा प्राप्त की है उनमें प्रमुख हैं—**कृष्णबिहारी मिश्र, रामअवध शास्त्री** और **श्रीराम परिहार।** कृष्णबिहारी मिश्र के चार निबन्ध-संग्रह प्रकाशित हैं—बेहया का जंगल (1981), मकान उठ रहे हैं (1990), सम्बुद्धि (1997), आँगन की तलाश (1999) निबन्धों में वर्तमान के प्रति क्षोभ तथा भविष्य के प्रति आशा का भाव है। गाँवों में आत्मीय सम्बन्धों में जो क्षरण हो रहा है वह उन्हें बेचैन करता है। श्रम के प्रति लगाव न होना तथा चारित्रिक दृढ़ता का अभाव, बाजारवाद के दुष्परिणाम,

विदेशी संस्कृति का दुष्प्रभाव आदि बिन्दु उनके निबन्धों में विस्तार पाते हैं। **रामअवध शास्त्री** अपने निबन्धों में भारतीय प्रकृति, उत्सव, त्योहार तथा जीवन-मूल्यों को प्रस्तुत करते हैं। डायरी के उड़ते पृष्ठ (1982), बूझत श्याम कौन तू गोरी (1991), कास फूल गये (1999) इनके उल्लेखनीय निबन्ध-संग्रह हैं। **श्रीराम परिहार** पेशे से प्राध्यापक हैं और दक्षिणपन्थी है, अर्थात् भारतीय जीवन-मूल्यों एवं आदर्शों के प्रति पूर्ण निष्ठावान् हैं, अतः पश्चिमी प्रभावों के कारण मूल्यों के विघटन से चिन्तित होना स्वाभाविक है। परिहार के पाँच निबन्ध-संग्रह प्रकाशित हैं—आँच अलाव की, अँधेरे से उम्मीद (1994), धूप का अवसाद (1998), बजे तो वंशी, गूँजे तो शंख (1999) ठिठके पंख पंखुरी पर (2002)।

निर्मल वर्मा— उत्कृष्ट निबन्धकार हैं। इनके निबन्धों में आत्म व्यंजकता के साथ आलोचना के गुण भी समाहित हैं। इन्होंने साहित्य और कला से सम्बन्धित विषयों पर मौलिक एवं महत्त्वपूर्ण विचार व्यक्त किये हैं। इन पर पश्चिमी विचारों का प्रभाव तो है ही, विदेशी साहित्य को पढ़कर इन्होंने उनसे बहुत कुछ ग्रहण किया है। इनकी भारतीयता के विषय में जो सोच है वह नितान्त वैयक्तिक है। "वे उस भारतीय बुद्धिजीवी के प्रतिनिधि हैं जो आम भारतीय जीवन से कटा हुआ है और उसके यथार्थ से रागात्मक स्तर पर विच्छिन्न है।'

विष्णुकान्त शास्त्री के निबन्ध शीर्षक से ललित लगते हैं किन्तु प्रस्तुतीकरण में आलोचनात्मक हैं। **रमेश चन्द्र शाह** के निबन्ध 1970 से प्रकाशित होने लगे हैं। उनके निबन्ध उनके व्यापक अध्ययन तथा चिन्तन से अनुस्यूत हैं। वे निबन्ध को आत्म साक्षात्कार की विधा मानते हैं। शैतान के बहाने (1980), आड़ू का पेड़ (1984), शब्द निरन्तर (1987), भूलने के विरुद्ध (1990), स्वधर्म और कालगति, शाह के प्रकाशित निबन्ध-संग्रह हैं।

हास्य-व्यंग्य लेखकों ने भी निबन्धों की रचना की है। हरिशंकर परसाई का निबन्ध-संग्रह 'तुलसी चन्दन घिसै (1986), प्रेमचन्द के फटे जूते (2003), शरद जोशी, जादू की सरकार (1993), यत्र-तत्र सर्वत्र (2000), रवीन्द्रनाथ त्यागी का संकलन पराजित पीढ़ी के नाम (1988) उल्लेखनीय हैं। नरेन्द्र कोहली (मेरे मुहल्ले के फूल 2000), सबसे बड़ा सत्य (2003), हरीश नवल आदि ने भी निबन्ध लेखन किया है।

कहानी

मनुष्य—समाज के बीच अनुभवों तथा घटनाओं की सूचना, कथन, श्रवण की परम्परा अत्यन्त प्राचीन है। उपेन्द्रनाथ अश्क का कथन है, "कहानी उतनी ही पुरानी है जितना कि मानव। सृष्टि के आरम्भ में जब एक सुनानेवाले को दूसरा सुननेवाला मिला तभी शायद कहानी ने जन्म लिया।" सामाजिक सम्बन्धों तथा सांस्कृतिक परिवर्तनों के बदलाव के साथ कहानी का शिल्प बदलता गया। प्राचीन कहानियों में राजा-रानी के साहसिक तथा रोमाण्टिक घटनाओं का वर्णन होता था। उसमें आकस्मिकता, संयोग तथा अतिमानवीय प्रसंगों की प्रधानता थी। आधुनिक कहानी में बाह्य घटनाओं की अपेक्षा अन्तरंग अनुभूतियों, राजा-रानी के बदले सामान्य जन-जीवन, अति प्राकृतिक तथ्यों की अपेक्षा स्वाभाविक स्थितियों का चित्रण होता है। आरम्भ में आधुनिक कहानियों में भी संयोग तथा आकस्मिकता के तत्त्व मिलते हैं किन्तु धीरे-धीरे इनकी कमी होती गयी।

आधुनिक हिन्दी कहानी का विकास 'सरस्वती' के प्रकाशन के साथ अभिन्न रूप से जुड़ा हुआ है। सन् 1990 में प्रकाशित होनेवाली इस पत्रिका में अनेक कहानियाँ प्रकाशित हुईं जैसे—गोस्वामी किशोरीलाल की 'इन्दुमती', रामचन्द्र शुक्ल की 'ग्यारह वर्ष का समय', बंग महिला की 'दुलाईवाली',

वृन्दावनलाल वर्मा की 'राखी बन्ध भाई'। हिन्दी की सर्वप्रथम कहानी के रूप में 'इन्दुमती', 'दुलाईवाली' तथा 'ग्यारह वर्ष का समय' के पक्ष में अलग-अलग तर्क प्रस्तुत किये गये। डॉ. बच्चन सिंह के विचार से किशोरीलाल गोस्वामी कृत 'प्रणयिनी परिणय' जिसे लेखक ने उपन्यास कहा है, हिन्दी की पहली कहानी है, उस समय कहानी और उपन्यास का भेद स्पष्ट नहीं था। इसके पूर्व राजा शिवप्रसाद 'सितारेहिन्द' की उपदेशपरक कहानी 'राजा भोज का सपना', तोताराम शर्मा के कथात्मक निबन्ध 'एक अद्‌भुत अपूर्व स्वप्न' की चर्चा की जाती है। किन्तु इनमें आधुनिक कहानी-कला के दर्शन नहीं होते। सरस्वती में प्रकाशित आरम्भिक कहानियों में घटनाचक्रों में अस्वाभाविक रहस्यात्मकता भरी गयी है। घटनाओं का क्रम तथा विकास सपाट है। रहस्य-रोमान्स से भिन्न यथार्थवादी धरातल पर लिखी गयी 'एक टोकरी भर मिट्‌टी' नामक कहानी 'छत्तीसगढ़ मित्र' नामक मासिक पत्रिका में प्रकाशित हुई।

कहानी-कला में उल्लेखनीय बदलाव 1909 से प्रकाशित 'इन्दु' पत्रिका के माध्यम से हुआ जिसमें जयशंकर प्रसाद तथा अन्य कहानीकारों की रचनाएँ प्रकाश में आयीं। हिन्दी कहानी की विकास दशा की त्वरित गति तथा नवीन मोड़ देने का श्रेय कथा सम्राट् प्रेमचन्द को है। प्रेमचन्द ने कहानी को व्यापक मानवीय संवेदनाओं से जोड़ने का प्रयास किया। उनमें कल्पना की अपेक्षा अनुभूति की मात्रा अधिक है। उनकी अनुभूतियाँ ही रचनाशील भावना से अंकुरित होकर कहानी बन गयीं। प्रेमचन्द कथा संरचना के आरम्भिक चरण में इतिवृत्तात्मक घटनाओं के द्वारा पारिवारिक-सामाजिक आदि आदर्शों को प्रतिपादित करते हैं। सौत, पंच परमेश्वर, नमक का दारोगा इसी तरह की कहानियाँ हैं। दूसरे चरण में वे आरोपित आदर्श से हटते दिखायी देते हैं। वज्रपात, शतरंज के खिलाड़ी आदि कहानियाँ सुसंगठित कथानक तथा यथार्थवादी संचेतना के कारण उत्कृष्टता प्राप्त करती हैं। अन्तिम चरण में प्रेमचन्द सामाजिक विषमता की त्रासदी का साक्षात्कार करते हैं। अपने नुकीले व्यंग्य, मनोविश्लेषणात्मक पद्धति तथा बिशुद्ध यथार्थ अनुभूति के साथ ये कहानियाँ व्यक्ति के माध्यम से समाज को चित्रित करती हैं। पूस की रात तथा कफन प्रेमचन्द की भाव तथा कला दोनो दृष्टियों से उत्कृष्ट कथात्मक त्रुटियाँ हैं। मानसरोवर (कुल आठ भाग) में इनकी कहानियाँ संगृहीत हैं।

प्रेमचन्द के आदर्शोन्मुख यथार्थवाद से प्रभावित होकर विश्वम्भरनाथ शर्मा, सुदर्शन, ज्वालादत्त शर्मा, विश्वम्भरनाथ जिज्जा आदि कहानीकार कहानी रचना में प्रवृत्त थे। विश्वम्भरनाथ शर्मा, कथा प्रसंगों के बीच में निजी टिप्पणी देते हैं जिससे कथात्मक गठन शिथिल होता है। 'चित्रशाला', 'मणिकमाला', किल्लोल' शर्मा जी के कहानी-संग्रह हैं। सुदर्शन घटनाप्रधान कहानियों का सृजन करते हैं। कथा के माध्यम से वे किसी ऐसे नैतिक या मानवीय सत्य को उद्‌घाटित करते हैं जो कथा की स्थिति से उत्पन्न होने के कारण नूतन न होकर भी आकर्षक होता है 'हार की जीत' इनकी प्रसिद्ध कहानी है। सुदर्शन सुधा, तीर्थयात्रा, पुष्पलता, गल्पमंजरी, सुप्रभात में इनकी कहानियाँ संगृहीत हैं। ज्वालादत्त शर्मा अपनी कहानियों में संयोगात्मकता को विशेष महत्त्व देते हैं।

प्रेमचन्द-युग में ही कहानीकारों का एक दूसरा वर्ग था जो प्रेम एवं सौन्दर्य की भावात्मक चेतना से युक्त रोमाण्टिक कहानियाँ लिख रहा था। ये कहानियाँ प्रकृति के रमणीक वातावरण में दायित्व तथा प्रेम के द्वन्द्व से विकसित होती है। ये दलित जीवन तथा उपेक्षित समाज में भी सौन्दर्य को परख लेते हैं। प्रसाद व्यक्ति के अन्तर्जगत् में उतरने की कोशिश करते हैं और भावों के द्वन्द्व को बड़ी रोचकता तथा कुशलता से अंकित करते हैं। कहानियों में प्रसाद का कवि तथा नाटककार दोनों रूप सम्मिलित हो जाता है। छाया, प्रतिध्वनि, आकाशदीप, आँधी, इन्द्रजाल इनके कहानी-संग्रह हैं। प्रेमचन्द तथा

प्रसाद के समकालिक चन्द्रधर शर्मा गुलेरी ने केवल तीन कहानियाँ—उसने कहा था, सुखमय जीवन और बुद्धू का काँटा लिखकर ख्याति प्राप्त कर ली। जैनेन्द्र, उग्र, निराला, हृदयेश, सियारामशरण गुप्त रोमाण्टिक कहानीकार हैं।

जैनेन्द्र की कहानियों का धरातल दार्शनिक तथा मनोवैज्ञानिक हैं। ये अपनी कहानियों में आधुनिक जीवन की जटिलताओं तथा विषमताओं को पात्रों की अन्तःप्रतिक्रिया के स्तर पर अंकित करते हैं। परिस्थितियों के विरोधाभास तथा अन्तर्द्वन्द्व के बीच से वह किसी ऐसी अन्तरंग वृत्ति का उद्घाटन करते हैं जो साधारण तथा उपले स्तर पर पूर्वाभासित नहीं रहती। जैनेन्द्र की कहानियों के कथानक पौराणिक चरित्रों, ऐतिहासिक, लौकिक तथा काल्पनिक संवेदनों से निर्मित हैं। वातायन, स्पर्द्धा, फाँसी, पाजेब, जयसन्धि, एक रात, दो चिड़ियाँ आदि प्रकाशित कहानी-संग्रह हैं।

प्रेमचन्दोत्तर कहानी— प्रेमचन्दोत्तर-युग की कहानी की रचना-प्रक्रिया दार्शनिक, मनोवैज्ञानिक तथा समाजशास्त्रीय बोध के आधार पर निर्मित होने के कारण जीवन के यथार्थ संवेदनों को बड़ी प्रखरता तथा प्रामाणिकता के साथ अपने अन्दर समेटती है। कहानी में घटना का विवरण मात्र महत्त्वपूर्ण नहीं रह जाता है। घटना तो मात्र माध्यम है जिससे किसी गूढ़ मानवीय सत्य या किसी बुनियादी सवाल को उठाया जाता है। फ्रायड के मनोवैज्ञानिक सिद्धान्त से प्रेरणा ग्रहण करके बहुत-से कहानीकार अन्तर्जगत् के क्रिया-कलापों के विश्लेषण में प्रवृत्त दिखायी देते हैं।

समाज के वर्ग संघर्ष, गरीबी की पीड़ा तथा शोषण की प्रेमचन्दीय अभिव्यक्ति को मार्क्सवादी सामाजिक चिन्तन की एक ठोस सैद्धान्तिक भूमि मिल गयी। फलस्वरूप कई कहानीकारों ने सामाजिक शोषण, नग्नता तथा भूख से उत्पन्न मूल्यहीनता को व्यंग्यात्मक ढंग से कहानी में उभारने की चेष्टा की। कहानी अपने समकालीन सन्दर्भों से लगातार जुड़ती गयी। 36-50 तक प्रगतिवादी और व्यक्तिवादी दो प्रकार की प्रवृत्तियाँ प्रमुख रहीं। इस युग के प्रमुख प्रगतिवादी लेखक यशपाल हुए। इनकी कहानियों में सामाजिक, राजनीतिक तथा सांस्कृतिक जीवन के संघर्ष, द्वन्द्व तथा मर्यादाओं का नकलीपन उद्घाटित होता है। फ्रायड के प्रभाव से इन्होंने यौन चित्रों को भी अंकित किया है। आर्थिक वैषम्य, नैतिकता तथा यौन-संवेदनों से प्रमुखतया इनकी कहानियों का निर्माण होता है। पिंजड़े की उड़ान, वो दुनिया, ज्ञानदान, अभिशप्त, तर्क का तूफान, भस्मावृत्त चिनगारी, फूलो का कुर्त्ता आदि इनके सोलह कहानी-संग्रह हैं।

व्यक्ति के आत्मसंघर्ष तथा नैतिक दायित्व को अज्ञेय बड़ी सजगता से अपनी कहानियों में अंकित करते हैं। व्यक्ति की परिस्थिति, परिवेश तथा उसकी नियति का मनोवैज्ञानिक तनाव इनकी कहानियों में लक्षित होता है। अज्ञेय ऐसे मनोवैज्ञानिक कथाकार हैं जिन्होंने कोरी सैद्धान्तिक प्रेरणा से कहानियाँ नहीं लिखीं। उनमें अनुभूत सत्य की जीवन्तता है। अज्ञेय में वातावरण सृजन की अद्भुत क्षमता है। विदेशी पृष्ठभूमि में कहानी लिखने की परिपाटी अज्ञेय ने ही शुरू की। कहानी के कथानक में अज्ञेय का व्यक्तित्व झलकता है। कहानी लिखने के लिए उन्हें क्लिष्ट कल्पना नहीं करनी पड़ती। उनका जीवन स्वयं कहानी का न समाप्त होनेवाला कथानक है। आत्मकथात्मक शैली अज्ञेय की प्रिय शैली है। इनकी भाषा अमूर्त से अमूर्त मनोद्गारों, घात-प्रतिघातों और मानसिक द्वन्द्वों की अभिव्यक्ति में सफल रही है। विपथगा, परम्परा, कोठरी की बात, शरणार्थी, जयदोल, अमरबल्लरी, ये तेरे प्रतिरूप, अज्ञेय के प्रसिद्ध कहानी-संग्रह हैं।

इलाचन्द्र जोशी ऐसे कहानीकार हैं जिन्होंने मनोविज्ञान के शास्त्रीय आधार पर कहानियाँ लिखीं। इन्होंने व्यक्तिमन की कुण्ठा, अहं, नैतिकता, आत्मपीड़ा तथा अपराध-भावना को अंकित किया है।

उपेन्द्रनाथ अश्क सचेष्ट कहानीकार हैं जिनमें शिल्प और वस्तु का वैविध्य दिखायी देता है। इनकी कहानियों में वातावरण की सजीव योजना, शिल्पगत सतर्कता तथा समाज के विभिन्न वर्गों के चरित्रों का साक्षात्कार है। मनोविश्लेषण, प्रतीक, सेक्स आदि के आधार पर लिखी गयी कहानियों में फार्मूलाबद्धता ही दिखायी देती है। इस तरह की कहानियों में जो गहन मनोवैज्ञानिक पकड़ अपेक्षित होती है वह अश्क में नहीं है।

रांगेय राघव, नागार्जुन, अमृतराय, भैरवप्रसाद गुप्त सामाजिक कथाकार हैं। इन पर मार्क्सवादी विचारधारा का स्पष्ट प्रभाव है। "प्रेमचन्द परवर्ती कथा साहित्य में बहुत-से ऐसे कथाकार हैं जो किसी प्रकार की विचार-परिपाटी के अन्तर्गत नहीं आते हैं। उनमें सामाजिक जीवन चेतना की पहचान है किन्तु वे मार्क्सवादी नहीं कहे जा सकते। उन्हें मनोविज्ञान से गहरा लगाव है, वे मनोविज्ञानवादी नहीं कहे जा सकते।" पाण्डेय बेचन शर्मा उग्र, भगवतीचरण वर्मा, चन्द्रगुप्त विद्यालंकार, अमृतलाल नागर, विष्णु प्रभाकर इसी तरह के कहानीकार हैं।

नयी कहानी

स्वातन्त्र्योत्तर हिन्दी कहानी के वस्तु और शिल्प में क्रान्तिकारी परिवर्तन हुआ, इसीलिए नयी कविता के वजन पर कहानी के लिए भी 'नयी कहानी' संज्ञा का प्रचलन हुआ। सबसे पहले दुष्यन्तकुमार ने अपने लेख 'नयी कहानी : परम्परा और शीर्ष' में इस संज्ञा का प्रयोग किया। यह लेख 'कल्पना' जनवरी, 1959 के अंक में छपा था। इस लेख में कुछ नये कहानीकारों की कहानियों में झलकनेवाले नयेपन का विचार किया गया है किन्तु नाम के सम्बन्ध में कोई तर्क-वितर्क अथवा बहस प्रस्तुत नहीं की गयी है। नामवर सिंह ने आज की कहानी शीर्षक लेख में यह शंका उठायी कि "मेरे मन में यह सवाल उठता है कि 'नयी कविता' की तरह 'नयी कहानी' नाम भी कोई चीज है क्या।"

राजेन्द्र यादव, मोहन राकेश, कमलेश्वर आदि इसे नयी कविता के प्रभाव से मुक्त स्वतन्त्र आन्दोलन स्वीकार करते हैं। कमलेश्वर का कथन है कि 'सर्जनात्मक साहित्य में जो कुछ व्यर्थ है, उसे छाँटते जाने की दृष्टि ही नयी कहानी की वास्तविक प्रक्रिया है, इसलिए नया शब्द न विशेषण है, न संज्ञा, न मात्र उस प्रक्रिया का द्योतक है जो सतत प्रवहमान् है।' पुरानी कहानी का लेखक अपने समक्ष कोई विचार रख लेता था और उसी के अनुसार कहानी की सृष्टि करता था किन्तु नयी कहानी के लेखक के लिए इस तरह के पूर्व निर्धारित सैद्धान्तिक आवरण का कोई अर्थ नहीं है। वह कहानी को रचता नहीं बल्कि अपने अनुभवों को कहानी में रूपान्तरित कर देता है। अनुभव की प्रामाणिकता के कारण कहानी भी प्रामाणिक तथा प्रभावशाली हो जाती है।

स्वतन्त्रता से पूर्व साहित्यकार की मूल समस्या राष्ट्रीय मुक्ति की थी। व्यक्ति की निजी समस्या विराट् समस्या के बराबर उलझती और टकराती रही। स्वतन्त्रता के बाद भारतीय जीवन में बहुत बड़ा परिवर्तन हुआ। स्वतन्त्रता-प्राप्ति भारतीयों के लिए निश्चय ही सुखद घटना थी। उनके मन में आशा की नयी किरणों तथा सुखद भविष्य की आकर्षक हिलोरें उठने लगी थीं किन्तु भारत-पाक विभाजन, चीन-भारत युद्ध, राजनीति में स्वार्थी तत्त्वों का ध्रुवीकरण, अर्थ का विषम विभाजन, अवसरवाद, भ्रष्टाचार, बेईमानी आदि की वृत्ति का परिणाम यह हुआ कि चारों ओर कुण्ठा, निराशा, सन्त्रास तथा दिग्भ्रम व्याप्त होने लगा। नये कहानीकारों ने इन स्थितियों से सीधा साक्षात्कार किया। मोहन राकेश की कहानी 'परमात्मा का कुत्ता' नौकरशाही और लाल फीताशाही के कारण उत्पन्न हुई दयनीय स्थिति को चित्रित करती है।

इन्द्रनाथ मदान कहानीकारों के व्यापक यथार्थ की पकड़ को विश्लेषित करते हुए लिखते हैं, "पिछली पीढ़ी के लेखक जानते थे कि यथार्थ बिखरा हुआ पड़ा है, उपेक्षित है, कहीं-कहीं ढँका भी है और उसे अभिव्यक्ति या उद्घोषित करने की जरूरत है, इस चेष्टा में ये लोग शहर की गलियों से आदिवासियों के घोटुल तक चक्कर लगा आते हैं। पर विभाजन का यथार्थ, उपेक्षित अंचलों का यथार्थ, उपेक्षित पात्रों का यथार्थ, उपेक्षित गलियों का यथार्थ, इन्हें नये कहानीकार ही व्यक्त कर सके हैं।"

औद्योगिकीकरण तथा मशीनीकरण के सामाजिक तथा आर्थिक सम्बन्धों में जो तीव्र परिवर्तन हो रहा है उससे कथा-साहित्य अप्रभावित नहीं रह सकता। जीवन में अर्थ का मायाचक्र प्रभावी होने के कारण मनुष्य की परिणति यन्त्र के एक सहयोगी पुर्जे के रूप में होती जा रही है। तेज रफ्तार से चलनेवाली जिन्दगी में आदमी की आन्तरिक संवेदना तरलता को खोजकर जड़ता में बदलती जा रही है। नया कहानीकार मनुष्य के खोते हुए आत्मसंवेदनों की तलाश बड़ी सतर्कता से कर रहा है। स्वातन्त्र्योत्तर हिन्दी कहानी की मूल समस्या मानव समस्या है। इसके पूर्व की कहानी में व्यक्त कहानीकार की निजी समस्या समग्रतः मानव समस्या नहीं बन पाती। इन्द्रनाथ मदान ने तो यहाँ तक कह दिया कि पहले कहानी-कला मूल्यों को लेकर लिखी जाती थी, अब जीवन-मूल्यों को लेकर, पहले कहानी झूठी थी अब सच्ची है। प्रसिद्ध कहानीकार कमलेश्वर भी इसी बात का समर्थन करते हैं, 'स्वातन्त्र्योत्तर कहानी ने झूठ के तत्त्व का काटकर एक नयी दिशा की ओर प्रयाण किया है। इस झूठ को काट फेंकने में उन केन्द्रीय पात्रों का बहुत महत्त्व है जिन्होंने कहानी की इस मुक्ति में अनजाने ही योग दिया। झूठ से मुक्त होने का तात्पर्य अनुभवों की यथार्थता तथा घटनाओं की सम्भाव्यता की अनिवार्यता से है।

कथ्य के स्तर पर नयी कहानी पारिवारिक सम्बन्धों के बदलाव को भी चित्रित करती है। उषा प्रियंवदा ने 'वापसी' में माता-पिता के साथ सन्तान के बदले हुए सम्बन्ध को अंकित किया है सबसे अधिक बदलाव का असर पड़ा है दाम्पत्य रिश्तों पर। घर की चहारदीवारी से बाहर निकलनेवाली नारी का सम्पर्क स्कूल, दफ्तर तथा अन्य सार्वजनिक प्रतिष्ठानों में अलग-अलग तरह के पुरुषों से होता है। नौकरी करनेवाली स्त्रियों की अपनी अलग ही समस्याएँ हैं। प्रेम और त्याग के पुराने तरीके निर्जीव हो चुके हैं। स्त्री-पुरुष के बीच में तीसरे की उपस्थिति, स्त्री स्वतन्त्रता की माँग तथा आर्थिक दबाव के कारण दाम्पत्य प्रेम में अजीब तरह की कशमकश पैदा हो गयी है। मोहन राकेश की कहानी 'एक और जिन्दगी', कमलेश्वर की 'राजा निरवंसिया', श्रीकान्त वर्मा की कहानी 'परिचय' में स्त्री-पुरुष के बदलते हुए आत्म सम्बन्धों को चित्रित किया गया है।

नयी कहानी की वैचारिकता अस्तित्ववादी दर्शन से भी प्रभावित है। इसलिए उसमें अनास्था, कुण्ठा, भय, अविश्वास तथा मृत्यु कामना की स्थितियों के अंकन प्रमुखता पा लेते हैं। नयी कहानी में जो कथाकार मार्क्सवाद से प्रभावित हैं वे ग्राम्य समस्याओं को वर्तमान परिवेश में बड़े कलात्मक ढंग से उभारते हैं। मार्कण्डेय, भीष्म साहनी आदि इसी तरह के कथाकार हैं। शिवप्रसाद सिंह, कमलेश्वर तथा फणीश्वरनाथ रेणु आदि ने भी ग्रामीण पात्रों से गहरी आत्मीयता स्थापित करके सुन्दर ग्रामकथाएँ लिखी हैं।

नयी कहानी में कथानक, चरमबिन्दु, चरित्र-चित्रण, वातावरण आदि पुराने शिल्प उपेक्षित हो जाते हैं। परम्परागत संरचना से अलग हटकर यह रेखाचित्र, डायरी संस्मरण आदि के शिल्प को भी अपनी

विधा में समाहित कर लेती है। नये कहानीकारों ने अपनी चयनित अन्तर्वस्तु के अनुसार चूँकि अलग-अलग शिल्प का विकास किया इसलिए उनमें वैविध्य दृष्टिगत होता है।

प्रयोगशीलता को नयी कहानी की जीवन्तता का सबसे बड़ा प्रमाण माना गया है। 'नयी कहानी' के प्रयोग आशय और अभिव्यक्ति दोनों ही दिशाओं में हुए हैं। कुल मिलाकर विचार, विषय, शिल्प और भाषा के चतुर्दिक् प्रयोग। नयी कहानी की भाषा के विषय में कहानीकारों का स्वयं का दावा है कि "शब्दों को एक कृत्रिम अर्थवत्ता देने की बजाय भाषा की ऐतिहासिक अर्थवत्ता की खोज करना और (निजी) अनुभूति की विशिष्टता से उसे एक नया संस्कार देना—यह इस पीढ़ी के सभी लेखकों का साझा प्रयत्न रहा है" नयी कहानी में सांकेतिकता अधिक है। कई कहानियों की रचना प्रतीकात्मक शिल्प के आधार पर हुई है। मार्कण्डेय की 'तारों का गुच्छा', राजेन्द्र यादव की 'प्रश्नवाचक पेड़', दूधनाथ सिंह की 'रीछ' इसी तरह की कहानियाँ हैं।

नयी कहानी में 'भोगा हुआ यथार्थ' तथा परिवेशगत प्रतिबद्धता के नाम पर व्यक्तिवादिता को अधिक महत्त्व मिलता गया। स्त्री-पुरुष के सम्बन्धों में प्रेम का लिजलिजापन ही प्रमुख भाव बन गया और कहानीकार की चेतना प्रेम के त्रिकोण पर ही अटक गयी। 1962 के बाद नयी कहानी का आन्दोलन अकहानी के रूप में परिणत हो गया।

अकहानी—1960 के आस-पास नयी कहानी में नया आयाम उभरने लगता है। डॉ. गंगाप्रसाद विमल का कहना है कि, "1960 के बाद कथा रचना की ऐसी चेतना सामने आयी है जो पूर्ववर्ती अपनी पीढ़ी से कई अर्थों में भिन्न है। 'अकहानी' का आन्दोलन पश्चिम में जन्में 'एण्टी स्टोरी' का रूपान्तर है, एण्टी नॉवेल की प्रेरणा से इसका जन्म हुआ है। अकहानी में एक तरह की असम्बद्धता है, इसे शिल्प-विरहित कहानी भी कह सकते हैं।" "अकहानी सभी प्रकार के मूल्यों को अस्वीकार करती है तथा इसके पीछे अस्तित्ववादियों का विश्वबोध है, कामू का दर्शन है तथा एब्सर्ड भावबोध भी है।" एब्सर्ड अथवा व्यर्थता-बोध एक सामंजस्यहीन, अनर्गल एवं रूढ़ अर्थ से मुक्त विचार-सरिणी है जो समग्र जीवन के अस्वीकार का आन्दोलन कही जा सकती है।'

अकहानी में घटना की कोई आवश्यकता नहीं होती। इसमें मूड या क्षण की अभिव्यक्ति होती है। अकहानी पूर्व निर्मित जीवन-मूल्यों पर विकट प्रश्नचिह्न लगाकर उसी प्रश्न में ही अपने को मुखरित करती है। उसमें भावबोध के धरातल पर सन्त्रास, आत्मपीड़न, ऊब, अकेलेपन, अजनबीपन और जीवन की विसंगतियों का अंकन होता है। अकहानी के पात्र नितान्त अहंवादी तथा आत्मकेन्द्रित होते हैं। ज्ञानरंजन की 'रक्तपात', सुधा अरोड़ा की 'मरी हुई चीज' में अंकित पात्र इसी तरह के हैं। इनका समाज से कोई सरोकार नहीं है। कई जगह पात्र केवल प्रतीक बन गये हैं।

अकहानी में सम्बन्ध को सम्बन्धहीनता तक बड़ी बेरहमी से ताना गया है। सम्बन्धों के तनाव में मूल्य भी अस्तव्यस्त हो जाते हैं। महेन्द्र भल्ला की कहानी 'एक पति के नोट्स' में पति-पत्नी के बीच विकसित हुए विचित्र तरह के सम्बन्धों को दर्शाया गया है। दोनों ने यद्यपि प्रेमविवाह किया है, किन्तु नायक किसी तरह के आदर्श को मानने के लिए प्रस्तुत नहीं है। इसे आदर्शों से चिढ़ है। नायक के लिए पत्नी का अर्थ शारीरिक तृप्ति के अतिरिक्त कुछ भी नहीं है।

भाषा के स्तर पर अकहानी में किसी तरह की बनावट-सजावट स्वीकार नहीं है, अनुभव का यथातथ्य सम्प्रेषण ही इसका लक्ष्य है।

इसके अलावा 1960 में ही महीप सिंह के द्वारा 'सचेतन कहानी' नाम से एक आन्दोलन चलाया गया। यह मूलतः विचारप्रधान आन्दोलन है। 'सचेतनता' एक दृष्टि है। वह दृष्टि जिसमें जीवन जिया

भी जाता है और जाना भी जाता है।' इसमें मानव विरोधी एवं रुग्ण मानसिकता का विरोध किया गया। कहानी का यह आन्दोलन बहुत अधिक दिन तक जीवित नहीं रहा।

सहज कहानी—1968 में अमृत राय ने 'नयी कहानियाँ' पत्रिका का स्वामित्व खरीदकर 'सहज कहानी' नाम से सम्पादकीय लिखना शुरू किया। इससे आन्दोलन को कोई व्यापक रूप नहीं मिल पाता।

समान्तर कहानी—'समान्तर कहानी' आन्दोलन का सूत्रपात 1972 में कमलेश्वर द्वारा सारिका की सम्पादकीय टिप्पणियों द्वारा हुआ। अनके युवा कहानीकारों ने इस आन्दोलन का समर्थन किया। कमलेश्वर ने 'सारिका' के तीन विशेषांक 'समान्तर कहानी' पर प्रकाशित किये। नयी कहानी के प्रमुख प्रवक्ता कमलेश्वर ने यह नया आन्दोलन शायद अपने को पुनःस्थापित करने की चाह से किया।

समान्तर की भूमिका में तीन प्रश्न उठाये गये हैं—

1. पहला प्रश्न प्रतिबद्धता का है जिसके विषय में कहा गया कि 'प्रतिबद्धता को एक संलग्नता या सम्पूर्ण सम्बद्धता (इन्वाल्वमेण्ट) ही माना जा सकता है।

2. लेखन को सामयिक सन्दर्भ से जुड़कर चलना चाहिए 'मात्र कोई वैचारिक आधार या किसी चिन्तन-विशेष को आधार मानकर लिखा गया साहित्य, सामयिक जीवनगत स्थितियों पर आरोपण मात्र है। लेखन की सार्थकता सामान्य आदमी की सम्बद्धता है। सतीश जायसवाल की कहानी 'जाने किस बन्दरगाह पर', कमलेश्वर की कहानी 'बयान', जितेन्द्र भाटिया की कहानी 'शहादतनामा' में आम आदमी के संघर्षों को समग्रता से उभारा गया है। स्वातन्त्र्योत्तर कहानी के विविध आन्दोलनों को गति प्रदान करनेवाले प्रमुख कहानीकारों की रचनात्मक उपलब्धियों का संक्षिप्त विवेचन अपेक्षित है—

राजेन्द्र यादव ने उच्च तथा मध्यमवर्गीय समाज की पीड़ा, बेचैनी तथा जिजीविषा को अंकित किया है। यादव पुरानी संवेदना को नये शिल्प में ढालते हैं। अभिमन्यु की आत्महत्या, देवताओं की मूर्तियाँ, किनारे से किनारे तक, खेल खिलौने, अपने पार, जहाँ लक्ष्मी कैद है, छोटे-छोटे ताजमहल, प्रतीक्षा, मेरी प्रिय कहानियाँ इनके प्रमुख कहानी-संग्रह हैं।

निर्मल वर्मा की कहानियों में सामाजिक परिवर्तन के फलस्वरूप उत्पन्न मनोवैज्ञानिक परिवर्तन की गहरी तथा सूक्ष्म पड़ताल है। प्रेम, सेक्स, घुटन, चीख इनकी कहानियों के विषय हैं। आज का परिवेश—अलगाव, अजनबीपन, भय, सन्त्रास इनकी कहानियों में गहराई से उभरते हैं। इनमें विदेशी वातावरण तथा विदेशी अनुभवों की कमी नहीं है। जलती झाड़ी, पिछली गर्मियों में, परिन्दे, बीच बहस में, हिल स्टेशन इनकी कहानियों के संग्रह हैं।

मोहन राकेश नगरीय बोध के कहानीकार हैं। उनके कथापात्रों में प्रबल जिजीविषा है। वे सहज, सुबोध तथा नाटकीय भाषा के माध्यम से प्रेम, साहचर्य, तनाव, असमंजस तथा विरक्ति आदि अनुभवों को अंकित करते हैं। इन्सान के खँडहर, नये बादल, जानवर और जानवर, एक और जिन्दगी, फौलाद का आकाश, एक-एक दुनिया, आज के साये प्रमुख कहानी-संग्रह हैं।

कमलेश्वर की कहानियों में कस्बाई तथा नगरीय बोध उजागर होता है। कथा सृजन के साथ ही कमलेश्वर ने अपनी सम्पादन कला एवं आलोचना शक्ति से नयी कहानी को गतिशील बनाया। छोटे कस्बे से महानगर में आये व्यक्ति भटकन, अकेलापन तथा अजनबीपन की अनुभूतियाँ कहानियों में पिरोयी गयी हैं। परम्परागत सम्बन्धों के बदलाव के साथ ही इनकी दृष्टि नगरों के गलित यथार्थ की ओर भी गयी है। खोयी हुए दिशाएँ, राजा निरबंसिया, कस्बे का आदमी, नीली झील इनकी कहानियाँ हैं। इनकी 111 कहानियाँ 'समग्र कहानियाँ' शीर्षक से प्रकाशित हुई हैं।

धर्मवीर भारती मध्यम तथा निम्नवर्गीय समाज की समस्याओं को लेकर कथा सृजन करते हैं। उनकी कहानियों में सामाजिक विसंगतियों के निराकरण तथा नये सामाजिक रूपविधान की व्यवस्था की व्याकुलता है। चाँद और टूटे हुए लोग, गुलकी बन्नो, सावित्री नं. 2, बन्द गली का आखिरी मकान, स्पर्श और पृथ्वी भारती जी के कहानी-संग्रह हैं।

भीष्म साहनी मध्यवर्गीय विसंगतियों के यथार्थवादी रचनाकार हैं। अर्थहीनता का तिरस्कार, सम्बन्धों की कृत्रिमता, मिथ्या रूढ़ियाँ तथा सामाजिक मान्यताएँ साहनी की कहानियों की मूलभूत संवेदनाएँ हैं। साहनी की रचना-प्रक्रिया में घुमावदार मोड़ नहीं है, सीधी किन्तु प्रखर संचेतना है। भाग्य-रेखा, पहला पाठ और भटकती राख इनके प्रसिद्ध कहानी-संग्रह हैं।

रमेश बक्षी ने स्वतन्त्रता के बाद घटित सम्बन्धों के बदलाव, मुक्त-यौवन तथा सामाजिक संस्कारों को लेकर कहानियाँ लिखी हैं। इन्होंने अपनी कुछ कहानियों में व्यंग्य को उभारने की चेष्टा की है। मेज पर टिकती हुई कुहनियाँ, दूसरी जिन्दगी, कटती हुई जमीन, पिता दर पिता इनके प्रमुख संग्रह हैं।

उषा प्रियम्वदा ने अपनी कहानियों में पारिवारिक विघटन, परम्परागत आदर्शों तथा मूल्यों की टूटन, समसामयिक परिस्थितियों में नारी की मानसिक तथा भावात्मक स्थितियों को आकलित किया है। उनका अनुभव-जगत् विस्तृत है। उसमें नारी की विवशता या कारुणिक रूप मात्र नहीं है बल्कि जड़ रूढ़ियों पर आघात करने की दृढ़ता तथा निर्ममता भी है। जिन्दगी और गुलाब के फूल, एक कोई दूसरा, फिर बसन्त आया, कितना बड़ा झूठ, गुलाब के फूल, उषा प्रियम्वदा के कहानी-संग्रह हैं।

मन्नू भण्डारी की अधिकांश कहानियाँ नारी-जीवन की समस्याओं से जुड़ी हैं। यही सच है, चश्मे, अकेली कील और कसक, तीसरा आदमी आदि इनकी चर्चित कहानियाँ हैं।

कृष्णा सोबती की कहानियों में पंजाब का परिवेश उभरता है। सोबती अपनी कहानियों में प्रेम, वासना, वात्सल्य, घुटन आदि विभिन्न आयामों को उकेरती है। मित्रों मरजानी, यारों का यार, तीन पहाड़ इनकी कहानियाँ हैं।

अमरकान्त प्रेमचन्दीय परम्परा के पुरस्कर्त्ता कहानीकार हैं। इन्होंने अपनी कहानियों में मध्यवर्ग, निम्नमध्यवर्ग तथा उपेक्षित वर्ग की व्यथा को स्वर दिया है। परिवर्तित जीवनबोध तथा सामाजिक सन्दर्भों के विघटन के विरुद्ध संघर्षशील मनुष्य की जिजीविषा सहज भाषा में प्रभावशाली ढंग से प्रस्तुत होती है। जिन्दगी और जोंक, डिप्टी कलक्टरी इनकी विख्यात कहानियाँ हैं।

फणीश्वरनाथ रेणु हिन्दी के प्रसिद्ध आंचलिक कथाकार हैं। इनकी कहानियों में आंचलिक जीवन का ताजा सौन्दर्य, बदलते गाँवों का सहज स्पन्दन है, सामाजिक एवं धार्मिक रूढ़ियों के प्रति आक्रोश है। इनका कथाशिल्प सरल होते हुए प्रभावोत्पादक है। ठुमरी, रसप्रिया, मेरी प्रिय कहानियाँ, आदिम रात्रि की महक आदि नामों से उनकी कहानियों के संग्रह प्रकाशित हुए हैं।

शिवप्रसाद सिंह ग्रामीण जीवन के मान्य कथाकार हैं। जिन्दगी की तमाम समस्याओं, विरोधाभासों तथा शत्रुओं से लड़ता, थकता, हारता, जीतता मानव इनकी कथा का सम्माननीय पात्र है। ये कथाशिल्प के प्रति विशेष रूप से सजग हैं। मुरदासराय, कर्मनाशा की हार, आर पार की माला, इन्हें भी इन्तजार है इनके कहानी-संग्रह हैं।

मार्कण्डेय-स्वतन्त्रता के बाद ग्रामीण जीवन में भी बदलाव आया। यद्यपि यह बदलाव शहरों की तुलना में धीमा रहा। हरित क्रान्ति के नारे, शिक्षा के प्रचार, नवीन कृषि यन्त्रों के प्रयोग से गाँव के कुछ वर्गों में खुशहाली भी आयी किन्तु अधिकांश आदमी स्थितियों के बदलने के बाद भी बेहतर जिन्दगी का ख्वाब ही देखता रहा। उनका शोषण होता ही रहा। तरीके भले ही बदल गये हों। मार्कण्डेय

ग्राम्य जीवन के नये परिवर्तन को बखूबी पहचानते हैं। ग्रामीणों की सजगता, विषमता, शोषण तथा विश्वासों को वे बड़ी तत्परता से उभारते हैं। उनकी राजनीतिक, सामाजिक एवं आर्थिक मान्यताएँ कथा में घुल-मिल गयी हैं। इनमें कहीं भी सैद्धान्तिकता का आरोपण नहीं है। गुलरा के बाबा, हंसा जाई अकेला, मधुपुर के सिवान का एक कोना, बीच के लोग इनकी महत्त्वपूर्ण कहानियाँ हैं।

शैलेश मटियानी कहानियों के ठहराव को गति देना चाहते हैं। वे अपनी कहानियों में आंचलिक संवेदना की सफल अभिव्यक्ति करते हैं। बिना किसी सिद्धान्त के चक्कर में पड़े मटियानी जी साधारण जनों की पक्षधरता को अभिव्यक्त करते हैं। नवीन तकनीक का प्रयोग किये बिना ही जोरदार कथ्य से कहानी कलात्मक शीर्ष पर पहुँच जाती है। मेरी तैंतीस कहानियाँ, सुहागिनी तथा अन्य कहानियाँ, दो दुखों का एक सुख, हारा हुआ, सफर पर जाने से पहले आदि कई कहानी-संग्रह प्रकाशित हो चुके हैं।

हरिशंकर परसाई श्रेष्ठ व्यंग्य कथाकार हैं। भोलाराम का जीव, चावल से हीरे तक, निठल्ले की डायरी में सूक्ष्म तथा तीखे व्यंग्य से मानवीय संवेदना अंकित होती है। इनकी कहानियों के कथ्य राजनीति, प्रशासन एवं समाज की व्यापक सीमा से गृहीत हैं।

महीप सिंह सचेतन कहानी के कलाकार हैं। यों जीवन की विविध स्थितियों को विविध दृष्टिकोणों से परखने की चेष्टा करते हैं। सुबह के फूल, उजाले के उल्लू, घिराव इनके कहानी-संग्रह हैं।

विष्णु प्रभाकर प्रतिष्ठित कहानीकार हैं। राजनीतिक, सामाजिक, प्रसंगों पर इन्होंने प्रभावशाली कहानियाँ लिखी हैं।

ज्ञानरंजन ने स्वातन्त्र्योत्तर कहानीकारों में अपना महत्त्वपूर्ण स्थान बना लिया है। कथा आलोचकों ने उनकी कहानियों के कथ्य और शिल्प की अनेक कोणों से आशंकाएँ की हैं। ज्ञानरंजन मानवीय सम्बन्धों की वास्तविकता और विडम्बना के लेखक हैं। वह प्रायः मध्यवर्गीय समाज के व्यक्तिगत या वर्गगत संस्कारों को गहराई से व्यंग्यात्पक ढर्रे पर जाँचते हैं और दिनचर्या की साधारणता में उन सच्चाइयों के भेदक एहसास दे जाते हैं जो निकट होकर भी अप्रकट रहती हैं। बुद्धिजीवी, अमरूद का पेड़, शेष होते हुए सम्बन्ध, सीमाएँ, फेंस के इधर-उधर उनकी कहानियाँ हैं।

गिरिराज किशोर की कहानियों में पुरातन तथा नूतन मानसिकता का संघर्ष अंकित हुआ है। क्लर्क, वी.आई.पी., चूहे, पेपर वेट, नायक, गाउन इनकी उल्लेखनीय कहानियाँ हैं।

दूधनाथ सिंह अपनी कहानियों में सामाजिक विद्रूपता तथा असंगतियों को चित्रित करते हैं। उनमें पराजय और हताशा तो है किन्तु जुझारू चेतना नहीं है। सपाट चेहरेवाला आदमी, रीछ, रक्तपात, प्रतिशोध, सब-कुछ ठीक हो जायेगा, आइस वर्ग इनकी प्रसिद्ध कहानियाँ हैं।

रवीन्द्र कालिया यान्त्रिक तथा प्राविधिक सभ्यता की अनिवार्य परिणतियों के सहभागी बनकर बड़ी आत्मीयता से उनका विश्लेषण करते हैं। सिर्फ एक दिन, बड़े शहर का आदमी, नौ साल की छोटी पत्नी इनकी चर्चित कहानियाँ हैं।

श्रीकान्त वर्मा प्रेम के विविध आयामों, मानसिक तनावों तथा टूटते सम्बन्धों की बेबसी की कहानियाँ लिखते हैं। झाड़ी, परिणय, शवयात्रा, ट्यूमर, प्रेमपत्र इनकी प्रतिनिधि कहानियाँ हैं।

रामकुमार मानवीय अन्तर्वेदना तथा मजबूरियों का सूक्ष्म अंकन करते हैं। ये संकेतों और प्रतीकों से भावानुकूल भाषा गढ़ने में सिद्धहस्त हैं।

श्रीनरेश मेहता कवि तथा कथाकार दोनों हैं। इनका कहानीकार कवि व्यक्तित्व से मुक्त नहीं है। इनमें आधुनिकता के विविध पक्षों की विकृति मर्यादा और निष्ठा का सन्तुलन है। तथापि एक समर्पित महिला इनके ख्यात कहानी-संग्रह हैं।

सुधा अरोड़ा तथा प्रयाग शुक्ल ने कहानी-कला में महत्त्वपूर्ण योगदान किया है।

समकालीन कथाकारों में अनेक हस्ताक्षर उभरे हैं। इनकी संख्या पचास से कम नहीं है। इनमें मेहरुन्निसा परवेज, मृदुला गर्ग, निरूपमा सोबती, मालती जोशी, दीप्ति खण्डेलवाल, मृणाल पाण्डे, ममता कालिया, राजी सेठ, मणि मधुकर, जितेन्द्र भाटिया, इसरायल, सतीश जमाली, रमेश उपाध्याय, उदय प्रकाश अखिलेश आदि के नाम उल्लेखनीय हैं। उदय प्रकाश ने कहानी में विस्तृत कथानक का समावेश किया है।

नवें दशक के आरम्भ में ही उदय प्रकाश का दरियाई घोड़ा (1982), कहानी-संग्रह प्रकाशित हुआ। उसके बाद क्रमशः 'तिरिछ' (1990) और अन्त में प्रार्थना (1996), पॉल गोमरा का स्कूटर (1997), पीली छतरीवाली लड़की (2001), दत्तात्रेय का दुःख (2002), मोहनदास (एक कहानी) प्रकाशित हुए। उदय प्रकाश ने कहानी में कथानक का व्यापक विस्तार दिया। उनकी कहानियाँ पुनः जिज्ञासा के साथ जादुई वातावरण से सम्पन्न हुईं। लोक-विश्वास, इतिहास तथा तात्कालिक घटनाओं का वे मिथकीय रूपान्तरण करते हैं और अपने समय की विडम्बनाओं, विसंगतियों तथा पाश्चात्य संस्कृति के प्रभावों की दुष्परिणतियों को अंकित करते हैं। उनकी कहानियों में मुक्तिबोध जैसी फैण्टेसी रची गयी है। किसी आन्दोलन से न जुड़कर अपनी रचना शक्ति के सहारे जिन कहानीकारों ने अपनी जगह बनायी है उनमें हृदयेश का नाम लिया जा सकता है। 1972 ई. से लेकर 2005 ई. तक इन्होंने लगभग एक दर्जन कहानी-संग्रह प्रकाशित कराये—'अँधेरी गली का रास्ता' (1977), इतिहास (1981), उत्तराधिकारी, अमरकथा (1984), प्रतिनिधि कहानियाँ (1988), जीवन राग (1999), उन्नीस सौ बीस (1999), रामलीला तथा अन्य कहानियाँ (1993), नागरिक, उसी जंगल में आदि। ये अपनी कहानियों में राजनीतिक तथा सामाजिक समस्याओं को अंकित करते हैं। रमेश चन्द्र शाह मानव की मौलिक समस्याओं खास तौर से मूल्यों का अन्वेषण करते हैं। इनके कहानी-संग्रह हैं—मुहल्ले के रावण (1982), मानपत्र (1992), थियेटर (1998)। **गोविन्द मिश्र** मध्यवर्गीय जीवन के सन्दर्भों को अपनी कहानी में चित्रित करते हैं। इनके कहानी-संग्रह हैं—खुद के खिलाफ (1981), खाक इतिहास (1984), पगला बाबा (1987), आसमान कितना नीला (1992), हवाबाज (1998)। प्रगतिवादी (वामपन्थी) विचारधारा के लेखक काशीनाथ सिंह का 'सदी का सबसे बड़ा आदमी' प्रमुख कहानी-संग्रह है। रामदरश मिश्र वयोवृद्ध कथाकार हैं। वह बहुआयामी प्रतिभासम्पन्न रचनाकार हैं। अस्सी के बाद उनके कई कहानी-संकलन प्रकाशित हुए हैं। सर्पदंश, बसन्त का एक दिन, अपने लिये, आज का दिन भी, फिर कब आयेंगे, विदूषक आदि। (1980) के बाद नयी पीढ़ी के अनेक कहानीकार अपनी रचनात्मक ऊर्जा के कारण चर्चित हुए हैं। मिथिलेश्वर (गाँव के लोग (1981) विग्रह बाबू, तिरियाजनम, माटी की महक, धरती गाँव की, चल खुसरो घर आपने आदि), धीरेन्द्र अस्थाना (लोग हाशिये पर, आदमी खोर) अब्दुल बिस्मिल्लाह (कितने-कितने सवाल, रैन बसेरा, अतिथि देवो भव), संजीव (प्रेत मुक्ति, दुनिया की सबसे हसीन औरत) बटरोही (सड़क का भूगोल, थोकदार किसी की नहीं सुनता) अखिलेश (मुक्ति, शापग्रस्त, ओमप्रकाश वाल्मीकि (सलाम, घुसपैठिये) मनोज सोनकर (हलफनामा) आदि ने हिन्दी कहानी को अपने अनुभवों एवं नवीन शिल्प से समृद्ध किया है।

कहानी-लेखिकाएँ लेखकों की तुलना में पीछे नहीं हैं। कविता की तुलना में कहानी तथा उपन्यास विधा उन्हें अधिक प्रिय है। मन्नू भण्डारी, मृदुला गर्ग, मेहरुन्निसा परवेज, कृष्णा सोबती, मृणाल पाण्डे, चित्रा मुद्गल, उषा प्रियम्वदा आदि वरिष्ठ कहानीकार हैं। अनेक अन्य कहानी लेखिकाओं ने कहानी

लेखन में उल्लेखनीय योगदान किया है। राजी सेठ, मणिका मोहिनी, सूर्यबाला, मालती जोशी, कमल कुमार, कुसुम अंसल, चन्द्रकान्ता, नासिरा शर्मा, मैत्रेयी पुष्पा, नमिता सिंह, गीतांजलि श्री, अलका सरावगी आदि के नाम उल्लेखनीय हैं।

1980 के बाद के कहानीकार आन्दोलन मुक्त होकर खुली निगाह से गाँव और शहर की समस्याओं को देख रहे हैं। जो कहानीकार गाँव छोड़कर शहर आये हैं वे अधिक विश्वसनीय ढंग से गाँव के अतीत और वर्तमान के यथार्थ को अंकित कर रहे हैं। मिथिलेश्वर, बलराम, शिवमूर्ति, संजीव, अनेक कहानीकार इसी वर्ग के हैं। कहानियों में मध्यवर्गीय जीवन की अनेक समस्याएँ खासतौर से आर्थिक तंगी, नौकरी की तलाश, महँगाई, प्रेम और कामभावना, स्त्री-पुरुष के सम्बन्धों में सामाजिक प्रतिबन्धों की शिथिलता की माँग, पश्चिमी सभ्यता के प्रभाव से मुक्त सम्बन्धों की आकांक्षा आदि का चित्रण किया गया है। राजनीतिक छल-छन्द, माफियाओं तथा बाहुबलियों की अमर्यादित करतूतें, साम्प्रदायिकता आदि को भी कहानियों में बड़ी शिद्दत के साथ उजागर किया गया है। कहानीकारों में अनेक दलित तथा आदिवासी क्षेत्र से आये हैं, या उनका उन्होंने साक्षात्कार किया है अतः अत्यन्त विश्वसनीय ढंग से भोगे हुए यथार्थ के चित्र कहानियों में उभरे हैं। ओमप्रकाश, जयप्रकाश कर्दम, नैमिषराय आदि ने दलितों की समस्याओं को चित्रित किया है। महिलाओं द्वारा स्त्रियों की विशिष्ट अनुभूतियों, परिवार तथा समाज में बराबरी के लिए उनके संघर्ष, स्वातन्त्र्य बोध को कहानियों में प्रभावशाली ढंग से अंकित किया गया है।

उपन्यास

उपन्यास साहित्य का आरम्भ पश्चिमी साहित्य के सम्पर्क की देन है। प्राचीन भारत में उपन्यास जैसी रचनाएँ कादम्बरी, दशकुमार चरित आदि थीं किन्तु उपन्यास शिल्प की दृष्टि से इन्हें उपन्यास नहीं माना जाता। आरम्भ में यद्यपि हिन्दी उपन्यासों की रचना की प्रेरणा पश्चिमी उपन्यासों के शिल्प पर सृजित बँगला उपन्यासों से मिली। 'वस्तुतः प्रारम्भिक हिन्दी लेखकों का कथा-रचना संस्कार अंग्रेजी नॉवेल और बँगला उपन्यास के साथ ही संस्कृत की कथा-आख्यायिका तथा हिन्दी की मध्ययुगीन प्रेम कहानियों के सम्मिलित प्रभाव से निर्मित हुआ था। यह अवश्य है कि क्रमशः हिन्दी उपन्यास प्राचीन संस्कारों से मुक्त होता गया और अब वह पूर्णतः अंग्रेजी 'नॉवेल' ही हो गया।

हिन्दी उपन्यासों का विकास तीन कालखण्डों में विभक्त करके सुगमता से समझा जा सकता है—

1. प्रेमचन्द पूर्वयुग।
2. प्रेमचन्द-युग।
3. प्रेमचन्दोत्तर युग।

प्रेमचन्द पूर्वयुग—कुछ विद्वान् हिन्दी का प्रथम मौलिक उपन्यास गौरीदत्त पन्त रचित 'देवरानी जेठानी की कहानी', को मानते हैं। कुछ पं. श्रद्धाराम फुल्लौरी कृत भाग्यवती (1877 ई.) को पहला उपन्यास मानते हैं। यह भारत खण्ड की स्त्रियों को गृहस्थ धर्म की शिक्षा देने के उद्देश्य से लिखी गयी है। लाला श्रीनिवासदास ने 1882 ई. में 'परीक्षा गुरु' की रचना नयी टेकनीक से की। उन्होंने अपने से पूर्ववर्ती रचनाओं के सन्दर्भ में लिखा, "अपनी भाषा में अब तक वार्त्ता रूपी जो पुस्तकें लिखी गयी हैं उनमें अक्सर नायक-नायिका वगैरह का हाल ठेठ से सिलसिलेवार (यथाक्रम) लिखा गया है।" श्रीनिवासदास भाग्यवती को इस शैली से आगे बढ़ाने की चेष्टा करते हैं। तकनीक नवीनता के कारण ही 'परीक्षा गुरु' को हिन्दी का प्रथम अंग्रेजी ढंग का मौलिक उपन्यास माना गया है। परीक्षा

गुरु में दिल्ली के सेठ मदन मोहन के कुसंगति में पड़ने, सदाचारी और सच्चे मित्र की मदद से उबरने का वर्णन है। एक बार की परीक्षा से सेठ जी सुधर जाते हैं इसीलिए परीक्षा को गुरु मानकर उसी के आधार पर इसका नामकरण हुआ। साधारण बोलचाल की भाषा में तत्कालीन यथार्थ का इसमें सुन्दर चित्रण किया गया है। इसके बाद 1886 ई. तथा 1892 ई. में क्रमशः नूतन ब्रह्मचारी, सौ अनाज एक सुजान, बालकृष्ण भट्‌ट रचित दो उपन्यास प्रकाश में आये। ये दोनों सामाजिक उपन्यास हैं। इसमें सज्जनता तथा सदाचरण द्वारा हृदय परिवर्तन प्रदर्शित किया गया है। 1888 ई. में ठाकुर जगमोहन सिंह का 'श्यामा स्वप्न' नामक प्रेम कथात्मक उपन्यास प्रसिद्ध हुआ। इनमें अन्तर्जातीय विवाह की सम्भावनाओं की ओर संकेत किया गया है।

हिन्दी उपन्यासों के क्षेत्र में प्रेमचन्द पूर्वयुग में किशोरीलाल गोस्वामी का आगमन अत्यन्त महत्त्वपूर्ण है। इन्होंने अपने समय की सभी उपन्यास-शैलियों को अपनाकर सामाजिक, तिलस्मी, ऐयारी, जासूसी तथा ऐतिहासिक औपन्यासिक कृतियों का सृजन किया। उपन्यास में गोस्वामी जी की सनातनधर्मी मान्यताएँ तथा प्रेम और शृंगार की भावनाएँ अनुस्यूत हैं। गोस्वामी जी उपन्यास को प्रेम का विज्ञान मानते हैं अतएव उपन्यासों की कथावस्तु यदि प्रेम के इर्द-गिर्द बँधी रहे तो कोई आश्चर्य नहीं। इन्होंने कुल 65 उपन्यास (अनूदित को लेकर) लिखे जिनमें त्रिवेणी वा सौभाग्य श्रेणी, लीलावती वा आदर्श सती, स्वर्गीय कुसुम, चपला वा नव्य समाज, पुनर्जन्म वा सौतियाडाह, हृदयहारिणी वा आदर्श रमणी, लवंगलता वा आदर्शबाला, चन्द्रावली, सुल्ताना रजिया बेगम वा रंगमहल में हलाहल आदि उल्लेखनीय उपन्यास हैं।

देवकीनन्दन खत्री हिन्दी उपन्यास जगत् में तिलस्मी ऐयारी उपन्यासों की मनोरंजक अद्‌भुत आकर्षणपूर्ण कृतियाँ लेकर प्रस्तुत हुए। इन उपन्यासों का जादुई वातावरण पाठकों को इतना मुग्ध कर लेता है कि वह उपन्यास को आरम्भ करके बिना अन्त किये नहीं मानता। इसमें एक ऐसी काल्पनिक दुनिया की सृष्टि होती है जो आश्चर्यचकित तो करती है किन्तु जिन्दगी की कोई सच्चाई नहीं उभरती। डॉ. बच्चन सिंह का मन्तव्य है, "इन तिलस्मी उपन्यासों का अपना महत्त्व चाहे जो हो पर हिन्दी उपन्यासों की परम्परा में न तो इनमें कुछ जुड़ता है और न कुछ घटता है।" चन्द्रकान्ता सन्तति, नरेन्द्र मोहिनी, वीरेन्द्रवीर, काजर की कोठरी, गुप्तगोदना आदि उल्लेखनीय उपन्यास हैं। दुर्गाप्रसाद खत्री ने 'भूतनाथ' नाम से अन्य उपन्यास लिखा। खत्री जी के बाद गोपालराम गहमरी जासूसी तथा घटनाप्रधान उपन्यासों का प्रवर्तन का श्रेय लेकर उपन्यासों के रचना क्षेत्र में छा गये। कथानक की विश्वसनीयता पर बल देते हुए सुधार तथा मनोरंजन इनकी रचना का प्रमुख उद्‌देश्य था। गुप्तचर, सरकती लाश, बेकसूर की फाँसी, खूनी कौन है आदि जासूसी उपन्यासों के अलावा बड़े बाबू, बड़ा भाई, सास-पतोहू आदि उपन्यासों की रचना पारिवारिक जीवन में गृहीत कथानकों के आधार पर हुई।

अयोध्यासिंह उपाध्याय ने ठेठ हिन्दी का ठाट या देवबाला तथा अधखिला फूल दो उपन्यास हिन्दी साहित्य को दिया। इनका स्वर सामाजिक ही है। भाषा की दृष्टि से इनकी महत्ता कुछ अधिक है। धूर्त रसिकलाल, स्वतन्त्र रमा और परतन्त्र लक्ष्मी, कपटी मित्र, बिगड़े का सुधार अथवा सती सुखदेवी, सुशीला विधवा, आदर्श हिन्दू आदि उपन्यासों के लेखक मेहता लज्जाराम शर्मा, हवाई नाव, वीरपत्नी, कुमारसिंह सेनापति आदि के लेखक गंगाप्रसाद गुप्त, अद्‌भुत प्रायश्चित्त, राधाकान्त, सौन्दर्योपासक अरण्यबाला, लालचीन के लेखक ब्रजनन्दन सहाय, किशोरी, फूल कुमारी, चन्द्रलोक की यात्रा आदि

कई उपन्यासों के लेखक जयरामदास गुप्त आदि प्रेमचन्द पूर्वयुग के महत्त्वपूर्ण उपन्यासकार हैं। राधाचरण गोस्वामी (विधवा-विपत्ति, कल्पलता), राधाकृष्ण दास (निस्सहाय हिन्दू) आदि अनेक नाम उपन्यास क्षितिज में आलोकित हुए।

सामान्य विशेषताएँ—प्रेमचन्द-पूर्वयुगीन उपन्यासों पर दृष्टिपात करने के पश्चात् उनके सामान्य वैशिष्ट्य का विश्लेषण कठिन नहीं रह जाता। कथानक की दृष्टि से साहित्य, इतिहास, समाज, कल्पना आदि का आधार ग्रहण करते हुए भी उनका सर्जनात्मक प्रयोग एक निश्चित साँचे में ढला हुआ है। ये घटना संकुलता, अतिप्राकृतिक दृश्यों, चरित्रों की योजना, उपदेशात्मकता, हृदय-परिवर्तन, आदि प्रवृत्तियों से युक्त हैं। डॉ. रामचन्द्र तिवारी इस युग के उपन्यासों में प्रमुखतः मनोरंजन तथा सामाजिक जागरण दो प्रवृत्तियों को प्रमुख मानते हैं। कुछ उपन्यासकारों में प्राचीन भारतीय आदर्शों के प्रति विशेष संसक्ति रखते हुए पश्चिमी सभ्यता की नयी लहर के घातक परिणामों को उपन्यासों के माध्यम से निर्दिष्ट किया। कुछ की दृष्टि नवीन चेतना का स्वागत करती दिखायी देती है। ये उपन्यासकार प्राचीन रूढ़ियों के मलबे के नीचे दबे भारतीयों को निकालकर नयी रोशनी दिखाना चाहते थे। परवर्ती युग की सामाजिक दृष्टि को निर्मित करने में सामाजिक उपन्यासों की भूमिका महत्त्वपूर्ण मानी जा सकती है। तिलस्मी-ऐयारी तथा जासूसी उपन्यासों ने बहुत बड़े पाठक वर्ग को अपनी ओर आकृष्ट किया। इन उपन्यासों की कुतूहलपूर्ण मनोरंजनधर्मिता बहुत स्थायी सिद्ध नहीं हुई। सामाजिक यथार्थ तथा जीवन-सन्दर्भों से कटकर उपन्यास की यह परम्परा जीवित न रह सकी।

प्रेमचन्द-युग— प्रेमचन्द-युग नवीन परिस्थितियों के प्रभाव से पुराने आदर्शों के नवीनता में से क्रमित होने का युग है। इस समय एक ओर राजनीतिक दासता के विरुद्ध संघर्ष छिड़ा था तो दूसरी ओर समाज में व्याप्त अन्धविश्वास, धार्मिक आडम्बर, छूआछूत, ऊँच-नीच की भावना तथा अनमेल विवाह के विरुद्ध जनमानस को उत्तेजित करने की कोशिश की जा रही थी। पश्चिमी शिक्षा के प्रचार तथा आधुनिक वैज्ञानिक दृष्टिकोण के विस्तार से नवशिक्षित युवकों की रूढ़िवादी आस्था टूट रही थी। स्त्री-शिक्षा, नैतिक शिक्षा, स्वदेश प्रेम तथा साम्प्रदायिक सद्भावना से सम्पृक्त अनेक उपन्यास प्रकाश में आ चुके थे। पूर्व प्रकाशित सामाजिक उपन्यासों का घटना संयोजन, शृंगारिक आसक्ति, शुष्क उपदेशात्मकता तथा अप्राकृत कल्पनाशीलता को विशुद्ध कलात्मकता के स्तर पर ग्रहण करके प्रेमचन्द की सृजन प्रक्रिया शुरू हुई। वे युगबोध की प्रखर संवेदना को लेकर साहित्य के रंगमंच पर अवतीर्ण हुए।

सेवा सदन (1918) ने प्रेमचन्द को हिन्दी साहित्य में चर्चित कथाकार बना दिया। इसमें वेश्या समस्या उठायी गयी है।

प्रेमाश्रम (1922) में किसान और जमींदार का संघर्ष चित्रित है। ज्ञानशंकर के लोभ, कपट और निर्दयता का पोषण सरकारी तन्त्र द्वारा होता है। शोषण के लिए वे प्रायः राजनीतिक, सामाजिक, धार्मिक सभी तरह के अस्त्रों का इस्तेमाल करते हैं। अर्थ के लोभ से सारे पारिवारिक रिश्ते टूटते जाते हैं। उनका बेटा मायाशंकर स्वयं इनका सख्त विरोधी हो जाता है। अन्ततः ज्ञानशंकर के भाई प्रेमशंकर किसानों के कल्याण के लिए प्रेमाश्रम की स्थापना करते हैं।

रंगभूमि—(1924) इसकी व्यापक कथाभूमि औद्योगिकीकरण के विरुद्ध गाँधी विचारधारा को लेकर निर्मित हुई है। पाण्डेपुर गाँव का सूरदास जान सेवक को अपनी जमीन सिगरेट का कारखाना खोलने के लिए नहीं देना चाहता। वह औद्योगिकीकरण से पनपनेवाली मानवीय बुराइयों से पूर्णतया

अवगत है। कथा का केन्द्रीय संघर्ष यही है। सूरदास इस पूँजीवादी शक्ति से टकराकर अन्ततः हार जाता है किन्तु उसकी जीत की आशा समाप्त नहीं होती। विनय तथा सोफिया की प्रासंगिक कथा के माध्यम से धार्मिक उदारता को अंकित किया गया है।

कायाकल्प—(1926) इसमें जगदीशपुर की रानी देवप्रिया द्वारा भोग-विलासपूर्ण जीवन के त्याग का वर्णन है। सामन्ती जीवन, मुस्लिम वैमनस्य, मध्यवर्गीय समस्याओं का यथार्थ चित्रण होते हुए कुछ अतिरंजित काल्पनिक घटनाओं के संयोजन के कारण यह उपन्यास प्रेमचन्द की औपन्यासिक यात्रा की उल्लेखनीय मंजिल नहीं बन पाता।

निर्मला—(1927) इस उपन्यास में अनमेल विवाह की समस्या को उठाया गया है। यह समस्या अपनी स्थूलता को त्यागकर मनोवैज्ञानिक सूक्ष्मता में परिणत हो जाती है। अनमेल विवाह की शिकार निर्मला नारी-जीवन की विवशता एवं करुणा की प्रतिमूर्ति बन जाती है। पत्नीत्व और मातृत्व के गौरव की रक्षा चाहकर भी नहीं कर पाती। युग-युग से चले आते विमाता के कलंक को वह अपने सद्व्यवहार से मिटा देना चाहती है किन्तु पति तोताराम की वासना, असहिष्णुता और शंका के कलंक की कालिमा और भी गहराती जाती है। प्रेम, वासना और वात्सल्य की घनघोर टकराहट से पूरा परिवार ही उजड़ जाता है।

गबन—(1930) इसमें प्रेमचन्द ने मध्यवर्गीय परिवार के मिथ्या प्रदर्शन की भावना, स्त्रियों की आभूषणप्रियता जैसी ठेठ समस्याओं को अनावृत किया है। रमानाथ का कमजोर व्यक्तित्व उनकी विडम्बनाओं तथा कुचक्रों से उलझता जाता है। जालपा (कथा नायिका) के प्रयास से वह उनसे मुक्त होता है। इसमें राष्ट्रीय आन्दोलन से सम्बद्ध अनेक प्रश्न भी यथास्थान उभरते हैं।

कर्मभूमि—(1932) इस उपन्यास की रचना राजनीतिक पृष्ठभूमि में हुई है। प्रेमचन्द इसमें पराधीनता, दमन, आतंक के विरुद्ध जनान्दोलन का वर्णन करते हैं। अमरकान्त, आत्मानन्द, सुखदा, मुन्नी आदि इस आन्दोलन का नेतृत्व करते हैं। राजनीतिक समस्या के साथ ही अछूतोद्धार, अछूतों के मन्दिर प्रवेश, विदेशियों द्वारा भारतीय नारियों का अपमान, निर्धनों की आवास व्यवस्था आदि सामाजिक-आर्थिक समस्याओं पर भी दृष्टिपात किया गया है।

गोदान—(1936) गोदान वस्तु और शिल्प दोनों दृष्टियों से लेखक की चरम उपलब्धि मानी जाती है। टूटती हुई पुरानी सामन्ती व्यवस्था की विकृतियाँ, उनके बीच जिजीविषा से जूझते गरीब किसान के अन्तर से फूटता आलोक गोदान में विकीर्ण दिखायी देता है। प्रेमचन्द के आरम्भिक उपन्यासों में आदर्शोन्मुख यथार्थ की अभिव्यंजना मिलती है। दुष्ट और क्रूर पात्र हृदय-परिवर्तन के द्वारा श्रेष्ठ मानव बनते दिखायी देते हैं। जबकि गोदान में भारतीय धर्म और जीवन के आदर्श यथार्थ की चट्टानी जमीन पर गिरकर चूर-चूर हो जाते हैं। गोदान की कथा जो होरी के माध्यम से आगे बढ़ती है एकरेखीय नहीं बल्कि बहुआयामी है। जीवन की विभिन्न परिस्थितियों से घिरा कथानक आदर्श तथा यथार्थ के कटघरे में विभक्त मानव की नहीं बल्कि एक साधारण व्यक्ति की तस्वीर पेश करता है। कामायनी के मनु की तरह उसकी सारी साधना देवता से मानव, मानव से ईश्वरवत् समरस बनने की नहीं है बल्कि शोषित पशु से मनुष्य बनने की है। गोदान में धर्म और आपातधर्म के तनाव से पात्रों का वैशिष्ट्य उभरता है। धर्मच्युत होते हुए भी उच्च मूल्यों के प्रति अपनी आसक्ति तथा संसक्ति से वे धर्म की नयी परिभाषा निर्मित कर देते हैं। गोदान में आधुनिक परिप्रेक्ष्य में नयी औद्योगिक पूँजीवादी व्यवस्था में संक्रमित होती हुई महाजनी तथा सामन्ती व्यवस्था, रूढ़ियों से जुड़ी पुरानी पीढ़ी, पुरातनता को तोड़ने में तत्पर नयी पीढ़ी, धर्म-कर्म की पुनर्व्याख्या, सामान्य-धर्म, लोक-धर्म तथा व्यक्ति-धर्म की अन्तःसंगति, व्यक्ति-व्यक्ति के बीच विकसित होनेवाले नये सम्बन्धों के व्यापक चित्र अंकित करके

प्रेमचन्द ने समसामयिक बोध को ही नहीं जीवन की भावी सम्भावनाओं को भी मूर्त कर दिया है। इसमें सामाजिक वेदना व्यक्ति का दर्द बन जाती है व्यक्ति-दर्द सामाजिक वेदना में परिणत हो जाता है।

प्रेमचन्द के साहित्यिक आदर्शों से प्रभावित होकर जिन उपन्यासों का सृजन हुआ उनमें विश्म्भरनाथ शर्मा कौशिक की भिखारणी (1929 ई.), भगवतीप्रसाद वाजपेयी कृत प्रेमपथ, मीठी चुटकी, अनाथ पत्नी, चण्डीप्रसाद हृदयेश कृत मंगल प्रभात, मनोरमा, सियारामशरण गुप्त कृत गोद तथा अन्तिम आकांक्षा उल्लेखनीय उपन्यास हैं। वृंदावनलाल वर्मा के ऐतिहासिक उपन्यास गढ़कुण्डार और विराटा की पद्मिनी, जैनेन्द्र कुमार के तीन उपन्यास परख, तपोभूमि और सुनीता प्रकाशित हुए। इनमें से अधिकांश उपन्यासकारों यद्यपि प्रेमचन्द-युग में लिखना शुरू कर दिया था किन्तु इन्हें प्रेमचन्दोत्तर युग में विशेष ख्याति मिली।

प्रेमचन्द-युग के दो उपन्यासकार (मूलतः कवि) जयशंकर प्रसाद और निराला का उल्लेख आवश्यक है। जयशंकर प्रसाद के दो उपन्यास कंकाल (1929) और तितली (1934) विशेष रूप से चर्चित रहे। कंकाल में प्रसाद ने समाज के खोखलेपन तथा धार्मिक संस्थाओं की दुर्गति का पर्दाफाश किया है। तितली में प्रसाद की दृष्टि ग्रामोन्मुखी है। इसमें भारतीय संस्कृति के साथ नयी प्रगतिशील जीवनदृष्टि की महत्ता को स्वीकार किया गया है। संस्थावाद की जड़ता एवं कुरूपताओं से व्यक्ति का निष्कलंक बनाना, नारी का श्रद्धामयी रूप स्पष्ट करके उसके जीवन का गौरव प्रतिपादित करना, वैवाहिक स्वतन्त्रता एवं रूढ़ सामाजिक रूपविधान में परिवर्तन के लिए क्रान्ति तितली का सन्देश है। जयशंकर प्रसाद तीसरा अपूर्ण उपन्यास है इरावती।

आलोच्यकाल में निराला के चार लघु उपन्यास अप्सरा, अलका, प्रभावती तथा निरुपमा प्रकाशित हुए। इनमें स्त्री की परवशता के साथ ही उसके गौरव रूप को चित्रित किया गया है। कल्पना, रोमांस तथा आदर्श की प्रधानता के कारण इनमें यथार्थपरक जीवन्तता नहीं है।

प्रेमचन्दोत्तर युग—प्रेमचन्द की परम्परा का अगला विकास नवीन सामाजिक, आर्थिक स्पन्दनों को समाहित करते हुए हुआ है। पुराने आदर्शों से जुड़कर भी परवर्ती उपन्यासों में अनुभव की ताजगी तथा शैल्पिक कसाव है, इस सन्दर्भ में सर्वप्रथम प्रतापनारायण श्रीवास्तव के उपन्यासों—विजय, विकास, विसर्जन, बेकसी का मजार, विषमुखी वेदना आदि का उल्लेख किया जा सकता है। इन उपन्यासों में व्यापक कला फलक पर गाँधीवादी अन्तश्चेतनामूलक क्रान्ति के जीवनादर्श के साथ ही नये पारिवारिक परिवेश, नयी सामाजिक चेतना तथा राजनीतिक, सामाजिक हलचलों को अंकित किया गया है। चरित्रों को परम्परित आदर्श के साँचे में न ढालकर श्रीवास्तव जी ने उन्हें प्रगतिशील दृष्टिकोण प्रदान किया है। उनमें नवशिक्षित वर्ग का प्रखर जोश है। गोद, अन्तिम आकांक्षा और नारी उपन्यासों में सियारामशरण गुप्त ने अहिंसात्मक तथा नैतिक वातावरण की सृष्टि की है। इनमें गहन करुणा का भाव उभरता है। पात्रों में विषम तथा विपरीत परिस्थितियों का एहसास तो है किन्तु उनमें विद्रोही भावना नहीं है। इस परम्परा के तीसरे उपन्यासकार भगवतीप्रसाद वाजपेयी ने आदर्शहीनता तथा असामाजिकता को अंकित करते हुए मानवतावाद को प्रतिपादित किया। उनका लक्ष्य मनोवैज्ञानिक क्षणों में असाधारण मनोवेगों को पकड़ना है जो हित या अहित की दिशा में बड़े वेग से प्रभावित करते हैं। पतिता की साधना, पिपासा, चलते-चलते, पतवार, यथार्थ से आगे, गुप्तधन आदि उल्लेखनीय उपन्यास हैं। प्रेमचन्द की परम्परा को युगानुकूल परिवर्तित करने तथा सामाजिक स्थितियों का गहराई से अनुभव करने में समर्थ उपन्यासकार हैं भगवतीचरण वर्मा, उपेन्द्रनाथ अश्क और अमृतलाल नागर।

वर्मा जी ने उच्चमध्यवर्गीय जीवन को आन्तरिक रिक्तता, विलासिता, नग्नता एवं पाप-पुण्य को आर्थिक विषमता तथा तनावों के धरातल पर परखने की कोशिश की है। जीवन और समाज की विविध समस्याओं पर उन्होंने मौलिक दृष्टि से विचार किया है। पतन, चित्रलेखा, तीन वर्ष, टेढ़े-मेढ़े रास्ते, आखिरी दाँव, अपने खिलौने, भूले बिसरे चित्र, सामर्थ्य और सीमा, सबहिं नचावत राम गोसाईं इनके चर्चित उपन्यास हैं। उपेन्द्रनाथ अश्क ने व्यक्ति को लेकर जीवन और समाज की विविध स्थितियों तथा प्रसंगों में प्रवेश किया। मध्यवर्गीय जीवन के विविध पक्षों के उद्घाटन की दृष्टि से अश्क का महत्त्व माना जा सकता है। सितारों के खेल, गिरती दीवारें, गर्म राख, बड़ी-बड़ी आँखें, पत्थर अल पत्थर, शहर में घूमता आईना, बाँधों न नाव इस ठाँव, इनके प्रमुख उपन्यास हैं।

अमृतलाल नागर ऐसे उपन्यासकार हैं जिनकी यथार्थ दृष्टि व्यक्ति और समाज को सन्तुलित धरातल पर ग्रहण करती है। व्यक्ति और समाज की सापेक्षता में उन्हें अनेक समस्याओं के निराकरण का सूत्र दिखायी देता है। ऊपर से आदर्शों, सिद्धान्तों और मूल्यों को लादने के बजाय मानवीय संवेदनाओं की खोज उनका उद्देश्य है। महाकाल, बूँद और समुद्र, शतरंज की मोहरें, सुहाग के नूपुर, ये कोठेवालियाँ इनकी औपन्यासिक कृतियाँ हैं।

प्रेमचन्दोत्तर उपन्यासों में सर्वथा तथा समग्रतः गाँधीवादी सिद्धान्तों का ही पिष्टपोषण नहीं हुआ बल्कि सामाजिक परिवर्तनों तथा सम्बन्धों को मार्क्सवादी दृष्टि से भी देखने की कोशिश की गयी। इस परिवर्तित दृष्टिकोण को लेकर साहित्य-जगत् में यशपाल का नाम विशेष रूप से उभरा। दादा कामरेड, देशद्रोही, पार्टी कामरेड, मनुष्य के रूप, झूठा-सच आदि उपन्यासों में समाज तथा जीवन की विविध समस्याओं तथा आयामों को प्रस्तुत किया गया। निश्चित कलागत मान्यताओं के कारण यशपाल की औपन्यासिक सीमाएँ भी निश्चित हो जाती हैं। श्रेष्ठ कथा-योजना, निर्वाह, व्यापक फलक पर विविध प्रसंगों तथा घटनाचक्रों का अंकन यथार्थ की प्रामाणिक प्रस्तुति आदि दृष्टियों से श्रेष्ठ उपन्यासकार सिद्ध होते हुए भी एक पूर्व निर्मित विचारधारा को रूपायित करने की उत्कृष्ट प्रेरणा उनके उपन्यासों की स्थितियों, पात्रों, विकास और परिणतियों को भी पूर्व निर्मित बना देती है। अपने बाड़े से बाहर जिन्दगी के वृहत्तर आयामों को वे नहीं देख सके। झूठा सच में जीवन का वृहत्तम आयाम प्रस्तुत तो होता है किन्तु गहनता के साथ नहीं। साम्यवादी उपन्यासकारों की परम्परा में रांगेय राघव (विषादमठ, उबाल, पराया हुजूर), अमृतराय (बीज, हाथी के दाँत, नागफनी का देश), भैरवप्रसाद गुप्त, (मशाल, गंगा मैया, जंजीरें, नया आदमी, सती मैया का चौरा), नागार्जुन (रतिनाथ की चाची, बलचनमा, नयी पौध, बाबा बटेसरनाथ, दुखमोचन, वरुण के बेटे) उल्लेखनीय हैं। रांगेय राघव ने आर्थिक विषमता से उत्पन्न करुणा को अभिव्यंजित किया। इन्होंने वर्ग-संघर्ष के साथ व्यक्तिवादी यौन समस्याओं को भी सफलता से ग्रहण किया। अमृतराय साम्यवादी सिद्धान्तों के चक्कर में पड़कर संवेदनशीलता छोड़ बैठे हैं। भैरव में सिद्धान्त तो है किन्तु कलात्मक जागरूकता भी है। नागार्जुन ने अपनी प्रामाणिक अनुभूति चेतना से मिथिला के अंचल का अंकन करके सैद्धान्तिकता को संवेदना एवं कला में अन्तर्भुक्त कर दिया। इनके पात्र अत्याचार को निष्क्रिय तथा अवश होकर झेलते नहीं बल्कि विरोध में संघर्षशील रहते हैं।

अतियथार्थवादी उपन्यास—कुछ उपन्यासकारों ने सामाजिक व्यवस्था तथा हलचलों के यथार्थ अंकन से कुछ आगे बढ़कर समाज के ऐसे वर्ग, स्थान की ओर दृष्टिपात किया जो आभिजात्य तौर पर घिनौना तथा त्याज्य है। इन रचनाकारों ने यौन के आदिम, अनावृत स्वरूप को उद्घाटित किया। जीवन की पाशविकता को उधेड़कर सामने रखा। उग्र का 'जीजी जी', सरकार तुम्हारी आँखों में,

'मनुष्यानन्द', शैलेश मटियानी का 'बावन नदियों का संगम' तथा जगदम्बाप्रसाद दीक्षित का 'मुरदाघर' इसी तरह के उपन्यास हैं जिनमें वर्गगत विकृतियों, सड़न तथा गन्दगी को उभारा गया है।

व्यक्ति का सामाजिक फैलाव—हिन्दी के कुछ उपन्यासों में व्यक्ति-विशेष के व्यक्तित्व निर्माण, मनोवैज्ञानिक विकास, आस्था, टूटन, निराशा के चित्रण के माध्यम से व्यापक सामाजिकता को उभारने की चेष्टा की गयी। बिना किसी पूर्वाग्रह के संघर्षशील मानवीय चेतना जितने प्रामाणिक ढंग से इनमें अंकित होती है वह प्रायः अपूर्व है। श्रीनरेश मेहता के उपन्यास 'यह पथबन्धु था', 'धूमकेतु एक श्रुति है', इन्हीं विशेषताओं से समृद्ध हैं। अज्ञेय के 'शेखर : एक जीवनी' की भी रचना-प्रक्रिया लगभग इसी तरह की है।

नयी संवेदना, नया शिल्प—पूँजीवादी व्यवस्था में अर्थहीनता तथा रूढ़ियों में पिसता मनुष्य, टूटती-बिखरती आस्था, मध्यवर्गीय स्वप्निलता, तनाव और घुटन की तीखी संवेदना का निरूपण करने के लिए धर्मवीर भारती, राजेन्द्र यादव, गिरिधर गोपाल, कमलेश्वर आदि उपन्यासकारों ने नया शिल्प गढ़ा है। सूरज का सातवाँ घोड़ा, बया का घोंसला और साँप, सारा आकाश, चाँदनी के खँडहर आदि नूतन शिल्प के माध्यम से नयी संवेदना को प्रखरता से उभारने के कारण विशेष रूप से चर्चित हुए। साठोत्तरी उपन्यासों के जीवन का परिवेश और भी भयावह हो गया है। औद्योगिकीकरण के कारण आर्थिक, सामाजिक सम्बन्धों में परिवर्तन, महानगरीय सभ्यता की भीड़ में खोयी व्यक्ति की छटपटाती पहचान, प्राचीन मूल्यों की अनर्थकता तथा नये के साथ संस्कारबद्धता के कारण न जुड़ पाने की बेबसी, यान्त्रिकता के कारण जड़ होती संवेदना, बदलती स्थितियों तथा सन्दर्भों के बीच अजनबीपन की अनुभूति, बौद्धिक, आर्थिक तथा सामाजिक दबाव के कारण नपंसुक होते हुए प्रेमसम्बन्ध, मोहन राकेश के 'अँधेरे बन्द कमरे', निर्मल वर्मा के 'वे दिन', लाल टीन की छत, अन्तिम अरण्य (2000 ई.) श्रीकान्त वर्मा के 'दूसरी बार', ममता कालिया के 'बेघर', गिरिराज किशोर के 'यात्राएँ', मणि मधुकर के 'सफेद मेमने', कृष्णा सोबती के 'सूरजमुखी अँधेरे के' में सूक्ष्मता एवं प्रखरता से उभरते हैं। नयी संवेदना को औपन्यासिकता में कलात्मक ढंग से ढालनेवाले नरेन्द्र कोहली, गोविन्द मिश्र, कृष्ण बलदेव वैद, रमेश बक्षी, लक्ष्मीकान्त वर्मा के नाम उल्लेखनीय हैं।

यथार्थ की मनोवैज्ञानिक प्रतिक्रिया तथा अन्तर्मुखी विश्लेषण

सामाजिक व्यवस्था तथा मानवीय सम्बन्धों की आन्तरिक अनुभूति तथा मानसिक प्रतिक्रिया ही बाह्य चेष्टाओं तथा चाक्षुष हलचलों के रूप में व्याप्त होती है। मन की गति की अपेक्षा बाह्य क्रिया-कलापों की गति अधिक अनुशासित तथा विवेकवान् होती है। क्योंकि उस पर मस्तिष्क का अनुशासन होता है। मन की सोच तथा उसकी भाव-भंगिमाओं की यथार्थ पकड़ अत्यधिक जटिल है। उसकी अभिव्यक्ति सूक्ष्म संश्लिष्ट होने के साथ ही कार्य-कारण सम्बन्धों से परे भी हैं। यहाँ समस्याओं की स्थूलता नष्ट हो जाती है। समष्टि की अपेक्षा व्यष्टि का चित्र चटकीला हो जाता है। यह व्यष्टि भी टाइप या प्रतिनिधि रूप न होकर अपनी स्वतन्त्र चेतना का संवाहक अद्वितीय रूप होता है। इनके माध्यम से यदि सामाजिक सन्दर्भ उभरता है तो वह अभिधात्मक न होकर व्यंजनात्मक ही रहता है। प्रेमचन्द के औपन्यासिक विकास की अन्तिम परिणति तथा सबसे बड़ी उपलब्धि भी सामाजिक सन्दर्भों में व्यक्ति की स्थिति को उभारने, पुनः व्यक्ति की आन्तरिक पीड़ा तथा मानसिक द्वन्द्व के माध्यम से वृहत्तर सामाजिक समस्याओं की तीखी अनुगूँज पैदा करना है। प्रेमचन्द-युग में ही जैनेन्द्र अन्तर्मन के द्वन्द्वों, संघर्षों के अंकन में प्रवृत्त हो गये थे। इन्होंने बाह्य सामाजिक नैतिकता के बदले आन्तरिक

नैतिकता के सवाल उठाये। इनके पात्रों में कुण्ठा और औदात्य दोनों परिलक्षित होते हैं। उनका समाज विरोधी रूप दार्शनिकता के आधार पर समर्थित होता है। इनके नारी पात्र चाहे जैसा सामाजिक व्यवहार करें अपनी वैयक्तिक छवि के कारण उदात्त बने रहते हैं। जैनेन्द्र पर फ्रायड तथा गाँधी दोनों का प्रभाव परिलक्षित होता है। परख (1929), सुनीता (1935), त्यागपत्र (1937), कल्याणी (1939), सुखदा (1952), विवर्त (1952), व्यतीत (1953), जयवर्द्धन (1956), मुक्तिबोध (1965), अनन्तर (1968), अनाम स्वामी (1974), दशार्क (1983) जैनेन्द्र के ख्यातिलब्ध उपन्यास हैं।

इलाचन्द्र जोशी इस वर्ग के दूसरे प्रमुख उपन्यासकार हैं। इन पर फ्रायड तथा युंग के चिन्तन का गहरा प्रभाव है। जोशी जी अपने उपन्यासों में अज्ञात चेतन में दबी हुई कुण्ठित भावनाओं, वासनाओं तथा काम प्रवृत्तियों को अभिव्यक्ति देते हैं। इनके पात्र सैद्धान्तिक ढाँचे में ढले होने के कारण सहज रूप में गतिशील नहीं हो पाते। इनकी गतिविधियों के केन्द्र में इनके अहम् की प्रबलता है। इन्होंने अपने परवर्ती उपन्यासों में सामाजिकता का भी सुन्दर सन्निवेश किया। 'घृणामयी' (1929), 'संन्यासी', 'पर्दे की रानी', 'प्रेत और छाया', 'निर्वासित', 'मुक्तिपथ', 'सुबह के भूले', 'जिप्सी', 'जहाज का पंछी' और 'ऋतुचक्र' जोशी जी के प्रकाशित उपन्यास हैं।

इसके बाद अज्ञेय का नाम विशेष रूप से उल्लेखनीय है। 'शेखर : एक जीवनी' की वस्तु और शिल्प से मनोवैज्ञानिक उपन्यास के क्षेत्र में उथल-पुथल मच गयी। इसमें बिना किसी सैद्धान्तिक आग्रह के समष्टि के भीतर व्यष्टि की अस्मिता, अस्तित्व बोध, विद्रोह, सामंजस्य, आकर्षण-विकर्षण की सूक्ष्म भाव स्थितियों को अंकित किया गया। शेखर के जीवन की नकारात्मकता वर्तमान जीवन की विसंगतियों से उत्पन्न नयी पीढ़ी की नकारात्मकता का स्वर है। इस उपन्यास में पहली बार अनुभूतियों की प्रामाणिक ढंग से बेबाक अभिव्यक्ति होती है बिना इसकी चिन्ता किये कि क्या करना चाहिए क्या नहीं। इसमें एक रात के देखे गये घनीभूत वेदना के विजन को शब्दबद्ध किया गया है। पूर्वदीप्ति, असम्बद्ध स्मृति खण्ड, सहज कालप्रवाह के अविभाज्य अंग बनकर एक विराट् अनुभव को प्रस्तुत करते हैं। 'नदी के द्वीप' अज्ञेय का दूसरा चर्चित उपन्यास है। इसकी मूल संवेदना प्रेम, सेक्स, वासना के आस-पास केन्द्रित है। व्यक्ति के भावात्मक स्तर पर जुड़ने तथा बौद्धिक स्तर पर टूटने की कथा मात्र चार पात्रों (भुवन, रेखा, चन्द्र माधव, गौरा) के जीवन सूत्रों के माध्यम से विकसित होती है। मानवता के बीच मनुष्य की खोज, भीड़ के बीच व्यक्ति की पहचान अथवा समष्टि में व्यष्टि की महत्ता की पड़ताल, बदलते हुए नैतिक मापदण्डों के परिप्रेक्ष्य में सामाजिक एवं वैयक्तिक रिश्तों की परख 'नदी के द्वीप' का मूल संवेदन है। अज्ञेय के तीसरे उपन्यास 'अपने-अपने अजनबी' में अस्तित्ववादी दर्शन की स्पष्ट छाप है। बर्फ से घिरे हुए दो पात्र सेल्मा तथा योके एक-दूसरे से अपरिचित हैं परन्तु साथ रहने के लिए विवश हैं। दोनों ईश्वर, मृत्यु और जीवन को अपने-अपने ढंग से भोगते, व्याख्या करते हुए एक-दूसरे को सहते हैं। इसमें अस्तित्व तथा स्वतन्त्रता का सवाल एक साथ उठता है। परमानन्द श्रीवास्तव का विचार है "जिस अजनबीपन को अज्ञेय उभारना चाहते थे, वह उभरा नहीं है। मानवीय प्रेम और घृणा का निर्धारण करनेवाली स्थितियों तथा वस्तु तत्त्वों को जैसे लेखक ने ऊपर-ही-ऊपर छू लिया है कोई गहरी और नयी दृष्टि देने में अथवा किसी नये महत्त्वपूर्ण सत्य की स्थापना अज्ञेय नहीं कर पाये।"

देवराज—इस परम्परा के उल्लेखनीय उपन्यासकार हैं। 'पथ की खोज', 'बाहर भीतर', 'रोड़े और पत्थर' तथा 'अजय की डायरी' इनके उपन्यास हैं। इन उपन्यासों में प्रायः स्त्री-पुरुष के प्रेम सम्बन्धों को मनोवैज्ञानिक स्तर पर अत्यन्त गहराई से सम्प्रेषित किया गया है।

आंचलिक उपन्यास

हिन्दी के कुछ उपन्यासों में मानवता को आंचलिक सन्दर्भों में पहचानने की कोशिश है। अपनी रूढ़ियों, परम्पराओं, विवशताओं तथा समस्याओं से जूझते मनुष्य की अस्मिता, प्रकृति की सहज सीमाओं में उसकी रागात्मक चेतना, बदलते राष्ट्रीय परिवेश में उसकी निजी प्रतिक्रिया को प्रायः आंचलिक भाषा के लहजे में अंकित किया गया है। फणीश्वरनाथ रेणु इस वर्ग के प्रमुख उपन्यासकार हैं। 'परती परिकथा' तथा 'मैला आँचल' इनकी चर्चित कृतियाँ हैं। 'मैला आँचल' में बिहार के पूर्णिया जिले के मेरीगंज की कथा को मूल केन्द्र बनाया गया है और परती परिकथा में परानपुर की धरती की कथा है। इनमें सांस्कृतिक और भौगोलिक पृष्ठभूमि में यथार्थ जीवन के विविध प्रसंगों, भावनाओं, मान्यताओं तथा पारस्परिक सम्बन्धों को चित्रित किया गया है। उदयशंकर भट्ट का उपन्यास 'सागर की लहरें और मनुष्य' बम्बई के पश्चिमी तट के मछेरों के जीवन को प्रस्तुत करता है। शिवप्रसाद रुद्र 'बहती गंगा' में बनारस के मस्ती-भरे जीवन को ऐतिहासिक पृष्ठभूमि रूपायित करते हैं। शैलेश मटियानी बम्बई की गन्दी बस्तियों तथा कुमाऊँ को अपने उपन्यासों में अंकित करते हैं। इनकी 'बोरीवली से बोरीबन्दर तक', 'कबूतरखाना', 'चिट्ठीरसैन', 'हौलदार' आदि आंचलिक वर्ग के उपन्यास माने जाते हैं। रांगेय राघव का 'कब तक पुकारूँ', राही मासूम रजा का 'आधा गाँव', शिवप्रसाद सिंह का 'अलग-अलग वैतरणी', भैरव प्रसाद गुप्त का 'सती मैया का चौरा' आंचलिक उपन्यास हैं। केशवप्रसाद मिश्र के 'कोहबर की शर्त', 'काली दीवार' में पूर्वी उत्तर प्रदेश के जीवन को अंकित किया गया है। सपाट शैली तथा जीवन दर्शन के अभाव में इनका कोई स्थायी प्रभाव नहीं पड़ता किन्तु कथा की मनोरंजक अन्विति, रीति-रिवाजों, ग्रामीण सौमनस्य तथा निश्चल लोक-सौन्दर्य की अभिव्यक्ति के कारण मिश्र जी हिन्दी उपन्यासों में उचित स्थान पाने के अधिकारी हैं।

रामदरश मिश्र लिखित 'पानी की प्राचीर' में पूर्वी उत्तर प्रदेश (गोरखपुर क्षेत्र) की आंचलिक संस्कृति का चित्रण हुआ है। श्रीलाल शुक्ल रचित 'रागदरबारी' व्यंग्यात्मक शैली में लिखा गया हिन्दी का सुप्रसिद्ध उपन्यास है। इसमें अवध क्षेत्र के लोकजीवन के कतिपय ऐसे यथार्थ का चित्रण है जिनकी चर्चा वीभत्सता के कारण नहीं की जाती है। एक तरह से इसमें जीवन के अन्धकार पक्ष का उद्घाटन किया गया है। पंजाब के जनजीवन का क्षेत्रीय वैशिष्ट्य कृष्णा सोबती के उपन्यास 'जिन्दगीनामा', 'मित्रों मर जानी' में देखा जा सकता है। हिमांशु श्रीवास्तव (जन्म-1934) ने लगभग तीन दर्जन उपन्यासों का लेखन किया है। 'लोहे के पंख', 'नदी फिर बह चली', 'न खुदा न सनम' (1986) आदि उपन्यासों में उन्होंने 'ग्राम्य जीवन, किसान, मजदूर तथा निम्नवर्गीय समाज की पीड़ा एवं संघर्षों को चित्रित किया है। 'न खुदा न सनम', आपात्काल पर लिखा गया उपन्यास है। बलभद्र ठाकुर ने 'लहरों की छाती' पर अण्डमान निकोबार के जनजीवन को दर्शाया है। इनका दूसरा उपन्यास कुलू अंचल पर आधारित है। 'देवताओं के देश में' शीर्षक उपन्यास में 'नत्थी' के साहसिक चरित्र को दर्शाया गया है। वह धनी वृद्ध पति को छोड़कर प्रेमी के साथ चली जाती है और देश की स्वतन्त्रता के लिए हिंसक विद्रोह में शामिल होती है। 'मैला आँचल' के अनुसरण पर राजेन्द्र अवस्थी तृषित ने 'सूरज किरन की छाँव' प्रकाशित किया। 'जंगल के फूल' (1960) में इन्होंने आदिवासी समाज की सामाजिक, सांस्कृतिक गतिविधियों तथा समस्याओं को अंकित किया है। 'जाने कितनी आँखें' में बुन्देलखण्ड की संस्कृति को विस्तार से चित्रित करने का प्रयत्न किया गया है। 'उतरते ज्वार की सीपियाँ' (1968), बहता हुआ पानी (1971), बीमार शहर (1973), अकेली आवाज (1976), मछली बाजार (1977), एक रजनीगन्धा चोरी (1985) अन्य उपन्यास हैं।

ऐतिहासिक उपन्यास—आरम्भिक जासूसी-ऐयारी उपन्यासों में इतिहास की झलक मिलती है। जिस समय देवकीनन्दन खत्री ने चन्द्रकान्ता का आरम्भ किया था उसी समय किशोरीलाल गोस्वामी ने ऐतिहासिक रोमान्स के उपन्यास लिखना शुरू कर दिया था। गोस्वामी के द्वारा लिखित हृदय हारिणी और लवंगतला तारा वा क्षत्रकुलकमलिनी, सुलताना रजिया बेगम वा रंगमहल में हलाहल, मल्लिका देवी वा बंग सरोजिनी, लखनऊ की कब्र वा शाही महलसरा, सोना और सुगन्ध वा पन्नाबाई आदि उपन्यास 1902 से 1909 तक प्रकाशित हुए थे। इन उपन्यासों में गोस्वामी जी हिन्दू गौरव पर विशेष बल देते हैं, मुस्लिम पात्रों को ज्यादातर कुत्सित रूप में प्रस्तुत करते हैं। 'रजिया बेगम' में हिन्दू-मुस्लिम एकता को प्रतिपादित किया गया है। ऐतिहासिक उपन्यासकारों में वृन्दावनलाल वर्मा का नाम विशेष रूप से उल्लेखनीय है। वृन्दावनलाल वर्मा (जन्म सन् 1890, मऊरानीपुर, झाँसी, उ.प्र.) ने बुन्देलखण्ड के जीवन तथा इतिहास को अपने उपन्यासों में जीवन्त कर दिया है। गढ़कुण्डार (1927) ऐतिहासिक उपन्यास में बुन्देलों तथा खंगारों की द्वेष भावना तथा उसके परिणामों को चित्रित किया गया है। इनका दूसरा महत्त्वपूर्ण उपन्यास है 'विराटा की पद्‌मिनी (1936 ई.) है, इसमें इतिहास से अधिक लोककथाओं, किंवदन्तियों आदि के सहारे कथा-विन्यास किया गया है। वर्मा जी बुन्देलखण्ड के पतन के कारणों में राजपरिवारों के उत्तराधिकार के लिए होनेवाले संघर्षों और षड्यन्त्रों का चित्रण किया है। ये बुन्देलखण्ड की प्रकृति, रीति-रिवाज, शौर्य-संघर्ष तथा लोक-संस्कृति के अन्य पक्षों को उजागर करने में सफल हुए हैं। 1946 में 'झाँसी की रानी लक्ष्मीबाई' प्रकाशित हुआ। स्वतन्त्रता-संग्राम में नारी के गौरव और वीरता को अंकित करनेवाला यह उपन्यास ब्रिटिशकालीन इतिहास पर लिखा गया पहला उपन्यास माना जाता है। मोतीबाई और झलकारीबाई जो निम्नवर्ण से सम्बन्धित हैं उनके चरित्र को ऊँचा उठाकर वर्मा जी आगे आनेवाले अनेक रचनाकारों को प्रेरणा देते हैं। 'मुसाहिबजू', 'मृगनयनी', अहिल्याबाई, टूटे काँटे इनके अन्य ऐतिहासिक उपन्यास हैं। 'मृगनयनी' सर्वाधिक चर्चित उपन्यास है। इसका प्रकाशन सन् 1950 में हुआ था। अत्यल्प ऐतिहासिक सामग्री को वर्मा जी अपने कल्पना शक्ति से संवर्द्धित करते हैं। नारी-चेतना एवं दलित-चेतना की दृष्टि से भी वर्मा जी के उपन्यास अधिक प्रासंगिक हो गये हैं। पिछड़ी एवं दलित जातियों की सांस्कृतिक, सामाजिक अस्मिता की तलाश करके वर्मा जी सामाजिक ऐक्य एवं जातीय स्वाभिमान की रक्षा में सफल हुए हैं। वर्मा जी के अन्य ऐतिहासिक उपन्यास हैं—माधव जी सिन्धिया (1957 ई.)। वर्मा जी ने सामाजिक उपन्यास भी रचे हैं—लगन (1928), प्रेम की भेंट (1931), कुण्डली चक्र (1932), कोतवाल की करामात, प्रत्यागत (1939) अचल मेरा कोई (1948) आदि।

ऐतिहासिक उपन्यासकारों में अमृतलाल नागर का महत्त्वपूर्ण स्थान है। ये प्राचीन भारतीय संस्कृति का ऐतिहासिक ताना-बाना बुनकर अंकित करते हैं। 'एकदा नैमिषारण्ये' उपन्यास में पौराणिक पात्रों को नयी भावभूमि में अवतरित किया गया है। 'शतरंज के मोहरे', 'सात घूँघटवाला मुखड़ा' में अवध के नवाबी सामन्तवाद का यथार्थ चित्रण किया गया है। 'मानस का हंस' तुलसीदास के जीवन और व्यक्तित्व पर लिखा गया उपन्यास है। इसी तरह 'खंजन नयन' सूरदास के जीवन से सम्बन्धित उपन्यास है।

कृष्णचन्द्र शर्मा 'भिक्खु' ने 'मौत की सराय' शीर्षक उपन्यास फ्रान्स की क्रान्ति के ऊपर लिखा है। हजारीप्रसाद द्विवेदी ऐतिहासिक उपन्यास की परम्परा में नया प्रयोग करते हैं। उनका 'बाणभट्ट की आत्मकथा', ऐतिहासिक वस्तु के उपयोग, शिल्प दोनों दृष्टियों से उत्कृष्ट उपन्यास है। बाणभट्ट

के जीवन पर आधारित आत्मकथात्मक उपन्यास में इतिहास से अधिक द्विवेदी की कल्पनाशीलता है। आचार्य चतुरसेन शास्त्री ने 'वैशाली की नगर वधू' बौद्धकालीन भारतीय इतिहास से सामग्री लेकर अपनी कल्पना-शक्ति से ऐतिहासिक उपन्यास का सृजन किया। महापण्डित राहुल सांकृत्यायन ने 'सिंह सेनापति', जय यौधेय, मधुर स्वप्न, शीर्षक से ऐतिहासिक उपन्यास लिखे हैं। इनकी चेष्टा सांस्कृतिक पक्ष को उजागर करने की अधिक है। हजारीप्रसाद द्विवेदी 'चारुचन्द्र लेख' में तेरहवीं सदी के सांस्कृतिक जीवन को अंकित करते हैं। यशपाल के दो ऐतिहासिक उपन्यास प्रकाशित हैं— 'दिव्या' और 'अमिता'। 'दिव्या' बौद्धकालीन इतिहास के वातावरण में रचा गया है। इसमें ऐतिहासिक तथ्यों, पात्रों तथा कलात्मकता पर बल दिया गया है। 'अमिता' अशोक की कलिंग विजय की घटना से सम्बन्धित है। ऐतिहासिक तथा प्रागऐतिहासिक विषयों पर रांगेय राघव ने 'घरौंदे' चीवर, काका, विषाद मठ, मुर्दों का टीला, हुजूर आदि उपन्यास प्रकाशित किये। 'विषाद मठ' 1947 के बंगाल के अकाल पर लिखा गया है। मोहन जोदड़ों की सभ्यता पर आधारित उपन्यास 'मुर्दों का टीला' है। वे अपने उपन्यासों में मार्क्सवादी दृष्टि को प्रतिफलित करते हैं। धार्मिक सम्प्रदायों का पारस्परिक संघर्ष, वर्णों का संघर्ष, विलासी सामन्तों तथा शोषितों का संघर्ष आदि का चित्रण इनके उपन्यासों में मिलता है।

बीसवीं शताब्दी के अन्तिम दशक के उपन्यास

इस समय कुछ पुराने तथा मँजे लेखकों की कृतियाँ प्रकाश में आयीं जैसे भीष्म साहनी रचित कुन्तो (1993 ई.) और 'नीलू नीलिमा, नीलोफर' (2000), नयी कविता आन्दोलन से जुड़े लक्ष्मीकान्त वर्मा का उपन्यास 'मुन्शी रायजादा' लम्बे काल अवधि में अंग्रेजी शासनकाल उनसे जुड़े सामन्तों तथा नौकरशाहों के पारम्परिक द्वन्द्व तथा ग्राम्य जीवन के मिथकों तथा लोकसंवेदनों को अंकित करनेवाला आत्मकथात्मक उपन्यास है। नये शिल्प तथा भावबोध के कारण यह उपन्यास अपना अलग ही प्रभाव छोड़ता है।

कृष्णा सोबती के दो उपन्यास 'दिलोदानिश' (1993) और 'समय सरगम' (सन् 2000) में प्रकाशित हुए। निर्मल वर्मा का 'अन्तिम अरण्य' (सन् 2000) जीवन की सन्ध्या वेला में आ पहुँचे उन वृद्धों की कथा है जो अपने अतीत से बिंधे हुए हैं तथा जो स्मृतियों से निकलकर उन्हें निरन्तर दंशित कर रहा है।

श्रीलाल शुक्ल का 'विश्रामपुर का सन्त' (सन् 1998 ई.) निर्मल वर्मा के 'अन्तिम अरण्य' के समान एक वृद्ध की कथा पर आधारित है।

कामतानाथ का बृहद् उपन्यास 'काल कथा' (सन् 1998 ई.) में सन् 1919 से सन् 1929 के समय के भारतीय जीवन पर आधारित एक महागाथा है। भगवान सिंह के 'अपने अपने राम' (1992 ई.) में रामकथा पर आज की अनेक ऐसी स्थितियाँ आरोपित की गयी हैं जिनका सर्जनात्मक औचित्य विवादास्पद प्रतीत होता है। उनके दूसरे उपन्यास 'उन्माद' (1999 ई.) का मुख्य उद्देश्य साम्प्रदायिक उन्माद का विमर्श है। कमलेश्वर का 'कितने पाकिस्तान' (2000 ई.) एक महत्त्वाकांक्षी उपन्यास है जिसमें घटनाओं का सनसनीखेज प्रस्तुतीकरण हुआ है। कमलेश्वर का अन्य उपन्यास 'अनबीता व्यतीत' भी महत्त्वपूर्ण है। मनोहर श्याम जोशी के तीन लघु उपन्यासों—'टा टा प्रोफेसर' (1995 ई.) 'हरिया हरक्यूलीज की हैरानी' (1996 ई.) और 'हमजाद' (1996 ई.) की भाषा चौंकानेवाली है। इनमें फारसी शब्दों का इतना अधिक प्रयोग किया गया है कि अनेक शब्दों के लिए पाद-टिप्पणी देनी पड़ी है।

अन्तिम दशक में गिरिराज किशोर के तीन उपन्यास 'ढाई घर', 'यातनाघर', 'पहला गिरमिटिया' प्रकाशित हुए। विनोद कुमार शुक्ल के दो उपन्यास, 'खिलेगा तो देखेंगे' (1996 ई.), 'दीवार में एक

खिड़की रहती थी' (1997 ई.) कविता की भाषा में लिखे गये हैं। मृदुला गर्ग का 'कठगुलाब' (1996 ई.) में 'आधुनिक नारी-चेतना' का विभिन्न बिन्दुओं से प्रस्तुत करने का प्रयास किया गया है। प्रभा खेतान का 'छिन्नमस्ता' (1993 ई.), 'अपने अपने चेहरे' (1994 ई.) व 'पीली आँधी' (1996 ई.) प्रकाशित हुए। इसका मुख्य केन्द्र बिन्दु स्त्री-विमर्श है। उपन्यासकार के रूप में मैत्रेयी पुष्पा की पहचान उनके 'इदन्नमम्' नामक उपन्यास से निर्मित हुई है। 'इदन्नमम' के बाद 'चाक' (1997) और अल्मा कबूतरी (2000 ई.) नामक उपन्यास में महानगरीय जीवन में निम्नमध्यवर्गीय महिलाओं की दुर्दशा का बेबाकी से अंकन हुआ है। सुरेन्द्र वर्मा के बहुचर्चित उपन्यास 'मुझे चाँद चाहिए' (1993 ई.) में हिन्दी पाठकों को पहली बार रंगमंच और सिने संसार का विश्वसनीय समृद्ध और भरा पूरा चित्र देखने तथा अनुभव करने को मिलता है। मंजूर एहतेशाम का 'दास्ताने लापता' (1995 ई.) तथा असगर वजाहत का 'सात आसमान' (1990 ई.) में प्रकाशित हुआ। कमलाकान्त त्रिपाठी का 'पाही घर' (1996 ई.) में प्रकाशित हुआ। इसी पीढ़ी में वीरेन्द्र जैन के 'डूब' नामक उपन्यास (1991 ई.) में मध्य प्रदेश के एक पिछड़े अंचल की पीड़ा की सशक्त अभिव्यक्ति हुई है। गीताञ्जलि श्री के लघु उपन्यास 'माई' (1993 ई.) में नयी पीढ़ी का पुरानी पीढ़ी से मोहभंग व्यक्त हुआ है। अलका सरावगी का बहुचर्चित उपन्यास 'कलिकथा-वाया-बाईपास' (1998) में स्वतन्त्रता-संग्राम के दौरान उपजे आत्मनिर्भरता और धर्म की निरपेक्षता जैसे मूल्यों के सन्दर्भ में आज के मध्यवर्ग की आलोचना है। कश्मीर की समस्या को लेकर चन्द्रकान्ता का 'कथा सतीसर' (2000 ई.) राजनीति के साथ मनुष्य और उसकी यन्त्रणाओं को केन्द्र में रखकर चलता है।

1995 में ही डॉ. रामकिशोर शर्मा का उपन्यास 'गौरी' प्रकाशित हुआ जिसमें एक दलित स्त्री की महत्त्वाकांक्षा तथा भावनाओं के द्वन्द्व को अंकित किया गया है। भारतीय गाँवों में जाति प्रथा के बावजूद किस प्रकार जातीय सौमनस्य एवं साम्प्रदायिक सौहार्द रहा है उसका चित्रण करते हुए अवध की लोक-संस्कृति की झलक दी गयी है।

प्रमोद अग्रवाल—जन्म 7 फरवरी, 1950 ई. इलाहाबाद विश्वविद्यालय से विधिशास्त्र से डी.फिल्. करने के बाद भारतीय प्रशासनिक सेवा में चयनित। प्रशासनिक दायित्व का निर्वाह करते हुए साहित्य सृजन में सक्रिय रहे। इन्होंने कई उपन्यासों की रचना की है; जिनमें प्रमुख हैं—बेतवा की कसम, आवेश के कदम, चित्रा, प्रेम से परिवार तक, मीरजाफर, माफिया, स्वदेश, सतलज से टेम्स तक, काले हीरों का पंचकोट राज, पृथ्वी की पीड़ा, प्रकाश उद्योग से उपजा प्रेम। समकालीन सामाजिक, राजनीतिक जीवन की विविध समस्याओं और विडम्बनाओं का प्रभावशाली चित्रण किया है। इनके उपन्यासों में कथ्य की प्रामाणिकता है शिल्प की साज-सज्जा नहीं है। इनके पात्रों में जीवन के यथार्थ की नितान्त स्वाभाविक स्थितियाँ परिलक्षित होती हैं। इनमें सामाजिक मनोविज्ञान की सहज वृत्तियाँ परिलक्षित होती हैं। प्रेमकथाओं में समाज के रूढ़ एवं पुरातन बन्धनों की शिथिलता देखी जा सकती है, बदलते समाज का यही सच है।

साम्प्रदायिक समस्याएँ और हिन्दी उपन्यास— भारत-पाकिस्तान के बनने की राजनीतिक प्रक्रिया में हिन्दू-मुसलमान का भी जैसे द्विराष्ट्रीय बँटवारा हो गया। उस समय भड़के साम्प्रदायिक दंगों की त्रासदी हिन्दी के अनेक उपन्यासों में चित्रित की गयी। 1954 ई. में देवेन्द्र सत्यार्थी ने 'कठपुतली' में, यशपाल ने 'झूठा सच' (1958 ई.) में कमलेश्वर ने 'लौटे हुए मुसाफिर' (1961 ई.) में भीष्म साहनी ने 'तमस' में इस समस्या को प्रभावशाली ढंग से उठाया है। बीसवीं सदी के अन्त तक उपन्यासकारों की संवेदना इस सन्दर्भ में क्षीण नहीं होती। अमृतलाल मदान के 'सिन्धु पत्र' (1991) दीपचन्द्र निर्मोही

के 'और कितने अँधेरे' (1995) हरदर्शन सहगल के 'टूटी हुई जमीन' उपर्युक्त त्रासदी चित्रित की गयी। स्वतन्त्रता के बाद भी यह पीड़ा भिन्न ढंग से व्याप्त रही। राही मासूम रजा 'आधा गाँव' (1966 ई.), टोपी शुक्ला (1969), हिम्मत जौनपुरी (1969 ई.) ओस की बूँद (1970) दिल एक सादा कागज (1973 ई.) आदि उपन्यासों में मुसलमानों की आर्थिक समस्याओं का अंकन किया है। राजनीति ने आदमी को सम्प्रदाय या जाति में बदल दिया उसे आदमी रहने नहीं दिया। नासिरा शर्मा ने भी 'जिन्दा मुहावरे' (1993 ई.) में मुसलमानों की वतनपरस्ती के प्रति हिन्दुओं के सन्देह को दर्शाया है। बदीउज़्ज़मा ने 'सभा पर्व' मुस्लिम जीवन का ऐतिहासिक परिदृश्य पेश किया है। 'सात आसमान' इनका अन्य उल्लेखनीय उपन्यास है। मुस्लिमों की समस्याओं को नासिरा शर्मा के 'ठीकरे की मँगनी', अबुल बिस्मिल्लाह के 'झीनी-झीनी बीनी चदरिया, 'मुखड़ा क्या देखे' आदि में उभारा गया है। भगवान् सिंह के 'उन्माद' (1999) कमलेश्वर के 'कितने पाकिस्तान', (2000) में साम्प्रदायिकता विरोधी चेतना दृष्टिगत होती है।

वैदिक, पुरातात्त्विक तथा पौराणिक कथाश्रित उपन्यास—भारतीय संस्कृति अत्यन्त समृद्ध रही है। वैदिक तथा औपनिषदिक कथाओं में तत्कालीन मानव-जीवन की झाँकी तो मिलती ही है, वर्तमान काल के लिए भी अनेक सन्देश एवं सम्भावनाएँ उनमें निहित हैं। मिथकीय चरित्र के कारण पुराकथाएँ आधुनिक युग के उपन्यासकारों को भी प्रेरणा देती रही हैं। चतुरसेन शास्त्री रचित 'वयं रक्षामः' (1955 ई.) लक्ष्मीकान्त वर्मा कृत टेराकोटा (1971 ई.) क्रमशः रामायण तथा महाभारत के कथानक पर आधारित हैं, हजारीप्रसाद द्विवेदी कृत 'अनामदास का पोथा' उपनिषद् से सम्बन्धित है। शिवप्रसाद सिंह रचित वैश्वानर (1971 ई.) भगवान सिंह रचित 'अपने-अपने राम' पौराणिक वर्ग के उपन्यास हैं। नरेन्द्र कोहली ने रामायण और महाभारत के कथानकों के आधार पर अभ्युदय (1975-79) और महासमर (1988-2000) की रचना की। दोनों महाउपन्यासों के अनेक खण्ड हैं। पुरातात्त्विक साक्ष्यों के आधार पर राजीव सक्सेना कृत 'पणिपुत्री (1972), रांगेय राघव ने 'मुर्दों का टीला' मोहनजोदड़ों की पृष्ठभूमि पर लिखा है। कन्हैयालाल ओझा 'सम्भवामि' उपन्यास में देव सभ्यता का मानवीकरण किया है। राजीव सक्सेना ने 'प्रथमं शैलपुत्री च' उपन्यास में ई. पूर्व 20-18 हजार वर्ष की कथा कही है। 'मन्त्र' की कथा पुरातात्त्विक खुदाई से जुड़ी है। प्राचीन कथानकों द्वारा आधुनिक परिप्रेक्ष्य में अपनी-अपनी विचारधाराओं को अंकित करने का प्रयत्न किया गया है। जीवन के कुछ शाश्वत सत्य होते हैं जो महान् कृतियों में मिल जाते हैं, उपन्यासकारों ने उन्हीं को तलाशने का प्रयत्न किया है। योगेन्द्रप्रताप सिंह लिखित 'देवकी का आठवाँ बेटा' इसी वर्ग का उपन्यास है।

नाटक और रंगमंच

नाटक साहित्य की अत्यन्त महत्त्वपूर्ण और व्यापक विधा है। संस्कृत का नाटक साहित्य अत्यन्त समृद्ध है किन्तु हिन्दी भाषा में यह परम्परा काफी दिनों तक अवरुद्ध रही। फिर भी रासलीला, नौटंकी, रासो, स्वाँग, रामलीला आदि रूपों में नाटकों की लोकपरम्परा अग्रसर होती रही। आधुनिक हिन्दी नाटकों के विकास में इस लोकपरम्परा का कोई उल्लेखनीय प्रभाव नहीं है। उन्नीसवीं शताब्दी में पारसी रंगमंच का बोलबाला था जिसका प्रभाव हिन्दी नाटकों पर पड़ा।

डॉ. दशरथ ओझा ने हिन्दी नाटकों का आरम्भ रासो से जोड़ा है, उनके अनुसार 'गय सुकुमार रास' हिन्दी का प्रथम मौलिक नाटक है। रामचन्द्र शुक्ल के मतानुसार रीवा नरेश विश्वनाथ सिंह कृत 'आनन्द रघुनन्दन', भारतेन्दु के अनुसार गोपालचन्द्र कृत 'नहुष' हिन्दी का प्रथम मौलिक नाटक है।

वास्तव में खड़ीबोली नाटक के आरम्भ का श्रेय भारतेन्दु हरिश्चन्द्र को है। इनमें प्रखर युगबोध था जिसके परिणामस्वरूप व्यापक सामाजिक विधा नाटक को नयी दृष्टि से विकसित किया।

नाटक के विकास को अध्ययन की सुविधा के लिए तीन युगों में बाँटा जा सकता है—

1. भारतेन्दु-युग
2. प्रसाद-युग।
3. प्रसादोत्तर-युग।

भारतेन्दु-युग— इस युग के नाटकों की शिल्प-विधि का निर्माण प्राचीन एवं नवीन परम्परा के सम्मिश्रण से हुआ। नाटकों में अधिकतर पौराणिक, ऐतिहासिक तथा सामाजिक घटनाचक्रों का ग्रहण हुआ। प्राचीन कथानकों को भी नूतन सांस्कृतिक एवं राष्ट्रीय चेतना की जागृति हेतु प्रस्तुत किया। इस युग के नाटकों को रोमाण्टिक, सामाजिक, पौराणिक, ऐतिहासिक, राष्ट्रीय, व्यंग्यात्मक में वगीकृत किया जाता है। भारतेन्दुयुगीन नाटकों का मूल उद्देश्य पाश्चात्य संस्कृति के समक्ष भारतीय संस्कृति की महत्ता सिद्ध करना, भारतीयों में राष्ट्रीय भावना जगाना तथा सामाजिक कुरीतियों और बुराइयों से अवगत कराना है। रोमाण्टिक नाटक भी सुधारवाद तथा उपदेशात्मकता से मुक्त नहीं रह सके हैं।

इस युग के नाटककारों ने संस्कृत नाट्य-परम्परा में प्रभावित होते हुए भी पाश्चात्य नाटकीय तत्त्वों को भी सम्मिलित किया। नाटक की अभिनेयता के प्रति सचेत रहे। नाटकों के कथोपकथन तथा भाषा पात्रानुकूल है। बीच-बीच में मुहावरों, लोकोक्तियों तथा श्लोकों के प्रयोग हैं। अधिकांश नाटकों में नान्दी पाठ, सूत्रधार और भरतवाक्य मिलते हैं। भारतेन्दु हरिश्चन्द्र, प्रतापनारायण मिश्र, बालकृष्ण भट्ट, श्रीनिवासदास, राधाचरण गोस्वामी, राधाकृष्णदास और अम्बिकादत्त व्यास इस युग के प्रमुख नाटककार हैं।

भारतेन्दु हरिशचन्द्र नाटकों के रचना के साथ ही उनके मंचन के प्रति भी जागरूक रहे। इन्होंने कई मौलिक तथा अनूदित नाटकों का सृजन किया। वैदिकी हिंसा हिंसा न भवति, विषस्य विषमौषधम, अन्धेर नगरी, प्रेम जोगिनी, चन्द्रावली, भारत दुर्दशा, सती प्रताप इनके मौलिक नाटक हैं। इनके नाटकों में किसी स्थान पर देववासियों को व्यंग्य के कशाघात से उद्बुद्ध किया जा रहा है तो किसी स्थान पर ऐतिहासिक घटनाओं में प्राण प्रतिष्ठा कर उन्हें जगाया जा रहा है। कहीं प्रतीकों के आधार पर देश के तत्कालीन अवस्था का करुण चित्र खींचकर देशवासियों में संवेगात्मक अनुभूति पैदा की जा रही है तो कहीं माँ की असहायता और विपन्नता का नग्न दृश्य उपस्थित कर अत्यन्त मनोवैज्ञानिक ढंग से उनके मर्म को स्पर्श किया जा रहा है।

प्रतापनारायण मिश्र के सामाजिक, राष्ट्रीय तथा ऐतिहासिक विषयों पर 'दूध का दूध पानी का पानी', 'जुआरी-जुआरी', कलिकौतुक रूपक', 'हठी हम्मीर' तथा 'भारत-दुर्दशा' आदि नाटकों का सृजन किया। इनका प्रमुख स्वर समाज सुधार है।

बालकृष्ण भट्ट ने कुल मिलाकर (प्रकाशित-अप्रकाशित) पन्द्रह नाटकों की रचना की। दमयन्ती स्वयंवर, वेणु संहार, जैसा काम वैसा परिणाम, वृहन्नला प्रख्यात मौलिक नाटक हैं। भट्ट जी ने देशकाल-सम्बन्धी सामाजिक यथार्थ का सजीव चित्र प्रस्तुत किया है। इन्होंने सामाजिक बुराइयों पर व्यंग्य करेक नैतिकता तथा मर्यादा को प्रतिष्ठित करना चाहा है।

लाला श्रीनिवासदास ने 'प्रह्लाद चरित्र', 'तप्ता संवरण', 'रणधीर प्रेम मोहिनी' और 'संयोगिता स्वयंवर' की रचना की। 'रणधीर प्रेम मोहिनी' को हिन्दी का प्रथम दुखान्तकी माना जाता है। इन्होंने

कथावस्तु के संघटन एवं चरित्रों के बाह्य एवं अन्तःसंघर्षों के चित्रण में भारतीय तथा पाश्चात्य नाट्य शैलियों का उत्कृष्ट समन्वय किया। राधाचरण गोस्वामी रचित 'सती चन्द्रावली', 'अमर सिंह राठौर', राधाकृष्णदास रचित 'दुःखिनी बाला', 'पद्मावती', 'महाराणा प्रताप' उल्लेखनीय नाट्य कृतियाँ हैं।

प्रसाद-युग— नाटक के क्षेत्र में प्रसाद के आगमन से क्रान्तिकारी परिवर्तन आया। भारतेन्दुयुगीन नाटकों में ऐतिहासिक कथानकों को वर्तमान सन्दर्भों में आदर्शवादी स्वर देने की कोशिश की गयी किन्तु प्रसाद-युग में ऐतिहासिक कथानकों में वर्तमान समस्याओं को रचना के स्तर पर अभिव्यंजित किया गया। उनमें आदर्श या उपदेश का आरोपण नहीं है। प्रसाद ने चरित्रों को निर्मित किया जो ऐतिहासिक होते हुए भी समस्याओं की दृष्टि से वर्तमान है। इनमें भारतीय नाटकों की रसमयता एवं पाश्चात्य नाटकों के द्वन्द्व का अद्भुत समाहार है। इनके नाटकों की परिणति सुखान्त, दुःखान्त के बीच की है जो सामाजिकों को न तो पूर्व निर्धारित आनन्द की स्थिति में पहुँचाती है न त्रासद स्थितियों से भावोत्तेजना पैदा करके विरेचन करती है बल्कि प्रसादान्त होकर बड़ी अर्थ-व्यंजना तथा समरसता का उदात्त भाव छोड़ जाती है।

डॉ. भगवती प्रसाद शुक्ल के शब्दों में रूढ़-परम्परा का त्याग, नवीन जीवन-दर्शन का ग्रहण, सौन्दर्य चेतना के प्रति एक अभिनव आकर्षण, कौतूहल, प्रेम की भावुक तथा मानवीय संवेदना, भारत के अतीत के प्रति गौरवमयी अनुभूति, उच्चादर्शों के प्रति उत्कट अनुराग, अतीत की राष्ट्रीय गरिमा का आधुनिक सन्दर्भों में चित्रण, शैली शिल्प की स्वच्छन्दता प्रसादयुगीन नाटकों के प्रमुख तत्त्व हैं।

इस युग के प्रमुख नाटककार जयशंकर प्रसाद हैं। इन्होंने सज्जन, कल्याणी-परिणय, करुणालय, प्रायश्चित्त, राज्यश्री, विशाख, अजातशत्रु, कामना, 'जनमेजय का नागयज्ञ', स्कन्दगुप्त, एक घूँट, चन्द्रगुप्त एवं ध्रुवस्वामिनी आदि नाटकों का सृजन किया। प्रसाद की नाटकीय प्रतिभा क्रमशः विकसित होती दिखायी पड़ती है। प्रसाद ने अतीत की ऐतिहासिक घटनाओं को नाटकों में संयोजित करके प्राचीन संस्कृति को जीवन्त बना दिया। कल्पना तथा इतिहास के अद्भुत सम्मिश्रण में समसामयिक राष्ट्रीय तथा सामाजिक समस्याएँ भी बड़े आवेग से उभरती हैं। इनमें दार्शनिक चिन्तन की गहराई, गीतों की सरलता एवं प्रेम का उत्कर्ष, युग-जीवन की छाप, पात्रों के बाह्य तथा अन्तर्द्वन्द्व का मनोवैज्ञानिक अंकन एवं भारतीय पाश्चात्य नाट्य तत्त्वों का अद्भुत समन्वय है। प्रसाद भाषा के माध्यम से वातावरण निर्मित करते हैं। इसमें ऐतिहासिक सत्य का साक्षात्कार तो होता है किन्तु अभिनय की जटिलता उत्पन्न होती है। प्रसादयुगीन अन्य प्रमुख नाटककारों में नाटक-प्रहसन लेखक बद्रीनाथ भट्ट का महत्त्वपूर्ण स्थान है। इन्होंने कुरुवन दहन, चन्द्रगुप्त, चुंगी की उम्मीदवारी, बेनचरित, तुलसीदास, दुर्गावती, लबड़धोंधों, विवाह-विज्ञापन, मिस अमेरिका आदि नाटकों का सृजन किया। उदयशंकर भट्ट (चन्द्रगुप्त मौर्य, विक्रमादित्य), गोविन्द वल्लभ पन्त (बरमाला), प्रहसनकार जी.पी. श्रीवास्तव (मार-मारकर हकीम, आँखों में धूल, हवाई डाक्टर) इस युग के उल्लेखनीय नाटककार हैं।

प्रसादोत्तर नाटक—प्रसादोत्तर नाटकों में जीवन के नये यथार्थबोध के कारण नवीन दृष्टि विकसित हुई। यह नवीनता वस्तु तथा शिल्प के क्षेत्र में विविध रूपों में उभरकर सामने आयी। इस युग के नाटककारों का पौराणिक विषयों की तुलना में समसामयिक समस्यामूलक विषयों की ओर अधिक आकर्षण रहा है। वे बराबर रोमाण्टिक स्थितियों से बचने की कोशिश करते हैं। कामजन्य उद्वेग, यौनपरक कुण्ठाएँ अधिकतर समस्या के रूप में सहज नाटकीय परिस्थितियों में विश्लेषित होती हैं। शिल्प के स्तर पर नान्दी पाठ, भरत वाक्य, प्रस्तावना, गीत, नृत्य को प्रायः छोड़ दिया गया।

सूत्रधार के स्थान पर कमेण्टेटर का प्रयोग, दो या तीन अंकों में नाटक की समाप्ति, चरित्रों के वर्गीय स्वरूप तथा मनोवैज्ञानिक अन्तर्द्वन्द्व का सफल अंकन, संक्षिप्त एवं प्रभावशाली संवादों की योजना, रस के स्थान पर घटना-वैचित्र्य की महत्ता इस युग की प्रमुख विशेषताएँ मानी जा सकती हैं।

प्रसादयुगीन नाटकीय प्रवृत्तियाँ इस युग में भी चलती रहीं। वृन्दावनलाल वर्मा, सेठ गोविन्ददास, उदयशंकर भट्ट, गोविन्दवल्लभ पन्त, रामकुमार वर्मा, हरिकृष्ण प्रेमी, चन्द्रगुप्त विद्यालंकार आदि नाटककार इन प्रवृत्तियों के अग्रसरकर्त्ता हैं। इनमें से कई नाटककारों ने प्रसाद के समय में ही लिखना प्रारम्भ कर दिया था। कुछ नाटककार ऐसे हैं जिन्होंने आधुनिक भावबोध को गहराई से पकड़ने की चेष्टा की। लक्ष्मीनारायण मिश्र, उपेन्द्रनाथ अश्क, जगदीशचन्द्र माथुर, विनोद रस्तोगी, मन्नू भण्डारी के नाटकों में नवीन उद्‌भावनाएँ आसानी से लक्षित की जा सकती हैं। मिश्र जी नाटक के क्षेत्र में प्रसाद की रोमाण्टिक दृष्टि तथा भावुकता की प्रतिक्रिया लेकर आये। इन्होंने पौराणिक तथा ऐतिहासिक घटनाओं को बुद्धि संगत बनाने के लिए कल्पना का अद्‌भुत सम्मिश्रण किया। मिश्र जी ने अपने कई नाटकों में विवाह, सेक्स आदि सामाजिक समस्याओं तथा उनसे सम्बद्ध अन्य पहलुओं को उठाया है। मिश्र जी इब्सन तथा शा की तरह बुद्धिवादी नाटककार होने की चेष्टा करते हैं किन्तु इनके पात्र भावुकता से मुक्त नहीं हो पाते। अशोक, संन्यासी, राक्षस का मन्दिर, मुक्ति का रहस्य, राजयोग, सिन्दूर की होली, आधीरात, गरुड़ध्वज, नारद की वीणा, वत्सराज, दशाश्वमेध, वितस्ता की लहरें, जगद्‌गुरु, चक्रव्यूह, कवि भारतेन्दु, मृत्युञ्जय, चित्रकूट, अपराजित, धरती का हृदय आदि मिश्र जी द्वारा लिखित नाटक हैं। बच्चन सिंह की दृष्टि में अश्क पहले नाटककार हैं जिन्होंने नाटक को रोमांस के कटघरे से निकालकर आधुनिक भावबोध के साथ जोड़ा। अश्क ने अपने नाटकों में मध्यवर्गीय परिवार के खोखलेपन, रूढ़ियों, स्त्री-पुरुष की यौन कुण्ठाओं, नवशिक्षितों के असन्तुलित दाम्पत्य जीवन, असन्तोष तथा विषमताओं को विश्लेषित किया है। स्वर्ग की झलक, छठा बेटा, कैद, उड़ान, भँवर, आदि मार्ग, पैंतरे, अलग-अलग रास्ते, अंजो दीदी आदि नाटक सामाजिक और पारिवारिक यथार्थ को उभारते हैं। इनमें चुस्त और रोचक संवादों की योजना, नायिकाओं की प्रधानता तथा शिल्पगत विविधता मिलती है। अभिनेयता इनका विशिष्ट गुण है।

जगदीशचन्द्र माथुर ने वर्तमान जटिल अनुभूतियों को इतिहास-पुराण के कथानकों की पृष्ठभूमि में अत्यन्त सार्थकता के साथ अभिव्यक्ति दी। नाटक तथा रंगमंच के अपरिहार्य सम्बन्धों के प्रति जागरूक होने के कारण इनमें भाषा की स्वाभाविक भंगिमा परिलक्षित होती है। पात्रों के अन्तःसंघर्ष का सूक्ष्म अंकन, नाटक की संश्लिष्ट योजना में जीवन के विविध आयामों की सार्थक सांकेतिक अभिव्यक्ति माथुर जी के नाटकों की विशेषताएँ हैं। 'कोणार्क' नाटक में इन्होंने सौन्दर्य-सृजन के सम्मोहन में भूले हुए शिल्पी के मौन को वाणी दी, 'पहला राजा' (1969 ई.) की पौराणिक-ऐतिहासिक कथा सूत्रों में पिरोकर 'मॉडर्न एलिगरी' आधुनिक अन्योक्ति के रूप में प्रस्तुत किया। 'शारदीया' (1959 ई.) में प्रेम और सृजन प्रक्रिया को नाटकीय द्वन्द्व के रूप में प्रस्तुत किया गया है।

विनोद रस्तोगी ने अपने नाटकों में परिवर्तित समाज के परिवेश और चेतना को विश्लेषित किया है। स्वतन्त्रता के बाद उत्पन्न शोषण, भ्रष्टाचार, नेतागिरी, 'आजादी के बाद' शीर्षक नाटक में नाटकीय आवेग से उद्‌भूत होती है। 'नये हाथ' में प्रेम और विवाह की समस्या के साथ रूढ़ियों, परम्पराओं एवं आर्थिक शोषण पर तीक्ष्ण व्यंग्य है। 'बर्फ की मीनार' में स्त्री-पुरुष के अन्तर तथा बाह्य संघर्षों की प्रस्तुति है। 'जनतन्त्र जिन्दाबाद' में राजनीतिक व्यंग्य है।

मोहन राकेश, लक्ष्मीनारायण लाल, सुरेन्द्र वर्मा तथा ज्ञानदेव अग्निहोत्री आदि नाटककार अभिनव प्रयोग तथा मँजे शिल्प के कारण नाटक-क्षेत्र में विशेष रूप से चर्चित हुए। मोहन राकेश द्वारा लिखे गये तीन नाटकों में 'आषाढ़ का एक दिन' (1958 ई.), 'लहरों के राजहंस' (1963 ई.), 'आधे अधूरे' (1969 ई.), में से प्रथम दो ऐतिहासिक कथानकों पर आधारित होते हुए भी आधुनिक मनुष्य के तनाव को ही अभिव्यंजित करते हैं। प्रसिद्ध कवि कालिदास का रूप 'आषाढ़ का एक दिन' में पुनः सृजित होता है। अपने गाँव का प्रेरक परिवेश, मल्लिका का प्रेम और फिर राज्याश्रय प्राप्त कालिदास का सूखता सृजन स्रोत दोनों स्थितियों का आन्तरिक द्वन्द्व बड़ी सजगता से मुखरित होता है। 'लहरों के राजहंस', में राग-विराग, श्रेय-प्रेय आदि प्रश्नों को नयी दृष्टि से प्रस्तुत किया गया है। 'आधे अधूरे' में समाज की अनेक विसंगतियाँ-वैवाहिक जीवन की विडम्बना, पति-पत्नी की विवशताएँ तथा कमजोरियाँ, कितना कुछ एक साथ होकर, कितना कुछ एक साथ पाकर और कितना कुछ एक साथ ओढ़कर जीने की तमन्ना मनुष्य को किस स्थिति में छोड़ती है, जीवन को कैसे खोखला एवं तनावपूर्ण बनाती है एक साथ उभरती हैं। इतनी सारी विडम्बनाओं को नाटकीय अन्विति, बिना किसी बिखराव के भाषा के स्तर पर निर्वहित करना राकेश जैसे सशक्त कलाकार के ही बूते की बात है।

लक्ष्मीनारायण लाल के कई नाटक प्रकाश में आये हैं—अन्धा कुआँ (1955 ई.), मादा कैक्टस, (1959 ई.), सुन्दर रस (1962), तीन आँखोंवाली मछली, सूखा सरोवर, रक्त कमल (1962), रातरानी, दर्पण (1964), सूर्यमुख, मिस्टर अभिमन्यु (1971 ई.), कर्फ्यू और अब्दुल्ला दीवाना, नाटक तोता-मैना (1962)।

डॉ. लाल के नाटकों में समाज की विरूपता, स्त्री-पुरुष के सम्बन्धों को मनोवैज्ञानिक कर्ष-विकर्ष एवं परिवर्तित जीवन-मूल्यों से उत्पन्न समस्याओं का साक्षात्कार होता है। जटिल अनुभवों को वे प्रतीकों के माध्यम से प्रस्तुत करते हैं। उन्हें रंगमंच का पूरा ज्ञान है। इसीलिए उनके नाटक अभिनेय हैं।

विष्णु प्रभाकर, (नाट्य कृति-समाधि), ज्ञानदेव, अग्निहोत्री (1978 ई.) (नाट्य कृतियाँ-नेफा की एक शाम (1964), वतन की आबरू (1966), माटी जागी रे, चिराग जल उठा, शुतुरमुर्ग (1978 ई.), सुरेन्द्र वर्मा (कृतियों एडि डोल, सूर्य की अन्तिम किरण से सूर्य की पहली किरण तक, केतुबन्ध, द्रौपदी) आदि ने नाटक क्षेत्र में महत्त्वपूर्ण स्थान बनाया है। मूलतः कविता या कथा लेखन से जुड़े हुए कुछ रचनाकारों ने एक-दो नाटकों की ही रचना की फिर भी उत्कृष्ट उपलब्धि के रूप में नाटक चर्चित हुए। श्रीनरेश मेहता कृत 'सुबह के घण्टे', 'खण्डित यात्राएँ,' मन्नू भण्डारी कृत 'बिना दीवारों का घर', शिवप्रसाद सिंह कृत 'घाटियाँ गूँजती हैं' आदि ऐसे ही नाटक हैं। जीवन की विसंगतियों, विषमताओं तथा निरर्थकता बोध को सार्थक रूप में एब्सर्ड नाटकीय पद्धति से प्रस्तुत करनेवाले प्रमुख नाटककार विपिन अग्रवाल हैं। इनके द्वारा लिखे गये 'तीन अपाहिज', 'लोटन' आदि नाटक इसी कोटि के हैं। लक्ष्मीकान्त वर्मा रचित नाटक 'अपना-अपना जूता', ज्ञानदेव अग्निहोत्री के 'शुतुरमुर्ग' की गणना भी इसी वर्ग में की जाती है।

1970 के बाद के नाटक

सातवें दशक में मिथकीय चरित्रों को लेकर जिन महत्त्वपूर्ण नाटकों की रचना हुई उनमें सुरेन्द्र वर्मा का 'सूर्य की अन्तिम किरण से सूर्य की पहली किरण तक, (1975 ई.) आठवाँ सर्ग, द्रौपदी, गिरिराज किशोर का प्रजा ही रहने दो, दया प्रकाश सिन्हा का 'कथा एक कंस की' नरेन्द्र कोहली का

'शम्बूक की हत्या', शंकर शेष का 'एक और द्रोणाचार्य', लक्ष्मीकान्त वर्मा का 'एक ठहरी हुई जिन्दगी', लक्ष्मी नारायण लाल का 'राम की लड़ाई'।

मणि मधुकर का रसगन्धर्व, मुद्राराक्षस का मरजीवा, योर्स फेथफुली, तिलचट्टा, तेंदुआ; सत्यव्रत सिन्हा का 'अमृत पुत्र', सर्वेश्वर का 'बकरी' एक सामाजिक व्यंग्यपरक नाटक है। नाटक में जनता की आस्था के शोषण तथा राजनीति के विचित्र हथकण्डे को दिखाया गया है। इनका दूसरा नाटक 'अब गरीबी हटाओ' 1981 में छपा। रमेश वक्षी, (देवयानी का कहना है – (1972) हमीदुल्ला का दरिन्दे (1975), मृदुला गर्ग का एक और अजनबी (1978), मृणाल पाण्डेय 'जो राम रचि राखा' (1983) उल्लेखनीय हैं।

भीष्म साहनी– हानूश (1977), कबिरा खड़ा बाजार में (1981), मणि मधुकर रचित 'दुंइ कतारे की आँख' (1980) उल्लेखनीय नाटक हैं।

सातवें एवं आठवें दशक के नाटक प्रयोगधर्मी तो हैं ही अपनी परम्पराओं से जुड़कर स्वतन्त्र रंगमंच के विकास में भी उनका सराहनीय योगदान है। हिन्दी नाटक को रंगमंच की दृष्टि से सम्पन्न बनानेवाले निदेशक ब-ब-कारन्त, इब्राहम अल्का जी, श्यामानन्द जालान, वंसी कौल, बृजमोहन शाह, एम. के. रैना, भानु भारती, देवेन्द्र अंकुर आदि उल्लेखनीय हैं। हिन्दी के नाटककारों ने भारतीय भाषाओं में लिखे गये नाटकों से प्रेरणा ली है तथा अन्य भाषाओं के नाटकों को प्रभावित भी किया है।

अनेक ऐसे नाटककार जो पुरानी पीढ़ी के हैं किन्तु उनकी रचनात्मक सक्रियता 1970 के बाद भी बनी रही है। जगदीशचन्द्र माथुर ने 'रघुकुल रीति' (1985 ई.) शीर्षक नाटक लिखा। विष्णु प्रभाकर ने 'अब और नहीं' (1981), सत्ता के आरपार (1981), गान्धार की भिक्षुणी (1982), वेत कमल (1984) आदि नाटकों में स्त्री-अस्मिता को प्रस्तुत किया है। लक्ष्मीनारायण लाल ने 'नया तमाशा' (1982) 'शुरू हो गया नाटक' (1983), बलराम की तीर्थ यात्रा (1983), मन्नू (1984) आदि नाटकों में मध्यवर्गीय जीवन के द्वन्द्व, नारी एवं पुरुष के सम्बन्धों के साथ ही आर्थिक-राजनीतिक-प्रश्नों को उभारने का प्रयत्न किया है। इतिहास, पुराण के कथानक आज की जिन्दगी को प्रत्यक्ष करते हैं। सुरेन्द्र वर्मा की सर्जनात्मकता की अगली नाट्य कृतियाँ हैं– छोटे सैयद बड़े सैयद, (1982 ई.), एक दूनी दो (1987 ई.) शकुन्तला की अँगूठी (1990 ई.), कैद-ए-हयात (1993 ई.)। इनके अधिकांश नाटकों में काम सम्बन्धों को निरूपित किया गया है। 'कैद-ए-हयात' गालिब के जीवन पर आधारित नाटक है। शंकर शेष ने कुछ नये नाटकों का सृजन करके ख्याति अर्जित की है–रक्तबीज (1982 ई.), आधी रात के बाद (1982 ई.) इनके द्वारा लिखित नाटक हैं। कथाकार गिरिराज किशोर ने नाटक के क्षेत्र में भी अपनी रचनात्मक प्रतिभा का परिचय दिया है। 'चेहरे-चेहरे किसके चेहरे' (1983), केवल मेरा नाम लो (1984 ई.), जुर्म आयद (1987 ई.), काठ की तोप (2001) आदि इनके द्वारा रचित नाटक हैं।

नन्दकिशोर आचार्य आलोचक और कवि के रूप में प्रतिष्ठित हैं किन्तु नाट्य-रचना में भी इनकी सार्थक उपस्थिति है। इन्होंने देहान्तर (1987 ई.), पागलघर (1988 ई.), गुलाम बादशाह (1992 ई.), जिल्ले सुबहानी (2003 ई.), 'किसी और का सपना' आदि नाटकों का सृजन किया है। इन्होंने नाटकों में मनोवैज्ञानिक, सामाजिक एवं व्यापक मानवीय समस्याओं को अंकित किया है। प्रभाकर श्रोत्रिय आलोचना कर्म के साथ नाट्य विधा में भी अपनी सृजन शक्ति को प्रमाणित करते हैं–'इला' (1989 ई.), 'साँच कहूँ तो' (1993 ई.), 'फिर से जहाँपनाह' (1997) आदि इनके नाटक हैं। ऐतिहासिक कथानकों के आधार पर ये वर्तमान की समस्याओं को बड़ी सजीवता से चित्रित करते हैं।

कृष्ण बलदेव वैद ने आधा दर्जन नाटकों का सृजन करके नाटककार की उल्लेखनीय हैसियत प्राप्त की है। इनके नाटक हैं—भूख आग है (1998 ई.), हमारी बुढ़िया (2000 ई.), परिवार-अखाड़ा (2002 ई.), मोनालिजा की मुसकान(2003 ई.), कहते हैं जिसको प्यार (2004 ई.) आदि। इनके नाटकों में संवाद का कौशल दिखायी देता है, यही इनके नाटकों की शक्ति है। नरेन्द्र मोहन (नाट्य रचना—सींगधारी (1988 ई.), कलन्दर (1991), नो मैन्स लैण्ड (1994 ई.), अभंगगाथा (2000), मिस्टर जिन्ना (2005 ई.), दूधनाथ सिंह (यमगाथा-1990), इन्द्रजीत भाटिया (अग्निकाण्ड 1991), कहाँ हो फकीरचन्द, स्वर्ग से ऊँचा क्यों—(1980), श्रवण कुमार गोस्वामी (सोभा (1989), कल बिल्ली की बारी (1989), समय (1989), सुभाष पन्त (चिड़िया की आँख (1982), स्वेदश दीपक (बाल भगवान् (1989), कोर्ट मार्शल (1991), जलता हुआ रथ (1998), सबसे उत्तम कविता (1998), काल कोठरी (1999) आदि नाटककारों ने नाट्य-विधा को समृद्ध किया है।

साठोत्तरी नाटकों की विशेषताएँ— साठोत्तरी नाटकों में कथानक का चयन पुराण, इतिहास तथा समकालीन सन्दर्भों से किया गया है किन्तु प्रायः सभी नाटकों में वर्तमान समय की विसंगतियों, स्त्री-पुरुष के बीच विकसित नये सम्बन्धों, पारस्परिक तनाव, अकांक्षाओं के साथ ही राजनीतिक जीवन की अनेक विकृतियों का अंकन किया गया है। भारत-पाकिस्तान के विभाजन का दर्द नाटकों में भी उभरकर आता है। नाटकों में सेक्स या काम प्रवृत्तियों को भी प्रमुखता से उद्घाटित किया गया है। कतिपय नाटकों में स्त्रियों और दलितों के संघर्ष को भी तेजस्वी ढंग से निरूपित करने का प्रयास है। धर्म के नाम पर होनेवाली ठगी, समर्थ लोगों द्वारा स्वार्थ सिद्धि के हथकण्डों के बीच आम आदमी की संघर्षशीलता, अमानवीय परिस्थितियों में बिखरते-टूटते जीवन-मूल्य, वर्ग-संघर्ष, गुटबाजी, जीवन के हर क्षेत्र में अवमूल्यन की स्थितियाँ आदि का विशद एवं प्रभावकारी चित्रण नाटकों में हो रहा है।

नाटक का रंगमंच के साथ गहरा जुड़ाव हुआ हैं जो उसकी मूलभूत अपेक्षा है। नाटकों में प्रतीकात्मकता सांकेतिकता के तत्त्व अधिक प्रयुक्त हैं। ज्यादातर नाटकों में अपनी समृद्ध नाट्य परम्परा को नये ढंग से पुनरुज्जीवित करने का प्रयत्न है लेकिन इस सन्दर्भ में ध्यातव्य है कि आज के नाटक रसप्रधान नहीं हैं बल्कि समस्याप्रधान हैं, उनमें भावोत्तेजना तथा वैचारिक उद्बोधन की अभिव्यंजनाएँ निहित हैं। एब्सर्ड थियेटर से प्रभावित नाट्य कृतियाँ भी सामने आयी हैं, कृष्ण बलदेव वैद 'मोनालिज़ा की मुस्कान' इसी तरह का नाटक है। नाटकों में प्रयोगधर्मिता प्रमुख रूप से दिखायी देती है। लोकमंचीय शैली का अभाव, या फैण्टेसी की निर्मिति या कई शैलियों के मिश्रण से नयी शैली के निर्माण की प्रविधि इन नाटकों में परिलक्षित की जा सकती है।

गीति-नाट्य—'काव्येषु नाटकं रम्यं' कथन से स्पष्ट है कि नाटक काव्य का ही अभिन्न अंग माना जाता रहा है। संस्कृत के नाटकों में पद्य का बाहुल्य रहता था। किन्तु आद्यन्त कविता रूप में प्रस्तुत कोई नाटक उपलब्ध नहीं है। रासो काव्यों में नाटकीयता का गीतिपरक रूप अवश्य विकसित हुआ है। लोक-परम्परा में भी गेयपरक नाटकों का प्रचलन है। अतः यह अनुमान असंगत नहीं है कि संस्कृत के साहित्यिक नाटकों से भिन्न गेय नाटकों का रूप प्रचलित अवश्य रहा है। आधुनिक काल में प्रसाद कृत करुणालय से इस परम्परा का आरम्भ माना जाता है। उदयशंकर भट्ट ने इस परम्परा को आवेग दिया। विश्वामित्र, मत्स्यगन्धा, राधा इनके तीन गीति-नाट्य आन्तरिक द्वन्द्व तथा मानसिक संघर्ष को उद्भासित करने के कारण अत्यन्त प्रभावोत्पादक हैं। छायावादी महाकवि सुमित्रानन्दन पन्त के रजत शिखर, शिल्पी और 'सौ वर्ण' गीति-नाट्यों के संग्रह प्रकाशित हुए हैं।

गिरिजा कुमार माथुर के कल्पान्तर, दंगा, राम आदि गीति-नाट्यों का सृजन करके नये आयामों को खोजने की कोशिश की किन्तु वैज्ञानिक तथा प्राविधिक प्रतीकों के कारण सौन्दर्य का भाव नष्ट हो गया। धर्मवीर भारती का 'अन्धायुग' गीति-नाट्य परम्परा की विशिष्ट उपलब्धि है। 'अन्धायुग' महाभारत संग्राम के बाद की स्थिति के अन्वेषण के माध्यम से दूसरे महायुद्ध के बाद की, बल्कि युद्ध मात्र से उत्पन्न होनेवाली मूल्यहीनता, अमानवीयता, विकृति और सामूहिक तथा वैयक्तिक विघटन का उद्घाटन करता है। भाषा की बिम्बात्मक, भावात्मक तीव्रता, सहज प्रवाह, कार्य व्यापार की निरन्तरता, कथा गायन का प्रयोग, प्रहरियों तथा वृद्ध याचक के माध्यम से कार्य व्यापार पर सतत टिप्पणी इसकी शिल्पगत उपलब्धियाँ हैं। अज्ञेय ने उत्तर प्रियदर्शी नाम से एक गीति-नाट्य की रचना की जिसे आलोचकों ने काव्य प्रयोग मानना अधिक संगत समझा नाट्य प्रयोग नहीं।

एकांकी नाटक

एकांकी अपने निश्चित वस्तु और शिल्पविधान में स्वतन्त्र साहित्यिक विधा के रूप में आधुनिक काल में प्रतिष्ठित हुआ। इससे पूर्व भारतीय संस्कृत नाट्य परम्परा में व्यायोग, उत्सृष्टांक, प्रहसन, भाण और बीथी नाटक-रूप एकांकी होते थे। उपरूपकों में भी अट्ठारह भेदों में से दस एक अंक में ही समाप्त होते थे। आधुनिक हिन्दी नाटकों के आरम्भिक अर्थात् भारतेन्दु-युग में भारतेन्दु ने भारत दुर्दशा, विषस्य विषमौषधम्, अन्धेर नगरी, बालकृष्ण भट्ट ने शिक्षादान, जैसा काम वैसा परिणाम, कलिराज की सभा, रेल का विकट खेल आदि एक अंकीय नाटकों का सृजन किया। भारतेन्दु की प्रेरणा से अन्य नाटककारों ने भी एकांकी नाटकों की रचनाएँ कीं। द्विवेदी-युग में ब्रदीनाथ भट्ट ने पुराने हकीम साहब का नया नौकर, आयुर्वेद कसेरु, ठाकुर दानी सिंह आदि अनेक एकांकियों को प्रस्तुत किया। इन एकांकियों के निर्माण में पश्चिमी नाटकों के यथार्थ तथा बौद्धिकता की प्रेरणा अवश्य रही किन्तु इनमें रंग-निर्देश, क्रिया सत्वरता, संकलन त्रय, चुस्त संवाद, सांकेतिकता के अभाव ही हैं। इनका रचना-विधान प्राचीन संस्कृत एकांकी नाटकों की ओर अधिक उन्मुख है। इसीलिए इन्हें आधुनिक अर्थ में एकांकी नाटकों के अन्तर्गत सम्मिलित नहीं किया जाता।

पश्चिम में एकांकी का आरम्भ बड़े रोचक ढंग से हुआ। लन्दन के थियेटर वेस्ट ऐण्ड में सन् 1903 में प्रमुख नाटक का अभिनय शुरू होने से पूर्व दर्शकों को व्यस्त रखने के लिए कण्टेन रेजर (पट उत्थानक) रूप में डब्लू. जैकब की कहानी दी मंकीज पा (बन्दर का पंजा) का नाटकीय रूपान्तर अभिनीत किया गया। इस नाटक का इतना अधिक प्रभाव हुआ कि मुख्य नाटक देखे बिना ही बहुत-से दर्शक चले गये। तभी से इसे व्यावसायिक नाटकों से अलग कर दिया गया। अतः इस एकांकी नाट्य पद्धति को स्वतन्त्र विधा के रूप में विकसित होने का अवसर मिला।

हिन्दी में पश्चिमी एकांकी कला से प्रभावित प्रसाद की रचना 'एक घूँट' को कुछ न्यूनताओं के बावजूद पहला एकांकी माना जाता है। प्रसाद के बाद रामकुमार वर्मा ने आधुनिक एकांकी नाटकों के क्षेत्र में पाश्चात्य कला को ग्रहण करके प्रवेश किया। इनका प्रथम एकांकी 'बादल की मृत्यु' मैटरलिक की प्रतीकवादी शैली से प्रभावित माना जाता है। वर्मा जी भारतीय आदर्श के साथ पाश्चात्य एकांकियों की यथार्थ शैली का समन्वय स्थापित करते हैं। बुद्धिवादी नाटककारों की भाँति वे सामाजिक समस्याओं को भी अंकित करना चाहते हैं किन्तु उनकी अधिकांश समस्याएँ प्रेम, विवाह तथा सेक्स के इर्द-गिर्द सीमित रहती हैं। आदर्श की प्रतिष्ठा की झोंक में वे स्वाभाविक यथार्थ प्रस्तुत नहीं कर सके।

उनका रोमाण्टिक, भावुक तथा कल्पनाशील व्यक्तित्व यथार्थ की कटुता को समाहित नहीं कर पाता। सामाजिक कथानकों की अपेक्षा ऐतिहासिक कथानकों को लेकर जो एकांकी लिखे गये उनमें वर्मा जी को अधिक सफलता मिली। इनकी आदर्श दृष्टि ऐतिहासिक परिप्रेक्ष्य में अधिक स्वाभाविक सिद्ध हुई। पृथ्वीराज की आँखें, औरंगजेब की आखिरी रात, प्रेम और कर्त्तव्य के द्वन्द्व से निर्मित 'उत्सर्ग', रेशमी टाई बहुचर्चित एकांकी हैं।

वर्मा की काव्यात्मक भाषा संघर्ष में भी रस पैदा करती है। आदर्श के विशेष आग्रह के कारण एकांकी की मन्थर गति के बावजूद संकलनत्रय, कथा संगठन, संवाद-योजना उत्कृष्ट है। इसमें मानव के चरित्र की विविध स्थितियों का सूक्ष्म मनोवैज्ञानिक विश्लेषण, उदात्त भावों का साक्षात्कार बड़ी कुशलता से किया गया है।

भुवनेश्वर प्रसाद का एकांकी-संग्रह 'कारवाँ' नाटक की दिशा में नया मोड़ प्रस्तुत करता है। इन पर शा, डी. एच. लारेन्स तथा फ्रायड का स्पष्ट प्रभाव है। इनके आरम्भिक नाटकों पर अन्तर्दर्शन इन्हीं के शब्दों में इस प्रकार है, "प्रायः समस्त नाटककार जो पेटीकोट की शरण लेते हैं, दो पुरुषों की एक स्त्री के लिए आमने-सामने खड़ा कर संघर्ष उत्पन्न करते हैं। मैंने भी यही किया है। केवल बुलडॉग कुत्ते के मुँह से हड्डी निकालकर अलग कर दी है।" धीरे-धीरे इनकी सामाजिक दृष्टि विस्तृत हुई। इन्होंने मध्यम वर्ग के आन्तरिक खोखलेपन तथा बाह्य प्रदर्शन को बड़ी सफलता से 'ऊसर' एकांकी में प्रस्तुत किया। प्रतीकवादी शैली के सहारे भुवनेश्वर ने आभिजात्य वर्ग की पतनोन्मुखी प्रवृत्तियों को प्रस्तुत किया। रोशनी और आग, कठपुतलियाँ, ताँबे के कीड़े इन्हीं समस्याओं को उजागर करनेवाली रचनाएँ हैं।

सेठ गोविन्ददास ने राजनीतिक, सामाजिक, पौराणिक तथा ऐतिहासिक कथानकों के आधार पर एकांकियों का सृजन किया। उन पर गाँधीवादी विचारधारा का प्रभाव ऊपरी स्तर पर परिलक्षित होता है। स्पर्द्धा, मानवमन, कंगाल नहीं, फाँसी, जाबाल, सत्यकाम, शंकराचार्य की प्रतिज्ञा, पतन की पराकाष्ठा, षट् दर्शन आदि उल्लेखनीय एकांकी हैं। इन्होंने अपने एकांकियों में शिल्प-सम्बन्धी नये प्रयोग भी किये हैं तथा प्रत्येक एकांकी में किसी-न-किसी विचार को उभारने की चेष्टा की है। इनमें आन्तरिक संघर्ष की तुलना में बाह्य संघर्ष अधिक उभरता है।

उदयशंकर भट्ट ने अपने एकांकियों में सामाजिक-राजनीतिक तथा पौराणिक प्रसंगों को समेटने का प्रयास किया। इन्होंने मनुष्य के दोहरे मुखौटे को बेनकाब करके सामने रख दिया है। इन्होंने पाश्चात्य सभ्यता के प्रभाव में भारतीयता को विस्मृत लोगों, स्वार्थी नेताओं, पाश्चात्य शिक्षा प्राप्त आधुनिकों पर तीक्ष्ण व्यंग्य किया है। नेता, उन्नीस सौ पैंतीस, रात्रि का हृदय, नयी बात इनके चर्चित एकांकी हैं। इनमें भावों का अन्तर्विश्लेषण, कटुयथार्थ तथा सम्बन्धित समस्या का समाधान प्रस्तुत किया गया है।

एकांकी के विकास में उपेन्द्रनाथ अश्क का योगदान उल्लेखनीय है। इन्होंने मध्यवर्गीय पारिवारिक जीवन को अपने एकांकियों की कथावस्तु बनाया। व्यक्ति की आर्थिक कठिनाई, पारिवारिक उलझन, प्यार की तलाश, समूह में कुण्ठित होता व्यक्तित्व, धार्मिक अन्धविश्वास सहज भाषा प्रवाह में बड़ी कलात्मकता से उभरते हैं। लक्ष्मी का स्वागत, पापी, सूखी डाली इनके उत्कृष्ट एकांकी हैं।

जगदीशचन्द्र माथुर ने एकांकियों की रचना करके एकांकी के क्षेत्र में ख्याति प्राप्त की। इन्होंने आधुनिक जीवन की अतिशयतापूर्ण हास्यास्पद स्थितियों को अंकित किया।

विष्णु प्रभाकर, सद्गुरुशरण अवस्थी, गणेश द्विवेदी, लक्ष्मीनारायण लाल, भगवतीचरण वर्मा, विनोद रस्तोगी आदि ने एकांकी रचना के क्षेत्र में सराहनीय योगदान किया है।

रंगमंच

दृश्य काव्य होने के कारण नाटक की सफलता का प्रमाण है इसकी अभिनेयता। आचार्य भरत के अनुसार अभि उपसर्ग तथा णीअ धातु के योग से अभिनय शब्द निर्मित होता है, जिसका अर्थ है सम्मुख ले जाना। नाटक के प्रसंग में शाखा, अंग, उपांग, सहित जो प्रक्रिया कवि के अभिप्रेत को पाठक के समक्ष व्यक्त कर देती है उसे अभिनय कहते हैं। डॉ. दशरथ ओझा अभिनय की व्युत्पत्ति पर प्रकाश डालते हुए लिखते हैं, 'अभिपूर्वक' 'नी' धातु में अच् प्रत्यय के योग से अभिनय शब्द निष्पन्न होता है जिसका अर्थ है हृदय के भावों को प्रकाशित करनेवाली आंगिक चेष्टा।"

संस्कृत के नाट्यशास्त्रीय ग्रन्थों में अभिनय से सम्बन्धित विभिन्न पक्षों पर बड़ी सूक्ष्मता से विचार हुआ है। रंगमंच की रचना सज्जा, संगीत, अभिनेता के चयन आदि पर विस्तार से प्रकाश डाला गया है।

आधुनिक हिन्दी रंगमंच के आरम्भ से पूर्व आभिजात्य संस्कृत रंगमंच तथा लोक रंगमंच स्वाँग, रासलीला, रामलीला आदि की परम्परा चल रही थी। नौटंकियों की भी पुरानी परम्परा रही है।

पारसी रंगमंच

पारसी नाटक कम्पनियों की उत्पत्ति की कहानी 'इन्दर सभा' के साथ जुड़ी हुई है। कहा जाता है कि वाजिद अली शाह की प्रेरणा से अमानत ने 'इन्दर सभा' नाटक लिखा। इस नाटक को बहुत ख्याति मिली। इसे सामान्य मेलों में भी पैसा कमाने का साधन बनाया गया। इसकी सफलता से प्रेरित कुछ पारसी सज्जनों ने नाटकीय (थियेट्रिकल) कम्पनी खोलने का संकल्प किया। फलस्वरूप 1860 ई. में पेस्टनजी फ्रेम जी ने 'ओरिजिनल थियेट्रिकल कम्पनी' खोली। इसमें खुरशेद जी बल्लीवाला, कावसजी खटाऊ, सोहराब जी प्रमुख अभिनेता थे। इसके द्वारा जो नाटक अभिनीत हुए उनकी रचना 'इन्दर सभा' के आदर्श पर ही की गयी थी। उसके नाटक लिखनेवाले मु. मियाँ रौनक और हुसेन मियाँ जरीक थे। 'इन्साफ-ए-महमूदशाह', चाँदबीबी, अलीबाबा, लैला-मजनूँ आदि अनेक नाटक इस कम्पनी द्वारा मंचित किये गये। सन् 1877 में विक्टोरिया थियेटर की स्थापना हुई। इस कम्पनी से सम्बद्ध बल्लीवाला हास्यरस का सबसे बड़ा अभिनेता माना जाता था। वाराणसी के रहनेवाले विनायक प्रसाद तालिब इसके प्रमुख नाटककार थे। इन्होंने विक्रमविलास, निगारे गफलत, गोपीचन्द्र और हरिश्चन्द्र आदि नाटकों का सृजन किया। इस कम्पनी की सफलता से प्रेरित होकर कावसजी खटाऊ ने अल्फ्रेड थियेट्रिकल कम्पनी का शुभारम्भ किया। इस कम्पनी के साथ पं. नारायण प्रसाद बेताब का जुड़ना रंगमंचीय दृष्टि से एक परिवर्तन का परिचायक है। पारसी कम्पनी में हिन्दी नाटकों को स्थान दिलाने का श्रेय बेताब जी को है। इन्होंने नाटकों में हिन्दी गीतों का प्रयोग इतनी कुशलता से किया कि कम्पनी के संचालक तथा नाटक के प्रेक्षक मुग्ध हो उठे। समसामयिक घटना को लेकर बेताब ने नाटक लिखकर नये तेवर का परिचय दिया। पारसी कम्पनियों में हिन्दी नाटकों को स्थान मिलने में अव्यावसायिक रंगमंच पर बनारस में खेले गये 'जानकी मंगल' की सफलता की प्रेरणा भी है। अल्फ्रेड कम्पनी में ओक और शेक्सपियर के नाटकों के अनुवाद प्रस्तुत किये जाते थे दूसरी ओर भारतीय पौराणिक कथानकों के आधार पर लिखे गये नाटक प्रस्तुत किये जाते थे। कुछ समय पश्चात्

1890 में न्यु अल्फ्रेड कम्पनी खुली। इसके व्यवस्थापक मोहम्मद अली और सोहराब जी थे। इस कम्पनी के नाटककार आगा हश्र और राधेश्याम कथावाचक थे। हश्र को इतिहास लेखकों ने 'हिन्दुस्तान मॉरलो' की उपाधि दी है। शहीदेनाज, मुरी-देसक, खूबसूरत बला, सिवरकिंग, सूरदास, गंगावतरण, सीता वनवास इनके प्रमुख नाटक हैं। राधेश्याम ने मुख्यतः पौराणिक नाटकों की रचना की। इनकी भाषा साहित्यिक हिन्दी के अधिक समीप है। पारसी रंगमंच की परम्परा मुख्य रूप से 1930 तक चली है।

पारसी रंगमंच की विशेषताएँ—पारसी अभिनय में कृत्रिमता अधिक थी। उनमें भाव-मुद्रा के स्वाभाविक प्रकाशन का अभाव था। वे रटे हुए तोते की तरह अपने संवाद को प्रायः उच्च स्वर में मंच पर प्रस्तुत करते थे। इनमें संगीत की बहुलता होती थी। यह आवश्यक नहीं था कि संगीत का सम्बन्ध किसी भाव-विशेष की अभिव्यक्ति के लिए आवश्यक हो। गद्य में भी तुकबन्दी का बाहुल्य था। बीच-बीच में स्वगत भाषण, पद्य तथा शेरों के प्रयोग से अस्वाभाविकता और बढ़ जाती थी। रंगमंच पर रोमांचकारी दृश्यों की योजना पर बल दिया जाता था। इनसे लोकरुचि काफी दूषित हो गयी। हिन्दी प्रदेशों में पर्दा प्रथा के कारण सामाजिकों की दबी हुई भावना मंच पर उतरनेवाली स्त्रियों के भड़कीले पोशाक को देखने में फूट पड़ती थी।

अव्यावसायिक रंगमंच—व्यावसायिक रंगमंचों द्वारा नाट्यकला की भौड़ी परिणति से पीड़ित होकर भारतेन्दु और उनके सहयोगियों ने शिष्ट रंगमंच के विकास की ओर ध्यान दिया। पं. शीतला प्रसाद त्रिपाठी रचित 'जानकी मंगल' 1868 में अव्यावसायिक रंगमंच पर खेला गया था। इसके पहले 1835 में 'श्रीकृष्ण चरित्रोपाख्यान' नाटक का काठमाण्डू के निकट (नेपाल) मंचन किया गया था।

भारतेन्दु-युग में अनेक नगरों में रंगमंच की स्थापना हुई। काशी में बनारस थियेटर, कवितावर्द्धिनी सभा, पेनी रीडिंग क्लब, काशी नाटक मण्डली, भारतेन्दु नाटक मण्डली, नागरी नाटक मण्डली आदि संस्थाएँ रंगमंच के क्षेत्र में सक्रिय थीं। 'बनारस थियेटर' के द्वारा ही जानकी मंगल नाटक खेला गया था, जिसमें लक्ष्मण की भूमिका भारतेन्दु हरिश्चन्द्र ने स्वयं निभायी थी। कवितावर्द्धिनी सभा मुख्यतः साहित्यिक संस्था थी। बाबू काशीनाथ खत्री का 'बाल विधवा सन्ताप' 1880 में इसी संस्था में खेला गया। पेनी रीडिंग क्लब में मुख्यतः स्वाँग ही प्रस्तुत किये जाते थे। काशी नाटक मण्डली ने श्रीनिवासदास और भारतेन्दु के 'वैदिकी हिंसा हिंसा न भवति' का प्रदर्शन किया था। यह मण्डली गोरखपुर तथा बस्ती भी गयी थी। काशी के रईसों के प्रयास से नागरी नाट्यकला प्रवर्तक मण्डली की स्थापना हुई थी। इस मण्डली का मुख्य उद्देश्य था पारसी थियेटर्स की दूषित अभिनयकला से हिन्दी रंगमंच और अभिनय को मुक्त करना। आगे चलकर पारस्परिक मतभेद के कारण यह दो स्वतन्त्र मण्डलियों में विभक्त हो गयी।

1808-09 में भारतेन्दु नाटक मण्डली की स्थापना हुई। इस मण्डली द्वारा 23 वर्षों में अनेक हिन्दी नाटक मंचित हुए। इस मण्डली ने अभिनय-कला का बहुत ही शिष्ट रूप जनता के सामने रखा। विद्यानाथ सुकुल, केशराम टण्डन, डॉ. वीरेन्द्र नाथ दास इसके प्रमुख अभिनेता रहे।

नागरी नाटक मण्डल के संरक्षक बनारस के रईस राजा सर मोतीचन्द थे। काशी के कबीरचौरा मुहल्ले में कृष्णगढ़ नरेश की सहायता से रंगमंच का निर्माण कराया गया था। इस मण्डली द्वारा महाराणा प्रताप, महाभारत, पाण्डव प्रताप आदि नाटकों का मंचन किया गया।

हिन्दी रंगमंच के विकास में काशी के बाद प्रयाग का प्रमुख स्थान है। यहाँ 1870 ई. में आर्य नाट्य समाज की स्थापना हुई थी। समाज के द्वारा 'रणधीर और प्रेम मोहिनी' नाटक खेला गया था।

प्रयाग की दूसरी नाट्य-संस्था रेलवे थियेटर थी। इसमें बँगला और हिन्दीभाषी मिल-जुलकर रंगमंच का कार्य कर रहे थे। सन् 1898 में प्रयाग में 'रामलीला नाटक मण्डली' की स्थापना की गयी। इसकी स्थापना में लक्ष्मीकान्त भट्ट, कृष्णकान्त मालवीय, रमाकान्त मालवीय आदि सज्जनों की सम्मिलित भूमिका थी। पं. माधव शुक्ल और पं. महादेव भट्ट इस मण्डली के प्राण थे। आपसी वाद-विवाद के कारण पं. माधव शुक्ल और महादेव भट्ट ने हिन्दी नाट्य समिति नाम से 1908 में एक नयी संस्था खोल दी। इसमें पं. बालकृष्ण भट्ट सूत्रधार का कार्य स्वयं करते थे।

काशी, प्रयाग के बाद रंगमंच का तीसरा केन्द्र कानपुर था। कानपुर में हिन्दी रंगमंच के संस्थापक पण्डित रामनारायण त्रिपाठी थे। यहाँ अधिकतर भारतेन्दु रचित नाटक प्रदर्शित किये गये। प्रतापनारायण मिश्र ने कानपुर में भारत मनोरंजनी सभा की स्थापना की थी जिसके द्वारा प्रतापनारायण का 'हठी हमीर', देवकीनन्दन त्रिपाठी का 'जयनार सिंह' और अम्बिकादत्त व्यास का 'गोसंकट' नाटक मंचित किया गया। कानपुर के 'रसिक समाज' साहित्यिक संस्था द्वारा भी कई नाटक प्रदर्शित हुए थे।

इसके अलावा ('बलिया नाट्य-समाज')—बलिया, मुरादाबाद, झाँसी में भी रंगमंच की सक्रियता दृष्टिगोचर होती है। बिहार प्रान्त में भी अनेक नगरों में नाटक मण्डिलयाँ नाटकों के मंचन में सक्रिय थीं। 'पटना नाटक मण्डली' पटना, धर्म रक्षिणी सभा मुजफ्फरपुर, अमेच्योर ड्रामेटिक एसोशिएशन छपरा (सारन) आदि का उल्लेख किया जा सकता है।

रंगमंच के क्षेत्र में जो जागरूकता भारतेन्दु-युग में पैदा हुई उसका फल प्रसादयुगीन नाटकों में दृष्टिगत होता है। प्रसाद ने अपने नाटकों में गीतों को सार्थक बनाया तथा कथोपकथन को साहित्यिक तथा देशकाल की गरिमा के अनुकूल रखा। इतना होते हुए भी प्रसाद नाटक रंगमंच की दृष्टि से अत्यन्त विवादित रहे। उच्चस्तरीय संस्थाओं के द्वारा उनके नाटकों के सफल मंचन के बाद यह विवाद अब समाप्त हो गया है। वैसे प्रसाद के सभी नाटकों का मंचन आसान कार्य नहीं है।

स्वतन्त्रता के बाद हिन्दी रंगमंच के निर्माण में देशी-विदेशी तकनीकी ज्ञान का उपयोग किया गया। नाटकों की रचना रंगमंच को ध्यान में रखकर की जाने लगी, ब्रेख्त की टोटल थियेटर की परिकल्पना से प्रभावित होकर अभिनेता और दर्शक के बीच के अन्तराल को पाटने की कोशिश की जाने लगी। कुशल निर्देशकों के सहयोग के कारण नाटककार के रंग-निर्देश देने की आवश्यकता लगभग समाप्त हो गयी। अब तो एक ही नाटक को अनेक रंगशैलियों में प्रस्तुत किया जा सकता है।

पिछली दो शताब्दियों से भारतीय साहित्य पर विदेशी प्रभाव लगातार बढ़ रहा है। स्वतन्त्रता के बाद डेढ़ दशक तक अमेरिका तथा रूस दोनों का बराबर प्रभाव हिन्दी नाटकों पर पड़ा। दिल्ली में एक तरफ ओ नील और विलियम मिलर के अनेक नाटक खेले गये तो दूसरी ओर ब्रेख्त और हारोल्ड पिण्टर वेकेट और आमोनेस्की के नाटक प्रस्तुत किये गये। धीरे-धीरे ब्रेख्त और पिण्टर का प्रभाव बढ़ता गया। इसका कारण यह था कि असंगत नाटक एपिक ड्रामा और थियेटर हमारे देश की राजनीति एवं सामाजिक स्थिति के प्रदर्शन में अधिक सक्षम हुए। हमारे देश में पूँजीवाद, जातिवाद और पौराणिक पाखण्डवाद का खुलकर विरोध होने लगा। इसके लिए अमेरिका का पूँजीवादी व्यक्तिवादी चिन्तन प्रगति में अवरोधक हुआ और मार्क्सवादी ब्रेख्त का एलीनेशन-(दिशा परिवर्तन सिद्धान्त) अधिक अनुकूल जान पड़ा।

पिछले दो दशक में हिन्दी रंगमंच पर अनेक प्रयोग हुए जिनमें एब्सर्ड थियेटर एपिक थियेटर, अर्थहीन थियेटर, ऐण्टी थियेटर, क्रुएल थियेटर आदि उल्लेखनीय हैं।

एब्सर्ड थियेटर में न कोई कहानी होती है और न कोई कथावस्तु। इसमें कोई कार्य या चरित्र-चित्रण भी नहीं होता। विसंगत नाटक में पात्र मशीन के द्वारा नचायी जानेवाली कठपुतली के समान निष्प्रयोजन घूमते हैं। चरित्रों के विश्लेषण के बदले स्वप्निल जगत् के दुःस्वप्न ही मानो चिघाड़ते रहते हैं। विदग्ध संवादों के स्थान पर इसमें जगह-जगह असम्बद्ध बेतुके प्रलाप तथा बक-बक पायी जाती है।

विसंगत नाटकों की उत्पत्ति में अस्तित्ववादी दार्शनिकों सार्त्र, कामू, गिरोडाक्स की चिन्तन-दृष्टि का प्रभाव है। एब्सर्ड नाट्यकारों ने इनके जीवनादर्शों की निष्प्राणता में नैराश्य, विक्षिप्ति और स्वप्न प्रलाप का ऐसा रंग भर दिया जैसे मानव-जीवन का असली रूप यही है। विसंगत नाटकों की मूल भावना का केन्द्र फ्रान्स रहा जिसकी प्रेरणा अन्य देशों में पहुँची। रूस के एडोमोव, आयरलैण्ड के वेकेट, रूमानिया के आयोनेस्को और इंग्लैण्ड के पिण्टर इस धारा से काफी प्रभावित हुए। जर्मनी का ब्रेख्त पहले एब्सर्ड थियेटर से प्रभावित हुआ। किन्तु बाद में रूसी साम्यवाद की ओर झुकता गया। उसने अपनी रचना का उद्देश्य दर्शकों के बौद्धिक चिन्तन और आलोचनात्मक शक्ति को उत्तेजित करना माना। वह अपनी कृति के माध्यम से तत्कालीन सामाजिक एवं राजनीतिक समस्याओं से जूझने की प्रेरणा देता है। इसके विपरीत विशुद्ध विसंगत नाटककार वेकेट जगत् की रिक्तता से बढ़कर और किसी वास्तविकता को स्वीकार नहीं करता। दिल्ली के राष्ट्रीय नाट्य विद्यालय द्वारा अनेक विसंगत नाटक मंचित हुए हैं। डॉ. लक्ष्मीनारायण लाल, बृजमोहन शाह, कारन्त, राजेन्द्रनाथ, मुद्राराक्षस, मणि मधुकर, सुरेन्द्र वर्मा, शंकर शेष, मन्नू भण्डारी आदि लेखक नये-नये नाटक और रंगमंच का प्रयोग करते रहे हैं।

हिन्दी-नाटक पर पश्चिमी प्रभाव

हिन्दी नाटक की आरम्भिक अवस्था (आधुनिक काल) में ही पश्चिमी नाटकों के प्रभाव को स्वीकार करने के कारण संस्कृत नाट्य-परम्परा के कुछ तत्त्वों का स्पष्ट विरोध किया गया। भारतेन्दु हरिश्चन्द्र के 'नाटक' नामक निबन्ध में सामाजिक परिस्थिति के बदलाव के कारण प्राचीन नाट्य-कला की अग्राह्यता की ओर ध्यान आकृष्ट किया गया—"जिस समय सहृदय-जन ग्रहण करके और देशीय राजनीति का प्रवाह जिस तरह से चलता रहे, उस समय में उक्त सहृदय गण के अन्तःकरण की वृत्ति और सामाजिक रीति-पद्धति इन दोनों विषयों की समीचीन समालोचना करके नाटकादि दृश्य काव्य प्रणयन करना योग्य है।" संस्कृत नाटकों के अस्वाभाविक दृश्यों का भी विरोध किया गया; "भारतेन्दु ने पाश्चात्य नाट्यकला के मनोरंजन, समाज-संस्कार तथा देशभक्ति जागृत करने के आदर्शों तथा जीवन के सुखान्तकी एवं दुःखान्तकी दोनों ही स्वरूपों को ग्रहण करने के लिए कहा।" "भारतेन्दु तो शेक्सपियर के नाटक 'दि मर्चेण्ट ऑफ वेनिस' का भारतीय व्यक्तिनामों तथा स्थानों का प्रयोग करते हुए अनुवाद किया। भारतेन्दु के 'भरत जननी', नील देवी तथा सतीप्रताप आदि पर अंग्रेजी 'आपेरा' या गीति रूपक का प्रभाव दृष्टिगोचर होता है। 'भारत दुर्दशा' में नाटक का अन्त दुःखान्तकारी दिखाया गया है। एक अंक में कई दृश्यों के विधान को भी उन्होंने पश्चिमी प्रभाव से ग्रहण किया।

इस युग के अन्य नाटककार श्रीनिवासदास ने 'रणधीर और प्रेम मोहिनी' की रचना में शेक्सपियर के नाटक 'रोमियो एवं जूलियट' का प्रभाव ग्रहण किया। श्रीनिवासदास 'संयोगिता स्वयंवर' में आलिंगन, चुम्बन आदि वर्जित दृश्यों की अवतारणा पश्चिमी प्रभाव के कारण ही करते हैं। केशवराम भट्ट काग्रीप, शेरिडन तथा गोल्डस्मिथ के आचारप्रधान हास्य नाटकों की रचना-पद्धति का अनुसरण करते हैं।

जी.पी.श्रीवास्तव पाश्चात्य साहित्य के बड़े भक्त थे। पश्चिम के हास्य लेखकों की प्रेरणा से इन्होंने हास्यरस के नाटकों की सृष्टि की। मोलियर के हास्य नाटकों के प्रति इनका विशेष रूप से अनुराग रहा। इसके नाटक 'दुमदार आदमी' और 'गड़बड़झाला' पर मोलियर के 'ल बूर्जुआ जण्टिलाम' की और 'मरदानी औरत पर ले फ़ाम सावातोर द लर्नेड लेडीज' का प्रभाव दृष्टिगोचर होता है।

प्रसाद के नाटकों पर पश्चिमी प्रभाव सीधे तथा बँगला नाटकों के माध्यम से आया। प्रसाद ने पश्चिमी नाटकों से संघर्ष तत्त्व तथा चरित्र-चित्रण को विशेष रूप से ग्रहण किया। गीतपरकता और काव्यात्मकता भारतीय है। इन्होंने दुःखान्त और सुखान्त के बीच की स्थिति में अपने नाटकों का अन्त किया है जिसे प्रसादान्त कहते हैं। जीवन के विषादपूर्ण क्षणों में शेक्सपियर ने अपने राजन्य वर्ग के पात्रों से सामान्य व्यक्ति के जीवन को अपने षड्यन्त्र और संघर्षों से भरे जीवन से कहीं अधिक महत्त्वपूर्ण कहलाया है। इसी तरह के कथन प्रसाद स्कन्दगुप्त तथा विशाख करते हैं। कथावस्तु की समरूपता की दृष्टि से अजातशत्रु तथा किंगलियर तुलनीय हैं। ध्रुवस्वामिनी प्रसाद का एक समस्या नाटक है। पाश्चात्य साहित्य में इब्सन ने सामाजिक या व्यक्तिगत समस्या का विश्लेषण करनेवाले बुद्धिवादी नाटकों की यथार्थ शैली का प्रयोग पं. लक्ष्मीनारायण मिश्र ने किया। मिश्र जी इब्सन तथा शा को अपना साहित्यिक आदर्श माना इसीलिए साहित्य के उद्देश्य की चर्चा करते हुए वे मिथ्याचार तथा बाह्याडम्बर के उद्घाटन को प्रमुखता देते हैं। मिश्र जी ने अपने नाटक 'मुक्ति रहस्य' में इब्सन की तरह आरम्भ में पर्याप्त रंग संकेत दिया। मिश्र जी इस नाटक में कथावस्तु के उपसंहार को ही नाटकीय रूप प्रदान करते हैं शेष अंशों को पात्रों के संवादों के माध्यम से व्यक्त करते हैं। फ्रायड के मनोविश्लेषण सिद्धान्त का प्रभाव भी मिश्र जी के नाटकों पर परिलक्षित होता है।

सेठ गोविन्ददास ने पाश्चात्य और भारतीय दोनों नाट्यशास्त्रों का गहरा अध्ययन किया था। पश्चिम के बुद्धिवादी नाटकों के संघर्ष-तत्त्व पर उनका विशेष ध्यान है। इनके पौराणिक नाटक 'कर्त्तव्य' में राम और कृष्ण को आधुनिक संवेदना के अनुकूल प्रस्तुत किया गया है। इनकी प्रयोगवादी रचनाओं पर अमरीकी नाटककार 'ओनील' का प्रभाव है।

उपेन्द्रनाथ अश्क स्वयं स्वीकार करते हैं कि उन्हें इब्सन, मेतरलिक, सिट्रण्डबर्ग, चेखव, सिमोनोव, ओनील, काफमैन बेरी, प्रोस्टले आदि के नाटकों से लिखने की प्रेरणा मिली है। इनके अध्ययन से वे सामाजिक यथार्थ की ओर विशेष रूप से झुक गये। इन्होंने अपने नाटकों में व्यापक रंग-निर्देश दिये। सामाजिक प्रतीकवाद का जिसमें चरित्र अपने स्वतन्त्र व्यक्तित्व की अपेक्षा समाज के किसी वर्ग-विशेष का प्रतिनिधित्व अधिक करते हैं, प्रयोग इनके नाटकों में है। इब्सन की रचनाओं में नये और पुराने विचारों का जो द्वन्द्वात्मक चित्रण है उसका प्रभाव भी अश्क के नाटकों पर है।

हिन्दी में एकांकी नाटकों का विकास तो विशुद्ध रूप से पश्चिमी एकांकियों की देन है। हिन्दी के सुप्रसिद्ध एकांकीकार डॉ. रामकुमार वर्मा ने आदर्श के स्थान पर वास्तविकता को नाटक की आधारशिला माना है। उनका कहना है कि हमारे जीवन के चारों ओर घटनाओं का अविराम प्रवाह बहता रहता है।...आवश्यकता इस बात की है कि इन घटनाओं को सजीव दृष्टि से देखकर उनकी व्यंजना में कथावस्तु का निर्माण कर लिया जाये। पाश्चात्य नाटकों के संघर्ष तत्त्व को वे अपने नाटकों में अन्तर्निहित करते हैं। उन्हें शॉ के संवादों की स्वाभाविकता और सिन्ध की काव्यात्मकता विशेष रूप से आकृष्ट करती है। वे पाश्चात्य नाटकों में प्रयुक्त संकलनत्रय को भी आवश्यक मानते हैं।

स्वतन्त्रता के बाद के हिन्दी नाटक तथा रंगमंच दोनों पर पश्चिमी प्रभाव पड़ता रहा। दिल्ली में ओनील, विलियम मिलर, ब्रेख्त, हारोल्ड पिण्टर, वेकेट और आमोनेस्की के नाटक प्रस्तुत किये गये।

ब्रेख्त और पिण्टर का प्रभाव धीरे-धीरे अधिक बढ़ा। पश्चिम के प्रभाव से ही एब्सर्ड थियेटर, अर्थहीन थियेटर, ऐण्टी थियेटर के आन्दोलन चलाये गये। विसंगत नाटकों की उत्पत्ति में अस्तित्ववादी दार्शनिकों की प्रेरणा रही। वेकेट के प्रभाव से सामाजिक यथार्थवादी (जनवादी) नाटकों की रचनाएँ हुईं।

आलोचना का विकास

गद्य की अन्य विधाओं की तरह आधुनिक आलोचना का आरम्भ भी भारतेन्दु-युग में हुआ। प्राचीन साहित्यशास्त्रीय सिद्धान्तों से जुड़े रहकर भी इस युग के कुछ लेखकों ने नये साहित्य को प्रतिष्ठित एवं समादृत करने के लिए यथार्थ जीवनपरक एवं उपयोगी साहित्य के तत्त्वों को स्वीकृति दी। इस युग में पत्र-पत्रिकाओं में प्रकाशित पुस्तक-परिचय के रूप में आलोचना का स्वरूप निर्मित हो रहा था। हरिश्चन्द्र मैगजीन, कवि वचन सुधा, आनन्द कादम्बिनी, हिन्दी प्रतीप आदि पत्रिकाएँ इस सन्दर्भ में उल्लेखनीय हैं। बालकृष्ण भट्ट तथा प्रेमघन इस युग के ऐसे आलोचक हैं जिन्होंने कृतियों की प्रशंसा, गुण-दोष विवेचन से आगे बढ़कर गम्भीर विश्लेषण प्रस्तुत किया। इनमें बौद्धिक स्तर पर समसामयिकता के प्रति जागरूकता तथा सचेष्टता है। भट्ट जी ने संयोगिता स्वयंवर पर जो समीक्षा प्रस्तुत की वह युग की प्रतिनिधि समीक्षा मानी जाती है। 'साहित्य जनसमूह के हृदय का विकास है', शीर्षक निबन्ध में नवीन साहित्यिक चिन्तन को दिशा मिलती है। बदरीनारायण चौधरी प्रेमघन ने भट्ट जी की देखा-देखी 'संयोगिता स्वयंवर' की आलोचना प्रस्तुत की। रामचन्द्र शुक्ल जी ने इन्हें आधुनिक व्यावहारिक समीक्षा का जनक माना है किन्तु इसमें प्राचीनता अधिक मौलिकता कम है। भारतेन्दु जी ने 'नाटक' के विषय में विचार करते हुए समसामयिक गतिशील सैद्धान्तिकता का समर्थन किया। इनकी नवीन दृष्टि इस कथन में स्पष्ट है कि, "अब नाटकीय दृश्य काव्य में अस्वाभाविक सामग्री परिपोषक काव्य प्रणयन करना उचित नहीं है।"

आधुनिक आलोचना को द्विवेदी-युग में व्यवस्थित रूप मिला। द्विवेदी-युग मूलतः सुधार एवं परिष्कार का युग है। इसीलिए इन प्रवृत्तियों का संघात आलोचना पर पड़ना स्वाभाविक है। प्राचीन सिद्धान्तों को नवीन आवश्यकताओं के अनुकूल ढालने के साथ ही युगीन साहित्य से नैतिक मूल्यों की निष्पत्ति की विशेष अपेक्षा की गयी। महावीरप्रसाद द्विवेदी ने विशेष अलंकरण, कला-प्रदर्शन, नायक-नायिका भेद तथा रूढ़ छन्दों की पाबन्दी का विरोध किया तथा उचित शब्द-विन्यास, परिष्कृत एवं विषयानुकूल भाषा के प्रयोग पर बल दिया। इनकी दृष्टि वर्ण्य-विषय तथा भावपक्ष दोनों पर केन्द्रित थी। इस युग में पद्मसिंह शर्मा जैसे आलोचक भी मौजूद थे जिन्होंने काव्य के रचना-कौशल तथा कलात्मक उत्कर्ष की माँग की। नन्ददुलारे वाजपेयी के कथन का उपयोग करके कह सकते हैं, "शर्मा जी के समय के साहित्यिक निर्माण में रचना-कौशल की कमी थी। कदाचित् इसीलिए शर्मा जी की समीक्षा का मुख्य आधार काव्य कौशल बना जो सामयिक स्थिति के सुधार में भी एक सीमा तक सहायक हुआ।" मिश्रबन्धु 'हिन्दी नवरत्न' तथा 'मिश्रबन्धु विनोद' के लेखन के माध्यम से समीक्षा क्षेत्र में उतरे किन्तु इनकी दृष्टि रीतिकालीन अधिक रही। इन्होंने आलोचना के किसी गतिशील तत्त्व का उद्घाटन नहीं किया।

हिन्दी आलोचना के सैद्धान्तिक तथा व्यावहारिक दोनों रूपों को वैज्ञानिक आधार पर प्रतिष्ठित करने का श्रेय पं. रामचन्द्र शुक्ल को है। इनकी आलोचना-पद्धति में व्यक्तिगत रुचि का परिहार तथा विवेचनात्मक गम्भीरता का समाहार है। शुक्ल जो मूलतः रसवादी आलोचक हैं किन्तु इन्होंने रस की

प्रचलित मान्यताओं का पिष्टपेषण मात्र नहीं किया। यहाँ रसानुभूति की भावभूमि लोकमंगल की भावभूमि से अभिन्न हो गयी। शुक्ल जी ने काव्य में रागात्मक प्रसार, व्यक्ति के शील का विकास तथा लोकमंगल की भावना को आवश्यक माना। इनकी दृष्टि में कविता का भावयोग, कर्मयोग तथा ज्ञानयोग के उच्च धरातल के समान्तर होता है। शुक्ल ने रस के आनन्द स्वरूप पर प्रहार करके उसकी सत्त्वोद्रेक की समता को अधिक महत्त्व दिया। शुक्ल जी की समीक्षा-सम्बन्धी सैद्धान्तिक दृष्टि मूलतः तुलसी के रामचरितमानस से अभिप्रेरित है। इसीलिए अपने समय की नूतन काव्यधारा छायावाद के साथ न्याय नहीं कर सके। प्रबन्धकाव्य के प्रति इनका झुकाव अधिक था इसीलिए प्रगीत काव्यों का न्यायोचित मूल्यांकन सम्भव न हुआ। फिर भी शुक्ल जी की अन्तर्भेदी दृष्टि काव्य के मर्मों तथा उनके वैशिष्ट्य का सफल उद्घाटन करती है। कृष्णभक्ति काव्य (प्रमुखतः सूरदास) तथा छायावाद के विवेचना सन्दर्भ में इन्होंने अत्यन्त महत्त्वपूर्ण तथ्यों का अन्वेषण तथा विश्लेषण किया। पाश्चात्य तथा भारतीय काव्य-सिद्धान्तों के समन्वय से मौलिक आलोचनात्मक मापदण्ड के निर्माण, स्वतन्त्र चिन्तन-शक्ति, नयी समीक्षात्मक भाषा की तलाश की दृष्टि से शुक्ल जी का योगदान सराहनीय है।

शुक्ल जी की समीक्षा-पद्धति को स्वीकार करके चलनेवाले समीक्षकों में विश्वनाथ प्रसाद मिश्र प्रमुख हैं। इन्होंने आलोचना के लिए रीतिकवियों को प्रमुख रूप से चुना। बाबू श्यामसुन्दरदास, गुलाब राय, कृष्ण शंकर शुक्ल आदि आलोचक इसी संस्थान से जुड़े हुए हैं।

छायावादी कवियों ने नैतिक एवं उपयोगिता के स्थूल बन्धनों को काव्यसृजन की प्रक्रिया में बाधास्वरूप माना। पन्त के अनुसार, "नवीन युग की नवीन आकांक्षाओं, क्रियाओं, नवीन इच्छाओं, आशाओं के अनुसार कवि की वीणा से नये गीत, नये छन्द, नये राग, नयी रागिनियाँ, नयी कल्पनाएँ फूट पड़ीं।" इस नूतन काव्यधारा को प्रतिष्ठित करने के लिए छायावादी के लिए छायावादी कवियों ने स्वयं समीक्षात्मक विचार प्रस्तुत किये। छायावादी काव्य के आधार पर आलोचना का प्रतिमान लेकर नन्ददुलारे वाजपेयी अग्रसर हुए। इन्होंने कविता के मूल्यांकन के सन्दर्भ में बाह्य व्यवहारों के सीमित उपयोग की चर्चा की "काव्य का महत्त्व तो काव्य के अन्तर्गत ही है, किसी बाहरी वस्तु में नहीं।" काव्य और साहित्य की स्वतन्त्र सत्ता उसकी स्वतन्त्र प्रक्रिया है और उसकी परीक्षा के स्वतन्त्र साधन हैं। उसके उत्कर्ष-अपकर्ष का नियन्त्रण बाह्य स्थूल व्यापार या बाह्य बौद्धिक संस्कार और आदर्श थोड़ी ही मात्रा में कर सकते हैं।" वाजपेयी जी का दृष्टिकोण अत्यन्त व्यापक है। इसलिए उन्हें किसी वाद की सीमा में नहीं बाँधा जा सकता। उन्होंने रस का विस्तार, उच्चतर नैतिक मूल्यों का समर्थन तथा रूढ़ियों का विरोध किया। काव्यसंवेदना, बाह्य तथा अन्तरंग सौन्दर्य चेतना तथा सौन्दर्य दृष्टि को प्रभावित करनेवाले काव्यतत्त्वों की खोज इनकी प्रमुख समस्या थी।

छायावाद-काल में ही काव्य के प्रति सहृदय की मार्मिक प्रतिक्रिया के जरिये प्रभाववादी आलोचना पद्धति भी विकसित हुई। शान्तिप्रिय द्विवेदी तथा भगवतशरण उपाध्याय प्रभाववादी आलोचकों में प्रमुख हैं।

छायावादी काव्य की प्रतिक्रिया में प्रगतिवादी काव्य-रचना शुरू होने के साथ ही उसके औचित्य को प्रतिपादित करनेवाली उसकी उपलब्धियों को मूल्यांकित करने के लिए प्रगतिवादी (समाजशास्त्रीय तथा मार्क्सवादी) आलोचना-पद्धति को विकसित होना स्वाभाविक है। यह आलोचना दृष्टि मार्क्सवादी समाज-चिन्तन के आधार पर निर्मित हुई है और साहित्य के सर्वहारा वर्ग के दुःख दर्द के साथ उसकी दुर्दम जिजीविषा शोषण की स्थितियों से मुक्त होने की संघर्षशील बलवती चेतना को अंकित करने

की माँग करती है। शिवदान सिंह चौहान, रामविलास शर्मा, डॉ. रांगेय राघव, अमृतराय, डॉ. नामवर सिंह प्रमुख मार्क्सवादी समीक्षक हैं।

साहित्य के सृजन में समसामयिक यथार्थ ही नहीं बल्कि पारस्परिक प्रेरणा भी अन्तर्निहित रहती है। अतः ऐतिहासिक-सांस्कृतिक परिप्रेक्ष्य में रचना का मूल्यांकन कम सार्थक नहीं है। कारलाइन का कथन इसी तथ्य की पुष्टि करता है, "किसी राष्ट्र के काव्य का इतिहास वहाँ के धर्म, राजनीति और विज्ञान के इतिहास का सार है।" पं. हजारीप्रसाद द्विवेदी, परशुराम चतुर्वेदी ने ऐतिहासिक-सांस्कृतिक परिप्रेक्ष्य में कई महत्त्वपूर्ण तत्त्वों को विश्लेषित किया।

छायावाद-युग में शास्त्रीय-सैद्धान्तिक समीक्षा का क्रम थोड़ा अवरुद्ध हो गया था किन्तु उसके बाद इस दिशा में महत्त्वपूर्ण प्रयास हुए। प्राचीन संस्कृत लक्षणग्रन्थों की हिन्दी व्याख्या के साथ ही पाश्चात्य एवं भारतीय काव्य-सिद्धान्तों के सम्मिलित रूप का प्रतिपादन किया गया। कुछ समीक्षकों ने स्वतन्त्र रूप से पाश्चात्य साहित्यशास्त्र पर विचार किया। पं. रामचन्द्र शुक्ल की परम्परा को अग्रसर करनेवाले डॉ. नगेन्द्र ने रस का उत्कृष्ट अनुशीलन प्रस्तुत किया। इनमें सूक्ष्म चिन्तक, विश्लेषक तथा सहृदय समालोचक की अद्भुत प्रतिभा है। मनोविज्ञान के सहारे इन्होंने सौन्दर्यानुभूति का विशद विश्लेषण किया। रीतिकाल, आधुनिक काल, भारतीय तथा पाश्चात्य आलोचना के विविध प्रश्नों पर नगेन्द्र जी ने बड़ी मौलिकता तथा गहनता से विचार किये और मान्य निष्कर्ष निकाले।

काव्यसृजन तथा आलोचना दोनों ही धर्मों का निर्वाह एक साथ करने की आवश्यकता छायावादी कवियों ने महसूस की। जब साहित्य के प्रचलित मापदण्डों को रचनाकार क्रान्तिकारी ढंग से खण्डित करता है तो उसे नये को प्रतिष्ठित करने के लिए वैचारिक विमर्श में हिस्सेदार बनना ही पड़ता है। छायावाद से पूर्व रचना के अन्तर्गत ही अपने मन्तव्य को रचनाकार व्यक्त करता था, अलग से नहीं। आलोचना की ईमानदारी के प्रति कृतिकार का शंकालु होना भी उसे समीक्षा कर्म में प्रवृत्त होने की प्रेरणा देता है। सुमित्रानन्दन पन्त, प्रसाद, महादेवी आदि छायावादियों ने अपने काव्य-विचारों को स्वतन्त्र रूप से प्रस्तुत किया। नयी कविता के प्रतिष्ठा के लिए नवीन आलोचनात्मक सूत्रों तथा मापदण्डों को प्रतिपादित, विश्लेषित तथा संकेन्द्रित किया गया। अज्ञेय के त्रिशंकु, आत्मनेपद, हिन्दी साहित्य : आधुनिक परिदृश्य में यथास्थान वैयक्तिकता, अहं के विसर्जन तथा नैतिकता आदि पर विचार किया गया है। मुक्तिबोध ने कामायनी का पुनर्मूल्यांकन, एक साहित्यिक की डायरी, नयी कविता का आत्मसंघर्ष, नये साहित्य का सौन्दर्यशास्त्र आदि में व्यावहारिक तथा सैद्धान्तिक समीक्षा का मौलिक निदर्शन किया। इनके अनुसार कविता के सही मूल्यांकन के लिए रचनाकार के परिवेश, उसके आत्मसंघर्ष, टूटे-बने सपने, भाषा-सन्दर्भ की पहचान आवश्यक है। धर्मवीर भारती ने 'मानव मूल्य और साहित्य' में व्यक्ति-स्वातन्त्र्य, आन्तरिक मुक्ति तथा नयी साहित्यिक मर्यादा के सवाल उठाये हैं। विजयदेव नारायण साही ने 'लघु मानव के बहाने हिन्दी कविता पर एक बहस' में कवि पर ही दृष्टि केन्द्रित की। लक्ष्मीकान्त वर्मा ने नयी 'कविता के प्रतिमान' में नयी कविता का साहित्यशास्त्रीय नया मापदण्ड स्थापित किया। डॉ. जगदीश गुप्त तो कवि और आलोचक दोनों दायित्वों को अलग-अलग निर्वाह करते हैं। 'नयी कविता; स्वरूप और समस्याएँ' में इनकी नयी आलोचना दृष्टि स्पष्ट है।

डॉ. बच्चनसिंह का कहना है कि, "आज का काव्य (साहित्य) केन्द्रच्युत हो गया है। कोई ऐसी केन्द्रीय वस्तु नहीं रह गयी है जिसकी ओर वह आकृष्ट हो।" इसी बात को यदि यों कहा जाता तो अधिक संगत होता। आज का काव्य बहुउद्देशीय, बहुआयामी तथा संश्लिष्ट है। जैसे जीवन का कोई निश्चित तथा पूर्व निर्धारित लक्ष्य नहीं है, उसी तरह साहित्य का भी। जीवन की जटिलतर स्थितियों

के यथार्थ तथा जटिलतम यथार्थ की सम्भावनाओं को साहित्य में पकड़ने की कोशिश की जा रही है। जीवन और जगत् में व्यक्ति अपनी-अपनी आग से जल रहा है। साहित्य में उसी की लपट प्रतिबिम्बित हो रही है। किसी निश्चित लक्ष्य के अभाव में जिस तरह साहित्यकार को अपने अन्वेषित लक्ष्य को बेधना है उसी तरह आलोचक को भी पूर्व निर्धारित वादपरक आलोचना-पद्धतियों से अलग रचनाकार की कृति से गुजरकर उसके सम्प्रेष्य तथा लक्ष्य के अनुसार दृष्टि निर्मित करनी होगी। लेकिन हर अन्तर्दृष्टि के केन्द्र से मनुष्य ही होगा उसका रूप चाहे जैसा हो। साहित्य में यथार्थ की माँग निरन्तर बढ़ती जा रही है। यह यथार्थ प्रतिक्रिया, समष्टि में व्यष्टि के खोने तथा पुनः अपनी पहचान बनाने की समस्या का है। अभिव्यक्ति के स्तर पर अलंकार, वक्रोक्ति आदि से भिन्न भाषा को उल्लेखनीय कार्य करना है। डॉ. रामस्वरूप चतुर्वेदी ने भाषा-केन्द्रित आलोचना का कार्य किया है। डॉ. नामवर सिंह प्रगतिवादी समीक्षक होते हुए भी भाषा पर पर्याप्त बल देते हैं।

आलोचना के प्रकार और प्रमुख आलोचक

साहित्य को देखने-परखने की अनेक दृष्टियाँ तथा विधियाँ हैं, उन्हीं के आधार पर आलोचना के कई भेद निर्मित हो जाते हैं। कहा गया है कि 'भिन्न रुचिर्हिं लोकः' (लोक की रुचि भिन्न-भिन्न) होती है। इसीलिए तो अलग-अलग व्यक्ति किसी कृति को अपने ढंग से अच्छा-बुरा कहता है। आधुनिक आलोचना को प्रविधि तथा मूल दृष्टि के आधार पर आलोचना कई रूपों में बाँटा गया है—

1. सैद्धान्तिक आलोचना
2. व्याख्यात्मक आलोचना
3. निर्णयात्मक आलोचना
4. आत्मप्रधान आलोचना
5. तुलनात्मक आलोचना
6. जीवनचरितमूलक आलोचना
7. ऐतिहासिक आलोचना
8. सौष्ठववादी आलोचना
9. अभिव्यंजनावादी आलोचना
10. मनोविश्लेषणवादी आलोचना
11. मार्क्सवादी (प्रगतिवादी) आलोचना
12. व्यक्तिवादी आलोचना।

1. सैद्धान्तिक आलोचना—इस पद्धति में साहित्य के विभिन्न रूपों के विवेचन के पश्चात् सिद्धान्त निर्धारण किया जाता है। इसमें साहित्य के विविध अंगों तथा उपांगों का स्वरूप निर्धारण होता है जैसे—साहित्य क्या है, कविता क्या है। एक तरह से यह आलोचना का शास्त्रीय पक्ष है। रस, छन्द, अलंकार, रीति आदि से सम्बन्धित सैद्धान्तिक विवेचन को भी इसी के अन्तर्गत रखा जा सकता है।

भारत में सैद्धान्तिक आलोचना की परम्परा अति प्राचीन है। भरत के नाट्यशास्त्र में नाटक के अलावा रसादि के भी नियमों, उपनियमों का विवेचन किया गया है। आधुनिक युग में भी सैद्धान्तिक विवेचना-विश्लेषण की सशक्त परम्परा मौजूद है। भारतेन्दु-युग में रस, छन्द, अलंकार आदि पर कई ग्रन्थ रचे गये हैं। उमराव सिंह रचित 'छन्द महोदधि' जगन्नाथदास रत्नाकर रचित 'घनाक्षरी नियम', बिहारीलाल रचित अलंकारादर्श, कृष्णलाल रचित 'रससिन्धु विलास', भारतेन्दु रचित 'नाटक' आदि का उल्लेख किया

जा सकता है। द्विवेदी-युग में लाला भगवानदीन ने 'अलंकार मंजूषा' लिखा। छायावाद-युग में विश्वनाथ प्रसाद मिश्र रचित काव्यांग कौमुदी, श्यामसुन्दर दास रचित रूपक रहस्य, हरिऔध रचित रसकलस (1935), गुलाबराय कृत नवरस उल्लेखनीय हैं। पाश्चात्य साहित्य चिन्तन तथा भारतीय परम्परा दोनों को सम्मिलित करके साहित्य सिद्धान्तों पर विचार करनेवाले आलोचक रामचन्द्र शुक्ल, श्यामसुन्दर दास, रामकुमार वर्मा, लक्ष्मीनारायण सुधांशु, रामशंकर शुक्ल रसाल आदि हैं। रामचन्द्र शुक्ल का लम्बा निबन्ध 'कविता क्या है' रस मीमांसा, रामकुमार वर्मा रचित साहित्य-समालोचना, श्यामसुन्दर दास कृत साहित्यालोचन आदि इसी तरह की रचनाएँ हैं। छायावादोत्तर-युग में डॉ. नगेन्द्र का 'रस सिद्धान्त', गुलाब राय का 'सिद्धान्त और अध्ययन', विश्वनाथ मिश्र रचित वाङ्मय विमर्श, बलदेव उपाध्याय रचित भारतीय साहित्यशास्त्र, डॉ. भगीरथ मिश्र रचित हिन्दी काव्यशास्त्र का इतिहास, आनन्दप्रकाश दीक्षित रचित 'रस सिद्धान्त स्वरूप और विश्लेषण, डॉ. राममूर्ति त्रिपाठी रचित भारतीय काव्यशास्त्र : नवमूल्यांकन, प्रो. योगेन्द्र प्रताप सिंह रचित भारतीय काव्यशास्त्र, डॉ. निर्मला जैन रचित 'भारतीय समीक्षा के सिद्धान्त' आदि उल्लेखनीय कृतियाँ हैं। सैद्धान्तिक आलोचना के उल्लेखनीय ग्रन्थ हैं।

2. व्याख्यात्मक आलोचना—सामान्य सिद्धान्त तक पहुँचने के लिए हमें पहले व्याख्यात्मक पद्धति से गुजरना पड़ता है। इसमें आलोचक किसी कृति का विविध दृष्टियों से विश्लेषण और विवेचन करता है। यह कलाकार या रचनाकार के मन्तव्य के सूत्रों तथा अर्थ-गर्भित अंशों का खुलासा करता है। वह एक गोताखोर की तरह रचना की गहराई से उतरता जाता है और उसकी प्रत्येक सतह की थाह लेता है। रचनाकार के अनुभवों के धरातल, प्रेरणास्रोत, वैयक्तिक, सामाजिक स्थितियों, शास्त्रीय और मौलिक उपादनों आदि की खोज व्याख्यात्मक ढंग से की जाती है।

किसी रचना के पाठ की व्याख्या जिसे टीका कहते हैं उसे भी इसके अन्तर्गत रखा जा सकता है। वैसे हर प्रकार की आलोचना में अपनी मान्यता के अनुसार आलोचक इस प्रणाली का प्रयोग करते हैं।

3. निर्णयात्मक आलोचना—यह व्याख्यात्मक आलोचना की आगे की श्रेणी है। आलोचक किसी कृति के अन्तर्निहित तत्त्वों की व्याख्या करने के बाद अपनी मान्यता के अनुसार कोई निर्णय देता है। वह कृति की श्रेष्ठता या न्यूनता का संकेत देता है। व्याख्यात्मक आलोचना में आलोचक का मूल संकल्प रहता है कि आलोच्य कृति में क्या है? वह रचनाकार की दृष्टि से अपनी दृष्टि का एकाकार करके चलता है। वह प्रायः उदार तथा तटस्थ रहता है। निर्णयात्मक आलोचना में आलोचक की मूल चिन्ता रहती है कि आलोच्य कृति कैसी होनी चाहिए? वह अपनी साहित्याभिरुचि या मान्यताओं का आरोपण कृति-विशेष पर करता है। आजकल की आलोचना में निर्णयात्मक पद्धति बहुत अधिक हावी है।

4. आत्मप्रधान आलोचना—इस तरह की आलोचना में किसी सैद्धान्तिक या मूल्यगत आग्रह का अभाव व्यक्तिगत रुचि-अरुचि की प्रबलता रहती है। इस तरह की आलोचना की परिणति या तो वाहवाही में होती है या धिक्-धिक् में है। पद्मसिंह शर्मा तथा मिश्रबन्धुओं की आलोचना में इस पद्धति की झलक मिलती है।

5. जीवनचरितमूलक आलोचना—इसमें कवि का लेखक के जीवन के विविध पक्षों का उसकी रचनाओं के परिप्रेक्ष्य में उद्घाटन किया जाता है। रचना के पीछे रचनाकार के जीवन की कौन-सी घटना है या रचना में उसके जीवन का कौन-सा पक्ष व्यक्त हुआ है इसकी खोज की जाती है।

6. ऐतिहासिक आलोचना–किसी देश के युग-विशेष के साहित्य में परस्पर वैषम्य होते हुए भी कुछ समानता के तत्त्व निहित मिलते हैं। साहित्यिक कृतियाँ अपनी युग-चेतना से भी प्रभावित होती हैं। इसी युग-चेतना से उनकी एक सीमा निर्धारित होती है। कुछ भावों और विचारों की दृष्टि से श्रेष्ठ रचना यद्यपि अपनी कालसीमा को लाँघ जाती है किन्तु उसकी संवेदना का स्वरूप प्राथमिक ढंग से युग के सन्दर्भ में ही व्याख्यायित तथा विवेचित होता है। साहित्य के इतिहास लेखन में यह आलोचना प्रणाली गृहीत होती है। इसमें वातावरण, देश-काल की घटनाओं के साथ साहित्यिक कृतियों की स्थिति को जाँचा-परखा जाता है। काल की गति तथा समाज की चित्तवृत्ति के बदलाव के साथ साहित्य की प्रवृत्तियों के बदलाव को रेखांकित करते हुए विविध धाराओं और सम्प्रदायों के उदय और विकास को विवेचित किया जाता है।

इस प्रणाली का प्रयोग सबसे अधिक मार्क्सवादी समीक्षकों ने किया है। नामवर सिंह की रचना 'इतिहास और आलोचना' इसी तरह की रचना है। मैनेजर पाण्डेय, रामविलास शर्मा आदि आलोचक इस प्रणाली का भरपूर प्रयोग करते हैं।

7. स्वच्छन्दतावादी या सौष्ठववादी (सौन्दर्यवादी) आलोचना–इस आलोचना प्रणाली का निर्माण छायावादी काव्य-तत्त्वों के आधार पर हुआ। स्वच्छन्दता और सौष्ठव इसके प्रमुख तत्त्व हैं। इस आलोचना को स्वच्छन्दतावादी भी कहा जाता है। यह आलोचना प्राचीन और रूढ़ मानदण्डों को अस्वीकार करती है। इसकी दृष्टि रचना के आन्तरिक सौन्दर्य (भाव, वस्तु या रूप) पर केन्द्रित होती है।

हिन्दी में स्वच्छन्दतावादी आलोचना प्रमुख रूप से छायावादी काव्य के लिए व्यवहार में लायी गयी है। स्वच्छन्दतावाद शास्त्रवाद (क्लैसिक) के विपरीत अर्थ में प्रयुक्त होता है। यह अंग्रेजी के 'रोमैण्टिसिज्म' का हिन्दी अनुवाद है। 'रोमैण्टिसिज्म' के प्रथम प्रयोक्ता जर्मन आलोचक फ्रेडरिक श्लेगल (1798 ई.) माने जाते हैं, जर्मन से स्वच्छन्दतावाद फ्रान्स तथा इंग्लैण्ड पहुँचा। अंग्रेजी के वड्सवर्थ, कॉलरिज, शेली, कीट्स, बायरन आदि ने स्वच्छन्दतावादी काव्य ही नहीं लिखा बल्कि उस पर चिन्तन भी किया। हिन्दी के छायावाद को कुछ सीमा तक स्वच्छन्दतावादी काव्य माना जा सकता है। स्वच्छन्दतावादी समीक्षा में पारस्परिक शास्त्र के बन्धन को लगभग अस्वीकार किया जाता है। चूँकि स्वच्छन्दतावादी कविता प्रबल भावावेश का सहज उद्रेक होती है इसलिए उसमें रूप-विधान (फार्म) का पारम्परिक ढाँचा स्वयं ही शिथिल हो जाता है। शास्त्रीय काव्य पूर्व निर्मित रीति का अनुसरण करता है और स्वच्छन्दतावादी स्वयं अपना मार्ग निर्मित करते हैं। शास्त्रवादी रूढ़िप्रिय होता है स्वच्छन्दतावादी नव्य मार्ग का अनुगामी बनता है, नाप-तौल, पुरातनता आदि की चिन्ता किये बगैर वह अपने रचना-पथ पर चलता है। इसमें कल्पनाशीलता, वायवीपन, बिम्बविधान की प्रधानता रहती है। इसमें प्रकृति के प्रति गहन लगाव होता है और रहस्यवादी रुझान होती है। 'छायावाद' की आलोचना करनेवाले समीक्षक चाहे स्वयं जिस भी विचारधारा से जुड़े रहे हों उन्हें उपर्युक्त विशेषताओं के आधार पर ही अपनी आलोचना को विकसित करने की अनिवार्यता रही है। उन्हें सामाजिक यथार्थ की स्थूलताओं तथा शास्त्रीय नियमों, उपनियमों को शिथिल करके चलना होता है। नन्ददुलारे वाजपेयी, सुमित्रानन्दन पन्त, जयशंकर प्रसाद, रामस्वरूप चतुर्वेदी, रामविलास शर्मा, नामवर सिंह, रवीन्द्र भ्रमर, डॉ. अजब सिंह, डॉ. देवराज उपाध्याय आदि ने स्वच्छन्दतावादी आलोचना प्रणाली के आधार पर छायावाद तथा उससे सम्बद्ध कवियों की समीक्षा की है।

8. अभिव्यंजनावादी आलोचना—इटली का सौन्दर्यवादी चिन्तक बेनेडेतो क्रोचे इस प्रणाली का प्रवर्तक माना जाता है। इस सिद्धान्त में स्वयं संवेद्य सौन्दर्यानुभूति या ज्ञान पर अधिक बल दिया जाता है। बाहरी वस्तुओं के इन्द्रिय सन्निकर्ष से जो संवेदना उत्पन्न होती है उसका रूपान्तरण नहीं होता। संवेदना एक तरह से प्रभावी तथा पदार्थी भी है। आन्तरिक प्रक्रिया से संवेदना स्वायत्त होकर उसके साथ एकाकार हो जाती है। यही अभिव्यंजना है। क्रोचे कला को आध्यात्मिक क्रिया मानता है। इसलिए इसे शब्दबद्ध या चित्रबद्ध करना अनिवार्य नहीं मानता। "क्रोचे ने अनुभूति को सहजानुभूति की सहचारी मानकर कलात्मक सौन्दर्य में उसके अस्तित्व को स्वीकार किया है।" इस आलोचना में स्वयं प्रकाशजन्य आनन्द ही काव्यात्मक अभिव्यंजना की मूल वस्तु है।

9. मनोविश्लेषणवादी आलोचना—कृति की रचना के समय किसी कृतिकार की मनःस्थिति क्या है तथा किस मानसिक स्थिति की प्रेरणा से उसने काव्य रचना की है, इन प्रश्नों पर विचार इस आलोचना-पद्धति से किया जाता है। मनोविश्लेषण का आदि प्रवर्तक फ्रायड है जिसका गहरा प्रभाव साहित्य पर पड़ा, इसीलिए साहित्यिक विश्लेषण में भी मनोविश्लेषण-पद्धति की अनिवार्य आवश्यकता अनुभूत हुई। फ्रायड ने मनोविश्लेषण के चार मुख्य सूत्र निर्दिष्ट किये हैं—

(i) नियतत्ववाद—इसका अर्थ है कि कार्य-कारण का नियत सम्बन्ध होता है। अतः प्रत्येक मानसिक व्यापार का कोई-न-कोई कारण अवश्य होता है।

(ii) अचेतन मन—अचेतन मन की तीन पर्तें बतायी गयी हैं—चेतन, उप या पूर्वचेतन, अचेतन। मन को दूसरे रूपों में इड, इगो तथा सुपर इगों में विभाजित किया गया है। चेतन मन सामाजिक प्रतिबन्धों का मन है। अचेतन मन उन आकांक्षाओं का भण्डार है जो दमित रहती हैं। पूर्ववर्ती चेतना-चेतना और अचेतन का मध्यवर्ती है। दूसरा मनोवैज्ञानिक एडलर अधिकार भावना को केन्द्रीय प्रेरणा शक्ति स्वीकार करता है। मनुष्य के मन में बचपन से ही दूसरों पर निर्भर रहने के कारण असहायता की प्रतिक्रिया होती है। वह इस तरह की क्षतिपूर्ति उत्कर्ष विधायक कार्यों द्वारा करता है। इस समायोजन के अभाव में मनुष्य मनस्तापी या रुग्ण हो जाता है। शारीरिक, क्रियात्मक या मानसिक अक्षमता इस रुग्णता के कारण हैं।

फ्रायड और एडलर दोनों कला को अचेतन मन की दमित आकांक्षाओं और हीनता की पूर्ति मानते हैं। फ्रायड के अनुसार कला कलाकार की दमित यौन-भावना का उदात्तीकरण है। एडलर के अनुसार अधिकार भावना के द्वारा क्षतिपूर्ति है जिससे उसका मनस्ताप दूर होता है।

उपर्युक्त सिद्धान्तों के आधार पर कलाकारों का मनोविश्लेषण करते हुए उसे कलाकृति पर आरोपित करने का प्रयत्न किया गया। मनोविश्लेषणवादी आलोचकों ने रचयिता की जीवनी के विविध तत्त्वों को उनकी रचनाओं में प्रतिफलित होते देखा है। रचना में क्रियाशील पात्रों के कार्य-व्यापारों की जटिलता तथा संश्लिष्टता को मनोविज्ञान के द्वारा समझने की कोशिश की जाती है। इस आलोचना-पद्धति में रचनाकार की मनःस्थिति को उसके द्वारा कल्पित पात्रों पर थोपकर विश्लेषण किया जाता है। प्रगीतात्मक रचनाओं में जहाँ अस्तित्व की सीधी अभिव्यक्ति होती है इस सिद्धान्त को लागू किया जा सकता है किन्तु आभिजात्य रचनाओं में जहाँ पूर्व कथाओं का संघटन पूरी-पूरी मानसिक सचेष्टता तथा अनुशासन में की जाती है, अचेतन मन की प्रेरणा तथा वासना को कैसे देखा जा सकता है। निराला की 'सरोज स्मृति' और 'अँधेरे में' की अलोचना इस आधार पर कुछ सीमा तक की जा सकती है। वास्तव में रचना पूरी तरह से व्यक्तित्व की ही अभिव्यक्ति नहीं है। उससे बहुत-कुछ आगे भी है। इसीलिए इस आलोचना-पद्धति का उपयोग कुछ सीमा तक ही किया जा सकता

है। "आलोचना के मनोविश्लेषणात्मक पद्धति के प्रतिनिधि डॉ. नगेन्द्र ने फ्रायड, एडलर तथा युंग तीनों के सिद्धान्तों का उपयोग किया है।" इनके आधार पर साहित्य की प्रेरणा, जीवन की मूल भावना तथा साहित्य के उद्‌देश्य को उद्‌घाटित किया। इस पद्धति के अन्य आलोचक इलाचन्द्र जोशी हैं।

मार्क्सवादी या प्रगतिवादी आलोचना—हिन्दी में प्रगतिशील साहित्य की शुरुआत स्पष्ट रीति से 1936 ई. में हुई। प्रगतिशील साहित्यिक आन्दोलन का सम्बन्ध मार्क्सवाद से है। द्वन्द्वात्मक भौतिकवादी चिन्तन इस आलोचना-प्रणाली का मूलाधार है। हीगेल का विरोध करते हुए मार्क्स ने वस्तु की चरम सत्ता को मान्यता दी। यह वस्तु जगत् परिवर्तनशील है। जगत् की प्रत्येक वस्तु में विरोधी तत्त्व मौजूद हैं जिनमें परस्पर संघर्ष चलता रहता है। वस्तु में ही उनके विनाश के तत्त्व भी निहित हैं। वस्तु के दो पक्ष हैं—निषेधात्मक और विधायक, दोनों में संघर्ष निरन्तर चलता है जब दोनों के सन्तुलन की अवस्था आती है तो उसे साम्यवाद कहते हैं। कुछ समय बाद इसमें पुनः विक्षोभ होता है और संघर्ष शुरू हो जाता है। परिवर्तन का क्रम पूर्वावस्था की अपेक्षा अधिक प्रौढ़ और उत्तम होता है।

मानव का पारस्परिक सम्बन्ध अर्थात् उससे सामाजिक, राजनीतिक और धार्मिक आदि धारणाएँ उपार्जन की पद्धति या आर्थिक स्थितियों पर आधारित होती हैं। सम्पूर्ण सांस्कृतिक चेतना मूलतः अर्थकेन्द्रित है। इसीलिए साहित्य का नियन्त्रण भी इसी के द्वारा होता है। अर्थव्यवस्था तथा उत्पादन के साधनों के बदलाव के साथ ही सामाजिक सम्बन्धों में परिवर्तन आता है। साहित्य, कला, संगीत आदि समाज का ऊपरी ढाँचा है। अतः साहित्य की आलोचना करते समय समाज के आर्थिक आधार का विश्लेषण अति आवश्यक है। पूँजीवादी समाज में दो वर्ग होते हैं—शोषक और शोषित। साहित्यकार का मुख्य दायित्व है साहित्य के माध्यम से संघर्ष को चित्रित करते हुए साम्यवादी व्यवस्था का समर्थन। उसे शोषित का पक्षधर तथा शोषक का निन्दक होना चाहिए। इसमें यह मान्यता है कि साहित्यकार का जन्म जिस वर्ग में होता है उससे वह अवश्य प्रभावित होता है। इसलिए सर्वहारा का असली साहित्य सर्वहारा के द्वारा ही लिखा जा सकता है।

साहित्य की श्रेष्ठता को वर्ग-विशेष से जोड़ देने के कारण उसकी सार्वभौमिकता तथा व्यापकता का भाव खण्डित हो जाता है। यदि कवि अपने भावों को वर्ग-विशेष तक केन्द्रित रखेगा तो अन्य वर्ग के लोगों को उस साहित्य के साथ तादात्म्य कैसे स्थापित हो सकेगा। कवि या रचनाकार यदि उच्चकोटि का है तो उसकी अनुभूतियाँ और भाव-सारणियाँ सार्वजनीन होंगी। इसकी रचना से प्रत्येक वर्ग का प्रबुद्ध और सहृदय पाठक आनन्दित होता है। कुछ विदेशी आलोचकों तथा लेखकों जैसे लूकाच, रोजेरी गरौडी, अर्न्स्ट फिशर आदि ने कलाकार की वैयक्तिकता तथा यथार्थ के अन्तःसम्बन्धों का विश्लेषण किया।

आरम्भ में मार्क्सवादी आलोचना को स्वीकार करनेवाले समीक्षकों ने हिन्दी और संस्कृत के प्राचीन रचनाकारों की भर्त्सना की। राहुल सांकृत्यायन, रांगेय राघव आदि के विचारों में इस तथ्य को देखा जा सकता है। 'तुलसीदास' जैसे महान् कवि को आँखें मूँदकर भला-बुरा कहना आलोचना के नाम पर साहित्य के बदले व्यक्ति पर कीचड़ उछालना, मार्क्सवादी दृढ़ता का परिचायक नहीं है, यह अन्धी उग्रवादिता है या संकीर्णता। यह स्थिति बहुत दूर तक नहीं चली और प्राचीन रचनाकारों को भी अपने युग और समाज के सन्दर्भ में उदारता से मूल्यांकित करने की कोशिश की गयी। प्रगतिवादी समीक्षक सम्पूर्ण रचना में से उतने अंश को अधिक आलोकित करता है जिसमें सामाजिक यथार्थ का चित्रण अपेक्षाकृत अधिक खुलकर होता है। आधुनिक कवियों तथा लेखकों की कृतियों की आलोचना में भी यह स्थिति दृष्टिगोचर होती है। निराला की कविताओं में बादल राग, वह तोड़ती पत्थर,

कुकुरमुत्ता, प्रेमचन्द का गोदान आदि इसीलिए अधिक महत्त्वपूर्ण होते गये हैं। डॉ. रामविलास शर्मा ने प्राचीन समाज और साहित्य का मूल्यांकन करने की मार्क्सवादी पद्धति की व्याख्या करते हुए लिखा है कि, "यह आवश्यक नहीं कि शोषक वर्ग ने जिन नैतिक अथवा कलात्मक मूल्यों का निर्माण किया है वे सभी शोषण मुक्त वर्ग के लिए अनुपयोगी हों—प्राचीन साहित्य के मूल्यांकन में हमें मार्क्सवाद से यह सहायता मिलती है कि हम उसकी विषय-वस्तु और कलात्मक सौन्दर्य को ऐतिहासिक दृष्टि से देखकर उनका उचित मूल्यांकन करें।" नामवर सिंह प्रगतिवादी समीक्षक होते हुए भी भाषिक संरचना की दृष्टि से रचनात्मकता की तलाश करते हैं। डॉ. बच्चन सिंह का कथन है कि, "वे मार्क्सवाद की ऐतिहासिक दृष्टि लेते हुए भी उसके जार्गन से बचते हैं। मार्क्सवादी आलोचकों में 'वागार्थ प्रतिपत्ति या शब्दार्थ मीमांसा पर शायद कोई दूसरा इतना बल देता है।"

इस आलोचना-प्रणाली के आधार पर आलोचना कर्म में सार्थक उपलब्धिवाले आलोचक हैं रामविलास शर्मा। इनकी आलोचना का आयाम बहुत व्यापक है। ये मार्क्स के विचारों की भारतीय परिप्रेक्ष्य में नयी व्याख्या करते हैं और ज्यादातर वैचारिक जड़ता से मुक्त होकर चलते हैं। आरम्भिक मार्क्सवादी आलोचक हैं—राहुल सांकृत्यायन, रांगेय राघव, प्रकाशचन्द्र गुप्त, शिवदान सिंह चौहान, परवर्ती आलोचक हैं—अमृतराय, नामवर सिंह, शिवकुमार मिश्र, रमेश कुन्तल मेघ, विश्वम्भरनाथ उपाध्याय, मैनेजर पाण्डेय, कमला प्रसाद, शम्भुनाथ, विश्वनाथ त्रिपाठी, नित्यानन्द तिवारी, परमानन्द श्रीवास्तव आदि। दूधनाथ सिंह विचारधारा से मार्क्सवादी हैं किन्तु आलोचना में उसका विशेष आग्रह नहीं है। उनकी आलोचना साहित्यिक अधिक है। 'आत्महन्ता आस्था निराला, महादेवी वर्मा आदि इनकी आलोचना की प्रसिद्ध कृतियाँ हैं। नन्दकिशोर नवल ने कविता की मुक्ति (1980), हिन्दी आलोचना का विकास (1981 ई.), प्रेमचन्द का सौन्दर्यशास्त्र (1982 ई.), शब्द जहाँ सक्रिय है (1986), यथा प्रसंग (1992 ई.) मुक्तिबोध : ज्ञान और संवेदना (1993), समकालीन काव्य यात्रा (1994), निराला : कृति से साक्षात्कार, दो भाग (1997-2000), शताब्दी की कविता आदि अनेक कृतियों से आलोचना साहित्य में उल्लेखनीय योगदान किया है।

प्रमुख आलोचक

महावीरप्रसाद द्विवेदी—महावीरप्रसाद द्विवेदी अपने युग के अग्रगण्य समीक्षक हैं। इसलिए उनकी समीक्षा-दृष्टि में सभी रूपों का समाविष्ट होना स्वाभाविक है। द्विवेदी जी ने नैषध चरित चर्चा, कालिदास, कालिदास की निरंकुशता आदि निबन्धों के जरिये प्राचीन कवियों की रचनाओं की आलोचना का सूत्रपात किया। इन्होंने प्राचीन कवियों की जीवनियों की खोज की पहल की। इनमें सूक्ष्म विश्लेषणात्मक प्रणाली का अभाव है। कृतियों की आलोचना में द्विवेदी जी अपने नैतिक दृष्टि को साथ रखा है। वे कालिदास को इसलिए महान् मानते हैं कि उन्होंने देश, काल और पात्र के रूप, गुण और कार्य का सामूहिक और यथार्थ सौन्दर्य चित्रित किया है जिससे पाठकों को एक सक्रिय आनन्द की प्राप्ति होती है, उनका मत परिष्कृत होता है और उन्हें जीवन की उच्च शिक्षाएँ मिलती हैं। द्विवेदी जी लोकादर्शों का युगानुरूप देखने के पक्षपाती थे किन्तु कलात्मक सौन्दर्य के भी बड़े कद्रदान थे। समकालीन कृतियों की आलोचना उन्होंने सुधारवादी ढंग से की। विषय, भाषा संयोजन तथा प्रस्तुतीकरण के स्वरूप को उन्होंने निर्दिष्ट किया। उन्होंने समकालीन रचनाकारों पर 'सरस्वती' में रिव्यू प्रकाशित किये। इनका आकार प्रायः अत्यन्त संक्षिप्त है। उनमें रचनाओं की कोई गहरी मीमांसा नहीं मिलती।

द्विवेदी जी ने सैद्धान्तिक समीक्षा के अलावा व्यावहारिक समीक्षा पर भी अपने विचार प्रस्तुत किये। 'कवि कर्त्तव्य' कवि बनने के लिए सापेक्ष साधन, कवि और कविता, नायिका भेद, कविता, कवियों की उर्मिला विषयक उदासीनता आदि निबन्ध सैद्धान्तिक समीक्षा से सम्बद्ध हैं। द्विवेदी जी की सैद्धान्तिक दृष्टि में उनका युगजीवन मुखरित होता है। हिन्दी कविता की प्रतिष्ठा का उनके समक्ष अहम् सवाल था। वे लिखते हैं कि, "हिन्दी कवि का कर्त्तव्य यह है कि वह लोगों की अरुचि का विचार रखकर अपनी कविता ऐसी सहज और मनोहर रचे कि साधारण पढ़े-लिखे लोगों में भी पुरानी कविता के साथ-साथ नयी कविता पढ़ने का अनुराग उत्पन्न हो जाये।" वे कविता में यथार्थवाद के समर्थक थे। उनका यथार्थवाद एक तरह से यथातथ्य या इतिवृत्त का सूचक है। कविता की संरचना पर उनके द्वारा व्यक्त विचार पर्याप्त आधुनिक हैं। उनका स्पष्ट विचार है कि कविता, गद्य और पद्य दोनों में हो सकती है। गद्य या पद्य वाक्य की आत्मा नहीं है। इन्होंने छन्दों की परिधि को भी व्यापक बनाने की उद्घोषणा की। इनके मत से पुराने तथा पिटे-पिटाये शब्दों की जगह पर नये शब्द एवं भावानुकूल छन्द प्रयुक्त किये जा सकते हैं।

कविता के उद्देश्य के विषय में द्विवेदी जी की स्पष्ट धारणा है कि कविता मनोरंजक तथा उपदेशजनक होनी चाहिए। तत्कालीन कविता के विषय में उनकी धारणा थी कि कविता में साधारण लोगों की अवस्था विचार और मनोविकारों का वर्णन होना चाहिए। उसमें धीरज, साहस, प्रेम और दया आदि गुणों के उदाहरण हों। कल्पना सूक्ष्म और उपमादि अलंकार गूढ़ न हों। भाषा सहज, स्वाभाविक और मनोहर हो। छन्द सीधा परिचित, सुहावना और वर्णन के अनुकूल हो। द्विवेदी कविता में अर्थ पक्ष को काफी महत्त्वपूर्ण मानते थे। उनका कहना था कि कवि जिस विषय का वर्णन करे उस विषय से उसे पूर्णतया तादात्म्य स्थापित कर लेना चाहिए। विश्वनाथ त्रिपाठी का कथन काफी सार्थक है, "आचार्य द्विवेदी युगबोध और नवीनता के पोषक आचार्य हैं। वे हिन्दी के प्रथम लोकवादी आचार्य हैं। वे परम्परा की शक्ति और सीमा समझकर उनके विकास में योगदान करने की सामर्थ्य रखते हैं। वे प्राचीन को समझते थे। इसलिए उसकी सीमाएँ जानते थे वे देशभक्त, जनप्रेमी थे इसीलिए अपने युग की शक्ति समझते थे। वे रचनाओं में भी विकसनशील उपादेयता को पहचान सकते थे। वे युगद्रष्टा प्राचार्य थे।"

आचार्य रामचन्द्र शुक्ल—हिन्दी आलोचना के क्षेत्र में शुक्ल जी का महत्त्वपूर्ण स्थान है। उनका कार्य इतना गम्भीर तथा ठोस रहा कि भावी आलोचना को भी बड़ी व्यापकता से प्रभावित किया। आचार्य नन्ददुलारे वाजपेयी का कथन है कि, "हिन्दी समीक्षा को शास्त्रीय और वैज्ञानिक भूमि पर प्रतिष्ठित करने में शुक्ल जी ने युग-प्रवर्तक का कार्य किया है। उनका यह कार्य हिन्दी के इतिहास में सदैव स्मरणीय रहेगा। एक कुशल आलोचक में जिन प्रमुख गुणों की अपेक्षा होती है वे हैं गहरी रसज्ञता, इतिहासबोध तथा सुलझी हुई प्रखर साहित्यिक दृष्टि। निःसन्देह रूप से ये तीनों गुण शुक्ल जी में मौजूद थे। द्विवेदीयुगीन कोरी प्रचारवादी नैतिकता को शुक्ल जी ने साहित्य के सौन्दर्यबोध से जोड़ने का उपक्रम किया। शुक्ल जी की नैतिकता सामाजिक सुधारवाद से आगे बढ़कर लोकमंगल की यथार्थ-भूमि पर प्रतिष्ठित होती है। लोकमंगल की भावना आध्यात्मिक तथा सुधारवादिता से भिन्न चीज है। शुक्ल जी यह अनुभव कर रहे थे कि उनके पहले जो समीक्षा लिखी गयी है उसका सरोकार मुख्यतः भाषा के गुण, दोष, रस, अलंकार आदि की बहिरंग परिस्थितियों तक सीमित रहा है। कवि की अन्तर्वृत्ति का सूक्ष्म व्यवच्छेद दिखाते हुए उसकी मानसिक वृत्ति की विशेषताएँ अभी तक उद्घाटित नहीं की जा सकी हैं। शुक्ल जी इस मानसिक वृत्ति के उद्घाटन के लिए साहित्य और साहित्यशास्त्र

के अलावा अन्यान्य विषयों का अवगाहन करते हैं। इसीलिए वे कविता की सैद्धान्तिक और व्यावहारिक समीक्षा में जीवन के विस्तृत आयाम को स्वायत्त कर सके। शुक्ल जी कविता की परिभाषा करते हुए लिखते हैं कि, "जिस प्रकार आत्मा की मुक्तावस्था ज्ञानदशा कहलाती है उसी प्रकार हृदय की यह मुक्तावस्था रसदशा कहलाती है। हृदय की इसी मुक्ति को साधना के लिए मनुष्य की वाणी जो शब्द विधान करती आयी है उसे कविता कहते हैं। कविता ही मनुष्य के हृदय को स्वार्थ सम्बन्धों के संकुचित मण्डल से ऊपर उठाकर लोक सामान्य भावभूमि पर ले जाती है। जहाँ जगत् की नाना गतियों के मार्मिक स्वरूप का साक्षात्कार और शुद्ध अनुभूतियों का संचार होता है।" इसी लोक सामान्य भावभूमि पर ही उनकी आलोचना दृष्टि संचरण करती है। व्यक्ति और समाज की यह एक सशक्त और सार्थक व्याख्या है। उन्होंने साहित्य में जीवन की और जीवन में साहित्य को स्थापित किया। प्राचीन रसवाद को शुक्ल जी नयी दृष्टि से व्याख्यायित करते हैं। शुक्ल जी काव्य की रसमयता के भीतर से लोकमंगल के जीवनादर्श को उद्घाटित करते हैं।

शुक्ल जी ने भाव, रस तथा साधारणीकरण पर मौलिक ढंग से विचार किया। भाव की परिभाषा देते हुए वे लिखते हैं, "प्रत्यय बोध और वेगयुक्त प्रवृत्ति इन तीनों के गुणसंश्लेष को भाव कहते हैं।" काव्य में विभाव की महत्ता को शुक्ल के पूर्व किसी आचार्य ने इतनी गम्भीरता से विवेचित नहीं किया था जितनी शुक्ल जी ने की है। उनका स्पष्ट मत है कि, "काव्य में विभाव को मुख्य समझना चाहिए—रस का आधार खड़ा करनेवाला जो विभावन व्यापार है वही कल्पना का सबसे प्रधान क्षेत्र है। शुक्ल जी ने रस को मनौवैज्ञानिक आधार देकर उसे प्रत्यक्षानुभूति से सम्बद्ध किया। लोकदृष्टि के कारण ही शुक्ल जी साधारणीकरण पर कुछ अधिक विस्तार से विचार करते हैं।

शुक्ल जी की व्यावहारिक समीक्षा का मानदण्ड 'रामचरितमानस' के आधार पर निर्मित है। इसीलिए उनमें प्रबन्धात्मक रचनाओं के प्रति पक्षपात की भावना है। उनका तर्क है कि भाव में प्रवृत्ति का आवेग होता है, करुणा में वह प्रयत्न लोकरक्षा के प्रयत्न की ओर दिखायी देता है और करुणा की अभिव्यक्ति का यथेष्ट अवकाश प्रबन्ध-काव्यों में ही मिलता है।

साधारणीकरण के विषय में उनका विचार है कि, "लोक के बीच जहाँ बहुत-सी भिन्नताएँ देखने में आती हैं वहाँ कुछ अभिन्नता भी पायी जाती है।...इसी प्रकार सभी की रुचि और प्रकृति में भिन्नता होने पर भी कुछ ऐसी अनुभूतियाँ हैं जहाँ पहुँचने पर अभिन्नता मिलती है। वे अन्तर्भूमियाँ नर समष्टि की रागात्मिका प्रकृति के भीतर है। लोक-हृदय की यही सामान्य अन्तर्भूमि परखकर हमारे यहाँ साधारणीकरण सिद्धान्त की प्रतिष्ठा की गयी। उनकी दृष्टि में काव्यगत अनुभूति सुख-दुःख दोनों से अधिक उदात्त और अवदात है। वे काव्य के व्यापक सौन्दर्यबोध पर भी विचार करते हैं।

शुक्ल जी ने तुलसी, सूर और जायसी की रचनाओं पर व्यावहारिक समीक्षा प्रस्तुत की। उनकी सैद्धान्तिक तथा व्यावहारिक समीक्षा में आन्तरिक संगति मिलती है। 'हिन्दी साहित्य के इतिहास' में भी उनकी व्यावहारिक समीक्षा का परिचय मिलता है। प्रायः उन्होंने बड़ी ही सन्तुलित दृष्टि से काव्य कृतियों के भाव, भाषा तथा शिल्प के मर्म को उद्घाटित किया है। उन्होंने आलोचना की नयी शब्दावली गढ़ी तथा नयी दृष्टियों को आत्मसात् किया। काव्यभाषा जैसी आधुनिक काव्य समीक्षात्मक पद्धति हिन्दी में शुक्ल जी के द्वारा ही निर्दिष्ट की गयी। शुक्ल जी ने अपने समकालीन काव्य छायावाद का कतिपय दृष्टियों से विरोध किया। वे कविता में रहस्यवादिता के समर्थक नहीं थे। चूँकि छायावाद में अर्थभूमि का विस्तार नहीं किया गया था इसलिए वे उस पर नाराज थे। प्रकृति सम्बन्धी रचनाओं की उन्होंने मुक्त कण्ठ से प्रशंसा की।

इस तरह हम देखते हैं कि शुक्ल जी हिन्दी आलोचना के ऐसे प्रकाश स्तम्भ हैं जहाँ पूर्व प्रकाश पुंजीभूत हो जाता है और आगे का मार्ग उससे आलोकित हो उठता है।

पं. नन्ददुलारे वाजपेयी—नन्ददुलारे वाजपेयी की समीक्षा-दृष्टि नये काव्यान्दोलन की देन है। शुक्ल जी के समय में ही लेखन कार्य में प्रवृत्त हो जानेवाले वाजपेयी जी शुक्ल जी से समीक्षा की सीमाओं को तोड़कर आगे बढ़ते हैं। आचार्य शुक्ल ने लोकधर्म का जो स्वरूप साहित्य के मूल्यांकन के लिए रचा था उस कसौटी पर बहुत-सी भाव-प्रवण रचनाएँ खरी नहीं उतर पायीं। छायावादी काव्य का भी बहुत-कुछ यही हाल हुआ। वाजपेयी जी ने सहानुभूतिपूर्ण ढंग से छायावादी काव्य-प्रवृत्तियों का परीक्षण किया। उन्होंने छायावाद को पश्चिम तथा बँगला का अनुकरण न मानकर उसे द्विवेदीयुगीन इतिवृत्तात्मकता की प्रतिक्रिया तथा राष्ट्रीय चेतना से सम्पृक्त माना। इस पर पश्चिम और बँगला का भी प्रभाव था। वाजपेयी जी ने कहा है कि छायावाद शैलीमात्र नहीं है, उसका अपना जीवन-दर्शन है और निजी भावसम्पत्ति है।

वाजपेयी जी ने प्रसाद के उपन्यास 'कंकाल' तथा उनके नाटकों पर जो आलोचनात्मक निबन्ध लिखे हैं, वे महत्त्वपूर्ण हैं। इन्होंने प्रगतिवाद तथा प्रयोगवाद पर भी बड़ी सूक्ष्मता तथा मौलिकता से विचार किया है। इन्होंने बहुत साफ ढंग से कहा कि 'किसी विशिष्ट साहित्यिक आन्दोलन को ही प्रगतिशील कहने से भ्रम होता है, हमारे पहले के आन्दोलन प्रगतिशील नहीं थे? वाजपेयी जी साहित्य में व्यक्तित्व तथा सामाजिकता के अन्तर्भाव को बड़ी कुशलता से निरूपित करते हैं। वे जीवनोन्मुखता तथा सोद्देश्यता को प्रगतिशील साहित्य का लक्षण मानते हैं। उनकी दृष्टि में साहित्य केवल व्यक्तिगत भावों के प्रदर्शन की भूमि नहीं है। जो कवि सामाजिक जीवन की जितनी ही महान् हलचलों के बीच से गुजरेगा और साथ ही जितना अनुभव सम्पन्न होगा, उसकी साहित्यिक सम्भावनाएँ उतनी ही विशाल होंगी। वाजपेयी जी प्रगतिशीलता को समय सापेक्ष्य मानते हैं। प्रयोगवादी रचनाओं पर विचार करते समय तार सप्तक के सम्पादक अज्ञेय के वक्तव्य की अनेक असंगतियों को बड़ी पैनी दृष्टि से उद्घाटित करते हैं। वाजपेयी जी की आलोचनात्मक प्रतिभा महावीरप्रसाद द्विवेदी, रत्नाकर, मैथिलीशरण गुप्त आदि पर लिखित निबन्धों में मुखरित होती है। वाजपेयी जी की अन्तर्दृष्टि में कही प्राचीन समृद्ध परम्पराओं की समसामयिकता के अनुकूल प्रस्तुत करने की भावना भी सक्रिय है। इसीलिए वे अपनी परम्परा से एकदम कटकर लिखे जानेवाले साहित्य (प्रयोगवाद) का स्वागत नहीं कर पाते।

पं. हजारीप्रसाद द्विवेदी—शुक्ल जी के बाद पं. हजारीप्रसाद द्विवेदी की आलोचनात्मक दृष्टि कतिपय कारणों से अत्यन्त महत्त्वपूर्ण बन जाती है। इनकी समीक्षा-दृष्टि ऐतिहासिक-सामाजिक है। उनका कहना है कि, "संसार की कोई घटना अपने-आप में स्वतन्त्र नहीं है। पूर्ववर्ती और पार्श्ववर्ती घटनाएँ वर्तमान घटनाओं को रूप देती रहती हैं इसलिए जिस किसी रचना या वक्तव्य वस्तु का हमें स्वरूप निर्णय करना हो उसे पूर्ववर्ती और पार्श्ववर्ती घटनाओं की अपेक्षा में देखना चाहिए। कवि के व्यक्तित्व पर उसके युग की स्पष्ट छाप रहती है, साहित्य की ऐतिहासिक प्रक्रिया को यदि शुक्ल जी जनता की चित्तवृत्ति के बदलाव के परिप्रेक्ष्य में देखते हैं तो हजारीप्रसाद द्विवेदी लोकचिन्ता की दृष्टि से। जनता और लोक में सूक्ष्म फर्क करते हुए डॉ. रामस्वरूप चतुर्वेदी लिखते हैं "हजारीप्रसाद द्विवेदी का प्रिय शब्द 'लोक' है जो जनता के अपेक्षाकृत पिछड़े वर्ग को संकेतित करता है। यों द्विवेदी जी की चिन्ता समाज के पिछड़े वर्ग की ओर अधिक है।" इसीलिए शुक्ल जी के प्रिय कवि तुलसी और द्विवेदी जी के कबीर, शुक्ल जी सामाजिकता या समसामयिकता पर अधिक बल देते हैं और द्विवेदी जी सांस्कृतिकता पर। शुक्ल जी जिन क्षेत्रों को न्यायपूर्वक नहीं देख सके थे द्विवेदी जी की दृष्टि उधर ही आकृष्ट होती

है। आदिकाल, नाथ सम्प्रदाय, कबीर, सूरादि द्विवेदी जी की आलोचनात्मक पद्धति में नये ढंग से प्रतिष्ठित होते हैं। द्विवेदी जी सम्पूर्ण भारतीय साहित्य की धारा के साथ हिन्दी को देखने की कोशिश करते हैं। इनकी आलोचना में सर्जनात्मकता अधिक है। वे सामाजिकता और मानवतावाद को साहित्य की सर्जनात्मकता में अनिवार्यतः जोड़ते हैं। साहित्य का मूल सम्बन्ध यथार्थ जगत् से है क्योंकि भाव, विचार और भाषा मूलतः सामाजिकता के अनिवार्य हिस्से हैं। काव्य बाह्य सत्ता से सम्बन्ध स्थापित करके अन्ततः मानव समुदाय की आन्तरिक एकता को उद्‌भासित करता है। उनकी दृष्टि में सामाजिक सत्ता से सम्बन्ध जोड़ने का तात्पर्य है बृहत्तर जीवन-सत्यों से सम्बन्ध जोड़ना। उन्होंने पाठकों को भी आगाह किया कि हमें दृढ़ता से केवल एक बात पर अटल रहना चाहिए और वह यह कि जिसे काव्य या नाटक या उपन्यास कहकर हमें दिया जा रहा है वह हमें हमारी पशु सामान्य मनोवृत्तियों से ऊपर उठाकर समस्त जगत् के सुख-दुःख को समझने की सहानुभूतिमय दृष्टि देता है या नहीं।

द्विवेदी जी की आलोचना दृष्टि में सन्तुलन है। यह सन्तुलित दृष्टि उनकी निगाह में सत्यान्वेषी दृष्टि है। इसी सन्तुलित दृष्टि के कारण वे भक्ति-काव्य, छायावाद, प्रगतिवाद सभी की समान भाव से तटस्थ आलोचना कर सके।

सौन्दर्य को वे एक तरह का सामंजस्य मानते हैं। यह सामंजस्य छोटे-बड़े, धनी-निर्धन, यथार्थ और आदर्श के बीच होता है। उनमें परम्परा और प्रगति का भी सामंजस्य है।

द्विवेदी जी की व्यावहारिक समीक्षा का रूप 'हिन्दी साहित्य' 'कबीर' 'सूरदास' आदि कृतियों में उपलब्ध होता है। रासो साहित्य की प्रामाणिकता के विषय में उनकी सम्मति अकाट्य है। कबीर और सूर को परखने का नजरिया एकदम नया है।

डॉ. नगेन्द्र—डॉ. नगेन्द्र की आलोचना प्रक्रिया की शुरुआत होती है समकालीन रचनाओं के परीक्षण से किन्तु साथ ही शास्त्र के चिन्तन-मनन और अनुशीलन से वे जुड़ते जाते हैं। डॉ. रामदरश मिश्र का कथन है कि, "उन्होंने समकालीन साहित्य चेतना को तो परखा ही साथ-साथ उसे पहले के साहित्य और साहित्य चिन्तन के सन्दर्भ में रखकर उन बुनियादी तत्त्वों की खोज में अपने को प्रवृत्त किया जो जो युग के साहित्य को दूसरे युग के साहित्य से, एक देश के साहित्य को दूसरे देश के साहित्य से जोड़ते हैं।"

इन्होंने साहित्य को बुनियादी चीज अनुभूति को प्रतिपादित किया। लेकिन मात्र अनुभूति से ही कविता नहीं बन जाती। रमणीय अनुभूति, उक्ति-वैचित्र्य और छन्द अर्थात् वर्ण-संगीत और लय-संगीत कविता के लिए अनिवार्य हैं। इनमें से किसी एक का नाम कविता नहीं है, इन तीनों का समंजसित रूप ही कविता है।' नगेन्द्र की अनुभूति की व्याख्या के लिए मनोवैज्ञानिक आधारों को तो अपनाते हैं किन्तु समाजशास्त्रीय आधारों को पूरा-पूरा महत्त्व नहीं देते।

डॉ. नगेन्द्र सैद्धान्तिक आलोचना के विश्लेषक तथा व्यावहारिक सहृदय आलोचक हैं। उनकी काव्यरुचि के निर्माण में छायावादी-काल की प्रेरणा भी मान्य है। नगेन्द्र ने 'रस-सिद्धान्त' लिखकर अपने पाण्डित्यपूर्ण अध्ययनशीलता का परिचय दिया। इन्होंने रस को सौन्दर्य का पर्याय सिद्ध किया। इनका कहना है कि, "साहित्य की भूमिका में जब तक मानव-संवेदना से अधिक रमणीय सत्य की उद्‌भावना नहीं होती तब तक रस-सिद्धान्त से अधिक प्रामाणिक सिद्धान्त की प्रकल्पना भी नहीं की जा सकती।" 'नयी समीक्षा : नये सन्दर्भ' में नगेन्द्र जी ने समीक्षा की नयी प्रवृत्तियों का अध्ययन प्रस्तुत किया है। 'रीतिकाल और देव' 'देव और उनकी कविता', 'सुमित्रानन्दन पन्त', 'साकेत : एक अध्ययन', 'आधुनिक हिन्दी नाटक', 'कामायनी के अध्ययन की समस्याएँ' आदि कृतियाँ उनकी व्यावहारिक समीक्षा से सम्बद्ध हैं। कवियों और प्रवृत्तियों के विश्लेषण में उनकी शास्त्रीय और नवीन

दृष्टि का सामंजस्य मिलता है। उनके समीक्षात्मक निबन्ध काव्यत्व, नाटकीयता तथा गम्भीरता से युक्त हैं।

रामविलास शर्मा—रामविलास शर्मा हिन्दी के ऐसे प्रगतिवादी आलोचक हैं जिनका लेखन परिमाण और गुण दोनों दृष्टियों से व्यापक हैं। शर्मा जी साहित्य में सामाजिक यथार्थवाद के पक्षधर हैं। रस और साधारणीकरण जैसे प्राचीन शास्त्रीय पक्षों पर उन्होंने अपना विचार प्रस्तुत किया। भोगवृत्ति से उत्पन्न रसात्मकता तथा आनन्दपरकता को उन्होंने सत्त्वगुणी नहीं माना। उन्होंने रस सम्बन्धी अनेक मान्यताओं को उलट दिया। उनका कहना है कि रस का आनन्द कोई शाश्वत और सर्वसामान्य के लिए एक ही वस्तु नहीं है, उसे व्यक्तियों के संस्कारों और सामाजिक विकास की पृष्ठभूमि में परखना चाहिए। शर्मा जी ने रस की परख यथार्थवादी दर्शन तथा सामाजिक मनोविज्ञान के आधार पर की। साधारणीकरण के सम्बन्ध में उनका विचार है कि साधारणीकरण के बावजूद दर्शकों और पाठकों का अपना-अपना भाव ग्रहण असाधारण होता है। अतः रसों का सम्बन्ध अलौकिकता से नहीं व्यवहार जगत् की वस्तु से है।

साहित्य के मूल्यांकन में इतिहास की भूमिका महत्त्वपूर्ण होती है। "ऐतिहासिकता के ज्ञान बिना कोल्हू का बैल एक दर पर चक्कर लगाकर अपने को अत्यन्त प्रगतिशील समझ सकता है। एक साहित्यिक रिवाइबल के रूप में नहीं, ऐतिहासिक विवेचन के आधार पर अपनी साहित्यिक एवं सामाजिक परम्परा का ज्ञान आवश्यक है। साहित्यिक सौन्दर्य को शर्मा जी विषय, भाव, विचार और व्यंजना प्रणाली के सामंजस्य में मानते हैं। भाषा-सम्बन्धी अधिक बनाव—सिंगार, वाक्पटुता और जबान की चटखारापन पतनशील साहित्य का लक्षण है।' साहित्यिक सौन्दर्य के विधान में समाज से सहज भाव से फूटी हुई भाषा ही कारगर होती है।

प्रगतिशील आलोचक रामविलास जी शैली की अपेक्षा विषय के उचित चयन का आग्रह करते हैं। वे चाहते हैं कि रचनाकार जनता के जीवन को निकट से देखे। किन्तु यथार्थवाद के नाम पर रोमान्स, व्यक्तिवादी अहम् तथा नग्न-भोग-विलास का विस्तारण उपेक्षणीय है।

डॉ. शर्मा ने व्यावहारिक समीक्षा के उत्कृष्ट रचनात्मक प्रमाण प्रस्तुत किये हैं। प्रेमचन्द, भारतेन्दु, निराला, रामचन्द्र शुक्ल, महावीरप्रसाद द्विवेदी आदि कवियों और लेखकों पर इन्होंने अत्यन्त साफ-सुथरी समीक्षाएँ प्रस्तुत की हैं। इनका ध्यान विषय पक्ष की ओर अधिक अभिव्यक्ति पक्ष पर कम। इनकी दृष्टि पैनी, पकड़ मजबूत और समझ प्रांजल है किन्तु यदि वे तटस्थ रहने की दृढ़ता दिखा सकें तब। जब शुद्ध प्रगतिवाद की ओर मुड़ जाते हैं, तो निन्दा-स्तुति की राह पर चल पड़ते हैं। घिसा-पिटा मार्ग इन्हें बिल्कुल पसन्द नहीं है। कहा जाता है कि शर्मा जी के व्यंग्य की शक्ति का आधार सत्य होता है। इन्होंने अनेक कृतिकारों को हिन्दी जातीय प्रगतिशीलता से जोड़ा। रामविलास शर्मा की आलोचना शक्ति का श्रेष्ठ प्रमाण उनकी कृति 'निराला की साहित्य साधना' (तीन खण्ड) है।

भारतेन्दु-युग और हिन्दी भाषा की विकास-परम्परा, 'लोक-जागरण और हिन्दी साहित्य', 'नयी कविता और अस्तित्ववाद' महावीरप्रसाद द्विवेदी और हिन्दी नवजागरण, आचार्य रामचन्द्र शुक्ल और हिन्दी आलोचना, प्रेमचन्द और उनका युग, आदि आलोचनात्मक कृतियाँ चर्चित हैं।

रामविलास शर्मा ऐतिहासिक भाषाविज्ञान, नृतत्वशास्त्र, मनोविज्ञान, मार्क्सवाद, साहित्य, इतिहास, सौन्दर्यशास्त्र के समर्पित अध्येता थे। उनका आलोचना कर्म इन विषयों से पूरी तरह प्रभावित है। उनका लेखन विशाल है। उनकी प्रकाशित पुस्तकें हैं—'भारत के प्राचीन भाषा-परिवार और हिन्दी'

(तीन खण्ड–प्रकाशन वर्ष–1979, 1980, 1981)। 'भारत में अंग्रेजी राज और मार्क्सवाद' (दो खण्ड–प्रकाशन वर्ष 1982), 'परम्परा का मूल्यांकन' (प्रकाशन वर्ष–1981 ई.), 'कथा विवेचन और गद्य-शिल्प (प्रकाशन वर्ष–1982 ई.), 'मार्क्सवाद और प्रगतिशील साहित्य' (प्रकाशन वर्ष–1984 ई.), 'मार्क्स और पिछड़े हुए समाज' (प्रकाशन वर्ष–1986 ई.), 'प्रगतिशील काव्यधारा और केदारनाथ अग्रवाल' (प्रकाशन वर्ष–1986 ई.), 'हिन्दी जाति का साहित्य' (प्रकाशन वर्ष–1986 ई.), 'स्वाधीनता संग्राम और बदलते परिप्रेक्ष्य' (प्रकाशन वर्ष–1992 ई.), 'इतिहास दर्शन' (1992 ई.), 'पश्चिमी एशिया और ऋग्वेद' (1994 ई.), 'भारतीय नवजागरण और यूरोप' (1996 ई.), भारतीय संस्कृति और हिन्दी प्रदेश (दो खण्ड, 1999 ई.) आदि। इनके अलावा 'मार्क्स त्रोत्सकी और एशियायी समाज' भारतीय इतिहास और ऐतिहासिक भौतिकवाद प्रकाशित हैं। 'भारतीय सौन्दर्यबोध और तुलसीदास' शीर्षक पुस्तक 2001 में प्रकाशित हुई है।

डॉ. रघुवंश–डॉ. रघुवंश ने दुर्बल हाथों को पैर का सहारा देकर इतना अधिक लेखन किया जो आश्चर्यजनक है। उपन्यास, संस्मरण, पत्र साहित्य, संस्कृति, समीक्षा सभी विषयों पर इन्होंने सार्थक कार्य किया है। रामविलास शर्मा के समान डॉ. रघुवंश ऐसे प्रथम कोटि के समीक्षक हैं जिनके अध्ययन और चिन्तन का दायरा पाश्चात्य साहित्य, धर्म, संस्कृति के साथ संस्कृत के प्राचीन साहित्य से लेकर आधुनिक हिन्दी साहित्य तक विस्तृत है। 'प्रकृति और काव्य', 'साहित्य का नया परिप्रेक्ष्य', 'मानवीय संस्कृति का रचनात्मक आयाम' हिन्दी भक्तिकाव्य के प्रमुख सन्दर्भ में 'कबीर : नयी दृष्टि, 'जायसी : नयी दृष्टि', 'भारती का काव्य', इनके प्रमुख आलोचनात्मक ग्रन्थ हैं। रघुवंश के अध्ययन की मूल दृष्टि इस परिकल्पना पर विकसित है कि मनुष्य अन्य समस्त प्राणियों से इस स्तर पर भिन्न है कि वह न केवल बुद्धि में विशेष है, वरन् उसके इस आधार पर सजग रचनात्मक प्रतिभा है। इसी कारण उसकी संस्कृति में समाज-व्यवस्था, अर्थव्यवस्था, राजनीतिक संयोजन अपनी-अपनी मूल्य प्रक्रिया में समायोजित होते हैं। धर्म, दर्शन और आचरण की मूल्यपरक रचना-प्रक्रिया मानवीय संस्कृति की आन्तरिक प्रकृति है, इसकी अभिव्यक्ति उसकी विभिन्न कलाओं और साहित्य में होती आयी है। ये रचनाकारों को व्यापक सांस्कृतिक परिप्रेक्ष्य एवं जीवन-मूल्यों के सर्जक के रूप में देखने-परखने की चेष्टा करते हैं। कवि की रचना-प्रक्रिया को समझने के लिए उसके व्यक्तित्व के साथ ही अतीत एवं वर्तमान दोनों के आकलन की अपेक्षा है। वर्तमान परिप्रेक्ष्य मात्र से रचना के विषय में निर्णय एकाकी होगा। रघुवंश जहाँ परम्परा की चर्चा करते हैं वहाँ भाषिक संरचना, बिम्बविधान, प्रतीकविधान तथा मिथकों की अति सूक्ष्मता से जाँच करते हैं। साहित्येतर मूल्यों को महत्त्व देते हुए भी रचनाकार की रचनाशीलता की महत्ता विशेष रूप से उजागर की जानी चाहिए। रघुवंश इन्हीं दृष्टियों से कबीर, जायसी आदि की समीक्षा करते हैं।

रामस्वरूप चतुर्वेदी–रामस्वरूप चतुर्वेदी भाषिक समीक्षा के पुरस्कर्त्ता के रूप में विख्यात हैं। रामचन्द्र शुक्ल ने भी आलोचना में काव्यभाषा को महत्त्वपूर्ण माना था। उन्हीं की परम्परा में रामस्वरूप जी ने काव्यभाषा और संवेदना के अन्तःसम्बन्धों को लेकर अपनी सैद्धान्तिक एवं व्यावहारिक आलोचना का स्वरूप निर्धारित किया। इनके आरम्भिक आलोचनात्मक निबन्ध 1951 में प्रकाशित हुए। 'शरत् के नारी पात्र' 1955 में प्रकाशित हुई। भारतीय साहित्य के अध्ययन के आरम्भिक दौर में किया गया यह कार्य उल्लेखनीय है। नयी कविता, क ख ग, नये पत्ते, अनुशीलन आदि पत्रिकाओं के सम्पादन से जुड़े चतुर्वेदी अपने समकालीन काव्यान्दोलन को अग्रसर करने में महत्त्वपूर्ण भूमिका का निर्वाह किया। रामस्वरूप की दृष्टि में भाषा और संवेदना का अटूट रिश्ता है। संवेदना के बदलाव

के साथ भाषा का परिवर्तन स्वाभाविक रीति से हो जाता है। लेकिन भाषा और संवेदना का रिश्ता आसानी से व्याख्यायित नहीं हो सकता।

रामस्वरूप ने कई आलोचना सम्बन्धित ग्रन्थों का प्रणयन किया है—'हिन्दी साहित्य की अधुनातन प्रवृत्तियाँ', 'अज्ञेय और आधुनिक रचना की समस्या', 'समकालीन हिन्दी साहित्य : विविध परिदृश्य', 'भाषा, संवेदना और सर्जन', 'हिन्दी साहित्य और संवेदना का विकास' 'साहित्य के नये दायित्व', कामायनी का पुनर्मूल्यांकन आदि। चतुर्वेदी कविता को अनुभव के अनुभव का अनुभव मानते हैं। वे भाषिक आलोचना के पूर्व निर्मित सिद्धान्तों को कृति-विशेष पर लागू करके उसकी समीक्षा नहीं करते बल्कि सिद्धान्तों का प्रतिपादन कृति विश्लेषण के आधार पर करते हैं। जनसाधारण के भाषा-प्रयोग को कैसे सर्जनात्मक बनाया जाता है, प्रतीक, बिम्ब आदि की निर्मिति कैसे होती है, रचना में भाषा का नया संस्कार कैसे होता है, भाषा की संश्लिष्ट प्रक्रिया में द्वन्द्वात्मकता के जरिये अर्थ का संश्लेष तथा विकास कैसे होता है? आदि प्रश्नों पर अत्यधिक गहनता से विचार करते हैं। उन्होंने मध्यकालीन तथा आधुनिक साहित्य का अनुशीलन काव्यभाषा की दृष्टि से किया है। उनकी मान्यता है कि अर्थ-संश्लेषण कविता को दीर्घजीवी बनाता है। कविता का अर्थ पाठक अपनी मानसिकता तथा वृत्ति के हिसाब से करता है। कविता के पक्ष को राजनीति तथा दर्शन दोनों कमजोर करते हैं। रामस्वरूप की इस मान्यता को आज की कविताओं के सन्दर्भ में स्वतः प्रमाणित होते देखा जा सकता है, जहाँ सर्जनात्मकता के लक्षणों की अनुपस्थिति में सिर्फ राजनीतिक नारों को श्रेष्ठ कविता की श्रेणी में ठूँसा जा रहा है। कविता की तरह ही आलोचना को भी मुक्त होने की अपेक्षा है। रामस्वरूप का मानना है कि, "संस्कृति और सभ्यता के बीच महत्त्वपूर्ण कारक है राजनीति... राजनीति की प्रकृति निपट तात्कालिक है, इसीलिए वह प्रदूषण का स्रोत है। संस्कृति कविता के माध्यम से उसका निवारण करती है। राजनीति में मनुष्य मनुष्य से टकराता है, सभ्यता में साथ रहना सीखता है, संस्कृति जिसके लिए मूल्य बनाती है और प्रेरित करती है।" (कविता का पक्ष— पृष्ठ 75 के आधार पर)

कविता के मूल्यांकन के लिए पूर्व निर्धारित किसी प्रतिमान की अपेक्षा कविता की अर्थ प्रक्रिया को उसके निजी वैशिष्ट्य को ध्यान में रखकर देखें तो अधिक सार्थक निष्कर्ष निकाला जा सकता है।

नामवर सिंह—नामवर सिंह प्रगतिवादी विचारधारा से जुड़े आलोचक हैं किन्तु उनके आलोचना कर्म में मार्क्सवादी विचारधारा की जड़ता नहीं है। नामवर सिंह का कथन है कि 'जीवन्त साहित्य के समानान्तर जीवन्त साहित्यबोध होता है, जिसमें अतीत की जीवन-स्मृति के साथ ही परिवर्तनशील वर्तमान के प्रति सतत जागरूकता भी होती है। आलोचना का काम इसी संश्लिष्ट समसामयिक बोध को परिभाषित और संगठित करना है—स्वयं से अधिक लोगों को इस आत्मबोध के प्रति सतर्क करते हुए उसके निर्माण में सहायता देना है (छायावाद, पृ. 200) नामवर सिंह 'हिन्दी के विकास में अपभ्रंश का योगदान' से अपने आलोचना कर्म को आरम्भ करते हैं और 'पृथ्वीराज रासो की भाषा' पर अनुसन्धान कार्य करते हैं, फिर आगे चलकर आधुनिक साहित्य पर गहन विचार करते हैं। स्पष्ट है कि उन्हें अपनी साहित्यिक परम्पराओं का सम्यक् बोध है। इतिहास बोध मार्क्सवादी या प्रगतिवादी समीक्षा की एक प्रमुख माँग है। 'इतिहास और आलोचना' में नामवर सिंह जीवन-मूल्यों की कसौटी पर काव्य-मूल्यों की परख करते हैं। 'कविता के नये प्रतिमान' में वे आज की वास्तविकता को देखने का एक विजन देते हैं। नगेन्द्र, विजयदेव नारायण साही के विचारों को स्पष्ट करते हैं। काव्य की प्रकृति के अनुसार नामवर सिंह आलोचना के प्रतिमान में भी परिवर्तन करते हैं। 'छायावाद' का

मूल्यांकन करते समय वे कहते हैं कि, "कार्य वह है जिसमें भाव के साथ रूप की पूर्ण संगति हो। भाव और रूप में जहाँ असंगति दिखायी पड़े वहाँ रूप में कोई त्रुटि रह गयी है। रूप की संगति कहने का दूसरा अर्थ यह है कि रूप-विन्यास के विभिन्न उपादानों और पक्षों में भी संगति होनी चाहिए।" 'कविता के नये प्रतिमान' में वे मानते हैं कि कथ्य-कथन के बीच अन्तर्निहित तनाव से कविता मूल्यवान् होती है। सृजनशीलता काव्यभाषा की विशेषता है। अनुभूति और भाषा का गहरा रिश्ता होते हुए भी दोनों एक नहीं हैं। अनुभूति जब भाषिक आकार ग्रहण करती है अर्थात् वह उसी वेग से भाषा में मूर्त होती है, व्यंजक तरीके से भाषा में समाविष्ट होती है तभी सृजन सम्भव होता है। नयी कविता के आरम्भिक दौर में पाश्चात्य नयी समीक्षा का व्यापक प्रभाव था। अज्ञेय, रामस्वरूप चतुर्वेदी, जगदीश गुप्त, विजयदेव नारायण साही आदि के अलावा प्रायः सभी कवि नयी कविता के भाषिक विधान को लेकर विमर्श कर रहे थे। नामवर सिंह समकालीनों के साथ नयी कविता के सन्दर्भ में आलोचना का प्रतिमान गढ़ने का सार्थक प्रयास कर रहे थे। नामवर सिंह आलोचना या रचना के सन्दर्भ में किसी भी पक्ष पर आवश्यकता से अधिक अतिरंजित बल देनेवाले तर्क को अस्वीकार करते हैं। लोकजीवन साहित्य की प्राणदायिनी शक्ति है लेकिन आम जनता तथा सर्वहारा को गौरव मण्डित करना उनकी दृष्टि में स्थूल राजनीतिक समझ है। यह वस्तुतः रोमाण्टिक और अन्ध लोकवादी रुझान है। "ताजगी और जीवन्तता लोक संस्कृति तथा लोक साहित्य के प्राकृतिक गुण नहीं, क्योंकि वहाँ भी रूढ़ियाँ तथा जड़ता जगह बना लेती हैं।"

नामवर सिंह की आलोचना की महत्त्वपूर्ण पुस्तक है 'दूसरी परम्परा की खोज'। इस रचना के केन्द्र में उनके गुरु हजारीप्रसाद द्विवेदी हैं। नामवर सिंह की आलोचना में वैचारिक संघर्ष की पूरी गुंजाइश रहती है। वे वाद-विवाद में ज्यादा विश्वास करते हैं 'संवाद' पर निर्विवाद होकर टिकना उनकी प्रकृति नहीं है। मैनेजर पाण्डेय एवं रामविलास शर्मा आदि प्रगतिवादी आलोचकों ने इस पुस्तक के निष्कर्षों तथा विचारों पर सतर्क आपत्तियाँ दर्ज की हैं। 'रामचन्द्र शुक्ल और हिन्दी आलोचना' में रामविलास शर्मा ने रामचन्द्र शुक्ल तथा हजारीप्रसाद द्विवेदी को आमने-सामने रखकर शुक्ल जी को श्रेष्ठतर सिद्ध किया और नामवर सिंह के कई विचारों को निरस्त कर दिया। फिर भी हिन्दी आलोचना के विकास में नामवर सिंह का योगदान उल्लेखनीय है। वे हिन्दी आलोचना में विचारों का कंकड़ फेंककर लहर नहीं पैदा करते बल्कि साबुत व्यक्ति को फेंककर विक्षोभ पैदा करते हैं।

मैनेजर पाण्डेय—मैनेजर पाण्डेय प्रगतिवादी समीक्षा के सशक्त हस्ताक्षर हैं। पाण्डेय की 'शब्द और कर्म', 'साहित्य और इतिहास-दृष्टि', 'साहित्य के समाजशास्त्र की भूमिका', 'भक्ति आन्दोलन और सूरदास का काव्य', 'अनभै साँचा', 'आलोचना की सामाजिकता' आदि कृतियाँ प्रकाशित हैं। साहित्य के समाजशास्त्रीय मूल्यांकन तथा विश्लेषण के क्षेत्र में इनका अद्वितीय कार्य है। साहित्य की ऐतिहासिक व्याख्या, परम्परा का नया मूल्यांकन, आधुनिक दृष्टि से भक्तिकाव्य का अवलोकन तथा मूल्यांकन पाण्डेय की आलोचना की विशेषताएँ हैं। आलोचना का सामाजिक सन्दर्भ उनकी दृष्टि में प्रमुखता से रहता है। भूमण्डलीकरण, स्त्री-विमर्श, दलित-विमर्श आदि पर भी उन्होंने अपने महत्त्वपूर्ण विचार व्यक्त किये हैं। आलोचना की घटती सामाजिकता, आलोचना की अमूर्त एवं दुर्बोध भाषा पर उनकी चिन्ता जायज है। मैनेजर पाण्डेय का मानना है कि रचना के मूल्यांकन के लिए मूल्य चेतना जरूरी है, और मूल्य चेतना के लिए सामाजिक चेतना। साहित्य की आलोचना की दृष्टि निर्माण में जन आन्दोलनों की महत्त्वपूर्ण भूमिका होती है। पाण्डेय ने रामचन्द्र शुक्ल, नामवर सिंह आदि की

आलोचना-दृष्टि का सम्यक् विश्लेषण तथा मूल्यांकन किया है तथा नागार्जुन जैसे जनकवि की रचनाधर्मिता पर सार्थक विचार प्रस्तुत किया है।

रमेश कुन्तल मेघ—मेघ 'भारतीय' एवं 'पाश्चात्य' काव्य-चिन्तन की परम्पराओं के गहरे अध्येता हैं। उन्होंने दोनों के मेल से मौलिक ढंग से साहित्य के नवीन सैद्धान्तिक पक्षों तथा व्यावहारिक समीक्षा पर कार्य किया है। मेघ जी यद्यपि मार्क्सवादी (प्रगतिवादी) समीक्षक माने जाते हैं किन्तु उनकी आलोचनात्मक कृतियाँ उन्हें सीमाबद्धता से मुक्त करती हैं। आधुनिकता बोध और आधुनिकीकरण, मध्ययुगीन रस दर्शन, अथातो सौन्दर्य जिज्ञासा, क्योंकि समय एक शब्द है, साक्षी है सौन्दर्य प्राश्निक, तुलसी आधुनिक वातायन से, वाग्मी हो लौ, मन खंजन किनके, कामायनी पर नयी किताब, खिड़कियों पर आकाशदीप, शील और सौन्दर्य इनकी कृतियाँ हैं।

शम्भुनाथ—मार्क्सवादी विचारधारा से जुड़े आलोचक हैं। ये साहित्य को जीवन से निरपेक्ष होने की प्रक्रिया का विरोध करते हैं। साहित्य और जनसंघर्ष, तीसरा यथार्थ, मिथक और आधुनिक कविता, बौद्धिक उपनिवेशवाद को चुनौती और रामचन्द्र शुक्ल, प्रेमचन्द का पुनर्मूल्यांकन, संस्कृति की उत्तर कथा, दुस्समय में साहित्य आदि इनकी कृतियाँ हैं।

शिवकुमार मिश्र—प्रगतिवादी (मार्क्सवादी) समीक्षा में महत्त्वपूर्ण स्थान रखते हैं। प्रेमचन्द की विरासत, 'दर्शन, साहित्य और समाज', भक्तिकाव्य और लोकजीवन, हिन्दी आलोचना की परम्परा और रामचन्द्र शुक्ल इनकी कृतियाँ हैं।

विश्वम्भरनाथ उपाध्याय—मार्क्सवादी समीक्षक उपाध्याय भारतीय परम्परा को मार्क्स के सिद्धान्तों के आलोक में मूल्यांकित करते हैं। भारतीय काव्यशास्त्र का द्वन्द्वात्मक आलोक में अध्ययन, बिन्दु-प्रतिबिन्दु समकालीन आलोचना, समकालीन मार्क्सवाद, सरहपा इनकी आलोचनात्मक कृतियाँ हैं।

प्रगतिवादी समीक्षा में नित्यानन्द तिवारी, विश्वनाथ त्रिपाठी, विजय बहादुर सिंह, कमला प्रसाद, खगेन्द्र ठाकुर, कुँवरपाल सिंह, नेमिचन्द्र जैन, चंचल चौहान, विष्णुचन्द्र शर्मा, मुरली मनोहर प्रसाद सिंह, अजय तिवारी, अमरनाथ का भी योगदान है।

परमानन्द श्रीवास्तव—परमानन्द, कवि, कहानीकार तथा आलोचक हैं। इनकी आलोचना की कई पुस्तकें प्रकाशित हैं—नयी कहानी का परिप्रेक्ष्य, कविकर्म और काव्यभाषा, उपन्यास का यथार्थ और रचनात्मक भाषा, जैनेन्द्र के उपन्यास, समकालीन कविता का व्याकरण, समकालीन कविता का यथार्थ, शब्द और मनुष्य, कविता का अर्थात्, कविता का उत्तर जीवन, अँधेरे कुएँ से आवाज, अँधेरे समय में शब्द, उत्तर समय में साहित्य, सन्नाटे में बारिश, उत्तर-औपनिवेशिक समय में साहित्य की संस्कृति। परमानन्द जी राजनीति तथा कविता दोनों में स्वप्न भंग की मानसिकता की तलाश करते हैं। सद्यः प्रकाशित कृतियों पर त्वरित आलोचना करने के लिए उनकी विशेष ख्याति है। इनका विचार है कि 'आज कविता की आलोचना के सामने संरचना का एकाग्र पाठ ही जरूरी कार्यभार नहीं है, सभ्यता समीक्षा के रूप में संरचना में निहित समय और यथार्थ की पहचान एक नैतिक जिम्मेदारी है। मेरे लिये आलोचना के रूप में यह कोशिश ही आलोचना का अपना संघर्ष है।'

रमेश चन्द्र शाह—शाह ने 'छायावाद की प्रासंगिकता' 'समानान्तर', 'वागर्थ', 'सबद निरन्तर', 'भूलने के विरुद्ध', 'अज्ञेय का वागर्थ वैभव', 'आलोचना का पक्ष' आदि अनेक आलोचनात्मक कृतियों का सृजन किया है। इनका मानना है कि आत्मदान ही सृजन का मूलाधार है। ये पश्चिमी अनुकरणधर्मिता को आलोचना कर्म के लिए श्रेयस्कर नहीं मानते हैं। आलोचक को अपना आत्मदर्शन और विश्वदर्शन विकसित करना चाहिए और अपनी विशिष्ट बौद्धिक पहचान बनानी चाहिए।

प्रभाकर श्रोत्रिय—सुमन : मनुष्य और स्रष्टा, प्रसाद का साहित्य : प्रेमतात्त्विक दृष्टि, कविता की तीसरी आँख, संवाद, कालयात्री है कविता, रचना एक यातना है, शमशेर बहादुर सिंह आदि अनेक आलोचना कृतियों के प्रणेता श्रेत्रिय काव्यभाषा तथा मानवीय कल्याण कामना के आधार पर कृतियों का विश्लेषण करते हैं।

अशोक वाजपेयी—इनमें व्यापक सोच है। आलोचना में इनकी स्पष्ट रचना-दृष्टि प्रतिफलित होती है। फिलहाल, कुछ, पूर्वाग्रह, कविता का गल्प, कवि कह गया है इनके आलोचना ग्रन्थ हैं।

विश्वनाथ तिवारी—कवि समीक्षक तिवारी की कृतियाँ हैं—नये साहित्य का तर्कशास्त्र, आधुनिक हिन्दी कविता, समकालीन हिन्दी कविता, रचना के सरोकार, गद्य के प्रतिमान, कविता क्या है आदि।

प्रो. सूर्यप्रसाद दीक्षित (जन्म 6-7-1938, बन्नावाँ, रायबरेली)—दीक्षित जी का आलोचनात्मक कार्य बहुआयामी है। छायावादी साहित्य पर इनकी आलोचनात्मक कृतियाँ विशेष रूप से उल्लेखनीय हैं। बहुचर्चित तथा प्रशंसित कृतियाँ हैं – छायावाद का व्यावहारिक सौन्दर्यशास्त्र, छायावादी कवियों का सौन्दर्य-विधान, प्रसाद का गद्य, निराला का गद्य, महादेवी का गद्य, पन्त जी का गद्य, अलक्षित निराला, निराला की आत्मकथा, प्रसाद साहित्य की अन्तश्चेतना आदि। दीक्षित जी कुशल अध्यापक एवं शोध निर्देशन का दायित्व निर्वाह करते हुए पत्रकारिता, जनसंचार, भाषा-प्रौद्योगिकी, अवधी लोक साहित्य, अवध ी भाषा, लोकनाट्य आदि विषयों पर लगभग पचास आलोचनात्मक एवं शोधपरक पुस्तकें लिखी हैं। सम्पादित पुस्तकों की संख्या भी इतनी ही हैं। 200 से अधिक शोध लेखों को लिखकर दीक्षित ने अपनी प्रखर प्रतिभा का परिचय दिया है। हिन्दी के अनेक विद्वानों ने इनके कार्यों की मुक्तकण्ठ से सराहना की है। दीक्षित भारतीय जीवन-मूल्यों, परम्पराओं एवं आदर्शों के पक्षधर रचनाकार हैं। इनकी आलोचना-कृतियों में काल्पनिक क्रान्ति की मिथ्या बुलन्दी नहीं है और न कुतर्कपूर्ण विध्वंसक चेष्टा है। ये बड़े तार्किक ढंग से प्रभावशाली मौलिक स्थापनाएँ करते हैं। कुशल सम्पादक, गम्भीर अध्येता, सृजन के प्रति पूर्ण समर्पित दीक्षित के सम्पूर्ण कार्य के मूल्यांकन तथा विवेचन के लिए पूरे ग्रन्थ की अपेक्षा है। देश-विदेश में हिन्दी का प्रचार-प्रसार करनेवाले, अनेक साहित्यिक संस्थाओं के प्रधान, अनेक पुरस्कारों से सम्मानित दीक्षित की लेखनी पूरे वेग से सक्रिय है।

अन्य गद्य रूप

आत्मकथा—आत्मप्रशंसा तथा आत्मविज्ञापन के प्रति संकोच होने के कारण भारतीय साहित्य में आत्मचरित्र लिखने की परम्परा नहीं रही है। व्यक्तिवादी मनोवृत्ति के प्रभाव के कारण आत्मकथा का लेखन आधुनिक काल में शुरू हुआ। महापुरुषों द्वारा अपने जीवन के संघर्षों के वर्णन से समाज को उनसे प्रेरणा मिलती है। नयी पीढ़ी को संघर्ष की शक्ति मिलती है। आत्मकथा लेखन में ईमानदारी तथा साहस दोनों की आवश्यकता होती है। आत्मप्रशंसा करने से अहंकार की बू आती है। अपने गोपनीय बुराइयों के उद्‌घाटन से सामाजिक निन्दा तथा श्रद्धालुओं, प्रशंसकों में लोकप्रियता घटने का भय रहता है। आत्मकथा लिखनेवाला बड़ी सावधानी से अपने विषय में लिखता है, ऐसा सत्य जो प्रिय हो, ऐसी मिथ्या जो विश्वसनीय हो। इस विधा का आरम्भ बनारसीदास जैन रचित 'अर्द्ध कथानक' पद्यात्मक रचना (1641) से हुआ। स्वामी दयानन्द कृत 'जीवन चरित्र' (1917 ई.), महात्मा गाँधी ने 1921 ई. में 'आपबीती', 1923 ई. में 'आत्मकथा' शीर्षक से दो कृतियाँ लिखीं। सुभाषचन्द्र बोस ने 1935 ई. में 'तरुण के स्वप्न' शीर्षक से आत्मकथा का लेखन किया। छायावादोत्तर-काल में आत्मकथाओं के लेखन की रुझान बढ़ी है। राजनेताओं, पत्रकारों, साहित्यकारों, अध्यापकों, प्रशासनिक

अधिकारियों ने आत्मकथा लेखन करके इस विधा को सम्पन्न किया है। भारत के प्रथम राष्ट्रपति राजेन्द्र प्रसाद ने अपनी 'आत्मकथा' 1947 ई. में अपने विषय में तो लिखा ही साथ ही स्वतन्त्रता आन्दोलन पर भी प्रकाश डाला। मोरारजी देसाई, बलराज मधोक आदि अनेक राजनेताओं ने आत्मकथाएँ लिखी हैं। अनेक साहित्यकारों ने आत्मकथाएँ लिखकर इस परम्परा को आगे बढ़ाया है। श्यामसुन्दर दास कृत 'मेरी आत्मकहानी' (1941 ई.), राहुल सांकृत्यायन कृत 'मेरी जीवन यात्रा' आरम्भिक दो खण्ड 1946 में तथा अन्तिम तीन खण्ड 1967 में प्रकाशित हुए। यशपाल की आत्मकथा 'सिंहावलोकन' (1951,1952,1955) तीन खण्डों में प्रकाशित है। चतुरसेन शास्त्री ने 'यादों की परछाइयाँ' (1956 ई.) लिखी हैं। सेठ गोविन्ददास ने 'आत्मनिरीक्षण' नाम से आत्मकथा लिखी है। देवराज अपाध्याय रचित 'बचपन के दो दिन' (1958 ई.) 'यौवन के द्वार पर' 1970 ई., पाण्डेय बेचन शर्मा उग्र कृत अपनी खबर (1960 ई.) हरिवंश राय बच्चन कृत 'क्या भूलूँ क्या याद करूँ (1969), नीड़ का निर्माण फिर 1970 ई., बसेरे से दूर (1977 ई.), दशद्वार से सोपान तक (1985 ई.), वृन्दावन लाल वर्मा कृत अपनी कहानी (1972 ई.), रामविलास शर्मा कृत 'अपनी धरती अपने लोग' (1996 ई.), डॉ. नगेन्द्र कृत अर्द्धकथा (1988 ई.), भगवती चरण वर्मा कृत 'कहि न जाय का कहिये', श्रीनरेश मेहता कृत 'हम अनिकेत' (1995 ई.), कमलेश्वर कृत 'जो मैंने जिया' एवं 'यादों के चिराग' (1997 ई.), राजेन्द्र यादव कृत 'मुड़ मुड़ के देखता हूँ' (2001 ई.), विष्णु प्रभाकर कृत 'पंखहीन', मुक्त गगन में, पंछी उड़ गया (2004 ई.), मोहन दास नैमिश राय कृत 'अपने-अपने पिंजरे', ओम प्रकाश वाल्मीकि कृत 'जूठन' (1997 ई.) सूरजपाल चौहान कृत तिरस्कृत, मत्रेयी पुष्पा कृत 'कस्तूरी कुण्डल बसै' कुसुम अंसल कृत 'लगता नहीं है दिल मेरा' कौसल्या बैसन्ती कृत 'दोहरा अभिशाप', रमणिका गुप्ता कृत 'हादसे' (2005), सुनीता जैन कृत 'शब्दकाया' (2005), प्रतिभा खेतान कृत 'अन्या से अनन्या' आदि उल्लेखनीय आत्मकथाएँ प्रकाशित हुई हैं।

जीवनी साहित्य–जीवनी महानू पुरुषों से सम्बन्धित होती है। आत्मचरित्र, सन्त चरित्र, ऐतिहासिक चरित्र, राजनीतिक चरित्र, विदेशीय चरित्र और स्फुट चरित्र आदि इसके अनेक रूप हैं। जीवनी के माध्यम से जातीय उत्थान तथा राष्ट्रीय गरिमा के चित्र प्रस्तुत किये जाते हैं।

भारतेन्दु-युग में अन्य गद्य विधाओं की तरह जीवनी साहित्य पर्याप्त मात्रा में लिखा गया। ऐतिहासिक महापुरुषों, रानियों, महारानियों, वैज्ञानिकों, राजनीतिक व्यक्तियों की अनेक जीवनियाँ लिखी गयी हैं। कुछ महत्त्वपूर्ण धार्मिक एवं नवजागरण की चेतना का प्रचार-प्रसार करनेवाले महापुरुषों जैसे स्वामी दयानन्द, रामकृष्ण परमहंस, स्वामी रामतीर्थ आदि की जीवनियाँ अलग-अलग लेखकों द्वारा प्रस्तुत की गयीं। इसी तरह महात्मा गाँधी के जीवन पर घनश्यामदास बिड़ला ने 'बापू' शीर्षक से तथा ज्योतिप्रसाद मिश्र ने 'महात्मा गाँधी' शीर्षक से रचनाएँ कीं। भारतेन्दु-युग के सबसे बड़े जीवनीकार देवीप्रसाद मुन्सिफ हैं इन्होंने उदयसिंह महाराजा (1893 ई.), अकबरनामा (1893 ई.), राजा भीम (1893) जसवन्त सिंह (1896) अनेक ऐतिहासिक जीवनियाँ लिखीं। राधाकृष्णदास ने 'कविवर बिहारी लाल', 'सूरदास', शीर्षक से कवियों की जीवनियाँ लिखीं। द्विवेदी-युग तथा छायावाद-युग में ऐसे राजनीतिक महापुरुषों की जीवनियाँ अधिक प्रकाशित हुईं जिनसे स्वतन्त्रता-आन्दोलन को प्रेरणा मिलती थी, साथ ही आन्दोलन में भागीदारी तथा नेतृत्व के लिए दिशा-निर्देश मिलता था। गाँधी जी के अलावा 'महात्मा गोखले', 'दादाभाई नौरोजी', 'मदन मोहन मालवीय' शीर्षक से स्वतन्त्रता-संग्राम के अग्रगण्य महापुरुषों पर जीवनियाँ प्रकाशित हुईं। महिलाओं में नव जागरण की चेतना के संचार के लिए अतीत की महिलाओं की भी जीवनियाँ लिखी गयीं। सन्तों, दार्शनिकों पर भी अनेक जीवनियाँ

प्रस्तुत हुई हैं। बलदेव उपाध्याय ने शंकराचार्य की, अमृतलाल नागर ने चैतन्य महाप्रभु की जीवनी लिखा है।

शिवप्रसाद सिंह द्वारा लिखित 'उत्तर योगी' (1972 ई.) महर्षि अरविन्द के जीवन से सम्बन्धित प्रसिद्ध कृति है। साहित्यकारों की जीवनियाँ विशेष रूप से चर्चित हुई हैं। प्रेमचन्द की पत्नी शिवरानी ने 'प्रेमचन्द घर में' (1956 ई.) शीर्षक से बिलकुल खुले मन से प्रेमचन्द के अन्तरंग जीवन पर प्रकाश डाला है। प्रेमचन्द के पुत्र अमृतराय ने 1968 ई. में 'कलम का सिपाही' लिखा। इसमें भी प्रेमचन्द के ही जीवन की विविध प्रसंगों को उद्घाटित किया गया है। इसके तीन वर्ष पहले मदन गोपाल ने 'कलम का मजदूर' (1965 ई.) में प्रस्तुत किया था। इसमें प्रेमचन्द का संघर्ष अधिक प्रभावशाली ढंग से अंकित किया गया है। कमल किशोर गोयनका प्रेमचन्द साहित्य के मर्मी अध्येता तथा आलोचक हैं। इन्होंने 'प्रेमचन्द विश्वकोश – भाग 1' 1981 ई. में प्रेमचन्द का अनुसन्धानपरक जीवन-परिचय अंकित किया है। रामविलास शर्मा की रचना 'निराला की साहित्य साधना' भाग एक (1969 ई.) निराला की जीवनी ही है। हजारीप्रसाद द्विवेदी ने 'मृत्युंजय रवीन्द्र' नाम से टैगोर की जीवनी लिखी है।

विष्णुप्रभाकर द्वारा लिखित शरद की जीवनी 'आवारा मसीहा' प्रामाणिक एवं प्रभावशाली कृति है। रामकमल राय ने 'शिखर से सागर तक' शीर्षक से अज्ञेय की जीवनी लिखी है। साहित्य के निर्माता सीरीज में प्रभाकर माचवे ने राहुल सांकृत्यायन, मैथिलीशरण गुप्त, माखनलाल चतुर्वेदी, जयशंकर प्रसाद की जीवनियों का लेखन किया है।

संस्मरण एवं रेखाचित्र—संस्मरण किसी व्यक्ति, यात्रा, घटना से सम्बन्धित हो सकता है किन्तु अधिकतर व्यक्ति चरित्र ही संस्मरणों में उभारे गये हैं। संस्मरण में लेखक तथा स्मर्यमाण व्यक्ति दोनों की आन्तरिक रेखाएँ एक-दूसरे से घुल-मिल जाती हैं। दो व्यक्तित्वों की आन्तरिक संगति के कारण इनमें विशेष आकर्षण होता है। निर्वैयक्तिक रचना के विपरीत इसमें व्यक्तित्व का सीधा साक्षात्कार होता है। अपने तीव्र भावात्मक गठन एवं व्यक्तित्व की प्रखर ऊष्मा से युक्त तनावरहित यह गद्य रूप विकसित हुआ। पद्मसिंह शर्मा के 'पद्मराग' से भावुकतापूर्ण साहित्यिक संस्मरणों का आरम्भ माना जाता है। बनारसीदास चतुर्वेदी ने संस्मरण लेखन की परम्परा को समृद्ध किया। वे व्यक्तित्व विश्लेषण में एकदम तटस्थ नहीं रह पाते बल्कि उसमें अभिभूत हो जाते हैं। 'हमारे आराध्य' शीर्षक से इनके संस्मरणों का प्रकाशन हुआ है। किशोरीदास वाजपेयी (साहित्यिक जीवन के अनुभव), उपेन्द्रनाथ अश्क (मण्टो मेरा दुश्मन), यशपाल (सिंहावलोकन), जैनेन्द्र कुमार (ये और वे), भदन्त आनन्द कौसल्यायन (जो न भूल सका) अन्य संस्मरणकार हैं।

रेखाचित्र में किसी व्यक्ति या वस्तु का चित्र लेखकीय तटस्थता के साथ उभारा जाता है। 'रेखाचित्र' में रेखाएँ बोलती हैं। जिस प्रकार कुछ थोड़ी-सी रेखाओं का प्रयोग करके रेखाचित्रकार किसी व्यक्ति या वस्तु की मूलभूत विशेषता को उभार देता है उसी प्रकार कुछ थोड़े-से शब्दों का प्रयोग करके साहित्यकार किसी व्यक्ति या वस्तु को उसकी मूलभूत विशेषता के साथ सजीव कर देता है।' संस्मरण, रेखाचित्र और आत्मचरित्र तीनों का एक-दूसरे से इतना घनिष्ठ सम्बन्ध है कि पारस्परिक अलगाव स्पष्ट नहीं रहता। रेखाचित्र में व्यक्ति का समग्र और अपेक्षाकृत स्थिर चित्र अंकित होता है। यह व्यक्ति साधारण-असाधारण दोनों तरह का हो सकता है। जबकि संस्मरण किसी श्रेष्ठ व्यक्ति से ही सम्बद्ध होता है। रेखाचित्र तो निश्चित रूप से संस्मरणात्मक होता है किन्तु हर संस्मरण की प्रकृति रेखाचित्रीय नहीं होती। हिन्दी में महादेवी वर्मा के रेखाचित्रों का उत्कृष्ट साहित्यिक महत्त्व है। महादेवी

वर्मा ने संस्मरणात्मक रेखाचित्रों का लेखन किया है। अतीत के चलचित्र (1941 ई.) स्मृति की रेखाएँ (1947 ई.), पथ के साथी (1956 ई.), स्मारिका (1971 ई.), मेरा परिवार (1972 ई.) इनके संस्मरणात्मक रेखाचित्र हैं। महादेवी वर्मा अति साधारण शोषित पीड़ित व्यक्तियों, दीन-हीन स्त्रियों तथा जीव-जन्तुओं पर अति प्रभावशाली एवं संवेदनात्मक रेखाचित्रों को काव्यात्मक गद्य में सृजित किया है। प्रकाशचन्द्र गुप्त ने 'पुरानी स्मृतियाँ' तथा 'रेखाचित्र' में स्मृति चित्रों को प्रकाशित किया है। राधिकारमण सिंह की ख्याति संस्मरणात्मक कहानी-लेखन के क्षेत्र में है। 'टूटा तारा' (1940 ई.) संस्मरणात्मक कहानियों का संग्रह प्रकाशित है। विनय मोहन शर्मा रचित रेखाचित्र-संग्रह 'रेखा और रंग:, कन्हैयालाल मिश्र रचित संस्मरण 'जिन्दगी मुस्करायी' (1953) और दो रेखाचित्र संग्रह, 'माटी हो गयी सोना', 'दीप जले शंख बजे', (1959) उल्लेखनीय हैं। शिवपूजन सहाय कृत संस्मरण एवं रेखाचित्र का संकलन 'वे दिन वे लोग' (1965 ई.), देवेन्द्र सत्यार्थी 'रेखाएँ बोल उठीं' सन् (1949), स्मृतियाँ और कृतियाँ (1964 ई.) में भावात्मक तथा कवित्वपूर्ण शैली में रेखाचित्र तथा संस्मरणों का प्रस्तुतीकरण हुआ है। उपेन्द्रनाथ अश्क रचित 'रेखाएँ और चित्र' (1955 ई.) , ज्यादा अपनी कम परायी (1959 ई.), विष्णु प्रभाकर रचित 'कुछ शब्द कुछ रेखाएँ' (1965 ई.) उत्कृष्ट रेखाचित्र हैं। राहुल सांकृत्यायन के तीन संस्मरण संग्रह हैं—'बचपन की स्मृतियाँ' (1955 ई.), 'जिनका मैं कृतज्ञ' (1957 ई.), 'मेरे असहयोग के साथी'; डॉ. नगेन्द्र रचित रेखाचित्र 'चेतना के बिम्ब (1967 ई.), सेठ गोविन्ददास रचित 'स्मृति कण' (1959 ई.), (संस्मरण) 'चेहरे जाने पहचाने (1966 ई., रेखाचित्र शैली) उल्लेखनीय कृतियाँ हैं।

संस्मरण-रेखाचित्र साहित्य में जिन अन्य कृतियों का उल्लेख अपेक्षित है वे हैं—माखनलाल चतुर्वेदी रचित 'समय के पाँव' (1962 ई.) दिनकर रचित लोकदेव नेहरू (1965 ई.) संस्मरण और श्रद्धांजलियाँ (1969 ई.), हरिवंशराय 'बच्चन' रचित नये पुराने झरोखे—(1962 ई.) ओंकार शरद रचित 'लंका महाराजिन (1950 ई.), अमृतलाल नागर रचित 'जिनके साथ जिया (1973 ई.) कृष्णा सोबती रचित 'हम हशामत' (1977 ई.) डॉ. रामकुमार वर्मा रचित 'संस्मरणों के सुमन' (1982 ई.), विष्णु प्रभाकर रचित, मेरे अग्रज : मेरे मीत (1983 ई.) आदि। उनमें व्यक्ति की भावात्मक तस्वीर छायावादी गद्य-भाषा में अंकित होती है। सामान्य अंकिचन व्यक्ति भी महादेवी का कलात्मक संस्पर्श पाकर अपने समग्र चरित्र के साथ रेखाचित्रों में गरिमा मण्डित हो गया है। बनारसीदास चतुर्वेदी (रेखाचित्र), श्रीराम शर्मा (बोलती प्रतिमा), रामवृक्ष बेनीपुरी (माटी की मूरतें), विष्णु प्रभाकर (जाने-अनजाने) आदि ने सुन्दर रेखाचित्रों की रचना की है।

यात्रा साहित्य—इसमें यात्रा सम्बन्धी वृत्तान्त होता है। प्रकृति का सुरम्य प्रस्तुतीकरण तथा साहसिक कार्यों का वर्णन होने के कारण यात्रा साहित्य बहुत रोचक हो जाता है।

यात्रा-वृत्त का लेखन भारतेन्दु-युग से ही आरम्भ हो गया था। भारतेन्दु ने 'सरयूचार की यात्रा' तथा 'लखनऊ की यात्रा' 'हरिद्वार की यात्रा' शीर्षक से यात्रा-वृत्त लिखा था। कई यात्रा-वृत्त की पुस्तकें भी प्रकाशित हुई थीं। श्रीमती हरदेवी कृत्त 'लन्दन यात्रा' (1883 ई.), भगवानदास वर्मा कृत 'लन्दन का यात्री' (1884), दामोदर शास्त्री कृत 'मेरी पूर्व दिग्यात्रा' (1885 ई.), मेरी दक्षिण दिग्यात्रा (1884) उल्लेखनीय रचनाएँ हैं। बीसवीं शताब्दी के आरम्भिक दो दशकों में यात्रा-वृत्त सम्बन्धित जो रचनाएँ प्रकाश में आयीं उनमें गोपालराम गहमरी कृत्त-'लंका यात्रा का विवरण' ठाकुर गदाधर सिंह कृत्त 'चीन में तेरह मास', ठाकुर गदाधर सिंह रचित - हमारी एडवर्ड तिलक यात्रा (1902) उल्लेखनीय हैं। इस रचना में महाराज एडवर्ड के तिलकोत्सव वर्णन के साथ इंग्लैण्ड के दार्शनिक स्थलों का वर्णन है। स्वामी सत्यदेव परिव्राजक ने यात्रा-वृत्त सम्बन्धित कई कृतियों के माध्यम से विशेष ख्याति प्राप्त की। इनकी कृतियाँ हैं— 'अमेरिका दिग्दर्शन'

(1911 ई.), मेरी कैलासयात्रा (1915 ई.), अमरीका भ्रमण (1916 ई.), मेरी जर्मन यात्रा (1926), यात्री मित्र (1936), यूरोप की सुखद स्मृतियाँ (1937 ई.), ज्ञान के उद्यान में (1937 ई.) नयी दुनिया के मेरे अदभुत संस्मरण (1937 ई.), अमेरिका-प्रवास की मेरी अद्‌भुत कहानी (1937 ई.) आदि इनकी उल्लेखनीय रचनाएँ हैं। कन्हैयालाल मिश्र ने हमारी जापान यात्रा—1931 में लिखा, जवाहरलाल नेहरू 'रूस की सैर' यात्रा-वृत्त का लेखन 1929 ई. में किया था। आन्तरिक यात्रावृत्तों में शिवप्रसाद गुप्त ने 'पृथ्वी प्रदक्षिणा', महेशप्रसाद के 'मेरी ईरान यात्रा' उल्लेखनीय हैं। राहुल सांकृत्यायन कई यात्रा वृत्तों को प्रस्तुत करके इस गद्य को प्रखर गति दी। मेरी लद्‌दाख यात्रा, लंका यात्रा, मेरी तिब्बत यात्रा, जापान, ईरान, एशिया के दुर्गम खण्डों में आदि रचनाएँ बड़ी रोचक शैली में प्रस्तुत की गयी हैं। भगवतशरण उपाध्याय, भदन्तआनन्द कौसल्यायन, दिनकर, यशपाल, प्रभाकर माचवे ने यात्रा संस्मरण प्रस्तुत किये। अज्ञेय ने यात्रा साहित्य को नूतन दिशा दी। इन्होंने इतिवृत्ति की तुलना में संस्मरणात्मक स्तर पर संस्कृति के विविध पक्षों को बड़ी ही सजगता एवं निष्ठा से समझने तथा अंकित करने का प्रयास किया है। अरे यायावर रहेगा याद, एक बूँद सहसा उछली इनकी उल्लेखनीय कृतियाँ हैं। डॉ. रघुवंश की रेखाचित्र, संस्मरण तथा डायरी की सम्मिलित शैली से सुसंगठित तथा प्रभावशाली रचना है 'हरी घाटी' । निर्मल वर्मा ने अपने यात्रा संस्मरण 'चीड़ों पर चाँदनी', में यूरोप का वर्णन किया है। प्रणवानन्द कृत 'कैलाश मानसरोवर', शिवनन्दन सहाय कृत 'पैरों में पंख', रांगेय राघव कृत 'तूफानों के बीच', मोहन राकेश कृत 'आखिरी चट्‌टान तक', प्रभाकर द्विवेदी 'पार उतारि कहँ जइहौ' आदि रचनाएँ उल्लेखनीय हैं।

पत्र साहित्य—साहित्यकारों द्वारा लिखित पत्रों को साहित्यिक भाषा के प्रयोग तथा विशिष्ट वैचारिक अभिव्यक्ति के कारण गद्य साहित्य की कोटि में रखा जाता है। आचार्य महावीरप्रसाद द्विवेदी के पत्रों को 'द्विवेदी पत्रावली', धीरेन्द्र वर्मा के पत्रों को 'यूरोप के पत्र', प्रेमचन्द के पत्रों को 'चिट्‌ठी पत्री' नाम से संकलित किया गया है। बालमुकुन्द गुप्त ने पत्र शैली में अपने निबन्धों का सृजन किया। अपनी व्यंग्यात्मक प्रखरता तथा विविध मन्तव्यों की मार्मिक अभिव्यंजना के कारण इनका 'शिव शम्भु के चिट्‌ठे' काफी चर्चित प्रशंसित है। रामनाथ सुमन ने पत्रों के माध्यम से बड़ी सजगता से पारिवारिक और सामाजिक समस्याओं को विश्लेषित किया है।

डायरी—प्रतिदिन के जीवन में घटित होनेवाली घटनाएँ जो अधिकांश व्यक्तियों के लिए अति साधारण हो सकती हैं वे साहित्यकार के संवेदनशील मानस को प्रभावित कर देती हैं। वह इन घटनाओं के विषय में अपनी मानसिक प्रतिक्रिया को स्थान तथा तिथि निर्देश के साथ अंकित कर देता है। डायरी शैली जब कला माध्यम बनती है तो उसमें तथ्यपरकता का अंश कम हो जाता है; घटना की सम्भाव्यता और साहित्यकार की काल्पनिकता बढ़ जाती है। धीरेन्द्र वर्मा की 'मेरी कालिज डायरी', सियारामशरण की 'दैनिकी' कुछ ही डायरियाँ उपलब्ध हैं। शमशेर बहादुर, लक्ष्मीकान्त वर्मा, धर्मवीर भारती, श्रीनरेश मेहता ने डायरी लेखन को कलात्मक भंगिमा दी है। देवराज ने तो 'अजय की डायरी' नाम से डायरी शैली में एक उत्कृष्ट उपन्यास रच दिया है।

रिपोर्ताज—डॉ. रामचन्द्र तिवारी ने रिपोर्ताज को रिपोर्ट से अलग करते हुए लिखा है "वास्तविक घटना का ज्यों-की-त्यों प्रस्तुत करना रिपोर्ट है... जब सफल पत्रकार या साहित्यकार वास्तविक घटना को अपने भीतर निहित मूल्यों के अनुसार एक विशेष कोण से उपस्थित करके प्रभावपूर्ण बना देता है तो वह रिपोर्ताज की कला सृष्टि करता है।" रिपोर्ताज लेखन एकदम नयी विधा है। द्वितीय विश्वयुद्ध के बाद इसका विकास आरम्भ हुआ। इस विधि का झुकाव पत्रकारिता की ओर अधिक है। इसमें

किसी युद्ध, अकाल, मेला का या किसी घटना का आँखों देखा दृश्य लेखक की निजी सूझ-बूझ तथा मानसिक बौद्धिक प्रतिक्रिया के रूप में उपस्थित होते हैं। प्रभाकर माचवे, अमृतराय, प्रकाशचन्द्र गुप्त, शिवदान सिंह चौहान तथा रांगेय राघव ने रिपोर्ताज में सामान्य जनजीवन के विविध पक्षों को बड़ी सफलता से अंकित किया। रघुवार सहाय ने छोटी-छोटी घटनाओं को रिपोर्ताज के अन्तर्गत सम्मिलित किया है। उन्होंने अपनी कला में उनमें सार्थकता सन्निहित कर दी है। सीढ़ियों की धूप में उनके कुछ रिपोर्ताज जैसे गद्य वृत्त संकलित हैं।

इण्टरव्यू—श्रेष्ठ ख्यातिप्राप्त साहित्यकार, राजनेता, कलाकार, चिन्तक से कला, साहित्य, दर्शन, विज्ञान से सम्बन्धित प्रश्नों को पूछकर उनका विधिवत् प्रस्तुतीकरण इण्टरव्यू कहलाता है। इण्टरव्यू लेनेवाला व्यक्ति प्रश्नावली पहले से बना लेता है और बातचीत के स्तर पर एक प्रश्न के बाद दूसरा प्रश्न पूछता जाता है तथा उत्तरदाता भी पूरी भाव भंगिमा तथा प्रभावशाली शैली में उत्तर देता है, साक्षात्कार करनेवाला व्यक्ति उत्तरित तथ्यों को अंकित करता है। फिर सांगोपांग रूप से इसे व्यवस्थित करके प्रकाशित करता है। आधुनिक पत्र-पत्रिकाओं में इण्टरव्यू प्रायः प्रकाशित होते हैं।

केरीकेचर—डॉ. नगेन्द्र के अनुसार किसी की स्वभावगत अथवा शारीरिक विशेषताओं की चित्रकला, साहित्य अथवा नाटक में ऐसे व्यंग्यात्मक, अत्युक्तिपूर्ण अथवा विकृत चित्रण जिससे हँसी आये। अमृतलाल नागर, हरिशंकर परसाई, ब्रजकिशोर नारायण, धर्मवीर भारती में केरीकेचर लिखने की कलात्मक क्षमता है। धर्मवीर भारती का 'ठेले पर हिमालय' इस तरह की रचना है।

उत्तर आधुनिक विमर्श और हिन्दी साहित्य

उत्तर आधुनिक विमर्शों में भाषा तथा पाठ-केन्द्रित विमर्श के अन्तर्गत संरचनावाद, उत्तर संरचनावाद, विखण्डनवाद बहुचर्चित हैं। इनका उपयोग साहित्य की आलोचना के क्षेत्र में किया जा सकता है। इन पर जितनी सैद्धान्तिक चर्चा होती रही है उतनी व्यावहारिक परिणतियाँ नहीं हुई हैं। प्रो. मिशेल फूको ने अपने उत्तर संरचनावादी चिन्तन के केन्द्र में विमर्श को रखा है। विमर्श से उनका तात्पर्य विचार, अनुभूति, अभिवृत्ति, दृष्टिकोण, धारणाएँ आदि सब-कुछ हैं। ...फलतः चीजें जैसी हैं, वैसी हमें दिखायी नहीं देतीं, अपितु जैसी हम उन्हें देखना चाहते हैं, वैसी दिखायी देती हैं। हम तथ्यों को अपने लक्ष्यों के अनुरूप ढाल लेते हैं। (हिन्दी साहित्य का इतिहास सं. डॉ. नगेन्द्र एवं डॉ. हरदयाल पृ. 424) आधुनिक नवजागरण में एक विशेष प्रकार का ज्ञानोदय हुआ और मनुष्य महत् की खोज में प्रवृत्त हुआ अर्थात् मानवतावाद या श्रेष्ठ मानवीय मूल्यों की चर्चा-परिचर्चा के साथ मानवीय समता एवं समानता की दिशा में प्रयत्न किये गये। उत्तर-आधुनिकता उत्तर-आधुनिकतावाद आदि की विशेष चर्चा बीसवीं सदी के अन्तिम दो दशकों में हुई। उत्तर-आधुनिकतावाद को उत्तर-पूँजीवादी व्यवस्था की उपज माना गया है, जिसमें प्रौद्योगिकी, उत्पादन, बाजारवाद, वैश्वीकरण आदि के प्रभावों की चर्चा-परिचर्चा प्रमुख है। सम्प्रति मनुष्य उपभोक्ता के साथ ही स्वयं संसाधन बन गया है। आज सूचना क्रान्ति का समय है। ज्ञान का लक्ष्य उत्पादन है, वह स्वयं ही विक्रय की वस्तु है। मनुष्य की श्रेष्ठता ज्ञानी होने में नहीं बल्कि उसके ज्ञान के अधिकाधिक बाजार मूल्य से है। बाजार में यन्त्रों की भूमिका बढ़ी है, साथ ही पूँजी निवेश की नयी-नयी प्रणालियाँ भी ईजाद हुई हैं। उत्तर-आधुनिकता का जो समाज निर्मित हो रहा है वह विखण्डित, अवमूल्यित, आतंकी, अपनी स्वयं की निरीहता एवं असमर्थता को दूसरों पर आरोपित करनेवाला है। उत्तर-आधुनिक परिस्थितियों में लघु मानव की महत्ता के पक्ष भी उभरकर आये हैं। 'उत्तर-आधुनिकतावाद में विज्ञान की जगह अनुभव की वापसी है, योजना की जगह

बाजार है, धर्म निरपेक्षता की जगह धार्मिक पहचान है, केन्द्र की जगह जातिवादी स्त्रीवादी जैसे उपकेन्द्रों की वापसी है। (हिन्दी आलोचना की पारिभाषिक शब्दावली—प्रो. अमरनाथ, पृ. 78)

भारत में जातिवादी व्यवस्था का पुनर्गठन आर्थिक लाभ के कारणों से हुआ है। संवैधानिक रूप से सभी को बराबरी का अधिकार है। लिंग तथा जाति के आधार पर किसी भेदभाव को संवैधानिक मान्यता नहीं है लेकिन व्यावहारिक क्षेत्र में लिंग, जाति, क्षेत्र आदि अनेक रूपों में भेद-भाव दृष्टिगत होता है। विमर्शों के कारण इस भेद को और भी बढ़ावा दिया जा रहा है। विमर्शों के सूत्र विदेश से आयातित हैं इसलिए उनकी प्रवृत्ति अपेक्षाकृत अधिक विडम्बनापूर्ण और विखण्डनवादी है।

स्त्री-विमर्श भले ही उत्तर-आधुनिक विमर्श है लेकिन आधुनिक नवजागरण के समय में ही स्त्री की अस्मिता को प्रतिष्ठित करने एवं स्त्री-समाज की अनेक समस्याओं पर हिन्दी साहित्य में प्रभावशाली लेखन किया गया। स्त्री-चेतना को उद्‌बुद्ध करने में ज्यादातर लेखकों की ही भागीदारी रही। किन्तु पुरुष रचनाकारों ने पारम्परिक नारी संहिता के दायरे में ही स्त्री स्वतन्त्रता एवं समानता की वकालत की है। स्वतन्त्रता के बाद नारी-जीवन में तीव्रता से परिवर्तन आया है। नारी अपने अधिकारों के प्रति लगातार न केवल सजग हुई है बल्कि संगठित होकर संघर्षशील भी हुई है।

समाज में पुरानी तथा नयी मान्यताएँ एक साथ चलती रहती हैं। उनसे स्त्री-पुरुष की मानसिकता की भी अलग-अलग स्थितियाँ बनती-बिगड़ती हैं। एक तरह से संस्कारों एवं नयी चुनौतियों का द्वन्द्व बरकरार रहता है। विवाह पुरानी संस्था है। उसके कुछ लाभ हैं तथा कुछ कमियाँ भी हो सकती हैं। खासतौर से वर्तमान परिप्रेक्ष्यों में, पारम्परिक रूप से विवाह को पति-पत्नी का सात जन्मों का बन्धन माना जाता था, लेकिन उत्तर-आधुनिकयुग में वह बन्धन एवं गुलामी का प्रतीक है। स्त्री-पुरुष दोनों ही एक-दूसरे से दूर रहकर अपने व्यवसाय, नौकरी आदि में व्यस्त रहते हैं, ऐसे में तीसरे व्यक्ति का उनके जीवन में समावेश अस्वाभाविक नहीं है। कामकाजी स्त्रियाँ तथा पुरुष घर से बाहर अनेक व्यक्तियों के सम्पर्क में आते हैं तथा उनकी जीवन-प्रणालियों का प्रभाव भी उन पर पड़ता है। इस तरह आकर्षक-विकर्षण की मनोदशाओं के निर्मित करनेवाले अनेक अवसर बनते हैं। स्त्री-पुरुष के सम्बन्धों को परिभाषित करनेवाले तथा अंकुश लगानेवाले धार्मिक उपदेश कमजोर हो गये हैं। बौद्धिकता एवं भौतिकता के कारण भोगवृत्ति की प्रधानता ने नैतिक आचरण को भी दुर्बल कर दिया है। अस्थायी तौर से स्त्री-पुरुष को एक साथ रहने के लिए कानूनी मान्यता भी प्राप्त हो गयी है। सन्तानों की वैधता तथा अवैधता के पुराने कानून बदल गये हैं। उपभोक्तावादी संस्कृति का प्रभाव सामाजिक सम्बन्धों पर भी पड़ा है—भोगो और फेंक दो (यूज ऐण्ड थ्रो)। व्यक्ति अपनी स्वार्थ सिद्धि के लिए, अपनी सुख-सुविधा के लिए अस्थायी सम्बन्ध बनाना चाहता है। लम्बे समय के सम्बन्धों में सुख से अधिक दायित्वबोध का दर्द समाया रहता है। स्त्री-पुरुष दोनों सुख तो भोगना चाहते हैं लेकिन दायित्व का गुरुतर भार ढोने से घबड़ाते हैं। नैतिक दबावों की शिथिलता का ही परिणाम है कि मनुष्य का आचरण पशुओं से भी अधिक क्रूर एवं घिनौना हो गया है। बलात्कार, निर्मम हत्याएँ अधिक-से-अधिक हो रही हैं। यदि स्त्री अपने देह की मालिक है, पुरुष के द्वारा आरोपित आचरण संहिताओं को दासता मानती है तो पुरुष से ही वह कैसे अपेक्षा कर सकती है कि वह अपने प्राणों का न्योछावर करके उसकी अस्मिता या सतीत्व या कौमार्य की रक्षा करेगा। भारतीय समाज में शहरीय, ग्रामीण, उच्चवर्ग, मध्यवर्ग, निम्नवर्ग, उच्चजाति, पिछड़ीजाति, दलितजाति, आदिवासी, हिन्दू-मुस्लिम आदि भेदों के परिप्रेक्ष्य में नारियों की समस्याएँ भी बहुविध हैं। उनके संघर्ष और उपलब्धियों का तौर-तरीका एवं मानक भी अलग-अलग है। चूँकि उपन्यास सामाजिक यथार्थ को अधिक चटकीले

ढंग से रूपायित करनेवाली विधा है इसलिए इसमें आरम्भ से ही स्त्रियों की उपस्थिति उल्लेखनीय रही है। गोपाल राय का यह कथन इस तथ्य की पुष्टि करता है 'एक रोचक तथ्य यह है कि हिन्दी उपन्यास का आरम्भ स्त्री-विमर्श से हुआ तथा आजादी-पूर्व के उपन्यासों में किसानों के बाद स्त्री की समस्याओं को ही प्रमुख स्थान मिला। ...पर उस समय के पुरुष उपन्यासकारों ने परम्परागत नारी संहिता के चौखटे में ही स्त्री के उद्धार की बात की। प्रेमचन्द, जैनेन्द्र, यशपाल, अमृतलाल नागर, नागार्जुन, फणीश्वरनाथ रेणु, राजेन्द्र यादव, कमलेश्वर, श्रीनरेश मेहता, शैलेश मटियानी आदि अनेक उपन्यासकारों ने नारी की समस्याओं को अपने युग-सन्दर्भ, क्षेत्रीय सीमा एवं वैचारिक दृष्टिकोण के अनुसार अंकित किया है। स्त्री-शिक्षा के प्रचार-प्रसार, जीवन के विविध क्षेत्रों में स्त्रियों की भागीदारी, पश्चिमी नारीवादी आन्दोलनों, पश्चिमी जीवन-प्रणाली आदि की प्रेरणा और प्रभाव से नारी ने प्राचीन नारी-संहिता के विरुद्ध आवाज उठाया, बदली हुई राजनीतिक एवं सामाजिक स्थितियों के कारण बहुत से रीति-रिवाज तथा मान्यताएँ स्वतः ही अपनी अर्थवत्ता खो चुकी हैं अतः उनके अनुपालन की अपेक्षाएँ भी नहीं होनी चाहिए लेकिन समाज में पुराने एवं नये का द्वन्द्व किसी-न-किसी रूप में बरकरार रहता है। उपन्यास लेखिकाओं ने नयी परिस्थितियों में नारी की समस्याओं तथा उनके आचरण के नूतन आयामों को अंकित करने का उपक्रम किया है। विवाह से पहले प्रेम, दैहिक सम्बन्ध, जाति-धर्म के प्रति पूर्ववत् लगाव की कमी, दहेज या आर्थिक लाभ के लिए नारी शोषण के विभिन्न पहलुओं को लेखिकाओं ने प्रभावशाली ढंग से चित्रित किया है। उषा प्रियम्वदा के उपन्यास 'पचपन खम्भे लाल दीवारें' (1961) में एक ऐसी मध्यवर्गीय महिला का चित्रण है जो पारिवारिक दुरभिसन्धि के कारण विवाह से वंचित है और अकेलेपन के तनावों से गुजर रही है। इनका दूसरा उपन्यास 'रुकोगी नहीं राधिका' में नैतिक मूल्यों की धज्जी उड़ानेवाली लड़की का चित्रण किया गया है। मृदुला गर्ग अपने उपन्यासों में आधुनिक नारी की जटिल मानसिकता का चित्रण करती हैं। इनकी स्त्रियाँ प्रेम के त्रिकोण में फँसकर पारम्परिक मर्यादाओं का खुलकर उल्लंघन करती हैं। 'उसके हिस्से की धूप' (1975) चित्त कोबरा (1979) स्त्री की तथाकथित क्रान्तिकारी आचरण की प्रसिंद्ध कृतियाँ हैं। पुनर्विवाह के बाद नये पति से सम्बन्धों को समुचित बनाये रखने में पूर्व पति से उत्पन्न किये गये बच्चों को लेकर भी अनेक समस्याएँ नारी के समक्ष आती हैं। नये पिता को बच्चे पूरे मन से स्वीकार नहीं कर पाते। फ्रायड के सिद्धान्तों को ध्यान में रखकर यदि कहा जाय तो बालक अपनी माँ के ऊपर किसी नये पुरुष के अधिकार की भी मानसिक प्रतिक्रिया करता है। मन्नू भण्डारी ने 'आपका बण्टी' और सूर्यबाला ने 'यामिनी कथा' में इसी समस्या को उठाया है। चन्द्रकान्ता ने 'अपने-अपने कोणार्क' (1995) में सारी स्थितियों के अनुकूल रहने के बावजूद एक शिक्षित नारी की स्वयं स्वीकार की हुई जिम्मेदारियों के कारण विवाह न कर पाने और बीच में अनेक यातनाओं से गुजरने की कथा वर्णित की है। पति-पत्नी में से यदि पत्नी का किन्हीं कारणों से बड़ा मान-सम्मान, पद-प्रतिष्ठा हो जाती है तो पुरुष उसको बर्दाश्त नहीं कर पाता। इसके कारण भी पत्नी को आन्तरिक व्यथा से गुजरना पड़ता है। इस तरह की समस्या का चित्रण नासिरा शर्मा के 'शाल्मली' (1987) उपन्यास में मिलता है। मृदुला मार्ग का मानना है कि नारी दुनिया के चाहे जिस हिस्से में हो, चाहे जिस वर्ग से सम्बन्धित हो, किसी-न-किसी तरह वह शोषित है। 'कठगुलाब' उनका प्रसिद्ध उपन्यास है; जिससे नारी मुक्ति की दिशा की तलाश है। मेहरुन्निशा परवेज मुस्लिम तथा ईसाई दोनों समाजों के तौर-तरीकों से परिचित हैं। इन्होंने 'आँखों की दहलीज' उपन्यास में मुस्लिम स्त्रियों की समस्याओं को उठाया है। 'कोरजा' जिसका प्रकाशन 1977 में हुआ था ... में स्त्री भिन्न-भिन्न प्रकार के पुरुषों के यौन-शोषण की शिकार

बनती है। नासिरा शर्मा ने 'ठीकरे की मँगनी' (1989) में मुस्लिम महिला की व्यथा-कथा को अंकित किया है। इसमें स्त्री को अपनी स्वतन्त्र पहचान बनाने की प्रेरणा दी गयी है, जो ससुराल और मायके से अलग अपनी मेहनत से सम्भव हो। कृष्णा सोबती ने अनेक उपन्यासों में नारी की पारिवारिक, आर्थिक एवं सामाजिक समस्याओं को अंकित किया है। 'डार से बिछुड़ी' (1958), मित्रो मरजानी (1966), सूरजमुखी अँधेरे के (1972), जिन्दगीनामा (1979) इनके चर्चित उपन्यास हैं। 'समय सरगम' में वयोवृद्ध अविवाहित महिला की कथा कही गयी है। इस उपन्यास में अपने समय के नये विकसित हुए या होनेवाले जीवन को सांकेतिक ढंग से अंकित किया गया है। उषा प्रियम्वदा ने शेष यात्रा, अन्तर्वंशी, 'भया कबीर उदास' तीन अन्य महत्त्वपूर्ण उपन्यासों का सृजन किया है। 'शेष यात्रा' विदेशी पृष्ठभूमि में रचा गया है। 'अन्तर्वंशी' में भी विदेश में बसे भारतीय परिवार की कथा कही गयी है।

स्त्री-विमर्श की दृष्टि से मैत्रेयी पुष्पा तथा प्रभा खेतान के नाम विशेष चर्चित हुए हैं। इनन्नमम (1994), चाक (1997), अल्मा कबूतरी (2000), झूलानट (2001), विजन (2002), कही ईसुरी फाग (2004), बेतवा बहती रही (1993), त्रिया हठ (2006) आदि उपन्यास प्रकाशित हुए हैं। 'कस्तूरी कुण्डल बसै' (2002), गुड़िया भीतर गुड़िया (2008) आत्मकथात्मक उपन्यास माने जाते हैं। 'इदन्नमम' में ग्राम्य जीवन से जुड़ी नारियों के संघर्ष को अंकित किया गया है। मन्दा इसकी नायिका है। 'चाक' इसमें सन्तान पर स्त्री के अधिकार, परिवार में उसका स्थान तथा पुरुष की होड़ से अपने व्यक्तित्व को सामाजिक क्षेत्र में स्थापित करने की संघर्ष गाथा एक घरेलू स्त्री सारंग के माध्यम से प्रस्तुत की गयी है। अल्मा कबूतरी, जनजातीय पृष्ठभूमि में लिखा गया उपन्यास है। वर्गभेद, लिंगभेद के साथ इसमें पुलिस के अत्याचार तथा कुटिल राजनीति को विषय बनाया गया है। अल्मा अपनी संघर्ष चेतना से आधुनिक नारी के सशक्तीकरण की मिसाल बनती है। पुष्पा के उपन्यासों में औरतें सबसे बड़ा साहस दिखाती हैं पुरुषों के साथ विवाह-पूर्व या विवाहेतर दैहिक सम्बन्ध बनाने में। लेखिकाएँ भोगवादी पुरुषों को मात देने तथा सामन्ती दुष्प्रवृत्तियों को पुनर्जीवित करने का सराहनापूर्ण कार्य कर रही हैं और कुकर्मों का नेतृत्व महिलाओं के हाथ में सौंप रही हैं। आलोचकों की मिथ्या वाहवाही के चक्कर में उन चीजों का भी वर्णन कर रही हैं, जो वीभत्स एवं घृणित है, जिसे जानते सब हैं पर कहते नहीं हैं। इनके पुरुष पात्र कहते हैं कि, "बेटा हम जाट हैं। खुले मन की कौम मानी गयी है हमारी। ब्राह्मण-बनियों की तरह पाखण्डी होना भारी पड़ेगा हमें क्योंकि जो खुले बहादुर संस्कार हमारे खून में हैं, वही दबंगपना हमारी बैचरों (औरतों) में। लुगाइयों के लहँगों की चौकीदारी करना हमें शोभा नहीं देता (चाक पृ. 331)

प्रभा खेतान की औपन्यासिक स्त्रियाँ देश-विदेश सबकी रिपोर्ट लेकर हाजिर होती हैं। कुछ घटित बातें, कुछ जो घटित करने या होने की मनसा थी, वे सब-कुछ अंकित मिलेंगे इनके उपन्यासों में। प्रभा जी कहती हैं कि मेरी कोई कृति मेरे जीवन से अलग नहीं है। मेरा हर उपन्यास किसी-न-किसी रूप में मेरी आत्मकथा का ही अंश है। 'आओ पेपे घर चलें' में लेखिका ने अलग-अलग प्रकार की औरतों से सम्बन्धित अनुभवों को लिखा है। 'छिन्नमस्ता' मारवाड़ी व्यवसायी परिवार की लड़की प्रिया के शोषित बचपन, अपमान, उपेक्षा तथा अपने अस्तित्व के लिए संघर्षशील रहने की कथा है।

'पीली आँधी' में गाँव से शहर तक की यात्रा को कई पीढ़ियों द्वारा कथा रूप दिया गया है। स्त्री को दाम्पत्य सम्बन्धों को अनचाहे ढंग से निभाने की तुलना में जीवन में अन्य विकल्पों की तलाश करनी चाहिए। स्त्री के लिए विवाह पति और बच्चे के अलावा उसका अपना अस्तित्व भी महत्त्वपूर्ण है। 'पीली आँधी' की सोमा और चित्रा नारी संहिता को रौंदती हुई नयी शक्ति तथा तेवर का परिचय

देती हैं। चित्रा मुद्‌गल अपने उपन्यास 'एक जमीन अपनी' (1990) और 'आँवाँ' (2000) में पुरुष वर्चस्व तथा दासत्व को अस्वीकार करनेवाली नारियों को सामने लाती हैं। वे सिन्दूर, बिछुवा जो दासीत्व के प्रतीक हैं उन्हें छोड़कर पूरी तरह पति की सहचरी बनने की कामना व्यक्त करती हैं। ममता गौतमी, स्मिता आदि के द्वारा साहसी स्त्रियों के चरित्र को प्रस्तुत करती हैं। गौरा पन्त 'शिवानी' ने पर्वतीय क्षेत्र की स्त्रियों के संघर्ष को अंकित किया है और चन्द्रकान्ता ने कश्मीरी जीवन की सच्चाई तथा यथार्थ को निरूपित किया है। अलका सरावगी ने 'कलिकथा वाया बाईपास' में मारवाड़ी परिवार की स्त्रियों की घुटनभरी जिन्दगी का वर्णन किया है। इनके 'शेष कादम्बरी', 'कोई बात नहीं' उपन्यासों में मारवाड़ी समाज ही चित्रित हुआ है।

स्त्री-विमर्श और आधुनिक कविता

कविता के केन्द्र में स्त्री सदैव रही है। लेकिन साहित्य के इतिहास में पुरुष की तुलना में स्त्रियों द्वारा लिखित कविता बहुत ही कम मात्रा में है। डॉ. सुमन राजे ने 'हिन्दी साहित्य का आधा इतिहास' में अतीत में महिला लेखन की तलाश की है। इसी तरह सावित्री सिन्हा ने मध्यकालीन कवयित्रियों पर अनुसन्धान कार्य किया है। आधुनिक युग में नवजागरण की चेतना के साथ स्त्रियों की शिक्षा-दीक्षा एवं उनकी सामाजिक सांस्कृतिक भागीदारी में गुणात्मक एवं क्रान्तिकारी परिवर्तन आया। स्वतन्त्रता के बाद भारतीय संविधान में स्त्री-पुरुष दोनों को पूर्ण समानता का अधिकार मिलने के बाद तथा स्त्री-शिक्षा के व्यापक प्रसार के कारण स्त्रियों में अपने दायित्व के प्रति अधिक जागरूकता आयी। यही नहीं वे पुरुषों के बराबर के अधिकार के लिए स्वयं संघर्षशील हुईं। लैंगिक आधार पर किये जानेवाले किसी भी प्रकार का भेदभाव उन्हें मान्य नहीं है और जीवन के किसी भी क्षेत्र में वे पुरुषों से अपने को कमतर मानने को भी तैयार नहीं हैं। नारी सशक्तीकरण की प्रक्रिया नवजागरण के परिप्रेक्ष्य में ही शुरू हो गयी थी किन्तु नारी की शक्ति, उसकी श्रेष्ठता एवं वृहत्तर क्षेत्र में उसकी सम्मानजनक उपस्थिति, घर से बाहर निकलकर शिक्षा, राजनीति, विज्ञान, सेना, पुलिस आदि में उसकी सेवाओं की वकालत बहुत वर्षों तक पुरुषों द्वारा की गयी। बहुत-से साहित्यकारों ने अपनी रचनाओं में नारी की आधुनिक और नयी चेतना से युक्त नायकत्व की तस्वीर प्रस्तुत की। विविध क्षेत्रों में कुछ गिनी-चुनी नारियाँ अपनी मजबूत उपस्थिति से अन्य नारियों के लिए प्रेरणा स्रोत बनीं। सामाजिक, साहित्यिक क्षेत्रों के अलावा सत्ता के शीर्ष पर स्त्रियों की उपस्थिति विश्वस्तर पर स्त्रियों के लिए उत्प्रेरक रही। भारत में श्रीमती इन्दिरा गाँधी, इंग्लैण्ड में मार्गेट थैचर, श्रीलंका में भण्डारनायके, पाकिस्तान में बेनजीर भुट्टो, बाँग्लादेश में शेख हसीना आदि नारी गौरव की प्रतीक हैं। विश्व के सबसे बड़े लोकतान्त्रिक राष्ट्र में श्रीमती प्रतिभा पाटिल को राष्ट्रपति बनने का अवसर मिला। सत्ता संचालन की जोखिम-भरी चुनौतियों को नारी-शक्ति ने दृढ़ता के साथ स्वीकार किया।

आधुनिक हिन्दी साहित्य में स्त्रियों के बहुआयामी व्यक्तित्व तथा महत्त्व को अंकित करने में लेखकों की कम महत्त्वपूर्ण भूमिका नहीं है। नारी से जुड़ी सामाजिक समस्याओं, कुरीतियों तथा अन्धविश्वासों के विरुद्ध आधुनिक कवि भारतेन्दु से शुरू करके, मैथिलीशरण गुप्त, निराला, प्रसाद, पन्त आदि कवियों ने नारी की स्वतन्त्रता पर उसके योगदान पर अपने युग सन्दर्भ में प्रकाश डाला। नयी कविता, प्रगतिवादी कविता, जनवादी कविता से जुड़े रचनाकारों ने भी माँ, स्त्री-लड़की पर कविताएँ लिखी हैं। आन्दोलन मुक्त कवियों ने भी इन विषयों पर कलम चलायी है। यहाँ पर स्त्रियों के स्वानुभूतिपरक कविताओं पर ही विचार किया जा रहा है, सहानुभूतिपरक काव्य पर नहीं। आधुनिक

युग में महादेवी वर्मा, सुभद्राकुमारी चौहान, विद्यावती कोकिल छायावाद के समय तक की मुख्य कवयित्रियाँ हैं जिन्होंने कविता के द्वारा पुरुष के बराबर अपनी श्रेष्ठता को प्रमाणित किया। सप्तकों में शकुन्तला माथुर, कीर्ति चौधरी, सुमन राजे केवल तीन स्त्रियाँ ही जगह पा सकीं। इन कवयित्रियों की रचनाओं में काव्य एवं शिल्प अपने समय की रचनाधर्मिता से बहुत अलग नहीं है। आरम्भिक समय में शिक्षित होकर पुरुषों के बीच खड़ा होना ही बहुत बड़ा साहस का कार्य था। इसलिए आरम्भिक कवयित्रियों से तथाकथित बोल्डनेस या खुलेपन की उम्मीद करना उचित नहीं है। बोल्डनेस भी युग-सापेक्ष होती है, युग-निरपेक्ष नहीं।

स्त्री-विमर्श की धूम मची है उत्तर-आधुनिक युग में, यद्यपि सीमोन द बोउवार की विश्व चर्चित पुस्तक 'द सेकण्ड सेक्स' (हिन्दी रूपान्तर 'स्त्री : उपेक्षिता') का प्रकाशन 1949 में हुआ। 1970 में इसी लेखिका ने 'ओल्ड एज' नामक पुस्तक लिखी। इसने फ्रान्स में नाँरी मुक्ति आन्दोलन की अगुआई की। इसकी रचनाओं का भारत के स्त्री-विमर्श पर गहरा प्रभाव पड़ा है। प्रभा खेतान ने सीमोन के विषय में लिखा है कि "फ्रान्स की राज्य क्रांन्ति हो या विश्व युद्ध स्त्री से पुरुष सहारा लेता है और पुनः उसे घर लौट जाने को कहता है। वह सदियों से ठगी गयी है। यदि उसने कुछ स्वतन्त्रता हासिल भी की है, तो उतनी ही, जितनी कि पुरुष ने अपनी सुविधा के लिए उसे देना चाहा। अतः सीमोन का मुक्ति सन्देश उसी आधी दुनिया के लिए है जो स्त्री कहलाती है।" (स्त्री : उपेक्षिता, पृ. 19) सीमोन ने बड़े तार्किक तथा रोचक ढंग से स्त्री के अधीनस्थ बने रहने के कारणों की व्याख्या जीवविज्ञान, मनोविज्ञान, अर्थशास्त्र और जातीय इतिहास के दृष्टिकोणों से किया है, साथ ही अनेक मान्यताओं का सतर्क खण्डन भी किया है। उत्तर-आधुनिक समय में ही भारत में पश्चिमी प्रभाव से स्त्री-विमर्श में स्त्रियों ने बढ़-चढ़कर भागीदारी की। कथा-साहित्य में तो लेखिकाओं की एक बहुत बड़ी भीड़ खड़ी हो गयी है किन्तु कविता में उनकी उपस्थिति अपेक्षाकृत कमजोर है। कविता की संरचना कुछ-न-कुछ अमूर्त तथा लाक्षणिक होती है। (यद्यपि आजकल सपाटबयानी अधिक है) इसलिए कथा कहने-सुनने की आदतवाली स्त्रियों के लिए उसकी रचना खास तौर से विमर्श की दृष्टि उतनी प्रासंगिक नहीं रहती है। कविता के क्षेत्र में जिन महिलाओं ने अपनी उल्लेखनीय उपस्थिति न केवल दर्ज की है बल्कि कविता को ऊँचाई दी है उनमें इन्दु जैन, सुनीता जैन, कमल कुमार, स्नेहमयी चौधरी, अमृता भारती, अनामिका, विनय राजाराम, उमा सिंह, कात्यायनी, प्रभा खेतान, अजन्ता देव आदि उल्लेखनीय हैं। इन्दु जैन ने जीवन के अनुभवों को समसामयिक नारों से अप्रभावित रहते हुए शब्दबद्ध किया है। वह राजनीति, समाज, अर्थतन्त्र के साथ ही चिरन्तन प्रश्नों को अपनी रचनाओं में निरूपित करती हैं। इनके काव्य-संकलन हैं–"हमसे पहले भी लोग यहाँ थे (1980), कितनी अवधि (1986), बुनती आवाजें (1991), कोना तेरा कौन सा (1991) यहाँ कुछ हुआ तो था (1994), सबूत क्यों चाहिए (1998) कुछ-न-कुछ टकरायेगा जरूर (2004)।" सुनीता जैन प्रेम, प्रकृति और परिवार से जुड़े अपने अनुभवों को काव्य में उकेरती हैं। उन्होंने माँ को लेकर अनेक कविताएँ लिखी हैं। उनके प्रेम में ऐन्द्रिकता के साथ ही हल्की आध्यात्मिकता तथा दार्शनिकता भी है। इनके प्रकाशित काव्य-संकलन हैं– 'हो जाने दो मुक्त' (1978), 'जाने लड़की पगली' (1996) दूसरे दिन (2004)। इन्होंने वंचितों तथा शोषितों के प्रति भी मार्मिक कविताएँ लिखी हैं। प्रकृति के सुन्दर बिम्बों से इनकी कविता अधिक भावव्यंजक हो गयी है।

स्त्री-विमर्श में बढ़-चढ़कर भागीदारी करनेवाली कवयित्री अनामिका की कविताएँ अनुभव की ऊष्मा तथा सहज सरल भाषा में तीखी भाव-व्यंजना के कारण चर्चित हुई हैं। अनामिका के चार

काव्य-संकलन प्रकाशित हैं– गलत पते की चिट्‌ठी, बीजाक्षर अनुष्टुप, कविता में औरत, खुरदरी हथेलियाँ (2005)। "अबला जीवन, हलो, तुम्हारी यही कहानी" में नये मुहावरे में आज की औरत की दशा का चित्रण देखिये–

हँसती हुई दीखती हैं वे/हर ओर/टी.वी. में/सारे मुख्य पृष्ठों/चौराहों पर/पिटकर भी निकली हो घर से/तो जाहिर नहीं होने देतीं/

अनामिका बाजारीकरण में औरत की मनोदशा का चित्र खींचते हुए अन्त में सवाल उठाती हैं कि **'जाल बिछा ही रह जायेगा, क्या भाई। सारे चुग्गे/खुद ही जायेंगे क्या चुनकर/भूखे बहेलियें।'**

'वृद्धाएँ' शीर्षक कविता महिला की पारिवारिक स्थिति की विडम्बना को उद्‌भासित करती हैं। वृद्धाएँ परिवार के लिए वरदानस्वरूप हैं, उनकी उपयोगिता आज के सन्दर्भ में कम नहीं हुई है। सहज आत्मीय लगाव, आदर-सम्मान, श्रद्धा के बदले उनकी उपस्थिति मात्र उपयोगिता की दृष्टि से है। घर में वह विशिष्ट नौकरानी से अधिक नहीं रहती हैं **"वृद्धाएँ घर में रहती हैं/लेकिन ऐसे जैसे अपने होने की खातिर हों क्षमा प्रार्थी/लोगों के आते ही बैठक से उठ जाती हैं/छुप-छुप कर रहती हैं, छाया-सी माया-सी।"** प्रभा खेतान प्रसिद्ध कथा लेखिका हैं। उन्होंने स्त्री-विमर्श को कविताओं में भी उजागर किया है। अपरिचित उजाले (1981), सीढ़ियाँ चढ़ती हुई मैं (1982), एक और आकाश की खोज में (1985), कृष्णधर्मा मैं (1986), हुस्न बानों और अन्य कविताएँ (1987), अहल्या (1988), साँकलों में कैद क्षितिज (1988) उनके प्रकाशित काव्य-संकलन हैं। स्त्री का पक्ष इनकी कविताओं में बड़ी प्रखरता से निरूपित होता है। कात्यायनी वामपन्थी विचारधारा की कवयित्री हैं। कात्यायनी ने स्त्री की अदम्य जिजीविषा, शोषण-पीड़न, उपेक्षा, तिरस्कार के बाद भी अपने वजूद को बचाने के लिए संघर्षशील नारी के चित्र अंकित किये हैं। लड़कियाँ भले ही लड़कों की तरह खेलकूद, शिक्षा आदि में सक्रिय हैं किन्तु समाज की पुरानी मानसिकता का दंश उन्हें अब भी झेलना पड़ रहा है। 'सात भाइयों के बीच चम्पा' कात्यायनी की अत्यन्त मार्मिक कविता है। चम्पा बार-बार मारी जाती है। **लेकिन व्रह नये रूप में आकार ले लेती है/जलाये जाने के बाद भी वह/'अगले ही दिन/हर दरवाजे के बाहर/नागफनी के बीहड़ घेरों के बीच/निर्भय निस्संग चम्पा/मुस्कराती पायी गयी।**

गगन गिल, सविता सिंह, कमल कुमार, वन्दना केंगरानी, यशोधरा मिश्र, अनीता वर्मा, माधुरी भटनागर, नीलिमा सिंह आदि अनेक कवयित्रियाँ स्त्री-विमर्श में रचनात्मक साझेदारी कर रही हैं।

उमा सिंह के दो काव्य-संकलन 'अन्तर्द्वन्द्व' तथा 'अनुभूति' प्रकाशित हैं। इनमें नारी जीवन के विविध अनुभवों की गहरी अभिव्यंजनाएँ हैं। 'नारी का उद्‌घोष' कविता में ये कहती हैं–

मैं हूँ– अन्तरिक्ष परी कल्पना चावला
राजनीति की इन्दिरा गांधी।
रणक्षेत्र की रानी झांसी।

सम्बन्धों को आत्मीयता तथा दिल के अन्दर से उमड़नेवाले प्रेम के साथ जीना और बात है, सामाजिक दबाव के कारण रिश्तों का नकली निर्वाह उससे भिन्न है। औरत की मजबूरी रिश्तों को सामाजिक दबाव में स्वीकार करने की है–

जहाँ न थी रिश्तों की अनुभूति/उनकी स्मृति में बनानी पड़ी/अपने हाथों से मजार/उस पर जलाने पड़े चिराग।

एक माँ जब बेटों तथा बेटियों द्वारा बाँट ली जाती है तो उसका दर्द कितना गहरा होता है, इसे भुक्तभोगी माँ ही अनुभव कर सकती है। 'बँटवारे की माँ' कविता इसी पीड़ा को व्यक्त करती है। पिता विदेश में माँ स्वदेश में, दोनों अलग-अलग, एक-दूसरे से बहुत दूर। बेटे और बहुओं के बीच डरे-सहमे, उनके अनुसार जीवन जीने को विवश पति-पत्नी पत्र के द्वारा एक-दूसरे से अपने मन की पीड़ा को उजागर करते हैं। 'पाती का उत्तर' ऐसी ही कविता है। उमा ने नारी-जीवन के ऐसे प्रसंगों को उजागर किया है जो हृदयस्पर्शी हैं।

विनय राजाराम— कवयित्रियों में सर्वाधिक सशक्त एवं सुलझी हुई रचनाशीलता में अग्रगण्य विनय राजाराम (जन्म 15.7.1952, भुवनेश्वर उड़ीसा) का नाम विशेष रूप से उल्लेखनीय है। बहुभाषाविद् श्रीमती विनय राजाराम के पाँच काव्य-संकलन प्रकाशित हैं 'झर-झर-झर', 'उत्तर दो सप्तवर्णी', 'किसी को तो शिव बनना होगा', प्रमुख-संकलन हैं। विनय द्रौपद्री, कुन्ती, अहल्या, गान्धारी आदि पौराणिक पात्रों को आधुनिक परिवेश में नये सिरे से, नये रूप में पहचानने की कोशिश करती हैं। भ्रम, छलावे की अन्ध पट्टिका आज भी गान्धारी की तरह नारी की आँखों में बँधी है। औरत, माँ आदि शीर्षकों में इन्होंने नारी की आकांक्षाओं तथा पुरुष की खोटी नियति को अंकित किया है। नारी से मनुष्य यन्त्रवत् आचरण की चाह रखता है किन्तु वह नहीं जानता।

जानकर भी कोई नहीं जानता/उस औरतनुमा मशीन में/एक सुलगती आग भी है/भरपूर प्राणवान् ज्वलनशील आग/

'तुम अहल्या नहीं हो' कविता में विनय कहती हैं—

छलावे की परतों में दबी/ओ नारी!/ तुम प्रस्तर नहीं हो/ परमाणु हो/उठो/जागो/अपने को पहचानो/अपने लिये आप ही राम बनो/

विनय राजाराम ने प्रकृति-सम्बन्धी सुन्दर गीतों का प्रणयन किया है। वर्तमान राजनीतिक विडम्बनाओं एवं स्वार्थ की अन्ध दौड़ में राष्ट्रीयता तथा मानवता की रक्षा कैसे हो, इन प्रश्नों पर भी वह नितान्त संवेदनशील तरीके से विचार करती हैं और उन भावों को काव्यात्मक परिणति देती हैं।

आधुनिक दलित साहित्य

दलितकाव्य

आधुनिक काल में नवजागरण की चेतना के प्रसार के साथ अस्पृश्यता के विरुद्ध आवाज़ बुलन्द हुई। आधुनिक तर्कप्रधान युग में किसी तर्क के आधार पर मनुष्य-मनुष्य के बीच भेद के लिए कोई ठोस आधार नहीं था। महात्मा गाँधी के समाज सुधार एवं अस्पृश्यता निवारण आन्दोलन तथा आर्यसमाज के हिन्दू धर्म की पुनर्व्याख्या एवं दलितों के धर्मान्तरण को रोकने के क्रम में अनेक कवियों ने दलितों के पक्ष में कविताएँ लिखीं। हरिऔध कृत 'छूतछात के चौपदे', रामचन्द्र शुक्ल रचित 'अछूत की आह', गयाप्रसाद शुक्ल सनेही रचित 'अछूत', 'हरिजन गीत', मैथिलीशरण गुप्त रचित 'अछूत', हिन्दू, सूर्यकान्त त्रिपाठी निराला रचित 'दलित जनों पर करो करुणा', आर. सी. प्रसाद सिंह रचित 'हरिजन', 'जातिरंग देश के' आदि कविताएँ प्रकाशित हुई थीं। चाँद पत्रिका का 1927 में अछूत विशेषांक प्रकाशित हुआ था। प्रगतिशील कवियों ने भी दलित चेतना के काव्य-लेखन में योगदान किया है। बालकृष्ण शर्मा 'नवीन' कृत 'जूठे पत्ते', रांगेय राघव कृत 'स्वस्ति वाचन', रामविलास शर्मा कृत

'कार्यक्षेत्र और शील की वैश्या का प्रतिरोध' आदि उल्लेखनीय हैं। अनेक कवियों ने महाकाव्य भी लिखने का उपक्रम किया है—जैसे रामकुमार वर्मा 'एकलव्य', अनेक दास सिंह 'भीम चरित मानस', बाबूलाल सुमन 'अम्बेडकर' (महाकाव्य), खण्डकाव्यों के अन्तर्गत—बिहारीलाल हरित कृत 'जगजीवन ज्योति', श्रीनरेश मेहता कृत 'शबरी', मातप्रसाद कृत 'एकलव्य', जगदीश गुप्त कृत 'शम्बूक' परिगणित किये जा सकते हैं।

दलित चेतना की सशक्त कृति जिसे पहली आधुनिक कविता माना जाता है, वह है हीरा डोम रचित 'अछूत की शिकायत' जिसका प्रकाशन 'सरस्वती' पत्रिका में 1916 में हीरक जयन्ती अंक में हुआ था। स्वामी अछूतानन्द ने दलितों के उद्धार के लिए डटकर संघर्ष किया। उन्होंने झण्डा गीत लिखा और हरिहर उपनाम से कई उत्तेजक गीतों का सृजन किया।

गैर दलितों द्वारा लिखे गये काव्य में उस तरह का आक्रोश एवं तीखापन नहीं है जैसा कि दलित रचनाकारों में है।

दलित कवियों में सर्वाधिक चर्चित नाम मलखान सिंह का है। इनका जन्म 1948 ई. में काजी गाँव, अलीगढ़ (उ.प्र.) में हुआ था। 1996 में इनका काव्द-संकलन 'सुनो ब्राह्मण' का प्रकाशन हुआ था। गाँव में रहनेवाले दलित के ऊपर समर्थों द्वारा जो अत्याचार होते हैं उनकी दहशत उन्हें पूरी उम्र तक रहती है। बेगार में पकड़ा जाना, महाजन द्वारा जानवरों को जबरदस्ती ले लेना, खुलकर खाँसने पर भी डकैती में फँसाकर जेल में डलवा देना ये सब दलितों के दहशत के कारण हैं। 'सफेद हाथी' कविता में डोम पाड़ा की बदबूदार सीलनभरी दुखदायक जिन्दगी का यथार्थ चित्रण किया गया है। आजादी के बाद भी दलितों की स्थिति में कोई उल्लेखनीय सुधार नहीं हुआ है, मलखान सिंह कहते हैं **"आज/आजादी की आधी सदी के बाद भी/हम गुलाम हैं/पैदाइशी गुलाम/जिनका धर्म चाकरी है/और बेअदबी पर/कँटीले डण्डे की चोट/थूथड़ पर खाना है या/भूखा मरना है।"** (दलित निर्वाचित कविताएँ, पृ. 40) कवि ईश्वर के प्रति अपनी आस्था को कायम रखने में असमर्थ है क्योंकि उसे लगता है कि ईश्वर का रूप-रंग, मुखिया से भिन्न नहीं है और निकम्मों के साथ उसकी लड़ाई में वह सारथी नहीं बनेगा। उसे पूरा जंग अपने बाजुओं से ही लड़ना होगा। कवि ने हरि और जन का शब्द विच्छेद करके दो वर्गों के अलग-अलग आचरण पर व्यंग्य किया है। 'सुनो ब्राह्मण' इनकी सर्वाधिक चोट करनेवाली कविता है। इस कविता में इतिहास की बातें हैं, वर्तमान की नहीं। वर्तमान तो दलितों का युग है। इसीलिए वह आस्थाओं पर थूकता है। समय का बदलाव द्रष्टव्य है—

बछेड़े मार रहे हैं फुर्री/बैल धूप चबा रहे हैं/ और एकलव्य/ पुराने जंग लगे तीरों को/ आग में तपा रहा है/

"मैं आदमी नहीं हूँ" शीर्षक कविता में दलितों की अकिंचनता, बेबसी, उनके कार्यों की कठोरता और अमानवीय जीवन-याचना की सुविधाओं का चित्रण है। कवि सब कुछ के लिए ब्राह्मण-व्यवस्था को ही जिम्मेदार मानता है।

ओमप्रकाश 'बाल्मीकि' (जन्म 1950, बरला, मुजफ्फरनगर (उ.प्र.)—इनके दो काव्य-संग्रह प्रकाशित हैं—सदियों का सन्ताप, बस्स बहुत हो चुका। बाल्मीकि का सवाल है जब सब-कुछ ठाकुर का है, कुआँ, तालाब, खेत, गली-मुहल्ले तो फिर दलितों का गाँव, शहर, देश कहाँ है? यदि है भी तो मात्र कहने के लिए। 'झाड़वाली' कविता में दलित जीवन की क्रूरता एवं लोकतन्त्र की असफलता का चित्रण है। 'दीया' के प्रतीक द्वारा कवि ने सदियों से दलित शोषण को बड़ी मार्मिकता से अंकित किया है। 'तब तुम क्या करोगे?' कविता में सवर्णों से कई सवाल पूछे गये हैं। यदि उनके साथ वही

व्यवहार किया जाये जो दलितों के साथ किया जाता है तो उसके क्या परिणाम होंगे। कवि ने प्रश्नों का अन्तिम उत्तर भी प्रस्तुत किया है–

देवी-देवताओं के वंशज तुम/ हो जाओगे लूले लँगड़े और अपाहिज/ जो जीना पड़ जाये युगों-युगों तक/ मेरी तरह/ तब तुम क्या करोगे? (दलित-निर्वाचित कविताएँ, पृ. 63)

सुमित्रा 'वरुण' अरण्य वैभव कभी हवाओं के झोंके, कभी बारिश की फुहार (ग़ज़ल संग्रह) इनके दो संकलन प्रकाशित हुए हैं। इनकी कविताओं में 'प्रणय' की ऊष्मा, अलगाव की व्यथा, प्रकृति का सौन्दर्य तथा सामाजिक विषमता की पीड़ा सभी कुछ समाहित हैं। इनकी ग़ज़ल का सामाजिक बोध कितना मार्मिक है, देखिये–

छीनकर मुख से निवाला उनके, तू गरीबों को सताता क्यों है।
अपने घर के दिये जलाने को, तू मेरे घर को जलाता क्यों है।

सुख-दुःख में भी प्रबल जिजीविषा रहती है ग़रीब लोगों में, वे चाहे दलित हों या गैर दलित–

कहीं भूखी-सी निगाहें, कहीं पपड़ाये अधर।
कहीं प्यासे से समुन्दर को भी देखा मैंने।
कैसे समझूँ कि सुखी है या दुखी है काफ़िर,
तुमको हर हाल में जीते हुए देखा मैंने॥

हरपाल सिंह 'अरुष' दलित चेतना के सशक्त रचनाकार हैं। 'हिण्डन और पीली काई', 'नीली घाटी के चित्र', मैं बनास हूँ, प्रश्नों के कंकाल, भीमा और मुरझायी कपास, कविता अबोध बच्ची नहीं, आदि काव्य-संकलन प्रकाशित हैं। हरपाल सिंह के साहित्यिक अवदान की सराहना दलित तथा गैर दलित सभी विद्वानों तथा आलोचकों ने की है। अरुष का काव्य-सौन्दर्य, प्रणय एवं वेदना की तीव्र अनुभूतियों से सम्पृक्त है। नारी-सौन्दर्य के चित्रण में उन्होंने नितान्त मौलिक एवं ऐन्द्रिक बिम्बों का विधान किया है। सौन्दर्य-चित्र आन्तरिक अनुभूतियों के उन्मेष की कला अरुष को प्राप्त है। वे भारतीय संस्कृति, कला, शस्य-श्यामला धरती, वन, उपवन, पर्वत आदि के सौन्दर्य पर अभिभूत होते हैं, साथ ही पौराणिक प्रसंगों में छिपी हुई उस दुरभिसन्धि को भी अनावृत करते हैं जिनके सहारे आदमी-आदमी के बीच ऊँच-नीच का भेद पैदा किया गया। 'अरुष' बड़े सुलझे, विवेकपूर्ण तरीके से दलित-विमर्श में भागीदारी करते हैं, आक्रोशजनित गाली-गलौज से वे बहस को विराम नहीं देते बल्कि सटीक निष्कर्षों, तीखे प्रश्नों द्वारा हर तरह के बुद्धिजीवियों का आह्वान करते हैं। शोषण-पीड़न की दर्दनाक घटनाएँ इनकी कविता में बिम्बों और प्रतीकों में ढलकर आती हैं, लेकिन इनके कथन की धार कहीं कुण्ठित नहीं होती है, पूरी सर्जनात्मक ऊर्जा के साथ कथ्य को निरूपित करती हैं। कविता की कुछ पंक्तियाँ देखिये–

"पूजा में ठाठ से बैठे हैं/ शालिग्राम बनकर वासुदेव/ देख रहे हैं/ निस्पृह होकर अनुष्ठान कार्य/ पुरोहित अपनी लालसाओं स्पृहाओं को/ मन्त्रोच्चार में छिपाकर/ भेंट चढ़ावा समझा रहा है/ और शलिग्राम इतने दृढ़ कि टस-से-मस नहीं होते।" (मेरी भी इक्यावन कविताएँ, पृ. 66) लाख परिश्रम के बाद भी जिनकी हथेलियाँ खाली हैं उनके दर्द की खदबदाहट कवि को पूरी तरह विचलित करती है। नदियाँ दलितों, पिछड़ों, शोषितों का प्रतीक बनकर अनुभवों के विस्तृत जगत् का निर्माण करती हैं। कवि का प्रश्न कितना तीखा है–**भूखे व्यक्ति के लाचार रक्त में/खदबदाती हिंसा/ सैकड़ों पुण्यों पर भारी नहीं क्या?**

कवि के मन की वेदना है जिसे वह पीड़ाजनक स्थितियों के विरुद्ध एक विचार पैदा करने की कोशिश करता है। लेकिन उसे शायद इसका अन्दाज नहीं है कि जिसके पास बुद्धि, बल एवं बाहुबल होता है वह संगठित होकर संघर्ष से नये-नये तरीके ईजाद कर लेता है। दुनिया अपनी मुट्ठी में कर लेता है। ऐसी भी ऐसी मानसिकता के लोग हैं, भूखे मर जायेंगे किन्तु अपनी मर्यादा से समझौता नहीं करेंगे। फिर भी उसे इतिहास के दर्द को महसूस करने में सुख मिलता है। इतिहास को कुरेदने के बाद जब घाव से खून बहने लगता है तो कवि कहता है 'बस्स! हो चुका' क्योंकि–

गहरीली पथरीली नदी में/असंख्य मूक पीड़ाएँ/कसमसा रही हैं/मुखर होने के लिए रोष से भरी हुई।

जयप्रकाश 'कर्दम' (जन्म 1958, इन्दरगढ़ी गाजियाबाद (उ.प्र.)। इनका एक कविता-संग्रह प्रकाशित है। 'किले' शीर्षक कविता में कर्दम मानते हैं कि "ब्राह्मण का मान/ ठाकुर की शान/ सेठ की तिजोरी/ खेत-खलिहान/ इन्हीं किलों में इनकी चीखें बन्द हैं/इनके ध्वज दलितों के खून से रँगे हैं/इनके शयन कक्षों में बहन-बेटियों की रौंदी गयी अस्मिता के निशान हैं/इनकी रंगशालाओं में दलित वेदनाओं का संगीत गूँज रहा है/" वह इन किलों को चिन्दी-चिन्दी करने का संकल्प लेते हैं, किन्तु पूर्वजों की अहिंसा की सीख इन्हें रोक लेती है। यद्यपि अहिंसा को हिंसा सदैव रौंदती रही है। अन्ततः दमन और शोषण के खिलाफ दलितों के हाथ उठेंगे। इसी उम्मीद के साथ कविता खत्म होती है। मास्टर जी के प्रति कवि सम्मान रखता है लेकिन उस मास्टर का दुखद पहलू यह रहा कि वह वर्णवाद का पहाड़ा पढ़ाने से नहीं चूका। इन्होंने नमक और आलू का भोजन, बचे-खुचे से माँ का पेट भरना या भूखे रह जाना आदि का दुखद चित्रण किया है। जयप्रकाश 'अपेक्षाकृत अधिक तीक्ष्ण तरीके से अपने समाज की व्यथा-कथा तथा भयानक आक्रोश को व्यक्त करते हैं। वे 'कामरेड से बातचीत' में बहुत तल्ख नज़र आते हैं। वे अपने वर्ग को 'बारूद का गोदाम मानते हैं/ **श्योराज सिंह 'बेचैन'** (जन्म 1960 नदरौली गाँव बदायूँ (उ.प्र.)। इनके दो काव्य-संकलन प्रकाशित हैं। इनकी कविता आदिकवि की कविता से भिन्न तरीके से प्रस्फुटित हुई है। उन्होंने क्रौंच वध की पीड़ा का एहसास किया था, यहाँ कवि स्वयं क्रौंच है जो अनेक बधिकों के बाण से आहत है। माँ और बच्चे पर कितनी गालियों की बौछार होती, कितनी घोर अपमान से गुजरना पड़ता है। कवि को बहेलिया से ही टकराने की इच्छा है। **मोहनदास नैमिशराय** के दो काव्य-संग्रह प्रकाशित हैं। इनका जन्म 1949 में मेरठ में हुआ था। ये अपनी जाति को आग का तेवर महसूस करने के लिए ललकारते हैं। दंगा के परिणामों पर इनकी अत्यन्त मार्मिक कविता है– 'एक शव का बयान'। ये शब्द को भी हथियार की तरह बापरने का इरादा लेकर कविता लेखन में प्रवृत्त होते हैं। 'ईश्वर की मौत' कविता में इन्होंने धर्म के ठेकेदारों, आडम्बरों का खुलासा किया है। 'सच यही है' में मन्दिर, मस्जिद से जुड़े कडुवे सच को बड़े कलात्मक एवं प्रभावशाली ढंग से उजागर किया है। धर्म के नाम पर हिंसा, आगजनी, राजनीतिज्ञों द्वारा झूठी सान्त्वना, घर की महिलाओं की यातना आदि जो आज का व्यापक यथार्थ है वह कविता के शब्दों में चिंघाड़ता है – **"हम आदमी भी हैं/और हत्यारे भी/पहले लाशें बिछाते हैं/फिर राजनीति करते हैं/क्योंकि लाशें बिछाना और लाशों की राजनीति करना/दोनों ही हमारी नियति बन चुकी है/सच यही है।"** (दलित निर्वाचित कविताएँ, पृ. 110) कवि ब्राह्मण और शूद्र के अन्तर को मिटाने के लिए कलम चलाने के लिए दृढ़ संकल्पबद्ध है। वह इतिहास एवं परम्परा को विपरीत दिशा देना चाहता है–

तुमने मेरे हाथ में झाड़ू पकड़ायी थी/ आज परिवर्तन के लिए/ तुम्हें अपने हाथ में झाड़ू लेना ही होगा/ वह दिन जल्द आयेगा/ चेतना का सूरज/ उग चुका है।

असंग घोष, सी. बी. भारती, सुशीला टाकमौरे, रजनी तिलक, विपिन बिहारी, सुखवीर सिंह, कँवल भारती आदि अनेक दलित कवि शब्दों द्वारा इतिहास बदलने में लगे हैं। ये दलितों के दुःख, दर्द की कविताएँ लिखकर अपनी पहचान बनाने के लिए अग्रसर हैं। कँवल भारती (जन्म 1953, रामपुर (उ.प्र.) का एक कविता-संग्रह प्रकाशित है। 'तब तुम्हारी निष्ठा क्या होती' में भारती ने धर्मशास्त्र, इतिहास, शोषण की परम्पराओं तथा अत्याचारों, भेद-भाव की मानसिकता पर ही अनेक सवाल खड़े किये हैं। ओमप्रकाश वाल्मीकि की कविता 'तब तुम क्या करोगे' के तर्ज की कविता यह भी है। अन्तर यह है कि इसमें इतिहास, पुराण, धर्म ग्रन्थ सभी में धँसकर उनकी बखिया उधेड़ने का प्रयत्न है। 'शम्बूक' पर भी इन्होंने जोरदार कविता लिखी है। कँवल भारती का मानना है कि, **"शम्बूक/ तुम्हें मालूम नहीं/तुम्हारे वध पर/ देवताओं ने पुष्प वर्षा की थी/ कहा था बहुत ठीक, बहुत ठीक/क्योंकि तुम्हारी हत्या/दलित चेतना की हत्या थी/स्वतन्त्रता, समानता और न्यायबोध की हत्या थी/"**

दलित कथा-साहित्य—कथा-साहित्य के अन्तर्गत उपन्यास और कहानी विधाओं को सम्मिलित किया जाता है। ये विधाएँ जीवन के यथार्थ को अपेक्षाकृत अधिक स्पष्ट ढंग से निरूपित करती हैं। उपन्यासों में प्रतिष्ठित गैर दलित लेखकों ने दलितों की समस्याओं का प्रभावशाली एवं मार्मिक चित्रण किया है। प्रेमचन्द के कथा-साहित्य में अत्यन्त सहानुभूतिपूर्ण दलित-विमर्श आरम्भ हुआ है। इनके अधिकांश उपन्यासों में दलित अपनी सामाजिक एवं आर्थिक समस्याओं के साथ महत्त्वपूर्ण भूमिकाओं में उपस्थित है। 'रंगभूमि' में तो प्रेमचन्द ने 'सूरदास' नामक दलित को गाँधी के प्रतिरूप में प्रस्तुत करके नायकत्व ही प्रदान कर दिया है। कर्मभूमि में दलितों के मन्दिर-प्रवेश की समस्या के साथ शोषण और पीड़न के विरुद्ध आवाज बुलन्द की गयी है। नागार्जुन के 'बलचनमा', 'वरुण के बेटे', रेणु के 'मैला आँचल', रांगेय राघव के 'कब तक पुकारूँ', शैलेश मटियानी के 'कोई अजनबी नहीं', जगदीश चन्द्र के 'नरक कुण्ड में वास', अमृतलाल नागर के 'नाच्यो बहुत गोपाल', रमेशचन्द्र शाह के उपन्यास 'किस्सा गुलाम' आदि अनेक उपन्यासों में दलितों के प्रति तीव्र संवेदना के आधार पर दलित जीवन की व्यथा एवं संघर्ष की कथाएँ प्रस्तुत की गयी हैं। लखकों में परकाया प्रवेश की क्षमता होती है। वे पराये दुःख को अपनी गहरी संवेदना के आधार पर महसूस करते हैं, अतः उनका दलित लेखन उपेक्षणीय नहीं है, न तो भाव की दृष्टि से और न शिल्प की दृष्टि से।

दलित उपन्यासकारों में जयप्रकाश 'कर्दम' का नाम उल्लेखनीय है। 'छप्पर' को दलित साहित्य का दलित द्वारा लिखा गया पहला उपन्यास माना जाता है। इसमें वर्ण-व्यवस्था तथा जाति-व्यवस्था द्वारा होनेवाले शोषण, उत्पीड़न तथा अत्याचारों की आधारशिला रखनेवाले ब्राह्मणों तथा सामन्तों के गठबन्धन के विरोध को मुखरित किया गया है। शिक्षा क द्वारा दलितों के उत्थान का सन्देश भी इस कृति में दिया गया है। चन्दन उच्च शिक्षा के लिए शहर जाता है और सुक्खा ठाकुर का कड़ाई से विरोध करता है। 'करुणा' इनका दूसरा उपन्यास है जिसमें बौद्धधर्म के मध्यम मार्ग से उन्नति की कामना की गयी है। इसमें ऊँच-नीच, जमींदारी प्रथा, दहेज का विरोध किया गया है।

प्रेम कपाड़िया के उपन्यास 'मिट्टी की सौगन्ध' में एक युवक अपनी जमींदार खानदानी वसीयत से टकराने एवं जूझने की चेष्टा करता है। सत्यप्रकाश 'जस तस भयो सबेरा' उपन्यास में पण्डे, पुरोहितों एवं सामन्तों के कुचक्रों का पर्दाफाश करते हैं। मोहनदास नैमिशराय का प्रसिद्ध उपन्यास है 'मुक्ति पर्व'। वे इसमें संघर्षशील दलित परिवार को सामने लाते हैं। वे भी दलित उत्थान के लिए

शिक्षा के महत्त्व को प्रतिपादित करते हैं। 'क्या मुझे खरीदोगे' (1990), 'आज बाजार बन्द है' (2004), इनके दो अन्य उपन्यास प्रकाशित हैं। 'क्या मुझे खरीदोगे' उपन्यास में सरिता दलित लड़की है जो कॉलेज के सवर्ण साथी से प्रेम करती है। दोनों बम्बई भागकर जाते हैं। सागर उसका साथ छोड़ देता है। अनेक लोगों के द्वारा यौन शोषण के बाद वह स्त्री मुक्ति का आन्दोलन चलाती है।

'आज बाजार बन्द है' में वेश्यालय के जीवन और पीड़ा को व्यक्त किया गया है।

दलितों द्वारा लिखित उपन्यासों में कोई नयापन नहीं है। उनमें स्वानुभूति की वह तीव्रता नहीं है जो कविताओं में है। गैर दलित उपन्यासकारों ने जिन समस्याओं का अत्यन्त कलात्मक एवं मर्मस्पर्शी चित्रण अपने उपन्यासों में किया है उन्हीं समस्यासों को दलित लेखक भी अंकित करते हैं।

कहानी लेखन में भी दलित लेखक एवं गैर दलित का विभाजन किया गया है। प्रेमचन्द की अनेक कहानियों--जैसे--ठाकुर का कुआँ, सद्गति, दूध का दाम, पूस की रात, कफ़न आदि दलितों के साथ सवर्णों के अमानवीय व्यवहार, आर्थिक विपन्नता, संघर्षों के बावजूद बेहतर स्थिति में न पहुँच पाने का बेगानापन आदि अनेक मुद्दों को शैल्पिक कसावट के साथ अठाया गया है। अनेक प्रगतिवादी कहानीकारों ने भी दलितों की विषम परिस्थितियों एवं संवेदनाओं को अंकित किया है। दलित कहानीकारों की कहानियों का कैनवास अधिक विस्तृत है। वे दलितों के साथ अन्य वर्ग के सम्बन्धों तथा तज्जनित मानसिक घात-प्रतिघात को अंकित करने का सार्थक प्रयत्न कर रहे हैं। दलित परिप्रेक्ष्य में उनके द्वारा भी व्यापक मानवीय सन्दर्भों को कहानी में समाहित किया जा रहा है। उनकी कहानियों में प्रयत्नपूर्वक नायकत्व किसी दलित पुरुष या महिला को ही दिया जाता है। ओमप्रकाश वाल्मीकि की कहानी 'यह अन्त नहीं' में दलित महिला विरमा के साथ छेड़खानी करनेवाले सवर्ण 'सचीन्दर' के विरुद्ध थाने में रिपोर्ट की जाती है। अन्त में मामला गाँव पंचायत में जाता है। गाँव का प्रधान दलित है किन्तु वह ठाकुर का पिछलग्गू है, अतः न्याय सही नहीं करता है। पंचायत सचीन्दर पर मात्र पाँच रुपये जुर्माना करती है। विरमा मुखर होकर पंचायत के कारनामों का विरोध करती है और सारी बिरादरी को अन्याय के विरुद्ध एकजुट लड़ाई के लिए प्रेरणा देती है। 'आटे सने हाथ' कहानी में कुसुम वियोगी ने एक दलित छात्रा की गरीबी, खाने-पीने के अभाव तथा स्कूल में जैसे- तैसे अपनी पढ़ाई को जारी रखने की आकांक्षा को अंकित किया है। 'फुलेसरा बहू की आँख' कहानी गाँव की अन्य कुरीतियों एवं विश्वासों की ओर संकेत करती हैं। दलित महिला की आँखों का जादू बच्चों को बीमार कर देता है। धनुकधारी सिंह का बेटा बीमार है, वह यही मानता है कि फुलेसरा बहू का ही टोना है। वह उसकी आँखें निकालने का उपक्रम करता है। रत्नकुमार साँमरिया 'फुलवा' नामक कहानी में दलित की उन्नति एवं समृद्धि को देखकर जलनेवाले तथा अपने झूठे जातीय एवं जमींदारी अहंकार में जीनेवाले रामेश्वर का मिज़ाज अंकित किया है। लेकिन पण्डिताइन का यह कथन नये युग परिवर्तन का सूचक है "अब तो पद और पैसे का जमाना है, जात-पाँत का नहीं, फुलवन्ती का राधेमोहन कोई छोटा-मोटा अफसर नहीं। एस.पी. है एस.पी.।"

मोहनदास नैमिशराय की कहानी 'महाशूद्र' मेरी जानकारी में नितान्त नये कथानक पर केन्द्रित है। इसमें एक महाब्राह्मण तथा डोम की सहकर्मी होने के नाते से आत्मीयता एवं बेबसी की पीड़ा व्यक्त है। दोनों मरघट पर मुर्दे आने की प्रतीक्षा रात-रात करते हैं। अपनी जीविका चलाने के लिए आचार्य जी मुर्दों का कफ़न तक बेच देते हैं फिर भी गरीबी से निजात नहीं पाते। विधवा बेटी की समस्या अलग से उनके सामने है। बेटे इस पेशे से अलग होने की सलाह देते हैं किन्तु कोई विकल्प तलाशे बिना। ब्राह्मणों के बीच प्रचलित छुआछूत की समस्या पर उँगली रखते हुए लेखक कहता है कि 'क्या

ब्राह्मणों में भी ऊँच-नीच होती है? वहाँ भी छूआछूत है?" नन्दू ने बड़े आश्चर्य भरे स्वर में पूछा/ सूरजपाल चौहान की 'परिवर्तन की बात' कहानी में चमार लोग ठाकुर की मरी गाय उठाने से मना कर देते हैं। अन्त में ठाकुर चमारों के टोले के चारों ओर काँटे की बाड़ लगवा देते हैं क्योंकि चारों ओर ठाकुर की जमीन थी। कहानी के अन्त में ठाकुर रघु कहते हैं "सालो चमारों, समय परिवर्तन की बात करते हो। हम भी देखते हैं तुम्हारा समय कैसे बदलता है।" कई कहानियों में दलित पात्र अपने ऊपर हुए अत्याचार का बदला हत्या करके लेते हैं। 'जीने का अधिकार' कहानी का घंशू यही कार्य करता है।

दलित कहानियों में दलितों को शिक्षित होने, संगठित होने तथा हिम्मत के साथ अपने साथ होनेवाले अत्याचार का मुकाबला करने का सन्देश दिया गया है।

गैर दलितों तथा दलितों द्वारा कई नाटक भी दलित समस्याओं पर लिखे गये हैं। स्वदेश दीपक रचित 'कोर्ट मार्शल' (1991) प्रताप सहगल रचित नाटक 'लड़ाई' राजेश कुमार रचित नाटक 'कह रैदास खलास चमारा' आदि उल्लेखनीय हैं। माताप्रसाद ने 'तड़प मुक्ति की' नाटक में दलितों की अनेक समस्याओं को उजागर किया है।

दलित जीवन का असली दस्तावेज दलित आत्मकथाओं में दर्ज हुआ है। आत्मकथाओं की ख्याति भी अधिक हुई है। ओमप्रकाश वाल्मीकि की आत्मकथा 'जूठन', मोहनदास नैमिशराय की आत्मकथा 'अपने-अपने पिंजरे (दो भाग) श्योराजसिंह बेचैन की आत्मकथा 'मेरा बचपन मेरे कन्धों पर' सूरजपाल चौहान की आत्मकथा तिरस्कृत, दया पवार कृत 'अछूत', शरण कुमार लिम्बाले कृत अक्कर माशी, डॉ. रमाशंकर 'घुटन', तुलसीराम, 'मुर्दहिया', कौशल्या वैंसत्री, 'दोहरा अभिशाप' उल्लेखनीय दलित आत्मकथाएँ हैं।

परिशिष्ट - 1

उर्दू साहित्य का इतिहास

उर्दू भाषा की उत्पत्ति—उर्दू शब्द छावनियों के बाजार के लिए प्रयुक्त होता था। अपेक्षाकृत बड़े बाजार के लिए 'उर्दू-ए-मुअल्ला' शब्द का प्रयोग किया जाता था। उर्दू को तुर्की भाषा का शब्द माना जाता है। लेकिन इसका खण्डन करते हुए भोलानाथ तिवारी ने लिखा है कि चीनी में हूणों के कबीला जो ह्वांगहो नदी के किनारे रहते थे उन्हें 'ओर्दू' कहा जाता था इसका मूल अर्थ है घुम्मक्कड़। ये लोग खेमों में रहते थे इसलिए इस शब्द का व्यवहार खेमों के लिए भी होने लगा। अनेक यूरोपीय भाषाओं में यह शब्द अदल-बदल कर गया है; तुर्कों के साथ यह शब्द भारत आया। मुगल बादशाहों के फौजी पड़ावों के लिए उर्दू शब्द चलता था इन पड़ावों में बाजार लगते थे उन्हें भी उर्दू बाजार कहते थे। बाजार में खड़ीबोली तथा अरबी, फारसी संज्ञा पदों के मेल से जो भाषा बनी उसे जबाने-उर्दू कहते थे। बड़े बाजार की भाषा के लिए जबाने-उर्दू-ए-मुअल्ला शब्द भी चलता था। कालान्तर में संक्षिप्त होकर केवल 'उर्दू' का प्रयोग मिली-जुली जबान के लिए होने लगा। इस भाषा पर पंजाबी, ब्रजभाषा, बाँगरू का भी प्रभाव पड़ा है। इसका आधारभूत व्याकरण खड़ीबोली का है और संज्ञा पद ज्यादातर अरबी-फारसी से गृहीत हैं। इसकी लिपि पर्सियन है। बाजार से बाहर जो मिली-जुली भाषा बन रही थी उसका नाम था रेख्ता। पद्य की भाषा के लिए इस संज्ञा का व्यवहार विशेष रूप से किया जाता था। स्त्रियों की भाषा को रेख्ती कहते थे। उर्दू के अर्थ में हिन्दी, हिन्दुस्तानी तथा हिन्दवी आदि नामों का भी प्रयोग हुआ है।

'साहित्य में उर्दू का प्रयोग 1700 ई. के आस-पास हुआ।' दक्षिण भारत के खलीफा बन्दानवाज गेसूदराज, को उर्दू का पहला रचनाकार माना जाता है। 'मेराजुल आशकीन' नाम से इनकी रचना गद्य में प्राप्त है। इसमें अरबी-फारसी का विशेष प्रभाव है। इसके विषय में अन्तिम रूप से यह निर्णय नहीं हो सका कि यह हिन्दी या उर्दू या दकनी किसका कवि है। अबुल्लाह हुसैनी ने निशातुल इश्क का अनुवाद उर्दू में किया। इसके बाद शाह मीरान जी ने शहादतुल, हकीकत, खुश-नामा, और शरहे मरगुबुल-कुलूब की प्रसिद्ध रचनाएँ आयीं। इन्होंने अपनी भाषा को हिन्दी कहा है। इनकी रचना का उदाहरण देखिये—

तूँ कादिर कर सब जग सब को रोजी देवे।
तूँ सभों का दाना बीना, सब जग तुझको सेवे॥
एकस माटी मूली देवे एकस माटी बाज।
केतों पाट पितम्बर देता केतों सरकी लाया।
केतों ऊपर धूप तलावे केतों ऊपर छाया॥
केते ज्ञान भगत बैरागी केते मूर्ख गँवार।
एक जिन मानस कीता एक पुरुष एक नार॥

दक्कनी क्षेत्र में उर्दू साहित्य के दो केन्द्र थे बीजापुर और गोलकुण्डा, इन केन्द्रों पर जो साहित्य रचा गया उनमें बादशाहों तथा सूफियों की मुख्य भूमिका रही। बीजापुर केन्द्र में जो दूसरे प्रमुख रचनाकार हैं उनका नाम है अएरफ वयाबानी। उनकी मसनवी 'नवसरहाद' है। इसी समय निजामी ने कदम्बराव और पद्मराव नाम से मसनवी लिखी। अन्य कवियों में जानम, अमीनुद्दीन आला, आदिलशाह द्वितीय उल्लेखनीय हैं। मोहम्मद आदिलशाह के संरक्षण में रुस्तमी, दौलतशाह, अब्दुल आदि शायरों ने कविताएँ लिखीं। रुस्तमी की एक लम्बी कविता खावरनामा मिलती है। नुसरती ने तीन पुस्तकें लिखीं हैं—गुलशने इश्क और अलीनामा विशेष प्रसिद्ध है। इसने अपने आश्रयदाता के जीवन कथा को बड़े विस्तार से लिखा है। अलीनामा उर्दू की श्रेष्ठ रचनाओं में गिनी जाती है। इस रचना का ऐतिहासिक साहित्यिक दोनों महत्त्व है। गोलकुण्डा केन्द्र से जुड़ा हुआ व्यक्ति मोहम्मद कुली कुतुबशाह बादशाह तो है ही बहुत बड़ा कवि भी है। भारतीय संस्कृति के विविध रंग उसकी रचनाओं में अंकित होते हैं। उसकी रचनाओं में प्रेम की संवेदना के साथ-साथ नारी सौन्दर्य एवं प्रकृति सौन्दर्य का प्रभावशाली चित्रण हुआ है। उसकी रचना का एक उदाहरण देखिये—

पिया बाज प्याला पिया जाये ना।
पिया बाज इक तिल जिया जाये ना॥
नहीं इश्क जिसको बड़ा कोर है।
कधीं उससे मिल बैसिया जाये ना॥

इसी समय वजही नामक अत्यन्त महत्त्वपूर्ण शायर पैदा हुआ। मुस्तरी नाम से इसने कुली कुतुबशाह की युवावस्था की प्रेम कहानी लिखी है। वजही ने गद्य में सबरस नाम की एक रचना प्रस्तुत की। कुतुब मुस्तरी की कुछ पंक्तियाँ इस प्रकार हैं—

छिपी रात उजाला हुआ दीश का।
लगा जग करन सेव परमेश का॥

कुतुबशाही युग का तीसरा बड़ा कवि इब्ने निशाती था। उसने भी फूलवन नाम से एक मसनवी लिखी। बीजापुर और गोलकुण्डा में इतने अधिक कवि पैदा हुए हैं कि उन सब का नामोल्लेख करना

सम्भव नहीं है। हैदराबाद में नया आसफी राज्य 1724 ई. में स्थापित हुआ। इस दरमियान वली, वहरी और सिराज आदि बड़े कवि पैदा हुए। वली को उर्दू काव्य का बाबा आदम कहा जाता है। वली ने ग़ज़ल, मसनवी, कसीदा आदि सभी प्रकार की कविताएँ लिखी हैं इनमें अधिकतर प्रेम संवेदना की अभिव्यक्ति हुई है। वली की कविता का नमूना द्रष्टव्य है–

जिसे इश्क का तीर कारी लगे।
उसे जिन्दगी क्यों न भारी लगे।
न होंवे उसे जग में हरगिज करार।
जिसे इश्क की बेकरारी लगे ॥
वली को कहे तूं अगर एक वचन।
रकीबो के दिल में कटारी लगे ॥

इस युग के दूसरे सबसे बड़े सूफी कवि काजी महमूद 'बहरी' थे। बहरी बीजापुर के एक गाँव के निवासी थे। 'मन लगन' इनकी प्रसिद्ध रचना है। इनके शिष्य ने गद्य में 'अर्त-मनलगने' (अर्थ-मनलगन) के नाम से प्रसिद्ध किया। इनके गजलों की भाषा सरल एवं स्वाभाविक है। एक उदाहरण प्रस्तुत है–

सूर तुझ मुखमिसाल ने सच है।
लाल तुझ लब से लाल ने सच है॥
घुन तेरे मदमते नयन के निमन।
पुर्तगाली कलाल ने सच है॥
अब खुशामद तूँ बस कर ए बहरी।
तुज पर उसका खयाल ने सच है॥

औरंगाबाद के मूल निवासी 'सिराज' औरंगाबादी इस युग के तीसरे बड़े कवि थे। बालपन से ही इनका लगाव सौन्दर्य एवं प्रेम की ओर था। सात वर्ष की अवस्था में ये फकीरों के संग रहने लगे और सारा जीवन इसी स्थिति में बीता। इन्होंने जो कुछ कहा वह सब नष्ट हो गया।

उर्दू के सूफी कवियों में 'सिराज' का नाम महत्त्वपूर्ण है। इनके संग्रह में हर प्रकार की कविताएँ संकलित हैं लेकिन वह अपनी मसनवी 'बोस्ताने-ख्याल' और अपनी गजलों के कारण प्रसिद्ध है। बोस्ताने ख्याल 1747 ई. के लगभग लिखी गयी। सिराज की ग़ज़लें मनोहर, सुन्दर एवं प्रभावशाली हैं। उदाहरण के लिए एक शेर द्रष्टव्य है–

सब जगत ढूँढ़ फिरा प्यु को न पाया हरगिज।
दिल के गोशे में मकाँ था मुझे मालूम न था।
खबरे - तहैयुरे - इश्क सुन, न जूनूँ रहा न परी रही।
न तो तू रहा, न तो मैं रहा, जो रही सो बेखबरी रही॥
मुद्दत से गुम हुआ दिल - बेगाना ए सिराज।
शायद कि जा लगा है किसी आशना के हाथ॥

उर्दू साहित्य का अगला विकास दिल्ली केन्द्र में हुआ। यद्यपि उर्दू का जन्म दिल्ली के आस-पास हुआ लेकिन इसे साहित्यिक महत्त्व देर में मिला, इस क्षेत्र में सांस्कृतिक भाषा के रूप में फारसी को महत्त्व मिला। फारसी के आगे बोलचाल की भाषा उर्दू को अपनाने में एक तरह से कवियों को हीनताबोध होता था। दक्षिण से वली के आने से कवियों के मन की यह शंका दूर हो गयी कि बोलचाल

की भाषा में भावनाओं की सशक्त अभिव्यक्ति सम्भव नहीं है। आरम्भिक रचनाकारों में अफजल, जाफर जटल्ली के नाम उल्लेखनीय हैं। उत्तर भारत में उर्दू काव्य साहित्य का आरम्भिक चरण बादशाह मुहम्मद शाह के राजकाल से हुआ। यह पहला मुगल बादशाह है जिसने उर्दू में कविताएँ लिखीं। इस समय फाईस, आबरु, नाजी हातिम, एकरंग, मजहर जानेजाँ, मजमून, फूँगा, ताँबा आदि अनेक बड़े कवि पैदा हुए। इस समय के जो तजकिरे मिलते हैं जिनमें बहुत संक्षेप में कवियों का जिक्र किया गया है। जिनका नाम नजुमुद्दीन था वे आरजू के शिष्य थे। ये ज्यादातर ग़ज़लें लिखते थे। उन्हें अलंकारों से विशेष लगाव था। इनकी रचना की दो पंक्तियाँ देखिये–

फिरते थे दश्त-बश्त दिवाने किधर गये।
वे आशिकी के हाए जमाने किधर गये॥
अफसोस है कि मुझको वो यार भूल जावे।
वो शौक, वो मुहब्बत, वो प्यार भूल जावे॥

दूसरे कवि नाजी का पूरा नाम था सैय्यद मोहम्मद शाकिर। ये एक सिपाही थे। इन्होंने ज्यादातर ग़ज़लें लिखी थीं। हातिम का महत्त्व इस दृष्टि से अधिक है क्योंकि ये कई कवियों के गुरु थे। उनका जन्म दिल्ली में 1699 में हुआ था। मृत्यु 1781 या 1792 में हुई थी। उनकी कविता का उदाहरण देखिये–

जिसको देखा सो यहाँ दुश्मने-जाँ है अपना।
दिल को जाने थे हम अपना, सो कहाँ है अपना॥
खुप गयी है दिल में 'हातिम' के तेरी बाँकी निगाह।
चलते-चलते टुक बताता जा तेरा क्या नाम है॥

मिर्जा मजहर जाने जाँ ने उर्दू में बहुत कम कविताएँ लिखी हैं। इस समय के कवियों ने काव्यशास्त्र और व्याकरण पर अधिक ध्यान नहीं दिया। उर्दू काव्य की परम्परा को इसी रूप में अग्रसर करनेवाले प्रमुख कवि हैं सौदा, मीर, सोज, कायम आदि। मीर अब्दुल हईद 'ताँबा' उपनाम से रचना करते थे। ये दिल्ली के रहनेवाले थे और बहुत सुन्दर थे। इनके शेर देखिये–

नहीं कोई दोस्त अपना, यार अपना, मेहरबाँ अपना।
सुनाऊँ किसको गम अपना, अलम अपना, बयाँ अपना।
न ताकत है इशारे की, न कहने की, न सुनने की।
कहूँ क्या मैं, सुनूँ क्या मैं, बताऊँ क्या बयाँ अपना।

ख्वाजा मीर दर्द ने जो प्रमुख सूफी कवि माने जाते हैं अधिकतर ग़ज़लें लिखी हैं। उनकी कविताओं में सोख, करुणा का वातावरण मिलता है। उनकी एक मसनवी ख्वाबो ख्याल बहुत प्रसिद्ध है। दर्द दिल्ली में पैदा हुए और अन्त तक दिल्ली में ही रहे। दर्द की कुछ पंक्तियाँ द्रष्टव्य हैं–

वो दिन किधर गये कि हमें भी फराग था।
यानी कभू तो हम में भी दिल था, दमाग था॥
गुजरा हूँ जिस खराबे में कहते हैं वाँ के लोग।
है कोई दिन की बात ये घर था, ये बाग था॥

इन्होंने दिल्ली के विनाश और जीवन की निःसारता को सुन्दर शब्दों में अंकित किया है। इस समय मुहम्मद रफी सौदा ने काफी प्रसिद्धि प्राप्त की। ये 1771 में अवध की राजधानी फैजाबाद आ

गये, यहाँ से लखनऊ चले आये। इनका सम्बन्ध ज्यादातर राजदरबारों से रहा इसलिए इन्होंने कसीदे बहुत लिखे। कुछ कसीदे धार्मिक महापुरुषों की प्रशंसा में हैं कुछ बादशाहों के। कसीदे के अलावा इन्होंने अच्छी गजलें भी लिखीं। इनकी भाषा में फारसी शब्दों के अधिक प्रयोग हैं। इनकी ग़ज़ल के कुछ शेर देखें—

जो मजकूर उससे करता है, कोई गमखार रोने का।
तो कहता है कि चुप रह, है उसे आजार रोने का॥
मैं अपने हाल पर हँसता हूँ वरना हर घड़ी जालिम।
मुहब्बत में तेरी सामाँ किया तैयार रोने का॥

इस समय के सबसे बड़े कवि मीर तकी मीर माने जाते हैं। इनका जन्म 1725 ई. में आगरा में हुआ था। इनका जीवन बहुत कष्ट में बीता है। मीर की कविता में मुगलराज के पतन का हृदय विदारक चित्र मिलता है। मीर ग़ज़ल के सबसे बड़े कवि माने जाते हैं। इनकी भाषा में माधुर्य के साथ-साथ कड़वापन भी है। इनकी ग़ज़ल की कुछ पंक्तियाँ देखिये—

हस्ती अपनी हबाब की-सी है।
ये नुमाइश सुराब की-सी है॥
नाजुकी उसके लब की क्या कहिए।
पंखड़ी एक गुलाब की-सी है।
बार-बार उसके दर पर जाता हूँ।
हालत एक इक्तिराब की-सी है।
'मीर' उन नीम बाज आँखों में।
सारी मस्ती शराब की-सी है॥

इस समय तक उर्दू कविता जीवन के यथार्थ को रूपायित करने में सक्षम हुई, इन कवियों ने होली, दीवाली पर सुन्दर कविताएँ लिखीं, इनमें धार्मिकता का जो भाव है, उसमें प्रेम और मुहब्बत के लिए विशेष स्थान है।

उर्दू कविता का अवध केन्द्र—दिल्ली के पतन के बाद कुछ शायर फैजाबाद और लखनऊ चले आये। 1724 के आस-पास अवध राज्य की नींव पड़ी। अवध का नवाब शुजाउद्दौला ने अवध की प्रतिष्ठा बढ़ाने में विशेष योगदान किया। इसने कवियों और कलाकारों को अपने यहाँ बुलाकर संरक्षण और प्रोत्साहन दिया। इसका पुत्र आसुकदौला ने अपने पिता की गरिमा को यथासम्भव बनाये रखने की चेष्टा की। दिल्ली से सौदा, सोज, फूंगा यहाँ आये और यहाँ कविता को प्रभावित किया। अवध केन्द्र के प्रमुख कवियों में मुसहफी, जुरअत, मीरहसन और इन्शा उल्लेखनीय हैं। मीरहसन के पिता जाहिक अच्छे कवि थे और दिल्ली से लखनऊ आये। मीरहसन की मसनवियाँ और ग़ज़लें प्रकाशित हुई। सेहरुल बयान इनकी प्रसिद्ध रचना है। इनकी भाषा सरल और बोलचाल के समीप रहती है। इनकी कविता का एक नमूना प्रस्तुत है—

तू राह दिल में दिल रहा तुझमें।
तिस पर तेरा मिलाप न हो सका॥
हँसना और बोलना तो एक तरफ।
सामने उसके मैं तो रो न सका॥

दूसरे महत्त्वपूर्ण कवि जुरअत जिनका पूरा नाम था शेख कलेन्दर बख़्श दिल्ली से फैजाबाद पधारे थे। कहा जाता है कि जुरअत दोनों आँख से अन्धे थे, संगीत और ज्योतिष शास्त्र में भी निपुण थे। जुरअत ज्यादातर ग़ज़लें लिखते थे, कुछ मसनवियाँ भी लिखी हैं। उनकी ग़ज़लों में शृंगार रस की प्रधानता है। इन्शा अल्लाह खाँ मुर्शीदाबाद में पैदा हुए थे। अपने पिता माशा अल्लाह खाँ के साथ फैजाबाद आये थे। ये बहुत तेजस्वी थे। इन्शा अपनी हँसी के लिए बहुत प्रसिद्ध थे। बाद में इन्शा लखनऊ चले आये। नवाब शहादत अली खाँ इन्हें बहुत मानता था। इन्होंने कविता में कुछ नवीन प्रयोग किये हैं। इनकी सबसे महत्त्वपूर्ण रचना है दरिया-ए लताफत। इन्होंने बहुत अच्छे कसीदे लिखे हैं। रानी केतकी की कहानी इनकी प्रसिद्ध रचना है। इनकी ग़ज़ल की कुछ पंक्तियाँ इस प्रकार हैं—

कमर बाँधे हुए चलने को याँ सब-यार बैठे हैं।
बहुत आगे गये बाकी जो हैं तैयार बैठे हैं॥
न छेड़ ऐ निकहते-बादे-बहारी, राह लग अपनी।
मुझे अठखेलियाँ सूझी हैं हम बेजार बैठे हैं॥
तसीव्वुर अर्श पर है और सर है पा-ए-साकी पर।
गरज कुछ और धुन में इस घड़ी मयखार बैठे हैं॥

इन्शा के एक मित्र कवि थे शआदत यार खाँ रंगीन। इनके चार काव्य-संग्रह प्रकाशित हैं। रंगीन ने रेख़्ती में रचनाएँ की हैं इसीलिए इनका इस दृष्टि में महत्त्व है। इन्होंने स्त्रियों की दशा का सुन्दर चित्रण किया है। इस युग के एक प्रमुख कवि हैं मुसहफी। मुसहफी के आठ काव्य-संग्रह मिलते हैं। इन्होंने कसीदे, मसनवी आदि काव्य-रूपों का प्रयोग किया है। इनकी ग़ज़लें भावुकता एवं सादगी के कारण विशेष रूप से प्रभावित करती हैं। इनकी रचना का एक उदाहरण देखिये—

सोते ही हम रह गये अफ़सोस हाय।
काफिला यारों का सफ़र कर गया॥
किस्सा कहूँ क्या दिले-बीमार का।
इश्क की तप थी न बचा मर गया॥

दिल्ली की तुलना में लखनऊ स्कूल में काव्य-रचना में मुख्य अन्तर यह आया कि चूँकि यहाँ नया-नया राज्य स्थापित हो रहा था इसलिए यहाँ के कवियों में दिल्ली जैसी मायूसी तथा निराशा नहीं है। इस केन्द्र में इमाम हुसैन की शहादत का स्मरण विशेष रूप से हुआ। इसलिए मर्सिया अच्छे लिखे गये। यहाँ की उर्दू पर अवधी के माधुर्य का काफी सूक्ष्म प्रभाव पड़ा है। भाषा में एक विशेष प्रकार की कोमलता परिलक्षित होती है।

लखनऊ केन्द्र की कविता को उन्नति प्रदान करनेवाले कवियों में नासिख का नाम उल्लेखनीय है। इनका जन्म फैजाबाद में हुआ था। इन्होंने कविता में इतना नाम किया कि अनेक राज्याधिकारी तथा अमीर इनके शिष्य बन गये लेकिन इन्होंने राज दरबार से अपना सम्बन्ध नहीं स्थापित किया। जब इन्होंने दरबारी नियमों का उल्लंघन किया तो इन्हें लखनऊ छोड़ना पड़ा। इनके तीन काव्य-संग्रह प्रकाशित हैं। इनकी कविता में कृत्रिमता अधिक है तथा अलंकरण की प्रवृत्ति भी है। इनकी रचना का एक नमूना देखिये—

आज होता है दिला! दर्द जो मीठा मीठा।
ध्यान होता है तुझे किसके लाने शीरीं का॥

सैकड़ों आहें करूँ पर जिक्र क्या आवाज़ का।
तीर जो आवाज़ दे है नक्स तीरंदाज का॥

दूसरे महत्त्वपूर्ण कवि हैं ख्वाजा हैदर अली 'नासिख'। इनके पिता दिल्ली से फैजाबाद आये थे। ये दीन-दुखियों के बीच रहने में सुख का अनुभव करते थे। इनमें भी अलंकार के प्रति लगाव दिखायी देता है। लेकिन कभी-कभी सरल भाषा में अपनी भावनाओं की सहज अभिव्यक्ति भी करते हैं। उन्होंने नैतिकता का जिक्र बार-बार किया है। उदाहरणार्थ–

जमीने चमन गुल खिलाती है क्या क्या।
बदलता है रंग आसमाँ कैसे कैसे॥
न गोरे सिकन्दर न हैं कब्रे दारा।
मिटे नामियों के निशाँ कैसे कैसे॥
बहारे गुलिस्ताँ की है आमद आमद।
खुशी फिरते हैं बागवाँ कैसे कैसे॥

नासिख तथा आतिश दोनों के कई शिष्यों ने शायरी में योगदान किया है। नासिख के एक शिष्य थे वजीर। ये अपने उस्ताद की तरह ही लिखते थे। आतिश के शिष्य थे पण्डित दयाशंकर कौल। 'गुलजार नसीम' नाम से इन्होंने एक मसनवी लिखी थी।

लखनऊ में मुहर्रम और दूसरे त्योहार बड़े उत्साह से मनाये जाते थे। शोक-सभाएँ भी होती थीं। इसलिए मरसिये की बड़ी उन्नति हुई। दिलगीर, फसीर, खलीक, अनीस आदि ने अच्छे मरसिये लिखे। अनीस ने अलंकरण का मोह छोड़कर सरल तथा मीठी भाषा में रचनाएँ कीं। दवीर ने भी मरसिया लेखन में योगदान किया है। उर्दू कविता को जिस व्यक्ति ने जनजीवन से जोड़ने का काम किया उस शायर का नाम है नजीर अकबराबादी। नजीर का जन्म दिल्ली में 1740 में हुआ लेकिन इनका सारा समय आगरा में बीता। नजीर ने ब्रज क्षेत्र के भक्तिपूर्ण वातावरण को देखा और अपने समय के विभिन्न वर्गों के दुःख-दर्द को भी देखा। नजीर की कविता फारसी काव्यशास्त्र से बँधकर नहीं चलती बल्कि उनमें भारतीयता का रंग चटकीला हो गया है। नजीर खुले दिल के व्यक्ति थे। वे खेलकूद, उत्सवों, त्योहारों और मेलों में बड़ी रुचि से भाग लेते। जनता के शोषित वर्ग से उनकी गहरी आत्मीयता बन गयी थी। नजीर का मिजाज उनकी कविता में परिलक्षित होता है। नजीर के दो काव्य-संग्रह प्रकाशित हैं। कुलियाते नजीर बार-बार छपा। नजीर ने हिन्दू देवताओं और महापुरुषों पर भी अनेक कविताएँ लिखी हैं। नजीर की भाषा आगरा के आस-पास के बोलचाल की भाषा थी। उन्होंने प्रकृति का सुन्दर चित्र खींचा है और अपनी रचनाओं में मानवीयता को सबसे ऊपर प्रतिष्ठित किया है। 'जनम कन्हैया जी' उनकी प्रसिद्ध कविता है। 'आदमीनामा' से कुछ पंक्तियाँ उद्धृत हैं–

दुनिया में बादशाह है, सो है वो भी आदमी।
और मुफलिसो-गदा है, सो है वो भी आदमी।
जरदार, बेनबा है, सो है वो भी आदमी।
नेमत जो खा रहा है, सो है वो भी आदमी॥
टुकड़े जो माँगता है, सो है वो भी आदमी॥

दिल्ली केन्द्र की अन्तिम प्रतिभा पतनशील मुगल सभ्यता के अन्तिम दौर के महान् कवि हैं जौक, मोमिन, जफर और गालिब। मोमिन का नाम था मोमिन खाँ, वे पेशे से वकील थे। ये राजदरबार से दूर रहे और किसी धनवान् की प्रशंसा में कविताएँ नहीं लिखीं। कुछ कसीदे धार्मिक नेताओं के लिए

लिखे हैं। उनकी ग़ज़लों में प्रेम की प्रधानता है। आलंकारिकता और फारसीनिष्ठता के कारण उनकी भाषा कहीं-कहीं कठिन हो गयी। उनकी कविता के कुछ शेर देखिये—

सहर से शाम तक तुझ बिन यही हालत रखी दिल ने।
न मुझको चैन देता था न आप आराम लेता था॥
न मानूँगा नसीहत, पर न सुनता मैं तो क्या करता।
कि हर-हर बात पर नासेह तुम्हारा नाम लेता था॥

इस युग के प्रसिद्ध कवियों में शेख अब्राहिम जौक का नाम उल्लेख हे। जौक का जन्म 1789 ई. में एक गरीब सिपाही के यहाँ हुआ था। ये बीस वर्ष में ही बहादुरशाह जफर के उस्ताद हो गये थे। जौक उर्दू के कसीदा लेखकों में प्रसिद्ध हैं। जौक काव्यशास्त्र के पण्डित थे। इनकी कविताओं में सरलता और सहृदयता परिलक्षित होती है। जौक के कुछ शेर प्रस्तुत हैं—

गया शैतान मारा एक सिजदे के न करने से।
अगर लाखो बरस सिजदे में सर मारा तो क्या मारा॥
आदमीयत और राय है इल्म है कुछ और चीज।
कितना तोते को पढ़ाया पर वो हैवाँ ही रहा॥
किया हमने सलाम ऐ इश्क तुझको।
कि अपना हौसला इतना न पाया॥

इस युग के सबसे बड़े कवि हैं ग़ालिब। इनका पूरा नाम था ख्वाजा असद-उल्लाह-खाँ। घर में मिर्जा नवशाँ के नाम से पुकारे जाते थे। मुगल राज्य की ओर से इन्हें तीन उपाधियाँ मिली थीं नज्मुदौला, दबीरुल मुल्क और निजाम जंग। इनका जन्म 1757 ई. में आगरा में हुआ था। पाँच वर्ष की अवस्था में ही पिता का स्वर्गवास हो गया। ये अपने ननिहाल में रहे, तेरह वर्ष में ही ग़ालिब ने आगरा से ही काव्य-रचना शुरू कर दी थी। उन्हें फ़ारसी का बहुत अच्छा ज्ञान था क्योंकि उनका सम्बन्ध बादशाही वंश से था इसलिए इस पर उन्हें बहुत नाज़ था। दिल्ली में ग़ालिब को आर्थिक कठिनाइयाँ झेलनी पड़ीं। वे तीस वर्ष की अवस्था में कलकत्ता गये और नयी परिस्थितियों में कलकत्ता की जिन्दगी को समझा। उन्हें 1850 में मुगल दरबार में मुगल वंश का इतिहास लिखने के लिए नियुक्त किया गया। उन्होंने फ़ारसी भाषा में मेहरे-नीमरोज नाम से उसका एक भाग लिखा। ग़ालिब ने डायरी भी लिखी। उन्हें जफर का गुरु होने का भी अवसर मिला। 1867 ई. में 73 वर्ष की अवस्था में ग़ालिब का देहान्त हो गया। ग़ालिब कुशाग्र बुद्धि के एवं विनोदप्रिय स्वभाव के व्यक्ति थे। उनमें स्वाभिमान एवं नम्रता थी और नवीन उद्‌भावनाओं की अद्‌भुत क्षमता मौजूद थी। अपनी कमियों को वे छुपाते नहीं थे। शराब उन्हें प्रिय थी और धार्मिक बाह्य आडम्बरों के वे विरोधी थे। उन्होंने गद्य एवं पद्य दोनों में रचनाएँ कीं, उनके काव्य की अनेक शैलियाँ हैं। फ़ारसी के प्रति विशेष प्रेम होने के कारण वे अपनी फ़ारसी कविता को उर्दू कविता से श्रेष्ठ मानते थे। उनकी रचनाओं में कलात्मक सजगता और अनुभूतियों की गहनता थी, नयी-से-नयी उपमाओं एवं उत्प्रेक्षाओं का उपयोग करते थे। वे समय के परिवर्तन को बखूबी पहचान रहे थे लेकिन पतन से सभ्यता को नयी दिशा देने की दृष्टि उनके पास नहीं थी। उनकी रचनाओं में कहीं-कहीं नैराश्य भी दिखायी देता है। उर्दू में कहीं-कहीं उन्होंने कुछ कसीदे और ग़ज़लें भी लिखी हैं। जीवन के उल्लास और विलास को जीने की इच्छा रखनेवाले ग़ालिब ने अपने समय के पतनशील समाज के संघर्ष का चित्रण किया है। उनके कुछ शेर देखे जा सकते हैं—

वो आयें घर में हमारे खुदा की क़ुदरत है।
कभी हम उनको कभी अपने घर को देखते हैं॥
नज़र लगे न कहीं उनके दस्ती-बाजू को।
ये लोग क्या मेरे जख्मे-जिगर को देखते हैं॥

ग़ालिब को 19वीं शताब्दी का उर्दू का प्रतिनिधि कवि माना जाता है।

बहादुरशाह जफर के चार काव्य-संग्रह प्रकाशित हो चुके हैं। उनके संग्रह में शृंगार रस के साथ-साथ धर्म और नैतिकता की भी बातें हैं। जफर की प्रसिद्धि ग़ज़ल रचना के लिए है। उनमें दुःख और करुणा की अनन्त भावनाएँ परिव्याप्त हैं। उनके कुछ शेर देखिये–

न किसी की आँख का नूर हूँ, न किसी के दिल का फरार हूँ।
जो किसी के काम न आ सके, मैं वो एक मुश्ते-गुबार हूँ॥
पए-फातिहा कोई आये क्यों, कोई चार फूल चढ़ाये क्यों।
कोई शमा लाके जलाये क्यों, मैं तो बेकसी का मजार हूँ॥
न जफर किसी का हबीब हूँ, न जफर किसी का रकीब हूँ।
जो बिगड़ गया वो नसीब हूँ, जो उजड़ गया वो दयार हूँ॥
ठण्डी-ठण्डी कोई साँस है आती जाती।
दिल में है आग मेरे और लगाती जाती॥

1857 के विद्रोह के कारण दिल्ली और लखनऊ के राज्य उजड़ गये। वाजिद अली शाह कलकत्ता में और बहादुरशाह जफर रंगून में बन्दी जीवन व्यतीत कर रहे थे। यद्यपि भारत में नवजागरण शुरू हो गया था लेकिन उसकी लहर का संस्पर्श नहीं हुआ। पुरानी और नयी दोनों परम्परा की टकराहट हो रही थी। आगे उर्दू कविता को जीवन्त रखनेवाले कवियों में मुहम्मद मुस्तफा खाँ, सेफ्ता मजरूह, नसीम, जहीर, दाग, अमीर, जलाल आदि के नाम उल्लेखनीय हैं। सेफ्ता ने अधिकतर ग़ज़लें लिखीं हैं। मजरूह का वास्तविक नाम मीर मेंहदी था। यद्यपि दिल्ली में अनेक कवियों की उपस्थिति थी लेकिन उसके अन्तिम समय में दाग को जो ख्याति मिली वह किसी और को नहीं मिली। वे फिरोजपुर के नवाब शमशुद्दीन के पुत्र थे, वे कवियों के उत्प्रेरक और उनकी रचनाओं के सुधारक भी थे। इनके चार गजल के संग्रह प्रकाशित हुए हैं गुलजारे दाग, आफताबे दाग, महताबे दाग, यादगारे दाग। एक मसनवी फरियादे दाग है। दाग की कविताओं में प्रेम की मार्मिक व्यंजना हुई है, उन्होंने निराशा में भी आशा का संचार किया है–

शबे-वस्ल जिद में बसर हो गयी।
नहीं होते-होते सहर हो गयी॥
लगाते हैं दिल उससे, अब हार-जीत।
इधर हो गयी या उधर हो गयी।
बुरे हाल से या भले हाल से।
तुम्हें क्या, हमारी बसर हो गयी॥
इधर आईना है उधर दिल है।
जिसको चाहा उठा के देख लिया॥

वाजिद अली शाह 1847 में अवध के सिंहासन पर बैठे, वे अख्तर उपनाम से उर्दू में रचनाएँ करते थे। उस समय सैकड़ों छोटे-बड़े कवि मौजूद थे। इनमें अमीर मिनाई बड़े उल्लेखनीय कवि हैं।

इन्हें रामपुर के नवाब का उस्ताद बनने का मौका मिला। इन्हें हैदराबाद भी बुलाया गया। इन्होंने गद्य और पद्य दोनों में रचनाएँ कीं। मिरातुल गैर और सनम खनाये इश्क उनके ग़ज़लों के संग्रह हैं। लखनऊ के एक और प्रसिद्ध कवि जामिन अली जलाल भी रामपुर दरबार में रहे, वहाँ से लौटकर लखनऊ आये। शब्दों, अलंकारों के साथ-साथ इनकी रचनाओं में भावों की सुन्दर व्यंजना है। इनके कुछ शेर देखिये—

एक कदम जाना जिधर दुश्वार था।
शौक लेकर सैकड़ों मंजिल गया॥
तुम लाख छिपो हमसे मगर छिप नहीं सकते।
जो दिल में है आँखों से निहाँ हो नहीं सकता।

लखनऊ के कवियों में अमानत का नाम भी महत्त्वपूर्ण है। अमानत पहले मरसिये लिखते थे फिर ग़ज़लें लिखने लगे। रामपुर और हैदराबाद के दरबार इस समय गुलजार हो गये थे, हैदराबाद में जौक, नासिर, अमीर आदर के साथ बुलाये गये थे। हैदराबाद के उस समय के प्रमुख कवियों में फैज, मायल, तौफीक और कैफी प्रसिद्ध थे।

नवजागरणकालीन उर्दू काव्य

पाश्चात्य शिक्षा की रोशनी में भारतीय जीवन-दृष्टि में आधुनिकता का प्रवेश हुआ। यातायात के साधनों की वृद्धि, अनेक मान्यताओं के लोगों का संसर्ग, छापेखाने की व्यवस्था, भारत में अंग्रेजी सत्ता का वर्चस्व आदि अनेक ऐसी परिस्थितियाँ थीं जो कविता को नये ढर्रे पर चलने के लिए विवश कर रही थीं। अनेक धार्मिक सुधार की जो संस्थाएँ बनीं जैसे ब्रह्मसमाज, प्रार्थनासमाज, आर्यसमाज, थियोसोफिकल सोसाइटी आदि का प्रभाव जितना अधिक हिन्दू समाज पर पड़ा उतना मुस्लिम समाज पर नहीं। लेकिन मुसलमानों में नवशिक्षित लोग थे जो मुस्लिमों को नयी दिशा निर्देशन कर रहे थे। गुलामी की व्यथा सभी भारतीयों को दुखदायी लग रही थी अतः राष्ट्रभक्ति का भाव जागृत होना स्वाभाविक है। कट्टरपन का विरोध, आर्थिक एवं व्यापारिक उन्नति की चाह, समाज सुधार तथा शिक्षा नीति के विचारों में परिवर्तन की माँग उर्दू काव्य में दृष्टिगत होती है। कविता को नयी दिशा देनेवाले रचनाकार मौलाना मुहम्मद हुसैन 'आजाद' माने जाते हैं। 1874 ई. में आजाद ने एक लम्बे भाषण देने के बाद कविता को समकालीन यथार्थ से जोड़ने की सलाह दी। इनकी कविता में प्रगति का आह्वान है तथा संघर्ष की गहन चेतना है; एक तरह उद्‌बोधन भी है—

है सामने खुला हुआ मैदाँ चले चलो।
बागे - मुराद है समर - अफ़शाँ चले चलो॥
दरया हो बीच में कि बयाबाँ चले चलो।
हिम्मत ये कह रही है खड़ी, हाँ चले चलो।
चलना ही मसलहत है मेरी जाँ चले चलो॥

उस युग के सबसे प्रभावशाली कवि हैं मौलाना हाली। इनका जन्म 1837 ई. में पानीपत में हुआ, पूरा नाम था ख्वाजा अल्ताफ हुसैन। इन्होंने जीवन के अनेक संघर्षों का सामना करते हुए, अपने रचना कर्म को विकसित किया। आरम्भिक अवस्था में ही जब उन्होंने ग़ालिब को अपनी कविताएँ सुनायीं तो वे बहुत प्रभावित हुए। इन्होंने मद्दो नजरे-इस्लाम में 1879 में लिखी जो मुसद्दसे हाली के नाम से प्रसिद्ध हुई। मुनाजाते बेवा नाम से इनकी दूसरी रचना 1887 में प्रकाशित हुई। 1914 में इनका

देहान्त हो गया। वे कविता से देश को जगाना चाहते थे। हाली की चेतना भी भारतेन्दु की तरह राजभक्ति और देशभक्ति के द्वैत में फँसी हुई थी। हाली की कविता में उपदेशात्मकता की प्रवृत्ति है इसलिए वह कुछ लोगों को नीरस लगती है। उनके कुछ शेर देखें—

बस ऐ नाउमीदी न यों दिल बुझा तू।
झलक ए उम्मीद अपनी आखिर दिखा तू॥
ज़रा ना उमेदों उमीदों को पारस बँधा तू।
फ़सुर्दा दिलों के दिल आखिर बढ़ा तू॥
तेरे दम से मुर्दों में जानें पड़ी हैं।
जली खेतियाँ तूने सरसब्ज की हैं॥

इस युग के मौलाना शिल्दी और अकबर इलाहाबादी ने अंग्रेजी सत्ता के विरुद्ध मुसलमानों को जागृत किया। धार्मिकता के पक्षधर होते हुए भी ये लोग साम्प्रदायिकता के विरुद्ध थे। शुब्हे उम्मीद नाम से एक मसनवी लिखी। **सैयद अकबर हुसैन उपनाम अकबर इलाहाबादी** 1846 ई. में इलाहाबाद के बारा तहसील में पैदा हुए थे। 1866 ई. में नायब तहसीलदार बने बाद में सब-जज हो गये। 1921 ई. में इनका देहान्त हो गया। पूरब की संस्कृति और नैतिक मूल्यों और धार्मिकता के ये कायल थे। पश्चिमी विचारों और विचारकों का ये मखौल उड़ाते थे। अंग्रेजी राज्य की लूट खसोट से ये वाकिफ थे। अकबर हास्य रस के बड़े कवि माने जाते हैं उनके कुछ शेर देखने योग्य हैं—

लेकिन ये मैं तुझसे पूछता हूँ हिन्दी।
योरुप का तेरी रगों में कुछ खून भी है॥
गोलियों के जोर से करते हैं वो दुनिया को हज्म।
इससे बेहतर इस गिज़ा के वास्ते चूरन नहीं॥

देशभक्ति को बढ़ाने में सुरूर की कविताओं का भी महत्त्वपूर्ण स्थान है। इन्होंने धार्मिक तथा ऐतिहासिक विषय पर बहुत-सी कविताएँ लिखीं। इनकी कविताओं में अलंकरण की प्रधानता है और फ़ारसी शब्दों का प्रयोग अधिक किया गया है। इस समय के कवियों में चकबस्त का उल्लेखनीय स्थान है। ब्रजनारायण चकबस्त लखनऊ के एक कश्मीरी ब्राह्मण परिवार में 1882 में पैदा हुए थे। इन्होंने अतीत का गुणगान करते हुए वर्तमान का कारुणिक दृश्य खींचा है। धार्मिक और नैतिक सुधार सम्बन्धी इनकी अनेक कविताएँ मिलती हैं। उन्होंने हिन्दुस्तान की प्रशंसा में कविताएँ लिखीं। इनकी कुछ पंक्तियाँ द्रष्टव्य हैं—

कुछ कम नहीं अजल से खाबे-गिरा हमारा।
इक लाशे-बेकफन है हिन्दोस्ताँ हमारा॥
इसके भरे खजाने बरबाद हो रहे हैं।
जिल्लत नसीब खाबे-गफलत में सो रहे हैं॥

इस समय के बहुत अधिक चर्चित कवि रहे हैं इकबाल जिनका जन्म 1874 ई. में सियालकोट पंजाब में हुआ था। इन्होंने दर्शनशास्त्र में एम. ए. की उपाधि प्राप्त की और लन्दन से बैरिस्टरी पास की और जर्मनी से डॉक्टर आफ फिलासफी की उपाधि प्राप्त की। 1919 में इनका देहान्त हो गया। प्रारम्भ में इकबाल की रचनाओं में राष्ट्रीयता का प्रबल आवेग था लेकिन धीरे-धीरे उनको लगा कि संकीर्ण देशभक्ति और राष्ट्रीयता मानव के विकास में अवरोध पैदा कर देती है। उन्हें विश्व दर्शन

का अच्छा ज्ञान था। हिन्दू-मुस्लिम एकता पर उन्होंने कई कविताएँ लिखीं। उनकी रचनाओं में नैतिक मूल्यों की स्थापना के भी संकेत हैं, वे अन्तरात्मा की पवित्रता और उसकी असीमित शक्ति की ओर हमारा ध्यान केन्द्रित करते हैं। उर्दू के उनके चार संग्रह हैं—'बाँगे-दरा', 'बाले-जिबरील', 'जर्बे-कलीम' और 'अर्मूगाने-हिजाज'। इकबाल की कुछ पंक्तियाँ उद्धृत हैं—

कोई अब तक न ये समझा कि इन्साँ
कहाँ जाता है, आता है कहाँ से॥
दिल में कुछ इस तरह की आरजू पैदा करूँ
लौट जाये आस्माँ मेर मिटाने के लिए॥

× × × × ×

न तू जमीं के लिए है न आस्माँ के लिए
जहाँ है तेरे लिये तू नहीं जहाँ के लिए
सितारों के आगे जहाँ और भी हैं
अभी इश्क के इम्तिहाँ और भी हैं॥

इस समय ऐसे अनेक कवि पैदा हुए जिनमें सैयद अली मुहम्मद, साज अमीनाबादी, ज्वालाप्रसाद बख्त, नौबतराय नजल, सफी लखनवी, मुहम्मद हादी अजीज, जाकिर हुसैन शाकिर, फानी बदायूँनी, अनवर हुसैन आरजू, वाजिद हुसैन एगाना आदि प्रमुख हैं।

इस युग में हर प्रकार की काव्य-चेतना अंकित की गयी। 1920-30 के बीच विश्व के इतिहास में कुछ ऐसी घटनाएँ घटित हुईं जिनका प्रभाव उर्दू कविता पर आया। स्वतन्त्रता-आन्दोलन के साथ ही आर्थिक समस्याओं की ओर भी लोगों का ध्यान खिंचने लगा था। हिन्दी साहित्य के इतिहास में प्रगतिवादी काव्यान्दोलन की जो भूमिका निर्मित हुई है उससे उर्दू साहित्य भी प्रभावित हुआ है। साम्यवादी विचारधारा का भारतीय नवजवानों ने स्वागत किया और भारत में कम्युनिस्ट पार्टी की स्थापना हुई। मुल्कराज आनन्द तथा सज्जाद जहीर ने प्रगतिशील लेखक संघ की स्थापना की जिसका अधिवेशन 1936 ई. में लखनऊ में हुआ जिसकी अध्यक्षता प्रेमचन्द ने की। इस समय के प्रसिद्ध कवियों में जोश मलीहाबादी हैं। इनके पन्द्रह काव्य-संग्रह प्रकाशित हैं जिनमें प्रमुख हैं नकशो निगार, शोलाओ शबनम, फिक्रो निशात, सुमूमोसबा आदि। इनमें प्रकृति-चित्रण तथा रहस्यमयी प्रवृत्तियाँ भी हैं। शृंगार रस तथा राजनीतिक चेतना दोनों पर इन्होंने सुन्दर कविताएँ लिखी हैं। हिन्दू-मुस्लिम एकता, जनतन्त्र, देश-प्रेम आदि विषयों पर इन्होंने प्रभावशाली रचनाएँ की हैं। इनकी जोशीली रचनाएँ देखिये—

क्या हिन्द का जिन्दाँ काँप रहा है, गूँज रही हैं तकवीरें।
उकताये हैं शायद कुछ कैदी और तोड़ रहे हैं जनजीरें॥
दीवारों के नीचे आ आकर यूँ जमा हुए हैं जिन्दानी।
सीनों में तलातुम बिजली का, आँखों में झलकती शमशीरें॥

इस समय के चर्चित कवि रहे हैं फिराक गोरखपुरी। इनका जन्म 1896 में गोरखपुर में हुआ लेकिन जीवन का अधिकांश समय इलाहाबाद में बीता। ये इलाहाबाद विश्वविद्यालय में अंग्रेजी के प्राध्यापक रहे। 'गुलेनगमा' शीर्षक काव्य पर इन्हें ज्ञानपीठ पुरस्कार मिला था। इन्होंने ग़ज़लें अधिक नज़में तथा रुबाइयाँ अपेक्षाकृत कम लिखीं। गज़लिस्ताँ, शेरिस्ताँ, 'रूहे कायनात', 'धरती की करवट', इनके अन्य संकलन हैं। इनके कुछ शेर देखिये—

शाम भी थी धुआँ, धुआँ, हुस्न भी था उदास उदास।
दिल की कई कहानियाँ, याद-सी आ के रह गयीं॥
दिल दुःख के रह गया ये अलग बात है मगर।
हम भी तेरे खयाल से मसरूर हो गये॥

हफ़ीज जालन्धरी (जन्म 1900 ई.) 'शाहनामए इस्लाम' इनकी प्रसिद्ध रचना है। इनकी रचना की कुछ पंक्तियाँ हैं–

भारत माँ है दुखियारी-दुखियारे हैं सब नर-नारी।
तू ही उठा ले सुन्दर मुरली तू ही बन जा श्याम मुरारी।
तू जागे तो दुनिया जागे-जाग उठे सब प्रेम पुजारी।
जाग उठे सब प्रेम पुजारी
गायें तेरे गीत
बसा ले अपने मन में प्रीत।

सागर निजामी (जन्म 1905 ई.) आरम्भ में गीत, ग़ज़ल और रोमानी कविताएँ लिखते थे लेकिन बाद में देशभक्ति के रंग में डूब गये और स्वतन्त्रता एवं जनहित भावना की कविताएँ लिखने लग गये, उनकी कुछ पंक्तियाँ देखिये–

सोने वालों को इक दिन जगा देंगे हम,
रस्मो-राहे-गुलामी मिटा देंगे हम।
तेरे बैरी के टुकड़े उड़ा देंगे हम,
आसमानो-जमीं को हिला देंगे हम,
कौन कहता है कमजोर निर्बल है तू,
हर तरफ खूँ के दरिया बहा देंगे हम।

अख्तर सिरानी 1905 में पैदा हुए और 1942 में देहान्त हो गया। इतने कम समय में उन्होंने कई कविताएँ लिखीं। उनमें प्रेम और देशभक्ति की प्रधानता है। 1935 के बाद प्रगतिशील आन्दोलन का उर्दू कविता पर प्रभाव पड़ा। इन लोगों ने शोषितों और पीड़ितों के यथार्थ को अपनी रचनाओं में चित्रित किया। पंजाब के फैज इस धारा के ऊँचे कवि हैं। नक्शे फरियादी, दस्ते सबा, जिन्दानाम इनके प्रसिद्ध काव्य-संग्रह हैं। उनमें प्रतीकों और बिम्बों के प्रयोग मिलते हैं। अशराउल हक मजार (1911-1955) मजार युवा शक्ति और चेतना के कवि माने जाते हैं। मुईन जज्बीने अपनी रचनाओं में पीड़ा और वेदना को उभारा है। जमील मजहरी, मखदून मुहीनुद्दीन उर्दू के जाने माने कवि रहे। इनकी कविताओं के संग्रह सुर्क सबेरा, गुलेतर, विसाते रक्श प्रकाशित हो चुके हैं। जाँ निशार अख्तर नौजवानों को उभारनेवाली कविताएँ लिखते हैं उनकी कुछ पंक्तियाँ देखिये–

मैं उनके गीत गाता हूँ, मैं उनके गीत गाता हूँ
जो शाने पर बगावत का अलम लेकर निकलते हैं,
किसी जालिम हुकूमत के धड़कते दिल पर चलते हैं,
मैं उनके गीत गाता हूँ, मैं उनके गीत गाता हूँ।

अली सरदार जाफरी (जन्म 1912 ई.) क्रान्तिकारी कवि हैं। उनकी मुक्त छन्द कविता का एक उदाहरण देखिये–

जाग हिन्दुस्ताँ अपने ख्वाबे गिरा से,
देख आजादी की सुबह का नूर फैला है।
खून की लकीर, एशिया जाग उठा।

अम्न का सितारा, पत्थर की दीवार, खून की लकीर आदि इनके काव्य-संग्रह हैं। नयी दुनिया को सलाम इनका प्रबन्ध-काव्य है।

कैफी आजमी (जन्म 1917 ई.) के 'झंकार', 'आखिर सब' प्रकाशित हो चुके हैं, उनकी कविता में प्रगतिशील चेतना व्यक्त हुई है। मजरूह सुल्तानपुरी, समीन करहानी, बालमुकुन्द अर्श, जगन्नाथ आजाद, अख्तर अंसारी, बामिक जौनपुरी, सिकन्दर अलीबज्द आदि कवियों ने भी उर्दू रचना को अग्रसर किया। 1930 के बाद उर्दू कविता में मुक्त छन्द का भी प्रचलन हुआ। आगे चलकर कुछ कवियों ने नग्न और अश्लील विचारों को प्रस्तुत किया। मिराजी फ्रायड के मनोविज्ञान से प्रभावित थे। सलाम मछलीशहरी की कविताओं में प्रयोगधर्मिता अधिक है।

प्रगतिशील कविता के सामाजिक आग्रह के विपरीत वैयक्तिक भावनाओं तथा यौन-चित्रणों की समर्थक नयी कविता भी उर्दू में प्रचलित हुई। इस धारा के कवियों ने नये प्रतीकों का अधिक प्रयोग किया है। हिन्दी कवियों की तरह इन पर भी मनोविश्लेषणवादी फ्रायड, युंग तथा अस्तित्ववादी सार्त्र, कामू आदि के प्रभाव पड़े हैं। नये कवियों में खलीलुर्रहमान, बाकर मेंहदी, वहीद अखतर, राही मासूम रजा, अमीक हनफी, मुनीबुर्रहमान, शाज तमकनत, इमाम शहरयार, शहाब जाफ़री के नाम उल्लेखनीय हैं।

उर्दू – गद्य साहित्य

उर्दू गद्य का आरम्भ पद्य की तरह ही दकनी से ही हुआ। आरम्भिक रचनाएँ ज्यादातर धार्मिक ग्रन्थों के अनुवाद के रूप में उपलब्ध हैं। गेसूदराज के पुत्र अकबर हुसैन ने गद्य की कुछ रचनाएँ की हैं। शम्सुल-उश्शक की 'शरहे-मरगग्बुल-कुलूब' अरबी रचना से अनूदित गद्य है। इस समय के सूफी रचनाकारों की गद्य की रचनाएँ उपलब्ध हुई हैं इनमें आला, मीरानबी, खदानुमा, मीरान हुसैनी आदि के नाम उल्लेखनीय हैं। मुल्ला वजही ने 1635 ई. में 'सबरस' लिखा जिसका विशेष साहित्यिक महत्त्व है। इसकी रचना तुकान्त गद्य में की गयी है। इस समय 'तूतीनामा' नाम से पञ्चतन्त्र और हितोपदेश की कहानियों का अनुवाद किया गया। उर्दू के इतिहासकार फ़ज़ली कृत 'करबल कथा' को उर्दू गद्य की पहली किताब मानते हैं। अठारहवीं शताब्दी के कुछ पूर्व दिल्ली में कुरान शरीफ के दो अनुवाद किये गये। अनुवादक थे शाह रफ़ीउद्दीन और शाह अब्दुल कादिर। तहसीन ने धर्मेतर विषय को 'नौ तर्जे-मुरस्सा' नाम से फारसी की रचना 'किस्सए चहार दरवेश' से उर्दू में अनूदित किया। हैदराबाद में एक पुस्तक है अदलयाते उर्दू जो एक तरह से इतिहास के विषय पर लिखी गयी है। कवि मुहम्मद बाकर 'आगाह' ने अपनी कविताओं की भूमिका गद्य में लिखी है। 'रियाजुस्सियर' सम्पूर्ण पुस्तक गद्य में है। हिन्दी की तरह उर्दू में भी गद्य लेखन पद्य की तुलना में बहुत पिछड़ा रहा है।

कलकत्ता में 1800 में फोर्ट विलियम कॉलेज की स्थापना हुई। गद्य रचना का सिलसिला यहाँ से पुनः शुरू होता है। पश्चिमी सभ्यता और साहित्य के सम्पर्क से भी भारतीय भाषाओं में गद्य की अनेक विधाओं का आरम्भ और विकास हुआ। अंग्रेजों ने कम्पनी के अधिकारियों को भारतीय भाषाओं से परिचय कराने के लिए हिन्दी तथा उर्दू के व्याकरण ग्रन्थों तथा कोशग्रन्थों का निर्माण किया। पादरियों द्वारा बाइबिल के अनुवाद उर्दू में किये गये। जोशुआ केटलर ने लैटिन भाषा में एक पुस्तक लिखी और कुछ उदाहरण उर्दू के भी दिये। बेन्जियन शुल्ज ने 1744 में बाइबिल का उर्दू में

अनुवाद किया। जान गिलक्राइस्ट ने उर्दू में कई पुस्तकें लिखीं। 'रहनुमा-ए-उर्दू', 'कवाइदे-उर्दू' उल्लेखनीय हैं।

मीर अम्मन ने 'बागोबहार' लिखा। कॉलेज के लेखक हैदर बख़्श हैदरी ने कई पुस्तकें अनूदित कीं और मौलिक रूप से भी लिखा। 'किस्सा-ए-मेहरो-माह', 'लैला मजनूँ', हफ्त पैकर, तारीखे नादिरी, गुलशने हिन्द, आराइशे महफिल, गुलेमगफिरत, उल्लेखनीय हैं। शेर अली अफ़सोस ने 'आराइशे-महफिल' लिखी, मिर्जा अली लुत्फ, मजहर अली खाँ कृतियाँ-माधवानल-काम कन्दला, बैताल पचीसी, तारीखे शेरशाही) मिर्जा काजिम अली (कृतियाँ-अभिज्ञानशकुन्तला नाटक) इन दोनों रचनाकारों के अनुवाद कार्य में लल्लूलाल ने भी सहयोग किया था। निहालदत्त लाहौरी, बेनी नारायण भी कॉलेज से जुड़े लेखक थे। अमानतुल्लाह, शैदा, हफीजुद्दीन, इकराम अली, खलील अली, 'अश्क' और मिर्जा जान तपिश ने भी कॉलेज के उर्दू-गद्य भण्डार की श्रीवृद्धि की।

फोर्ट विलियम कॉलेज के बाहर भी गद्य लेखन हो रहा था। मुहम्मद हुसैन, विन्द्रावन, हकीम मुहम्मद आदि के नाम इस सन्दर्भ में परिगणित किये जाते हैं। 1804-08 के बीच लिखी गयी इन्शा अल्ला खाँ की 'रानी केतकी की कहानी' हिन्दी तथा उर्दूवाले दोनों अपनी सम्पत्ति मानते हैं। उर्दू गद्य के विकास में ग़ालिब का भी बड़ा योगदान है। ग़ालिब के अनेक पत्र प्रकाशित हुए हैं जिनमें उस समय की ऐतिहासिक स्थितियों पर प्रकाश पड़ता है। नवजागरण की चेतना के प्रचार-प्रसार में पद्य की तुलना गद्य की भूमिका अधिक महत्त्वपूर्ण रही। गद्य को नवीन वैज्ञानिक विचारों से ओतप्रोत करने का श्रेय सैय्यद अहमद खाँ (1817-1898) को है। उन्होंने यूरोपीय शिक्षा-प्रणाली का अच्छा अध्ययन किया। सर सैय्यद की छोटी-मोटी 30 पुस्तकें प्रकाशित हुई। असारुफ सनादीन उनकी पहली महत्त्वपूर्ण पुस्तक है। सैय्यद को उर्दू निबन्ध का जन्मदाता माना जाता है। उन्होंने प्रभावपूर्ण और गम्भीर गद्य लेखन किया है। इसके बाद मौलाना मुहम्मद हुसैन आजाद का नाम आता है। आबे हयात, दरबारे अकबरी, नैरंगे ख्याल, सुखन-दाने फार्स बहुत प्रसिद्ध पुस्तकें हैं। आजाद की गद्य शैली की बड़ी प्रशंसा हुई उनकी गद्य शैली सरस, सरल और प्रभावशाली है। हाली ने केवल कविता के क्षेत्र में ही नहीं बल्कि गद्य के क्षेत्र में भी नाम रोशन किया है। हयाते सादी के नाम से इन्होंने एक आलोचना की पुस्तक लिखी, यादगारे गालिब, इनकी दूसरी महत्त्वपूर्ण पुस्तक है। जीवनी लेखक के रूप में भी इनका नाम है। डॉ. नजीर अहमद शिक्षा अधिकारी थे और उच्च अंग्रेजी शिक्षा प्राप्त थे। उन्होंने मिरातुल उरुष नामक एक उपन्यास 1869 में लिखा। इस पुस्तक के पुरस्कृत होने से इन्हें प्रेरणा मिली और उन्होंने सात उपन्यास लिखे। इनका तीसरा उपन्यास तौबतुन नुसूह सबसे प्रसिद्ध उपन्यास है। इनमें सुधारवादी दृष्टिकोण की अभिव्यक्ति हुई है। उर्दू के प्रसिद्ध लेखक मौलाना शिबली मुलानी की अनेक रचनाएँ हैं, साहित्य, इतिहास, निबन्ध, जीवन-चरित्र, पद्य आदि सभी विधाओं में उन्होंने लेखन कार्य किया। इस युग में उर्दू गद्य साहित्य में उपन्यास का खूब विकास हुआ। सरसार सरर, सज्जाद हुसैन, मिर्जा रुसवा इत्यादि ने उपन्यास की परम्परा को आगे बढ़ाया। फिसाने आजाद, जामे सरसार, सैयरे कोकसार, कामिनी, पी कहाँ आदि सरसार की प्रसिद्ध रचनाएँ हैं। मौलाना अब्दुल हलीम (1860-1926) निबन्ध लेखक थे। उन्होंने कई उपन्यास और सहस्रों निबन्ध लिखे। इनके उपन्यास मुसलमानों की वीरता, उदारता और धार्मिक दृढ़ता से सम्बन्धित हैं। इस समय के प्रसिद्ध उपन्यासकार मिर्जा मुहम्मद हादी 'रुसवां' (1858-1931) ने कई उपन्यास लिखे जिनमें 'उमरावजान अदा', शरीफ जादा, जाते शरीफ महत्त्वपूर्ण हैं। रुसवा ने 'लैला मजनूँ" शीर्षक से काव्य-नाटक भी लिखा है। मौलाना राशिदुल शौरी ने उपन्यास तथा कहानी दोनों विधाओं में रचनाएँ कीं। इनकी रचनाओं में दुःख और करुणा

का भाव अधिक है। सुबहे जिन्दगी, शामे जिन्दगी, मोहे अज़म, उरुसे कर्बला इनके प्रसिद्ध उपन्यास हैं।

उर्दू नाटक का आरम्भ अमानत अली के इन्दर सभा से माना जाता है। पारसी थियेटर्स में पहले उर्दू नाटकों को ही खेला जाता था। इन कम्पनियों के लिए रौनक बनारसी, अहसन लखनवी, नारायण प्रसाद बेताब, मिर्जा नजीर बेग आदि नाटक लिखते थे। आगा 'हश्र' के नाटक अधिक प्रभावशाली थे। शरर लखनवी, अब्दुल माजिद, पण्डित कैफ़ी आदि ने साहित्यिक महत्त्व के नाटक लिखे। उमराव अली ने राजनीतिक विषयों पर नाटक लिखा। इम्तियाज अली ने 'अनारकली' नाटक लिखा जो उर्दू का श्रेष्ठ नाटक माना जाता है। सआदत हसन मण्टो, राजेन्द्र सिंह बेदी, कृष्ण चन्दर, उपेन्द्रनाथ अश्क आदि ने सामाजिक समस्याओं को लेकर नाटक लिखे।

20वीं शताब्दी में आधुनिक ढंग की कहानियाँ भी प्रकाश में आयीं। कानपुर से निकलनेवाली पत्रिका जमाना में 1906 में प्रेमचन्द की कहानी 'दुनिया का सबसे अनमोल रतन' छपी। इस समय जो कहानियाँ लिखी गयीं उनमें प्रेम और रोमान्स की प्रधानता है। आरम्भिक कहानियों लेखकों में मियाज फतहपुरी और सुल्तान हैदर जोश उल्लेखनीय हैं। मियाज फतहपुरी ने अनेक महत्त्वपूर्ण लेख भी प्रस्तुत किये हैं। मियाज ने गद्य की विविध विधाओं में लिखा। उन्होंने जो कहानियाँ लिखीं उनमें रोमान्स और मनोरंजन की प्रधानता है। उर्दू में आलोचना का भी विकास हुआ। आरम्भिक आलोचना की कृतियों में कवियों का जीवन-परिचय उनकी रचनाओं की संख्या और अन्य साहित्यकारों से उनके सम्बन्ध का उल्लेख किया जाता है। मौलाना अब्दुल हक ने अनेक अनुसन्धानपरक पुस्तकें और निबन्ध लिखे। मुकद्दमाते अब्दुल हक, तनिकाते अब्दुल हक, 'चन्द हम असर' उल्लेखनीय हैं। लाला श्रीराम देहलवी ने उर्दू कवियों का एक तजकिरा लिखा है जो खुमसनमे जावेद के नाम से प्रसिद्ध है। मौलाना अब्दुल माजिद ने कई निबन्धों का लेखन किया। उनके संग्रह हैं अकबरनामा, मकालाते माजिद। मनोहर लाल जुत्शी, मसूद हसद रिजवी, रसीद अहमद सिद्दीकी गद्य लेखकों में प्रसिद्ध हैं। मसूद हसद रिजवी ने मर्सिया पर अनुसन्धान किया और नये प्रकार की आलोचना की। रसीद अहमद ने हास्यपूर्ण निबन्ध लिखे। आलोचना के क्षेत्र में काम करनेवाले अन्य विद्वान् हैं सैय्यद जामिन अली, हफीज अहमद, डॉ. मुइनुद्दीन कादरी, अन्दललीब, सादानी और डॉ. अब्दुल्ला।

बीसवीं शताब्दी के लेखकों में प्रेमचन्द् का नाम भी उल्लेखनीय है। ये बीसवीं शताब्दी के पहले दशक में ही ख्याति प्राप्त कर चुके थे, पहले नवाबराय के नाम से फिर प्रेमचन्द के नाम से लिखने लगे। इनके कथा-साहित्य में राजनीतिक, सामाजिक यथार्थ का सफल चित्रण हुआ है। उनकी आरम्भिक कहानियाँ सोजे वतन के नाम से प्रकाशित हुई। प्रेम पच्चीसी, प्रेम बत्तीसी, वारदात, जादे राह, ख्वाबो ख्याल, खाके परवाना, आखरी तोहफा आदि अनेक कहानी-संग्रह प्रकाशित हो चुके हैं। इसी समय अली अब्बास हुसैनी भी कथा-साहित्य के लेखन में सक्रिय रहे। 'शायद कि बहार आयी' उनका प्रसिद्ध उपन्यास है। कृष्ण चन्दर की कहानियों का संग्रह तिलस्मी ख्याल के नाम से छपा है उनकी कहानियों के कई संग्रह प्रकाशित हो चुके हैं जिनमें नज्जारे, जिन्दगी के मोड़ पर, टूटे हुए तारे, अन्नदाता उल्लेखनीय हैं। सआदत हसन मण्टो (1912-1955) उर्दू के बड़े कथाकार हैं। उनकी कहानियों में अजीब तरह की नाटकीयता है। उनकी प्रसिद्ध रचनाएँ हैं धुआँ, मण्टो के अफसाने, लज्जते संग। इन्होंने एकांकी नाटक भी लिखा। राजेन्द्र सिंह बेदी सामान्य जनजीवन के सुख-दुःख पर कहानियाँ लिखते हैं। उनके कहानियों के संग्रह हैं दानोंदाम, गहरहन, कोखजली, लम्बी लड़की। उनका उपन्यास एक चादर मैली सी बहुत सम्मानित हुआ है। इस्मत चुगताई उर्दू की लोकप्रिय लेखिका है

मध्यवर्गीय मुस्लिम नारियों की भावनाओं और जीवन का इन्होंने प्रभावशाली चित्रण किया है। इनकी कहानियों का संग्रह है—कलियाँ, चोटे, छुई मुई, दो हाथ। उपेन्द्रनाथ अश्क, अख्तर अन्सारी, हयात उल्लाह अन्सारी आदि का उल्लेख कथा-साहित्य के क्षेत्र में अपेक्षित है। फ्रायड और युंग के मनोवैज्ञानिक प्रभाव से भी कुछ कहानियाँ रची गयीं। मुख्तार मुफ्ती की कहानियाँ अवचेतन से प्रेरित मनोभावों पर केन्द्रित हैं। अजीज अहमद ने भी अपनी कहानियों में यौन वासनाओं को अंकित किया।

स्वतन्त्रता के बाद जो नये कहानीकार प्रतिष्ठित हुए हैं उनमें उल्लेखनीय हैं कुर्रतुलऐन-हैदर। इनका पहला उपन्यास 'मेरे भी सनमखाने' प्रकाशित हुआ। इन्होंने भारतीय कला, संस्कृति एवं पाश्चात्य साहित्य का गहरा अध्ययन किया है। सितारों से आगे, शीशे के घर, पतझड़ की आवाज, इनके कहानी-संग्रह हैं, सफीनए-गमेदिल, आग का दरया, चाय का बाग, सीताहरण, आखिरे-शब के हमसफर इनके उपन्यास हैं। रामलाल उर्दू के प्रसिद्ध कथाकार हैं 'गली-गली, आवाज पहचानो तो इनके कहानी-संग्रह' है और धुआँ धुआँ सबेरा, एक बूँद लहू की, कछुआ उपन्यास है। जीलानी बानो प्रगतिशील कथालेखिका हैं। 'रोशनी की मीनार' इनका कहानी-संग्रह है। आमना अबुल हसन हैदराबाद की हैं और अच्छी कथा लेखिका हैं। काजी अब्दुल सत्तार अलीगढ़ में प्राध्यापक हैं, मज्जू भैया, दाराशिकोह इनके उपन्यास हैं। ये ग्राम्य जीवन के चित्रण में कुशल हैं। आलोचना के क्षेत्र में डॉ. ज्ञान चन्द्र, डॉ. मुहम्मद हसन, डॉ. मसी हुज्जमाँ, देवेन्द्र इस्सर, आकिल रिज़वी, गोपीचन्द नारंग, शम्सुर्रहमान फारुकी, डॉ. जाफ़र रजा आदि का नाम उल्लेखनीय हैं।

उर्दू के काव्य-रूप

शेर—समान मात्राओंवाले दो पंक्तियों के छन्द को 'शेर' कहते हैं। हिन्दी में 'दोहा', 'छन्द' तथा चौपाई छन्द इस वजन का छन्द है। 3 पंक्तियों से निर्मित छन्द को 'मुसल्लस' कहते हैं। यदि चार पंक्तियाँ हैं तो उसका नाम होगा 'मुरव्वा'। पाँच पंक्तियों से बने छन्द को मुखम्मस तथा छह पंक्तियोंवाले को 'मुसद्दस' कहते हैं।

नज्म—ग़ज़ल को छोड़कर शेष कविता को 'नज़्म' कहते हैं। वैसे हर प्रकार की कविता को 'नज़्म कहा जा सकता है।

ग़ज़ल—यह शब्द अरबी भाषा से सम्बन्धित है। इसका शाब्दिक अर्थ है स्त्री से बातें करना या शिकारियों के घेरे में फँसे हिरण की करुण चीख। इसकी व्युत्पत्ति से स्पष्ट है कि यह कोमल भावों को व्यक्त करनेवाला काव्य-रूप है। शृंगार और प्रेम इसके मुख्य विषय हैं। यद्यपि ग़ज़ल इन्हीं भावों तक सीमित नहीं है। इसमें धर्म, नीति, राजनीति, देशभक्ति सभी तरह के भावों की अभिव्यक्ति हुई है। सरसता एवं माधुर्य इसके प्रमुख गुण हैं। ग़ज़ल का पहला शेर मतला और अन्तिम शेर 'मक्ता' कहलाता है। इसमें हर शेर में पहले शेर के तुक की पाबन्दी की जाती है।

कसीदा—यह प्रशंसा तथा महानता कथन का काव्य-रूप है। किसी धार्मिक पुरुष या राजनेता या बादशाह को इसका विषय बनाया जाता है। हिन्दी के चारणों द्वारा रचित रासो के समकक्ष है। यह ग़ज़ल के फार्म में हो सकता है लेकिन विषय-वस्तु का भेद रहेगा। इसमें प्रबन्धात्मकता भी अपेक्षित है। इसका भूमिकावाला भाग 'तशबीब' और प्रशंसावाला भाग 'मद्‌ह' कहलाता है।

हज्व—यह भाव की दृष्टि से कसीदा के विपरीत माना जा सकता है। इसमें किसी व्यक्ति, रीति-संस्था या समाज की निन्दा की जाती है। इसमें हास्य-व्यंग्य के साथ आक्रोश की भी अभिव्यक्ति होती है।

मरसिया—यह शोक काव्य है। इसमें करुण रस की व्यंजना होती है। इस काव्य-रूप में मरनेवाले की प्रशंसात्मक स्मृति होती है। उर्दू में ज्यादातर मरसिया इमाम हुसैन तथा उनके परिवार के कारुणिक विनाश पर लिखे गये हैं। अधिकतर मरसिये की रचना मुसद्दस के रूप में की गयी है यद्यपि इसका कोई निश्चित विधान नहीं है। वासोख्त—यह एक तरह से प्रेम की उलाहना का काव्य है। प्रेमी-प्रेमिका के आचरण तथा प्रेम के कष्टमय जीवन से घबराकर प्रेमिका को ही जली-कटी बातें सुनाने लगता है और उससे बदले की धमकी देता है।

रुबाई—एक ही विचार से निबद्ध चार पंक्तियों की कविता को रुबाई कहते हैं। इसमें दार्शनिक विचारों की अभिव्यक्ति अधिक होती है। चार पंक्तियों से अधिक की रचना क्रिता कहलाती है।

दीवान—गज़लों के संग्रह को 'दीवान' कहते हैं। काव्य-संग्रह के अर्थ में भी इस संज्ञा का प्रयोग होता है। समस्त रचनाओं के संकलन को 'कुल्लियात' कहा जाता है। दोनों में अर्थ साम्य हो गया है।

तज़किरा—कवियों की संक्षिप्त जीवनी तथा रचनाओं का परिचय प्रस्तुत करनेवाली कृति को तज़किरा कहते हैं। यह कविवृत्त संग्रह के समकक्ष है। यह साहित्येतिहास लेखन की साम्रगी प्रदान करता है।

रेख्ती—स्त्रियों की भाषा में स्त्रियों के सम्बन्ध में लिखी जानेवाली रचनाएँ रेख्ती कहलाती हैं। इसमें स्त्रियों की पारिवारिक बन्दिशों तथा प्रवृत्तियों का वर्णन होता है।

परिशिष्ट - 2

हिन्दीतर प्रदेशों का हिन्दी साहित्य

केरल का हिन्दी साहित्य

हिन्दी साहित्य के इतिहास में हिन्दीतर प्रदेशों में लिखे गये साहित्य का महत्त्वपूर्ण स्थान है। हिन्दी का राष्ट्रीय स्वरूप इस प्रकार के साहित्य सृजन से ही प्रमाणित होता है। हिन्दी प्रदेश साहित्य के निर्माण में भी सम्पूर्ण भारतीय साहित्य की प्रेरणा एवं सहयोग रहा है। दक्षिण के प्रदेशों में हिन्दी लेखन की अविरल परम्परा दृष्टिगोचर होती है। केरल प्रदेश में प्राचीन काल में ही हिन्दी का प्रवेश हो गया था। उत्तर भारत से जो तीर्थयात्री केरल जाते थे वे उन सरायों या धर्मशालाओं में रुकते थे जिन्हें गुसाईं मठ कहा जाता था। इन लोगों की भाषा के लिए गुसाईं भाषा नाम प्रचलित हुआ। मलयालम लिपि में इन लोगों से बातचीत करने के लिए हिन्दी स्वबोधिनी, हिन्दी स्वयं शिक्षक आदि पुस्तकें प्रचलित थीं। मध्यकाल में हैदरअली और टीपू सुल्तान के आक्रमण के साथ केरल में थोड़ा-बहुत उर्दू का भी प्रचलन हुआ। केरल में उत्तर-भारतीय व्यापारियों का भी आवागमन रहता था। मलयालम के प्रसिद्ध हास्य कवि कुंचन नमपियार की तुल्लल कथा में दो गुसाईं प्रेक्षकों का वार्त्तालाप दिया गया है जो हिन्दी में है। केरल के राजाओं ने साहित्य और कला को संरक्षण दिया। श्री स्वाति तिरुनाल महाराजा ने तो हिन्दी में कई मधुर पदों की रचना की। इनके द्वारा लिखे सैंतीस हिन्दी गीत मिलते हैं जो भक्ति से सम्बन्धित हैं। इनके गीतों की कुछ पंक्तियाँ देखिये—

ऊधो, सुनिए मेरो सन्देश, चले जब से पिया परदेश।
गौवां तृणनीर त्याग कीन्हो, सबे ग्वाल बाल शौक कीन्हो।
जल जमुना नहिं भावै, घड़ी भर कुंज कुम्हलावै।
हाथ मुरली, गले माला, चले जब नन्द के लाला।

अठारहवीं, उन्नीसवीं शताब्दी में दक्खिनी हिन्दी में कई मुस्लिम कवियों ने रचनाएँ कीं जिनमें सरवर खाँ, जलील हजरत, अतहर, खासिम खाँ उल्लेखनीय हैं।

1922 में केरल में राष्ट्रभाषा के रूप में हिन्दी का प्रचार प्रारम्भ हुआ। धीरे-धीरे हिन्दी लेखन को बढ़ावा मिला। स्वतन्त्रता से पूर्व राष्ट्रीय भावना और स्वातन्त्र्य बोध को जागृत करनेवाली रचनाएँ प्रकाशित हुईं। श्रीमती लक्ष्मी कुट्टीदेवी, भारती देवी, टी. के. गोविन्दन, श्री विमल केरलीय, टी. के. रामन, श्रीमती अम्मिणी आदि की कविताएँ उल्लेखनीय हैं। भारतीय नारी को उद्घोषित अम्मिणी की निम्नलिखित पंक्तियाँ द्रष्टव्य हैं—

क्या नारी तुम हो अबला?
दिखला दो अपने को सबला।
पुरुषों से लो अपना बदला—
नहीं छोड़ दो पर, प्रेम-कला।
जागो नारी, जागो नारी
क्रान्ति मचाओ जग में भारी—
काँप उठे सब अत्याचारी
जागो नारी, जागो नारी।—

स्वतन्त्रता के बाद भी काव्य-रचना की यह परम्परा अग्रसर रही। वासुदेवन पिल्ले, पी. नारायण, नारायण देव, यम श्रीधर मिनून, चन्द्रशेखर नायर आदि कवियों ने अपनी रचनाओं से हिन्दी साहित्य की समृद्धि की। पी. नारायण ओज और शक्ति के कवि हैं। इनकी भाषा तेजस्वी और सशक्त है; उदाहरणार्थ—

स्फीत शिराएँ कुलिश भुजाएँ
कानन उपवन करते देखा।
पाषाणी दिल निर्मल भू से
दाना-सोना झरते देखा।

पण्डित नारायण देव की कविताओं का संग्रह 'आरती' शीर्षक से प्रकाशित हुआ। इन्होंने आह्वान, बापू, जवाहर आदि कविताओं में राष्ट्रीय भाव की अभिव्यक्ति की। अन्य हिन्दी कवियों में बी.ए. केसवन, नम्पू त्री, करिक्ककम रामचन्द्रन, मीराँ आदि के नाम उल्लेखनीय हैं। हिन्दी में अनूदित मलयालम कविताओं का भी प्रकाशन हो रहा है। बाँसुरी का पद्यानुवाद किया गया है।

केरल में हिन्दी में गद्य साहित्य भी रचा गया। हिन्दी प्रचारक पत्रिका में कहानियाँ प्रकाशित होती रही हैं। केरली हिन्दी कहानीकारों में पी. के केशवन नायर, एम. पी. माधव कुरुप, सी. जी. गोपाल कृष्णन, श्रीमती माधव कुट्टिट के नाम उल्लेखनीय हैं। स्वतन्त्रता के बाद कहानी के क्षेत्र में, के. नारायण और चन्द्रशेखरन नायर का योगदान सराहनीय है, के. नारायण की लगभग पचास कहानियाँ प्रकाशित हो चुकी हैं। एस. पद्म कुमारी, एस. आर. सुशीला, ए. अरविन्द आदि ने भी कहानियाँ लिखी हैं। मलयालम से कई कहानियाँ हिन्दी में अनूदित की हैं। 1957 में युग प्रभात के अंकों में मलयालम कहानियों के अनुवाद प्रकाशित हुए। केरल में हिन्दी में मौलिक उपन्यास नहीं लिखे गये। कई मलयालम उपन्यासों का अनुवाद ही किया गया। नाटक रचना के क्षेत्र में न्यून प्रयास हुए हैं। एन. चन्द्रशेखरन नायर ने सन् 1968 में सेवाश्रम शीर्षक से एक नाटक प्रकाशित कराया था। 'युग संगम' इनका दूसरा नाटक है। नायर ने 'द्विवेणी', 'बदला', 'कुरुक्षेत्र जागता है' एकांकियों की रचना की। श्रीमती लक्ष्मी

कुट्टिट ने भी 'भारतीय नारी तेरी महिमा' शीर्षक से तीन एकांकियों को प्रकाशित कराया। केरल के हिन्दी निबन्धकारों में वसुदेव पिल्ले, श्री पी. के. केशवन नायर, डॉ. सरला देवी आदि के नाम महत्त्वपूर्ण हैं। डॉ. विश्वनाथ अय्यर ने निबन्ध और आलोचना दोनों क्षेत्रों में कार्य किया। श्री एम. चन्द्रशेखर नायर के दो निबन्ध-संग्रह 'भारतीय साहित्य और कलाएँ' तथा 'भारतीय साहित्य' शीर्षक से प्रकाशित हुआ। बाल साहित्य के लेखन में पी. जी. वासुदेव और एन. ई. विश्वनाथ अय्यर के नाम उल्लेखनीय हैं। श्री विश्वम् ने कहानी स्वर और स्वरूप, वी. नरायन कुट्टिट ने हिन्दी की नयी कविता पर आलोचनात्मक पुस्तकें प्रकाशित कीं। केरल में हिन्दी और मलयालम साहित्य के विविध पक्षों पर महत्त्वपूर्ण तुलनात्मक शोधपरक कार्य हो रहे हैं। डॉ. जैकब पी. जार्ज, विश्वनाथ अय्यर, जी. गोपीनाथन, वी. एन. फिलिप्स, प्रो. मलिक मोहम्मद, डॉ. अरविन्दाक्षन तथा एन. जी. देवकी आदि द्वारा किये गये शोध सराहनीय हैं।

हिन्दी पत्रकारिता के क्षेत्र में केरल पीछे नहीं है यहाँ से कई पत्रिकाएँ जैसे अरविन्द, त्रिभाषी राष्ट्रवाणी, प्रताप, युगप्रभात, केरल भारती, केरल ज्योति, साहित्य मण्डल पत्रिका आदि प्रकाशित हैं।

तमिलनाडु का हिन्दी साहित्य

तमिलनाडु में हिन्दी का लेखन स्वतन्त्रता-संग्राम के दौरान राष्ट्रीय नेताओं के द्वारा तमिलनाडु में हिन्दी प्रचार-प्रसार के बाद शुरू हुआ। तमिलनाडु में हिन्दी कविता प्रतिष्ठित करनेवाले सुमतीदिन्द्रन की रचना 'एक पल की याद में' महत्त्वपूर्ण है। रा. वीलिनाथन ने कहानियाँ लिखी हैं। उमाचन्द्रन की अनेक कहानियाँ सरिता में छपती रही हैं। तुलसी जयरामन की 'मैं हूँ हिन्दी की बिन्दी', 'प्रतीक्षा', 'सागर की लहरें', बहुत लोकप्रिय कविताएँ हैं। र. शौरिराजन कहानी और कविताएँ दोनों लिखते हैं। अनेक विद्वानों ने हिन्दी और तमिल साहित्य का तुलनात्मक अध्ययन किया है। डॉ. एन. चन्द्रकान्त, मुदिलियर का शोध प्रबन्ध तमिल और हिन्दी के भक्ति साहित्य का तुलनात्मक अध्ययन उल्लेखनीय है। डॉ. एस. एन. गणेशन का हिन्दी उपन्यास साहित्य का अध्ययन डॉ. मलिक मोहम्मद का आलवार भक्तों का तमिल प्रबन्धम् और हिन्दी काव्य, डॉ. ना. सुन्दरम् का 'मीराँ और अन्दाल का तुलनात्मक अध्ययन', डॉ. न. वी. राजगोपालन् का प्रौढ़तम शोध प्रबन्ध तमिल और हिन्दी के काव्यशास्त्र का तुलनात्मक अध्ययन, डॉ. वै. सुन्दर वल्ली का शोध प्रबन्ध हिन्दी और तमिल के 'आधुनिक गद्य का विकास' । डॉ. पी. जयरामन का शोध प्रबन्ध 'महाकवि सुब्रह्मण्यम भारती एवं महाकवि सूर्यकान्त त्रिपाठी निराला के काव्यों का तुलनात्मक अध्ययन' । डॉ. एस. लक्ष्मी का शोध प्रबन्ध 'डॉ. नगेन्द्र की सैद्धान्तिक एवं व्यावहारिक समीक्षा : विश्लेषण और मूल्यांकन', डॉ. एस. वसन्ता का 'आधुनिक हिन्दी कविता में दुरूहता', डॉ. सुब्बुलक्ष्मी का शोध प्रबन्ध 'तमिल और हिन्दी साहित्य की राष्ट्रीय चेतना' उल्लेखनीय है। डॉ. एम. शेषन के कई आलोचनात्मक निबन्ध प्रकाशित हुए हैं।

कर्नाटक का हिन्दी साहित्य

कर्नाटक का सम्बन्ध राजनीतिक दृष्टि से उत्तर भारत के साथ प्राचीनकाल से ही स्थापित हो गया था, सामाजिक और धार्मिक दृष्टि से ही कर्नाटक का उत्तर भारत से निकट का सम्बन्ध है। संगीतकार अलाउद्दीन के दरबार में गोपाल नायक नामक संगीतकार कर्नाटक का ही था। कर्नाटक जैन धर्म का प्रसिद्ध केन्द्र था। डॉ. देवेन्द्र कुमार जैन का अनुमान है कि स्वयम्भू का सम्बन्ध कर्नाटक प्रदेश से था। चौरासी सिद्धों में प्रसिद्ध कण्हपा कर्नाटक में पैदा हुए थे। कण्हपा का जन्म कर्नाटक

में हुआ था। बाद में वे पूर्वी भारत चले गये थे। कुछ लोग गोरखनाथ का जन्म भी कर्नाटक ही मानते हैं। वल्लभाचार्य कर्नाटक के वेल्लारी नामक स्थांन के थे। बंगाल के चैतन्य सम्प्रदाय पर माध्व-सम्प्रदाय का काफी प्रभाव है। मध्वाचार्य भी कर्नाटक के थे। मोहम्मद बिन तुगलक ने देवगिरि को अपना राजधानी बनाया था। फलस्वरूप दिल्ली से बहुत लोग यहाँ आकर बस गये थे। यहाँ दक्खिनी हिन्दी एक स्वतन्त्र भाषा के रूप में विकसित हुई। सिद्धिलिंग ने हिन्दी में छन्दों की रचना की।

सिद्धिलिंग का समय 1378 से 1824 ई. माना जाता है। बीजापुर के बादशाह अली आदिलशाह द्वितीय ने स्वयं काव्य रचनाएँ कीं। उन्होंने कवियों को आश्रय दिया और स्वयं रचनाएँ कीं। बीजापुर के मुसरती मीर हासिमी, कादिर गुलबर्गा के वन्दे नवाज आदि ने भी दक्खिनी हिन्दी में रचनाएँ कीं। 17वीं शताब्दी में महीपति नामक सन्त हुए। उन्होंने हिन्दी में पदों की रचना की। उनके द्वारा रचे गये पदों में परम ज्योति निरंजन की आराधना मिलती है। कृष्ण राय ने कन्नड़ और हिन्दी दोनों में रचनाएँ की हैं। भक्तिकाव्य की परम्परा को अग्रसर करनेवाले कवियों में लक्ष्मीपति, माडिकप्रभु, शिशुनाल शरीफ उल्लेखनीय हैं। शिशुनाल शरीफ रचित भक्तिपरक कुछ पंक्तियाँ द्रष्टव्य हैं इनमें कबीर की तरह आत्मा को नारी रूप में प्रस्तुत किया गया है–

राज पलँग पर खेलूँगी साजन सोबति बोलूँगी ॥
मैंने बैठकर। मदन पीठ पर सहन में सो भर ले जा लूँगी॥
सात माल में बैठिये केलि जावन आवत खेलूँगी।
सुन सुन सखिया बोलूँगी। राज पलँग पर खेलूँगी॥
सब्ज पर है मिनाव हरमा। अब्बर के से कु बोलूँगी
शिशुनाल भेस में खेलूँगी। आने जगत् पर लोलूँगी॥

इस तरह हम देखते हैं कि कर्नाटक का हिन्दी साहित्य का इतिहास उतना ही पुराना है जितना हिन्दी प्रदेश का।

आधुनिक युग में पण्डित तारानाथ ने अनेक पदों की रचना की। उन्होंने दीनबन्धु कबीर नाम से एक नाटक की भी रचना की। उन्होंने देशभक्ति से पूर्ण रचनाएँ कीं। इन्दिरा देवी, डॉ. हिरण्यमय जी भुजंगाचार्य, एस. वेंकेटरमैय्या, आर. पी. मोहन, के. प्राणेशाचार्य, सत्यानन्द डॉ. सरगु कृष्णपूर्ति आदि की कविताएँ प्रसिद्ध हैं। इन कवियों की भाषा सरल, प्रवाहयुक्त और ज्यादातर अभिधापरक है इनमें तुकान्तता, लय एवं छन्दों के निर्वाह की प्रवृत्ति है। डॉ. सुरगु कृष्णमूर्ति के दो काव्य-संग्रह प्रकाशित हैं। ज्वालाकेतन तथा मधुस्वप्न इनकी रचनाएँ हैं। इनकी कविताओं में जीवन-संघर्ष का अदम्य उत्साह है उदाहरण के लिए कुछ पंक्तियाँ द्रष्टव्य है–

अब वक्त नहीं चिन्तन करने हम आग जुटाने निकले हैं।
हमको मत रोको, कन्धों पर आकाश उठाने निकले हैं।
मत बोलो, सुनने गुनने को ये कान आज तैयार नहीं।
मत बोलो, कुछ अपनाने को ये प्राण आज तैयार नहीं।
प्राणों में लावा की जमना आँखों में पावक की गंगा।
लेकर उर में अन्धड़ आँधी हम स्वर्ग हटाने निकले हैं।

कहानी के क्षेत्र में भी कर्नाटक के रचनाकारों का महत्त्वपूर्ण योगदान है–कहानीकारों में चन्द्रकान्त उसकूसर का नाम उल्लेखनीय है। इनकी कहानियों का संकलन 'काँच की गुड़िया' पुरस्कृत है। डॉ. एम. एस. कृष्णमूर्ति इन्दरेश की दर्जनों कहानियाँ प्रकाशित हैं, 'केला अकेला', 'अन्धकार की

प्रतीक्षा में' इनकी चर्चित कहानियाँ हैं। श्रीलक्ष्मीनारायण ने एक सामाजिक उपन्यास 'बदलता जमाना' हिन्दी में लिखा है। इन्दरेश के तीन उपन्यास प्रकाशित हैं 'अपराजित', 'राग कांगडा' एवं 'परशुराम की बहनें'।

नाटककारों में जयसिंह रेड्डी (हुमायूँ), के. गणपति भट्ट (साधना कौतेय) एम. बी. जम्बूनाथन (सती शर्मिष्ठा) उल्लेखनीय नाटककार हैं। कर्नाटक में तुलनात्मक साहित्य से सम्बन्धित अनेक शोधकार्य हुए हैं। मैसूर में हिन्दी का उच्च स्तरीय शोधकार्य हो रहा है। मैसूर विश्वविद्यालय से दर्जनों शोधप्रबन्ध प्रस्तुत किये गये हैं। अनुवाद के द्वारा भी कन्नड़ साहित्य को हिन्दी में अनूदित किया जा रहा है। इससे हिन्दी का साहित्य समृद्ध हो रहा है। टी. आर. भट्ट के शोधपरक लेख प्रकाशित हुए हैं।

आन्ध्रप्रदेशीय हिन्दी साहित्य

आन्ध्र आर्य और द्रविड़ संस्कृति का संगम-स्थल है यहाँ संस्कृत और प्राकृत दोनों की काव्य-परम्परा मिलती है। ईसा की प्रारम्भिक सदी में महाराज हाल ने गाहासत्तसई का संकलन किया। आचार्य वल्लभ का सम्बन्ध आन्ध्र से ही माना जाता है। रीतिकाल के पद्‌माकर और लाल कवि यहीं के रहनेवाले थे। सत्रहवीं शताब्दी में शाहजी महाराज ने हिन्दी में दो यक्षगानों की रचना की। आन्ध्रप्रदेशीय हिन्दी कवियों में सर्वश्री आलूरि वैरागी, चावलि सूर्य नारायण मूर्ति, सरगु कृष्णमूर्ति, श्री राममूरति रेणु, वी. वी. सुब्बाराव हरिकिशोर, पी. आदेश्वर राव के नाम उल्लेखनीय हैं। बी. वी. सुब्बाराव रचित मृणालिनी खण्डकाव्य 1959 में प्रकाशित हुआ था। यह काल्पनिक प्रणयकाव्य है। इसमें प्रेम का चित्रण प्रभावशाली है। इनकी अन्य कृतियाँ हैं हम्पी का खँडहर, रेशमी कुर्ता तथा भारतश्री। इन कृतियों में पश्चिमी सभ्यता के अन्धानुकरण पर व्यंग्य किया गया है। इनकी मुक्तक रचनाओं के दो संकलन प्रणय और मेरी काव्य-साधना भी प्रकाशित हुए हैं। चावलि सूर्य नारायण मूर्ति ने 'सती उर्मिला' नाम से एक खण्डकाव्य रचा। इसकी भाषा प्रांजल और प्रभावयुक्त है। उर्मिला की दशा का वर्णन करनेवाली निम्नलिखित पंक्तियाँ देखिये—

"पडी रही तरु - विच्छिन्न लता।
फिर भी अघट रही कोमलता॥
सुमन - मुकुल है तरु से टूटा।
सूखा तो भी सौरभ फूटा॥"

कनक मेंडल व्यकटेश्वर राव ने 'महावीर बालचन्द्र' नामक वीररस प्रधान एक लम्बी कविता लिखी। श्री सूर्यनरायण जी ने दो खण्डकाव्य रचे — पहला योजनगन्धा दूसरा तारकेश्वर महिमा। वारणसी राममूर्ति रेणु के गीतों का एक संकलन विहगगीत नाम से 1951 में प्रकाशित हुआ था। आलूरि वैरागी चौधरी की रचनाओं का संकलन, 'पलायन', मार्क्सवादी विचारधारा से प्रभावित है। डॉ. सरगु कृष्णमूर्ति हिन्दी के सशक्त कवि है। इनके दो काव्य-संकलन 'मधुस्वप्न' और 'ज्वाला के तन' प्रकाशित हुए हैं। पन्ना शीर्षक से उन्होंने एक खण्डकाव्य भी रचा है ज्वाला निकेतन से कुछ पंक्तियाँ उद्धृत हैं—

"जब दीन कुटी का एकाकी
दियरा बेबस हो बुझ जाता
जब जब आशा की आँखों में
तूफानी सागर लहराता

मैं ज्वाला केतन कान्ति किरण
बरसा जाता हूँ विश्व सदन।

पी. आदेश्वर राव हिन्दी के प्रतिष्ठित कवि हैं जिनकी रचनाओं का संकलन 'अन्तराल' है। बेमूरि राधाकृष्ण मूर्ति ने लोकगीत शैली में हिन्दी भाषा को ढालने का प्रयास किया है। सबसे पहले किंगल राजपति ने 1929 में ही रामदास की जीवनी के आधार पर प्रबन्ध-काव्य रचा था।

गद्य की विविध विधाओं में आन्ध्र के रचनाकारों ने उल्लेखनीय कार्य किया। नाटक रचना की यहाँ पुरानी परम्परा है। शाह जी रचित 'पंचभाषा विलास' नाटक 'राधा बंशीधर विलास' नाटक आदि रचनाओं में बुन्देली मिश्रित ब्रजभाषा के गीत प्रयुक्त हुए हैं। 1884-86 में मछली पट्टनम् निवासी श्री नादेल पुरुषोत्तम ने 32 नाटकों की रचना की। यद्यपि इनके सभी नाटक उपलब्ध नहीं हैं। डॉ. चावलि सूर्यनारायण मूर्ति जी के दो पौराणिक नाटक 'महानाश की ओर', 'सत्यमेव जयते' उल्लेखनीय है। श्री आरिग पूडि रमेश चौधरी रचित 'कोई न पराया', चलसानि सुब्बाराव रचित 'रानी रुद्रम्मा', श्री चोड़वरपु रामशेषय्या रचित 'बोब्बिलि' तथा 'रानी मल्लम्मा' नामक दो ऐतिहासिक नाटक हैं। यहाँ अनेक एकांकी भी लिखे गये। एकांकी संकलनों में बालशौरि रेड्डी रचित 'सत्य की खोज', आरिग पूडि रचित 'नेपथ्य', 'बिजली और बारिश', एन. एस. दक्षिणामूर्ति रचित 'राष्ट की वेदी पर' उल्लेखनीय है। आन्ध्र के कथाकारों ने कहानी और उपन्यास के क्षेत्र में उल्लेखनीय योगदान किया है। आरिग पूडि ने दर्जनों कहानियाँ लिखी हैं—'बन्द आँखें', 'जीने की सजा' इनकी प्रतिष्ठित कहानियाँ हैं। इब्राहीम शरीफ की कहानियों का एक संकलन 'कई सूरजों के बीच' प्रकाश में आया। कर्णवीर नागेश्वर राव, श्री दण्डमूर्ति व्यंकेट कृष्णराव, आदि उल्लेखनीय कहानीकार हैं। श्री बालगौरि रेड्डी के शबरी, परछाईं तथा लकुमा प्रसिद्ध उपन्यास हैं। श्री दण्डयूडि व्यंकेट कृष्णराव दो लघु ऐतिहासिक उपन्यासों की रचनाएँ की जिनके नाम हैं 'शककर्त्ता शालिवाहन', 'स्तवनी शासक कृष्णदेव राय'। श्री आरिग पूडि के कई उपन्यास प्रकाश में आये जिनमें प्रमुख हैं 'दूर के ढोल', 'आदरणीय', 'अपने पराये'। बालशौरि रेड्डी का सामाजिक उपन्यास 'जिन्दगी की राह' काफी प्रसिद्ध हुआ। आरिग पूडि के उपन्यासों में यथार्थता अधिक है। इब्राहीम शरीफ का 'अँधेरे के साथ' शीर्षक उपन्यास भी उल्लेखनीय है। आन्ध्र प्रदेश स्थित विश्वविद्यालयों में सैकड़ों शोध-प्रबन्ध लिखे जा चुके हैं।

बंगाल का हिन्दी साहित्य

हिन्दी साहित्य के विकास में बंगाल की भूमिका कई दृष्टियों से महत्त्वपूर्ण है। सिद्धों के चर्यागीत, पूर्वी भारत में ही रचे गये जिसे हिन्दी, बँगला, उड़िया, असमी आदि की साझी सम्पत्ति माना जा सकता है। चैतन्य महाप्रभु के प्रभाव से बंगाल में ब्रज बोली में साहित्य सृजन की प्रेरणा मिली। 15वीं शताब्दी से 19वीं शताब्दी तक बंगाल में ब्रजबोली साहित्य सृजन की परम्परा मिलती है। मुरारी गुप्त, नरहरि सरकार, वासुदेव घोष, माधव घोष आदि कवियों ने पदों की रचनाएँ की, सोलहवीं, सत्रहवीं शताब्दी में वैष्णव आन्दोलनों को नयी शक्ति देनेवाले महानुभाव श्रीनिवास, नरोत्तम एवं श्यामानन्द हैं, इनके शिष्यों ने ब्रजबोली के साहित्य में पर्याप्त योगदान किया। रवीन्द्रनाथ टैगोर, भानुसिंह के नाम से ब्रजबोली में कविता में लिखते थे। ब्रजबोली में निबद्ध ज्ञानदास का नाम उल्लेखनीय है—

कानु अनुरागे हृदय भेल कातर,
रहई न पारइ गेह।
गुरु-दुरजन-भय किछु नहिं मानय,

चीर नहि सञ्चरु देह॥
देख-देख अनुराग गीत।
धन अन्धियार भुजग भय शत, शत,
तबु नहि मानय भीत॥

बंगाल में नवजागरण की चेतना का प्रचार-प्रसार सबसे पहले हुआ। पड़ोसी प्रान्त होने के नाते हिन्दी प्रदेश को बंगाल से पर्याप्त प्रेरणा मिली। कलकत्ता में 1800 में फोर्ट विलियम कॉलेज की स्थापना हुई। हिन्दी गद्य के विकास में इस कॉलेज की भूमिका सर्वविदित है। सन् 1805 ई. में तारिणी चरण मित्र ने बेताल पच्चीसी का सम्पादन करके प्रकाशित कराया। इन्होंने द ओरियण्टल फेबुलिस्ट नामक त्रिभाषिक ग्रन्थ (अंग्रेजी, हिन्दी और बंगाली) में प्रकाशित किया। 1810 ई. में मित्र फोर्ट विलियम कॉलेज में हेडमुन्शी बनाये गये तथा 1830 तक हिन्दी में गद्यलेखन करते रहे। राजा राममोहन राय ने वेदान्तसार नामक पुस्तक का हिन्दी में अनुवाद किया 1830 में उन्होंने हिन्दी में बंगदूत नामक एक समाचार-पत्र निकाला। ईश्वरचन्द्र विद्यासागर भारतेन्दु हरिश्चन्द्र द्वारा सम्पादित 'कविवचन सुधा' में हिन्दी में लेख लिखकर प्रकाशित कराते थे। आचार्य केशवचन्द्र सेन ने हिन्दी को राष्ट्रभाषा बनाने का पूर्ण समर्थन किया। वे राष्ट्रप्रेम से युक्त अनेक निबन्ध हिन्दी में प्रकाशित करवाये। बाबू नवीनचन्द्र ने अनेक पुस्तकें हिन्दी में लिखीं। इन्होंने हिन्दू बान्धव पत्र और ज्ञान प्रदायिनी पत्रिका का प्रकाशन करवाया। इनकी पुत्री हेमन्त कुमारी 1888 ई. में सुगृहिणी नामक पत्रिका निकाली। बंगाल निवासी भूदेव मुखोपाध्याय ने बिहार में रहकर विभिन्न विषयों पर हिन्दी में पुस्तकें लिखीं, इनकी 'सामाजिक प्रबन्ध' नामक निबन्धों की एक पुस्तक प्रकाशित है। बँगलाभाषी अनेक हिन्दी प्रेमियों ने हिन्दी प्रदेश में रहकर हिन्दी लेखन को प्रेरित किया। बनारस अखबार तारामोहन मित्र के नेतृत्व में प्रकाशित हुआ। इलाहाबाद में इण्डियन प्रेस के प्रबन्धक गिरजा कुमार घोष, लाला पार्वती नन्दन के नाम से कहानियाँ लिखते थे। बंगमहिला की दुलाईवाली कहानी प्रसिद्ध ही है। सरस्वती पत्रिका का प्रकाशन इण्डियन प्रेस से ही होता था। बँगला के अनेक उपन्यासों का हिन्दी में अनुवाद हुआ। आधुनिककालीन हिन्दी साहित्य पर बँगला का गहरा प्रभाव है। भाषाविज्ञान के क्षेत्र में सुनीत कुमार चटर्जी, सुकुमार सेन, आदि का महत्त्वपूर्ण योगदान है।

असम का हिन्दी साहित्य

असम के पुराने नाम प्राग् ज्योतिषपुर, कामरूप आदि मिलते हैं। कुछ विद्वानों के अनुसार सरहपा की जन्मभूमि कामरूप जिले का राज्ञी नामक स्थान है। लुइपा या मीनुपा का स्थान भी यही क्षेत्र माना जाता है। मध्यकाल में शंकर देव (1449-1568) ने ब्रजबुलि में अनेक रचनाएँ कीं जो इस प्रकार हैं—वरगीत, उत्कल पद्य, कालियदमन, रुक्मिणीहरण, पारिजातहरण, रामविजय आदि। इनमें प्रथम दो काव्य हैं शेष नाटक हैं। इस परम्परा में माधव देव (1489-1596 ई.) का नाम उल्लेखनीय है उन्होंने ब्रजबुलि में ग्यारह रचनाएँ कीं जिनमें 'वरगीत', 'फुटकल पद्य', 'अर्जुन भंजन यात्रा', 'चोरधरा झुमरा', ब्रम मोहन झुमरा, रास झुमरा आदि उल्लेखनीय हैं। इनकी नाट्य रचनाएँ छोटी और प्रभावशाली हैं। इनके बाद गोपाल आता (1541 से 1611 ई.) का नाम उल्लेखनीय है। 'जन्म यात्रा' और 'उद्धव गोपी संवाद' इनकी दो नाट्य कृतियाँ हैं। रामचरन ठाकुर (1550-1620 ई.) ने 'कंसवध' नामक नाट्य लिखा। इसकी कथावस्तु भागवत पर आधारित है। भूषण द्विज (अजामिल उपाख्यान नाट्य) दैत्यारि ठाकुर (नृसिंह यात्रा, फुटकल पद्य) श्री रामाता (फुटकल पद्य, अंकिया नाट्य, सुभद्राहरण) रामानन्द

द्विज (प्रेम-कलह नाट्य, स्फुट गीत) दीन गोपाल (जरासन्ध वध, सीताहरण) नाटक आदि उल्लेखनीय हैं। असम में भक्ति के प्रचार-प्रसार के लिए मध्यकाल में नाट्य विधा को विशेष रूप से अपनाया गया। आधुनिक काल में हिन्दी के मौलिक लेखन का आरम्भ 1948 से माना जाता है। कई हिन्दी प्रचारकों ने हिन्दी में पुस्तकें लिखकर हिन्दी प्रचार का कार्य किया। असम के हिन्दी कवियों में हरिहरप्रसाद द्विवेदी, रामस्वरूप मागध, चन्द्रभूषण शर्मा, नवारूढ़ वर्मा के नाम उल्लेखनीय हैं। हरिहरप्रसाद द्विवेदी का खण्डकाव्य वीररसप्रधान 'शराईघाटी' है। रामस्वरूप मागध रचित गीति नाट्य 'तपोव्रती' प्रकाशित हुआ है। चन्द्रभूषण शर्मा ने 'प्रेयसी' शीर्षक से रूपक काव्य रचा। नवारूढ़ वर्मा की कई काव्य-कृतियाँ उपलब्ध हैं जैसे लाचित बर्फ फुकन, युग देवता शंकरदेव, सिन्धु मंचन, सती जयमती आदि।

असम की हिन्दी कविताएँ शीर्षक से चिरंजी लाल जैन ने आठ कवियों की रचनाओं का संकलन किया है, आठ कवियों के नाम इस प्रकार हैं—श्यामसुन्दर जलान, धर्मचन्द्र काला, सुमनलता जलान, प्रफुल्ल कुमार शर्मा, ऊषा देवी जैन, दामोदर नन्दलाल आदि। इसी तरह से 'मुट्ठी मुट्ठी अक्षत' नाम से आठ अन्य कवियों की रचनाएँ प्रकाशित हुईं।

असमी क्षेत्र के निबन्धकारों में ध्रुवनारायण शुक्ल, लोकनाथ मराली, बापचन्द्र महन्त, श्रीमती केशदा महन्त, छगनलाल जैन, चित्र महन्त, नरनाथ भट्टाचार्य, रमेन्द्र शर्मा, भूपेन्द्रराय चौधरी के नाम उल्लेखनीय हैं।

असम क्षेत्र में उपन्यास कम लिखे गये। छगनलाल जैन रचित राह और रोड महत्त्वपूर्ण है। जैन ने 'हँसते-हँसते जीना' शीर्षक से कहानियों का एक संग्रह प्रकाशित करवाया। गोपीनाथ महान्ति का 'अमृत सन्तान' का अनुवाद हुआ है। अनुवाद का कार्य निरन्तर हो रहा है।

'मुकुल' शीर्षक से श्री रोका ने कहानियों का संकलन किया है। मोती मद्रासी, नवारूढ़ वर्मा अन्य चर्चित कहानीकार हैं। असम क्षेत्र में कुछ महत्त्वपूर्ण नाटक भी लिखे गये जिनमें छगन लाल जैन रचित 'इन्सान की खोज', 'संघर्ष', चन्द्रभूषण शर्मा रचित 'सीमान्त सिन्दूर', शंकरलाल शर्मा रचित 'सती जयमती' उल्लेखनीय हैं।

असमी से हिन्दी में कई रचनाओं का अनुवाद भी प्रकाशित हुआ। असमी के ऐतिहासिक उपन्यास मनोमती, वीरेन्दर कुमार भट्टाचार्य 'आई' का 'माँ' शीर्षक से अनुवाद प्रकाशित हुआ। हिन्दी और असमी के तुलनात्मक अध्ययन से सम्बन्धित कई शोध-प्रबन्धों का प्रकाशन हुआ है।

उड़ीसा का हिन्दी साहित्य

उड़िया हिन्दी की भगिनी है। जिस तरह आधुनिक आर्यभाषा हिन्दी है उसी तरह उड़िया भी। आदिकाल में पूर्वी भारत में जो साहित्य लिखा गया उसमें आदिकालीन बंगला, उड़िया, असमी एवं पुरानी हिन्दी के मिले-जुले तत्त्व मिलते हैं। इसलिए सभी भाषाएँ उसे अपनी सम्पत्ति मानती हैं। सिद्धों में 'कान्हुपाद, शबरपाद, लोहिपाद, रोहुलपाद' आदि का सम्बन्ध उड़ीसा से माना जाता है। 'उड़िया' का आरम्भिक प्रयोग चर्चापदों में पाया जाता है। ये चर्यापद पुरानी हिन्दी में हैं और पूर्वी क्षेत्रों में लिखे जाने के कारण इन पर बँगला, उड़िया, असमी आदि का प्रभाव भी है।

मध्यकाल में यहाँ कृष्ण-भक्ति का प्रचार हुआ जिससे अनेक कवियों ने ब्रजबुलि में (जिन पर उड़िया का गहरा प्रभाव है) भक्तिपरक रचनाएँ कीं। राय रामानन्द पट्टनायक (1479-1535 ई.)

वैष्णव भक्त थे। इनकी सौ पदावलियाँ ब्रजभाषा में मिलती हैं। राजकवि प्रताप रुद्रदेव संस्कृत के पण्डित थे। ब्रजबुलि में भी इनकी रचनाएँ मिलती हैं। इनके पद से कुछ पंक्तियाँ उद्धृत हैं—

चन्द्रमुखि मानिक डोले रे
हीरादंत अमीयक बोले रे
क्यारे भाई गउ रे
दयालु बिनु आनन न भावे रे।

दामोदर चम्पति राय (1576-1609) ने कृष्णचरित की रचना ब्रजबुलि की है।

पन्द्रह सौ से अठारह सौ ई. के बीच लगभग बीस कवियों ने ब्रजबुलि में कृष्ण-भक्ति से सम्बन्धित रचनाएँ कीं। जगन्नाथदास, दीन कृष्णदास, बलरामदास, अनन्तदास, उद्धवदास, दिव्य सिंह, अनन्त भीमदेव, सालबेग, माधवी दासी, चाँद कवि, यदुपति, बंशी बल्लभ मिश्र, रामदास, दरसिंह रायगुरु, ब्रजनाथ बड़जेना आदि ने इस परम्परा को जीवित रखा। इनकी रचनाओं में कृष्ण के सौन्दर्य, राधा-कृष्ण के प्रेम, विरह आदि प्रसंगों के चित्रण मिलते हैं। जगन्नाथ जी की रथयात्रा पर भी काव्य रचे गये हैं। ब्रजनाथ बड़जेना का काव्य 'गुडिया विजय' इसी विषय से सम्बन्धित है।

आधुनिककाल में डॉ. कुन्तला कुमारी ने 'वरमाला' शीर्षक से अपने गीतों का प्रकाशन कराया है। राधाकान्त मिश्र, अजयकुमार पटनायक, सुधांशुकुमार नायक, धरित्रीदास आदि ने हिन्दी में आलोचनात्मक लेखन किया है। भुवनेश्वर विश्वविद्यालय के कॉलेजों में हिन्दी के उच्च पठन-पाठन तथा शोध की व्यवस्था है। अतः यहाँ तुलनात्मक अध्ययन का कार्य हो रहा है। फकीर मोहन सेनापति के दो उपन्यास, 'लक्षमा', 'छ माण आठ गुण्ठ' हिन्दी में अनूदित हुए हैं।

महाराष्ट्र का हिन्दी साहित्य

महाराष्ट्र में सन्तों की एक लम्बी परम्परा है जिनके द्वारा हिन्दी में अनेक भक्तिपरक रचनाएँ की गयीं। सन्त ज्ञानेश्वर से आरम्भ करके नामदेव, एकनाथ, तुकराम, रामदास तक यह परम्परा चलती है इसके बीच सोमेश्वर चक्रधर, दामोदर पण्डित, मुक्ताबाई, दयाबाई, मोरो पन्त आदि ने मराठी के अलावा हिन्दी में भी रचनाएँ कीं। ज्ञानेश्वर या ज्ञानदेव का समय 1280 के आस-पास माना जाता है। इनके द्वारा लिखित हिन्दी पद्य की कुछ पंक्तियाँ द्रष्टव्य हैं—

सोही कच्चा बे कच्चा बे। नहीं गुरु का बच्चा॥
दुनिया त्यजकर खाक लगाई जा कर बैठा बन माँ।
खेचरि मुद्रा वज्रासन मो ध्यान धरत है मन मों॥
तीरथ करके उम्मर खोई, जागे जुगतियों सारी।

नामदेव ने भी मराठी मिश्रित हिन्दी के पदों की रचना की। एकनाथ के करीब 10 हिन्दी के गद्य मिलते हैं और तुकाराम के सोलह पद। सोमेश्वर के पदों में प्राचीन हिन्दी की छाप है। चक्रधर भी हिन्दी में लिखते थे। मुक्ताबाई ज्ञानेश्वर की बहन थी। सद्‌गुरु की महिमा को चित्रित करनेवाला निम्नलिखित पद दर्शनीय है—

वाह वाह साहब जौ सद्‌गुरु लाल गुँसाई जी
लाल बीच मो उदला काला ओंठ पीठ सों काला।
पीत उन्मनीं भ्रमर गुम्फा रस झूलने वाला।
× × × × ×

सद्गुरु चेले दोनों बराबर एक दस्त मों भाई।
एक से ऐसे दर्शन पाये महाराज मों मुक्ताबाई।

दयाबाई का समय सोलह सौ के आस-पास माना जाता है। इन्होंने कई रचनाएँ हिन्दी में कीं। आधुनिक युग में भी मराठी साहित्यकारों ने हिन्दी लेखन में महत्त्वपूर्ण योगदान किया है। मुक्तिबोध मूलतः मराठी थे। उनकी रचनाओं से हिन्दी-जगत् पूर्णतया परिचित है। प्रभाकर माचवे नयी कविता के प्रतिष्ठित कवियों में माने जाते हैं। डॉ. नारायण विष्णु, मालती परनुकर आदि ने हिन्दी में कविताएँ लिखीं।

कहानी, उपन्यास नाटक, निबन्ध, आलोचना आदि विभिन्न क्षेत्रों में मराठी रचनाकारों की रचनाएँ उपलब्ध हैं। अनन्त गोपाल सेवडे के कई उपन्यास जैसे ज्वालामुखी, मंगला, कोरा कागज आदि प्रकाशित हुए हैं। मालती परलुकर का इन्नी नामक उपन्यास प्रकाशित है। हिन्दी की पहली प्रकाशित कहानी का लेखक होने का श्रेय मराठी भाषी पं. माधव राव सप्रे को है। हंस में यशवन्त तेन्दुलकर, विश्वनाथ वैशम्पायन, ज्योत्स्ना देवधर की मौलिक तथा अनूदित रचनाएँ छपती थीं।

निबन्ध लेखकों में काका साहेब कालेलकर, आचार्य विनोबा भावे, वसन्त देशपाण्डे, अनन्त गोपाल सेवडे, बसन्त पौराणिक आदि के नाम उल्लेखनीय हैं। नाटक हिन्दी में कम लिखे गये। डॉ. जोशी का जागीरदार मैलिक नाटक है। ज्यादातर नाटक मराठी से हिन्दी में अनूदित हुए हैं। सरोजनी वर्मा ने विजय तेन्दुलकर के 'खामोश अदालत जारी' का अनुवाद किया।

उपन्यास आलोचक के रूप में चन्द्रकान्त बान्दीबड़ेकर का नाम उल्लेखनीय है।

मराठी और हिन्दी के साहित्य का तुलनात्मक अध्ययन कई विद्वानों ने किया। म. मा. कडु ने भी उपन्यास साहित्य पर आलोचनात्मक कार्य किया।

गुजरात का हिन्दी साहित्य

गुजरात में आदिकाल से ही मध्यदेश की भाषा में साहित्य सृजन शुरू हो गया था। हेमचन्द्र के अपभ्रंश व्याकरण में आरम्भिक हिन्दी के कई दोहे उद्धृत हैं। ब्रजभाषा का स्पष्ट प्रयोग 15वीं शती के गुजराती कवि भालण की रचनाओं में मिलता है। 15वीं शती से आरम्भ करके आधुनिक युग तक अनेक भक्त सम्प्रदायों, राज्याश्रित कवियों तथा स्वतन्त्र कवियों ने हिन्दी में रचनाएँ कीं। वल्लभाचार्य तथा उनके पुत्र विट्ठलनाथ ने गुजरात की जनता को कृष्णभक्ति की ओर विशेष रूप से आकृष्ट किया। ब्रजभाषा में सबसे पहले भालण ने कुछ पद रचे। भालण के पश्चात् केशवदास कायश्त, नरसी मेहता, वैजू बावरा, कृष्णदास अधिकारी आदि ने कृष्णभक्ति काव्य परम्परा में काम किया। द्वारिका के मुकुन्द गुगली ने 1652 ई. में हिन्दी में कबीर चरित की रचना की। जूनागढ़ निवासी त्रीकमदास (1734-1799 ई.) ने डाकोर लीला और रुक्मिणीहरण नामक प्रबन्ध काव्य और लगभग 160 स्फुट पदों की रचना की। इनकी भाषा का एक उदाहरण देखिये—

औरन उज्ज्वल रंग रुच्यो, हम काले सों प्यार कयो सो कयो।
बड़ देव भजो किन ओर कोऊ, हम बारे सो नेह ध्यो सो धयो।

वैष्णव कवियों में चान्दोद निवासी दयाराम सर्वश्रेष्ठ माने जा सकते हैं उन्होंने ब्रजभाषा में 41 ग्रन्थों और बारह हजार स्फुट पदों की रचना की। सतसैया और रसिक रंजन उनकी उत्कृष्ट रचनाएँ हैं। सतसैया के कुछ पंक्तियाँ उद्धृत हैं—

चाहुं बसाये हृदय में, धरुं त्रिभंगी ध्यान।
तात राख्यो कुटिल उर, होहि असीसों म्यान॥

18वीं शताब्दी के बाद स्वामी नारायणी सम्प्रदाय का महत्त्व बढ़ा फलस्वरूप इस सम्प्रदाय से जुड़े अनेक कवियों ने हिन्दी में भक्तिपरक रचनाएँ दीं। इस सम्प्रदाय से जुड़े मुक्तानन्द, ब्रह्मानन्द और प्रेमानन्द की उत्कृष्ट रचनाएँ हिन्दी में मिलती है। अनेक सन्त कवियों ने भी हिन्दी काव्य-रचना शुरू किया। सन्तों में ब्रह्मज्ञानी अखा (1591 से 1656) अत्यन्त प्रतिभाशाली थे। इन्हें गुजरात का कबीर कहा जा सकता है। ये स्वभाव से अक्खड़ और मनमौजी थे। ब्रह्म की निर्गुण लीला को चित्रित करनेवाली निम्नलिखित पंक्तियाँ देखिये—

अजब खेल अद्‌भुत अनुपम है,
जाकू है पहिचान पुरानी,
गगनहि गेब भया नर बोले,
एहि अखो जानत काई ज्ञानी॥

प्रणामी सम्प्रदाय के प्राणनाथ का जन्म काठियावाड़ में हुआ था। उन्होंने भी अनेक ग्रन्थों की रचना की। इनकी भाषा में गुजराती, सिन्धी और मराठी का मिला-जुला रूप मिलता है। सन्तों में प्रियतमदास, निरान्त, भोजु भगत, मनोहर दास, छोटम आदि की एक लम्बी परम्परा है।

गुजरात जैनधर्म का भी प्रधान केन्द्र रहा है। जैन कवियों में किशनदास, यशोविजय आदि के नाम उल्लेखनीय हैं। अनेक सूफी कवियों ने भी हिन्दी में रचनाएँ कीं। हजरत कुतबे आलम, काजी मोहम्मद, हजरत खूब माहम्मद साहेब, अमीन कलाम आदि अनेक सूफियों ने हिन्दी में रचनाएँ की हैं। गुजरात के अनेक राजाओं ने हिन्दी कवियों को राज्याश्रय देकर काव्य-रचना के लिए प्रोत्साहन दिया। सौराष्ट्र के राजा अमर सिंह, रणमल सिंह आदि ने हिन्दी नें सुन्दर रचनाएँ की हैं। महाराव लखपति जी ने भुज में व्रज पाठशाला की स्थापना करके हिन्दी की उल्लेखनीय सेवा की, राज्याश्रय में रहते हुए चारणों एवं अन्य कवियों ने हिन्दी में रचनाएँ कीं। आधुनिककाल में दलपति राव, रणमल, सविता नारायण, बालाशंकर, नानाराव आदि की हिन्दी रचनाएँ मिलती हैं। स्वामी दयानन्द सरस्वती, महात्मा गाँधी, काका साहेब कालेलकर आदि ने हिन्दी गद्य रचना में उल्लेखनीय योगदान किया। गुजरात में विभिन्न विश्वविद्यालयों में हिन्दी में शोधकार्य हो रहे हैं और आलोचनात्मक लेखन हो रहा है। डॉ. दयाशंकर शुक्ल, दयाशंकर, नवनीत चौहान, प्रो. रंजना अरगडे आदि उल्लेखनीय विद्वान् हैं।

पंजाब का हिन्दी साहित्य

अन्य प्रान्तों की तुलना में हिन्दी साहित्य के विकास में पंजाब का योगदान अधिक है। पंजाबी के आदिकवि फरीद शकरगंज ने ब्रजभाषा प्रभावित कुछ रचनाएँ कीं। गुरु नानक से लेकर गुरु गोविन्द सिंह तक और उसके बाद भी हिन्दी रचनाओं का सिलसिला पंजाब में बना रहा। गुरु नानक की प्रसिद्ध रचना आरती हिन्दी में ही है। गुरु नानक के बाद गुरु अंगद, गुरु अमरनाथ, गुरु रामदास, आदि की रचनाओं में भी ब्रजभाषा के प्रयोग हुए।

गुरु अर्जुन देव ने 'गुरुग्रन्थ साहब' का संकलन और सम्पादन किया। 'गुरुग्रन्थ साहब' में उनके दो हजार से अधिक पद संकलित हैं। उनके कुछ पदों में प्रांजल हिन्दी का प्रयोग देखा जा सकता है, उनकी रचना का एक उदाहरण देखिये—

जाकी राम नाम लिव लागी।
सजनु सुहृद सुहेला सहजे सो कहिए बड़भागी।
रहित विकार अलिप माइआ तै अहं बुद्धि विषु तिआगी।
दरस पिआस आस एक ही की टेक लिये प्रिय पागी।

गुरु तेगबहादुर उत्तरी भारत से लेकर पूर्वी भारत तक यात्राएँ की फलस्वरूप उनकी रचनाओं में अधिक निखरे रूप में हिन्दी का प्रयोग हुआ है। गुरु गोविन्दसिंह ने दशम ग्रन्थ में ज्यादातर हिन्दी भाषा को ही माध्यम बनाया, गुरुओं के आश्रय में भाई गुरुदास, नल्ह, सेनापति, अणी राय हरि कवि आदि थे। इन लोगों ने गुरुओं की प्रशंसा में और स्वतन्त्र रूप से सुन्दर रचनाएँ कीं। महाराजा रणजीत सिंह और पटियाला के दरबार में हिन्दी काव्य-रचना को विशेष प्रोत्साहन दिया गया। रणजीत सिंह के दरबार में रीतिकाल के प्रसिद्ध कवि ग्वाल रहते थे। पटियाला दरबार में केशवदास, धर्मसेन, जतीराम, रामदास, भगवान सिंह, चन्द कवि आदि को आश्रय प्राप्त था। पंजाब में निर्मल पन्थी साधुओं की एक विशिष्ट परम्परा है, इस पन्थ से जुड़े हुए कवि गुलाब सिंह की अनेक रचनाएँ जैसे भावरसामृत, अध्यात्म रामायण, प्रबोधचन्द्रोदय मिलती हैं। भाई सन्तोष सिंह (1788-1843) ने गुरु प्रताप सूर्य नामक ग्रन्थ की रचना की, इन्हें पंजाब के श्रेष्ठ हिन्दी कवियों में स्थान दिया जाता है। पंजाब के हृदयराम भल्ला ने हनुमन्नाटक की रचना की। इस रचना का वास्तविक नाम रामचन्द्रगीत था। ब्रजभाषा में सिक्ख इतिहास प्रस्तुत करनेवाले अन्तिम प्रमुख कवि हैं ज्ञानी ज्ञान सिंह। हृदय राम भल्ला के अलावा सन्त गुलाब सिंह, लालसिंह, कीर्तिसिंह आदि ने भी रामकथा से सम्बन्धित रचनाएँ कीं।

आधुनिक काल में उपन्यास, कहानी, नाटक, आलोचना आदि क्षेत्रों में पंजाबी भाषियों का महत्त्वपूर्ण सर्जनात्मक योगदान है। भारत, पाकिस्तान विभाजन के कारण या अन्य कारणों से पंजाबवासी हिन्दी प्रदेश में बस गये। उनके द्वारा भी स्तरीय साहित्य सृजन हुआ। हिन्दी का प्रथम उपन्यास माना जानेवाला 'भाग्यवती' श्रद्धाराम द्वारा रचा गया जो पंजाब के फुल्लौर के रहनेवाले थे। यशपाल, उपेन्द्रनाथ अश्क, भीष्म साहनी, मोहन राकेश, कृष्णा सोबती, सत्यपाल विद्यालंकार, कृष्ण बलदेव वैद्य, महेन्द्र भल्ला, जगदीश चन्द्र, सुदर्शन चोपड़ा, दयानन्द वर्मा, स्वदेश दीपक, सतीश जमाली आदि लेखकों का कथा-साहित्य, नाटक आदि में योगदान है जिनकी विस्तृत चर्चा आधुनिक गद्य साहित्य के विभिन्न विधाओं में की जा चुकी है। गुरुदत्त और गुलशन नन्दा जो सामान्य पाठकों के बीच लोकप्रिय उपन्यासकार रहे हैं इनका सम्बन्ध पंजाब से ही रहा है। पंजाब निवासी चन्द्रधर शर्मा गुलेरी केवल तीन कहानियाँ लिखकर प्रसिद्ध हो गये। पंजाब के अनेक कवियों ने आधुनिक हिन्दी कविता में अपना यशस्वी स्थान बनाया है। कुमार विमल, सौमित्र मोहन, नरेन्द्र मोहन, बलदेव वंशी, केवल गोस्वामी, श्याम विमल की कविताएँ उल्लेखनीय हैं।

उपन्यास और कविता दोनों क्षेत्रों में तिलकराज गोस्वामी का योगदान महत्त्वपूर्ण है। निबन्धकारों में अध्यापक पूर्णसिंह के नाम से कौन नहीं परिचित है। साहित्यिक निबन्धकार एवं आलोचना के क्षेत्र में इन्द्रनाथ मदान, धर्मपाल मैनी, यश गुलाटी, मनमोहन सहगल, देवेन्द्र इस्सर, हर महेन्द्र सिंह बेदी आदि के नाम लिये जा सकते हैं। डॉ. महीप सिंह उच्चकोटि के साहित्यिक अध्येता तो हैं ही हिन्दी कथा साहित्य में उनका महत्त्वपूर्ण योगदान है, अनेक कहानी-संकलनों के अलावा, 'अभी शेष है', उनका प्रसिद्ध उपन्यास है। पाश्चात्य काव्यशास्त्र के अध्येता डॉ. तारकनाथ बाली, भारतीय काव्यशास्त्र के अध्येता डॉ. सत्यदेव चौधरी के नाम भी उल्लेखनीय हैं। हिन्दी के बड़े प्रकाशक भी पंजाब से सम्बन्धित हैं।

जम्मू-कश्मीर का हिन्दी साहित्य में योगदान

जम्मू में बल्लभदेव ने 1572 में श्रीरामचरितमानस का हिन्दी अनुवाद तुलसीकृत रामायण नाम से किया। कवि दत्त या दत्तु ने 'ब्रजराज पंचाशिका' खण्डकाव्य की रचना की थी। उन्होंने अन्य 'वीर विलास' भी लिखा। जम्मू की अपेक्षा कश्मीर में हिन्दी का प्रचार-प्रसार बहुत कम रहा। कश्मीर में

कवि परमानन्द ने 18वीं-19वीं शताब्दी में भक्तिपरक रचनाएँ की थीं, इसके पूर्व रूपभवानी नामक कवयित्री ने कुछ पद हिन्दी में रचे थे। इनके अलावा ठाकुर जूमनवटी, पं. नीलकण्ठ शर्मा आदि ने हिन्दी में भक्तिपरक रचनाएँ कीं। आधुनिक काल में इस क्षेत्र में अनेक ऐसे विद्वान् हुए जिन्होंने अपने निबन्धों एवं लेखों से विद्वानों का ध्यान आकृष्ट किया। ओंकार कौर, ओम प्रकाश गुप्त, डॉ. कर्णसिंह, खेमलता, गंगादत्त शास्त्री, चमनलाल सप्रू आदि के नाम उल्लेखनीय हैं। कुछ ऐसे भी कवि हैं जिनकी मातृभाषा डोगरी है लेकिन उन्होंने हिन्दी में अच्छी कविताएँ लिखी हैं। ज्योतिरीश्वर पथिक का 'रुनझुन' नामक काव्य-संकलन प्रकाशित है। निर्मल विनोद का काव्य-संकलन है 'पत्थरों का दरिया'। मोहन निराश की काव्य रचना 'कृष्ण मेरा पर्याय' है। मधुप शर्मा का 'वे मधुर क्षण' प्रकाशित है। मन्शाराम चंचल, रतनलाल शान्त, रमेश मेहता, विद्यानाथ गुप्त, शशि शेखर आदि अन्य कवि उल्लेखनीय हैं। शीतीष्ण कुमार आनन्द्म ने भी काव्यक्षेत्र में अपना स्थान बनाया है। जम्मू-कश्मीर से उपन्यास और कहानियाँ भी प्रकाशित हैं। खेमलता बखलू के दो उपन्यास 'कश्मीर की धरती', 'झील और कमल' प्रकाशित हैं। नरेन्द्र खजूरियाँ ने 'नीला अम्बर काले बादल' शीर्षक उपन्यास लिखा। इस पर इन्हें साहित्य अकादमी पुरस्कार मिला। निर्मला दर्द द्वारा लिखा उपन्यास 'निर्झरिणी और पत्थर' विख्यात हुआ है। मोहन कृष्ण 'दर्द के केशर के फूल', 'चिंनार के पत्ते', 'सूखे पत्ते' आदि कहानी-संकलन हैं। मन्शाराम चंचल का 'किसी से न कहना' कहानी-संकलन हैं।

कश्मीर में कुछ नाटक और निबन्ध भी लिखे गये हैं। साहित्य चिन्तन और अनुसन्धान कार्य के लिए ओमप्रकाश गुप्त, संसारचन्द्र, श्यामलाल शर्मा, सिद्धेश्वर प्रसाद वर्मा आदि के नाम उल्लेखनीय हैं।